◇ 中国建设年鉴 2009

《中国建设年鉴》编委会 编

中国建筑工业出版社

图书在版编目(CIP)数据

中国建设年鉴 2009/《中国建设年鉴》编委会编. —北京：中国建筑工业出版社，2009
ISBN 978-7-112-11642-3

Ⅰ. 中… Ⅱ. 中… Ⅲ. 城市建设-中国-2009-年鉴 Ⅳ. F299.2-54

中国版本图书馆 CIP 数据核字(2009)第 219420 号

责任编辑：马　红
责任设计：赵明霞
责任校对：陈　波　关　健

中国建设年鉴 2009

《中国建设年鉴》编委会　编

*

中国建筑工业出版社出版、发行(北京西郊百万庄)
各地新华书店、建筑书店经销
北 京 天 成 排 版 公 司 制 版
北京中科印刷有限公司印刷

*

开本：880×1230毫米　1/16　印张：47¾　插页：14　字数：1548 千字
2010 年 4 月第一版　　2010 年 4 月第一次印刷
定价：300.00 元
ISBN 978-7-112-11642-3
(18887)

版权所有　翻印必究
如有印装质量问题，可寄本社退换
(邮政编码　100037)

编辑说明

一、《中国建设年鉴》由住房和城乡建设部组织编纂、中国建筑工业出版社具体负责编辑出版工作。内容综合反映我国建设事业发展与改革年度情况，属于大型文献史料性工具书。内容丰富，资料来源权威可靠，具有很强的政策性、指导性、文献性。可为各级建设行政主管领导提供参考，为地区和行业建设发展规划和思路提供借鉴，为国内外各界人士了解中国建设情况提供信息。本书具有重要的史料价值、实用价值和收藏价值。

二、本卷在保持传统栏目和风格的基础上，着重从以下方面进行了探索：

1. 突出2008年度建设行业大事。增加了"专题"，对住房和城乡建设部组建和汶川特大地震抗震救灾做了较充分地反映。

2. 加强了第六篇"数据统计与分析"内容的收集，力争较全面地反映建设行业中相关数据统计与分析资料。

3. 第八篇"2008年建设纪事"，尽可能全面反映2008年建设行业有影响的工作或事件。

三、《中国建设年鉴》的编辑工作在住房和城乡建设部领导的关心支持下顺利进行。2009卷是住房和城乡建设部组建以来编辑出版的首本《年鉴》，住房和城乡建设部有关领导、年鉴编委会对编辑工作悉心指导。住房和城乡建设部办公厅为年鉴工作统筹安排，2009年9月在北京召开了《中国建设年鉴》编纂工作会议，并专门下发通知，要求各司局和有关单位为年鉴及时提供资料。

四、我国香港特别行政区、澳门特别行政区、台湾地区建设情况未列入本卷。

五、承蒙各省、自治区住房和城乡建设厅，直辖市建委及有关部门，国务院有关部委司局，住房和城乡建设部各司局，有关专业协会、学会等撰写综述文章并提供行业各方面数据资料；稿件撰写的认真和负责保证了编辑出版质量。

谨向关心支持《中国建设年鉴》的各地区、有关部门、各单位领导，编纂人员和有关单位致以诚挚的感谢！

《中国建设年鉴2009》编纂委员会

主　任
　　郭允冲　住房和城乡建设部副部长
副主任
　　王铁宏　住房和城乡建设部办公厅主任
　　王珮云　中国建筑工业出版社社长
编　委
　　曹金彪　住房和城乡建设部法规司司长
　　冯　俊　住房和城乡建设部住房改革与发展司司长
　　侯淅珉　住房和城乡建设部住房保障司司长
　　唐　凯　住房和城乡建设部城乡规划司司长
　　王志宏　住房和城乡建设部标准定额司司长
　　沈建忠　住房和城乡建设部房地产市场监管司司长
　　王素卿　住房和城乡建设部建筑市场监管司司长
　　陆克华　住房和城乡建设部城市建设司司长
　　李兵弟　住房和城乡建设部村镇建设司司长
　　陈　重　住房和城乡建设部工程质量安全监管司司长
　　陈宜明　住房和城乡建设部建筑节能与科技司司长
　　张其光　住房和城乡建设部住房公积金监管司司长
　　何兴华　住房和城乡建设部计划财务与外事司司长
　　王　宁　住房和城乡建设部人事司司长
　　杨忠诚　住房和城乡建设部直属机关党委常务副书记
　　田思明　驻住房和城乡建设部纪检组副组长、监察局局长
　　王早生　住房和城乡建设部稽查办公室主任
　　刘士杰　中国建设报社社长
　　陈　淮　住房和城乡建设部政策研究中心主任
　　杨　榕　住房和城乡建设部科技发展促进中心主任
　　刘　灿　住房和城乡建设部住宅产业化促进中心主任
　　沈元勤　中国建筑工业出版社总编辑
　　张志新　住房和城乡建设部办公厅副主任
　　隋振江　北京市住房和城乡建设委员会主任
　　李晓光　北京市市政市容管理委员会主任
　　黄　艳　北京市规划委员会主任
　　刘小明　北京市交通委员会主任
　　李全喜　天津市城乡建设和交通委员会主任
　　黄　融　上海市城乡建设和交通委员会主任
　　冯经明　上海市规划和国土资源管理局局长
　　程志毅　重庆市城乡建设委员会主任
　　朱正举　河北省住房和城乡建设厅厅长
　　王国正　山西省住房和城乡建设厅厅长
　　李振东　内蒙古自治区住房和城乡建设厅厅长
　　史殿臣　黑龙江省住房和城乡建设厅厅长
　　王正刚　辽宁省住房和城乡建设厅厅长
　　柳　青　吉林省住房和城乡建设厅厅长
　　杨焕彩　山东省住房和城乡建设厅厅长
　　宋瑞乾　山东省建筑工程管理局局长
　　周　岚　江苏省住房和城乡建设厅厅长

纪　迅	江苏省建设工程管理局局长	陈　锋	教育部发展规划司副司长
张苗根	浙江省住房和城乡建设厅厅长	于德志	卫生部规划财务司副司长
倪　虹	安徽省住房和城乡建设厅厅长	张光辉	国家民航总局机场司司长
林坚飞	福建省住房和城乡建设厅厅长	于保安	国家广播电影电视总局计财司副司长
陈俊卿	江西省住房和城乡建设厅厅长	舒　庆	国家环境保护部规划财务司司长
刘洪涛	河南省住房和城乡建设厅厅长	姚昌恬	国家林业局司长
李德炳	湖北省住房和城乡建设厅厅长	翁立新	国家海洋局副司长
高克勤	湖南省住房和城乡建设厅厅长	王延祜	中国地震局规划财务司副司长
刘锦红	广东省住房和城乡建设厅副厅长	张吉林	国家旅游局规划发展与财务司副司长
严世明	广西壮族自治区住房和城乡建设厅厅长	唐　亮	中国气象局巡视员
李建飞	海南省住房和城乡建设厅厅长	张　驰	国家体育总局经济司副司长
杨洪波	四川省住房和城乡建设厅厅长	赖　刚	中国建筑工程总公司办公室副主任
李光荣	贵州省住房和城乡建设厅厅长	冯忠海	中国铁道建筑工程总公司办公室主任
罗应光	云南省住房和城乡建设厅厅长	秦家铭	中国铁路工程总公司总经理
陈　锦	西藏自治区住房和城乡建设厅厅长	陈　云	中国港湾建设（集团）总公司副总经理
李子青	陕西省住房和城乡建设厅厅长	张胜利	中国中煤能源集团公司副总经理
李　慧	甘肃省住房和城乡建设厅厅长	金克宁	中国化学工程集团公司总经理
匡　湧	青海省住房和城乡建设厅厅长	郭　志	中国水利水电建设集团公司史志办公室主任
刘慧芳	宁夏回族自治区住房和城乡建设厅厅长		
李建新	新疆维吾尔自治区住房和城乡建设厅厅长	王中安	中国海洋石油总公司计划部总经理
钟　波	新疆生产建设兵团建设局局长	吴　涛	中国建筑业协会秘书长
孙吉春	大连市建设委员会主任	周　畅	中国建筑学会秘书长
汤吉庆	青岛市建设委员会主任	李　迅	中国城市科学研究会秘书长
阮跃国	厦门市建设与管理局局长	朱中一	中国房地产业协会副会长兼秘书长
郑世海	宁波市建设委员会主任	刘　哲	中国建筑金属结构协会秘书长
李荣强	深圳市住房和建设局局长	张　雁	中国土木工程学会秘书长
王　芃	深圳市规划和国土资源委员会主任	王　燕	中国城市规划协会秘书长
王晓涛	国家发展和改革委员会司长	马挺贵	中国建筑装饰协会会长
苏全利	铁道部建设管理司副司长	刘志琪	中国城镇供水排水协会常务副秘书长
李　华	交通运输部公路局副局长	秦书星	中国建设职工思想政研会秘书长
肖大选	交通运输部水运局副局长	林芳友	中国公园协会副会长
祝　军	工业和信息化部通信发展司副司长	柳尚华	中国动物园协会副会长
饶　权	文化部财务司司长	张允宽	中国建设工程造价管理协会理事长
隋　斌	农业部发展计划司司长	杨雪芝	中国风景园林学会秘书长
孙继昌	水利部建设与管理司副司长	王德楼	中国工程建设标准化协会秘书长
闫　金	科学技术部社会科技发展司副巡视员		

《中国建设年鉴2009》工作执行委员会

崔寿民	住房和城乡建设部办公厅综合处处长
毕建玲	住房和城乡建设部办公厅宣传信息处处长
姜中桥	住房和城乡建设部办公厅档案处处长
赵锦新	住房和城乡建设部办公厅督办处处长
宋长明	住房和城乡建设部法规司综合处处长
梁慧文	住房和城乡建设部住房改革与发展司综合处处长
刘 霞	住房和城乡建设部住房保障司综合处处长
郑文良	住房和城乡建设部城乡规划司综合处处长
卫 明	住房和城乡建设部标准定额司综合处处长
陈健容	住房和城乡建设部房地产市场监管司综合处处长
逄宗展	住房和城乡建设部建筑市场监管司综合处处长
冯忠华	住房和城乡建设部城市建设司综合法规处处长
顾宇新	住房和城乡建设部村镇建设司综合处处长
赵宏彦	住房和城乡建设部工程质量安全监管司综合处处长
王建清	住房和城乡建设部建筑节能与科技司综合处处长
姜 涛	住房和城乡建设部住房公积金监管司综合处处长
丛佳旭	住房和城乡建设部计划财务与外事司综合处处长
王立秋	住房和城乡建设部人事司综合处处长
郭剑飞	住房和城乡建设部直属机关党委办公室主任
韩 煜	住房和城乡建设部稽查办公室综合处处长
李 迎	中国建设报社新闻中心主任
朴 战	住房和城乡建设部政策研究中心办公室主任
李剑英	住房和城乡建设部科技发展促进中心综合财务处处长
黄天然	北京市住房和城乡建设委员会研究中心副主任
郑勤俭	北京市市政市容管理委员会研究室副主任
陈建军	北京市规划委员会办公室主任
王明浩	天津市城乡建设和交通委员会副总工程师
年继业	上海市城乡建设和交通委员会办公室主任
徐国岁	上海市规划和国土资源管理局办公室副主任
邹晓波	重庆市城乡建设委员会办公室主任
程才实	河北省住房和城乡建设厅办公室主任
路长青	山西省住房和城乡建设厅办公室主任
孙雪松	内蒙古自治区住房和城乡建设厅办公室主任
张立志	黑龙江省住房和城乡建设厅办公室主任
何永良	辽宁省住房和城乡建设厅办公室主任
邢文忠	吉林省住房和城乡建设厅办公室主任
崔秀顺	山东省住房和城乡建设厅办公室主任
杨洪海	江苏省住房和城乡建设厅办公室主任
陈 航	浙江省住房和城乡建设厅办公室副主任
蔡新立	安徽省住房和城乡建设厅办公室主任
练 欣	福建省住房和城乡建设厅办公室主任

姚宏平	江西省住房和城乡建设厅办公室主任	魏 琪	文化部财务司处长
刘江明	河南省住房和城乡建设厅办公室主任	张 辉	农业部发展计划司投资处处长
邱正炯	湖北省住房和城乡建设厅办公室副主任	赵东晓	水利部建设与管理司处长
易小林	湖南省住房和城乡建设厅办公室主任	何革华	科学技术部社会科技发展司调研员
钟汉谋	广东省住房和城乡建设厅法规处处长	林志华	教育部发展规划司处长
黄小川	广西壮族自治区住房和城乡建设厅办公室主任	刘 魁	卫生部规划财务司处长
史贵有	海南省住房和城乡建设厅改革与发展处处长	佟岱山	国家民航总局机场司处长
陈福忠	四川省住房和城乡建设厅政策与法规处处长	李 锋	国家广播电影电视总局计财司处长
毛家荣	贵州省住房和城乡建设厅办公室主任	李春红	国家环境保护部规划财务司处长
李发新	云南省住房和城乡建设厅办公室主任	刘跃祥	国家林业局处长
李进忠	西藏自治区住房和城乡建设厅办公室主任	苏玉娟	国家海洋局规划司
倪 平	陕西省住房和城乡建设厅编志办负责人	韩志强	中国地震局规划财务司处长
郭元乐	甘肃省住房和城乡建设厅办公室副主任	王晓宇	国家旅游局规划发展与财务司
薛长福	青海省住房和城乡建设厅办公室副主任	缪旭明	中国气象局调研员
张沁元	宁夏回族自治区住房和城乡建设厅房地产管理处处长	吕铁杭	国家体育总局经济司处长
陆青锋	新疆维吾尔自治区住房和城乡建设厅办公室	李成杨	中国建筑工程总公司办公室
汪 洋	新疆生产建设兵团建设局办公室主任	刘贤福	中国铁道建筑工程总公司办公室
刘兆明	大连市建设委员会办公室主任	刘统畏	中国铁路工程总公司
徐玉田	青岛市建设委员会办公室主任	唐永胜	中国港湾建设(集团)总公司
陶相木	厦门市建设与管理局办公室主任	卢 骏	中国中煤能源集团公司
袁布军	宁波市建设委员会办公室副主任	李胜利	中国化学工程集团公司
赖宣尧	深圳市住房和建设局办公室副主任	冯有维	中国水利水电建设集团公司史志办公室
邹再华	国家发展和改革委员会固定资产投资司处长	张建军	中国海洋石油总公司
王隽峰	铁道部建设管理司处长	赵 峰	中国建筑业协会办公室主任
张德华	交通运输部公路局副处长	王平原	中国建筑学会办公室主任
李永恒	交通运输部水运局处长	邹燕青	中国城市科学研究会办公室主任
王晓丽	工业和信息化部通信发展司调研员	吕志翠	中国建筑金属结构协会
		蔡 蕾	中国城市规划协会办公室主任
		王毅强	中国建筑装饰协会副秘书长
		李 佳	中国公园协会秘书处
		马桂芝	中国建设工程造价管理协会秘书长
		傅彦荣	中国风景园林学会
		蔡成军	中国工程建设标准化协会办公室主任

中国建设年鉴编辑部
主　　任：马　红
地　　址：北京海淀区三里河路9号院中国建筑工业出版社
邮　　编：100037
电　　话：010-58934311(兼传真)
电子邮箱：zgjsnjbjb@cabp.com.cn

目 录

第一篇 建 设 综 述

一、住房城乡建设法制建设 …………………… 2
二、住房保障建设 ……………………………… 4
三、城乡规划 …………………………………… 7
四、城市建设与市政公用事业 ………………… 12
五、村镇建设 …………………………………… 16
六、房地产市场监管 …………………………… 20
七、工程建设标准定额 ………………………… 26
八、建设工程质量安全监管 …………………… 29
九、建筑市场管理 ……………………………… 33
十、建设节能与科技 …………………………… 37
十一、住房城乡建设人事教育 ………………… 42
十二、住房城乡建设稽查 ……………………… 54
十三、抗震救灾与灾后重建 …………………… 58
十四、固定资产投资 …………………………… 60
十五、铁路建设 ………………………………… 63
十六、交通运输 ………………………………… 71
十七、农业资金投入 …………………………… 77
十八、环境保护工作 …………………………… 78
十九、通信业建设 ……………………………… 81
二十、民航建设 ………………………………… 83
二十一、卫生基础设施建设 …………………… 85
二十二、文化设施建设 ………………………… 87
二十三、全国教育基本建设 …………………… 89
二十四、水利建设 ……………………………… 91
二十五、奥运场馆工程与上海世博会工程建设 … 93
二十六、西部大开发建设进展 ………………… 100

第二篇 各 地 建 设

北京市 ………………………………………… 104
天津市 ………………………………………… 140
河北省 ………………………………………… 165
山西省 ………………………………………… 171
内蒙古自治区 ………………………………… 180
辽宁省 ………………………………………… 185
吉林省 ………………………………………… 188
黑龙江省 ……………………………………… 195
上海市 ………………………………………… 199
江苏省 ………………………………………… 209
浙江省 ………………………………………… 220
安徽省 ………………………………………… 226
福建省 ………………………………………… 245
江西省 ………………………………………… 257
山东省 ………………………………………… 266
河南省 ………………………………………… 276
湖北省 ………………………………………… 283
湖南省 ………………………………………… 293
广东省 ………………………………………… 306
广西壮族自治区 ……………………………… 314
海南省 ………………………………………… 319
重庆市 ………………………………………… 331
四川省 ………………………………………… 337
贵州省 ………………………………………… 347
西藏自治区 …………………………………… 351
陕西省 ………………………………………… 355
甘肃省 ………………………………………… 369
青海省 ………………………………………… 379
宁夏回族自治区 ……………………………… 386
新疆维吾尔自治区 …………………………… 394
新疆生产建设兵团 …………………………… 411
大连市 ………………………………………… 417
青岛市 ………………………………………… 420
宁波市 ………………………………………… 424
厦门市 ………………………………………… 430
深圳市 ………………………………………… 447

第三篇 法规政策文件

一、法律、法规和国务院有关文件 ……………… 452
国务院办公厅转发环保总局等部门关于
　加强农村环境保护工作意见的通知
　　国办发〔2007〕63号 ……………………… 452
国务院办公厅关于加强和规范新开工项目管理
　的通知
　　国办发〔2007〕64号 ……………………… 455
国务院办公厅关于切实做好当前农民工工作的通知
　　国办发〔2008〕130号 …………………… 457
国务院办公厅关于促进房地产市场健康发展的若干
　意见
　　国办发〔2008〕131号 …………………… 459
历史文化名城名镇名村保护条例
　　国务院令第524号 ………………………… 461
汶川地震灾后恢复重建条例
　　国务院令第526号 ………………………… 465
对外承包工程管理条例
　　国务院令第527号 ………………………… 471
民用建筑节能条例
　　国务院令第530号 ………………………… 474
公共机构节能条例
　　国务院令第531号 ………………………… 478

二、部令 ……………………………………………… 481
住宅专项维修资金管理办法
　　建设部　财政部令第165号 ……………… 481
建筑起重机械安全监督管理规定
　　建设部令第166号 ………………………… 486
中华人民共和国注册建筑师条例实施细则
　　建设部令第167号 ………………………… 489
房屋登记办法建设部令第168号 ……………… 494
市政公用设施抗灾设防管理规定
　　住房和城乡建设部令第1号 ……………… 502

三、部门法规、规范性文件 ………………………… 506
关于加强廉租住房质量管理的通知
　　建保〔2008〕62号 ………………………… 506
关于印发《关于开展加强住房公积金管理
　专项治理工作的实施意见》的通知
　　建保〔2008〕93号 ………………………… 507
关于印发《房屋登记簿管理试行办法》的通知
　　建住房〔2008〕84号 ……………………… 510
关于贯彻实施《城乡规划法》的指导意见
　　建规〔2008〕21号 ………………………… 513
关于做好住房建设规划与住房建设年度计划
　制定工作的指导意见
　　建规〔2008〕46号 ………………………… 515

关于印发《建设部、监察部城乡规划效能监察领导
　小组办公室2008年度工作计划要点》的通知
　　建办规〔2008〕19号 ……………………… 517
关于发布《注册建造师执业管理办法》（试行）
　的通知
　　建市〔2008〕48号 ………………………… 518
关于印发《建筑工程方案设计招标投标管理办法》
　的通知
　　建市〔2008〕63号 ………………………… 522
关于征求《关于推进大型工程监理单位创建
　工程项目管理企业的指导意见》
　（征求意见稿）意见的函
　　建市监函〔2008〕35号 …………………… 528
关于印发《招标投标违法行为记录公告暂行办法》
　的通知
　　发改法规〔2008〕1531号 ………………… 530
关于《房屋建筑和市政工程施工招标投标资格
　审查办法》（征求意见稿）征求意见的函
　　建市招函〔2008〕77号 …………………… 532
关于印发《关于大型工程监理单位创建工程项目
　管理企业的指导意见》的通知
　　建市〔2008〕226号 ……………………… 536
关于加快推进数字化城市管理试点工作的通知
　　建城容函〔2008〕70号 …………………… 538
关于规范城市园林绿化企业资质管理的通知
　　建城〔2008〕85号 ………………………… 539
关于印发《民用建筑供热计量管理办法》
　的通知
　　建城〔2008〕106号 ……………………… 540
关于加强城市公共厕所建设和管理的意见
　　建城〔2008〕170号 ……………………… 542
关于加强城市绿地系统建设提高城市防灾避险
　能力的意见
　　建城〔2008〕171号 ……………………… 544
关于印发《北方采暖地区既有居住建筑供热
　计量改造工程验收办法》的通知
　　建城〔2008〕211号 ……………………… 546
关于印发《供水、供气、供热等公用事业单位
　信息公开实施办法》的通知
　　建城〔2008〕213号 ……………………… 547
关于推进北方采暖地区既有居住建筑供热计量
　及节能改造工作的实施意见
　　建科〔2008〕95号 ………………………… 549
关于印发《民用建筑节能信息公示办法》
　的通知

建科〔2008〕116号 …………………… 551
关于做好2008年建设领域节能减排工作的实施意见
　　建科〔2008〕160号 …………………… 552
关于开展建设领域节能减排监督检查工作的通知
　　建办科函〔2008〕781号 ………………… 555
关于贯彻实施《民用建筑节能条例》的通知
　　建科〔2008〕221号 …………………… 558
关于印发《2008年创建全国无障碍建设城市
　　工作要点》的通知
　　建办标〔2008〕7号 ……………………… 559
关于2007年全国建设工程质量安全监督执法
　　检查情况的通报
　　建质〔2008〕16号 ……………………… 560
关于做好建设系统灾后恢复重建安全生产
　　工作的通知
　　建质〔2008〕45号 ……………………… 563
关于进一步开展建筑安全生产隐患排查治理
　　工作的实施意见
　　建质〔2008〕47号 ……………………… 565
关于开展建筑安全生产百日督查专项行动的通知
　　建办质〔2008〕27号 …………………… 566

关于住房和城乡建设系统进一步加强安全生产工作的
　　紧急通知
　　建质电〔2008〕29号 …………………… 568
关于做好住房城乡建设系统抗震救灾和
　　防范次生灾害工作的紧急通知
　　建办质电〔2008〕34号 ………………… 570
关于印发《建筑施工企业安全生产管理机构设置
　　及专职安全生产管理人员配备办法》的通知
　　建质〔2008〕91号 ……………………… 571
关于印发《建筑施工企业安全生产许可证动态监管
　　暂行办法》的通知
　　建质〔2008〕121号 …………………… 573
关于进一步加强住宅装饰装修管理的通知
　　建质〔2008〕133号 …………………… 575
关于推进县域村庄整治联系点工作的指导意见
　　建村〔2008〕141号 …………………… 576
关于加强汶川地震灾后农房重建指导工作的通知
　　建村〔2008〕109号 …………………… 579

四、部分部门法规、规范性文件、部公告索引
　　…………………………………………… 580

第四篇　重要文献

制定镇规划编制办法是当前
　　迫切任务 ………………………… 汪光焘 598
建立和完善中国住房体系的思考——
　　姜伟新同志在中国发展高层论坛
　　2008年会上的发言 …………………… 603
姜伟新同志在"第四届国际智能、绿色建筑
　　和建筑节能大会暨新技术与产品博览会"
　　上的致辞 ………………………………… 604
住房和城乡建设部部长姜伟新在国务院
　　新闻办新闻发布会上的讲话 …………… 605
5·12地震后灾区重建的
　　若干建议 ………………………… 仇保兴 607
灾后重建生态城镇纲要 …………… 仇保兴 610

全面贯彻落实科学发展观　切实搞好城市
　　园林绿化建设——仇保兴同志在城市园林
　　绿化工作座谈会上的讲话 ……………… 614
仇保兴同志在第四批中国历史文化名镇
　　名村授牌仪式暨历史文化资源保护
　　研讨会上的讲话 ………………………… 617
黄卫同志在建设部安全生产管理委员会
　　2008年第一次会议上的讲话 …………… 621
陈大卫同志在中国建设监理创新发展20周年
　　总结表彰大会上的讲话 ………………… 623
理清思路　切实推进住房建设计划（规划）制定和
　　公布工作——齐骥同志在全国住房建设计划
　　（规划）工作会议上的讲话 ……………… 624

第五篇　专题与研究报告

一、专题 …………………………………… 628
· 住房和城乡建设部组建·
国务院办公厅关于印发住房和城乡建设部主要职责
　　内设机构和人员编制规定的通知
　　国办发〔2008〕74号 …………………… 628
部领导 ……………………………………… 631

派驻机构 …………………………………… 631
其他机构 …………………………………… 631
· 汶川特大地震抗震救灾先进表彰·
关于表彰全国住房和城乡建设系统抗震救灾先进
　　集体和先进个人的决定 ………………… 632
关于表彰住房和城乡建设部机关和部属单位抗震救灾

先进集体和先进个人的决定 ……………… 643
二、研究报告 ………………………………………… 646
　　2008年全国建筑节能工作综述 …………… 646
　　"第五届国际智能、绿色建筑与建筑节能大会暨
　　　新技术与产品博览会"综述 ……………… 649
　　企业适度规模经营子课题研究报告
　　　……………………… 中国建筑业协会课题组 650
　　加强风景名胜区的保护和管理　提高风景

名胜资源利用的社会效益
　　……………… 建设部政策研究中心课题组 662
中小城镇发展是化解大城市住房难题的战略之举
　　……………… 建设部政策研究中心课题组 666
完善住房制度是让更多群众拥有财产性收入的
　重要一环 ……… 建设部政策研究中心课题组 670
对住房市场化与完善住房保障之间关系的思考
　　……………… 建设部政策研究中心课题组 673

第六篇　数据统计与分析

2008年城市、县城和村镇建设
　统计情况 …………………………………… 680
2008年全年建筑业发展统计分析 …………… 685
2008年建设工程监理统计公报 ……………… 697
2008年全国工程监理企业监理收入前100名 … 698
2008年工程建设项目招标代理机构统计公报 … 701

2008年度工程招标代理机构工程招标代理
　收入前100名 ……………………………… 702
2008年全国工程勘察设计企业年报情况 …… 705
2008年全国工程勘察设计企业营业收入
　前100名 …………………………………… 709
2008年全国住房公积金管理情况 …………… 712

第七篇　行业社团与部分央企

一、行业社团 ………………………………………… 716
　　中国建筑学会 ……………………………… 716
　　中国建筑业协会 …………………………… 717
　　中国房地产业协会 ………………………… 720
　　中国建筑金属结构协会 …………………… 723
　　中国安装协会 ……………………………… 724

中国工程建设标准化协会 …………………… 727
中国风景园林学会 …………………………… 729
中国公园协会 ………………………………… 730
二、中央企业 ………………………………………… 731
　中国建筑工程总公司 ………………………… 731
　中国水利水电建设集团公司 ………………… 734

第八篇　2008年建设纪事

1~12月 ………………………………………………… 738

第一篇

建 设 综 述

一、住房城乡建设法制建设

一、制定出台《民用建筑节能条例》

2008年7月23日，国务院常务会议审议通过了《民用建筑节能条例》（国务院令第530号），自2008年10月1日起施行。

节约能源是我国的一项长期战略方针，是落实科学发展观、实现经济社会可持续发展的要求。建筑业是能源需求增长较快的领域。目前，建筑能源消耗已经占全国能源消耗总量的27.5%，民用建筑节能潜力巨大。近年来，我国在保障新建建筑符合民用建筑节能标准和促进既有建筑节能改造方面，取得了较大的发展和进步。同时，也出现了一些新的情况和问题，一是民用建筑节能标准难以落到实处。二是既有建筑节能改造举步维艰。三是公共建筑特别是国家机关办公建筑和大型公共建筑耗电量过大。四是供热采暖系统运行效率低。五是缺乏有效的民用建筑节能激励措施。因此，《民用建筑节能条例》的出台，对于加强对民用建筑节能的管理，降低民用建筑使用过程中的能源消耗，提高能源利用效率，具有重要意义。

条例的主要内容：第一，规定了适用范围。本条例所称民用建筑节能，是指在保证居住建筑、国家机关办公建筑和其他公共建筑使用功能和室内热环境质量的前提下，降低其使用过程中能源消耗的活动。第二，国家鼓励和扶持在新建建筑和既有建筑节能改造中采用太阳能、地热能等可再生能源。第三，从标准、设计、建设、竣工验收和测评标识等方面加强对新建建筑的节能管理，从源头上遏制建筑能源过度消耗，防止边建设高能源消耗建筑、边进行节能改造等行为。第四，规范既有建筑的节能改造，明确改造原则、要求、范围、标准和费用负担方式，完善既有建筑节能分类改造制度。第五，加强和规范建筑用能系统运行节能。第六，对政府有关部门、建设单位、设计单位、施工单位、工程监理单位、房地产开发企业、注册执业人员在民用建筑节能活动中的违法行为分别规定了相应的法律责任。

二、颁布实施《历史文化名城名镇名村保护条例》

国务院制定通过《历史文化名城名镇名村保护条例》（以下简称条例），于2008年7月1日起施行。历史文化名城、名镇、名村是我国历史文化遗产的重要组成部分。切实保护好这些历史文化遗产，是保持民族文化传承、增强民族凝聚力的重要文化基础，也是建设社会主义先进文化、深入贯彻落实科学发展观和构建社会主义和谐社会的必然要求。随着国民经济和社会的发展，各地城镇化进程明显加快，建设与保护的矛盾日益突出，历史文化名城、名镇、名村保护工作面临着一些亟待解决的问题，许多重要历史文化遗产正在消失，传统格局和历史风貌遭到严重破坏，保护规划的编制、修改工作滞后，保护措施不力，管理不到位。条例的实施将进一步加强对历史文化名城、名镇、名村的保护，有利于保持和延续传统格局和历史风貌，维护历史文化遗产的真实性和完整性。

条例的主要内容：一是，为了规范历史文化名城、名镇、名村的申报与批准，科学、合理地确定历史文化名城、名镇、名村，条例作了相关规定。二是，为了规范保护规划的编制、审批和修改，保障制定保护规划的科学、民主和公开，条例明确了保护规划的编制主体、编制时限和审批主体，明确保护规划的内容、期限和编制程序，强调了保护规划的权威性。三是，为了加强对历史文化名城、名镇、名村的保护，条例确立了对历史文化名城、名镇、名村实行整体保护的原则，强化了政府的保护责任，规定了严格的保护措施，明确了在保护范围内禁止从事的活动，重点加强了对历史建筑的保护。四是，为了切实加强对历史文化名城、名镇、名村的保护，有效遏制破坏历史文化遗产的违法行为，条例明确规定了政府及其有关主管部门的法律责任，对破坏传统格局和历史风貌的行为设定了严格的法律责任，并注重行政处罚种类和法律责任的多样化。

三、颁布实施《中华人民共和国注册建筑师条例实施细则》

为规范中华人民共和国境内注册建筑师的考试、注册、执业、继续教育和监督管理，根据《中华人民共和国行政许可法》和《中华人民共和国注册建筑师条例》，建设部制定施行了《中华人民共和国注册建筑师条例实施细则》。出台细则，对于规范注册建筑师考试和执业活动，规范市场主体行为，优化建筑市场秩序，将发挥积极作用。

《细则》的主要内容：第一，明确了考试办法。注册建筑师考试分为一级注册建筑师考试和二级注册建筑师考试。注册建筑师考试实行全国统一考试，每年进行一次。注册建筑师考试由全国注册建筑师管理委员会统一部署，省、自治区、直辖市注册建筑师管理委员会组织实施。同时，规定了注册建筑师考试的内容和报名条件等。第二，明确了注册办法。注册建筑师实行注册执业管理制度。取得执业资格证书或者互认资格证书的人员，必须经过注册方可以注册建筑师的名义执业。建筑师注册必须遵守规定的程序和条件。第三，对执业作了具体规定。取得资格证书的人员，应当受聘于中华人民共和国境内的一个建设工程勘察、设计、施工、监理、招标代理、造价咨询、施工图审查、城乡规划编制等单位，经注册后方可从事相应的执业活动。第四，对监督检查和法律责任作了具体规定。国务院建设主管部门对注册建筑师注册执业活动实施统一监管。县级以上地方人民政府建设主管部门负责对本行政区域内的注册建筑师注册执业活动，实施监督管理。规定了违反建筑师注册执业管理有关法规的具体行为和相应的处罚措施。

四、颁布实施《建筑起重机械安全监督管理规定》

制定《建筑起重机械安全监督管理规定》主要是满足三大需要。首先是贯彻落实党中央、国务院安全生产方针政策和法律法规的需要。党的十七大强调"坚持安全发展，强化安全生产管理和监督，有效遏制重特大安全事故"。2003年，国务院相继出台了行政法规《特种设备安全监察条例》和《建设工程安全生产管理条例》，明确要求对起重机械安装、使用等行为予以规范。其次是适应我国建筑机械化程度不断提高的需要。建筑施工企业机械装备水平反映着建筑业整个行业技术进步程度，机械设备安全管理状况也反映着建筑安全生产管理的水平。第三是促进建筑起重机械安全形势好转的需要。随着建筑施工机械化程度逐步提高，建筑起重机械安全事故时有发生，起重机械的安装、拆卸、使用已经成为建设主管部门严密监控的重大危险源。

根据《建筑起重机械安全监督管理规定》，建筑起重机械的租赁、安装、拆卸、使用及其监督管理，适用本规定。《规定》在完善原有制度的基础上，建立了三项新的管理制度：一是起重机械备案登记制度，定期向社会公布建筑起重机械的备案、在用、事故发生等安全状况；二是起重机械档案管理制度，这是夯实企业和政府安全生产管理基础的重要手段；三是特种作业人员持证上岗制度，规定建筑起重机械安装拆卸工、起重信号工、起重司机、司索工等特种作业人员应当经建设主管部门考核合格，并取得特种作业操作资格证书后，方可上岗作业。

五、制定发布《市政公用设施抗灾设防管理规定》

制定《市政公用设施抗灾设防管理规定》的目的，主要是为了加强对市政公用设施抗灾设防的监督管理，提高市政公用设施的抗灾能力，保障市政公用设施的运行安全，保护人民生命财产安全。

本规定明确，建设主管部门应当根据实际防灾要求，制定、修订有关工程建设标准，将市政公用设施的抗灾设防要求和先进、适用、成熟的技术措施纳入工程建设标准。国家鼓励采用符合工程建设标准的先进技术方法和材料设备，进行市政公用设施的抗灾设计与施工。市政公用设施的建设单位、勘察单位、设计单位、施工单位、工程监理单位，市政公用设施的运营、养护单位以及从事市政公用设施抗灾抗震鉴定、工程检测活动的单位，应当遵守有关建设工程抗灾设防的法律、法规和技术标准，依法承担相应责任。同时，规定了城乡规划中的防灾专项规划和市政公用设施专项规划的编制要求。市政公用设施的选址和建设应当符合城乡规划以及防灾专项规划、市政公用设施各项专业规划和有关工程建设标准的要求。新建、改建和扩建市政公用设施应当按照有关工程建设标准进行抗灾设防。新建、改建和扩建市政公用设施应当按照国家有关标准设置安全监测、健康监测、应急自动处置和防灾设施，并与主体工程同时设计、同时施工、同时投入使用。安全监测、健康监测、应急自动处置和防灾设施投资应当纳入建设项目预算。建设单位应当组织专家对工程选址和设计方案进行抗灾设防专项论证。施工图审查机构在进行施工图审查时，应当审查市政公用设施抗灾设防内容。建设单位应当针对市政公用设施建设期间的防灾薄弱环节，组织制定技术措施和应急预案，并组织实施。本《规定》还对灾区恢复重建作了相关规定，明确灾区重建坚持基础设施先行的原则。

六、制定《房屋登记办法》

2008年1月经建设部第147次常务会议审议通过了《房屋登记办法》（以下简称《办法》）。《办法》是在《城市房屋权属登记管理办法》（以下简称99号令）基础上起草的。随着经济社会的发展，房地产市场环境发生了较大变化，权属登记实践中出现了不少新情况、新问题，迫切需要予以规范。一些地方创造的行之有效的的工作经验，要上升为法律规定。99号令需要根据《物权法》的规定进行相应修改，并对房屋权属登记的内容进行具体规定。

《办法》对适用范围、房屋登记概念、房屋登记机构、房屋登记的一般程序、房屋登记簿和权属证书、国有土地范围内的房屋登记、集体土地范围内的房屋登记以及相应的法律责任等问题进行了规定。一是对房屋登记的程序性内容进行规范，明确办理房屋登记应当遵循的一般程序，确立依申请办理登记的原则，对登记机构受理、审核、登记或者不予登记、发证或者补证的行为予以规范。二是对预告登记、更正登记、异议登记、地役权登记作了规定，预告登记充分发挥保护业主权利的作用，更正登记、异议登记的规定体现了尊重当事人意思、便利申请人的立法精神。三是对实践中反映突出的违法行为，如非法印制、伪造、变造房屋权属证书的行为等，设定了相应的罚则，并明确了申请人使用虚假材料申请登记的法律责任，以及对登记机关及其工作人员违反规定办理房屋登记的责任。

（住房和城乡建设部法规司）

二、住房保障建设

2008年，各部门认真贯彻党中央、国务院决策部署，进一步明确任务，落实政策，健全制度，加大投入，加快解决城市低收入家庭住房困难，住房保障工作取得重要进展。总体看，2008年是我国住房保障工作快速发展的一年，也是城市低收入住房困难家庭得到实惠更多的一年。

一、进一步完善保障制度

【建立廉租住房年度工作计划制度】 2008年7月4日，住房和城乡建设部、国家发展改革委和财政部联合下发了《关于印发2008年廉租住房工作计划的通知》（建保[2008]122号），标志着廉租住房年度工作计划制度初步建立。

《通知》明确了2008年廉租住房工作的目标任务，并要求2008年底前，所有县城对申请廉租住房租赁补贴并经审核符合保障条件的低保住房困难家庭，基本做到应保尽保。《通知》对廉租住房建设作出一系列原则性规定：廉租住房保障实行货币补贴和实物配租相结合，以发放租赁补贴为主；新建廉租住房控制在人均建筑面积13平方米左右，平均套型面积控制在40平方米左右，最大不超过50平方米；新建廉租住房主要在经济适用住房和普通商品住房小区中配建。

【建立城市低收入家庭收入核定制度】 为规范保障性住房准入管理，2008年10月22日，民政部、国家发展改革委、公安部、财政部、人力资源社会保障部、住房和城乡建设部、人民银行、税务总局、工商总局、统计局、证监会印发了《城市低收入家庭认定办法》（民发[2008]156号），建立了城市低收入家庭收入核定制度。

《办法》规定，民政部负责全国城市低收入家庭收入核定的管理工作；县（市、区）以上地方人民政府民政部门负责本行政区域内城市低收入家庭收入核定的管理工作；县（市、区）人民政府民政部门以及街道办事处或者乡镇人民政府负责城市低收入家庭收入核定的具体工作。《办法》对城市低收入家庭收入标准的确定，家庭收入、家庭财产的概念，低收入家庭的核定程序和方法，审核档案管理等事项作了明确的规定。

【建立低收入家庭住房保障统计制度】 城市低收入家庭住房保障统计，是建立住房保障体系的基础性工作，对于科学制定住房保障发展规划和年度计划，合理安排住房保障资金和建设用地等具有重要作用。2008年4月23日，住房和城乡建设部、国家发展改革委、民政部、财政部、国土资源部联合印发《城市低收入家庭住房保障统计报表制度》的

二、住房保障建设

通知(建保〔2008〕79号,以下简称《报表制度》),建立了城市低收入家庭住房保障统计制度。

《报表制度》规定,各级住房保障部门要认真做好数据收集、整理和分析工作。《报表制度》包括廉租住房和经济适用住房保障条件、标准,保障(供应)户数、人数,住房建设投资、竣工(筹集)、配租(销售),保障资金筹集、支出等指标。《报表制度》要求每季度末由住房保障部门会同有关部门上报。《报表制度》的实施,标志着住房保障工作信息化建设迈出重要的一步。

二、切实落实各项政策措施

【落实土地政策】 为了贯彻落实党中央、国务院作出的扩大内需促进经济平稳较快增长的重大决策部署,及时提供用地保障,2008年11月28日,国土资源部印发了《关于为扩大内需促进经济平稳较快发展做好服务和监管工作的通知》(国土资发〔2008〕237号)。《通知》要求强化对城乡建设用地的统筹,在城镇建设用地规模范围内,优先安排保障性住房等民生项目用地;在农村建设用地中,优先保障游牧民定居工程等用地。12月22日,国土资源部、国家发展和改革委员会、教育部、环境保护部、住房和城乡建设部、交通运输部、铁道部、水利部、文化部、国家能源局、中国民用航空局联合印发了《关于切实做好扩大内需促进经济平稳较快发展的用地保障和管理的通知》(国土资发〔2008〕298号),要求各地要在严格控制城乡建设用地总规模的前提下,统筹安排新增中央投资计划项目用地,优先安排保障性住房、游牧民定居工程等用地,地方各级国土资源管理部门切实做好重点建设项目用地的供应和保障服务工作。

【完善中央廉租住房保障专项补助资金管理办法】 为支持中西部财政困难地区做好城市廉租住房保障工作,2008年6月26日,财政部修订并印发了《中央廉租住房保障专项补助资金实施办法》(财综〔2008〕48号)。

《办法》对中央廉租住房保障专项补助资金的分配与计算、拨付与使用、监督管理等作出了详细的规定。《办法》明确,中央廉租住房保障专项补助资金主要用于补助财政困难地区及新疆生产建设兵团开展廉租住房保障工作中的租赁补贴支出,用于租赁补贴支出后仍有结余的,可以用于弥补购买、改建、租赁廉租住房支出,但不得用于新建廉租住房支出;中央廉租住房保障专项补助资金,由财政部商住房城乡建设部根据财政困难地区以及新疆生产建设兵团上年度廉租住房保障状况,每年4月30日之前一次统一下达。

【明确有关税收优惠政策】 2008年3月3日,财政部、国家税务总局联合下发《关于廉租住房经济适用住房和住房租赁有关税收政策的通知》(财税〔2008〕24号)。《通知》明确了一系列支持廉租住房、经济适用住房和租赁住房的税收政策。主要有:廉租住房租金收入免征营业税、房产税;廉租住房用地免征城镇土地使用税;普通商品房项目中配套建造廉租住房、经济适用房,可按比例免征城镇土地使用税和印花税;转让旧房作为廉租住房、经济适用住房房源且增值额未超过扣除项目金额20%的,免征土地增值税;对廉租住房、经济适用住房经营管理单位与廉租住房、经济适用住房相关的印花税以及廉租住房承租人、经济适用住房购买人涉及的印花税予以免征;对廉租住房经营管理单位购买住房作为廉租住房、经济适用住房经营管理单位回购经济适用住房继续作为经济适用住房房源的,免征契税;个人购买经济适用住房,在法定税率基础上减半征收契税等。

【落实保障性住房信贷支持政策】 为支持国家住房保障制度建设,中国人民银行、中国银行业监督管理委员会对中国人民银行1999年颁布的《经济适用住房开发贷款管理暂行规定》进行了修订,并更名为《经济适用住房开发贷款管理办法》。《办法》明确了经济适用住房开发贷款的定位、借贷主体资格,规范了贷款期限、利率管理,严格贷款资金管理要求,并从多个方面鼓励金融机构加大对经济适用住房开发的金融支持力度。首先,扩大了贷款人范围。除国有商业银行和住房储蓄银行外,还增加了股份制商业银行等其他银行业金融机构。其次,放宽贷款申请条件。《办法》规定经济适用住房贷款项目的资本金不得低于项目总投资的30%,低于一般商业性房地产项目不得低于35%的规定。第三,明确了利率优惠政策。规定"贷款利率按人民银行利率政策执行,可以适当下浮,但下浮比例不超过10%"。第四,放宽了贷款期限。明确贷款期限原则上为3年,但考虑到个别城市可能成片开发经济适用住房,所需开发时间较长的情况,做了特殊规定,贷款期限可放宽至5年。第五,强化了资金管理,明确要求对经济适用住房开发贷款项目原则上实行封闭管理。

12月3日,中国人民银行、银监会印发了《廉租住房建设贷款管理办法》。《办法》对廉租住房建设贷款申请条件做了详细规定,并要求廉租住房建设贷款利率应按中国人民银行公布的同期同档次贷款基准利率下浮10%执行；贷款专款专用，不得挤占挪用；先使用项目资本金，后使用贷款；按项目进度用款。

三、加快保障性安居工程建设

【明确任务目标】 为应对全球金融危机，2008年四季度，中央出台了扩大内需、促进经济平稳较快增长的十项措施，加大保障性住房建设力度被列为十项措施之首。12月20日，国务院办公厅印发了《关于促进房地产市场健康发展的若干意见》（国办发〔2008〕131号，以下简称"131号文"），提出争取用3年时间基本解决城市低收入住房困难家庭住房及棚户区改造问题，并明确了三种解决途径。一是通过加大廉租住房建设力度和实施城市棚户区（危旧房、筒子楼）改造等方式，解决城市低收入住房困难家庭的住房问题。二是加快实施国有林区、垦区、中西部地区中央下放地方煤矿的棚户区和采煤沉陷区民房搬迁维修改造工程，解决棚户区住房困难家庭的住房问题。三是加强经济适用住房建设，各地从实际情况出发，增加经济适用住房供给。

131号文提出，到2011年底，基本解决747万户现有城市低收入住房困难家庭的住房问题，基本解决240万户现有林区、垦区、煤矿等棚户区居民住房的搬迁维修改造问题。2009年到2011年，全国平均每年新增130万套经济适用住房。

【加大资金支持力度】 2008年中央安排廉租住房保障资金143亿元，其中中央预算内投资补助资金95亿元，中央专项补助资金48亿元。中央安排林区、垦区、煤矿棚户区改造资金分别为1.5亿元、1.5亿元、17亿元。同时提高了中央预算内投资廉租住房建设补助标准，对西部地区由每平方米300元提高到400元，对中部地区由每平方米200元提高到300元，对东部山东、福建、辽宁三省按每平方米200元给予补助。

【严格工作要求】 为确保完成保障性安居工程任务，住房城乡建设部及时印发了《关于住房城乡建设系统贯彻落实中央扩大内需促进经济增长重大决策有关问题的通知》（建房〔2008〕215号）。《通知》对保障性住房建设提出三项要求：一是加大廉租住房建设力度。已经开工的廉租住房建设项目，要加快进度；原计划于2009年开工的项目，凡具备开工条件的，要在当年开工；中央追加的对中西部投资补助75亿元，要尽快分解下达。二是积极推进棚户区（危旧房）改造。对不具有商业开发价值的城市集中成片棚户区改造项目，可以给予适当补助。三是加快经济适用住房建设。各地加快实施本地区经济适用住房建设年度计划；有条件的地区，适当超前调整经济适用住房年度计划，加大近期建设规模；鼓励已具备开工条件的项目尽快开工。

【加快国有林区和垦区棚户区（危旧房）改造】 为加快国有林区棚户区改造试点工作，2008年12月8日，国家林业局、住房和城乡建设部、国家发展改革委联合印发了《关于做好国有林区棚户区改造试点工作的紧急通知》（林计发〔2008〕251号）。《通知》明确，棚户区改造试点要首先解决林区中的住房特困户、低保户、五保户、优抚对象、因伤因病因灾致贫家庭的居住困难；试点省区林业（森工）部门是此次棚户区改造试点工作的责任主体和实施主体，对棚户区改造试点的资金使用、项目管理、建设进度、实施效果负总责；棚户区改造项目在土地、拆迁、税费、产权等方面参照当地城市、煤矿棚户区改造以及经济适用住房等相关政策执行。同时，农业部、国家发展改革委、住房城乡建设部明确了垦区危旧房改造范围、对象、资金来源、组织实施等政策措施。

【加强质量管理】 为确保廉租住房等保障性住房质量，2008年3月21日，住房和城乡建设部印发了《关于加强廉租住房质量管理的通知》（建保〔2008〕62号）。

《通知》要求，各地建设主管部门要严格基本建设程序，严格按工程招投标、施工图审查、施工许可、质量监督、竣工验收备案等程序执行，并强化对各环节的监督管理。通知进一步强调了有关各方的责任。规划部门要充分考虑低收入家庭生活和就业方面的实际情况，廉租住房项目应采取配套建设与集中建设相结合的办法进行，尽可能安排在近期重点发展区域、产业集中区域和公共交通便利的区域，并加强基础设施和公共服务设施建设；建设单位要对廉租住房质量全面负责；勘察单位、设计单位、施工单位、监理单位和施工图审查机构等要负起相应的责任。通知还要求各地加强经济适用住房、解危解困房、棚户区改造项目等保障性住房建设的质量管理。

四、廉租住房制度实施情况

2008年是廉租住房制度建设的重要一年。各地不断加大保障性安居工程建设力度，多渠道增加廉租住房房源，逐步扩大租赁住房补贴范围，解决城市低收入家庭住房困难工作取得重要进展，基本实现了国务院提出的到2008年底对城市低保家庭中的住房困难户应保尽保的目标。

【廉租住房保障情况】 截至2008年末,累计保障户数294.8万户(年末在保户数283.6万户,退出11.2万户)。其中,租赁住房补贴229万户,实物配租26.2万户,租金核减34.1万户,其他方式5.5万户。2008年当年新增保障户数191.2万户。其中,租赁住房补贴162.7万户,实物配租16.2万户,租金核减9.8万户,其他方式2.5万户。

【廉租住房保障资金落实情况】 2008年各地廉租住房保障资金筹集382.1亿元。其中,住房公积金增值收益补充资金28.9亿元,土地出让净收益提取资金69.5亿元,廉租住房租金收入1.4亿元,市县预算拨款105.5亿元,省级预算补助18.8亿元,中央专项补助57.4亿元,中央投资补助55.3亿元,社会捐赠0.4亿元,其他渠道筹集44.9亿元。

2008年各地廉租住房保障资金支出260亿元。其中,租赁住房补贴资金36.6亿元,实物配租房源筹建资金201.2亿元,廉租住房维护、管理及其他资金6.3亿元。另外,租金核减15.9亿元。

【廉租住房房源筹集情况】 截至2008年末,累计筹集廉租住房37.2万套。其中,新建住房竣工28.1万套,收购存量住房4.7万套,捐赠及其他4.4万套。2008年当年筹集廉租住房24.9万套。其中,新建住房竣工18.5万套,收购存量住房3.1万套,捐赠及其他3.3万套。2008年廉租住房施工面积3063.9万平方米,其中当年新开工2275.6万平方米。

(住房和城乡建设部住房保障司)

三、城 乡 规 划

2008年,以贯彻《城乡规划法》和汶川地震灾后重建规划工作为重点,城乡规划工作取得了新进展。

一、关于汶川地震灾后重建相关规划工作

汶川5·12大地震后,我司紧急成立了恢复重建规划工作组,并分别组建了我部援建四川地震灾区规划专家组和部5·12大地震恢复重建规划专家组,深入灾区应急救灾,指导灾区政府进行过渡安置点选址,开展活动板房建设的规划工作,综合协调汶川地震灾后重建相关规划,按时编制完成了《汶川地震灾后重建规划城镇体系规划》,并派员全程参与编制《汶川地震灾后恢复重建总体规划》,下发了《关于汶川地震灾区城镇灾后恢复重建规划编制工作的指导意见》,指导规划的对口支援和灾后恢复重建规划编制工作,圆满地完成了部党组交给的各项任务。

(一)参加国家发改委牵头的《汶川地震灾后恢复重建总体规划》的集中编写,该规划已经国务院批准

作为灾后恢复重建总体规划起草小组成员,我司派专人全程参加了总体规划的起草工作,具体完成了《汶川地震灾后恢复重建总体规划》中城镇建设、农村建设、城乡住房建设三部分内容的编写工作,并参与完成了《汶川地震灾后恢复重建总体规划》的编制和修改工作。

(二)参加了我司牵头组织的《汶川地震灾后恢复重建城镇体系规划》的编制工作,该规划已由国家发改委与我部共同印发

按照部党组要求,我司负责灾后重建城镇体系规划。我司抓紧制定了《灾后重建城镇体系规划工作方案》和《灾后重建城镇体系规划编制技术要点》,并根据修订后的《国家汶川地震灾区重建规划工作方案》要求,及时召集陕西、甘肃省建设厅规划处处长,研究灾后重建规划工作方案事宜,布置灾后重建规划编制任务,督促陕西、甘肃省及时提出了工作方案。

按照《灾后重建城镇体系规划工作方案》进度安排,我司先后多次派司内人员和规划专家赴灾区指导工作,并多次召开会议协调相关工作,保证了规划编制工作的顺利进行。会同四川、甘肃、陕西省组织召开了"汶川地震灾后重建城镇体系规划专家审查会",组织并与三省规划行政主管部门和技术人员一起对规划进行协调和汇总,代部召开汶川地震灾后重建城镇体系规划审查会。按照专家审查会意见,城乡规划司组织中国城市规划设计研究院及四川、甘肃、陕西省规划编制组对规划进行了多次的修改完善,按时完成了《汶川地震灾后重建规划

城镇体系规划》编制任务。

（三）为指导灾区城镇灾后恢复重建规划编制工作，起草了《关于汶川地震灾区城镇灾后恢复重建规划编制工作的指导意见》

2008年7月初，我司在成都市召开了灾后重建规划对口支援工作会议，介绍救灾与恢复重建规划的有关情况，修改完善了《汶川地震灾区城镇灾后恢复重建规划编制工作指导意见》，对正确把握规划编制工作的指导思想、工作内容和工作要求，保障灾后重建工作科学、规范、有序和高效开展提出了要求。

二、关于城乡规划法规与管理工作

（一）深入贯彻落实《城乡规划法》，完善城乡规划法规体系

配合国务院法制办制定出台了行政法规《历史文化名城名镇名村保护条例》；完成了《违反城乡规划行为处分办法(送审稿)》、《镇、乡、村庄规划编制办法(送审稿)》、《省域城镇体系规划编制审批办法(送审稿)》等部门规章的起草工作；正式开展了《城市规划编制单位资质管理规定》、《历史文化街区保护实施办法》等部门规章的制定修改工作。同时认真进行法律法规协调工作，对《能源法(送审稿)》等80多个法律法规文件提出修改意见。

（二）扎实有效地开展城乡规划效能监察工作，落实国家宏观调控政策，推进城乡规划依法行政

推进规划委员会制度、规划督察员制度、政务公开制度和规划的公众参与制度建设，至2008年末，派往34个城市的50位规划督察员已全部到位，对全国省会城市进行了全覆盖。开展了第二次城乡规划效能监察绩效评估，为作好城乡规划效能监察工作情况阶段总结提供基本依据。加大了对违法、违规建设活动的查处力度，对福建、山东、湖北等地的违法案件进行了现场调查和督办。强化重点工作，推进长效机制建设，会同监察部研究起草了《违反城乡规划行政处分办法(送审稿)》、《关于加强建设用地容积率规划管理和监察的通知》。配合监察部进行国有土地使用权出让转让专项检查，对16省(区、市)的有关土地出让转让是否符合城乡规划进行检查，对存在问题的，提出整改要求。

（三）加强规划行业指导，规范行政许可行为

开展了城市规划编制资质核定及换证工作，组织专家对163个甲级规划编制单位进行了评审，为2500多个规划编制单位换发了新的资质证书。启用"全国规划编制单位信息管理系统"进行人员查重和单位基本信息统计，提高了规划资质审批质量和效率，初步摸清了全国规划编制单位基本情况。

（四）加强了相关专题研究

完成了《城乡规划及管理与〈中华人民共和国物权法〉的衔接研究》的课题研究。组织开展了《修订〈城市规划编制单位资质管理规定〉专题研究》、《我国实行注册规划师执业资格制度所面临的问题和对策研究》、《违反城乡规划行为分类及处分量化标准研究》、《城乡规划与国民经济和社会发展规划、土地利用总体规划有机衔接机制研究》、《城乡规划公开公示制度研究》、《城乡规划许可的重点内容研究》、《〈城乡规划法〉法规体系梳理研究》等课题的研究，为制定有关法规、政策提供依据。

三、城市总体规划

（一）贯彻落实科学发展观，加强对本轮城市总体规划修编的审查把关

在审查工作中，根据《城乡规划法》的要求，以及国家关于贯彻落实科学发展观，加强和改进宏观调控，提高行政效能等一系列重大方针政策，我们进一步突出了审查工作重点，强化关于节约和集约使用土地、水、能源等战略性资源的审查，强化关于生态环境保护、城市综合防灾和公共安全、历史文化遗产保护等方面的审查，强化对保障性住房、综合交通体系、市政基础设施、公共服务设施等民生工程的审查，强化规划编制过程中的公众参与、规划成果公示、人大审议等程序方面的审查。同时，着重提高自身审查工作效率，在保证质量的前提下，加快审查进度，确保审查工作不拖延。

2008年，完成了保定、邯郸、焦作、开封、洛阳、太原、郑州、荆州等8个城市的总体规划纲要的审查工作，将国办交办的襄樊、辽阳、深圳、银川、苏州等5个城市的总体规划成果送城市总体规划部际联席会议成员单位征求意见，完成了西安市城市总体规划的全部审查工作，并经国务院批准实施。

截至2008年12月，由国务院审批的86个城市总体规划中，有59个处于修编工作过程中，其中：无锡市城市总体规划成果待地方修改完善后即可报国务院批准实施；哈尔滨等26个城市的总体规划正在征求国土资源部等部门意见；郑州等21个城市正在编制城市总体规划成果；南京等21个城市正在编制城市总体规划纲要。

（二）加强基础研究工作，提高城市规划编制工作科学性

《城乡规划法》的实施，科学发展观的落实，资源节约型、环境友好型城市的建设，都对城乡规划的编制提出了更高的要求。为进一步突出城市规划在城市发展建设中的先导和统筹作用，提高规划编制的科学性，结合《城乡规划法》的贯彻实施，加强了规划编制相关基础研究工作。

1. 完善城市总体规划和重点专项规划编制内容和方法。委托中国城市规划设计研究院、中国城市科学研究会、北京城市规划设计研究院、北京交通发展研究中心等单位，开展《城市总体规划编制细则》以及《现行城市总体规划总结评估报告编制细则》、《市域城乡统筹规划编制细则》、《综合交通体系规划编制细则》、《历史文化遗产保护规划编制细则》、《市政工程和生态环境保护规划编制细则》课题研究工作，为出台一系列指导城市总体规划编制工作的技术文件做好基础工作。

2. 研究加强控制性详细规划制定和实施管理工作的指导意见。根据各地控制性详细规划编制和管理工作情况，结合《城乡规划法》实施后控制性详细规划的编制、审批、修改、备案、监督等环节中面临的问题和解决方法，我们赴北京、武汉、成都、重庆等市进行调研，总结全国经验，研究提出符合规划法要求的控制性详细规划编制的主要内容和实施管理的具体要求，并拟制定下发《控制性详细规划编制和管理办法》，完善控制性详细规划的编制和管理工作。

3. 研究建立城市总体规划实施定期评估制度。在研究的基础上，拟制定下发《关于加强城市总体规划评估工作的指导意见》，定期对现行城市总体规划实施情况进行评估，督促城市人民政府落实城市总体规划，保证总体规划确定的各项强制性内容和城市长期发展目标的有效落实，及时制止违反规划的建设行为，掌握城市发展变化的趋势和出现的新问题，适时修改规划或优化规划实施的具体措施。

四、关于区域规划工作

（一）继续推进省域城镇体系规划工作

为提高省域城镇体系规划编制科学性、可操作性，我司开展了《省域城镇体系规划编制审批办法》修订工作，并于2008年5月19日组织召开了专家论证会，10月将成果送法规司。2008年9月和11月分别组织专家组对浙江和西藏的城镇体系规划进行了技术审查。

（二）重要城镇密集地区规划编制工作取得进展

与福建省共同编制完成《海峡西岸城市群协调发展规划》，2008年3月，我部回函福建省政府原则同意《海峡西岸城市群协调发展规划》成果。完成《京津冀城镇群协调发展规划》，2008年3月，我部与北京市、天津市、河北省政府联合印发规划。

（三）配合国家发改委做好相关区域性规划的编制工作

参加发改委会同国务院有关部门和广东省政府编制珠江三角洲发展改革规划的调研工作并提交了调研报告。参加发改委会同国务院有关部门对辽宁省沿海经济带开发建设有关问题的调研并提交了调研报告。

五、关于城市规划标准规范编制工作

2008年，委托中国城市规划设计研究院完成了《城乡规划技术标准体系》修订工作，目前正在征求地方意见。按照《城乡规划法》的要求，该体系完善了城乡规划的技术标准体系，优化了标准体系的结构，包含城乡两部分的标准规范，体现了城乡统筹的要求，强调了公共利益，与《中华人民共和国工程建设标准》实现了对接，更加便于规划实施管理。2008年以来，《城镇老年人设施规划规范》、《城市公共设施规划规范》和《图书馆建设用地指标》三个国家标准颁布实施；《城市消防设施规划规范》、《城市轨道交通线网规划编制标准》等国家标准已经召开审查会，正在修改送审稿；《城市用地分类与规划建设用地标准（修订）》正在征求意见；《城市用地评定标准》、《城市建设项目交通影响评估技术标准》和《城市道路交叉口规划规范》已经完成，上报待批。

六、关于历史文化名城名镇名村保护工作

（一）完成了《历史文化名城名镇名村保护条例》释义编写工作

为了配合国家《历史文化名城名镇名村保护条例》的颁布实施，会同中国城市规划设计研究院完成了《历史文化名城名镇名村保护条例》部分释义的编写工作。

（二）完成南通市申报国家历史文化名城相关工作

2008年1月会同国家文物局组织历史文化遗产保护专家赴南通市，就南通历史文化遗产保护法规的制定、历史文化名城保护规划的编制情况以及历

史文化遗存保护状况等进行了考察。9月1日会同国家文物局向国务院上报了《关于将江苏南通市列为国家历史名城的请示》。

（三）召开了历史文化街区保护工作座谈会

11月召开了历史文化街区保护工作座谈会，听取了十余个城市关于历史文化街区保护工作的经验，讨论了中国城市规划设计研究院草拟的《历史文化街区保护实施办法》。

（四）加强历史文化名城保护研究工作

委托中国城市规划设计研究院、同济大学和武汉市规划设计研究院开展了"历史文化名城申报标准及申报文本要求"、"历史文化街区保护实施办法"和"近现代优秀历史建筑保护"的专题研究工作。

（五）加强历史文化名镇（村）保护工作

1. 组织完成了第四批中国历史文化名镇（村）的评选。根据《中国历史文化名镇（村）评选办法》（建村［2003］199号）等规定，在各地初步考核和推荐的基础上，经专家评审并按《中国历史文化名镇（村）评价指标体系》审核，2008年10月，住房和城乡建设部、国家文物局联合下发了《关于公布第四批中国历史文化名镇（村）的通知》（建规［2008］192号），公布北京市密云县古北口镇、天津市西青区杨柳青镇、河北省邯郸市峰峰矿区大社镇、河北省井陉县天长镇、山西省泽州县大阳镇、内蒙古自治区喀喇沁旗王爷府镇、内蒙古自治区多伦县多伦淖尔镇、辽宁省海城市牛庄镇、吉林省四平市铁东区叶赫镇、吉林省吉林市龙潭区乌拉街镇、黑龙江省黑河市爱辉镇、上海市南汇区新场镇、上海市嘉定区嘉定镇、江苏省昆山市锦溪镇、江苏省江都市邵伯镇、江苏省海门市余东镇、江苏省常熟市沙家浜镇、浙江省仙居县皤滩镇、浙江省永嘉县岩头镇、浙江省富阳市龙门镇、浙江省德清县新市镇、安徽省歙县许村镇、安徽省休宁县万安镇、安徽省宣城市宣州区水东镇、福建省永泰县嵩口镇、江西省横峰县葛源镇、山东省桓台县新城镇、河南省开封县朱仙镇、河南省郑州市惠济区古荥镇、河南省确山县竹沟镇、湖北省咸宁市汀泗桥镇、湖北省阳新县龙港镇、湖北省宜都市枝城镇、湖南省望城县靖港镇、湖南省永顺县芙蓉镇、广东省东莞市石龙镇、广东省惠州市惠阳区秋长镇、广东省普宁市洪阳镇、海南省儋州市中和镇、海南省文昌市铺前镇、海南省定安县定城镇、重庆市九龙坡区走马镇、重庆市巴南区丰盛镇、重庆市铜梁县安居镇、重庆市永川区松溉镇、四川省巴中市巴州区恩阳镇、四川省成都市龙泉驿区洛带镇、四川省大邑县新场镇、四川省广元市元坝区昭化镇、四川省合江县福宝镇、四川省资中县罗泉镇、贵州省安顺市西秀区旧州镇、贵州省平坝县天龙镇、云南省孟连县娜允镇、西藏自治区日喀则市萨迦镇、陕西省铜川市印台区陈炉镇、甘肃省秦安县陇城镇、甘肃省临潭县新城镇等58个镇为中国历史文化名镇，河北省涉县偏城镇偏城村、河北省蔚县涌泉庄乡北方城村、山西省汾西县僧念镇师家沟村、山西省临县碛口镇李家山村、山西省灵石县夏门镇夏门村、山西省沁水县嘉峰镇窦庄村、山西省阳城县润城镇上庄村、浙江省龙游县石佛乡三门源村、安徽省黄山市徽州区呈坎镇呈坎村、安徽省泾县桃花潭镇查济村、安徽省黟县碧阳镇南屏村、福建省福安市溪潭镇廉村、福建省屏南县甘棠乡漈下村、福建省清流县赖坊乡赖坊村、江西省安义县石鼻镇罗田村、江西省浮梁县江村乡严台村、江西省赣县白鹭乡白鹭村、江西省吉安市富田镇陂下村、江西省婺源县思口镇延村、江西省宜丰县天宝乡天宝村、山东省即墨市丰城镇雄崖所村、河南省郏县李口乡张店村、湖北省宣恩县沙道沟镇两河口村、广东省恩平市圣堂镇歇马村、广东省连南瑶族自治县三排镇南岗古排村、广东省汕头市澄海区隆都镇前美村、广西壮族自治区富川瑶族自治县朝东镇秀水村、四川省汶川县雁门乡萝卜寨村、贵州省赤水市丙安乡丙安村、贵州省从江县往洞乡增冲村、贵州省开阳县禾丰布依族苗族乡马头村、贵州省石阡县国荣乡楼上村、云南省石屏县宝秀镇郑营村、云南省巍山县永建镇东莲花村、宁夏回族自治区中卫市香山乡南长滩村、新疆维吾尔自治区哈密市回城乡阿勒屯村等36个村为中国历史文化名村。

2. 完成《历史文化名镇名村保护管理办法（征求意见稿）》。2008年4月国务院颁布了《历史文化名城名镇名村保护条例》，在此基础上，着手研究制定《历史文化名镇名村保护管理办法》，对历史文化名镇名村的确定、历史文化名镇名村保护规划的编制与审批、档案管理、监管体系的建立、退出机制等做进一步的规定。

3. 完成《历史文化名镇名村保护规划编制办法（征求意见稿）》。

七、关于中新（加坡）天津生态城规划建设

（一）关于中新天津生态城的背景情况

中新天津生态城是中新两国政府战略性合作项目，是继苏州工业园之后两国合作的新亮点。2007年11月18日，温家宝总理访问新加坡期间与新加坡

总理李显龙签署了中新天津生态城的合作框架协议，建设部部长汪光焘与新加坡国家发展部部长马宝山签署了补充协议。

中新天津生态城选址在天津滨海新区的盐碱荒滩上，面积约30平方公里。选择在缺水和盐碱荒滩这一资源约束条件下建设生态城，显示了两国政府应对全球气候变化、加强环境保护、节约资源和能源的决心，具有重要的经济意义、环境意义和示范意义，向国际社会显示两国政府对解决全球资源环境问题采取的负责任的态度。

（二）关于中新天津生态城组织协调工作情况

为了加强生态城工作的指导，双方在中新双边合作联委会下，成立了王岐山副总理和新加坡副总理黄根成分别担任双方主席的中新天津生态城联合协调理事会，以及住房和城乡建设部部长姜伟新和新加坡国家发展部部长马宝山分别担任双方主席的中新天津生态城联合工作委员会。

2008年1月、4月和7月，我部与新加坡国家发展部共同召开了三次中新天津生态城联合工作委员会会议，分别审议了生态城指标体系、总体规划和起步区的详细规划。9月初，由国务院副总理王岐山和新加坡副总理黄根成联合主持，在天津召开中新天津生态城联合协调理事会第一次会议。2008年9月28日，温家宝总理和新加坡国务资政吴作栋先生共同出席了中新天津生态城的开工仪式并亲自为生态城奠基，标志着生态城的建设全面启动。

八、关于国家级开发区设立、扩区和升级的规划审核

国务院规定，各类国家级开发区的设立、扩区和升级，由所在省级人民政府上报国务院。商务部、科技部及海关总署等部门作为主办单位，按程序征求国土资源部及住房和城乡建设部（海关总署还要征求其他相关部门）的意见，在报国务院同意后进行批复。

根据职能，我部审查的基本任务，一是有关开发区的设立或者扩区范围是否符合所在城市的城市总体规划；二是有关开发区的规划管理体制是否符合国务院关于各类开发区的规划管理必须由所在城市实施统一规划管理的原则。

2008年以来，海关总署共征求我部关于设立天津空港、钦州、淮安、中国东盟凭祥、厦门海沧、海口、青岛前湾、广州南沙、张家港、深圳前海湾、重庆两路寸滩、黑龙江绥芬河等13个保税港区的意见，我司根据职能完成了规划审核并回复海关总署。商务部征求关于设立泉州台商投资区的意见，经商福建省建设厅后回复商务部。为促进科技与经济紧密结合，推动产业结构调整，实现经济社会又好又快发展，国务院决定近期启动高新区升级工作。截至2008年12月，我们已经收到科技部转来的湘潭高新技术产业园区、泰州医药高新技术产业开发区两个省级高新区升级为国家级的征求意见。

九、关于村镇规划工作

（一）完善村镇规划行政法规和技术标准体系

1. 完成《镇、乡和村庄规划编制办法》，并已提交法规司，征求有关部委和各省意见。

2. 落实《村镇规划建设技术标准规范体系的研究》。该课题主要研究内容包括：村镇规划建设标准的定位；村镇规划建设标准涉及的专业范围；村镇规划建设标准体系的层次划分；村镇规划建设标准体系的项目设置；编制的程序与方法。并为修改《城乡规划技术标准体系》提供技术支撑。

3. 加强村镇规划、建设技术标准规范的编制工作。现行的村镇规划建设技术标准只有两项，一是国标《村镇规划标准》（GB 50188—2006），另一项是行标《乡镇集贸市场规划设计标准》（CJJ/T 87—2000）。目前在编的有9项，2008年已完成《村镇文化中心建筑设计规范》、《村镇规划基础资料搜集规程》的制定工作，已报标准定额司审批。

（二）加强村镇规划编制工作的指导，提高村镇规划编制质量

抓好试点，以点带面，分类指导。我们选择浙江省海盐县、安徽省黟县、山东省胶南市、山东省武城县、四川省绵竹市和吉林省蛟河市作为县（市）村镇体系规划试点，在编制县域村镇体系规划时，还要抓好上述地区各一个镇和一个村庄建设规划编制的试点；2008年3月在北京召开了试点县（市）的座谈会，对工作进行了部署。县域村镇体系规划试点县（市），是2006年在下发《县域村镇体系规划编制暂行办法》之后，根据统筹城乡协调发展的要求提出来的。其目的是研究县（市）范围内村镇的空间布局，基础设施向农村延伸，社会服务设施向农村覆盖，引导公共财政的合理投向。在所选定的六个县市中，同时还要探索县市域村镇体系规划实施的机制和完善其管理体制。

（住房和城乡建设部城乡规划司）

四、城市建设与市政公用事业

一、市政基础设施建设与人居环境

（一）市政公用设施服务能力不断加强

截至2008年底，全国集中供热面积达到32.1亿平方米，集中供热能力（蒸汽）分别达到105786吨/小时和240095（热水）兆瓦。人工煤气供应总量达到332.2亿立方米，天然气供应总量达到359亿立方米，液化石油气供气总量达到1424.4万吨，全国城市用气人口达到3.35万人，用气普及率为89.6%，用水普及率为95%。设市城市污水处理厂1018座，日处理能力8106.1万立方米，污水处理率达70.16%；全国城市生活垃圾无害化处理设施已达500座，生活垃圾无害化处理量为10306.60万吨，无害化处理率达到66.03%；全国城市建成区园林绿地面积120.8万公顷；公园绿地面积35.9万公顷，公园个数8557个；公园面积21.8万公顷；人均公园绿地面积9.71平方米，建成区绿化覆盖率37.37%。全国城市道路长度为25.97万公里，道路面积45.24亿平方米，人均道路面积12.21平方米。城市轨道交通建设进入快速发展时期，至2008年底，已有10个城市拥有29条城市轨道交通运营线路，运营里程达776公里，年客运量达22.1亿人次。市政公用基础设施的快速发展有力地保障了经济社会发展和人民群众生活需求。

（二）城镇供热体制改革稳步推进

下发了《关于进一步推进供热计量改革的若干意见》、《民用建筑供热计量管理办法》、《供热计量技术导则》和《北方采暖地区既有居住建筑供热计量改造工程验收方法》。举办了四期供热计量改革培训班。经国务院批准，联合有关部门印发了《关于做好冬季供热采暖工作有关问题的指导意见的通知》。

（三）城市环境卫生体系建设取得成效

组织开发了"全国城镇生活垃圾处理管理信息系统"，并在部分省市开始测试。下发了《关于开展生活垃圾填埋无害化等级评定复核的通知》，组织专家对21个省（市、自治区）2006年后新建和未达标的136座生活垃圾填埋场开展无害化等级评定和复核，进一步加强了对城市生活垃圾处理设施建设和运营的指导和监督。加强对我国生活垃圾处理行业基础情况的调研，研究出台了《中国生活垃圾处理行业现状及对策研究报告》。2008年全国共有无害化垃圾处理厂500座，无害化处理能力31.5万吨/日。

（四）数字化城市管理试点工作不断加快

下发了《关于加快推进数字化城市管理试点工作的通知》，要求各试点城市加快推进系统建设进度。加大对试点城市的监督指导力度，组织对南宁市等试点城市的方案评审和系统验收。深入研究数字化城市管理新模式，下发《关于征集数字化城市管理研究论文的通知》，加强试点工作总结和技术成果交流，编发了11期《数字化城市管理工作简报》。

（五）城市供水安全保障和节水工作力度加大

贯彻新《生活饮用水卫生标准》，采取了跨区域交叉的检测方式，对全国重点城市的公共供水出厂水和管网水水质进行督查并通报。加强奥运供水排水安全保障工作，开展了北京、天津、上海、沈阳、青岛、秦皇岛等涉奥城市以及部分非涉奥城市的反恐防恐、供水排水安全保障措施的调研和督查。贯彻落实《全国城市饮用水安全保障规划》，指导监督各地开展城市供水设施改造与建设工作。组织开展了"全国节约用水宣传周"活动。继续做好节水型城市创建工作，联合国家发展改革委开展第四批节水型申报考核工作。

（六）污水处理设施建设和运行的监管得到强化

进一步完善了"全国城镇污水处理管理信息系统"，同时加强现场的督促检查，按季度发布了全国城镇污水处理设施建设和运行情况通报，形成了集"信息上报，数据核查，情况通报，整改督察"为一体的监管制度。设立了36个大城市、重点流域、"十一五"规划项目以及扩大内需中央财政支持项目信息专栏，有关部门以此为依据，新增中央补助进一步推动了城镇污水处理设施建设快速发展。会同环保部、科技部颁布了《城镇污水处理厂污泥处理处置及污染防治技术政策》，全面推进城镇减排工作。牵头组织了节能减排专项督察行动的第四督察组，督查部分大城市污水全收集和处理的情况。联合有关部门开展了"污染物减排保证人民生命安全"

的督察，对南水北调东线治污情况进行了考核，对太湖流域污水处理厂提标改造工作进行调研和指导。联合有关部门印发了《淮河、海河、辽河、巢湖、滇池、黄河中上游等重点流域水污染防治规划（2006～2010年）》。参与了第一次全国污染源普查工作。

（七）轨道交通规划审查力度进一步加大

从规划合理性、必要性和科学性等方面，加强城市轨道交通建设规划的审查，2008年共完成宁波、深圳等11个城市轨道交通建设规划的审查，促进了城市轨道交通的规划建设工作。

（八）居民的绿色交通理念得到进一步提升

举办了以"人性化街道"为主题的"2008年中国城市无车日"活动，112个承诺城市组织开展了丰富多彩的、形式多样的活动，取得了良好的效果，居民的绿色交通理念得到进一步加强，出行环境得到进一步改善。

（九）城镇人居生态环境明显改善

以"节地、节水、节约投资、节约管理费用"和"生态效益最大化"为目标，努力抓好节约型、生态型园林绿化建设，召开了全国城市园林绿化工作座谈会，举办了"园林绿化与可持续发展"高层论坛，全面促进各级城市园林绿化建设与管理工作。印发了《关于规范城市园林绿化企业资质管理的通知》，进一步规范城市园林绿化一级企业资质的申报、审批和管理工作，2008年对106家升级企业和73家就位企业的申报材料组织了审查，共核准城市园林绿化一级企业122家。主办了第四届世界城市论坛可持续发展城市实践展览。2008年命名了45个国家园林城市（区），20个国家园林县城和10个国家园林城镇，命名了4个国家城市湿地公园和26个国家重点公园，共有2个城市获得了中国人居环境奖，有32个项目获得了中国人居环境范例奖，城乡生态环境进一步改善。

二、世界遗产和风景名胜资源保护工作得到加强

（一）全面深入贯彻实施《风景名胜区条例》

加强规划管理，规范建设行为。各地完成编制并上报国务院审批的国家级风景名胜区总体规划近50处，其中10多处完成审查并报国务院审批。进一步加强了建设项目选址管理，审批了17处国家级风景名胜区重大建设项目选址方案和17处风景名胜区景区详细规划，有效规范了景区重大建设行为，加强了风景名胜区项目审批后的监督管理。根据媒体及有关方面反映的问题，对10多处风景名胜区违章建设行为进行了查处。做好国家级风景名胜区综合整治整改工作的复查验收。对国家级风景名胜区综合整治不合格和基本合格的景区整改工作进行督促，落实整改措施，对10个不合格单位和40个基本合格单位进行了复查验收。配合有关部门修订发布了《全国文明风景旅游区标准》。

（二）加快推进和完善国家级风景名胜区监管信息系统建设和保护监管工作

全国范围内的国家、省、景区三级风景名胜区监管信息系统框架体系初步形成，完成覆盖全国30个省级主管部门和181个国家级风景名胜区的监管信息系统，部监管信息系统网络管理平台走向规范化运行。遥感监测核查工作不断深化，新增对4处国家级风景名胜区开展遥感监测核查工作，新增监测面积约13万平方公里。国家级风景名胜区数字化景区建设取得新进展，在已有24处数字化景区建设试点单位中，完成22处数字化景区建设方案的评估验收。

（三）加强遗产地和风景名胜区申报，推进遗产资源保护

组织对世界遗产保护工作进行调研并上报中央领导调研情况，对加强风景名胜区世界遗产地保护提出了对策和措施建议。积极推进三清山、五台山、"泰山扩展四岳"、中国丹霞地貌等地区申报世界遗产各项工作。三清山在2008年联合国教科文组织第32届世界遗产委员会会议上被列为世界自然遗产。在国家级风景名胜区综合整治整改工作深入进行的同时，根据各地的申报，适时启动了新的国家级风景名胜区申报审查工作。积极推进国家自然遗产、自然与文化双遗产预备名录的申报审查工作。

三、全力做好抗击雨雪冰冻灾害工作，努力保证灾区城镇供水

2008年1月我国19个省（区、市）遭遇了罕见的低温雨雪冰冻灾害。灾情发生后，城市建设司组织成立了抢险抗灾工作小组，下发了《关于建立雨雪冰冻受灾地区市政公用事业受灾及应对情况报告制度的紧急通知》，坚持对受灾的19个省区和10个受灾重点城市灾情的每日调度。紧密结合行业实际，及时提出抢险抗灾指导意见，先后下发了《关于做好城镇市政公用设施灾后恢复重建工作的指导意见》、《关于印发建设部城镇供水、污水处理灾后恢复重建工作方案的通知》、《关于加强雨雪冰冻灾害地区城市出租汽车管理的紧急通知》等文件，指导督促各地做好应急抢险和灾后重建工作。以保障城

镇供水为重点，指挥受灾地区建设系统采取各种措施，全力以赴保供水。因停电导致供水中断的地区，通过高位水池重力输水和消防车运水的方式供水；因供水管道破裂造成供水中断的地区，通过设立临时集中供水点的方式供给居民用水；对因水表爆裂而停水的住户，通过采取直接联管的方式通水。各地区优先保障供气企业用电和液化石油气等城市燃气的运输，组织力量寻找气源。广东省建设厅为保障韶关地区用气，调动全省力量向韶关地区运送液化石油气650吨，确保供气不中断。在连日的抗击雨雪冰冻灾害中，环卫全体干部职工充分发挥了环卫工人迎难而上、吃苦耐劳的优良传统，成为了铲雪除冰的主力军。在湖南省长沙市，有8000名环卫工人工作在抗灾一线，不顾个人安危，全力抗击冰雪。此次抗击雨雪冰冻灾害期间，仅长沙就有三分之一的环卫工人在抢险中受伤。各地在非常困难的情况下基本保证了城镇居民的生活，维护了社会的稳定。

在灾情最为严重的时刻，分赴受灾最严重的贵州、江西、广西抢险抗灾第一线了解灾情，慰问一线干部职工，帮助解决实际困难，指导抢险抗灾工作。根据各地的情况报告和赴灾区现场调研形成了《关于受灾地区建制镇供水设施受损及恢复重建情况的报告》，温家宝总理等国务院领导做出重要批示。同时还形成了《关于持续雨雪冰冻灾害对市政公用事业影响分析》、《关于城镇市政公用设施及农房灾后恢复重建规划方案》及《关于当前房地产市场形势和城市市政公用设施及农房灾后重建综合规划工作的报告》，为有关部门决策提供了依据。

在缺乏专项资金的情况下大力开展对口支援工作，起到良好的效果。一是充分发挥专家的作用，靠技术支持。建设部组织专家委员会对抗灾、救灾、防灾工作献计献策，提供切实有效的技术指导。同时组织有关技术人员收集整理北方地区的防冻经验，汇编成《城市供水系统防冻抗冻技术措施》，指导现场应急抢险，取得很好效果。二是充分发挥行业协会的作用，靠行业支持。组织协会主动了解灾区的需求情况，积极开展对口支援和技术指导。中国城镇供水排水协会组织各地自来水公司捐赠水表、阀门等6万余只及时送到灾区。在灾后恢复重建中，中国城镇供水排水协会又组织9只专业技术队伍赴贵州等地协助地方自来水公司对供水管网进行检漏和修复的技术指导；中国城市燃气协会组织行业协会成员调配液化石油气缓解部分城镇供气短缺局面；中国城市公共交通协会协助灾区解决公共交通车辆防冻液、防滑链等。三是充分发挥未受灾地区建设厅局的作用，靠对口支持。先后有八个省市组织有关人员奔赴受灾严重地区抢险抗灾第一线。

四、积极开展抗震救灾工作，组织编制灾后重建专项规划

5月12日，汶川发生特大地震以后，城市建设司第一时间投入抗震救灾工作，特别是在组织恢复城镇供水、供气，配合做好灾民安置和组织灾后重建专项规划编制方面，发挥了突出作用。迅速组织成立了供水、燃气、市政道路桥梁3个抗震救灾专家组，做好抗震救灾的应急和技术保障。积极组织调运应急物资和设备，协助灾区抢修市政公用设施。一是紧急调运供水设备，保障应急供水。从全国各地组织紧急调集移动净水设备和净水药剂运往灾区，同时印发《膜处理净水设备安装和使用工作的函》，对保障灾区的应急供水发挥了突出作用，受到国家领导人的称赞和灾区群众的好评。二是迅速开展供水管网检漏、抢修。会同中国城镇供水排水协会组织了27支供水设施应急抢修队伍。三是加强水质检测，做好供水水质安全保障。会同有关部门下发了《关于切实做好地震灾区饮用水安全工作的紧急通知》。为防范突发性水源水污染事故以及堰塞湖洪水下泄对水源水质的影响，印发了《地震灾区城市供水应对水源污染应急处理技术要点的通知》，提出了应急处理方案。针对灾区供水水质检验设备和人员严重不足的情况，派出了3批15支城镇供水水质应急保障和检测队伍。四是紧急调度，全力组织燃气供应。紧急协调中国城市燃气协会和燃气企业捐赠，从全国范围内紧急调运3350套液化气罐和灶具支持灾区，有效解决部分灾区群众和抗震救灾人员烧水做饭等应急需求。制定了《四川地震灾区过渡安置房配套燃气设施方案》，下发了《关于地震灾区过渡安置房配套燃气设施(临时)建设有关事项的通知》，提出地震损毁燃气设施抢修和预防次生灾害的技术建议。五是突出抓好环境卫生保障。为保障受灾地区垃圾和粪便得到及时清运，防止疫病传播，下发了《关于组织向四川灾区援助环卫设备的紧急通知》、《关于请组织向四川灾区提供移动公厕的函》，组织筹集垃圾清运车55辆、洒水车42辆、吸粪车32辆、移动公厕285座以及414套其他环卫物资迅速运往灾区。印发了《抗震救灾和灾后重建环境卫生工作手册》、《关于地震灾后重建过渡期内生活垃圾、建筑垃圾和公厕、粪便管理的指导意见》，指导灾区做好环境卫生保障。六是组织开展市政道路桥梁检修和受损评估工作。成立了城镇道路桥梁抗震专家组，对震后道路、桥梁可能发生的次生灾害及抗震救灾措施提出意见和建议。下发了《关于加快汶川地震灾区受损城市道路桥梁隐患处置工作的通知》。七是积极组织风景名胜区做好抗震救灾工作。下发了《关于开展受灾地区风景名胜区灾情状况和游览安全评估的通知》。组织有关科研机构和专家协助景区开展灾情评估和灾后重建规划的编制。组织全国开展对口支援活动。八是针对雨雪冰冻灾害和汶川地震灾害的影响，研究制定灾害预防措施。下发了《关于加强城市绿地系统建设提高城市防灾避险能力的意见》，指导各地完善城市绿地系统的防灾避险功能。九是组织编制灾后重建专项规划。下发了《汶川地震灾区市政公用基础设施灾后重建指导意见》及《汶川地震灾区风景名胜区灾后重建指导意见》两个专项规划，指导灾区做好灾后重建工作。

五、法规标准建设工作进一步加强

联合有关部门印发了《全国城市燃气管网改造规划》和《北方地区城市集中供热管网改造规划》。组织修订了《全国城市市容环境卫生统一劳动定额（试行）》，更加合理地确定环卫管理和作业养护人员的配备。制定和修订了《城市容貌标准》、《环境卫生图形符号标准》、《城市道路清扫保洁质量与评价标准》、《城市道路清扫面积测算方法》、《塑料垃圾桶通用技术要求》、《垃圾填埋场压实机技术要求》等多项国家和行业技术标准。联合有关部门制定了《城镇污水处理厂污泥处理处置及污染防治技术政策》，明确了污泥处理处置的技术发展方向和路线，指导各地开展城镇污泥处理处置技术研究和推广应用。

六、2008年中国人居环境奖、国家园林城市、园林县城、园林城镇、第四批节水型城市、第二批国家重点公园、第五批国家城市湿地公园名单

（一）2008年中国人居环境奖获奖城市（项目）名单

"中国人居环境奖"获奖城市：

江苏省南京市、陕西省宝鸡市

"中国人居环境范例奖"获奖项目：

北京市奥林匹克公园环境建设项目、北京市西城区金融街片区绿化建设项目、上海市金山区廊下镇中华村村庄整治项目、上海市闵行区市容环境综合建设和管理项目、天津市桥园环境综合整治项目、天津市外环线绿化带建设项目、山西省晋城市城市东、南出入口生态修复工程、吉林省长白山二道白河生态景观工程、辽宁省大连市旅顺口区环境整治项目、沈阳建筑大学新校区校园环境建设项目、山东省莱芜市牟汶河城区段水环境综合治理工程、江苏省淮安市中心城区物业管理与社区服务项目、江苏省江阴市申港镇人居环境建设项目、江苏省常熟市沙家浜镇生态环境建设项目、江西省赣州市村庄环境整治项目、安徽省芜湖市九莲塘地段棚户区环境综合整治工程、安徽省合肥市清溪路垃圾填埋场综合整治工程、安徽省池州市城区环境综合整治项目、浙江省杭州市中山南路综合保护工程、浙江省杭州市国家高新区（滨江）农村住房改善项目、河南省新安县生态保护及城市绿化建设项目、湖北省咸宁市淦河水环境治理项目、湖北省钟祥市莫愁湖水环境治理项目、湖南省长沙县城市管理与市容环境建设项目、广东省梅州市城市公厕可持续发展新模式项目、广东省湛江市生态保护及城市绿化建设项目、广东省中山市村村通自来水工程建设项目、四川省双流县城镇改造综合整治工程、四川省遂宁市涪江（城区段）环境综合整治工程、宁夏回族自治区石嘴山市北武当生态建设项目、新疆维吾尔自治区伊宁市南市区历史文化遗产保护项目、新疆维吾尔自治区布尔津县生态保护与城区绿化建设项目。

（二）第四批"节水型城市"名单

福建省厦门市、辽宁省沈阳市、江苏省南京市、湖北省武汉市、江苏省无锡市、安徽省黄山市、四川省绵阳市、陕西省宝鸡市、江苏省吴江市、山东省胶南市、山东省寿光市。

（三）国家园林城市名单

石家庄市、迁安市、沈阳市、调兵山市、四平市、松原市、常州市、南通市、江阴市、衢州市、义乌市、淮南市、铜陵市、永安市、南昌市、新余市、莱芜市、胶州市、乳山市、文登市、新乡市、济源市、舞钢市、登封市、黄石市、株洲市、广州市、东莞市、潮州市、贵阳市、银川市、克拉玛依市、昌吉市、奎屯市、敦化市、淮安市、上虞市、赣州市、长沙市、宜都市、南充市、西宁市。

（四）园林城区名单

天津市塘沽区、重庆市南岸区、重庆市渝北区

（五）国家园林县城名单

北京市密云县、天津市蓟县、重庆市大足县、山西省壶关县、吉林省通化县、黑龙江省嘉荫县、江苏省射阳县、江苏省沛县、江苏省宝应县、浙江省绍兴县、浙江省长兴县、浙江省嘉善县、安徽省

凤台县、福建省惠安县、江西省武宁县、山东省邹平县、河南省新县、湖北省兴山县、海南省保亭县、新疆维吾尔自治区且末县。

(六) 国家园林城镇名单

上海市青浦区朱家角镇、重庆市九龙坡区西彭镇、河北省唐山市黄各庄镇、山西省阳城县北留镇、浙江省嘉兴市南湖区余新镇、安徽省颍上县迪沟镇、江西省萍乡市安源区安源镇、山东省文登市莳山镇、广东省中山市小榄镇、云南省玉溪市红塔区大营街镇。

(七) 第二批国家重点公园

邯郸市丛台公园、苏州市虎丘山、扬州市瘦西湖公园、常州市红梅公园、南京市玄武湖公园、无锡市梅园、无锡市锡惠公园、镇江市金山公园、衢州市府山公园、湖州市莲花庄公园、合肥市环城公园、厦门市园林植物园、厦门园林博览苑、厦门市中山公园、福州市罗星塔公园、泉州市东湖公园、九江市南湖公园、济南市大明湖、武汉市中山公园、武汉市黄鹤楼公园、重庆市南山植物园、重庆市鹅岭公园、广州市越秀公园、深圳市仙湖植物园、深圳国际园林花卉博览园、深圳市莲花山公园。

(八) 第五批国家城市湿地公园

吉林省镇赉县南湖、江苏省昆山市城市生态公园、江西省新余市孔目江、广东省湛江市绿塘河。

(住房和城乡建设部城市建设司)

五、村镇建设

2008年，村镇建设系统按照党中央、国务院的总体部署，深入贯彻落实科学发展观，积极落实十七大、十七届三中全会和2008年中央1号文件有关要求，紧紧围绕科学制定乡镇村庄规划、全力开展镇村抗震救灾和恢复重建、适时加快农村危房改造、稳步推进农村人居生态环境治理等中心工作，统一思想，明确要求，制定措施，把握关键，狠抓落实，推动了全国镇村面貌的持续向好、农村民生的稳步改善和村镇规划建设管理的健全规范。

一、科学推进乡镇和村庄规划编制工作

《中华人民共和国城乡规划法》的正式实施，对促进城乡统筹规划提供了重要的法律依据。为贯彻落实规划法，住房和城乡建设部开始了《村庄和集镇规划建设管理条例》（国务院令第116号）的修订，并已列入了国务院2009年二档立法项目。与此同时，加快了村镇规划建设配套的部门规章和标准的制定工作，在《县域村镇体系规划编制暂行办法》的基础上，加强调研，推动《县域村镇体系规划编制与审批办法》出台。按照《城乡规划法》的要求，将《村镇规划编制办法》改为《镇乡和村庄规划编制办法》，开展了《村庄规划标准》的研究。按照《城乡规划法》有关要求，地方普遍加快了乡镇村庄规划领域的立法与修订工作。云南省制定了《云南省贯彻实施〈中华人民共和国城乡规划法〉的指导意见》，广东省修订完成《广东省村庄规划建设管理条例（草案）》，吉林省制定《吉林省县（市）域村镇体系规划编制审批暂行办法》和《吉林省乡、村庄规划编制暂行办法》。河南省制定了《县域村镇体系规划编制技术实施细则》和《关于印发河南省建制镇"一书两证"和乡、村庄"乡村建设规划许可证"发放管理办法（暂行）的通知》。江苏省制定了《江苏省村庄规划导则》。

为深入贯彻党的十七届三中全会《决定》"科学制定乡镇村庄建设规划"精神，住房和城乡建设部部领导在中央组织部举办的"学习贯彻党的十七届三中全会精神县委书记培训班"上，为全国县委书记做了《生态文明时代的村镇规划与建设》的主题授课，提出了生态文明背景下我国村镇规划建设管理的任务与思路、方法与对策、机制与制度等，为今后一个阶段的村镇规划建设工作指明了方向。为了推动村镇规划工作，住房和城乡建设部选取了浙江省海盐县、安徽省黟县、山东胶南市等作为村镇规划编制试点。要求所选县市要编制县域城镇体系规划、一个镇规划和一个村庄规划，在总结上述规划编制试点工作的基础上，提出分类指导的原则，以点带面，推动村镇规划工作开展。

地方普遍加大了乡镇村庄规划编制力度。北京市完成300平方公里村庄建设用地地形测绘，编制完成400个村庄规划。山西省编制完成县域村镇体

系规划18个，小城镇总体规划60个，历史文化名镇名村保护规划10个，新农村建设规划2000个。黑龙江省编制完成省域村镇体系规划及9个县域村镇体系规划，87个小城镇总体规划，768个村庄建设规划。江苏省完成1580个"三类"村庄规划，20000个规划保留村庄的平面布局规划，20个重点中心镇控制性详细规划和20个特色村庄规划。浙江省安排1000万元专项资金，支持欠发达地区21个乡镇300多个村庄完成规划编制。福建省完成了100个乡镇、1000个村庄的规划编制工作。广东省完成约4000个村庄的规划编制，村庄规划覆盖率提高3个百分点。青海省编制完成14个乡集镇建设规划、100个村级规划。此外，有些地方还积极采取措施，鼓励基层政府加大资金投入和技术支持，提升村庄和集镇规划的编制质量和设计水平。比如，内蒙古自治区出台了《小城镇优秀规划编制和优秀工程设计组织奖评选办法》。

二、有力有序有效开展灾后村镇各项恢复重建工作

汶川大地震给四川、甘肃、陕西三省农村造成重大损失。在极重灾区和重灾区，大量镇、乡和村庄被夷为平地，不少村庄建成区完全灭失；包括2.2万公里村内道路、1万余处供电设施、1.7万公里供水管道、1.3万公里排水管道在内的镇、乡、村基础设施不同程度受损。鉴于成灾范围广阔、灾损程度严重，充分发挥国内外、社会各界及对口援建单位作用，积极组织技术力量，支持灾区农村住房和镇村基础设施恢复重建，成为2008年村镇建设工作的重要任务。5月底，在灾区抗震救灾、过渡安置工作紧张进行之际，住房和城乡建设部会同农业部、国务院扶贫办，以及四川、甘肃、陕西三省人民政府即着手制定汶川地震灾后恢复重建农村建设专项规划和农房重建专项规划。10月，国务院正式发布《国家汶川地震灾后恢复重建总体规划（征求意见稿）》及《汶川地震灾后恢复重建农村建设专项规划（征求意见稿）》、《汶川地震灾后恢复重建住房建设专项规划（征求意见稿）》，并向社会各界广泛征求意见。总体规划及各专项规划中，明确了村镇建设各领域恢复重建工作的目标、原则和要求。

为指导农房及镇村恢复重建工作的有力有序有效开展，国务院有关部门及四川、甘肃、陕西三省制定了一系列规范性、指导性文件。住房和城乡建设部与民政部、财政部联合下发《关于做好汶川地震房屋倒损农户住房重建工作的指导意见》，住房和城乡建设部下发《关于加强汶川地震灾后农房重建指导工作的通知》（建村〔2008〕109号）、《关于派遣技术人员指导汶川地震灾后农房重建的通知》（建村函〔2008〕290号）；四川省制订了《关于汶川地震灾后农房重建技术指导工作的实施意见》、《四川省地震灾后农房恢复重建工作组织方案》、《四川省建设厅关于做好省内市州分别对口支援重灾乡镇安置工作的工作方案》、《关于切实做好地震灾区自建农房施工技术指导工作的紧急通知》。同时，为切实提高重建住房的建筑质量和抗震性能，住房和城乡建设部、四川、甘肃、陕西三省积极组织编制农房建设的施工推荐图集和建设技术指南，免费向灾区农村下发。住房和城乡建设部组织编制了《汶川地震灾后农房恢复重建技术导则（试行）》、《汶川地震灾后重建农民自建房设计图集》、《农村民宅抗震构造详图》，并与四川省建设厅、法国开发署合作编印了《农村抗震节能住宅建设实用指南》。四川省编制了《四川省农村居住建筑抗震设计技术导则》（2008修订版）、《四川省地震灾区农村住宅施工技术导则》、《灾区农村农房重建设计方案和施工图集》、《四川省农村居住建筑抗震构造图集》、《四川省地震灾区农村居住建筑抗震施工质量安全技术指导手册》等。

在国家各项恢复重建政策的指导下，加之灾区农民的奋发图强、积极自救，以及对口支援省市的甘于奉献、全力支持，各地农房恢复重建取得重大进展。截至2008年底，三省灾区已重建农房82万户，占需重建农房总量的21%。其中，四川省重建48万户，甘肃省重建29万户，陕西省重建农房5万户。在重建过程中，由于农民安全意识大幅度提高，加之各级领导高度重视、农房建筑技术规范广为普及、农村个体建设工匠培训大规模开展、农房指导和监管机制逐步建立等，重建农房质量普遍有了根本性的变化、抗震性能有了较大幅度提高。据初步估计，80%～90%重建农房有圈梁和构造柱，而震前此比率尚不足10%。北京、河北、山西等对口支援省市，纷纷派出专家和技术人员赴对口支援县配合当地开展农房建设检查和农村建筑工匠培训，并对农房重建进行技术指导，在灾区农房恢复重建中发挥了积极作用。

此外，年初在南方各省普遍发生的低温雨雪冰冻灾害，也造成镇村部分农房的倒损及供水、道路等基础设施的毁损，贵州、湖南、湖北、江西、安徽、广西等省区灾后恢复重建任务也较重。灾后，各地按照《关于做好损毁倒塌农房灾后恢复重建工作的指导意见》、《南方雨雪冰冻灾害地区建制镇供水设施灾后恢复重建技术指导要点》，积极调研灾损情况，制定恢复重建工作方案，开展灾后农房和镇村基础设施恢复重建工作。截至年底，各受灾省农村住房、村镇供水和污水处理设施灾后重建工作已基本完成。

三、深入推动贫困农户基本住房安全问题的解决

当前，在农村居民住房总体状况显著改善的同时，有部分贫困农户由于缺乏有效的就业渠道和稳定的收入来源等，住房条件恶劣且很难仅仅依靠自身力量去逐步改善。2008年中央1号文件提出"重视解决农村困难群众住房安全问题。"党的十七届三中全会《决定》明确要求"加快农村危房改造"。在前几年的工作基础之上，2008年各省普遍加大了解决农村困难群众住房安全问题的工作力度。北京市投入3600万元，为310户农村优抚对象和1279户农村困难群众建设和翻建住房。山西省出台《关于解决农村困难群众住房问题的意见》（晋政发[2008]25号），全面启动解决农村困难群众住房安全工作，6个试点县（市）改造农村危旧房3000户。黑龙江省制定了《省级农房改造建设示范村标准》、《省级农房改造建设试点标准》，并依据《关于加快农村泥草房改造的指导意见》、《泥草房改造补助资金使用管理办法》有序推进泥草房改造工作，通过新建和改造方式解决20余万户农村泥草房，并对其中约8万户进行了节能改造。浙江省制订《关于全面实施"强塘固房"工程的意见》，提出了2008年起用五年时间基本完成重点区域、重点对象危旧房改造，基本完成地质灾害危险区域内农户的搬迁及灾害点的工程治理，基本建立与群众需要和发展水平相适应的农房救助体系，基本建立比较完善的农房规划建设管理体系，下发《关于进一步做好农村困难群众住房救助工作的通知》，全年通过新建、改建、修缮、置换等多种形式，完成近2万户农村困难群众危旧房改造。

11月，在全国上下积极应对全球金融危机的挑战之际，国家启动了贵州省级农村危房改造试点工程项目，开始解决农村贫困农民住有所居的问题。在财政资金非常困难的情况之下，中央财政拿出2亿元资金，补助贵州省改造4万户农村危房。贵州省作为省级农村危房改造试点单位，2008年除了编制完成《贵州省农村危房评定暂行标准》，制定了《贵州省农村危房改造工程建设管理暂行办法》、《贵州省农村危房改造工程建设技术导则》和《贵州省农村危房改造工程建设验收暂行办法》等文件外，还积极组织培训农村个体建筑工匠、危房鉴定技术人员，组织编制并免费为农民提供农村住房改造图集等，并于年底前完成首批试点的1万余户农村危改房的改造建设任务。12月16日～17日，住房和城乡建设部在浙江省组织召开了全国农村危房改造工作现场会，会上总结了各地工作经验，梳理了下一步工作思路，综合推进了全国农村危房改造工作。年底，中央启动"扩大农村危房改造试点工程项目"，决定2009年中央财政安排资金40亿元，补助中西部约1000个试点县（市）改造近80万户农村危房。

四、继续加强对农民住房建设的技术服务与指导

针对农民住房建设存在的贪大求洋、千房一面，以及居住舒适度提高缓慢、部分农房质量安全问题凸显、传统风貌泯灭等问题，各地进一步加强了农民住房建设的管理与服务。一是下发规范性文件，采取引导、限制、监督检查等措施，加强农村房屋建设管理工作。浙江省制订《农村住房建设管理办法（草案）》，江西省下发《关于切实加强农村房屋建设管理的通知》。二是组织编制农房设计构造图集，为农民建房提供借鉴和参考。北京市组织编制了《北京地区农村民居建筑抗震设计施工规程》、《农村民居构造图集》和《农村民居户型图集》；河北省制订了《河北省农村民居设计导则（试行）》；浙江省组织编制了《浙江省新农村住宅设计优秀方案》、《浙江省农村住宅建设施工基本知识读本》、《农村房屋建设抗灾常识（挂图）》；重庆市继续开展《巴渝新农村民居通用图集》宣贯和免费送图下乡活动，推广建成巴渝新居3万户；宁夏回族自治区"塞上农民新居"工程稳步推进，完成新建村庄20个，新建农宅1996户。三是加强新型农房建设的试点示范，普及科学建房知识。比如，河北省组织开展了农村新民居"十百千"示范工程，制定了《农村新民居"十百千"示范工程实施方案》、《关于认真组织实施农村新民居示范工程的意见》、《关于进一步加强农村新民居示范工程建设的指导意见》；福建省结合重点建设工程、造福工程、灾后重建工程等项目推进村镇住宅试点小区建设，全省新确定18个、累计确定200个省级村镇住宅小区试点。

中华人民共和国建设部部令第168号正式发布《房屋登记办法》，并与2008年7月1日起施行。其中，对于集体土地范围内的房屋登记也提出了明确要求。因而村镇农民房屋产权产籍登记管理工作也受到各地重视。比如，山西省下发了《关于开展村镇房屋产权登记发证工作的通知》（晋建村字[2008] 249号），要求各地规范村镇集体土地上房屋权属的登记管理。浙江省已完成《浙江省农村房屋产权登记管理办法》制定的前期调研，将逐步建立起农房开工备案、竣工验收和备案、产权管理制度。

五、扎实稳步推进村庄人居生态环境治理

2008年3月31日，中华人民共和国国家标准《村庄整治技术规范》（GB 50445—2008）发布，并于2008年8月1日起正式实施。《村庄整治技术规范》明确了村庄整治工作的要点和技术要求，住房和城乡建设部结合《村庄整治技术规范》的宣贯，分别在云南省、贵州省组织两期村庄整治技术骨干培训班，共培训各级村镇规划建设管理人员和技术骨干500余人次。8月，住房和城乡建设部下发《关于推进县域村庄整治联系点工作的指导意见》（建村[2008] 141号），积极推进村庄人居生态环境改善面上工作。同时，各地也相继出台了一系列规范和推进村庄人居生态环境治理工作的指导性文件。比如，北京市制订《关于开展生态示范创建工作进一步推进全市生态环境建设的指导意见》（京新农办函[2008] 9号），编制完成《北京市新农村"五项基础设施"建设规划（2009年～2012年）》；黑龙江省制定了《村容和环境卫生管理规定》；河南省制订《关于落实省委省政府十大实事切实改善农村村容村貌的实施意见》，下发《关于在全省开展"清洁家园行动"的通知》。

2008年中央1号文件和十七届三中全会《决定》分别要求"继续改善农村人居环境"、"加强农村基础设施和环境建设"。不少地方积极采取多种有效措施，掀起村庄整治的新高潮，取得农村人居生态环境治理的新成就。北京市启动"喜迎奥运会，决战30天"活动，硬化农村街坊路300万平方米、改造农村户厕10万座、建设公厕350座、安装路灯9033盏、建设地下排水管道314.3公里、建设秸秆气化设施6座，全市3900多个村庄基本达到"干净、整洁、路畅、村绿、建制"的标准，有10个乡镇、159个村分别被命名为北京郊区环境优美乡镇和文明生态村。黑龙江省继续深入开展以"两改（改路、改厕）、一清（清扫运垃圾）、一排（明沟暗渠排水）"为重点的村庄环境整治活动，清运垃圾760万吨，新建垃圾储运设施1.3万个，新建标准厕所1.6万座，新增绿地457万平方米。上海市完成农村公路建设413公里，农村危桥改造185座，中、小河道综合整治3882公里。江苏省完成20个特色示范村庄建设改造和201个省级村庄整治试点任务，共建设整治村内主次道路57公里，修建排水管道278公里，新建垃圾箱2500个，新建公厕125座，增加公共绿地4.58万平方米。浙江省依据《2008年度"千村示范万村整治"工程项目建设方案》，完成3395个村环境综合整治和1040个村污水治理提升建设任务。福建省把开展农村家园清洁行动、改善农村人居环境列入为民办实事项目，召开家园清洁行动电视电话会议，有139个乡镇和1125个村庄验收合格，永泰县嵩口镇等30个镇和长乐市洋屿村等108个村被授予省级示范镇、示范村。山东省继续推进村庄的"三清"（清理粪堆、垃圾堆和柴草堆）、"四改"（改水、改厕、改灶、改圈栏）、"四通"（通路、通电、通自来水、通宽带网）、"五化"（硬化、净化、亮化、绿化、美化）工作，补助1506万元支持169个省级试点村进行村庄整治。广东省推进以"五改"（改路、改水、改房、改厕、改灶）、"三清"（清理垃圾、清理河塘、清理乱堆放）、"五有"（有村庄规划、有文化活动场地、有一片成荫绿地、有垃圾收集池、有污水处理简易设施）为主要内容的村庄整治工作，62个省级村庄整治试点建设成效显著。

六、有序推动村镇垃圾、污水等生活污染治理

2008年12月18日，住房和城乡建设部在浙江省湖州市召开了"农村污水治理现场会"，这是农村污水治理领域第一次全国性的现场会。会上总结交流了太湖流域二省一市农村生活污水治理的经验和做法，提出了生态化农村污水治理的思路与模式。同年10月，住房和城乡建设部依托中国科学院生态环境研究中心的技术力量，成立了"农村污水处理技术北方研究中心"，这是我国第一家专门从事农村污水处理的研究机构，在实用技术开发、推广、人员培训等方面将发挥积极作用。

各地为防治农村面源污染，改善村庄人居生态环境，普遍加强了农村垃圾、污水等生活污染的治理力度。其中，太湖流域二省一市村庄垃圾、污水治理成效尤其显著。江苏省在太湖流域启动了20个农村生活污水治理试点示范项目和一级保护区内74个规划保留村庄的污水处理设施建设，全年完成太湖流域399个规划保留村庄建成农村生活污水处理设施建设。上海市组织编制了《上海市农村生活污水处理技术指南》，完成崇明、长兴、青浦、嘉定四个生活垃圾综合处理场等垃圾处理设施项目，启动

金山、松江两座生活垃圾综合处理场建设，完成奉贤、宝山、闵行三区生活垃圾进老港调配任务，关闭镇级生活垃圾简易填埋场24座，为无法接入城镇污水管网的村庄提供了10种污水就地处理工艺模式。浙江省制定了《"811"环境保护新三年行动实施方案》和《浙江省镇级污水设施建设规划（2008～2012年）》《浙江省太湖流域城镇污水与垃圾处理设施建设规划》等专项规划，在全省推行"户集、村收、镇运、县处理"生活垃圾收集处理模式，太湖流域的嘉兴、湖州两市和慈溪、安吉、象山、义乌、桐乡等20余县（市）基本实现垃圾处理的城乡一体化，全年建成105个镇的污水处理设施，率先实现太湖流域镇镇都有污水处理设施目标，全省行政村开展污水治理的覆盖面已达到25%。

其他各省也在抓紧建设镇村生活垃圾、污水收集处理体系，一些地方已基本实现了生活垃圾的村镇保洁收集、集中填埋处理和生活污水的就地治理。福建省建成村镇垃圾处理场473座，其中垃圾焚烧炉246座，垃圾中转站115座，垃圾填埋场112座，建设垃圾池3.19万个，配备保洁车、运输车辆7810台，配备村镇卫生保洁员2.12万人。江西省出台《关于要求认真抓好乡村垃圾无害化处理试点工作的通知》和《关于开展乡村垃圾无害化处理调研督查的通知》，全面启动乡村垃圾处理工作。广东省组织《南方水网地区农村污水处理技术专题研究》，逐步在农村地区推广"厌氧加生态处理"的生活污水处理简易技术，推行"户分类、村收集、镇运输、县处理"的垃圾处理模式。

七、科学引导和支持小城镇的建设与发展

小城镇建设上联大中城市、下联广大农村，是推进农村现代化的重要引擎，更是新农村建设的重要载体。2008年中央1号文件强调"完善小城镇规划，加强小城镇基础设施建设。"党的十七届三中全会的《决定》中明确要求"促进大中小城市和小城镇协调发展，形成城镇化和新农村建设互促共进机制。"2008年中央1号文件和十七届三中全会《决定》为新形势下小城镇的建设发展提出了目标和要求。按照中央有关要求，各地普遍加大了小城镇建设和发展的支持和指导力度，并取得显著成就。

北京市安排专项资金支持37个小城镇完成规划修编，同时安排4892万元支持重点小城镇道路、排水、污水、垃圾项目建设。重庆市投入5亿余元加强小城镇基础设施建设，稳步推进城镇化进程。陕西省出台《加快关中地区小城镇建设的意见》，支持和引导"关中百镇"完成建设投资4.2亿元，完成道路建设205公里、排水工程建设218公里、新增绿化面积14.45万平方米、人行道铺装工程140万平方米、安装各类道路照明灯2456盏。青海省以三江源生态移民社区工程建设为契机，积极推动小城镇建设，三江源地区的8500户、3.8万人，分别入住了29个移民社区及人口相对集中的城镇，增强了小城镇建设和发展的活力。

山东省针对目前小城镇基础设施比较薄弱、发展思路不清晰问题，制订《山东省委省政府关于加快小城镇建设统筹城乡协调发展的意见》（鲁政字〔2008〕252号），提出加强小城镇建设发展工作的思路与对策。河北省制定了《重点镇面貌三年大变样考核标准》，引导重点小城镇加强基础设施建设和镇域环境整治。山西省下发《关于开展创建省级园林城镇活动的通知》（晋建村字〔2008〕167号），启动省级园林城镇的创建活动。重庆市制订《关于对45个首批市级重点扶持中心镇建设发展情况进行检查考核的通知》，按照定期考核、择优扶强、优胜劣汰的原则，加快建立中心镇科学管理的长效机制。河南省积极开展特色中心镇建设与发展情况的重点调研，总结特色中心镇建设与发展经验，积极梳理促进特色中心镇发展的政策建议。

（住房和城乡建设部村镇建设司）

六、房地产市场监管

2008年，各级房地产行政主管部门全面贯彻党的十七大和十七届二中全会精神，认真履行房地产宏观调控和市场监管职责，着力解决房地产市场发展中的突出矛盾，整顿和规范市场秩序，着力解决与人民群众密切相关的热点难点问题，维护老百姓的合法利益，积极投入抗震救灾和灾后重建工作，

开拓进取,求真务实,扎实推进各项工作。特别是面对百年一遇的国际金融危机,房地产行政主管部门积极贯彻落实党中央、国务院关于进一步扩大内需、促进经济平稳较快增长的各项决策部署,鼓励普通商品住房消费,支持房地产开发企业积极应对市场变化,通过媒体稳定市场信心,促进房地产市场健康发展。

【房地产市场运行】 2008年上半年,在2005年以来房地产调控政策和自身规律作用下,房地产市场逐渐由过热转向理性回调,投机性购房开始退出市场,房价快速上涨势头得到遏制。下半年以来,受国际金融危机快速蔓延和我国经济增长趋缓的影响,商品住房销售量下滑,投资增幅回落,房地产市场出现了新变化。适应宏观经济政策由适度从紧到积极的财政政策和适度宽松的货币政策的调整,房地产市场调控政策也及时做出积极调整,充分发挥税收、信贷政策的调节作用,鼓励居民合理住房消费,促进房地产市场平稳健康发展。

(一)房地产开发投资增幅上半年高位运行,下半年逐月快速回落

据国家统计局数据,2008年全国房地产开发投资30580亿元,同比增长20.9%,增幅比2007年回落9.3个百分点,比2006年低1.2个百分点。其中,住宅开发投资22081亿元,同比增长22.6%,增幅比2007年回落9.4个百分点,比2006年低3个百分点。

从月度房地产开发投资数据看,2008年上半年全国房地产开发投资同比延续了30%的高增长,1~6月达到最高值33.5%;7月以后,同比增幅逐月连续回落,1~12月同比增幅回落到20.9%。9月以来,各月房地产开发投资增幅开始低于城镇固定资产投资增幅。

(二)商品住房成交量明显下降,年底略有回升

据国家统计局数据,2008年全国商品房销售额24071亿元,同比下降19.5%;成交面积6.21亿平方米,同比下降19.7%。其中商品住房销售额20424亿元,同比下降20.1%;成交面积5.59亿平方米,同比下降20.3%,但仍高于2006年和2005年水平。

(三)商品房供应增幅快速回落,土地供应出现负增长

据国家统计局数据,2008年商品房新开工9.76亿平方米,同比增长2.3%;施工27.4亿平方米,同比增长16%;竣工5.85亿平方米,同比下降3.5%。从各月情况看,商品房新开工、施工、竣工同比增幅均持续快速回落。

全国房地产开发用地购置36785万平方米,同比下降8.6%;完成土地开发26033万平方米,同比下降5.6%。增幅分别比2007年回落18.6个和7.2个百分点。从各月情况看,房地产开发用地购置面积、完成土地开发面积同比增幅从1月开始连续回落,9月后均出现负增长。

(四)商品住房价格涨幅逐月回落,12月房价同比下降

据国家统计局和发改委数据,2008年12月,70个大中城市新建商品住房和二手住房价格指数与11月相比,环比涨幅分别为-0.7%和-0.3%。8月以来,各月新建商品住宅价格月环比持续下降;12月份,有50个城市(29个为省会以上城市)环比下降。新建商品住房和二手住房价格同比涨幅在2007年底达到峰值后,已连续12个月回落;2008年12月,房价同比开始出现负增长,同比涨幅分别为-0.8%和-0.1%,比上年同期分别回落12.2个和11.5个百分点。图1为2005年7月至2008年11月70个大中城市新建商品住宅价格、二手住宅价格指数各月环比增幅。图2为2005年7月至2008年11月70个大中城市新建商品住宅价格、二手住宅价格指数各月同比增幅。

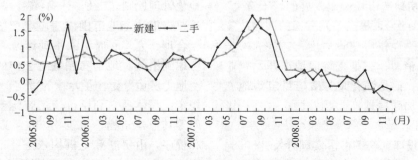

图1 70个大中城市新建商品住宅价格、二手住宅价格指数各月环比增幅
资料来源:国家统计局、国家发改委70个大中城市房价指数数据

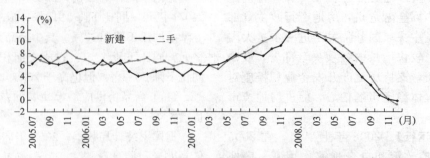

图 2　70 个大中城市新建商品住宅价格、二手住宅价格指数各月同比增幅
资料来源：国家统计局、国家发改委 70 个大中城市房价指数数据

（五）房地产贷款余额增幅回落较多

据人民银行数据，2008 年房地产贷款余额 52818 亿元，同比增长 9.8%。其中，房地产开发贷款余额 19312 亿元，同比增长 9.1%；个人购房贷款余额 32963 亿元，同比增长 9.4%。从月度情况看，从 1 月开始房地产开发贷款和个人购房贷款余额同比增幅连续回落，10 月、11 月，房地产开发贷款余额和个人购房贷款余额环比连续下降。

【制度建设】

（一）房地产市场宏观调控

为抵御国际经济环境对我国的不利影响，党中央、国务院审时度势，采取了灵活审慎的宏观经济政策，实行积极的财政政策和适度宽松的货币政策，以应对复杂多变的形势。国务院常务会议研究部署了进一步扩大内需、促进经济平稳较快增长的十项措施，并要求扩大投资出手要快、出拳要重、措施要准、工作要实。根据国务院要求，住房和城乡建设部会同有关部门经过多次调研和论证，2008 年 10 月 22 日财政部、国家税务总局和人民银行出台了鼓励居民合理住房消费的差别化税收、信贷政策。11 月 21 日，住房和城乡建设部下发了《关于住房城乡建设系统贯彻落实中央扩大内需促进经济增长重大决策有关问题的通知》。12 月 20 日，国务院办公厅印发了《关于促进房地产市场健康发展的若干意见》（国办发〔2008〕131 号），提出了六方面的调控政策措施：一是加大保障性住房建设力度；二是进一步鼓励普通商品住房消费；三是支持房地产开发企业积极应对市场变化；四是强化地方政府稳定房地产市场的职责；五是加强房地产市场监测；六是积极营造良好的消费氛围。

住房和城乡建设部重点贯彻落实国办发〔2008〕131 号的文件精神，做好有关税收、信贷政策的宣传和解读，鼓励商业银行在风险可控的原则下加大对住房消费和房地产开发的信贷支持。及时跟踪分析上述政策的社会反馈，评估国办发〔131〕号文件相关政策实施效果。同时，梳理以往房地产宏观调控政策，做好房地产业促进经济增长、维护金融稳定和改善民生的政策研究和储备。加快建立健全房地产市场信息系统和统计制度，完善市场监测分析机制。启动了将住房和城乡建设部直接监测分析的重点城市由 40 个扩展为 90 个的信息系统扩面工作。密切关注并积极引导，因房价下降引发的开发企业拖欠资金、出现烂尾楼和购房者退房、"断供"等问题，防范由此带来的金融风险和社会问题。

（二）房屋权属登记

1. 出台实施《房屋登记办法》。《物权法》的出台实施，确立了物的归属和利用的基本法律制度，对不动产登记做出了明确的规定。为贯彻实施《物权法》，建设部经前期调研、论证、公开征求意见等程序，出台了《房屋登记办法》（以下简称《办法》），该《办法》于 2008 年 2 月 15 日以建设部令第 168 号公布，2008 年 7 月 1 日起施行。《办法》全面、系统地对房屋登记的各项内容进行了具体规定，构建了科学、完备的房屋登记体系。其内容主要包括以下几个方面：一是确立了登记的基本原则。《办法》确定了依申请进行登记、房地权利一致以及属地化管理原则。二是统一了城乡房屋登记制度。《办法》将集体土地范围内房屋登记纳入调整范围，建立合理、完善、透明的不动产统一登记制度。同时考虑到集体土地上房屋登记工作的复杂性，对集体土地上房屋登记作了专章的规定。此外，《办法》还规定，具体独立利用价值的特定空间以及码头、油库等其他建筑物、构筑物，也可以参照房屋的规定和程序，由房屋登记机构依法登记。三是丰富了房屋登记类型。《办法》按照权利类型的不同，分为所有权登记、抵押权登记、地役权登记、预告登记和其他登记，每一种登记又都涉及到初始登记、转移登记、变更登记、注销登记。按此分类进行登记更加科学合理，扩大了物权保护范围，更好地保护了权利人的合法权益，同时对登记机构也提出了更高要求。其中，预告登记是新增登记中非常重要的一项登记。《办法》明确将预告登记分为房屋所有权转让与抵押、商品房预购、预购商品房抵押等类型，分别规定了每一种预告登记类型的申请方式、申请条件，并对预告登记转为相应的房屋登记做了具体规定，有效地保障了消费者的合法权益。《办法》出台后，指导各地开展《房屋登记办法》的学习和培训工作。加大宣传贯彻力度，组织起草人员编写了《房屋登记办法释义》。

2. 健全和完善房屋登记制度。一是出台《办法》配套文件。《办法》出台后，住房和城乡建设部先后印发了《关于贯彻实施〈房屋登记办法〉的通知》、《房屋登记簿管理试行办法》以及《关于印发房屋权属证书、登记证明填写说明的通知》等配套文件，调整了房屋权属证书样式，配合国家发展和改革委员会印发了《国家发展和改革委员会、财政部关于规范房屋登记费计费方式和收费标准等有关问题的通知》。初步健全了房屋登记制度体系。二是逐步建立健全房屋登记官制度。为认真贯彻落实《房屋登记办法》确定的房屋登记审核人员持证上岗制度，住房和城乡建设部出台了《关于做好房屋登记审核人员培训考核工作（试行）的通知》和《关于做好房屋登记审核人员确认工作有关问题的通知》，对房屋登记审核人员的范围、实施步骤、培训考核的组织、培训考核的内容、培训考核人员条件等内容加以明确，并对房屋登记官确认的办法、确认的具体程序及时间安排、确认要求，做出了具体的规定。三是积极配合最高人民法院，就《建筑物区分所有权司法解释》和《关于审理房屋登记行政案件若干问题的规定》提出意见，研究登记机构审查责任和赔偿制度的建立等问题。四是完善不动产登记制度课题研究工作全面启动，对不动产登记立法、建筑物区分所有权、土地空间权利以及房地产登记赔偿制度等问题，开展了课题研究。

3. 继续推进交易与权属登记管理规范化。一是组织开展对申报2008年度全国房地产交易与权属登记规范化管理先进的单位，进行实地检查工作。检查结束后，汇总并下发了实地检查的情况通报，向各地反馈了实地检查意见，对地方的规范化管理工作给予具体指导。截至2008年，全国共有173个单位获得"全国房地产交易与权属登记规范化管理先进单位"。二是适应形势发展需要，强化服务职能和提高管理水平，根据《物权法》和《房屋登记办法》的要求，对2002年发布的《房地产交易与权属登记规范化管理考核标准》（建住房[2002]251号）进行了修订。新标准更加注重业务规范、信息系统、档案管理等方面的建设，简化工作流程，提高管理效率。同时，对规范化管理工作实施动态管理模式，申报规范化管理单位施行有效期制，到期实行申请复检制度。

（三）房地产中介

1. 房地产估价行业。一是继续完成估价师考试注册管理工作。2008年，继续组织了全国房地产估价师执业资格考试，共18707人报考，考试合格人数933人。在房地产估价师注册管理信息化建设方面，2008年新增了贵州、黑龙江等6个使用注册系统上报数据的省份，使注册系统使用率从2007年的75%上升到2008年的97%，有效地保证了注册工作的质量，提高了工作效率。同时，开通了房地产估价师注册网上申请实时查询功能，使房地产估价师能够实时了解自己注册申请受理情况和审核结果。二是估价师继续教育工作不断完善。为不断提高房地产估价师职业道德水平和专业能力，加强继续教育的组织管理，2008年，在住房和城乡建设部房地产市场监管司的指导下，中国房地产估价师与房地产经纪人学会发布并实施了《注册房地产估价师继续教育实施办法（暂行）》，相继建立了一系列的相关配套措施，进一步推进了继续教育培训工作的程序化和规范化。在青海举办了支持西部的继续教育培训，减免了相关培训费用；此外，还推出了"网络继续教育"这种新的继续教育模式，在满足不同学员要求的同时，也提高了继续教育的工作效率。结合东西部地区发展的实际情况，在山西、广东（深圳）举办以"房地产估价机构的发展路径"和"房地产估价行业的可持续发展"为主题的专题培训。三是加强房地产估价机构动态监管。依据房地产估价行业信息管理系统中的动态数据信息，对资质许可后不满足资质许可条件的一级估价机构下发了整改通知，要求其限期整改。限期未完成整改的，撤回其一级房地产估价资质。2008年，撤回了两家一级房地产估价机构的资质，实现了资质升降衔接制度。同时，继续坚持做好房地产估价信用档案管理及维护更新工作。截至2008年底，全年新增公示项目10万余条，对一级房地产估价机构上报的信用档案文件做到了按季度收取、导入、审核和入库。四是积极开展国际间的学术交流与合作。2008年10月，中国房地产估价师与房地产经纪人学会与国际测量师联合会(FIG)、香港测量师学会在北京联合举办了主题为"估价与财产保护"的国际房地产估价论坛。来自美国、英国、澳大利亚、芬兰、韩国、马来西亚和中国香港特别行政区的近40名估价专家,法律、金融、税务等方面的代表,北京大学、清华大学、中国人民大学等高等院校和科研院所的专家学者和估价师300余人参加了这次活动。本次论坛的核心是研讨房地产损害赔偿估价,为出台《房地产损害赔偿估价指导意见》做好思想和理论准备。五是密切关注《评估法》起草工作,参与评估行业有关调查。2008年7月,住房和城乡建设部、财政部、国土资源部赴安徽、江西、江苏、山西等地对评估行业有关问题进行调查,完成了调查报告,撰写《关于加强估价行业管理,规范估价行为的意见和建议》,提出了加强估价行业管理、规范估价行为的意见和建议。

2. 房地产经纪行业

一是进一步加强房地产经纪行业监管。继续推广施行《房地产经纪执业规则》,规范房地产经纪行为,促进房地产经纪服务质量不断提高。进一步强化存量房交易资金监管。2008年底,在天津市组织召开了部分省市房屋交易资金监管工作经验交流会,进一步强调了加强存量房交易资金监管,要求各地积极开通二手房交易合同网上签约系统,构建统一的网上签约、交易过户、产权登记信息平台,有效保证交易资金安全。同时,进一步发挥行业协会的监管职能作用,逐步完善房地产经纪人和房地产经纪机构信用档案,积极开展了房地产经纪资信评价活动。二是继续完成执业资格考试注册及继续教育工作。2008年全国房地产经纪人执业资格考试报考人数12111人,考试合格人数1730人,占报考人数的14.28%。截至2008年底,注册房地产经纪人累计人数已达19958人。在上海、深圳举办了2期房地产经纪人继续教育培训班,共528名房地产经纪人参加学习。另外,2008年开通了网络继续教育,共有811名房地产经纪人通过了网络继续教育。三是与香港地产代理专业资格互认取得了实质性进展。2008年7月下旬,对《内地房地产经纪人与香港地产代理专业资格互认协议书》分别征求了人力资源和社会保障部、商务部、国务院港澳办的意见。2009年1月,中国房地产估价师与房地产经纪人学会与香港地产代理监管局签署了内地房地产经纪人与香港地产代理专业资格互认备忘录。四是加强课题研究和国际间学术交流。启动了《关于设立房地产经纪机构、房地产经纪人市场准入制度的报告》、《房地产经纪机构资信评价体系和管理机制研究》等课题的研究,为制定房地产经纪监管政策作出积极准备。2008年中国房地产估价师与房地产经纪人学会接待了中国台湾地区不动产估价师公会全国联合会代表团、美国房地产经纪人协会(NAR)执行副会长兼首席执行官戴欧·斯汀腾、美国房地产协会杰出服务奖获得者理查德·罗森泰尔先生来访,并就有关问题进行了学术交流。

(四) 房屋拆迁

2008年,认真贯彻落实党中央、国务院及中央联席会议的总体部署,以切实保护人民群众合法权益为重点,通过加强拆迁管理,控制拆迁规模,规范拆迁行为,完善法规政策,健全拆迁信息系统,开展矛盾纠纷排查化解,加强督查督办等措施,坚决纠正拆迁中侵害群众合法权益的突出问题,拆迁行为进一步规范,拆迁信访总量继续保持下降趋势,为北京奥运会的成功举办和纪念改革开放30周年成功举行创造了良好的社会环境。

一是,根据《物权法》的规定和全国人大常委会的授权,配合国务院法制办在总结《城市房屋拆迁管理条例》实践经验的基础上,起草了《国有土地上房屋征收与拆迁补偿条例(草案)》;国务院第200次常务会议第一次审议后,按照国务院常务会议的要求,在广州等地组织召开了部分被拆迁人座谈会,广泛征求群众意见,进一步进行修改完善。

二是,按照中央联席会议的部署,督促指导地方认真做好拆迁信访突出问题及群体性事件的处理,开展拆迁重信重访专项治理,"坚持两手抓、两手都要硬",在解决信访问题的同时,维护正常信访秩序。下发了《关于进一步做好城市房屋拆迁管理工作的通知》,对拆迁事件较多的省、区、市进行通报批评,为"两会"的顺利召开、奥运会成功举办、纪念改革开放30周年成功举行创造了良好的条件。

三是,进一步加强拆迁政策调整期间的市场监管,规范拆迁行为。在规范拆迁许可、公示、听证、资金监管、行政裁决和强制的同时,针对拆迁法规政策调整过程中可能出现的新情况、新问题,及时制定工作预案;对天津、黑龙江、辽宁、内蒙古、吉林、河南、河北等重点省(区、市)、重点案件进行督查;对网络等媒体上报道的河南开封、陕西宝鸡等地发生的重大违法违规拆迁典型案件,及时进行调查处理,严肃追究有关单位和人员的责任,维护社会稳定。

四是,贯彻落实国务院24号文件精神,积极推进城市低收入家庭的住房问题的解决，进行城市棚户区（危旧房）改造。会同部有关司局到济南、青岛、枣庄、淄博、广州、深圳等城市实地调研危旧房改造情况，对省、地、县（市）和煤矿棚户区情况进行了调查汇总，协助中央电视台赴重庆、吉林等地拍摄了棚户区（危旧房）改造情况纪录片，全力推进各地城市棚户区（危旧房）改造工作。

（五）物业管理

2008年，我们以"三个代表"重要思想和构建社会主义和谐社会统揽各项工作，认真贯彻落实科学发展观，以改善人民群众生活和工作环境为出发点，建立健全法律制度，完善执法机制，规范物业管理活动，维护各方主体的合法权益，努力开创物业管理规范发展新局面。物业管理行业的规范发展，既有效改善了人民群众的生活和工作环境，也对优化服务业发展结构和吸纳城乡新增就业发挥了积极作用。截至2008年，全国物业服务企业总数超过4万家，从业人员突破400万人，城镇物业管理覆盖面超过50%。物业管理已经成为改善人民群众居住生活质量和推动经济社会协调发展的重要行业。一年来，主要工作有以下几个方面：

一是，宣传、贯彻《物权法》和国务院修订的《物业管理条例》，完善相关制度，监督指导天津、广东、山东、辽宁等省市制定和完善地方性法规，推进物业管理法制建设。

二是，配合最高人民法院制定《关于审理建筑物区分所有权纠纷案件具体应用法律若干问题的解释》和《关于审理物业服务纠纷案件具体应用法律若干问题的解释》，为指导建筑物区分所有权纠纷案件和物业服务纠纷案件的裁判活动，规范业主和物业服务企业的行为，保护各方当事人的合法权益提供了司法依据。同时，对物业管理法律环境做了进一步优化和完善。

三是，坚决落实中央和部党组关于深入学习实践科学发展观活动的部署和要求，采取多种形式全面进行调查研究，综合分析当前物业管理中遇到的重要情况和问题，为科学完善物业管理政策制度做好基础性工作。

四是，监督指导各地认真开展"迎奥运、讲文明、树新风"活动，加强公共空间管理，整治环境卫生，提供便民服务，提高服务水平，为创造一流的奥运服务环境和推动和谐社会的构建作出了积极贡献。

五是，积极投入抗震救灾和灾后重建工作，组织近200名房屋安全鉴定专家赶赴灾区，依据《建筑地震破坏等级划分标准》开展房屋损毁安全鉴定工作；为做好四川汶川地震灾后善后管理工作，保障受灾群众的合法权益，稳步推进灾区城镇恢复及重建工作，针对灾后城镇住房损坏及权属认定等工作研究提出指导意见，为灾害程度的认定、恢复重建的开展提供基础信息和技术指导。多渠道收集基础材料，整理国内外灾后重建经验，客观分析灾区灾前和灾后住房情况，深入灾区实地调查核对房屋灾损数据，确保灾后重建工作基础数据准确翔实。组织有关专家形成灾区居民住房重建意愿调查报告，研究制定《灾后住房重建标准建议》。依据《汶川地震灾后重建条例》及国家相关政策，参与重建所需资金测算工作，提出住房重建筹资方案。组织完成了四川、甘肃、陕西三省以及有关部门制定的城乡住房规划汇总工作。

六是，狠抓房屋使用安全管理工作，对防范和应对自然灾害与事故灾害提出涉及房屋使用安全管理的工作目标和措施，参与起草《关于住房和城乡建设系统严密防范恐怖袭击工作的紧急通知》，督促各地加强对重点单位、重点目标和重点部位的监督检查，确保了今年房屋使用安全的良好形势。参与《既有大型公共建筑质量安全管理办法》的制定工作，指导广州、长春、宁波、潮州等城市制定或修订房屋使用安全管理的地方性法规，进一步规范房屋使用与装饰装修、房屋安全鉴定、危险房屋治理等行为，推进房屋使用安全的法制化建设。

（六）积极开展汶川地震抗震救灾和灾后恢复重建

1. 迅速开展房屋鉴定排查，确保灾区群众居住安全。汶川地震发生后，积极开展了受灾房屋安全鉴定排查工作，在第一时间组织北京、上海、天津、杭州、广州等城市共选派几百名政治素质高、业务能力强的专业技术人员组成数十个房屋安全鉴定专家组，高标准选配了鉴定检测仪器，赶赴灾区进行房屋安全鉴定工作，在条件艰苦、任务繁重的情况下，专业技术人员发扬不怕吃苦、连续奋战的精神，在灾区共排查房屋累计34482幢（户），建筑面积1803万平方米，降低了因房屋倒塌造成人员伤亡的可能性，为当地政府指挥抗震救灾工作提供了技术依据，确保了当地政府灾后抢险的科学决策和组织实施。

2. 积极编制住房重建规划，保障灾后重建科学有序。一是成立了规划编制组。规划编制组由住房和城乡建设部与四川、甘肃、陕西三省的有关部门同志以及多个技术领域专家组成，还邀请了云南、唐山和包头等省市有灾后重建经验的同志参加。规划编制组研究制定了工作方案，明确了规划编制各阶段的工作内容、责任分工、完成时限以及保证措施。二是广泛吸收和借鉴国内外经验。对云南、唐山、新疆等地灾后重建经验进行认真总结，对日本、中国台湾、美国等国家和地区灾后重建制度政策进行深入研究，为规划编制提供借鉴和参考。三是科学制定建设标准和重建规模。组织规划设计、结构工程、抗震加固、建筑材料等方面的专家，赴灾区实地调查和研究，对灾区城乡居民住房水平和房屋灾损情况进行全面调查和统计分析，在充分考虑灾区地貌、地质和民居特点的基础上，研究制定了《灾后住宅重建标准建议》，提出了城乡住房新建和加固的规模。四是科学测算重建资金并提出筹资方案。对当地住房建造成本进行深入调研，根据规划提出的建设规模和标准，测算了城乡住房建设所需资金，提出了筹资方案和政策建议。五是多渠道征求灾区群众意见和建议。多次组织召开灾区部分地级城市管理部门和专家研讨会，先后赶赴都江堰、绵竹、什邡、江油等地，听取了当地建设部门、部分建设单位意见，形成了《四川地震灾区居民住房重建意愿调查报告》，对灾区群众的重建意见在规划中予以了吸收和采纳。六是汇总形成城乡住房建设规划。先后组织召开了三次论证会，对规划稿进行了论证和修改。在此基础上，对四川、甘肃、陕西三省政府和有关部门参与编制的住房规划进行汇总，核对了相关数据，形成了城乡住房规划，2008年10月初予以印发，有力地指导了地方开展住房重建，得到了领导和社会各界高度肯定。

3. 开展损毁房屋权属研究，切实维护群众财产权益。为了切实维护灾区群众的房屋财产权益，组织成立了由法律专家、管理部门、登记实务人员组成的专题研究组，研究的重点是灭失房屋、损坏房屋、在建房屋的权属确认、责任认定与风险承担，以及灾后房屋重建涉及的有关征收、确权问题。2008年7月，组织召开了灾后房屋产权及房地产管理相关法律问题专家座谈会。8月初，又组织专题研究组成员，赴灾区与灾区房屋登记人员进行了课题研讨，对一些具体实务问题做了专题研究，并对有关业务进行了指导。2008年底，形成了《灾后房屋产权及房地产管理相关问题研究报告》，并免费印送灾区和相关部门。

4. 参与住房重建政策制定，积极帮助灾区恢复重建。一是积极参与城镇住房重建政策的研究，多次与财政部、民政部等有关部门赴灾区进行调研，参与了有关政策的制定。二是与中国人民银行、国家开发银行等部门就利用国家政策性贷款支持灾区住房重建的相关问题进行了研究，提出了初步方案和意见。三是号召其他省市房产系统开展对口支援工作，帮助灾区房产系统开展灾后重建。四是组织中国房地产估价师与房地产经纪人学会向全国房地产估价和经纪行业组织、房地产估价和经纪机构以及房地产估价和经纪从业人员发出倡议，积极向灾区人民捐款，共捐款158万元，用于援建都江堰市虹口卫生院和绵阳市灾区群众的心理疏导，帮助灾区人民群众度过难关，重建家园。

（住房和城乡建设部房地产市场监管司）

七、工程建设标准定额

【工程建设标准、造价的基本情况】 2008年，完成了工程建设标准和建设工业产品行业标准制定、修订计划，部署了2008年国家标准169项、行业标准109项、产品标准90项、研究课题14项，总计382项；完成我部批准发布标准已达到122项，其中，国家标准50项，行业标准33项，产品标准39项。备案的地方标准194项，行业标准57项。全年新批准发布工程建设标准373项。

完成了《工程建设标准体系》有色金属工程、石油化工工程、化工工程、医药工程部分；加快了工程防火、城乡规划、城镇建设、房屋建筑部分以及城镇轨道交通工程和产品标准体制的编制。

印发了《工程建设标准翻译出版管理办法》、《工程建设标准编写规定》（修订稿）。按照《工程建设标准复审管理办法》的有关规定，组织开展了2000年及以前发布的199项现行国家标准、部管行业标准的复审工作，并印发了复审结果，在完善标准经常性复审修订制度方面做出了有益的探索。组织开展了2006年以前我部下达计划的工程建设标准编制情况的进度清查，作为开展标准清理、保障标准编制进度的基础工作。

【面对罕见自然灾害，及时修订抗震标准规范】 5·12汶川8.0级特大地震发生后，立即开展了一系列抗震救灾和灾后重建工作。组织力量完成了《建筑抗震设计规范》、《建筑工程抗震设防分类标准》的修订，新标准对中小学校教学建筑均划为重点设防类，并明确作为抗震防灾的应急避难场所；同时，还批准发布了《镇（乡）村建筑抗震技术规程》，加快《中小学校建筑设计规范》、《建筑震后应急评估与修复技术规程》、《镇（乡）防灾规划标准》等抗震防灾标准的编制进度；编辑出版了《房屋建筑和市政工程抗震规范汇编》。

为适应震后建筑物鉴定加固的需要，紧急组织有关单位编制了《震后建筑鉴定加固技术指南》并发布实施。为满足灾后大量工程技术人员赴灾区集中开展灾后重建工作的情况，组织对现行有关抗震标准规范进行梳理和分类汇编，出版了《灾后重建标准规范汇编》一套12册，包括建筑抗震防灾规划、抗震结构设计、施工安全、建筑检测鉴定加固等现行主要标准规范的分类汇编，免费送往四川、陕西、甘肃灾区。结合我部开展的灾区震后建筑应急评估工作，组织专家收集建筑工程震害资料并进行研究分析，为改进抗震设计规范提供了科学依据。

完成了有关学校、医院的建设标准和用地指标。积极配合我部灾后重建规划的编制，及时为城乡规划提供建设规模、选址和规划用地依据，编辑出版了《灾后重建规划相关建设标准选编》。与此同时，会同国家发改委、教育部、卫生部，组织有关部门同志和专家，认真听取参加抗震应急鉴定专家的意见，全面分析和总结抗震经验教训，批准发布了6项农村普通中小学、乡镇卫生院、综合医院、中医医院的建设标准和图书馆、文化馆的用地指标。

【加强标准宣贯培训，不断强化建设标准的贯彻实施】 在《建筑工程抗震设防分类标准》和《建筑抗震设计规范》修订发布实施后，为使全国有关工程管理和技术人员尽快理解掌握，特别是地震灾后恢复重建一线参与工程建设的各方能够迅速熟悉并准确执行新标准，保证灾后重建建筑工程抗震设计和施工质量，立即举办了两项标准的师资培训班。来自四川、陕西、甘肃省的灾后重建一线建筑工程管理、技术人员约300余人，以及180多名全国其他省、自治区、直辖市建设主管部门负责标准化、设计、抗震、施工图审查和质量安全监督工作的有关人员参加了培训。积极组织《工程建设标准实施评价标准》的编制，广泛征求了全国各省、自治区、直辖市和国务院各有关部门、有关行业协会的意见。完成了长沙市天鸿小区采用挤塑板瓷砖饰面外墙外保温新技术等三项"三新核准"行政许可核准。

会同公安、民政、卫生等部门组织开展了拘留所、流浪未成年人救助保护中心、中医医院等建设标准的宣贯工作。针对汶川地震灾后建设的需要，分别会同教育部、卫生部组织各省教育、卫生部门基建系统，特别是四川灾区的基建系统的人员对建设标准进行了宣贯培训，确保有关行政管理和技术人员对建设标准的正确掌握和理解，相关媒体对建设标准制定和实施情况进行了相应的报道。

【积极推进了工程建设重点领域的标准编制，现行标准体系进一步完善】 完成了《居住建筑节能检验标准》等40余项节能减排、保障公共安全等相关工程建设行业标准，满足了工程建设的需要，对切实加强质量、安全和建筑节能等重点工作具有重要意义；完成了《建筑遮阳》等58项产品标准的编制工作；完成了所主编的全文强制的标准《城镇燃气技术规范》；对《建筑工程抗震设防分类标准》和《建筑抗震设计规范》进行了修订，此举对保证建筑工程质量，指导灾区恢复重建，提高我国建筑工程抗震设防能力，保护人民生命财产安全具有重要意义；组织编制了《城镇污水处理厂污泥泥质》等4项城镇污水处理厂污泥处置系列标准，为引导我国的污泥处置走向稳定化、减量化、无害化和资源化起到了重要促进作用；组织实施了建筑门窗节能性能标识试点工作，有效地促进了建筑节能相关产业的形成与健康发展，为建筑节能监督与管理提供了有效手段；完成了《生活垃圾应急处置技术导则》、《生活垃圾焚烧技术导则》、《公共厕所设计导则》和《人工湿地处理生活污水技术导则》的编制。

【更加注重工程建设标准化前瞻性、战略性和基础性研究，研究工作取得突破性进展】 完成了《工程建设标准对国民经济和社会发展的影响》研究任务，现总课题及16个分课题全部完成。经部标准定额司组织验收，实现了预期目标，填补了国内空白，达到了国际先进水平；开展了国家"十一五"科技支撑计划支持的"建筑节能标准体系和关键技术标准研究"、"城市轨道交通标准体系和关键技术标准研究"和"全国城市轨道交通标准研制和标准体系"3项大课题研究，现已完成《建筑节能标准体系》（征求意见稿）、《城市轨道交通工程标准体系》（征求意见稿)、《城市轨道交通产品标准体系》(送审稿)和《城市轨道交通标准体系》框架以及11项关键技术标准；完成了《工程建设标准体系（城乡规划、城镇建设、房屋建筑）》共17个专业分体系的征求意见稿及专项研究报告；完成了《工程建设安全标准体系》和《新农村建设标准体系》研究工作；完成了《房屋建筑产品标准体系》（征求意见稿）；启动了"工程建设标准体系理论研究"、"工程建设标准的经济学研究"、"工程建设标准法制环境研究"等3项基础性研究课题；开展了《建设项目经济评价方法与参数理论体系构建研究》，拟构建以经济评价、社会评价和环境评价为主要内容的建设项目评价方法与参数体系。这些研究课题的开展或完成，对国家经济社会发展、发展方式转变、城乡统筹与生态文明建设、工程建设标准的编制等都将发挥重要的引导和约束作用。

【加快计价定额的编制进度】 为适应城市市政基础设施建设和轨道交通工程建设发展的需要，提高项目投资前期决策编制的质量和水平，组织完成了《垃圾处理工程》、《轨道交通工程》和《城市轨道交通预算定额》的报批工作，组织开展了《市政工程设计概算编制办法》的编制工作。

【完善市场形成造价机制，深化工程量清单计价改革】 在总结原《建设工程工程量清单计价规范》实施情况及经验的基础上，完成了《规范》的修订、批准发布和宣贯工作。新《规范》的实施对今后进一步深化工程造价管理改革具有重要指导意义；为了规范各地区各部门做好新《规范》的宣贯工作，对宣贯培训工作，组织完成了省级工程造价管理机构宣贯交底工作会议，为新《规范》的全面实施打下了扎实的基础；组织开展了《专业工程工程量清单计价体系的课题研究》，并组织专家完成了审查工作，该课题成果对各类专业工程进一步推行工程量清单计价创造了条件，为今后继续完善《规范》奠定了理论基础。

【进一步完善建设工程劳动定额标准，积极构建建筑和谐的建筑市场劳务关系】 为贯彻落实国务院关于严格执行国家劳动标准的精神，维护建筑业农民工的合法权益，完成《建设工程劳动定额标准》的报批工作，以人力资源和社会保障部、住房和城乡建设部两部联合发布。

【强化市场监管，完善资质许可事项管理制度】 为了加强造价工程师的规范化管理，根据《注册造价工程师管理办法》（建设部令第150号，以下简称《部令》）的规定，一是下发了《关于造价工程师初始注册和延续注册工作的通知》；二是起草了《关于注册造价工程师变更、暂停执业、注销注册等有关事项的通知》；三是起草了《关于统一注册造价工程师注册证书的编号、执业印章制作样式等有关规定的通知》；四是组织完成了乙级工程造价咨询企业晋升甲级资质工作，共批准了86家企业资质升级。办理了12批共84家企业的甲级资质证书变更手续。并完成了2008年度造价工程师的初始注册工作。共有4327人进行了造价工程师初始注册；五是组织完成了对华审（北京）工程造价咨询公司、浙江科信工程管理有限公司违法取得工程造价咨询甲级资质的问题的核查工作。

【夯实基础、提升工程造价信息化建设水平】 为加强工程造价信息化建设，召开了我部工程造价信息化工作组会议，研究部署了2008年工程造价信息化工作；发布了《关于开展城市住宅建筑工程造价信息的通知》；开展了建筑工程人材机工程造价数据标准的编制工作；完成2008年四个季度全国省会城市建筑工程人工成本信息的发布；根据国务院有关领导的要求，开展了住房成本趋势研究，提出了主要建材价格上涨对住房成本影响的调研报告。

【积极推进了工程造价计价依据编制工作，市场形成工程造价的机制进一步完善】 为科学合理确定轨道交通工程造价，提高轨道交通项目投资效益，完成了《全国城市轨道交通工程预算定额》（10册）的编制工作；为科学决策城市基础设施建设项目，提高工程投资效益，促进城市基础设施建设的健康发展，完成了《市政工程投资估算指标》（10册）的编制；组织编制了《党政机关办公楼工程造价数据标准》初稿。

【着力加强公共服务设施建设标准，加强重点项目的编制工作】 围绕国家经济建设和社会发展及投资体制改革的需要，完成了农村普通中小学校、乡镇卫生院、综合医院、中医医院、公共图书馆、流浪未成年人救助保护中心、档案馆、拘留所等8项公共服务设施建设标准；城镇供热厂、城市轨道交通、民用机场等3项基础设施建设标准；公共图书馆、文化馆等2项建设用地指标；1项市政工程评价方法参数，共计完成在编项目总数的26%。

为认真贯彻《国务院关于解决城市低收入家庭住房困难的若干意见》、《经济适用住房管理办法》和《廉租住房保障办法》的规定，组织完成《保障性住房建设标准》征求意见工作。

为贯彻中共中央办公厅、国务院办公厅关于建立严格控制党政机关办公楼建设长效机制的有关要求，坚持以我国国情为基础，认真总结国内先进经验，积极借鉴国外经验，不断适应新发展，组织有关单位加快了《党政机关办公楼建设标准》的修订步伐，为严格控制财政资金用于楼堂管所建设，提供经济技术制度和依据。

【加强工程项目建设标准和建设项目评价方法与参数的编制工作，政府投资管理依据显著加强】 完成了《城市轨道交通工程项目建设标准》和《城镇供热厂工程项目建设标准》的批准发布工作；完成了《城市给水工程项目建设标准》、《城市生活垃圾转运站工程项目建设标准》、《城市生活垃圾焚烧处理厂工程项目建设标准》、《城市生活垃圾卫生填埋工程项目建设标准》4项建设标准的编制；完成了《城市生活垃圾堆肥处理工程项目建设标准》、《垃圾填埋场生态恢复工程项目建设标准》2项送审稿；完成了《城市生活垃圾综合处理工程项目建设标准》、《液化天然气站厂建设标准》2项建设标准征求意见稿；完成了《党政机关办公楼建设标准》修订初稿；完成了《建设项目评价方法与参数专项规划》、《投资项目环境影响经济评价参数体系》、《高新技术项目评价方法与参数》、《公共卫生投资项目评价方法与参数》、《城市建设项目社会评价方法》、《农业建设项目经济评价方法与参数》、《市政基础设施项目投资效果评价方法与参数》等7项初稿。

【以举办大型国际体育赛事为契机，推进无障碍建设】 根据《中共中央国务院关于促进残疾人事业发展的意见》精神，密切结合无障碍建设的实际情况，完成了对工程建设国家标准、行业标准、地方标准和建设产品标准的适应性进行全面梳理和审定工作；组织开展了《残疾人综合服务设施建设标准》、《无障碍建设指南》、《无障碍设施施工维护规范》编制工作，无障碍建设的技术标准和文件体系已逐渐形成；组织对河南、河北、山东、上海和四川等省市无障碍建设工作实地调研。

以2008年我国举办奥运会和残奥会等大型体育活动为契机，特别是针对残疾人参加体育赛事，对场馆设施的无障碍环境要求水准很高的情况，积极推进我国体育设施的无障碍建设，加快设施建设和改造，极大地方便了国内国外残疾运动员参加体育赛事和残疾人观众观看比赛，许多无障碍设施已达到世界先进水平。

【开展对外交流，不断提升国际化水平】 根据CEPA的精神及我部的有关要求，组织完成了对香港工料测量师经互认后的注册工作，有65名香港工料测量师取得了注册造价工程师资格。

启动了中国工程建设标准国际化战略研究，开展了前期研究工作。组织完成了44项建筑行业的中国工程建设标准中译英翻译项目，并发布公告。电力、石化等行业的中国工程建设标准中译英项目开始启动。

【标准定额出版情况】 为了保证建设工程质量，保障人民生命财产安全，积极贯彻实施好标准定额，全年共组织出版标准定额各种图书153种、3400多万字，保证了工程建设标准定额的贯彻实施。

（住房和城乡建设部标准定额司　杨力群）

八、建设工程质量安全监管

住房和城乡建设系统以科学发展观为指导，在确保全国工程质量安全形势稳步好转，保障工程质量的同时，加强城乡建设应急管理，积极参与抗击雨雪冰冻灾害、抗震救灾、保增长等方面的工作，成效显著。

一、积极应对各类自然灾害和突发事件，不断提高建设领域防灾减灾水平

2008年我国经济形势面临严峻挑战，社会热点比较多，同时也是自然灾害频发的一年，每次灾害都对城乡基础设施造成巨大破坏。建筑行业在抗击南方雨雪冰冻灾害、汶川地震抗震救灾、迎奥运维护稳定等工作中充分发挥了作用。

【参与抗击年初的雨雪冰冻灾害】 2008年初南方部分地区低温雨雪冰冻灾害发生后，根据当地灾害情况，先后印发了《关于进一步做好强降温降雪天气应对防范工作的紧急通知》、《关于贯彻落实国务院电视电话会议精神，进一步做好建设系统应对大范围雨雪冰冻灾害工作的紧急通知》、《关于报告极端天气建筑施工安全情况的紧急通知》等多个文

件，及时根据灾情变化和抗灾工作进展加强针对性部署。组织制定《南方农村房屋灾后重建技术指导要点》，积极支持雨雪冰冻受灾地区农村房屋重建的技术指导工作。

【参与抗震救灾组织协调工作】 汶川地震发生后，及时向国务院抗震救灾总指挥部报送《住房城乡建设系统抗震救灾工作情况》，反映建设系统抗震救灾工作情况，协调重大问题。制定了《关于进一步做好震后和汛期建筑安全生产工作的通知》，起草了《建设系统抗震救灾工作阶段性总结》和对全国人大常委会《关于抗震救灾工作报告审议意见》的处理意见。

【做好重要安全应急工作】 组织召开了全国建筑工程质量安全电视电话会议，对做好新形势下的工程质量安全工作提出了要求。研究了抗击雨雪冰冻灾害、抗震救灾以及奥运期间的安全管理工作。针对春节、五一、国庆和汛期等重大节日和重点时段，重视胶济铁路列车脱轨撞车、山西襄汾尾矿库溃坝、三鹿婴幼儿奶粉等重特大安全事故的警示，起草了建设系统安全管理工作预警通知。按时向国务院应急办报送突发事件月（季）报信息12期，起草了2007年突发事件应对工作评估报告和2008年突发事件趋势分析预测报告。整理报送了国务院应急平台数据库涉及建设系统的部分数据，配合国务院应急办完善数据相关规范和协议。统筹考虑市政公用设施的防灾与抗震设防，出台了《市政公用设施抗灾设防管理规定》（住房和城乡建设部令第1号），对市政公用设施抗灾设防管理做出详细规定。完成了《村镇防灾规划标准》。

【协调奥运会期间防范恐怖袭击工作】 根据中央领导同志批示精神和国家反恐办的有关部署，相继印发了《关于住房城乡建设系统严密防范恐怖袭击工作的紧急通知》、《关于进一步加强防范恐怖袭击工作的紧急通知》等文件，对水厂、供水管网、地铁，公交车站和控制室、燃气储存装置以及集中居住区的安保反恐工作进行部署。开展奥运反恐工作督查，组织了9个工作组80余人次，对6个奥运城市及其周边部分地级市的供水、燃气、地铁、公交防范工作进行了明查和暗访。总结奥运会期间建设系统安保反恐工作，起草报告并报送国家反恐办。

二、抓好建章立制和层级督察，促进安全生产形势持续好转

2008年全国建筑安全生产形势保持了持续稳定的势头。一是事故总量下降，全国共发生房屋建筑与市政工程事故781起，同比2007年下降9.08％。二是事故造成的死亡人数下降，2008年全国房屋建筑与市政工程事故死亡人数为967人，同比2007年下降了4.45％。但安全事故压力依然很大，形势依然严峻，全年一次死亡3人以上较大事故42起，死亡人数187人，比上年同期分别上升20％和29.86％。2008年安全生产方面采取主要措施包括：

【制定完善相关法规政策和标准规范】 制定出台了部门规章《建筑起重机械安全监督管理规定》（建设部166号令），以及《建筑起重机械备案登记办法》、《建筑施工特种作业人员管理规定》、《建筑施工企业安全生产管理机构设置及专职安全生产管理人员配备管理办法》、《建筑施工企业安全生产许可证动态监管暂行办法》等规范性文件，为加强建筑安全监管工作奠定了良好的基础。参与组织了《建筑施工模板安全技术规范》、《建筑施工木脚手架安全技术规范》、《建筑工程土石方施工安全技术规范》、《建筑施工碗扣式脚手架安全技术规范》、《建筑施工湿陷性黄土基坑支护安全技术规范》等标准规范的编制工作。

【开展建筑安全隐患排查治理和百日督查专项行动】 根据中央关于一手抓抗震救灾，一手抓经济发展的决策部署，以及国务院办公厅关于开展安全生产隐患排查治理的要求，结合建设系统实际，我部印发了《关于进一步开展建筑安全生产隐患排查治理工作的实施意见》和《关于开展建筑安全生产百日督查专项行动的通知》，在全国住房城乡建设系统部署开展了以防范脚手架、建筑起重机械事故和规范安全防护用品使用为重点的建筑安全隐患排查和百日督查专项行动。成立督查组先后对北京、上海、辽宁、天津、河北、山东、湖北、湖南、广东、黑龙江、吉林、安徽、云南和山西等14个省（市）的建筑安全生产隐患排查治理和百日督查专项行动的开展情况进行了督查。

【加大建筑安全工作层级监督力度】 根据党中央、国务院领导关于加强质量安全生产工作的重要指示精神，组织开展了对全国30个省（自治区、直辖市）建设系统质量安全工作的督查活动，共检查了50个城市，110项在建建筑工程、20个市政公用项目的质量安全生产情况，下发了9份《建筑工程质量安全执法建议书》。根据《国务院办公厅关于进一步加强学校及周边建筑安全管理的通知》的部署，我部与教育部和国家安监总局联合组成三个督查组，

八、建设工程质量安全监管

分别赴云南、广西、河南、山东、陕西、重庆等地，对其学校及周边建筑安全管理情况进行了督查。根据国务院安委会办公室的要求，组织开展了对北京、上海、江苏、浙江、湖南和四川6个地区在建重点建设项目的安全生产督查工作。针对2008年进入10月以后部分地区发生的较大及较大级以上事故的情况，及时印发了《关于进一步加强建筑安全生产工作的紧急通知》和《关于近期一些地区发生重大建筑施工安全事故的情况通报》，同时，加大了对事故发生地区安全工作的督办力度，做好安全事故相关责任方的行政处罚工作。

【加强城市轨道交通建设质量安全管理工作】2008年全国城市轨道交通进一步呈现大规模、超常规的发展态势，15个城市共有50条线路、1100公里的工程在建。为了进一步强化城市轨道交通工程质量安全管理基础工作，组织开展了地铁工程风险管理、第三方监测、施工沉降以及安全责任体系等研究，拟将经检验成熟的成果上升为相关标准规范。组织专家指导协助杭州地铁"11·15"事故抢险搜救工作，印发了《关于进一步加强地铁工程建设安全管理工作的通知》。召开了全国地铁工程建设质量安全座谈会，对地铁工程质量安全形势、存在问题和原因以及下一步的工作进行了研究。召开了三次"十一五"国家科技支撑计划"新型城市轨道交通技术"项目组工作会议，组织有关方面成立了项目总报告编写小组，配合项目专家组进行了项目中期研究成果审议。

【加强安全生产管理基础性研究和工作机制建设】组织召开了全国建筑安全生产联络员会议。强化与中央施工企业安全工作联系机制，召开了中央管理的建筑施工企业和部分地区建设主管部门主管安全生产工作负责人座谈会。加强对从业人员特别是农民工安全生产知识、基本操作技能的培训和指导，结合建筑行业特点，组织修编了《建筑业安全"三类人员"培训教材》和编写了《建筑业农民工入场安全知识必读》。住房和城乡建设部、中央文明办、教育部、全国总工会、共青团中央等部门联合开展了"农民工业余学校工作调研"。加强建筑安全监督机构建设，召开了建筑安全监督机构建设工作座谈会，举办了建筑安全执法人员法规标准培训班。印发了年度《全国建筑施工安全生产形势分析报告》，对建筑安全生产形势进行全面的分析。开展了"工程项目中设立安全许可的可行性"和"建设单位质量安全责任研究"等课题研究，积极探索在工程项目中设立安全许可制度的有效方式，切实有效地落实建设单位（业主）的安全责任。

三、做好汶川地震抗震救灾和灾后重建工作，提高城乡建设抗震防灾水平

以震害评估和灾后重建为重点，扎实推进城乡建设抗震防灾的各项基础工作。

【全力以赴做好汶川地震灾害评估和灾后重建工作】一是灾区受损房屋应急评估和鉴定。根据四川省请求，抽调了308名专家，分批赶赴四川省多个重灾市县，协助当地建设部门对受损房屋进行应急评估。其中房屋应急评估专家组共培训当地技术人员140余人，评估鉴定房屋9333栋，约2349.51万平方米。这些工作对防止房屋再次倒塌伤人，预防次生灾害，减轻灾区安置压力，以及受损房屋的加固改造和恢复重建起到重要作用。

二是开展学校震损校舍评估调研。根据国务院领导批示精神，组织财政部、教育部、中国地震局联合开展了震损校舍评估调研，制定了《学校震损校舍评估标准》，通过调研校舍震损情况，测算恢复重建费用，为地震灾区中小学校舍加固、重建提供了基础性依据。另外，还和教育部联合下发通知，在全国范围内部署了学校校舍抗震安全排查工作。

三是加强对灾后重建工作的指导。在灾区恢复重建过程中，制定《汶川地震灾区过渡安置房验收规定》，并下发了《关于加强汶川地震灾后恢复重建房屋建筑工程质量安全管理的通知》，要求各地认真抓好质量安全监管，全力确保恢复重建工程的质量安全。

【扎实推进城乡建设抗震防灾各项基础性工作】一是及时组织制定、修订相关工程建设标准。根据房屋震损情况分析，修订了《建筑工程抗震设防分类标准》和《建筑抗震设计规范》，提高了医疗系统、教育系统建筑的抗震设防类别，增加了多条强制性条文。组织编制并发布了《镇（乡）、村建筑抗震设计规程》，并根据规程编制了《农村民居抗震设计图集》。规程和图集既综合考虑了全国各地农村民居的特点和农村实际情况，又对关键的抗震措施提出了明确要求，对农村民居抗震设防起到积极的作用。组织工程震害调查，协助地方组织制定地震灾后建筑鉴定与加固技术性文件，对灾区恢复重建工作起到了基础性和指导性作用。

二是建立、完善专家咨询机制。成立了全国城市抗震防灾规划审查专家委员会，对各地编制

的城市抗震防灾规划予以审查，同时也依靠委员会专家的力量，指导各地城市抗震防灾规划的编制与实施。部城市建设防灾减灾专家委员会成员在2008年应对汶川特大地震灾害工作中发挥了重要作用。

三是推动工程抗震基础研究。与中国地震局共同举办了第十四届世界地震工程大会，会上中外地震工程界专家学者进行了广泛交流，并就汶川地震工程震害进行了认真总结，有力地推动了工程抗震科学研究。组织了一年一度的中美地震工程与减轻地震灾害科技合作协调人会晤，推动了中美地震工程学者的交流与合作。

四是起草并发布了《地震重点监视防御区建设系统抗震防灾工作要点》，对各地建设主管部门贯彻落实国家关于地震重点监视防御区抗震防灾工作的总体部署提出明确要求。

五是支持西藏当雄地震灾区恢复重建。为落实胡锦涛总书记关于西藏当雄地震恢复重建工作要借鉴新疆经验的批示精神，组织新疆建设厅和中国建筑科学研究院赴西藏灾区开展指导、调研工作，为灾区恢复重建工作从管理机制、技术措施等各个方面提出了科学的建议。

四、加强监管和技术创新，切实提高工程质量水平

2008年针对重点工作和薄弱环节，深入开展调查研究，积极完善相关制度和标准，大力强化大型公共建筑、住宅装饰装修、建筑节能、工程勘察等领域的监管工作，着力推动行业技术创新，工程质量形势稳中有升。

【**以住宅和大型公共建筑为重点，加强质量监督管理工作**】 一是加强住宅工程质量管理，积极推动住宅工程质量分户验收工作。召开了住宅装饰装修管理座谈会，出台《关于进一步加强住宅装饰装修管理的通知》，从加强监管、落实责任、推广全装修房等方面对加强住宅装饰装修管理提出了明确要求。

二是强化大型公共建筑质量监管。召开了大型公共建筑质量管理座谈会，对全国在建和既有大型公共建筑基本情况进行了统计，并起草完成《既有大型公共建筑安全管理办法》（征求意见稿）。

三是强化建筑节能质量监管工作。出台了《民用建筑节能工程质量监督工作导则》，对民用建筑节能工程质量监督的主要内容和要求做了规定。委托中建总公司科技部编制《建筑节能工程施工技术要点》，以指导建筑节能施工，正在编制当中。

四是加强工程勘察设计质量管理。分别在北京和上海召开了勘察质量管理座谈会，研讨当前工程勘察质量现状、存在的问题及下一步工作建议，下发了《关于进一步加强工程勘察质量管理的通知》。为规范勘察设计文件深度，组织有关单位编制并下发了《关于印发〈建筑工程设计文件编制深度规定〉（2008年版）的通知》，并委托有关单位组织编制《建筑工程勘察文件编制深度规定》（试行）。

五是加强工程质量监督工作。下发《关于建设工程质量监督机构考核证书和监督人员资格证书有关事项的通知》，继续推动各地质量监督机构和人员考核工作。针对国家取消监督费的情况，召开工程质量监督座谈会。下发《关于开展2008年"质量月"活动的通知》，2008年9月在全国建设系统开展以"质量安全是社会和谐的基础"为主题的"质量月"活动。开展了对河北、山西等20个省市质量安全督查，并发布了《关于对河北、山西等二十地区建筑工程质量安全工作督查情况的通报》，完成对2007年度工程质量安全责任主体行政处罚情况、2007年度施工图设计文件审查情况的统计汇总，形成《2007年度全国施工图设计文件审查情况》和《2007年全国建设工程质量责任主体行政处罚统计情况》报告。指导各地质量管理信息化工作，研究修改了施工图审查情况的统计指标。加强投诉处理，对兰州市"小西湖民族商贸街"项目违规建设问题和大连市旅顺北路"诺维溪谷"小区质量问题等群众投诉进行了实地调查。

【**加强建筑业技术创新，提高行业技术水平**】 组织完成奥运工程技术创新和管理创新总结和推广工作，形成北京奥运工程项目管理创新和技术成果报告，组织召开了"2008北京奥运工程建设观摩会"。组织完成第五批全国建筑业新技术应用示范工程验收评审工作。组织编制并发布《农村民宅抗震构造详图》等46项国家建筑标准设计。组织开展第六批全国工程勘察设计大师评选工作，评选出26名勘察设计大师。组织编写《2008年建筑业改革发展研究报告》。组织完成2007年度工程勘察设计统计汇总和分析，发布《2007年全国工程勘察设计企业年报情况》。组织开展《工程质量保险实施研究》、《中外各类工程设计深度与费用比较研究》等多项课题研究。

（住房和城乡建设部工程质量安全监管司）

九、建筑市场管理

【建筑市场监管职责调整】 根据国务院批准的《住房和城乡建设部主要职责内设机构和人员编制规定》（国办发〔2008〕74号），住房和城乡建设部在建筑市场监管方面的主要职责是："监督管理建筑市场、规范市场各方主体行为。指导全国建筑活动，组织实施房屋建筑和市政工程项目招标投标活动的监督执法，拟订勘察设计、施工、建设监理的法规和规章并监督和指导实施，拟定工程建设、建筑业、勘察设计行业的发展战略、中长期规划、改革方案、产业政策、规章制度并监督执行，拟定规范建筑市场各方主体行为的规章制度并监督执行，组织协调建筑企业参与国际工程承包、建筑劳务合作。"按照新的"三定"规定，"建筑市场管理司"名称变为"建筑市场监管司"。与此前的建筑市场监管职责相比，此次调整后职责变化主要体现在三个方面：一是增加了"拟订工程建设、建筑业、勘察设计行业的发展政策、规章制度并监督执行"的职责；二是增加了"拟订规范施工许可的规章制度并监督执行"的职责；三是明确了"组织实施房屋建筑和市政工程项目招标投标活动的监督执法"职责。

【建筑市场准入制度建设】 组织开展工程勘察资质标准修订工作。为科学合理设置工程勘察资质标准条件，引导和促进工程勘察企业科学发展，组织召开多次专门会议，确定了勘察资质标准修订的指导思想、工作目标和主要内容，完成工程勘察资质标准修订初稿。

加快推进研究建筑企业资质标准修订工作。针对现行建筑企业资质标准中部分资质类别划分不合理，考核指标不符合形势发展需要，承包工程范围界定不够清晰等问题，继续推进建筑企业资质标准修订工作，初步完成房屋建筑、市政两个专业工程资质标准的修订，为下一步修订工作的全面开展奠定基础。

【个人执业资格制度建设】 为促进注册建筑师执业资格制度持续稳定发展，修订颁布《注册建筑师条例实施细则》（建设部令第167号），解决了原实施细则中部分条文与有关法律法规不一致、与实际工作脱节等问题。继续推进注册土木（岩土）工程师执业制度，组织开展我国岩土工程师执业制度的研究，起草岩土工程师执业管理办法的初稿。为规范注册建造师执业行为，落实建造师的执业责任，颁布《注册建造师施工管理签章文件目录》（建市〔2008〕42号）和《注册建造师执业管理办法（试行）》（建市〔2008〕48号），修改完善《注册建造师继续教育管理办法》和《注册建造师信用档案管理办法》等政策文件；为确保建筑业企业项目经理资质管理制度向建造师执业资格制度平稳过渡，组织完成了一级临时建造师资格的认定工作。

2008年，共完成30批一级注册建造师注册审查工作，批准注册114708人次。2008年完成了18批21577人次的注册监理工程师的注册审查工作，其中批准注册17582人次。对监理工程师注册审核工作中发现的违法违规行为进行了处理，通报违规企业9家，对3人下达了《住房和城乡建设部行政处罚决定书》。

【工程招投标制度监管】 完善招投标资格审查制度。针对建筑市场中存在的利用资格预审限制和排斥潜在投标人现象，以及利用资格预审搞假招标或者围标串标行为，进一步完善制度建设，起草《房屋建筑和市政工程施工招标投标资格审查办法》，并征求地方各级建设行政主管部门及社会公众的意见；为规范房屋建筑和市政工程资格预审文件、招标文件的编制活动，在贯彻实施好九部委联合颁布的《标准施工招标资格预审文件》和《标准施工招标文件》（国家发展改革委等九部门令56号）基础上，结合行业特点和发展经验，组织起草《房屋建筑和市政工程标准施工招标文件》（征求意见稿）和《房屋建筑和市政工程标准施工招标资格预审文件》（征求意见稿）。

加强方案设计招投标管理。为规范建筑设计招投标活动，出台了《建筑工程方案设计招标投标管理办法》（建市〔2008〕63号）。该办法从适宜性、规范性、操作性等方面有了新的突破，该办法于2008年5月1日颁布实施。为便于各地准确理解管理办法的内容，组织召开了招标投标管理办法全国宣贯会，有力地促进了设计招标投标工作的顺利实施。

建立招投标代理机构统计制度。经国家统计局同意，建立了工程招标代理的统计制度，印发了《关于报送2008年工程招标代理机构统计报表的通知》（建市函〔2008〕273号），对全国各级别招标代理机构的人员、业绩和资产状况进行动态统计，全面掌握全国工程招标代理机构的基本情况，为加强招投标活动监管奠定基础。

加强部门间协调配合。住房和城乡建设部作为招标投标部际联席会议成员单位之一，与国家发展改革委、监察部等有关部门协调配合，共同颁布了《招标投标违法行为记录公告暂行办法》，明确了公告类别、公告内容、公告期限及相关程序，健全了招标投标违法行为公告制度，规范了招投标当事人行为，促进了招标投标信用体系建设；2008年10月，与监察部等10部门共同颁布了《关于监察机关和有关行政监督部门在查处工程建设招标投标违法违纪案件工作中加强协作配合的通知》（监发〔2008〕8号），完善了招投标案件情况通报、线索移交、案件协查制度，强化了部门协作配合，为更好地遏制工程建设领域的腐败现象，惩处工程建设招投标活动中的违法违纪行为奠定了基础。

研究建设工程交易中心管理办法。在2007年普查调研的基础上，起草了《建设工程交易中心管理办法》（征求意见稿）和《建设工程交易中心考核办法》（征求意见稿），对有形建筑市场的设立条件、基本职责和服务功能、具体考核内容和指标等做了详细规定，以推进建设工程交易中心规范运行，为招投标活动提供更为良好的服务。

【建筑市场诚信体系建设】 在近年来工作基础上，2008年1月7日，全国建筑市场诚信信息平台正式开通启用，各省市已初步通过全国平台，报送企业有关信息，诚信体系开始发挥作用。全国建筑市场诚信信息平台将实现以下功能：一是统一发布建筑市场主体诚信行为信息；二是整合企业资质和人员资格信息，及时发布建设行业最新的信用资讯、政策法规和工作动态；三是为全国建设行业提供信用信息交流平台，为社会提供完善的建筑市场信用信息服务。

【建设工程监理】 为加强对工程监理活动的管理，完善工程监理制度建设，组织修订了《建设工程监理委托合同》，组织开展了《建设工程项目监理机构监理人员配置管理办法》和《工程监理的安全责任研究》课题研究。为纪念建设监理制度创新发展20周年，方便从事监理工作的同志文件查阅，编辑了《建设工程监理法规文件汇编（2004～2008）》。对安全生产事故负有责任的工程监理企业进行了行政处罚。

【企业资质审查】 2008年住房和城乡建设部继续健全行政审批工作制度，突出随时受理、限时审批要求，解决了过去企业资质申请周期过长，不能适应企业市场经营和发展要求的问题。2008年，勘察设计企业申报1541家、通过1171家，建筑业企业申报962家、审批737家，工程监理企业申报522家、审批402家，招标代理机构申报644家、审批544家，设计与施工一体化企业申报163家、审批113家。同时，加大虚假申报处罚制度，对企业不据实申报、弄虚作假骗取资质证书、伪造资质证书等问题及时处理，发出《建设部建筑市场资质举报核实督办通知单》68件，处理违法违规企业17家。

【促进工程总承包和工程项目管理发展】 为了推进工程总承包发展，完善我国工程总承包管理制度，组织开展《工程总承包招标投标合同示范文本》的起草工作，形成初稿。为推进我国工程项目管理的发展，指导和培育一部分有条件的大型工程监理单位尽快创建为工程项目管理企业，以部文印发了《关于印发〈关于大型工程监理单位创建工程项目管理企业的指导意见〉的通知》（建市〔2008〕226号）。为贯彻落实《国务院关于加快发展服务业的若干意见》（国发〔2007〕7号）的精神，按照《国家发展改革委关于落实国务院关于加快发展服务业的若干意见有关政策措施部门分工的通知》（发改产业〔2007〕1201号）要求，研究、起草关于加快发展工程咨询服务业的有关政策、措施。

【组织清欠"回头看"工作】 根据国务院领导批示，为进一步巩固三年清欠成果，做好清欠收尾工作，加强清欠长效机制，颁发了《关于做好解决建设领域拖欠工程款和农民工工资"回头看"工作的通知》，2007年11月～2008年1月，在全国组织开展了清欠"回头看"工作，派出10个督查组，对全国25个省（自治区、直辖市）进行实地督查，2月14日，向国务院报送《关于解决建设领域拖欠工程款和农民工工资"回头看"工作的报告》（建市〔2008〕37号）。通过清欠"回头看"检查，又督促各地解决了17.9亿元，涉及1705个项目的新欠工程款，防新欠的长效机制逐步发挥作用，新的拖欠现象逐年减少，农民工工资支付保障机制逐步完善。在清欠"回头看"过程中，对于40家因拖欠工程款

九、建筑市场管理

和农民工工资造成社会不良影响的单位记入不良行为记录档案，进行全国通报批评，在社会引起广泛关注和影响。为总结表彰清欠成果，2008年10月，解决建设领域拖欠工程款部际联席会议印发了《关于表彰全国解决建设领域拖欠工程款工作先进单位和先进个人的决定》，对几年来全国清欠工作197个先进单位和590个先进个人进行表彰。

【完善农民工工资支付保障机制】 为维护人民群众的根本利益，维护促进和谐社会建设，2008年1月、12月，向各地、中央建筑企业等印发《做好农民工工资支付工作的通知》，就做好两节期间农民工工资支付作出部署，并要求各级政府启动应急预案及时应对群体性突发事件。各地普遍建立了农民工欠薪举报受理机构，大部分地区建立了农民工工资保证金制度。北京在奥运工程中普遍实行了农民工实名制管理，已为60万农民工发放了信息卡；上海、天津也各有35万农民工领到了信息卡，青岛建立了农民工工资支付网上预警监控系统。2007年以来，全国共发生建筑业农民工欠薪举报投诉案件22207件，经核查有11408件基本属实，已基本处理解决。

【做好扩大内需投资建设项目的市场保障工作】 为了保障中央扩大内需投资项目的质量和效益，组织研究起草并已印发了《关于进一步加强建筑市场监管与服务，保障扩大内需投资建设项目质量和效益的通知》（建市〔2009〕6号）。按照"加强服务、依法监管、创新机制、促进发展"的原则，要求各地地方建设主管部门增强服务意识，依法监管建筑市场，营造统一开放、竞争有序的建筑市场环境，为扩大内需投资建设项目提供有力保障和高效服务。

【组织开展重点课题研究与调研】 2008年，围绕建筑市场监管中的重点和难点问题，深入调查研究，取得初步成果。一是为探讨在市场环境中以及不同承发包模式下，建筑工程的设计与施工之间的合理分工机制，以及与之相适应的政府行政监管机制，组织开展"建筑工程设计施工协作与监管机制研究"；二是结合我国投资体制改革，针对项目投资主体、投资方式和组织实施方式的变化，研究提出政府职能转变和完善市场监管机制的工作思路和改进措施，组织开展"建设项目投资方式与组织实施方式研究"；三是针对企业超规模经营、转包挂靠、总分包主体各方责任、劳务分包等行业存在的突出问题，开展"企业适度规模经营及规范工程施工总分包活动研究"；四是为推动建筑业行业发展，系统分析影响我国建筑业经济增长的主要因素，研究确定行业发展政策，开展"关于促进建筑业经济增长的政策研究"。以上研究初步思路和框架已经基本完成。

为解决影响和制约建筑市场监管科学发展的突出问题，在开展深入学习实践科学发展观活动中，紧紧围绕影响建筑市场监管和建筑业发展的热点和难点问题，组织开展了"关于完善住房和城乡建设领域个人执业资格管理制度的调研"、"关于改革和完善房屋建筑和市政工程施工招标投标制度调研"、"关于建设工程企业资质许可制度的调研"和"建筑工程转包、违法分包、挂靠行为的界定及治理对策调研"四个专题调研，广泛听取了地方建设行政主管部门、行业协会和企业等方面的意见，形成四个调研报告，提出了解决突出问题的若干建议。

【加强国际交流与合作】 为促进中美两国建筑界的交流，同美国商务部共同组织第二届中美建筑与工程服务交流研讨会，就中美两国的建设市场管理制度、建筑市场运行机制以及开展两国建筑与工程服务领域合作等问题进行了充分的讨论，促进了两国建筑业的相互了解；积极进行GPA政府采购协议的深入研究，完成《中国加入GPA对建筑业的影响及对策建议》的报告，深入分析中国加入GPA建筑业所面临的实际问题，提出工程和建筑服务的初步出价方案和政策建议。针对美国、欧盟、日本等发达国家对我国加入WTO过渡性审议，提出答复意见。

继续促进CEPA的落实工作。同香港贸发局联合举办"第二届香港中国国际服务贸易洽谈会建筑服务论坛"，促进内地和香港企业利用各自资源共同开拓国际工程市场。同时，对香港业界广泛宣传内地建筑市场法律法规，推动香港执业资格人员在内地执业试点工作，允许取得内地监理工程师资格的香港专业人士在广东省注册执业试点，不受在香港注册执业与否的限制。

开展台湾地区知名资深建筑师一次性评估认定的工作。根据《关于允许台湾地区居民取得注册建筑师资格有关问题的通知》，组织制定了评估认定方案，本次共评估认定台湾建筑师38名，经专家评审，有37名符合评估认定条件。此次活动，对促进两岸建筑界交流、加深理解搭建了平台。

【积极投入汶川特大地震抗震救灾】 汶川特大地震发生后，按照部里统一部署，我司重点工作转到抗震救灾工作中。主要完成以下方面工作。一是组织调集救援设备入川工作。从5月13日至5月20

日，共组织20多家企业调集了2000多台机具设备支援灾区，发挥建筑企业专业技术优势，在灾后救援、道路疏通等方面发挥了重要作用；二是安抚川籍农民工工作。地震发生后，及时要求各地建设行政主管部门做好川籍农民工的安抚工作，避免了分布在全国各地124万川籍农民工"返乡潮"的出现；三是过渡安置房建设现场指导组工作。5月22日，部党组决定建筑市场监管司负责过渡安置房现场指导工作后，全司立即进行动员部署，连夜组织拟定工作方案，以最快速度组建机构，在司领导带领下奔赴成都、绵阳、德阳、广元、雅安、阿坝等重灾区，及时协调解决了援建省和受援地区之间的具体问题，化解了活动板房建设中出现的一系列突出问题。从5月24日到8月10日，现场指导组召开各类协调会议168次，对366个300套以上的安置点全部进行巡查，提出整改意见313条，发出整改督办单15件，制定了指导活动板房建设的一系列通知、指导意见和专题报告24份，确保了活动板房建设任务的按期完成。王素卿同志作为全国抗震救灾先进个人受到党中央、国务院、中央军委联合表彰，建筑市场管理司作为部里的抗震救灾先进集体受到表扬。

(住房和城乡建设部建筑市场监管司　逄宗展　刘晓艳)

2008年建筑市场管理类文件目录

1.《中华人民共和国注册建筑师条例实施细则》(建设部令第167号)

2. 关于解决建设领域拖欠工程款和农民工工资"回头看"工作的报告(建市〔2008〕37号)

3. 关于印发《注册建造师施工管理签章文件目录》(试行)的通知(建市〔2008〕42号)

4. 关于发布《注册建造师执业管理办法(试行)》的通知(建市〔2008〕48号)

5. 关于印发《建筑工程方案设计招标投标管理办法》的通知(建市〔2008〕63号)。

6. 关于表彰全国解决建设领域拖欠工程款工作先进单位和先进个人的决定(建市〔2008〕194号)

7.《关于印发〈关于大型工程监理单位创建工程项目管理企业的指导意见〉的通知》(建市〔2008〕226号)

8. 关于妥善安置受灾群众过冬安置房的通知(建市函〔2008〕250号)

9. 关于报送2008年工程招标代理机构统计报表的通知(建市函〔2008〕273号)

10. 关于报送2008年建设工程监理统计报表的通知(建市函〔2008〕341号)

11. 关于报送2008年工程勘察设计统计报表的通知(建市函〔2008〕354号)

12. 关于做好农民工工资支付工作的通知(建市函〔2008〕758号)

13. 关于葛洲坝集团等40家单位拖欠工程款及工资情况的通报(建办市函〔2008〕54号)

14. 关于2007年度二级建造师执业资格考试指导合格标准有关问题的通知(建办市函〔2008〕64号)

15. 关于开展清欠表彰工作的通知(建办市函〔2008〕182号)

16. 关于对建筑业企业项目经理有关问题的复函(建办市函〔2008〕215号)

17. 关于对《关于"体育场地设施工程"归属何专业问题的请示》(建办市函〔2008〕438号)

18. 关于2008年度二级建造师执业资格考试指导合格标准有关问题的通知(建办市函〔2008〕606号)

19. 关于注册建筑师资格考试成绩管理有关问题的通知(国人厅发〔2009〕31号)

20. 关于印发《招标投标违法行为记录公告暂行办法》的通知(发改法规〔2008〕1531号)

21. 关于印发《建设部建筑市场管理司2008年工作要点》的通知(建市综函〔2008〕10号)

22. 关于工程设计专项资质换证工作的通知(建市资函〔2008〕34号)

23. 关于印发王早生同志在《建筑工程方案设计招标投标管理办法》宣贯会上的讲话的通知(建市设函〔2008〕38号)

24. 关于印发《注册建造师施工管理签章文件(试行)》的通知(建市监函〔2008〕49号)

25. 关于按模板格式填报企业基本信息表电子文档的通知(建市资监函〔2008〕65号)

26. 关于转发江苏省建设厅《省建设厅赴川监理企业开展灾后恢复重建工程监理服务的若干意见》的通知(建市监函〔2008〕66号)

27. 关于印发刘宇昕同志在全国工程招标代理机构统计工作会议的讲话的通知(建市招函〔2008〕97号)

十、建设节能与科技

建筑节能与科技事业2008年以坚持科学发展观、构建社会主义和谐社会为工作目标，贯彻落实《国务院关于印发节能减排综合性工作方案的通知》，紧紧围绕部中心工作和建设事业重大发展问题，在加强资源节约与环境保护工作、创新机制、转变城乡建设发展方式等方面，充分发挥科技的支撑和引领作用。

【做好抗震救灾相关工作】 2008年5月12日汶川地震发生后，积极主动承担了组织建设灾区活动板房和建筑垃圾的再生利用等工作。及时制定了相应的技术导则，认真收集汇总分析受灾地区情况，制定任务分解方案，协调联络各援建省和受灾地，督促过渡安置房建设任务的落实；协调各地生产能力，掌握过渡安置房建设工作进度，协调解决过渡安置房建设中的原材料及产品的生产、运输、安装、价格等问题。

【深入推进建筑节能工作】 2008年是"十一五"节能减排的关键之年，继续按照国务院的统一部署，在配套相关法规、完善标准规范、制定政策措施、加强监督管理等方面加大力度开展工作，取得了阶段性成效。特别是结合国家拉动内需的重大部署，组织编制了建筑节能重点项目计划。

配套法规逐步完善。2008年7月23日，国务院常务会议审议通过了《民用建筑节能条例》，并于2008年10月1日实施。结合条例的实施，先后印发了《民用建筑能效测评与标识管理暂行办法》、《公共建筑室内温度控制管理办法》、《民用建筑节能信息公示管理办法》等文件，完善了建筑节能法律法规的配套措施。

新建建筑执行节能标准情况成效显著。2008年继续加大了新建建筑执行节能设计标准的监督检查，把新建建筑在施工阶段执行节能强制性标准作为重点，并认真做好《建筑节能工程施工质量验收规范》、《建筑节能施工监督导则》、《绿色施工导则》的宣传贯彻工作。

北方采暖地区既有建筑节能改造工作取得新进展。根据国务院"推动北方采暖区既有居住建筑供热计量及节能改造1.5亿平方米"的任务要求，已将任务分解落实到各省、自治区、直辖市，并进一步落实到城市和具体改造项目。制定了《关于推进北方采暖地区既有居住建筑供热计量及节能改造实施意见》、《北方采暖地区既有居住建筑供热计量及节能改造技术导则》。2008年底，已完成了4000万平方米的改造任务，取得了比较明显的经济社会效益。

国家机关办公建筑和大型公共建筑节能监管体系建设初见成效。2008年24个示范省市按照我部和财政部印发的《关于加强国家机关办公建筑和大型公共建筑节能管理的实施意见》、《国家机关办公建筑和大型公共建筑节能监管体系建设实施方案》等文件的要求，开展了国家机关办公建筑和大型公共建筑能耗统计、能源审计、能效公示工作。部分省市已经完成了能耗统计、能源审计任务，公示了一批建筑的能耗情况。北京、天津、深圳能耗动态监测平台建设进展顺利，已经选定了实行能耗分项计量改造的建筑，并开始实施。会同教育部印发了《关于推进高等学校节约型校园建设进一步加强高等学校节能节水工作的意见》。

可再生能源建筑应用项目示范效果明显。一是加强了已经启动的212个可再生能源建筑应用示范项目的管理工作，委托专业机构对示范项目效果进行了检测评估。从检测结果看，可再生能源利用效果较好，替代常规能源效益显著。二是2008年启动了第四批示范项目申报、评选工作。针对太阳能光热应用等领域技术成熟度提升较快，应用面积推广比较迅速的现状，对示范重点和支持主体进行了调整，支持重点更加侧重发展前景良好的先进技术，扩大太阳能建筑一体化采暖空调系统、太阳能光电应用、太阳能与地热能复合应用系统等新技术的示范比例。第四批151个项目已经正式启动。

探索利用市场机制推动建筑节能工作已经起步。会同财政部出台了国家机关办公建筑和大型公共建筑采取合同能源管理模式进行节能运行与改造给予贷款贴息的经济政策。对建立建筑节能服务体系、发展建筑节能服务产业进行了研究，起草了相关文件。研究利用清洁发展机制（CDM）解决既有建筑节能改造等工作的融资问题。会同国家开发银行对金融机构支持建筑节能的融资模式及信用体系、融资平台、具体贷款项目及额度等方面工作进行了研究。

【大力推进国家"水专项"的实施工作】 "水专项"的实施工作取得实质性进展。按照国务院审议通过的水专项实施方案，组织编写了"城市水环境"和"饮用水安全保障"主题13个项目、92个课题的实施方案，并按专家和项目组织协调单位的审查意见进行了修改完善；组织论证委员会对"城市水环境"和"饮用水安全保障"主题的项目及课题实施方案进行了综合论证。组织编制了水专项"十一五"实施计划和2008年年度实施计划。

【组织实施国家科技重大专项和国家科技支撑计划项目】 围绕建筑节能与绿色建筑、城市生态居住环境质量保障、城市功能提升与空间节约利用、新农村建设等方面的技术创新和示范应用，组织实施国家"十一五"科技支撑计划项目。

2008年进行了第一批启动的"十一五"科技支撑计划12个项目的中期评估工作，这些项目包括建筑节能关键技术研究与示范、农村新能源开发与节能关键技术研究等，取得了一定成果，可进入示范应用阶段。2008年年初启动了"十一五"科技支撑计划城镇化与村镇建设动态监控关键技术、城市综合节水技术开发与示范、生活垃圾综合处理与资源化利用技术研究示范等第二批10个项目。目前正在进行第三批超强钢筋与高性能混凝土应用关键技术研究等4个项目的启动准备工作。

【国际科技合作向深度广度发展】 与荷兰政府合作的"中国西部小城镇环境基础设施经济适用技术及示范"项目已经完成并取得了预期成效。通过项目的实施，颁布了《中国西部小城镇环境基础设施技术政策》和《中国西部小城镇环境基础设施技术指南》，集成了一批适合西部小城镇特点的经济适用技术，在10个示范工程项目中得到了较好地应用，达到了投资省、运行费用低、操作简便、占地面积小的目的。在推进西部小城镇环境基础设施领域行业改革中，该项目提出的适合西部小城镇特点的环境基础设施价费政策和引入竞争机制的创新模式，较好地指导了示范地的行业改革工作，特别是在贵州省的政策示范中取得了明显成效，推动当地出台了一系列市政公用事业行业改革的政策措施。

世行/GEF"中国供热改革与建筑节能"项目、中德技术合作"中国既有建筑节能改造项目"执行期过半，相关成果对国内的供热改革和建筑节能工作起到了明显的促进和推动作用。中荷可持续建筑示范项目、国家发展改革委/UNDP/GEF"中国终端能效项目"（建筑包部分）、中法"住宅领域提高能效与可持续发展项目"，以及与新加坡环境及水源部在城镇环境治理和水资源综合利用领域开展交流与合作等都有力地配合和推进了国内相关工作的开展。

一、建筑节能工作情况及成效

（一）控制增量，新建建筑执行节能强制性标准成效显著。2008年全国城镇新建建筑在设计阶段执行节能标准的比例达到98%，施工阶段执行节能标准的比例为82%，分别比2007年提高了1个百分点和11个百分点，圆满完成国务院提出的"新建建筑施工阶段执行节能强制性标准的比例达到80%以上"的工作目标。据此估算，2008年1～10月新建的节能建筑可形成900万吨标准煤的节能能力。目前全国城镇已累计建成节能建筑面积28.5亿平方米，占城镇既有建筑总量的16.1%，节能建筑比重逐年提高。北京、天津、河北、河南、辽宁、吉林、黑龙江、青海、新疆等省（区、市）率先在辖区内全部或部分实施65%节能标准，新建建筑节能潜力得到进一步发挥。

（二）调整存量，北方采暖地区既有居住建筑供热计量及节能改造稳步推进。国务院要求督促各地将1.5亿平方米既有居住建筑供热计量及节能改造任务进一步落实到具体项目并组织实施。按照国务院要求，住房和城乡建设部会同财政部印发《关于推进北方采暖地区既有居住建筑供热计量及节能改造工作的实施意见》，提出开展改造的工作思路和要求。目前北方采暖区15个省、自治区、直辖市均已将承担的任务落实到所辖市（区），并积极制定改造计划，落实改造项目，筹措改造资金，创新改造模式，改造工作已经全面启动。截至2008年底，北方15省市已完成改造的面积为3965万平方米，初步估计，每年至少可实现节约标准煤27万吨，减排二氧化碳70万吨。

（三）节能监管，国家机关办公建筑和大型公共建筑节能运行与改造服务体系初步建立。按照国务院的要求，住房和城乡建设部、财政部确定的第一批24个示范省市均开展了国家机关办公建筑和大型公共建筑能耗统计、能源审计、能效公示工作，共对11607栋建筑的基本情况和能耗状况进行了调查摸底，对768栋建筑及59所高等学校进行了能源审计，对827栋建筑的能耗情况进行了公示。北京、天津、深圳对324栋重点建筑安装了分项计量装置，开始建立能耗动态监测系统。通过以上工作，摸清了国家机关办公建筑和大型公共建筑能耗状况和耗能特点，为下一步开展节能运行与改造及制定用能限额标准，提供了有力的数据支持。

（四）优化结构，可再生能源建筑一体化规模化应用取得突破。住房和城乡建设部、财政部认真落实国务院"抓好可再生能源建筑应用示范项目的组织实施，加大示范推动力度"要求，积极组织可再生能源在建筑中应用示范项目，共利用中央财政资金支持了359个示范项目，圆满完成国务院要求的工作任务。部分省市制定了可再生能源"十一五"规划，编制了应用的标准规范，研发和集成了技术产品，出台了经济激励政策，有效带动了可再生能源在建筑中应用规模。据各地上报的数据汇总，2008年底，各地太阳能光热应用面积达10.3亿平方米，浅层地能应用面积超过1亿平方米，分别比2007年增长31%和25%，可再生能源在建筑中规模化应用趋势逐步显现。

（五）模式转变，推广节能省地环保型建筑和绿色建筑逐步深入。按照国务院要求，一些省市把推广绿色建筑作为促进建筑节能模式转变的主要措施，积极响应住房和城乡建设部组织的"低能耗建筑和绿色建筑双百工程"和"绿色建筑评价标识"工作，认真组织申报和实施工作，同时结合地区实际，通过编制绿色建筑评价标准、组织绿色建筑示范工程等方式，不断加大绿色建筑的推广力度。大连市大力发展环境友好型住宅，每年推广100万平方米，占全市竣工面积的20%，实现了新建建筑在节能水平和节能模式上的双跨越。深圳市提出创建"绿色建筑之都"，力争以最少的能源投入、最低的资源消耗和最少的环境干扰，营造安全、健康、舒适的建筑环境。

（六）质量控制，建筑节能材料和产品应用水平不断提高。住房和城乡建设部、国家工商行政管理总局、国家质量技术监督检验检疫总局联合下发《关于加强建筑节能材料和产品质量监督管理的通知》，要求各地强化对建筑节能材料和产品的生产、流通和使用过程的质量监管。各地通过采取市场抽查、巡查和专项检查、建立材料产品备案、登记、公示制度、发布推广、限制和淘汰目录、建立舆论监督和考核评价机制等方式，初步建立起建筑节能材料和产品质量监管的长效机制，建筑节能材料和产品在生产、流通、使用环节存在的问题初步得到纠正，有效保证了建筑节能工程质量。

二、主要做法和经验

（一）制度完善，促进建筑节能。在法律法规方面，《节约能源法》修订后颁布，国务院《民用建筑节能条例》于2008年10月1日开始实施。各地积极制定本地区的行政法规，目前已有14个省（区、市）出台了建筑节能条例或资源节约及墙体材料革新等相关法规，24个省（区、市）出台了相关政府令，以《节约能源法》为上位法，国务院《民用建筑节能条例》为专门法规，各地方行政法规相配套的建筑节能法律体系初步建立。在经济政策方面，按照国务院要求，财政部、住房和城乡建设部先后在可再生能源建筑应用、国家机关办公建筑和大型公共建筑节能监管体系建设、北方采暖地区既有居住建筑供热计量及节能改造等方面制定了财政支持政策，2008年中央财政共安排补助资金13.7亿元。各地按照国家的要求，纷纷加大了对建筑节能的经济支持力度，2008年各地共安排10.2亿元支持建筑节能工作，形成了财政支持建筑节能的良好工作局面。在目标责任方面。目前，全国各省（区、市）均制定了建筑节能"十一五"专项规划，提出了建筑节能具体节约目标，总计1.39亿吨标准煤，并按重点领域进行了分解，其中有20个省（区、市）明确了建筑节能承担本地区单位GDP能耗下降的任务，部分省市采取逐级签订责任书的方式，将建筑节能目标及任务层层落实。

（二）组织健全，保证建筑节能。一是建立了建筑节能协调议事机制。建筑节能是一项涉及各方面的系统工程，需要各部门形成合力共同推进，全国各省（区、市）建设主管部门均成立了主要领导或分管领导任组长的建筑节能领导小组，其中有12个省（区、市）成立了政府分管领导任组长，建设、发改（经贸）、财政等相关部门参加的建筑节能工作协调领导小组，各城市也成立了相应机构，形成了各部门联动、齐抓共管的局面。二是建筑节能管理机构能力进一步加强。随着建筑节能工作的深入，各地相继成立建筑节能专门管理机构，充实管理力量，山西省从省级到市级都建立了建筑节能监管机构，建筑节能专职管理人员111人。上海市19个区（县）全部设立了建筑节能管理办公室，管理人员共101人。全国有17个省（区、市）将墙体材料革新工作和建筑节能工作统一交由建设部门负责，以墙改为抓手推进建筑节能，效果明显。

（三）监管闭合，落实建筑节能。新建建筑执行节能强制性标准一直是建筑节能工作的重点。各地充分利用现有法律法规确定的许可和制度，逐步建立起从设计、施工图审查、施工、竣工验收备案到销售、使用等环节的监管机制，效果明显。设计环节，建立了建筑节能设计审查质量的专项调审制度；施工图审查环节，对建筑节能进行专项审查；施工环节，全面执行《建筑节能工程施工质量验收规范》，制定专项的建筑节能施工方案、建筑节能监理工作导则及工程质量监督要点，规定了严格的节能审查监管工作程序和要求，确保节能工程质量；竣工验收环节，部分省市实施了建筑节能专项验收。部分地区已开始实施民用建筑能效测评标识制度，哈尔滨市对460余万平方米的建筑进行了检测认定，对达标的节能建筑颁发了认定证书和标识牌；商品房销售环节，部分省市实施了建筑节能信息公示制度。同时，各省市都组织开展了建筑节能专项检查，通过采取对违规工程停工整顿、违章企业通报批评、违法行为依法处罚等手段，加大了执法力度。

（四）科技支撑，引导建筑节能。一是在技术标准方面，各地非常重视建筑节能标准体系建设工作，结合地区实际，及时把一些先进成熟的技术产品编入工程技术标准和标准图，通过技术规范的形式强制推广新技术，新产品，既为建设科技和建筑节能工作提供了有力的技术支撑，又加速了科技成果的转化。深圳、太原等地制定了绿色建筑有关标准，具有前瞻性、地域性和经济性特点，凸显标准的引导和规范作用。二是在科研开发方面，各地比较注重发挥科技先导和支撑作用，围绕建筑节能重点工作，结合地区实际，积极筹措资金，安排科研项目，为建筑节能深入发展做好科技储备。沈阳市积极组织开展"地源热泵系统运行节能性、经济性比较分析"、"沈阳城区地下水地源热泵取水回灌技术研究"等多项科研课题的研究，为大规模使用地下水源热泵提供了有力的技术保障。三是在示范推广方面，各地以建筑节能示范工程为载体，一方面积极申报国家级的示范项目，另一方面结合本地实际，不断丰富示范类型，提高示范水平，不仅通过示范推广了建筑节能技术和产品，还通过示范引导地区建筑节能的发展方向。

（五）突出重点，拓展建筑节能。一是从单体建筑节能向小区、区域乃至城市整体节能拓展。深圳市提出要以绿色建筑为基础，将总面积为156平方公里的光明新区建设成为建筑与人、城市与环境和谐发展的绿色建筑示范区。太原市把占地2.54平方公里的"长风文化商务区"打造成绿色建筑示范园区，成为单体建筑节能向小区和区域节能跨越的又一亮点。长沙市把大河西区作为"两型社会"建设示范先导区，注重区域整体实现资源节约、环境友好，效果显著。二是从新建建筑节能向既有建筑节能拓展。北方采暖地区15省区市全力推动既有居住建筑供热计量及节能改造，唐山市把既有居住建筑节能改造作为实现城市"三年大变样"的重要举措，制定了完成2200万平方米改造的规划和实施计划。过渡及南方地区部分省市也开展了既有建筑改造工作，上海市2008年就完成了既有建筑节能改造804万平方米，南京市每年从城建资金中安排1000万元用于既有居住建筑旧钢窗节能改造。全国24个省区市开展国家机关办公建筑和大型公共建筑节能监管体系建设，通过能耗统计、能源审计、能效公示、动态能耗监测平台等工作，初步形成了有利于节能运行与改造的监管体系。三是从使用常规能源向强制推广可再生能源拓展。江苏、广西、海南、河北、山东、深圳等省区市已开始在12层以下新建建筑中强制性推广使用太阳能热水系统，替代常规能源，成效明显。沈阳市以科学开发、合理应用地源热泵技术为重点，有计划、有步骤的组织开展可再生能源建筑应用工作，至2008年10月底，全市地源热泵技术应用面积累计3458.49万平方米，取得显著效益。四是从城市节能向农村节能拓展。北京市加强可再生能源在新农村建设中应用，建成200余座农村太阳能集中浴室，解决京郊10万农民冬季洗浴问题。建成大中型沼气工程22座、2000户用沼气、秸秆气化52座，约1.4万户农村居民可以使用上清洁廉价的管道燃气。哈尔滨市结合农村泥草房改造，积极推广新墙材与建筑节能，引导农户采用新墙材建造节能房，已累计建成11.3万平方米的节能农房。

（六）国际合作，提升建筑节能。一是充分利用"国际智能、绿色建筑与建筑节能大会暨新技术与产品博览会"这一国际交流平台，学习、借鉴发达国家推进绿色建筑和建筑节能的经验和做法，探讨适合中国国情的绿色建筑和建筑节能发展模式，有力地促进了国内外推进绿色建筑和建筑节能的交流与合作。二是以国际合作项目为载体，促进建筑节能实现跨越式发展。通过实施"中国供热改革与建筑节能"项目、"中国既有建筑节能改造项目"、中荷可持续建筑示范项目、"中国终端能效项目"、中法"住宅领域提高能效与可持续发展项目"等，所取得的经验对我国建筑节能工作提供了有力支撑，起到了明显的促进和推动作用。

（七）全民参与，宣传建筑节能。各地以节能宣传周、无车日、节能减排全民行动等活动为载体，充分利用各种媒体，采取组织专题节目、设置专栏以及宣贯会、推介会、现场展示、发放宣传册等方式，开展形式多样、内容丰富的建筑节能公共宣传活动，广泛宣传建筑节能的重要意义和推进建筑节能的相关政策、管理措施、知识普及等内容，提高了全社会的节能意识。特别是在《民用建筑节能条例》颁布实施后，各级建设主管部门结合《条例》的宣传贯彻，组织相关单位的管理和技术人员进行了多轮次的《条例》宣贯会，对《条例》规定的法律制度进行培训和讲解，培养了一大批熟悉建筑节能政策、技术标准的管理和技术人员，提高了建筑节能的工作能力。

【第五届国际智能、绿色建筑与建筑节能大会暨新技术与产品博览会】 2009年3月27～29日在北京国际会议中心召开。

会议的中方主办单位是住房和城乡建设部、科学技术部、国家发展和改革委员会、财政部、环境保护部、工业和信息化部；会议的外方主办单位是全球环境基金（GEF）、欧盟委员会企业与工业总司（EIEC）、英国贸易投资总署（UKTI）、美国能源部（DOE）、德国交通、建设和城市规划部（BMVBS）、法国生态、能源、可持续发展及国土整治部（MEEDDAT）、加拿大联邦住房署（CMHC）、新加坡国家发展部建设局（BCA）、印度建筑业发展委员会（CIDC）。

本届大会是在第十一届全国人大二次会议提出的"毫不松懈地加强节能减排和生态环境保护工作"，突出抓好建筑领域节能的战略决策下，在住房和城乡建设领域深入贯彻落实科学发展观，"扩内需、保增长，调结构、上水平，抓改革、增活力，重民生、促和谐"的背景下，在已经成功举办四届"国际智能、绿色建筑与建筑节能大会暨新技术与产品博览会"的基础上，以"贯彻落实科学发展观，加快推进建筑节能"为主题召开的又一次国际智能、绿色建筑与建筑节能盛会。

全国人大副委员长、中国科协主席韩启德，住房和城乡建设部部长姜伟新分别致辞。

本届大会分为研讨和展览两部分。

（一）研讨会

根据国内外建筑节能与绿色建筑工作实际，围绕绿色建筑设计与评价标识、既有建筑节能改造、可再生能源建筑应用、大型公共建筑节能运行监管与节能服务市场、供热体制改革、住宅房地产业健康发展、应对气候变化等重大问题，研讨会设1个综合论坛和14个分论坛。

1. 综合论坛。住房和城乡建设部副部长仇保兴，世界银行驻中国首席代表杜大伟博士，世界绿色建筑协会主席 Tony Arnel 等8位来自国内外的政府官员、专家学者等在大会综合论坛上发表主题演讲。

2. 分论坛。分别是："绿色建筑设计理论、方法和实践"、"绿色建筑与智能化"、"绿色建筑与住宅房地产业健康发展"、"既有建筑节能改造的工程实践"、"可再生能源在建筑中的利用与工程实践"、"太阳能技术在建筑中的推广应用"、"大型公共建筑的节能运行监管与节能服务市场"、"绿色建筑评价与标识"、"既有建筑节能改造的工程实践"、"供热体制改革与建筑节能"、"新型外墙保温技术与绿色建材"分论坛和"建筑节能技术与创新——德国被动式房屋标准"、"应对气候变化——建筑领域减少温室气体的先进能源技术"、"美国绿色技术"专题论坛。来自世界银行、世界绿色建筑协会、英国、德国、法国、瑞典、波兰、美国、加拿大、新加坡、日本等20多个国际机构、国家（地区）和国内的120多名专家学者和企业界人士发表演讲。

（二）博览会

博览会持续了3天时间，有10多个国家的160多个国际组织、跨国公司、研究机构、设计院所、生产厂商等展示绿色建筑规划设计方案及工程实例、建筑智能技术与产品、建筑生态环保新技术新产品、绿色建材技术与产品、既有建筑节能改造的工程实践、可再生能源在建筑上的应用与工程实践、大型公共建筑节能的运行监管与节能服务市场、供热体制改革方案及工程实例、新型外墙保温材料与技术等方面的最新技术与产品。

随着国内外对绿色建筑及建筑节能工作重要性的认识以及大会影响力的提高，国内外相关政府部门和社会团体对大会给予了极大的关注，纷纷加入大会的主办、协办单位之列。本次博览会组团参展的有北京展团、天津展团、上海展团、深圳展团、德州展团、美国展团以及德国展团。

绿色建筑大会是中国为大力发展绿色建筑和加快推进建筑节能而打造的高水平、高质量的年度国际盛会，对扩大绿色建筑与建筑节能领域国际间交流与合作，传播国际上的先进技术、理念和经验，提高国内社会公众的绿色建筑与建筑节能意识，促进中国建筑节能和绿色建筑事业的发展，在国际上树立中国积极有为、负责任的大国形象，为共同应对全球气候变化、实现人类的可持续发展发挥了积极作用。

大会还成立了由10位院士和32名国内外专家组成的大会学术指导委员会，对征集到的200多篇论文进行了审查，择优选取了其中的122篇文章，编辑出版了《智能与绿色建筑文集5》。

(住房和城乡建设部建筑节能与科技司)

建筑节能与科技司规范性文件目录

序号	文号	文件名称	文件日期
1	建科[2008]80号	关于试行民用建筑能耗测评标识制度的通知	20080428
2	建科[2008]89号	关于印发《高等学校节约型校园建设管理与技术导则》的通知	20080513
3	建科[2008]90号	关于推进高等学校节约型校园建设进一步加强高等学校节能节水工作的意见	20080513
4	建科[2008]95号	关于推进北方采暖地区既有居住建筑供热计量及节能改造工作的实施意见	20080521
5	建科[2008]99号	关于印发《地震灾区建筑垃圾处理技术导则》(试行)的通知	20080530
6	建科[2008]113号	关于印发《绿色建筑评价技术细则补充说明(规划设计部分)》的通知	20080624
7	建科[2008]114号	关于印发国家机关办公建筑和大型公共建筑能耗监测系统建设相关技术导则的通知	20080624
8	建科[2008]115号	关于印发《公共建筑室内温度控制管理办法》的通知	20080625
9	建科[2008]116号	关于印发《民用建筑节能信息公示办法》的通知	20080626
10	建科[2008]118号	关于印发《民用建筑能耗测评标识技术导则》(试行)的通知	20080626
11	建科[2008]126号	关于印发《北方采暖地区既有居住建筑供热计量及节能改造技术导则》(试行)的通知	20080710
12	建科[2008]147号	关于加强建筑节能材料和产品质量监督管理的通知	20080820
13	建科[2008]221号	关于贯彻实施《民用建筑节能条例》的通知	20081204
14	建办科函[2008]691号	关于印发"中国西部小城镇环境基础设施经济适用技术及示范"项目固定资产移交管理办法》的函	20081113

十一、住房城乡建设人事教育

(一) 综 合

【印发《建设部人事教育司2008年工作要点》】 2008年3月13日，建设部印发《建设部人事教育司2008年工作要点》。建设部人事教育司2008年工作的总体思路是：在部党组领导下，深入学习贯彻党的十七大和全国组织工作会议精神，贯彻落实科学发展观，紧紧围绕部里的中心任务开展工作，突出重点，狠抓落实。大力加强机关、直属单位和社团领导班子建设，深化建设行政管理体制改革，促进政府职能转变，加大农民工教育培训与权益保护力度，全面推进建设人才队伍建设，加强人事教育司自身建设。

建设部人事教育司2008年工作要点，主要包括：一是深化干部人事制度改革，加强公务员制度建设；二是做好部机关干部选拔任用工作；三是加大公务员培训力度，提高公务员队伍素质；四是加强公务员管理和监督；五是做好建设行政管理体制改革工作；六是继续深化事业单位人事制度改革，做好岗位设置管理和收入分配制度改革工作；七是做好事业单位领导班子调整和配备工作；八是以改革创新精神做好社团管理工作；九是大力推进农民工教育培训工作；十是依法维护建设领域农民工合法权益；十一是继续加大干部教育培训工作力度；十二是完善建设行业职业资格制度；十三是做好土建类专业教育评估和教学指导工作；十四是贯彻全国组织工作会议精神，提高组织工作干部素质；十五是开展"讲党性、重品行、作表率"活动，树立组织工作干部新形象等。

【在住房和城乡建设部组织系统开展"讲党性、重品行、作表率"活动】 为深入贯彻党的十七大精神和全国组织工作会议部署，落实胡锦涛等中央领导同志对组织部门自身建设提出的新要求，根据中组部的要求，2008年5月21日，住房和城乡建设部决定，在部机关、直属单位和部管社会团体组织人事部门开展"讲党性、重品行、作表率"活动。

开展"讲党性、重品行、作表率"活动，从2008年开始，到2010年结束。2008年为"集中活动年"，重点是抓好十七大精神和全国组织工作会议精神的学习，采取有效措施，集中解决一些妨碍带头落实讲党性、重品行、作表率要求的突出问题。2009年为"深化拓展年"，重点是根据形势任务的发展变化和中央的新部署、新要求，深化和拓展学习实践活动，进一步查找和解决存在的问题，完善和落实整改措施。2010年为"巩固提高年"，重点是对活动开展以来的情况进行"回头看"，查漏补缺，深化整改，巩固成果，总结规律性认识，进一步推动长效机制的完善和落实。

【《住房和城乡建设部主要职责内设机构和人员编制规定》印发】 2008年7月10日，《住房和城乡建设部主要职责内设机构和人员编制规定》经国务院批准，由国务院办公厅下发。规定全文见本年鉴第五篇。

【依托中国科学院生态环境研究中心成立住房和城乡建设部农村污水处理技术北方研究中心】 2008年10月10日，住房和城乡建设部同意依托中国科学院生态环境研究中心成立住房和城乡建设部农村污水处理技术北方研究中心。住房和城乡建设部农村污水处理技术北方研究中心为非法人单位，业务工作接受住房和城乡建设部指导。

【成立住房和城乡建设部信息化工作领导小组】 为贯彻落实中共中央保密委员会第一次会议和中央国家机关保密工作会议精神，进一步加强信息化建设和计算机网络等安全保密工作，住房和城乡建设部于2008年10月22日成立住房和城乡建设部信息化工作领导小组，组长由住房和城乡建设部部长姜伟新担任，副组长由住房和城乡建设部副部长陈大卫担任，成员为李东序、何兴华、曹金彪、冯俊、侯淅珉、唐凯、王志宏、沈建忠、王素卿、陆克华、李兵弟、陈重、陈宜明、张其光、王宁、杨忠诚、许中志、王早生、张国印、李晓江、倪江波、赵春山、刘佳福。

住房和城乡建设部信息化工作领导小组下设办公室，办公室主任由李东序兼任。

【成立住房和城乡建设部保密委员会】 为贯彻落实中共中央保密委员会第一次会议和中央国家机关保密工作会议精神，进一步加强信息化建设和计算机网络等安全保密工作，住房和城乡建设部于2008年10月22日成立住房和城乡建设部保密委员会。住房和城乡建设部保密委员会组长由住房和城乡建设部部长姜伟新担任，副组长由住房和城乡建设部副部长陈大卫担任，成员为李东序、曹金彪、冯俊、侯淅珉、唐凯、王志宏、沈建忠、王素卿、陆克华、李兵弟、陈重、陈宜明、何兴华、张其光、王宁、杨忠诚、许中志、王早生、张国印、李晓江、倪江波、陈淮、常青。

住房和城乡建设部保密委员会下设办公室，办公室主任由李东序兼任。

【设置住房和城乡建设部机关司局、离退休干部局、稽查办公室内设机构】 根据国务院办公厅《关于印发住房和城乡建设部主要职责内设机构和人员行政编制规定的通知》，住房和城乡建设部于2009年11月11日下发通知，设置部机关各司局、离退休干部局、稽查办公室内设处（室）。

办公厅设综合处（值班室）、秘书处、督办处、宣传信息处（新闻办公室）、档案处（城建档案工作办公室）、信访保卫处（信访办公室）、电子政务处（行政审批集中受理办公室）、秘书二处8个处。

法规司设综合处、法规处、执法监督处、法制协调处4个处。

住房改革与发展司（研究室）设综合处、发展研究处、住房改革处3个处。

住房保障司设综合处、政策指导处、保障规划处、监督管理处4个处。

城乡规划司设综合处、规划管理处、城市规划处、历史名城保护处、区域规划处5个处。

标准定额司设综合处、标准规范处、造价管理处、实施指导监督处4个处。

房地产市场监管司设综合处、房地产市场监测与开发管理处、房地产交易与权属管理处、物业管理处、房屋征收与拆迁管理处5个处。

建筑市场监管司设综合处、招投标监管处、勘察设计监管处、施工监管处、建设咨询监理处、企业资质审查处6个处。

城市建设司设综合法规处、市政公用行业监管处、市容环境管理处、城市综合交通处、水务处、园林绿化处、世界遗产与风景名胜管理处7个处。

村镇建设司设村镇规划处（综合处）、小城镇与村庄建设指导处、农房建设管理处3个处。

工程质量安全监管司设综合处、监督协调处、工程技术处、工程质量监管处、施工安全监管处、抗震防灾处6个处。

建筑节能与科技司设综合处、科研开发处、国际科技合作处、建筑节能与墙材革新处4个处。

住房公积金监管司设综合处、政策协调处、督察管理处3个处。

计划财务与外事司设综合处、计划处、经济处、统计处、财务一处、财务二处、外事一处、外事二处8个处。

人事司设综合处、机关人事处、直属人事处、劳动与职业教育处、专业人才与培训处5个处。

机关党委设办公室、组织部、宣传部、党风廉政建设处（纪委办公室）、精神文明建设处5个室（处、部）。

离退休干部局设综合处（党委办公室）、离休干部工作处、退休干部工作处、文体生活处、保健处、财务处6个处（室）。

稽查办公室设综合处、稽查一处、稽查二处、稽查三处、城乡规划督察员管理处5个处。

【**继续开展2008年全国职工教育统计工作**】 为做好住房城乡建设系统2008年职工教育统计工作，按照教育部办公厅《关于做好2008年全国职工教育统计工作的通知》要求，住房和城乡建设部下发《关于请做好2008年住房城乡建设系统职工教育统计工作的通知》。《通知》指出，住房城乡建设系统2008年职工教育统计工作仍委托中国建设教育协会组织实施。《通知》要求，住房城乡建设系统2008年职工教育统计工作继续采取抽样统计方法，并通过网络实施统计。按照所在地区企业（包括中央和省属的驻地方企业，以及不同所有制的企业）职工总数10%的比例进行统计，并按该比例推算所属地区全部企业的职工教育统计数据。住房城乡建设系统2008职工教育统计对象仍限于企业职工。

《通知》要求，各省级住房城乡建设行政主管部门要按照比例要求，确定一批"住房城乡建设系统职工教育统计数据采集样本企业"，作为长期数据采集对象，以稳定样本企业的数据采集工作，同时要把统计工作与推动地方建设企业教育工作紧密结合起来，将样本企业作为住房城乡建设部门的重点联系企业，推动建设企业教育培训工作的深入发展。

【**成立住房和城乡建设部政务公开领导小组**】 为进一步深化政务公开工作，住房和城乡建设部2008年12月23日成立住房和城乡建设部政务公开领导小组，组长由住房和城乡建设部副部长陈大卫担任，副组长由中央纪委驻住房和城乡建设部纪检组组长郭允冲担任，成员为李东序、曹金彪、冯俊、侯淅珉、唐凯、王志宏、沈建忠、王素卿、陆克华、李兵弟、陈重、陈宜明、张其光、何兴华、王宁、杨忠诚、王早生、田思明、倪江波。

住房和城乡建设部政务公开领导小组下设办公室，作为办事机构。办公室设在住房和城乡建设部办公厅，办公室主任由李东序兼任。

（住房和城乡建设部人事司 施鹏）

（二）劳动与职业教育

【**实施建筑业农民工技能培训示范工程**】 2008年6月，住房和城乡建设部、人力资源和社会保障部联合组织实施建筑业农民工技能培训示范工程，在江苏、安徽等23个省培训64万人。示范工程的实施主体是建筑企业，培训对象为建筑业在岗农民工，对汶川地震灾区户籍的农民工在同等条件下优先安排。培训主要针对砌筑工、木工等建筑业主体工种，内容包括安全生产常识、职业基础知识和岗位操作技能。基础知识培训主要在农民工业余学校进行，实际操作训练主要依托施工现场开展，培训时间不低于120个学时，实操训练时间不少于总培训时间的60%。培训结束后，组织参训农民工进行职业技能鉴定，对合格者颁发职业资格证书。对获得职业资格证书的，由国家财政给予一次性培训补贴。示范工程的实施，对于提高农民工技能和稳定就业能力，保证工程质量安全，提高建筑业产业竞争力，促进社会和谐稳定具有十分积极的意义。

【**推动建筑工地农民工业余学校创建工作**】 住房和城乡建设部人事司组织中国建筑工程总公司、中国建筑工业出版社在2007年工作的基础上，开发了《建筑业农民工业余学校音像教学片》，教学片共12张光盘，包括《建筑农民工务工常识》、《砌筑工》、《钢筋工》、《抹灰工》、《架子工》、《木工》、《防水工》、《油漆工》、《焊工》、《混凝土工》、《建筑电工》、《中小型建筑机械操作工》，均在施工现场拍摄，涵盖了建筑业的主体工种，为农民工业余学校的正常教学提供了教材保障。同时，住房和城乡建设部联合教育部、全国总工会、共青团中央共同开展了建筑工地农民工业余学校调研工作,行程8个省20余个地市,对当前建筑工地农民工业余学校的现状、问题作了全面了解,掌握了第一手资料,为下一步出台有关政策措施奠定了基础。《中国建设报》开设了建筑工地农民工业余学校宣传报道专栏,大力宣传各地创建农民工业余学校的经验,指导各地开展工作,为农民工业余学校创建工作营造良好氛围。

【修订《建设工程劳动定额》】 2008年,住房和城乡建设部人事司、标准定额司召开了《建设工程劳动定额》审定会,对建筑、装饰、安装、市政、园林绿化工程5个专业30个分册的劳动定额进行了调整、修订。《建设工程劳动定额》的修订,为完善住房城乡建设行业职工收入分配制度,规范劳务市场管理,提高农民工工资收入,维护劳动者合法权益提供了依据。

【开展"千万农民工同上一堂课"安全培训活动】 为切实提高建筑业农民工的安全生产、自我防护的意识和能力,落实各项安全生产制度,防范和遏制建筑施工安全生产事故发生,确保住房城乡建设系统安全生产形势持续稳定好转,住房和城乡建设部于2008年11月,在全国集中开展建筑业"千万农民工同上一堂课"安全培训活动。安全培训对象为从事一线生产操作的建筑业农民工,培训时间不少于3小时,培训方式为播放教学片,培训内容为人身安全和工程质量安全常识。安全培训活动由建设主管部门统一组织,施工总承包企业具体实施。主要依托施工现场农民工业余学校开展培训。11月5日,在北京举办了活动启动仪式,黄卫副部长出席了仪式并讲话。

【农民工艾滋病防治宣传教育工作】 2008年,住房和城乡建设部人事司培训建设系统管理干部360名;培训农民工业余学校防艾骨干教师120名;在新疆、重庆等六省区市对22000名农民工开展防艾培训;组织专家,开展建筑业预防艾滋病机制课题研究。

(住房和城乡建设部人事司 徐强)

(三)高等教育

【全国建设类高等职业院校经验交流会召开】 2008年4月26～27日,全国建设类高等职业院校经验交流会在徐州建筑职业技术学院召开。住房和城乡建设部人事司、江苏省建设厅及教育厅有关负责人,独立设置的建设类高职院校院校长及教务处长、部分设有建设类专业的高职院校负责人、部分高职高专教育土建类专业教学指导委员会委员参加了会议。与会各校就深化高职高专教育教学改革,提升建设类高职院校办学水平进行了深入交流,黑龙江建筑职业技术学院、四川建筑职业技术学院、内蒙古建筑职业技术学院、徐州建筑职业技术学院、山西建筑职业技术学院作了经验介绍,教育部职教专家马树超、李进作了专题报告。高职高专教育土建类专业教学指导委员会会议同时召开。

【徐州建筑职业技术学院入选第三批国家示范性高等职业院校建设计划】 经各地推荐,教育部、财政部联合组织专家评审,徐州建筑职业技术学院入选第三批国家示范性高等职业院校建设计划。至此,已有黑龙江建筑职业技术学院、四川建筑职业技术学院、内蒙古建筑职业技术学院、徐州建筑职业技术学院等4所独立设置的建设类高职院校入选国家示范性高等职业院校建设计划。

【建设部高等教育城市规划专业评估委员会换届工作完成】 第二届建设部高等教育城市规划专业评估委员会任期届满。根据委员会章程,建设部组建了第三届评估委员会,任期自2008年～2012年。第三届建设部高等教育城市规划专业评估委员会共23人(包括秘书长1人),其中教育界委员12人,工程界及行业委员11人。主任委员为同济大学赵民教授,副主任委员为清华大学左川教授(女)和中国城市规划设计研究院陈锋教授级高级城市规划师。委员20人,分别为:孔令龙、尹中白、石楠、石铁矛、边经卫、华晨、吕斌、朱若霖、余柏椿、张京祥、李颖(女)、陈沧杰、周庆华、周茂新、金广君、修璐、施卫良、赵万民、夏青(女)等,秘书长由建设部人事教育司有关负责同志担任。

【建设部高等教育工程管理专业评估委员会换届工作完成】 第二届建设部高等教育工程管理专业评估委员会任期届满。根据委员会章程,建设部组建了第三届评估委员会,任期自2008年～2012年。第三届建设部高等教育工程管理专业评估委员会共23人(包括秘书长1人),其中教育界委员10人,工程界及行业委员13人。主任委员为华中师范大学丁烈云教授,副主任委员为重庆大学任宏教授、中国交通建设集团第一公路工程局陆建忠高级会计师和同济大学陈建国教授。委员19人,分别为:王立、刘伊生、刘晓君(女)、朱华强、张红(女)、张枫、张兴野、李华一、李启明、李忠富、李惠强、杨青、陈跃庆、郝寿义、夏保国、徐义屏、梁湖清、曾肇河,秘书长由建设部人事教育司有关负责同志担任。

【建设部高等教育给水排水工程专业评估委员会换届工作完成】 第一届建设部高等教育给水排水工程专业评估委员会任期届满。根据委员会章程，建设部组建了第二届评估委员会，任期自2008年～2012年。第二届建设部高等教育给水排水工程专业评估委员会共21人（包括秘书长1人），其中教育界委员10人，工程界及行业委员11人。主任委员为哈尔滨工业大学崔福义教授，副主任委员为清华大学张晓健教授和上海市政工程设计研究总院沈裘昌教授级高级工程师。委员18人，分别为：孔令勇、王冠军、邓志光、刘巍荣、吕谋、张智、张朝升、张雅君（女）、李成江、周琪、武红兵、郗燕秋（女）、施周、赵锂、黄勇、黄廷林、黄晓家，秘书长由建设部人事教育司有关负责同志担任。

【全国高等学校建筑学专业教育评估委员会与相关国际组织签署《建筑学专业教育评估认证实质性对等协议》】 经住房和城乡建设部、国务院学位委员会办公室批准，全国高等学校建筑学专业教育评估委员会与英联邦建筑师协会、英国皇家建筑师学会、美国建筑学教育评估委员会、加拿大建筑学教育认证委员会、韩国建筑学教育评估委员会、澳大利亚皇家建筑师学会、墨西哥建筑学教育评估委员会，于2008年4月在澳大利亚堪培拉，共同签署了《建筑学专业教育评估认证实质性对等协议》（简称《堪培拉协议》）。《堪培拉协议》是第一个关于建筑学专业教育评估认证的国际多边互认协议。它是由联合国教科文组织、国际建筑师协会（UNESCO，UIA）发起，各国建筑学专业评估认证机构经过三年多共同协商签署的。协议的主要内容是：①签约各方相互承认对方建筑学专业教育评估认证体系具有实质对等性；②签约各方相互认可对方所作出的建筑学专业教育评估认证结论；③经签约成员评估认证的建筑学专业点，在专业教育质量等各主要方面具有可比性，达到签约各方相互认可的标准；④经任一签约成员评估认证的建筑学专业学位或学历，其他签约成员均予承认。《堪培拉协议》是国际建筑教育评估认证历史上的一个重要里程碑，也是我国首次以发起成员身份签署国际专业教育评估互认协议，协议的签署标志着我国建筑学专业教育质量达到国际先进水平，有利于我国建筑专业人才取得国外注册建筑师执业资格，进入国际建筑市场，有利于促进中外建筑专业留学生交流。

【高等学校建筑学专业教育评估工作】 2008年，全国高等学校建筑学专业教育评估委员会对北京建筑工程学院等15所学校的建筑学专业教育进行了评估。评估委员会对各学校的自评报告进行了审阅，于5月派遣视察小组进校实地视察。之后，经评估委员会全体会议讨论，做出了评估结论并报送国务院学位办。6月，国务院学位办下发了《关于批准北京建筑工程学院等十所高等学校继续行使建筑学专业学位授予权的通知》（学位办[2008]35号）和《关于批准北京工业大学等五所高等学校授予建筑学专业学位的通知》（学位办[2008]36号），批准这15所学校行使建筑学专业学位授予权。香港建筑师学会（HKIA）派遣观察员参加了对武汉大学的评估视察工作并列席了评估委员会全体会议。2008年评估结论见表1。

截止到2008年5月，全国共有38所高校的建筑学专业受权行使建筑学专业学位授予权（即通过专业教育评估），其中有建筑学学士授予权的37所，有建筑学硕士学位授予权的20所，见表2。

【高等学校城市规划专业教育评估工作】 2008年，建设部高等教育城市规划专业评估委员会对南京大学等9所学校的城市规划专业进行了评估。评估委员会对各校的自评报告进行了审阅，于5月份派遣视察小组进校实地视察。经评估委员会全体会议讨论，做出了评估结论，见表3。

截止到2008年5月，全国共有19所高校的城市规划专业通过专业评估，其中本科专业点18个，硕士研究生专业点11个。具体情况见表4。

【高等学校土木工程专业教育评估工作】 2008年，建设部高等教育土木工程专业评估委员会对华中科技大学等6所学校的土木工程专业进行了评估。评估委员会对各校的自评报告进行了审阅，于5月份派遣视察小组进校实地视察。经评估委员会全体会议讨论，做出了评估结论，见表5。

截止到2008年5月，全国共有48所高校的土木工程专业通过评估。具体情况见表6。

【高等学校建筑环境与设备工程专业教育评估工作】 2008年，建设部高等教育建筑环境与设备工程专业评估委员会对解放军理工大学等4所学校的建筑环境与设备工程专业进行了评估。评估委员会对学校的自评报告进行了审阅，于5月派遣视察小组进校实地视察。经评估委员会全体会议讨论，做出了评估结论，见表7。

截止到2008年5月，全国共有18所高校的建筑环境与设备工程专业通过评估。具体情况见表8。

【高等学校给水排水工程专业教育评估工作】 2008年，建设部高等教育给水排水工程专业评估委员会对长安大学等5所学校的给水排水工程专业进行了评估。评估委员会对各校的自评报告进行了审阅,于5月派遣视察小组进校实地视察。经评估委员会全体会议讨论,做出了评估结论,见表9。

截止到2008年5月,全国共有19所高校的给水排水工程专业通过评估。具体情况见表10。

【高等学校工程管理专业教育评估工作】 2008年,建设部高等教育工程管理专业评估委员会对广州大学等5所学校的工程管理专业进行了评估。评估委员会对各校的自评报告进行了审阅,于5月派遣视察小组进校实地视察。英国皇家特许建造协会(CIOB)、美国建设工程教育委员会(ACCE)派遣观察员参加了2008年工程管理专业评估视察活动并列席了评估委员会全体会议。经评估委员会全体会议讨论,做出了评估结论,见表11。

截止到2008年5月,全国共有21所高校的工程管理专业通过评估。具体情况见表12。

湖南大学等15所学校建筑学专业学位授予权评估结论 表1

序号	学校	专业	授予学位	合格有效期		备注
				学士	硕士	
1	湖南大学	建筑学	学士、硕士	七年(2008.5~2015.5)	七年(2008.5~2015.5)	复评
2	合肥工业大学	建筑学	学士、硕士	七年(2008.5~2015.5)	七年(2008.5~2015.5)	复评
3	北京建筑工程学院	建筑学	学士、硕士	四年(2008.5~2012.5)	四年(2008.5~2012.5)	复评
4	深圳大学	建筑学	学士	四年(2008.5~2012.5)	—	复评
5	华侨大学	建筑学	学士、硕士	四年(2008.5~2012.5)	四年(2008.5~2012.5)	复评
6	西南交通大学	建筑学	学士、硕士	四年(2006.5~2010.5)	四年(2008.5~2012.5)	复评
7	大连理工大学	建筑学	学士、硕士	七年(2008.5~2015.5)	七年(2008.5~2015.5)	复评
8	山东建筑大学	建筑学	学士	四年(2008.5~2012.5)	—	复评
9	广州大学	建筑学	学士	四年(2008.5~2012.5)	—	复评
10	河北工程大学	建筑学	学士	四年(2008.5~2012.5)	—	复评
11	中南大学	建筑学	学士	四年(2008.5~2012.5)	—	首次
12	武汉大学	建筑学	学士、硕士	四年(2008.5~2012.5)	四年(2008.5~2012.5)	首次
13	北方工业大学	建筑学	学士	四年(2008.5~2012.5)	—	首次
14	中国矿业大学	建筑学	学士	四年(2008.5~2012.5)	—	首次
15	苏州科技学院	建筑学	学士	四年(2008.5~2012.5)	—	首次

高校建筑学专业教育评估通过学校和有效期情况统计表(截止到2008年5月) 表2

序号	学校	本科合格有效期	硕士合格有效期	首次通过评估时间
1	清华大学	2004.5~2011.6	2004.5~2011.6	1992.5
2	同济大学	2004.5~2011.6	2004.5~2011.6	1992.5
3	东南大学	2004.5~2011.6	2004.5~2011.6	1992.5
4	天津大学	2004.5~2011.6	2004.5~2011.6	1992.5
5	重庆大学	2006.6~2013.6	2006.6~2013.6	1994.5
6	哈尔滨工业大学	2006.6~2013.6	2006.6~2013.6	1994.5
7	西安建筑科技大学	2006.6~2013.6	2006.6~2013.6	1994.5
8	华南理工大学	2006.6~2013.6	2006.6~2013.6	1994.5
9	浙江大学	2004.5~2011.6	2004.5~2011.6	1996.5
10	湖南大学	2008.5~2015.5	2008.5~2015.5	1996.5

续表

序号	学校	本科合格有效期	硕士合格有效期	首次通过评估时间
11	合肥工业大学	2008.5~2015.5	2008.5~2015.5	1996.5
12	北京建筑工程学院	2008.5~2012.5	2008.5~2012.5	1996.5
13	深圳大学	2008.5~2012.5	—	1996.5
14	华侨大学	2008.5~2012.5	2008.5~2012.5	1996.5
15	北京工业大学	2006.6~2010.6	—	1998.5
16	西南交通大学	2006.6~2010.6	2008.5~2012.5	本科1998.5/硕士2004.5
17	华中科技大学	2007.5~2014.5	2007.5~2014.5	1999.5
18	沈阳建筑大学	2007.5~2011.5	2007.5~2011.5	1999.5
19	郑州大学	2007.5~2011.5	—	1999.5
20	大连理工大学	2008.5~2015.5	2008.5~2015.5	2000.5
21	山东建筑大学	2008.5~2012.5	—	2000.5
22	昆明理工大学	2005.6~2009.6	—	2001.5
23	南京工业大学	2006.6~2010.6	—	2002.5
24	吉林建筑工程学院	2006.6~2010.6	—	2002.5
25	武汉理工大学	2007.5~2011.5	—	2003.5
26	厦门大学	2007.5~2011.5	2007.5~2011.5	本科2003.5/硕士2007.5
27	广州大学	2008.5~2012.5	—	2004.5
28	河北工程大学	2008.5~2012.5	—	2004.5
29	上海交通大学	2006.6~2010.6	—	2006.6
30	青岛理工大学	2006.6~2010.6	—	2006.6
31	安徽建筑工业学院	2007.5~2011.5	—	2007.5
32	西安交通大学	2007.5~2011.5	—	2007.5
33	南京大学	—	2007.5~2011.5	2007.5
34	中南大学	2008.5~2012.5	—	2008.5
35	武汉大学	2008.5~2012.5	2008.5~2012.5	2008.5
36	北方工业大学	2008.5~2012.5	—	2008.5
37	中国矿业大学	2008.5~2012.5	—	2008.5
38	苏州科技学院	2008.5~2012.5	—	2008.5

南京大学等9所学校城市规划专业评估结论 表3

序号	学校	专业	授予学位	合格有效期		备注
				学士	硕士	
1	南京大学	城市规划	学士、硕士	六年(2008.5~2014.5)	六年(2008.5~2014.5)	复评
2	华南理工大学	城市规划	学士、硕士	六年(2008.5~2014.5)	六年(2008.5~2014.5)	复评
3	山东建筑大学	城市规划	学士	六年(2008.5~2014.5)	—	复评
4	武汉大学	城市规划	学士、硕士	四年(2008.5~2012.5)	四年(2008.5~2012.5)	首次
5	湖南大学	城市规划	学士	四年(2008.5~2012.5)	—	首次

续表

序号	学校	专业	授予学位	合格有效期 学士	合格有效期 硕士	备注
6	苏州科技学院	城市规划	学士	四年(2006.5~2010.5)	—	首次
7	沈阳建筑大学	城市规划	学士	四年(2006.5~2010.5)	—	首次
8	安徽建筑工业学院	城市规划	学士	四年(2008.5~2012.5)	—	首次
9	昆明理工大学	城市规划	学士	四年(2008.5~2012.5)	—	首次

高校城市规划专业评估通过学校和有效期情况统计表（截止到2008年5月） 表4

序号	学校	本科合格有效期	硕士合格有效期	首次通过评估时间
1	清华大学	—	2004.6~2010.6	1998.6
2	东南大学	2004.6~2010.6	2004.6~2010.6	1998.6
3	同济大学	2004.5~2010.6	2004.5~2010.6	1998.6
4	重庆大学	2004.5~2010.6	2004.5~2010.6	1998.6
5	哈尔滨工业大学	2004.5~2010.6	2004.5~2010.6	1998.6
6	天津大学	2004.5~2010.6	2000.7~2006.6	2000.6
7	西安建筑科技大学	2006.6~2012.6	2006.6~2012.6	2000.6
8	华中科技大学	2006.6~2012.6	2006.6~2012.6	本科2000.6/硕士2006.6
9	南京大学	2008.5~2014.5(2006年6月~2008年5月本科教育不在有效期内)	2008.5~2014.5	2002.7
10	华南理工大学	2008.5~2014.5	2008.5~2014.5	2002.6
11	山东建筑大学	2008.5~2014.5	—	2004.6
12	西南交通大学	2006.6~2010.6	—	2006.6
13	浙江大学	2006.6~2010.6	—	2006.6
14	武汉大学	2008.5~2012.5	2008.5~2012.5	2008.5
15	湖南大学	2008.5~2012.5	—	2008.5
16	苏州科技学院	2008.5~2012.5	—	2008.5
17	沈阳建筑大学	2008.5~2012.5	—	2008.5
18	安徽建筑工业学院	2008.5~2012.5	—	2008.5
19	昆明理工大学	2008.5~2012.5	—	2008.5

华中科技大学等6所学校土木工程专业评估结论 表5

序号	学校	专业	授予学位	合格有效期	备注
1	华中科技大学	土木工程	学士	五年(2008.5~2013.5)	复评
2	山东建筑大学	土木工程	学士	五年(2008.5~2013.5)	复评
3	福州大学	土木工程	学士	五年(2008.5~2013.5)	复评
4	浙江工业大学	土木工程	学士	五年(2008.5~2013.5)	首次
5	解放军理工大学	土木工程	学士	五年(2008.5~2013.5)	首次
6	西安理工大学	土木工程	学士	五年(2008.5~2013.5)	首次

高校土木工程专业评估通过学校和有效期情况统计表（截止到2008年5月） 表6

序号	学校	本科合格有效期	首次通过评估时间	序号	学校	本科合格有效期	首次通过评估时间
1	清华大学	2005.6～2013.6	1995.6	26	南京工业大学	2006.6～2011.6	2001.6
2	天津大学	2005.6～2013.6	1995.6	27	石家庄铁道学院	2007.5～2012.5（2006年6月～2007年5月不在有效期内）	2001.6
3	东南大学	2005.6～2013.6	1995.6
4	同济大学	2005.6～2013.6	1995.6
5	浙江大学	2005.6～2013.6	1995.6	28	北京工业大学	2007.5～2012.5	2002.6
6	华南理工大学	2005.6～2010.6	1995.6	29	兰州交通大学	2007.5～2012.5	2002.6
7	重庆大学	2005.6～2013.6	1995.6	30	山东建筑大学	2008.5～2013.5	2003.6
8	哈尔滨工业大学	2005.6～2013.6	1995.6	31	河北工业大学	2003.7～2008.6（2008年到期后提出推迟1年复评，2008届毕业生不在有效期内）	2003.6
9	湖南大学	2005.6～2013.6	1995.6
10	西安建筑科技大学	2005.6～2013.6	1995.6
11	沈阳建筑大学	2007.5～2012.5	1997.6	32	福州大学	2008.5～2013.5	2003.6
12	郑州大学	2007.5～2012.5	1997.6	33	广州大学	2005.6～2010.6	2005.6
13	合肥工业大学	2007.5～2012.5	1997.6	34	中国矿业大学	2005.6～2010.6	2005.6
14	武汉理工大学	2007.5～2012.5	1997.6	35	苏州科技学院	2005.6～2010.6	2005.6
15	华中科技大学	2008.5～2013.5	1997.6	36	北京建筑工程学院	2006.6～2011.6	2006.6
16	西南交通大学	2007.5～2015.5	1997.6	37	吉林建筑工程学院	2006.6～2011.6	2006.6
17	中南大学	2004.6～2009.6（2002年6月～2004年6月不在有效期内）	1997.6	38	内蒙古科技大学	2006.6～2011.6	2006.6
				39	长安大学	2006.6～2011.6	2006.6
18	华侨大学	2007.5～2012.5	1997.6	40	广西大学	2006.6～2011.6	2006.6
19	北京交通大学	2004.5～2009.6	1999.6	41	昆明理工大学	2007.5～2012.5	2007.5
20	大连理工大学	2004.5～2009.6	1999.6	42	西安交通大学	2007.5～2012.5	2007.5
21	上海交通大学	2004.5～2009.6	1999.6	43	华北水利水电学院	2007.5～2012.5	2007.5
22	河海大学	2004.5～2009.6	1999.6	44	四川大学	2007.5～2012.5	2007.5
23	武汉大学	2004.5～2009.6	1999.6	45	安徽建筑工业学院	2007.5～2012.5	2007.5
24	兰州理工大学	2004.5～2009.6	1999.6	46	浙江工业大学	2008.5～2013.5	2008.5
25	三峡大学	2006.6～2011.6（2004年6月～2006年6月不在有效期内）	1999.6	47	解放军理工大学	2008.5～2013.5	2008.5
				48	西安理工大学	2008.5～2013.5	2008.5

解放军理工大学等4所学校建筑环境与设备工程专业评估结论 表7

序号	学校	专业	授予学位	合格有效期	备注
1	解放军理工大学	建筑环境与设备工程	学士	五年（2008.6～2013.5）	复评
2	东华大学	建筑环境与设备工程	学士	五年（2008.6～2013.5）	复评
3	湖南大学	建筑环境与设备工程	学士	五年（2008.6～2013.5）	复评
4	长安大学	建筑环境与设备工程	学士	五年（2008.6～2013.5）	首次

十一、住房城乡建设人事教育

高校建筑环境与设备工程专业评估通过学校和有效期情况统计表（截止到 2008 年 5 月） 表 8

序号	学校	本科合格有效期	首次通过评估时间	序号	学校	本科合格有效期	首次通过评估时间
1	清华大学	2007.6～2012.5	2002.5	10	山东建筑大学	2005.6～2010.6	2005.6
2	同济大学	2007.6～2012.5	2002.5	11	北京建筑工程学院	2005.6～2010.6	2005.6
3	天津大学	2007.6～2012.5	2002.5	12	华中科技大学	2005.6～2010.6	2005.6
4	哈尔滨工业大学	2007.6～2012.5	2002.5	13	中原工学院	2006.6～2011.6	2006.6
5	重庆大学	2007.6～2012.5	2002.5	14	广州大学	2006.6～2011.6	2006.6
6	解放军理工大学	2008.5～2013.5	2003.5	15	北京工业大学	2006.6～2011.6	2006.6
7	东华大学	2008.5～2013.5	2003.5	16	沈阳建筑大学	2007.6～2012.5	2007.6
8	湖南大学	2008.5～2013.5	2003.5	17	南京工业大学	2007.6～2012.5	2007.6
9	西安建筑科技大学	2004.5～2009.6	2004.5	18	长安大学	2008.5～2013.5	2008.5

注：南华大学建筑环境与设备工程专业于 2006 年 6 月基本通过评估，有效期为有条件 5 年。2008 年根据该校申请，评估委员会没有组织对其进行复查。根据《全国高等学校建筑环境与设备工程专业（本科）评估程序与方法》的有关规定，评估委员会决定撤销原评估基本通过的结论。

长安大学等 5 所学校给水排水工程专业评估结论 表 9

序号	学校	专业	授予学位	合格有效期	备注
1	长安大学	给水排水工程	学士	五年（2008.5～2013.5）	首次
2	桂林工学院	给水排水工程	学士	五年（2008.5～2013.5）	首次
3	武汉理工大学	给水排水工程	学士	五年（2008.5～2013.5）	首次
4	扬州大学	给水排水工程	学士	五年（2008.5～2013.5）	首次
5	山东建筑大学	给水排水工程	学士	五年（2008.5～2013.5）	首次

高校给水排水工程专业评估通过学校和有效期情况统计表（截止到 2008 年 5 月） 表 10

序号	学校	本科合格有效期	首次通过评估时间	序号	学校	本科合格有效期	首次通过评估时间
1	清华大学	2004.5～2009.5	2004.5	11	兰州交通大学	2007.5～2012.5	2007.5
2	同济大学	2004.5～2009.5	2004.5	12	广州大学	2007.5～2012.5	2007.5
3	重庆大学	2004.5～2009.5	2004.5	13	安徽建筑工业学院	2007.5～2012.5	2007.5
4	哈尔滨工业大学	2004.5～2009.5	2004.5	14	沈阳建筑大学	2007.5～2012.5	2007.5
5	西安建筑科技大学	2005.6～2010.6	2005.6	15	长安大学	2008.5～2013.5	2008.5
6	北京建筑工程学院	2005.6～2010.6	2005.6	16	桂林工学院	2008.5～2013.5	2008.5
7	河海大学	2006.6～2011.6	2006.6	17	武汉理工大学	2008.5～2013.5	2008.5
8	华中科技大学	2006.6～2011.6	2006.6	18	扬州大学	2008.5～2013.5	2008.5
9	湖南大学	2006.6～2011.6	2006.6	19	山东建筑大学	2008.5～2013.5	2008.5
10	南京工业大学	2007.5～2012.5	2007.5				

广州大学等 5 所学校工程管理专业教育评估结论 表 11

序号	学校	专业	授予学位	合格有效期	备注
1	广州大学	工程管理	学士	五年（2008.5～2013.5）	复评
2	东北财经大学	工程管理	学士	五年（2008.5～2013.5）	复评
3	北京建筑工程学院	工程管理	学士	五年（2008.5～2013.5）	首次
4	山东建筑大学	工程管理	学士	五年（2008.5～2013.5）	首次
5	安徽建筑工业学院	工程管理	学士	五年（2008.5～2013.5）	首次

高校工程管理专业评估通过学校和有效期情况统计表（截止到2008年5月）　　　表12

序号	学校	本科合格有效期	首次通过评估时间	序号	学校	本科合格有效期	首次通过评估时间
1	重庆大学	2004.5～2009.6	1999.11	13	华侨大学	2005.6～2010.6	2005.6
2	哈尔滨工业大学	2004.5～2009.6	1999.11	14	深圳大学	2005.6～2010.6	2005.6
3	西安建筑科技大学	2004.5～2009.6	1999.11	15	苏州科技学院	2005.6～2010.6（2005年有条件通过，2007年复查通过）	2005.6
4	清华大学	2004.5～2009.6	1999.11
5	同济大学	2004.5～2009.6	1999.11
6	东南大学	2004.5～2009.6	1999.11	16	中南大学	2006.6～2011.6	2006.6
7	天津大学	2006.6～2011.6	2001.6	17	湖南大学	2006.6～2011.6	2006.6
8	南京工业大学	2006.6～2011.6	2001.6	18	沈阳建筑大学	2007.5～2012.5	2007.5
9	广州大学	2008.5～2013.5	2003.6	19	北京建筑工程学院	2008.5～2013.5	2008.5
10	东北财经大学	2008.5～2013.5	2003.6	20	山东建筑大学	2008.5～2013.5	2008.5
11	华中科技大学	2005.6～2010.6	2005.6	21	安徽建筑工业学院	2008.5～2013.5	2008.5
12	河海大学	2005.6～2010.6	2005.6

（四）干部教育培训

【领导干部和专业技术人员业务知识培训】 按照中央大规模培训干部要求，2008年，住房和城乡建设部机关、直属单位和社会团体共组织培训班243项，培训领导干部和专业技术人员43439人次，其中《城乡规划法》宣贯、供热计量改革、村庄整治、电子政务、住房公积金监管机构负责人培训及高校土建类专业师资培训等重点培训项目紧贴重点工作，效果较好。继续办好市长培训工作，举办第45、46期全国市长研究班和特大城市城乡规划专题研究班、城乡规划县长专题研究班、大型工矿区企业领导干部规划建设管理专题研究班等5期专题研究班，共培训市县长、特大城市市委书记市长、中央直属大型工矿区企业负责人276人次。中央政治局委员、中组部部长李源潮同志看望了特大城市城乡规划专题研究班全体学员并主持召开学员座谈会。在7月份中组部组织召开的全国干部教育培训工作会议上，住房和城乡建设部作了题为《加强市长培训工作 推动城市建设与发展》的经验交流。支持西部地区住房城乡建设系统领导干部培训工作。年初，住房和城乡建设部人事司协助四川省建设厅开展城市应急管理培训；9月份协助四川省建设厅、人事厅开展以灾后恢复重建总体规划及城镇体系规划、农村建设规划、住房规划等内容为重点的专题培训，培训地震灾区市州县分管领导及规划、建设局长105人。11月份协助内蒙古自治区党委组织部、自治区建设厅在北京举办盟市旗县领导干部住房保障和城镇建设专题研讨班，培训全区分管城建工作盟市长、旗县长115人。

【举办第二期越南建设系统领导干部培训班】 2008年11月，受住房和城乡建设部委托，住房和城乡建设部干部学院、全国市长培训中心举办第二期越南建设系统领导干部培训班，培训越南建设系统领导干部14人。

【定向培养住房和城乡建设系统公共管理硕士（MPA）】 2008年，住房和城乡建设部继续委托中国人民大学、清华大学在全国住房和城乡建设系统开展定向培养公共管理硕士（MPA）工作。中国人民大学培养方向为住房保障和城乡建设，清华大学培养方向为城乡规划与管理。

（住房和城乡建设部人事司　王柏峰）

（五）专业人才

【政府特殊津贴、百千万人才、行业专家的遴选、推荐工作】 根据人力资源和社会保障部《关于开展2008年享受政府特殊津贴人员选拔工作的通知》要求，推荐中国城市规划设计研究院张兵、中国房地产估价师与经纪人学会柴强、中国城市规划学会石楠、住宅产业化促进中心娄乃琳、中国建筑工业出版社王珮云五位同志，为"2008年享受政府特殊津贴人员"住房和城乡建设部推荐人选。

根据环境保护部《关于推荐国家环境保护科技专家的通知》要求，推荐了赖明、张悦、聂梅生、邵益生、刘志琪、龙腾跃、杨向平、郑兴灿、宋兰合、徐文龙、徐海云、李晓东等12名同志作为国家环境保护科技专家人选。

根据中国地震局办公室《关于邀请开展地震灾害损失评估方法研究的函》要求，推荐谢映霞、肖绍雍、狄洪发、闻作祥、段洁仪五名同志为城建领域供水、供热方面的专家。

【建设行业职业资格制度建设成果】 住房和城乡建设部与人力资源和社会保障部、交通运输部，组织完成了勘察设计注册土木工程师（道路工程）资格考核认定工作。

协调交通部、建材行业协会等单位，成立了勘察设计注册工程师建材专业的委员会。

注册建筑师、注册结构工程师、监理工程师、造价工程师、注册城市规划师、注册建造师、房地产估价师、房地产经纪人等8项执业资格制度开展了初始注册、继续注册、变更注册等注册工作。全年共办理各类执业资格注册工作近20.5万人次。其中，注册建筑师8205人，注册结构工程师7522人，注册土木工程师（岩土）1149人，一级建造师108748人，监理工程师42337人，注册城市规划师900人，注册造价工程师19212人，房地产估价师14392人，房地产经纪人2468人。

截至2008年底，全国取得各类建设执业资格的专业人员共有66.75万余人（不含二级），注册近47.75万人。具体情况参见表13。

【内地与香港建设行业专业人士资格互认、交流】 住房和城乡建设部研究起草了《CEPA补充协议五》，并就个人执业资格互认等相关问题提出了具体落实意见。双方共同成立了执业资格研究小组，具体研究香港专业人士取得内地互认资格后，在内地注册执业的问题。

按照中央港澳工作协调小组办公室的统一部署，对广东省提出的《现阶段深化粤港澳合作服务业先行先试政策措施》，提出了香港专业人士取得内地互认资格后，在广东注册执业"先试先行"相关政策。

住房和城乡建设部组织开展第五批注册建筑师互认工作，内地63名建筑师、香港77名建筑师通过了互认；开展了第四批注册规划师互认工作，内地6名规划师、香港7名规划师通过互认。开展了第四批注册结构工程师互认工作，内地42名结构工程师、香港62名结构工程师通过了互认。

截至2008年底，内地与香港在建设领域召开了11次联合工作会议，共签署了7个专业的互认协议。内地有1262名专业人士、香港有1198名专业人士通过互认取得了对方相应专业的执业资格，见表14。

全国各类建设执业资格专业人员情况　　　　表13

领域	类别		专业	取得资格人数	注册人数
一、勘察设计	（一）注册建筑师			20317	19706
	（二）勘察设计注册工程师	1. 土木工程	岩土工程	9879	8580
			水利水电工程	4745	0
			港口与航道工程	1029	0
			道路工程	0	0
		2. 结构工程		35000	33578
		3. 公用设备工程		16325	0
		4. 电气工程		12384	0
		5. 机械工程		3458	0
		6. 化工工程		4236	0
		7. 冶金工程		1341	0
		8. 采矿/矿物工程		1621	0
		9. 石油/天然气工程		438	0
		10. 环保工程		1815	0
		11. 建材工程		0	0
二、建筑业	（三）建造师（一级）			214342	150588
	（四）监理工程师			150689	101000
	（五）造价工程师			105000	99000
三、房地产	（六）房地产估价师			37585	33611
	（七）房地产经纪人			33098	19958
	（八）物业管理师			1119	0
四、城市规划	（九）注册城市规划师			13086	11494
	共　　计			667507	477515

注：表中数据截止到2008年12月31日。

内地与香港建设领域专业人士执业资格互认情况　　　　　　　表14

注册师名称	2008年参加两地互认培训与测试的人数		2008年通过两地互认培训与测试的人数		2008年底两地通过互认总数	
	内地	香港	内地	香港	内地	香港
1 注册建筑师	69	83	63	77	347	412
2 注册工程师（结构）	46	70	42	62	314	249
3 注册规划师	6	7	6	7	38	37
4 造价工程师 2005年5月与香港工料测量师学会签署协议，2006年开展互认工作					197	173（2008年65名香港测量师允许在内地执业）
5 房地产估价师（2003年签署协议，2004年开展互认）					111	97
6 监理工程师（2006年与香港测量师学会签署互认协议，2007年开展互认）					255	228
7 房地产经纪人（2009年1月16日签署互认备忘录）					0	0
合　　计					1262	1196

注：数据截至2008年底。

【**允许台湾地区居民取得注册建筑师资格工作稳步推进**】 根据国台办要求，住房和城乡建设部开展了单方认可台湾建筑师资格及研究台湾建筑师在大陆注册执业等工作。11月底，全国注册建筑师管理委员会在厦门组织开展了对台湾地区部分知名资深建筑师一次性评估认定工作，共有37名台湾建筑师取得大陆一级建筑师资格。

【**国际交流与合作**】 住房和城乡建设部在同新加坡、日本等国家和地区的自由贸易区谈判中，提出了建设行业专业人员资格交流、互认的有关原则、意见。

住房和城乡建设部派员参加了第十二届中日韩注册建筑师组织交流会，会议决定建立《中日韩三国建筑师手册》。

【**清理规范职业资格**】 根据国务院办公厅《关于清理规范各类职业资格相关活动的通知》和人力资源和社会保障部等八部门具体要求，开展了清理规范住房和城乡建设部职业资格相关活动的工作。涉及保留、归并、调整、取消的人员资格共72项（由其他部门建立，住房和城乡建设部有关单位组织实施的2项）。其中，行政许可34项，非行政许可38项。按人员资格性质划分，专业技术人员资格共66项，技能人员的职业资格共6项。清理规范后，保留47项，行政许可34项，非行政许可13项。按人员资格性质划分，专业技术人员资格44项，技能人员资格3项。

【**职称工作**】 配合人力资源和社会保障部，住房和城乡建设部组织建设行业专家完成了2008年全国经济专业技术资格考试建筑、房地产经济专业考试大纲、教材的修订工作；完成了两个专业初、中级考试命题、初审和终审工作。

（住房和城乡建设部人事司　刘凤群）

十二、住房城乡建设稽查

【**组织开展案件稽查和专项检查**】 根据中央和住房和城乡建设部领导的批示，共组织了10件专案稽查。其中，城乡规划方面2件，建筑市场方面4件，房地产方面2件，风景名胜区方面1件，城市建设侵占绿地、损毁树木1件。10件专案均撰写了稽查报告并报有关领导，稽查意见建议基本得到了

十二、住房城乡建设稽查

落实。

组织和参与24次专项检查，包括建设领域清理拖欠工程款和农民工工资"回头看"检查、房地产市场秩序专项整治联合抽查、廉租住房建设计划实施情况检查、建筑工程质量安全工作督查、中央联席会议信访工作督导检查、全国建设领域节能减排专项监督检查等专项检查。在24次专项检查中，抗震救灾与灾后重建方面6次，住房保障领域2次，房地产市场领域5次，节能减排领域3次，质量安全领域2次，维护奥运期间社会稳定1次，投诉举报处理督办1次，其他检查4次。

【妥善处理投诉举报】 全年共处理信件类投诉举报148件，网络类投诉举报282件。对136件投诉清晰、提供有效线索和证明材料，且影响面较大的投诉举报件，做了重点督办处理，转交由省级建设主管部门调查处理并要求在规定期限内反馈结果，占31.6%；对220件投诉事项清晰但影响面较小或涉及其他部门职责的投诉举报件，做移送转送处理，交由省级建设主管部门或其他部门调查了解并酌情处理，占51%；对74件无实质内容、已经司法解决或信访终结的投诉举报件，做存档备查处理，占17.4%。5月，派出督办组赴黑龙江省和内蒙古自治区，对2007年5个转地方查处但未收到回复的投诉举报件进行了现场督办处理。

按季度对受理投诉举报件进行统计分析，查找出建设领域发生违法违规问题的规律，进一步提高了处理投诉举报的水平。4月，起草了《加强层级监督，创新体制机制，切实维护城乡规划的权威性严肃性》的报告，深入剖析了2007年以来查处的18个违反城乡规划的典型案例，提出了完善相关政策的建议。

【指导地方开展建设稽查工作，建立健全机构和机制】 对各地建设稽查工作开展情况进行了多次调研，并采取座谈会等方式，交流和推广经验，指导地方稽查机构开展工作，推动建设系统稽查机构的建立和工作机制的健全。截至2008年年底，全国已有北京市、天津市、上海市、重庆市、河北省、山西省、黑龙江省、吉林省、江苏省、安徽省、浙江省、福建省、江西省、河南省、湖南省、贵州省、四川省、甘肃省、新疆维吾尔自治区共19个省级住房城乡建设主管部门建立了稽查制度。其中，2008年成立的有2个，分别是3月成立的江苏省建设厅稽查办，9月成立的安徽省建设厅稽查局。据不完全统计，2008年各省级建设稽查执法机构共稽查案件600多起，罚没金额近2500万元，结案率95%。组织或参与各类专项检查97次，受理群众投诉举报860多件。

【派驻城乡规划督察员工作取得新成效】 截至2008年年底，已向34个城市派驻了51名部派城乡规划督察员，比2007年增加了16个城市和23名规划督察员，覆盖了全部省会城市、5个副省级城市以及桂林、苏州2个风景名胜和历史文化复合型城市。8月28日，正式派驻了第三批部派城乡规划督察员，10月底，赴17个城市送部派城乡规划督察员到任。

2008年共发出17份督察建议书和2份督察意见书，起草调查报告32份。部派城乡规划督察员就规划执行过程中出现的问题约见地方政府领导几十次，引起了高度重视，相关问题得到了及时解决。11月，向国务院上报了《关于城乡规划督察员工作情况的报告》（建稽[2008]210号），得到国务院领导充分肯定，并要求进一步加强城乡规划和建设的监管，切实维护规划的权威性、严肃性。

5月，出台了《住房和城乡建设部城乡规划督察员管理暂行办法》（建稽[2008]92号）。修订了《住房和城乡建设部城乡规划督察员工作暂行规程》。进一步完善规划督察体制机制。

研究起草了《住房和城乡建设部规划督察动态监测工作规程》，在郑州、石家庄、南京、昆明4个城市开展了动态监测试点工作，组织召开了规划督察动态监测试点工作研讨会，推动利用动态监测成果辅助城乡规划督察工作。

【组织各地督察员组开展工作】 做好督察组的日常管理工作，及时了解督察员工作情况，掌握工作进展，定期为各督察员组发送各类文件。组织了4次规划督察员工作会议，并会同部内相关司局召开了3次典型案例分析会。

及时向部内和地方相关媒体报送有关部派城乡规划督察员工作的信息，撰写工作简报7篇，发表新闻报道5篇。

【指导各省派出城乡规划督察员制度的建设】 在抓好部派城乡规划督察员工作的同时，通过共享部派城乡督察员工作经验和通报有关工作进展情况，积极推进省派城乡规划督察员制度的建设。截至2008年底，已有18个省发出了实施城乡规划督察员制度的文件，其中四川、河北和浙江省向地级市派驻城乡规划督察员。

【治理商业贿赂专项工作深入推进】 7月3日，组织召开了部治理商业贿赂领导小组会议，深入学习中央治理商业贿赂领导小组第六次会议以及中央治理商业贿赂领导小组《关于在治理商业贿赂专项工作中推进市场诚信体系建设的意见》的精神，研究部署下一阶段治理商业贿赂工作。会后，将姜伟新部长的讲话专报中央治贿办、中纪委，并将讲话的主要精神刊登在《中国建设报》上。

通过调研督导、编写简报等方式，指导全系统深入开展治理商业贿赂工作。强化了查办商业贿赂季报制度和重要工作专报制度，同时根据各地治理商业贿赂领导小组人员变动较大的情况重新统计了各地的机构和人员情况。印发了11期《治理商业贿赂工作简报》。其中房地产市场秩序专项整治专刊4期，向中央治贿办报送专报3次。2008年全系统已查结商业贿赂案件61件，共涉及金额1374万元，共有涉案人员66人。其中涉及国家工作人员31人，县处级人员13人，科级及以下人员18人。61件案件都依法依纪进行了相应的处理。其中刑事处理45件，纪律处分16件。

开展治理商业贿赂的政策理论研究。重点剖析了预防和治理住房城乡建设领域的行贿受贿问题，系统分析了2006年~2007年全国查处的涉及住房城乡建设系统的700余件违纪违法案例，提出了查处房地产、工程建设领域违纪违法案件的工作思路和重点。

搞好与相关部门的协调配合，强化与中央纪委、监察部、最高人民检察院等执纪执法部门在查办商业贿赂案件中的协调联动机制，加强在信息交流和情况通报、完善案件线索移送、案件协查、预防合作等方面的协调配合。

参与起草了《住房和城乡建设部2008年党风廉政工作要点》，协助相关司局修改了《中共住房和城乡建设部党组关于贯彻落实〈建立健全惩治和预防腐败体系2008~2012年工作规划〉的实施意见》，并起草了《稽查办关于落实〈建立健全惩治和预防腐败体系2008~2012年工作规划〉的意见》。参与筹备建设系统廉政工作电视电话会议，筛选、整理、分析典型案例，并提供领导讲话素材。

【房地产市场秩序专项整治工作取得阶段性成果】 1月，联合国土资源部等七部门通报了26个违法违规典型案例。全国各地共查处规划审批、房屋拆迁、开发建设等环节的违法违规案件9029起，各地通报违法违规典型案件1788起。组织八部门对28个省（区、市）专项整治工作开展联合检查。督促各地采取有效措施，加快纠正工作中的问题，巩固专项整治工作取得的成果。严肃查处房地产领域违法违规案件。会同监察部、国土资源部对泰安、长沙、泉州等市的涉及官商勾结、权钱交易的违法违纪房地产开发项目进行了专项检查。赴广东、四川等地，现场督办群众投诉举报的房地产市场违法违规项目。

【参与抗震救灾工作】 承担部抗震救灾指挥部联络综合组工作。期间，赴交通运输部、公安部、中石化、中石油等部门协调安置房物资运输、车辆加油等问题，赴国资委联络协调灾区安置房水泥等建材不足问题。受部委托参加国务院前方指挥部工作。及时向前方指挥部报告我部抗震救灾工作的进展和措施，向部里报告灾区的有关工作情况，协调解决援建省和受援地遇到的难题。

参加过渡安置房建设工作。深入灾区一线调查过渡安置房需求情况，为部里及时调整援建数量提供决策依据；赴甘肃省文县、陇南市、舟曲县等地的上百个过渡安置房计划建设点，对实际需求和建设计划地块落实情况进行调研。5月30日，印发《关于对过渡安置房生产情况进行自查的通知》，要求各援建省（市）对过渡安置房生产、保障情况进行一次全面自查。5月31日~6月1日，派出4个组共11人分赴湖北、天津、山西、河北四省（市）检查过渡安置房工作的组织落实情况。向国务院办公厅上报了《住房和城乡建设部关于过渡安置房（活动板房）生产建设情况的报告》、向中共中央办公厅上报了《落实党中央国务院的部署 做好抗震救灾和灾后重建工作》以及我部贯彻落实党中央国务院6月13日会议精神，全力做好灾后恢复重建工作的报告。

参与指导甘肃、陕西两省灾后农民过冬房建设。会同有关司局，两次组成工作指导组赴甘肃、陕西两省6个重灾县，实地调研指导和推动灾区农民过冬房建设工作。起草了《关于指导甘肃、陕西两省灾后重建农民自建房屋工作方案》，明确农民过冬房建设的工作原则、目标、进度安排和部内分工等内容，为后续工作开展奠定了基础。6月13日，协助召开甘陕地震灾区农民过冬房建设座谈会。

荣获部"抗震救灾先进集体"称号，12人被评为住房和城乡建设部"抗震救灾先进个人"。

【深入开展学习实践科学发展观活动】 结合工作实际深入开展调研，确定了《建设稽查是建设事业实现科学发展的重要保障》、《构建市场诚信体系防治建设系统商业贿赂》、《关于城乡规划督察工作预警作用的分析与思考》、《试论城乡规划督察制度的完善与创新》、《陇南地区灾后农村住房重建质量和安全问题的思考》等5个调研题目，开展深入研究，形成调研报告。

组织或参加党组理论学习中心组扩大学习、支部集中学习研讨、个人自学等活动，学习了党的十

【加强稽查办自身建设】 研究制订稽查办公室职能，基本覆盖住房城乡建设主要业务领域，主要职责包括：

1. 组织对住房保障、城乡规划、标准定额、房地产市场、建筑市场、城市建设、村镇建设、工程质量安全、建筑节能、住房公积金、历史文化名城和风景名胜区等方面违法违规行为的案件稽查，提出处理意见；

2. 组织或参与对住房保障、城乡规划、标准定额、房地产市场、建筑市场、城市建设、村镇建设、工程质量安全、建筑节能、住房公积金、历史文化名城和风景名胜区等方面违法违规行为的专项检查，提出改进工作意见；

3. 会同有关司局负责城乡规划督察员制度的实施，组织住房和城乡建设部派驻城乡规划督察员监督检查国务院审批的城市总体规划、历史文化名城保护规划、省域城镇体系规划和国家级风景名胜区规划实施情况；拟定住房和城乡建设部派驻城乡规划督察员管理制度，负责住房和城乡建设部派驻城乡规划督察员的日常管理工作，指导地方住房和城乡建设行政部门派出城乡规划督察员工作；拟定建设稽查规则和稽查特派员管理制度，负责稽查特派员日常管理工作；

4. 建立并管理建设稽查监督举报系统，受理投诉举报；建立建设稽查统计系统，定期公布建设稽查工作情况；

5. 指导地方住房和城乡建设行政部门的稽查工作。

稽查办内设机构进行了调整，设立了五个处，包括综合处、稽查一处、稽查二处、稽查三处和城乡规划督察员管理处。

大 事 记

(1) 3月，建设违法违规举报系统正式启用，截止2008年年底已接到举报信件千余封，经登记受理后，转业务处室处理的有282件。

(2) 3月，江苏省建设厅成立了稽查办；9月安徽省建设厅成立稽查局。截止到2008年年底，全国已有19个省级住房城乡建设主管部门建立了稽查制度。

(3) 3月26~27日，在厦门市组织召开了部派城乡规划督察员工作座谈会。18个试点城市的督察员交流了半年来试点工作情况和经验，研讨了《规划督察员管理暂行办法》（讨论稿）和《稽查办规划督察动态监测暂行规程》（讨论稿）。

(4) 4月，赴北京市、天津市、重庆市、河北省、山西省、黑龙江省、辽宁省、山东省、江苏省、浙江省、福建省、河南省、湖北省、湖南省、广西壮族自治区、陕西省，参与全国房地产市场秩序专项整治八部门联合检查（第一批）。

(5) 5月，派出督办组赴内蒙古自治区和黑龙江省，对去年5个转地方查处但未收到回复的投诉举报件进行了现场督办处理。

(6) 5月27~28日，在南京市组织召开了历史文化名城保护座谈会，邀请有关专家学者做了专题演讲。

(7) 5月31~6月1日，赴天津市、河北省、山西省、湖北省，对过渡安置房生产情况进行抽查。

(8) 7月至9月参加中央联席会议组织的上海、吉林中央信访工作督导组的工作，对奥运期间的信访突出问题及群体性事件进行督导解决，督促各地认真贯彻落实中央决策。

(9) 7月3日，组织召开了部治理商业贿赂领导小组会议。

(10) 7月，赴上海市、内蒙古自治区、吉林省、安徽省、江西省、广东省，参与全国房地产市场秩序专项整治八部门联合检查（第二批）。

(11) 8月28日，正式派遣第三批城乡规划督察员。督察员队伍由上年度的27名，扩大到51名；派驻督察员城市由上年度的18个增加为34个，包含27个省会城市、5个计划单列市以及桂林、苏州2个国家级风景名胜区和历史文化名城复合型城市，实现了城乡规划督察员制度在我国省会城市的全覆盖。

(12) 9月9~12日，赴黑龙江省、吉林省，对廉租住房建设计划实施情况进行检查调研。

(13) 10月底，赴17个城市送部派城乡规划督察员到任。

(14) 11月，向国务院上报《关于城乡规划督察员工作情况的报告》（建稽[2008]210号），国务院领导给予充分肯定，批示要进一步加强城乡规划和建设的监管，切实维护规划的权威性、严肃性。

(15) 12月，赴海南省、宁夏回族自治区、青海省、新疆维吾尔自治区，参与全国房地产市场秩序专项整治八部门联合检查（第三批）。

(16) 12月4~6日，赴西安、汉中两市，对震后受损城市道路桥梁隐患处置工作进行实地督导。

(17) 12月下旬在武汉召开全体部派城乡规划督察员座谈会，对下一步督察工作提出了要求。

(18) 12月15～30日，赴上海市、重庆市、江苏省、浙江省、云南省、贵州省、青海省、宁夏回族自治区、新疆维吾尔自治区、新疆生产建设兵团，对建设领域节能减排工作情况进行监督检查。

(19) 12月24～27日，赴新疆维吾尔自治区及生产建设兵团，对2008年新建廉租住房新增中央预算内投资计划执行情况进行检查。

（住房和城乡建设部稽查办公室）

十三、抗震救灾与灾后重建

2008年5月12日14时28分，四川省汶川县发生特大地震。灾情发生后，党中央、国务院高度重视。中共中央总书记、国家主席、中央军委主席胡锦涛立即作出重要指示，要求尽快抢救伤员，保证灾区人民生命安全。国务院成立以中共中央政治局常委、国务院总理温家宝为总指挥的抗震救灾总指挥部，并设立有关部门、军队、武警部队和地方党委、政府主要负责人参加的救援组、预报的监测组、医疗卫生组、生活安置组、基础设施组、生产恢复组、治安组、宣传组等8个抗震救灾工作组。

2008年5月13日，住房和城乡建设部部长姜伟新主持召开住房和城乡建设部第一次抗震救灾会议，传达中共中央、国务院关于抗震救灾的有关精神，成立以姜伟新为总指挥的住房和城乡建设部抗震救灾领导小组。会议明确当前要做好几项工作：(1)提高认识、统一思想，全力做好抗震救灾工作；(2)全力以赴，组织落实，每天两次会议，研究决策建议；(3)住房和城乡建设部目前最重要的工作之一是保供水、保安全，要抓紧研究落实；(4)按照指挥部要求，灾情每天一报，尤其是伤亡、供水、燃气、建筑受损等住房和城乡建设部职能范围内的最新信息；(5)一天内组织起几个专家组待命，包括管道检测组、重建规划指导组、标准研究组、重建建筑节能组、实施技术指导组等；(6)统一步调，服从大局，合适位置，做好工作。

根据会议精神，住房和城乡建设部成立由中国建筑科学研究院、中国建筑设计研究院及四川省建筑科学院研究院、陕西省建筑科学研究院、甘肃省建筑科学研究院、重庆市建筑科学研究院等单位14名专家组成的四川地震灾后重建建筑节能专家组，制定灾民过渡安置房建设方案和研究灾区重建问题。

住房和城乡建设部积极行动，组织调运应急物资和设备，协助灾区抢修市政公用设施。一是紧急调运供水设备，保障应急供水。把恢复城镇供水、保障饮水安全作为重中之重，及时做出部署和安排。迅速制定县城以上城市供水恢复工作方案，从全国各地紧急调集移动净水设备和净水药剂运往灾区，同时印发《膜处理净水设备安装和使用工作的函》，提供技术指导。截止到2008年7月底，共有92台移动净水设备到达灾区，总供水规模2616吨/日，可解决26万人的饮水需求。另外还有1000套单兵净水器、30台手摇水泵、10台柴油发电机、7套二氧化氯消毒设备和130万片饮水消毒片运抵灾区，对保障灾区的应急供水发挥了突出作用。同时，紧急调度，全力组织燃气供应。为让灾区人民喝上热水，吃上热饭，紧急协调中国城市燃气协会和燃气企业捐赠，从全国范围内紧急调运3350套液化气罐和灶具支持汶川、北川、青川等地震重灾区，保障地震重灾区灾民安置点燃气的应急供应，有效解决部分灾区群众和抗震救灾人员烧水做饭等应急需求。再有，下发了《关于组织向四川灾区援助环卫设备的紧急通知》（[2008] 36号）、《关于请组织向四川灾区提供移动公厕的函》（建城容函[2008] 75号），组织全国建设系统向四川重灾区支援环卫设备。全国25个省市共落实援助环卫设备427套，超额完成了援助任务，为保障受灾地区的环境卫生发挥重要作用。

2008年5月14日，住房和城乡建设部四川地震灾后重建建筑节能专家组对过渡安置房建设工作提出如下建议：

1. 组织相关专家组赴现场进行调查取证等技术基础工作。通过现场的调查取证，对受损建筑物从结构、材料等技术角度进行评估、分析，从中总结经验教训，为灾后恢复重建中提高建设质量和防灾标准、完善技术手段提供依据。

2. 做好灾区市政公用基础设施和住房的安全检

测及评估工作。建议组织有关专家开展市政公用等主要生命线系统和房屋的安全检测及评估工作方案，并在适当的时候赴灾区进行损失分析和灾害影响评价，为当地在加固、快速修复及减轻损失等措施上提供技术指导和协助。

3. 做好废墟的处置和处理工作。在完成现场灾害分析评估后，做好废墟清理及震灾垃圾的处置工作。一是通过勘察，结合重建规划的制定，研究建筑垃圾的堆放和处置方案；二是在防疫评估后，在有关部门配合下，统一进行收集；三是选择适宜的堆放场所，既要避免对居住区的污染，又要考虑到今后处置的需要；四是尽可能考虑如混凝土、砖头等垃圾用于市政道路的抢修恢复和在建筑地基基础中进行回收再利用等。

4. 灾民临时住房的安置。除了当前应急而搭建的帐篷外，应考虑到今后一定时期内灾民的住房临时安置。临时住所除满足遮风避雨，还应适当考虑隔热保温，提供相应的水、电和厨卫等基本生活条件与设施。临时住所可通过两个渠道解决：一是经结构安全性检测和评定后，对没有倒塌的房屋继续使用；二是建造可回收利用的活动简易房，目前应用较为广泛的主要是轻钢或彩钢简易房，具有方便运输、安装简单、快速、可重复利用等特点，适宜作为灾后临时住所。实施上可以采取由住房和城乡建设部提出建设方案和技术标准要求，由东部发达省市分区对口包建方式，这样可以明确责任、方便调度和管理，保证建设进度。

2008年5月16日，姜伟新部长主持住房和城乡建设部第二次抗震救灾工作会议，会上通报了当前灾区受损情况，直接受灾灾民约1000万人，300万户，其中约2/3灾民不能投亲靠友，至少需要2～3年的临时住房安置。会议提出了灾民过渡安置建设问题，部署研究建设活动板房作为过渡安置房的可行性。

2008年5月20日晚，住房和城乡建设部贯彻落实国务院抗震救灾总指挥部第11次会议精神，召开解决四川地震灾区受灾群众过渡安置房问题电视电话会议，就过渡安置房建设工作作出部署。会上姜伟新强调，国务院抗震救灾总指挥部第11次会议明确要求，要用3个月时间在四川地震重灾区建设100万套过渡安置房。其中，第一批25万套，6月份要完成；两天内首批6000套过渡安置房启运灾区。姜伟新指出，过渡安置房建设是一项关乎民生的大事，要高度重视，竭尽全力，保质保量按时完成任务，向党中央、国务院及灾区人民交上一份合格的答卷。

会议要求：四川省建设厅要作好过渡安置房建设的各项准备工作，与承担过渡安置房建设任务的各省、市有关部门密切联系、加强协调。住房和城乡建设部要做好三项工作：一是总体协调，协调各有关部门和各省、市共同把过渡安置房建设工作做好；二是监督检查，确保工程质量和进度；三是总体谋划，在按时保质建设好100万套过渡安置房任务的同时，还要深入研究四川灾区的实际需求，做好下一步的建设工作。

为规范地震灾区过渡安置房的建设，妥善安排受灾群众临时住所，保障灾民基本生活，处理好当前救灾与灾后重建关系，住房和城乡建设部制定了一系列技术标准、规定，指导灾区过渡安置房建设工作。2008年5月20日，住房和城乡建设部制定了《地震灾区过渡安置房建设技术导则》（试行）；2008年6月2日，住房和城乡建设部发布《关于地震灾区过渡安置房（活动板房）建设有关问题的补充通知》（建办办电〔2008〕56号），对过渡安置房建设过程中的有关事项提出了15个问题，并明确了要求；为做好过渡安置房验收工作，确保质量，2008年6月19日住房和城乡建设部制定了《汶川地震灾区过渡安置房验收规定》。

5月20日，按照国务院部署，住房和城乡建设部紧急向全国19个省市和4个计划单列市下达了对口支援四川地震重灾区过渡安置房的建设任务。四川过渡安置房建设主要集中在受灾比较严重的成都、绵阳、德阳、广元、雅安、阿坝等六个地区。之后又增加了甘肃的陇南、天水、武都和陕西的汉中、宝鸡、安康等地震重灾区过渡安置房的建设任务。

从5月21日到8月11日，21个援建省市和4个计划单列市极响应党中央国务院的号召，克服板材运输困难、生活条件艰苦、余震持续不断等重重困难，高峰时期投入10万多人，大型机具约2500台，在四川省3272个安置点上最终完成57.7982万套活动板房，包括学校1611所，医院439所，其他公共服务设施2340所，如期完成四川过渡安置房援建任务。

截至2008年8月11日，四川省累计完成活动板房61.0612万套，占总计划量的100.91%。截止到9月11日，甘肃省累计完成活动板房2.01万套；陕西省累计完成1.10万套。

地震发生后，建设系统迅速反应、全力以赴，在抢险救灾和灾后重建中做出了富有成效的贡献。

参与完成灾后恢复重建规划工作。会同有关部门和地方政府，组织编制城镇体系、农村建设、城镇住房建设等三个专项规划，以及风景名胜区等规划。规划专家深入灾区，拟定工作方案，研究灾后重建规划工作思路和技术路线。在时间紧、任务重的情况下，按时完成了相关规划的编写工作，为编制国家《汶川地震灾后恢复重建总体规划》提供了有力支撑。

指导灾区农房重建。为帮助受灾农民建设永久性住房，组织编制了设计图集，开展了农房建设示范活动。来自新疆、云南、深圳等地的40多名专家常驻灾区，对农房重建的选址、选图、选材以及抗震防震等给予现场指导和帮助。

城乡建设防灾减灾法规和制度建设进一步加强。住房和城乡建设部高度重视法规和制度建设。2008年以来，工程质量安全监管司与法规司共同配合国务院法制办完成了《防震减灾法》的修订工作；发布了《市政公用设施抗灾设防管理规定》（住房和城乡建设部令第1号），对市政公用设施抗灾设防管理做出了详细规定，于2008年12月1日起施行；发布了《地震重点监视防御区建设系统抗震防灾工作要点》，对各地建设主管部门落实国家关于地震重点监视防御区抗震工作的总体部署提出了明确的工作要求；印发了《关于加强城市绿地系统建设 提高城市防灾避险能力的意见》对城市绿地系统建设与管理提出了防灾要求。

城乡建设抗震防灾标准体系进一步完善。汶川地震经验表明，房屋建筑严格按照标准设计建造就能够经受地震灾害的考验，住房和城乡建设部历来注重标准规范体系建设。2008年以来，一是根据汶川地震实际情况，组织修订并及时发布了《建筑工程抗震设防分类标准》、《建筑抗震设计规范》；二是组织制定了《镇（乡）、村建筑抗震设计规程》，为配合规程的实施还组织编制了《农村民居抗震设计图集》，规程和图集综合考虑了我国农村的实际情况，对砌体结构、木结构、石结构、生土结构等四类传统民居的关键抗震措施提出了明确要求，对农村民居抗震设防起到有力的指导作用；三是组织编制的《镇（乡）、村防灾规划标准》已完成报批稿。

科学研究与国际合作不断向前推进。2008年初，住房和城乡建设部成立了城市抗震防灾规划审查专家委员会，对各地编制的城市抗震防灾规划进行技术审查，同时对各地城市抗震防灾规划的编制予以指导。2008年10月，住房和城乡建设部和中国地震局共同举办了第十四届世界地震工程大会，推动了中外相关领域专家的交流与合作。

十四、固定资产投资

2008年，按照科学发展观的要求和党中央、国务院的各项工作部署，坚持灵活审慎的调控方针，根据国内外经济形势变化和宏观调控总体要求，进一步加强和改善投资调控。面对国际金融危机影响加剧、我国经济下行势头明显的形势，及时出台扩内需、保增长的一系列政策措施，在优化结构的前提下扩大投资规模。2008年，全社会固定资产投资平稳较快增长，对保持经济较快发展发挥了重大作用。

一、加强投资调控，保持投资平稳较快增长

（一）规范新开工项目管理。按照国务院要求，依法加强和规范新开工项目管理，把好项目开工建设关，维护投资建设秩序。各部门建立完善投资项目信息互通制度。各地区建立拟开工固定资产投资项目档案，定期报送项目信息，建立完善投资项目信息工作制度。

（二）开展重大项目储备。在优化投资结构的前提下，以调整结构、转变经济发展方式为主线，突出重点、区别对待，开展交通能源基础设施、农业水利、自主创新、节能减排、社会事业、产业发展等重大项目储备，加快项目审核、土地、环评等前期工作进度，增强经济社会发展后劲。

（三）增加安排中央投资。随着国际金融危机愈演愈烈，对我国经济的负面影响已经显现并日益加重，国内经济下行势头明显。为应对国际金融危机的冲击，党中央、国务院把扩大内需、保持经济平稳较快发展作为宏观调控的首要任务，实施积极的财政政策和适度宽松的货币政策，出台更加有力的扩大内需措施，增加安排中央投资，加快民生工程、基础设施、生态环境建设和灾后恢复重建。

2008年，投资保持较快增长。全社会固定资产投资172291亿元，比上年增长25.5%，增幅比上年提高0.7个百分点。其中，城镇固定资产投资148167亿元，增长26.1%，增幅比上年提高0.3个百分点；农村投资24124亿元，增长21.5%，增幅比上年提高2.3个百分点。

二、新增安排中央投资，尽快发挥投资效应

为应对国际金融危机的冲击，按照扩大内需、保持经济平稳较快发展的总体目标，中央决定，出台一系列加大投资和促进消费的措施。按照既有利于促进经济增长，又有利于推动结构调整和发展方式转变；既有利于拉动当前经济，又有利于增强经济发展后劲的要求，四季度增加安排中央投资1000亿元，提前安排2009年灾后恢复重建基金200亿元，用于加快保障性安居工程建设，农村民生和农村基础设施建设，铁路等重大基础设施建设，医疗卫生、教育、文化等社会事业发展，节能减排和生态建设工程，自主创新和产业结构调整，以及灾后恢复重建。

（一）加快建设保障性安居工程。顺应人民群众过上更好生活的迫切期待，加大力度改善城市低收入居民的居住条件，加快推进农村危房改造。增加安排投资100亿元，用于加大对廉租住房建设的支持力度；加快林区、垦区和煤矿棚户区改造工程；组织实施少数民族地区游牧民定居工程，扩大农村危房改造试点。

（二）加快农村民生工程和农村基础设施建设。紧紧围绕改善农民生产生活和解决制约农业生产的突出矛盾，加大投入力度，尽快改变农村发展滞后面貌，大力提高农业综合生产能力。增加安排投资340亿元，用于加快实施农村沼气、饮水、通路、通电、通邮工程；加快南水北调等一批重大水利工程建设，加快完成大中型病险水库除险加固和大型灌区节水改造等任务；增加对优质粮食工程、动物防疫体系、农产品质量安全检验检测体系、粮油储存设施和粮食烘干设备、扶贫开发等方面的投入。

（三）加快铁路、公路和机场等重大基础设施建设。着眼于解决当前交通运输中的瓶颈制约和增强城市供电保障能力，切实加强相关重大基础设施建设。增加安排250亿元，用于加快铁路建设，重点推进京沪高速铁路等一批客运专线、包头至西安铁路扩能等煤运通道以及贵阳至广州等资源开发性西部干线铁路建设；加快完善高速公路网，加快拥挤路段扩能改造，重点解决国家高速公路网"断头路"和省际间高速公路的连通问题；加快中西部支线机场和西部干线机场建设；加快城市电网改造。

（四）加快医疗卫生、教育、文化等社会事业发展。立足于促进基本公共服务均等化，缩小城乡、区域差距，着力解决基层医疗卫生、教育、文化等发展滞后问题。增加安排投资130亿元，用于支持基层医疗卫生服务体系和计划生育服务体系等建设；支持中西部农村初中校舍改造、中等职业教育和特殊教育发展；加快旅游基础设施和乡镇综合文化站建设。

（五）加快节能减排和生态建设工程。进一步加大工作力度，力争在污染治理、生态建设、节能降耗等方面取得更大成效。增加安排投资120亿元，用于加快城镇污水治理、垃圾处理设施、污水管网和重点流域水污染防治工程建设；加强重点防护林和天然林保护工程建设；加快国家十大重点节能工程、循环经济和重点流域工业污染治理工程建设。

（六）加快自主创新和产业结构调整。加快推进结构调整，加大对自主创新和产业升级的支持力度，不断提高我国产业技术水平和产品市场竞争力。增加安排投资60亿元，重点支持自主创新和高技术产业化，加快产业技术进步，大力发展服务业。

（七）加快灾后恢复重建。坚持以人为本、尊重自然、统筹兼顾、科学重建，优先恢复灾区群众基本生活和公共服务设施，尽快恢复生产条件，合理调整城镇乡村、基础设施和生产力布局。及早拨付2008年安排的700亿元灾后恢复重建基金，提前下达2009年灾后恢复重建基金中的200亿元，加快重建进度。

按照中央"出手要快、出拳要重、措施要准、工作要实"的总体要求，各部门明确责任，加强协调配合，提高工作效率，抓好政策落实；各地区树立全局观念，履行地方职责，周密部署安排，迅速组织实施；纪检监察和审计部门及时跟进，加强对项目、资金的监督检查。一是高度重视，责任到位。制定紧急落实新增1000亿元中央投资工作方案，明确工作职责，对选准选好项目、落实项目开工条件和管好用好新增中央投资提出具体要求。各地区、各部门及时建立了扩大内需促进经济增长领导协调机制，以"天"为单位细化工作计划，通力协作、顾全大局，确保有关工作高效开展。新增1000亿元中央投资计划一个月内全部下达完毕。二是管理严格，注重实效。各地区、各部门严格遵循中央确定的投资方向，选准选好项目。既严格履行国家规定建设程序，又按照"特事特办"原则，建立新增中央投资项目审核下达的"绿色通道"，及时转发分解落实到具体项目。三是实施有力，进展迅速。各地区、各部门从实际出发，想方设法做好项目前期工作，加快在建项目进度，尽快启动新开工项目建设，及时形成实物工作量。积极筹措配套资金，抓紧研究实行中央财政代发地方政府债券，积极研究制定政府特定投资项目资本金中长期贷款实施办法，加快审核发行企业债券，进一步发挥地方投融资平台作用，确保项目建设顺利进行。在加快建设进度的同时，努力确保工程质量和资金安全。四是强化监督，确保效果。中纪委、监察部牵头成立中央扩大内需促进经济增长政策落实检查工作领导小组，组成24个中央检查组派驻各地，对新增中央投资安排用向、资金使用、项目建设的实施过程开展监督检查。各地区各部门积极配合中央检查组工作，发现问题及时整改。新增中央投资的落实情况总体上是好的，发挥了拉动经济、促进增长的作用。

三、统筹兼顾，进一步优化中央政府投资结构

2008年中央政府投资（国债和中央预算内投资）年度正常规模为1521亿元。在中央投资安排中，充分发挥中央政府投资在加强和改善宏观调控、落实"五个统筹"、推进经济结构战略性调整、加强薄弱环节建设、改善民生等方面的作用，促进国民经济又好又快发展。一是调整优化中央预算内投资结构，更加注重突出重点、压缩一般。中央投资继续向农村建设、节能减排、社会事业、西部大开发倾斜，加强经济社会发展的薄弱环节。二是处理好政府与市场的关系，更加注重发挥市场机制作用。对能由市场配置资源的领域和项目，主要通过政策手段给予引导和支持，原则上不再安排政府补助投资。三是加快项目前期工作，更加注重投资安排的科学性和规范性。依据专项规划选好建设项目，尽快完备建设选址、用地预审和环评审批等审核手续，确保投资全部落实到具体项目。同时，进一步加强对资金分配管理的监督检查。四是严格控制投资规模，更加注重勤俭节约。优先安排续建项目，严格控制新上项目，保持合理的建设规模。暂停审批党政机关办公楼，严控公车购置。

（一）加强农业和粮食生产，改善农村生产生活条件。加强农业和粮食生产对于稳定经济社会发展大局具有十分关键的作用。年度正常投资安排上，进一步加大对农业和农村建设的投入力度，重点用于加强农村基础设施建设和改善农民生产生活条件。实施种子工程、大型灌区节水改造及中部地区排涝泵站建设、油料基地建设等项目，提高农业综合生产能力。支持农村安全饮水工程、农村沼气、农村公路改造和农村送电工程建设，推进社会主义新农村建设。加快建设农村卫生基础设施、基层计划生育服务体系、广播电视"村村通"工程等，推进中西部农村初中改造，完善农村公共服务体系。

（二）加强节能减排、环境保护与生态建设，促进可持续发展。大力推进环境保护和资源节约，实施淮河、松花江、丹江口等重点流域和三峡库区水污染治理、污水垃圾处理产业化工程。支持国家十大重点节能工程、循环经济和资源节约重大示范项目建设以及重点工业污染治理。支持天然林资源保护、重点防护林工程、京津风沙源治理和三江源自然保护区等生态工程建设。支持石漠化综合治理试点工程建设，开展甘肃石羊河流域综合治理。

（三）加强社会事业建设，统筹经济社会协调发展。加强卫生、教育、文化等社会事业投入，弥补经济和社会发展"一条腿长，一条腿短"的历史欠账。大力支持高等教育211工程、中西部特殊教育建设。继续实施中科院知识创新工程第三阶段科教基础设施建设。支持重点中医院、食品药品监督管理系统基础设施建设。推进红色旅游设施、乡镇综合文化站、广播电视工程、社区服务体系建设等。

（四）加强重大基础设施建设，夯实经济发展基础。继续支持南水北调工程、在建重大水利工程等水利基础设施项目，推进西部铁路、进藏公路、中西部支线机场等重大交通基础设施建设，实施贫困县及严重缺水县城供水设施建设等工程。

（五）加强涉及广大群众生命财产安全和切身利益项目建设，切实保障和改善民生。加快推进病险水库除险加固任务完成。支持中西部廉租住房建设。继续实施煤矿安全改造、采煤沉陷区治理、东北三省中央下放地方煤矿棚户区改造工程。大力扶持人口较少民族发展。

（六）加强自主创新能力建设，推进经济结构战略性调整和发展方式转变。支持提高自主创新能力、重大科技基础设施、重大装备本地化及东北地区等老工业基地调整改造等项目。对市场竞争比较充分的项目，主要通过政策手段给予引导和支持，其中涉及全局和长远的重要项目，适当安排必要投资。

2008年1521亿元中央政府投资中，用于农村建设的投资比重进一步提高，用于基础教育、公共卫

生等社会事业的投资力度进一步加大，用于西部大开发的投资进一步增加，中央政府投资结构进一步得到优化。

四、进一步深化投资体制改革

2008年，按照十七届二中全会精神和国务院机构改革要求，加快推进投资体制改革，抓紧研究制定投资体制改革相关配套文件，进一步提高投资的质量和效益。

（一）企业投资体制改革取得进展，企业投资主体地位进一步确立。加快修订《政府核准的投资项目目录》，最大限度地减少政府核准的项目事项，加强地方政府特别是省级政府的投资管理责任，充分发挥行业管理部门在行业规划、产业政策和准入标准方面的指导作用，确立企业主体地位。修订工作从2006年底启动，历时2年左右，即将出台《政府核准的投资项目目录（2009年本）》。修订后，企业投资项目需要报政府核准的项目数量大大减少，企业投资自主权大大增强。发布新的建设项目用地预审管理办法，加强建设项目环境影响评价分级审批的规定。《企业投资项目核准和备案管理条例》已列入国务院的立法计划，正在抓紧研究出台。制定关于企业投资项目咨询评估报告的若干要求，发布了《企业投资项目咨询评估报告编写大纲》。印发《项目核准文件格式文本》，从2008年12月1日起执行。

（二）政府投资体制改革逐步深入，政府投资管理日益严格规范。加强整章建制工作，颁布《中央政府投资项目后评价管理办法（试行）》，从2009年1月1日起开始执行。这是改革开放以来第一份关于开展中央政府投资项目后评价工作的管理文件。加快建立政府投资项目责任追究制度，抓紧研究制定政府投资项目责任追究指导意见。进一步扩大中央预算内投资项目代建制试点范围，抓紧研究出台推进和规范政府投资项目代建制的指导意见。

（三）投资监管措施不断加强，投资建设秩序进一步规范。对企业投资的监管力度不断加强，部门之间的联动机制开始建立，新开工项目建设秩序逐步规范，企业贯彻落实中央投资调控的自觉性和主动性进一步提高。

（国家发展和改革委员会固定资产投资司）

十五、铁　路　建　设

2008年，铁路部门紧紧抓住铁路建设的黄金机遇期，加快实施铁路"十一五"规划和调整后的《中长期铁路网规划》，铁路基本建设投资同比大幅度增加，京津城际铁路等多条客运专线开通运营，京沪高速铁路等一大批重点项目开工建设，大规模铁路建设取得重大进展。

1. 完成投资实现历史性突破。2008年全国铁路共完成基本建设投资3375.54亿元，首次突破3000亿元大关，同比增加1585.6亿元，增长88.6%，超过"十五"期间完成投资的总和，创历史最高水平。面对国际金融危机的影响，铁路部门坚决落实党中央、国务院扩内需、保增长的重大决策，迅速行动，增加铁路基建投资，扩大建设规模，加快建设进度，四季度完成投资1676亿元，相当于前三季度完成投资的总和。同时年末中央新增投资，经过参建各方艰苦奋斗，实现了投资任务和实物工作量的双重突破。铁路建设完成投资的大幅增长和建筑材料的大量使用，对拉动相关产业发展、增加社会就业机会、保持国民经济平稳增长作出了积极贡献。

2. 路网质量进一步提升。2008年，完成新线铺轨2801.1公里（含地方铁路127.5公里），复线铺轨2210.2公里，分别比上年增长1.6倍和75.9%；投产新线1730.1公里、复线1955.8公里、电气化铁路1959.3公里，分别比上年增长1.4倍、2.6倍和1.1倍。截至2008年底，全国铁路营业里程达到8万公里，路网结构和质量进一步改善，整体运输能力进一步提高。

3. 工程建设取得重大进展。备受关注的京津城际铁路8月1日胜利开通，列车运营速度达到350公里/小时，居于世界铁路之首，标志着我国高速铁路建设技术跨入了世界先进行列；时速200公里及以上的合宁、合武、石太、胶济铁路客运专线先后建成通车；北京南站、青岛站等现代化客站的投入使用，成为展示我国铁路建设成果的窗口。举世瞩目的京沪高速铁路4月18日正式开工建设，沪宁、京石、石武、津秦等客运专线，兰渝、贵广、南广铁路等高标准长大干线，以及成都至都江堰铁路等灾后重建项目年内陆续开工，全年开工建设大中型项目68个。武广、郑西、甬台温、温福等客运专线的线下工程基本完成，无砟轨道铺设全面展开，武广客专武汉综合试验段顺利建成；哈大、广深港、福厦、厦深等客运专线和太中银、包西等长大干线正在按施工有序推进，重难点工程逐步突破；地质水文情况异常复杂的宜万铁路8座高风险隧道有6座已经贯通，精伊霍铁路北天山隧道顺利贯通；广州新客站、武汉站、上海虹桥站等大型客站建设稳步推进；大连、重庆等集装箱中心站建设进展顺利。

4. 工程质量和施工安全管理不断加强。坚持把质量安全作为铁路建设的第一位工作，围绕实现质量安全目标，大力强化质量安全责任意识，开创性地推行《铁路建设项目安全质量责任书》和《铁路建设项目安全质量承诺书》，促进参建各方质量安全责任层层落实；持续深化"三项治理"活动和施工安全专项整治活动，积极开展原材料、隐蔽工程的专项检测，确保工程实体质量可靠；深入开展安全大反思、大检查活动，不断强化现场监督检查，对全路在建项目质量安全问题，进行重点检查、集中整治和通报处理；实施质量安全事故与招投标挂钩、以质量安全为主要内容的信用评价等措施，促进参建企业不断提高质量安全管理水平；强化项目现场技术管理，提升施工工艺水平和施工质量水平。通过一系列制度、办法和措施的落实，参建各单位质量安全意识不断提升，管理工作不断加强，质量水平稳步提高。青藏铁路保护湿地工程、烟大轮渡工程、乌鞘岭隧道工程获2008年鲁班奖。

5. 技术创新水平再上新台阶。根据客运专线建设需要，制订修订了客运专线竣工验收动态检测指导意见等规范标准23项，发布箱梁、无砟轨道等一系列通用参考图，制定颁布牵引供电、通信信号、客运服务、运营调度等多项标准，初步建立了我国时速350公里高速铁路技术标准体系。大力强化理论创新，形成了一批涉及线路轨道、四电等内容的具有自主知识产权的理论创新成果，为更好地指导建设实践提供了理论基础。强化工程实践的创新，建立了客运专线精密测量与控制系统，掌握了无砟轨道高平顺性测量与精细调整，高速道岔的制造、铺设和精细调整，接触网精细调整和联调联试等关键技术。有序推动主要设备国产化进程，我国自主研制的时速350公里动车组和首列时速250公里高速综合检测列车的投入使用，确保了高速列车运行安全，标志着我国高速列车和高速铁路综合检测能力及技术达到世界一流水平。"青藏铁路工程"获2008年度国家科学技术进步特等奖。

6. 建设管理取得新进展。围绕全面落实质量、安全、工期、投资、环保和技术创新"六位一体"管理要求，深化完善管理机制，创新管理方式方法，不断强化管理责任，铁路建设管理水平得到有效提高。健全建设管理规章制度。制订铁路有形建设市场交易规则、铁路建设项目竣工验收交接办法、铁路建设工程质量安全监督管理办法等17项管理办法。全面推行以规章制度、人员配置、现场管理、过程控制标准化为主要内容的建设单位标准化管理，在上海局、南昌局、京沪公司、哈大公司开展建设管理试点工作，进一步加大了建设单位的管理力度和责任；大力推行"架子队"劳务用工管理模式，严肃查处建设项目以包代管、违法分包等问题，取得积极成效。

高度重视工期控制、投资控制和环境保护，千方百计加快项目前期工作，加大征地拆迁力度，按轻重缓急分批提供施工图纸，以施工组织方案设计为龙头，有序推进项目建设，保证开通项目按期开通，新开工项目及时开工；严把施工图审核、工程招投标、变更设计、物资采购供应、验工计价、合同管理等重要关口，从严从紧控制建设投资；积极推进节能环保工作，广泛采用新技术、新工艺、新材料、新设备，在环境敏感点强制使用声屏障，在大型站房中成功应用地源热泵等新技术，拓展了铁路建设环保节能的新领域，青藏铁路获"2008国家环境友好工程"。

进一步加强铁路建设市场监管。加快铁路市场信用体系建设，继续实施施工和监理企业信用评价、对设计单位施工图进行考核，初步建立了质量安全不良行为记录公示制度；改进招标工作机制，完善市场交易规则和施工招标文件示范文本，大力推行大标段招标和工程总承包试点；继续扩大开放铁路建设市场，形成充分竞争的局面；应对建材市场价格波动，强化物资采购供应管理，严格市场准入制度，杜绝不合格生产商进入铁路建设市场。充分发挥部、局两级机关职能部门的监督作用，认真开展项目执法监察和审计工作，确保铁路建设依法合规。正式成立铁道部工程质量安全监督总站，强化了全路质量安全监督工作的统一领导、统一组织。

7. 队伍建设力度持续加大。适应大规模建设需要，不断完善人才队伍的选拔、使用、培训机制，及早组建项目管理机构，配备了一批高素质管理人员，增强了项目建设的组织领导能力；采取集中和分片培训方式，举办20期培训班，对建设单位近1500名管理人员进行综合管理和专业管理岗位培训，进一步提高依法组织建设的能力。各参建单位结合设计、施工、监理工作新要求，积极开展运用建设技术标准、提高施工工艺方法、规范职业道德等适应性培训，强化岗位应知应会知识教育，680多人参加了无砟轨道和客专道岔专业化铺设培训班学习，参建人员技术水平和现场作业能力不断提高。切实加大党风廉政教育工作，增强领导干部的反腐败意识，深入推进惩防体系建设，落实党风廉政建设责任制，努力实现"工程优质，干部优秀"的建设目标。（吴军供稿）

铁路建设项目情况

一、主要新开工项目

1. 京沪高速铁路

2008年4月18日，京沪高速铁路开工典礼在北京大兴京沪高速铁路北京特大桥桥址隆重举行，中共中央政治局常委、国务院总理温家宝为京沪高速铁路股份有限公司揭牌，宣布京沪高速铁路全线开工并为京沪高速铁路奠基。中共中央政治局委员、国务院副总理张德江出席开工典礼并作重要讲话。

京沪高速铁路是国家战略性交通基础设施和铁路客运专线网主干线之一，是我国三峡工程之后又一举世瞩目的重大标志性工程。国家发展改革委2008年2月22日批复开工报告。本工程总工期按60个月安排。

京沪高速铁路北起北京南站，南至上海虹桥站，线路长1318公里，及相关联络线。全线共设北京南、天津西、济南、徐州、南京南、虹桥等21个车站，配套建设动车运用检修设施。本项目不含已开工的北京南站及动车段、南京南站及大胜关长江大桥工程。

主要技术标准：铁路等级高速铁路；正线数目双线；速度目标值350公里/小时，初期运营速度300公里/小时，跨线列车运营速度200公里/小时及以上；正线线间距5米；最小曲线半径7000米；最大坡度20‰；到发线有效长650米；牵引种类电力；列车类型动车组；列车运行方式自动控制；行车指挥方式综合调度。

2. 北京至石家庄客运专线

北京至石家庄客运专线北起北京西站，经涿州、保定、定州，南至石家庄南站，正线全长约283.7公里。另新建石太客运专线直通线，正线全长约28.6公里；以及北京、石家庄枢纽相关工程。全线共设北京西、涿州东、高碑店东、保定东、定州东、石家庄等6个车站。

主要技术标准：铁路等级客运专线；正线数目双线；速度目标值350公里/小时，初期开通300公里/小时；最小曲线半径7000米；正线线间距5.0米；最大坡度20‰；到发线有效长650米；牵引种类电力；机车类型动车组；列车运行方式自动控制；调度指挥方式综合调度集中。

石太直通线及其他线路标准：石太直通线采用石太客专相应的技术标准，在引入石家庄枢纽范围可采用与行车速度相应的曲线半径标准；联络线、动车组走行线等其他线路主要技术标准按确定的速度目标值采用相应的技术标准。

工程于2008年10月7日开工建设；工期4年。

3. 石家庄至武汉客运专线

石家庄至武汉客运专线北起石家庄南站，经邢台、邯郸、安阳、鹤壁、新乡，跨黄河后至郑州，再经许昌、漯河、驻马店、信阳，南至武汉天兴洲大桥北岸，正线全长840.7公里。另新建郑西客运专线直通线39公里。全线共设新高邑、新邢台、新安阳、新鹤壁、新新乡、新郑州、新许昌、新漯河、新驻马店、新明港、新信阳、大悟、蔡店、新横店共15个车站，并预留新新郑车站。配套建设动车运用设施和铁路枢纽相关工程。

其中：石家庄至郑州段范围是：石武客运专线石家庄至郑州黄河大桥，正线全长约353.9公里；郑州黄河大桥通信、信号、信息、电力及电气化工程；石家庄枢纽南西上行疏解线工程，长约5.0公里。

郑州至武汉段范围是：郑武客运专线郑州黄河大桥南岸至武汉天兴洲大桥北端，正线长度约472公里；郑西直通线约39公里；郑州枢纽相关工程。

主要技术标准：铁路等级客运专线；正线数目双线；速度目标值350公里/小时；最小曲线半径7000米；正线线间距5.0米；最大坡度20‰；到发线有效长700米；牵引种类电力；列车类型动车组；列车运行方式自动控制；调度指挥方式综合调度集中。

石家庄枢纽南西上行疏解线采用160公里/小时速度目标值方案，采用与行车速度相适应的曲线半径等技术标准。

郑西直通线及其他线路：郑西直通线采用郑西客专相应的技术标准，在引入郑州枢纽范围可采用与行车速度相适应的平面标准；联络线、动车组走行线等其他线路主要技术标准按确定的速度目标值采用相应的技术标准。

本工程建设总工期按 4.5 年安排。2008 年 10 月 15 日举行开工动员大会。

4. 京津城际动车组开行至塘沽站工程

为适应天津滨海新区开发开放和交通需求，拓展京津城际铁路服务范围，形成滨海新区与北京市及天津市方便快捷的交通联系，完善枢纽客运功能，增强环渤海区域辐射和带动作用，实施京津城际动车组开行至滨海新区塘沽站工程。

主要技术标准：

（1）南仓疏解区客车联络线：最小曲线半径 1600 米；限制坡度 20‰；牵引种类电力；机车类型动车组；闭塞类型自动闭塞。

（2）京山线天津至塘沽段：铁路等级Ⅰ级；正线数目双线；最小曲线半径 1600 米；限制坡度 4‰；牵引种类电力；机车类型动车组；到发线有效长 1050 米，只停靠动车组的到发线 650 米；闭塞类型自动闭塞。

工程于 2008 年 1 月 9 日开工。施工总工期按满足与京津城际同步开通需要安排。

5. 天津至秦皇岛客运专线

为尽快缓解铁路进出关通道运输能力紧张状况，完善路网结构，提高服务质量，促进区域经济协调发展，新建天津至秦皇岛铁路客运专线。

线路自天津站引出，经天津滨海新区、唐山、北戴河引入秦皇岛站，全线共设 6 个车站。天津站（不含）至秦皇岛站（含）全长 257.4 公里。含天津枢纽、唐山和秦皇岛地区相关工程。

主要技术标准：铁路等级客运专线；正线数目双线；最小曲线半径 7000 米，大型车站前后根据实际情况确定；限制坡度一般 12‰，困难 20‰；线间距 5 米，大型车站前后按设计速度确定；牵引种类电力；机车类型动车组；到发线有效长度 650 米；列车运行控制方式自动控制；行车指挥方式综合调度集中。

建设总工期按 4 年安排。工程于 2008 年 11 月 8 日开工建设。

6. 沪宁城际轨道交通工程

为完善区域综合交通体系，缓解运输紧张状况，满足旅客运输多元化需求，推进城镇化和经济一体化进程，促进长江三角洲地区经济社会协调发展，新建上海至南京城际轨道交通工程。

沪宁城际轨道交通工程位于上海市和江苏省境内，线路基本并行既有沪宁铁路，起自上海，经昆山、苏州、无锡、常州、丹阳、镇江至南京，正线全长 300.168 公里，其中上海市境内 32 公里，江苏省境内 268 公里，另修建黄渡至虹桥线 13.8 公里。全线共设置 21 个车站。

包括：上海站（含）至南京站（含），正线全长 300.168 公里。黄渡至虹桥（不含），上行 13.85 公里，下行 13.87 公里。既有南京站跨线车联络线，上行 3.40 公里，下行 2.40 公里；沪杭（动车组走行）铁路引入上海西站疏解线、南京动车存车即走行线、常州动车组存车线。不含苏州站改造中已批复工程。

主要技术标准：铁路等级客运专线；正线数目双线；速度目标值 200 公里/小时以上；最小曲线半径一般地段 2200 米，困难地段 2000 米；最大坡度 20‰；到发线有效长 450 米，部分 650 米；牵引种类电力；机车类型动车组；列车运行控制方式自动控制；行车指挥方式综合调度。

本工程建设工期为 4 年。工程于 2008 年 7 月 1 日开工建设。

7. 成都至都江堰铁路

为加快灾后重建，促进灾区经济发展，恢复和发展青城山、都江堰双遗产旅游资源，推进沿线城镇化进程，新建成都至都江堰铁路。本工程包括成都站至安靖站增建二线和成都站满足城市公交化运营改造工程，以及安靖至青城山站新建工程。

主要技术标准：铁路等级客运专线；正线数目双线；速度目标值郫县至青城山 200 公里/小时，成都至郫县段、漓堆公园支线 120 公里/小时；最小曲线半径时速 200 公里地段为 2200 米，时速 120 公里地段为 600 米；正线线间距 4.0～4.4 米；最大坡度 20‰；到发线有效长度 450 米、650 米；列车类型动车组；调度指挥方式综合调度。

本工程工期 1.5 年。2008 年 11 月 4 日举行开工动员大会。

8. 兰渝铁路

为优化铁路网布局，改善交通运输结构，加强西北与西南地区的联系，促进区域经济协调发展和沿线资源开发，新建兰州至重庆铁路。

线路自甘肃省兰州市，经渭源、岷县、宕昌、陇南、四川省广元、苍溪、阆中、南部、南充、武胜，至重庆市合川、北碚，新建双线铁路 820 公里。另修建南充经广安至高兴单线铁路 95 公里。兰州枢纽新建兰州北编组站、北环线及相关工程；重庆枢纽渭沱至北碚北、磨心坡至蔡家增建三四线，蔡家至重庆北新建双线，磨心坡至团结村增建二线，新建兴隆场编组站等；广元、南充地区统筹考虑配套改造。

其中，夏官营（不含）至广元段，新建双线长463.074公里。

主要技术标准：铁路等级Ⅰ级；正线数目双线，南充至高兴段单线；限制坡度6‰，加力坡13‰；旅客列车速度目标值160公里/小时，有条件路段可预留200公里/小时条件；最小曲线半径一般2000米，困难1600米；牵引种类电力；到发线有效长度850米；闭塞类型自动闭塞；限界满足双层集装箱列车开行条件。

夏官营至广元段主要技术标准：铁路等级Ⅰ级；正线数目双线；最小曲线半径3500米（困难2800米）；限制坡度兰州至广元13‰（不进行隧道折减）；牵引种类电力；牵引质量4000吨；到发线有效长度880米；闭塞类型自动闭塞。

本工程建设工期为6年。2008年9月26日举行开工动员大会。

9. 贵阳至广州铁路

为加强西南地区与华南地区的联系，促进区域协调发展和资源开发，优化铁路网布局，改善交通运输结构，新建贵阳至广州铁路。线路自贵州省贵阳市引出，经龙里、都匀、榕江，广西壮族自治区三江、桂林、恭城、钟山、贺州，广东省怀集、广宁、泗里、肇庆、佛山至广州，新建双线铁路857公里；包括贵阳、广州枢纽、桂林、贺州地区相关工程。贵阳枢纽新建客运站，配套建设动车运用设施及相关联络线疏解线；广州枢纽新建双线引入新广州站，同时利用既有线引入广州站。

主要技术标准：铁路等级Ⅰ级；正线数目双线，其中肇庆北至三眼桥为四线；旅客列车设计行车速度200公里/小时，预留提速条件，贵阳、广州枢纽内根据实际情况确定；最小曲线半径3500米，枢纽加减速地段根据设计行车速度梯级变化；限制坡度龙里北至贺州18‰，贺州至肇庆北9‰，肇庆北至三水南6‰，只运行客车的线路20‰；到发线有效长度850米（双机地段880米），只办理客运作业的车站650米；牵引种类电力；牵引质量不大于4000吨；闭塞方式自动闭塞；建筑限界满足开行双层集装箱列车运输要求。

本工程建设工期为6年。2008年10月13日举行开工动员大会。

10. 南宁至广州铁路

为推动泛珠江三角洲地区合作与开发，促进区域协调发展，完善交通运输结构，新建南宁至广州铁路。线路自拟建柳州至南宁客运专线黎塘西站引出，经贵港、梧州、云浮至新肇庆站，与新建贵广铁路并行引入广州枢纽三眼桥站，线路全长471公里，同时，配套实施黎塘、贵港地区相关工程。

主要技术标准：铁路等级Ⅰ级；正线数目双线；限制坡度黎塘西至贵港段12‰，贵港至三眼桥段6‰；旅客列车速度目标值200公里/小时（未来按250公里/小时考虑）；最小曲线半径一般3500米；牵引种类电力；到发线有效长度黎塘西至贵港段650米，贵港至三眼桥段850米；闭塞类型自动闭塞。

本工程建设工期4.5年。2008年11月9日召开建设动员大会。

11. 武汉至宜昌铁路

武汉至宜昌铁路是"四纵四横"快速客运网中沪汉蓉通道的组成部分，也是连接武汉和宜昌的城际轨道交通。目前沪汉蓉通道中，遂渝铁路已建成，合宁、合武、宜万铁路正在建设中，整个通道中仅武汉至宜昌、重庆至利川两段尚未开工建设。为完善路网结构，提高服务质量，促进区域协调发展，加快沿线经济社会一体化进程，修建武汉至宜昌铁路。线路东起武汉市，向西经汉川、天门、仙桃、潜江、荆州、枝江至宜昌东站，汉口站至宜昌东站全长约293.1公里，含武汉枢纽、宜昌地区相关工程。

主要技术标准：铁路等级Ⅰ级；正线数目双线；速度目标值200公里/小时；最小曲线半径5500米，枢纽可适当降低；限制坡度9‰；牵引种类电力；机车类型客车采用动车组，货机采用和谐型机车；到发线有效长850米；牵引质量3500吨；闭塞类型自动闭塞；建筑限界满足开行双层集装箱列车要求。

本工程建设工期按48个月安排。2008年9月17日举行开工动员大会。

12. 长春至吉林城际铁路

为满足运输需要，完善路网结构，构建高效快捷、节能环保的现代化综合交通运输体系，支持东北老工业基地振兴，促进长（春）吉（林）地区经济发展和区域经济一体化进程，修建长春至吉林城际铁路。

线路自长春站引出，向东经龙嘉国际机场，沿既有长吉铁路经吉林经济技术开发区至吉林枢纽九站站接长图铁路，修建新吉林站，长春站（不含）至新吉林站（含），正线全长约96.3公里。

主要技术标准：铁路等级客运专线；正线数目双线；设计区段旅客列车速度目标值200公里/小时；限制坡度12‰，局部困难地段不大于20‰；最小曲线半径一般地段5500米，枢纽困难地段可适当降低；最小线间距4.6米；牵引种类电力；机车类型动车组；到发线有效长650米，部分450米；列车运行方式自动控制；行车指挥方式综合调度集中。

本工程建设工期为3.5年。工程于2008年4月1日开工。

13. 重庆至利川铁路

为扩大川渝地区与东中部地区的经济联系，促进区域协调发展，贯通沪汉蓉铁路通道，新建重庆至利川铁路。

线路自重庆枢纽江北客站引出，经长寿、涪陵、丰都、石柱至湖北省利川市凉雾站与在建宜万铁路接轨。重庆北（含）至凉雾站（含），正线长度264.4公里。重庆枢纽相关配套工程，唐家沱联络线，上行联络线长6.697公里，下行联络线长6.713公里；重庆北站货车外绕线，长18.827公里；重庆北动车组运用所。宜万线凉雾站下行疏解线及相关工程，线路长3.275公里。

主要技术标准：铁路等级Ⅰ级；正线数目双线；旅客列车设计行车速度200公里/小时；最小曲线半径3500米；限制坡度9‰，加力坡18.5‰；牵引种类电力；到发线有效长度850米（双机880米）；闭塞类型自动闭塞；建筑限界满足开行双层集装箱列车要求。

本工程建设工期5年。工程于2008年12月29日开工建设。

14. 汉口站房改造

汉口站是沪汉蓉通道的主要客站之一，同时也是京广线普速车停靠的重要车站，是武汉铁路枢纽的三大客站之一。汉口站也是武汉地区以铁路为中心的综合性交通枢纽，国内长途、短途铁路旅客列车及公交、出租、长途汽车均在此换乘，城市轨道交通也将引入，通过对既有车站进行改造，能够将车站及其周边区域整合为一个便捷、高效的交通换乘中心，因此，为满足车站扩建后站房功能定位的需要，并使本站适应城市交通体系的发展，对汉口站房进行改造是必要的。

本工程包括汉口站既有南站房改扩建、新建北站房及相关配套工程。

对既有旅客站房按照最高聚集人数8000人规模进行改扩建。改造后站房总建筑面积为5.5万平方米。新增建筑面积为3.2万平方米，其中合武铁路新建高架候车厅1.75万平方米已另行批复，南站房改扩建、新建北站房工程增建1.45万平方米。

本工程工期2年。工程于2008年1月20日开工建设。

15. 成都新客站

为促进成都市社会经济快速发展，充分发挥中心城市辐射带动作用，优化成都铁路枢纽客运布局，实现点线能力协调，提高铁路运输服务水平，新建成都新客站。

包括成都枢纽新建成都东客站及相关工程。石板滩站（不含）至成都东站新建双线DK320+300~K14+150，长约16.9公里。

主要技术标准：铁路等级Ⅰ级；正线数目双线；限制坡度12‰；最小曲线半径一般3500米，困难2800米，个别1200米；牵引种类电力；客车到发线有效长度650米；闭塞类型自动闭塞。

本线建设工期为2.5年。工程于2008年12月29日开工建设。

16. 深圳福田站及相关工程

为提高运输能力，改善服务质量，完善枢纽布局，促进区域经济持续快速发展和城市现代化建设，适应全面建设小康社会的战略目标要求，修建深圳中心区至福田及相关工程，形成国铁干线、城市轨道和道路交通紧密衔接的现代化综合交通枢纽。

主要技术标准：铁路等级客运专线；正线数目双线；限制坡度30‰；路段旅客列车设计行车速度200公里/小时；线间距4.4米；最小曲线半径2000米；牵引种类电力；到发线有效长650米（尽头式8辆编组325米）；列车运行方式自动控制；行车指挥方式综合调度集中。

工期4年。工程于2008年11月15日开工建设。

17. 京九铁路电化

为完善路网结构，改善运输组织，提高运输能力和服务质量，实施京九铁路北京西至向塘西段电气化工程。京九铁路北京西站（含）K0+000至乐化站（不含）K1422+200，正线全长1422.2公里，以及相关枢纽地区电气化改造配套工程。包括阜阳（阜阳北）至袁寨站（不含）电气化改造工程纳入本工程；津霸联络线北仓站（不含）K0+000至霸州站K74+797，正线全长74.797公里；麻武联络线麻城站K0+000至武汉北站K80+804，正线全长80.798公里；向塘西编组站改扩建工程；京九线江家站（不含）K1481+120~三江镇站（不含）K1484+980段电气化改造工程；南昌机务段、向塘机务段电气化改造工程；乐化（含）至江家（含）新建及改建CTC系统工程。

主要技术标准：铁路等级Ⅰ级；正线数目双线，麻武联络线为单线；个别小半径曲线予以保留；限制坡度北京西至阜阳段4‰，阜阳至向塘西段6‰，津霸联络线4‰，麻武联络线6‰；牵引质量5000吨；到发线有效长1050米；牵引种类电力；行车指挥方式调度集中。建筑限界按满足双层集装箱列车通行要求设计。

本工程建设工期2年。工程于2008年8月6日开工建设。

18. 焦柳线洛阳至张家界电化

焦柳铁路洛阳至张家界段位于河南、湖北、湖南三省境内，北起洛阳市，向南经宝丰、南阳、襄樊、荆门至张家界，全长862公里。该线与太焦、侯月、新月、陇海、宁西、襄渝、汉丹等多条线路连接，担负着华北、华南及西南地区物资、人员交流的任务，也是中西部地区通向南部沿海港口、通向东南亚最便捷的运输通道。该线目前洛阳至石门段为双线，石门至张家界段为单线，由内燃机车牵引，已不能满足客货运输的需要。实施焦柳铁路洛阳至张家界段电气化改造，与已电化的焦柳铁路焦作至洛阳段、陇海、襄渝、汉丹、宁西、宜万线相连，有利于电化铁路逐步延展成网，改善运输组织，降低运营成本，对于提高能源利用效率、保护环境、促进区域经济可持续发展具有积极意义。

主要技术标准：

洛阳至襄樊段：铁路等级Ⅰ级；正线数目双线；限制坡度6‰；最小曲线半径800米，困难地段维持现状；牵引种类电力；牵引质量5000吨，部分4000吨；机车类型暂定客机SS_9，货机SS_4；到发线有效长度1050米；闭塞类型自动闭塞。

襄樊至石门北段：铁路等级Ⅰ级；正线数目双线；限制坡度6‰；最小曲线半径800米，困难地段维持现状；牵引种类电力；机车类型暂定客机SS_9，货机SS_{6B}；牵引质量3700吨；到发线有效长度850米；闭塞类型自动闭塞。

石门北至张家界段：铁路等级Ⅰ级；正线数目单线；限制坡度6‰；最小曲线半径维持既有450米；牵引种类电力；机车类型暂定客机SS_9，货机SS_{6B}；牵引质量3700吨；到发线有效长度850米；闭塞类型半自动闭塞。

鸦宜线：铁路等级Ⅰ级；正线数目单线；限制坡度6‰；最小曲线半径维持现状；牵引种类电力；机车类型暂定客机SS_9，货机SS_{6B}；牵引质量3700吨；到发线有效长度850米；闭塞类型半自动闭塞。

漯宝线平顶山东至宝丰段：铁路等级Ⅰ级；正线数目单线；限制坡度4‰；最小曲线半径维持现状；牵引种类电力；机车类型暂定客机SS_9，货机SS_{6B}；牵引质量5000吨；到发线有效长度部分1050米；闭塞类型半自动闭塞。

建设工期2年。郑州、武汉铁路局和广铁（集团）公司管段工程分别于2007年10月19日、11月和2008年5月18日开工建设。

19. 新菏兖日线电化

为保障"三西"煤炭运输，适应国家能源结构政策调整，提高运输效率，降低运营成本，加快建设资源节约型、环境友好型交通运输体系，实施新菏兖日铁路电气化改造工程。

新乡站（含）至日照站（含），线路全长约616公里。含新乡、菏泽、兖州、日照地区配套工程。

主要技术标准：铁路等级Ⅰ级；正线数目双线；限制坡度4‰；路段旅客列车设计行车速度120公里/小时；最小曲线半径800米，枢纽地区内保留个别小半径曲线；牵引种类电力；到发线有效长1050米；闭塞类型自动闭塞。

工期1.5年。2008年9月6日郑州局管段召开动员大会。2008年9月24日济南局管段召开动员大会。

20. 喀什至和田铁路

为促进南疆地区经济社会发展和矿产旅游资源开发，增进民族团结，完善地区交通结构，新建喀什至和田铁路。

线路自南疆铁路喀什站接轨，沿塔克拉玛干沙漠南缘，经英吉沙、莎车、叶城、皮山等县至和田市，喀什（含）至和田（含），正线长度约488.27公里。

主要技术标准：铁路等级Ⅱ级，正线数目单线，最小曲线半径1600米；限制坡度6‰；牵引种类内燃（预留电化条件）；到发线有效长850米；闭塞方式自动站间闭塞。

本工程施工总工期按2.5年安排。工程于2008年8月16日开工建设。

21. 南疆线库尔勒至野云沟段增建第二线

为满足日益增长的客货运输需求，强化路网结构，发挥通道整体效益，促进新疆经济社会又好又快发展，对南疆线库尔勒至野云沟段增建第二线。

库尔勒站至野云沟站（不含）K556+000，线路全长约98公里。

主要技术标准：铁路等级Ⅰ级；正线数目双线；最小曲线半径一般地段2000米，困难地段1600米；限制坡度6‰；到发线有效长度850米；牵引种类电力（内燃过渡）；机车类型SS系列（DF_{11}、DF_{8B}过渡）；牵引质量4000吨；闭塞类型自动闭塞。

施工总工期按2年安排。2008年10月16日，兰新铁路嘉峪关至阿拉山口电气化改造工程、南疆铁路库阿二线、库俄铁路、乌准铁路二期工程开工动员大会在新疆库尔勒举行。

22. 京包线北京至延庆段开行市郊列车

为服务北京奥运，建立北京市中心城区和西北部新城间轨道交通联接，促进西北部新城社会经济快速发展，利用既有京包铁路及康延支线改造后开行北京至延庆市郊列车。

京包线北京北站至康庄站70.75公里、康庄至延庆支线9.1公里线路按满足列车运行安全要求对既有设施进行改造并进行环境整治。新建西拨子至康延支线联络线2.1公里。

主要技术标准：京包线、康延支线维持现有标准，市郊列车采用内燃动车组。

建设工期4个月。工程于2008年5月21日开工建设。

23. 沈阳至抚顺铁路改造

为适应辽宁中部城市群经济圈发展战略，密切城市间交流与合作，推动区域经济一体化进程，实现沈阳、抚顺间同城化效应，促进地区社会经济协调发展，利用既有铁路资源实施沈阳至抚顺开行城际列车工程。

苏抚线顺阳南至抚顺城54公里双线电气化改造；新建浑河至榆树台下行联络线4公里，大官屯至抚顺城增建第二线6.4公里；沈吉线旧站至前甸增建第二线27公里以及相关配套工程。工程范围沈阳（不含）至抚顺城（含），沈吉线旧站（含）至前甸（含），线路长33.4公里。

利用苏抚、沈大等既有铁路开行沈阳至抚顺间城市轨道交通列车。苏抚线沈阳南至抚顺电气化改造工程；抚抚联络线抚顺至抚顺城增建第二线及电气化改造工程；浑榆联络线扩能及电气化改造工程；沈吉线旧站至前甸增建第二线及相关配套工程。

主要技术标准：铁路等级Ⅰ级；正线数目双线；旅客列车设计行车速度120公里/小时；最小曲线半径一般1200米，困难800米（含沈阳至榆树台、飘儿屯至抚顺城段，维持既有小半径曲线）；限制坡度6‰（大官屯至抚顺段，经检算满足货物列车牵引质量要求时，可采用较大坡度）；牵引种类电力；机车类型动车组；到发线有效长度维持既有（1050米、部分750米）；闭塞类型自动闭塞。

沈吉线旧站至前甸增建第二线地段主要技术标准：铁路等级Ⅰ级；正线数目双线；旅客列车设计行车速度120公里/小时；最小曲线半径一般1200米，困难800米（将军堡至抚顺城段，维持既有小半径曲线）；限制坡度6‰；牵引种类内燃；到发线有效长度维持既有（1050米）；闭塞类型半自动闭塞。

施工总工期按1.5年安排。工程于2008年11月1日开工建设。

24. 满洲里铁路国际货场

为促进满洲里及周边地区经济社会快速发展，加强中俄贸易合作，促进区域物流业发展，提高铁路运输能力和运输质量，新建满洲里铁路国际货场。

满洲里铁路国际货场位于满洲里市西北国际物流园内，毗邻中俄边境。满洲里铁路国际货场工程，包括集装箱作业区、汽车（特货）作业区、快运行包作业区、准轨场、宽轨场、边检场及相关的铁路联络线等配套设施。

建设工期1.5年。工程于2008年12月15日开工建设。

25. 长沙南北站迁建工程霞凝新建货场

长沙南、北站是服务于长沙地区的主要铁路货运站，既有车站位于湘江东岸的城市中心区，技术设备简陋，作业条件差。随着城市建设步伐的加快，货场作业对周边的环境和居民生活造成了影响，与周边的环境很不协调。长沙南站紧临湘江，与正在建设的湘江滨江风光带存在冲突。同时，受周边城市建筑物和城市交通管制的影响，近年来，所衔接的货场和专用线货运量逐渐萎缩。长沙南、北站搬迁，将系统整合长沙地区的铁路货运资源，有利于提高铁路货运服务水平，适应城市建设和铁路自身发展要求，有利于改善长沙南、北站地区的周边环境和推进城市总体规划的实施。

根据长沙市城市总体规划，霞凝地区将作为城市主要的物流园区，也是长沙的公、铁、水联运中心。霞凝港为长沙市重点建设的千吨级新港，是湖南省重点地口岸之一，一期工程已投入运营。建设霞凝货场，将形成物流园区主要的运输方式，可进一步改善园区的投资环境，有利于带动和加快开发区建设。

因此，为促进长沙城市建设，合理利用土地，改善城市环境，优化长沙铁路货运布局，满足不断增长的运输需要，实施长沙铁路南、北站货场迁建至霞凝站工程是十分必要的。

本工程包括车站改建和新建货场。车站增加到发线2条(含正线共8条);调车线4条,预留2条;迁出线1条。货场按5束10线的规模总体规划。

总工期按2年安排。工程于2008年10月16日开工建设。

二、主要销号项目

1. 京津城际轨道交通工程

京津城际轨道交通起自北京南站,终至天津站,建设长度116.5公里。

工程于2005年7月4日开工,2008年8月1日全线开通运营。

2. 北京南站

新建北京南站位于丰台区和崇文区的交界处,北临南二环右安门东滨河路,南临南三环西路,东接马家堡东路,西接马家堡西路。是一座集国铁、地铁、公交、出租、市郊铁路于一体的、完整的、功能齐全的大型综合交通枢纽。

2008年8月1日开通运营。

3. 武汉北编组站

武汉北编组站,包括编组站两端疏解工程及南湖至大花岭疏解工程等。按双向三级七场规模新建武汉北编组站及相应联络线,近期上行系统到达场、调车场、出发场分别新建线路11条、36条、12条,下行系统到达场、调车场、出发场分别新建线路11条、36条、15条,交换场新建6条交换线。

工程于2006年4月18日开工。截止2008年底,项目达到销号目标。

4. 合肥至南京铁路

西安至南京线合肥至南京段铁路,西起合肥客站,东至南京永宁站,正线长度约133公里。

工程于2004年12月28日开工,2008年4月18日投入运营,2008年底项目销号。

5. 铜九铁路

铜九铁路东起安徽省铜陵市芜铜铁路狮子山站(含),西至江西省九江市京九铁路九江站(含),全长251.1公里。其中:上海局管段162.5公里,南昌局管段88.6公里。

试验段工程于2004年12月26日开工。全线2008年2月23日铺通,2008年7月1日全线投入运营,2008年底达到销号目标。

6. 石德线电化

石德线电化从石家庄(含)至德州(含),长182公里,包括石家庄枢纽配套工程。

工程于2006年8月9日开工,2008年底达到销号目标。

7. 萧甬铁路电化

本工程是萧山站(不含)至宁波站(含),全长约147公里,包括宁波、绍兴地区货场搬迁工程,杭州枢纽、宁波地区相关工程。

工程于2006年11月26日开工。截止2008年底,工程达到开通运营条件,但因外部电源影响尚未投产。(齐瑞桐供稿)

(铁道部建设管理司)

十六、交 通 运 输

沿海港口航道建设

【沿海港口航道建设的行业管理和市场管理】

1. 完成《交通运输部水运工程质量奖评选办法》的修订送审稿的报批工作。

2. 组织召开了交通支持系统基建工作座谈会,总结建设经验,规范建设市场秩序。

为建设环境友好型港口,加强环保意识,组织召开了唐山港防风网环保工程研究成果专家评审会。

3. 全面推进水运工程设计委托审查咨询管理新模式。

4. 组织开展了秦皇岛港、宁波港、广州港、湛江港老旧码头加固改造试点工作。

5. 组织开展了沿海港口建设项目、支持系统建设项目、码头改造试点项目的稽查工作。

6. 积极参加抗灾保通的电煤抢运工作。赴秦皇岛港和唐山港现场对煤电抢运工作进行督察工作,紧急部署并及时组织有关专家和单位对秦皇岛港务集团两个待泊泊位工作进行论证,开通备用码头,为抗灾保通的电煤抢运工作提供了保障。

7. 组织完成了2008年上半年和2008年全年沿

海港口建设项目信息报送工作，并对2007年沿海港口建设情况进行统计分析。

8. 进一步落实挂牌监督项目招投标的管理工作，完成了招投标挂牌监督项目施工和施工监理招标备案，同时与驻部纪检组监察局、规划司、质监总站以及有关专家对招投标挂牌监督项目进展情况进行了专门检查。

9. 组织召开了部分部属单位有关建设项目受建筑材料价格上涨等影响情况分析研讨会议。

10. 开展了对水运工程设计、施工总承包情况的调研工作，完成了调研报告的编写。并确定在海事应急辅助指挥系统试点工程等三个建设项目进行设计施工总承包和项目代建制的试点工作。

11. 开展了2008年度水运工程优秀勘察奖和优秀设计奖评选工作。最终审定上海国际航运中心洋山深水港区二期工程和中国石化集团海南炼化续建项目码头工程等18个项目获得2008年度交通运输部水运工程优秀勘察奖和优秀设计奖。

12. 开展了2008年度水运工程质量奖的评选工作。最终审定上海国际航运中心洋山深水港区二期工程等6个项目获得2008年度交通运输部水运工程质量奖。

13. 组织举办了三期《标准施工招标资格预审文件和标准施工招标文件》培训学习班，培训人员600余人。

14. 组织开展了《水运工程标准施工招标文件》的编写工作，并已完成《水运工程标准施工招标文件》的部审工作。

15. 组织完成了水运工程建设专家库入库专家的发证工作，并对水运工程建设专家库入库专家进行重新复核。同时开发完成了水运工程建设专家库管理系统并正在试运行和修改完善。计划明年年初将该系统挂外网使用，以共享水运工程建设专家库资源。

【沿海主要港口和航道建设项目管理】

1. 加强沿海港口建设项目管理。

为适应国民经济快速发展和船舶大型化发展需要，以加强沿海港口大型专业化码头建设、改善码头等级结构为重点，强化服务意识，认真履行行业管理职能，加快煤油矿箱四大货种专业化码头建设。

2. 做好港口建设项目的设计审查工作。

先后组织完成了上海国际航运中心洋山港区集装箱码头三期工程、山东省日照港岚山北港区10万吨级油码头工程、南京港龙潭港区四期工程、天津港北港池集装箱5号～7号泊位工程等19个沿海建设项目的初步设计审批工作。

3. 做好港口建设项目竣工验收工作。

先后组织完成了上海国际航运中心洋山深水港区三期工程（一阶段）、上海罗泾港区二期工程、中石化海南炼化码头工程、天津港北港池集装箱码头一期工程1号至4号泊位工程等15个沿海建设项目的验收工作。

4. 加强沿海航道建设项目管理。

完成了湛江港30万吨级航道工程和广州港出海航道三期工程等的初步设计审批工作。完成了湛江港25万吨级航道工程和广州港出海航道二期工程等的竣工验收工作。国家重点工程长江口深水航道治理三期工程进入攻坚阶段。深圳港铜鼓航道工程、营口港鲅鱼圈港区15万吨级航道工程、天津港25万吨级航道工程、连云港港15万吨级航道工程等项目按预定目标顺利建设。

（交通运输部水运局 李永恒 李传光）

航道管理工作

【国家设立内河航道应急抢通专项资金】

2008年开始国家设立专项资金5000万元补助除长江以外的内河航道应急抢通工作。为使用好该项资金，发挥其最大效益，在积极与部财务司沟通后，组织起草了《内河航道应急抢通资金管理办法》，对全国内河主干线、国境国际河流等重要航道近年来损毁情况进行了摸底调查，组织完成了2008年全国内河航道应急抢通经费的申报和审查工作，配合财务司将应急抢通经费报送财政部，此项经费已在年底拨付各省。

【做好雨雪冰冻、地震和奥运会等特殊时期的航道保通工作】

2008年初南方部分省市发生雨雪冰冻灾害后，积极组织做好内河干线的应急保通工作，建立了内河电煤运输日报告制度；四川汶川发生特大地震后，认真研究通过水路运输救灾人员、物资到受灾地区的方案，开辟快速通道，积极做好救灾物资通过长江以及三峡船闸的运输工作，内河航运在特殊时期发挥了不可替代的作用。积极开展安全督查工作，确保了奥运会航道的畅通安全。

【跨越国家重要航道的桥梁通航净空尺度及技术要求审批】

完成了港珠澳大桥、泸州市茜草长江大桥、成渝地区环线宜宾至川渝高速公路南溪长江大桥、合江长江一桥、合江长江二桥、武汉二七路过江通道、福州至银川高速公路九江长江公路大桥、浙江台州椒江二桥等9座桥梁和云南省西双版纳农垦电力公司110kV跨澜沧江输电线路通航净空尺度和技术要求的批复。组织召开了沪通铁路过江通道工程河段河势问题评审会。

【国境国际河流航道管理】

1. 组织召开了中俄国境河流航行联合委员会第49次航行例会、中朝国境河流航运合作委员会第47次会议和澜沧江—湄公河航道安全及航运发展研讨会。配合国际司在昆明组织了澜沧江—湄公河航道安全及航运发展研讨会，配合做好澜沧江—湄公河成品油运输的现场调研工作。

2. 积极做好黑瞎子岛周围水域航权接管工作。

【金沙江向家坝工程截流断航】

严格把好截流断航的审批工作。及时召集云南、四川省交通厅进行研讨并对截流断航应满足的条件给予明确；研究明确了工程截流断航许可的条件，委托交通运输部规划研究院对业主所做的翻坝转运方案进行评估、航运企业补偿方案进行评价。参加截流断航的验收工作。派员参加了验收委员会及其办公室、验收专家组工作，积极反映行业要求，严格把关。

【推进全国航道管理体制改革】

1. 积极推动全国航道管理体制改革工作。组织编制西江干线航运管理体制改革方案。贯彻落实华建敏国务委员关于珠江航运干线"有关航运管理体制问题，请中编办会同有关部门、地方研究，提出意见"批示精神，组织珠航局编制完成了西江干线航运管理体制改革方案，并及时提交有关部门研究。

2. 开展中俄额尔古纳河和中朝鸭绿江界河航道管理调研。赴内蒙古对中俄额尔古纳河界河进行调研；组织辽宁、吉林省交通厅就鸭绿江航道管理有关问题作了专题汇报，为下一步理顺界河航道管理体制奠定了较好基础。

三峡通航管理

【三峡水库试验性蓄水】

1. 提出三峡水库进一步抬高蓄水位的意见。分别以徐祖远副部长在三峡建委专题会议上的发言、回复征求意见等方式多次对三峡水库2008年汛后（末）抬高蓄水水位提出意见，包括解决航运基础设施搬迁费用、三峡船闸大流量实船试验、三峡船闸消防和人员救助设施完善、库尾炸礁、芦家河水道整治、库区渡口搬迁、库区桥梁安全管理、蓄水期间的下泄流量等问题，并采取上门、电话沟通、去文等方式积极协调解决。

2. 召开专题会议研究落实三峡水库进一步抬高蓄水位的各项准备工作。在充分准备的基础上，5月9日徐祖远副部长主持召开了专题会议，研究部署了2008年汛后满足175米蓄水的各项准备工作，强调绝不能因工作不到位而影响蓄水。部属各单位认真贯彻会议精神，会后编制了《三峡水库2008年汛末蓄水通航保障工作计划表》，进一步细化了目标、措施，明确了责任；积极做好航标基础设施搬迁、蓄水期间各项通航保障预案完善等工作，为试验性蓄水创造了条件。

3. 积极参加蓄水前的各项验收工作。按照国务院三峡建委的统一部署，我部派员参加了枢纽工程、移民工程的验收工作，积极反映我部意见和行业要求。

4. 完成汛后试验性蓄水期间的通航保障工作。9月下旬至11月上旬试验性蓄水期间，我部有关单位按照有关工作预案，及时调整浮标、工作趸船，加强船舶安全监管和桥区航标维护，加大中游航道的疏浚力度，及时与国务院三峡办协调加大下泄流量，确保了蓄水期间长江航运的安全畅通。

5. 做好蓄水后地质、地震灾害的通航应对工作。针对蓄水后地质、地震灾害增多的情况，我部及时启动预案，积极采取应对措施，确保了航运的平稳有序，并将有关情况向国务院报告；参加国务院三峡建委研究水库运行座谈会，积极反映航运要求。

6. 做好奥运会等特殊时期的三峡船闸通航保障工作。组织做好春运期间三峡、葛洲坝及两坝间安全通航工作，协调处理了两次船舶撞击葛洲坝船闸闸门事件；部署船闸期间的安保工作，并多次赴现场督查；组织做好年初冰雪雨冻期间重点物资和地震后救灾物资快速通过三峡船闸工作。

7. 继续做好三峡工程原型观测组织工作，特别加大了试验性蓄水期间的观测力度；积极做好三峡—葛洲坝水利枢纽梯级调度航运协调工作；组织审查了按4.0米×150米×1000米通航标准的库尾航道炸礁工程技术方案。

（交通运输部水运局 姜明宝）

【内河水运建设】

2008年全国内河水运建设完成投资193.6亿元，同比增长16.4%。新增和改善航道里程590公里，其中三级以上航道190公里；新增港口泊位数125个，其中万吨级泊位1个，新增港口吞吐能力5305

万吨（含南京以下港口）；建成船闸9座，其中三级以上1座；新增装机容量572兆瓦。

以长江黄金水道为重点内河水运项目建设进展顺利。长江干线航道治理进一步加快，一批航道整治工程相继完工和开工；京杭运河扩能改造和长江三角洲高等级航道网的建设正在全面推进，京杭运河能力得到全面提升；西江航运干线扩能改造加快，肇庆至虎跳门航道、贵港至梧州航道、桂平二线船闸工程等进展顺利，梧州三线船闸前期工作顺利启动；航运枢纽工程进展有序，松花江大顶子山、右江那吉航运枢纽建设基本完成，机组全部并网发电，赣江石虎塘航运枢纽前期工作全面完成，具备了开工条件；主要内河港口基础设施建设正加紧进行；支持保障系统保障能力有了新的提高，一批监管设施、救助基地和通信保障工程顺利建成。

2008年，内河水运建设示范工程考核验收工作圆满结束，各相关单位通过示范工程活动，在设计、建设和管理等方面进行创新，取得了突出的效果。在理念创新上，突出以航为主，注重坝址选择、水位衔接、总平面布置等各个环节，注重将资源节约、环境友好型建设理念贯穿于项目设计、建设、水资源综合利用等各方面，强调以人为本、提高服务质量，加强降低工程全寿命周期成本等；在技术创新上，突破了传统的工程建设理念和规范，因地制宜采用新材料、新工艺，利用新技术加强弃土、弃渣的合理运用等；在管理创新上，强化业主在设计、建设、管理中的主导作用，采用信息化管理技术提高管理效率等，相关成果将纳入《新理念——内河航道建设指南》，便于下一步总结推广。

2008年发布了1号部令《航道工程竣工验收管理办法》，随后又颁布了相关的实施细则，从航道工程验收的项目来看，该办法对规范航道工程竣工验收工作，保证工程质量具有重要作用，当年还分三期对内河水运建设的从业人员进行了培训，培训人员约600人。为加快航道渠化建设步伐，加强水资源综合利用，出台了《关于加强航电枢纽建设与运行管理的意见》，对进一步规范航电枢纽建设、运行和资产管理，推动内河航运可持续发展具有重要意义。

对外交流进一步加大。与德国开展中德内河水运合作第十二轮会谈，双方主管副部长参加了会谈，双方强调在大力发展内河航运、加强船舶节能减排、通过信息化手段提高内河航运安全等方面要加深交流与合作，首次确定了切实可行的合作项目，并设立技术合作执行机构，会谈取得了丰硕成果并取得了突破。

2008年内河水运建设的主要特点，一是各级政府把加快水运建设作为建设资源节约、环境友好型社会具体举措给予了高度重视，纷纷出台政策和资金支持，加大对内河水运建设的扶持力度；二是内河水运建设发展的思路进一步理清，港口发展集约化、长河段系统整治的理念已得到各级政府的认同；三是内河水运在抗震救灾中的优势充分体现，社会各界对发展内河的关注度和支持力度增强，为内河水运的发展提供了良好的氛围；四是通过开展示范工程活动和绩效考核管理，建设理念和管理水平得到了提升，质量意识和工程整体质量水平稳步提高。

（交通运输部水运局　解曼莹）

【水运工程建设市场管理】

1. 管理制度建设。2008年水运工程建设市场管理重视制度建设，制定并印发了《关于实施水运工程设计和施工企业资质审查管理工作程序的函》，明确了工作职责、工作程序和工作要求，规范了操作程序。围绕开展水运工程建设市场信用体系的建设，在调查研究的基础上多次征求行业内的意见、召开座谈会，制定并发布了《水运工程建设市场诚信行为信息管理办法》和《水运工程建设市场主要责任主体不良行为记录认定标准》，开始了对水运工程建设行业各责任主体实施信用信息管理，对更好地保证水运工程建设市场健康有序发展将具有重要作用。

2. 个人执业资格制度。加强建造师的执业管理工作，完成了3批共463名注册建造师的资格初审工作。与住房和城乡建设部等相关部门开展了《注册建造师继续教育管理办法》的研讨工作。

组织开展了2008年度注册土木工程师（港口与航道工程）专业资格考试、考前培训的监督管理工作。组织开展了注册土木工程师（港口与航道工程）职业资格考试专业部分大纲修订。

3. 造价管理体制改革。组织开展了水运工程造价工程师资格制度研究，推进了水运工程造价体系管理体制建设。开展了水运工程造价管理体制研究和造价工程师资格制度专题研究工作并召开了座谈会。

4. 资质审查。加强水运工程建设企业的市场准入管理，指导并组织完成了2008年度2批17家设计施工企业（其中设计企业3家，施工企业14家）资质申请、升级、增项的审查工作，完成了8家监理企业资质的审批工作。1家设计企业取得了水运工程行业乙级资质，1家设计企业取得了水运工程专项乙级资质，9家施工企业取得港口与航道工程施工总承包一级资质，7家单位取得了水运工程甲级监理资质、1家单位取得水运工程乙级监理资质。

（水运局技术管理处）

【水运工程建设标准管理】 至2008年底，发布实施的水运工程建设技术标准123项。其中，国家标准2项；行业标准97项；专项标准6项；工程造价标准18项。这些标准的制定和修订，为进一步提高水运工程建设技术水平，保证工程质量和工程安全，促进节能和环境保护，控制工程造价，推动水运工程建设的健康发展，发挥了重要作用。

1. 公布水运工程建设标准专家名单。根据水运工程建设标准编制的实际情况和各阶段审查工作要求，依据《水运工程建设标准管理办法》，重新组织申报和更新了水运工程建设标准专家库，经过审定公布了水运工程建设标准专家名单；组织研讨《水运工程建设标准专家及专家库管理办法》，组织建设"水运工程技术与标准信息平台"并试运行。加强了水运工程建设标准的管理工作，在标准审查管理工作的科学化、规范化和制度化方面又迈进一步，将有力地提高水运工程建设标准的审查质量。

2. 举办标准编制培训班。为推动《水运工程建设标准管理办法》、《水运工程建设标准体系表》的贯彻执行，提高标准编制水平和编写能力，在2007年3期培训的基础上，组织第四期《水运工程建设标准管理办法》、《水运工程建设标准体系表》宣贯培训班，对40余单位的100多人进行培训，内容为标准管理办法、体系表和编写规定；通过培训提高了标准编写质量和标准化工作管理水平，营造了良好的氛围；为推动新发布标准的实施，组织《水运工程节能设计规范》宣贯培训班，对来自水运工程建设管理、设计部门的20余单位的40多人进行培训，通过培训提高了规范的执行力度，对建设环境友好型交通作出贡献。

3. 完成14项标准制修订工作大纲审查和批复工作。14项标准工作大纲是：《水运工程设计通则》、《水运工程施工通则》、《海港总体设计规范》、《码头结构设计规范》、《船闸工程质量控制标准》、《内河航道与港口水流泥沙模拟技术规程》、《水运工程数学模型研究参考定额》、《船闸检修技术规程》、《水运工程混凝土结构实体检测技术规程》、《支持保障系统初步设计文件编制规定》、《内河通航标准》、《港口设施维护技术规范》、《疏浚与吹填工程技术规范》和《水运工程机电专项监理规范》。

4. 完成10项标准编制的成果审查工作。10项标准编制成果是：《水运工程质量检验标准》、《水运工程标准施工招标文件》、《水运工程施工安全防护技术规范》、《重力式码头设计与施工规范》、《板桩码头设计与施工规范》、《渠化工程枢纽总体布置设计规范》、《三峡船闸设施安全检测技术规范》、《水运工程工程量清单计价规范》、《水运工程爆破技术规范》和《滚装码头设计规范》。

5. 完成了20项标准专题研究成果审查工作。完成《水运工程地基设计规范》、《港口工程混凝土结构设计规范》、《高桩码头设计与施工规范》、《真空预压加固软土地基技术规程》、《塑料排水板施工规程》、《港口工程荷载规范》6项标准的"系泊船舶在横浪作用下的撞击力研究"等20余项专题研究的成果审查工作。

6. 完成9项标准的总校和发布工作。9项标准是：《水运工程测量质量检验标准》、《水运工程质量检验标准》、《水运工程标准施工招标文件》、《港口工程初步设计文件编制规定》、《航道工程初步设计文件编制规定》、《水运工程施工安全防护技术规范》、《水运工程工程量清单计价规范》、《滚装码头设计与施工规范》和《水运工程爆破技术规范》。

（交通运输部水运局　胡明）

公路建设情况

2008年，全国公路建设工作以深入学习实践科学发展观为契机，坚持以人为本的理念，以全国交通工作会议精神为指导，加强体制创新、管理创新，强化监管与服务职能，公路建设各项工作取得新进展，促进了我国经济与社会发展。

一、公路建设规模快速增长

2008年，全国新增公路通车里程14.64万公里，全国公路通车总里程达373.02万公里，公路密度达到38.86公里/百平方公里。全年建成高速公路6400公里，全国高速公路通车里程达到6.03万公里，有6个省高速公路里程超过3000公里，其中，河南4841公里，山东4285公里，广东3823公里，江苏3725公里，河北3233公里，浙江3073公里。截至2008年底，农村公路里程（含县道、乡道、村道）达到324.4万公里，比2007年末增加11万公里，共计17个省市的农村公路里程达到10万公里。总体来说，全国公路建设呈现出东部地区稳步推进、中部地区较快发展、西部地区快速增长的良好态势。

重点建设项目取得新的进展。一批重点项目建成通车，如沪陕高速公路陕西段、云南富宁至砚山高速公路、京台高速公路浙江衢州至福建南平段等。特大型桥梁工程建设稳步推进，杭州湾跨海大桥、苏通长江大桥两座世界级桥梁工程相继建成通车，世界上首座三塔两跨千米级悬索桥江苏泰州长江大桥建设进展顺利，马鞍山长江公路大桥胜利开工建设。

二、公路建设法规继续完善

为规范公路建设市场，提高公路工程建设管理水平，不断适应公路建设管理工作的新需要，公路建设管理的规章制度得到进一步完善：一是出台《关于严格落实公路工程质量责任制的若干意见》，明确公路工程建设过程中各方在工程质量管理方面的责任，并建立工程质量责任登记制度和责任追究制度，加强质量管理，进一步提高工程质量和耐久性；二是发布《关于进一步加强公路工程施工招标评标管理工作的通知》，对工程施工招标评标工作的主要问题进行分析，并对招标文件编写、清标、评标时间、评标委员会工作等提出了明确要求；三是发布《关于转发广东省交通厅关于交通建设项目主要材料价差调整指导性意见的通知》，转发广东省根据材料价格调整出台的指导性意见，请各省级交通主管部门结合当地公路建设实际，研究建立价差调整机制，规范和指导价差调整工作，维护市场稳定，促进公路建设市场健康发展；四是发布《关于改革使用国际金融组织或者外国政府贷款公路建设项目施工招标管理制度的通知》，简化外资项目审批程序。

三、公路工程质量责任制深入落实

公路工程质量责任制是质量管理的一项重要制度，是建设各方主体贯彻落实公路工程有关法律、法规、规章、强制性技术标准以及履行工程合同的重要保证，也是提高工程质量、预防和遏制质量事故的有效手段。

近年来，各级交通主管部门和公路建设从业单位认真贯彻落实国家有关工程建设的法律法规，不断深化质量意识，加强质量管理，公路工程整体质量有了明显提高。但一些地方和个别单位仍然存在工程质量责任制落实不到位的问题，成为制约工程质量进一步提高的重要因素。为加强公路工程质量管理，进一步提高工程质量和耐久性，交通运输部于2008年6月4日发布了《关于严格落实公路工程质量责任制的若干意见》（交公路发〔2008〕116号）（以下简称《意见》）。

《意见》要求地方人民政府交通主管部门要充分认识严格落实公路工程质量责任制的重大意义，把抓好工程质量管理、严格落实质量责任制作为公路工程管理工作的重要环节，切实抓实抓好。《意见》进一步明确了地方人民政府交通主管部门及其所属的质量监督机构、公路建设从业单位和公路建设从业人员的质量责任。《意见》要求，公路建设从业单位应当分解落实工程建设各岗位、各环节质量责任，明确质量责任人。《意见》规定，自2008年10月1日起，在新开工的公路建设项目实行工程质量责任登记制度，公路建设从业单位应按要求填写工程质量责任登记表并报有关单位审核。《意见》要求，地方人民政府交通主管部门应当建立健全工程质量考核奖惩制度，激励公路建设从业单位建立职责明确、责任到人、运行有效的工程质量责任制。项目法人可在招标文件中设定工程质量考核奖惩条款。从业单位落实工程质量责任制情况应作为公路建设市场诚信评价体系的重要组成部门。《意见》要求，地方人民政府交通主管部门及其所属质量监督机构应加大对质量事故的责任单位和责任人的责任追究力度。

四、公路工程施工许可管理工作加强

近年来，各级交通主管部门按照《中华人民共和国公路法》等法律法规要求，认真实施了施工许可制度，有力地加强和规范了项目管理。

施工许可是公路工程基本建设程序的重要环节，实施施工许可制度也是保障公路建设项目依法建设的重要措施。2008年，交通运输部进一步严格执行施工许可制度，并根据《关于进一步加强公路工程施工许可管理工作的通知》（交公路发〔2007〕565号），要求各级交通主管部门认真履行职责，进一步明确责任，对符合条件的申请材料在20日内作出许可决定，对不具备条件的一律不予许可，并建立完善审查制度和动态管理制度，督促项目法人严格执行施工许可制度。

五、公路工程质量水平稳步提高

各级交通部门高度重视质量工作，把"创新管理手段，创精品工程、优质工程"作为工作目标，不断完善有关规章制度，并加强监督管理。各参建单位采取有效措施，加强重点、难点工程的质量控制，不断推进精细化和专业化管理。公路建设行业的质量意识不断深化，施工装备水平得到提高，一大批新技术、新工艺、新材料得以应用，质量责任制逐步落实，全国公路工程质量稳中有升。

六、公路建设市场秩序日趋规范

（一）公路建设市场管理体制改革深化。公路建设项目投资人招标制和设计施工总承包工作继续推进，设计施工总承包试点单位进展顺利。

（二）招投标管理工作加强。招标文件、资格预审结果和评标报告备案审核制度深入实施。甘肃、河北两公路项目招投标工作的挂牌监督工作进展顺利。

（三）交通建设领域清欠专项整治工作顺利推进。着力建立清欠长效机制，对典型拖欠案例进行督办，开展了交通建设领域清欠专项整治收尾工作。

（四）公路建设市场信用体系建设加快推进。发布《关于印发全国公路建设从业单位不良行为记录的通知》，通过奖优罚劣的方式，引导和规范公路建设从业单位市场行为。

（五）其他建设市场管理工作顺利开展。继续实行公路建设市场准入管理，根据项目经理制度向建造师制度过渡的实际情况，调整公路施工企业资质标准条件中的人员要求，完成公路工程施工、监理企业资质初审；加强一级建造师管理，完成了公路工程一级建造师注册登记工作；并开展了项目法人培训工作。

七、公路建设新理念进一步提升

继续组织实施公路勘察设计典型示范工程，加强典型示范工程项目建设阶段的指导和监督，组织典型示范工程咨询专家，深入工地，提供技术支持和管理服务，推动公路工程项目管理向专业化、精细化、信息化转变，继续深化和普及"安全、经济、环保、生态、和谐"的公路建设新理念。

八、公路工程设计施工总承包试点工作开展顺利

为进一步深化公路建设管理体制改革，提高项目管理水平，交通运输部组织开展公路工程设计施工总承包试点工作。设计施工总承包是将工程设计和施工合并招标，由中标人对工程设计和施工进行总承包，对所承包工程的设计和施工负责的一种项目管理模式。

设计施工总承包试点工作重点研究解决以下问题：

（一）如何提高勘察设计深度，合理控制工程造价，明确初步设计和施工图设计的工作衔接和职责划分。

（二）设计施工总承包招标方法，特别是资格预审标准、评标办法、总承包合同条款设置等。

（三）各参建单位如何适应设计施工总承包模式，加强对工程质量、变更设计、计量支付和工期的控制，以及行业主管部门如何加强监管，完善行业标准和规范。

按照"积极稳妥、循序渐进、突出重点、注重实效"的实施原则，广东、北京、福建等省市分别组织开展了设计施工总承包试点工作。湖北、河北、云南、新疆等省区也根据当地特点，开展或准备开展设计施工总承包试点工作。

试点过程中，各有关单位按照试点要求，认真摸索、总结试点方案，并提出改进意见。地方交通运输主管部门跟踪关注项目实施情况，协调推进试点工作，加强监督管理。交通运输部将适时组织试点工作总结。

（交通运输部公路司）

十七、农业资金投入

按照中央1号文件"财政支农投入的增量要明显高于上年，国家固定资产投资用于农村的增量要明显高于上年，政府土地出让收入用于农村建设的增量要明显高于上年"的要求，2008年国家共安排农业部各类支农资金595.24亿元，比上年的357.2亿元增加66.6%，其中基本建设投资192.44亿元，财政专项资金402.8亿元。上述投资重点用于粮油等大宗农产品生产能力、"菜篮子"产品生产能力、农业科技创新能力、防灾减灾能力、循环农业和生态保护条件、农产品质量安全和服务体系等6个方面建设。

一、粮油等大宗农产品生产能力建设217.37亿元

按照大力发展粮油生产，保障农产品有效供给的要求，努力加大对粮食、油料、棉花等主要农产品生产

的支持力度。包括优质粮食产业工程24亿元，西部地区口粮田4亿元，油料生产基地2亿元，糖料、棉花生产示范基地0.8882亿元，旱作节水农业示范工程3.4838亿元，种植业种子工程5亿元，农垦天然橡胶基地1.1698亿元，农垦现代农业示范工程0.2333亿元，水稻、小麦、玉米和大豆良种补贴109.6亿元，农机具购置补贴40亿元，测土配方施肥补助12亿元，油菜良种补贴10亿元，棉花生产补贴资金5亿元。

二、"菜篮子"产品生产能力建设 70.09 亿元

围绕新一轮"菜篮子"工程建设，大力促进生猪、奶牛、蛋鸡、渔业生产发展，加大品种改良力度，推进标准化规模饲养，实施水产养殖业健康高产创建工程。包括生猪标准化规模养殖场25亿元，生猪扩繁场和种鸡场3亿元，奶牛养殖小区2亿元，畜禽水产良种工程2亿元，地震重灾区应急育种苗场0.24亿元，畜禽良种补贴6.6亿元，饲养补贴27.2亿元，渔民转产转业补助1.35亿元，渔业执法经费2.7亿元。

三、农业科技创新能力建设 35.63 亿元

为改善国家级农业科研教育单位条件，积极推进农业科技自主创新，增强科技成果转化能力，完善设施条件和功能。包括直属科研三院2.0422亿元，其他直属科研教育单位0.4783亿元，行业科研和现代农业产业技术体系7亿元，科研重大专项经费1.34亿元，科技计划经费及基本科研业务费4.65亿元，修购专项等科研条件建设经费4.71亿元，科技入户工程1.65亿元，科研机构运行经费7.76亿元，其他示范推广经费6亿元。

四、防灾减灾能力建设 105.19 亿元

继续推进动植物疫病虫害防控、草原防火和渔港设施建设，增强农业防灾减灾能力。包括植物保护工程2亿元，动物防疫体系21亿元，血吸虫病综合治理2亿元，草原防火0.3597亿元，渔港建设1.16亿元，重大动物疫病疫苗及扑杀补助31.3亿元，基层动物防疫工作补助6.5亿元，农业生产救灾资金31.2亿元，汶川地震灾区抢收抢种、死亡动物无害化处理0.8亿元，特困奶农临时补助3亿元，动植物病虫害监测2.7亿元，病虫害防控补助3.17亿元。

五、循环农业和生态保护条件建设 80.17 亿元

按照建设资源节约型、环境友好型农业的要求，大力推进循环农业的发展，加大农业节能减排和环境保护力度，改善农民生产生活条件，推进社会主义新农村建设。包括农村沼气60亿元，天然草原退牧还草15亿元，藏区温暖工程0.7741亿元，非粮农业生物质能试点示范0.1718亿元，重点农业生物资源保护工程0.3317亿元，湿地保护0.819亿元，草原生态建设补助0.58亿元，农业资源保护2.5亿元。

六、农产品质量安全和公共服务体系 86.79 亿元

按照《农产品质量安全法》和大力发展农业服务业的有关要求，加强农产品质量安全检验检测、农业公共服务体系、农民科技教育培训等建设。包括农产品质量安全检验检测体系建设7亿元，渔政执法体系0.84亿元，农垦公益性和公检法设施1.0541亿元，农垦危房改造1.5亿元，农业信息化服务0.51亿元，直属单位及其他建设2.3852亿元，农村劳动力转移培训资金11亿元，新型农民科技培训5亿元，农业产业化经营资金1亿元，农产品质量安全例行监测和标准制定3.6亿元，农业信息预警1.9亿元，农业行政管理和部属单位运转1.9亿元，农业国际交流合作2.3亿元，直属垦区经济社会建设补助资金46.8亿元。

另外，农业部还积极配合有关部门落实种粮直补政策等资金1239.9亿元，包括种粮直补151亿元，农资综合直补716亿元，粮油和生猪大县奖励186亿元，渔用柴油补贴126.4亿元，落实农业保险保费补贴60.5亿元。

（农业部 罗 东 刘志国）

十八、环境保护工作

2008年是我国发展进程中很不寻常、很不平凡的一年，也是环保史上波澜壮阔、惊心动魄的一年。在党中央、国务院的坚强领导下，全国环保系统成功夺取了南方地区低温雨雪冰冻和汶川特大地震灾

害环境应急工作的重大胜利,圆满完成了北京奥运环境质量保障任务,经受住了严峻的考验。同时,环境保护历史性转变迈出了坚实的步伐,在污染减排、环境基础设施建设、淘汰落后产能、重点流域污染治理、环保能力提升、环境经济政策、三大基础性战略性工程等方面都取得了积极成效,较好地完成了2008年的各项重点任务。

一、党中央、国务院高度重视,对做好新形势下的环保工作作出重要部署。2008年初,胡锦涛总书记在视察安徽时,要求切实加强生态文明建设,明确指出要重点搞好淮河、巢湖流域环境整治,让江河湖泊得以休养生息、恢复生机;在2008年9月19日召开的全党深入学习实践科学发展观动员大会暨省部级领导干部培训班上,总书记在讲话中首次把生态文明建设作为建设中国特色社会主义伟大事业总体布局的重要组成部分,提升到与经济建设、政治建设、文化建设、社会建设并列的战略高度,为新时期的环保工作指明了方向。针对当前国际金融危机对我国经济负面影响日益加重的严峻形势,在2008年11月召开的中国环境与发展国际合作委员会年会上,温家宝总理指出,中国把应对这次金融危机作为推进环境保护事业的机遇,明确要求保持经济增长绝不能以牺牲环境为代价;李克强副总理强调,要把扩大内需与改善民生、加强生态环境建设有机结合起来,努力推进全面协调可持续发展,明确了新形势下环保工作的战略定位。2008年12月召开的中央经济工作会议,对抓好节能减排和生态环境保护重点工程建设作出了战略部署,进一步统一了认识,坚定了做好环保工作的信心。2008年环境保护的又一件大事,就是十一届人大一次会议批准组建环境保护部,强化了统筹协调、宏观调控、监督执法和公共服务等职能,为推进历史性转变提供了更加有力的组织保障。

二、坚持环评制度改革创新,在宏观调控中发挥了重要作用。面对风云突变的经济形势,党中央、国务院见事早、出手快、招数硬,果断实施积极的财政政策和适度宽松的货币政策。国家进一步扩大内需促进经济增长的十项措施出台后,特别是结合贯彻中央经济工作会议精神,我们迅速研究提出八项落实措施,并立即召开全国环境影响评价工作会议,及时调整改进环评工作,要求完善审批机制,简化审批程序,认真兑现七项承诺,对符合环保准入条件的项目开通"绿色通道",对"两高一资"项目严格把关。2008年,环境保护部对总投资4737亿元的156个"两高一资"项目不予受理、审批或暂缓审批。已批复的579个项目,通过落实"以新带老"、"上大压小"和"区域削减"等措施,每年能够削减二氧化硫46.86万吨、化学需氧量3.84万吨,可以实现增产减污。

同时,围绕《全国新增1000亿斤粮食生产能力规划(2009~2020年)》和主体功能区划的编制,全力推进规划环评,主动为国家重大决策服务。大力推动上海杭州湾沿岸化工石化区、陕西煤化工集中区等区域规划开展环评,推进产业结构优化升级,促进可持续发展。

三、强力推进,污染减排取得突破性进展。2008年是减排攻坚年。抓紧实施主要污染物总量减排统计监测考核办法,及时建立完善减排计划审核备案、工程核查调度、数据会审考核及发布等一系列制度,不断加大责任追究力度。针对2007年度污水处理设施建设滞后或运行不力的4个城市,实施了区域限批;针对脱硫设施未按要求建成投运的3个电力集团,实施了集团限批;针对脱硫设施不正常运行的7家电厂,在全额追缴排污费的基础上扣减电价并处以5倍罚款。严格的考核问责引起了强烈反响,地方各级政府纷纷采取多种责任追究手段,极大地推动了污染减排工作的深入开展。经过一年的攻坚,全国新增城市污水处理能力1280万吨/日,超额完成2008年确定的1200万吨/日的任务;新增燃煤脱硫机组装机容量8600万千瓦,是计划任务的2.9倍;关停小火电1669万千瓦,是计划任务的1.3倍;淘汰造纸、水泥、炼铁、炼焦、酒精、味精、柠檬酸等行业落后产能工作进展顺利。2008年全国化学需氧量和二氧化硫排放量比上年分别下降4.42%和5.95%以上,与2005年相比分别下降6.61%和8.95%以上,不仅继续保持了双下降的良好态势,而且首次实现了任务完成进度赶上时间进度,为全面完成"十一五"减排目标打下了坚实的基础。

四、经受住严峻考验,圆满完成特大自然灾害环境应急处置和北京奥运环境质量保障任务。面对50年未遇的南方低温雨雪冰冻灾害和汶川特大地震,在党中央、国务院的坚强领导下,迅速启动应急预案,及时提出"两个确保"的建议,坚决保障灾区相关设施安全和群众饮水安全,并在第一时间派员赶赴灾区,紧急提供资金和应急物资,加强技术指导。灾区的环保工作者,忍受着失去亲人、失去家园的伤痛,日夜排查环境隐患;兄弟省市环保部门的同志,不计个人安危、千里驰援排危抢险,牢牢坚守在余震频频的环境监测点,共同构筑了一道保障环境安全的坚固防线。面对紫坪铺水库饮水安全告急和唐家山堰塞湖水位不断上涨的险情，同志们发扬中国环保精神，不怕疲劳、连续作战，经受住了考验和锻炼。仅抗震救灾期间，环保系统就出动21万人(次)，检查企业10万多家(次)，督促整改重大环境隐患200多个，妥善应对了灾区20余起次生环境事件，为抗震救灾工作夺取重大胜利做出了应有的贡献，展现了环保人履行职责、不辱使命的时代风采。按照中央一手抓抗震救灾，一手抓灾后重建的要求，认真开展了灾区生态环境评估，参与编制了《汶川地震灾后生态修复规划》，为灾后重建提供了科学依据。

2008年8月，北京迎来了举世瞩目的奥运会。为兑现绿色奥运的郑重承诺，在十年艰苦奋斗的基础上，奥运会空气质量保障工作协调小组加强调度，北京、天津、河北、山西、内蒙古和山东六省（区、市）联防联控，全面落实了各项保障措施，奥运会和残奥会期间，北京空气质量天天达标，12天达到一级标准，圆满完成奥运环境质量保障任务。同时，把奥运保障作为最大的环保"试验田"。这是继松花江重大水环境污染事件应急处置后，进行的又一次全国环境科技力量大集结，共同开展了环境科技大攻关，积累了一笔宝贵的环保财富。

五、坚持典型引路，流域污染防治工作有声有色。坚持全面推进重点突破的总体思路，把污染防治作为重中之重，把保障群众饮水安全作为首要任务。2008年4月，淮河、海河等七项水污染防治"十一五"规划经国务院批复实施。截至2008年年底，淮河、海河、辽河、巢湖、滇池、松花江、三峡库区及其上游、黄河中上游八个流域规划确定的2712个治理项目中，已完成1120项，占总数的41.3%；正在建设924项，占34.1%。这些项目的投入运行，为降低污染负荷发挥着越来越大的作用。2008年9月和12月，先后两次召开水污染防治现场会，推广了流域污染防治的成功经验，各地结合实际，相互借鉴，大胆实践，将休养生息政策落到实处。同时，还开展了太湖、巢湖、三峡库区生态安全评价，全面启动了生态安全监测工作，为深化湖泊综合治理奠定了基础。

组织开展了全国县城集中式饮用水水源地环境基础状况调查，完成保护区划定与调整，检查集中式饮用水源地1.5万个，督促各地4600多个保护区落实整改措施，扎实推进环保重点城市饮用水源地保护，进一步维护了群众的饮水安全。

六、进一步理清工作思路，农村环境保护全面启动。2008年7月，国务院召开全国农村环境保护工作电视电话会议，这是新中国成立以来首次召开的全国农村环境保护会议。李克强副总理出席会议并发表重要讲话，要求切实把农村环保放到更加重要的战略位置，提出了"以奖促治、以奖代补"等主要政策措施。中央财政首次设立农村环保专项资金，2008年安排5亿元支持700个村镇开展环境综合整治和生态示范建设，带动各地投资近10亿元，受益农民达400余万。

生态保护工作取得积极进展。环境保护部与中科院共同发布了《全国生态功能区划》，为合理布局产业、有效保护生态提供了依据。印发了《关于推进生态文明建设的指导意见》，开展了生态文明建设试点。批准新建国家级自然保护区19处，组织评估41处，促进了自然保护区规范化管理。督促2500多家规模化畜禽养殖场、1360家尾矿库实施整改，取缔关闭1851家尾矿库，生态环境监察工作得到加强，初步遏制了零散点源造成的生态破坏与退化。

七、积极维护群众环境权益，环境执法监察力度进一步加大。针对环境违法行为屡禁不止的顽症，联合发展改革委、监察部等七部门继续深入开展整治违法排污企业保障群众健康环保专项行动，进行了环境安全隐患百日专项督查，组织了城市污水处理厂和垃圾填埋场专项检查。一年来，共出动190余万人次，检查企业85万多家次，立案查处1.5万家环境违法企业，挂牌督办3500余件，排查近9000项环境安全隐患，追究责任人100余人。不断加大后督察力度，重点督察了2005年以来全国各级挂牌督办的16000多件案件以及2007年整治的8000多家造纸企业，对621家不符合产业政策和排污总量指标的造纸企业实行关闭，进一步巩固了整治成效。胡锦涛总书记牵挂的"锰三角"污染问题，经过湘、黔、渝三省市政府和相关部门的集中整治，环境质量明显改善，群众利益得到维护。一大批群众反映强烈、影响社会稳定的突发环境事件得到妥善处置。同时，积极探索跨省界联防治污、联动预警、联合处置机制，有效解决了苏皖浙太极洞风景名胜区等近十起环境纠纷，对及时化解区域水污染纠纷模式进行了有益探索。

八、积极推动环境法制、政策、科技、宣教和国际合作，环境保护的约束、引导和支撑作用进一步增强。2008年6月1日，修订后的《水污染防治法》正式实施，为流域休养生息提供了法律保障。环境标准体系更加完善。首次发布了《声环境质量标准》以及工业企业、社会生活环境噪声排放标准，解决了长期困扰噪声监管工作的标准缺失问题。环境经济政策继续完善,环境保护部提出的"双高"(高污染、高环境风险)产品名录成为有关部门制定政策的重要依据;4万多条环保信息进入银行征信管理系统,成为金融机构遏制污染企业盲目发展、防范金融风险的有效手段;通过对上市公司的环保核查,督促27家公司投入3.5亿元治理污染。同时,环境税的调研正在进行,特别是全国环境污染责任险在湖南株洲率先赔付,绿色保险有了良好开端。

环境科技发展实现新跨越。环境与灾害监测小卫星成功发射,国家卫星环境应用中心建设开始启动,标志着环境监测预警体系进入了从"平面"向"立体"发展的新阶段。宣传教育工作丰富多彩,推进历史性转变、建设生态文明、抗震救灾环境应急、北京绿色奥运和改革开放30周年环保主题宣传活动取得成效。国际环境合作更加务实,陪同胡锦涛主席成功访问日本,进一步促进了中日环保合作;《中美能源与环境合作十年框架》正式签署,为两国环保合作搭建了长期稳固的平台;中俄环境合作从污染防治向跨界自然保护区和生物多样性保护延伸,丰富了合作内容,也有利于增信释疑、减少摩擦。

九、能力建设进一步加强,环保基础工作稳步提升。环境保护投资大幅增长,2008年中央投资达到340亿元,比上年增长百亿元。2008年,中央财政继续增加21亿元支持污染减排三大体系建设,中央投资支持环保能力建设资金达到34亿元。两年来,在中央投资的带动下,环保能力建设资金超过150亿元。项目实施后,将建成污染源监控中心363个,新增36个水质自动监测站,配备执法车3900辆,形成国家、省、市、县四级信息传输系统和3个数据分析平台,"废气靠闻、废水靠看、噪声靠听"的局面将大大改观。

为确保硬件发挥实效,同步推进软件建设。在环境保护部组建中,按照"职能要转变、方法要更新、重点要突出、效能要提高"的原则落实"三定"方案,通过机构调整进一步理顺了部门职责。地方机构改革也取得积极进展。全国环保大培训稳步推进,仅我部就开展流域治理、污染减排等业务培训超过100期;尤其是重点开展的党政领导干部环保培训,调训了近200名县市长,提高了他们领导环保工作的能力和水平。

十、三大基础性战略性工程进展顺利,指导当前谋划长远的作用初步显现。2008年是污染源普查的关键阶段。各级政府和环保部门共同努力,着力抓好人员培训、入户调查、督促检查、技术核查、审核把关等五个环节,确保了普查工作进度,提高了普查的规范性。目前,已经完成了普查表填报、数据录入、普查表填报质量核查以及省级普查数据汇总工作等关键任务,共填报完成普查表约800万份,为摸清全国污染底数夯实了基础。

水专项全面启动。为确保项目进度与质量,在深入调研的基础上,科学论证了项目的技术路线、考核指标、实施方案、资金安排等,制定了相关管理办法和论证方案。水专项的33个项目、238个课题中,启动了21个项目、105个课题。力度空前的环保科技攻关,必将为全面解决我国水污染防治技术难题、带动环保产业的加速发展铺平道路。

(环境保护部规划财务司)

十九、通信业建设

一、通信业建设概况

2008年电信业固定资产投资2953.7亿元,高于2007年的投资规模,同比增长29.6%。2008年全国光缆线路长度新增99.1万公里,达到676.8万公里,其中长途光缆线路长度新增0.04万公里,达到79.3万公里;固定长途电话交换机容量减少4.7万路端,达到1704.6万路端;局用交换机容量减少155.7万门,达到50878.9万门。移动电话交换机容量新增28854.6万户,达到114350.8万户。基础电信运营企业互联网宽带接入端口新增2388.8万个,达到10928.1万个。

二、通信建设市场管理情况

(一)做好标准、定额的制定和修订,加强宣贯力度

拟订并组织实施通信行业技术规范和标准是工信部的主要职责之一,通信工程建设标准是标准体系的重要组成部分,是指导通信工程建设行为的技

术依据，是推动通信工程建设领域贯彻执行国家有关政策、方针，促进技术进步和行业发展的重要手段。为贯彻落实建设资源节约型、环境友好型社会和构建和谐社会等重大战略部署，实现经济社会可持续发展，2008年通信工程建设标准编制工作从注重技术性转变为技术与政策并重，从侧重制定新技术、新业务标准转变为侧重制定涉及工程质量安全、节能、环保、公共利益、电信基础设施资源共享等方面标准。一是组织有关人员着手研究通信工程建设标准的发展方向，制定通信工程建设标准的体系，并组织人员研究如何充分发挥通信工程建设标准在促进落实通信网络技术发展、网络资源共享等政策方面的重要作用；二是完成了《通信工程建设环境保护技术规定》等21项通信工程建设标准的审定工作，并安排了11项标准的编制任务，部分标准完成征求意见稿；三是为规范电信运营企业和各参建企业在3G网络工程设计、施工验收等环节的建设行为，发布实施了《2GHz TD-SCDMA 数字蜂窝移动通信网工程设计暂行规定》和《2GHz TD-SCDMA 数字蜂窝移动通信网工程验收暂行规定》；四是为使住宅区和住宅建筑通信设施满足多家电信运营企业接入，促进网络资源共享，组织编制的《住宅区和住宅建筑通信设施工程设计规范》（国家标准），已完成报批稿，进入报批审查阶段；五是为规范通信建设概、预算编制与管理，修订并发布了《通信建设工程概预算编制办法》和《通信建设工程概预算定额》，并对各省管理局和质监机构人员进行了宣贯；六是工信部和各省组织了由质监机构、运营企业、设计、施工和监理等单位参加的强制性标准宣贯或培训班，增强了通信建设从业人员执行标准的意识。

（二）加强通信建设项目招投标管理

通信建设项目招投标管理是通信建设市场管理的重要内容，是通信行业贯彻落实反腐倡廉工作任务的重要措施。2008年通过不断完善通信建设招标规章制度，加强对重要通信建设项目招投标活动过程监管和开展检查活动，加大了通信建设招投标活动的监管力度。一是完善工程建设项目招投标管理制度，组织有关人员对《通信建设项目招标投标管理规定》进行修订；二是做好《标准施工招标文件》贯彻实施工作，组织各省、自治区、直辖市通信管理局相关人员参加《标准施工招标文件》宣贯培训，结合通信行业特点编制完成了《通信建设工程施工招标文件范本》和《通信建设项目货物招标文件范本》，并就两个范本的内容与国家发展改革委相关人员进行了沟通，完成了报批稿；三是结合通信建设招投标工作中存在的问题，下发了《关于进一步规范通信建设项目招投标活动的通知》（工信部通[2008]305号），要求各省、自治区、直辖市通信管理局认真履行招投标监管职责，加强对招投标活动的监督和指导，要求各企业严格规范自身行为，强化企业自律，在各单位开展自查活动的基础上，部组织对电信运营企业重要工程建设项目和部分省通信建设项目招投标情况进行抽查；四是本着"不干预企业决策，对招投标程序的合法性进行监督"的原则，对中国电信 CDMA 网络设备招标和中国移动 TD-SCDMA 二期试验网招投标过程进行了跟踪、监督，有效防止了重要工程建设项目招投标活动中出现违法违规的行为。

（三）做好通信建设行政许可审查工作

严把行政许可审查关，遵循公开、公平、公正、高效、便民的原则，不断提高施行行政许可的质量和效率，确保通信建设从业队伍的质量。全年受理通信建设企业资质的单位136家，经审查批准97家；申报通信个人资格9399人，经审查批准8320人。加强通信建设市场的动态监管，对发现弄虚作假或不符合标准的企业和个人一律不予批准，注销或未予审查通过的企业54家，未予通过的个人1079人。配合政策法规司对部31号令中有关通信建设行政许可项目的内容进行了修订。积极研究适应国际、国内形式发展需要的通信建设市场管理制度，探讨外商投资电信建设企业的准入问题。

（四）加强通信工程质量监督工作

进一步加大质量监督检查力度，规范建设主体质量行为，确保全网通信工程质量、提高网络的安全性和可靠性。各级质量监督机构按照年初通信工程质量监督工作部署，采取日常抽查、监督巡查与专项检查相结合的方式开展质量监督工作，工程实体抽查比例达到10%。检查中发现的主要问题是：工程建设不执行国家强制性标准，隐蔽工程存在安全隐患，光缆埋深不够，通信工程所用材料质量不合格等。对检查中发现的问题质量监督机构及时要求责任单位进行整改，从源头上严把质量关，避免了质量事故的发生。为提高质量监督工作效率，各省质量监督机构从2008年6月1日起试行通信工程质量监督网上申报和备案工作，取得了良好效果。为提高质量监督机构人员掌握新技术、新业务的水平，举办了通信工程质监管理信息系统和3G技术培训班以及通信建设工程概预算培训班。

（五）加强通信网络抗震防灾管理工作

通信网络抗震防灾工作是国家防震减灾规划总

体发展战略的重要内容,汶川大地震后国家对铁路、交通、通信等生命线工程的抗震防灾工作提出了更高的要求。2008年为加强通信网络抗震防灾管理工作,贯彻国家防震减灾工作整体要求,我们以完善规章制度、加强标准宣贯、提高抗震意识为重点,主要做了以下工作:一是修订了《电信设备抗震性能检测管理办法》,逐步完善了通信网络抗震防灾有关规章制度;二是依据国家相关标准和规定,组织有关单位对《电信建筑抗震设防分类标准》、《通信设备安装抗震设计图集》以及电信设备抗震检测标准进行修订;三是举办了由电信运营企业、通信设计、施工、监理及设备生产厂商参加的通信网络抗震防灾政策及抗震标准宣贯会,提高了通信行业各企业抗震防灾意识;四是组织有关人员到四川地震重灾地区进行调研,了解通信网络受损情况及具体原因,为修改和细化相关通信建设标准积累了基础资料;五是配合有关部门组织专家开展"通信系统地震灾害损失与烈度评定评估技术研究"项目的前期准备与申报工作。

(六)抓好安全生产监管,落实人员培训考核工作

为使通信建设从业人员在工程建设中保证安全生产,规范操作程序,及时上报安全生产事故等,制定了《通信建设工程安全生产管理规定》和《通信建设安全生产操作规范》,并已发布实施。工信部和各省通信管理局继续做好通信工程建设企业人员安全生产考核工作,全面提升通信建设从业人员的安全生产管理能力。

(七)开展评优活动,激励企业技术创新和提高工程质量

为激励通信建设、设计、施工、监理单位技术创新、提高工程质量,2008年继续开展了通信工程优秀设计和通信优质工程的评选活动。评选出通信工程优秀设计奖72项,通信优质工程奖18项,并推荐参加国家级优秀设计、优质工程奖评选项目44项。

(工业和信息化部)

二十、民航建设

(一)机场管理规定

2008年,民航局组织修订《民用机场应急救援规划》、《民用机场助航灯光维护规程》等规定和标准。

2008年3月24日,民航局发布了《民用机场安全管理体系建设指南》(AC-139/140-CA-2008-1)。

2008年4月21日,民航局发布了《民航建设工程概算编制办法》(AP-129-CA-2008-01)、《民航建设工程设计变更及概算调整管理办法》(AP-129-CA-2008-02)。

2008年6月24日,民航局发布了《供A380使用的现有民用机场采用的技术标准及运行要求》(AC-139-CA-2008-2)。

2008年12月30日,民航局发布了《民用机场航空燃油供应安全运行规定》(AC-191-CA-2008-3)。

(二)机场及配套设施建设

【重点建设项目】 2008年民航重点建设项目共22个,其中竣工的有北京首都机场T3航站楼,天津滨海、上海浦东、武汉天河、太原武宿机场扩建及北京至厦门航路改造,北京空域及终端区改造一期工程7个项目;续建的有杭州萧山、乌鲁木齐地窝堡机场扩建2个项目;新开工的有昆明新机场、合肥新机场、阿里新机场、上海虹桥、长沙黄花、重庆江北、深圳宝安机场飞行区扩建以及成都区域管制中心、西安区域管制中心、东部地区和西部航路雷达管制10个项目;前期准备的有成都双流、西安咸阳机场扩建及民航运行管理中心3个项目。

截至2008年底,北京首都机场T3航站楼等7个竣工项目已全部完成,昆明新机场、重庆江北等12个续建和新开工项目进展顺利,成都双流等3个进行前期工作的项目都基本按照计划正在进行。

【其他建设项目】 2008年竣工的其他建设项目有石家庄正定机场航站楼扩建工程、乌海机场飞行区扩建工程、锡林浩特机场飞行区扩建工程、长白山机场、漠河机场、长海机场复航改造工程、朝阳机场复航改造工程、温州机场扩建工程、赣州新机场工程、济宁机场扩建工程、烟台机场扩建工程、青岛机场扩建工程、南宁机场扩建工程、海口机场改造工程、深圳机场扩建工程、榆林机场迁建工程、

银川河东机场扩建工程、西宁曹家堡机场改造工程、天水军民合用机场改扩建工程、哈密机场复航改扩建工程等127个项目。

续建项目有满洲里机场航站区扩建工程、太原武宿机场空管工程、大庆机场、哈尔滨太平机场改扩建工程、沈阳桃仙机场老航站楼改造工程、义乌机场扩建工程、恩施机场改造工程、襄樊机场改造工程、河池机场、三亚机场站坪扩建工程、广州白云机场站坪工程、九寨黄龙机场扩建工程、泸州机场飞行区改扩建工程、黔江舟白机场、青海玉树机场、固原机场、中卫香山机场、乌鲁木齐地窝堡机场空管工程等121个项目。

新开工项目有二连浩特机场、阿尔山机场、天津滨海机场空客总装线配套工程、伊春机场、鸡西机场、大连周水子机场安全整治项目、东营机场扩建工程、南京禄口机场停机坪扩建工程、桂林两江机场改造工程、潮汕机场、天水军民合用机场改扩建工程、银川河东老航站楼改造工程、阿克苏机场改扩建工程、吐鲁番机场迁建工程等119个项目。

前期准备项目有合肥骆岗机场扩建工程、烟台莱山机场扩建工程、池州九华山机场、苏中机场、淮安机场、温州永强机场扩建工程、神农架机场、宜昌机场扩建工程、南宁吴圩机场扩建工程、海口美兰机场扩建工程、延安机场迁建工程、花土沟机场、德令哈机场、庆阳机场扩建工程、敦煌机场扩建工程、甘肃金昌机场、夏河机场、库车机场迁建工程、伊宁机场改扩建工程等168个项目。

（三）2008年建设纪事

1. 2008年1月4日，民航局组织了昆明新机场总体规划送审稿的复核工作，经审查，本次总体规划基本符合国家及民航相关技术标准、规范，技术方案可行。2008年12月22日，民航局和云南省人民政府联合批复了该机场的总体规划。

2. 2008年3月6～7日，民航局组织了上海浦东国际机场扩建工程行业验收。本次验收的内容包括飞行区、航站楼、航站楼弱电信息、公安消防安检、空管、供油及工程档案等。经验收认为，本次提交验收的各民航专业工程已按照设计要求及内容全部完成，行李处理系统、信息系统、弱电系统试运行正常，各项功能符合有关标准及规范，具备投入正式运行的条件，同意通过行业验收。

3. 2008年3月18日，民航局在合肥组织了北京—济南—合肥—厦门航路改造工程行业验收。本次验收的内容包括工艺设备、土建、档案和概算。经验收合格，同意通过行业验收。

4. 2008年2月19日，民航局组织了南京禄口国际机场总体规划评审，经审查，本次总体规划基本符合南京禄口国际机场的实际，技术方案可行，同意通过审查。2008年11月3日，民航局和江苏省人民政府联合批复了该机场的总体规划。

5. 2008年3月25日，民航局组织了北京空域及终端区改造一期工程行业验收。本次验收的内容包括土建、工艺设备、档案和概算。经验收合格，同意通过行业验收。

6. 2008年4月1～2日，民航局组织了天津滨海国际机场扩建工程行业验收。本次验收的内容包括飞行区、航站楼、航站楼弱电信息系统、航站楼设备、公安安检消防、供油及档案等。经验收认为，本次提交验收的天津滨海国际机场扩建工程及供油工程基本符合批复的初步设计内容，符合国家及民航有关技术标准、规范，各系统基本完成了设备安装和调试，基本满足设计和使用要求，同意通过行业验收。

7. 2008年4月10～11日，民航局组织了武汉天河国际机场航站区及配套设施扩建工程行业验收。本次验收的内容包括站坪、航站楼、航站楼设备、航站楼弱电信息系统、公安安检消防、供油及档案等。经验收认为，本次提交验收的各民航专业工程已按照设计要求及内容全部完成，行李处理系统及信息弱电系统试运行正常，各项功能符合有关标准及规范，同意通过行业验收。

8. 2008年6月4日，民航局组织了海口美兰国际机场总体规划评审，经审查，本次总体规划基本符合海口美兰国际机场的实际，符合民航相关技术标准和规范，技术方案可行，同意通过审查。

9. 2008年6月11日，民航局组织了北京首都国际机场扩建工程T3C国际候机指廊及站坪工程行业验收。本次验收的内容包括站坪、T3C指廊、信息弱电系统、公安安检消防及档案等。经验收合格，同意通过行业验收。

10. 2008年6月23～24日，民航局组织了拉萨贡嘎机场飞行区助航灯光工程行业验收。本项目为应对藏区特殊局势的重点应急工程，经验收，助航灯光工程符合国家及民航有关技术标准、规范，各系统基本完成了设备安装和调试，满足使用要求，同意通过行业验收。该工程的投入使用，结束了拉萨贡嘎机场开航43年以来没有夜航的历史，对提高拉萨贡嘎机场安全保障能力，促进西藏自治区经济建设将起到积极的推动作用。

11. 2008年6月26～27日，民航局组织了太原武宿机场改扩建工程行业验收。本次验收的内容包括飞行区、航站区、航站楼弱电信息系统、航站楼设备、公安安检消防及档案等。经验收认为，本次提交验收的各民航专业工程已按照设计要求及内容全部完成，各系统完成了设备安装与调试，各项功能符合有关标准及规范，同意通过行业验收。该工程的完成，对保障2008年北京奥运会期间首都机场的航班备降将起到重要的支持作用。

12. 2008年6月29日，民航局组织了合肥新桥机场总体规划评审。经审查，本次总体规划基本符合国家及民航有关标准、规范，技术方案可行。2008年12月9日，民航局和安徽省人民政府联合批复了该机场的总体规划。

13. 2008年7月10日，民航局组织了长春龙嘉国际机场总体规划评审，经审查，本次总体规划基本符合长春龙嘉国际机场的实际，技术方案可行，同意通过审查。

14. 2008年7月14日，民航局组织了厦门高崎国际机场总体规划评审，经审查，本次总体规划基本满足厦门高崎国际机场终端容量需求，技术方案可行，同意通过审查。

15. 2008年8月18日，民航局组织了西安咸阳国际机场总体规划评审，经审查，本次总体规划基本符合西安咸阳国际机场的实际，符合国家及民航相关技术规范、标准，技术方案可行，同意通过审查。

16. 2008年1～12月，民航局分别组织了云南泸沽湖、贵州毕节、新疆石河子、新疆博乐、阿坝红原、重庆巫山、重庆武隆、海南博鳌、四川宜宾等机场的场址审查。

【机场规划管理】 2008年民航局组织了昆明新机场、南京禄口、海口美兰、合肥新桥、长春龙嘉、厦门高崎、西安咸阳等机场的总体规划审查，完成了济南遥墙、拉萨贡嘎、太原武宿、大连周水子、南京禄口、合肥新桥、昆明新机场、海口美兰等机场总体规划的批复工作。按照授权和分工，民航各地区管理局对辖区内机场的总体规划进行了审批。

民航局还参加了建设部城市规划部际联席会议，办理了银川、襄樊、深圳3个城市总体规划的部门审查意见。

（中国民用航空局机场司）

二十一、卫生基础设施建设

2008年，卫生系统认真组织实施农村卫生服务体系建设与发展规划、汶川特大地震灾后恢复重建和扩大内需促进经济增长工作，颁布综合医院和乡镇卫生院建设标准，推广安全医院建设理念，卫生基础设施条件得到进一步改善。

一、农村卫生服务体系建设与发展规划中央专项投资全部下达

卫生部、国家中医药局、国家发改委和财政部于2004年启动实施的《农村卫生服务体系建设与发展规划》，确定安排中央专项投资147.73亿元支持全国开展乡镇卫生院、县医院、县中医院、县妇幼保健院和村卫生室业务用房建设和基本设备配置。2008年年初，国家发展改革委员会安排下达了中央专项投资27亿元，继续支持农村卫生服务机构基础设施建设。2008年四季度，按照中央扩大内需促进经济增长工作总体安排，紧急下达了中央专项投资48亿元支持全国农村卫生服务机构建设，其中21.79亿元主要用于支持《农村卫生服务体系建设与发展规划》未包括的农场、林场和海岛基层卫生机构建设。至此，规划确定安排的中央专项投资全部下达。2004年～2008年5年累计实际安排中央专项投资169.52亿元，共支持42000多所农村卫生服务机构基础设施建设，其中：乡镇卫生院31000多个，投资125亿元；县医院1216个，投资24.63亿元；县中医院496个，投资10.8亿元；县妇幼保健院(站)1008个，投资6.35亿元；村卫生室8800多个，投资2.74亿元。

《农村卫生服务体系建设与发展规划》的组织实施，促进了新型农村合作医疗工作的开展，为保障农村居民身体健康提供了有力保障。

二、组织实施汶川地震灾区卫生系统灾后恢复重建工作

1. 按计划完成过渡期医疗卫生机构建设任务。

过渡期建设是救灾及灾后恢复重建期间的应急措施，主要目的是确保灾区人民群众全天候、不间断、无缝隙地享有医疗、预防和保健服务。

地震发生后，卫生部在开展应急救灾的同时，紧急研究制定了临时医疗卫生机构建设和装备指导意见，并于2008年5月底印发灾区参考，指导灾区做好临时医疗卫生机构建设，尽快恢复灾区医疗卫生服务能力，满足3年左右的重建过渡期灾区居民基本医疗和公共卫生服务需求。到2008年12月底，灾区医疗卫生机构都配备了能够满足过渡期需要的临时业务用房、基本设备和技术人员，医疗卫生服务体系全面恢复，基本满足了灾区群众基本医疗和公共卫生服务需求，实现了国务院确定的"大灾之后无大疫"的目标。

2. 研究制定灾后恢复重建和装备标准。为确保恢复重建工作科学、规范，卫生部组织医疗卫生、建筑、管理等方面专家，对医疗卫生机构建设和装备标准进行了认真整理。这些标准包括《综合医院建设标准（修订版）》、《县级综合医院主要医疗设备配置品目》、《乡镇卫生院建设标准》、《乡镇卫生院主要医疗设备配置品目》、《中医医院建设标准》、《传染病医院建设标准》、《疾病预防控制中心建设标准》（含装备标准）、《急救中心建设标准》（含装备标准）、《社区卫生服务机构建设标准》（含装备标准）、《精神卫生防治机构建设标准》（含装备标准）、《妇幼保健院、所建设标准》、《县级妇幼保健院主要医疗设备配置品目》、《卫生监督机构建设指导意见》（含装备标准）以及《中央预算内专项资金（国债）村卫生室建设指导意见》（含装备标准）等14个。2008年6月，14个标准及时印发给灾区3省和19个对口支援省市，用于指导恢复重建规划编制和重建实施工作。

3. 组织实施《汶川地震卫生系统灾后恢复重建专项规划》5·12四川汶川特大地震灾害发生以后，卫生部在认真做好汶川地震灾区医疗救治和卫生防疫工作的同时，按照国务院统一部署及时成立地震灾后卫生系统重建规划编制工作小组，会同四川、甘肃、陕西3省人民政府组织编制《汶川地震卫生系统灾后恢复重建专项规划》。2008年9月，《汶川地震卫生系统灾后恢复重建专项规划》主要内容纳入国家《汶川地震灾后恢复重建公共服务设施建设专项规划》印发。卫生系统恢复重建主要思路是：实现一个目标，分两步实施，做到三个统一，实现四个配套。"一个目标"即通过灾后重建，灾区医疗卫生服务能力达到或超过灾前水平，满足灾区人民群众医疗卫生服务需求。"分两步实施"即第一步是在2009年底力争全面完成乡、村两级医疗卫生机构建设任务和市、县级医疗卫生机构房屋维修加固和必要设备的添置任务，第二步是在2010年底争取完成灾区所有受损医疗卫生机构建设任务，全面恢复医疗卫生服务功能。"三统一"和"四配套"即是统一规划、统一标准、统一管理，实现房屋、设备、人员、管理四配套。恢复重建专项规划总投资117.71亿元，其中业务用房建设投资94.5亿元（不含村卫生室），设备修复购置投资18.74亿元（含村卫生室），人才队伍建设投资3.19亿元，信息系统恢复等其他投资1.28亿元。按地区分，四川99.5亿元，甘肃12.68亿元，陕西5.52亿元。建设项目1671个，其中医院169个（包括综合医院、中医院、专科医院），乡镇卫生院1263个，妇幼保健院52个，疾控机构63个，卫生监督机构50个，药品检验机构7个，其他医疗卫生机构（包括血站、紧急救援中心、社区服务中心等）67个。村卫生室业务用房建设纳入村级综合公共服务设施统筹安排。

《汶川地震灾后恢复重建公共服务设施建设专项规划》颁布后，卫生部积极指导灾区省和对口支援省市加强协作，按照总体计划落实投入，抓紧组织具体项目规划设计，全面推进恢复重建进展。截至2008年12月底，51个重灾县（市、区）共开工建设327个项目，已竣工83个，完成投资22.8亿元。其中，四川省开工项目203个，已竣工74个，完成投资21.69亿元；甘肃省开工项目95个，已竣工2个，完成投资0.48亿元；陕西省开工项目29个，已竣工7个，完成投资0.63亿元。

三、卫生系统抓紧组织实施扩大内需促进经济增长项目。

2008年第四季度，按照党中央、国务院扩大内需、促进经济增长工作"出手要快、出拳要重、措施要准、工作要实"的要求，卫生部会同国家发改委认真研究卫生基础实施建设需求、迅速布置各地抓紧开展项目前期工作。经过充分准备和积极争取，落实第四季度新增中央投资58亿元用于支持农村卫生服务体系和重点中医院业务用房建设以及基本设备装备，在发挥促进经济增长效益的同时，加快改善农村卫生服务体系基础设施条件。

为指导各地又好又快地推进项目实施工作，卫生部两次召开专门会议，明确要求各地要认真研究采取有力措施，加快项目建设进度，尽快形成实物工作量，确保发挥拉动内需效果。同时，各地要进一步完善工作制度，严格建设程序，精心组织，确保建设质量。能集中采购的设备和大宗建筑材料要集中采购。

四、综合医院建设标准修订颁布。

2008年9月，住房和城乡建设部和国家发展和改革委员会批准发布了卫生部组织修订的《综合医院建设标准》。新标准从2008年12月1日起施行，1996年颁布实施的《综合医院建设标准》同时废止。

此次标准修订的主要内容包括床位规模分类、床均建筑面积指标和用地面积指标等。新标准将为全国综合医院建设项目可行性研究、规划设计，以及项目审批和项目建设等工作提供更加科学、规范的标准尺度。

五、乡镇卫生院建设标准正式颁布。

2008年8月，住房和城乡建设部和国家发改委批准发布了卫生部组织编制的《乡镇卫生院建设标准》，并于同年11月1日施行。

标准的主要内容包括建设规模、床均建筑面积指标和用地面积指标等。该标准是第一个规范乡镇卫生院建设的标准，是确定和审批建设项目的重要依据。标准的施行进一步完善了我国医疗卫生机构建设标准体系。

六、举办全国安全医院建设管理培训班。

2008年11月，在世界卫生组织的资助下，卫生部会同住房和城乡建设部在成都举办了全国安全医院建设管理培训班。地震灾区省、地市、县三级卫生行政部门和医院的主管建设领导和负责人员、19个对口支援省市负责医疗卫生机构援建的有关人员、各省区市卫生厅局主管建设的处室负责人以及部属（管）医院、地方部分大医院主管建设负责人近500人参加培训。

培训班通过介绍灾后医院重建经验，讲授安全医院规划设计原则和已颁布的综合医院、乡镇卫生建设标准，加强安全医院建设理念和相关标准宣传，指导灾区提高规划、设计和建设管理水平，做好灾后卫生系统恢复重建工作。同时引导全国卫生系统按照"布局合理、功能完善、流程科学、规模适宜、标准合规、运行经济"的规划建设要求，遵循医学规律，推进医院标准化建设，将医院建设成为最安全、最牢固、群众最放心的公共服务场所，并使其成为一个方便、科学、人性化，符合环保、节能、运行费用经济要求的公共服务机构。

七、部属（管）医院建设

【北京大学第一医院内科病房楼竣工交付使用】2008年9月26日，北京大学第一医院内科病房楼正式投入使用。

北京大学第一医院内科病房楼工程位于北京市西城区大红罗厂街1号，占地面积3677平方米，总建筑面积31064平方米，地上5层，地下3层。工程总投资17509万元，其中，中央预算内基本建设投资安排15509万元。内科病房楼工程于2006年9月开工建设。

内科病房楼的投入使用，将极大地缓解北大医院住院用房紧张状况，有效改善患者住院和医护人员工作条件，促进医院医、教、研工作进一步发展。

（卫生部规划财务司）

二十二、文化设施建设

2008年，各级文化部门深入学习实践科学发展观，按照中央关于健全公共文化服务设施网络的要求，加大对文化设施建设的投入力度，全国公共文化服务设施建设成绩显著。

一、全国文化（文物）系统基本建设项目总数达到4441个，比上年增长139.28%

2008年，全国文化（文物）系统基本建设投资项目总数达到4441个，比上年增加2585个，增长139.28%；计划总投资达380.73亿元，计划施工面积（建筑面积）987.05万平方米；本年完成投资额为70.3亿元，其中国家投资47.6亿元，地方投资22.7亿元；国家投资占本年完成投资总额的67.7%。全国建成项目1262个，比上年增加397个，增长45.9%；竣工面积212.5万平方米，比上年增加37.2万平方米，增幅达到21.2%。

（一）2008年，全国文化基建项目总数为4195个，比上年增加2569个，增长158%；计划总投资达257.28亿元；施工面积（建筑面积）748.5万平方米，比上年增加232.2万平方米，增长44.97%；本年投资额为53.74亿元，其中国家投资29.71亿元，地方投资24.03亿元，国家投资占本年资金来源的比重为44.7%，比上年增加了14.59个百分点；本年完成投资额为44.46亿元，比上年增加4.38亿元，增长10.9%。全国文化基建建成项目1175个，比上年增加392个，增长50.06%；竣工建筑面积达到125.61万平方米。

在文化基建项目中，全国有134个公共图书馆建设项目，占项目总数的3.19%，图书馆建设面积占文化基建项目总面积的14.99。图书馆国家投资占文化项目的国家投资总数达23.44%，比上年增加了7.3个百分点；实际完成投资额占总数的20.14%，也比上年增加了0.1个百分点。

全国有3876个群众艺术馆、文化馆、文化中心、乡镇综合文化站建设项目，占项目总数的92.4%，比上年增加10.9个百分点；面积占总数的71.39%，比上年增加37.07个百分点；实际完成投资额占总数的43.16%，与上年基本持平。

（二）2008年，全国文物基建项目总数为246个（不含文物维修项目），比上年增加16个，增长6.95%；计划总投资达123.4亿元，比上年增加4.9亿元，增长4.13%；施工面积（建筑面积）238.56万平方米，比上年增加77.88万平方米，增长48.5%。本年投资额为30.0亿元，比上年增加1.4亿元，增长4.90%；其中国家投资17.9亿元，比上年增加5.8亿元，增长47.9%；国家投资占本年投资额的比重为59.7%。本年完成投资额为25.8亿元，比上年增加8.7亿元，增长50.9%。全国文物新建成项目87个，比上年增加5个，增长6.1%；竣工面积86.93万平方米，比上年增加48.94万平方米，增长128.82%。

在文物基建项目中，全国有159个博物馆建设项目，比上年增加17个，增长12.0%，占项目总数的64.6%。博物馆建设面积195万平方米，占文物系统总数的81.74%；国家投资14.7亿元，占文物系统总数的87.5%；本年实际完成投资额23.1亿元，占文物系统总数的89.5%。全国60个博物馆项目建成，竣工面积83.7万平方米。

上述数据表明，2008年国家对文化馆、图书馆、博物馆和乡镇综合文化站等文化设施建设的投入，无论是投资额，还是占总投资额的比重都比上年有了大幅度的增加，说明各地对博物馆、图书馆、文化馆（站）等公共文化服务基层设施建设非常重视，国家投资主要用于能直接为广大人民群众提供公共文化服务产品的基层文化设施建设。

二、县级和乡镇级文化事业机构基建项目共3920个，占全国文化事业机构基建项目总数的88.27%

2008年各级财政对县级图书馆、文化馆和乡镇综合文化站等基层文化设施建设的投入比上年大幅增加。在全国4441个文化（文物）事业机构基建项目中，县级和乡镇级文化事业机构基建项目共3920个，占全国文化事业机构基建项目总数的88.27%。

乡镇综合文化站是我国农村公共文化服务体系的重要组成部分，是党和政府开展农村文化工作的基本力量，长期以来在活跃农村文化生活，促进农村经济社会协调发展等方面，发挥了重要作用。大力加强乡镇综合文化站建设，对构建健全、高效的农村公共文化服务网络，形成服务优质、覆盖农村的公共文化服务体系，促进农村经济和社会协调发展具有重要意义。

为加强乡镇综合文化站阵地建设，2007年，文化部和国家发展改革委联合制定了《全国"十一五"乡镇综合文化站建设规划》。根据规划，在"十一五"期间，新建和扩建2.67万个规模不低于300平方米的文化站，到2010年基本实现"乡乡有综合文化站"的建设目标。2008年，共安排中央预算内投资10亿元补助全国乡镇综合文化站建设。建成投入使用的乡镇综合文化站，以维护广大农民的文化权益为出发点，以满足农民群众的精神文化需求为目的，坚持开展各种丰富多彩的文化活动，受到农民群众的热烈欢迎，对活跃农村文化生活，促进农村地区经济建设和社会发展发挥了积极作用。

三、全国投资在亿元以上的筹建项目25个，投资亿元以上的在建项目41个，投资亿元以上的竣工项目14个

2008年，全国投资亿元以上的大型文化设施筹建项目有广州文化广场、秦始皇陵遗址公园、郑州市图书馆新馆、云南省博物馆新馆、黑龙江省博物馆新馆、江西艺术中心、湖南省艺术职业学院新址、贵州省博物馆新馆、山西省图书馆新馆、扬州市文化艺术中心、四川艺术职业学院新校区、铜陵市文化艺术中心、深圳艺术学校新址、南越王博物馆整治工程、南越国史研究及保护中心、宝鸡市北首岭遗址博物馆、淮阳太昊陵综合开发项目、莆田莆仙大剧院、重庆南川区宣传文化中心、广东演艺中心（含群众艺术馆）、重庆渝中文化馆图书馆综合楼、赤峰博物馆、广东省友谊剧院改造、咸宁市博物馆、

昭君文化园等25个项目。

2008年，全国投资亿元以上的在建项目41个，分别是国家博物馆改扩建工程、国家图书馆二期工程暨国家数字图书馆工程、中国国家话剧院剧场工程、广州歌剧院、广州图书馆新馆、山东省博物馆新馆、河南艺术中心、广东省博物馆新馆、山西大剧院、湖北省图书馆新馆、鲁迅故里保护整治工程、南昌新四军军部陈列馆改扩建工程、苏州市美术馆（文化馆、名人馆）三馆合建工程、广州市图书馆改扩建项目一期工程、鄂尔多斯市民族剧院、鄂尔多斯市文化中心、鄂尔多斯市博物馆、鄂尔多斯市图书馆、江苏省现代美术馆、四川省博物馆新馆、无锡市鸿山遗址博物馆、聂耳纪念馆、延安革命纪念馆"一号工程"纪念馆建设、敦煌研究院、西安市乐游原历史公园保护项目、安徽艺术职业学院新校区建设、包头市图书馆、福建艺术职业学院工程、西双版纳民族博物馆、黑龙江省渤海遗址保护工程、湖南省群众艺术馆新馆、天津青年京剧团中华剧院、杭州碑林扩建（孔庙）工程、青城山—都江堰古建筑群恢复重建、福清市文化艺术中心、河北省图书馆改扩建工程、济南市艺术大厦、广东星海演艺集团新址、潮州市文化艺术馆、汕头市博物馆新馆、天津滨湖剧院重建等项目。

2008年，全国投资亿元以上的文化设施竣工项目有：中国歌剧舞剧院迁址、山西博物馆、广州中山舰博物馆、浙江美术馆、广西民族博物馆、宁波市博物馆、连云港市文化艺术中心、八一南昌起义馆改扩建、扬州中国雕版印刷博物馆、新疆民族歌舞学校、八路军太行纪念馆扩建、秦皇岛市文化广场、厦门市翔安区文化活动中心、珠海市图书馆等14个项目。

四、国家级重点文化设施建设共落实资金9.68亿元

2008年，中央继续加强国家级重点文化设施建设力度，全年共落实基建投资9.68亿元，保证了国家级重点文化设施建设项目的顺利实施。

国家图书馆二期工程于2004年12月开工，2008年9月竣工试开馆。国家博物馆改扩建工程2007年3月开工，2008年完成老馆结构加固和外立面幕墙工程，计划2009年国庆节前《复兴之路》展览顺利开展，2010年竣工。国家话剧院剧场工程2007年12月奠基，2008年完成地下部分结构施工，计划2009年上半年主体结构封顶，2010年竣工。故宫博物院整体修缮工程完成神武门等中轴线主要古建筑的修缮，奥运会前对观众开放。恭王府府邸修缮工程顺利完工，并于奥运会前对外开放。中国歌剧舞剧院完成新址迁建工程和装修，2008年5月竣工投入使用。中国美术馆二期扩建工程和民族艺术国家三馆工程确定选址奥林匹克公园中心区B04、B02地块，前期工作取得进展。

随着我国综合实力的日益提升和对外文化交流工作的不断开展，国家对海外文化设施建设的投入不断加大。毛里求斯文化中心重建工程2008年7月竣工投入使用。法国巴黎文化中心新楼工程2008年8月完成，开始进行旧楼维修改造工作。印度文化处宿舍楼翻建工程和业务办公楼改造工程2008年12月竣工投入使用。泰国曼谷文化中心2008年5月完成设计招标和方案设计，开始进行工程测绘和地质勘探工作，计划2009年开工建设。

（文化部计划财务司）

二十三、全国教育基本建设

一、2008年教育系统国家重大工程项目总述

第一，农村寄宿制学校建设工程二期、农村中小学现代远程教育工程全面完成。中西部农村初中校舍改造工程和新农村卫生新校园建设工程继续推进。

第二，职业教育实训基地计划、县级职教中心建设计划、示范性中等职业学校建设计划和示范性高等职业学校建设深入推进。

第三，重点学科和高水平大学建设进展良好，"211工程"三期建设全面展开，"985工程"二期建设项目基本完成。

第四，中西部地区特殊教育学校建设工程全面启动。

二、2008年全国教育基本建设投资完成情况

【2008年全国普通高等学校和地方教育部门所属

【普通教育完成基建投资情况】 2008年全国普通高等学校和地方教育部门所属普通教育共完成基建投资1779.5亿元，比上年增加69.2亿元，增长4.1%；竣工房屋建筑面积9945.5万平方米，比上年减少371.8万平方米，下降3.6%。

2008年全国（含部委、地方）普通高等学校完成基建投资839.9亿元，比上年减少118.8亿元，下降12.4%；竣工房屋建筑面积3212.9万平方米，比上年减少754.5万平方米，下降19.0%。

【2008年全国地方教育（高教、普教）事业完成基建投资情况】 2008年全国地方教育（高教、普教）事业完成基建投资1585.7亿元，比上年增加56.6亿元，增长3.7%；其中，国家预算内投资752.7亿元，比上年增加175.7亿元，增长30.5%。竣工房屋建筑面积9587.1万平方米，比上年减少220.6万平方米，下降2.3%。

全国37个省、自治区、直辖市及计划单列市中，完成投资比上年增加的有23个省（自治区、直辖市及计划单列市），占地区数的62.2%；下降的有14个省（自治区、直辖市及计划单列市）。

2008年完成投资比上年增长20%以上的（以增幅大小为序）有大连市、宁夏回族自治区、甘肃省、青海省、新疆维吾尔自治区、贵州省、四川省、西藏自治区、内蒙古自治区、陕西省、云南省、宁波市、安徽省，增长20%以下的（以增幅大小为序）有福建省、广西壮族自治区、江西省、北京市、河北省、湖南省、山西省、广东省、吉林省、江苏省。

2008年完成投资比上年下降的（以降幅大小为序）有辽宁省、天津市、山东省、厦门市、黑龙江省、重庆市、海南省、浙江省、青岛市、湖北省、河南省、新疆生产建设兵团、深圳市、上海市。

2008年，全国地方所属普通高等学校完成基建投资646.2亿元（占全国地方所属教育事业完成基建投资的40.8%），比上年减少131.3亿元，下降16.9%。其中，完成国家预算内投资92.5亿元（占地方所属高等学校完成投资总额的14.3%），比上年增加7.9亿元，增长9.3%。

2008年，全国地方所属普通教育事业完成基建投资939.5亿元（占全国地方所属教育事业完成基建投资的59.2%），比上年增加187.9亿元，增长25%。其中，完成国家预算内投资660.2亿元（占地方所属普通教育事业完成投资总额的70.3%）。

【2008年部（委）所属普通高等学校完成基建投资情况】 2008年部（委）所属普通高等学校完成基建投资193.7亿元（占全国普通高等学校完成基建投资的23.1%），比上年增加12.6亿元，增长6.9%。从资金来源看，国家预算内投资完成59.4亿元（占部（委）所属普通高等学校完成投资总数的30.7%），比上年增加14.9亿元，增长33.6%；自筹投资完成134.3亿元，比上年减少2.4亿元，下降1.8%。2008年部委所属普通高等学校共竣工房屋建筑面积358.4万平方米，比上年减少151.2万平方米，下降29.7%。

21个部（委）中，完成投资比上年增长的有6个，占部委总数28.6%，减少的有15个。

2008年，完成投资比上年增长的（以增幅大小为序）有公安部、中华全国妇女联合会、卫生部、中国民用航空总局、中国科学院、教育部。

2008年，完成投资比上年下降的（以降幅大小为序）有中央办公厅、外交部、司法部、海关总署、中国共产主义青年团中央、工信部、中国地震局、中华全国总工会、国务院侨务办公室、国家安全部、国家体育总局、交通部、国家民族事务委员会、国家安全生产监督管理总局、国家林业局。

三、教育系统汶川大地震灾后重建工作

按照国家汶川地震灾后重建规划组的统一部署，2008年9月教育系统全面投入灾后恢复重建工作。

【修订有关标准，编制技术导则，为灾后重建提供依据】 一是配合有关部门对《建筑工程抗震设防分类标准》进行修订，新标准中将幼儿园、小学、中学的教学用房以及学生宿舍和食堂的抗震设防标准由丙类提高到乙类。同时，由住房和城乡建设部、国家发展改革委批准发布的《农村普通中小学校建设标准》增加了"农村普通中小学校的建设必须确保师生安全。在抗御重大意外灾害时，学校可作为周边地区的紧急避难疏散场所。"等内容。二是会同有关部门制定《汶川地震灾后重建学校规划建筑设计导则》和《汶川地震灾后重建学校规划建筑设计参考图集》，为灾后学校规划建设提供科学技术支撑。

【编制《汶川地震学校灾后重建规划》】 根据《汶川地震灾后恢复重建条例》的要求，按照优化学校布局布点、推进标准化建设、统筹各级各类教育发展、确保校舍安全的原则，在对四川、甘肃、陕西三省上报的规划进行严格审核的基础上构建了规划数据库，完成了《汶川地震学校灾后重建规划》的编制工作。

在国务院抗震救灾总指挥部直接指挥下，全国教育系统灾后恢复重建工作，取得了阶段性成果。

（教育部发展规划司基建管理处 林志华）

二十四、水 利 建 设

【水利固定资产投资】

2008年，全社会共落实水利固定资产投资计划1604.1亿元（含南水北调177.2亿元），较上年增加56.3%。分投资来源看：中央政府投资652.0亿元，较上年增加90.8%；地方政府投资699.5亿元，较上年增加30.8%；利用外资17.5亿元，较上年增加101.1%；国内贷款178.0亿元，较上年增加106.5%；企业和私人投资31.0亿元，较上年减少0.3%；其他投资26.1亿元，较上年增加7.9%。分投资方向看：防洪工程建设投资663.9亿元，较上年增加59.9%；水资源工程建设投资714.2亿元，较上年增加72.1%；水土保持及生态环境保护投资83.7亿元，较上年增加16.1%；水电及专项工程投资142.3亿元，较上年增加14.5%。

全年共落实中央水利建设投资计划425.4亿元（不含小型农田水利建设中央财政专项补助资金30亿元和第四季度新增中央水利建设投资200亿元），比上年增加84.9亿元，增幅24.9%。其中：国家预算内拨款349.4亿元，较上年增加1.52倍；水利建设基金12.0亿元，与上年持平；小型病险水库中央财政专项资金64.0亿元，较上年增加1倍。

全年正式施工的水利建设项目7529个，在建项目投资总规模6679亿元，较上年增加16.2%。当年中央投资的水利建设项目3641个，较上年有所增多，在建投资规模3269亿元，较上年有所减少。当年新开工项目4418个，比上年增加100.5%，新增投资规模1023.9亿元，比上年增加376.6亿元。

全年水利建设完成投资1088.2亿元，较上年增加143.3亿元，增幅达15.2%。其中，建筑工程完成投资781.5亿元，较上年增加16.2%；各类安装工程完成投资67.4亿元，较上年增加44.9%；机电设备及各类工器具完成投资60.0亿元，较上年增加5.6%；其他完成投资（包括移民征地补偿等）179.3亿元，较上年增加6.1%。

在全部完成投资中，防洪工程建设完成投资370.1亿元，水资源工程建设完成投资467.8亿元，水土保持及生态工程完成投资76.9亿元，水电、机构能力建设等专项工程完成投资173.4亿元；七大江河流域完成投资877.9亿元，东南诸河、西北诸河以及西南诸河等其他流域完成投资210.3亿元；东部、东北、中部、西部地区完成投资的比例分别为34.9%、6.1%、22.6%和36.4%。

在全年完成投资中，中央项目完成投资109.2亿元，地方项目完成投资979.0亿元；大中型项目完成投资253.9亿元，小型及其他项目完成投资834.3亿元；各类新建工程完成投资693.7亿元，扩建、改建等项目完成投资394.5亿元。

全年水利建设项目部分投产项目1380个，全部投产项目2682个，共新增固定资产713.4亿元。全年完成投资新增固定资产845.1亿元，固定资产形成率为77.7%。在建项目累计完成投资3843.7亿元，投资完成率为57.6%；在建项目累计新增固定资产2522.5亿元，固定资产形成率65.6%。

全年水利建设完成土方、石方和混凝土方分别为17.1亿立方米、2.7亿立方米和0.3亿立方米。在建项目计划实物工程完成率分别为：土方61.4%、石方41.6%、混凝土方60.5%。

【重点水利建设】

大江大河治理：全年在建江河治理工程899处，累计完成投资1129.2亿元，项目投资完成率达60.8%。新增达标堤防长度5115.2公里，其中，一、二级堤防新增达标长度962公里。当年河道整治长度4756公里，完成4310公里。治淮骨干工程建设已累计完成投资88.8%，累计完成工程实物量95%以上。在19项治淮骨干工程中，已有11项竣工验收，2项全部完成，4项基本完成，2项正在加快实施，基本完成国务院确定的治淮目标。长江干堤加固工程湖南段等工程通过竣工验收。"两湖"治理二期、黄河下游近期治理等重点工程进展顺利。

水库枢纽工程：全年在建枢纽工程284座，累计完成633.4亿元，项目投资完成率达67.8%。其中，水库枢纽工程138座，累计完成投资394.0亿元，项目投资完成率达65.9%。黄河小浪底水利枢纽通过竣工技术预验收，海南大隆水利枢纽通过竣工验收；黄河西霞院、江西廖坊水利枢纽等骨干工程全部建成发挥效益。湖南皂市、浙江曹娥江大闸、甘肃洮河九甸峡等在建枢纽主体工程基本完成；山西张峰、内蒙古三座店、黄河龙口、吉林老龙口、上海青草沙、福建金钟、云南青山嘴等在建工程建设进展顺利；浙江合溪、吉林哈达山、重庆玉滩等工程相继开工。当年在建病险水库除险加固工程2424座，累计完成投资208.2亿元，项目投资完成率49.1%；当年安排中央投资130.0亿元，用于大中型重点小型水库除险加固任务，基本完成除险加固任务609座。

水资源配置工程：全年在建各类水资源工程投资规模869.9亿元，累计完成投资567.4亿元，项目投资完成率达65.2%。南水北调东、中线一期工程有57项单项工程的42个设计单元工程开工建设，在建规模376.9亿元，累计完成投资241.5亿元，当年完成投资51.1亿元，在建项目进展顺利。宁夏扬黄扶贫灌溉、四川武都引水、辽宁大伙房输水二期、山东胶东地区引黄调水工程，润滇、泽渝、兴蜀、滋黔等西南中型水库，甘肃引洮供水一期，青海湟水北干渠扶贫灌溉一期等207个工程建设进展顺利；江西铅山伦潭、海南大广坝水利水电二期（灌区）、新疆生产建设兵团且末垦区苏塘灌区（一期）、陕西引红济石调水工程、吉林引嫩入白供水工程等一批"十一五"重点骨干工程陆续开工建设。

农村水利：全年农村饮水安全工程在建投资规模470.1亿元，累计完成投资293.1亿元。当年新增农村饮水日供水能力334万立方米，解决5378万人的饮水安全问题。截至2008年底，农村饮水安全人口已达6.2亿元，农村自来水普及率达43.7%。中央加大投资力度，安排60.5亿元用于大型灌区节水改造、节水灌溉示范项目及牧区水利试点为重点的农村水利设施建设，在建规模993.4亿元，累计完成投资336.1亿元，当年完成投资90.8亿元。新增有效灌溉面积1318.3千公顷，新增节水灌溉面积1651.0千公顷。实施长江流域水利血防项目91项。当年安排中央投资21.0亿元，实施中部四省大型排涝泵站更新改造67处。

农村水电：当年安排中央投资3亿元用于24个省（自治区、直辖市）和新疆生产建设兵团的380个水电农村电气化建设项目。当年全国农村水电站建设共完成投资310亿元，新增电站1320座，投产发电设备容量419万千瓦。当年在建电站2977座，装机容量2124万千瓦。全国农村水电电网建设共完成投资43亿元，新增110千伏及以上变电站容量464万千伏安；新增35(66)千伏变电站容量142万千伏安；配电变压器容量220万千伏安。新投产10千伏及以上高压线路2.2万公里，低压线路12万公里。累计解决100万无电人口用电问题。

水土保持：全年水土保持及生态工程在建规模达383.6亿元，累计完成197.3亿元。全国新增水土流失综合治理面积3.9万平方公里，其中小流域治理面积新增1.58万平方公里。当年实施生态封育保护面积2.6万平方公里，当年新增封育保护面积2.1万平方里。实施3209条小流域水土流失综合治理，新建成黄土高原淤地坝1200余座。当年新修水平梯田275千公顷，新增沟坝淤地面积41千公顷，新栽种水保林面积1474千公顷，新增种草面积492千公顷。开展国家重点治理的项目县达600多个。长江上中游、黄河上中游、东北黑土地、石灰岩地区重点治理工程和丹江口库区等重点地区水土保持工程稳步推进，塔里木河、石羊河流域重点治理等项目进展顺利。全国首批81个生态清洁型小流域建设试点工程顺利推进，启动实施了农业综合开发东北黑土区水土保持重点工程。

【加强水利工程建设质量与安全管理】
以质量、安全及市场监管为重点，完善制度措施，严格市场准入管理，加强监督检查，水利建设行业监管力度进一步加大。修订《水利工程建设重大质量与安全事故应急预案》；印发《水利工程质量检测管理规定》（水利部令第36号），加强质量检测管理，规范质量检测行为；山东济南黄河标准化堤防工程和临淮岗水利枢纽工程获得鲁班奖和詹天佑奖；加大在建工程安全生产监督检查力度，组织开展了隐患治理年活动及安全生产隐患排查和百日督查活动，全年未发生一起重特大质量和安全事故，安全生产事故（14起）和死亡人数（18人）较2007年分别下降48.1%和59%。

印发《水利系统防止拖欠工程款和农民工工资的若干意见》，积极推进防拖欠长效机制建设，水利行业拖欠工程款和农民工工资问题基本得到解决；开展了水利建设市场信用体系建设专题调研工作。

加强工程稽查督导，组建15个稽查督导组，重点对病险水库除险加固工作进行稽查督导。全年共派出5批次65个组次稽查督导组，对全国29个省（区、市）和3个计划单列市的病险水库除险加固进行督导，对248个工程项目进行了稽查，涉及建设资金约58亿元，发现各类问题2134个，发现违规违纪资金约3.26亿元，下发整改意见226份，提交督导报告30余份，强化了督促整改，有效促进了病险水库除险加固工作。

（水利部建设与管理司　戚波）

二十五、奥运场馆工程与上海世博会工程建设

一、奥运场馆工程

奥运会场馆和国家队训练设施建设是举办一届"有特色、高水平"奥运会的重要组成部分，是实现积极备战、为国争光崇高目标的重要硬件保证。

国家体育总局奥运场馆和国家队训练设施建设项目共38个，总建设面积54万平方米，总投资38亿元。其中新建和改扩建奥运会比赛场馆8个，新建国家队训练、生活、科研、培训等设施30个，新征建设用地652亩，另有景观绿化、园区道路、供电、供暖、上下水、天然气、通信网络等各种市政配套设施多项。至2007年底，所有建设项目均按期竣工。承担奥运会比赛任务的8个场馆已成功举办了"好运北京"测试赛。国家队训练、生活、科研设施已全部投入使用，直接为国家队备战训练服务。

总局奥运工程自2001年立项，至2007年底全部完成竣工验收。六年来，总局奥运工作始终坚持认真贯彻胡锦涛总书记、温家宝总理关于奥运工程建设的重要批示和讲话精神；始终坚持认真贯彻科学发展观，坚持科学求实的态度，尊重基本建设规律，高标准、严要求、重管理、求实效。全体参建人员克服工期紧、专业人员不足等重重困难，出色圆满地完成了建设任务。

经过六年的建设，奥运工作取得十分可喜的成果，主要体现在以下方面：

（一）实现奥运工程"五统一"目标

安全、质量、工期、功能、成本是衡量和评价奥运工程优劣的"五要素"。工程建设管理就是正确处理"五要素"相互关系的过程。由于管理、措施、风险预控到位，总局奥运工程较好地处理了"五要素"的关系，实现并达到了"五统一"的建设目标。

（二）实现"三大理念"

"绿色奥运、科技奥运、人文奥运"是2008年北京奥运会向国际奥委会和国际社会做出的庄严承诺。奥建工作始终把节能环保、科技亮点、以人为本作为贯彻落实"三大理念"，提高建筑工程品质的重要目标，并具体贯彻到设计、施工、材料选用等工程建设的各个环节。

总局奥运项目在节能环保方面均达到国家规定要求。施工中大量采用了新型节能环保材料和技术，如射击馆使用的呼吸式幕墙、老山自行车馆的饰面清水混凝土；奥体中心三个改造场馆新增空调热回收系统、太阳能利用系统；北京体育大学田径馆外墙选用的混凝土砌块等。

科技亮点多是总局奥运工程的一大特色。据不完全统计，共有60余项新技术、新工艺被采用，大量新设备、新材料在项目建设中广泛应用。大胆探索、大量技术难点的突破，有效提升了奥运工程的科技含量，用科技创新对"科技奥运"作出了最好的诠释。如老山自行车馆采用了大跨度钢网架拔杆提升与外扩拼装施工技术、铸钢支座和巨型人字柱定位安装技术以及木制赛道的建造安装技术；奥体中心三个改造场馆使用的泳池泳衬技术、自密实混凝土施工技术、粗直径钢筋机械连接技术；首都体育馆采用增设剪力墙将原场馆框架结构体系转变为框架加剪力墙体系，结构加固采用的软钢阻尼器技术等。

奥运工程将以人为本的理念贯穿建设始终。以好用、方便、舒适为出发点，使总局的奥运项目富有人性化色彩。奥运会比赛场馆在对各类观众和参赛人员的服务方面力求做足文章，涉及运动员、教练员训练、科研、生活设施的部分都极大提升建设标准，如北京体育大学田径馆国内首条木结构基础跑道，可有效预防高水平运动员大强度训练损伤。

（三）实现"廉洁奥运"、"阳光工程"的目标

在奥运会筹备和建设工作中，党中央提出了"节俭办奥运，廉洁办奥运"的方针。总局党组对此高度重视，始终将其作为党风廉政建设的重点，要求全体参建人员以对党和人民高度负责的精神，恪尽职守，遵纪守法，确保奥运工程不出丑闻，不给奥运会抹黑。总局坚持建设与监督并重的原则，把教育、规范管理、监督制约有机地结合起来。在成立奥建办的同时，即成立了奥监办，并在各项目单位成立监督小组，为圆满完成奥建任务，确保实现"廉洁奥运"、"阳光工程"目标，提供了坚实有力的体制、机制和制度保障。

全程审计监督是对奥运工程实施监督的重要手

段。奥运工作之初，在国家审计署尚未对奥运工程开展审计工作的情况下，总局就借助社会审计机构的力量，组织和开展奥运项目的跟踪审计。总局重视并加强建设工程内部审计的做法得到国家审计署的充分肯定。

六年来，监督工作始终注重加强廉洁从业的教育和警示教育，狠抓重点环节的监督，并通过设置举报箱、电子信箱，公布举报电话等方式自觉接受社会监督。在工程建设过程中，监督工作按照总局领导的要求，做到了事事有核查、件件有回复。

监督工作发挥了重要的保驾护航作用。在230多项设计、监理、施工总包招标和1000多项比选工作中，未发生因自身原因所引发的招标投诉和违法、违规、违纪问题。基建程序合规合法，做到了"工程安全、资金安全、人员安全"，使"廉洁办奥运、节俭办奥运"的方针得到切实贯彻落实。

（四）实现努力提高投资效益的目标

总局奥运会场馆和国家队训练设施承担着举办奥运会和为国家队备战训练服务的重要任务，其优质高效完成并尽早投入使用，对于实现国家建设投资预期效益具有重要意义。

总局8个奥运会比赛场馆如期或提前竣工，确保了所承担奥运会比赛项目的成功举办和国家队的训练。国际奥委会、国际单项体育协会、奥组委等对场馆设施都给予很高评价。如改造后的首都体育馆在国际排联对质量功能评定的50项指标中，46项达到优秀，仅有4项为良好。

举办奥运会为总局体育设施的改善提供了难得的机遇，能否抓住机遇，为国家队借助主场优势备战训练创造条件是这次奥建工作肩负的重要责任。奥运建设使20余个奥运项目的训练、生活、科研、培训条件得到极大改善，使一些国家队长期无固定训练场地和生活设施的状态得到转变。项目单位硬件设施的改善和加强，有效地提高了其市场竞争力和发展潜力，为体育事业的全面、协调、可持续发展奠定了坚实的物质基础。

温家宝总理考察奥运工程时特别强调："举办奥运会要搞好两个服务，既要搞好对奥运会的服务，又要搞好对群众的服务"。为贯彻落实温家宝总理的指示，场馆建成后，一些单位立即采用市场运作方式，将场馆资源对社会开放，为群众健身服务，使广大人民群众共享建设成果。

（国家体育总局）

二、上海世博会工程建设

【上海：百项重大工程确保世博会】 2008年，上海的重大工程建设围绕世博会筹备，全面推进世博园区场馆、外配套设施建设。

上海世博会将于2010年5月1日开幕，其主题是"城市，让生活更美好"，目标是吸引200个国家、国际组织前来参展，7000万人次的海内外游客前来参观。在为期半年的上海世博会期间，将举办近两万场次的各类活动。

上海世博会自2006年3月22日发出参展邀请以来，截至1月6日已有187个国家和国际组织确认参展，刷新了世博会的参展方数量纪录。

上海世博会事务协调局副局长朱咏雷1月6日在云南昆明举行的上海世博会云南宣传周新闻发布会上说："上海世博会在这么短的时间内有这么多的国家和国际组织确认参展，是世博会举办历史上成绩最好的一届。"

据介绍，世博会组织者已陆续与乌克兰、匈牙利、瑞士、卢森堡、西班牙、荷兰、波兰、阿联酋等国家签订了参展合同，这些国家大多数已公布了国家馆建筑设计方案。目前，与加拿大、日本等国的参展合同谈判正在进行。

朱咏雷说："2008年底上海世博会将力争基本完成200个国家和国际组织参展的目标。"

上海世博会国内参展事务即将启动。1月2日，香港特区政府已经向上海世博局提交了上海世博会中国馆区香港特区馆的"主题陈述"报告。

目前，广受关注的上海世界博览会世博中心、中国馆、主题馆、演艺中心等世博园区四大永久建筑已全部开工。朱咏雷说："这意味着，整个世博会工程建设中周期最长的关键路径全面启动。"

上海世博会园区位于上海南浦大桥和卢浦大桥区域，并沿着上海城区黄浦江两岸进行布局，整个园区规划用地范围为5.28平方公里。

据了解，中国馆将紧扣"城市发展中的中华智慧"这一主线，通过城市建设、城市管理、城市生活、城市产业等内容，以小见大，充分展现"自强不息、厚德载物、师法自然、和而不同"等中华智慧。中国馆建筑设计方案经向全球华人公开征集，并经数轮专家评选、优化，最终确定了以国家馆为主体、地方馆为群辅的方案。主题馆将以5个主题分馆分别展示"城市人"、"城市"、"地球"、"足迹"、"梦想"5个主题元素。

2007年12月18日，中国2010年上海世博会的核心建筑之一，寓意"东方之冠、鼎盛中华、天下粮仓、富庶百姓"的中国馆正式开工建设，并将于2009年正式完工。

二十五、奥运场馆工程与上海世博会工程建设

中国馆位于世博会园区浦东区域入口，由建筑面积为2万平方米的中国国家馆、3万平方米的中国地区馆以及3000平方米的港澳台馆三部分组成。中国馆总投资15亿元。中国馆外观以"东方之冠"为构思主题。其中，国家馆居中升起，层叠出挑，而地区馆并列展开为一个巨大的基座。

上海轨道交通网直接服务世博园区的建成线路项目——地铁8号线一期工程已于2007年年底试运营。

上海地铁8号线一期工程是轨道交通网络中最重要的骨干线路之一，建成投入运行后，不仅可以改善上海东北市区和市中心的交通紧张状况，加速沿线地区的发展，而且将为2010年上海世博会提供高效的交通解决方案。

此外，地铁7号线、10号线、11号线等轨道交通建设总体推进情况良好；有114座车站正在积极施工；轨道交通运营的车站数达到166座、运行里程超过230公里，对缓解交通压力起到十分重要的作用。越江设施建设全面推进，新建路、人民路、打浦路隧道复线越江工程以及外滩通道开工建设；上中路、军工路和西藏南路越江工程正在积极推进，将使越江道路设施得到进一步完善，不断改善上海浦东与周边地区的交通联系。

同时，上海连接苏、浙两省的一批高速公路建设加快推进，沪宁高速公路拓宽工程进入施工高潮，预计明年年底全面完成。上海长江桥隧工程建设有了突破性的进展，枢纽港建设继续加快，浦东国际机场二期扩建工程（航站楼、第三跑道）、罗泾港二期工程基本建成，虹桥综合交通枢纽开始实施。内河航道整治全面开始，两省一市地方内河航运发展规划启动实施，承担浦东新区北部地区运输任务的赵家沟和沟通洋山深水港区与相邻省区的国家级集装箱运输主通道大芦线航道整治一期工程正在积极推进，高等级内河航运框架将逐步形成。

世博园区内，世博中心、中国馆、主题馆、世博村等一批场馆陆续开工建设，一批国际组织馆及参展国家馆配套设施设计方案正在进一步深化。园区外，路网配套道路、公共交通枢纽、中心城排水系统以及电力隧道等一批专项配套项目开始实施，为明年全面展开建设打下良好的基础。

2008年上海的重大工程建设将围绕世博会筹备，全面推进世博园区场馆、外配套设施建设；围绕长三角区域联动，推进枢纽型、功能性、网络化重大基础设施建设，同时加快编制推进生态环境保护和安全清洁高效的能源供应体系。（2008年1月28日 中国2010年上海世博会官方网站　来源：北京商报）

【上海世博会举行中国馆展示设计概念方案答疑会】 世博网2008年2月2日消息：1月30日，中国馆筹备领导小组办公室在上海世博局召开了中国国家馆展示设计概念方案答疑会。中国馆筹备领导小组办公室常务副主任、上海世博局副局长陈先进、中国馆筹备领导小组办公室副主任熊训林以及上海世博局展馆展示部、主题演绎部、上海世博会组委会联络小组相关人员、世博集团中国馆项目分公司负责人和入围企业代表参加了会议。

中国馆筹备领导小组办公室常务副主任、上海世博局副局长陈先进表示，要充分认识中国国家馆展示方案征集工作的重要性。作为本届世博会的东道主国家馆，必将吸引全世界亿万观众的目光。能够参与中国国家馆方案的策划，机会难得、使命光荣、任务艰巨、责任重大。入围企业要有大气魄、大思路来演绎国家馆的展示设计方案，接受参观者的检验。

陈先进说，要全力做好设计工作，要紧扣中国馆的主题，演绎方向要正确、内容要全面、结构要完整、逻辑要合理。在展示策划方面，必须做到创意新颖、技术先进、制作可行、运营可靠、成本合理。同时，在团队组建过程中，要集各方的智慧和力量，利用社会资源为方案的策划、设计服务。希望入围企业把握好时间节点，如期提交方案。

熊训林在会上向入围企业介绍了中国参与历届世博会的一些情况，并要求入围企业在深入研究本届世博会主题的同时，也要认真学习和吸收历届世博会的优秀经验。在方案的策划和设计过程中，多与主办方进行广泛、深入沟通。

上海世博局主题演绎部、展馆展示部、世博集团中国馆项目分公司负责人就入围企业提出的主题演绎、展示设计、建筑边界条件等问题进行了答疑。（作者：张洪涛　来源：世博网）

【上海世博会园区雕塑项目工作启动　面向全球征集策划方案】 世博网2008年3月31日消息：上海世博局和上海市城市规划管理局今天联手向全球公开征集中国2010年上海世博会园区雕塑项目策划方案。上海世博局副局长黄健之、上海市规划局副局长伍江出席新闻发布会。

黄健之介绍说，世博雕塑规划范围为世博会园区规划红线范围，用地面积约5.28平方公里，整个园区内计划设置200座雕塑。他表示，雕塑是传播上海世博会理念的重要载体，上海世博会为雕塑界

提供了广阔的舞台。根据《中国2010年上海世博会园区城市雕塑规划》，园区雕塑按内容和区域分为标志性雕塑、主要出入口雕塑、雕塑艺术长廊、雕塑广场和沿江景观带雕塑等五大项目，本次活动所要征集的策划方案是除标志性雕塑以外的四个园区雕塑项目。

四大园区雕塑项目背景资料

项目一：主要出入口雕塑设置于园区8个常规人行出入口集散广场。具体包括浦东的上南路出入口、高科西路出入口、浦明路（南）出入口、长清路出入口、浦明路（北）出入口以及浦西的鲁班路出入口、西藏南路出入口和半淞园路出入口。八个出入口雕塑将围绕"城市"、"城市人"、"城市星球"、"梦想"和"足迹"五个概念领域展开设计。

项目二：雕塑艺术长廊是设置于世博轴二层平台的综合雕塑带，是在世博轴长距离带状公共空间中集中设置的一种或多种主题的雕塑群。雕塑艺术长廊将围绕"科技"与"人文"的主题定位，着重反映"科技促使城市进步，引导人城和谐"，人类在科技化的背景下，孕育创新精神、创新意识与创新思维，以艺术的方式体现技术创新和面向未来的世博理念，展现时代特性。

项目三：雕塑广场选址浦西核心滨江绿地广场江南广场，即结合江南造船厂保留船坞、码头等工业设施和塔吊等工业构件形成的船舶工业遗址公园，南临黄浦江，用地面积约11.4公顷。雕塑广场综合雕塑群落反映工业文明、历史事件、科技发展等内容，展示工业遗存的内在力量美与中国民族产业的发展历程，构成一个以秩序美和灵动美相结合的景观场所。

项目四：沿江景观带雕塑结合浦东园区黄浦江滨江绿带大型绿化开放空间设置，营造滨水生态、休闲雕塑景观带，包括后滩公园、世博公园和白莲泾公园，用地面积约58.6公顷。滨江绿地为永久性绿地，会后将成为城市的绿色生态廊道。（作者：袁琳　来源：世博网）

【世博村A、B、D地块提前实现主体结构封顶】 世博网2008年7月17日消息：7月8日，经过全体参建单位的共同努力，世博村D地块提前22天实现结构封顶目标。至此，世博村A、B、D三大地块已提前实现主体结构封顶，项目上半年进度节点计划和工程安全目标均顺利实现。

世博村D地块公寓式酒店由7幢板式高层组成，下部有两层群房相连，工程总建筑面积14.7万平方米，工程建成后将为世博会各国参展工作人员提供中高档办公和住宿服务。此前，因在安全质量综合考核中取得优胜，世博村D地块工程质量被市建设工程安全质量监督总站授予"世博园区工程现场单位流动红旗"；由于节能降耗减排工作成效突出，6月份D地块还被市建设工程安全质量监督总站等选为今年市建设工程节约型工地现场观摩的样板，并在这里举行了专题讲评会。（来源：世博网）

【上海世博中心入围中国首批"绿色建筑设计评价标识"项目】 世博网2008年8月5日消息：住房和城乡建设部4日公布了中国第一批"绿色建筑设计评价标识"项目，包括中国2010年上海世博会世博中心在内的6个项目获得这一标识。

绿色建筑评价标识是指国家确认绿色建筑等级并进行信息性标识的评价活动，分为"绿色建筑设计评价标识"和"绿色建筑评价标识"两类，分别用于处于规划设计阶段和运行使用阶段的住宅建筑和公共建筑。

这次公布的首批"绿色建筑设计评价标识"项目包括：上海市建筑科学研究院绿色建筑过程研究中心办公楼、深圳市华侨城体育中心扩建工程、中国2010年上海世博会世博中心、绿地汇创国际广场准甲办公楼、金都·汉宫和金都·城市芯宇。

其中，中国2010年上海世博会世博中心的建筑节能率达到了62.8%，有52%的生活热水可通过太阳能热水系统提供，而非传统水源的利用率也达到了61.3%。

据绿色建筑评价标识管理办公室有关负责人介绍，下一步他们将在继续接受"绿色建筑设计评价标识"申请的同时，开始接受"绿色建筑评价标识"申请。（作者：张晓松　吴思　来源：新华网）

【上海世博会筹备进入最后600天　世博园区轮廓初现】 世博网2008年9月8日消息：上海世博会筹备进入最后600天，现在的世博园区是什么模样？昨天，记者跟随世博工程建设者走进世博浦东园区，一一走访拔地而起的中国馆、初具规模的世博村、绿树成荫的世博公园等。与三个月前在此看到的遍地基桩、满眼钢架结构相比，如今园区已初具轮廓。

中国馆四大基柱完成

汽车沿着世博轴缓缓经过，向东望去，绿色"保护外衣"下，中国馆巨鼎四足已经傲然挺立！在无数脚手架、吊车的映衬下，绿色包裹中四个33米高的支撑足正在沉默中凝聚力量，它们已经做好一切准备，只待撑起27米高的"东方之冠"。现场工程师介绍，目前中国馆的四大基柱完成，进度过半，今年年底将结构封顶，明年9月工程竣工。另一核心建筑世博中心的地下部分已经完工，地上 7 层建成，中心的西面已建到顶层，下月中旬整个建筑就将结构封顶。世博中心项目副经理胡建告知，目前世博中心建筑材料中的 20% 是通过循环利用再生产的环保建材，建筑内还将设置太阳能、雨水收集设备，建立循环水池等。

万人世博村规模初现

最多能容纳 1 万人居住的世博村是园区工程中进展最快的项目之一。世博村中各式酒店建筑林立，其中格林豪泰等经济型酒店已经对外营业。世博村管理公司负责人胡毅介绍，世博村 10 个规划片区已完成 6 个，40 多万平方米建筑已经封顶。

1 万名会展代表、服务人员居住在此，将感受到历史和现代交融的生活氛围。世博村中，一些建筑采用充满现代时尚元素的玻璃幕墙，另一些则是由保留下来的老厂房、老建筑改建成的酒店。接近封顶的五星级洲际酒店是世博村的第一高度，酒店前数座红顶别墅是市级历史保护建筑，将保持原貌作为该酒店的会所。

世博公园舒展"绿肺"

最后一站世博公园位于浦东世博园区的中心地带，建成后将是黄浦江沿江又一座高品位的标志性公园，将成为整个世博园区、乃至上海的"绿肺"之一。目前世博公园已完成工程总量的 85%。

银杏、乌桕、榉树、香樟……2700 棵乔木已在世博公园扎根，9 成公园公共建筑竣工，连通世博公园、后滩公园的水系已完成 75%，2.2 公里的沿江绿地今年年底全部完工。在黄浦江畔的千年防汛墙上，一排排绿色乔木勾勒出的"扇骨"已经成形，由公园内所有树木组成的巨型绿扇仿佛从江面升起，面向浦江优雅打开，向四海游客展开上海的怀抱。（来源：解放日报）

【**中国馆建设进入全面攻坚阶段　首梁开吊仪式 16 日举行**】　世博网 2008 年 9 月 16 日消息：今天上午，中国 2010 年上海世博会中国馆"百日封顶"暨中国馆首梁开吊仪式举行，这标志着中国馆建设进入结构封顶的全面攻坚阶段。"东方之冠，鼎盛中华，天下粮仓，富庶百姓"——再过一百天，这座富有强烈视觉冲击力的建筑将展露雄姿。上海世博局副局长黄健之出席开吊仪式。

起吊的首根高钢梁重逾 32 吨，属于主体结构中四根柱子之间的连系构件，由上海机施公司负责吊装。规划中的中国馆展区总建筑面积约 12 万平方米，由中国国家馆、地区馆以及港澳台馆三部分组成。其中，国家馆居中升起、层叠出挑，成为凝聚中国元素、象征中国精神的雕塑感造型主体——东方之冠；地区馆水平展开，以舒展的平台基座的形态映衬国家馆，成为开放、柔性、亲民、层次丰富的城市广场。（来源：世博网）

【**世博园区首个永久场馆 30 日结构封顶　世博中心将成为绿色建筑典范**】　世博网 2008 年 10 月 30 日消息：10 月 30 日上午，按照国际标准建设的绿色建筑——上海世博会世博中心结构封顶，这是上海世博会园区内首个结构封顶的大型永久场馆建设项目。上海市政府副秘书长、上海世博局局长洪浩宣布世博中心结构封顶。上海世博局副局长丁浩，上海世博集团董事长戴柳出席封顶仪式。

据悉，世博中心项目位于上海世博会规划围栏区 B 片区滨江绿地内，南临浦明路，东至世博轴。项目于 2007 年 6 月 7 日开工，经过 1 年多的紧张建设，世博中心已完成地下室和钢结构的施工，即将进入机电安装和外立面幕墙全面施工的高潮。作为上海世博会永久保留建筑，世博中心在世博会期间将作为世博会庆典活动、招待宴请和论坛活动的举办场所，世博会后将转型为国际一流会议中心。

记者了解到，世博中心是中国首批获得"中国绿色建筑最高级认证"的项目之一，目前正在申请美国 LEED 金奖。由美国绿色建筑委员会创办和颁布的"LEED 认证"，即美国能源与环境设计先锋奖，是全球公认的衡量建筑可持续性的标准认证，也被看作是目前世界上最权威的真正绿色建筑示范标准之一。世博中心是世博会有史以来第一个申请美国 LEED 金奖标准的世博会建筑，也是已获得和正在申请美国 LEED 金奖的新建建筑中体量最大的公共建筑。（作者：袁琳　来源：世博网）

【**上海世博会举行首批国家自建馆交地仪式　六国即将启动自建馆建设**】　世博网 2008 年 11 月 14 日消息：11 月 14 日，中国 2010 年上海世博会第三次参展方会议举行期间，上海世博会组织者与澳大利亚、德国、法国、卢森堡、荷兰、西班牙等六个自建馆国家签署《土地移交备忘录》，取得地块的国家将于近期或年内开工建设展馆。

随着上海世博会筹办工作的日益深入，很多参展方特别是自建馆国家都已经和世博会组织者签署了《参展合同》，并揭晓了展馆概念设计方案。今年以来，自建馆国家的建设筹备工作也在逐步推进。

据了解，在首批交地的国家中，法国、德国、西班牙、澳大利亚将于近期或年内开工建设国家馆，卢森堡馆、荷兰馆也将于明年年初启动建设。

上述国家此前公布的展馆设计策划方案，主题深刻，建筑充满创意。澳大利亚国家馆占地面积达4800平方米，其主题是"战胜挑战：针对城市未来的澳大利亚智能化解决方案"，通过探讨环境保护以及城市化和全球化等人类面临的共同挑战，以及展示澳大利亚自然风光，向参观者呈现"世界上最适宜居住地"——澳大利亚如何缔造城市建设和自然环境之间可持续发展的和谐。

德国馆命名为"和谐都市"，位于卢浦大桥附近的黄浦江南岸，占地面积6000平方米，展馆四面呈开放状，其建筑设计给人一种轻盈、飘逸的感觉。主要展区是由三个被底座支撑起来而呈悬浮状建筑体和一个锥体形状建筑物组成。展馆以一些典型的都市生活空间和设施展示德国的城市生活。同时也介绍了一些"德国制造"产品解决都市问题的方案。德国展馆期望表达都市生活在更新与保留、创新与传统、共性与个性、工作与休闲，以及全球化与民族性之间保持平衡的重要性。

卢森堡为突出其"欧洲绿色心脏"的特殊身份，展馆几乎只用整块巨石雕刻而成，展馆设计取义中文译名"卢森堡"即"森林和堡垒"，展馆自喻为一个周围绿树环绕的开放堡垒。展馆将通过其建筑和使用的材料成为可持续发展城市的一个典范，尊重自然环境，同时却能向城市居民和来访者提供现代化的舒适生活。使用的主要材料将会是钢、木头和玻璃，都是些可回收材料。为了强调展馆对外部的开放性，围墙上将会嵌有各种半透明的平面，上面还会用汉字表达很多信息。

荷兰选择了"快乐街"为荷兰国家馆的主题。整条街呈8字形，而八是中国传统文化中的幸运数字。"快乐街"意指一个理想的城市。在这个区域内，城市生活的各个部分和谐共存，并且通过对于生活区，工作区和工业区的划分，体现现代城市生活的合理规划。参观者可以在"快乐街"上参观各种造型独特的房子，体验荷兰的文化气息。每个房间形成一个卫星馆，都体现了荷兰人民在空间，能源，水利用方面的创新。

西班牙国家馆用钢建筑材料上覆盖柳枝建成，形状像一只篮子，通过西班牙不同地区的手工艺者的帮助，利用不同的自然颜色将柳条编成不同的图案。整个国家展馆的投资预算为1800万欧元。

名为"感性城市"的法国馆，漂浮于占据整个展馆面积的水平面上。这种脱离地面的手法，能尽显水韵之美及其水的反射现象。水平面、溪流沿着法式庭院流淌、小型喷泉表演、水上花园，构成了一个清新凉爽的世界。展馆顶层精致的法式餐厅，法国著名料理师将展现法国厨艺的多样性。参观者穿过餐厅，慢步于屋顶的法式花园，浦江美景尽收眼底。（作者：袁琳　徐笋　来源：世博网）

【解码·整体规划布局】　2002年上海申博成功后，上海世博会规划方案的编制经历了调研论证和园区规划范围调整、专题研究和国际研讨、方案征集评审和综合优化等阶段，规划方案逐步成型；

上海世博会规划综合步行适宜距离、人体尺度和参观者的认知度等因素，提出了"一主多辅"的总体结构和"园、区、片、组、团"五个层次的展馆布局，并按这五个层次的布局，配备相应的公共服务设施。

"一主"是指围绕跨越黄浦江两岸的滨江绿洲形成的核心功能区，分为浦东、浦西两个片区。"多辅"是指核心功能区以外还有三个辅助片区，一个在浦西，二个在浦东。

"园"是指5.28平方公里的整个世博会园区建设用地范围，也就是整体用地概念。

"区"则是指3.28平方公里的世博会围栏区，也就是收取门票才能进入的游览区，其中浦东2.38平方公里和浦西0.9平方公里。

"片"则是把世博园区划分成五个功能片区，并且用A、B、C、D、E的编号标识，每个功能片区的平均用地面积为60公顷，其中A、B、C三个功能片区分布在浦东，D、E两个功能片区分布在浦西。

A片区：规划布置中国馆和除东南亚外的亚洲国家馆

B片区：规划布置东南亚和大洋洲国家馆、国际组织馆及主题馆（城市人馆、城市生命馆、城市星球馆）、世博中心和演艺中心等

C片区：规划布置欧洲、美洲、非洲国家馆

D片区：规划布置企业馆

E片区：规划布置企业馆和主题馆（城市文明馆、城市未来馆），设立城市最佳实践区

"组"是指在每一个功能片区里的若干展馆"组"。每个展馆"组"平均用地规模为10至15公顷。展馆"组"共有12个，其中8个在浦东，4个在浦西。

"团"是最小的布局单位，每个展馆"组"可包含若干展馆"团"。展馆"团"一般用地规模约为2至3公顷，在里面可布置40至45个办展单元。世博园区里，这样的展馆"团"共有26个。在每一个展馆团的附近，都设有属于这个区域的小型餐饮、购物、电信、厕所、母婴服务等各种公共服务设施，方便参观者就近使用。（2008年11月16日　来源：

人民日报海外版）

【中国馆土建结构封顶　世博永久性场馆制高点诞生】　世博网2008年11月28日消息：11月28日，在上海世博会开幕倒计时519天之际，上海世博会中国馆高达69.2米的4座24层核心筒立柱的最后一方混凝土顺利浇筑完毕，世博园区"一轴四馆"永久性建筑中的制高点宣告诞生。世博网11月28日消息：11月28日，在上海世博会开幕倒计时519天之际，上海世博会中国馆高达69.2米的4座24层核心筒立柱的最后一方混凝土顺利浇筑完毕，世博园区"一轴四馆"永久性建筑中的制高点宣告诞生。

总建筑面积达16.01万平方米的中国馆，由中国国家馆和地区馆等组成。其中国家馆由4个钢筋混凝土核心筒立柱和钢结构组成，钢结构从柱高33.3米居中升起，层叠出挑，呈拱斗型，成为凝聚中国元素、象征中国精神的雕塑感造型主体——东方之冠；地区馆水平展开，以舒展的平台基座的形态映衬国家馆，成为开放、柔性、亲民、层次丰富的城市广场。

中国馆从2007年12月18日正式开工以来，1200余名建设者经过316天的连续奋战，整个中国馆工程已完成近40%的工作量。这座富有强烈视觉冲击力的建筑已展露雄姿。据悉，中国馆将于明年5月底实现外立面装饰封闭，并基本完成管道设备安装，6月底正式授电，9月底完成工程整体建设。之后，将全面进入布展阶段。（作者：袁琳　来源：世博网）

【设计建造具有完全自主知识产权　上海世博会主题馆结构封顶】　世博网2008年12月28日消息：由我国自行设计和建造的具有完全自主知识产权的中国2010年上海世博会主题馆于2008年12月28日结构封顶。今天上午，浦东世博园区内举行主题馆结构封顶仪式。上海市政府副秘书长、上海世博局局长洪浩，上海世博局副局长丁浩，上海世博（集团）有限公司董事长戴柳，世博集团党委副书记、副董事长姚春海以及建工集团，宝冶公司的领导出席仪式。据介绍，主题馆是由我国自行设计和建造的具有完全自主知识产权的标准场馆，标志着我国在大型展览场馆设计和建造方面达到国际先进水平。

主题馆位于世博园区B片区世博轴西侧，紧邻轨道交通8号线浦东周家渡站，占地面积约11.5公顷，总建筑面积约12.9万平方米，其中地上8万平方米，地下4.9万平方米，建筑高度约27.7米。该项目于2007年11月10日开工，由上海世博（集团）有限公司负责建设。经过1年多的紧张建设，已完成桩基、地下工程和钢结构的施工，目前进入机电设备安装和外立面幕墙施工阶段，计划于2009年9月30日竣工。

作为上海世博会的永久性场馆之一，主题馆在世博会期间将承担演绎、展示主题的重任，着重反映当今世界快速城市化和城市人口加速增长的背景下，地球、城市、人三个有机系统之间的关联和互动，揭示创造更美好的城市，更美好的生活的关键所在。世博会后，主题馆将转为标准展览场馆，可举办各类专业展会，与周边世博中心、中国馆、星级酒店、世博轴和演艺中心共同打造以展览、会议、活动和住宿为主的现代服务业集聚区。

按照计划，主题馆将于2011年开始对外市场化运作，其拥有7万平方米左右的展览面积，具有一定的市场竞争力。目前，除浦东的上海新国际博览中心外，大部分场馆面积都小于3.5万平方米。主题馆的建设弥补了上海5万平方米至10万平方米展馆的空白，有利于上海展览业的发展。（作者：吴珏晨　来源：世博网）

【上海世博会中国馆主体结构31日封顶】　世博网2008年12月31日消息：经过一年紧张施工，中国2010年上海世博会中国馆今天实现主体结构封顶。这标志着中国馆建设将全面进入内部装修、管道安装和外立面施工阶段。据悉，中国馆工程将于2009年9月全部完工，并于当月30日交付布展。

上海世博会执委会专职副主任钟燕群出席仪式并宣布中国馆主体结构封顶。上海市政府副秘书长、上海世博会事务协调局局长洪浩，上海世博局副局长黄健之，上海世博局副局长陈先进，上海世博局副局长吴云飞等出席仪式。

洪浩在接受世博网记者采访时表示，上海世博会园区各项建设顺利推进，中国馆主体结构的正式封顶标志着2008年的建设节点目标全部完成。广大建设者在一年的时间中，经受了百年一遇的雪灾、强降雨和高温酷暑等自然灾害的严峻考验，克服了工期紧、任务重和难度高等重重困难，攻克了一系列技术课题和交叉施工等难关后，实现了中国馆年内主体结构封顶的建设目标。洪浩要求，各方面继续努力高速、优质、圆满地完成中国馆和世博园区的建设任务。

为又好又快建成中国馆工程，世博会工程建设指挥部办公室通过科学组织和有效协调，有力地推进了项目建设。指挥部办公室负责人指出，中国馆主体结构按时实现封顶凝聚了多方的心血和努力。

华南理工大学设计院、清华安地设计院和上海建筑设计院以及同济大学、建交委科技委的建筑师和专家们，创造了风格独特，凝聚着诸多中华元素的中国馆设计方案，攻克了悬挑35米、顶盖19600平方米、斗拱形抗震设计及大型展馆消防性能化设计等诸多课题。

上海建工（集团）总公司作为施工总承包，对中国馆建设倾注了极大的努力。在仅一年左右的时间内，完成了52万立方米的土方开挖和运输，13万立方米的商品混凝土供应和浇筑，2.1万吨钢结构的加工和吊装，以及2.7万吨钢筋的成形和绑扎，从而确保实现了16万平方米的中国馆主体结构封顶这一关键性建设节点。

中国馆总建筑面积达16.01万平方米，由中国国家馆、地区馆等组成。其中国家馆由4个钢筋混凝土核心筒立柱和钢结构组成，钢结构从柱高33.3米居中升起，层叠出挑，呈拱斗型，成为凝聚中国元素、象征中国精神的雕塑感造型主体——东方之冠；地区馆水平展开，以舒展的平台基座的形态映衬国家馆，成为开放、柔性、亲民、层次丰富的城市广场。（作者：袁琳　来源：世博网）

二十六、西部大开发建设进展

一、经济平稳较快增长，中央支持力度继续加大

2008年，西部地区实现地区生产总值58257亿元，增长12.4%；实现地方财政收入5159亿元，增长26.3%；完成城镇固定资产投资32790亿元，增长27.2%；规模以上工业增加值增长15%。各项主要经济指标增速虽然有所回落，但仍高于全国和东部地区平均水平。同时，西部地区对外开放保持了较快发展的势头，进出口总额突破千亿美元大关，增长35.8%；实际利用外资总额66亿美元，增长79.8%。中央财政对西部地区一般性转移支付3200亿元。中央预算内投资安排西部地区632亿元，增长13.6%。金融保持平稳健康运行，2008年末西部地区本外币存款和贷款余额分别达到7.85万亿元和5.21万亿元，占全国的比重分别提高了0.8和0.4个百分点。

二、重点工程建设进展顺利，基础设施薄弱环节得到加强

新开工建设10项西部大开发重点工程，投资总规模达4361亿元。新开工建设兰渝、贵广、南广等跨区域重点铁路和成（都）绵（阳）乐（山）客运专线等；新建成高速公路1471公里及干线公路1000公里；长江宜宾至重庆三级航道、西江航运干线扩能、北海港5万吨级航道等重点工程相继建成；昆明新机场和新疆阿克苏、西藏昌都邦达、青海玉树等支线机场获得批准建设；青海引大济湟、桂林漓江补水枢纽等工程开工建设，向家坝水电站成功截流，云南景洪等水电工程相继建成发电；西气东输二线工程全面开工，环准噶尔盆地输气管网建成投产；新建光缆39.9万公里，新增移动交换机容量8724万门。

三、特色优势产业加快发展，区域自我发展能力不断提升

油气等资源勘探取得重要成果，新疆已探明天然气地质储量超过1300亿立方米。资源深加工业蓬勃发展，广西防城港电厂、华银氧化铝一期等重大项目相继建成投产或部分投产，四川1000万吨炼油、内蒙古呼伦贝尔80万吨尿素、宁夏青铜峡铝业煤电铝一体化自备电厂等重大产业项目相继得到核准，宁夏宁东煤电化基地开工建设。装备工业和高技术产业竞争力增强，特高压输变电设备国产化、大型铸锻件加工、核电装备国产化、电子通信领域重点项目建设步伐加快。

四、生态环境建设扎实推进，两型社会建设深入开展

实施省级巩固退耕还林成果专项规划，安排基本口粮田、农村能源、生态移民、接续产业发展和补植补造建设资金76亿元，安排西部地区退耕还林工程配套荒山荒地造林和封山育林任务890万亩。退牧还草工程稳步推进，安排退牧还草任务7842万亩。岩溶地区石漠化综合治理工程启动试点建设，石羊河流域重点治理工程、甘南黄河重要水源补给生态功能区生态保护与建设工程全面启动，天然林保护等重点生

态工程稳步推进。西部地区重点节能工程、循环经济试点项目、城市污水治理设施及配套管网改造、重点流域水污染治理以及节能环保能力建设扎实推进，新增10个城市为全国节水型社会建设试点。

五、重点区域全面发展，西部开发新的增长极逐步形成

《广西北部湾经济区发展规划》、《关中—天水经济区发展规划》已经国务院批复实施，《成渝经济区区域规划》正在抓紧编制。重庆两路寸滩、广西钦州保税港区和广西凭祥综合保税区相继设立。资源富集地区集约发展迈出新步伐，青海柴达木、四川攀枝花、内蒙古鄂尔多斯已成为资源综合利用的示范区。民族地区加快发展，支持西藏、宁夏、新疆和青海等省藏区经济社会发展的政策文件相继出台，兴边富民行动规划全面落实。

六、社会事业加快建设，基本公共服务水平稳步提高

农村寄宿制学校建设、农村初中校舍改造、中等职业教育基础能力建设、中西部地区特殊教育学校建设等工程加快实施。科技支撑经济社会发展的能力不断提升，实施项目2600余项，重庆市、成都市设立了科技创业投资引导基金。医疗卫生机构基础设施建设取得明显成效，新型农村合作医疗制度全面建立。乡镇综合文化站建设、文化信息资源共享工程、农村电影放映工程、送书下乡工程、流动舞台车等工程进一步丰富了西部地区文化生活。20户以上已通电自然村广播电视"盲村"村村通工程正式启动，西部地区中央广播电视节目无线覆盖目标提前实现。行政村通电话比重达到98.5%，20户以上自然村通电话比重达到88.3%。社会保险覆盖面进一步扩大，城市低保惠及845万人。住房保障制度建设取得积极进展，符合规定住房困难条件、申请廉租住房补贴的低保家庭基本实现了应保尽保。

七、农村生产生活条件不断改善，社会主义新农村建设扎实推进

农村基础设施建设不断加强，农村沼气工程新增沼气用户219万户，农村饮水安全工程使1722万农民受益，新建通乡沥青（水泥）路近4万公里。大宗农产品生产能力建设得到加强，特色农业加快发展，甘肃马铃薯、云南茶叶、青海油菜、新疆棉花和西红柿、内蒙古牛羊等已经成为区域性品牌产品。扶贫力度不断加大，全年共安排西部地区扶贫资金105亿元，占全国的63.9%。实施生态移民32万人。农民创业促进工程开始试点。新型农民科技培训工程培训农民48万人，劳动力转移培训313万人，实现240多万人转移就业。全面实施农村部分计划生育家庭奖励扶助制度、"少生快富"工程和计划生育家庭特别扶助制度等，直接惠及200多万人。

八、人才开发步伐加快，人才队伍建设得到加强

高层次人才开发力度不断加大。继续从西部地区选派干部到中央、国家机关和经济相对发达的地区挂职锻炼。干部援疆、援藏工作稳步推进。"东部对口支持西部人才培训"、"西部之光"、"博士服务团"、"西部引智工程"、"三江源人才工程"、"西部地区管理人才创新培训工程"等一批智力援西项目取得良好效果。大学生志愿服务西部计划继续得到热烈响应，9000多名志愿者奔赴西部地区277个贫困县从事志愿服务工作。

九、区域合作不断增强，对外开放全方位展开

东西部地区互动合作呈现良好势头，东部地区到西部地区投资创业的意愿持续增长，东部产业加速向西部转移。西部地区投资环境日益改善，《中西部地区外商投资优势产业目录（2008年修订）》颁布实施，区域间各类要素加快流动。边境贸易政策不断完善，有关部门印发《关于促进边境贸易发展有关财税政策的通知》，边境地区边民互市进口免税额度由3000元提高至8000元。

十、积极应对特大自然灾害和突发事件，各项恢复重建工作进展顺利

按照党中央、国务院的统一部署，各地区、各部门特别是西部广大干部群众积极应对低温雨雪冰冻、汶川地震等特大自然灾害以及西藏拉萨"3·14"打砸抢烧严重暴力犯罪事件，保持了改革发展稳定的大局。抗震救灾取得重大胜利，灾后恢复重建进展顺利。国务院出台了汶川地震灾后恢复重建条例，设立了灾后恢复重建基金，颁布了汶川地震灾后恢复重建总体规划，建立了"一省帮一重灾县"的对口支援机制。灾后恢复重建进展顺利，8400多个重建项目已开工建设，受灾三省农房恢复重建开工151万户，竣工101万户。民生、基础设施等恢复重建已全面展开。其他受灾地区灾后重建有序开展。

（国家发展改革委西部开发司）

第二篇

各 地 建 设

北 京 市

一、住房和城乡建设

（一）综述

2008年，北京城市建设完成社会固定资产投资3848.5亿元，同比下降3.0%；全市完成房地产开发投资1908.7亿元，同比下降4.4%。房屋开复工面积1.39亿平方米，同比下降1.9%，其中住宅6393.6万平方米，同比下降5.8%；房屋竣工面积3632.2万平方米，同比下降6.1%，其中住宅1669.3万平方米，同比下降20.4%。基础设施投资完成1160.7亿元，同比下降1.3%。全市施工企业完成建筑业总产值3065.4亿元，同比增长19.0%；实现增加值494.7亿元，同比增长3.7%；实现工程结算收入3856.8亿元，同比增长15.1%；实现工程结算利润2220.1亿元，同比增长980.3%。建筑领域实现节约标准煤106.4万吨，节约水泥588.1万吨。

高质量完成奥运工程建设任务，深入开展"平安奥运"行动，排查建设房管领域存在的突出矛盾和问题，开展各种专项整治，全力确保了奥运会成功举办。加大协调服务力度，深入细致地做好拆迁工作，稳步推进地铁、保障房等重点工程建设。完善住房保障管理体系，加大保障房和限价房建设力度，实现廉租住房、经济适用住房、限价商品住房（以下统称三房）新开工803.3万平方米，超额完成年度目标，同时推动旧城区保护修缮、危房解危、棚户区改造工作取得成效。全面推行商品房预售、现房销售、存量房交易网上签约制度，实行房地产经纪行业动态监管，完善房地产市场监管服务体系，积极搞活房地产投资和交易市场，探索建立房地产市场稳定发展长效机制。深化工程安全质量监管，以奥运工程竣工验收质量管理为重点，深入推进施工安全质量网格管理，强化住宅工程分户验收和施工现场安全标准化管理，完善建筑业企业资质和人员资格动态监管体系，创新建筑市场监管方式，不断提升服务质量水平，推行实名制卡和工资保证金、劳务费和农民工工资专用账户制度，推动建筑市场和行业健康有序发展，全年施工安全生产事故和死亡人数均创近年最低。深入推进建筑领域节能减排工作，加强新建建筑的建筑节能监管，建立全市既有建筑节能改造项目库，启动对既有农宅的节能改造。举全行业之力支援抗震救灾，各项援建任务圆满完成，灾后重建工作进展顺利。

（二）重点工程建设

2008年，共确定127项重点建设项目，其中续建68项，新开工59项，实际竣工37项，完成投资3982亿元。奥运工程建设，国家体育场、奥林匹克森林公园、国家会议中心（含击剑馆）及配套、奥运村、媒体村（北苑北辰居住区C4D2区）5项工程年内竣工。

【交通设施项目】 共确定42项重点工程，其中轨道交通及配套16项、高速公路8项、城市道路13项、交通枢纽及配套5项。地铁10号线一期和奥运支线、轨道交通首都机场线工程、京津城际轨道交通（北京段）、京津二通道（北京段）、京平高速（东六环李天桥—市界）、通州区壁富路工程（富豪通顺路口—李天公路）、西客站南广场公交枢纽、朝阳路大容量快速公交车辆系统、北京南站改造（主体工程）、北京市轨道交通路网管理服务中心一期等工程年内竣工。

【民生保障项目】 共确定24项重点工程，其中医疗卫生6项、文化教育10项、保障性住房3项、社会福利3项、其他2项。国家图书馆二期工程暨国家数字图书馆工程、2008年旧城历史风貌保护区平房和胡同整治工程和部分保障性住房工程年内竣工。

【生态环境项目】 共确定14项重点工程，其中大气治理1项、垃圾处理4项、水务治理3项、绿化工程3项、其他3项。朝阳区大屯垃圾转运站、城乡结合部102个行政村环境整治等工程年内竣工。

【现代产业项目】 共确定20项重点工程，其中生产性服务业4项、文化创意产业4项、高新技术产业7项、现代制造业4项、其他1项。新国际展览中心（一期）、首钢冷轧薄板生产线（顺义李桥）、现代汽车第二生产厂区3项工程年内竣工。

【能源资源项目】 共确定20项重点工程，其中供热工程4项、输变电工程9项、风电工程1项、供水保障4项、燃气工程2项。朝阳500千伏输变电工程（王四营乡）、南水北调中线京石段应急供水工程（北京段）、团城湖至第九水厂输水工程（一期）、六环路天然气一期工程（大兴区沿东六环至昌平区）、通州天然气接收门站及出站管线工程等工程年内竣工。

（三）保障性住宅建设与配售

进一步完善住房保障政策，推进体制机制创新，健全住房保障管理体系，北京市由三房和政策性租赁住房等构成的分层次的住房保障体系基本建立。出台限价商品住房管理办法及相关配套文件，开展廉租住房建设、收购、后期管理研究以及政策性租赁住房政策研究，进一步明确三房申请审核有关问题，统一申请家庭准入口径。同时，推动住房保障机构建设，各区县均设立住房保障管理机构，314个街乡镇住房保障资格审核窗口全部启动。进一步完善"三级审核、两级公示"的资格审核体系，全年受理三房申请9万余户，通过资格审核6.7万户。通过公开摇号配售、定向销售和定向安置等方式，全年累计配售房源4.8万套。

【出台相关政策法规】 出台《关于北京市廉租住房、经济适用住房和限价商品住房申请审核有关问题的通知》，进一步明确了申请家庭住房认定、家庭资产净值认定、异地入户调查等政策口径，同时加快审核速度，将15天初审公示期缩短为10天，15天复审公示期缩短为5天。印发《关于已购经济适用住房上市出售有关问题的通知》，严格后期管理，规定经济适用住房5年内不得上市交易，确需上市交易的由政府回购；5年后上市交易的，按原购房价格和出售价格价差的70%补交土地收益等价款。制发《北京市限价商品住房管理办法（试行）》，配套出台申购家庭收入、住房和资产准入标准、已购限价商品住房上市交易补交比例，以及购买资格申请审核、配售管理等文件，并严格限价房上市交易管理，规定购买限价房5年内不得上市交易，确需上市的由政府部门回购，5年后上市的须按市有关部门公布的届时同地段普通商品房价格和限价房价格之差的35%交纳土地收益等价款。

【分别公布2008年和2009年住房建设计划】 依据《北京城市总体规划》、《北京住房建设规划（2006年～2010年）》和《北京市"十一五"保障性住房及"两限"商品住房用地布局规划》，制发《北京市2008年住房建设计划》和《北京市2009年住房建设计划》。其中，本年计划新建住房2750万平方米，包括廉租住房50万平方米、经济适用住房300万平方米、限价商品住房450万平方米、其他政策类住房350万平方米、商品住房（不包含限价商品住房）1600万平方米，并启动一定数量的政策性租赁住房。下年计划新建住房2830万平方米，其中三房和政策性租赁住房850万平方米，其他政策性住房380万平方米，商品住房（不包含限价商品住房）1600万平方米。

【不断加大三房建设力度】 全市廉租住房累计开复工83.75万平方米（住宅77.42万平方米），本年计划新开工50万平方米，实际开工50.31万平方米，其中集中建设2.37万平方米、收购0.49万平方米、经济适用住房项目中配建30.98万平方米、限价商品房项目中配建4.25万平方米、商品房项目中配建12.22万平方米。经济适用住房累计开复工住宅2994万平方米、竣工住宅2121万平方米，本年经济适用住房施工面积734.9万平方米（住宅578.89万平方米）、新开工面积302.4万平方米（住宅237.85万平方米）、竣工面积119万平方米（住宅94.66万平方米），完成投资48.4亿元（住宅38.13亿元），限价商品住房累计开复工773.44万平方米（住宅609.32万平方米），新开工451.61万平方米（住宅358.06万平方米）。

【继续推进旧城区保护】 按照"修缮、改善、疏散"的总体思路，采取"政府主导、财政投入、居民自愿、专家指导、社会监督"的方式，开展建国以来规模最大的旧城房屋保护修缮整治。截至6月底，城四区完成修缮整治胡同44条、院落1954个，改善居民住房条件10576户，疏散旧城区居民2800户，超额完成计划任务。完善修缮整治相关配套政策，市建设、规划等部门联合制发《关于落实2008年旧城内历史风貌保护区整治工作的指导意见》、《北京旧城房屋修缮与保护技术导则》、《关于旧城历史风貌保护区内平房院落及胡同整治市政府投资管理有关问题的通知》等文件，明确推进旧城房屋保护修缮整治的指导思想，并对资金安排、修缮标准、疏散政策等提出统一要求。按照指导意见要求，城四区分别制定了具体实施方案，出台了有关资金管理、质量监督、招标投标管理等配套办法。

【有序推进危旧住房改造与管理】 全市危改项目拆除房屋15.9万平方米，其中拆除危房9.3万平方米，动迁居民5573户。累计开复工984.8万平方米，其中新开工153万平方米，竣工286万平方米，完成投资143亿元。清理出长期立而未建、无实质进展的危改遗留项目131个，包括旧城内56个、旧城外75个，其中完成拆迁项目9个、处于拆迁阶段

57个、尚未启动65个。确定门头沟采空棚户区、通州老城区棚户区和丰台南苑镇棚户区的"三区三片"棚户区为改造试点，试点项目占地1047万平方米、涉及居民5万余户，其中门头沟棚户区800万平方米、涉及居民3.1万户，丰台南苑老镇103万平方米、涉及居民0.7万户，通州棚户区144万平方米、涉及居民1.2万户。市建委作为牵头部门，出台了《关于加快推进本市棚户区改造工作的指导意见》，就棚户区改造的指导原则、基本流程、工作措施、优惠政策等进行了系统规定。各区政府要作为改造的责任和实施主体全面负责组织实施，编制改造计划，制定改造政策，并相继成立组织机构，开展棚户区现状摸底调查、规划编制、政策研究等工作，计划从下年起利用3年时间基本完成三片棚户区试点的改造任务。

（四）市场管理

1. 建筑市场管理

为确保平安奥运，维护首都建筑市场秩序，促进建筑业健康发展，进一步深化"以工程项目为核心，以合同管理为主线"的建筑市场管理思路，推进建筑市场管理制度和机制创新。

【加强施工安全和工程质量监管】 落实国家安全监督、住房和城乡建设部门"隐患治理年"要求，加强对施工现场安全生产和文明施工的监督检查，并发布北京市地方标准《绿色施工管理规程》，组织施工现场有序开展绿色施工和"绿色施工、安全生产"培训，免费发放5万套《绿色施工管理规程及图例》。开展百日督查专项行动和"安全生产月"活动，排查施工现场隐患，强化施工安全管理和施工现场安全标准化工作，重点检查了奥运场馆周边及"两轴、四环、六区、八线"工地的安全生产和环境整治情况，重点打击建设领域内企业无证施工、个人无证上岗等行为，专项检查起重机械、劳保用品、钢管扣件。全市发生建筑施工安全事故32起、死亡35人，同比分别下降47%和50%。市区县两级加强施工全过程控制，监督房建工程25028项、27071万平方米，市政工程1099项。其中，在施房建工程15859项、16722万平方米，市政工程584项；新注册房建工程6034项、6083万平方米，市政工程349项；竣工房建工程3135项、4266万平方米，市政工程166项。开展工程质量执法检查，检查在施工程16572项次，责令整改工程2560项，立案处罚工程102起。开展建筑节能与分户验收、住宅工程、重点工程等专项检查，检查工程135项。全年有17项工程获鲁班奖，5项工程获"国家优质工程"银质奖；有418项工程获市结构长城杯奖，其中金质奖180项、银质奖238项；有95项工程获竣工长城杯奖，其中金质奖49项（18项为奥运工程）、银质奖46项，因部分工程缺少备案表，有7项未公布；有106项工程获装饰优质奖，其中奥运工程25项。此外，7家企业获得"2008年度北京市工程建设质量管理先进单位"称号。

【严格建设行业从业人员资格管理】 受理建造师、监理师、造价师行政许可事项33811件、公告32415件。组织建筑企业主要负责人、项目负责人和专职安全员考核10次26087人，合格25155人，其中企业负责人2937人，合格2811人；项目负责人9946人，合格9629人；专职安全员13204人，合格12715人。开展关键岗位和职业技能鉴定考核，安排专业管理岗位统考4次，参加考核31150人，合格20386人；特种设备作业人员考试4次，参加考核5612人，合格3779人；工人技师考试7次，参加考核278人，合格212人；建设职业技能岗位考试30次，参加考核4364人，合格4289人。

【加强企业资质动态监管】 结合《北京市建筑业企业资质及人员资格动态监督管理暂行办法》试行情况，全面修订监管办法和记分标准，配套起草《企业资质动态监管现场核查规范》、《关于对北京市建筑企业企业负责人、项目负责人、专职安全生产管理人员进行约谈、培训和考核办法》等文件，并对积分8分以上的32家企业召开集中讲评会，对累计达到38分的企业单独约谈，其中约谈企业负责人1人、项目负责人38人。同时，动态监管平台收集有效信息300余条，分析得出一般生产安全事故隐患和由拖欠农民工工资而引发的群体性事件是建筑市场发生频率较高的违规行为。全年在本市从事建筑活动的企业7780家，其中建筑业企业6791家（市属企业5528家），同比下降18.58%；工程监理企业426家（市属企业287家），同比增加11.82%；招标代理机构304家，同比增加6.29%；造价咨询企业259家，与上年基本持平。受理4类企业资质许可审批事项2205项，其中新办资质675项，晋级、增项、复审资质561项，变更资质969项，审批通过2095项，通过率95%。

【完善工程招标投标监管】 实现前台受理、后台办理的受理、审查、决定、告知4个环节有机衔接，搭建"程序规范、交易公开、监督透明、服务高效"的招标投标监管服务平台。办理施工总承包招标项目2657项（含直接发包），建筑面积3537万平方米，中标价1007.6亿元。其中，市招投标机构办理 651 项，建筑面积 1320 万平方米，中标价 502.8 亿元；区县招投标机构办理 2006 项，建筑面积 2217 万平方米，中标价 504.8 亿元。办理工程监理招标 1545 项，中标价 16.8 亿元；专业招标 7258 项，中标价 214.2 亿元；劳务招标 10999 项，中标价 137.8 亿元；材料设备采购招标 308 项，中标价 18.4 亿元。

【开展建筑企业信用档案试点】 按照住房和城乡建设部有关要求，以本市建筑业企业为试点，筹划建立企业信用档案作为企业申请资质的重要依据，并为企业在全国及海外承揽工程提供信用信息。在对存在施工合同争议和隐患的项目进行全面排查的基础上，建立信息档案，并采取多种手段对信息进行更新，同时对奥运工程参建单位建立实时跟踪的诚信信息档案，定期对各参建单位及其责任人的诚信记录进行通报。此外，在开展房地产市场经营主体检查、商品房延期交付等专项整治的基础上，不断完善相关企业的诚信档案。

【强化建设科技创新与管理】 加强工程建设地方标准管理工作，发布《绿色施工管理规程》、《市政基础设施长城杯工程质量评审标准》等 10 项地方标准。《地铁车站盖挖逆作施工工法》、《重载交通沥青混凝土路面基层贫混凝土施工工法》、《空间辐射张弦梁钢结构屋盖预应力拉索施工工法》等 43 项通过市级工法审定。《现浇混凝土有网聚苯板复合胶粉聚苯颗粒面砖饰面外墙外保温施工工法》、《大跨度网壳（架）外扩拼装、拔杆接力转换整体提升施工工法》、《大面积连续曲面铝条板吊顶施工工法》等 45 项通过"2005～2006 年度国家级工法"审定。完成北京东升乡小营搬迁企业安置、中央液态冷热源环境系统产业化基地等 7 项"财政部、建设部可再生能源建筑应用示范项目"审核。组织完成北京地铁车站盖挖逆作法施工关键技术研究、排水管道噪声检测室及测试方法等 35 项重点科技成果鉴定。按照奥运工程科技成果总结的要求，经反复筛选、调整、修改和编辑整理，完成《北京市奥运工程建设施工工法集》；收录工法 46 篇、35 万字，涉及到绝大多数新建和改扩建奥运场馆及重要配套设施，其中 13 项工法为国家级工法，其余为市级工法。

2. 房地产市场管理

【推进重点项目拆迁】 以落实"平安奥运"和加强拆迁现场管理为工作重点，兼顾推进全市滞留项目清理工作，与市相关部门加强协同配合，加快拆迁前期手续办理，确保重点项目顺利实施。奥运会后，按照列入绿色审批通道的市政府重点促进项目名单，督促各区县拆迁部门主动服务、加快审批，确保项目顺利推进。市建设、规划、财政等部门组成拆迁计划编制工作小组，采取逐区县、逐项目核定的方法，编制完成《北京市 2008 年度房屋拆迁计划》，全市新启动拆迁项目 62 个，拆迁房屋建筑面积 189.7 万平方米，其中住宅 6761 户、建筑面积 114 万平方米。此外，对全市拆迁单位资格进行了年审，合格 228 家，撤销 13 家。

【进一步加强房地产市场动态监管】 通过北京建设网链接房地产交易管理网"房地产市场检查"栏目，构建统一的房地产市场动态监管信息平台，对网上投诉较多、反映较集中且经区县核实涉嫌延期交房、违规认购等问题的 12 个房地产项目，开展综合执法检查，并公示 7 家违法违规情节严重且整改不及时的房地产企业。整顿规范房地产市场秩序，累计自查房地产开发企业 780 家，专项检查房地产开发企业"不得拒绝购房人选择住房公积金贷款购房政策"落实情况，对存在此类投诉的 6 个项目下发限期整改通知书。开展商品房项目延期交付专项治理，通过网上调查被投诉项目，确定全市延期交房项目 63 个，采取约谈告诫、责令整改、综合执法检查、公示曝光、暂停企业资质年审和升级手续等措施，查处不予整改的开发和施工企业，并将开发企业违规行为通报相关部门，依法联动处罚，化解延期交房纠纷，排除群访群诉隐患。加强配套及住宅同步交用建设方案备案管理，市区两级建设主管部门依据公示方案，落实办理招标投标、施工许可、质量监督、竣工验收、预售许可等业务，并加强建设工程监督和检查，确保配套服务设施与住宅同步交用。全市 160 个项目建设方案通过区县建设主管部门备案，经审核后网上公示，其中分期建设项目 91 个、建筑面积 3764.63 万平方米，不分期建设项目 69 个、建筑面积 876.51 万平方米。

【完善房地产经纪行业动态监管】 以房地产市场动态监管信息平台为依托，开发本市房地产经纪行业动态监管系统，将群众投诉、舆情监测、备案系统监管以及巡检和日常工作中发现的涉嫌违法违规行为全部纳入监管范围。7 月 10～31 日，开展房地产经纪机构自查自纠和专项检查活动，重点对执行房屋租赁和存量房交易有关规定、处理投诉、机构及人员备案情况进行检查；12 月，开展房屋租赁代理市场专项整治，在检查机构备案、人员资格注册、信息公示、服务收费、合同档案等基本情况的前提下，重点查处 6 月 1 日后违法从事房屋租赁代理业务的行为，专项检查经纪机构网上填报居间和代理的房屋租赁合同信息、缴纳保证金及通过专用账户划转房租等方面,对涉嫌违规从事租赁代理业务、房屋租赁代理投诉超过5件的30余家经纪机构进行重点检查,并用经济处罚、通报曝光、记入信用档案等措施,加大对违规企业处罚力度。全年检查房地产经纪机构及分支机构2186家,受理行业各类涉嫌违法违规案件2852起,下发责令改正通知书1085份,通过房地产交易管理网公示违法违规投诉案件41件,立案查处24起,移送有关部门处理41件,通过媒体曝光违规机构6家,经调解为投诉人挽回经济损失581819元人民币。

【严格房地产评估机构资质管理】 截至年底,本市具备房地产价格评估资质的机构133家(含外地在京分支机构2家),其中一级32家、二级25家、三级(含暂定)73家,军队系统内执业3家;本年新增15家,升级为一级资质1家,三级升二级资质1家,三级暂定升三级资质6家,二、三级资质延续38家。房地产估价师考试合格2426人、注册2369人,其中专职注册房地产估价师1425人;本年通过考试46人,经住房和城乡建设部批准予以初始注册69人。

(五)住房制度改革

【扎实推进公有住房出售与调整】 全年出售公有住房51435套、376.53万平方米,其中中央单位514家,涉及住房6645套、54.37万平方米;市属单位852家,涉及住房34960套、232.19万平方米;区属单位294家,涉及住房6352套、面积38.24万平方米;军产售房备案20家,涉及住房3002套、45.9万平方米;部级售房备案10家,涉及住房476套、5.84万平方米。截至年底,本市累计出售公有住房190.16万套,占可售公房总量的89.39%,面积13524.55万平方米,约有3445.25万平方米公房尚未出售。为鼓励居民继续按房改成本价购房,房改售房成本价仍执行2001年确定的每建筑平方米1560元。同时,各区县全年累计核准330家单位调整公有住房方案,涉及住房2564套、18.9万平方米,其中中央单位224家,涉及住房2036套、15.46万平方米;市属单位84家,涉及住房428套、2.78万平方米;区属单位22家,涉及住房100套、0.64万平方米。

【完善集资合作建房政策】 市建设、财政、国土部门联合印发《关于职工参加集资合作建房超标面积部分缴纳地价款等有关问题的通知》,规定集资建房对象严格限定在无房和住房未达标职工,职工参加集资合作建房超过规定面积的,由集资合作建房单位按集资建房建造成本价的10%交纳地价款,超标面积部分按市场评估价缴纳集资款。职工参加集资合作建房再上市出售时,按集资合作建房建造成本价缴纳集资款的面积部分按经济适用住房有关上市出售政策执行,超标面积部分按商品住房上市出售政策执行。

【严格房改房售后专项维修金及售房款管理】 继续鼓励单位利用房改房售后专项维修资金和售房款落实住房补贴、进行老旧楼房设备设施改造等工作。全年审批325家单位支取房改房售后专项维修资金及售房款17949.1万元,主要为1547名职工发放住房补贴5786.72万元,为14212名职工发放提租补贴519.35万元,为7980名职工缴存公积金单位部分1709.66万元。同时,更新改造电梯168部,粉刷楼房外立面20.03万平方米,维修屋面防水13.61万平方米,住宅楼平改坡改造0.23万平方米。

(六)建材行业管理

【发布既有建筑节能改造项目管理办法】 市建设、发改、财政等6部门联合发布《北京市既有建筑节能改造项目管理办法》,该办法明确了建设等相关部门在既有建筑节能改造中的职责,制定了资金筹措与管理、项目实施与监督的办法。

【完成建筑节能改造及验收】 按照市政府第38项重要实事工程任务要求,完成城镇住宅节能改造40.8万平方米,超额完成308%;完成国家机关和公益性事业单位建筑物节能改造182.9万平方米,启动140万平方米,超额完成29%;完成大型公共建筑节能改造825万平方米,超额完成3%;完成2053户农民新建节能住宅示范项目,超额完成71%;对105栋大型公共建筑实施耗电分项计量和动态监测,超额完成5%。同时,按照《2008年北京市开展既有农民住宅节能保温改造示范项目实施办法》及"2008年北京市社会主义新农村建设第49项折子工程"要求,完成1947户既有农宅建筑节能保温改造示范项目的申报、评审、公示、立项和实施工作。截至2008年底,1686户示范农宅完成改造并通过验收。

【启动建材告知性备案管理】 为了规范建设工程材料市场,保证建设工程质量,市建设主管部门搭建集信息、服务、管理和诚信为一体的服务平台。申办企业可通过"建设工程材料供应备案网上办公系统"在网上申报并查询办理状态,使用单位可在网上查询备案企业诚信记录、企业获得认证情况以及本市建设工程供应情况等详细信息。年内,1167家建材企业的2216个产品实行告知性备案,其中本市备案企业690家,外埠、外籍备案企业477家,并取消379家建材企业的527个产品备案资格。

【节能减排效果明显】 市区两级建设主管部门对禁止现场搅拌砂浆范围内的9个区县在施工程项目进行专项检查,涉及工程项目34个,工程使用预拌砂浆比例52.9%,同比提高20个百分点,禁止现场搅拌砂浆工作取得突破性进展。本市水泥企业累计生产水泥876.52万吨,其中散装水泥供应量837.61万吨,供应率95.56%,同比提高5.2个百分点,由上年的全国第三位升至第二位。散装水泥使用量1604.77万吨,使用率76%,处于全国领先地位;预拌砂浆产量104.88万吨,其中干砂浆使用量58.08万吨,同比增长33.68%;混凝土供应量3500万立方米,综合利用粉煤灰700万吨。全年节约标煤106.4万吨,节约水泥588.1万吨,降低水泥粉尘排放量6.5万吨、二氧化碳排放量529.2万吨,节省包装袋3.2亿条,创综合经济效益22.5亿元以上。

（七）灾区援建纪实

【开展房屋鉴定】 5·12特大地震发生后,北京市建委先后派遣三批专业技术人员深入灾区帮助进行房屋鉴定工作,共完成城镇各类房屋和建筑构筑物鉴定729幢(座),农村房屋8680间,为恢复灾区正常生产生活秩序和灾后重建提供了科学依据。

【出色完成过渡安置房建设任务】 在市委市政府的坚强领导下,经过两个月的艰苦奋战,北京市建设系统共建设过渡安置住房3.44万套,安置受灾群众12万人;建成135所学校、教育用房18万平方米,安置11.8万名受灾学生;建成医疗用房1.87万平方米,使30所医院重新开诊。

【做好在京灾区农民工救助和服务保障】 5月17日,统计数据显示本市聘用四川籍农民工30572人,其中重灾区15747人,采取多种措施安抚灾区在京务工人员,项目部开放农民工夜校,利用夜校电视、报纸等媒体,及时向来自灾区的农民工通报家乡情况;100%落实4月份之前的劳务费结算支付工作,并足额发放工资;提供免费电话和电话卡,方便农民工和家人通讯联络;做好农民工的思想疏导和返乡准备工作。截至5月31日,本市建筑行业以集团、总公司名义捐款1374.5万元,职工捐款973.02万元;外施企业管理机构收到2000余个在京其他省市施工企业捐款1319.86万元(含实物折合人民币8.75万元),上交特殊党费233.09万元。

（八）重点工程项目

【国家会议中心(含击剑馆)及配套竣工】 工程位于朝阳区奥林匹克公园内,总建筑面积约53.4万平方米,其中会议展览部分建筑面积约27万平方米,酒店、写字楼、商业等会议配套设施建筑面积约26.4万平方米。奥运会期间为奥运会临时提供国际广播中心(IBC)和主新闻中心(MPC),分别约为9万平方米和6万平方米的用房,同时还要提供一个临时比赛场馆,作为击剑比赛及现代五项比赛中击剑和气手枪的比赛场地。工程总投资499238万元。2005年4月28日开工,2008年4月竣工。北京北辰会议中心发展有限公司建设,英国RMJM设计公司和北京建筑设计研究院设计,北京建工集团有限责任公司和中国建筑第八工程局施工,北京赛瑞斯工程建设监理有限责任公司和北辰工程建设监理有限公司监理。

【奥运村竣工】 工程位于朝阳区奥林匹克公园内,奥运会期间为运动员及官员提供居住、生活、休闲和娱乐服务,建筑面积52.5万平方米,工程总投资46.31亿元。2005年6月26日开工,2008年4月竣工。国奥投资发展有限公司建设,澳大利亚PTW、北京城建设计研究总院设计,北京城建集团有限责任公司施工,中国建筑设计咨询公司、北京双圆工程咨询监理有限公司监理。

【媒体村竣工】 工程位于朝阳区北苑路,建筑面积63万平方米,奥运会期间为各国媒体机构和工作人员提供居住,工程总投资30亿元。2005年11月1日开工,2008年5月竣工。北京北辰实业股份有限公司北辰置地分公司建设,中国电子工程设计院、中元国际工程设计研究院设计,中国建筑第二工程局、北京建工集团有限责任公司施工,建研凯勃建设工程咨询公司和北京国建监理公司监理。

【国家体育场竣工】 工程位于朝阳区奥林匹克公园内,承担奥运会开闭幕式、田径比赛和足球决赛,建筑面积25.8万平方米,赛时坐席9.1万个,工程总投资345769万元。2003年12月24日开工,2008年6月竣工。国家体育场有限责任公司建设,赫尔佐格和德梅隆设计事务所(Herzog&De·meron,Arup)和中国建筑设计研究院设计,北京城建集团有限公司施工,中咨工程建设监理公司监理。

【奥林匹克森林公园竣工】 工程位于朝阳区奥林匹克公园内,包括绿化种植、建筑、道路、园林小品及配套建筑,占地680万平方米,工程总投资59亿元。2005年12月28日开工,2008年6月竣工。北京世奥森林公园开发经营有限公司建设,清华规划设计院设计,中国京冶、北京机施、城建道桥等施工,北京燕波工程管理有限公司、北京颐和工程监理有限责任公司等监理。

【北京现代第二生产厂区及技术中心一期竣工】

工程位于顺义区南环路99号，总占地面积115万平方米，设计年产汽车20万辆。总建筑面积29万平方米，其中第二生产厂区建筑面积27.2万平方米，包括冲压、车身、涂装、总装四大工艺车间及污水处理站、动力站、KD仓库、PDI车间等；技术中心建筑面积1.8万平方米，包括设计楼、功能实验室、造型中心、整车排放实验室、发动机实验室等。工程总投资43亿元。2006年9月8日开工，2008年4月竣工投产。北京现代汽车有限公司建设，北京市工业设计研究院、机械工业第九设计研究院设计，中国建筑第八工程局有限公司、北京建工集团有限责任公司、北京天润建设工程有限责任公司施工，北京京龙工程项目管理公司监理。

【新国际展览中心一期3项工程竣工】 工程位于顺义天竺空港城商务区，包括展馆、综合楼、动力中心，建筑面积232360平方米，其中多功能展馆2个和标准展馆6个、189253平方米，综合楼36817平方米，动力中心6290平方米。工程总投资约26亿元。2006年9月开工，2008年4月竣工。北京中展投资发展有限公司建设，北京市建筑设计研究院设计，中国建筑工程总公司、北京建谊建筑工程有限公司施工，北京赛瑞斯国际咨询公司、北京双圆工程咨询监理有限公司监理。

【首钢冷轧薄板生产线工程竣工】 工程位于顺义区李桥，建筑面积73万平方米，年产冷轧薄板70万吨和热镀锌板80万吨（含35万吨彩涂板），工程总投资64亿元。2005年7月开工，2008年5月10日竣工。首钢总公司建设，中冶南方工程技术有限公司设计，中国冶金建设集团公司施工，武汉威仕工程监理有限公司监理。

【完成2008年旧城整治工作】 工程位于城四区，为改善旧城居民居住条件和保护古都风貌，修缮整治胡同44条、院落1954个，涉及居民10576户，超额完成市政府旧城整治及解危排险计划。工程总投资20亿元。2007年12月开工，2008年7月竣工。北京市住宅保障办公室组织，各区房管局实施，北京市建筑设计研究院、清华建筑设计研究院等设计。

【完成102个行政村环境整治工作】 工程位于五环路以内行政村，涉及朝阳区35个、海淀区16个、丰台区51个，总占地面积约173.7平方千米。工程拆除侵街占道违法建设108万平方米，绿化、硬化空地荒地265万平方米，清洗、粉饰沿街建筑物外立面240万平方米，清运垃圾渣土61万吨，清理规范广告、牌匾、标识14000余处。公厕新建83座、改建228座，增加运输粪便机动车21辆，新建垃圾中转站48座、密闭站258座，新增收集容器1378个，新购机动车64辆。整修道路面积122万平方米，新建暗沟143千米，修缮明沟129千米；完善基础照明设施133千米；新建临时供水站28座，加装消毒设施86处，加装水处理设备70座。工程总投资23000万元。2007年10月开工，2008年7月完成。北京市"2008"环境建设指挥部办公室组织，朝阳区、海淀区、丰台区市政管委实施，北京市建筑设计研究院、北京园林设计院、北京市市政设计研究总院等设计。

【国家图书馆二期暨国家数字图书馆竣工】 工程位于海淀区中关村南大街33号，包括可藏书1200万册的密集书库、容纳2900座的阅览室、数字图书馆及相关配套设施。建设用地2.2万平方米，建筑面积8万平方米，地下3层，地上5层，新老国家图书馆整个馆舍面积将达到25万平方米，新增读者座位2900个，日均接待读者能力增加8000人次，成为世界第三大国家图书馆，读者可随时随地通过网络获取所需信息。工程总投资12.2亿元。2004年底奠基，2008年9月开馆。国家图书馆建设，华东建筑设计研究院有限公司和德国KSP恩格尔·齐默尔曼建筑设计有限公司设计，中铁建工集团有限公司施工，北京鸿厦基建工程监理有限公司监理。

【东直门交通枢纽工程竣工】 工程位于东城区，建筑面积7.8万平方米，工程总投资53735万元。2006年3月19日开工，2008年7月竣工。北京城建东华房地产开发公司建设，中元国际工程设计研究院设计，中国建筑第八工程局、中铁建筑集团有限公司施工，北京双圆工程咨询监理公司监理。

【西客站南广场公交枢纽工程投入使用】 工程位于丰台区西客站南广场，总建筑面积0.31万平方米，工程总投资10352万元。2006年11月开工，2008年12月竣工。北京公共交通控股（集团）有限公司建设，深圳市方佳建筑设计有限公司设计，北京城建十建设工程有限公司施工，北京高屋工程咨询监理有限公司监理。

【110国道改建工程竣工】 工程起于昌平德胜口，止于延庆西五里营，规划为一级公路，全长47千米，工程总投资234459万元。2005年5月开工，2008年5月竣工。北京国投公路建设发展有限公司建设，北京国道通公路设计研究院设计，中铁十一局四集团有限公司、中铁十八局集团有限公司、中铁十七局集团有限公司、中铁一局集团有限公司、北京公路桥梁建设公司、北京鑫实路桥公司等施工，

山西省交通建设工程监理总公司、北京华通公路桥梁监理咨询有限公司、北京正宏监理咨询有限公司等监理。

【轨道交通首都机场线工程竣工】 工程位于城市东北部，先后穿越东城、朝阳、顺义三区，起自东直门，至首都机场3号航站楼，沿途设东直门站、三元桥站、T2航站楼站、T3航站楼站4座车站和1座天竺车辆基地，是连接市区与首都机场的快速通道。线路全长28.1千米，其中高架桥15.2千米、地下线9.3千米、地面线2.4千米、U形槽1.2千米，工程总投资63亿元。2005年6月1日开工，2008年6月5日竣工。北京东直门机场快速轨道有限公司建设，北京市市政工程设计研究总院、北京城建设计研究总院有限责任公司、中铁工程设计咨询集团有限公司、中铁隧道勘测设计院有限公司、中铁电气化勘测设计研究院、北京电铁通信信号勘测设计院等设计，中国铁路工程总公司、中铁电气化局集团西安铁路工程有限公司、北京市市政建设集团有限责任公司、北京城建集团有限责任公司、中铁十八局集团有限公司、中铁三局集团有限公司、中铁五局集团有限公司、中铁二局股份有限公司、北京建工集团有限责任公司等施工，北京致远工程建设监理有限责任公司、北京塞瑞斯工程建设监理有限责任公司、北京华城建设监理有限责任公司、北京地铁监理公司、北京铁辰工程建设监理公司等监理。

【机场南线工程竣工】 工程西起京承高速，东至东六环，规划为高速公路，红线宽80米，设计时速100千米，四上四下八车道，桥梁15座，全长20.44千米。工程建成后，形成东西向交通干道，起到连接北京城东高速公路网，开辟进出机场的新通道。工程总投资54亿元。2006年8月开工，2008年6月竣工。北京首都公路发展有限责任公司建设，北京市市政设计研究总院设计，贵州省公路工程总公司、中铁十四局集团有限公司、北京城建市政工程承包部、北京市市政集团、北京市市政二公司、北京城建道桥有限公司等施工，北京逸群监理有限公司监理。

【京津二通道北京段工程竣工】 工程西起五环路化工桥，东至通州区永乐店镇（京津市界），途经朝阳、通州两区，规划为高速公路，全长34.1千米，规划红线宽100米，设计时速100～120千米，四上四下八车道，桥梁47座，工程建成后将完善国家干线路网，促进京津冀都市圈区域经济一体化发展，为通州、亦庄提供良好交通环境。工程总投资67.7亿元。2006年10月开工，2008年6月竣工。北京首都公路发展有限责任公司建设，北京市市政设计研究总院设计，北京城建集团、中铁十六局集团有限公司、中铁十八局集团有限公司、中铁十九局集团有限公司、中铁二十局集团有限公司、北京城建三建设工程有限公司、北京市市政集团、北京路桥有限公司等施工，北京正宏监理咨询有限公司、北京市高速公路监理有限公司等监理。

【京平高速工程竣工】 工程西起机场南线东六环立交，东至平谷夏各庄，规划为高速公路，全长52.83千米，红线宽80～100米，设计时速80～100千米，四上四下八车道，桥梁88座，工程建成后实现本市区区通高速公路，使平谷成为连通京津两大空港和天津新港的重要枢纽，成为京东发展门户，带动当地各种产业群发展。工程总投资45亿元。2006年8月开工，2008年6月竣工。北京首都公路发展有限责任公司建设，北京国道通公路设计研究院设计，鑫旺路桥、中铁十三局集团有限公司、中铁二十五局集团有限公司、北京鑫畅路桥建设有限公司、北京城建道桥有限公司、北京城建三建设工程有限公司、北京路桥集团第一公路工程局等施工，北京正远监理咨询有限公司、北京仕帮工程监理有限公司等监理。

【机场二通道及姚家园路工程竣工】 工程北起机场南线高速路，西至姚家园路，规划为城市快速路，全长15.6千米，其中机场南线至姚家园路段为南北走向、长11.5千米，机场二通道至东五环段为东西走向、长4.1千米，红线宽80米，设计时速100千米，三上三下六车道，工程建成后是市区东南部与机场联系的主要交通走廊，可继续向南与规划的京津第二高速相贯通，成为连接首都机场与天津滨海机场之间的重要通道，起到打通京津机场的连接通道，缩短京津机场之间距离，发挥客货运互补优势，同时起到高速联络线的作用，将机场南线、京平高速公路、京通快速路、京沈高速路、京津第二通道有效联系起来，方便各高速公路之间的快速交通转换。工程总投资418323万元。2007年10月开工，2008年6月竣工。北京市公联公路联络线公司建设，北京市市政设计研究总院设计，北京市政二公司、北京市政一公司、北京城建道桥有限公司、北京鑫旺路桥有限公司、中铁十八局集团有限公司等施工，北京磐石建设监理公司、北京逸群工程咨询公司监理。

【地铁10号线一期工程竣工】 工程西起海淀区巴沟，东至朝阳区劲松，线路全长24.55千米，全部为地下线，设巴沟、苏州街、海淀黄庄、知春里、知春路、西土城、牡丹园、建德门、北土城、安贞门、惠心西街南口、芍药居、太阳宫、三元桥、亮马桥、农业展览馆、团结湖、呼家楼、金台夕照、国贸、双井、劲松22座车站，车辆段1座，其中6座站分别与13号线、奥运支线、5号线、机场线、1号线换乘，并预留与4号线换乘站1座。工程总投资162.56亿元。2003年12月27日开工，2008年7月19日开通试运营。北京市基础设施投资公司委托北京市轨道交通建设管理公司建设，北京市城建设计研究总院、中铁第一勘察设计院、铁道专业设计院、中铁第三勘察设计院、中铁隧道勘察设计院、中铁第四勘察设计院等8家设计，北京城建集团公司、中铁十四局集团有限公司、中铁十二局集团有限公司、中铁十八局集团有限公司、中铁十六局集团有限公司、中铁建筑总公司、中铁十九局集团有限公司、中铁二局集团有限公司、中铁一局集团有限公司、中铁二十局集团有限公司、中铁五局集团有限公司、中铁隧道集团有限公司等15家施工，北京地铁监理公司、北京塞瑞斯工程建设监理有限责任公司、北京希地工程建设监理有限责任公司、北京逸群工程建设监理有限责任公司、北京华城建设监理有限责任公司、北京铁辰工程建设监理公司等7家监理公司。

【地铁奥运支线工程竣工】 工程南起北土城站，北至森林公园南门站，长5.91千米，全部为地下线，设北土城、奥林匹克中心、奥林匹克公园和森林公园南门4座车站，是地铁8号线的一部分，奥运会后将向南北延伸，北至回龙观地区，南至美术馆一带。工程总投资34亿元。2005年6月8日开工，2008年7月19日14时空载试运行。中国中铁股份有限公司联合体组建的北京中铁工投资管理有限公司建设，北京城建设计研究总院有限责任公司设计，中铁三局集团有限公司、中铁电气化局集团有限公司、中铁九局集团有限公司、深圳市南利装饰工程有限公司、北京市建筑工程装饰公司、深圳市华剑装饰设计工程有限公司6家施工，北京地铁监理公司、北京中铁诚业工程建设监理有限公司、北京高屋工程咨询监理有限公司、华铁工程咨询公司4家监理。

【朝阳路大容量快速公交车辆系统工程通车运行】 工程位于朝阳区，西起朝阳门，东至杨闸，线路全长约16千米，设21个车站，工程总投资27690万元。2008年1月开工，2008年8月通车运行。北京公共交通控股(集团)有限公司建设，北京市政设计研究总院设计，北京建工远大市政建筑工程公司施工，北京高屋工程咨询监理有限公司监理。

【安立路大容量快速公交车辆系统工程通车运行】 工程位于朝阳区，南起安定门，北至平西府，线路全长约21千米，设22个车站，工程总投资28765万元。2008年3月开工，2008年8月通车运行。北京公共交通控股(集团)有限公司建设，北京市政设计研究总院设计，北京城乡欣瑞建设有限公司施工，北京京建华工程监理有限责任公司监理。

【北京南站改造主体工程竣工】 工程位于崇文区与丰台区交界处，南二环路、南三环路、马家堡东路与马家堡西路之间的区域内，是北京铁路枢纽"四主两辅"客运布局中的四个主要客运站之一，东端衔接京津城际轨道交通和北京站，西端衔接京沪高速客运专线、北京动车段、京山铁路、永丰铁路，是集客运专线、城际铁路、地铁、公交、出租、市郊铁路于一体的大型综合交通枢纽。客运车场沿京山线北侧布置，从北往南依次为普速车场3座站台、5条到发线，客专车场6座站台、12条到发线，城际车场4座站台、7条到发线。新建最高聚集人数10500人的铁路站房及地铁车站，建筑面积226333平方米，其中地下一层为进、出站厅、换乘大厅及汽车停车场，建筑面积134932平方米，地下二层和地下三层分别为地铁4号线、14号线车站，建筑面积41000平方米，地上一、二层为候车、进站层，建筑面积50400平方米。屋面最大高度40米，檐口高度20米，设计旅客列车对数313对，其中京沪客运专线118对、京津城际轨道交通189对、普速列车6对。公交车站紧邻站房南北两侧，分别布置在南北广场的地面层和地下层，地铁4号线南北走向穿过站区，地铁14号线东西走向穿过站区，铁路普速车场预留远期引入市郊铁路的条件。工程总投资60.33亿元。2005年12月开工，2008年8月1日开通使用。北京铁路局建设，铁道第三勘测设计院设计，中铁建工集团、中铁六局集团、中铁电气化局集团联合体施工，北京赛瑞斯工程建设监理有限公司监理站房工程、北京铁建工程建设监理有限公司监理铁道工程。

【轨道交通路网管理服务中心一期竣工】 工程位于朝阳区小营北路6号，建设内容为土建与设备安装工程，工程总投资9.23亿元。土建工程主要包括轨道交通指挥中心、票务清算管理中心、14条轨道交通的线路控制中心、5号线地铁公安用房及其他配套设施。工程由中心综合楼、东西辅楼和裙房等组成，总建筑面积59521平方米。辅楼为轨道交通指挥中心、票务清算管理中心、各条轨道交通线路的机房、网管室、配线间和办公用房等，地下2层，地上10层，檐高43.5米，框架剪力墙结构，梁板式筏型基础；综合楼为一半径33.3米的圆形建筑，主要为指挥调度大厅、参观接待大厅、UPS电源室和电池室等，檐高23.5米，地上3层，管桁架结构，独立基础；裙房部分主要功能为门厅、会议室和紧急事件处理室等，地下2层，地上3层。2005年12月25日开工，2008年1月30日竣工。北京轨道交通路网管理有限公司建设，北京城建设计研究总院有限责任公司、北京全路通信信号研究设计院设计，北京城建集团有限责任公司（土建总承包）施工，北京远达建设工程监理有限公司监理。设备集成项目包括轨道交通指挥系统（以下简称TCC）、轨道交通票务清算系统（以下简称ACC）。TCC系统是一个集综合监视、路网运营协调、突发事件处置和数据共享于一体的轨道交通路网综合指挥调度系统，由综合监视、CCTV、突发事件处置等8个子系统组成。系统采集北京轨道交通现有7条线路的实时运营信息，预留在建和规划中的10条线路接入规模，共有接口36个。ACC系统包括清算中心、票务中心、后备中心、测试培训中心、清分模型、认证中心、密钥管理系统、IT服务系统等子系统，共13大类258台（块）硬件设备、各类测试卡125000张，12大类应用软件和13个通用软件。TCC系统工程2006年5月1日开工，2008年8月初步验收；TCC通信系统工程2006年5月1日开工，2008年5月初步验收；ACC系统工程2006年6月1日开工，2008年2月竣工初验。北京轨道交通路网管理有限公司建设，北京城建设计研究总院有限责任公司、北京全路通信信号研究设计院、北京铁科院（北京）工程咨询有限公司（TCC系统和TCC通信系统）、北京赛迪信息工程监理有限公司（ACC系统）设计，清华同方股份有限公司、新加坡科技电子有限公司、中铁电气化局集团有限公司（TCC系统联合体）、上海贝尔阿尔卡特股份有限公司（TCC通信）、北京北控电信通信息技术有限公司和ERG Limited（ACC系统联合体）为系统集成商。

【京津城际轨道交通工程（北京段）竣工】 工程由北京南站东端引出，沿京津高速公路第二通道至武清，后沿京山铁路至天津，是环渤海京津冀地区城际轨道交通网的重要组成部分，沟通北京、天津两大直辖市的便捷通道。线路全长116.6千米，其中北京段50.1千米，路基土石方194万立方米，其中北京段102万立方米；特大桥5座，其中北京段长4.1万双延米；桥梁预制2762孔，其中北京段1063孔；架梁3051孔，其中北京段1488孔；轨道板3.5万块，其中北京段1.5万块。采用公交化运输，最小行车间隔3分钟，北京、天津全程直达运行时间30分钟左右。平时列车采用8辆编组，定员600人；超高峰时段部分列车编组16辆，定员1200人。工程总投资215.4亿元。2005年7月4日开工，2008年5月8日基本建成，2008年8月1日正式投入运营。铁道部、天津市共同发起，铁道部、天津市、北京市、中海油共同投资，铁道第三勘察设计院设计，铁道科学研究院联合体（外方为法国SYSTRA公司联合体）为技术咨询单位，中铁大桥局联合体为北京段预制梁施工，中铁二局、中铁六局、中铁大桥局联合体为线下及土建工程（站前工程）北京段施工，中铁电气化局、中铁通号公司、西门子股份公司联合体为全线通信、信号及牵引供电系统工程施工，铁四院工程监理咨询公司联合体（外方为德国铁路咨询公司（DE-C））为北京段监理，铁道部工程质量安全监督总站北京监督站为工程安全质量监督。

【通州区壁富路工程通车】 工程南起富豪通顺路口，北至李天公路，规划为城市主干道，红线宽50米，设计时速60千米，三上三下六机动车道，全长9.1千米，壁富路是连接通州区与机场路得重要通道，对拉动通州区宋庄镇西北部地区经济缓解交通压力以及改善周边环境具有重要意义。工程总投资42092万元。2007年10月开工，2008年7月通车。通州区建设委员会、北京市路政局通州公路分局建设，北京国道通公路设计研究院设计，北京鑫畅路桥建设有限公司、北京城建三建设工程有限公司、北京市市政六公司、北京城建道桥工程公司等施工，山西省交通建设工程监理总公司、北京市潞运建设工程监理服务中心监理。

【西客站南路工程竣工】 工程北起广外大街，南至丰北路，规划为城市主干道，红线宽54米，设计时速60千米，三上三下六机动车道，全长1.84千米，工程建成后北与西站南广场衔接，南与丰北路相连，将起到沟通西客站地区、太平桥地区、广外南部地区和丽泽商务区的作用，为西客站地区提供便利的交通条件，使西客站交通拥堵现状得到缓解。工程总投资8023万元。2005年12月开工，2008年7月竣工。北京市公联公路联络线公司建设，北京市市政设计研究总院设计，北京市公路桥梁建设有限公司施工，北京磐石建设监理有限责任公司监理。

【阜石路工程竣工】 工程东起西四环，西至西五环，规划为城市快速路，全长5.5千米，红线宽80米，设计时速80千米，三上三下六车道，工程建成后将形成连接西四环路和西五环路的一条东西向放射性交通干道,与莲花池西路及长安街西延构成西部远郊与市区联系的三条快速走廊,有效缓解沿线地区的交通拥堵状况,成为一条联系多条放射线的道路,集社会交通、区域交通、公共交通为一体的城市快速路。工程总投资97578万元。2007年5月开工,2008年7月竣工。北京市公联公路联络线公司建设,北京市市政设计研究总院设计,北京市政二公司、北京市政一公司、北京市路桥有限公司、北京鑫实路桥公司、中铁六局集团有限公司等施工,北京高速公路监理公司监理。

【民族大道奥运景观绿化改造工程竣工】 工程位于朝阳区土城北路至北四环之间的北辰路,包括绿化、喷灌、景观、景观照明和雨洪利用工程,长1180米,红线宽200米,实施项目总面积22.5万平方米,其中绿地17.62万平方米,工程总投资12052万元。2007年4月6日开工,2008年5月31日竣工。朝阳区绿化局建设,中国风景园林规划设计研究中心设计,北京朝园弘园林绿化有限责任公司施工,北京达华工程管理(集团)有限公司监理。

【朝阳500千伏输变电工程竣工】 工程位于朝阳区王四营乡,建筑面积8800平方米,工程包括安装2组120万千伏安变压器,新建安定、顺义至朝阳500千伏线路88千米。工程总投资131289万元。2006年9月开工,2008年5月竣工。北京市电力公司建设,北京国电华北电力工程有限公司、北京电力设计院设计,高碑店市建筑企业集团、湖南送变电公司、北京电力工程公司北京送变电公司施工,北京华联电力工程监理公司、博源吉北电力工程监理公司监理。

【城南500千伏输变电工程竣工】 工程位于大兴区黄村镇,建筑面积8300平方米,工程包括安装2组120万千伏安变压器,线路21.2千米。工程总投资82135万元。2007年12月开工,2008年7月竣工。北京市电力公司建设,北京国电华北电力工程有限公司、北京电力设计院设计,高碑店市建筑企业集团公司、北京电力工程公司、江苏省电力建设一公司施工,达华集团北京中达联咨询有限公司监理。

【南水北调中线京石段应急供水工程(北京段)竣工】 工程跨房山、丰台、海淀3区,全长80.4千米。包括北拒马河暗渠工程1781米、惠南庄泵站工程、惠南庄泵站至大宁段PCCP管道56.4千米、西甘池1800米及崇青隧洞380米工程、大宁调压池、永定河倒虹吸工程2519米和混凝土箱涵、卢沟桥暗涵5269米、西四环暗涵工程12.64千米和暗挖混凝土圆涵10.96千米,铁路和地铁交叉11处并累计长506米、团城湖明渠885米。工程总投资767680万元。2004年12月30日开工,2008年7月试通水。北京市南水北调办公室建设,北京市水利规划设计研究院设计,河南黄河工程局、北京通成达公司、北京市京水建设工程公司、河南水利第一工程局、山东水总机械工程公司、江苏水利机械制造总厂公司、黑龙江水利总公司、中铁隧道公司、中铁十九局、中铁十六局、中铁七局、江南水利水电总公司、中铁十二局和北京翔鲲水务公司联合体、北京河山引水管业有限公司、成都金炜制造有限公司、山东电力管道工程公司、新疆国统管道股份有限公司、葛洲坝集团、水电十一局、水电十四局施工,中水科工程总公司、水利部山西水利水电勘测设计研究院、北京燕波工程管理有限公司、河南华北水电工程监理中心、山西省水利厅监理中心监理。

【朝阳区大屯垃圾转运站竣工】 工程位于朝阳区大屯乡辛店村南,每天转运垃圾1800吨,工程总投资10417万元。2006年5月开工,2008年9月竣工。北京环境卫生工程集团有限公司建设,中国航天建筑设计研究院设计,北京城建三建设发展有限公司施工,北京致远工程建设监理有限责任公司监理。

【门头沟500千伏输变电工程竣工】 工程位于门头沟区石门营环岛,将原220千伏变电站扩建升压为500千伏变电站,新建门头沟至房山Ⅱ回500千伏输电线路。工程总投资75328万元。2007年10月开工,2008年11月竣工。华北电网公司建设,北京国电华北电力工程有限公司设计,北京送变电公司、高碑店建筑集团公司施工,北京华联电力工程监理公司监理。

【六环路天然气一期工程竣工】 工程从大兴区京开高速与南六环路交汇处沿东六环至昌平区西沙屯,工程包括新建高压A管线约124千米,设计压力4.0兆帕;新建大兴南、通州、李桥、西沙屯高压A调压站4座。工程总投资14亿元。2005年8月开工,2008年7月竣工。北京市燃气集团建设,北京市煤热设计院有限公司设计,市政三公司、城建亚泰公司、天津管道工程集团公司、场道市政公司、万兴建筑集团施工,四方监理公司、菲尔监理公司监理。

【团城湖至第九水厂输水工程竣工】 工程跨海淀、朝阳两区,工程包括建设加压泵站及输水管道,处理能力为150万立方米/日,DN4600管线8.3千米,新建关西庄泵站及臭氧设施各一座。工程总投资 121200 万元。2006 年 12 月 30 日开工，2008 年 9 月竣工。北京市自来水集团建设，北京市水利规划设计研究院、北京市市政工程设计研究总院设计，北京市市政四建设工程有限责任公司、中铁十六局集团、北京市政建设集团有限责任公司、中国水利水电第一工程局等施工，北京燕波工程管理有限公司、北京致远工程建设监理有限责任公司、北京鸿祥工程建设监理有限责任公司监理。

【通州天然气接收门站及出站管线工程竣工】 工程位于通州区，包括新建天然气管线 8 千米、天然气接收门站 1 座。工程总投资 18000 万元。2008 年 9 月开工，2008 年 11 月竣工。北京市燃气集团建设，北京市煤热设计院有限公司设计，上海煤气第二管线工程公司、天津管道集团公司、北京城建亚泰工程公司施工，四方监理公司、菲尔监理公司监理。

二、城市环境建设管理

【概述】 2008 年，按照市委市政府"营造良好局面，办好一件大事"的总体部署和工作要求，紧紧围绕实施"绿色奥运、科技奥运、人文奥运"中心任务，以"服务保障奥运，建设宜居城市"为目标，以奥运保障工作为重点，在城乡环境建设和城市运行保障方面做了大量富有成效的工作。

1. 城乡环境建设达到了历史最高水平。在城乡环境整治方面，开展了 406 条胡同、346 个老旧小区、475 条大街、"城中村"和"边角地"的环境整治，拆迁居民 2798 户，拆迁建筑面积 58 万平方米，腾退土地 14 万平方米。完成了 8329 栋楼房外立面清洗粉饰。在城市环境卫生方面，全市生活垃圾无害化处理率达到 95%，其中城八区 99%，郊区 85%。垃圾分类收集率 52%，垃圾资源化率 35%。改造城四区平房区公厕 889 座，市区车行道机扫率达到 90% 以上，郊区城市道路机扫率达到 60% 以上，道路干净率由 40% 提高到 90%，路面尘负荷下降 50%。在户外广告和夜景照明方面，对 800 余条重点街区户外广告设置进行了规划，拆除违规户外广告 45647 块、违规牌匾标识 42606 块、重新规范设置牌匾标识 24526 块。采用节能技术，建设和改造了故宫、颐和园等 10 项夜景照明工程，完成了北辰桥、龙潭湖公园等 13 项奥运夜景照明应急项目。在环境秩序保障方面，查处各类违法行为 48.9 万起，拆除违法建设 82.24 万平方米，群众热线办理率达到 100%，城管热线受理量同比下降 68%。

2. 城市运行管理实现了跨越式发展。在城市供气方面，实现全年天然气使用量 55.81 亿立方米的供应保障，新发展天然气居民用户 12.7 万户，完成 1 万吨液化石油气的政府应急储备任务。2008 年消除燃气安全隐患 130 处。在城市供热方面，新发展集中供热面积 1000 万平方米，完成 2.6 万项设备检修与设施改造，排查处理 529 处供暖问题。完成 23 座燃煤锅炉房清洁能源替代或环保治理，对 290 座锅炉房实施了供热系统节能改造，319 个小区老旧管网改造试点工程如期完成，299 座公建热力站进行了热计量系统改造，按热计量收费面积扩大到 1500 万平方米。在市政基础设施运行方面，重点完成奥运场馆周边 54 条道路的地下管线检测，对全市 140 万个井盖采取安全防护工程措施，完成 60 项消隐工程。管网突发事故总量同比下降 29%。在信息化城市运行监测方面，2008 年共处置城市管理问题 272 万余件，同比增长 45.74%，结案率达到 97.47%。依托信息化城市管理系统搭建了 2008 奥运城市运行监测平台，为市委、市政府奥运综合决策和指挥协调提供了有力支持。

【建成六环路天然气一期工程】 按时完成了六环路天然气一期工程建设并投入运行。该工程全长约 124 公里，跨越大兴区京开高速与南六环路交汇处沿东六环至昌平区西沙屯。该管线管径为 DN1000，设计压力 4.0 兆帕。并配套建设了大兴南、通州、李桥、西沙屯等四座高压 A 调压站，总投资约 14 亿元人民币。该管线承担着接收、输送并分配陕京二线、地下储气库天然气向市区管网、外围区县各卫星城、中心镇和热电厂等用气大户供气的任务。

【建成天然气管网通州门站等】 陕西至北京的第二条天然气管线采育至通州段管道及末站工程建设完成，同时，与末站相连的全国最大的天然气站——通州门站正式投入使用，并与本市六环路天然气枢纽管网联通。该门站位于通州区潞城镇东堡村，占地面积 10920 平方米，全长 8 公里，每日流量达 3000 万立方米，压力级制 4.0MPa，管径为 DN1000，年可接收 40 亿立方米的天然气气量，总投资约 1.6 亿元人民币。该门站启用后，可以保障本市今冬日高峰 4500 万立方米的用气需求，并使本市门站总接收能力提高 60% 以上，满足未来几年天然气气量增长的需求，在改善天然气管网工况、提高供气安全等方面发挥了重要作用。

【建成公主坟西延热力管线工程】 公主坟西延线热力管线工程，东起公主坟，经万寿路到五棵松。该工程自 2005 年 9 月开工建设，2008 年 6 月经试运行后竣工。该热力管道直径 1000 毫米，总长度 2.8

公里，总投资额12029万元。该工程的建成，可将高井热电厂的余热送至城内，以增加城市的供热能力。

【建成黄寺大街热力管线工程】 黄寺大街热力管线工程自2006年12月开工建设，2008年6月经试运行后竣工。该热力管道直径600mm，总长度3.2公里，总投资额9243万元。该工程的建成，可为周边驻京部队解决热力供应难的问题。

【建成郑常庄热电厂天然气工程】 郑常庄热电厂配套热力管线北线工程，由电厂出口经沙窝桥至复兴路，与公主坟西延热力线相连，管线全长2976.35米，干线管径DN1000，共设正式竖井13座，临时竖井17座，采用浅埋暗挖河顶管方式敷设，该工程于2007年6月开工建设，2008年8月竣工。该工程的建成并投入使用，使北京增加了清洁能源的电能和热源。

【建成奥林匹克中心区热力工程】 奥林匹克中心区道路配套工程包括：太阳宫燃气热电厂、北辰西路、运动员村路等7个单项工程。该工程累计总长度11998米，总投资额约32438万元。工程建设获"2007年度竣工长城杯金质奖工程"。

【建成太阳宫燃气热电厂】 太阳宫燃气热电厂担负着为奥运村供电、供热和制冷的重要任务。于2月完成燃气供气工程建设，3月1号燃气轮机成功地进行了168小时满负荷试运行，标志着太阳宫燃气热电厂已初步具备投入商业运行的能力。2号燃气机组也进入调试运行阶段。该工程获"2007年度竣工长城杯银质奖工程"。

【液化石油气应急储备正式启动】 计划储备液化石油气1万吨，目前已基本完成液化石油气储备准备工作，具备开始实施储备的条件。下一步市市政管委将会同市发改委、市财政局等部门研究细化政府应急储备资源购进及调用条件和程序。市液化气公司在完善各项实施方案的同时，组织开展政府应急储备的采购招标工作。

【完成18条道路架空线入地】 计划2005～2007年共对南新华街等18条道路的5类架空线进行入地工作，并于2008年奥运会前按时完成。该项工作涉及朝阳、东城、西城、宣武、海淀5个区和北京电力、北京网通等34家线缆权属单位，道路总长20.3公里，入地线缆总长度约410余公里，拔除各类线杆1610根。

【建成垃圾粪便处理监控系统】 建成门头沟区粪便消纳站、怀柔区粪便消纳站、海淀区三星庄粪便消纳站、延庆粪便消纳站、大兴区粪便消纳站等5座粪便消纳站，完成了垃圾粪便处理设施在线监控系统一期工程建设。该系统还对环卫设施实施了光纤接入，保证了信息远程传输质量。首次实现对北京市垃圾、粪便处理设施的远程实时监管。

【加快垃圾粪便处理设施建设】 建成大屯垃圾转运站、房山垃圾转运站；北天堂垃圾综合处理厂（筛分项目）、顺义垃圾综合处理厂；延庆永宁垃圾卫生填埋场、怀柔垃圾卫生填埋场、顺义垃圾卫生填埋场、西田阳垃圾填埋场二期工程；南宫餐厨垃圾处理厂；门头沟区粪便消纳站、怀柔区粪便消纳站、海淀区三星庄粪便消纳站、延庆粪便消纳站、大兴区粪便消纳站等14座垃圾粪便处理设施。

【全市557条道路采用新工艺保洁】 为确保奥运场馆周边、奥运比赛路线、奥运签约饭店、大型文化活动场所、驻华使馆、重要旅游景点、重要交通枢纽、重要商业街区和赞助商展示现场周边等重点区域、快速路、主干道及火炬传递、公路自行车赛和马拉松赛等开放性活动赛事路段达到《北京市城市道路清扫保洁质量标准》要求，全市对557条道路，3186万平方米采用新工艺作业，实现了道路防尘控尘、干净整洁的目标。

【积极推荐垃圾分类收集】 2008年北京市垃圾分类工作的主要内容包括：巩固和提高已开展垃圾分类的居住小区和社会单位的工作成效；继续推进居住小区、大厦、工业区垃圾分类工作；继续推动党政机关及窗口单位垃圾分类工作；继续创建垃圾分类示范单位。2008年内，全市共推广分类小区214个。党政机关窗口单位1650个，垃圾示范单位72个。

【积极推进农村公厕升级改造】 为推进部分农村基础设施"五项工程"建设，加快公厕升级改造步伐，一是进一步完善全市公厕的规划布局和相关政策、法规、标准和工作目标。二是通过新建公厕、摆放移动公厕、鼓励营业场所厕所对外开放、设置导向牌等措施，解决好公厕合理布局问题。三是组织西城、海淀、通州区对群众反映的缺厕问题，认真核查，提出了解决方案，制订了推进计划。2008年内各区县完成了700余座农村公厕的建设任务。

【开展旧城平房区公厕改造】 城四区结合旧城区修缮院落改造任务，计划改造1726座公共厕所。2008年完成了50%，共完成863座改造任务。改造以内装修为主，对严重破损房屋进行翻建，在有条件的公厕设置无障碍设施，优先采用节水、节电技术，达到《公厕改造基本标准》。

【平原地区实现垃圾密闭化管理】 按照《北京市垃圾密闭化建设工作指导意见》和《北京市垃圾密闭化建设标准》，门头沟、房山等10区县建立了垃圾收集系统。建成小型垃圾中转站66座、地下垃圾箱站490座、垃圾房2182座，采购各种垃圾容器27万多只、三轮车6298辆，建立了农村保洁员制度。全市95％的平原地区实现了垃圾密闭化管理。

【加大城中村边角地整治力度】 为配合"绿色奥运"的实施，北京信息工程学院、丰体北侧、朝阳路北侧3号地等一批奥运场馆周边的环境得到了整治；宣武区先农坛项目，一批文物保护单位的环境得到了治理；完成了东北二环联络线、南中轴路珠市口至天桥段项目，一批道路两侧环境得到了整治。通过对以上20个"城中村"和"边角地"的环境整治，拆迁居民2978户、拆迁单位217个，共拆迁建筑面积58万平方米。

【城区主要大街整治效果显著】 奥运会前夕，北京市对城区主要大街的环境进行了综合整治。一是在已整治的117条重点大街中，完成了90％以上的临街商铺整治工作。二是对临街商铺进行专业规划设计，形成整体风格。三是根据历史风貌特色、区域功能定位等特点，设计不同的大街规划方案。四是对牌匾标识进行了整治，严格规范牌匾的体量、规格、材质、设置位置等。

【超额完成胡同环境整治任务】 2008年计划整治胡同350条。整治内容包括宅院大门整治、胡同绿化、商铺整治、墙面修复和粉刷等。本着"恢复原貌、以人为本、专家指导、因地制宜"的原则，对宅院大门、墙面、绿地、商铺等进行提升设计和旧貌修复，组织专家现场指导。年内共整治北京旧城二环路以内胡同406条，包括修复宅院大门2986个，修补粉饰墙面45万平方米，整治临街商铺496个，实现绿化2.6万平方米。

【铁路沿线环境整治取得新进展】 按照《北京区域铁路沿线环境整治工作方案》，对京广、京九、京包等6条铁路主要干线的五环路内区域及城铁13号线、八通线两侧30米范围内环境进行了整治，全长约103公里。拆除违法建设约2.5万平方米，粉刷建筑外立面约25.7万平方米，清理垃圾渣土约38.7万立方米，建成朝阳区石佛营、宣武区小马厂、石景山重聚园3处绿化景观节点。铁路沿线环境整治后由铁路部门和相关区县管理，责任落实到各街、乡、村和铁路站段。市有关部门利用联动机制，联合北京铁路局定期检查、及时协调、解决铁路沿线出现的各种问题，使铁路沿线的环境秩序保持良好状态。

【开展对非法小广告专项治理】 2008年，为彻底根治非法小广告，进一步健全了"监、停、掏、清、疏、移、预、评、宣"九项小广告治理工作机制，加大对涉奥重点地区的监控、执法和治理力度。同时，为方便市民信息的发布，设立社区信息栏，有效控制了散发、张贴、喷涂小广告的现象。2008年共查处各类非法小广告违法行为8470起，查抄小广告窝点329个，收缴小广告103.5万张，暂停通信服务非法小广告电话号码36173个，治安、刑事拘留720人，无小广告街区达到596个，各区县无小广告的重点街区上升到80％。

【城市运行监测平台投入运行】 按照举办奥运会对城市运行环境监测的要求，北京市建立了"2008信息化城市运行监测平台"。实现了与市公安局2000多个视频探头以及779辆城管执法车GPS的对接。可监测火炬接力路线、马拉松比赛路线、公路自行车比赛路线、95个场馆、119个签约饭店、24个定点医院、32个奥组委指定宗教场所、奥运之家，以及重点赛事周边环境情况。并且，可通过38个委办局采集能源和水、市场供应、通信保障和信息安全、安全生产、交通组织、大气治理、市容环境、旅游接待、文化活动、公共卫生、社会治安、防灾减灾等12个方面198项城市日常运行的体征数据和信息。

（北京市市政市容管理委员会　郑勤俭）

三、北京规划建设

（一）综述

2008年，是首都发展史上具有特殊意义的一年。在市委、市政府的正确领导下，全市规划系统的干部职工全面深入落实科学发展观，以过硬的作风、周密的措施、细致的工作，积极应对新形势、新变化，圆满完成了各项任务，为支援地震灾区抗震救灾工作，为北京奥运会、残奥会的成功举办、为全面推进人文北京、科技北京、绿色北京建设做出了应有的贡献。

1. 全面完成北京奥运会、残奥会规划建设，为奥运会的成功举办做出历史性贡献

按照绿色奥运、科技奥运、人文奥运三大理念的要求，高水平地完成了奥运场馆、设施和景观建设的规划设计，为北京留下了独特的奥运遗产，极大地提升了城市品质。先后完成了奥林匹克中心区和场馆、奥林匹克公园环境景观、地铁5号

线、奥运支线和机场线等一大批重大基础设施建设的规划设计和实施，同时切实做好奥运工程设计质量专项检查及运行保障工作，对奥运场馆实施严格的专项检查，全程监督；完成了涉及奥运工程的62条城市道路和奥林匹克公园市政工程的规划设计综合，完善了奥运设施供电、供热体系；配合开展重点地区城市环境整治规划和"城中村"综合整治规划。

2. 发扬爱国主义和集体主义的精神，积极参与对口支援抗震救灾工作

成立规划系统对口支援抗震救灾领导小组，统一协调组织对口援建的相关工作。开展选址建设临时安置用房各项工作，建立户型设计标准，并积极研究临时安置用房未来的回收利用问题。

3. 深入落实科学发展观，充分发挥城乡规划引导城市建设的作用

充分发挥城乡规划作为城市公共政策的作用，增强协调城市发展和建设的能力。组织编制了近期建设规划年度实施计划、山区协调发展规划、住房建设规划等18项专项规划；开展了首都金融产业后台服务园区规划等19项专题研究，开展了首都第二机场选址等10项重点专项工作，完成了北焦工业遗址保护与开发利用规划方案征集等工作。完成25个乡镇域规划的审批工作，指导推进350个村庄规划编制。同时，城市重要节点地区的城市设计工作，更加人性化，更加注重细节，规划工作更具服务民生的内涵。

4. 注重改善民生，推进社会主义和谐社会首善之区建设

积极推进保障性住房建设，加大历史文化名城保护力度，大力推动社会事业发展。会同市相关部门编制了《北京住房建设规划（2008～2012年）》，同时加强保障性住房规划标准的研究和制定，及时、高效率、高要求地审查保障性住房和两限商品房的规划设计方案，保证住宅区的规划设计质量和公共设施配套的落实。

坚持改善居民居住条件和保护古都风貌并重，加强旧城历史文化保护区保护工作。实施小规模、渐进式有机更新，按照"修缮、改善、疏散"的基本思路，加快了朝阜大街、崇外大街等具有代表性的重要街道的城市设计研究，同时，结合具体改造整治项目，加强对具有历史价值的胡同、四合院的保护和修缮，完善旧城区历史文化保护区的城市功能，加强城市环境景观精细化设计，提高老城区的城市活力和品质。

加快推进轨道交通等基础设施规划建设，引导带动城市可持续发展。集中力量，开展攻坚会战，使即将完工、在施和计划开工的轨道线达11条。调整优化了全市远景轨道交通线网，全面开展了2015年前轨道交通项目前期规划工作。

5. 大力推进依法行政，完善制定规范和标准

以修订《北京市城乡规划条例》（草案）为重点和基础，全面梳理、完善法规和各项标准。组织编制完成了北京胡同环境整治规划导则和北京旧城平房区修建性详细规划编制导则，编制试行《土地利用现状分类与城乡规划用地分类标准对照表》和《北京市地名规划编制导则》，完成了《市村庄建设规划管理指导意见》。完成了《北京市节约用地标准（试行）》、《公共建筑节能设计标准》等十几项标准的制定。坚持政务公开、"阳光规划"和民主决策。创新规划公众参与机制，保证群众诉求渠道的畅通，探索建立"社区规划公众参与平台"。积极开通信息公开渠道，开辟政府信息公开专栏发布规划信息4000余条，显著提高了政府的执行力和公信力。（陈建军）

（二）规划编制和研究

【《北京城市近期建设规划年度实施计划（2008～2009年）》编制完成】 由市规划委组织市规划院编制完成。该计划主要包括年度重点工作和建设项目基础库两部分内容。重点工作包括总体规划确定的城乡协调发展、新城发展、中心城调整优化和历史文化名城保护，以及根据年度实际情况确定的重要专项工作。建设项目基础库强调重点区域开发、土地储备供应与基础设施项目安排的关联性，统筹协调点（重大项目）、线（重要交通设施）、面（重点地区和功能区）建设开发时序安排，便于统筹协调和信息集成共享。通过年度实施计划的制定，建立了计划实施、公共财政投入、土地供应、监督检查的基础性工作平台，形成各类计划统筹联动和各项工作信息共享的工作机制，为市委、市政府统筹决策提供了依据。该计划获市政府第11次常务会审查通过。（张铁军）

【《北京住房建设规划（2008～2012年）》编制完成】 2008年内，由市规划委组织编制完成。规划研究内容包括：建立住房建设规划实施评价体系；研究北京住房的现状和需求；完善住房保障和供应体系，扩大廉租住房覆盖范围，积极探索政策性租赁住房的建设和实施机制，多渠道解决本地人口和外来人口住房问题；根据需求情况的变化调整供应目标，优化供应结构和空间布局。规划提出健全人

口、就业与居住的联动机制，完善住房保障体系和工作机制，改善房地产调控机制，统筹新城就业与居住发展，以及提高居住质量等方面的政策建议。（王雅捷）

【《京津冀城镇群协调发展规划（2008～2020年）》获批准】 由建设部牵头组织，北京市、天津市、河北省人民政府及相关专家、设计单位共同参与编制完成。该工作于2006年9月正式启动，规划范围涵盖北京市、天津市和河北省行政区域。该规划于2008年3月由建设部、北京市、天津市、河北省人民政府正式批准发布。《规划》以区域空间布局优化和城乡统筹发展、区域资源和生态环境保护、区域交通和基础设施衔接等内容作为协调的重点，符合京津冀地区城镇发展实际，体现了两市一省加强区域协调和规划衔接的共同要求。该规划促进京津冀地区城镇协调发展，对于实施国家区域发展总体战略，推进重点开发地区的统筹协调发展具有重要意义。（马春明）

【《北京市山区协调发展总体规划（2006～2020年）》完成】 4月，市委常委会审查通过。该规划分为三个部分：一是山区功能定位与发展策略；二是山区发展保护控制与规划建设引导；三是山区规划实施。该规划旨在发挥规划的统筹引导作用，进一步加强山区生态环境保护与建设，推进山区城镇化健康有序发展，促进实现我市经济社会城乡一体化发展。该规划是目前国内率先开展的对市域范围山区进行统筹协调的总体规划，也弥补了北京市城乡规划的空白。（马春明）

【《北京土地储备规划（2008～2020年）》编制完成】 该规划由市规划委会同市国土局编制。该规划一是总结分析历年来土地储备和供应的情况，依据各类规划摸清北京土地储备资源的底数并进行储备潜力评估；二是提出土地储备近期与远期的总量目标，以及类别结构和空间分布的要求；三是划定重点：划定近期土地储备的重点区域，为土地储备计划制定提供基础依据，确保土地投放规模、结构和布局符合城市发展主导方向，与基础设施（特别是轨道交通）建设相协调，强化计划的控制力和可操作性；四是探索创新土地储备实施的方式，加强对城市重点区域土地的控制，进一步完善土地实物储备和一级开发机制。（马春明）

【《北京市公安派出所设施专项规划》编制完成】 市规划委、市公安局共同组织编制完成。规划按照统筹兼顾、分类指导、便民高效、节约集约的原则，综合考虑辖区面积、管辖人口及其分布、治安状况、地理环境等因素，对全市派出所设施按照不同的分类要求进行资源整合、统一布局和设置。规划到2020年全市共有派出所559个。户籍派出所444个，其中，规划新增89个；治安派出所115个，其中，规划新增59个。（张雪松）

【《北京焦化厂工业旧址园改造利用规划》编制完成】 市规划委和市国土资源局组织面向国内外公开征集规划方案，由市规划院以一等奖方案为主进行方案整合。规划用地位于垡头边缘集团中部地区，规划范围140.92公顷，规划总建筑规模330.16万平方米（其中地下100万平方米）。规划以北京焦化厂工业旧址的保护和开发利用为契机，塑造富有工业文化特色的城市空间，为将该地区建设成为功能布局合理、环境优美、富有活力和特色的城市新区提供了依据。（李瑞）

【《北京轨道交通及沿线土地优化规划》编制完成】 市规划委组织编制完成。规划从城市空间的发展战略、土地与交通的协调发展、轨道建设的效益挖潜、土地资源的合理利用、政府管理的技术支持、人本理念的规划落实等六个方面开展研究；以轨道交通规划优化、站点周边土地利用优化和规划实施建议为重点对共计156公里的轨道交通线路的线位、站位进行了优化；统筹进行了近期线网的总体优化整合；开展了全市车辆段规划布局、用地整合和资源共享研究；针对14条线路，划定了总量达293平方公里的站点影响范围，开展了站点周边土地利用模式研究，并在15个重点车站一体化设计案例中进行了规划实践。（杨贺）

【《加快南城及南部地区发展规划》研究完成】 市规划委与市发展改革委组织完成。该项研究对南城地区的人口、资源、环境的发展不均衡性进行整合，明确了"兴业、宜居"的战略目标，提出了构建"三区（首都发展核心区、城市空间拓展区、城市发展新区）、三翼（轨道交通房山线、亦庄线、大兴线）、区翼联动"的空间格局及加大基础设施建设、加强轨道交通周边综合开发、完善公共政策建议和落实重点项目等具有针对性、可操作性的发展对策。（郭睿）

【《奥运中心区雨水系统》研究完成】 市规划院联合相关科研单位和大专院校完成。研究工作包括：收集、整理、分析奥运中心区雨水系统各组成部分相关资料，建立雨水系统数据库；构建地表漫流、雨水管网系统、河道系统耦合集成模型；进行模型技术与城市道路应急排水措施集成研究；评价奥运中心区雨水系统的设计标准和抗灾标准；针对超标降雨情况下奥运中心区积水风险进行分析并提出相应的对策建议。该项研究对完善城市雨水系统规划设计理论和方法及提高城市防汛排水能力具有重要作用，研究成果已在奥运期间奥运中心区防汛预案、奥运中心区雨水管理系统、新城雨水专项规划等工作中得到广泛应用。（马洪涛）

【《北京市平原区砂石坑综合利用规划》研究完成】 市规划委组织完成。规划研究内容主要包括：全面系统地调查砂石坑现状分布、利用及权属情况；系统地分析砂石坑在大气环境质量、地下水水质、河道滞蓄洪、雨洪利用、土地利用、生态景观等方面的各类环境影响；在研究借鉴国内外砂石坑治理经验的基础上，科学合理地提出砂石坑的功能分类与发展定位，提出砂石坑景观生态建设的分类指导方案及重点砂石坑的生态修复案例；制定砂石坑的近期建设内容和实施建议。该项研究对今后进行砂石坑综合整治、生态修复和综合利用具有指导作用。（姜其贵）

【《北京都市圈轨道交通资源整合规划研究》启动】 本课题划分为北京都市圈发展及交通圈需求分析、国外大都市圈轨道交通发展研究、北京都市圈轨道交通网络规划、轨道交通互联互通研究、北京轨道交通建设运营管理研究五个专题，最后形成北京都市圈轨道交通规划整合报告。（马春明）

【《北京市再生资源场站设施布局专项规划》编制完成】 该规划由市规划委与市商务局组织编制。该规划是国内首次系统地编制再生资源设施布局规划，提出了较为完善的回收体系建设模式，对国内其他城市开展相关工作具有积极的示范指导作用。（马春明）

【《2007年度北京三个古村的保护与发展规划》编制完成】 市规划委组织编制完成门头沟区灵水村和琉璃渠村、怀柔区鹞子峪村等三个古村的保护与发展规划。灵水村是第二批中国历史文化名村，规划根据其特点制定了"整体保护、区别对待、有条件发展"的原则。琉璃渠村是第三批中国历史文化名村，规划强化对村庄核心区的保护及其周边区域的风貌控制，加强了对核心区外的发展控制。鹞子峪村规划重点研究鹞子峪城堡在长城体系中的历史地位，以保护自然环境和长城体系环境的完整性、真实性为前提，保持内部环境格局以及历史遗迹和空间要素。规划的主要特点：一是将保护规划与村庄规划相结合。二是惠及于民的发展理念，使村民真正受惠。（张志杰）

【《南沙河综合整治规划（2008年～2020年）》编制完成】 由海淀区水务局组织，市规划院等单位共同编制完成。规划范围263平方公里，规划河道长30.6公里。规划的主要内容包括南沙河水文分析与计算、治理工程规划、水质还清规划、景观规划、生态规划等。规划专题研究深入、涉及面广、综合性强，规划成果为南沙河建设和管理提供了依据。（韦明杰）

【《通州新城运河核心区交通系统规划》完成】 市规划院受通州区政府委托编制完成。规划指导思想突出了立足长远的发展引导，以资源环境保护利用为前提，构建可持续发展的综合交通系统；营造以人为本的滨水绿化空间，保护运河文化遗迹，积极塑造以北运河为纽带的城市形象及文化内涵；为建设资源节约型、环境友好型新城创造条件；为通州新城的社会经济发展提供强有力保障，实现核心区交通与环境、社会经济的协同发展。（张晓东）

【《CBD道路命名规划方案》完成】 该方案由CBD管委会组织编制。该方案规划区域范围西起东大桥路，东至西大望路，南起通惠河北路，北至朝阳路和朝阳北路，面积3.99平方公里。在朝阳门外大街、建国门外大街等17条现状道路名称不变的基础上，对33条规划待建道路做出了命名预案。在重点把握区域地名景观完整统一的同时，对尚未实施的规划道路按走向采用了"东西称街、南北称路"的命名方式，以增强道路的可识别性，达到好找易记的效果。（马春明）

【市规划委开展城市设计导则编制工作】 《城市设计导则》重点是加强对城市公共空间精细化的管理和控制。通过划定新城需要加强城市设计的区域，对道路广场、公共绿地、街道与建筑尺度等城市设计要素深入研究，明确提出道路铺装、街道小品、灯光照明、绿化布置、节能设施等具体要素的控制性要求和具有普适性的指导标准。（马春明）

【我市开展地震应急避难场所专项规划研究工作】 市规划委会同市应急办、市地震局组织。研究内容主要包括：1.研究中心避难场所、中心城避难疏散通道等重大设施等规划内容，提出区县应急避难场所规划要求；2.提出区县地震应急避难场所专项规划编制内容、标准的要求，规范各区县地震应急避难场所专项规划编制内容，统一规划成果和相关内容。3.北京市区县应急避难场所专项规划审批管理办法研究。明确规划编制、审批主体，和规划审查、审批管理办法。（马春明）

【北京轨道交通新建线无障碍设施规划设计导则及图集编制工作启动】 1月，市规划委会同相关部门正式启动北京轨道交通新建线无障碍设施规划设计导则和标准图集编制工作。此项工作为更加方便老年人、妇女儿童、残疾人等社会群体乘坐轨道交通创造条件，以更高的标准做好北京轨道交通新建线的无障碍设施规划设计工作，进一步提升城市居民的生活质量。（马春明）

【完成25个乡镇域规划编制】 2008年内，市规划委批准13个乡镇总体规划、12个乡镇的控制性详细规划，在审查程序中的乡镇总体规划共17个。截至2008年底，全市10个郊区县需要编制总体规划的115个乡镇，70个乡镇的总体规划已获批准。（马春明）

【规划审批居住用地和项目工程规模情况】 全年，规划审批居住用地2483.78公顷，同比减少34.4%，居住用地主要分布在中心城的朝阳、丰台和东部发展带的顺义及西部发展带的大兴。规划审批居住项目工程规模2687.69万平方米，同比增加16.6%，主要分布在中心城的朝阳和东部发展带的通州、顺义及西部发展带的大兴、房山、昌平。（马春明）

【集中建设保障性住房和限价房情况】 全年集中建设保障性住房和两限商品房共86个项目，规模800万平方米，年内全部核发规划意见书。（马春明）

【住宅项目中配建保障性住房及两限商品房情况】 全年配建保障性住房及两限商品房97个，配建规模285.8万平方米。其中，一级开发项目57个，配建规模186.1万平方米；直接入市项目40个，配建规模69.7万平方米。（马春明）

【《CBD核心区城市设计在城市规划管理中的应用研究》完成】 市规划委组织开展。该项研究通过CBD核心区城市设计案例分析，结合国内外经验及案例研究，探索了既能给城市设计一定地位，又能与现行规划管理体制相衔接的规划管控模式；提出了城市设计的控制指标和要素库，以及易于纳入规划管理的城市设计成果表达形式；并与规划行政主管部门共同就能与现行规划管理方式相衔接的新版规划意见书的形式和内容进行了探索。该项研究对于城市设计在规划管理中的应用以及实现精细化的规划管理作了一次有益尝试。（赵烨）

【北京市城市建设地下水保护现状研究项目完成】 本项目通过对现有技术标准在保护地下水资源和水环境方面的分析，提出相关技术标准应当加强城市工程建设中保护地下水资源和地下水环境的规定。建议尽早对这些方面进行研究，加强法制建设，改变设计理念，结合工程条件，制定相应的技术标准和管理办法，引导和服务于工程建设，同时为政府监管提供依据。由市勘察设计研究院有限公司完成（马春明）

【市规划委积极开展浅山区土地利用及产业发展相关规划研究工作】 研究范围拟为海拔100米至300米等高线涉及的地域及相关村镇行政区域，研究区域面积约2363平方公里，初步估计有87平方公里的独立工矿用地。该研究为促进山区环境保护、经济发展和农民增收，为相关规划编制、政策制定和机制建设提供基础平台。（马春明）

【开展《北京城乡规划中涉及建筑区划相关问题》的专题研究工作】 该课题研究，一是将以规划管理为出发点，研究确定建筑区划的概念、划分的方法和标准；二是结合北京的实际情况，研究建筑区划的划分与现有规划管理和审批程序的关系；三是提出规划管理部门相关的规划指导意见，并考虑新建小区和旧有小区规划管理的衔接。该研究是一个立法前期调研课题，意义十分重要。（祝京川）

【《新农村既有农宅围护结构节能改造研究》完成】 主要改造内容有外墙外保温模塑聚苯板薄抹灰保温体系、外墙外保温模塑聚苯板复合保温浆料保温体系、外门窗更换为双玻中空塑钢保温窗、被动式太阳能暖廊等。经实地节能检测证明，改造后的农宅保温性能良好，在舒适度大大提高的同时，节煤效果显著。（祝京川）

【《北京地区城市建设工程地下水控制研究项目》验收工作完成】 该项目的创新点在于对北京市平原区进行了工程水文地质条件分区，提出了地下水控制方法的限制要求、北京地区限抽地下水情况下的基坑工程解决方案、单井出水量和基坑涌水量的计算方法及其相互关系，划分了北京地区地下水限量分区。（祝京川）

【《当代中国城市发展》北京卷专题研究成果汇编完成】 作为《当代中国城市发展》北京卷编写工作的配套项目，2008年继续开展了三项专题的研究工作，即："北京奥运场馆研究"、"新世纪以来北京市的文物保护工作"、"北京金融街建设发展研究"。在专题研究过程中，组织了多次专家研讨会和座谈会，经反复修改，专题研究成果分别通过专家评审。现已汇编成册，总计约22万字，包括照片80幅，20余个表格。（刘瑞玲）

【完成《李准文存》编印】 2008年内完成《紫禁城下写丹青——李准文存》的编辑、印刷工作，本书是"抢救"北京城市规划建设界老领导、老专家们手中宝贵资料的一次有益尝试。李准同志是新中国培养起来的北京最早的城市规划专家之一,在北京城市规划管理工作和北京总体规划的编制以及规划理论探索方面做出过重大贡献。《李准文存》共汇集了李准同志28篇文章。(刘瑞玲)

（三）规划管理

【受理建设项目情况】 2008年内,市规划委共受理各类建设项目申报14585件,规划审批各类建设项目14442件。在行政许可事项中,核发规划选址意见书645件,核定用地规模7129公顷,核定建设规模5230万平方米;核发建设用地规划许可648件,许可用地规模5942公顷;核发建设工程规划许可3497件(其中,建筑工程规划许可1990件,许可建设规模4576万平方米;市政工程规划许可1507件,许可道路管线137.18万延米)。（马春明）

【《北京中心城控制性详细规划（街区层面）》及《北京中心城控制性详细规划（街区层面）实施管理办法》完成】 市规划委组织编制完成。该控规实行分区管理、总量控制,将规划范围按照布局特征划分为33个片区,主要针对01—18片区的集中城市建设用地区域(19—33片区为中心城第一道、第二道绿化隔离地区,有待进一步深入研究)。控规规划范围约1088平方公里,规划控制人口约810万人,规划建设用地规模约614平方公里,规划建设规模约7亿平方米,可提供就业岗位约890万个。为保障控规的实施,市规划委草拟了《北京中心城控制性详细规划（街区层面）实施管理办法》。（马春明）

【开展"北京焦化厂工业遗产保护与开发利用规划方案征集"工作】 北京焦化厂位于北京市东南部垡头边缘集团,总占地约147公顷,始建于1958年,到2006年7月正式停产,已有48年的历史。经请示市政府同意,市规划委会同市国土局面向全球范围公开征集规划方案。中国（包括中国香港）、澳大利亚、美国、英国、法国、德国、比利时、加拿大、日本、新加坡、韩国以及英属维尔京群岛罗德镇等12个国家和地区的50家应征申请人递交了应征申请文件。通过严格的资格评审,选取了6家应征申请人参加本次规划方案征集活动,并从中选出了优秀方案2个进行公示。（马春明）

【《南水北调工程北京段终端地区景观设计方案征集书》编制完成】 市规划委和市南水北调办公室共同组织编制完成。本次规划设计范围约185公顷,位于北京市绿化隔离地区和重要的水源保护区,在三山五园历史风貌区和世界文化遗产颐和园外围文物缓冲区范围内。市规划委与市南水北调办采用邀请征集的方式,从若干家报名设计单位中筛选确定了4家设计单位参加本次规划方案征集。（马春明）

【《房山区山区人口迁移集中安置项目控制性详细规划（第一阶段）》获批复】 市规划委审查并批复了该规划。该规划有利于推动山区产业转型和人口迁移安置,对实现山区与房山新城协调、统筹发展具有指导作用。根据分期实施规划和近期建设要求,先行批复该规划第一阶段用地为阎村镇公主坟村东北部的二个规划地块。（马春明）

【《寨口矿用地控制性详细规划》获批复】 市规划委审查并批复了该规划。该规划范围,北起海淀区苏家坨镇寨尔峪,南到门头沟区军庄镇北四村南侧,西临海淀区界,东至规划六环路东侧海拔445米高程的浅山地带,规划区总面积为899.56公顷。（马春明）

【全市规划监督工作总量】 完成验线835项,验线总面积1900万平方米;验线合格747项,验线合格总建筑面积1579.92万平方米。规划验收2314项,（其中475项不合格）,验收总建筑面积5850万平方米,（其中,验收合格总面积4368.78万平方米）。（马春明）

【开展5次卫星查违工作】 2008年内,市规划委组织开展了5次卫星查违工作,现场核查628处,确认违法建设182处,违法建设面积90万平方米。拆除逾期临建5处,面积4012平方米。查处违法建设36件,处罚面积23.06万平方米。与2007年相比,违法建设处数同比减少16.13%（2007年为217处）,违法建设面积同比增加32%（2007年61.98万平方米）,违法建设发生的数量得到控制。（马春明）

【完成地铁、奥运场馆等规划验收】 完成地铁10号线、国家大剧院、机场线和奥运支线以及首都机场T3航站楼工程的规划验收。验收车站52座和2个车辆段的规划验收工作。完成国家游泳中心、国家体育场等27个奥运场馆的验收,验收奥运工程总面积171.43万平方米。（马春明）

【《小卫星测高应用项目》通过验收】 市规划委和二十一世纪公司联合研究开发的《北京一号小卫星遥感数据在北京城市规划管理中的应用》科研课题完成。该科研课题本着"以需求为导向、以用定研"的方针,结合实际工作需求,将目标定位于要求提供误差在5米以内建筑高程的测算方法。该课题是对小卫星数据测算建筑高度的首次尝试,是研究性的课题。通过课题的实际应用，为应用小卫星在城市规划遥感应用和城市建筑高度的控制管理工作中探索出了一种新手段。（马春明）

【**奥运中心区北部"仰山、奥海"正式命名**】 经市政府批准，位于奥林匹克中心区北部的主峰、主湖被正式命名为"仰山、奥海"。"仰山、奥海"合意为"山高水长"，寓指奥运精神长存不息，中国文化传统发扬光大。（马春明）

【**积极开展四川地震灾区援建工作**】 市规划委组织完成了我市第一批对口援建39个项目的规划选址、规划研究和工程设计；组织编制红白、蓥华、八角、洛水、湔氐、师古6个重灾镇的灾后重建规划；修编什邡市中心城区控规；组织指导相关交通、市政基础设施规划编制。（马春明）

【**完成城建档案接收情况**】 2008年内共接收、征集、整编入库各类档案3395项，29992卷。接收入库缩微档案6404卷。完成1675项，18093卷档案的缩微拍摄工作。档案缩微工作量达到2002年时的8倍。接收照片档案31528张，照片电子档案92盘，录像档案49盒，建设专题片12部。对馆藏工程竣工档案进行了数字化处理工作，完成了7769项，139022卷工程竣工档案文件级著录扫描工作。另外，对外接待查询、调阅、利用工程竣工档案、规划管理档案、城市建设声像档案8100余人次，调阅不同载体档案17000余卷次，较2007年翻了两番，利用人次和调阅档案均创历史最高记录。（田晓晶）

【**接收奥运工程档案**】 自奥运工程建设以来，市城建档案馆全面承担了在京建设的12座新建场馆、11座改扩建场馆、8座临建场馆、6个配套设施、45座独立训练场馆以及66条市政道路、5座桥梁、700余条随路建设市政管线的规划审批档案、工程竣工档案、奥组委工程部档案的管理工作。2008年内，已接收进馆奥运新建场馆10座；训练场馆、临建场馆及改扩建场馆已全部接收进馆；奥运村、媒体村等配套设施正在陆续办理档案移交；95%的奥运配套市政基础设施工程竣工档案已接收进馆；43座个独立训练场馆，16座竞赛场馆、7座临建场馆、2个配套设施的声像档案通过验收接收进馆，同时接收进馆奥运训练场馆、临建竞赛场馆工程录像素材30盘；从奥组委征集进馆了56座奥运场馆工程方案设计200余册，图纸20余卷以及部分工程的招投标文件170卷。（张斌）

【**市城建档案馆接收进馆重点工程档案**】 2008年内完成了首都国际机场扩建3号航站楼及配套停车楼、国家大剧院、地铁10号线、奥运支线、机场南线、京津二通道、京平高速路等重点工程建设项目竣工档案的预验收和接收进馆工作。（张斌）

【**市城建档案馆"工程竣工档案文件级著录及扫描工作"项目全面启动**】 市城建档案馆计划用三年的时间（2008年～2010年）将馆藏的工业建筑和民用建筑工程竣工档案进行文件级目录计算机著录，并对其中允许公开的有关文件进行全文扫描。2008年内已完成本项目中所涉及的工业建筑和民用建筑工程竣工档案约为14万卷，预计到2010年累计完成约40万卷的文件级著录工作，完成约8400项工程档案中涉及信息公开内容的全文扫描工作。（郝莹）

【**《公共建筑节能研究、示范与标准研制》项目通过验收**】 该项目通过对规划委员会办公大楼、崇文区发改委办公楼能耗分析与节能方案的实施，编制《公共建筑节能运行管理技术规程》，促使建筑节能标准及相关政策不断完善并得到较好实施，有效降低建筑能耗。（陈惠）

【**《北京市轨道交通无障碍设施现状及需求》调研完成**】 准备编制的《北京轨道交通及人行过街天桥无障碍设计规程》项目在市科委正式立项。现已通过《北京市轨道交通无障碍设施现状及需求》调研报告的成果验收。在此基础上，将编制《北京市城市轨道交通无障碍设施设计规程》及《北京市人行过街天桥及地下通道无障碍设施设计规程》。（陈惠）

【**《新农村住宅设计图集》2008年正式通过立项**】 该图集从我市组织的农村住宅优秀方案评选中通过大量的技术调研、试验，陆续推出符合新农村当地特色及经济适用的节能住宅设计图集，第一批包括八套不同形式的农村住宅施工图、不同材料的构造大样、工程做法及抗震措施，投资造价的估算参考等，以适应新农村发展的需要和新农村建筑节能技术整体水平的提高。（陈惠）

【**标准获奖情况**】 《88J2-9墙身——外墙外保温（节能65%）》获全国优秀工程勘察设计银奖。《91SB2-1卫生工程》、《88J5-1屋面》、《88J2-10公共建筑节能构造》、《92DQ5-1内线工程》获北京市优秀工程建设标准设计一等奖。《88J1-2隔声楼面、轻质隔声墙》、《92DQ13-1建筑物防雷装置》、《91SB6-1通风与空调工程》、《91SB4-1排水工程》、《91SB3-1给水工程》获北京市优秀工程建设标准设计二等奖。《91SB1-1暖气工程》、《88J13-4钢质防火门防火卷帘》获北京市优秀工程建设标准设计三等奖。（陈惠）

【**市地方标准《住宅区邮政信报箱》（修编）**】完

成】市规划委组织编制。信报箱标准是根据人大提案中反映的住宅区没有信报箱,居民收信收报难而确定的项目。本标准适用于北京市居民住宅区及住宅楼房信报箱群(间)单元箱箱体的制作、检验、安装和验收。该标准由市规划委批准发布并报建设部备案。(祝京川)

《公共建筑节能设计标准》完成 该标准包括设排风量回收系统,净能量回收效率计算;为采暖期存在冷负荷的中心区进行供冷设施的配置设计时,应采取自然冷源措施等。新增章节有建筑能源监测与控制,电气照明节能,变配电系统节能等。适用于北京地区新建、扩建和改建的公共建筑的节能设计。(祝京川)

《公共建筑设备监控系统节能运行管理技术规程》完成 该规程主要内容有对冷冻水和冷却水系统、热源和热交换系统、给排水系统、变配电系统、照明系统、电梯系统及计量装置的监控管理。本规程适用于办公楼、综合楼等公共建筑设备监控系统工程验收合格、投入正常使用后的日常运行中的节能运行管理。(祝京川)

编制建筑标准图集19本 2008年内,市规划委共组织编制完成建筑通用图集共19本,其中建筑通用图集3本,建筑专项图集16本。(马宁)

《北京步行和自行车交通规划准则》编制完成 由市交通委组织,市规划院为主编制完成。规划准则对现有相关规范、标准体系进行了补充和完善,提出了人行道和自行车道的布局原则,在确保步行与自行车路权和安全方面做出了规定,增加了自行车停车设施空间等内容。在规划准则的指导下,选择宣武区广内大街及其相交道路为典型编制了步行和自行车交通改善规划实施方案。(李伟)

《关于加强北京市城市建设节约用地标准管理的若干规定》和《北京市城市建设节约用地标准》开始执行 由市规划委和市国土资源局完成,经市政府批准。《标准》针对北京目前城市建设特点,以需求量大、矛盾集中的用地为重点,区分划拨用地和经营类用地两大类用地,提出了居住工作用地、公共服务用地、市政交通用地三类用地标准;同时提出了节省用地、调整容量、综合利用和优化套型四种节地方式。(马春明)

(四)工程设计

《第十五届首都城市规划建筑设计方案》展出 2008年12月10日,在市规划展览馆开幕。此次展览的主题围绕总结奥运工程上成功经验及奥运工程中城市规划设计背后的故事及贯彻三大理念的展示;学习实践科学发展观,在总结奥运工程城市规划的基础上,探索完善未来规划。展示后奥运的设想;引导社会互动、公众参与,共同加深对三大理念的理解,展望后奥运目标,为繁荣、健康、和谐的城市规划做出新的贡献。通过这次展览会,更好地总结了奥运经验,推广奥运经验。副市长陈刚出席开幕式并致词。展览共10家单位参加,430块展板。1.市规划委——(52块展板);2.奥林匹克公园——北京新奥集团有限公司(92块展板);3.奥运村——国奥公司(35块展板);4.奥林匹克森林公园——朝阳区森林公园管理处(32块展板);5.城市环境建设——08二办(环境指挥办公室)(30块展板);6.奥运绿化美化系统——市园林绿化局(29块展板);7.奥运城市城市交通系统——市交委(78块展板);8.奥运环保——市环保局(10块展板);9.奥运城市雕塑——市雕办管理办公室(45块展板);10.公众参与——北京城市规划学会(27块展板)。(马春明)

国家体育场方案获奖 2008年内国家体育场设计方案入选奥运工程优秀设计方案。国家体育场是特级体育建筑,主体结构设计使用年限100年,耐火等级一级,抗震设防烈度8度,人防等级6级物资库,防化等级丁级,地下工程防水等级1级。总用地面积204278平方米,总建筑面积(含看台面积的一半及立面楼梯)257989平方米,容积率1.26,绿地率31%,建筑高度62.41～67.71米。设计单位为瑞士赫尔佐格和德梅隆设计公司与中国建筑设计研究院联合体,施工图设计审查单位为北京市建筑设计研究院,勘察单位为北京市勘察设计研究院,勘察报告审查单位为中航勘察设计研究院。(马陶陶)

国家游泳中心方案获奖 2008年内,国家游泳中心设计方案入选奥运工程优秀设计方案。国家游泳中心是北京奥运会三大标志性建筑之一,奥运会期间承担游泳、跳水、花样游泳、水球等比赛。工程占地62828平方米,建筑面积79532平方米,建筑物檐口高度31米,标准坐席17000个。设计单位为中建国际(深圳)设计顾问有限公司、澳大利亚PTW建筑师事务所、ARUP奥雅纳工程顾问有限公司设计联合体,施工图文件审查单位为中国建筑设计研究院建筑设计审查咨询所,勘察单位为中航勘察设计研究院,勘察报告审查单位为北京市勘察设计研究院。(马陶陶)

国家会议中心方案获奖 2008年内,奥林匹克公园(B区)国家会议中心方案入选奥运工程优秀设计方案。国家会议中心在北京奥运会期间作为国际广播中心、主新闻中心及击剑比赛和现代五项的击剑、气手枪比赛的场馆使用。国家会议中心主体项目占地面积50917平方米，总建筑面积27万平方米，建筑高度43米。方案设计单位为英国RMJM建筑设计公司，施工图设计单位为北京市建筑设计研究院，施工图文件审查单位为北京钢铁设计研究总院设计审查中心，勘察单位为北京市勘察设计研究院，勘察报告审查单位为中航勘察设计研究院。（马陶陶）

【北京射击馆及飞碟靶场方案获奖】 2008年内北京射击馆及飞碟靶场方案入选奥运工程优秀设计方案。北京射击馆包括资格赛馆、决赛馆、附属永久枪弹库及相关室外配套设施，承担奥运会步枪、手枪和移动靶的比赛。园区总用地面积32.50公顷，总建筑面积51279平方米，主体建筑高度15～22米，绿地率30.1%。方案设计单位为清华大学建筑设计研究院，施工图设计文件审查单位为北京市钢铁设计研究院，勘察单位为北京市勘察设计研究院，勘察报告审查单位为建设部综合勘察研究院。（马陶陶）

【老山自行车馆方案获奖】 2008年内老山自行车馆方案入选奥运工程优秀设计方案。老山自行车馆方案设计坚持"以人为本"的原则，力求布局合理，功能完善和交通便捷，设计中还考虑北京是世界名城，文化古都的历史人文特点，增加方案的文化气息和时代风韵，充分体现"人文奥运"的理念。方案设计单位为广东省建筑设计研究院、中国航天建筑设计研究院与德国舒尔曼建筑设计事务所，勘察单位为北京城建勘测设计研究院有限责任公司。（马陶陶）

【国家体育馆方案获奖】 2008年内国家体育馆方案入选奥运工程优秀设计方案。工程总建筑面积约为8.09万平方米，室外绿化、铺地、道路面积约为4.4万平方米。方案设计单位为北京市建筑设计研究院及北京城建设计研究总院，施工图设计文件审查单位为中国建筑设计研究院，勘察单位为北京城建勘测设计研究院有限责任公司，勘察报告审查单位为中航勘察设计研究院。（马陶陶）

【五棵松体育馆方案获奖】 2008年内五棵松体育馆方案入选奥运工程优秀设计方案。五棵松体育馆方案构思基于创造一个功能合理、经济实用美观大方的西部地区标志点。总用地面积52.0377公顷，总建筑面积35万平方米，绿化率30%，建筑高度29～45米。设计单位为北京市建筑设计研究院，施工图设计文件审查单位为中国建筑设计研究院，勘察单位为北京市勘察设计研究院，勘察报告审查单位为建设综合勘察研究设计院。（马陶陶）

【顺义奥林匹克水上中心方案获奖】 2008年内顺义奥林匹克水上中心方案入选奥运工程优秀设计方案。顺义奥林匹克水上中心项目包括：赛艇、皮划艇（静水）赛场和建筑、皮划艇（激流回旋）赛场和建筑。项目建设用地162.6公顷，其中水面65公顷，总建筑面积28900平方米。方案设计单位为北京天鸿圆方建筑设计有限责任公司，勘察单位为中兵勘察设计研究院。（马陶陶）

【中国农业大学体育馆方案获奖】 2008年内中国农业大学体育馆方案入选奥运工程优秀设计方案。体育馆设计在功能定位，体形处理，建材选用等方面均体现了奥运三大理念。主比赛厅采用门式钢结构，形成高低错落的造型，形成效果极佳的自然采光和通风效果。建筑占地面积13900平方米，总建筑面积23950平方米。方案设计单位为华南理工大学建筑设计研究院，施工图设计文件审查单位为中国建筑设计研究院建筑设计审查咨询所，勘察单位为北京市勘察设计研究院，勘察报告审查单位为建设综合勘察研究设计院。（马陶陶）

【北京大学体育馆方案获奖】 2008年内北京大学体育馆方案入选奥运工程优秀设计方案。项目建筑面积约为26900平方米，建筑高度21.5米，绿化率26.5%，馆内拥有6000个固定座位和2000个临时座位，可容纳观众8000人。方案设计单位为同济大学建筑设计研究院，施工图设计文件审查单位为北京市建筑设计研究院，勘察单位为北京京岩工程有限公司，勘察报告审查单位为北京市勘察设计研究院。（马陶陶）

【北京工业大学体育馆方案获奖】 2008年内北京工业大学体育馆方案入选奥运工程优秀设计方案。该馆为2008年北京奥运会羽毛球比赛馆，项目位于北京工业大学院内，方案贯彻了"绿色奥运、科技奥运、人文奥运"的理念，体现了"新北京、新奥运、新工大"的时代要求，符合校园整体规划，建筑立面有创新，建筑优美与结构合理相协调。方案设计单位为华南理工大学建筑设计研究院。（马陶陶）

【北京科技大学体育馆方案获奖】 2008年内北京科技大学体育馆方案入选奥运工程优秀设计方案。该馆是2008年北京奥运会柔道、跆拳道的比赛场馆建设规模为23993平方米，体育馆檐口高度23.75米。方案设计单位为清华大学建筑设计研究院，施工图设计文件审查单位为中冶京诚工程技术有限公司，勘察单位为北京市勘察设计研究院，勘察报告审查单位为建设综合勘察研究设计院。（马陶陶）

【中国美术学院、启明星辰大厦两项工程获第七届土木工程詹天佑奖】 中国土木工程詹天佑奖是以推动科技创新为宗旨的工程大奖。是对勘察、设计、施工、科研、管理等方面具有突出的创新性和很高的科技含量。中国美术学院位于浙江杭州南山路218号，建筑面积62000平方米。启明星辰大厦位于北京中关村软件园，建筑面积23000平方米。（魏嘉）

【坝河北滨河路（首都机场第二通道—温榆河大道）道路工程方案设计完成】 2008年内，由市市政工程设计研究总院承担设计。该路西起首都机场第二通道，东至温榆河大道，道路全长3314.66米。道路规划为城市次干路，设计车速40km/h，红线宽35米。（张靖凡）

【北辰西路道路工程方案设计完成】 2008年内，由市市政工程设计研究总院承担设计。北辰西路是奥林匹克中心区的西边界，南起北四环路，北至辛店村路。道路全长约2.4km，道路为城市主干路，规划红线宽60.0米。（张靖凡）

【东坝北路（首都机场第二通道—金盏纵十路）道路工程方案设计完成】 市市政工程设计研究总院承担设计。东坝北路西起首都机场第二通道，东至金盏纵十路，道路全长1961.40米。道路规划为城市次干路，设计车速40km/h，红线宽40米。（张靖凡）

【东高路（坝河北滨河路—东坝路）道路工程方案设计完成】 市市政工程设计研究总院承担设计。该路南起坝河北滨河路，北至东坝路，道路全长1892.43米。道路规划为城市主干路，设计车速50km/h，红线宽50米。（张靖凡）

【金盏纵五路道路工程方案设计完成】 市市政工程设计研究总院承担设计。该路南起坝河北滨河路，北至东坝路，道路全长2136.19米。道路规划为城市次干路，设计车速40km/h，红线宽30米。（张靖凡）

【林萃路（北五环路—回南北路）道路方案设计完成】 市市政工程设计研究总院承担设计。林翠路南起北五环高速路，北至回龙观地区的回南北路。道路全长7.6km，道路性质为城市主干路，红线宽度为45米。计算行车速度60km/h。（张靖凡）

【双清路完善工程道路工程方案设计完成】 市市政工程设计研究总院承担设计。为考虑在道路未实现规划及京包铁路规划条件尚不明确的情况下，通过增加道路穿越铁路的通行能力，来缓解现况双清路口的交通压力。双清路南段现况行车道、人行道不动，在现况路北侧人行道外增加3米非机动车道；在现况路南侧人行道外增加非机动车道至道路红线。（张靖凡）

【西翠路（长安街—莲花池西路）道路整治工程道路工程设计完成】 市市政工程设计研究总院承担设计。该路位于西三环与西四环之间，南北走向。本次道路设计南起莲花池西路，北至复兴路，线路全长约1.1km。为城市次干路，道路红线宽度为40米，计算行车速度40公里/小时。（张靖凡）

【北京南站南、北广场建筑设计完成】 北广场共分三层，从上至下依次为地面广场、站台层和站厅层。南广场共分二层，从上至下依次为地面广场层和站厅层。市市政工程设计研究总院承担设计。（张靖凡）

【安立路大容量快速公交系统市政配套工程（北四环路—立水桥）道路工程设计完成】 安立路快速公交线路南起安定门桥与地铁2号环线相接，沿安定门外大街及其延长线（与地铁10号线在五路居站衔接）、安立路至立水桥，沿立汤路向北穿过天通苑居住区（与地铁五号线重合至太平庄北街约4公里）至七北路，西行4公里至平西王府。安立路快速公交线路自安定门至平西王府线路全长约为21公里。市市政工程设计研究总院承担设计。（张靖凡）

【朝阳路大容量快速公交车辆系统工程初步设计获批复】 由市规划委和市发改委批复。朝阳路快速公交系统沿线设置朝阳门、八里庄、杨闸等21个车站，线路全长约16km，设计行车速度主线为60km/h。快速公交系统通过在路口设置轮椅无障碍站台及标志标识等措施解决残疾人登降快速公交问题。市市政工程设计研究总院承担设计。（张靖凡）

【金盏纵十二路道路工程方案设计完成】 金盏纵十二路位于金盏金融后台服务区东部，是金盏金融后台服务区路网市政配套工程，该路呈南北走向，南起坝河北滨河路，北至金盏纵十路，道路全长1472.40米。道路规划为城市次干路，设计车速40km/h，红线宽40米。与金盏纵十二路相交的规划城市道路共有8条，其中城市主干路1条，城市次干路2条，城市支路5条。市市政工程设计研究总院承担设计。（张靖凡）

【定福庄—高碑店污水处理厂流域污水调水工程设计完成】 工程包括污水提升泵站、压力输水管道。定福庄污水处理厂流域范围南起京沈高速路，北至姚家园路，西起石佛营东路，东至航研所东路，总流域面积约61.1平方公里。规划污水处理厂远期规模为12万立方米/日，其中一期建设规模为4万立方米/日。（张靖凡）

【东坝大街（首都机场第二通道—温榆河大道）道路工程方案设计完成】 东坝大街西起机场二通道，

东至温榆河大道,道路全长2701.44米。道路规划为城市主干路,设计车速50km/h,红线宽50米。市市政工程设计研究总院承担设计。(张靖凡)

【广渠路(东四环—通州区怡乐西路)市政工程方案设计完成】 该路起点为东四环路大郊亭桥,终点至通州新城的怡乐西路,向东与通朝大街相接,全长约12km。规划为城市快速路,设计速度80km/h,规划红线60m。广渠路是北京市中心城道路网布局中17条快速路放射线之一。市市政工程设计研究总院承担设计。(张靖凡)

【三岔河村北街道路工程方案设计完成】 该工程西起机场二通道,东至温榆河大道,道路全长2928.64米。道路规划为城市次干路,设计车速40km/h,红线宽30米。(张靖凡)

【坝河北滨河路(首都机场第二通道—温榆河大道)道路工程方案设计完成】 该路西起首都机场第二通道,东至温榆河大道,道路全长3314.66米。道路规划为城市次干路,设计车速40km/h,红线宽35米。市市政工程设计研究总院承担设计。(张靖凡)

【东高路(坝河北滨河路—东坝路)道路工程方案设计完成】 该路南起坝河北滨河路,北至东坝路,道路全长1892.43米。道路规划为城市主干路,设计车速50km/h,红线宽50米。市市政工程设计研究总院承担设计。(张靖凡)

【丰台区南马连道路(万丰路—西三环路)市政配套工程道路工程方案设计完成】 该道路西起万丰路,东至西三环路,规划为城市主干路,道路全长1.44公里,计算行车速度50km/h,万丰路至西三环路路段红线宽度45米。该路共与5条规划城市道路相交,其中:城市快速路1条,城市主干路1条,城市次干路1条,城市支路2条。市市政设计研究总院承担设计。(张靖凡)

【通州新城温榆河西路(朝阳北路—潞苑北大街)道路工程设计完成】 该工程位于规划通州新城的西北角,温榆河西侧,南起朝阳北路,北至潞苑北大街,线路全长约2.6km。温榆河西路规划为城市主干路,计算行车速度采用50km/h。市市政工程设计研究总院承担设计。(张靖凡)

【崇文区永定门南广场改造规划设计方案获批复】 市规划委审查并批复了该方案。该项目北起永定门城楼,跨护城河、南二环及南滨河路,南临铁路桥;东西各与两座跨护城河桥相接,总占地面积约2.2公顷。规划在永定门城楼南侧,横跨护城河、南二环及南滨河路修建一长120米、宽69米的大型桥梁盖板,在盖板上建设约8000平方米的永定门广场。(马春明)

【永定河(卢沟桥—三家店段)生态环境综合整治工程初步设计获批复】 该工程主要为卢沟桥—三家店段17.4公里河道及两岸堤防环境综合整治。包括削坡、河道平整、堤顶路硬化、堤顶防浪墙加高、橡胶坝充水设施改造及晓月湖水源工程等内容。该工程旨在改善永定河生态环境,再现永定河"卢沟晓月"水文化景观,消除近期有条件实施的防洪安全隐患。一是抑制扬尘,改善三家店—卢沟桥段河道环境。二是再现"卢沟晓月"水文化景观。三是消除近期有条件实施的防洪安全隐患。(马春明)

【地铁8号线二期南段工程初步设计通过预评审】 市规划委主持召开了地铁8号线初步设计预评审会。专家组认为,《地铁8号线二期南段工程初步设计》对《总体设计》预审意见作了较认真的优化和落实,文件完整、内容全面,线路方案、行车组织、土建工程和机电设备系统等,设计深度基本符合要求。线位和站位基本稳定,车站方案基本符合功能需求。(马春明)

【轨道交通亦庄线总体设计方案通过评审】 该线路起点位于宋庄路与石榴庄路交叉口南侧,终点为亦庄火车站。线路全长23.23千米;全线设置车站14座。全线设宋家庄停车场、台湖车辆段各1座。(马春明)

【一亩园公交枢纽初步设计获市规划委、市发改委批复】 该工程位于圆明园西路东侧、颐和园路北侧。项目规划建设用地面积87016.685平方米,代征道路用地面积56036.351平方米,总建筑面积18070平方米。建筑内容包括乘客换乘站台、调度管理用房、设备用房、自行车库、小汽车停车库、公交停车场、专用匝道桥、配套设施及加油加气站等。一亩园公交枢纽公交驻车300辆,安排公交线路18条。(马春明)

【苹果园交通枢纽规划设计方案完成】 苹果园枢纽是一座集地铁、市郊铁路、快速公交、常规公交、出租车、小汽车(P+R)、自行车、步行等多种交通方式为一体,并与用地综合利用相结合的综合客运枢纽。枢纽规划夜间驻车40辆,快速公交(BRT)4~5条线,P+R停车660辆,并实现地铁1号线和市郊铁路S1线的换乘。枢纽总用地面积约5.19公顷,总建筑面积约14.4万平方米。该枢纽商务区周边路网规划范围内主要规划道路共有十四条,具体为:1. 城市快速路一条:阜石路。2. 城市主干路一条:苹果园大街(杨庄大街)。3. 城市次干路五条:金顶山路、金顶东路、金顶北路、苹果园北路、

苹果园南路。4. 城市支路七条：苹果园路、金顶路、金顶西路、规划一路、规划四路、规划二路、规划三路。（马春明）

【宋家庄枢纽综合设计方案完成】 该枢纽是中心城东南部的集轨道交通、长途汽车、地面公交等交通形式于一体的综合换乘枢纽。市规划委会同市交通委组织多家设计单位对枢纽结合周边用地规划和路网进行综合设计。整合后的综合设计方案，各种交通方式换乘距离均小于100米，经美国柏诚公司的客流仿真定量校核，该设计方案可以满足远期客流换乘。（马春明）

【地铁9号线郭公庄站及车辆段征集方案综合工作完成】 市规划委会同市交通委开展了地铁9号线郭公庄站及车辆段周边用地国际方案征集工作，并组织京投公司、建管公司、市规划院、丰台分局及方案征集的入围单位开展方案综合工作。该用地方案征集共有来自国内以及加拿大、日本、美国等9家国内外的知名公司及设计院参加，经组织专家评审，共评出四个获奖方案。市规划委组织入围的北京市城建设计研究总院有限责任公司提出郭公庄站及车辆段的设计综合方案。综合方案车辆段用地面积约为23.42公顷，地上建筑面积约为63.24万平方米，地下建筑面积约为3.03万平方米，容积率为2.7。（马春明）

【奥林匹克森林公园景观整体规划设计方案获市规划委批复】 该规划设计方案，包括规划布局、园内交通、绿化系统等（含地形竖向、种植、管理、服务建筑及其相应配套设施、园林构筑物、道路、管线综合、桥梁、水系、公园出入口、照明系统、喷灌系统、智能化系统、生态围挡、公共设施、各景观节点等内容）。主山高度约为48米（海拔约为86.5米），主山基底占地面积约42公顷。园内构筑物的方案设计，主要为景观亭廊、电瓶车站、雨燕塔等单体构筑物。园内道路总长约89.9千米。车行桥30座、人行桥33座。水系面积约为67.7公顷（其中主湖面积约为20.3公顷，湿地面积约为5.76公顷）。园内各景观有主山、主湖、湿地、天元、天境、林泉高致、南入口广场、露天剧场、码头、停机坪、运动场、2个儿童游戏场、天境东观景平台、天境西观景平台、纪念林、大喷泉、垂钓园、垂钓台、叠水花台等。（马春明）

【机场北线与机场连接线道路工程初步设计获批复】 由市规划委、市发改委审查并批复。连接线起点为机场北线与规划五路相交路口，终点至规划六路与机场内部道路相交路口，道路全长约640米。

该工程按城市主干路标准设计，设计速度为60公里/小时，道路红线宽80米。（马春明）

【崇文区新南城中轴大道方案设计工作完成】 市规划院完成。该大道位于北京传统中轴线南端永定门外的部分，是连接南二环、三环的重要交通干线，东与世界文化遗产天坛相望，西与北京南站相邻，地理位置十分重要。规划方案北起永定门城楼南侧铁路线，南至崇文区界，东起民主北街南延～宝华里公建东侧规划路，西至松林东路南延，共计74公顷。（马春明）

【北京市万泉河积水点治理工程初步设计获市规划委、市发改委批复】 该治理工程建设规模：新建万泉河污水干线，起点为西北四环路，终点为圆明园支渠，管线长约4153米，管径DN1200毫米～DN1800毫米。万泉河桥区是我市多年的防汛重点和难点，每逢雨期积水严重，严重影响市民出行，并对四环路的交通造成极大的影响。（马春明）

【北京城市重要水源及影响区域污染预警系统初步设计获批复】 该设计由市规划委、市发改委审查并批复。工程建设目标是在重要供水水源及影响区、取水口之外建立广谱预警系统，形成由两道预警防线、三级监测方式、三级管理预警机制组成的城市水源地水质监测和水源影响区域生态环境监测预警系统。（马春明）

【通州区商务园路网规划方案获批复】 市规划委审查并批复了该规划。该规划范围东以安顺路为界，西至榆景西路，南邻温榆河，北至潞苑北大街，规划总用地约293.84公顷。通州区商务园路网规划北起潞苑北大街，南至温榆河，西起榆景西路，东至安顺路。共规划5条城市主干路，城市次干路4条，城市支路20条。（马春明）

【京济公路（南五环路—市界）道路工程规划方案获批复】 该工程方案由市规划委审查并批复。工程北起南五环路与规划蒲黄榆路相交处，线位向南经大兴区旧宫镇，至市界与河北省段线位相接，道路全长约24公里。沿线与31条规划道路相交，其中包括：国、市道（5条）；县级公路（9条）；城市主干路（1条）；道路沿线相交铁路共3条；道路沿线相交河道共3条。（马春明）

【京包高速（五环—六环）公路工程设计方案获批复】 该工程方案由市规划委审查并批复。规划南起北五环路箭亭桥南约1.3公里处，终点与京包高速公路（六环路—德胜口段）相接，全长约19.9公里。全线按照高速公路标准设计。（马春明）

【潮白河滨河森林公园工程规划方案获批复】 该

工程方案由市规划委审查并批复。工程范围北起潮白河河南村橡胶坝，南至顺义通州交界的港北闸，河道全长约15.45公里。工程建成后，对顺义新城的防洪能力、改善行洪河槽的面貌、合理利用滩地、改善生态与景观环境，以及实施对潮白河的综合治理具有重要意义。（马春明）

【轨道交通房山线规划方案获批复】 房山线起点位于良乡城南长虹西路和苏庄大街（翠柳大街）交叉口，最后至郭公庄站与地铁九号线起点站衔接。线路全长约24.7km，全线设车站11座。（马春明）

【轨道交通7号线规划方案完成】 由北京市市政工程设计研究总院编制。7号线西起北京西站，贯穿丰台、宣武、崇文、朝阳等4个城区，是线网中的干线线路。线路全长23.9公里，共设22座车站。（马春明）

【轨道交通14号线规划方案通过专家评审】 该规划方案由北京城建设计研究总院编制。专家组认为，地铁14号线规划方案前期研究工作较为全面、深入，其建设是必要和紧迫的，原则同意该方案中北京南站以西，金台路以北的线路走向及车站设置方案。（马春明）

【地铁15号线一期工程规划方案通过专家评审】 地铁15号线西起西苑，终点顺义河东地区。线路全长约45.4公里，其中地下线约29.8公里，高架线约15.6公里；全线新建车站21座，其中高架站5座，地下站16座。地铁15号线新建车辆段和停车场各1座。（马春明）

【地铁昌平线规划方案通过专家评审】 昌平线北起昌平镇西北涧头村南侧，终点西直门站。线路全长约44.3公里，其中地下线约11.5公里，高架线约14.5公里，地面线约18.3公里；全线新建车站16座，其中高架站6座，地面站5座，地下站5座。昌平线新建车辆段和停车场各1座。（马春明）

（五）雕塑与管理

【北京奥运会共建雕塑213座】 2008年，北京共建雕塑213座。其中，奥林匹克公园中心区建设雕塑78座、森林公园建设雕塑15座，其余雕塑分别建设在奥运会永久性场馆和城市重要地段。重点建设了北中轴延长线民族大道的3座民族文化题材类主题雕塑。（于化云）

【"水袖"雕塑落成揭幕】 2008年4月29日，由台湾向大陆赠送的"水袖"雕塑在北京奥林匹克公园落成揭幕。该雕塑由台湾著名雕塑家杨英风创作，高7米，用铜铸造，是第一个"落户"北京奥林匹克公园的雕塑。（解学军）

【"奥运志愿者纪念碑"雕塑落成】 2008年6月27日，以北京奥运会志愿者标识图案为创作元素，为北京奥运会、残奥会志愿者而创作的"志愿者纪念碑"雕塑在北京奥林匹克公园中心区建成。雕塑选用石材制作，高3米，是北京奥林匹克公园志愿者广场的标志性雕塑。（王京京）

【《北京中心城城市雕塑规划》编制完成】 2008年内，北京市规划委员会完成了《北京中心城城市雕塑规划》。该规划只限二环路以内区域，旨在引导和规范今后一段时间中心城城市雕塑建设，是北京市第一个针对固定区域编制的雕塑专项规划。（王京京）

【北京建成"民族和谐阙"雕塑】 2008年内，在北京北中轴延长线奥林匹克公园民族大道建成象征21世纪中华民族振兴、民族文化复兴的门户景观雕塑"民族和谐阙"。该雕塑高21米，采用柱式结构，基础部分为花岗岩斗拱造型，上部为"百鸟百兽"红色陶瓷浮雕，寓意生态平衡、万物协调、和谐共存。（赵梦）

【民族大道环境艺术工程竣工】 2008年7月18日，由北京市政府立项、市规划委员会负责规划建设的北京奥林匹克公园民族大道环境艺术工程顺利竣工。民族大道环境艺术工程由具有浓郁民族特征的"民族和谐阙"、"农历坛广场"两组雕塑和"民族之花"琉璃浮雕组成，体现了中国传统文化和人文奥运理念。（王亚琦）

【北京建成28座计划生育题材雕塑】 为宣传人口与计划生育政策，2008年内，北京市共计建成28座计划生育题材雕塑。其中，石景山区10座、丰台区10座、海淀区7座、宣武区1座。（王亚琦）

【"抵制暴力"雕塑落户朝阳公园】 2008年12月19日，由瑞典赠送的"抵制暴力"雕塑在朝阳公园落成揭幕。该雕塑是瑞典艺术家Carl Fredrik Reutersward（卡尔·弗雷德里克·罗斯维尔德）创作的第二件反暴力作品。其1988年创作的"拒绝暴力"雕塑已被联合国收藏，现放置在联合国总部门前。（卢艳）

【北京共接收和赠送8件雕塑】 2008年内，共接收比利时王国、美国、日本等国赠送给北京奥运会的雕塑3件，分别是比利时著名雕塑家Olivier Strebelle（斯特贝尔）创作的"运动员之路"、美国著名雕塑家Jon D. Hair（乔恩·海尔）创作的"幸运8"和日本著名雕塑家小杉三郎创作的"炎之女神像"。接收安徽省政府、甘肃省政府和台湾地区赠送的雕塑3件，分别是安徽省政府赠送的青铜雕塑"春秋鉴"、甘肃省政府赠送的"奥运圣鼎"、台湾地区赠送的"水袖"。北京分别向哈萨克斯坦阿斯塔纳赠送了"长城"雕塑、向韩国首尔赠送了"太和狮"雕塑。（卢艳）

【北京两座雕塑获全国优秀奖】 2008年内，住房和城乡建设部公布2007年全国城市雕塑评选结果，北京选送的"北纬40度地理标志"、"纪念中国话剧百年"两座雕塑获得优秀奖。北京城市雕塑建设管理办公室获得"2007年度全国优秀城市雕塑建设项目优秀组织奖"。（殷平）

【北京首次进行雕塑行业培训】 2008年内，北京市规划委员举办雕塑设计加工技术规范培训班，以参加奥运会雕塑设计加工建设单位负责人为主要对象，进行了行业培训。这是北京首次以政府名义对雕塑行业进行培训。（吴京宇）

（六）勘察　测绘

【《北京市村庄规划管理地理信息系统总体实施方案》获国家测绘局批复】 该系统通过利用地理信息系统（GIS）和管理信息系统（MIS）技术，将村庄规划、基础地理、经济人口等信息进行数据加工处理，建立涵盖北京市村庄地形图信息、村庄经济信息的大型数据库；实现对全市村庄体系规划、村庄规划、村庄经济的查询、统计和分析，为了解村庄规划信息情况提供便捷渠道。在全市村庄规划数据库的基础上，建立了全市村庄规划管理地理信息系统，为组织管理、项目实施、动态跟踪新农村规划建设提供综合信息平台。（马春明）

【北京地基规范软件开发成功】 2008年2月，《北京地区建筑地基基础勘察设计规范》软件开发项目通过专家验收。软件主要是配合北京地基规范出版发行而研制的，有助于提高勘察行业的分析计算水平，提高工作效率，降低成本。研制单位有市勘察院有限公司、市建院和北京世纪旗云软件技术有限公司。（方继红）

【水源热泵工作优化研究完成】 市勘察院有限公司承担的《深井回灌式水源热泵系统工作机制的水文地质与调度管理优化研究》课题通过市科委验收。该研究主要是针对当前地下水地源热泵空调系统关键技术难题而进行的，其涵盖了水文地质学的所有领域，同时还涉及到物理、化学及环境地质、暖通等多个学科，是一个重大综合性科研课题。课题自2003年立项，3月完成。（王慧玲）

【三维岩土信息软件开发成功】 2008年4月，由市勘察院有限公司与北京大学联合研制的"三维岩土工程信息系统软件开发"项目通过专家验收。该项目主要成果有：建立了复杂与简单两种三维地层模型；实现了隧道、管线、住宅等三类工程的三维建模；对污染物表现与分析、地下水表现以及与FLAC软件的接口方面做了积极探索；系统提供分析工具，实现稳定、方便、可视化的分析展示；对漫游、鹰眼以及与工程计算接口等高级功能做了积极探索。（张芳）

【浅层地下水位监测网扩建完成】 2008年5月，北京市浅层地下水位动态监测网完成了对顺义、通州、亦庄三个重点新城的扩建项目，至此，由市勘察院有限公司承担的规划市区浅层地下水监测网监测孔已达850余个，扩大后的监测网基本控制了北京主要规划建设区域，为深入研究市区范围内浅层地下水分布规律提供了有利条件。（姚旭初）

【勘察专家赴四川地震灾后重建】 为搞好四川地震灾后重建工作，2008年5月～6月，市勘察院有限公司一批工程师分赴四川地震灾区考察调研：与中科院成都山地所在彭州市联手开展国家科技支撑课题"山区村镇地质灾害防治技术研究"现场调查和灾害评估；确定雅安市汉源县安置地震灾民迁建场址；参加修建德阳市广青路（广汉—青牛沱）工程勘察活动。据统计，北京市勘察设计行业前往地震灾区一线支援抗震救灾及重建工作人员已达55批、178人次。（闫铁英）

【新方案治理山区道路滑坡】 2008年5月，门头沟区双大路（双塘涧—大峪）道路施工中发生崩塌和较大范围的山体滑坡，影响了道路施工安全。市勘察院有限公司设计了"锚锁＋格构梁"的科学治理方案，经过近3个月工作完成治理工程。（闫铁英）

【市府资助勘察人才培养项目】 2008年8月，市勘察院有限公司"地下工程设计施工预测与分析技术人才培养项目"获市政府2008年度北京市优秀人才培养集体项目资助拨款。该项目主要是针对地下工程领域中的风险分析评价技术、地下水建模与模拟技术、工程优化设计技术、地质三维建模技术及GIS应用技术、数值模拟技术等方面进行人才培养工作。（韩煊）

【勘察科技创新人才受表彰】 2008年9月，鉴于市勘察院有限公司总工程师周宏磊在国家体育场（鸟巢）、国家大剧院等大型建筑项目中创新岩土工程勘察技术，解决了不同类型条件下的地基基础设计与施工难题，被中国建筑业协会授予"全国建筑业科技进步与技术创新先进个人"荣誉称号。（闫铁英）

【地铁建设变形预测有新方法】 2008年10月，

市科技新星项目《地铁建设引起的地层位移及结构变形预测的实用方法研究》通过验收。市勘察院有限公司基于国内外大量的实测资料，深入研究北京地区隧道施工引起的地层及建筑物变形问题，成果已成功应用于北京地铁新线工程地层位移预测，为工程风险性评价提供了参考。（闫铁英）

【新工艺加固清华大学文物楼】 清华大学第二教室楼为市级文物保护建筑，2008年4月发现承重墙多处裂缝，墙体严重倾斜，经勘察确定为原基础薄弱、地基承载力不足及软弱地基产生的沉降所至。市勘察院有限公司采用既有建筑托换桩梁法施工，保证了第二教室楼继续安全使用。（闫铁英）

【近万亩矿山植被恢复评估完成】 2008年内，市勘察院有限公司完成了房山、平谷8938亩的废弃矿山植被恢复工程地质灾害危险性评估工作，提供的报告围绕废弃矿区开采创面、开采平台、采石坑和弃渣坡等几个重点调查对象进行阐述，将影像资料、野外素描图和文字叙述相结合，详细反映了各矿区的基本特征和现状潜在的地质灾害；以定性、定量、半定量和图解法分析了各矿区地质灾害危险性；结合各废弃矿区现状的基本特征、工程地质条件和治理灾害的特点，对可能存在的地质灾害提出了相应的防治措施。（陈国华）

【3勘察项目获国家优质工程奖】 2008年11月，市勘察院有限公司完成工程勘察的中国农业大学体育馆、北京大学体育馆、北京农业生态工程试验基地配套工程获2008年度国家优质工程银质奖。（闫铁英）

【地下水控制技术导则编制完成】 2008年12月，市勘察院有限公司完成"北京地区城市建设工程地下水控制研究和技术导则编制"工作，并通过了市建筑设计标准化办公室验收。（闫铁英）

【工程勘察文件审查要点出台】 2008年12月，市勘察院有限公司主编的《北京市建筑工程勘察文件审查要点》通过市规划委鉴定。审查要点与新修订的《北京地区建筑地基基础勘察设计规范》保持一致，反映了该规范的基本要求和重点内容，便于指导北京市建筑工程勘察文件施工图审查工作。（温靖）

【9勘察项目获全国行业优秀奖】 2008年12月，中国勘察设计协会公布优秀工程勘察设计行业奖，市勘察院有限公司完成工程勘察的北京银泰中心、北京五棵松文化体育中心、建外SOHO-CFG桩工程等3项获一等奖；中关村西区地下空间开发区及综合地下管廊工程、北京电视中心、北京佳程大厦、金融街活力中心F1、F2、F4、F7、F9区、北京奥林匹克公园森林公园等5项获二等奖；总参22号楼托换支护工程获三等奖。（闫铁英）

【5项基础测绘项目完成】 2008年内，市测绘院完成了D区城市一、二级导线复测约1600点；玉渊潭水准原点监测网复测（一等水准）及东部沉降区水准观测工程（一、二等水准）约860千米；四环范围1∶500地形图更新8449幅、平原地区新测1∶2000地形图2544幅；完成2007年更新的1∶500地形图8449幅、1∶2000地形图2513幅、平原地区1∶10000地形图457幅的数据加工、入库工作；北京市地址地名数据库通过专家验收。（赵全胜）

【政务版电子地形图更新及服务】 2008年4月～5月，市测绘院对北京市政务版电子地形图（六环范围内1∶2000和全市域1∶10000）进行了更新。2008年内，市测绘院向通过审批的38家单位免费提供了北京市政务版电子地形图。（赵全胜）

【多项重要工程的测绘完成】 2008年内，市测绘院完成了多项重要工程项目的测绘工作，包括地铁七号线、十四号线、十五号线和房山线等轨道交通工程测量；北京奥运会公路自行车赛道、马拉松赛道等比赛线路的精密测量工程；奥运场馆周边及奥林匹克中心区的1∶500地形图实时测量；海淀区总面积400多平方千米的城市部件外业普查工作；北京地区长城资源调查测绘工程，其中北京市明长城长度测量成果通过了国家验收；为内蒙古乌兰察布市集宁区无偿测绘8平方千米的1∶500地形图等。（赵全胜）

【多个地理信息系统开发完成】 2008年内，市测绘院开发建设了多个地理信息系统，包括："北京市施工图审查管理信息系统（建筑、勘察类）"、"北京市市政交通管理系统"、"北京市勘察设计招投标管理信息系统"、"北京市注册师管理信息系统"、"北京市房屋管理信息平台"等，并对"北京市综合测绘信息查询系统"进行了修改和完善。（赵全胜）

【多种地图编制出版】 2008年内，市测绘院编制出版了《新北京、新奥运地图集》、《北京市国防交通地图集》、《中国文物地图集·北京分册》、《北京市行政区划语音地图集》、《海淀区道路信息手册》等；《奥运会和残奥会无障碍设施服务指南》、《观众指南》等奥运会和残奥会各类工作用图30余种；对《北京市行政区域基础地理底图》进行了更新，并在北京市规划委员会网站公开发布。（赵全胜）

【3项测绘项目国内获奖】 2008年内，市测绘院编制的《新北京、新奥运地图集》获中国测绘学

会、国家测绘局2008年优秀地图作品裴秀奖金奖；《城市综合地下管线信息系统项目》获建设部全国优秀工程设计铜奖；《北京市人防工程信息管理系统项目》获中国测绘学会、国家测绘局测绘科技进步三等奖。（赵全胜）

【测量标志管理工作完成】 2008年内，市测绘院测量标志巡查行程1000余千米，巡查水准点、GPS点938个，一级导线点6095个；补埋水准点31个，改造三角点钢标12座，埋设三角点标识碑50个，对166处测量标志的点之记进行了重新绘制。（赵全胜）

【市测绘院通过"三体系"认证】 2008年6月，市测绘院发布了质量管理体系、环境管理体系和职业健康安全管理体系文件。12月，经过认证审核，取得北京中设认证服务有限公司颁发的"三体系"认证证书。（赵全胜）

【为新农村建设提供测绘服务】 2008年内，市测绘院完成了540个村镇的新农村大比例尺地形图测绘工作，将500个村镇的规划成果输入《北京市村庄规划管理地理信息系统》。（赵全胜）

【严格市场准入】 新的资质管理规定出台以后，规定及标准更严格、规范、科学。市规划委加大了对勘察设计测绘资质的审核力度，年内接待人数13136人次，月平均接待1095人次，日平均接待53人次。共受理各类行政许可申请827项，其中涉及测绘的194件，涉及勘察设计的633件。完成了50家各资质单位的换证、34项专项换证、760家年度图纸报审专用章换章工作。办理外埠勘察设计企业备案121项；办理境外设计机构备案登记6件；回复外埠建设主管部门关于北京市勘察设计企业信誉查询函460件；更新网上企业资质信息752家。（马陶陶）

【组织编制勘察、测绘、设计技术规范、标准】 2008年内，市规划委完成了《外埠勘察设计企业进京从事建设工程勘察设计活动管理办法》、《北京地区建筑地基基础勘察设计规范》、《〈节约型居住区指标〉实施细则》、《北京市保障性住房规划设计导则》、《北京市建筑工程施工图设计文件审查要点》、《北京市建筑工程勘察设计文件审查要点》、《北京市基础测绘中长期发展规划》、《关于开展涉外测绘活动联合监管的实施意见》、《基础测绘产品质量检查验收标准》、《北京市市基础地理信息数据共享标准》的编制工作，参与制定了《公共建筑和民用建筑节能设计标准》、《关于开展涉外测绘活动联合监管的实施意见》，进一步完善了市场监管体系，为勘察、设计、测绘工作提供了技术保障。（马陶陶）

【勘察设计招投标市场的监管】 2008年内，受理建设工程招投标项目2960项，完成备案2613项，比上年同期增长了15.03%。完成了轨道交通76个合同段、10余个保障性住房项目、奥运场馆周边环境治理工程、绿色通道项目等国家重点工程的设计招标监管工作。（马陶陶）

【加大对违法设计的查处力度】 市规划委加大对违法设计的查处和不良记录的登记、公示工作。建立联动工作机制，通过规划监督例会、信访投诉举报等线索，对46家涉嫌参与违法建设的设计单位进行了调查，查实确有违法行为的设计单位5家，均依法对其实施了行政处罚。调查涉嫌测绘违法案件3起、行政处罚1起。通过这些活动的开展，有效规范了市场秩序。（马陶陶）

【发挥行业优势捐资助灾】 我市勘察设计测绘单位向四川灾区捐款额总计折合约1600万元；筹集了价值16万元的38台（套）测绘仪器。（马陶陶）

【开展节能减排政策宣传工作】 市规划委征集共104万字的节能减排相关报道资料，印刷成册，面向行业单位进行专题政策宣传。经过初选，专家函审，确定采用政策资料共34份，领导、专家约稿与采访约19份；典型示范项目约11项，其他行业技术规范、国家及国家级协会节能减排会议讲话等7份，总字数约36万余字。（马陶陶）

【完善施工图审查管理系统】 2008年内，市规划委在房屋建筑类系统稳定运行的基础上，开通了勘察类信息系统，并制定了《北京市施工图审查管理信息系统（勘察类）使用规定》，使系统使用更加规范化。同时增加了建筑节能和抗震设计的违反强条及一般性规范情况查询统计功能，为建筑节能及抗震设计的管理提供详实的基础数据。（马陶陶）

【加强施工图审查备案管理】 2008年内，完成房屋建筑类施工图审查备案1568项，建设规模3900.96万平方米，其中违反强制性规范标准262条；违反一般规范标准24173条；完成勘察类施工图审查备案932项，其中违反强制性规范标准29条；违反一般规范标准453条。（马陶陶）

【组织评优工作推动行业进步】 市规划委组织开展了北京市奥运工程"优秀规划设计项目"和"优秀勘察设计项目"的评选工作，共评出63个奖项；组织开展了北京市2008年度优秀村镇规划设计评选活动，评选出37项优秀作品。（马陶陶）

【加强执业注册人员监管】 2008年内，市规划委共办理各类执业人员注册事项3830件，其中，注册建筑师1981件，注册结构工程师1653件，注册城市规划师122件，注册土木（岩土）工程师74件。完

成了第四届、第五届内地与香港建筑师资格、内地注册城市规划师申请香港规划师学会会员资格互认的申报工作。（马陶陶）

【严格审批涉密基础测绘成果】 2008年内，市规划委受理件涉密基础测绘成果申请209件，其中北京市基础测绘数据成果申请审批件126件；审核外埠基础测绘成果使用申请，办理基础测绘成果使用证明函83件。（马陶陶）

【依法进行测绘行政执法工作】 市规划委调查涉嫌测绘违法案件3起、行政处罚1起，及时纠正了展会出现的问题地图事件。对分局测绘执法人员进行了专题培训工作，并办理了测绘执法证。依法、合情、合理办理测绘信访事项。（马陶陶）

【实施测绘作业证网上办理】 市规划委实施了测绘作业证互联网申请、受理、审批工作。年内为行业单位1549人办理了测绘作业证，并实现了作业证的数据库管理工作。（马陶陶）

【开展网上地理信息专项检查】 2008年内，市规划委组织开展了互联网地图和地理信息服务网站专项检查，对涉及北京的10940个登载地图或地理信息网站逐一进行了检查，发现887个网站存在问题。（马陶陶）

【测绘成果质量专项监督检查】 市规划委组织开展了全市测绘成果质量监督检查工作。对全市198家测绘持证单位进行了检查，在检查自查报告的基础上，检查组抽取了20家单位的20个项目进行了检查。3家单位的3个测绘项目质量为优秀；14家单位的14个测绘项目为合格；2家单位的2个测绘项目为基本合格；1家单位的1个测绘项目为不合格。（马陶陶）

【加强地图市场监管】 市规划委组织开展了地图市场专项检查，重点检查涉奥定点饭店、医院、购物、广告、新闻媒体等登载的地图，暂扣了一批"问题地图"产品，并对有关单位下发了整改通知，及时制止了"问题地图"的不良影响，确保了奥运地图市场的平安和健康。（马陶陶）

【开展轨道交通测绘安检工作】 市规划委启动轨道交通建设工程测绘质量专项检查，检查分自查、抽查、专家评审、总结等四个阶段。测绘安全质量检查小组检查范围涵盖了北京市地铁4、6、8、9号线和亦庄线、大兴线、地铁直径线。检查项目包括参与地铁项目测绘单位的自查报告，以及对这些单位抽检的测绘项目。检查内容有受检单位资质、资格、市场等管理及内部质量体系管理、强制性条文、安全工作规定落实以及抽查项目的技术质量等情况。抽查项目类型包括控制测量、地形测量、管线测量、铺轨测量、施工监测和施工测量检测。抽检重点为建筑物稠密的城区正建或待建项目共九项。（马陶陶）

【组织召开行业大会】 市规划委组织召开"2008北京市勘察设计测绘行业工作会议"。会议总结奥运三大理念，表彰在奥运工程建设中做出突出贡献的行业单位和个人。这次会议的召开，是在奥运会、残奥会成功举办，首都现代化、国际化、城乡建设一体化的关键时机召开的一次里程碑式的会议。（马陶陶）

四、园林绿化

（一）城市绿化建设部分

【2008年首都园林绿化建设取得突破性进展】 2008年是北京奥运举办之年，也是我国改革开放30周年。一年来，全市园林绿化系统坚持以科学发展观为指导，紧紧围绕"办绿色奥运、建生态城市"的目标，全面落实"绿色奥运、科技奥运、人文奥运"三大理念，大力推进高标准的生态体系、高效益的产业体系、高水平的安全体系、高品位的文化体系和高效率的服务体系建设，高标准、高质量完成了市委、市政府交办的为民办实事工程、各项折子工程和首都绿化委员会第27次全会部署的各项工作任务，全面兑现了绿色奥运7项绿化指标，完成了奥运绿化美化服务保障任务，首都园林绿化事业实现了新的历史跨越。全市新增造林绿化面积9984.7公顷，栽植各类苗木3850万株，林木绿化率达到52.1%，森林覆盖率达到36.5%，城市绿化覆盖率达到43.5%，人均绿地达到49平方米，人均公园绿地达到13.6平方米。

【服务奥运 提高绿化环境保障能力】 1. 奥运绿化重点工程出色完成 2008年，高标准、高质量完成了奥运场馆及相关配套的150项奥运绿化重点工程任务，完成绿化面积1026公顷，栽植乔木39万余株，灌木210万株，地被460余公顷。首都机场飞机起降可视区域（航空走廊）绿化工程完成绿化面积1500公顷，植树75万株，实现了以绿为底的建设目标。以奥林匹克森林公园、奥林匹克中心区、民族大道等为代表的一大批精品绿化工程成为新时期首都园林绿化建设的重要典范。2. 奥运花卉布置取得重大突破 为营造和谐优美的城市环境，规划实施了"两区花港、三线花廊、五环花带、六类花境、百座花园"的赛时花卉布局。采用地栽花卉、摆放花钵、搭建立体花坛等多种方式，在天安门广场、奥林匹克公园中心区、奥运场馆周边、主要联络线和重要节点共栽摆 4600 余万株（盆）鲜花扮靓京城，喜迎奥运。全市共安排 90 个公园布置了 144 个花坛及 4 万余平方米花带。其中 11 家市属公园推出了"中华文明、光彩奥运"大型主题花卉联展，以 500 万盆新优花卉诠释了中国养生、吉祥、书法、陶瓷等传统文化。北京植物园举办了"五环连五洲"世界花卉展，展出了国际奥委会成员国和地区的 109 种国树国花（区花区树）或代表性植物，开创了奥运大家庭成员以植物形式聚会的历史先河。此次花卉布置，历时三个多月，两次更换花卉 3000 万株（盆），历经奥运会、残奥会、国庆、亚欧首脑会议等重大活动，成为首都历史上布置周期最长、使用品种最多、规模数量最大、设计施工质量最高和综合景观效果最好的一次。圆满完成了"十一"期间党和国家领导人向人民英雄纪念碑敬献花篮的制作及周边环境布置任务。3. 奥运服务保障工作安全圆满 完成奥运颁奖用花配送、奥运村花店建设和主新闻中心插花花艺表演等工作，组建了奥运花卉配送中心，制作"红红火火"颁奖花束 5475 束。制定了奥运果品质量标准，开展了奥运推荐果品评选活动，产生奥运推荐果品 50 多个种类 1000 余个品种，共配送果品 32 大类 661 吨。组建了园林绿化应急抢险队伍，在应对 8 月初草地螟虫害大面积发生的突发事件中，反应及时，成效明显。首都森林公安承担了奥林匹克森林公园及北部场馆区域的安全保卫任务，以良好的警容风纪和过硬的队伍素质，出色完成奥运安保勤务。全市各公园、风景名胜区深入开展"迎奥运、讲文明、树新风"系列创建活动。市属公园作为奥运服务接待的重要窗口，实施了厕所文明行动、公园排队推动日等活动，引领了文明风尚；以天坛、八达岭为代表的公园、风景名胜区，精心组织，周密部署，圆满完成了奥运会残奥会开闭幕式、圣火采集、火炬传递、赛事保障、奥运文化广场等服务保障任务。奥运期间，各公园、风景名胜区共接待涉奥人员 4 万人次、外国政要 300 人次，接待游人 1300 万人次，充分展示了北京厚重的文化底蕴和蓬勃向上的古都风貌。4. 奥运生态环境水平全面提升 2008 年，北京市大力推进规划建绿，新增城市绿地 518 公顷，建成城市公园绿地 30 余处；完成 150 条园林景观大街建设、100 个居民小区的绿化改造；建设绿荫停车场 20 处，实施屋顶绿化 10 万平方米，形成了一批新的靓丽景观。一道、二道城市绿化隔离地区完成绿化面积 3400 公顷。郊野公园环建设取得重大突破，首批建成开放的 15 个郊野公园，受到社会的高度关注和市民的广泛赞誉；19 个新建的郊野公园已完成主体绿化工程，将于 2008 年"五一"免费对外开放。郊区新增造林绿化面积 9466.7 公顷，栽植各类苗木 3850 万株。"三北"防护林建设、太行山绿化和京津风沙源治理工程全面推进；废弃矿山植被恢复工程完成核心区修复 800 公顷；京津高速、京平高速等 5 条重点绿色通道实现绿化 150 千米 1400 公顷，营造出"绿不断线、景不断链"的生态景观。新农村绿化扎实推进，"城乡手拉手、共建新农村"和"创绿色家园，建富裕新村"等创建活动取得明显成效。45 个中央单位、226 个市属单位、629 个区属单位和 56 个驻京部队与 587 个村结成对子；对市政府确定的 200 个新农村建设示范村进行了全面绿化，共完成绿化面积 823.1 万平方米；创建园林小城镇 9 个、首都绿色村庄 80 个。

【园林绿化综合管理能力显著增强】 1. 园林绿化法制规划体系不断完善 2008 年，《北京市绿化条例（草案）》修订通过市政府审议，已报市人大审议；《北京市林业植物检疫办法（草案）》已经市政府常务会审议通过实施；《北京市重点保护野生动物造成损失补偿办法》草案进入正式审议阶段；《北京市实施〈风景名胜区条例〉办法》的立法调研工作正在深入进行。充分发挥规划设计在绿化美化建设中的龙头作用，编制完成《北京市绿地系统规划》，已上报市政府；全市林地保护利用、公园事业发展、科技发展、郊野公园等园林绿化专项规划编制基本完成，第一批城市绿线已划定，即将向社会公布；园林绿化工程建设和养护管理机制进一步完善，制定了《园林绿化施工及验收规范》的地方标准，修订出台了绿地养护定额标准和绿地养护的长效监管机制。2. 集体林权制度改革工作稳步推进 在深入调查研究和广泛征求意见的基础上，北京市委、市政府正式出台了《关于推进集体林权制度改革的意见》（京发〔2008〕9 号）。成立了北京市集体林权制度改革领导小组，组建了领导小组办公室，建立了部门联动工作机制，初步建立起市、区县林改工作组织管理体系。开展了集体林权制度改革专题调研，制订了改革工作实施方案，在 13 个郊区县确定了 23 个改革试点乡镇，为下一步林改工作全面推开打下了坚实基础。3. 林业碳汇工作扎实有效开展 北京市林业资源生态服务价值研究取得重要成果，研究表明，北京市森林资源总价值为 5881.81 亿元，生态服务价值为 5188 亿元；碳储量达到 1.1 亿吨，每年吸收固定二氧化碳量约为 972 万吨，释放氧气量约为 710 万吨，基本摸清了全市林业碳汇的底数和价值量，为研究制定山区生态效益补偿机制、推进集体林权制度改革奠定了良好基础。市领导对林业碳汇工作高度重视，多次做出重要批示，市委书记刘淇、国家林业局局长贾治邦和市长郭金龙等领导同志，参加了八达岭碳汇造林项目启动暨中国绿色碳基金北京专项成立仪式；开展了"生态科普暨森林碳汇"大型公交宣传、"林业碳汇与生物质能源国际研讨会"等宣传培训活动，大力普及林业碳汇知识、碳中和理念；探索北京林业碳汇发展模式，启动了房山中石油林业碳汇和八达岭个人捐资等两个碳汇造林项目。4. 科技服务与交流合作成效明显　全年共组织实施基础研究、生态环境建设、产业发展等国家级和市级科技项目39项。开展了"北京宜居城市绿化体系"、"湿地生态系统保护与恢复关键技术"等重大课题的研究和示范，湿地恢复示范基地初步建成。制定完善了23项园林绿化建设北京市地方标准，推广应用科技成果60余项。全市建成具备中水浇灌条件的绿地600公顷。加快信息化建设步伐，建立了完善的园林绿化网格化管理技术标准体系、综合数据库和基础应用平台，在全系统形成信息精确采集、实时传输、协同工作、高效运行的网格化管理新模式和系统运行机制。与美国、英国、德国、日本等17个国家和国际组织开展了19个项目的合作交流，学习借鉴国际先进的发展理念和管理经验，不断提高了全市园林绿化建设水平。5. 市属国有林场和苗圃基础建设全面加强　2008年，市属各林场、苗圃按照"围绕一个中心，树立两大理念，做好三项服务，实现四个突破，为建设五大体系做贡献"的要求，在建设管理和改革发展上取得了显著成效。共青林场分场管理用房建设、京林大厦改扩建和松山科研综合楼建设工程全部竣工，并投入使用。双青林场完成奥运水上运动场馆周边绿化美化和环境治理工作，营造了优美的景观环境。北京市林业建筑工程公司改制脱钩工作进展顺利，前期工作基本结束。西山、十三陵、八达岭和温泉、黄垡、琅山、蚕种场、大东流等林场苗圃，都在基础设施建设和产业发展方面取得了新的突破。

【2008年城市绿化隔离地区郊野公园环建设概况】　为落实《北京城市总体规划（2004年～2020年）》要"围绕中心城以第一道绿化隔离地区形成公园环"、"建设成为具有游憩功能的景观绿化带和生态保护带"，满足城市发展的要求和市民休闲游憩的需求，按照刘淇书记"要把100多平方公里绿地建设成为市民休闲游憩的大公园"的指示精神，2007年市委、市政府启动实施了绿化隔离地区郊野公园环建设。经过两年多的建设，取得了明显成效，提高了绿地质量水平，提升了生态景观效果，增加了林木绿地的服务功能和价值，得到了市民的广泛赞誉。

【北京市城市绿化隔离地区进展情况】　2007～2008年北京市城市绿化隔离地区已建设郊野公园30个（续建4处），面积28242亩，拆除建筑46万平方米，市、区政府投资12.0217亿元（市区按7∶3比例投资，市投资8.4151亿元，区投资3.6064亿元），平均每平方米投资64.2元。据专家测算，公园建成后可安排劳动力就业4000余人，公园每天可瞬时容纳6.6万游人，年吸收二氧化碳13万余吨、释放氧气10万余吨。

1. 2007年，建设的15处郊野公园已于2008年"五·一"向社会免费开放。2007年实施郊野公园建设15处、面积10842亩，涉及朝阳、海淀、丰台、昌平、大兴5个区，拆除原有建筑腾退绿地11万平方米。据各区统计，15处郊野公园2008年"五·一"免费向社会开放后，每天接待游人2.5万人，节假日接待游人3.5万人，使广大市民直接享受到了绿化建设成果。

2. 2008年，建设的19处郊野公园于2009年"五·一"向社会免费开放。确定了2008年建设19处郊野公园，面积为17400亩。其中朝阳区10处9019亩、海淀区2处2211亩、丰台区5处3622亩、大兴区1处1362亩、石景山区1处1186亩。经过评估，2008年19处郊野公园建设总投资为78369万元，平均造价69.39元/平方米。按照市、区7∶3的投资比例，市投入54913万元，区投入23456万元。其中：调整林木结构，新植乔木、花灌木158万株，栽种地被及水生植物390万平方米，绿化投资36470万元占46.54%；建设道路、广场和绿荫停车场铺装面积76万平方米，公共配套服务设施建筑面积4.35万平方米，生态厕所27个，太阳能灯1088套，投资41899万元占53.46%。拆除建筑35万平方米，于2009年"五·一"陆续全部向社会免费开放。

3. 2009年，市政府确定实施并纳入为群众办实事的10处郊野公园、10000亩建设任务，实际落实新建12处、续建2处，面积为10892亩。各区正在抓紧公园建设前各项准备工作，以确保今年完成主体绿化，2010年"五·一"向社会免费开放。

（二）新农村绿化建设部分

【农村生态环境建设取得新进展】　郊区绿化造林是新农村环境建设不可或缺的重要组成部分，是新农村基础设施建设的重要内容。2008年，全市共实施造林绿化重点工程15项，郊区新增造林绿化面积9466.7公顷,栽植各类苗木3850万株。其中,重点完成了"三北"防护林建设工程866.7公顷,太行山绿化400公顷,京津风沙源治理工程3167公顷,城市绿化隔离地区绿化66.7公顷,第二道绿化隔离地区绿化3333公顷,废弃矿山修复工程完成核心区修复800公顷,京津高速、京平高速等5条重点绿色通道绿化150公里1400公顷。继续推进城市绿化隔离地区郊野公园环建设,首批建设的15个郊野公园已于2008年"五·一"免费对外开放,19个新建郊野公园已完成主体绿化工程。北京市结合新农村绿化,大力开展城乡生态环境建设,截至2008年底,全市林地面积已达到1605万亩,郊区涌现出首都绿化美化花园式单位4559个、首都绿化美化园林小城镇56个、首都绿色村庄180个。昔日的农村正在呈现出"村在林中、路在绿中、房在园中、人在景中"的郊野田园型绿化景观,农村环境面貌得到进一步改善。

【农村村庄绿化美化取得新成效】 2008年,全市对市政府确定的200个新农村基础设施建设整体推进村,按照"六化四中"的总体目标(村庄周围森林化、村内道路林荫化、村民庭院花果化、集中绿地人性化、河渠公路风景化、基本农田林网化,实现"村在林中、路在绿中、房在园中、人在景中")和"普遍发动、重点推动、典型带动"的要求,结合村庄环境综合整治,大力开展了村民庭院绿化、街道道路绿化、整体环境绿化、旅游景点绿化、河渠水系绿化和村内集中绿地建设、环村林带建设,共完成绿化面积823.1万平方米,新增绿化面积795.2万平方米,栽植乔木113.9万株,花灌木262.9万株,草坪57.5万平方米。其中已实施村民庭院绿化14078个、道路绿化654条、长36.3万延长米,村内集中公共绿地建设230个,河渠绿化86条,环村林带绿化89处,大环境片林绿化80处,民俗旅游景点绿化142处。通过开展新农村村庄绿化美化建设,农民的居住环境得到进一步改善,村容村貌焕然一新,初步实现了"以绿净村、以绿美村、以绿兴村、以绿富村"的目标,受到京郊广大农民的欢迎。

【农村城乡统筹发展建立新机制】 按照科学发展观的要求,为推动社会主义新农村建设持续深入健康发展,2008年,在完善农村城乡统筹发展机制方面,重点抓了五个方面的工作:一是完善社会参与机制。通过开展首都全民义务植树"城乡手拉手、共建新农村"活动,引导社会力量特别是义务植树单位积极参与新农村绿化建设。三年来,中央、市属和区属义务植树单位以及驻京部队与农村结成共建帮扶对子1700多个,共捐赠资金5000多万元、合作资金8.5亿元,全市初步形成了"促进城乡统筹、推动城乡互动、实现城乡共建"的社会参与机制。二是建立科技服务机制。组织动员大专院校、科研单位和等部门,为新农村绿色产业发展提供新品种研究推广、新技术指导等方面的服务,为农民增收致富创造条件。三是建立资金投入机制。对新农村绿化建设,逐步形成市、区县、乡镇和村四级投入机制,其中,市每年对每个重点村绿化建设投入10万元,建成首都绿色村庄后再奖励每村10万元;各区县根据自己的财力状况,加大对新农村绿化的投入,2008年仅顺义区就投入资金3.6亿元。四是建立合作组织机制。市、区县均成立了果树产业协会、蜂产品协会、花卉协会等专业协会,在行业产业信息发布交流、新产品研发、产品标准制定、产品市场流通、产品质量认证、专业技术培训等发面发挥协会组织优势,把农民组织起来,实现产业的集约化、规模化经营。五是建立产业保障机制。为了减少自然灾害在绿色产业中对农民收入的影响,北京市建立了以风险互助为主的农业灾害补偿制度。2008年果树灾害保险工作有了突破性进展,截止2008年底,全市共有12个区县、52个乡镇、214个村的2505户果农参加了风险互助保险,参保面积达到25820.15亩,农民筹集互助金共计2231883.35元。截至到10月21日,全市共发生了39场风、雹灾害,造成41个乡镇、121个村的2027户次(是去年的2倍)果农的21551.7亩果树受灾,损失金额达到6206133.64元,目前已全部完成6206133.64元的赔付。

【奥运颁奖和礼仪用花工作】 2008年,北京花卉协会配合市园林绿化局,圆满完成奥运颁奖用花、奥运村花店用花的制作、配送和奥运主新闻中心花艺表演。承担了奥运会及残奥会颁奖用花、奥运村花店建设、奥运主新闻中心插花花艺表演等工作,花协领导和局领导高度重视,精心安排,先后组建了北京奥运花卉配送中心和颁奖用花设计专家组,按照北京奥组委招募志愿者的条件,招募了一批奥运礼仪用花志愿者,成立了奥运礼仪用花制作志愿者队伍,全力配合完成奥运礼仪用花的各项工作。

1. 奥运会及残奥会颁奖用花工作。2008年上半年主要完善奥运颁奖用花配送中心的各项建设工作,在确定奥运会颁奖用花方案的基础上,2008年4月设计出残奥会的颁奖用花方案,并获得奥组委批准。组织制订了颁奖用花质量标准、花卉配送流程、安全保卫规定等相关技术要求。按照奥运会颁奖用花主花材及主要配材的要求，组织专家到云南、四川、广州等地考察花材生产基地，与相关企业签订了供货合同。并要求供应商每10天传送花材生产情况的图片及数据资料，做到了异地监控花材的生产情况。在此基础上组织完成了在国家体育场举办的"好运北京"测试赛—中国田径公开赛的242束颁奖用花的制作与配送任务，达到了实战演练的效果。

为保证顺利完成颁奖用花的配送工作，购置了15辆保鲜配送车辆，一辆配送车辆安排一名专职司机与一名配送人员。同时还制定了《奥运颁奖用花配送的应急预案》。

为在人力上保证奥运花卉的配送工作，积极组织开展志愿者培训等相关工作。先后组织120多名志愿者进行了10多次专业技术培训，就花束的制作流程、鲜花保鲜措施、运输配送等环节进行培训和演练。

在奥运花卉制作、配送过程中，建立健全了各项安全保卫规章制度和安全应急预案，积极配合上级安全保卫部门、交通部门进行消防、安全、交通等技能培训和实战演习，提高了员工的安全防范意识，确保安全、高效地完成奥运颁奖用花的制作配送任务。

在奥运会期间（8月9日～24日），奥运花卉配送中心完成了奥运颁奖花束"红红火火"2436束制作，300余次的配送任务，配送场馆31个。残奥会期间（9月6日至17日）完成了颁奖花束"红红火火"2390束制作配送任务。

按照奥组委要求，颁奖花束需提前4个小时送达竞赛场馆，每天最早配送时间为6：30，最晚时间为19：00。奥运花卉配送中心的全体工作人员克服一切困难，加班加点，准确无误的完成了配送任务。此外，奥运花卉配送中心还负责青岛、香港两赛区的颁奖花束制作培训工作。并于奥运期间向青岛奥帆赛区发送了2批共10000支花材。

2. 奥运村、残奥村国际区花店工作。为在奥运会、残奥会期间更好的为各国运动员和官员提供用花服务，组建了奥运村花店，在全市15个单位插花界选拔、抽调35名花艺师组成工作团队。自7月20日奥运村花店试运行起，奥运村花店共接待来自60多个国家的官员和运动员。制作完成花束1206个、插花62个、瓶插225个，销售绿植20盆、礼品包装33件。为奥运村内运动员制作生日花束780束。营业额36.3万元。

8月30日残奥村花店开业，共接待来自30多个国家的官员和运动员。制作完成花束689个、插花78个，销售绿植5盆、工艺品13件，礼品包装16件。为残奥村内运动员制作生日花束376束。营业额14.2万元。

奥运村、残奥村国际区花店在奥运会、残奥会期间，圆满完成了运行和服务工作，得到有关领导的充分肯定，并得到来店购花的外国官员和运动员的好评，被奥运村、残奥村运行团队评选为"商业文化街五好网点"。

3. 主新闻中心插花表演。为表现中国的花文化和中国插花艺术，活跃主新闻中心的现场气氛，经奥组委批准，花协邀请了来自全国各地，包括港、澳、台地区的22位插花大师在主新闻中心的现场进行插花表演，从8月7日到残奥会闭幕，共进行了15场表演，同时配有翻译向外国记者进行讲解及答疑。在现场展示中国传统插花和现代插花的同时还与观看得媒体记者进行互动，现场教授中国插花技法，既体现人文奥运，也展示中国花卉文化。插花表演得到了各国新闻媒体及北京奥组委的一致好评。

（北京市园林绿化局　黄桂林）

五、水务工作

【概述】 2008年北京市水务工作围绕"营造良好局面、办好一件大事"的部署，扎实工作，服务保障了平安奥运和城市运行。一是按照"专群结合、属地负责、部门联动"的工作方针，开展水源防护工作，形成以群防群控为特征的水源安全防控体系，确保了水源安全。二是各供水单位加强安全戒备和供水运行管理，满足了奥运会对水量、水质的要求，城乡供水安全达标。三是加大河湖水系治理保洁力度，增加生态用水量，城市中心区和奥运水系水质清洁优美，城乡水环境质量明显提高。四是采取预案管理、应急管理、责任管理相结合的方式，突出工作重点，有效应对极端天气，保障了奥运度汛安全。五是与涉奥场馆运行团队无缝对接，配备供水、排水、水环境、安全迎汛保障队伍和设备物资，及时处理运行中的各类问题，全面保证了奥运赛事安全。截至2008年底局属事业单位编制31个，正式职工4559人。

【供水情况】 2008年全市总供水量35.1亿立方米，比2007年的34.8亿立方米增加0.3亿立方米。全市用水中，生活用水14.7亿立方米，环境用水3.2亿立方米，工业用水5.2亿立方米，农业用水12

亿立方米。全市供水中，地表水为5.5亿立方米，占总供水量的16%；南水北调0.7亿立方米，占总供水量的2%；地下水22.9亿立方米，占总供水量的65%；再生水6亿立方米，占总供水量的17%。全市用水总量中，工业、农业用水量呈现下降趋势，生活和环境用水呈现上升态势。

【水资源保护和管理】 密云、怀柔等7个山区县（区）加大水源保护工作力度，建设26条生态清洁小流域，治理水土流失320平方公里，完成了水源区60个村的污水治理。探索生态清洁小流域建管经验，从"项目前期、工程实施、后期管护"三个环节入手，初步确立了农民参与的生态清洁小流域建管新机制。怀柔、张坊、平谷、昌平四处应急水源地稳定开采，2008年累计供水3亿立方米。提高张坊应急水源供水能力，怀河—潮河应急水源试水运行，新增日供水能力10万立方米。实施境内外集中输水，境内白河堡、遥桥峪等水库向密云水库输水1亿立方米。境外册田、云州等水库向北京集中输水7000万立方米，比计划增加40%。加强京冀水资源合作，完成白河、潮河流域上游10万亩"稻改旱"，退稻区无一复种，增加来水5000万立方米。

【南水北调建设】 南水北调工程经过五年建设，京石段应急调水主体工程和北京市区"三厂一线"配套工程建设完成。6月利用张坊水源向三厂供水1400万立方米。9月河北省岗南、黄壁庄、王快三座水库开始向北京输水，已累计收水7000万立方米。加强供水运行管理。对三环路内近4万座检查井开盖检查，3800个管线检漏仪实时监控市区供水管网运行状况。成立自备井监管中心，建立了自备井三级管理网络。提高了设施管理和水质管理水平，城市自来水和自备井稳定供水。完成郊区最后70万农民饮水安全改造，四年累计使199万农民喝上安全水，在全国率先完成农民安全饮水设施改造任务，初步形成以市场机制为主的农民饮水管理模式。

【污水资源化】 2008年北京市总用水量35.3亿立方米，万元GDP耗水下降到35立方米，完成万元GDP耗水年下降5%的任务指标。再生水利用量首次超过地表水。市区和郊区城镇新建北小河、亦庄、温泉、永丰等再生水厂，全市已有中水厂13座，中水日生产能力71万立方米。明确再生水利用方向，推进再生水替代。完成郑常庄和太阳宫热电厂中水管道建设，9座热电厂全部利用中水、再生水，工业年利用再生水1.2亿立方米；新建10万亩再生水灌区，再生水灌区达到58万亩，农业年利用再生水3亿立方米加大城市河湖再生水使用量，新建15处补水口，利用再生水1.8亿立方米；城市再生水灌溉绿地面积1000万平方米，园林绿化、市政杂用年利用中水2000万立方米。

【节水型社会建设】 加强社会单位用水定额管理，对2.9万个社会用水单位下达用水计划24亿立方米，比上年压缩1.5%。实行超量用水预警制度，对8600多户发出提示预警3.8万户次，督促用水单位查找原因，及时解决问题，确保用水总量控制。新建节水农田10万亩，推进滴灌、微灌等先进节水措施，科学调整灌溉制度，农业用新水量由2001年的17亿立方米减少到8.8亿立方米。为3万城市低保户免费安装节水器具，共改造便器水箱2万套，水龙头5万支。新建雨水收集利用工程350处，新增蓄水能力1460万立方米。全市已建成城乡雨水利用工程共1200处，20008年全年利用雨洪水4500万立方米。推进节水社会化管理。开展年度节水先进单位评选，授予20个单位"北京市节约用水先进单位"称号。

【处理污水】 北京市处理污水10.5亿立方米，其中市区处理8.4亿立方米，消减COD27.6万吨，实现国家年消减COD5%的目标。市区完成北小河污水处理厂改扩建，9座污水处理厂稳定运行，污水处理率93%。郊区新建及改扩建昌平北七家、密云东邵渠等10处乡镇污水处理设施，污水处理率达到48%。加强排水设施维护管理，对4000公里雨污水管网和81座泵站进行隐患排查整改。奥运前完成4000余个井盖电焊封闭，对奥运场馆和重点地区安装有害气体监测装置，保证了排水设施运行安全。开展农村排污规律试验研究，研究了曝气生物滤池、膜生物反应器等工艺，建设5处示范工程。编制了《北京市农村污水治理技术应用指导手册》，探索了北京市农村污水处理设施建设与运行管理机制。

【水环境质量】 完成顺义水上运动场、十三陵水库、朝阳公园湖、奥运湖等涉奥水环境治理。清理奥运场馆周边102个村的排水沟渠，改善了城乡结合部水环境。建成西土城沟上段补水工程，卢沟晓月湖补水工程，建成北运河北关闸，增加了环境水面，改善了水环境。完成龙潭湖、朝阳公园湖水体循环工程，及时补充环境用水量，实施生物防治水华等措施，加强水面和岸肩绿地日常维护，水环境质量得到改善，中心区域水质保持Ⅲ类。在朝阳、海淀、丰台、石景山区加大水环境治理力度，完成二道沟、东北城角和金河等水环境整治工程。建立了蓟运河、拒马河和北运河水系31处省市和区县界水质断面COD达标考核内部公示制度。北运河榆林庄断面COD由上年的83mg/L下降到70mg/L，达到国家考核标准。

【城市安全迎汛管理】 安全迎汛工作建立了气象、汛情预警内部通报等六项联动机制和预案、应急、责任三大体系，做到了汛情报告快速准确，抢险排水及时高效。2004年以来累计消除积滞水点300多处，改造泵站32座，疏挖城市排水河道200公里，城区水系实现规划排水要求，雨水泵站双路供电，城市主要干道基本消除严重积滞水隐患，城市排水能力大幅度提高。围绕奥运保障部位和城市运行安全，建设三级防控区域，完善了以专业队伍为主、多部门联动、社会参与的防汛抢险应急体系。落实各项奥运保障，城市排水保障等专项预案，每个比赛场馆，每条河道和机闸，每座下凹式立交桥，每个排水泵站，都制定了预案，通过演练等方式完善预案。强化行政首长责任制和责任监督追究制。建立防汛重点部位安全责任制，签订"保障奥运安全迎汛责任书"。形成了一级抓一级、一级对一级负责的责任制体系。汛前精心准备，汛期全力排险，保障了奥林匹克公园公共区及周边排水安全，23座比赛场馆周边道路无一积水，200余公里奥运专用道路交通正常；十三陵水库铁人三项赛、公路自行车赛、马拉松等赛事顺利进行，实现了城市度汛和奥运赛事安全目标。山区泥石流险村实行"四包七落实"，做好"防、避、抢、救"的各项准备。2008年8月10日，房山区张坊、十渡等14个乡镇应对突发强降雨，包村干部及时预警，及时转移群众359户1000多人，无一人伤亡。

【水务公共服务水平提高】 加快工作思路和工作方式转变，不断强化水务公共服务管理职能，加大依法管水，依法行政力度。及时办理两会提案59件。认真听取人大、政协对水务工作的意见、建议。按市人大的要求，积极推进北运河综合治理，听取市政协关于水源地和管网安全评估建议，加强了水源区和管网安全防护工作。受理行政许可项目461件，被受理单位和个人满意率100%。联合市城管部门查禁水系周边排放污水，违章建筑，全市立案查处各种违法水事案件1500起。加强督办督查，推进工作落实。下达2008年水务折子工程任务书，市政府挂账督办15项，局内折子工程32项。督办市委、市政府领导批示交办事项116件。办理155件"市长信箱"网上邮件，8653个水务热线电话。办理其他渠道转来的上千件咨询、求助、举报、投诉、建议。广泛听取各方面对水务工作的民意民声，接受社会监督，办好涉及群众利益的实事。

【水务应急指挥平台建设】 对水环境保护、水源安全等水务事件进行信息化管理，提高涉水事件发现、响应、处理能力。理顺信息公开办理流程，初步建立信息公开管理制度。完成了《北京市流域综合规划修编》、《北京中心城污水再生回用近期规划》等重点规划的编制工作，为开展项目前期工作做好了准备。

【生态清洁小流域】 2008年以水源保护为中心，构筑"生态修复、生态治理、生态保护"三道防线，建设生态清洁小流域。对小流域内污水、垃圾、厕所、河道环境同步治理，新建26条生态清洁小流域，治理面积320平方公里。完成了水源区内60个村的污水治理工程。截至2008年底，北京市已完成小流域治理327条，治理面积4543平方公里，治理率达68%。其中生态清洁小流域76条，面积1067平方公里。水源地生态建设与新农村治污结合，对15个村进行了污水治理。

【农民安全饮水】 2008年北京市70万农民安全饮水工程涉及12个区县、123个乡镇、770个村，完成新建水源井265眼，铺设管道13220千米。到2008年底，郊区329万农民在全国率先实现安全饮水，比原计划提前2年。在8个区县共实施56处抗旱水源工程，受益人口为5.5万人，为当地群众饮水及时解困。新建及扩建通州于家务、房山石楼、延庆井庄、康庄及八达岭地区、密云县穆家峪等5座集中供水工程，新增供水能力2.5万吨/日，45个村、8.8万人受益。村镇供水水厂全部实现了封闭管理，水源井周边实现"四无"，即："无污水、无垃圾、无厕所、无养殖粪污"。

【村镇治污】 2008年北京市以城市水源地和生态涵养区为重点，完成新建及改扩建怀柔喇叭沟门、宝山寺、长哨营、怀北、琉璃庙，密云东邵渠、昌平北七家，顺义杨镇、大兴榆垡、通州漷县等10处乡镇污水处理工程，日新增污水处理能力5.5万方。完成怀柔、平谷2座新城再生水厂，日可提供再生水7.5万吨。启动门头沟和延庆2座新城再生水厂建设，日可提供再生水7.5万吨。4座新城再生水厂全部采用膜生物反应器（MBR）工艺，出水水质达到地表水Ⅳ类标准。

（北京市水务局 王民洲）

天 津 市

一、城市规划、建设与管理

【城市建设概况】

2008年天津城市建设紧紧围绕国际港口城市、北方经济中心和生态城市建设目标，坚持"高起点规划、高水平建设、高效能管理"，以20项民心工程建设为重点，不断提高城市建设水平，城市综合承载能力明显提升，人居环境显著改善。

重点工程建设全面提速。2008年是天津市市政公用设施投资较大的一年，全年安排建设项目189项，实际完成投资190亿元。京津和蓟平高速奥运会前通车，高速公路累计通车里程达到876公里，对外交通条件进一步改善。地铁二、三号线全面开工建设。完成了天津站改造和李公楼立交桥、海河东路隧道等配套工程，确保了京津城际铁路按期通车，缩短了与北京的时空距离，形成同城效应。拓宽改造了复康路、新开路等20条主干道路。完成了纪庄子河等4条河道治理，建成津滨水厂。新建改造了17座污水处理厂和3座再生水厂。新建各类地下管网1300公里，市政公用设施服务保障能力进一步提升。

海河上游基础设施建设进展顺利。经过5年建设，海河上游基础设施配套能力增强，新建改造了永乐桥、国泰桥、大光明桥等16座桥梁和一批临河道路，两岸铺设各类管网673公里，建成了8座临河公园，保护性整修了各类风貌建筑，区域环境得到根本性改善，为现代服务业发展创造了条件。截至2008年12月，已累计开工商贸文化设施900万平方米，建成投入使用247万平方米，实现社会投资320亿元。

民心工程成效显著。累计整修旧楼区910万平方米，改善了22万户群众的居住环境；完成老住宅供热补建325万平方米，6.5万户居民彻底告别燃煤取暖的历史，拆除10吨以下供热小锅炉101台，进一步净化了空气质量；推进环保型车辆更新，累计更新欧Ⅲ排放标准公交车4013部、出租车2.8万辆，完成90座公交场站三年建设计划，公共客运调度中心建成使用；新建人行天桥20座，改造里巷道路428片、支路156条，方便了群众出行；完成11万户居民户内供水、供气管道更新和400处高层住宅二次供水设施改造。20项民心工程的实施，方便了群众生活，起到了顺民意、聚民气、得民心的良好效果。

房地产市场保持了平稳发展。2008年实际完成房地产投资654亿元，同比增长29.4%，高于全国平均投资增幅8.5个百分点；全年新开工2440万平方米，同比增长15.4%；累计在施面积5327万平方米，同比增长16.8%；竣工1813万平方米，实现销售1252万平方米。2008年是天津市经济适用房建设量最大的一年，新开工561万平方米，竣工248万平方米，分别是上年的1.8倍和1.5倍，占住宅新开工比重的31%。加强了房地产市场管理，出台支持居民购房八项措施，保持了房地产市场稳定发展。

建设科技创新水平不断提升。新建住宅全部实行三步节能设计，全市节能建筑累计达到1亿平方米。完成200万平方米既有建筑节能改造，塘沽、津南、武清和红桥等区取得明显效果。工程科研和新技术应用取得进展，完成深基坑施工和地铁重叠隧道开挖等重大技术成果40余项。全市计量供热试点面积达到800万平方米，建成大型公共建筑能耗数据远程传输和监控系统，得到建设部充分肯定。科技创新促进了建筑业快速发展。全年累计实现建筑业总产值1450亿元，同比增长21%。勘察设计业实现经营收入269亿元，同比增长22%。截至2008年底，本市特级、一级施工企业达到166家，建筑施工能力进一步增强。工程质量稳步提高，3项工程获得国家鲁班奖，全市有131项工程获得海河杯优质工程奖，60个工地被评为市级文明样板工地，建筑安全生产处于受控状态，全市建筑百亿产值伤亡率1.0，低于全国平均水平。

胜利完成抗震援建任务。汶川大地震发生后，城建系统各单位坚决贯彻党中央、国务院部署和市委、市政府的要求，紧急动员、迅速行动，建工、建材、住宅、城建、市政建设、振津、中铁十八局、中建六局、中建八局、中铁一局、中铁建工11家企业集团6000多名职工昼夜奋战，提前17天完成四川德阳市绵竹、罗江、广汉、中江4个县市以及甘肃省天水市、陇南市总计174个援建点、4.7万套过渡安置房和210所中小学的援建任务。市建筑业协会捐赠了120台切割机，各区县、各部门累计定向捐赠4.5亿元。四川德阳日报以《津门大爱洒德阳》为题，盛赞天津援建工作。甘肃省陇南市委、市政府致函感谢天津的无私奉献。天津市援建四川过渡安置房前线指挥部被党中央、国务院、中央军委授予"全国抗震救灾英雄集体"称号，为天津人民争了光。（李菁）

【20项民心工程完成情况】

自2007年7月1日实施20项民心工程以来，经过全市上下一年的奋力拼搏，截至2008年7月底，20项民心工程336个子项基本完成。通过民心工程的实施，城市更加整洁靓丽、更加宜居和谐，天津的知名度和对外形象得到了进一步提升。

市容环境面貌发生显著变化。民心工程涉及市容环境的7大类151个子项全部完成。实施拆迁200万平方米，清理立面吊挂7.6万个，整修楼房3479栋，整修风貌建筑393栋，平改坡525栋，全市新增绿化面积7562万平方米，道路罩面366.5万平方米，更新交通设施6353处、护栏19.5万延米，更新油饰路灯8057盏，更新马路家具8383处。入市环境发生较大变化。复康西路、金钟河大街等12条108公里的入市道路，65公里的京山铁路和74公里的京沪铁路两侧环境明显提升；津塘、津静西青段等9条108公里出市公路拓宽改造和绿化工程全部完成，形成了环境优美、特色鲜明的交通走廊。市区道路初步形成独特风格。综合考虑道路的建筑风格，实施管线切改入地，统筹平面立面改造，规范了报刊亭、垃圾箱、城市座椅等14类城市家具设置，全面完成183条333公里道路的综合整修，形成了色调协调、整洁优美、大气洋气的城市风景线。重点地区逐步成为城市亮点。突出区域功能，打造区域特色，天津站前广场、奥体中心、小白楼、大悲院等20片重点地区整修一新，成为环境优美、文脉传承、品位高雅的城市重要窗口。

市政基础设施功能有了很大提升。民心工程涉及城市基础设施7大类172个子项，计划目标基本完成。对外交通更加便捷通畅。建成京津塘二线和蓟平高速，天津市与周边省市的交通联系更为通畅便捷；国内第一条城际高速铁路于2008年8月1日投入运营，京津两地实现半小时通达。市内道路通行能力明显增强。新增快速路30公里，累计通车190公里；改造了卫津路等28条旧路，打通了26处卡口，建设了20座人行天桥，缓解了市区局部交通瓶颈制约。海河上游综合开发成效明显。新建改造8座桥梁，缩短了跨河通行时间；建成30公里亲水休闲堤岸；36个508万平方米的大型商贸设施项目全面开工建设，为发展现代服务业创造了条件。

城市绿化建设形成天津特色。全市新建改造绿化7562万平方米，形成了层次丰富、各具特色的都市绿化体系。以生态大绿为主，建设城市绿色交通走廊。建成京津塘等6条高速公路507公里沿线5285万平方米绿化带、京津城际铁路等209公里铁路沿线绿化341万平方米，初步形成了乔灌结合、自然流畅的绿色通道。以突出特色为主，建设都市绿化风景线。改造提升72公里外环线两侧绿化494万平方米，完成市区146条道路两侧绿化1019万平方米，创新断面绿化形式，合理配置乔灌花草，山石点缀与白色围栏搭配，形成了城市道路绿化特色；改造提升二级河道104公里沿岸绿化213万平方米，形成了水清岸绿的视觉效果。以艺术植绿为主，建设城市精品绿地组团。新建友谊等9个公园和30处大型绿地，采用现代技术，新增和提升绿地210万平方米，实现了疏林草地与盆景艺术的有机融合。

群众生活环境得到明显改善。民心工程涉及的6项任务全部完成。旧楼区综合整修410万平方米，受益居民8.9万户。老住宅供热补建225万平方米，4.5万户居民彻底告别了燃煤取暖的历史。改造里巷道路428片、支路156条，把民心工程干到了群众的家门口。散片危陋平房拆迁150万平方米，安置居民5万户。优化公交线网192条，更换新型环保公交车3013辆、出租车1.8万辆。老百姓得到更多实惠，民心工程切实得民心。（李小羽）

（注：此稿为2008年前半年数字）

【重点工程完成情况】

2008年市政府确定的市重点建设项目共66项，总投资7281亿元。主要包括：工业项目19项，能源交通项目10项，基础设施和环保项目19项，农林水利和小城镇建设项目4项，社会事业项目6项，商贸旅游及其他项目8项。

在各方面的共同努力下，2008年市重点建设项目进展顺利，全年有65个项目实施，共完成投资1097亿元，完成年计划的91%，比上年多完成投资395.6亿元。截至2008年底，蓝星化工新材料基地、新一代运载火箭产业化基地、临港造修船基地、蓟港铁路扩能改造、滨海新区中央大道、南水北调中线天津干线及市内配套等13个项目进入基础施工阶段、渤海工业园一期、北疆电厂、天津卷烟厂扩能改造、地铁二三号线等25个项目进入主体施工阶段；百万吨大乙烯、天津印刷工业园、盘山金碧国际旅游度假中心5个项目进行设备调试或装修；天铁冷板、空客A320总装线、陈塘庄热点厂三期、京津塘高速公路二线、京津城际铁路客运专线、滨湖剧院等22个项目(或子项)竣工投产或交付使用。

总体上看，2008年天津市重点项目建设进展顺利，完成投资和开工面好于上年同期，对全市超额完成投资目标起到了有力的支撑作用。(陈景滨)

【城建系统抗震救灾工作】
5·12四川汶川大地震发生后，城建系统认真贯彻落实党中央、国务院部署，在市委、市政府的正确领导下，经过60天的连续奋战，于7月24日提前17天圆满完成四川、甘肃两省总计4.7万套过渡安置房建设任务。

按照住房和城乡建设部的统一部署，天津市援建区域是四川省德阳地区的绵竹、罗江、广汉、中江4个县市和甘肃省天水市、陇南市。经过几次调整，最终确定我市援建任务量为174个援建点、47432套过渡安置房，其中四川46113套，甘肃1319套，要求8月10日前必须全部完成援建任务。

对口援建区域多数地处山区，地块分散，地点偏远，施工及交通运输条件恶劣。为确保以最快的速度完成援建任务，在四川和甘肃成立了两个现场指挥部，将任务分解到建工、城建、住宅、建材、中铁十八局等11家大型施工企业集团，累计派出参建人员6000人，调运大型设备420台套，投入运输车辆8100台次。为了加强对6个县市的援建工程组织，市建委抽调40名干部到抗震救灾一线。经过艰苦努力，6月26日全面完成甘肃援建任务，7月24日提前17天完成四川援建任务。在援建期间，在德阳用12天建成全国最大的高考点，稳定了2万名考生及其家长的情绪，德阳市委、市政府专门致信天津市委、市政府和国务院前线指挥部表示感谢。住房和城乡建设部对我市援建工作十分满意，姜伟新部长，黄卫、齐骥、陈大卫三位副部长视察天津市在四川和甘肃的援建工程后，给予了速度快、质量优、配套好的评价。

住房和城乡建设部制定了《过渡安置房建设技术导则》和《地震灾区过渡安置房验收规定》，对安置房彩钢板的厚度、聚苯板的密度、设计安装、功能配套和防水、防火、防雷电标准均作出具体规定。我市板房设计方案在认真落实建设部《导则》的基础上，充分考虑灾区群众的实际需要和生活习惯，特别是中小学建筑和公共厨房的抗震和防火性能，所建过渡安置房成为最受当地群众欢迎的住房。建设部在德阳组织了对天津援建点的现场观摩，并专门组织了媒体考察团，对天津市科学组织、优化设计、严把质量的做法进行宣传推广。绵竹市安置房验收领导小组评价我市安置房建设"是用心血、用汗水和爱心建设安置房，充分体现了天津精湛的施工技术和高超的管理水平"。

在援建工作中，天津市援建人员本着对国家、对人民负责的精神，节约利用每一寸材料，不浪费一分钱。采取统一组织、一次性订购，控制上游产品价格，降低板房的采购成本。为降低运输成本，在西安建立了第二生产基地，缩短了1500公里的运输距离。最大限度降低运输损耗，建立严密的材料发送和接收程序。

天津市全体参建单位和参建人员克服余震不断、缺水少电、高温湿热的困难，全力以赴加快工程进度。所有援建人员自觉遵守援建工作"六条禁令"和"十不准"，不给当地政府添麻烦，树立了天津援建队伍不畏艰难、无私奉献、勇于拼搏、敢打必胜的良好形象。援建一线党组织充分发挥政治优势，70名同志在援建一线火线入党，天津市建工、建材、城建、住宅、中铁十八局、中建六局和振津集团7个单位被全国总工会命名为"抗震救灾重建家园"工人先锋号，天津市援建四川前线指挥部党支部被市委授予"抗震救灾优秀党组织"称号。(李彤)

【中心城区快速路建设】
中心城区快速路系统先期实施快速内环、两横、两纵及两条联络线工程，全长约148公里，道路面积约904万平方米，桥梁面积约220万平方米，绿化面积约672万平方米，拆迁面积约581万平方米；新建桥梁51座，下穿铁路地道6座，隧道1条；人行天桥55座，泵站32座。

2008年完成桥梁面积31万平方米，道路面积102.4万平方米，绿化面积98.5万平方米，建成桥梁4座、人行天桥11座、泵站4座。累计开工主线里程128.7公里，累计完成122.8公里。

至2008年底，中心城区快速路工程累计完成桥梁面积211万平方米，完成道路面积699.4万平方米，完成绿化面积505.5万平方米，建成桥梁33座、下穿铁路地道3座、人行天桥51座、泵站13座。

截至2008年底，中心城区快速路系统实现了西北半环延安路至南仓道外环线段(除南仓道编组站立交外)主线贯通，东纵(除东纵隧道外)主线具备通行条件，北横主线建成通车，形成了"一环、两横、两纵及两条联络线"的构架网络。此外，天桥、泵站以及绿化景观等大量附属工程也相继建成投入使用，中心城区快速路系统正发挥着越来越显著的城市载体功能。（城投集团）

【高速公路】

2008年天津市高速公路建设项目共有8项，分别是续建京津高速公路工程、京津高速东延工程、津汕高速公路工程、津蓟高速公路延长线工程、国道112线天津东段工程、津港高速公路工程、塘承高速公路工程、津宁高速工程。高速公里建设总长度431.7公里。

京津高速公路工程全长177.8公里，其中天津段144公里，包括一条主线和三条联络线。京津高速公路主线、天津段联络线主体工程于2008年7月16日通车。

津蓟高速公路延长线工程北起蓟县县城以西，与既有的津蓟高速公路相接，经蓟县盘山山区后与北京京平高速公路相接，全长15.5公里。该工程于2008年6月30日通车。

京津高速公路东延工程长约6.6公里，起于北塘收费站，至京山铁路230米处，为双向6车道的城市快速路。该工程于2008年6月底通车。

津汕高速公路天津段起点为津淄公路与外环线交口，终点为津冀交界子牙新河行洪通道的中心，路线全长约52.5公里，贯穿天津市的西青区、静海县和大港区。起点主线收费站至河北省界段为双向6车道、设计车速120公里/小时。其中静海、大港段于2008年9月30日建成通车并与河北省贯通，其余路段正加紧建设。

国道112线天津东段项目，东起汉沽区大神堂，接海滨大道高速公路，止于武清区石各庄，接京沪高速公路，路线全长93.5公里。其中2/3为双向6车道，其余双向8车道。全线设京津塘高速分离式立交桥、京津城际铁路分离式立交桥等多座立交桥与特大桥。截至2008年底该工程尚在积极推进。

津港、塘承、津宁高速公路目前正全力加紧建设。这些高速公路建成后，将极大提高天津市对外交通的载体功能。（城投集团）

【地铁建设】

天津地铁规划由9条轨道交通线路组成。地铁一号线、二号线和三号线为轨道交通骨干线；地铁四号线、五号线和六号线为轨道交通填充线；七号线和八号线为轨道交通外围线；九号线为津滨轻轨线的延长线。2008年主要建设地铁二、三、九号线项目，正加紧进行地铁五、六号线前期工作。

地铁二号线西起西青区曹庄，东至东丽区李明庄，全长22.68公里，全线设车站19座。截至2008年底，地铁二号线累计完成功能拆迁19.4万平方米，占实际应拆迁总量22.4万平方米的87%。完成西南角站、红星路站、翠阜新村站、沙柳路站、津赤路站主体结构；全线完成围护结构64%，主体结构43%，盾构掘进累计完成7199米。

地铁三号线西南起自西青区华苑产业园区，东北至北辰区小淀，全长29.66公里，全线共设车站23座。截至2008年底，地铁3号线累计完成功能拆迁20.4万平方米，占实际应拆迁总量27.8万平方米的73%。完成华苑站、营口道站主体结构。全线完成围护结构62%，主体结构完成16%，盾构推进1383米。（城投集团）

【天津站交通枢纽工程建设】

天津站交通枢纽工程是天津市"十一五"期间的重点工程项目，也是我国第一条城际快速轨道路网建设项目——京津城际铁路的重要组成部分，是集普速铁路、京津城际铁路、津秦客运专线、铁路天津东站—西站地下直径线及地铁二、三、九号线、长途客运、公交出租等各种交通方式于一体的现代化综合交通枢纽项目。

该项目东至李公楼立交桥，西至五经路，南至海河，北至新开路，占地总面积约95万平方米。主要包括：铁路天津客站和轨道设施改扩建工程（由铁路部门组织实施）；站前主、副广场工程；站后地铁二、三、九号线轨道换乘中心及公交中心；海河东路隧道、五经路隧道、前后广场联系通道、李公楼立交桥改建工程、周边道路整修等配套工程。总建筑面积约75万平方米。

该工程于2006年4月正式开工建设，2007年7月被天津市委、市政府确定为20项民心工程之一，2008年3月又被确定为天津市迎奥运"135工程"的重中之重。天津站交通枢纽工程指挥部紧紧围绕"迎奥运"这条主线，破难题、攻难关、抢进度、保工期、创质优，圆满完成了铁路天津客站改扩建、李公楼立交桥改建、海河东路隧道、站前广场地上景观和地下装修、站前公交中心、站区建筑立面整修、周边市政道路整治等各项工程建设任务，并于2008年8月1日正式投入使用，确保了我国第一条城际快速铁路按期通车。

天津站交通枢纽工程竣工后，其综合交通枢纽的轮廓基本形成，枢纽作用开始显现。站场改造后由原6台11线，增加为10台18线（其中城际铁路4台7线、津秦客运专线3台6线、普速铁路3台5

线）；日客流量由原1万人次提升到8万人次。站前主、副广场地下社会车辆落客、载客区和能容纳774辆小型客车的停车场及规划为29条公交线路始末站的站前公交中心的落成，极大提升了站区出租、公交运载能力；前后广场联系通道与铁路出站通道相连段的投入使用，为铁路旅客出站创造了便利条件；海河东路隧道、李公楼立交桥和站区周边10条道路整修工程的全面完成，初步形成了联系前后广场和联系河东、河北、南开等各区的环形通道，极大地缓解了天津站地区的交通压力，提升了城市载体功能。站前景观已经成为城市的新亮点。（天津站交通枢纽工程指挥部）

【轨道交通运营】

近年来，天津市轨道交通发展迅速。截至2008年底，已有地铁一号线、津滨轻轨和开发区现代导轨电车（洞庭路试验线）3条线路投入运营。地铁一号线全线长26公里，共有运营车辆116辆，全年客运总量3185万人次，运行正点率达到99.7%，运行图兑现率达到99.9%。津滨轻轨运营线路长45公里，2008年共有运营车辆116辆，全年客运总量1593万人次，运行正点率达到99.9%，运行图兑现率99.99%。开发区单轨列车运营线路长8公里，2008年共有运营车辆24辆，全年客运总量94万人次。运行图兑现率99.99%。

2008年，为维护轨道交通运营秩序，保障轨道交通安全运营，经市编委批准，成立了天津市轨道交通管理中心，对全市轨道交通运营实施管理，主要职责是根据相关规定，承担对轨道交通运营单位运营服务的监督、管理工作，承担对轻轨、地铁运营区域、线路安全保护区的巡查工作。2008年轨道交通管理工作重点做了以下几方面工作：

一是狠抓安全管理，确保运营安全。组织全行业进行春节前和奥运前两次安全普查及隐患整改，加强要害部位的管理，建立安全管理制度和人员巡检制度，完善安全基础性管理，开展安全风险源普查工作，确定风险源1009个，进一步提高安全运营的可靠性。坚持严格的审批制度，做好安全保护区内施工审批和监管工作。轨道交通运营以来，未发生任何安全事故，各类设施、设备运行正常。

二是下大力量做好奥运安保和反恐工作。针对轨道交通站点多、线路长和防范恐怖袭击难度较大的特点，与公安部门建立联动机制，形成了市反恐办、市建委和各公司三级反恐督查机制。明确重点目标，落实"三防"措施。进一步加强保护区管理，落实巡查制度。完善应急预案，搞好重点演练，确保了奥运期间防范恐怖袭击各项工作的落实。

三是借迎奥运之机，不断提升服务水平。以协办北京奥运会为契机，抓好正点发车和运行图兑现，确保运营间隔和运行平稳。开展创建文明车站活动，以点带面，全面促进服务规范化、标准化，提高服务意识和精神风貌，从多方面提升运营服务质量，争创一流服务水平。（天津市轨道办）

【天津站交通枢纽工程建设】

天津站交通枢纽工程是天津市"十一五"期间的重点工程项目，也是我国第一条城际快速轨道路网建设项目——京津城际铁路的重要组成部分，是集普速铁路、京津城际铁路、津秦客运专线、铁路天津东站—西站地下直径线及地铁二、三、九号线、长途客运、公交出租等各种交通方式于一体的现代化综合交通枢纽项目。

该项目东至李公楼立交桥，西至五经路，南至海河，北至新开路，占地总面积约95万平方米。主要包括：铁路天津客站和轨道设施改扩建工程（由铁路部门组织实施）；站前主、副广场工程；站后地铁二、三、九号线轨道换乘中心及公交中心；海河东路隧道、五经路隧道、前后广场联系通道、李公楼立交桥改建工程、周边道路整修等配套工程。总建筑面积约75万平方米。

该工程于2006年4月正式开工建设，2007年7月被天津市委、市政府确定为20项民心工程之一，2008年3月又被确定为天津市迎奥运"135工程"的重中之重。天津站交通枢纽工程指挥部紧紧围绕"迎奥运"这条主线，破难题、攻难关、抢进度、保工期、创质优，圆满完成了铁路天津客站改扩建、李公楼立交桥改建、海河东路隧道、站前广场地上景观和地下装修、站前公交中心、站区建筑立面整修、周边市政道路整治等各项工程建设任务，并于2008年8月1日正式投入使用，确保了我国第一条成绩快速铁路按期通车。

天津站交通枢纽工程竣工后，其综合交通枢纽的轮廓基本形成，枢纽作用开始显现。站场改造后由原6台11线，增加为10台18线（其中城际铁路4台7线、津秦客运专线3台6线、普速铁路3台5线）；日客流量由原1万人次提升到8万人次。站前主、副广场地下社会车辆落客、载客区和能容纳774辆小型客车的停车场及规划为29条公交线路始末站的站前公交中心的落成，极大提升了站区出租、公交运载能力；前后广场联系通道与铁路出站通道相连段的投入使用，为铁路旅客出站创造了便利条件；海河东路隧道、李公楼立交桥和站区周边10条道路整修工程的全面完成，初步形成了联系前后广场和联系河东、河北、南开等各区的环形通道，极大地缓解了天津站地区的交通压力，提升了城市载体功能。站前景观已经成为城市的新亮点。（天津站交通枢纽工程指挥部）

【海河基础设施建设】

2008年是海河上游基础设施一期工程全面完成的一年，海河基础设施建设和海河两岸环境综合整治工程得到全面推进。进一步加快了社会项目建设，推动全市20项重大服务业项目之一的海河商贸区建设全面提速。全年共完成投资80亿元，其中基础设施投入18亿元，社会商贸文化项目投入62亿元。截至2008年底，海河区域累计完成投资451.4亿元，其中基础设施投资135.3亿元，社会商贸文化项目投资316.1亿元。

全力推进海河上游基础设施一期工程建设。完成大沽路、解放北路等11条道路的拓宽改造，总长12.5公里。建成永乐桥、赤峰桥、大光明桥、新三条石桥4座桥梁，完成国泰桥的主体建设。完成光华桥—海津大桥两岸、和平节点总长5.8公里的堤岸改造，形成堤岸景观面积17.4万平方米，其中绿化面积6万平方米。建成明珠泵站，完成地下管线切改75公里。建成耳闸公园、三岔河口思源广场、天津湾公园，总面积12万平方米，其中绿化面积10万平方米。完成大沽桥、大光明桥、金阜桥、海津大桥等11座桥梁的19块桥头绿化任务和桥区道路绿化，总面积11万平方米。对已建成的永乐桥—北安桥和大沽桥—光华桥段的堤岸绿化进行提升改造，种植乔木910株，花灌木1297株，绿篱2800平方米，铺设草皮1万平方米。完成快速路绿化10万平方米。完成海河东、西路，解放南路，赤峰道，大沽路，意式风貌区272栋旧楼的整修，整修面积110万平方米。

整体推进商贸设施建设。2008年新开工社会项目5项，总投资49.5亿元，总建筑面积66.1万平方米。社会项目竣工7项，完成投资28.7亿元，竣工面积49.7万平方米。截至2008年底，竣工项目43个，总建筑面积102.3万平方米，完成投资192.8亿元；在施项目35个，总投资461.8亿元，在施面积649.5万平方米。纳入服务业集聚区的36个项目中竣工项目11个，总建筑面积62.8万平方米，总投资43.9亿元；在施社会项目25项，总建筑面积444.7万平方米，总投资320亿元。

大力推进海河文化带建设。对意式风情区环境进行综合整治，粉刷建筑46栋，整修、清理意式风情区内道路、围墙，补种绿色植物。完成海河历史风貌建筑保护展览馆的布展和开馆工作。海河规划建设展览馆继续发挥宣传、介绍天津的作用，先后接待了全国政协主席贾庆林、全国人大副委员长陈至立、乌云其木格等党和国家领导同志，接待中央部委、外省市党政代表团、人大代表、政协委员、中外各界人士4000余人次参观视察。（王宇）

【公交运营】

2008年，全市拥有公共交通运营企业18家，其中天津市公共交通集团（控股）有限公司及其隶属企业9家，从业人员17753人。全市拥有公共汽车运营车辆7921部，万人拥有公共汽车14标台。全市共有公共汽车运营线路481条，线路长度11559千米。全年运送乘客11.2亿人次，公共汽车分担率达到17.5%。

2008年，按照市委、市政府确定的20项民心工程中关于优先发展城市公共交通的要求，公交行业加大车辆更新力度，更新公交车3013辆、改造1000辆。全市欧Ⅲ排放标准的公交车达到4013辆，占运营车辆总数的56%，空调车比例达到30%，市民乘车环境得到了极大改善。

进一步优化线网，全年开、延、调线路249条，其中：开辟线路65条，调整线路155条，延长线路29条，其中，滨海新区调整线路22条，向外围区县延长线路19条。同时，75处公交场站建设基本完工，其中投入使用的公交场站34处。根据外围新建居民区的出行需求，在张道口、新中村、城际美景、侯台工业园、华明镇和东赵新家园等外围新建居民区建成6座公交站。配合市交管局，在奥运会前完成65千米公交专用车道的设置。

为全面提升公交行业整体运营服务水平，制定了6项服务承诺，并张贴在车厢内，接受社会监督。奥运赛事期间，重点抓好50条重点线路配车，加密间隔，增加配车180部，保证了社会车辆限行期间市民的出行需求。同时，开辟4条奥运赛事免费专线，为奥运天津赛区的12场足球赛提供近百车次的服务，运送乘客近30万人次。

为确保奥运期间公交车辆尾气排放达标，公交行业开展了尾气排放专项治理活动，明确规定尾气排放不达标的车辆不准上路运营的标准，各公交企业按照要求在奥运前检查整修运营车辆1300余部，保证了奥运期间公交运营车辆尾气排放基本达标。同时，按照市政府的要求，奥运会前公交企业还清除了3329辆公交车的车身广告，使公交车辆外显形象达到要求。

配合滨海国际机场改造工程竣工，开通了5条公交机场专线，从根本上改变了天津市长期以来机场不通公交线路的状况。完成了天津站交通枢纽公交线路的配套，统筹安排了24条公交线路进站。进站车辆全部达到欧Ⅲ排放标准、电子三牌显示、10米以上新车、车厢服务设施齐全的标准。

配合天津市重点工程建设，调整恢复公交线路315线次，其中，临时调整线路293线次，恢复原线路走向22条。迁移和安装候车亭、站杆222处，既保证了重点工程的如期施工，同时也满足了市民出行需求。

结合公共交通调度服务中心的启用，建立、健全公交行业和企业两级投诉管理平台，实行了受理与处理相分离的两级受理机制，各企业设置专人、配备相应的设备，对外受理市民投诉，使市民投诉的处理时限由原3~7天，缩短为当日解决。

以迎奥运为契机，强化对公交线路运营服务质量的考评工作，开展了312线次的考评工作，命名了40条迎奥运文明示范线路，使奥运会前文明示范线路达到了100条。对投诉多、运营服务质量差的线路，公交行业管理部门深入一线了解情况、制定措施、督促整改，全年共对41条线路检查579线次，帮助这些线路改善服务质量，进一步推动公交运营服务水平的提升。（谢辉）

【集中供热】
截至2008年底，天津市住宅集中供热面积累计达到1.4亿平方米，集中供热普及率为92.5%。其中，燃煤锅炉供热比重占72.8%，供热面积1.1亿平方米；热电联产供热比重占22.4%，供热面积3087万平方米；地热及燃油、燃气等清洁能源供热比重占4.8%，供热面积664万平方米，在我国北方地区是集中供热率较高的城市。

作为20项民心工程的重要内容，截至2008年底，用1年半的时间，累计完成325万平方米老住宅供热补建，基本结束了中心城区老住宅没有暖气的历史。按照市政府两年完成外环以内供热燃煤小锅炉并网的工作要求，超计划87.5%完成了供热小锅炉并网任务。

由于燃煤价格大幅上涨，2008年供热工作遇到了前所未有的困难和挑战，市委、市政府对此给予了高度重视，决定由市区两级财政给予供热行业一次性财政补贴4亿元，同时在充分考虑供热企业成本上升和老百姓承受能力的前提下调整了热价，其中，居民热价由每平方米20元调整为每平方米25元，公建热价由每平方米26元调整为每平方米36元。通过供热行业的努力工作，如期实现了按期、全程、安全、稳定供热的工作目标。

2008年，我市供热计量试点面积扩大到1000万平方米，其中800万平方米实行供热计量收费试验，200万平方米实行供热计量抄表试验，作为全国计量供热示范城市，多次在全国供热工作会议上介绍经验，并接待了大批外地同行来津学习考察。

2008年，在完成相关可行性研究的基础上，天津公馆污水源热泵供热制冷项目实现供热6万平方米。（姜雪昆）

【城镇供水】
截至2008年底，全市共有城市供水企业31个，其中公共供水企业26个，自建设施供水企业5个；全行业共有城市产供水设施77座，其中水厂34座，应急水厂27座，加压泵站16座，综合产供水能力328.7万立方米/日；全市供水管道长度9312.6公里，其中DN600毫米以上（含DN600毫米）干管772.3公里。

全年城市供水总量63547万立方米。售水量5.6亿立方米，其中生产用水2.9亿立方米，生活用水2.2亿立方米，服务行业用水5944万立方米。至2008年底城市供水面积983.6平方公里，全市居民生活用水户数225.65万户，用水人口680万人，人均日生活用水量（大生活）111.80升。

天津市自来水集团公司拥有供水管网总长度4871.34公里，其中DN600毫米（含DN600毫米）以上管网长度511.26公里。供水面积518平方公里，供水人口437.6万人。全年供水总量3.7亿立方米，日均供水量101.53万立方米。年售水量3.1亿立方米，其中：居民生活用水1.5亿立方米，机关行政用水1730万立方米，工业交通业用水1.1亿立方米，商业用水1180万立方米，建筑金融业用水1168万立方米，宾馆娱乐业用水438万立方米，特种行业用水2.60万立方米。

全行业共安排供水设施建设项目15个，投入资金2.78亿元。全年完成老旧供水管网改造367公里，改造二次供水设施406处。

经供水管理部门和行业协会考核评价，供水行业贯彻供水服务标准达标率为100%；全市供水行业供水水质综合合格率为100%；治理工程施工损坏供水设施违章行为，严厉查处偷盗水的违法行为，保护管网设施的安全运行，全年共实施行政处罚16起，处罚金额27.4万元。对城市供水企业实施管网漏失率试考核，公共供水单位管网漏损率为15.9%，市自来水集团公司管网漏损率为16.5%。

经国家商务部批准，法国威立雅水务公司与市自来水集团公司以特许经营形式合作经营的津滨威立雅水务公司于2008年7月1日正式营业。（谢辉）

【出租汽车行业管理】

2008年，天津市共有出租汽车经营企业80家，其中国有企业17家，合资企业7家，集体企业44家，民营企业12家。个体工商户6014户。车辆31940辆，从业驾驶员约3.6万人。

全面完成了市委、市政府20项民心工程之一的出租汽车车辆更新工作。在已更新的排量在1.3升以上的25000辆出租汽车中，花冠出租汽车11000辆，威志出租汽车12900辆，其他车辆1100辆，使天津市出租汽车车辆档次进入全国先进行列。

全面完成迎奥运全面提升出租车服务水平工作。向全社会公布了新的《出租汽车服务标准》，主动接受社会监督，规范出租汽车驾驶员服务行为。建立了出租汽车终端服务管理系统，并在1000部出租汽车上进行了试安装，为驾驶员提供了多层次服务，进一步方便了乘客乘车。在全行业开展了在出租汽车内禁烟活动，加大了行政执法和行政处罚力度，杜绝了在出租汽车内吸烟的现象。推行出租汽车隔日更换白座套，在全市设立了30多个清洗点，为驾驶员清洗白座套。为全行业出租汽车驾驶员配备了统一服装，并且出台了日常着装标准和礼仪着装标准，在奥运会期间和重点场站服务的驾驶员，全部实现了礼仪着装。设置了新的出租汽车服务监督卡，主动接受广大乘客的监督。

加大了企业管理力度，坚持每月有重点、有针对性地搞好月检，对合格的车辆张贴标签，并纳入日常管理。对机场等重点地区、场站实行了新的服务标准，做到了按序排队、秩序井然，彻底改变了重点地区、场站的服务面貌。对月牙河临时客站进行了重点治理，取得了明显成效。按照受理与处理相分离的原则，采取行业和企业两级投诉受理机制，2008年6月1日，建立了新的市民投诉中心，提高了市民投诉办理效率。

继续加大对出租汽车的治理整顿力度，采取联合执法的形式，进行专项治理。组织大规模的市场专项检查16次，出动执法检查人员1120人次，检查车辆14000余车次。全年共查处各类违规行为752起，其中无证经营351余起、非从业67起、多收费19起、拒载21起，没有出租车企业被追究连带责任。

采取公开星级驾驶员标准、驾驶员自荐申报、企业行业限期考评、行业综合认定的方式，出台了新的星级驾驶员评审考核管理办法。初步形成了能上能下、优胜劣汰的考核机制。采取监督员巡检、市民投诉、专业机构测评的方式，进一步完善了社会监督评议机制。妥善处理好部分花冠出租汽车机油消耗量过大的问题，保持了天津市出租汽车行业的相对稳定。（谢辉）

【燃气供应】

截至2008年底，全市共有取得燃气经营许可的天然气企业20家，其中国有企业1家，股份制企业1家，有限责任公司18家。共有液化气企业75家，其中有限责任公司31家，集体企业21家，个人独资企业13家，私营企业4家，外商独资企业2家，中外合资企业2家，合资经营企业1家，其他联营企业1家。

全市共有天然气用户221.7万户，其中民用户220.6万户，工商业用户109万户。2008年新发展民用户18.2万户，其中工业用户139户，商业用户306户。城区燃气普及率达到100%。天然气年供气量13.9亿立方米，其中向滨海新区供气量已超过40%，有力地支持了滨海新区的发展和建设。作为补充气源的液化气供应仍保持一个相对稳定的态势，全市共有液化气用户50万户，年供气量8万吨。

全市天然气管道长度累计9826.7公里，2008年新增管网756公里，其中：中压177.8公里，低压578.2公里。天然气储配站35座，调压设施2753个。天然气储气能力112万立方米。

天津市燃气集团有限公司拥有天然气用户187.5万户，其中民用户达到186.6万户。工商业用户达到8593户。全年天然气供气量达12.1亿立方米。拥有天然气管道7725公里。

列入20民心工程之一的燃气旧管网改造工程完成246公里，投资6000万元，使5万余户居民受益。2008年共完成液化气小区转换工程23片，两年内共转换45片，使近6万户居民受益，至此市中心区液化气管道小区已全部转换完毕。（谢辉）

【城市道路、桥梁设施及养护维修】

截至2008年底，市区共有城市道路1162条，总长度1070公里，道路面积2534万平方米，其中车行道1874万平方米、人行道660万平方米。按照交通功能可分为快速路、主干线、次干线和支路，其中快速路9条，长度36.2公里，面积167万平方米；主干线172条，长度356.6公里，面积1307万平方米；次干线258条，长度267.9公里，面积512.7万平方米；支路723条，长度408.8公里，面积547.3万平方米。截至2008年底，市区里巷道路共2.46万条，长度1942公里，面积999万平方米。与2007年相比，道路条数增加12条，长度增加21公里，面积增加175万平方米。

截至2008年底，市区桥梁共有180座，长度102.5公里，面积184.3万平方米。其中跨线立交桥34座，长度86.5公里，面积145.6万平方米；跨河桥115座，长度13.6公里，面积36.6万平方米；人行天桥31座，长度2.4公里，面积20.6万平方米。与2007年相比，桥梁增加16座，长度增加25.8公里，面积增加41.6万平方米。地道46座，长度9.9公里，面积28.8万平方米。与2007年相比，地道增加5座，长度增加1.6公里，面积增加5.4万平方米。

2008年，市区道路及桥梁养护工作围绕迎奥运保通畅、市容环境综合整治来实施。对火炬接力路线、比赛场馆周边、酒店等服务场所、干线道路、繁华地区等53条道路进行整修，整修面积115.3万平方米；整修桥梁38座；完成里巷道路改造208片，整修面积218.2平方米。支线道路整修完成62条、42.5万平方米；完成中心城区土路改造工程43条、21.3万平方米。（天津市市政公路管理局）

【城市排水设施及养护维修】截至2008年底，市区排水管道总长度5366公里。与2007年相比，增加了589公里，其中市政管道3101公里、里巷道路管道2265公里。按照排水性质分为雨水管道2448公里、污水管道1994公里、合流管道924公里。检雨井34万座，其中检查井22万座、雨水井12万座。与2007年相比，增加了4万座。2008年实有泵站167座，其中雨水泵站97座、污水泵站51座、合流泵站19座，机组台数709台，装机容量7.0万千瓦，排水能力670立方米/秒，污水总量4.3亿吨。由市政公路管理局管辖的河道总长度为101.7公里，其中一级河道4.8公里，二级河道96.9公里。

2008年共完成中心城区积水点改造240处，新建及翻修排水管道160.4公里。

为逐步降低排水泵站运行中产生的噪声、臭气等二次污染对周边居民生活的影响，改善周边地区生态环境，按照天津市政府关于实施新20项民心工程的决策精神，组织了对市区津塘一污水泵站、八里台污水泵站、越秀路污水泵站、友谊路污水泵站等20座排水泵站的环保除臭工程。（天津市市政公路管理局）

【公路设施及养护维修】截至2008年底，全市公路网总里程达到1.2万公里，比2007年增加529公里，路网密度达到101.2公里/百平方公里，拥挤度低于0.7。按行政等级划分：国市干线公路为3202公里，区县级公路1047公里，乡村公路7234公里；按技术等级分为：一级公路611公里，二级公路2392公里，三级公路1138公里，四级公路7084公里。二级以上公路里程为3838公里，占公路总里程的31.8%。公路桥梁2683座、28.28万延米。

2008年共对42条公路实施了新、改建及大中修任务，涉及里程489公里，其中新改建187公里，大修147公里，中修及预防性养护工程513万平方米，完成桥梁新、改建及维修44座，完成乡村公路大修工程852公里，桥梁75座。42条公路分别是：空客A320大件运输通道工程、津汉公路改线、津芦公路、宝白北延（二期）、林大公路、葛万公路、通唐公路（西段）、梅丰公路、八二公路、津淄公路（南段）、杨王公路、杨崔公路、国道102线、通唐公路改线、汉榆公路改线、邦喜公路改线、港中公路（穿港路）、新北路、机场路、津王公路、津围公路、宝平北路、港塘公路、唐王公路、潮白河左堤路、杨六路、芦汉公路、水库南线、津榆支线、津汉公路、津同公路、外环线综合整治、津淄公路（北段）、疏港公路、金钟路路面维修、津港公路、津静公路、津沽公路、新津杨公路、津榆公路、津霸公路、津北公路。

2008年，全市公路养护维修坚持把"以路面养护为中心，全面巩固提升公路设施养管水平"作为工作重心，全面完成了公路设施精细化管理养护、桥梁维修加固、公路大中修改造、公路绿化新补植、交通工程实施改造等工作，特别是卓有成效地组织完成了外环线绿化综合整治及公路迎奥路线综合整治等系列工程。

公路小修养护工程全年共完成路面小修153.1万平方米，维修率5.2%，路面维修合格率100%。机械灌油缝25万延米。列养公路好路率82.4%，国省干线好路率84.7%，区县级公路好路率76%。附属设施完好率95%。全年国干线公路路面保洁率95%，外环线、迎宾线、主要射线公路保洁率100%。在27条公路路段的357公里路段实施精细化养护管理工作，取得良好的效果。

公路绿化工程全年共栽植乔木11.7万株，花灌木255.87万株，绿篱35.2万平方米，地被68.1万平方米，改建或新建绿地127万平方米，土方完成量137.8万立方米，完成绿化工程成活率95%，保存率90%的任务指标。

交通工程建设共设置各类交通标志、标牌430

套，施化热熔标线61万延米，制安交界门架2座，制安钢护栏1990米，悬索护栏1175米。同时为进一步强化交通标志的日常养护管理，全年重新施划标线364万延米，维修各类交通标志440套。（天津市市政公路管理局）

【高速公路设施及养护维修】

截至2008年底，天津市高速公路通车里程达834.731公里，桥梁922座。全年路面维修233.3万平方米，维修率达到13%，加固维修桥梁48座，处置桥头跳车40多处，近5万平方米，全市高速公路平整度指数均值为1.82，路面保洁率98%以上；设施完好率为95%以上；完成42个收费站、11个服务区共14万平方米的房屋、棚亭、交通安全设施等的维修、粉刷、油饰工作，并对部分设施进行了更换。收费站满意度95%以上，服务区满意度90%以上。（天津市市政公路管理局）

【数字城建建设】

为更好地向天津市建筑市场各方主体提供方便、快捷的电子政务服务，对建设工程项目进行全方位监管，确保工程项目高效率、高质量完成，开发了天津市建筑市场监管信息系统。

该系统基于互联网平台，制定统一的数据标准规范，统一规划基础数据与代码，采用构件式的软件开发技术，以工程项目监管为主线，分别依据企业（建筑业企业、工程监理企业、招标代理机构、造价咨询企业和项目代建公司）、执业人员（项目经理或建造师、监理工程师、造价工程师）和建设工程项目3条主线对建筑市场各方责任主体实行综合信息化管理。该系统可实现如下功能和服务：

一是监管全市各工程项目建设流程中的报建、招标投标、施工许可、质量管理、安全监督、市场监察、合同监管、竣工验收备案等主要环节。

二是监管建筑市场有关企业的基本情况、资质情况、业绩和违法违规情况等，同时随时跟踪企业信息变更及市场行为，将变动信息载入相应的企业数据库中，形成企业的信用档案。

三是监管专业技术人员的基本情况、资格、获奖和违法违规情况等，同时随时跟踪人员信息变更及市场行为，将变动信息载入相应的人员数据库中，形成专业技术人员信用档案。

四是为企业、人员提供统一的天津市建筑市场网上业务办公平台，降低申报审批成本，提高办事效率。（张栋）

【水环境专项治理工程】

2008年9月，市政府第14次常务会议作出了实施三年水环境治理的重要决策。这是改善城市生态环境的重要内容，是天津市进一步扩大内需、促进经济平稳较快增长的重点项目，也是深入落实科学发展观的重大举措。

三年（2008年~2010年底）水环境治理主要包括四项内容：一是2009年9月底完成中心城区10条河道35.57公里和大沽排污河80.5公里的治理任务；二是2010年底前完成外环线以外建成区范围内29条268公里农业河道的治理；三是2010年前新建和升级改造污水处理厂60项，其中新建44座，升级改造16座，新增处理能力77.5万吨/日，全市城镇污水集中处理率达到85%以上，中心城区达到90%以上，污水处理厂出水全部达到一级标准。

截至2008年底，已完成张贵庄排水河治理工程；陈台子排水河、纪庄子排水河、南丰产河和外环河（北运河至京津公路段）已经完成截污工程；小王庄河、北塘排水河已经完成河道清淤工程。大沽排污河环内段完成河道清淤、护砌工程。环外农业河道治理工程开工5条，竣工3条。

2008年，全市总计新建污水处理厂16座、升级改造污水处理厂1座，新增处理能力19.3万吨/日，咸阳路污水处理厂日处理能力100吨的污泥处理设施投入运行。（李全润）

【再生水厂建设】

2008年天津市集中进行了北辰、咸阳路、东郊3座再生水厂建设工程。

北辰再生水厂工程位于北仓污水处理厂院内东北角，占地规模1.8万平方米，服务范围北至外环线，南至子牙河、新开河，及外环线外5公里范围，总面积83.3平方公里，设计生产能力2万吨/日，采用混凝沉淀＋MF＋部分臭氧及部分RO工艺。至2008年底，除1.5万吨膜配套工程以外，所有土建工程和设备安装全部完成。

咸阳路再生水厂位于咸阳路污水处理厂内西南角，总占地面积1.9万平方米（不含远期占地）。该工程的近期服务范围为北起子牙河，南至宾水西道、复康路、吴家窑大街，西起外环线，东至海河，环内服务面积72.6平方公里，涵盖杨柳青热电厂、华苑产业园区、规划的第三高教区等。设计生产能力5万吨/日，采用CMF＋臭氧＋部分反渗透工艺。至2008年底，工程已整体完工具备生产能力。

东郊再生水厂工程服务范围为北起新开河，南至程林庄路，东自外环线，西至海河，服务面积约52.9平方公里，并包括东北郊热电厂。设计生产能力为5万立方米/日，采用MF＋部分RO＋臭氧＋液

氯消毒工艺。至2008年底，东郊再生水厂土建、设备安装工程已基本完成。（城投集团）

【再生水管网建设】

根据《天津市中心城区再生水资源利用规划》，结合道路新建和改造，天津市加快了再生水主干管道建设。2008年全市共铺设再生水主干管网65.5公里，其中中心城区铺设管网50.7公里；环外地区铺设管网14.8公里，完成陈塘庄热电厂三期扩建4.6公里再生水专线工程，可实现新增用水量2.5万吨/日。

截至2008年底，天津市累计铺设再生水管网344.6公里，实现通水管网100.3公里，主要用于梅江、卫南洼、海天馨苑、时代奥城等63个住宅项目（约3.4万户居民，建筑面积554.4万平方米），用于奥体中心、华夏未来、国家安全局等41个公建项目，用于无缝钢管公司、华士化工、小海地、体院北供热站等13个工业项目及105万平方米公共绿地及湖面景观用水。（市配套办）

【12319城建服务热线】

12319城建服务热线的作用定位为"建设三个平台，搞好三项服务"：即咨询服务平台、专业服务热线监督管理平台、突发事件应急处置指挥平台；为方便市民生活服务、为提升行业管理和服务水平服务、为政府科学决策服务。

热线服务范围为全市公共汽车、出租汽车、地铁、轻轨、供水、燃气、供热、排水、中水、道路桥梁和城市一卡通等11个市政公用行业。热线服务项目为咨询、报修、抢险、情况反映、建议、表扬、投诉受理、任务下达、协调督办、回访监督、决策支持和应急处置等工作。

2008年全年，12319城建服务热线全年累计受理群众咨询、投诉等各类电话85.7万个，日均话务量3100余个，办结率98.1％，回访市民满意率96％。以12319城建服务热线为平台，建立了天津市公用事业服务信息公开门户网站，自8月1日正式开通，点击率达近10万人次，公用事业服务信息公开上了一个新水平。（谢辉）

【历史风貌建筑保护】

2008年，天津市保护风貌建筑办公室（以下简称风貌办）坚决贯彻《天津市历史风貌建筑保护条例》（以下简称《条例》），坚持依法保护、依法行政的原则，精心组织、精心安排，圆满完成了全市历史风貌建筑整修、五大道风貌区综合治理等市重点工程，开展历史风貌建筑保护监管、历史风貌建筑腾迁许可和裁决，加强历史风貌建筑保护宣传，开展国家级重大科研课题的研究工作，实现历史风貌建筑保护融入城市建设、管理的新突破，使历史风貌建筑保护事业跨上了新台阶。

开展迎奥运全市历史风貌建筑整修工作

按照市委、市政府的工作部署和要求，全市开展了迎奥运环境综合整治工作，393幢、56.25万平方米的历史风貌建筑纳入了整治工作范围内。这是天津市有史以来最大规模的、有组织开展的历史风貌建筑整修工作。

一是创新思路，为整修工程顺利开展铺平道路。根据"一三五"工程的实际情况，创新工作程序，制订了《关于建立"一三五"重点工程历史风貌建筑整修设计方案审定绿色通道的通知》，简化了行政审批手续，同时发挥历史风貌建筑保护专家咨询委员会的作用，成立了技术指导组。

二是高水平制订历史风貌建筑整修标准。历史风貌建筑的整修标准是确保整修工程出精品的前提和保障。为保证"一三五"工程中历史风貌建筑整修工程如期开工，风貌办全体工作人员加班加点，在现场实地查勘、大量查找历史图纸、历史照片的基础上，逐幢编制了《历史风貌建筑整修标准》。

三是协调各方力量，推动整修工程高标准开展。风貌办积极发挥组织、协调作用，推动各相关整修单位高质量、如期完成整修任务。风貌办工作人员每天深入施工一线，随时对工程的质量进行监察，对施工中遇到的难题提出具体有效的解决方案。高标准的要求、高标准的设计、高标准的施工，使整修后的历史风貌建筑成为城市的亮点，凸显了天津的城市特色与风貌，一批在天津近代史上具有重要意义的著名历史风貌建筑，如原大清邮政津局、原金城银行、百福大楼、原俄国领事馆、原武德殿、天津西站等恢复了历史原貌。

开展五大道风貌区综合治理

五大道风貌区综合治理工作被列入市政府开展的20项民心工程及迎奥运重点地区治理范围内，由风貌办组织实施。在以往工作的基础上，按照更高标准的要求，对五大道风貌区内存在的问题进行了详细调查，制订了综合治理方案，组织和平区政府、市公安交管局、市邮政局、市公交集团、联通公司、通信公司等单位开展了治理工作。共拆除违章建筑56间、504平方米；整修沿街房屋259幢、44.73万平方米；清拆护栏642个；清拆遮阳罩506个；规范空调室外机420个；治理广告牌匾37处；迁移交管信号箱11个；沿街破损果皮箱全部更换；电话亭全部维修；路名牌、公交车站牌、邮箱全部粉刷；新建绿地2处、提升绿地14处。综合治理后的五大道，改善了区域整体环境，提升了城市文化品位，得到了社会各界的高度评价。

【城建法制建设】

加强立法研究，努力实现依法管理。组织修订了《天津市建筑市场管理条例》；组织起草了《天津市建筑节能管理条例》；形成了《天津市供用热管理条例》（草案）报市人大稿；研究起草了《天津市建设工程造价管理办法（送审稿）》、《天津市城市管线管理办法（送审稿）》和《天津市机动车停车场管理办法》。

改革管理方式，提高审批效率和服务水平。一是贯彻落实"两级政府、三级管理"，赋予区县更多的建设项目管理权限。按照"天津市建委发挥指导服务和监督检查作用，工作重心向宏观调控转移，区县建委发挥属地管理优势，增强管理能力"的工作思路，对法律、法规规定的各项审批、备案、监督管理的程序、标准、规划和工作流程等重新复核，确保市区两级行政管理的衔接到位。二是打破处室界限，改变现有施工许可审批办理方式，将施工图审查备案、合同备案、质量监督备案、安全措施备案等多个办事窗口并入"建设许可审批服务"一个窗口实行集中办理。

加强行政执法监督工作，确保法律法规正确实施。做好行政处罚案件法制审核工作，继续保持天津委行政处罚案件零投诉、零复议、零诉讼。2008年共审核行政处罚案件84件，纠正各类适用依据错误、证据不足以及事实认定、裁量标准不准确等问题案卷13件，案卷一次性合格率为84%，比2007年提高9个百分点。对市建委执行的66部法律、法规、规章共341条处罚依据处罚裁量权进行细化，形成建委系统处罚裁量权参照执行标准。加强行政执法人员队伍管理，完成对市建委全体392名行政执法人员档案信息库信息的录入、审核及修改工作，为执法人员信息向社会公开做好各项工作。

加强内部制度建设，规范行政行为。修订完善了《天津市建委行政许可案卷评查（评分）标准》、《天津市建委行政处罚案件法制审核标准》、《天津市建委行政复议工作规程》等内部管理制度，组织编制了《建设市场调查询问笔录示范文本》和《建设工程质量调查询问笔录示范文本》。开展行政许可办理要件主体和要件形式梳理，确定每个行政许可事项的标准案卷。组织市建委机关处室和直属执法单位，结合实际情况科学界定本部门"三步式"执法范围，以市建委文件下发并在天津建设网上予以公布。

完善考核指标，全面推进依法行政。为全面推进市建委依法行政，对照全市依法行政考核标准，对市建委相关工作进行调研分析，确定基本达标或优于考核标准的13项，已经开展但需继续深化完善方可达标的9项，对照考核标准不达标需要抓紧实施的8项。按照上述分析结果，将全委各部门依法行政工作进行梳理和细分，从8个大项、40个方面推进依法行政工作并开展自我考评。

落实政府信息公开工作各项制度，推进政务公开。研究制订了《天津市建委政府信息公开工作方案》，确定了"范围明确、全面公开；遵守程序、严格保密；及时准确、确保时效；优质服务、方便获取；动态考核、强化监督"五项基本原则。将信息公开工作按部门进行细化分解，明确"一线、两网、三站"的政府信息公开渠道。建立了市建委政务信息公开的提供制度、保密制度、更新制度、依申请公开制度、统计制度和新闻发布制度。确定了考核内容和标准，规范了市建委信息公开工作流程。使信息公开工作步入规范化轨道。

开展"五五"普法和依法治理工作中期巡检，落实普法各项工作。组织全委13个直属事业单位进行了一次"五五"普法和依法治理工作中期巡检，并按照考评标准进行打分和评价，对部分单位普法依法治理的优秀做法进行了推广。

加强复议、应诉工作，化解社会矛盾。共接到行政复议申请3件，其中立案1件，协调解决2件。在办理案件过程中，共接待申请复议及相关人员40余人次，召开各类协调会10余次，协调被申请人自行撤销行政行为2件，有效纠正了不当行政行为，保护了当事人合法权益。全年共办理行政诉讼案件101件，法院已审结87件，其中驳回起诉67件，撤回起诉20件，另有14件正在审理。此外还妥善协调处理了民事案件3件。（王赪）

【中国人居环境范例奖】

2008年，天津市桥园公园建设项目和外环内侧绿化带建设项目获中国人居环境范例奖。

桥园公园地处河东区，面积2200平方米，于2008年10月建成。该园是体现地方文化，满足市民游憩需要，集历史、文化于一体的开放式、综合性城市公共绿地。在桥园设计、建设过程中，按照人对公园的使用强度，建立了"城市—自然"多层结构谱系，呈现由城市向自然的层层递变。项目尝试了用"取样"的方式营造景观，将天津的自然和文化地域特色分解，通过取样对象，包括植物群落、植物种类、工业矿物材料等的选择，以及体验空间的营造，还原地域景观，在发挥其生态和游憩功能的同时，获得地域景观的独特体验。该园的建成提升了周边地区环境质量，提升了城市形象和文化品味。

外环线内侧绿化带环绕中心城区，全长72公里，绿化带宽度为58米，该工程于2008年6月全线竣工。共拆除各类建筑2.6万平方米，架空线切改入地14.7万延米，改良土壤210万立方米，整合利用和建成湿地58万平方米，栽植各类苗木52万株，新建绿地318万平方米。绿化带建设突出"大气、靓丽、自然、生态、节约、具有天津特色"的理念，在统一中求变化，根据不同的现状条件，因地制宜，展现"都市田园"、"缓坡曲水"、"城市生态公园"、"北方森林"4个主题生态景观风格。绿化带内植被量比原来增加了4倍以上，形成了围绕中心城区的巨型天然氧吧，有效地发挥了林木植被降低噪音、滞留扬尘、吸收二氧化硫和氮氧化物的作用，使市区空气质量得到明显提升，对生态和环境质量的保护和改善起到了至关重要的作用，是中心城区有史以来建设规模最大的绿化工程。（汪四旺）

【风景名胜区建设管理】

2008年，为了更好地保护景区资源和完善景区基础设施建设，促进旅游经济的发展，按照住房和城乡建设部的要求，市建委会同蓟县人民政府组织各有关部门，对2002年版《盘山风景名胜区总体规划》（2002年~2020年）进行了修编，并组织有关部门及专家进行专题审查论证。2008年12月22日，《盘山风景名胜区总体规划》（2002年~2025年）经政府第20次常务会议审查通过，已经报送住房和城乡建设部审查，并送国务院审批。

2008年，累计投资2000余万元用于盘山景区基础设施和景观改造工程。启动了盘山大型综合生态停车场建设。改扩建天成寺、万松寺和云罩寺3座水冲厕所。完善了景区内各类标牌和垃圾箱；铺设了景区光缆，提高了景区数字化管理水平。对"三盘暮雨"景观进行改造，重新配置了松、石、瀑布，达到错落有致，自然和谐。改造了也成阁快餐厅。完成了盘山右路景区规划和盘山正门2个重点区域的修建性规划。筹建了旅游观光运输公司，购置旅游观光车40部。盘山风景名胜区全年接待游客50万人次，收入3300万元。（汪四旺）

【城建十一家企业集团】

2008年，城建系统十一家企业集团企业按照市委九届三次全会提出的"站在高起点，抢占制高点，达到高水平"的要求，抢抓滨海新区开发开放和迎奥运建设机遇，加快发展。积极投身四川抗震救灾建设，克服国际金融危机带来的重重困难，较好地完成了市政府考核的经济工作目标和各项经济指标。全年完成增加值84.3亿元，增长6.6%；企业从业人员劳动报酬总额21.59亿元，增长23%；新增就业岗位6003个。11家企业集团资产总额达到3495.7亿元，增长113.7%；所有者权益1319.1亿元，增长189%；主营业务收入376.9亿元，增长16.8%。

涉及建筑业的施工企业完成建筑业总产值198.6亿元，增长15.8%。其中：住宅集团增长99.9%、燃气集团增长24.5%、自来水集团增长18.6%、城建集团增长17.9%、房信集团增长16.3%、建工集团增长5.7%。涉及房地产业的企业加大保障性住房开发力度。天房、住宅、房信、市政建设4个集团克服资金压力，承担保障性住房建设任务305万平方米，占全市新开工总量的54%，在全市房地产企业中发挥了骨干作用。其中住宅集团民畅园经济适用房销售率达到93%，得到高丽书记的肯定与好评。从事工业生产的建材集团千方百计化解原料燃料涨价、资金紧张等不利因素影响，完成工业总产值2.6亿元，增长12.6%。涉及公用事业服务的企业发展取得突破性进展。自来水集团建成40公里远距离供水管线，努力实现周边村镇供水发展，集团年售水量3.1亿立方米，增长3.8%，企业资产总量突破百亿元，增长41%。燃气集团完成32公里天然气高压管线工程，转换液化气用户4万户，新建天然气管网756公里，改造旧管网246公里，全年天然气销售量10.8亿立方米，增长17%。公交集团更新车辆3013部，新增空调线98公里，增设4条滨海新区线、4条县城公交线，首开津南便民线，成功收购静海民营线，全年公交客运量11.2亿人次，增长8.1%，票款收入增长13.6%。

相关企业融资取得新突破。城投集团在国内首次以信托贷款附带期权的创新方式，成功引入全国社保基金20亿元债权投资；成功引入12年期100亿元人寿债权资金，实现天津市城市基础设施项目引进保险资金的首次尝试。天房集团发行企业债券获证监会批准，天房发展被列入2009年上证180指数股和公司治理样板股。

各企业集团积极履行社会责任。11家集团公司（局）在四川汶川抗震救灾中捐款9316万元，5个施工企业集团投身灾区现场搭建过渡板房33709套。各单位积极支援新农村建设，落实武清区对口帮扶

工作，完成20个村、42个建设项目，实现投资1017.3万元。（林钧华）

【建筑节能】

2008年，天津市认真贯彻执行《建设部落实国务院节能减排工作的实施意见》，全面推动天津市建筑节能工作。以政策法规为先导、组织机构建设为保证、技术标准体系为支撑、发展新型墙体材料为基础、推动供热体制改革为手段，严格建筑节能工程质量控制，在新建筑节能、既有建筑节能改造、可再生能源在建筑中应用、供热计量等方面取得了显著成绩。

2008年建成三步节能住宅1300万平方米，累计建成三步节能住宅4100万平方米；共建成节能住宅1亿平方米，占城镇住宅总量的57%。完成200万平方米既有居住建筑供热计量与节能改造任务。完成104栋国家机关办公建筑和大型公共建筑用能分项计量安装，建成能耗采集平台。大力推广可再生能源在建筑中的应用，至2008年，应用面积达到800万平方米。大力推进供热计量工作，2008年新增供热计量面积700万平方米，累计达到1300万平方米。实施20项绿色、低能耗建筑试点示范项目。2008年~2009年全市集中供热煤耗将下降到23公斤标煤/平方米，累计节约燃煤372万吨标煤，减少二氧化碳排放744万吨。新型墙体材料生产能力达到924万立方米，占墙体材料总量的75%以上。散装水泥使用率达到65%，减少粉尘排放4万吨，利用粉煤灰、炉渣、建筑垃圾等工业固体废物达438万吨。（刘向东）

【城建科技发展】

2008年，城建系统科技创新取得重大进展。以八大科技创新基地为载体，围绕城市建设的前沿技术，重点组织开展了国家重大科研专项《水环境综合治理技术集成与示范》和国家重大科技支撑项目《滨海盐碱地绿化关键技术研究与集成示范》研究，组织开展了市长基金科技创新项目《天津滨海新软土地基处理技术》、《大沽排污河改造技术研究与示范》、《天津滨海盐碱地绿化技术集成示范》、《混合动力电动车示范工程》的研究，以及深基坑施工综合技术、污泥资源化利用、城市轨道交通、绿色建筑、建筑节能等方面的重点科技攻关项目40余项。完成40项市级科研项目和15项部级科研项目的鉴定验收工作，共推荐25项优秀科研成果分别申报2008年建设部"华夏奖"和天津市科技进步奖。城市卡应用实现突破，奥运前实现了京津两市互通使用。城建科技委18个专业委员会完成了260多项关键技术的咨询论证，充分发挥了专家群体的重要作用。在建筑施工领域，深基坑施工中承压水控制技术、支护技术、降水技术、开挖技术的综合研究成果达到国内领先水平，并在天津站交通枢纽工程中得到成功应用，不仅对提高工程质量和确保施工安全发挥了重大作用，而且缩短工期9个月，节约投资5000万元。

在基础设施建设领域，单塔空间索面自锚式悬索桥施工新技术、梁拱组合结构施工技术等多项研究成果达到国内先进水平。在水资源综合利用方面，梅江华夏津典居住区雨水收集和再生水利用示范项目技术研究取得突破性进展，现已完全掌握了国内领先的过滤除藻技术和工艺，保证了人工湖水质良好。在建筑节能产品研发上，完成加气混凝土配套产品——砌筑专用砂浆、墙体抹面砂浆、底层粉刷石膏、粘结石膏以及加气产品废料应用于轻集料小型混凝土砌块优化配比研究，并已通过权威检测机构的检验，已投入批量生产。在绿色公交方面取得重大科技突破，《混合动力电动车公交示范工程》研究项目取得重大成果，样车的各项技术指标均检测合格，首批20部混合动力电动车已投入生产。公交集团和燃气集团联合组织开展公交车改用天然气系统工程技术攻关取得重大成功，其尾气排放达到欧Ⅲ标准，目前已经有9条线路219部天然气环保公交车投入运营，对净化城市空气质量具有重要作用。

工程建设标准编制工作进一步加强。紧紧围绕我市城市建设发展大局，以重大工程项目为依托，大力组织开展工程建设标准编制工作。由天津市负责主编的《中小学校建筑设计规范》、《二次供水工程技术规程》、《城市轨道交通工程档案整理标准》已列入建设部标准编制计划。《中新天津生态城绿色建筑评价标准》已编制完成。《天津市居住区公共服务设施配置标准》、《天津市预拌混凝土质量管理规程》、《蒸压砂加气混凝土砌块应用技术规程》等20项地方工程建设标准已颁布实施。《建筑基坑工程技术标准》等6项标准已进入审查论证阶段。组织完成21项地方标准复审工作，完成《无机纤维喷涂施工技术规程》等6项企业标准备案审查工作。

科研融资取得显著成绩。通过认真组织本市重大科研项目申请国家级项目立项和申请在市科委立项，获得近1.5亿元科技资金的支持，是建设系统历史上科技融资最多的一年。（支家强）

【推动数字城建建设】

为更好地向天津市建筑市场各方主体提供方便、快捷的电子政务服务，对建设工程项目进行全方位监管，确保工程项目高效率、高质量完成，开发了天津市建筑市场监管信息系统。

该系统基于互联网平台,制定统一的数据标准规范,统一规划基础数据与代码,采用构件式的软件开发技术,以工程项目监管为主线,分别依据企业(建筑业企业、工程监理企业、招标代理机构、造价咨询企业和项目代建公司)、执业人员(项目经理或建造师、监理工程师、造价工程师)和建设工程项目3条主线对建筑市场各方责任主体实行综合信息化管理。该系统可实现如下功能和服务:

一是监管全市各工程项目建设流程中的报建、招标投标、施工许可、质量管理、安全监督、市场监察、合同监管、竣工验收备案等主要环节。

二是监管建筑市场有关企业的基本情况、资质情况、业绩和违法违规情况等,同时随时跟踪企业信息变更及市场行为,将变动信息载入相应的企业数据库中,形成企业的信用档案。

三是监管专业技术人员的基本情况、资格、获奖和违法违规情况等,同时随时跟踪人员信息变更及市场行为,将变动信息载入相应的人员数据库中,形成专业技术人员信用档案。

四是为企业、人员提供统一的天津市建筑市场网上业务办公平台,降低申报审批成本,提高办事效率。(张栋)

【城市卡应用】

实施城市"一卡通"是市政公用事业领域的一项利民便民的重点工程。2008年,城市卡系统实现了在市政公用事业领域的全面运行,累计发放城市卡86万张。同时,对天津市原有公共交通IC卡、自来水卡等进行了整合,实现了市政公用事业领域一卡通行。目前城市卡系统已实现了在我市公交、地铁、轻轨、出租、自来水、燃气行业及塘沽公交的应用,并在奥运期间发行了同时可在北京、天津使用的联乘卡,实现了两地的互通,城市卡使用领域的不断拓展,极大地方便了市民交费和出行。(张栋)

二、房地产业

【房地产业概况】

2008年,天津市认真贯彻落实国务院"加大保障性住房建设规模,降低住房交易税费,支持居民购房"的要求,密切关注房地产市场运行态势,出台了若干政策措施,推动天津市房地产业持续健康发展。房地产市场呈现出以下特点:

投资增幅平稳,滨海新区增长迅速。房地产投资继续保持稳定增长,全年完成投资654亿元,同比增长29.4%。全市房地产累计施工面积5327万平方米,同比增长16.8%。滨海新区和小城镇分别完成投资202.2亿元和101.5亿元,同比分别增长58.1%和51.7%,分别占全市房地产投资总量的30.9%和15.5%,成为拉动全市房地产投资的主要力量。

建设规模持续增长。房地产新开工2440万平方米,其中住宅新开工1839万平方米,同比分别增长15.4%和14.1%。房地产竣工1813万平方米,其中住宅竣工1506万平方米,同比分别增长4.1%和4.7%。全年新开工公建601万平方米,同比增长19.7%。累计施工1446万平方米,同比增长30.2%。

保障性住房建设取得新突破。2008年,天津市经济适用房建设取得新突破。新开工经济适用房561万平方米,同比增长84%,竣工248万平方米,同比增长46%。完成经济适用房投资104.03亿元,同比增长110%。

户型结构明显改善。2008年,全市90平方米以下小户型新开工面积所占比重超过70%。全年60平方米以下小户型成交量同比增长162.8%,60~90平方米小户型成交量同比增长50.6%,90平方米以上房屋成交量同比下降,说明2006年开始进行的户型结构调整工作取得了明显成效。

小城镇建设取得进展。2008年,我市各区县小城镇建设取得较大进展。全年完成投资101.5亿元,同比增长51.7%,新开工面积582万平方米,同比增长59.5%;竣工面积450万平方米,同比增长77.9%。

房屋价格保持基本稳定。2008年,受国际国内多种因素影响,天津市房屋成交量明显下降,全年房屋价格涨幅下降。房屋销售价格指数从1月份的107.1下降为12月的102.1,全年平均销售价格指数为105.8。

出台新的调控措施。受国际国内多种因素影响,2008年的房地产市场呈现低迷态势。天津市按照国务院的要求,以保持市场价格稳定,促进市场供求平衡为目标,围绕减免购房群众交易税费、加大金融信贷支持力度、调整普通商品房认定标准,出台了支持居民购房的8项措施,同时,进一步调整了购房入户政策门槛,有力推动了市场回暖。(周子扬)

【房地产开发企业管理】

2008年底,天津市具有房地产开发资质的企业共1164家,比上年底增加7.6%。1164家企业按资质等级分:一级企业18家,占1.6%;二级企业84家,占7.2%;三级企业170家,占14.6%;四级企业551家,占47.3%;暂定资质企业341家,占

29.3%。按企业性质分：国有企业81家，占7.0%；集体企业16家，占1.5%；有限责任公司956家，占82.1%；外资企业111家，占9.6%。

受房地产市场调整等因素影响，2008年天津市房地产开发行业重组进一步加剧，全年有247家企业股权发生变更，股权变更企业数量比上年增加53.4%。开发企业平均规模进一步扩大，2008年天津市开发企业户均注册资金9468万元，比上年提高33.8%。随着天津市投资环境的不断改善，一批外埠大型企业集团来我市投资开发房地产。2008年进津外埠企业45家，新增注册资金109.3亿元，新增注册资金总量比上年增长2.7倍。（吴凤艳）

【保障性住房建设】

2008年，天津市以改善低收入群众住房条件、拉动经济发展为目标，进一步加快经济适用房等保障性住房建设。市建委会同市规划局、市国土房管局等部门，重点加大了对示范小城镇村民还迁经济适用房和城市还迁安置房的协调推动力度。研究出台政策，逐步扩大了经济适用房保障对象的范围，基本实现了拆迁规模和保障房建设规模的动态平衡。

2008年，天津市经济适用房建设规模取得突破。全年新开工经济适用房561万平方米，同比增长84%，竣工248万平方米，同比增长46%；完成经济适用房建设投资104.0亿元，同比增长110%，有力地拉动了地方经济发展。所有新开工经济适用房户型面积全部控制在60平方米左右，满足中低收入群众的基本住房需求。全市经济适用房投资额和开工规模所占比重处于国内领先水平。（周子扬）

三、国土资源与房屋管理

【住房保障工作】

2008年，天津市住房保障工作认真贯彻胡锦涛总书记提出的"两个走在全国前列"、"一个排头兵"的指示精神，积极落实市委九届三次全会和市政府新20项民心工程的工作要求，5月1日，制定并出台了《关于印发天津市廉租住房管理办法的通知》、《关于印发天津市经济租赁房管理办法的通知》、《关于印发天津市经济适用住房管理办法的通知》、《关于印发天津市限价商品住房管理暂行办法的通知》，编制实施了《关于印发天津市解决低收入家庭住房困难发展规划和年度计划（2008～2012年）的通知》。全年新建保障性住房585万平方米、9万套，比2007年增加了1倍；向低收入住房困难家庭发放各类租房补贴4万户。全年为13万户中低收入家庭提供住房保障，比2007年提高了75%。2008年住房保障工作达到了预期工作目标。

按照分层分类、应保尽保原则，2008年住房保障工作建立了四个新机制：一是建立形式多样、分层保障的机制。覆盖最低收入、低收入、中低收入群体，各类群体可通过实物配租、领取租房补贴或购买保障性住房等方式改善住房条件。二是建立市区协同、部门配合的机制。全市统一规划、统一政策、统一部署，各区县作为责任主体组织实施，将住房保障政策落实到人、到户，各有关部门按职责分工协作、共同推进，确保各项工作有序进行。三是建立政府主导、市场运作的机制。保障性住房建设在享受政府优惠政策的基础上，采取公开方式确定开发运营主体，实行市场化运作，提高资源配置效率，减轻政府负担。四是建立适度超前、充分保障的机制。按照超前规划、提前安排、同业先进的原则，在资金和土地供应上优先满足住房保障需要，实现各类租房补贴发放"应保尽保"，廉租住房、经济适用房、限价商品房供应满足需要。

【住房制度改革】

住房制度改革以来，天津市通过建立住房公积金制度使职工住房消费能力显著增强，公房租金改革和出售公有住房政策的实施，转变了职工住房商品化观念。2008年，由于年初粮食、副食品价格上涨等因素，调整公房租金改革方案未批准实施。出售公有住房价格和折扣政策未做调整。2008年，出售公有住房26.5万平方米、4705套，归集出售公有住房收入6661万元。住房货币化分配作为落实市委、市政府新20项民心工程"增加居民收入"的重要举措，按照以市级机关和全额事业单位为重点，带动区级机关和全额事业单位，积极推进企事业单位住房货币分配的工作思路，2008年，全市为18.2万名老职工发放住房补贴48.7亿元，为8万名职工建立补充住房公积金11亿元。

【房地产市场管理】

2008年房地产市场管理工作坚持以科学发展观为指导，深入贯彻落实党的十七大精神和天津市第九次党代会以来市委、市政府各项重大决策部署，按照胡锦涛总书记"两个走在全国前列"、"一个排头兵"的重要指示，紧紧围绕全市重点工作，以促进房地产市场持续、健康、稳定发展为根本任务，主动适应市场新形势、新要求，创新管理手段，深化市场服务，强化市场分析，科学调控市场，较好地完成了全年各项任务，确保房地产市场的平稳健康发展。一是加强房地产市场分析和监测，建立了由14个单项指标和5个复合指标构成的房地产市场监测指标体系,科学评价市场运行态势。二是积极参与市场宏观调控。与市财政局、市地税局、市建委及人民银行天津分行等部门联合研究制定了《支持居民购房八项政策措施》有利促进了房屋交易的回升。三是提高房地产市场服务功能,拓宽信息渠道。在全市19个区县房地产市场建立了信息查询系统,为群众提供"走进一个市场,了解全市信息"的客户终端服务。四是规范市场秩序,建立了房地产经纪管理系统,进一步推进了房地产市场管理的网络化、信息化、数字化进程。五是制定并出台了《天津市新建商品房预售资金监管办法》(津政办发[2008]65号),和《天津市存量房屋交易资金监管办法》(津房法[2008]1099号),建立起一整套规范、高效、安全、便民的房屋交易资金监管体系,完善了新建商品房预售制度,净化了存量房屋交易市场秩序,有效保障了房屋交易资金安全,维护了交易各方的合法权益。2008年天津市房地产市场总体呈现相对平稳发展态势,房地产开发投资保持增长,全年完成开发投资653.7亿元,同比增长29.4%;房屋上市结构日趋优化,90平方米以下普通商品住宅上市500.7万平方米,同比增长42.9%;房屋交易量降幅低于全国平均水平,全年商品房交易量同比下降19.9%,降幅在全国20个大中城市中排名第17位;房屋交易价格涨幅回落,剔除保障性住房因素,全年商品住宅平均价格6912元/平方米,同比上涨13.7%,涨幅回落11.5个百分点。在国家扩大内需鼓励居民购房政策的刺激下,自11月份开始房屋交易量有所回升,11月份、12月份不含保障房的商品房成交量分别比10月份增长40%、21%。

【房地产交易资金监管】

全市存量房屋交易资金监管情况

截至2008年12月31日,全市监管存量房屋102235套,监管面积800.45万平方米,监管总金额376.01亿元。其中,2008年,全市监管存量房屋30070套,监管面积237.93万平方米,监管总金额126.66亿元,平均监管比率为88%。

存量房屋交易资金监管风险防控体系初步建立

2008年,存量房屋交易资金监管在风险防控方面采取了多项措施,初步建立了风险防控体系。一是全面查找了存量房屋交易资金监管财务与系统间对账等5个风险节点,制定了9项针对性制度,采取了3条有力措施,建立了3项应急预案,进行积极防控和规避。二是与天津财经大学房地产研究所进行合作,开展了《存量房屋交易资金监管风险防范机制分析研究》科研课题项目研究工作。三是建立了三级内控审计机制,一级审计由天津市房地产交易资金监管中心抽调专业骨干,兼任内审人员,成立审计小组,进行自查自检;二级审计由市国土房管局审计处进行不定期的审计;三级审计为每季度聘请社会审计机构对内部控制进行审核,主动引进和加强外部监督审核。四是开通网银对账系统,实行存量房屋监管资金的实时对账和监管账户的动态监控。

存量房屋交易资金监管推出多项服务举措

2008年,存量房屋交易资金监管在方便群众办件方面推出了多项服务举措。一是开通了存量房屋交易资金监管信息手机短信提醒服务,并着手研究开通监管信息网络查询服务,逐步建立存量房屋交易资金监管人工服务、网络查询、手机短信服务优势互补的咨询服务体系。二是与浙商银行、上海银行合作开展存量房屋交易资金监管,使合作银行增至18家,银行网点达到1300余个,拓宽了合作银行范围,增加了群众的选择。三是联系各合作银行,汇总可办理存量房屋交易资金监管业务的银行网点信息,编制了《便民手册》,方便群众就近选择银行网点办理业务。

住房和城乡建设部来津调研房地产交易资金监管工作

2008年1月22日,住房和城乡建设部房地产市场监管司副司长姜万荣以及中国房地产估价师与房地产经纪人学会等一行6人专程来津调研天津市存量房屋交易资金监管工作,市国土房管局分别就存量房屋交易资金监管发展历程、监管模式、监管流程、网络系统以及中介市场现状及治理整顿情况等情况进行了汇报,并就监管网络系统功能进行了现场操作和演示。听完汇报、观看完演示后,姜万荣对天津存量房屋交易资金监管工作给予了高度评价。

全国部分省市房地产交易资金监管工作经验交流会在津召开

为推进地方强化房地产交易资金监管工作,保障房地产交易当事人的合法权益,2008年12月19日,住房和城乡建设部在津召开全国部分省市房地产交易资金监管工作经验交流会。住房和城乡建设部房地产市场监管司沈建忠司长、姜万荣副司长出席会议;全国35个大中城市房地产管理局主管局长以及房地产交易资金监管相关负责人参加会议。会议共包括三项内容:一是部分省市做房地产交易资金监管工作经验交流和介绍;二是分组就房地产交易资金监管有关问题进行分析研讨;三是总结各地房地产交易资金监管工作经验，研究部署下一步工作。

2008年12月19日上午，沈建忠主持经验交流会，吴延龙局长代表天津市国土房管局致辞，吴炳灏副局长代表市国土房管局做题为《实行交易资金监管，维护群众合法权益》的发言，大连、杭州、广州等6个城市以及中国人民银行天津分行也分别做了经验交流发言。吴延龙在致辞中表示，经过三年多的探索和实践，天津市存量房屋交易奖金监管逐步走出了一条以政府作为主体监管和服务合一的监管之路，有效地保证了资金的安全，维护了群众的合法权益，赢得了社会的普遍认可，并在此基础上，天津市自2008年11月1日开始实行了新建商品房预售资金监管的试点工作，将于2009年在全市范围全面实施。吴炳灏在交流发言中，介绍了天津市推行存量房屋交易资金监管和新建商品房预售资金监管的背景、作用、成效、模式特点以及主要业务流程，并着重阐述了天津市在实行房地产交易资金监管过程中总结出的五条经验。

2008年12月19日下午，与会城市分成两组对存量房屋交易资金监管和新建商品房预售资金监管有关问题进行了分析和研讨，沈建忠和姜万荣分别主持研讨会。讨论中，绝大部分与会代表认为，在当前我国市场经济体制尚不完善的形势下，保障交易资金安全，维护群众合法权益，是政府部门义不容辞的责任和义务，天津市政府作为主体的监管模式的成功典范，将借此机会认真学习和推行天津成功的经验和模式。分组讨论后，姜万荣就各地开展房地产交易资金监管情况、取得的成效等进行了总结，就存在的问题进行了分析，就下一步需要完善的工作进行了部署。最后，沈建忠进行了总结讲话，对天津监管模式给予了充分肯定，并指出，房地产交易资金要监管已经形成共识，加强房地产交易资金监管是贯彻党中央、国务院部署的重要举措，是应对当前房地产市场形势的迫切需要，是维护购房者和相关当事人合法权益的重要体现，是政府履行监管职能的需要。

天津市房地产交易资金监管工作经验在2009年全国建设工作会议上进行交流

2009年1月9日，全国住房和城乡建设工作会议暨住房和城乡建设系统党风廉政、精神文明建设工作会议在北京召开，鉴于天津市房地产交易资金监管工作的成功经验，在会上进行了题为《加强房地产资金监管，切实维护群众合法权益》的经验材料交流。经验材料介绍了天津市推行存量房屋交易资金监管工作的背景、作用、成效以及模式特点等，并阐述了天津市在实行房地产交会监管过程中着重把握的四个关键环节。

《天津市新建商品房预售资金监管办法》颁布实施

2008年6月26日，市国土房管局拟定的《天津市新建商品房预售资金监管办法》（以下简称《办法》）经市政府领导批准同意，由市政府办公厅以津政办发〔2008〕65号文件予以转发，自2008年7月1日起施行。该《办法》的出台，以天津市人民政府规范性文件的形式确立了新建商品房预售资金监管的管理办法。依据《办法》，市国土房管局与中国人民银行天津分行联合下发了《关于新建商品房预售资金监管有关问题的通知》，并于2008年11月1日实施，具体规范了商业银行在新建商品房预售资金监管过程中的相关操作。

新建商品房预售资金监管启动试点实施

自2007年6月份，开展新建商品房预售资金监管筹备工作以来，市国土房管局起草了《天津市新建商品房预售资金监管办法》并由市政府办公厅批转实施；与人行天津分行联合下发了《关于新建商品房预售资金监管有关问题的通知》；开发并测试完成了新建商品房预售资金监管网络系统；推动中国银行、建设银行等商业银行开发了银行配套系统，共有14家通过测试验收；设计并逐步完善了业务操作流程；制定了岗位责任，细化了工作标准；建立了风险控制体系。在完成以上政策制定、配套文件出台、系统构建开发、业务操作、人员配备、硬件准备等各方面准备工作的基础上，于2008年11月1日起实施新建商品房预售资金监管，采取房地产开发企业自选自愿的方式先行试点运行，实践监管流程，校检网络系统，验证监管模式。截至2008年12月31日，共有3家房地产开发企业的3个项目纳入试点监管。

【房地产市场统计资料】

天津市2008年各类房屋交易总量

全市累计成交各类房屋面积1407.9万平方米、金额832.4亿元，同比下降27.1%和23.3%。

2008年商品房交易总量

新建商品房成交面积1029.8万平方米、金额636.4亿元，同比下降19.9%和21.7%。

2008年二手房交易总量

二手房成交面积378.1万平方米、成交金额196亿元，同比下降41.4%和28.2%。

全年房地产估价业务总量2008年，天津市房地产估价市场运行状况较好，各级房地产估价机构累计完成估价项目件数28050件，评估建筑面积3551.12万平方米，土地面积5306.78万平方米，评估值2010.37亿元，评估收入近1亿5千万元，评估对象涉及住宅、公寓、别墅、写字楼、商场、工业厂房及土地使用权等。

【房地产权属管理】
2008年天津市房地产权属管理工作更加规范，全年共完成各类登记39.5万件、1.23亿平方米，比上年同比增长0.5%和34.8%，完成计划（7350万平方米）的167.8%。在2006年1月1日全市住宅房地统一登记和2006年9月1日市内六区非住宅统一登记基础上，2008年9月1日启动了六区以外非住宅独用宗房地统一登记工作，至此，实现了全市国有土地的房地统一登记。针对房地登记中的新情况、新问题，结合新出台的法律、法规和规章，进一步规范房地登记行为，加强监管力度，降低登记风险。根据《天津市房屋权属登记条例》规定，于2008年6月启动了预告登记权利人入住满两年项目产权证办理工作，建立了解决群众购房后拿不到产权证问题的长效机制。截止到2008年底，已有31个项目、约192万平方米的商品房购买群众具备办理商品房转移登记条件，解决了1.52万户购房群众长期拿不到产权证问题，维护了群众的合法权益和社会稳定。

房产测绘工作，2008年共完成房产测量1985个项目、4547万平方米。其中前置测量项目509个、2173万平方米；登记测量项目1476个、2374万平方米。精心组织、重点解决涉及经济发展和群众利益的问题，全年完成经济适用房、还迁安置房等保障性住房测量16个项目、100万平方米。完成了东丽华明新家园6个示范小城镇200万平方米房产测量。积极支持天津石化、天津钢管集团等企业资产重组，做好登记测量工作，有力地支持了企业发展。

认真贯彻执行《天津市房屋权属档案管理办法》和《天津市房屋权属档案管理技术规范》，加强业务指导和监督检查。2008年共深入各区县局20多次，就档案工作人员配置、查询利用、档案接收、检查、整理等进行检查指导，不断提升规范化管理水平。坚持执行档案年度工作目标责任考核制，建立档案统计报表制度，及时、准确地掌握档案管理动态，为政策制定和指导工作提供科学依据。2008年18个区县及开发区、保税区和新技术产业园区新增加房地产权属档案210450卷，其中所有权143290卷，他项权67160卷，已全部立卷归档，截止2008年底，全市累计形成房地产权属档案2912606卷。认真做好档案对外查询和利用工作，档案利用率越来越高，覆盖面越来越广，在促进房地产权属管理、维护产权人合法权益、服务经济社会发展等方面发挥了重要作用。

【房屋安全使用管理】
天津市房屋安全使用管理、直管公房管理、单位产房屋管理、"平改坡"等工作取得了显著的成绩，圆满完成了各项任务，为全市经济社会发展提供了坚实保障。2008年，公用公房管理工作不断完善，公用公房资产管理、使用管理、安全管理得到切实加强，信息公开和窗口建设水平迈上新台阶。起草出台《关于加强公用公房拆除管理的通知》和《公用公房资产管理程序》，规范全市公用公房资产管理流程。主动承担社会保障性住房开发建设任务，"舒畅园"限价商品房项目开工建设。完成市政府法制办办公楼整修、桂林路24、26号修缮加固和物证鉴定中心7号楼装修改造三项工程。

圆满完成迎奥运"一三五"重点工程任务。一是按照市委、市政府的统一部署，完成了384幢、195万平方米住宅楼房"平改坡"改造工程任务和奥体中心地区市容环境整治工作。二是根据市委、市政府统一设计要求、提高设计标准的要求，创造性地制定出极具实用性、指导性的《天津市既有建筑综合设计导则（试行稿）》，对规范和提高天津市既有建筑综合整修质量，提供全面、专业的设计技术支撑起到了重要作用，得到了市政府主要领导的肯定，并组织全市各区县委、政府党政领导会议专门推广使用。

单位产、私产房屋推修成效显著。一是圆满完成了全市房屋冬季查勘。共查出危险房屋1746间，36867平方米（其中：直管公产125间，2246平方米；单位产1235间，27296万平方米；私产386间，7325平方米）。二是高标准、高质量完成单位产、私产房屋修缮任务230万平方米，3.21万户居民受益。此项工作的开展得到了社会和广大居民的一致好评。

公房管理水平进一步提升。在公有住房变更承租人管理中，认真对待群众反映问题，及时归纳总结，研究对策，出台了《公有住房变更承租人管理办法的补充规定》，让群众得到实惠，取得了良好的效果。

房屋安全使用管理水平显著提高。一是结合《天津市房屋安全使用管理条例》颁布实施一周年，继续贯彻落实《条例》，开展了《条例》宣传专项活动，活动收到了良好的效果。二是汶川地震后为有效预防和避免天津市学校校舍及设施安全隐患事故的发生，按照市领导的要求，市国土房管局与市教委通力配合，高质量地完成各区县委托的214所学校、447幢、55万建筑平方米校舍的安全鉴定任务。

三是为加强天津市房屋安全突发事件应急处理管理，提高应急处理能力，最大限度地减轻灾害造成的损失，制定了《天津市房屋安全应急预案》。四是快速反应积极参与抗震救灾。"5·12"汶川大地震发生后，市局十分重视，按照市领导的要求，及时组织抗震救灾房屋安全鉴定小分队，赶赴四川地震灾区，为灾区提供房屋受损鉴定、评估。后又赴陕西支援震后房屋安全鉴定工作，出色完成了任务，受到全国总工会司法部的充分肯定。

【物业管理】

2008年，天津市物业管理工作按照党的十七大和市委九届五次全会提出的"保增长、渡难关、上水平"精神的要求，紧紧围绕以加强物业管理法制建设、着力提升物业管理行业从业人员素质、努力营造和谐物业管理氛围以及建立完善旧区长效管理机制、不断扩大物业管理覆盖面为重点，全力维护物业管理当事人合法权益，发挥了行业在城市管理中的重要作用。

2008年，全市新增物业管理面积2181.83万建筑平方米，其中住宅新增1925.35万建筑平方米（商品住宅区1462.63万建筑平方米，旧区462.72万建筑平方米），非住宅新增256.48万建筑平方米。截至2008年底，全市实施物业管理面积达到18159.77万建筑平方米，其中住宅15963.16万建筑平方米（商品住宅区12089.16万建筑平方米，旧区3874万建筑平方米），非住宅2196.61万建筑平方米，住宅物业管理覆盖率达到87.47％。物业服务企业960家，物业管理行业从业人员近12万人，年营业收入突破21.3亿元。

新修订的《天津市物业管理条例》颁布实施

在社会各界的广泛关注和全行业的共同努力下，新修订的《天津市物业管理条例》（以下简称《条例》）历经两年的调研、起草、审议，于2008年9月10日在天津市十五届人大常委会第四次会议上审议通过，同年12月1日正式施行。《条例》较好地贯彻了《物权法》和国务院《物业管理条例》的精神；在总结提炼行业发展实践经验基础上，完善了原《条例》确立的6项基本制度，又增设了8项新制度，对物业服务企业退出项目管理服务、机动车辆停放难等热点问题依法进行了规范；将"业主大会成立、业主委员会日常活动纳入社区管理范畴"，赋予了街道办事处、乡镇人民政府在监管物业管理活动中的10项职责，实现了物业管理监管体制的调整；实现了还物权给全体业主、还共同管理权给业主大会和业主委员会、还行政管理权给行政管理部门。进一步厘清了相关主体责任边界，明晰了业主大会、业主委员会的职责，同时还制定了加大对违规行为的处罚措施，为物业管理行业依法规范发展奠定了法制基础。

企业资质管理

2008年，为贯彻落实《关于进一步完善中心城区"两级政府、三级管理"体制意见七个实施细则的通知》（津政办发〔2008〕51号）规定，自2008年7月1日将三级和三级暂定资质审批和管理权下放到区县物业管理行政主管部门。为了保证三级物业服务企业资质审批和管理权下放工作的顺利进行，提高行政审批工作的效率和质量，在制定下发《关于三级物业服务企业资质审批和管理实施细则》基础上，对受理地点、审批人员等问题进行了补充规定。

2008年，全市累计新增物业服务企业95家，核定企业等级64家，注销企业资质21家。其中，自2008年7月1日下放三级资质审批和管理权后，区县物业办累计办理新增物业服务企业41家，企业资质升级20家，注销企业资质18家。截至2008年底，全市物业服务企业累计达到960家。其中一级资质企业12家，二级资质企业54家，三级资质企业632家，三级暂定资质企业262家。另外有68家外埠物业服务企业在天津市进行了备案。

建立行业从业人员培训机制

随着滨海新区的开发开放和天津市经济社会又好又快发展，高档写字楼、高档社区等多类型物业项目将得到快速发展，这对天津市的物业管理工作提出了新的更高要求，面对新形势、新要求，用前瞻性思维超前谋划行业发展，立足早动手、早准备，以抓提高物业服务企业管理人员素质为核心，引导企业规范管理，不断提升服务水平。自2007年起，在全行业建立了从业人员岗前、岗中培训和在岗项目经理轮训机制，2008年结合项目经理岗位特点和岗位需求，组织行业专家、学者和水电等工程专业高级人员，对培训内容、培训方式以及考核管理办法有针对性地进行了调整，聘请了一批专业理论知识水平高、多年从事物业管理实践的教授和企业负责人作为授课教师。2008年全年，共对1048名在岗项目经理进行了轮训、对433名拟从业管理人员进行了系统的物业管理业务知识培训。截至2008年12月底，共对全市1874名在岗项目经理进行了轮训、对1045名新从业管理人员进行了物业管理业务知识系统培训，受训人员培训效果得到企业广泛认可，促进了行业从业人员整体素质的提高。

推动企业自身建设上水平

为了促进物业服务企业内部管理规范化、标准化和科学化，一年来，全行业以提高物业管理项目服务水平为目标，深入开展了达标创优活动，通过细化创优标准、严格考核，提高了物业项目创优的含金量。评审中，注重了对企业内业建设和各项服务标准落实情况的考核。经过区县物业办初审、市物业办联合验收，明筑轩等20个项目被评为"天津市物业管理优秀项目"；朗钜·天域等61个项目被评为"天津市物业管理达标项目"，同时按照"全国物业管理示范住宅小区（大厦、工业区）标准"，经过市物业办初审、建设部验收小组严格评审，海逸长洲等5个项目被评为"全国物业管理示范项目"。

房屋维修资金管理与使用概况

2008年，维修资金管理中心不断夯实基础管理，深入分析市场变化业主需求，及时调整理顺维修资金管理思路，通过建立非住宅维修资金管理模式，扩展资金使用范围，简化备案程序，下移管理权限，健全房屋及设施设备查勘制度等措施，进一步提高专项维修资金的服务和保障能力。

截至2008年底，全市累计归集专项维修资金66亿元，覆盖全市8532万建筑平方米住宅房屋，其中：新建商品住宅维修资金通过规范的制度、程序实现全额到账，累计归集61亿元，涉及房屋建筑面积5981万建筑平方米；售后公有住房维修资金通过逐步清理、整合，并入全市统一账户，累计整合2亿元，涉及房屋建筑面积304万平方米；原有住宅公共设施维修基金通过有效运用行政、法律、舆论相结合的措施，累计追缴到账3亿元，涉及房屋建筑面积2247万建筑平方米。维修资金使用管理坚持监管与服务并重的原则，累计向57个物业项目划拨资金903.3万元，完成电梯、水泵的维修更新和屋面防水等大修工程，使1.4万户业主受益。

【房屋拆迁管理】

2008年，全年累计拆迁房屋256.5万平方米、5.76万户，拆迁安置经济适用房开工408万套、6.24万平方米，在推动城市建设、促进经济和社会发展等方面发挥了重要作用。

1. 市区危陋平房拆迁安置

2008年初，由于国家加强宏观经济调控，实施从紧的货币政策，拆迁融资困难。此外，土地整理权限下放后，各区政府不适应，给市区危陋平房拆迁安置带来了难度。面对重重困难，市拆迁安置办不等不靠，攻坚破难，全年协调推动市区危陋平房完成拆迁100万平方米、安置3.7万户，整体工作稳步推进。一是规范拆迁统计，为领导科学决策提供依据。将"危险和供水、供热、煤气、厨卫等配套设施不完善的简陋房屋"纳入危陋平房范围，由原来的按拆迁目的做统计调整为按拆迁对象统计，将2008年以来基础设施建设、迎奥运环境综合整治等项目拆迁的危陋平房，纳入到市区危陋平房拆迁改造责任目标统计范围，真实反映市区危陋平房拆迁安置情况。同时，完善了拆迁统计报表，科学设置拆迁项目，按照拆迁项目的计划类型，将原十几个拆迁项目调整为"基础设施项目、土地整理项目、经济适用房项目、固定资产投资项目、其他项目"五大类，使拆迁项目统计更为科学合理。二是创新工作思路，拓展拆迁融资渠道。为解决拆迁融资难题，提出了《关于市内六区利用企业资金实施散片危陋平房拆迁安置的意见》，已经市政府批准实施，一方面继续协调银行给予贷款支持，另一方面拟采取与企业合作的方式，利用社会资金，参与散片危陋平房拆迁安置。三是贯彻《市内六区土地平衡项目试点暂行办法》，落实拆迁安置新机制。为落实市区散片危陋平房出让土地收益返还政策，解决特殊困难家庭安置问题，制订并印发了《关于落实〈市内六区土地平衡项目试点暂行办法〉做好市区散片危陋平房拆迁安置工作实施意见》，落实工作责任，指导各区做好平房拆迁安置工作。四是延伸服务职能，协调解决难点问题。深入各区现场服务近百次，帮助各区协调解决办理拆迁许可前期手续中的难点问题，促使长江道、六马路东等一批平房片启动拆迁；协调落实拆迁资金13亿元，解决了和平区南市、河北区八马路、河东区万辛庄等难点平房大片部分资金缺口问题；搭建融资平台，与建设银行、浦发银行、北京银行、天津银行等多家银行进行沟通，组织中信银行、兴业银行到红桥区现场服务，为各区拆迁融资创造条件。五是加大政策培训，提升工作效能。对各区新成立的土地整理机构和有关单位，多次培训如何办理拆迁融资、计划、规划、用地等手续，使其尽快掌握业务，提高工作效率，保障市区散片平房拆迁安置工作顺利实施。

2. 拆迁安置房管理

2008年7月拆迁安置房建设管理职能调整到市拆迁安置办后，深入建设单位和施工现场摸清情况，加大协调推动力度，全年拆迁安置经济适用房开工408万套、6.24万平方米，整体工作有条不紊进行。一是深入调查，做到底数清。对四大类经济适用房，深入有关单位和现场，详细了解基本情况。尤其是市区危陋平房拆迁定向安置经济适用房，对每一个项目多次进行现场查勘，掌握一手资料。二是加大协调服务力度，推动开工进度。帮助各区做好危陋平房拆迁定向安置房和平房片的对接，有问题的当场协调解决，当日发放确认单，加快办理安置房建设前期手续。三是做好安置房的对接，加强安置房使用监管。将签订定向安置产权调换协议和定向安置货币补偿协议的全部纳入实物安置统计范围，组织18个区县利用节假日对拆迁安置房使用情况进行了全面排查，核实到每一个拆迁项目和安置房地块。全年全市房屋拆迁定向安置国有土地房屋对接安置房4.6万套、362.6万平方米，真实地掌握了实物安置比例。四是建立安置房建设进度和拆迁对接统计制度，规范安置房管理。将安置房每月建设和拆迁对接情况纳入房屋拆迁报告，并作为一项工作制度长期坚持。

3. 迎奥运环境综合整治拆迁

按照"拆迁先行，以拆促建，以拆促环境提升"的总体要求，全力推动迎奥运环境综合整治拆迁，累计拆迁房屋221万平方米，为整体工程顺利实施作出了巨大贡献。一是超前动手，制定周密实施方案。对"一三五"工程涉及的拆迁点位进行拉网式排查，做到点位清、面积清、责任清，并制订了具体的拆迁实施方案。针对复杂的拆迁点位，制定专项方案，实行个别指导。二是精细运作，积极稳妥推动拆迁。"一三五"工程涉及的拆迁问题基本是多年未解决的老大难问题，通过落实资金、明确责任、主动服务三个环节过细的工作，积极主动帮助各分指挥部协调解决各类实际问题。三是凝聚合力，协调处理好各方关系。迎奥运环境综合整治涉及的拆迁项目，情况大多比较复杂。采取分类指导、兼顾各方利益、协调各类关系、凝聚合力的方法，把各方面的积极性调动起来，共同完成拆迁任务。

【法制建设】

2008年天津市国土房管法制工作稳步推进，法治建设取得新的成效，立法体系进一步完善，立法成效明显。年内共出台1部地方法规和2部政府规章、16件市政府规范性文件和70件局发规范性文件，为进一步加大国土房管工作力度提供了法律保障；行政自由裁量权进一步量化，执法责任进一步落实，各级领导干部的依法行政意识大大加强；法制宣传成效显著；对年内出台的1部地方性法规和2部政府规章组织了广泛的专题宣传活动。乡镇村级干部国土资源法律知识教育培训活动取得良好成效，完成全市10个区县，140个乡镇，3407个行政村，6677名乡村级干部的培训和考试工作；土地执法监察工作在2008年实现了高起步，土地执法监察方式实现了新转变，保持案件查处的连续性，较好地完成了规定任务，探索建立土地执法长效机制，强化了执行力，并在全市涉农区县全部建立土地执法监察信息员队伍，开创了全市土地执法监察工作新局面。

【国土房管系统抗震救灾 支援灾区】

圆满完成"5·12"抗震救灾支援任务。2008年"5·12"四川汶川特大地震发生后，天津市国土房管局抽调市房屋安全鉴定检测中心技术骨干组织了赴川房屋排险安全鉴定抗震救灾小分队。抗震救灾小分队于5月15日至5月29日在四川郫县、都江堰市、彭州市等重灾区开展震后房屋安全鉴定和评估工作。先后完成灾区73处167栋32万平方米公共建筑、91栋1498户29万平方米城市住宅、12733户261.5万平方米农村住宅等共计322.5万平方米各类受损房屋排险鉴定任务。

在成功支援四川地震灾区后，天津国土房管局房屋安全鉴定检测中心又参加了赴陕西灾区鉴定支援小组，于2008年7月29日至8月9日在宁强县和略阳县开展房屋安全鉴定工作，先后完成灾区9个乡镇25个场所37个单体建筑6万平方米房屋和2所学校3个建筑单体0.5万平方米房屋安全鉴定任务。

出色的工作得到了天津市委、市政府，以及灾区政府的充分肯定和表扬。成都市、彭州市、郫县、宁强县、略阳县等灾区各级党委、政府分别授予抗震救灾小分队锦旗或发来感谢信，赴川抗震救灾小分队被全国总工会授予抗震救灾重建家园全国"工人先锋号"荣誉称号，天津市国土房管局房屋安全鉴定检测中心被国家司法部授予全国司法行政系统抗震救灾先进集体。

（天津市国土资源和房屋管理局　供稿）

四、市容和园林管理

【城市管理法制建设】　天津市委、市政府对城市管理法制建设极为重视，在依法行政、立法工作、执法监督、普法宣传方面取得明显成效。高标准高质量地完成了立法计划。在立法工作中坚持科学立法、民主立法的原则，通过深入调研、反复征求意见、反复修改、反复论证，与市政府法制办紧密配合，及时向市政府报送政府规章送审稿，提请市政府常务会议审议。2008年2月22日，市人民政府第3次常务会议审议通过了《天津市生活废弃物管理规定》，以津政令第1号公布；3月27日，市人民政府第5次常务会议审议通过了《天津市城市管理规定》，以津政令第2号公布；6月30日，市政府第10次常务会议审议通过了《天津站地区综合管理规定》，以津政令第7号公布。

制定市容环境系统推进依法行政实施方案，采取多种形式，规范执法行为，加强执法队伍正规化建设，提高执法水平和能力，开展了依法行政考核工作。组织市容法规专题宣讲活动。与有关区县人大、政府共同举办专题法制讲座，深入各区县向各级领导班子成员进行法制宣传，普及市容环境管理法规。推进"五五"普法，完成了阶段性任务。在前一阶段"五五"普法工作中，采取有效措施，不断推进普法进程，注意做好普法基础工作，取得明显成效。对法制工作领导小组成员进行了调整充实。编印下发了《"五五"普法工作手册》。对"五五"普法工作进行中期检查。不断加强城市管理综合执法队伍建设，建立了市局、区县局和基层大队三级督察机制。实行"三步式"执法模式，实现"三班制"、"错班制"滚动无缝隙链接，强化了日常勤巡查。对严重影响市容环境秩序的难点问题加大了督察督办的力度。对市、区领导交办件、人大代表、政协委员反映的问题，以及群众投诉等，都采取个案解决，专人办理，办复率、满意率均在90%以上。

【市容环境综合治理】 组织开展了"迎接奥运、百日行动"市容环境秩序治理主题活动，集中150天的时间对违章摆卖、违法建设和运输撒漏等违法行为实施了专项治理，取得了突变大变的效果。全市治理重点地区137个处，结合部地区152片次；教育违章占路摆卖摊贩168136人次，对9826名违章摊贩物品实施暂扣，处罚金额801905元；拆除违法建筑11703间、573356平方米；拆除违法广告设施7114个，封堵私开门脸370个；清理小张贴、小广告983171处；治理运输撒漏1523车次，清理马路餐桌18240个次。300条主干道路基本达到了"十无"标准。此外，还完成了200多次重大活动的市容环境保障任务。重点对68条迎奥运道路、20片重点繁华地区、12条入市道路、8条入市公路的市容和道路环境秩序进行了全面治理，强行拆除了迎奥运68条主干道路大型违法占地广告2000多块，治理重点点位100多处。累计完成拆迁218.2万平方米，占计划量的98.3%；清理立面吊挂66677个，占计划量的93.3%；实施高速公路两侧清整10条，总长694公里，共计拆除各类建筑1385间、近5万平方米，清理垃圾和堆物375处、2.4万吨，取缔废品收购点172处。综合整治入市公路11条，总长107.7公里，目前已拆迁105.59万平方米，完成了100%。整修楼房3270栋、1126.6万平方米，占计划量的95.4%；整修风貌建筑393栋，占计划量的100%；平改坡492栋，占计划量的99.3%；加装白色护栏7.20万延米，占计划量的99.3%。迎奥运和夏季达沃斯论坛综合整治所需资金，市区两级财政安排的资金仅占12%，88%全部通过市场运作、社会筹集和基础设施带动解决，以最合理的投入，建设最优质的工程。入市环境焕然一新。实施了复康西路、金钟河大街等12条108公里的入市道路、65公里的京山铁路和74公里的京沪铁路和70.8公里的京津城际铁路两侧环境改造提升；完成了津塘、津静西青段等9条108公里出市公路拓宽改造和绿化工程。使主要入市公路、外环线、铁路沿线成为环境优美、展示天津形象的交通走廊。市区道路风格独特。综合考虑道路的建筑风格，实施管线切改入地，统筹平面立面改造。高度重视细节，整修道路桥梁，实施罩面铺装，重新设置交通护栏、隔离桩等。全面完成183条333公里道路的综合整修，使市区主要街道形成了色调协调、整洁优美、大气洋气的城市风景线。重点地区亮点凸显。充分挖掘天津的历史文化，立足区域定位，打造区域特色。对天津站、小白楼、奥体中心、大悲院等20片重点地区实施综合整治，使这些地区成为环境优美、文脉传承、品位高雅的城市窗口。

【环境卫生管理】 生活环境明显改善。整修楼房3000栋，实施平改坡371栋、综合整修旧楼区410万平方米，改造里巷道路428片、支路156条，改造小积水点440处，更换空调机罩8万个，居民社区环境、出行条件得到根本改善。全市300多万人次参与市容环境整治和城市管理，积极参与"同在一方热土，共建美好家园"活动，激发了全市人民热爱天津、建设天津、美化天津的自豪感、责任感和荣誉感。先后有638个代表团来津参观考察。按照生活垃圾无害化处理坚持减量化、资源化、无害化的原则，全市建成使用的垃圾处理设施达到13座，其中垃圾填埋场5座，垃圾焚烧厂2座，大型垃圾中转站4座，综合处理场2座，形成了卫生填埋、焚烧发电、综合处理等多种方式集成的垃圾处理和利用体系，全市生活垃圾无害化处理率达到90%，垃圾资源化利用率达到了30%以上。引导各区县投资购买先进机械设备，有效地化解了投入严重不足的矛盾，全市道路机械化作业率达到52%。加强农村环境基础设施建设，为156个乡镇配置小型吸粪车215部，解决农村户厕化粪池粪液随意排放问题；完成农村户厕改造5387座；对12个涉农区县农村饮用水水质实施了卫生监测。

【园林绿化管理】 全市新建改造绿化7498万平

方米，形成了层次丰富、各具特色的都市绿化体系。以生态大绿为主，建设城市绿色交通走廊。建成京津塘等6条高速公路507公里沿线5285万平方米绿化带、京津城际铁路等209公里铁路沿线绿化341万平方米，初步形成了乔灌结合、自然流畅的绿色通道。以突出特色为主，建设都市绿化风景线。改造提升72公里外环线两侧绿化494万平方米，完成市区146条道路两侧绿化960万平方米，形成了天津城市道路绿化特色；改造提升二级河道104公里沿岸绿化213万平方米，形成了水清岸绿的视觉效果。以艺术植绿为主，建设城市精品绿地组团。新建友谊等9个公园和30处大型绿地，实现了欧式疏林草地与中华盆景艺术的有机融合。完成绿化7322万平方米，占计划量的97%；新增绿化面积717.9万平方米，完成365.2万平方米，占总量的50.87%。

【道路设施管理】 管线入地10.6万延米，占计划量的100%；路面施工264.5万平方米，占计划量的74.5%。更新信号灯588处，占计划量的100%。更新护栏13.7万延米，占计划量的99.2%。施划交通标线77.7万延米，占计划量的61%。设置交通标识完成2726面，占计划量的56%。设置防撞桶（桩）完成564个，占计划量的8.8%。路灯杆更换完成1183基，占计划量的76.7。清洗路灯杆完成3100基，占计划量的100%。路灯杆油饰完成5057基，占计划量的100%。空调加罩完成58119个，占计划量的91.1%。空调移机完成36715个，占计划量的85.1%。废物箱完成3053个，占计划量的50.3%。安装休闲座椅完成337把，占计划量的86.8%。设置花钵完成608个，占计划量的72.5%。更新报刊亭完成81座，占计划量的53.2%。

【爱国卫生工作】 河西区创建国家卫生区工作取得突破性进展，已被全国爱卫会正式命名为国家卫生区。和平区已申报国家卫生区，目前正在接受国家检查。获得国家卫生区（镇）荣誉的塘沽、大港2个区和宝坻县城关镇通过了国家爱卫会专家组的全面调研和检查验收；西青区在4个镇命名为国家卫生镇的基础上，又有1个镇通过了明查暗访和考核鉴定。全市各区县创建国家卫生区、卫生镇和卫生村工作深入持久地展开。爱国卫生活动深入扎实。广泛开展单位内部卫生达标和环境卫生清整活动，宣传普及健康教育及科学卫生知识，命名市级卫生红旗单位250个、先进单位1150个。病媒生物防治工作到位。组织开展冬春集中灭鼠投药活动，共投放鼠药350吨，鼠密度由灭前3.9%降至灭后的1.41%；组织开展了灭蚊、灭蝇、灭蟑活动，对重点区域、重点行业、重点部位实施药物消杀。划分一类（红区）、二类（绿区）和三类（黄区）保障地区，高标准完成了迎奥运病媒生物防制工作。

（天津市市容和园林管理委员会 供稿）

五、建筑业

【建筑业概况】 2008年，天津市建筑业实现建筑业总产值1489亿元，其中本市企业在外埠完成产值500亿元，实现建筑业增加值320亿元，上缴税金44.9亿元，与2007年同期相比均增长25%以上。特一级和二级总承包企业实现产值1278.9亿元，占建筑业总产值的85.9%，其中有30家企业建筑业产值突破10亿元，有172家建筑施工企业建筑业产值达到1亿元以上，全市建筑行业生产要素进一步集中。

2008年，新成立建筑业企业192家，新增注册资本金3.1亿元，建筑业企业总数达到2068家，注册资本金达到260亿元。按照资质序列划分，总承包企业344家，专业承包企业有1287家，劳务分包企业437家；按照资质级别划分，特级企业5家，一级企业161家，二级企业278家，三级企业1138家，不分等级企业49家。全年共有29家企业晋升一级资质，有98家企业晋升二级资质，全市高等级资质队伍进一步壮大，企业的专业类别结构更加合理，企业市场竞争力进一步增强。

2008年，新批准建筑服务类企业37家，比2007年新增量增长15%。现有建筑业中介机构323家，其中：监理企业107家，招标代理机构97家，工程造价咨询机构83家，工程项目管理公司36家。勘察、设计、工程监理等工程咨询服务业进入快速发展通道，工程咨询业累计实现经营收入63亿元，同比增长26%。

2008年，具有项目经理执业资格人员29003人，累计通过建造师执业资格考试的有18304人，其中10004人进行了一、二级建造师注册。具有建设工程造价执业资格的人员为12875人，其中具有国家注册造价工程师执业资格的1475人；具有建设工程监理执业资格人员的2762人，其中具有国家注册监理工程师执业资格的1758人。

2008年，坚持市场开放，以引进优秀企业为原则，外埠建筑业企业进津备案共951家，同比减少9.5%，其中特级企业113家，同比增长2.7%；一级企业219家，同比减少13.8%；外埠施工总承包企业422家，同比减少9.5%；专业承包企业426家，同比增加1.2%；劳务分包企业123家，同比增加12.2%。外埠建筑业企业进津承揽工程合同总额

1029.2亿元，同比增长91.8%；在津上缴税金17.7亿元，同比增长69%。外埠建造师进津备案3950人，同比减少1.8%。（秦臻）

【建筑市场管理】

建立了重点建设工程项目服务保障机制。对民心工程、基础设施项目、迎奥运工程、重点工业项目、145联审工程等重大项目采取深入一线、提前介入、跟踪服务等措施，通过减少审批环节、缩短办件时间、优化管理程序等方式，使建设项目审批速度整体提高了60%。

深化了招投标监督制度。继续严格实行招标监督管理五公开和六项制度。制定了《天津市建设工程招标投标规范》、《建设工程邀请招标投标结果备案》等规范，进一步优化外资和民营项目监管方式。全年完成招标项目1310项，中标价为536亿元。

建立了工程造价信息发布机制。结合国家规范，制定出台了《天津市建设工程计价办法补充规定》，建立了工程造价信息发布机制，按季发布人工成本、主要建筑材料市场信息和工程造价指数，发挥工程造价信息指导工程建设计价的作用，为企业规避风险和结算工程款提供了有力的指导。

创新执法检查机制。在深入推行教育、整改、执法"三步式"执法监察模式的基础上，在建筑市场信息监管系统中建立了执法监察电子档案，实现了建筑市场执法的信息化管理。将执法监察和服务结合起来，既提升了工程各方责任主体依法建设、依法施工的意识，有效遏制了各类违法违规行为发生，又促进了工程施工进度。建筑市场行政处罚比2007年同期有所减少。

建成了建筑市场信息监管系统平台。为营造守信得益、失信受损、以诚信为本的市场环境，出台了《天津建筑市场信用信息管理办法和归集标准》，通过整合建筑工程各类信息资源，初步建立了建筑市场各方主体信用信息管理平台，初步实现了"在统一的数据库平台、统一的操作系统平台、统一的信息发布平台上，全程覆盖建筑市场监管环节，实现区县两级综合信息化管理"，有效提升了建筑市场信息化管理水平，为市场各方主体提供电子政务服务。目前，信用信息归集工作已全面展开，已归集企业基本信息4789条，其中企业良好信息3692条、不良信息64条；从业人员基本信息26702条，其中从业人员良好信息107条，不良信息18条，为建立建筑市场诚信体系打下坚实基础。（秦臻）

【劳务用工管理】

劳务用工管理进一步规范。全面推行农民工身份实名制管理四项措施，即实名制管理制度、现场考勤制度、农民工实名制备案信息上传制度和专人管理制度；进一步完善农民工身份实名制管理网络系统，初步实现了市区两级动态监管。进一步完善劳务分包市场建设，提升市场软硬件设施水平，改进建筑业劳务用工供需信息反馈系统，全面、及时搜集、发布建筑业劳务用工供需信息和价格信息，设立农民工伤保险、医疗保险、法律援助和大病医疗救助窗口服务功能，实现农民工管理"一条龙"服务。

农民工合法权益得到进一步保障。2008年，制定了《天津市建筑业农民工突发事件和反恐应急预案》、《关于进一步加强防止建设领域拖欠工程款和农民工工资长效管理机制的通知》、《关于启动天津市建筑业农民工突发事件应急预案的通知》等制度。调整充实了市、区（县）两级调解机构力量，实行专人接待，专人调解，按照"谁调解，谁督办"原则，建立调解结果归档制度。针对农民工投诉的季节性规律，在全市范围内开展农民工工资支付情况专项检查活动，累计排查建设项目800余个，核查农民工20余万人次，切实保障了建筑业农民工合法利益，维护了建筑市场秩序，保持了社会稳定。

农民工素质进一步提升。启动了具有用工交易、农民工培训、维权、管理和服务五大基本功能、六大服务平台的培训基地建设。2008年共完成农民工培训5万人，劳务队长培训2505人。农民工持证上岗率达到50%。会同市劳动局启动"天津市建筑业农民工技能培训示范工程"。举办了天津市第二届建筑业农民工技能大赛，万余农民工参加了各区县和企业组织的选拔赛，形成了以比赛促培训、尊重劳动、崇尚技能的良好氛围。（秦臻）

【工程质量管理】

2008年，全面推动建设工程质量上水平，住宅和市政基础设施项目质量稳步提高。

天津站前广场改造、京津高速、蓟平高速、海河永乐桥等一批重大市政基础设施和公共设施高质量建成并投入使用。工程创优能力进一步增强。工程竣工验收合格率100%，质量投诉明显降低。

全面实施了社会保障用房项目强制性监督，组织开展了保障用房工程质量专项执法检查，确保了社会保障用房质量和使用功能。组织开展了建设工程抗震质量、建筑节能质量、建筑材料质量专项检查，查处了一批违法违规行为，确保了工程主体结构安全。

编制实施了《天津市建设工程质量检测工作指导书》，对质量检测机构资质实施动态监管，进一步规范了检测机构质量检测行为,促进了我市建设工程质量检测行业的健康、持续发展。

加大了对混凝土生产企业的监管力度,强化了对原材料使用、混凝土配比设计、生产过程控制及检验等环节的监管,混凝土质量得到有效控制。(顾文武)

【工程安全管理】

2008年,天津市建设工程安全生产总体形势稳定,文明施工状况进一步得到改善。建筑业百亿元产值死亡率1.0,同比下降0.9。

开展了以防范脚手架坍塌、起重机械伤害、安全防护用品使用为重点的排查治理工作,建立了工程安全隐患台账。开展了对各区县建设安全主管部门和二级资质以上施工企业的安全生产专项督查、打分、排名。实施了建筑起重机械备案登记管理制度,在全市范围内全面禁止了梁、板、柱同时浇筑混凝土的施工方法,实施了特种作业人员持证上岗制度。与各集团签订了消防责任书,逐级落实了消防责任。

开展了安全生产月及安全文明施工质量标准化工地观摩活动,召开了建筑施工安全生产督查队成立表彰大会,对35家督查队进行了表彰。全年共为258家建筑施工企业核发了安全生产许可证,为696家安全生产许可证到期的施工企业办理了延期手续,对不符合规定的20家施工企业注销了安全生产许可证。

开展了迎奥运建设工地环境清整工作,对市内68条火炬传递路线周边建设工地的围挡、外檐脚手架、密目网等进行了高标准整修,出台治理扬尘污染的8项措施,对工程土运输实行备案管理,在全市范围禁止现场搅拌砂浆。

全年共评选出180个市级文明工地,其中60个获市级文明施工示范工地称号。(倪树华)

【优质工程】

天津建工集团(控股)有限公司承建的奥林匹克体育中心、天津三建建筑工程有限公司承建的滨海国际机场航站楼和天津城建集团有限公司承建的机场大道立交桥3项工程获得国家鲁班奖;天津地铁一号线和天津泰达医院扩建2项工程获"国优奖";评选出"结构海河杯"工程298项;"海河杯"优质工程131项,其中金奖34项。(顾文武)

【勘察设计】

2008年,天津市勘察设计行业全年实现产值269亿元,人均72万元。截至2008年底,全市共有勘察设计单位301家,其中甲级和乙级175家,占58%;国有独资及控股单位102家,占33.9%,民营企业163家,占54.1%,其他(合资、事业、集体等)36家,占12%;建筑行业76家,占25.2%,市政行业18家,占6%,勘察行业24家,占8%,专项设计行业102家,占33.9%,其他行业(石化、机械、纺织、建材、铁路、水运、冶金等)81家,占26.9%。全市共有勘察设计从业人员3.1万人,其中专业技术人员2.4万人,占全行业的78%;高级职称9127人,占38%;一级注册建筑师502人,一级注册结构工程师822人。2008年评选出天津市"海河杯"优秀设计奖79项,荣获部级优秀勘察设计奖40项,其中,天津华汇工程建筑设计有限公司设计的东莞松山湖科技园区图书馆、天津市勘察院完成的天铁冷轧波板工程主厂房勘察、天津城建设计院有限公司完成的海河综合开发起步区工程基础设施设计项目荣获一等奖。在全国勘察设计大师评选的激烈竞争中,天津市周恺、于兴敏、王俊峰、许再良、孙铭绪5人获选,占全国本次获选大师总数的20%。(王权)

河 北 省

一、城市建设

2008年河北省城市建设以科学发展观为统领,以开展"三年大变样"工作为抓手,以污水和垃圾处理、园林绿化、环境卫生建设为重点,以节能减排为核心,进一步加快城市基础设施建设,提升建设水准,提高城市品位,完善城市功能,增强承载能力,促进城市建设工作健康有序发展,圆满完成了各项工作和责任目标。

——污水和垃圾处理设施建设进展迅速。全年建成污水处理场27座、垃圾处理场12座;在建污水处理厂92座、垃圾处理场63座。城市污水处理率和生活垃圾无害化处理率分别达到70%和60%以上。

——大力推进宜居城市环境建设工作。联合河北省人大、河北省政协对11个设区市宜居城市环境建设进行了考核,评选出"燕赵杯"竞赛金、银、铜奖共7个城市。廊坊市获得2008年度"中国人居环境奖"。

——加快综合性公园建设步伐。全年建设公园59个，已有公园的县城超过三分之一。强化对风景名胜区的规划管理，完成2个国家级景区总体规划修编上报。

——以备战和服务"奥运"为重点，全面加强城市建设全行业安全运行工作，全年未发生一起安全事故。

【城镇面貌三年大变样工作拉开阵势】 2008年是全省深入开展城镇面貌三年大变样工作的第一年，省委、省政府作出一系列重大部署，云川书记、春华省长亲自谋划指导，确定了"两大核心"、"五大目标"、"六个基本特点"的思路，恩华副省长亲临一线指挥调度，精心安排关键阶段、重要环节的工作，为全省城镇面貌三年大变样指明了方向。尤其全省城镇化工作会议之后，省政府每月召开高规格调度会，突出重点、观摩示范，省委、省政府督查室进行督导调研，形成了强有力的工作机制。各地党委、政府高度重视，市委书记、市长亲自挂帅，成立领导机构和专门班子，实施强有力的组织领导。省直有关部门各尽其职、制定政策，积极为基层搞好服务。人民群众广泛认同、热情支持、积极参与，形成了良好的社会氛围。经过一年的努力，城市改造建设呈现前所未有的强劲势态，拆迁拆违取得突破性进展，"三改"工程全面展开，一大批上规模的城市建设项目陆续开工建设，城市面貌初步改观。省建设厅积极发挥牵头作用，组织考察学习、课题研究、政策协调等一系列活动，筹备完成了全省城镇化工作会议、《城镇面貌三年大变样基本目标》等重要会议和文件，与廊坊市政府共同承办了"2008城市发展与规划国际论坛暨首届河北省城市规划建设国际博览会"，签约项目145个，实际注入资金54.8亿元。一年来，全省建设系统勇挑历史重担，以时不我待的精神，夜以继日、顽强拼搏，攻克城市改造建设的一道道难关，取得可喜的成绩。

【城市拆迁拆违力度不断加大】 拆除违规、超期临建和危陋住房等拆迁工作，是城镇面貌三年大变样的第一战役。省会城市自我加压、率先领跑，其他各市营造氛围、乘势而上，形成了势如破竹的气势。各地大力推行依法拆迁、和谐拆迁，制定就业援助、住房保障等配套措施，大力宣传拆迁法规政策，及时排解矛盾纠纷，赢得广大群众的理解和支持，确保了拆迁工作平稳扎实推进。2008年，全省共完成拆迁4168.4万平方米，是2007年全省拆迁总量的12倍，拆除实体围墙50余万米。石家庄市拆除面积最大，达到953万平方米。省直部门带头拆除围墙，累计拆除4.7万米。通过拆迁全省城市共计腾出土地4000余公顷，城市景观变得更加开敞、透绿，并为今后改造建设拓展了空间。

【规划龙头作用日益显现】 省政府确定2008年为城乡规划年，我们以提高规划设计水平为主题，不断把活动引向深入。开放市场、加大投入、加快规划修编进度，全面完成设市城市和曹妃甸新城、黄骅新城总体规划编制报批工作，110个县城基本完成总体规划成果，设区市近期建设地段控制性详细规划基本实现全覆盖，为未来城市发展和改造建设提供了保障。配合建设部完成京津冀城镇群规划，编制了一大批道路交通、园林绿化、供气供热等专项规划。实施既有建筑"穿衣戴帽"工程，启动了95条街道的整治改造，主要街道两侧2486栋既有建筑外装修、平改坡工程竣工，打造了一批以廊坊市金光道为代表的示范工程。开展城乡规划效能监察，实施阳光规划行动，完善规划督察员制度，强化了对城市规划实施的监督管理。

【城市基础设施建设步伐加快】 完成城市基础设施投资457亿元，增长14.8%。实施污水和垃圾处理项目建设三年计划，省政府与各市签订责任状，安排5.7亿元专项补助资金。新建污水处理厂27座、垃圾处理场12座，城市污水处理率、生活垃圾无害化处理率分别达到70%和60%，较好地完成了省政府下达的全年目标任务。深入开展城建便民工程，建成和改造一批背街小巷、供水管网、公厕、街头游园项目。加快了城市绿化步伐，设区市新增城市绿地3000多公顷。邯郸市主城区启动"五百"工程，三年内将再建街头小游园、小片林、停车场、便民小市场、公厕各100个。衡水市依托自然景观资源，着力做水的文章。开展燕赵杯竞赛活动，7个设区市获奖。廊坊市荣获中国人居环境奖，张家口市被命名为省级园林城市。推进数字化城市管理，12319城建便民服务热线向县延伸，完成50%的覆盖任务。廊坊、秦皇岛推行"网格化"管理，提升了城市精细管理水平。

【城市"三改"工程快速推进】 "三改"工程既是推进城镇化、促进城镇面貌三年大变样的重点，也是工作推动的难点。以此作为改善民生、拉动经济增长的重要措施来抓，制定了旧小区改善、棚户区改建、解决三年大变样中低收入家庭住房问题等一系列政策性文件，研究解决开发模式、资金筹措、社会转型等问题，取得了阶段性成效。设区市城中村改造启动236个，拆迁面积1236万平方米，占总数的37.2%；启动棚户区改建项目107个，已拆迁389.6万平方米，石家庄市、承德市、张家口市、邯郸市和邢台市拆迁面积均超过30万平方米；启动240个旧住宅小区改善工程，完成改善面积519万平方米，承德市、秦皇岛市、唐山市完成改善面积均超过60万平方米。

【城市基础设施建设力度继续加大】 积极协助各市实施好2008年重点城市市政公用基础设施建设项目，对续建和新建的城市供水、污水和垃圾处理、供热、燃气、市政道路、大型公园等重点工程项目进一步加强督导，确保投资和建设目标完成。到2008年底，全省设市城市设施水平达到：供水普及率99.96%，燃气普及率96%，新增集中供热面积1200万平方米；人均拥有道路面积14平方米，人均公园绿地面积、建成区绿地率、绿化覆盖率分别达到9平方米、31%和37%，每万人拥有公交车辆9.2标台。各项指标均达到或超额完成了2008年的预定目标。

【市政公用设施安全运行工作得到强化】 一是确保"奥运"期间城建行业运行安全。印发了《关于备战和服务奥运加强全省城建行业安全工作的通知》，对全省深入排查治理各类市政公用设施安全隐患进行了全面部署。开展了"文明公交，服务奥运"活动，把城市公交的安全运营作为宣传奥运、服务奥运、展示河北的重要窗口。制发了《城市市政公用设施防范和处置恐怖袭击事件工作方案》和《河北省建设系统处置核生化恐怖袭击供水设施的应急预案》，加强行业反恐工作力度。二是开展全省市政公用行业安全隐患排查。全省180家市政公用企事业单位排查出隐患1562处，立即得到整改的936处；由各市行业主管部门重点检查企事业单位91家，检查出隐患334处，立即得到整改的323处，整改率96.7%。未整改完成的隐患，都制定了整改方案或采取了严密监控措施。三是加强城市供水和饮用水安全工作。继续在全省开展一年两次的供水水质督察和检测工作，并对质督查结果进行通报。

【城市生态环境建设大力加强】 一是加快城市绿化步伐。加强了对群众性绿化活动的指导，组织开展群众性义务植树活动。全省累计完成植树1113万株，新建园林式单位127个、街道40条、小区74个，建成四星级公园6个、三星级公园17个、优秀游园20个。二是继续开展园林城市创建工作，张家口市被省政府批准为省级园林城市，藁城市通过了专家验收。三是加强风景名胜区管理和资源保护，通过了住房和城乡建设部综合整治检查验收。四是继续开展"河北人居环境奖"和"中国人居环境奖"创建工作，把创建工作向县城、建制镇延伸。五是推进城市绿色照明工作。出台了《河北省城市绿色照明工程三年行动计划》，召开了"河北城市照明节能技术论坛"，联合省劳动和社会保障厅、省总工会成功举办"河北省大旗杯照明技能大赛"，发出以"绿色照明、科技照明、和谐照明"为奋斗目标的《河北省绿色照明石家庄宣言》。

【科学人本精细的城市管理着力推进】 一是配合完成了四期城镇化培训班，贯彻了科学发展、精细管理城市的理念，着力解决当前城市建设过程中普遍存在的建设质量不精、管理方式不细等问题。二是对2008年度宜居城市环境建设"燕赵杯"竞赛活动的评比标准进行了详细修改，突出了城市管理文明和谐、精品街道、精品游园建设、住房保障、污水垃圾处理等内容。三是继续推进数字化城市管理建设。秦皇岛、廊坊等城市的数字化城市管理已初具规模。石家庄、邯郸作为建设部数字化城市建设试点城市，正在加紧建设。四是经过反复修改和调研，省人大出台了《河北省城市市容环境卫生条例》。五是组织省内7个承诺城市开展了第二届"中国城市公共交通宣传周和无车日"活动。

二、村镇建设

【积极推进农村新民居建设，"十百千"示范工程取得明显实效】 2008年以来，启动新农居建设"十百千"示范工程，在全省建立12个示范村、推广农村新民居优秀设计方案100套、建设样板房1000套，全部完成12村的村庄建设规划，建设新民居1070套，建筑面积21万余平方米，总投资2.2亿元。示范工程取得阶段性成效后，按照省领导对农村新民居示范工作的新要求，于2008年7月进一步扩大新农居建设范围和规模，全省又确定139个新民居建设示范村，建设新农居9978户，建筑面积301万平方米，总投资14.9亿元。

【以规划年为契机，全面推进村镇规划的编制工作】 全面完成省级重点镇总体规划编制工作，组织专家对重点镇规划纲要进行技术审查。配合完成了需省政府审批规划的有关审查工作。申请省财政补助资金150万元，对省级重点镇控制性详细规划编制予以补助。积极引进高水平规划设计队伍，目前国内几家顶级规划院在我省承担了规划的编制任务，提高了我省规划设计水平。积极配合全国优秀村镇规划设计评优活动，组织开展全省优秀村镇规划设计评选活动，共评出一等奖3项、二等奖6项、三等奖11项；召集规划项目负责人通过现场观摩，专家讲解的方式学习获奖作品经验和做法。向建设部推荐优秀方案9个。获奖规划深化细化了近期建设规划内容，在深度、特色与创新等方面均有较大突破。

【围绕三年大变样工作，加强重点镇建设指导】一是积极推进省级重点镇的三年大变样工作。按照全省"城镇面貌三年大变样活动"的总体要求，制定了《河北省重点镇面貌三年大变样考核标准》。多次赴重点镇指导工作，结合五大指标体系和自身特点，开展环境治理和城中村改造，提升品位。督导各县（市、区）落实省政府关于促进重点镇快速发展的有关决定，目前省级重点镇机构和人员基本落实到位。二是加强基础设施建设，切实改善生态环境。开展了垃圾污水试点工作。确定以迁安、鹿泉、武安三市垃圾处理试点县（区），制定工作方案，进行调研督导，全方位启动试点各项工作。加强重点镇污水、垃圾处理设施建设。召开会议，介绍并推广适用于小城镇的小型分散式污水处理技术和运行机制。推进建立"村收集、镇转运、县（市）处理"的城乡一体垃圾集中处理体制。配合综财处开展了重点镇道路、给排水、绿化等基础设施建设项目的申报和资金补助工作。三是做实基础工作，为指导重点镇建设提供依据。按照《河北省重点镇城市化综合发展水平监测评价指标体系》，会同省统计局对省培育的50个省级重点镇进行了评价考核，为重点镇的动态调整做好前期准备。配合人事处举办2期重点镇领导干部培训班，组织部分重点镇的领导赴欧洲学习考察，不断提高管理重点镇的理论水平和业务素质。

三、建筑业

【建筑业继续保持快速健康发展】深入贯彻省政府《关于促进建筑业发展的实施意见》，全省建筑业在结构调整、市场开拓、提高产业集中度等多方面取得明显进展，建筑业发展呈良好态势。河北省统计局入统建筑业完成总产值1205.3亿元，同比增长4.1%。房屋施工面积13049.8万平方米，同比增长22%。建筑业从业人员达140万人，同比增加32.5%。全社会建筑业增加值完成600.5亿元，预计能够完成全年756亿元目标。

——结构调整继续深入。通过调研，鼓励指导建筑业企业继续深化所有制结构、组织结构、生产结构调整。全省建筑业企业已达6091家，同比增长5.7%。其中：施工总承包企业2187家、专业承包企业2985家、劳务分包企业919家，分别比上年增加2.8%、5.8%和13.2%，劳务企业增长比例超过总承包和专业承包增长比例。

——市场开拓实现转轨。政府对市场开拓的支持地域扩大，在厅驻上海、山西管理处的基础上，增设驻华东、西北建管处与驻江苏、内蒙古建管处。建筑业企业开拓市场模式正在逐步由以项目为目标向区域性公司方向发展。全年出省开拓市场企业达到700多家，出省施工人数达到70万人次以上，开拓市场的省份达到30个，其中开拓内蒙古市场成效显著，在蒙企业达到近50家。

——扶强扶优作用显现。各级扶持10家骨干企业和优势企业力度加大，企业发展加快，产业集中度进一步提高。前三个季度，省重点支持的10家大型骨干企业完成总产值243亿元，占全省完成总产值的20.2%，同比提高了6.5个百分点，支持大型企业发展初见成效。

【科学规范培育建筑市场】通过政策调研，及时调整市场政策，市场监管进一步加强，信息化建设步伐进一步加快，制度建设更加完善。

——"三项制度"全面推行。全面深化"三项制度"，合理调整为"工程量清单报价、合理低价中标、工程担保"，"三项制度"已经成为维护建筑市场秩序的基本制度。

——市场监管力度加强。联合省监察厅开展了全省建筑市场和建筑业企业、监理企业、招标代理机构监督检查，对市政工程、开发区、进冀企业开展专项检查，检查结果已通报全省，对市场违法违规行为移交监察办进行了查处，建筑市场秩序进一步规范。

——信息建设步伐加快。加强建筑市场诚信体系建设，借助建筑市场监管信息系统平台，初步建立了建筑市场各方主体、工程项目和相关从业人员信用档案数据库，除石家庄是由于特殊情况外，实现省、市、县三级联网和信息共享。诚信体系建设开始向招标代理、监理单位和从业人员发展。"招标投标交易管理系统"和"计算机辅助评标系统"在全省广泛应用。建筑劳务计算机管理系统基本达到运行条件，进冀建设企业信息管理系统正在开发。

——制度建设更加完善。制发了《河北省建筑市场预防腐败工作方案》、《关于进一步规范工程建设项目招标代理机构和监理企业管理的通知》，已在全省施行。

【清欠工作平稳有序】一是建立清欠长效机制。报请省政府印发《河北省人民政府办公厅关于规范建设领域工程款和农民工工资支付的意见》，并在全省贯彻实施。《中国建设报》、《新华网》、《中国经济网》、《河北经济网》、《河北日报》、《燕赵都市报》等新闻媒体均进行了专题报道。配合省电视台完成两期《温暖农民工》节目制作。二是完成了清欠"回头看"工作。全部解决了2003年底之前168项旧欠和2004年后新申报的470项新欠，以及2007年73项拖欠投诉。2008年，全省共接受投诉件867件，涉及金额35697万元，已处理788件，支付32358万元，尚未解决的79件正在协调解决或建议通过法律途径解决。全省清欠机构认真处理了一批难点、热点问题，维护了建筑业企业和农民工的合法权益。

【建筑业社会责任彰显】 面对突如其来的汶川特大地震灾害，全省建筑业广大干部职工迅速行动起来，为四川抗震救灾做出了突出贡献。

——10家骨干企业的作用明显。5月16日，10家大型骨干企业连夜组织14台大型机械，77名抢险队员组成"河北建设抢险队"赴川紧急救援。救援队克服艰苦困难，完成92项救援任务，清理大型构筑物12处，废墟5000多平方米，打通道路3400米，抢救财产8200多万元，受到灾区人民的高度赞扬和感谢。

——建筑业无私奉献精神再现。在艰巨的过渡安置房建设中，我省赴川建筑业企业不计任何条件，派出一万多人的施工队伍，周密组织，精心调度，严格质量，提前10天圆满完成了2.9033万套过渡安置房建设任务，建筑面积55.16万平方米，受到四川省政府和建设部的高度评价。

四、住宅与房地产业

【深入推进住房保障，工作取得新突破】 在前几年率先在全国建立廉租住房制度、对住房困难的低保家庭提供廉租住房保障的基础上，2008年，省建设厅认真贯彻落实国务院24号文件和省政府95号文件，继续深入推进住房保障工作。2008年初提请省政府印发了《关于解决城市低收入群众住房问题的实施意见》，提出了2008～2010年三年工作总体目标和措施。为确保2008年目标的落实，将目标作了分解，提请省政府下达给了各设区市政府，并与各设区市政府签订了责任状。为有效推动工作，实行了工作月报制，多次召开调度会、现场会，印发通报，组织媒体采访，赴现场调研督导，不断向下传递和强化工作压力；同时做好各项基础性工作，积极争取中央和省廉租住房补助资金，分别获得中央财政专项补助资金3.29亿元、中央预算内投资补助资金3.52亿元和省级财政补助资金3500万元，共计7.16亿元。经过上下共同努力，全省各市、县全部扩大了廉租住房保障范围，对符合保障条件的低收入家庭实现了应保尽保。全省廉租住房保障户数达到7.16万户，新增户数4万户，发放租赁住房补贴1.1亿元，筹集廉租住房6500余套。经济适用住房继续保持合理规模，全年竣工204万平方米，同时管理进一步规范，当年销售的经济适用住房全部进行了购房人资格审查，摇号排队购房。

为进一步提高住房保障能力，研究提出了住房保障制度改革的总体思路和工作目标，即继续扩大廉租住房保障范围，适时统一廉租住房和经济适用住房保障条件，允许符合保障条件的家庭自主选择廉租住房或经济适用住房保障方式，将原计划由经济适用住房保障的部分低收入家庭纳入廉租住房保障。大幅提高实物配租比例，大量增加廉租住房数量。2009年，廉租住房保障户数由8.0万户调整为8.5万户，经济适用住房竣工面积由180万平方米调整为150万平方米；2010年，廉租住房保障户数由9万户调整为10万户，经济适用住房竣工面积由180万平方米调整为150万平方米。这一思路和目标得到省政府的同意，以冀政〔2008〕101号文件印发。

【积极促进市场发展，工作取得新进展】 2008年下半年，由于世界金融危机的影响，河北省房地产市场出现不景气状态。为鼓励消费，活跃市场，省建设厅积极贯彻省委、省政府"扩大内需保增长"的战略部署，加强市场分析研究，多次向省政府汇报，并起草了《河北省人民政府关于促进全省房地产市场健康稳定发展的若干意见》提请省政府印发（冀政〔2008〕101号），提出了放宽普通商品住房价格标准、调整销售、转让等环节的税收政策、降低自住型和改善型住房消费信贷利率和首付比例、放宽住房公积金贷款额度和范围、实行购房落户、加快住房供应结构调整和优化投资发展环境的若干政策。这一文件，是河北省为"扩大内需保增长"出台的第一个文件，体现了温家宝总理"出手要快，出拳要重，措施要准，工作要实"的要求，得到省政府领导的表扬。

【城市"三改"工程快速推进】 "三改"工程既是推进城镇化、促进城镇面貌三年大变样的重点，也是工作推动的难点。以此作为改善民生、拉动经济增长的重要措施来抓，制定了旧小区改善、棚户区改建、解决三年大变样中低收入家庭住房问题等一系列政策性文件，研究解决开发模式、资金筹措、社会转型等问题，取得了阶段性成效。设区市城中村改造启动236个，拆迁面积1236万平方米，占总数的37.2%；启动棚户区改建项目107个，已拆迁389.6万平方米，石家庄市、承德市、张家口市、邯郸市和邢台市拆迁面积均超过30万平方米；启动240个旧住宅小区改善工程，完成改善面积519万平方米，承德市、秦皇岛市、唐山市完成改善面积均超过60万平方米。

【进一步加强市场监管，工作取得新成效】 房地产市场监管、整顿，既是一项日常工作，也是2008年集中开展的一项专项工作。针对当前房地产市场存在的主要问题，全省开展了房地产开发企业资质检查，共检查4276家房地产开发企业；完善了房地产项目手册制度、房地产开发项目资本金制度和外地房地产开发企业进冀开发备案管理制度，实行了房地产经纪机构备案公示制度、外省一级房地产估价机构进冀设立分支机构备案制度和房地产估价报告抽检和档案管理制度，逐步推行了存量房交易结算资金管理制度，截止2008年底，我省没有发生一起经纪机构严重侵害群众利益的恶性事件。组织检查了企业行为，共检查房地产开发项目714个，涉及违法违规项目95个；检查房地产开发企业1245个，涉及违法违规企业107个，处理91家，曝光9家，其余正在处理中；处理有违规行为的房地产经纪机构330家。国家八部委检查组来我省进行了检查，对我省的市场监管和整治工作给予了高度评价。

【继续推行房屋登记规范化，工作得到新提升】 各地贯彻落实《物权法》和新的《房屋登记办法》，加强行风建设，推行业务一体化办公、大厅式办公、信息系统建设和"一个窗口收件、一个窗口取件"，将房屋登记要件、交易条件、办公流程、办事时限以及咨询电话、投诉电话等向社会公开，做到热情、高效、优质服务。全省房管部门没有发生大的差错和群众反映强烈的问题，群众对房管部门服务的满意度明显提高。

五、建设科技与教育

【建设科技工作取得新进展】 编制年度科研计划，督导完成科技成果。全省共申报科研项目127项，组织专家论证，从中筛选下达建设科技指令性计划项目62项，指导性计划55项。下达河北省第十四批建筑业新技术应用示范工程计划项目43项。组织申报省科技厅科研计划项目、建设部科研计划项目、科技示范工程，列入省科技厅计划3项，列入建设部计划9项，列入建设部科技示范工程项目2项。

【加强对科研项目的督导管理工作，确保各项目按照计划任务如期完成】 组织有关专家对54项科研成果进行了专家鉴定，其中"公路桥梁健康监测新技术研究"等13项达国际先进水平；"绿色生态建筑评价系统研究"等22项达国内领先水平；有4项建设部科技计划项目通过了建设部组织的专家验收；省建研院承担的科技厅计划项目"建(构)筑物整体移位技术研究"，通过了科技厅组织的成果鉴定，其研究达国际领先水平。

【科技推广工作成绩显著】 一是研究制定了2008年河北省建设系统科技成果推广项目计划，共有10项科技新成果被列入计划进行重点推广。据不完全统计，这些科技成果的推广应用，全年共可增收节支0.4亿元，科技成果转化率达83%。二是科技示范工程进展顺利。组织有关方面专家对18项建筑业新技术应用示范工程进行了验收，采用新技术达国内先进水平，共节资降耗约5200余万元，各项工程节资额约占工程总造价的3.1%，社会、经济效益显著。河北建设集团承建的国家建筑业新技术应用示范工程呼和浩特机场候机楼通过了建设部组织的示范工程验收。三是科技进步工作取得新进展。2008年共有101项科研成果获河北省建设系统科技进步奖，其中一等奖28项、二等奖34项、三等奖39项。同时，向省科技厅推荐省科技进步奖参评项目17项，其中有"铁尾矿在建筑工程混凝土中的应用"1项荣获河北省科技进步二等奖，"河北省建筑市场监督管理信息系统"等9项获得河北省科技进步三等奖。四是积极推进工法工作，委托省土木建筑学会组织、邀请专家对各市和有关单位申报的工法进行了评审，共审定省级工程建设工法66项，比去年增加了39项。五是完成了我厅牵头承担的省科技厅HRB500级钢筋推广应用项目，在组织实施工程示范的基础上，组织省工程建设标准化办公室等单位编制、颁布了《HRB500级钢筋推广应用技术导则》。组织召开了《HRB500级钢筋应用技术导则》新闻发布会暨宣贯会议。六是组织实施了太阳能—建筑一体化应用技术推广工作。组织召开了太阳能热水系统与民用建筑一体化技术应用座谈会，对太阳能与民用建筑一体化技术应用工作进行了研讨，协助质安处印发了《关于执行太阳能热水系统与民用建筑一体化技术应用的通知》，对太阳能在建筑中一体化、规模化应用提出了强制性的要求。委托省标办组织有关单位编写了《民用建筑与太阳能热水系统一体化技术规程》，并已通过了专家审定，2008年底，将印发实施。

【建筑节能工作成效显著】 2008年，全省竣工节能建筑约2100万平方米，至此，全省累计完成节能建筑约 11820 万平方米，约占全省设区市与县城建筑面积的 14%，约高于全国 2 个百分点。新建建筑施工图设计阶段全部达到节能设计标准，竣工验收阶段 90% 以上达到标准。可再生能源利用逐步规范，利用量明显提高，2008 年，全省太阳能、浅层地能等可再生能源在建筑中应用面积为 772 万平方米，占当年竣工建筑面积的 37%。既有居住建筑供热计量及节能改造顺利推进，全省完成节能改造项目 128.3 万平方米，正在施工的改造项目 360.1 万平方米。国家机关办公建筑和大型公共建筑节能监管体系建设得到进一步加强。省本级完成 111 个部门的 98 栋政府办公建筑和 5 所高校的基本信息和 2006、2007 年度能耗统计，20 栋政府机关和 5 所高校的能源审计工作，能效公示近期完成，已完成 1 栋办公建筑能耗动态监测平台建设。指导石家庄市完成了 352 栋政府办公建筑、84 栋大型公建能耗统计工作，完成 10 栋政府办公建筑和 10 栋大型公建能源审计、公示工作。唐山市完成 531 栋建筑的基本信息和 2005、2006、2007 年度能耗统计，完成了 17 建筑能源审计、公示工作。

【领导干部研讨培训效果良好】 按照省委要求，省建设厅配合省委组织部等部门举办了四期"全省加快推进城镇化建设领导干部专题研讨班"，各市、县(区)党政一把手以及省直有关部门主要负责同志参加了研讨班，人数达到 406 人。云川书记、春华省长等省领导亲自参加并作了重要讲话，特别是云川书记在开班典礼上的重要讲话，从战略的高度深刻阐述了推进城镇化的重大意义，明确了建设现代城市的目标和要求，为城镇面貌三年大变样奠定了思想基础和基本方略。一批国家级知名专家学者系统讲授了城镇化、城市规划、城建投融资等方面的课程，内容丰富、理念先进、理论深刻、实践性强。学员们普遍反映，通过参加研讨班，进一步武装头脑、坚定信心、开阔视野、增长本领，学到了实实在在的知识。

（河北省住房和城乡建设厅　孙燕北　郭骁辉）

山 西 省

一、综述

2008 年，山西省建设系统按照省委、省政府的总体部署，提出了"紧紧围绕加快特色城镇化进程、住房保障体系建立，突出解决城市中低收入家庭、农村困难群众住房问题和'县县有'工程建设，强化建筑市场、勘察设计市场、房地产市场和市政公用市场服务与监管，抓好城乡规划、宜居城市创建、六大工程实施和建筑节能工作"的总体工作思路，确定了"55621"工作任务（即突出抓好五大重点工作、统筹做好五个方面的工作、强化六个方面的监管、完善政策法规和技术支撑体系、加强精神文明建设）。四川汶川发生大地震后，按照省委、省政府和住房城乡建设部的安排，牵头组织进行了援助四川灾区过渡安置房的建设。在工作推进的过程中，省建设厅一手抓抗震救灾，一手抓业务工作的落实，全面完成了各项工作任务。

二、城市规划建设管理

【城乡规划】 积极推进特色城镇化战略的实施，进一步加强城乡规划特别是经济圈和城市群规划的编制工作及设区城市的控制性详细规划编制工作，完善城市总体规划，下发了《关于完善城市总体规划的通知》，完成了《太原经济圈规划》和《太原市总体规划》初步成果、介孝汾城镇组群规划的 10 个专题报告和纲要、长治上党 1+5 城镇群及生态环境保护规划纲要、孝义市总体规划成果。运城市、永济市的总体规划纲要已通过审查，进入成果编制阶段。启动吕梁离柳中方城镇群规划编制工作。各设区城市控制性详细规划覆盖率达到 50%。完成《山西省实施〈城市规划法〉办法》和《山西省城市临时建设和临时用地规划管理办法》初稿修订工作，起草了《山西省户外广告设施设置技术规范》和《城镇控制性详细规划编制技术导则》，完成了 11 个设区城市 2008 年、2009 年住房建设计划与 2008～2012 年住房建设规划。此外，为深入贯彻落实《中华人民共和国城乡规划法》，召开了新闻发布会，开展了以宣传落实规划法、查处随意改变规划和违法建设行为为重点的落实年活动，全省共发放知识竞赛题和宣传材料 90 多万份，对在建项目进行了拉网式排查，共拆除违法建设 30 多万平方米，使全省上下特别是各级领导干部进一步增强了规划意识和依法实施规划的自觉性。为加强规划监督工作，积极推行规划督察员制度，向省编办报送了《关于解决山西省城乡规划委员会办公室机构编制并加挂山西省城市规划督察员办公室牌子的请示》，正等待批复。同时将阳泉市确定为派驻规划督察员试点城市。

【基础设施建设】 采取多种有力措施，深入推进各项基础设施建设。截至 2008 年底，全省 11 个设区城市绿化覆盖率达到 35.27%，同比提高 1.66 个百分点。22 个设市城市供水普及率达到 93.05%，同比提高 0.09 个百分点；燃气普及率达到 79.8%，同比提高 0.3 个百分点；城市集中供热普及率达到 70.2%，同比提高 5.1 个百分点；城市污水处理率达到 65.3%，生活垃圾无害化处理率达到 45.2%，分别同比提高 2 个和 9.9 个百分点，超额完成了省政府下达的目标任务。新建成城镇污水处理厂 27 座，在建城镇污水处理厂 43 座。建成城镇生活垃圾无害化处理场 14 座，在建城镇生活垃圾无害化处理场 21 座。新建成生态文化公园 16 个，在建生态文化公园 94 个。2008 年，全省共完成城市基础设施建设固定资产投资 130 亿元，同比增长 8.3%。全省城镇污水处理厂新增生活 COD 减排量完成 2.155 万吨，超出了 1.8 万吨的目标任务。

【城市绿化】 全省各市继续深入开展"创建园林城市"活动，城市绿量继续增加，绿化水平不断提高，城市生态和人居环境质量得到了明显改善，超额完成了全省经济和社会发展预期目标。全省 11 个设区城市新增绿化面积 823.92 万平方米，完成了全年任务的 104.4%，建成区绿化覆盖率达到 35.06%，同比提高了 1.45 个百分点；全省共完成道路两旁绿化投资 96141.96 万元，新增绿化面积 383.57 万平方米，占年度任务量的 110.3%。壶关县创建成为山西省首个"国家园林县城"；朔州市、屯留县被命名为"省级园林城市（县城）"；阳泉市、平顺县通过"省级园林城市（县城）"验收；介休市、左权县、长子县、襄垣县进行了创建"省级园林城市（县城）"验收初评；长治市、晋城市启动创建"国家生态园林城市"；太原市、朔州市启动创建"国家园林城市"。在深入开展园林城市创建活动的基础上，2008 年，继续深入开展创建"宜居城市"活动，确定了创建"宜居城市"考评的总体框架和具体内容，制定下发了《山西省创建宜居城市考核评比标准（试行）》。

【风景名胜区管理】 开展了风景名胜区综合整治工作，加强风景名胜区经营项目管理、监督检查和考核评估、资源有偿使用费管理等配套制度建设。同时严格执行风景名胜区建设"一书两证"制度，进一步规范风景名胜区建设行为。五台山申遗文本正式报送世界遗产中心并通过审查，按照申遗要求，完成了核心区拆迁整治、生态绿化、移民商住区一期工程建设、展示中心建设、游客接待中心建设、进山考察线路整治、台顶整治、采矿区生态景观修复等 8 项重点工程，彻底改善了景区的环境条件。2008 年 9 月份，世界遗产组织委派的世界自然保护联盟（IUCN）和国际古迹遗址理事会（ICOMOS）专家对五台山进行了考察，五台山申遗结果将在 2009 年 6、7 月间提交第 33 届世界遗产大会进行表决。恒山联合四岳申遗文本已报送审核，壶口申报世界自然遗产工作正式启动。

【市政公用行业改革】 根据省政府对全省市政公用事业发展的要求，结合山西省实际，起草了《关于推进市政与公共服务业发展的实施细则》。认真宣传贯彻《山西省市政公用事业特许经营管理条例》，加强市政公用事业的监管工作，制定完善相关政策，进一步规范了特许经营管理，提高了服务质量和水平。加强了引资项目和进入市政公用行业的民营企业依法进行特许经营工作，大同市引资进行生活垃圾处理项目建设，忻州市引进民营企业经营城市公交。初步完成供水、市容环卫两个信息系统平台的开发工作。编制了涉及道路、绿化、环卫等行业的 12 个地方性服务规范和标准，印发了《山西省市政公用事业特许经营政府监管标准体系》，进一步明确了全省市政公用行业的特许经营监管工作方向。

【城市公共交通管理】 按照国务院关于节能减排的要求，在全省公交行业积极推行"油改气"工作，截至 2008 年底，全省已有 2000 余辆公交车进行了改造。组织开展了"城市公共交通周及无车日"活动。配合省财政厅发放燃油补贴 2.69 亿，有效缓解了油价上涨带来的运营压力。对出租汽车行业进行了专项治理，全省各市结合当地行业实际，继续发挥建设、公安、工商等部门联合执法队伍的作用，互相配合，统一行动，同时还利用新闻媒体广泛宣传非法营运的危害，教育广大乘客自觉抵制"黑车"，使非法营运车辆逐步失去市场。2008 年，全省共打击非法营运车辆 6800 余台次。对全省城市客运稽查管理人员分 11 批共 1160 人进行了统一培训，规范了执法人员的行为，提高了执法人员的业务水平和职业道德。继续开展换发出租汽车经营许可证工作，全年经审核，共换发出租汽车经营资格许可证

21707个，出租汽车车辆运营证35904个，出租汽车驾驶员服务资格证50000个。在坚持公开、公正、透明原则的基础上，广泛征求了社会、出租车驾驶员、经营者意见，顺利完成太原市8292辆出租汽车的更新工作，为进一步优化城市发展环境、提升城市整体形象，发挥了积极作用。

三、村镇建设

【村镇发展概况】 2008年底，全省共有乡镇1196个，其中建制镇563个，乡633个；村庄48322个，其中行政村28167个。全省村镇现状用地总面积44.45万公顷。其中一般建制镇（不含85个县级人民政府所在地镇）现状用地面积5.18万公顷，乡现状用地面积2.6万公顷，村庄现状用地面积36.4万公顷。全省村镇总人口2740.8万人，其中户籍人口2329.6万人，暂住人口141.2万人。

【村镇住宅建设】 2008年，全省用于村镇住宅建设的投资达87亿元，新建村镇居民住宅建筑面积1490万平方米，共有7.2万户居民建了新房，喜迁新居。新建村镇居民住宅的楼房建筑面积达1828万平方米，占新建住宅建筑面积的90.2%。2008年，建制镇、乡集镇和村庄新建住宅建筑面积分别是265.1万平方米、140.6万平方米、1625.4万平方米，其中建制镇、乡集镇和村庄的居民楼房建筑面积分别是250.8万平方米、130.3万平方米、1446.9万平方米。全省2008年末实有村镇住宅建筑面积7.7亿平方米，人均住宅使用面积达26.13平方米，同比增长1.9%。村镇住宅建设已经从单纯追求数量增加逐步转变到注重质量水平的提高和功能的完善，并开始注意内外装修。村镇住宅建筑形式日渐丰富，逐步向多层公寓式住宅发展。一批规划布局合理、建筑形式新颖、村镇居民的居住条件和居住环境得到改善。

【村镇基础设施建设】 2008年全省村镇建设投资共计149亿元，其中用于生产性建筑的投资达16亿元，新建生产性建筑面积285.27万平方米，建成了一批农业和乡镇企业急需的生产性设施，为农业和乡镇企业的发展创造性了良好条件。用于村镇公共建筑投资达17亿元，新建公共建筑面积256万平方米，村镇公用基础设施逐步配套，生产生活环境进一步改善。用于道路和自来水建设的投资达16亿元，已有19910个村镇的居民用上了比较清洁的自来水，受益人口达1864万人，自来水普及率达75.5%，乡镇道路2008年末实有长度达到8220公里，均为宽度在3.5米以上的铺装道路。全省乡镇基本实现了通油路，行政村全部实现了通机动车。实有桥梁1822座，防洪堤长度达1991公里，全部建制镇、乡集镇和95%的村庄通了电，排水管道长度达3010公里，绿化覆盖面积达15656公顷，乡镇人均绿地面积达15.2平方米。日益加快的村镇基础设施建设，有力地支持了农村乡镇企业和全省农村经济的繁荣，为农村经济社会发展奠定了良好的基础。

【村镇规划】 2008年共编制完成县域村镇体系规划20个、小城镇总体规划65个、新农村建设规划2000个、历史文化名镇名村保护规划10个。对县域经济和社会发展的空间安排，解决县域城镇布局、设施建设与资源开发的空间关系问题，合理确定县域城镇的等级规模、职能分工和空间布局，指导城镇科学发展，起到了积极促进作用，为科学配置县域资源、优化生产力布局、实现县域经济可持续发展奠定了坚实基础。

【小城镇建设】 开展了全省特色小城镇可持续发展的调查研究，对不同类型的小城镇，提出了可持续发展的政策建议。6个村镇通过申报成功进入"中国历史文化名镇名村"名录，27个村镇评为"山西省旅游名镇名村"，3个小城镇评为"省级园林小城镇"。利用1亿美元亚行贷款，依靠国内外专家的科研成果，加强了全省小城镇的基础设施建设。会同省财政厅下发绿化扶持资金1200万元，2008年底，建制镇绿化覆盖率达到20.44%。通过对各类特色小城镇加强政策引导、技术服务和资金支持，培育和扶持了一批布局合理、功能完善、特点鲜明、人居环境好、经济增长快的特色小城镇，对周边地区产生了较强的辐射带动作用。

【农村住房解困】 2008年，省政府将"启动解决农村困难群体住房问题"列入承诺为人民群众办好的10件实事，并决定2008年首先开展3000户试点。按照省政府工作部署，在全省选择了右玉、高平、左权、交城、永济、古县6个县（市）共3000户先行开展试点，通过全面调查摸底、及时出台政策、科学制定目标、严格划分责任、尽快落实资金等措施，截至2008年底，全省农村困难群众3000户解困试点工作已全面完成。农村住房解困工作的顺利启动，是村镇建设工作落实科学发展观的具体实践，大力推动了城乡一体化和谐社会建设。

四、建筑业管理与工程建设

【建筑业概述】 2008年全省建筑行业坚持以邓小平理论和"三个代表"重要思想为指导，全面贯彻落实科学发展观，认真落实全省建设工作会议精神，强化工程建设市场、工程质量、安全生产三个监管控制体系的法规和制度建设，创新监管手段，提高服务水平，推进企业改革，促进行业发展，全省建筑业继续保持持续快速发展。2008年完成建筑业总产值1200亿元，同比增长13.2%；实现增加值333亿元，同比增长12.3%；具有资质等级的建筑业企业实现利润总额243亿元，上缴税金40.6亿元。全省建筑业从业人员80万人，人均建筑业产值15万元。工程质量综合监管成效显著，初步建立起建筑市场监管信息系统，实行了监理服务收费专户管理制度。开展了建筑业企业、招标代理机构动态考核。以市场现状及发展需求为导向，以资质审批为手段，扶强扶优、培育特色、协调发展各类建筑企业，初步形成了以施工总承包企业为主体，专业承包企业配套，劳务分包企业为基础，工程监理企业、招标代理机构为辅助的建筑业结构体系。

【建筑市场管理】 继续加强对市场行为主体的动态监管。开展了外省入晋建筑业企业、招标代理机构资质动态考核工作，按照资质标准要求，对企业注册资本、专业技术人员、技术装备、市场行为、工程业绩、管理制度等方面进行考核，对不符合资质标准要求的企业给予了通报、停业整顿、降低资质等级、撤销资质证书等处罚，建立起企业优胜劣汰的动态管理制度和市场清出机制。动态考核结果记入企业诚信档案，向社会公示，有效地规范了企业的市场行为。完成了山西省建筑市场监管信息系统的建设和企业、人员、项目管理等板块的系统需求研究，对开发完成的有关内容进行了修改和完善。利用初步开发完成的系统对建筑业企业和在建工程项目等情况进行了基本信息采集。对企业上报中发现的问题及时进行改进和完善。通过企业动态考核，不断完善企业基本信息，建立企业数据库。同时，在网上开展了省级监理工程师初始注册和换发注册证书工作，基本建立起我省省级监理工程师数据库。继续推进勘察设计试点单位改制工作，强化勘察设计市场监管，完善施工图审查制度，建立健全了规范建筑市场秩序的长效机制。

【建筑工程质量】 质量监督机制和监督模式不断改革和创新，推行以工程实体重点部位、关键部位的重点检查和对结构安全性、使用功能的随机检查，以及对参与工程建设各方责任主体的质量行为的检查相结合的监督模式，使工程质量始终处于受控状态。同时加大了对工程质量的动态管理，行业诚信体系正在形成。出台了《山西省建设工程质量检测机构动态考核要求》，下发了《关于加强冬期施工管理的通知》、《关于进一步加强政府投资工程质量监督管理工作的通知》等一系列规章制度，使全省质量监督法规制度更加健全，地方标准建设继续完善，工程质量综合监管取得明显成效。全省城市行政区域内工程质量监督覆盖率100%，工程质量验收合格率100%。有19项工程申报省"汾水杯"称号，有79项工程申报省优良工程。全省工程质量验收合格率100%，工程优良率达33.7%，比2007年提高了0.9个百分点，工业项目一次试车成功，竣工验收备案率达90.5%，全省未发生重大质量事故，工程质量水平稳中有升。组织有关人员开发了工程质量监督和检测信息平台，基本实现工程项目网上申报，统计数据自动生成。

【建筑安全生产】 按照国务院办公厅的总体部署，继续深入开展建筑行业安全隐患排查专项行动，结合建筑施工高处坠落和坍塌事故多发的特点，对施工现场进行全方位的隐患排查。制定了《山西省建筑施工安全生产隐患排查治理工作方案》，分三个重点时段认真组织实施。先后下发《关于开展建筑安全生产百日督查专项行动的通知》、《全省建筑安全隐患百日督查专项行动和隐患排查巡视检查的通知》，共检查建筑施工企业345个，在建工程1897项。排查出安全隐患2785个，完成整改2785个，整改率100%，确保了建设系统的安全生产。9.8襄汾溃坝特大事故发生后，及时制定了《建筑施工安全生产隐患排查专项方案》，召开安全生产会议进行了安排部署，制定、完善了15项安全管理制度，狠抓重点地区、重点企业和重点项目的隐患排查。认真开展施工图审查工作，纠正违反强制性条文32607条次、严重安全隐患1461处。2008年，全省房屋建筑和市政工程发生等级以上的安全事故7起，与2007年持平；死亡8人，同比减少3人，低于全国平均水平。

【解决拖欠工程款和农民工工资】 进一步巩固清欠成果，完善并落实防欠长效机制，开展清欠"回头看"工作。下发了《关于进一步做好解决建设领域拖欠工程款"回头看"工作的通知》，对工程款支付监管、落实19项长效机制、完善举报投诉机制等作了明确要求。受理转办来信来访33件，其中拖欠农民工工资案件2起，反映拖欠工资57.61万元；拖欠工程款案件31起，反映拖欠工程款8794.74万元。经核查认定，调解督办，处理22起，其中农民工工资案件2起，解决拖欠57.61万元；工程款案件20起，解决拖欠4604.11万元。妥善解决集体上访围堵等突发事件10余起。对中铁十七局建筑公司、四川川北数码港建设公司、山西建筑总公司、深圳宝鹰建设公司、山西宏图公司等建筑企业拖欠农民工工资的行为进行了全省通报批评。

【重点工程建设】 2008年，全省共确定63项重点工程。年度投资总额为388.61亿元，约占全省全社会全年固定资产投资总额的12%。截至2008年底，全省累计完成重点工程建设投资377.47亿元，占投资计划的97.1%，同比提高4个百分点；累计到位资金367.85亿元，占计划的94.7%，同比提高1.5个百分点。2008年内有建成投产任务的10个项目全部完工；计划开工的19个项目有12个开工建设；在建36项工程进展顺利。"省城十大建筑"中，太原国际机场新航站已于2008年7月中旬投入使用，山西省科技馆、山西省图书馆、山西省大剧院、太原美术馆和太原铁路南站已经开工建设。全省重点工程交竣工工程合格率始终保持100%，重点工程建设领域未发生重大安全质量事故，未发生拖欠农民工工资的举报。

【工程招投标管理】 2008年全省应招标工程2160项，实际招标2160项，招标率100%；应公开招标工程2062项，实际公开招标2062项，公开招标率100%。对全省原有的评标专家库进行整合，成立了全省房屋建筑工程评标专家库。强化了房屋建筑工程招标评标专家管理，进一步实现资源共享。与省纪检委联合进行了工程建设招标投标调研，针对调研中发现的有形市场不规范、交易违规等问题，加大对招标代理机构动态监管力度，净化招标代理市场环境，促进招标代理中介服务机构健康发展。启动了《山西省房屋建筑和市政基础设施工程施工招标投标实施细则》的修订工作，修订后的《实施细则》将突出对政府投资工程的招标投标监管，同时对招标投标活动的全过程进行严格监管，重点遏制规避招标、擅自邀请招标、围标、串标等行为。

【工程建设标准和造价管理】 发布了《城市绿化常用苗木标准》等11项工程建设地方标准和《山西省市政公用事业特许经营政府监管标准体系》，组织审定了《园林绿化养护质量标准》等16项工程建设地方标准。编制完成了山西省《工程建设建筑节能项目预算定额》。整理印发《无障碍建设文件汇编》，为山西省的5个创建全国无障碍建设城市制定本市的无障碍建设管理规章提供了参考资料。组织专家对国家标准《屋面工程质量验收规范》(GB 50207—2002)和《地下防水工程质量验收规范》(GB 50208—2002)进行了修订。完善《造价员信息管理系统》，提升了造价员变更和续期验证模块的功能。开展了2008度全省造价工程师继续教育工作，全省参加网络教育人数达1800余人，参加面授培训的人数达660多人。

【建筑企业劳保费用统筹管理】 2008年全省共收缴建设工程养老保险费4.7亿元，同比增长18%；向施工企业拨付养老保险费3.44亿元，比2007年同期多拨付4500万元；补贴特困企业及职工养老保险费6136万元，比2007年同期多补贴2183万元。同时在全省范围内积极推行建设工程保证担保制度，有力地保障了建设工程各方主体的合法权益。截至2008年底，全省共在五个市开展了工程担保工作，培育工程担保机构29个，承接担保项目560项，担保总额达到6.1亿元。对规范建筑市场行为，防止工程款拖欠，保障建设工程各方主体的合法权益，促进全省建筑业健康快速发展起到了积极的作用。

【建筑节能和建筑科技】 加大建筑节能推进力度，组织认定了3批、共计140余项建筑节能技术(产品)。可再生能源在新建建筑中应用项目24个、面积220万平方米，约占新建建筑的10%，运城丽锦·城西人家、山西实验中学新校区等7个项目列入国家示范工程。报请省政府下发《山西省人民政府关于实施〈山西省省级行政机关和全额事业单位办公建筑节能改造方案〉的通知》，编制《山西省省级行政机关和全额预算事业单位办公建筑节能改造方案》，启动既有建筑节能改造项目27个、53.58万平方米。启动省直机关办公楼节能改造项目9个、15.69万平方米，大型公共建筑节能改造项目10个、10.89万平方米。加强了机关办公建筑和大型公共建筑节能监管体系建设。颁布实施了《山西省民用建筑节能条例》，山西省的建筑节能工作逐步走向法制化轨道。启动了建筑能效测评工作，先后下发《关于在我省试行建筑能效测评标识制度的通知》、《关于加快开展建筑能效测评工作的通知》，推动能效测评工作在我省的开展。积极推进科技成果推广与转化，批准省级工法102项，其中33项推荐参加国家级工法评审。成功举办了"第二届山西绿色建设科技产品展览会"，极大地提高了全社会对建筑节能的认识。2008年，全省节能建筑面积达到7000万平方米，共节约采暖能耗105万吨标准煤，减少二氧化碳、二氧化硫等温室气体排放250万吨。确定省级建筑业十项新技术应用示范工程21项，建设科技工作取得了明显进展。

五、住宅与房地产业

【房地产开发】 积极研究推动房地产业健康发展的政策措施。召集11家银行、20家房地产企业、11个设区城市房地产主管部门，分别召开了房地产银企座谈会和房地产主管部门座谈会，认真分析了房地产开发形势，查找产业发展过程中存在的突出问题，合理引导房地产投资，鼓励和培育住房消费，促进了房地产业的健康发展。2008年，全省完成房地产开发投资326.7亿元，同比增长26.2%；城镇住宅投资441.6亿元，同比增长25.3%。商品住宅投资277.9亿元，同比增长19.8%。城镇人均住房建筑面积达到28平方米，比2007年增加1平方米。

【房地产市场秩序】 按照全国房地产市场秩序专项整治工作领导组的安排部署，进一步加大房地产市场的监管力度，下发了《关于切实做好新建住房项目审批和住房供应信息公开的通知》、《关于加强房地产市场监管规范市场秩序的通知》和《关于加强商品房销（预）售监管的通知》，与省监察厅、省政府行政效能建设领导组办公室联合下发了《关于开展住房建设、城乡规划和住房公积金管理专项效能监察工作的通知》，组织各市开展了住房建设专项效能监察自查自纠工作。2008年4月，全国房地产市场秩序专项整治检查组来山西省检查并抽查了太原、运城两市的房地产市场秩序专项整治工作。2008年山西省房地产市场秩序专项整治工作重点放在案件查处上，工作中通过投诉举报电话、网站专用信箱等工具，密切关注社会和媒体热点，努力扩大案件来源，共查处了涉及房地产违规开发、销售、拆迁等案件23件。

【棚户区改造工作】 棚户区改造是省政府向全省人民承诺办好的"十件实事"。山西省积极争取国家的资金补助，2008年争取国有重点煤矿棚户区改造配套补助资金11282万元。国有重点煤矿棚户区改造新建住房147.29万平方米，为目标任务的1.47倍；城市居民棚户区改造新建住房284.31万平方米，为目标任务的2.84倍；新建经济适用住房393.2万平方米，为目标任务的1.51倍；新建廉租住房77.4万平方米，为目标任务的1.94倍；货币补贴保障廉租住房保障对象5.11万户，为目标任务的1.34倍；归集廉租住房保障资金6.68亿元，为目标任务的1.19倍。超额完成了省政府的十件实事。

【低收入家庭住房保障】 报请省政府下发了《关于健全和完善住房保障体系切实解决城市低收入家庭住房困难的通知》（晋政发〔2008〕2号）和《关于实施城市居民棚户区改造的指导意见（试行）》（晋政发〔2008〕3号）两个文件。抽调人员组成专题调研组，深入太原、大同、忻州、长治4个城市就政策性住房供应管理进行专题调研。在调查研究的基础上，代省政府起草了《关于规范和加强政策性住房供应管理的通知》。通过山西省人民政府网、人民代表网、山西政协网、山西省人民政府法制办公室网和山西省建设厅网5家门户网站和山西日报、山西经济日报、人民代表报、山西晚报、山西政协报、山西青年报、山西商报和太原晚报等8家主要新闻媒体全文发布公告，广泛向社会各界征求意见。共收到社会各界的建议和意见615条，接受来人、来信、来电咨询572人次。并邀请专家和部分人大代表、政协委员、政府监督员对文件征求意见稿进行了论证，进一步健全和完善了山西省的住房保障制度。

【城市房屋拆迁】 印发了《关于切实做好城市房屋拆迁管理工作的通知》和《关于开展"以和谐拆迁，迎文明奥运"主题活动，扎实抓好城市房屋拆迁工作的通知》，开展了"以和谐拆迁，迎文明奥运"主题活动，实现了奥运期间城市房屋拆迁问题赴京零上访。认真落实城市房屋拆迁项目验收和信访接待登记、转办、督办制度，开展拆迁矛盾纠纷排查调处工作，上访量明显下降。2008年，接待城市房屋拆迁来信、来访案件共15批次、24人，同比下降25%和8%。

【物业管理】 以培育新型产业为目标，以创建示范项目为动力，逐步扩大物业管理覆盖面。逐步完善物业管理制度，起草了《物业管理条例》（修订稿）和《加强物业管理工作的通知》，不断提升物业管理的服务水平。2008年，全省物业管理覆盖率达到44.1%，比2007年提高了1.1个百分点。太原丽华苑和大同金色水岸等4个项目被评为"全国物业管理示范住宅小区"，太原阳光地带等15个项目被评为"全省物业管理示范住宅小区"，中行太原中心支行办公楼等5个项目被评为"全省物业管理示范大厦"。

【住房制度改革和公积金管理】 进一步落实住房分配货币化政策，积极推进租金改革和公有住房出售工作。2008年，职工领取住房补贴人数新增加3640人，发放住房货币化补贴金额4062万元，位于全国中等水平。加强住房制度改革的政策指导和咨询服务。加快公有住房出售，继续推进住房商品化、社会化的进程。2008年，全省新增住房公积金缴存职工人数14.31万人，总人数达到276.11万人，覆盖率达到70.96%；新增住房公积金归集额86.25亿元，同比增长10.87%，总额达到385.21亿元；全年共为2.01万户职工发放个人贷款17.20亿元，同比增长27.49%，累计发放70.12亿元；全年提取廉租住房补助资金2207.3万元，提取总额达到8483.72万元，已有4106.81万元用于廉租住房建设。积极开展住房公积金管理专项治理工作，清理回收历史遗留的住房公积金逾期项目贷款、挤占挪用资金5831.6万元,占应清收入总额的47.73%。

六、勘察设计

不断提高全省勘察设计行业管理的科学化和规范化,正式启用勘察设计信息管理系统,全年共有520余家勘察设计企业开通了信息管理平台并进行了首次数据库更新,为勘察设计行业信息化管理提供了技术保障。全省勘察设计行业自律工作全面推开,大同、长治、忻州等市的行业自律工作取得初步成效。不断强化勘察设计市场监管,加大施工图审查工作力度,通过质量检查,设计评优和注册培训,形成了一支结构合理、创新能力强的勘察设计队伍,全省勘察设计行业的市场竞争力不断增强,市场环境进一步好转。全年完成勘察设计总产值62.18亿元,同比提高14.3%;实现收入50.32亿元,同比提高13.7%。对在册勘察设计单位进行了集中清理整顿,取消13家、黄牌警告29家。制定出台了《山西省抗震设防超限高层建筑工程界定规定》。编制出台了节能降耗的农村"吊炕"标准设计图集。配合省教育厅开展了全省范围内的中小学校舍危房普查工作,启动了山西中小学校舍标准设计图集的编制工作,下发了《山西省抗震设防超限高层建筑工程界定规定》,组织了全省范围内的超限高层建筑抗震设防审查情况的大检查。

七、建设法制工作

【建设立法工作】 通过多方协调沟通和努力,《山西省建筑节能管理条例》于2008年9月25日在省人大常委会会议上正式通过,2008年12月1日起施行。对近80件国家、省、省直相关部门的法律、法规、规章及规范性文件草案来文征求意见依法进行了审查,提出修改意见228条。坚持重大事项科学决策、民主决策、依法决策,认真履行行政诉讼、行政复议的法定职责,制定了《省建设厅法律顾问工作规则》,进一步规范了依法行政行为,提高了行政水平和行政效率。

【普法工作】 2008年是《城乡规划法》实施的第一年,召开了《城乡规划法》落实年活动新闻发布会,举办了《城乡规划法》培训班,全省建设系统400余人参加了学习,并填写了《〈城乡规划法〉实施调查问卷》,同时组织了《城乡规划法》知识竞赛,对《城乡规划法》进行了广泛宣传。接受省依法治理领导组的普法检查,获得了高度评价和充分肯定。

【建设执法工作】 按照《2008年全省建设工作要点》要求,以规范建设市场、促进建设行业持续健康快速发展为落脚点,进一步加强专案稽查和专项检查工作,继续深入推进房地产市场秩序专项整治和治理商业贿赂工作,全面开展了《城乡规划法》落实年活动督导及检查、全省建筑节能检查等专项检查。受理各类投诉举报、上级部门转批案件34件,其中,涉及房地产23件、涉及工程招投标3件、涉及工程建设7件、涉及拖欠工程款1件,结案32件。成功组织了全省工程建设执法工作座谈会,为维护建设市场秩序,规范市场行为,确保建设行业持续、安全、和谐发展做出了积极贡献。在各类专项、专案检查中,共检查了在建项目151个,下发责令改正通知书28份,行政执法告知书41份,下达处罚决定书19份,罚款金额200余万元。通过与省政府法制办协调沟通,对省住房与城乡建设厅符合换发新版行政执法证件的承担行政执法职责的250多名行政执法人员进行了培训,并组织了考核。

八、建设教育和精神文明建设

【建设教育】 推荐了8名同志参加山西省建设系统专业技术人员赴德研修选拔工作,接收1名清华大学博士生到省建筑设计研究院开展服务工作,向省人事厅推荐了享受政府特殊津贴专家7人和"333"人才工程4人,向省人才工作领导组推荐了119名厅局联系的高级专家。在大同召开了全省建设行业职业技能培训鉴定工作会议,重新对17个职业技能培训机构进行了审核认定,选聘了培训教师,修订了职业技能鉴定工作程序和专业技能管理人员培训工作实施方案。截至2008年底,山西省共创建农民工业余学校200所。同时积极与住房和城乡建设部协调,争取到中英艾滋病策略支持项目培训资金6.5万元,完成对2500名农民工的培训任务;完成了对山西省建筑业工地预防艾滋病宣讲骨干及管理骨干培训工作。对23074名建筑业一线农民工进行了安全知识培训,对17997人生产作业人员进行了职业技能培训鉴定。

【党风廉政建设和精神文明建设】 召开会议对2008年党风廉政建设和精神文明建设工作进行了安排部署,形成了"紧紧围绕一条主线(加强对落实科学发展观的监督检查)、突出两个建设(党风廉政建设、精神文明建设)、更加注重三个环节(教育、制度、监督)、积极参与四项治理(住房公积金专项督查、城乡规划效能监察、治理商业贿赂、房地产专项整治)"的总体工作思路。深入调查研究,制定了建设系统《2008~2012年惩防体系建设规划的实施办法》。下发了《中共山西省建设厅党组2008年党风廉政建设和反腐败工作主要任务分解意见》。《分解意见》对厅领导班子9名成员、18个处室、48项主要任务进行了分解落实(含省委、省政府分解给我厅的2项牵头、16项配合任务),形成了厅主要领导全面负责,重大问题亲自过问,班子成员抓职责范围内的党风廉政建设,带头履行好"一岗双责",各处室积极承担,党员干部广泛参与的工作格局。根据厅主要领导工作变化的情况,及时调整了党风廉政建设和反腐败工作领导组及工作机构,进一步明确了领导机构及其工作职责。2008年,全省建设部门紧密结合业务工作,普遍开展了形式多样的"迎奥运、讲文明、树新风"活动,深入开展"创建文明机关,做人民满意公务员"活动。召开了"纪念七一暨抗震救灾表彰大会",建设厅党组作出了"在全省建设系统开展向戎金亮同志学习活动的决定",在忻州召开了全省建设系统向戎金亮同志学习动员大会。山西省援助四川地震灾区过渡安置房建设任务提前超额完成,实现了省委提出的"全国争先"目标,全省建设系统有9个单位和19名个人受到住房和城乡建设部的表彰。

【信息化建设】《中华人民共和国政府信息公开条例》颁布实施后,迅速成立了山西省建设厅政府信息公开工作组。按照《山西省贯彻落实〈中华人民共和国政府信息公开条例〉实施方案》,制定了《山西省建设厅贯彻落实〈中华人民共和国政府信息公开条例〉实施方案》。下发了《关于报送政府信息公开目录的通知》,编制了《山西省建设厅政府信息公开指南》、《山西省建设厅政府信息公开目录》。起草了《山西省建设厅政府信息发布保密审查制度》、《山西省建设厅依申请公开政府信息工作制度》,明确了申请受理、审查、处理、答复等各个环节的具体要求。在网站设置了省建设厅政府信息公开专栏,建立和畅通链接,并开设了"政府信息公开指南""政府信息公开目录""依申请公开""政府信息公开年报""政府信息公开规定"等五个栏目,进一步优化政府信息公开专栏页面功能设置。2008年,在山西省住房与城乡建设厅门户网站共主动公开政府信息近600条。受理信息公开申请2件,并已全部答复。网站共发布各类信息7438条,其中厅发文件384篇,公示公告389篇,法律法规284部,领导讲话156篇,建设动态新闻866篇,设置专题栏目18个,其他类信息5359篇,网站总访问量突破136万人次,真正成为"政务公开的平台、对外宣传的窗口、在线管理的平台和服务公众的桥梁"。加快推进电子政务信息化项目的开发建设,基本完成了山西省建筑市场监督管理信息系统、山西省房地产市场信息监管平台系统、山西省城市市政基础设施建设管理系统的开发建设,制定了山西省住房公积金监管系统总体建设方案,起草了山西省建设厅内部行政审批系统建设方案。进一步提高了全省建设行政主管部门的监督管理水平。

【抗震救灾】 四川汶川发生大地震后,省建设厅积极响应党中央、国务院和省委、省政府的号召,积极组织开展向地震灾区人民献爱心活动。组织机关和直属单位先后向灾区人民捐款142万余元,缴纳特殊党费65万余元。向灾区捐献了价值200余万元的垃圾清运车、洒水车、吸粪车、移动厕所等环卫设备。组织中煤集团山西平朔公司赴四川广元市剑阁县进行抢险救灾,圆满完成了千里驰援任务,四川省建设厅向山西省住房和城乡建设厅发来感谢信,剑阁县县委、县政府也寄来有"一方有难、八方支援"的锦旗,对我厅的抗震救援工作表示衷心感谢。按照住房和城乡建设部、省委、省政府的安排部署,全省建设系统在各市政府、各有关部门的共同配合下,组织260多家企业、12000多名建设职工赴四川灾区进行过渡安置房建设,经过55天的奋战,累计安装完成37277套,提前25天超额完成了援建任务。在任务总量3万套以上的省区中,山西省是最早完成全部任务的省区,受到国家有关部门、援建地政府和灾区人民群众的一致好评。在援川建房工作中涌现出了一大批先进集体和优秀个人:援川建房太原突击队被党中央、国务院和中央军委联合授予"全国抗震救灾英雄集体",罗清宇同志被授予"全国抗震救灾模范";戎金亮同志为援川建房工作献出了年轻的生命,被住房和城乡建设部授予"全国住房城乡建设系统抗震救灾先进个人"同时被山西省委组织部授予为"山西省抗震救灾优秀共产党员";太原、晋中、朔州市援建突击队分别被全国总工会授予"抗震救灾重建家园工人先锋号"称号;晋中市建设局等9个单位被建设部授予"全国住房城乡建设系统抗震救灾先进集体",郝培亮等18人被授予"先进个人";太原市建管委等44家单位被省人事厅、省建设厅联合授予"山西省建设系统抗震救灾先进集体",孙荣琨等328人被授予"先进个人"。在接受对口支援四川茂县的灾后重建任务后,省建设厅先后组织4个专家工作组,50多名专业技术人员赴川,完成了10个乡镇的农房重建施工指导工作,22个乡镇的村镇规划调研和全县范围内的41万平方米危房鉴定工作。

九、山西建设大事纪

（一）省建设厅领导调整

经省委常委会议 2008 年 1 月 26 日研究决定：王国正同志任省建设厅党组书记。经 2008 年 4 月 2 日山西省第十一届人民代表大会常务委员会第一次会议通过，决定任命：王国正为山西省建设厅厅长。

经省委组织部部务会议 2008 年 7 月 3 日研究决定：闫晨曦同志任省建设厅党组成员。经省人民政府 2008 年 7 月 21 日第 15 次常务会议通过，决定任命：闫晨曦为山西省建设厅副厅长。

经省委常委会议 2008 年 8 月 1 日研究决定，郝耀平同志任省纪委驻建设厅纪检组组长。经省委组织部部务会议 2008 年 8 月 1 日研究决定：郝耀平同志任省建设厅党组成员。

（二）4 月 9 日，全省建设工作会议在太原召开

会议以党的十七大、十一届全国人大一次会议、省十一届人大一次会议和全国建设工作会议精神为指导，回顾总结了 2007 年全省建设工作取得的成绩，深刻分析了当前面临的形势和任务，并对 2008 年工作进行了安排部署。省建设厅厅长王国正作了题为《深入贯彻落实党的十七大精神 促进城乡建设又好又快发展》的工作报告。省人大副主任谢克昌、副省长张建民、省政协副主席周然出席会议。

会上，省市政府签订了 2008 年建设工作目标责任书，省建设厅还对全省建设系统党风廉政精神文明建设工作进行了安排部署。

（三）5 月 19 日～7 月 21 日，圆满完成援川建房工作任务。

5 月 19 日，省建设厅召开党组扩大会议，传达了住房和城乡建设部于 5 月 18 日召开的研究部署解决四川受灾群众过渡安置住房建设问题会议的精神。根据安排山西省将向灾区援建 4 万套过渡安置房，分三期完成。会议成立了以郝培亮总工程师为主任的省建设厅支援四川灾区群众过渡安置住房建设领导组办公室，首期将建造 7500 套过渡房，并定于 6 月 25 日前完成。

5 月 21 日，山西省援助四川地震重灾区过渡安置房建设联席会在省政府召开。

会议听取了省建设厅关于住房和城乡建设部 5 月 18 日、20 日召开的援助四川地震重灾区过渡安置房建设紧急部署会议主要内容和精神的介绍。根据国家的援建部署要求，明确了山西省承担完成的具体任务和任务分解情况。

5 月 22 日，省委书记、省人大主任张宝顺深入到"山西衡达利彩钢压型板厂"和"中捷彩钢"两家生产企业进行调研，深入到生产车间，察看生产线，了解企业原材料储备、生产能力、质量等情况，鼓励企业在保证质量的前提下，开足马力生产、抢时间加紧生产。

5 月 23 日，由省建设厅机关、省规划院、省勘察院和太原、大同、阳泉、朔州、临汾、运城、晋城、长治、晋中、吕梁、忻州 11 个设区城市规划部门的领导和专家组成的山西省援助四川灾区过渡安置房规划工作组一行 20 余人飞抵四川，研究落实山西省一期 7500 套过渡安置住房建设地点，制定规划设计方案。

5 月 27 日，原省委副书记、省长孟学农到相关生产企业实地察看过渡安置房生产准备情况，详细了解生产过程中存在的突出问题，随后在现场召开座谈会。

会议听取了省建设厅关于全省援助四川重灾区过渡安置房建设工作进展情况和省经委关于生产企业原材料筹集情况的汇报。随后与部门和企业负责人共商解决救灾过渡安置房的原料供应、生产、运送、选址、安装以及后续服务保障等问题，对推进下一步工作进行再动员、再部署。

5 月 30 日，山西省成立援川建房前方指挥部，并在都江堰大观镇举行第一次全体会议。指挥部所有援川队员和 11 个地市代表参加了会议。

6 月 20 日，省委副书记薛延忠赴四川省都江堰市，看望战斗在一线的广大干部职工，对他们的辛勤工作表示慰问。

7 月 1 日，省委书记、省人大常委会主任张宝顺专程来到忻州市忻府区南城办事处西街村，看望慰问在援川建房一线殉职的优秀共产党员戎金亮同志的家属。

7 月 12 日，原副省长张建民冒雨赴四川省都江堰市玉堂镇、大观镇等安置点看望、慰问一线施工和管理人员。7 月 12 日下午，住房和城乡建设部副部长陈大卫来到山西省援川建房前方指挥部视察指导工作。

7 月 13 日，援川建房前方指挥部在都江堰市玉堂镇蓝光过渡安置房施工现场，举行援川过渡安置房建设主体完工仪式。

7 月 21 日，山西省援川建房突击队员凯旋归来。经过近万名建设者五十多天的艰苦奋战，山西省援助四川地震灾区过渡安置房建设提前 25 天完成任务。共建成过渡安置房 37308 套、面积 69.43 万平方米，可解决 11 万受灾群众的住房问题。

（四）8 月 8 日～12 月 7 日，山西省援助茂县灾

后重建工作顺利展开

8月8日，省建设厅首批援茂专家共16人赴四川茂县正式开展了援茂技术援助工作。这批专家的主要任务是对茂县震后城乡规划、地形图测量、建筑物鉴定和建筑设计等开展相关援助工作。

省建科院有关技术人员同茂县建设局领导及对接联系人，就震损建筑物鉴定的工作范围、工作深度、工作周期、工作方式等问题进行了多次讨论，并对茂县受损建筑物进行了调研；省规划院、省设计院、省勘察院对茂县各个乡、镇、村震后房屋的损坏程度、当地的地势面貌以及后期规划所存在的困难等进行了调研，并与当地县政府的相关负责人进行了对接，就进一步开展援茂工作进行了探讨，为震后重建工作尽快开展奠定了基础。

8月19日，省委书记、省人大主任张宝顺深入四川茂县考察受灾情况和山西省对口援建茂县工作，慰问山西省援川工作人员。

12月7日，山西省援茂农房重建工作组完成四川茂县第一阶段农房重建指导工作，顺利返回太原。

（五）11月6日，山西省召开解决农村困难群众住房工作现场会

根据调查统计，截至2007年底，山西省住房困难的农村群众有32万户，共60多万人，占全省农业人口的3.5%。为切实解决农村困难群众住房问题，省委、省政府决定在两届任期内完成农村困难群众危房改造任务。2008年，省政府在山西省北部、中部和南部，确定了6个县(市)共3000户解困任务作为试点。

11月6日，省解决农村困难群众住房工作现场会在右玉召开。全省11个市及部分县(市、区)政府领导，省直有关部门负责同志参加了会议。省委常委、副省长李小鹏出席会议并做了重要讲话，并代表省政府与各市政府签订了2009年农村住房解困工作目标责任书。

（山西省住房和城乡建设厅）

内蒙古自治区

2008年，内蒙古建设事业在自治区党委、政府的正确领导下，全区建设系统坚持以邓小平理论和"三个代表"重要思想为指导，按照党的十七大精神要求，把学习贯彻落实科学发展观贯穿于工作始终，积极推进城镇化进程，继续加大城乡规划、建设和管理力度，健全和完善城镇住房保障体系，落实房地产市场调控政策，深化建筑业企业改革，深入开展建筑节能和人居环境治理，着力解决建设领域的民生和热点问题，推动了全区建设事业又好又快地发展。

一、城乡一体化建设

【综合调控】 2008年全区城建固定资产完成投资180亿元，同比增长14.5%。人均道路铺装面积达到11.95平方米，同比提高2.6%；自来水普及率达到82.7%，同比提高4个百分点；污水处理率达到55%，同比提高6.52个百分点；垃圾无害化处理率达到40%，同比提高5.47个百分点；建成区绿化覆盖率达到25.2%，同比提高2.24个百分点。城镇化进程稳步推进，到年底全区城镇化率为51.6%。

【规划与编制】 编制完成了《呼包鄂城镇群规划》的初步成果，组织有关专家对乌兰察布市等11个城市的总体规划、近期建设规划、国家及自治区级开发区规划进行了技术论证，完成了40个开发区规划的编制和技术论证工作。加强城建档案管理，起草了《内蒙古自治区城镇建设档案管理办法》。开展城乡规划效能监察绩效考核，对7个盟市和部分旗县进行抽查，及时处理了违法违规行为。与自治区发展改革委、国土资源厅、环保局、统计局建立了新开工项目管理部门联席会议制度，参与重大建设项目的可行性研究审查，批复了近110个建设项目选址意见。

【城市基础设施建设与减排】

供热管理　论证审批了乌海市等7个地区的供热规划，起草完成《内古自治区城镇供热管理条例》，召开了全区供热研讨会，进一步推动全区供热事业的改革与发展。完成了76.8万平方米既有建筑供热计量节能改造。与丹麦驻华使馆合办了内蒙古—丹麦区域供热研讨会。

公交建设　加强对共交通的指导，完成了2008年公共交通燃油补贴相关工作，指导各城市开展了"无车日"活动，促进了全区城市公共交通正常、平

稳的运行。开展城市道路畅通工程,城市的道路建设步伐明显加快,包头市被国家检查组初步认定为一等水平,并通过了专家验收。

污水处理 2008年5月份召开全区城镇污水、垃圾处理和水源地保护工作座谈会,研究部署了2008~2009年全区城镇污水、垃圾处理和水源地保护工作,分解下达污水、垃圾处理设施建设和水源地保护任务。建立了城镇污水处理信息系统,以自治区人民政府的名义出台了《内蒙古自治区城市污水处理费征收使用管理办法》。多次对列入国家《松花江流域水污染防治规划(2006~2010年)》的三个水源地保护和三个污水处理、回用项目进行督察,水源地保护项目基本完工,污水处理项目也已按期进行施工。全区新增10个城镇建成污水处理厂10座,新增污水处理总能力25.95万吨/日,新增污水配套管网525.1公里。2008年底,全区共有32个城镇建成污水处理厂38个、污水设计处理能力150.45万吨/日,已建成污水处理厂的城镇数占规划建设城镇总数的32.9%,已建成污水处理厂占规划建设污水处理厂总数的33.9%(规划建设污水处理厂112座)。累计建成污水配套管网5685.9公里。

垃圾处理 全区共有9个城市建成生活垃圾无害化处理场11座,总处理能力达到6013吨/日。按照自治区"十一五"规划要求,已建成垃圾处理场的城镇数占规划建设城镇总数的9.7%(规划建设城镇93个),已建成垃圾处理场占规划建设垃圾处理场总数的11.3%(规划建设垃圾处理场97座),完成了全区10座生活垃圾无害化处理场等级评定工作。

城市园林绿化 进一步加强了对全区城市园林绿化工作的指导和检查,各地园林绿化工作取得了明显进展,城市环境得到改善。通辽市的创建自治区级园林城市工作取得了良好成效,基本上达到自治区级园林城市标准。全区城市园林绿化企业122家,其中,三级企业110家,二级12家,年度晋级2家。

应急管理 加强城市应急救援和防汛工作,全面落实以行政首长负责制为核心的防汛救灾责任制,制定和完善城市防汛应急预案,对全区建设系统的防汛减灾工作进行了部署和检查,完成了奥运期间防突反恐和城市汛期工作。

【村镇规划建设管理】 加强旗县域村镇体系规划和旗县域村庄整治规划工作,指导12个自治区级旗县域村镇体系规划和旗县域村庄整治规划联系点开展规划纲要的编制和评审论证。组织锡林郭勒盟多伦县多伦淖尔镇和赤峰市喀喇沁旗王爷府镇申报国家历史文化名镇,两个镇都已被批准为中国历史文化名镇。

【小城镇建设】 积极开展小城镇公用基础设施建设贷款相关工作,全区小城镇基础设施贷款项目获得开发银行资金达30亿元。完成了自治区小城镇建设领导小组关于小城镇建设奖励年度评选考核工作,安排小城镇建设奖励资金2500万元。加大对鄂伦春自治旗阿里河镇、莫力达瓦达斡尔族自治旗尼尔基镇两个少数民族自治旗小城镇的帮扶力度,全力支持受凌汛洪灾的鄂尔多斯市杭锦旗独贵塔拉镇的灾后重建工作。以政府名义召开了全区小城镇建设现场会,全面总结了2008年来小城镇建设工作,并对2008年以后一个时期小城镇建设工作作出了新的部署。

二、住房保障体系建设

【住房建设规划编制】 指导各盟市规划、建设和房管部门积极开展住房建设计划(规划)的编制工作,在完成居住状况调查、居民住房需求预测等工作后,9个地级市完成了住房建设计划(规划)的编制和备案工作,其中呼和浩特市的住房建设计划(规划)已上报住房和城乡建设部。

【廉租住房建设】 自治区人民政府印发了《关于进一步做好城镇廉租住房保障工作的通知》,全区101个旗县(市区)已全部建立廉租住房保障制度,住房保障政策体系初步构建。各盟市旗县均完成了城市低保家庭和其他低收入家庭住房状况普查工作,并建立了档案;出台了《内蒙古自治区廉租住房操作规程》,规范了廉租住房的操作过程。开发设计了全区廉租住房管理信息系统,实现了自治区与各盟市旗县(市区)联网运行。落实中央和自治区共下达专项补助和建设资金4.28亿元,开工建设廉租住房65万平方米,竣工面积约40万平方米、8436套。2008年新增廉租住房保障家庭6.6万户,截止2008年底全区已享受廉租住房保障家庭达到9.6万户,基本实现了对设区城市人均住房面积13平方米以下、旗县(市)城区人均住房面积8平方米以下的低保家庭应保尽保的目标。

【经济适用房建设】 加大政策支持力度,落实划拨土地、免收行政事业性收费等优惠政策,利用经济适用住房相关政策加快城中村、旧城区、工矿棚户区改造步伐。修订了《本地区经济适用住房管理办法》,2008年全区共建设经济适用房800万平方米,截止年底已竣工建筑面积为430万平方米。

【住房公积金管理】 截止2008年底,全区累计归集住房公积金293.24亿元，归集余额210.17亿元。累计向297740名职工发放个人住房公积金贷款179亿元，贷款余额104.98亿元。其中，2008年全区住房公积金归集63.78亿元，向48390名职工发放了个人住房公积金贷款41.47亿元。

【房地产市场监管】 落实国家宏观调控政策，积极开展房地产市场专项整治，配合国家房地产市场秩序专项整治联合检查组完成对自治区房地产市场秩序专项整治检查，促进房地产市场规范运行。全区完成房地产开发投资736.08亿元，同比增长49.96%，其中商品住宅开发投资572.09亿元，同比增长49.01%。全区商品房屋和商品住宅竣工面积分别为1694.07万平方米和1432.08万平方米，同比增长7.63%和7.81%。商品房屋和商品住宅销售面积分别为2141.01万平方米和1866.26万平方米，同比增长2.57%和3.14%。贯彻落实了《物权法》和《房屋登记管理办法》，完成了《内蒙古自治区物业管理条例》修订工作。大力推行房地产交易管理与房屋权属登记一体化工作，全面开通房地产市场信息系统。积极开展住宅产业化工作，对全区24个住宅建设项目进行了住宅性能认定，共计约320万平方米。

【房屋拆迁管理】 自治区人民政府办公厅出台了《关于进一步做好城市房屋拆迁工作有关事宜的通知》，建立了对住宅拆迁不得低于50平方米的最低补偿金额、最小还迁面积两个最低保障制度和同一地段"拆一还一"产权调换或者货币补偿制度。及时处理城镇房屋拆迁非正常上访事件，集中开展重信重访问题专项治理，进一步推动了重信重访矛盾纠纷排查化解工作。

【企业资质管理】 截止2008年底，全区共有房地产开发企业2024家，物业服务企业467家，房屋拆迁企业156家。2008年当年新设立房地产开发企业290家，其中：一级1家、二级17家、三级52家、四级223家；新设立物业服务企业137家，其中：一级1家、二级7家、三级11家；新设立房屋拆迁企业15家，其中：三级3家、四级12家。有48家先进物业服务企业受到了自治区建设厅表彰，37家房地产开发企业被内蒙古房地产协会评为"诚信企业"。

三、建筑市场监管体系建设

【建筑企业管理】 完善建筑企业管理机制，出台了《建筑业企业资质管理实施办法》，下放了部分总承包、专业承包和劳务分包资质的行政审批权限。报请自治区人民政府出台了《内蒙古自治区外进建筑业企业备案管理办法》，加强对进入我区的区外建筑队伍的备案管理，减少了挂靠、非法转包行为，为区内企业公平竞争净化了市场环境。积极扶持区内建筑业企业提高资质等级，扩大生产经营范围，2008年有5家企业获得一级资质。截止2008年底全区共有建筑业企业1183家，其中总承包企业640家，专业承包企业335家，劳务分包企业208家；总承包与专业承包企业中，特级资质企业1家，一级资质企业51家，二级资质企业244家，三级和不分资质等级企业681家。全年全区建筑业企业完成总产值760亿元，同比增长13%，创历史最高水平。

【建筑安全生产】 开展了建筑安全生产百日督查活动和隐患排查工作。共检查工程项目1320个，受检面积2303万平方米，下达整改通知825份。全区建筑领域共发生安全事故23起，死亡24人，同比事故起数和死亡人数分别下降了46%和40.7%。编制出版了《建筑施工现场安全防护与文明施工图集》

【招标投标管理】 强化对招投标各环节的监督，严格执行资格预审、资格后审和中标结果公示等制度，严格招标、投标、开标程序，在全区推广电脑语音自动通知系统，开展无标底招标试点工作，加强评标专家的管理，加强了对招投标的监督管理。加强有形建筑市场建设，充分发挥有形建筑市场的作用，拓展有形建筑市场服务范围，年度全区共完成3855个工程项目的招标投标，中标价579.55亿元，应招标工程项目招标率达100%。

【工程质量监管】 对全区工程质量监督人员进行业务培训和考核，举办培训班3期。积极开展2008年度鲁班奖、国家优质工程推荐工作，已获鲁班奖工程1项和国家优质工程5项。开展了全区建筑市场执法大检查，对呼伦贝尔市等8个盟市的进行工程质量和建筑节能检查，配合住房和城乡建设部对呼包二市进行了工程质量安全大检查，进一步规范了全区建筑市场秩序。

【建筑节能与科技】 全区新建建筑节能设计标准执行率为100%，赤峰、通辽、巴彦淖尔等地开展65%节能试点工作进展顺利。组织各盟市开展了建筑节能专项检查，共检查工程项目1346项，建筑面积1300万平方米。对既有居住建筑改造任务进行分解，协调财政厅筹措安排了3960万元资金用于试点地区的既有居住建筑节能改造。7月份组织有关方面专家帮助各盟市制定节能改造技术方案，解决改造过程中的技术问题。全区共开展76.8万平方米的既有居住建筑节能改造工作，绝大多数改造项目已经完工，超额完成原计划60万平方米的改造任务。推进可再生能源在建筑中应用示范工作，我区承担的13个国家第一批可再生能源在建筑中应用示范项目，已完成财政发展大厦、赤峰国际会展中心两个项目。2008年又有14个项目通过了住房和城乡建设部、财政部专家评审和项目核查。对全区建设工程中采用的新技术、新产品实行登记管理。重点推广新型建筑节能技术体系、化学建材、新型墙体材料等技术和产品，共登记建设工业新产品367项。

【勘察设计】

勘察设计管理　推进以产权制度为核心的勘察设计行业改革，促进勘察设计企业技术创新，引导和支持勘察设计企业建立现代企业制度。推进工程设计标准化工作，编制了《内蒙古自治区居住建筑节能设计标准》、《内蒙古自治区公共建筑节能设计标准》、《混凝土多孔砖建筑技术规程》等地方规范。

抗震防灾工作　与自治区教育厅共同完成了学校校舍抗震安全排查工作，全区共排查中小学、幼儿园、教学点3845所，12508栋学校建筑，摸清了学校建筑抗震设防的情况，查清了存在抗震隐患的校舍建筑。组织专家对3个项目进行了超限高层建筑工程抗震设防专项审查，审查总建筑面积20.7万平方米。安排下达了2008年自治区抗震加固补助资金，加固危险建筑20多项，补助抗震防灾规划编制经费50多万元，共安排抗震加固补助资金300万元。

【社会保障费管理】　全年收缴社会保障费达到8亿元左右，超额完成年度筹集收缴目标的52%。关注建筑业企业从业人员的切身利益，扩大建筑业企业职工参保覆盖面，提高职工的参保工资基数。建筑劳务基地建设工作取得新进展，在建筑劳动力资源地、集散地、使用地，分别组建了8家建筑劳务基地，输出劳务16万余人，实现劳务收入16亿多元。

【工程造价管理】　建设工程计价模式改革迈出新步伐，计价定额修编工作全面展开，到10月底，土建、装饰、园林养护和《呼和浩特地区材料预算价格》编制工作基本完成。工程造价咨询企业快速发展，全年新增家，资质管理、业绩考核等工作进一步加强，对160多家工程造价咨询企业进行了检查指导，工作造价管理法规建设取得进展。完成《内蒙古自治区建设工程造价管理办法(讨论稿)》起草工作。

【教育培训管理】　出台了《内蒙古自治区建设厅系统教育培训管理办法》，进一步规范培训办班行为。2008年完成建设企事业单位专业管理人员培训考试4000余人，造价员培训考试4500人，专业技术人员继续教育1000余人，建筑业企业"三类人员"培训考核3421人，建筑业企业一线操作人员职业技能培训鉴定合格人员25624人。为了适应内蒙古自治区城镇建设和住房保障工作面临的新形势新任务，提高我区领导干部理论素养和业务水平，邀请国内知名专家、学者于2008年11月中旬，在北京举办了住房保障和城镇建设专题研讨班，全区盟市、旗县(市、区)的115名领导干部参加了培训学习。

四、精神文明建设与帮扶工作

【开展主题教育活动】　按照自治区直属机关工委的统一部署，从2008年3月份开始到6月底，在厅机关和直属事业单位开展"为民、务实、清廉"主题教育活动。采取学、查、收等形式，把为民办实事、办好事当作重点，以四川抗震救灾和"博爱一日捐"为载体，认真扎实地组织开展主题教育活动。为防止川籍务工人员大规模返乡，增加灾区交通压力，影响救灾工作秩序，给救灾工作带来不利影响，内蒙古建设厅连夜向12个盟市进行部署，做好全区建筑行业3.5万名川籍务工人员的稳定和安抚工作。自治区建设厅向中央文明委推荐1个单位为"精神文明建设先进单位"，有3个单位被住房和城乡建设部、共青团中央命名为"全国青年文明号"，有11个单位被继续认定为"全国青年文明号"，有3个单位被推荐为"全国住房和城乡思想政治工作先进单位"，1名同志被推荐为"政研会优秀工作者"。

【帮扶工作】　厅党组继续把联系点作为党员干部联系群众、服务群众、经受锻炼的重要载体，深入社区帮助解决实际问题。2008年7月31日，一名厅领导带领机关党委、办公室、人事教育处等处室负责人，冒着大雨深入社区开展调研，了解社区低保家庭、下岗失业职工、离退休人员、残疾人生活和社区办公用房以及社区活动场所等情况，针对存在筹措捐赠资金10万元。

9月份，由于发生的奶制品食品安全事件，当地奶农受损情况严重，按照自治区直属机关工委的统一部署，自治区建设厅迅速成立了慰问小组，深入到两个自然村庄和一个大型奶站了解情况、实地考察。为了切实降低奶农的经济损失，减少农民负担，协调呼和浩特市建委两家共筹资金11万元，救助了两个自然村的奶牛养殖户。

为了保证花灯嘎查帮扶点特困农牧民按时种地，筹措资金5万元购种子、化肥、柴油，使贫困农牧民按时种上了地，植树工作共种树1000棵。厅长李振东同志深入贫困群众家庭，了解他们的生产生活情况，把2万元亲手交给了学生家长，帮助解决了15名贫困学生的上学问题。全年还向鄂伦春自治旗、莫力达瓦达斡尔旗自治旗分别落实帮扶资金1105万元和3730万元。

五、政务公开和依法行政

认真贯彻落实《政府信息公开条例》，编制完成信息公开指南和公开目录，出台《主动公开和依申请公开制度》等14项制度，及时在"内蒙古建设网"公开了相关政府信息。对行政许可项目进行清理，对保留55项建设行业行政许可事项进行网上公开，制定《实施行政许可工作规程》、《行政许可责任追究办法》等制度，进一步规范了行政许可行为。

六、廉政建设

制定了党风廉政建设工作要点，认真贯彻落实党风廉政建设责任制，落实《实施纲要》惩防体系，制定了党风廉政建设工作任务分解意见，将反腐倡廉工作任务分解到每位厅领导和相关处室，做到分工明确、责任到人。制定了《内蒙古自治区建设厅党组〈建立健全惩治和预防腐败体系2008~2012年工作规划〉实施意见》。完善和落实各项监督制度，加强对领导干部和关键环节、重要部门的监督，围绕建设系统热点、难点问题进行调研，提出工作建议和改进措施。结合城乡规划、住房公积金、市政公用事业、建设工程招投标、城市房屋拆迁等方面工作实际开展了政风行风建设。组织召开了全区建设系统政风行风建设座谈会，做了8期《行风热线》节目，对群众提出的20多个问题责成有关部门予以解决。积极开展治理商业贿赂工作，有效遏制了建设领域商业贿赂行为的发生。

七、深入学习实践科学发展观活动有序开展

厅机关及时进行动员部署，完善相关规章制度，有序开展学习调研活动，组织学习了十七大报告、《科学发展观重要论述摘编》、胡锦涛同志在十七届三中全会上的讲话、《中共中央关于推进农村改革发展若干重大问题的决定》和11月5日国务院常务会议精神等材料。邀请自治区党校于连锐教授作了《深入学习贯彻科学发展观 促进经济社会全面发展》专题讲座，厅党组安排了4次中心组学习，厅机关组织了5次集中学习，各支部也都组织了学习，受培训的党员达到430多人次，提交调研报告20篇，相关论文20篇，参加考试364人。积极开展调查研究，由厅领导班子成员每人带一个调研组、每人选一个调研题目、每人完成一份调研报告。2008年底，各课题组已全部提交调研成果，调研的课题包括推进城镇化进程等。组织党员进行考试，在厅系统和直属事业单位组织开展深入学习实践科学发展观优秀论文评选活动。组织解放思想大讨论，通过召开厅党组扩大会议、学习调研成果交流会等方式，结合选定的调研课题，进行交流、研讨，提出建议、思路，进一步更新观念、统一认识、增强贯彻落实科学发展观的自觉性和坚定性。广泛征求意见，先后多次向自治区各委办厅局，各盟市建委、房产、规划，以及各直属单位、服务对象及普通群众发出征求意见函，诚恳征求各方面的意见和建议，共征求到涉及领导班子建设、推进城镇化进程、调控房地产市场等七个方面的意见。取得了阶段性的成果。

八、规范性文件

1. 2008年3月5日印发了《内蒙古自治区建筑业企业资质管理实施办法》；

2. 2008年7月25日印发了《内蒙古自治区二级注册建筑师、注册结构工程师管理办法》；

3. 2008年8月18日印发了《内蒙古自治区建设工程勘察设计企业资质复合管理办法》；

4. 2008年12月21日引发了《内蒙古自治区建筑起重机械备案登记实施细则》。

九、2008大事记

1. 1月30日，自治区建设厅在呼和浩特市新城宾馆召开了全区住宅与房地产业工作会议。

2. 1月31日，自治区建设厅颁布2007年度内蒙古自治区"草原杯"工程质量奖和自治区优质样板工程评审结果的通报。经评审内蒙古自治区高级人民法院审判办公综合楼等14项工程荣获2007年度内蒙古自治区"草原杯"工程质量奖；扎兰屯疾病控制中心等89项工程荣获2007年度内蒙古自治区优质样板工程称号。

3. 自治区建设厅编制开发了全区统一的"房屋拆迁企业资质管理系统"、"房屋拆迁企业信用档案系统"、"房屋拆迁项目手册管理系统"，"物业服务企业资质管理系统"、"物业服务企业信用档案系统"、"物业管理项目手册管理系统"，"房地产估价机构资质管理系统"、"房地产估价机构信用档案系统"、"房地产估价项目手册管理系统"，于2008年2月1日起全面正式启用。

4. 3月14日，自治区政府在呼和浩特市召开了全区建设工作会议。会议总结三年来全区建设工作，研究部署2008年全区建设工作。各盟市分管建设工作的副盟市长，建设局、规划局、财政、国土、审计等部门参加了会议，自治区副主席刘卓志到会作了重要讲话，自治区建设厅李振东厅长代自治区政府作工作报告。

5. 5月12日四川汶川发生特大地震后，厅机关迅速召开全体干部及厅属各单位领导大会，动员部署向四川地震灾区捐款捐物和发运救援设备，共折合人民币248700元。组织全区建筑施工企业捐赠设备价值190万元。6月12日，自治区建设厅吴龙副厅长率设计处负责人及技术人员赴大邑县县区和乡镇就市政基础设施、城乡房屋隐患排查等工作深入调查了解，厅党组根据自治区《关于对口支援大邑县灾后恢复重建工作方案》启动了灾后援建工作，援建项目总投资33000万元。内蒙古建设厅3名同志被住房和城乡建设部评为"抗震救灾先进个人"，有1名同志被自治区党委、政府评为"抗震救灾先进个人"，建设厅也被住房和城乡建设部评为"抗震救灾先进集体"。

6. 7月22日，向自治区人民政府法制办报送我内蒙古建设厅建议列入自治区人大五年立法计划项目立项报告——《内蒙古自治区建设工程质量管理条例》和《内蒙古自治区城市供热管理条例》。

7. 9月10日至11日，自治区政府在呼伦贝尔市阿荣旗那吉镇召开了全区小城镇建设现场会。自治区有关单位的负责人和各盟市分管副盟市长以及盟市建设局长（建委主任）、规划局长，各旗县分管副旗（县）长、建设局长、规划局长共400多人参加了会议。自治区政府副主席刘卓志到会作了重要讲话，建设厅厅长李振东作了工作报告，会议总结了近年来内蒙古自治区小城镇建设工作取得的成绩和经验，表彰了先进集体和先进个人。同时，部署了今后一个时期全区小城镇建设工作，会议取得了圆满成功。

8. 2008年11月20日，自治区建设厅和丹麦驻华使馆在呼和浩特市共同举办了为期1天的"丹麦区域供热委员会中国分会——内蒙古供热研讨会"。自治区建设厅朱和平副巡视员和丹麦驻华大使叶普先生，内蒙古自治区城镇供热协会理事长赵俊生、丹麦区域供热委员会中国分会主席托马斯出席会议。

会上，来自丹麦9家企业的20余名代表与来自内蒙古自治区各盟市51家单位的100余名代表，共同交流了丹麦区域供热协会中国分会9家成员公司业务范围涉及的供热领域的项目总承包、工程设计、管理优化、一次网与二次网有关产品设备情况等。研讨了内蒙古的供热现状，探讨了双方合作的可能性，并对内蒙古的节能减排、城镇供热系统的节能增效出谋划策。丹麦驻华使馆官员介绍了B2B项目援助计划。通过研讨交流，加强了自治区城镇供热企业的国际交流，推进了自治区城镇供热事业的发展。会议按议定事项达到预期效果，取得圆满成功。

9. 12月30日，自治区建设厅颁布了2006年度内蒙古自治区"草原杯"工程质量奖和自治区优质样板工程评审结果的通报。经审查，内蒙古博物馆等16项工程荣获2008年内蒙古自治区"草原杯"工程质量奖；莫旗巴特尔公园等72项工程荣获2008年度内蒙古自治区优质样板工程称号。

（内蒙古住房和城乡建设厅 刘麾军）

辽 宁 省

一、综述

刚刚过去的2008年，对建设系统来说是极不平凡的一年。5月份四川发生大地震后，紧急投入抗震救灾战斗。7月份开始，由于煤炭价格大幅上涨，冬季供暖形势严峻，又下大力气抓供暖保障。8月份开始，房地产市场出现下滑，又集中精力抓房地产市场稳定。11月份开始，为贯彻落实中央保增长方针，又紧急投入到开展冬期施工等工作中。一年来，广大干部职工经受住了考验，以前所未有的干劲，战胜了一个又一个困难，取得了一个又一个胜利。提前高质量完成了为灾区援建过渡安置房任务，房地产市场保持平稳健康发展，冬期施工热火朝天，冬季供暖平稳运行，行业各项指标大幅增长。2008年，全省GDP的十分之一、固定资产投资的四分之一、财政收入的四分之一、税收的三分之一、就业的六分之一，都是由建设系统贡献的，建设工作在全省经济大局中的作用越来越重要。

二、房地产业

2007年国内部分地区房地产市场由热转冷，辽宁省也受到一定影响。在省委、省政府高度重视和强力推进下，科学分析形势，积极应对挑战，前瞻性地开展工作。从2008年8月初开始，省政府、建设厅先后召开电视电话会、现场会、银企对接会等近10次会议，研究部署对策措施。省建设厅会同省直有关部门研究提出了促进房地产业平稳健康发展的政策建议，在此指导下，各市先后出台了相关政策措施。为促进商品房销售，首次举办了沈阳经济区八城市房交会，各市也分别举办了各种形式的房交会、大篷车巡展等特色活动。通过一系列努力，使房地产市场保持了平稳健康发展。房地产开发规模持续增长，房地产开发投资2058.1亿元，同比增长37.4%；商品房销售止跌返升，销售面积4016.4万平方米，增长4.9%，是全国仅有的保持增长的6个省份之一；销售额1507.7亿元，增长12.8%；销售价格平稳上升，全年涨幅为7.4%。各项指标不仅实现全面增长，而且增幅居全国前列。沈阳、大连两市房地产市场企稳回升；鞍山市房地产市场非常火爆，成为全省样板；营口、朝阳、盘锦等市也红红火火。可以说，我省已成为全国最好的房地产市场之一。

三、建筑业

2008年，推进建筑业做大做强也取得新成效。全省建筑业企业数量达到5300家，级别和专业结构较为合理，3家企业进入全国60强行列。全年共完成建筑业总产值2512.6亿元，同比增长19.7%；实现增加值776亿元，增长18.9%。大连市建筑业总产值达到704亿元，连续五年突破百亿元增幅，充分发挥了龙头作用。在全国率先编制建设工程计价依据，强化和完善工程造价信息发布制度，进一步加强工程招投标管理和建筑市场信用体系建设，建筑市场秩序日趋规范。特别值得一提的是，围绕中央扩内需保增长方针，大力开展冬期施工，全省共落实冬期施工项目8838个，施工面积3936万平方米，吸纳就业59万人，预计实现产值431亿元。沈阳、大连、鞍山、抚顺、阜新等市全面加强技术服务和质量安全监管，取得明显成效。勘察设计行业经济效益稳中有升，全年实现产值289亿元，同比增长15%，位居全国前列。25名优秀工程设计人员被评为首届"辽宁省工程勘察设计大师"。

四、规划

2008年，以宣传贯彻落实《城乡规划法》为契机，强化城乡规划编制和实施，规划的覆盖广度和内容深度都有了新的提高，宏观调控作用进一步发挥。

建立了辽宁城乡规划论坛，组织国内一流的规划专家，逐市研究城市发展战略和城市重点发展区域的规划建设问题，已在盘锦市成功举办了第一期论坛，取得良好效果。

在编制完成《辽宁沿海经济带开发建设规划》的基础上，继续大力推进各类规划编制工作。《辽宁中部城市群发展规划》已经省政府批准通过，使该规划纳入到法定规划体系之内，为辽宁中部城市群区域性设施建设和各市的协调发展提供了指导依据。按照省委、省政府要求，《沈本一体化规划》、《本溪新城规划》、《锦州滨海新区规划》、阜新《沈彰新城规划》、辽阳《河东新城规划》、铁岭《凡河新城规划》、盘锦《辽滨水城规划》、葫芦岛《绥中新城规划》、《葫芦岛市中央商务区概念设计》等一大批新城、新区规划编制相继完成并陆续开始实施，全省各市都以前所未有的气势和胆略，勾划出壮丽的城乡发展蓝图。各市总体规划修编工作积极推进，修编过程中注重围绕辽宁省"三大战略"，将各类区域规划的相关内容加以落实，并注重加强对各类资源和生态环境的保护，划定了"四线"和"四区"。建制镇新一轮规划修编率达到60%，编制完成了1000个行政村的整治规划。

此外，还组织起草了《辽宁省实施〈中华人民共和国城乡规划法〉办法》（送审稿），制定了《辽宁省重大建设项目规划选址审批规程》。在全国率先建立城乡规划动态监测系统，全面实施规划督察员制度，强化规划执法监察，维护了规划的严肃性和权威性。海城市牛庄镇被评为国家级历史文化名镇。

五、城乡基础设施建设

2008年，全省城市基础设施建设投资达到427亿元，同比增长28.6%。新建城市道路923万平方米，整治街巷路2765万平方米，新建和改造供水管网624公里，改造燃气管网194公里，新建城市生活垃圾无害化处理场2座，更新和改造公交车辆1000标台，城市植树造林844万株，新建绿地1414公顷，城市建设各项指标都有新的提升。大力推进城市节约用水，推广应用节水型器具10.2万套，全年共节水2.4亿立方米。对23座污水处理厂实现实时在线监控，在全国起到示范作用。沈阳市全面加强城市绿化美化和管理，打造了一流的奥运环境，受到良好赞誉。抚顺、本溪、丹东等市积极开展环境整治，城市面貌进一步改观。葫芦岛市坚持"四统四分"原则，加大资金投入，科学组织实施，城市绿化水平大幅提升。

在搞好城市建设的同时，坚持城乡统筹发展，全面加强村镇建设管理。2008年，全省县域（不含县城）完成建设投资130亿元，各项基础设施得到进一步改善。新增城镇人口25万，县域城镇化水平达到22.5%。组织编制多部技术指导手册，较好地指导了村镇建设。由于加大建设力度，城镇功能趋于完善，涌现出辽阳县和前阳镇等工业主导型，西柳镇和佟二堡镇等市场带动型，桓仁县、清原县和永陵镇等生态旅游型，昌图县、大民屯镇方巾牛村等农业产业基地型等一批不同发展模式的小城镇，对促进县域经济发展起到重要作用。村庄整治积极推进，200个省级试点村全部达到规范要求，全省村庄整治覆盖面已超过10%。

2008年，沈阳市和调兵山市进入国家园林城市行列，锦州小凌河和女儿河（城区段）治理工程、沈阳市沈北新区曙光村环境整治工程被建设部授予"中国人居环境范例奖"。

六、建筑节能

新建建筑节能工作基本步入规范化轨道，设计阶段建筑节能标准执行率达到100%，施工阶段达到96%，远高于全国平均水平。继续推进既有建筑节能改造，各市正在按照下达的任务认真落实，大连、营口、朝阳等市改造工作走在全省前列。积极推进国家机关办公建筑和大型公共建筑节能监管体系建设试点工作，省本级、大连市和丹东市第一批项目的能耗统计、能源审计和能效公示工作已经完成，第二批项目相关工作正在进行。可再生能源建筑应用工作扎实推进，2007年共有8个项目被国家批准为示范项目，2006年以来辽宁省已有29个项目被批准为国家示范项目，是全国示范项目最多的省份之一。各市积极推广应用地源热泵技术，2008年推广应用面积1791万平方米，累计应用面积已达3832万平方米，其中沈阳市应用面积达3458万平方米。太阳能光热光电技术应用面积累计达到1343万平方米。建设部连续两年在国务院新闻发布会上对辽宁省予以通报表扬。

七、民生工程

住房保障工作进一步推进。新建和购置廉租住房1.2万套，建筑面积54.67万平方米；建设经济适用住房6.25万套，建筑面积335万平方米，均超额完成年初计划。归集住房公积金234亿元，同比增长26%，累计归集总额达1107亿元，居全国第七位。累计发放住房公积金个人贷款515亿元，约有47万户家庭通过住房公积金贷款改善了住房条件。沈阳、本溪等市在完善各项政策的基础上，构建了多层次的住房保障体系。城市1万平方米以上连片棚户区改造收尾工作基本完成，共拆除棚户房299.4万平方米，建设回迁房441.17万平方米，已安置居民5.34万户、17.55万人。锦州、营口、阜新、辽阳、铁岭、葫芦岛市的棚改新区还全部建立了住宅公共部位公共设施维修资金。

城市冬季供暖得到较好保障。受煤炭价格大幅上涨等影响，本采暖期供暖形势十分严峻。按照文岳书记、政高省长的指示精神，省建设厅会同省公安厅、交通厅、煤管局、沈阳铁路局等部门及早动手，找煤源、限煤价、保运输，全力以赴抓储煤，并抓好供暖价格调整和设备"三修"。为抓好城市低保户和低保边缘户的供暖保障，本采暖期全省共建立供暖调节资金7.85亿元，同比提高一倍多。经过各级政府、供暖主管部门及供暖企业的共同努力，各市全部按时开栓，供暖质量进一步提高，保证了群众温暖过冬。沈阳市、大连市下大力气做好各项供暖准备工作，建立完善三级供热管理体制，信访投诉同比分别下降37和35个百分点。

八、工程质量和安全

工程质量和安全生产监管进一步加强。继续推进住宅工程分户验收工作，大力开展工程质量监督执法检查，坚持治理质量通病与推动创优相结合，取得较好效果。全年未发生重大质量事故，工程质量通病得到较好治理，2项工程获得"鲁班奖"。认真落实安全生产责任制，紧紧围绕"隐患治理年"和奥运年要求，深入开展隐患排查、百日督查、达标检查和专项整治工作，建设系统安全生产形势总体稳定、趋于好转。全年未发生重大以上生产安全事故，建筑施工百亿元产值死亡率同比下降12.6%。通过全系统的共同努力，省建设厅被省政府授予"安全生产管理先进单位"称号。

九、抗震救灾

四川汶川发生特大地震后，按照国家的总体部署，辽宁省承担了为灾区援建过渡安置房任务。接到任务后，辽宁省迅速赶赴灾区开展工作。省委、省政府成立了援川过渡安置房建设指挥部,许卫国常务副省长任总指挥,省直有关部门负责人为成员。在省领导的有力指挥下,在各部门的积极配合下,在所有参战人员的艰苦努力下,省厅、沈阳市、大连市均提前高质量地完成了这一光荣而艰巨的任务。在援建过程中,我们争分夺秒开展工作,创造出"辽宁速度";科学合理组织建设,创造出"辽宁模式";全程严格把关,创造出"辽宁质量";全力攻坚克难,创造出"辽宁精神"。辽宁省的援建工作得到各方高度肯定和赞扬。省厅前线指挥部被中共中央、国务院、中央军委授予"全国抗震救灾英雄集体"称号,并被中华全国总工会授予"全国五一劳动奖状";建设部副部长陈大卫称赞我省"既有汗水更有智慧";省委书记张文岳批示指出:辽宁省的援建工作体现了真情、体现了效益、体现了效率、体现了创新,灾区群众满意,当地党委和政府满意,国务院主管部门满意。除此之外,还为灾区援助了环卫设施,积极帮助灾区抢修供水设施等等。按照国家和辽宁省对口支援工作安排,又积极投入到安县恢复重建工作中,帮助该县进行了规划编制、房屋安全性鉴定等,目前很多工作仍在进行之中。

(辽宁省住房和城乡建设厅)

吉 林 省

一、建设事业综述

2008年,吉林省住房和城乡建设系统在各级党委政府领导下,坚持以科学发展观为指导,城乡建设事业取得了新的进步。吉林省建设行业全年完成固定资产投资800亿元,比上年增长25%;完成产值1710亿元,比上年增长15%。

(一)推进城市棚户区改造。全面建立以廉租住房为主体的多层次住房保障体系

(1) 2008年吉林省城市棚户区共完成拆迁面积937.4万平方米,搬迁12.4万户,完成竣工回迁房397.2万平方米,回迁安置6.1万户,完成投资220.5亿元。

(2) 全面启动住房保障工作。开展城市低收入家庭状况普查,建立了低收入住房困难家庭住房档案,为23万户"双困"家庭发放了租赁补贴。各地通过统建、配建、回购等方式共建设廉租住房81.83万平方米。

(3) 为确保吉林省房地产市场健康运行,促进经济发展,吉林省政府出台了《关于改善群众住房条件和促进房地产市场健康发展指导意见》,进一步强化房地产市场监管,加强了房屋拆迁、产权产籍和物业管理。2008年吉林省完成房地产投资613.1亿元,同比增长27.6%,城镇人均住房建筑面积达到了27平方米。

(二)统筹城乡规划,加强村镇建设工作

为深入贯彻落实《城乡规划法》,2008年起草了《吉林省城乡规划条例》。协调推进《吉林省省域城镇体系规划》的审查报批工作。《吉林省中部城镇群规划》成果修改完善工作已经完成。全面开展了新一轮城市总体规划修编、控制性详细规划和专项规划编制工作。编制了全省五年住房建设规划和林业棚户区改造规划。完成70余项电力、能源等重大基础设施项目选址。强化规划管理,组建了吉林省城乡规划管理中心,深入开展效能监察,向部分地区派驻了稽查员。

坚持城乡统筹原则,进一步强化村镇规划、建设和管理。印发了《关于加强村镇编制规划工作的意见》,开展了县(市)域村镇体系规划和省级试点村规划编制工作,完成了14个县(市)域村镇体系规划和103个省级推进村的规划编制和审查。加强了村镇基础设施和公共服务设施建设,召开了全省新式农居建设现场会,大力推广新式住宅。2008年,全省新建村镇住房650万平方米,农村人均居住面积达到了21平方米。

(三)加快市政基础设施建设步伐,推进节能减排和污水、垃圾处理产业化进程

为加快实施以城市道路、轨道交通、燃气和给排水管网改造等为重点的市政基础设施建设和生态环境治理工程,2008年吉林省新开工3000万元以上的建设项目50个,完成投资155亿元,一大批民生工程投入使用。

以污水、垃圾处理设施建设为重点的城市减排工程,进入了快速发展阶段。截至2008年,全省已

建成污水处理厂18座，城市污水集中处理率达到35%以上，年减少城市污水排放量42%。2008年内还出台了《吉林省城镇污水处理及再生利用和污水处理项目管理办法》。2008全年开工建设垃圾无害化处理项目4个。

加强城镇人居环境建设，市容市貌发生显著变化。《吉林省城市市容和环境卫生管理条例》已经省人大常委会通过，于2009年4月1日起实行。

深入开展园林城市、卫生城市创建工作，四平市、松原市、敦化市晋升为"国家园林城"，通化县晋升为"国家园林县城"。长春市经过六年创卫活动，2008年被评为国家级卫生城。

（四）加强固定资产投资建设管理，建筑业不断发展

建筑业企业在新资质框架内找准自己的位置，使建筑业队伍稳定扩大。吉林省建筑业企业已达到2727户，拥有二级以上资质的496户，全省注册一级建造师2789人，二级4369人。建筑业实现产值1100亿元，实现增加值245亿元，分别比上年增长29%和28%。

进一步强化建设工程招投标管理。起草了《吉林省建设工程招投标管理若干意见》，印发了《吉林省建设工程评标专家管理办法》。

进一步加强勘察设计市场管理，印发了《吉林省勘察设计单位诚信行为管理办法》，成立了省勘察设计专家委员会。提高了全省新建居住建筑的节能标准。

加强新建工程和超限高层抗震设防管理，开展了全省生命线工程及中小学校舍抗震性能安全排查工作。

加大建筑工程安全生产管理力度，积极开展局长示范工地活动，建筑安全管理水平不断提高。

加强城建档案管理，有4个市县开展了城市地下管线普查，7个市县城建档案馆达标晋级，3个市县开展了"数字化"城建档案馆建设。

（五）全力支援开展抗震救灾和恢复重建工作。

"5·12"汶川大地震发生后，吉林省建设系统迅速反应，捐款4631万元，捐献价值194万元的环卫设施，相继派出专家，在最短的时间内深入地震灾区进行危房鉴定、水质检测。在平武和黑水两县建设过渡房2417套共43842平方米，确保了学校按时开学、居民及时入住。吉林省对口支援黑水县恢复重建工作全面展开。承担了道路、学校、医院等9个恢复重建项目。截至2008年底，9个项目规划设计工作已经完成，正在进行招标。除吉林大道项目外，全部工程计划在2009年底完成。

二、城市建设

（一）城市规划和建设

【城市规划】 国家颁布《中华人民共和国城乡规划法》（以下简称《城乡规划法》）后，省建设厅为切实保证吉林省规划行业顺利实现《城市规划法》到《城乡规划法》的过渡：及时转发了住房和城乡建设部《关于贯彻实施〈城乡规划法〉的指导意见》；2月末配合建设部在长春举办了《城乡规划法》培训班，全省规划、设计、城市管理和乡建管理人员500余人参加了培训；借助新闻媒体大力宣传《城乡规划法》；不断建立健全城乡规划编制体系和法规体系，10月初完成了《吉林省城乡规划条例》（初稿）；对全省9个市（州）及长白山管委会近千名规划执法人员进行《城乡规划法》相关法律、法规知识考试；大力推行城乡规划督察员制度，并于2008年8月向松原市派驻了第一批城乡规划督察员。

吉林省中部城镇群规划编制、报批工作进展顺利，在汇总30个省直部门以及长春、吉林等10个市、县（市）编制经验和意见后又对上报编制成果修改完善，并由省建设厅就组织编写中部城镇规划成果向省政府作了专题汇报。

总体规划修编。在对松原、白山、榆树和双辽等4个城市的总体规划修编成果修改完善后，吉林省已有22个城市完成了规划期至2020年的新一轮城市总体规划修编工作并已上报待批，有22个城市、县城正在启动或全面展开新一轮总体规划修编工作。

控制性详细规划编制。长春市完成了380公里控制性详细规划编制，四平、通化等地也正在开展控制性详细规划编制工作。

完成了全省地级以上城市2008年住房建设计划编制、公示、上报工作和松江河、天桥岭、八家子、黄泥河、和龙等23个林业棚户区改造项目的规划编制和审查工作。

完成了华能长春电厂、桦甸市水利枢纽工程、吉林市环境综合治理热源建设工程和长春市500千伏输变电工程等67个国家和省重大建设项目的规划选址审查工作。

省建设厅与省监察厅联合下发了《吉林省关于开展第二次城乡规划效能监察工作绩效考核的通知》并制定了工作方案，完成了对省、市、县三级政府城乡规划效能监察的绩效考核工作。

2008年，全省有规划编制单位77户，其中甲级资质5家、乙级32家、丙级40家。

【城建档案馆】 2008年全省各级城建档案管理

机构通过定级的馆室有20个，占建馆（室）总数的51%，其中本年度通过评审验收的城建档案馆为：四平市、辽源市、梅河口市晋升为省特级馆，永吉县、集安市和镇赉县晋升为省一级馆，通化县定级为三级馆。

【设市城市市政建设】 道路长度6607.10公里，道路面积10289.00万平方米（其中人行道2298.00万平方米），道路照明灯352936盏，防洪堤长度820公里（其中：百年一遇标准的204公里，50年一遇标准179公里），排水管道长度6246公里。

人均城市道路面积10.32平方米。

【设市城市供水】 日供水综合生产能力723.28万立方米；供水管道长度8496.30公里；供水总量101942.54万立方米，其中家庭用水26164.95万立方米、公共服务用水14374.47万立方米，用水人口883.25万人；人均日生活用水量125.75升；用水普及率88.6%。

【设市城市燃气】 人工煤气：日生产能力92.40万立方米，储气能力131.50万立方米，供气管道长度2358.09公里，居民家庭用气9320.74万立方米，用气人口161.93万人；

天然气：储气能力48.19万立方米，供气管道长度2607.24公里，居民家庭用气9584.69万立方米，用气人口188.76万人；

液化石油气：储气能力24153.00吨，供气管道长度96.70公里，居民家庭用气104297.00吨，用气人口488.86万人。

燃气普及率88.69%。

【设市城市集中供热】 蒸气每小时供热能力3288吨，供热总量1175万吉焦，供热管道长度453公里；热水供热能力23298兆瓦，供热总量14910万吉焦，供热管道长度6776公里；蒸气、热水供热总面积23603.10万平方米，其中住宅17296.20万平方米。

【设市城市公共交通】 公共汽车：运营车数9725辆（标准运营车数8952标台），运营线路网长度4146公里，客运总量420042万人次。

轨道交通：运营车数133辆（标准运营车数227标台），运营线路网长度32公里，轻轨运营线路长度33公里、有轨电车运营线路长度8公里。

出租汽车：运营车数55651辆，客运总量114552万人次。

每万人拥有交通车辆9.21标台。

【设市城市园林绿化】 建成区绿化覆盖面积37022公顷，建成区园林绿地面积32046公顷，公园绿地面积9295公顷，公园面积3891公顷，建成区绿化覆盖率32.00%，建成区绿地率27.70%，人均公园绿地面积9.32平方米。

【设市城市市容环境卫生】 道路清扫保洁面积11740万平方米，其中机械化清扫面积2042万平方米；生活垃圾年处理量489.92万吨，其中无害化的年处理量170.33万吨，粪便年清运量132.82万吨，处理量45.76万吨；公共厕所5217座，其中三类以上的1243座；市容环卫专用车辆设备总数2331辆。

【设市城市污水处理】 污水处理厂座数14座，日处理能力158.5万立方米，污水收集管道长度1893公里，污水处理厂集中处理率50.32%。

省建设厅会同相关部门完成了省政府对松花江流域水污染防治项目的中期评估和第一次全省污染源普查工作，编制了《松花江流域水污染防治综合规划》(2008~2015)中的城市污水处理规划篇。

【风景名胜区建设】 按照国家风景名胜区数字化管理系统建设要求，全省四个国家级风景名胜区全部进入国家数字管理系统。长春"八大部"——净月潭风景名胜区数字化景区试点配合住房和城乡建设部完成了数字化景区规划方案的评审工作。

2008年，"八大部"——净月潭风景名胜区被国家旅游局命名为"文明风景旅游区"。

国家级风景名胜区面积817.00平方公里，可游览面积168.00平方公里，年游人量140.59万人次，其中境外游人2.32万人次。

省级风景名胜区面积27平方公里，可游览面积16平方公里，年游人量34万人次。

【设市城市市政公用设施建设固定资产投资】 2008年完成投资总额1026265万元，其中：供水62370万元，燃气11337万元，集中供热116394万元，公共交通65089万元，道路桥梁614520万元，排水73370万元，污水处理及再生水利用58282万元，防洪2620万元，园林绿化53181万元，市容环境卫生7257万元（垃圾处理230万元）；2008年新增固定资产796397万元。

【建设科技】 国务院节能减排综合性工作方案决定从2008年开始实施"北方采暖区既有居住建筑供热计量和节能改造"并按每平方米55元给予奖励。2008年初，住房和城乡建设部拨付给吉林省建筑节能改造奖励启动资金6600万元。为了有效利用这笔改造资金，加强对改造进展情况的监管，省建设厅采取分批下拨启动资金，做到了下拨资金必须对应计划改造项目。截至2008年末已拨付给8个地级市和12个县级市建筑节能改造启动资金4926万元，完成改造既有建筑供热面积244万平方米。

2008年混凝土小型空心砌块建筑体系已在全省应用300余万平方米，与小高层框架结构建筑相比，节地750余亩，节能3万余吨标准煤，节省建设投资3亿元，还能缩短工期25％以上，其经济效益显著。

全省目前已应用地源热泵技术供给建筑采暖120万平方米，太阳能光热应用建筑面积1400万平方米。

【城市建设法规】 省建设厅起草的《吉林省城市市容和环境卫生管理条例》（送审稿）形成后，在经过近一年的调研论证和广泛征求意见的基础上，进行了认真的修改后报省政府。2008年8月20日省政府第10次常务会议讨论通过形成《吉林省城市市容和环境卫生管理条例（草案）》，提交省人大常委会审议。2008年11月28日吉林省第十一届人民代表大会常务委员会第七次会议审议通过了《吉林省城市市容和环境卫生管理条例》，自2009年4月1日起施行。

【国家卫生城市再授】 2008年上半年省建设厅参与省爱委会组织的对满3年的国家卫生城市进行了复查，并于6月将复查结果报全国爱委会，申请予以重新确认。2008年下半年，经全国爱委会暗访复查，重新确认四平市为"国家卫生城市"。

（二）县城建设

【县城市政建设】 道路长度992.00公里，道路面积1389.00万平方米（人行道355.00万平方米），桥梁100座（立交桥6座），道路照明灯71517盏，防洪堤长度131公里（其中：百年一遇标准31公里，50年一遇标准77公里），排水管道长度824公里。

【县城污水处理】 污水处理厂1座，处理能力2.6万立方米，污水管道长度89公里，县城污水处理率5.61％。

【县城供水】 日供水综合生产能力44.48万立方米（其中地下水16.20万立方米），供水管道长度1819.69公里，供水总量8692.70万立方米（其中居民家庭用水3660.88万立方米，公共服务用水877.70万立方米），用水人口122.12万人。

县城人均日生活用水量102.95升，用水普及率64.44％。

【县城燃气】 人工煤气：日生产能力182.50万立方米，储气能力2.00万立方米，供气管道长度40.00公里，居民家庭用气34.00万立方米，用气人口2.00万人。

天然气：储气能力1.80万立方米，供气管道长度136.44公里，年供气总量合计1557万立方米（其中居民家庭用量693.20万立方米），用气人口12.70万人。

液化石油气：储气能力2915.00吨，供气管道长度30.00公里，供气总量42457.25吨（其中居民家庭用气36120.00吨），用气人口94.63万人。

县城燃气普及率57.69％。

【县城集中供热】 供热能力3500兆瓦，供热总量2338万吉焦，供热面积2974.9万平方米（其中住宅2143.4万平方米）。

【县城公共交通】 公共汽车：运营车数461辆（标准运营车数297标台），运营线路网长度273公里，客运总量2740万人次。

出租车：运营车数9541辆，客运总量12015万人次。

【县城园林绿化】 建成区绿化覆盖面积4402公顷，建成区园林绿地面积3661公顷，公园绿地面积1442公顷，公园面积978公顷，建成区绿化覆盖率25.43％，建成区绿地率21.15％，人均公园绿地面积7.61平方米。

【县城市容环境卫生】 道路清扫保洁面积1922万平方米（其中使用机械化作业136万平方米），生活垃圾年处理量99.45万吨（其中无害化处理量6.57万吨），粪便清运量22.30万吨，处理量11.04万吨，公共厕所871座（三类以上），市容环卫专用车辆设备总数337辆。

【县城市政公用建设固定资产投资】 全年完成投资总额98879万元，其中：供水5303万元，燃气6758万元，集中供热8550万元，公共交通240万元，道路桥梁45743万元，排水23442万元，污水处理及再生水利用9096万元，园林绿化5056万元，市容环境卫生2322万元（其中垃圾处理1700万元）；全年新增固定资产66932万元。

【国家卫生县城再授】 省建设厅2008年参加了省爱委会组织的对满3年的国家卫生县城的复查并于6月将复查结果报全国爱卫会，申请予以重新确认。2008年下半年，经全国爱委会派暗访组暗访复查，重新确认镇赉县、通化县为"国家卫生县城"。

三、村镇规划和建设

【村镇规划】 为贯彻落实《城乡规划法》和充分发挥村镇规划对社会主义新农村建设的指导作用，省政府下发了《关于加强村镇规划编制工作意见》（吉政发[2008]42号）。省建设厅又具体制定了《吉林省县（市）域村镇体系规划编制审批暂行办法》和《吉林省乡、村庄规划编制暂行办法》，为指导村镇规划编制工作奠定了基础。

编制完成总体规划的建制镇285个，其中当年修编规划的镇22个。当年修编规划的乡75个。行政村有建设规划的2567个，其中当年新编制的165个。自然村32222个有建设规划。

【村镇房屋建设】 为指导社会主义新农村建设和泥草房改造工程建设，改变传统农居格局，按照节能、保温、省地的原则，在全省范围征集优秀农村住宅建筑设计，确定16个优秀方案，汇编成《吉林省新式农居建筑设计方案图集（推荐）》，并于11月21日在扶余县广发村召开全省新式农居建设现场会。

【文化名镇命名】 按照住房和城乡建设部和国家文物局《关于组织申报第四批中国历史文化名镇（名村）的通知》要求，省建设厅积极组织推荐申报工作。具有满族特色的吉林市乌拉街和四平市叶赫镇经住房和城乡建设部和国家文物局批准，被命名为全国历史文化名镇。

四、房地产业

【住房保障】 省建设厅根据国家相关规定，制定下发了《吉林省保障性住房工作领导小组成员单位工作职责》、《吉林省城镇廉租住房申请、核准及轮候管理试行办法》、《关于规范"双困户"住房档案公示内容的通知》和《吉林省城镇低收入住房困难家庭廉租住房保障办法》。各市（州）、县（市）政府和长白山管委会成立了廉租房和经济适用房管理专门机构，并结合本地实际出台了解决城市低收入家庭住房困难、住房保障工作实施细则或办法。

2008年全省住房保障共取得国家专项补助资金8.2亿元，收到省财政专项补助资金1.2亿元，下拨住房保障资金10.7亿元，同时各市（州）、县（市）地方政府通过划拨土地、减免城市基础设施配套费及各种行政事业性收费和政府性基金、减半征收经营性收费等方式筹措配套资金，确保廉租房建设顺利进行。

2008年初省政府通过与各市州政府签定廉租房责任状，加强了对全省廉租房建设施工进度和工程质量的督察指导，截至2008年底，全省通过新建、回购方式购建廉租房总面积81.8万平方米，超额完成了省政府下达的80万平方米新建廉租房任务，解决实物配租36401户，超额完成了年初住房和城乡建设部下达的31954户实物配租计划。

为不断强化建立低保户、住房困难户住房档案与社会监督，截至2008年底全省共建立并通过政府网站向社会公示了低保、低收入住房困难家庭电子档案251191户，并及时发放了租赁补贴，超额完成了住房和城乡建设部下达的204249户租赁补贴计划。

2008年，吉林省率先全国启动了林业棚户区改造，在充分调研的基础上，制定了《吉林省林业棚户区改造总体方案》，全省22个国有林业局的棚户区改造规划已全部通过了审批，向15000户林业棚户区住房困难家庭发放了租赁补贴，在回迁房建设方面省财政安排补助资金2000万元，回迁房开工建筑面积14万平方米，和龙林业局、八家子林业局和松江河林业局累计有1129户棚户区居民喜迁新居。

【房屋登记管理】 为贯彻住房和城乡建设部颁布的《房屋登记办法》，省建设厅举办了专题研讨班，邀请《房屋登记办法》主编人员对全省1300余人进行了政策研讨和解读，在全省9个市、州产权登记管理部门召开房屋登记座谈会，会后形成并制定了《房屋登记办法实施说明》、《吉林省房屋登记程序》和《吉林省房屋登记业务规程（试行）》。

【房屋拆迁管理】 省建设厅制定下发的《关于认真做好2008年度城镇房屋拆迁计划管理工作的通知》、《关于全省拆迁工作的若干问题指导意见》和《关于进一步加强全省城镇房屋拆迁管理工作的意见》等文件，建立起完善拆迁信息化监管机制和严格执行拆迁许可证审批省级备案制度，实行阳光拆迁；对全省城镇房屋拆迁企业进行了重新审核资质并下发了《关于对全省房屋拆迁企业从业资格审查结果的通报》，审核合格企业118户；贯彻落实拆迁从业人员持证上岗制度，对全省143户拆迁企业、18户林业局和4户森经局房屋拆迁企业的1988人进行了拆迁从业人员的业务培训和考核。

【物业管理】 由省建设厅开展的全省物业管理创优达标活动按照《关于对物业管理达标申请项目进行考评验收的通知》要求，通过考评验收，全省有长春"中海·水岸春城"等4个住宅小区获得省级示范住宅小区称号；长春市"临河风景"等20个住宅小区获得省级优秀住宅小区称号；长春市"伟峰·国际商务广场"等4个大厦获得省级优秀大厦称号。

按照住房和城乡建设部《关于开展物业管理行业专题调研的通知》要求，通过专题调研，省建设厅形成了《吉林省物业管理行业专题调研报告》上报住房和城乡建设部，同时完成《吉林省物业管理办法》上报省政府。

【住房公积金】 2008年1~12月，全省共归集住房公积金75.0亿元，比上年增加19%，为25000户职工家庭发放住房贷款33.1亿元，户均贷款额13.2万元，为城镇就业职工特别是低收入职工购房提供了资金支持。（截至2008年12月底，全省已累计归集住房公积金389.0亿元，归集余额249.0亿元,累计向160000户职工家庭发放住房贷款149.0亿元,贷款余额102.0亿元,个贷比率实现40%。)

【棚户区改造】 2008年5月,住房和城乡建设部(以下简称建设部)在"2008～2010年廉租房工作方案电视电话会议"上传达了国务院副总理李克强到建设部调研时的讲话精神:要加大棚户区改造力度,用3年左右时间完成现有集中连片棚户区改造。根据国家对棚户区改造的最新要求,吉林省决定对城市棚户区(危旧房)再改造3年。由省建设厅向住房和城乡建设部汇报并继续做好2008年～2010年全省棚户区改造的各项工作。

表1为2008年吉林省城市棚户区改造情况统计。

2008年城市棚户区改造情况统计(万平方米、户、万元)　　表1

指标 市(州)	拆迁建筑面积	低保户面积	拆迁户数	低保户数	在建建筑面积	廉租房面积	回迁安置建筑面积	低保户面积	回迁安置户数	低保户数	完成投资总额
总 计	937.39	37.74	124423	8707	1046.61	52.84	397.22	28.80	60850	5017	2204530
长春市	230.60	5.24	37723	1277	246.95	6.70	85.59	6.07	14016	984	830520
吉林市	117.65	1.02	11332	309	80.89	1.30	29.16	0.41	4920	83	261542
四平市	83.29	5.19	15945	1030	35.00	0	4.2	0	674	0	122401
辽源市	20.39	3.61	4725	1016	108.57	7.30	0	0	0	0	122019
通化市	87.58	3.89	12146	853	141.21	3.75	53.59	3.13	7667	518	223657
白山市	82.82	9.88	14906	1720	156.68	12.46	94.95	10.43	12658	1571	173702
松原市	177.10	4.57	14163	951	144.80	6.80	65.14	4.14	11913	926	352140
白城市	69.50	1.70	11952	344	69.74	7.50	20.02	0.05	2095	12	77036
延边州	65.07	2.59	1150	1188	60.50	6.77	42.97	4.31	6647	861	38335
长白山管委会	3.39	0.05	381	13	2.27	0.26	1.60	0.26	260	62	3178

五、建筑业

【建筑施工管理】 截至2008年底,全省共有建筑业企业2727家,比上年增加354家,其中一级企业增加5家,二级企业增加26家,三级企业增加294家。

2008年省建设厅继续推行三色通道(绿、黄、红)和不良行为记录公示制度,逐步形成建筑业企业自律、社会监督与政府监管相结合的建筑市场诚信体系。进入吉林省建筑市场备案制度实施一年来,已办理了来自全国21个省市的158家企业,其中特级企业23家、一级企业100家。对取得《入籍备案证明书》的外埠企业,建立技术人员数据库和在吉承揽项目数据库并网上公示。

政务公开,下放权限。2008年省建设厅将建筑业三级企业的资质审批权和外埠入吉备案管理权下放到各市(州)建设行政主管部门。下放后,市(州)级共审批备案三级资质及劳务资质主项88项,增项131项。

重视人才培训,改变培训方式。省建设厅将培训服务送上门、培训学校移到施工现场、培训科目重点随工程进度。2008年省建设厅共受理建造师初始注册人员997人,项目经理转临时建造师3021人,项目经理进行继续教育的1500人。

省建设厅推荐的通过劳务工人技能培训获得职业技能鉴定证书的长春市万泰劳务有限公司木工吴朝友获得吉林省"十佳"农民工光荣称号。

【建设质量监督】 根据住房和城乡建设部要求,省建设厅制定了《吉林省工程质量监督机构和人员考核管理暂行办法》,4月开展了全省建设工程质量监督人员培训考核工作,628人参加了培训考核,对考核合格的584人发放了质量监督人员岗位证书,对56个工程质量监督机构进行了考核认定及发证工作,进一步规范了全省质量监督的程序管理。

9月上旬省建设厅开展了全省建设工程质量监督执法检查,共抽查公共建筑21项、房屋开发53项、市政建设9项,合计83项,建筑总面积282.2万平方米,下发整改通知书26份,并下发了《关于2008年全省在建工程质量监督执法检查情况的通报》。

根据国家《建设工程质量管理条例》《机场监督工作方案》,省质量监督总站圆满完成了长白山机场项目质量监督工作,确保了长白山机场项目竣工验收合格、按计划8月投入了使用。

省建设厅及时制定《关于对口支援建设四川地震灾区过渡安置房质量监督工作方案》,明确了安置房生产、安装等各个环节的质量监督内容,并深入现场，严格把关，确保了 2418 套安置房质量。因此，省质监站有三人获得全国工程质量监督系统抗震救灾先进个人荣誉称号，有两人被评为全国工程监理行业抗震救灾先进个人。

为保证林业棚户区改造和廉租房建设，省建设厅出台了《关于加强吉林省林业棚户区改造工程质量管理的实施意见》、《关于加强全省新建廉租房工程质量管理的实施意见》。

全省有工程质量监督单位 57 家，监督新建工程 4101 项，建筑面积 2762 万平方米。开展全省工程质量监督执法检查抽查 78 项，建筑面积 78.26 万平方米。2008 年全省有 19 项建筑工程获省优质工程装饰奖，39 项建设工程获省优质工程"长白山杯"奖，1 项建筑工程获国家优质工程鲁班奖。

【建设监理】 全省有建设监理企业 157 家，其中国有企业 21 家，集体企业 2 家，股份合作企业 2 家，有限责任公司 57 家，股份有限公司 9 家，私营企业 66 家；期末从业人员 10371 人，其中专业技术人员 9530 人；期末注册职业人员 2263 人。

【建设招投标管理】 全省建设招标项目 2314 个，投资总额 1683482 万元，公开招标率 92.74％。省建设厅招投标管理处依法监管了长春国际会展中心大综合馆、长春科技文化中心综合馆主体及附属项目、污水处理综合项目及棚户区改造等 73 项省管工程项目的招标投标。为做好国家发改委等九部委令第 56 号《〈标准施工招标资格预审文件〉和〈标准施工招标文件〉试行规定》的贯彻实施工作，3 月下发相关配套文件并组织对全省招标监管人员、招投标代理机构从业人员等 500 余人进行了贯彻培训并颁发了结业证书。

截至 2008 年末，全省共有招投标代理机构 144 家，其中，甲级 22 家，乙级 84 家，暂定级 38 家。

【建设抗震防灾】 2008 年对吉林省超限高层建筑工程抗震设防审查专家委员会进行了换届工作，将年富力强、工作在一线的结构专业技术人员充实到省超限高层抗震专家委员会中，新一届委员会设主任委员 1 名，副主任委员 2 名，顾问 2 名，委员 12 名。

2008 年省建设厅组织省抗震专家委员会的专家对 16 项设计文件中采用的新技术、3 项超规范加层、改造工程进行了审查，下发了 19 份行政审批通知书。

根据四川汶川大地震的经验教训，省建设厅下发了《关于加强全省抗震防灾工作的通知》（吉建抗[2008]5 号），要求各地区抓紧对建筑物进行抗震性能普查工作，重点是生命线工程和中、小学校舍等人员密集场所。普查结果显示：全省中小学校、医院无抗震措施房屋 332 万平方米，省建设厅立即向省政府做了汇报，省财政确定 2009 年将增加 150 万元抗震防灾补救资金。

【建设安全】 为深入落实国务院开展安全生产"隐患治理年"的总体要求，根据建设部《关于进一步开展建筑安全生产隐患排查治理工作的实施意见》（建质[2008]47 号），省建设厅下发了《关于进一步开展建筑施工安全生产隐患排查治理工作方案》（吉建安[2008]5 号），方案对隐患排查的工作目标、范围、内容、方式、治理重点等都做了明确规定。截止到九月下旬，全省 1501 家企业，共排查各类安全隐患 12584 项，其中 12080 项已完成整改，整改率为 96％。

为主动预防，2008 年省建设厅下发了《关于加强建设工程重大危险源公示监管制度的通知》（吉建安[2008]18 号），对建筑施工现场院危险性较大的分部分项工程进一步明确，对重大危险源辨识、重大危险源公示、制定监控措施等做出了规定，从源头上遏制了事故发生的可能。

根据建设部《关于印发〈建筑施工特种作业人员管理规定〉的通知》（建质[2008]75 号）的要求，省建设厅将建筑搅拌机工、建筑推土机工、建筑挖掘机工、建筑压路机工、建筑小型机械工等列入建筑施工特种作业工种，加强特种作业人员的培训考核工作，到 12 月末，对全省特种作业人员进行 3922 人次安全培训考核，有效提高了特种作业人员安全意识和职业技能。同时，结合建设部《建筑起重机械设备安全监督管理规定》和《建筑起重机械设备备案登记办法》，为起重机械设备上牌照，不仅避免了淘汰机型在现场的使用，而且一机一照，便于全省建筑机械设备的安全管理。

为以建设安全典型推进安全质量标准化工作，省建设厅下发了《关于在全省开展"局长示范工地"创建活动实施意见》，检查评比坚持公开、公正、公平和社会监督原则，促进了吉林省建筑施工安全质量标准化管理和示范工作的不断深入，提高了吉林省建设安全管理水平。在活动期间还召开了全省建筑施工安全生产质量标准化现场会，组织各市（州）、县（市）建设行政主管部门负责人、安全监管人员、建筑施工企业负责人、安全管理机构负责人、省安全生产联系员 300 人参观了抚松弘兴建筑公司承建的书香园小区施工现场、抚松县新兴建筑公司承建的江畔花园小区二期工程施工现场，长春建设股份有限公司和青岛金沙滩建设集团有限公司延吉市分公司共同承建的延边州行政中心办公楼施工现场。

【建筑工程装饰奖】 2008年度吉林省建筑工程装饰奖（省优质工程），经企业申报，市（州）装饰业协会初审、推荐，省建筑装饰业协会组织专家组复查，省优质工程审定委员会审定，决定授予长春建工温馨鸟建筑装饰有限公司施工的长春长江路经济开发区投资大厦室内装饰等19项工程为2008年度吉林省建筑工程装饰奖（省优质工程）。

【建设工程"长白山杯"奖】 2008年度吉林省建设工程"长白山杯"奖（省优质工程），经企业申报，市（州）建筑业协会及相关主管厅局初审、推荐，省建筑业协会组织专家组复查，省优质工程审定委员会审定，决定授予吉林建工集团有限公司施工的一汽光洋转向装置有限公司轿车转向装置技术改造联合厂房等39项工程为2008年度吉林省建设工程"长白山杯"奖（省优质工程）。

六、建设勘察设计

【建设工程勘察设计】 省建设厅按着住房和城乡建设部《建设工程勘察设计资质管理规定实施意见》的要求，组织各市（州）设计管理部门，在2008年对省建设工程勘察设计单位资质进行了核查。根据各市（州）上报的核查材料统计，全省443户建设工程勘察设计企业，符合国家资质标准的有255户，不符合国家资质标准的188户，其中要求取消资质的28户，达到了规范建设工程勘察设计市场的目的。

2008年，省建设厅下发了《关于加强建筑设计节能管理工作的通知》，要求各设计单位全面落实国家、省制定的公共建筑和居住建筑节能设计标准，明确了地级市居住建筑设计执行65%的节能设计标准，提升了全省居住建筑的节能水平。

建立"设计标准"申报、审查、审批程序，积极支持新材料、新工艺、节能、环保等设计标准的编制工作，2008年省建设厅已批准设计标准9项，立项待批6项。

【工程建设优秀设计评选】 根据《开展2008年度省级优秀设计项目评选工作的通知》，通过对全省范围的优秀建设工程设计的评选，有39项工程设计获得省级优秀设计奖，推动了全省建设工程设计行业的技术创新与进步。

七、省会长春市城市建设

【长春市供热改革】 为落实住房和城乡建设部《关于组织开展供热计量改革示范城市工作的通知》，省建设厅确定长春市为吉林省供热计量改革示范城市。长春市共完成既有建筑供热计量及温控装置改造近120万平方米。

【建筑工程鲁班奖】 2008年8月20日中国建筑业协会公布2008年度中国建筑工程鲁班奖（国家优质工程）评选结果，长春市获奖的建筑工程为：吉林省广电中心一期工程。该工程承建单位：中国建筑第八工程局有限公司，参加单位：中建八局工业设备安装有限公司、海南海外声学装饰工程有限公司、武汉凌云建筑装饰工程有限公司、深圳市华剑装饰设计工程有限公司。

【国家卫生城市】 根据《国家卫生城市（区）考核命名和监督管理办法》的规定，经国家住房和城乡建设部与全国爱卫会联合检查评比，长春市在2008年12月5日被全国爱卫会以全爱卫发（2008）16号文命名为国家卫生城市。

(吉林省住房和城乡建设厅)

黑 龙 江 省

一、综述

2008年，全省建设系统坚持以科学发展观为统领，深入实施"十大民生工程"，认真落实省委省政府一系列重要指示，切实推进和谐建设"186行动"，积极应对金融危机等不利影响，各项建设工作取得了可喜突破，推动了黑龙江建设事业又好又快发展。全年完成城乡建设总投资725亿元，同比增长18.08%；房地产投资453亿元，同比增长18.5%；建筑业产值1000亿元、增加值450亿，与上年相比分别增长14.2%和11.6%；房地产、建筑企业实现税收58.2亿元；城乡建设投资对经济增长的拉动率达到2%左右。

二、住房保障体系建设

2008年，全省13个地市、64个县（市）均建立了廉租住房制度，先后出台了《黑龙江省廉租住房保障办法》和《黑龙江省廉租住房保障工作考核办法》，完善了全省廉租住房保障工作机制。国家补助廉租住房资金 10.99 亿元，省级财政支持廉租住房保障补助资金 0.5 亿元，全省累计落实保障资金 19.2 亿元；全省共有 280734 户家庭享受了廉租房保障，超额完成了国家下达的 276989 户的保障任务，保障户数居全国第一，全面实现了国务院关于两个"应保尽保"的工作目标。2008 年是黑龙江省实施大规模棚户区改造的第一年，省委、省政府将"两棚一草"改造（非煤矿城市棚户区改造、煤矿城市棚户区改造、泥草房改造）作为"十大民生工程"的第一战役，制定出台了《黑龙江省人民政府关于城市棚户区改造的实施意见》，加大棚户区改造资金筹措力度，建立棚户区改造责任目标，落实考核机制，有力推进了全省非煤矿城市棚户区改造工作。全省完成非煤矿城市棚户区改造拆迁面积 838.3 万平方米，是 2007 年的 2.7 倍；完成拆迁户数 12.6 万户；开工建筑面积 991.6 万平方米，竣工面积 249.6 万平方米；拆迁安置户数 39645 户，其中低收入住房困难家庭 11034 户；完成改造投资 148.4 亿元。2008 年，黑龙江省深入开展了住房公积金管理专项治理工作，促进各地规范管理，纠正整改问题，完善了政策措施，扩大了缴交面，提高了缴交率，确保了黑龙江省住房公积金事业的健康发展。通过开展督导检查，保证了提取贷款风险准备金和管理费用后的住房公积金增值收益余额用于廉租住房保障，有效推动了住房保障工作的开展。纠正违规资金 4.32 亿元。全省住房公积金累计缴存总额为 547.45 亿元，缴存余额为 365.85 亿元；贷款总额为 194.14 亿元，贷款余额为 112.98 亿元；年度新增缴存职工人数为 28054 人。全省城镇人均住房面积达到 23.95 平方米，比上年增长 0.65 平方米。

三、城市规划和管理

2008 年，全省城市规划编制、实施和管理水平不断提高，规划对经济建设的服务引导作用更加突出。围绕省政府工作重点保证大项目落地。快速核发了佳木斯海绵钛一期工程、龙煤集团鸡西矸石热电厂扩建工程等 7 个大项目选址意见书，确保重大建设项目按时开工建设。认真落实省委、省政府部署，高效率、高质量完成了滨水城市规划建设调研报告和抚远、亚布力等城镇总体规划的前期调研，此项工作得到省委主要领导的充分肯定。按照《城乡规划法》的有关规定，积极为绥化、伊春、五大连池、抚远等城市总体规划的修编创造条件、提供支持。加强城乡规划法制建设。结合学习宣传《城乡规划法》，快速启动了《城乡规划法》配套法规、规章的起草工作。组织起草了《黑龙江省城乡规划条例（草稿）》、《黑龙江省城市规划层级管理办法》、《黑龙江省城市规划行政许可文本（初稿）》。调整了《黑龙江省建设项目规划选址管理办法》等规范性文件，并且《省城乡规划条例》已列入 2009 年全省立法计划。加大控制性详细规划编制力度。2008 年全省共编制完成 5.5 万公顷控制性详细规划，超额完成省政府确定的 2008 年度城市控制性详细规划编制目标。按照建设部的要求，各地级城市均编制完成并公布了 2008 年、2009 年住房建设计划和 2008~2012 年住房建设规划。加大规划效能监察工作力度。进一步完善了城乡规划效能监察工作绩效考核标准和办法细化了量化考核指标，为各地效能监察工作提供了评定标准。加强规划行业自身建设。全省已有 30 个市、县（市）成立了独立的规划管理机构，为贯彻落实《城乡规划法》提供了重要保障，为城乡规划工作的顺利开展的奠定了坚实基础。提高城建档案工作水平。制订印发了《黑龙江省城建档案收缴规程》，规范了城建档案管理程序，保证了档案收缴质量，使城建档案管理水平明显提高。

四、市政公用基础设施建设

2008 年，以"三供两治一绿"为重点的市政公用基础设施建设全面推进，城市建设和管理登上新台阶。累计完成市政公用基础设施建设投资 140 亿元，同比增长 10.2%。其中哈尔滨市轨道交通一期工程、松浦大桥等一大批重点项目相继开工；纳入松花江流域水污染防治规划的 40 个城市污水处理及再生利用设施建设项目已有 35 个正式开工，争取国家投资 8 亿元。全省共有 10 个市县建成了 17 座城市污水处理厂、9 个城市建成了 15 座垃圾处理场。绥化中盟、双鸭山大唐等热电厂项目进展顺利，齐齐哈尔、牡丹江等市地一批供水管网改造工程相继竣工，哈尔滨天然气置换和大庆市天然气入户工程加速进行，全省新增供热面积 2400 万平方米、日供水能力 14.5 万吨、天然气用户 44.5 万户。为推动经济社会又好又快发展，迎接第 24 届世界大学生运动会胜利召开，进一步推进了旧城改造、新区开发和城市环境卫生综合整治，城市现代化建设和管理水平明显提高。绥芬河市加速沿边开放战略实施，全面加快城市建设，城市面貌显著改变，被评为全国 18 个改革开放变化巨大的典型地区之一。哈尔滨、大庆两市数字化城管试点工作通过国家验收。镜泊湖等风景名胜区环境综合整治取得明显成效，五大连池国家风景名胜区申遗工作全面启动。积极落实省委主要领导指示精神，组织全省77个市县编制完成城镇园林绿化近期规划，设市城市建成区绿化覆盖率、绿地率、人均公园绿地面积分别提高到30.7%、27.3%和8.7平方米。

五、村镇规划与建设

2008年，全省村镇住宅总建筑面积达45449万平方米，砖混结构住房面积31755万平方米，住房砖瓦率达到69.87%；人均住房建筑面积19.84平方米；村镇公共建筑面积4502万平方米，生产性建筑面积3881万平方米；村镇自来水受益人口1267万人，自来水普及率55.3%；村镇砂石以上道路铺装面积51642万平方米，占道路总面积的67%；小城镇规划编制已达到70.09%，村庄建设规划编制已达到15.5%。村镇规划编制速度质量有所提高。按照"撤并自然屯、建设中心村，发展小城镇"的工作思路，组织编制了《黑龙江省省域村镇体系规划》，重点解决了村庄布局，合理配置各种资源，引导一些边、远、小、穷的村庄向中心村和小城镇集中。编制了9个县域村镇体系规划；87个小城镇总体规划，小城镇规划编制覆盖率已达到74.09%；编制了769村庄建设规划，村庄规划编制覆盖率已达到15.5%，全省村镇规划基本实现了横向到边、纵向到村的全覆盖。按照《城乡规划法》的要求，全省实行了"一书三证"规划许可证制度，保证严格按村镇建设规划实施；组织开展了对小城镇规划进行技术鉴定，提高了村镇规划质量水平。村镇建设规模及投资规模稳定增长。全省村镇建设总投资达165.8亿元，同比增长57.9%，增加60.8亿元，其中泥草房改造投资达125.2亿元。全省新建住宅、公共建筑、生产性建筑等、房屋建筑面积达2244万平方米，比去年增加1098万平方米。2008年省政府加大农村泥草房改造政策资金扶持力度，调动积极性，使村镇建设投资规模有较大增长，有力地拉动了全省县域经济的快速发展。农村住房改造建设健康发展。把农村泥草房改造建设列入省政府"十大民生工程"之一，制定出台了《黑龙江省人民政府关于加快农村泥草房改造指导意见》，明确泥草房改造的指导思想，任务目标，政策措施。确定了省级30个和150个示范村和试点村。制定了《省级示范村、试点村改造建设标准》，以点带面、推进泥草房改造工作。全省改造泥草房20.18万户，1715万平方米，其中建节能住房7.93万户，占建房户的39.3%。30个省级示范村和150个试点村改造泥草房8441户、71.75万平方米。全省村镇住房砖瓦化率达到69.87%，人均住房建筑面积达到19.84平方米，改善了农村居民的居住条件。村镇基础设施、公共设施建设发展较快。全省村镇新铺装砂石以上道路2670公里，其中道路硬化铺装1590公里，道路铺装率达到67%；村镇新增自来水受益人口35.2万人，自来水普及率达到55.3%；村镇地下排水管网达到1395公里、村镇路灯6.29万盏；村镇新建公共建筑、生产性建筑面积128.5和141.93万平方米。村镇环境面貌明显改善。制定了《黑龙江省村镇环境整治方案》、《黑龙江省村容和环境卫生管理暂行规定》，明确了环境整治的主要任务和具体标准。重点集中整治"五乱"（农村柴草乱垛、粪土乱堆、垃圾乱倒、污水乱排和禽畜乱放），做到"四要"（村屯要整洁、道路要畅通、柴草要定点、沿线要美化）。全省村镇普遍清整院墙、清理边沟、植树绿化等，使村镇脏、乱、散、差状况得到了明显改善。全省村镇清理垃圾76万吨，新增垃圾储运设施1.31万个，改建标准厕所1.65万座，修石砌明沟暗修1947公里，植树841万株，新增绿地457万平方米。

六、建筑节能工程建设

2008年，大力推进城镇建筑节能改造和农村节能住宅示范工程建设，加大建筑节能强制性标准执行力度，加快推广太阳能、地源热泵等可再生能源及新技术、新材料的应用。全年建成节能住宅1500万平方米，新建住宅基本达到建筑节能50%的标准，全省新型墙材生产、建筑应用比例达到43%和45%以上，既有建筑节能改造完成200万平方米，均超过省政府下达的责任目标。颁布实施了《公共建筑节能设计标准实施细则》、《居住建筑节能65%设计标准》、《既有采暖居住建筑节能改造技术规程》等一批新的地方标准，组织进行了勘察设计、施工图审查等专业贯标培训。对全省新建建筑实施了闭合式管理，建成了太阳能热水系统等一批可再生能源应用示范项目，推进落实了中法政府第三批建筑节能合作项目。启动了节能监管体系建设，选定省本级、哈尔滨市、大庆市为开展国家机关办公建筑和大型公共建筑节能监管的试点。省建工集团、省宇辉集团等"龙头"企业积极参与全省建筑节能、环保新材料研发工作，配筋砌块墙体材料开发取得重大进展。全省建筑节能技术标准体系建设处于全国领先地位。

七、房地产业

2008年，在国内外复杂多变的形势下，积极应对金融危机影响，经过各级政府和有关部门共同努力，全省房地产市场平稳健康发展，住房供应结构性矛盾得以进一步解决。全年房地产投资完成420亿元，同比增长9.95%；新开工面积1786.5万平方米，竣工面积482万平方米，同比分别增长11.4%和16.2%；新开工90平方米以下中低价位、中小户型住宅面积1482万平方米，同比增长16.3%。住宅产业化进程加快，认真落实科学发展观和节能减排降耗，建节能省地环保耐久新型住宅的要求，住宅新型墙体体系研发和生产取得了突破性进展。由省建设集团、黑龙江宇辉公司与哈工大联合研发和生产的农村新型节能式装配住宅、节能省地环保新型墙体体系、装配式钢筋混凝土短肢剪力墙结构体系取得了突破性进展，进入投产和应用阶段。住宅性能认定、国家A级住宅建设取得了新的突破和进展。全年有6个新建住宅项目被评为国家2A级住宅，至此黑龙江省已有20个新建住宅项目被评为国家2A级住宅，1个项目被评为国家3A级住宅，位居全国发展较快省份。国家现代康居示范工程建设取得了突破。牡丹江、哈尔滨、大庆4个项目被评为国家现代康居示范工程，实现了黑龙江省这项工作零的突破。"四新"成果应用取得了新的突破和进展。新建商品住宅应用"四新"成果率达到了30%以上，国家A级住宅、国家现代康居示范工程应用达到了60%。

八、建筑市场监管

2008年，全省实现建筑业总产值1000亿元、增加值450亿，与2007年相比分别增长14.2%和11.6%，其中，对外工程合同额252.2亿元，与上年相比增长1.61倍。建筑业总产值和对外工程承包均创历史最好水平。组织开展了全省建筑市场检查。共检查210家建筑施工企业，227项在建工程，建筑面积402万平方米，依据建筑市场管理的法律法规对14项工程的责任主体单位给予行政处罚，落实整改措施325条，责令70项工程停工整改，暂扣45家施工企业安全生产许可证，暂扣、吊销60名项目负责人岗位证书、安全生产考核证。制定下发了《关于进一步加强新开工项目管理的通知》，加强了"两场联动"管理，建立了质量、安全、招投标、造价等部门工作协调机制，初步实现了建筑市场综合监管。加快和完善了建筑市场信用体系建设，建立了失信惩戒机制。重点对一批失信企业市场主体行为进行了曝光。建筑业企业信用体系建设取得新成效。全省共有2878家建筑业企业参加本年度信用评价。其中优秀企业111家，占3.8%，良好企业1168家，占40.6%，合格企业1045家，占37.4%，基本合格企业165家，占5.7%，不合格企业359家，占12.5%。对严重违法违规，造成重大质量安全事故，资质条件难以满足标准要求的88家建筑业企业取消资质，清除了建筑市场。加强了10大省级劳务基地建设，开展劳务培训，促进建筑劳务经济发展。加大对工程招标全过程监管力度，全省新建工程中应招标工程2826项，工程投资额394.38亿元，实行招标工程2818项，中标金额364.61亿元，招标率达到99.7%，其中应公开招标工程1235项，全部进行了公开招标，有力地维护了建筑市场秩序。在建筑业产值突破千亿元大关的同时，建设工程质量监督覆盖率达到98%，竣工工程验收合格率达到100%，具备备案条件的竣工工程备案率达到100%，事故发生率和死亡人数同比下降45.2%和50%，建筑业安全事故和死亡人数实现连续五年大幅下降。

九、党风廉政建设和队伍建设

2008年，通过深入学习实践科学发展观活动，进一步坚定了以改善城乡人居环境、科学引导城镇化进程为主线的工作思路，增强了建设系统围绕中心服务大局的责任意识，提高了干部职工的整体素质；进一步强化了建设系统公务员、工程建设、科技创新、"窗口"服务和行政执法五支队伍建设。5·12汶川大地震发生后，全系统干部职工充分发扬艰苦奋斗的拼搏精神、无怨无悔的奉献精神、不屈不挠的进取精神、顾全大局的协作精神和大爱无疆的忘我精神，在第一时间捐款1597万元，及时调运22套大型环卫设备赶送灾区，先后选派三批近百名专家和干部直接参与了一线抢险救灾、挂职援建和援建指挥部工作，抢险救灾工作得到了省委省政府和受援地区的高度评价，有53名同志受到国家有关部门和省政府表彰。积极推进了建设领域惩防腐败体系建设，强化了对领导干部的教育、管理和监督，深入开展了"关注民生、服务发展"群众最满意单位评议活动，认真受理和解决了一批群众反映的突出问题，进一步规范了从政行为，加强了政风行风建设。省建设厅在连续三年获"端正政风行风，优化发展环境"最佳单位基础上，2008年被评为中省直综合管理部门"关注民生、服务发展"群众最满意单位。

（黑龙江省住房和城乡建设厅）

上 海 市

一、规划与国土资源

(一) 概述

2008年,市规划局不断探索健全完善规划体系,有序推进规划编制工作。中心城重点推进整单元控详规划编制工作,目前已批准和完成191个单元,约占编制总量的80%,其中浦西中心城地区已实现控详规划全覆盖。郊区重点推进新城新市镇规划,9个新城总体规划已全部编制完成并经市政府批复;61个新市镇中,47个新市镇的总体规划已经编制完成,控详试点工作正在推进。同时,中心城220kV以上变电站选址、应急避难场所布局和郊区32片历史文化风貌区保护等专业系统规划已经编制完成,轨道交通规划深化完善;张江一区六园、大飞机项目、布宜诺项目、临港产业园区、长兴岛造船基地等重大产业布局规划已经完成,并制定了有关核定郊区工业用地规划指标的实施意见;世博会、虹桥综合交通枢纽、黄浦江沿岸等一批重点地区规划加快推进。

坚持"决策、执行、监督"三分离和城市规划"编制、审批、执行"三分开原则,深化完善规划分级管理的体制机制。加快推进"阳光规划"电子政务信息系统建设,12月1日起全市建设项目审批全面实行规划指标比对,实现规划行政审批全方位公开、全过程监督。深入推进浦东新区规划管理创新,研究制定了控制性单元规划编制的调整机制、国家级产业园区控详规划组织编制与审批等有关实施办法。以奉贤、金山为试点,积极探索符合上海农村地区特点的规划管理模式,推进城乡规划全覆盖试点,并结合乡镇机构改革,加强农村地区规划管理。

贯彻实施《城乡规划法》,加强依法行政。《城乡规划法》从2008年1月1日起实施,为贯彻实施《城乡规划法》,一是开展规划法制调研,积极修订《上海市城市规划条例》,二是及时研究出台了《关于执行〈中华人民共和国城乡规划法〉第六十四条有关规定的实施意见》。制定了《关于印发〈关于加强本市保障性住房项目规划管理的若干意见〉的通知》、《关于印发〈关于促进节约集约利用工业用地、加快发展现代服务业的若干意见〉》等7个规范性文件,制定内部工作规范22件。

进一步加强规划项目审批和监督检查。据统计,2008年,市规划系统共核发建设项目选址意见书1378件,核准建设用地面积48.74平方公里;核发建设用地规划许可证1759件,核准建设用地面积83.81平方公里;核发建设工程规划许可证3375件,批准建造建筑面积5016万平方米;竣工验收2515件,建筑面积5401.1万平方米。限期拆除违法建筑36件21733平方米,没收违法所得及各类罚款9806.6万元

城乡测绘、地名、城建档案、干部教育等管理工作及规划展示工作顺利开展。(徐国岁)

【组建上海市规划和国土资源管理局】 根据《中共中央办公厅、国务院办公厅关于印发〈上海市人民政府机构改革方案〉的通知》,2008年10月30日,上海市人民政府宣布组建上海市规划和国土资源管理局。将上海市城市规划管理局的职责、上海市房屋土地资源管理局的土地和矿产资源管理职责,整合划入上海市规划和国土资源管理局。不再保留上海市城市规划管理局和上海市房屋土地资源管理局。该日起,上海市规划和国土资源管理局启用新印章并对外办公。上海市规划和国土资源管理局编制220名,其中局长1名,副局长5名,总工程师1名,正副处级领导职数55名;负责人:冯经明任党组书记、局长,韩强任党组副书记、纪检组书记,伍江、胡俊、陈华文任副局长,徐毅松任总工程师。(徐国岁)

(二) 市政府批准的重要规划

【交通运输部、市政府批准《上海港总体规划》】 12月5日,交通运输部、市政府批准上海市港口管理局组织编制的《上海港总体规划》。规划确定上海港功能定位:是我国沿海主要港口和集装箱干线港,是国家综合运输体系重要枢纽和长江三角洲地区现代物流中心的重要组成部分,是上海市及长江三角洲地区调整产业结构、优化生产力布局、促进区域经济一体化发展的重要基础,是上海市加快建设国际经济、金融、贸易、航运中心和国际大都市的重要支撑,是上海市和长江三角洲地区全面建设小康

社会、率先实现现代化的重要依托,是长江三角洲和长江沿线地区全面参与经济全球化、进一步提升国际竞争力的战略资源。港口岸线利用规划:上海市大陆岸线长313.1公里,岛屿岸线长283.5公里,规划港口岸线229.1公里,其中大陆岸线154.9公里。上海港口岸线利用必须贯彻"统筹规划、远近结合、深水深用,合理开发、有效保护"的原则。发展布局:规划上海港形成黄浦江上游、中游、下游以及宝山罗泾、外高桥、杭州湾、崇明三岛等7个港区和上海国际航运中心洋山深水港区的总体发展格局。规划还提出港口后方公路、铁路、内河等集疏运通道方案以及各项环境保护措施。(徐国岁)

【**市政府准《闵行新城总体规划(2007~2020年)》**】8月22日,市府批复原则同意市规划局、闵行区政府编制的《闵行新城总体规划(2007~2020年)》。规划期限:近期至2010年,远期至2020年。规划范围为闵行区沪青平公路以南,外环线、黄浦江以西部分,总用地面积193.7平方公里。闵行新城的发展目标和定位:是闵行区的政治、经济、文化中心,要建设成为以科教研发、先进制造、现代服务为主导功能的、适宜居住的、具有新型辅城功能的生态园林新城区。人口和用地规模:2005年底,闵行新城常住人口为81.2万人。规划到2020年,闵行新城人口规模为105万人(包括在校约13万学籍人口);城市建设用地规模为165平方公里。总体布局:以莘奉金高速公路、机场高速(A15)、春申塘、铁路吴闵支线等自然分隔,形成以莘庄为中心,以沪闵路、七莘路为轴线,组团式发展的空间布局。规划形成六个组团,其中春申塘以北为新城主城区,春申塘以南为颛桥、旗忠、梅陇吴泾、紫竹和江川五个组团。道路交通规划:结合新城功能布局,形成由快速路、主干路、次干路和支路组成的方格网城市道路系统。绿地景观系统规划:以大型公共绿地为核心,以城市林地为基础,以黄浦江滨江绿带为纽带,以道路、河道绿化为网络,形成廊、带、园等多种形式、富有特色的绿地系统。(徐国岁)

【**市政府批准《宝山新城总体规划(2006~2020年)》**】8月22日,市政府批准市规划局、宝山区政府组织编制的《宝山新城总体规划(2006~2020)》。规划期限:近期至2010年,远期至2020年。规划范围为南至外环线(A20),北至郊环线(A30),东至长江,东南角为黄浦江与长江的交汇口,西至与嘉定区相交接的区界,整个规划区面积81.35平方公里。规划人口规模65万人。功能定位:宝山新城是宝山区行政、经济、文化、商务综合中心;是上海北部功能发展轴线上的重要节点和上海中心城功能的延伸区与拓展区;是宝山区"精钢宝山"功能的服务区和"滨江新城"特色的体现区。总体布局:宝山新城采取由重要交通干线串联三个发展组团的带状组团的城市形态。规划形成"一个中心、三个组团、九片区"的空间结构。规划道路系统由快速干道、Ⅰ级主干道,Ⅱ级主干道、城市次干道、城市支路五级组成。还提出了绿地景观系统、历史文化遗产保护、环境保护和市政基础设施的规划。(徐国岁)

【**市政府批准《上海市中心城应急避难场所布局规划》**】5月6日,市政府批复原则同意市规划局组织编制的《上海市中心城应急避难场所布局规划》。该规划的目标和指导思想:按照城市应急体系建设的总体要求,以应对地震灾害为主并兼顾其他灾害事故,加强中心城应急避难场所及相关设施的规划建设,构建和完善中心城应急避难场所体系框架,增强城市整体防护能力。规划期限近期至2010年,远期至2020年。中心城应急避难场所的规划控制指标:根据应急避难场所的功能要求和相关资源情况,中心城应急避难场所有效用地面积为3.0平方米/人(浦西内环以内不低于2.5平方米/人),其中Ⅰ类应急避难场所2平方米/人(浦西内环以内不低于1.5平方米/人)。对于应急避难场所规划人均指标达不到上述标准的部分区域,应加强资源统筹,进一步细化制定并实施跨行政区的应急疏散预案。中心城应急避难场所的规划布局:规划对中心城可以作为避难场所的5240公顷用地资源进行控制和预留。按照功能、规模和服务半径的需要,严格控制并逐步实施460处、共计约2353公顷的Ⅰ类避难场所的建设。中心城规划设置1处市级指挥中心,各区设置区级指挥中心各1处。规划要求各相关部门和各区政府加强对各类规划应急避难场所的控制和预留,结合公共绿地、学校、体育场等相关设施的建设和改造,有序组织实施;结合试点建设项目加快研究制定各级应急避难场所的建设标准;加强对应急疏散通道系统的深化完善,认真研究并严格执行应急疏散通道沿线桥涵隧道、两侧新建建筑的控制要求;加快制定全市应急疏散及接纳预案;加强防震减灾和应急救援知识的普及,增强全民防范意识。(徐国岁)

【**市政府批准《黄浦江水上旅游码头布局规划》**】1月14日,市政府批复原则同意市规划局、市浦江办、市港口局组织编制的《黄浦江水上旅游码头布局规划》。规划范围北至吴淞口,南至徐浦大桥,水路总长41公里。该规划结合现有码头设施和沿岸旅游资源，合理利用黄浦江岸线；统筹考虑水上旅游码头布局，合理配置陆域设施；完善周边路网和相关配套设施。确保2010年上海世博会期间水上交通及旅游的需求。黄浦江水上旅游码头规划为主码头、辅码头、停靠码头、备用停靠点、服务码头等五类，其中，主码头为浦西十六铺码头；辅码头为浦东世博会码头、浦东陆家嘴码头、浦西秦皇岛路码头；停靠码头为浦西南外滩码头、浦西渔人码头、浦东南栈码头、浦西复兴岛码头、浦东耀华码头、浦西龙华码头、浦东三林湿地生态公园码头、浦西吴淞客运中心码头；备用停靠点为浦东新华码头和浦东三岔港生态绿地码头；服务码头为浦东沪东造船厂码头和浦西吴泾码头。2010年前，以世博水门建设为重点，基本完成"一主、三辅、若干停靠点"的旅游码头体系；2010年后继续推进各类码头建设，完善旅游码头体系。

【**市政府批准黄浦江核心段 W9 等 8 个单元的控制性详细规划**】 2008年，市政府先后批准黄浦江核心段位于东至秦皇岛路、南到黄浦江、西至东大名路、北至大名路—旅顺路—东长治路—新建路—杨树浦路，总面积约126.3公顷的W9单元；位于西与北至黄浦江、东至浦东南路、南至东昌路，用地面积约168.7公顷的E14单元；位于东起黄浦江、南至南浦大桥、西起中山南路—东门路—人民路、北至新开河路，用地面积约63公顷的W11、W13、W15单元；位于东至卢浦大桥—济阳路、南至川杨河、西至黄浦江、北至世博会场址，用地面积191.12公顷的ES2单元；位于北至川杨河、南至中环线(华夏路)、西黄浦江、东至济阳路，用地面积约283.2公顷的ES4单元；位于南起上中路、北至龙华港、东起黄浦江、西至龙吴路，用地面积约439.1公顷的WS5等8个单元的控制性详细规划。明确了各单元的功能定位、布局结构、用地规划、建筑总量等控制要素。(徐国岁)

【**市政府批准《上海市天然气主干管网系统修编规划(2007~2020)》**】 3月5日，市政府批复原则同意市规划局、市市政局组织编制的《上海市天然气主干管网系统修编规划(2007~2020)》。需求预测：到2010年上海天然气用气量约为62.65亿立方米/年；到2020年上海天然气用气量约为162.07亿立方米/年。天然气气源：在已形成的东海平湖天然气、"西气东输"天然气东西互补的双气源供应格局上，积极引进"川气东送"和进口液化天然气(LNG)，争取形成多气源互补的气源格局。天然气主干网系统规划：根据市域城镇体系、气源格局的变化，在原批准的天然气主干网系统的基础上，建设五号沟液化天然气(LNG)应急储备站出站高压天然气管道，长三角及崇明岛输气管网，形成包括沿郊区环线公路敷设的城市外围6.0MPa的超高压输气管道、沿外环线成环敷设的1.6MPa高压输配管道、两者之间的4.0MPa高压管道、浦东2.5Ma高压管道等四种压力级制的主干网系统。为保证电厂等大用户的安全用气，规划敷设供气专线。同时相应建设上海接受外来天然气的城市门站、LNG应急储备站等。天然气应急储备：根据上海市"十一五"能源发展的要求，结合上海城市总体规划和深水岸线利用规划，建议将漕泾、崇明岛竖河、绿华及大、小金山、乌龟岛作为规划LNG应急储备站的备选方案，下阶段结合项目，进行选址的深化比选。近期建设规划：按照统一规划，分期实施的原则，按近期62.7亿立方米/年的天然气供应规模，近期(2007~2010)建设包括气源建设、主干网系统建设和储气调峰设施建设等项目。(徐国岁)

【**市政府批准《上海临港物流园区奉贤分区总体规划》**】 11月12日，市政府批复原则同意市规划局、奉贤区政府、临港新城管委会组织编制的《上海临港物流园区奉贤分区总体规划》。规划期限：近期至2012年，远期至2020年。规划范围分园区和控制协调区两个部分。园区规划范围：北至南横河、东至泐马河、南至杭州湾，西至四团镇镇界—中港，面积约17.0平方公里。规划园区向外适当拓展为控制协调区，面积约8.3平方公里。功能定位：临港物流园区奉贤分区，是上海国际航运中心和临港新城产业区的重要组成部分，是以洋山深水港为龙头，以临港新城为依托，综合仓储物流、现代装备制造业、港口以及配套服务等功能的现代化综合性产业园区。总体布局：园区整体上形成"一心、四点、三廊、五组团"的空间布局结构。"一心"为园区的综合配套服务中心，"四点"为园区内的四个综合配套服务点，"三廊"为两港大道、人民塘和D1路形成的三条东西向走廊，"五组团"为园区内产业用地分成五大组团。还提出了道路交通系统、生态绿地水网系统、市政公用设施、配套服务设施等规划。(徐国岁)

【**市政府批准《上海市第四批优秀历史建筑保护技术规定》**】 4月9日，市政府批复同意市规划局、市房地资源局制订的《上海市第四批优秀历史建筑保护技术规定》。该《规定》对第四批优秀历史建筑的每一处建筑提出了具体保护要求、保护范围和周边建设控制范围，对修缮及周边建设活动均提出了保护与规划控制要求，该《规定》是城市规划管理

的重要依据。(徐国岁)

(三) 市规划局批准的重要规划

【市规划局批准《上海现代物流园区控制性详细规划》】 10月20日，市规划局批复同意闸北区规划局组织编制的《上海现代物流园区控制性详细规划》。规划范围，东至俞泾浦，西至共和新路、南至汶水路，北至场中路，总用地面积约185公顷。功能布局：北上海物流园区规划形成"一心、一带、一轴、五区、多组团"的空间结构布局，建成以公铁联运为基础、以商务办公、商贸展示、信息交易为核心的生态型现代物流园区。规划公共设施用地约44.9公顷，工业用地约16.6公顷，仓储用地约12.1公顷，绿化用地约23公顷。规划要求结合园区功能定位的提升，重点发展现代服务业，在走马塘、寿阳路、平型关路两侧，重点增加公共绿地，加强环境建设。要求结合地区发展，加强城市公共空间和公共绿地的环境景观设计。还提出了道路交通系统规划及市政基础设施规划。要求确保各类市政设施的用地和管廊控制，结合实施进一步征询相关部门意见。(徐国岁)

【市规划局批准《上海市城市轨道交通系统专项控制性详细规划》】 9月12日，市规划局批复原则同意市规划院编制的《上海市城市轨道交通系统专项控制性详细规划》。其规划范围为列入《上海市轨道交通网络深化规划》中线路的大部分路段和车辆段（停车场）。该规划对已建、在建线路，按线路和车站实施方案进行控制；对远景线路，按规划控制方案进行控制；要求根据各条线路设计进展情况，有条件的，要对车站出入口、风井等附属设施进行控制。该规划是编制地区规划、开展工程方案深化及系统优化研究的基础和依据。(徐国岁)

【市规划局批准《中海长兴岛修船基地控制性详细规划》】 5月30日，市规划局批复原则同意崇明县规划局组织编制的《中海长兴岛修船基地控制性详细规划》。中海长兴岛修船基地规划范围北至南环路、南至长江、东至中船长兴岛造船基地、西至长兴岛第二电厂，用地面积约260公顷，基地岗位人口约8070人。功能定位是以修船工业为主，兼顾发展海洋工程和船舶制造。用地布局结构：规划范围内以长江隧道工程的防护绿地为界分为东、西两片生产区，沿江布置修船和海洋工程前期区；后方布置生产区、仓储区和生活管理区。岸线使用规划：中海长兴岛修船基地规划涉及深水岸线3163米，其中包含长江隧道(含电力隧道)、轨道交通19号线、原水管、天然气干管、现状部队3根光缆等市政设施通道宽度共计415米。道路交通规划：规划在南环路设置的5个出入口应与地区规划道路保持对接；结合生产工艺流程，安排厂区内的路网系统。主要规划控制指标。厂区内生活和管理配套用地不得超过6.8%，绿地率不超过26%(其中包括市政设施通道范围内的防护绿地约占15.3%)。工业生产和仓储(不包括露天堆场)地块容积率控制在0.7～1.2，建筑密度控制在50%以上，局部厂房的建筑高度可根据生产工艺的特殊需要进行适当调整；生活配套地块容积率控制在1.2以下，建筑高度控制在45米以下；管理配套地块容积率控制在2.5以下，建筑高度控制在60米以下。还提出了市政基础设施规划。(徐国岁)

【市规划局批准《闵行区浦江镇总体规划》】 4月30日，市规划局批复原则同意闵行区规划局组织编制的《闵行区浦江镇总体规划(2007～2020)》。规划期限为：近期至2010年，远期到2020年。规划范围为闵行区浦江镇镇域范围，用地面积约102.1平方公里。总体规划目标：立足创建上海郊区新型城乡统筹示范区，以现代居住为基础，以特色风貌中心镇区建设为依托，以航天和微电子产业发展为引领，将浦江镇建成高科技产业集聚、商业服务发达、生态型、宜居型、具有现代化独特城市风貌的新市镇。空间布局结构：规划形成"两轴双核五片"的镇域功能结构。"两轴"为浦星路的城镇发展轴和A15机场高速公路的对外联系轴，"双核"为以中心镇区为核心的城镇建设区和以漕河泾开发区、航天科技产业园区为主体的高科技产业发展中心；"五片"即规划形成中心镇区片、东部产业发展片、都市森林片、东南居住区片及南部都市农业片。发展规模：规划至2020年常住人口为40万左右，城市建设总用地约为54平方公里。综合交通系统规划：结合镇域功能布局，形成由高速公路、主干路、次干路和支路形成的方格网城市道路系统。应结合轨道交通8号线，加强城镇公共交通系统的衔接和完善，落实公共交通换乘枢纽空间。结合浦江中心镇区和漕河泾开发区规划，进一步深化8号线沿线各站点周边地区功能布局、发展规模及业态布置。绿化景观规划：突出水、镇、林交融一体的城镇特色，形成黄浦江滨江景观绿带，形成沿浦星路、陈行公路、大治河等主要道路、河道的绿化廊道。至2020年，规划公共绿地为8.69平方公里。结合城镇空间、绿化景观和交通系统，进一步深化研究航天科普园的功能布局。还提出了城镇风貌规划及社会服务设施、市政公用设施等专项规划。(徐国岁)

【市规划局、市城雕委办公室批准《长宁区城市雕塑总体规划》】 10月23日，市规划局、市城雕委办公室批复原则同意长宁区规划局组织编制的《长宁区城市雕塑总体规划》规划范围为长宁区行政辖区，规划期限近期至2010年，近中期至2015年，中远期至2020年。建设目标：到2010年，使长宁区城市雕塑独具特色，为人瞩目，在区内重点地区建成6~7座市级城市雕塑精品，总量达到250~270座。到2020年，长宁区城市雕塑总量达到360~400座。规划布局：建立以苏州河滨河地区、延安西路沿线绿地为纽带，以上海城市雕塑艺术中心、中山公园商业中心、虹桥涉外贸易中心和临空经济园区为重点、以居住区、单位、院校、街心花园、重要交叉口、重要区域出入口为基础的雕塑布局中结构。主题定位：延续记忆、传承历史、融合多元文化、展现西部门户风采、创新数字产业、构筑城市未来，水岸生活，亲近自然。还提出了近期建设阵地规划及规划实施对策和管理机制。(徐国岁)

【市规划局、市城雕委办公室批准《松江区城市雕塑布局规划》】 1月28日，市规划局、市城雕委办公室批复原则同意松江区规划局组织编制的《松江区城市雕塑布局规划》。规划范围为松江区行政辖区内的城市公共空间，规划期限至2020年，近期至2010年。规划目标：根据松江区发展商品化要求和空间景观总体意向，确定城市雕塑空间分布形态，发挥城市雕塑的审美引导与文化作用；通过城市雕塑建设，全面提升松江区城市生活和居住的空间环境品质；近期与远期各新建100~150座城市雕塑，基本形成全区每平方公里一座城市雕塑的覆盖格局，延续城市文脉，树立城市形象；建立完善的城市雕塑创作制度和科学有效的雕塑建设与管理运作机制。总体布局：城市雕塑按全区城镇体系进行总体布局，形成"一城"（松江新城，雕塑集中表现突显全区精神文明建设风貌的各类作品，城市雕塑原则上每平方公里设1座，总量不少于60座），"两翼"（东侧工业园区和西侧科技园区，城市雕塑以表现各企业形象为主，充分体现企事业文化。城市雕塑原则上每个大中型企业设1~2座，总量不少于80座），"三片"（分别位于规划区西北的旅游度假区、东北的经济密集区、正南现代农业区，面积456平方公里，城市雕塑展现各分区的民俗生活、历史文脉、体现浓郁地域内涵特征，原则上每平方公里不少于1座城市雕塑）的布局。(徐国岁)

【市规划局、市城雕委办公室批准《闵行区城市雕塑总体规划》】 1月28日，市规划局、市城雕委办公室批复原则同意闵行区规划局组织编制的《闵行区城市雕塑总体规划》。规划范围为闵行区行政辖区371.68平方公里内的城市公共空间。规划期限近期至2010年，远期至2020年。规划原则：统一规划，合理布局，严格规范，有序发展；以人为本，突出特色，格调高尚，雅俗共赏；现实主义与浪漫主义相结合，具体与抽象，多元化、个性化；政府引导，社会参与，多方建设的原则。空间布局：形成"一纵"（以交通为主的南北贯穿了华漕镇、七宝镇、莘庄镇、颛桥镇、江川街道），"两横"（以莘庄为中心联系东西景观轴及联系南部产业居住区和东部浦江镇的城市发展轴），"一带"（黄浦江滨江开发景观带），"四片"（北部特色居住、中部商业居住、南部产业居住、东部浦江镇四个景观区），"九组团"（环绕在城市生态绿心，东西南北四个方位开放式组团，包括华漕、七宝、梅陇、吴泾、颛桥、马桥、浦江、虹桥镇和江川街道组团）的点状分布、线状延伸、面状扩展的城市雕塑空间结构。(徐国岁)

【市规划局、市城雕委办公室批准《奉贤区城市雕塑规划》】 5月28日，市规划局、市城雕办公室批复原则同意奉贤区规划局组织编制的《奉贤区城市雕塑规划》。规划范围为奉贤区一城七镇镇区建设用地，四大工业园区、现代农业园和申隆生态园等建设用地的建成区和规划区。规划期限近期至2010年，远期至2020年。规划原则：区城市雕塑规划应与各类规划及区的历史文化、区域性文化性质及功定位、空间环境、奉贤自身文化可持续发展相协调，其主题结构应与多样化风格相协调，其美学风格应与区域性功能性质相协调。空间分布形态呈"一心"（即南桥新城，是奉贤区雕塑建设的重点区域，城市雕塑应展示奉贤区中心的功能、性质和文化特征），"两带"（指庄奉历史文化展示带，城市雕塑应展示奉贤历史文化；滨海旅游度假风情带，城市雕塑展示奉贤滨海风情），"一轴"（指金海现代游艇文化发展轴，城市雕塑应体现出奉贤人民团结奋进、勇于拼搏精神），"六片"（上海工业综合开发A区、B区，海港综合经济开发区，奉贤化工分区、现代农业区和申隆生态园，应布置标志性城市雕塑为主，以提升园区整体形象）。还提出了城市雕塑建设规划和操作建议。(徐国岁)

【市规划局、市城雕委办公室批准《南汇区城市雕塑规划》】 1月2日，市规划局、市城雕委办公室批复原则同意南汇区规划局组织编制的《南汇区城市雕塑规划》。规划范围为南汇区行政辖区，涉及道路广场、公园绿地、公共活动区等公共空间和校园、居住区等公共空间的城市雕塑，规划期限近期至2010年，远期至2020年。规划目标：确定南汇区城市雕塑空间分布形态，实现城市雕塑与城市功能布局的协调、雕塑艺术表现和城市空间系统的协调，发挥城市雕塑的审美引导与文化标志作用；完善城市雕塑创作制度，形成科学有效的雕塑建设与管理运作机制；至2020年，南汇区建成重要城市景观雕塑20座，城市雕塑集中展示区3处，各类城市雕塑270座，逐步形成若干座体现南汇区区域形象的标志性雕塑。空间布局：根据《上海市城市雕塑总体规划》提出的区县城市雕塑"结合城市海陆空门户、结合城市发展轴、结合郊区重点城镇及产业区"进行布局的原则，确定以"城市雕塑重点布局地区＋一般布局地区＋特殊布局地区"的空间布局框架，以临港新城、惠南镇及周浦镇联系轴构成雕塑重点布局轴线，构建突出重点、分类指导的城市雕塑系统。该规划还提出对现状城市雕塑进行"拆6处、改20处、留29处"的整治方案。该规划还提出了实施对策及近期建设的建议。（徐国岁）

（四）规划管理

【加强城乡规划法规建设】 2008年，围绕贯彻实施《中华人民共和国城乡规划法》等法律法规，结合本市实际，认真开展法规体系梳理，开展法律法规培训和宣传，加强管理法制建设，严格依法行政，着力提高行政执法水平。2008年，制定规范性文件7件（规划类6件、测绘类1件），还制定了内部工作规范22件。（高祥惠）

【积极推进全市城市雕塑规划建设】 全面贯彻落实全国城市雕塑建设指导委员会《关于城市雕塑建设工作的指导意见》和上海市委、市政府关于以2010年上海世博会为中心，全力推进上海城雕建设工作的要求，积极推进全市城雕规划建设：全面启动世博会园区城雕，先后编制完成了《中国2010年上海世博会园区雕塑规划》和《中国2010年上海世博会园区雕塑实施导则》；成立了世博城雕建设领导小组和工作机构；组建了世博城雕建设专家评审组。先后组织了推进世博会园区城雕工作专家研讨会，确定了世博城雕的征集方式；为世博城雕四大项目（即"世博轴雕塑艺术长廊"、"沿江景观带"、"主要入口广场"和"江南广场"）遴选出了策划方案和实施团队。计划在2009年完成世博城雕建设任务。

建立健全市、区两级城雕管理机构，到2008年底，全市19个区（县）中已有13个区（县）组建了区（县）城雕委及其办公室。

全力推进城雕项目建设工作。全年新建城市雕塑228座，其中由市、区政府及相关部门共同推进完成的项目2个：黄浦区外滩爱因斯坦纪念雕塑项目和上海国际节能环保园钢雕公园项目。市、区政府及相关部门正在推进中的城雕项目6个：静安雕塑公园、徐汇区上海南站"火车头"雕塑、普陀区长风生态商务区标志性雕塑、杨浦区国歌诞生地纪念雕塑、南汇区祝桥镇公共绿地"祥云"雕塑和康桥工业园区入口处标志性雕塑、金山区新城中央大道"金山之光"标志性雕塑等。

发挥上海城雕艺术中心展示平台作用。上海城雕艺术中心成功举办了西班牙"八座桥"雕塑展、美国"布鲁斯·斯厉"雕塑艺术展、"子曰"王燮达雕塑作品展、"乐土·乐土"谢艾格雕塑艺术展、美国安迪·渥荷"波谱艺术展"、美国"边际的演变"游思作品展、"解构青花"吴永平雕塑展等7个公益性展览，展出时间共225天，参观人数近8万。

发挥城雕流动展示平台的作用。第九届南京路雕塑展邀请了上海著名雕塑家余积勇和荷兰籍华裔女雕塑家吴静茹参展，共展出作品45件。2008年11月25日，市城雕办、普陀区政府和中国雕塑学会在长风生态商务区共同主办了"中国姿态 生态长风"首届中国雕塑大展上海展。展览为期两周，共展出181座来自国内老中青三代著名雕塑家的作品，吸引了两万多市民的参观和媒体的竞相报道。

在2008年开展的2007年度全国优秀城雕建设项目评选中，获得年度大奖2个，年度优秀奖5个和年度优秀组织奖。（徐国岁）

（上海市规划和国土资源管理局）

二、房地产市场管理和住房保障

【加大房地产市场调控】 2008年，上海依法运用预售许可等手段，加大供应总量和结构的调控力度，扩大中低价位、中小套型商品住房供应量，继续强化住房需求的调节力度，配合有关部门实施有区别的税收、信贷政策。年初严格执行国家第二套住房信贷管理的有关规定和规范外资进出房地产市场的各项政策。四季度起，制订出台促进房地产健康稳定发展的14条和8条措施。从全年情况看，房地产投资、开发和供应较为平稳，商品住房价格也未出现大的波动，商品住房销售和存量住房买卖面积有较大幅度下降。表1为房地产开发投资情况，表2为商品房成交情况，表3为商品住房价格统计。

上海市

房地产开发投资情况表　　表1

项目名称	单位	数值	同比增长(%)
完成房地产开发投资	亿元	1367	4.5
占全社会固定资产投资比重	%	28	
新建商品住房开工面积	万平方米	1762	7.83
竣工面积	万平方米	1763	−35.94

商品住房成交情况表　　表2

项目名称	数值(万平方米)	同比下降(%)
新建商品房销售面积	2296	38
新建商品住房销售面积	1966	40
存量房买卖面积	1413	29
存量住房买卖面积	1106	36

商品住房价格情况表　　表3

项目名称	数值(%)
新建商品住房价格指数累计环比	−1.9
存量住房价格指数累计环比	−1.7
新建商品住房价格指数累计同比	5.7
存量住房价格指数累计同比	6.8

【加强房屋租赁管理】　继续开展整治"群租"工作。上海市住房保障和房屋管理局推动各区县、街镇坚持整治工作不放松，不断加强整治后的小区日常管理，探索创新整治工作的思路方法，并研究多渠道改善来沪人员居住条件，整治成效明显。见表4。

房屋租赁管理情况　　表4

项目名称	单位	数值
整治"群租"	户	9100+
整治率	%	80+
整治率达100%的区	个	7
基本消除"群租"隐患的住宅小区	个	440+

【整治和规范房地产市场秩序】

继续做好房地产市场秩序专项整治联席会议成员牵头工作。一是组织开展全市房地产经纪机构专项检查工作。共检查6431家经纪机构，重点检查经纪机构、经纪人备案情况，对其中309家房地产经纪机构作出行政处罚。二是加强交易实时监管，对网上合同撤销率畸高的18个楼盘和房地产企业进行执法检查，同时改进信息发布制度。三是组织开展非法集资风险排查工作。11月，转发了住房和城乡建设部《关于在房地产行业开展非法集资风险排查有关工作的通知》，明确重点排查任意分割拆零、向社会出售不能确定具体位置或不具备独立使用功能的房屋或特定空间，承诺售后高额返租、无风险保底回报或原价（增值）回购等诱导方式销售房地产，违规吸收社会公众资金，进行房地产开发等行为。四是探索存量房交易资金监管模式，制定和完善相关业务流程，并开展业务试点工作。

【加强房地产市场监测和监管】

面对房地产市场出现的新情况，上海市住房保障和房屋管理局主要从市场调控和监测两方面入手。一是加强和改善房地产市场调控。及时制定了《关于促进本市房地产市场健康发展的若干意见》、《关于贯彻国务院办公厅文件精神促进本市房地产市场健康发展的实施意见》；在贯彻国家各项调控政策的同时，结合上海实际，出台有针对性的政策措施，包括调整普通住房标准，由原来单价标准调整为总价标准，鼓励建造和购买小房型住房，大幅提高了享受税收优惠的普通住房受益面；将个人不负担买卖普通住房征收营业税、个人所得税的期限，由5年调整为2年，有效地拉动了成交量；引导开发企业根据市场变化和需求，主动采取措施，以合理的价格促进商品住房销售。二是进一步加强房地产市场监管。完善房地产市场监测指标，拓宽监测范围，掌握住房和写字楼等商业楼宇市场运行情况，跟踪市场变化，发现市场运行新情况、新趋势；通过网上交易平台，对新建商品房和存量房交易进行交易全过程监管，加强商品房销售现场监管，及时发现和查处虚拟合同等违法违规行为；加强对外资进入房地产市场的监管，密切关注外资进出的动向，研究制定政策预案；实施房地产估价报告网上备案制度，明确估价报告网上备案的总体目标，将实现估价主体的动态监管、估价报告的上网备案、估价评审、鉴定的上网操作，建成一个全市统一、功能完备、监管有力、规范高效的房地产估价管理和服务平台。

【规范房地产登记工作】

修订《上海市房地产登记条例》。上海市住房保障和房屋管理局会同相关部门起草《条例》修改稿、《条例(修订草案)》起草说明、解读、立法听证会说明和有关补充参阅等材料，并参与人大组织的《条例(修订草案)》（修改稿）中有关问题修改方案的研究和讨论。新修订的《上海市房地产登记条例》于2008年12月25日通过。此外，上海市住房保障和房屋管理局还会同相关部门起草《上海市农村宅基地及村民住房登记办法》（讨论稿）。

完善房地产登记相关规定。制定了《关于住宅物业小区内业主共有或使用的房地产有关登记问题的通知》、《关于申请调整本市房屋权属登记的计费方式和收费标准的函》、《关于本市郊区宅基地置换试点中办理房地产登记的通知》、《关于办理储备土地抵押登记的操作口径》、《关于廉租住房产证办理及房源注记事宜的复函》等规范性文件，对保护房地产权利人合法权益起到了积极作用。

【"四高"小区建设进展顺利】

全市各区（县）房管部门开展了创建节能省地型"四高"优秀小区工作，列入计划创建55个、约1090万平方米的项目全面完成，超额完成年初确定的创建50个小区的目标。同时，各区（县）局加强住宅建设全过程的监管与服务，引导开发企业在确保"四高"优秀小区工程质量、完善居住功能、增加科技含量的基础上，提高节能环保技术应用的集成度，中海瀛台花园等41个小区被命名为"2008年度上海市节能省地型'四高'优秀小区"，发挥了创建项目的引领和示范作用。同时，以"四高"优秀小区为载体，推进住宅产业现代化，加强科技攻关和成果应用，不断提升住宅的科技含量和综合性能。松江区的"三湘四季花城玉兰苑"等项目，注重"四新"成果集成应用，并在利用太阳能等可再生能源技术方面作了探索和试点，取得了初步成效，被国家城乡和住房建设部列为创建"国家康居示范工程"项目。

【节能省地型住宅建设有序推进】

上海市政府颁发了《上海市新建住宅节能省地发展指导意见》，建立了新建住宅节能省地发展联席会议制度，围绕"四节一环保"，进一步从机制、体制入手，推动相关工作。着重体现在以下几个方面：一是以中小套型住宅建设为重点，推进居住区节地。按照区域规划控制、总量和项目相结合的原则，严格控制套型结构。二是以建筑节能与可再生能源利用为切入口，推进居住区节能。加强新建住宅项目节能审查，开展65%节能标准试点，加快研究适合上海居住区的太阳能等可再生能源利用技术支撑。三是以规范人工水景观工程为抓手，推进居住区节水。着手制订管理办法，进一步规范人工水景观的建造、维护，因地制宜推进雨水收集，促进居住区水资源的合理利用、节约使用。四是以住宅全装修为突破口，推进住宅节材。下发了《关于新建商品住宅落实全装修建设比例要求的通知》，将全装修比例作为住宅用地出让的前置条件，规定中心城区全装修面积比例在40%以上，其他地区在10%以上。同时，针对全装修住宅建设监管较滞后、开发企业经验较薄弱等问题，从技术标准细化、行政监管健全、服务体系建立等多角度着手，制定相关措施。五是支持开展预制混凝土结构住宅的试点工作，通过试点项目的实践，探索出了新型工厂化生产住房的新路子。此外，继续加强住宅资源能源节约技术的应用研究力度，不断完善技术支撑。初步建立了强制、推广和试点的分层次应用技术体系，形成了20余项主要适用技术。

【新建住宅交付使用】

2008年在新建住宅交付使用时，上海市住房保障和房屋管理局严把新建住宅交付使用审核关口。经验收审核的住宅交付项目无一有效投诉，做到了合格率100%；加强了对区（县）局新建住宅交付使用审核发证工作的指导、监督和检查；继续推进新建住宅质量管理工作，各区（县）局以开发企业为管理对象，要求开发企业提高质量意识，开展质量通病的防治工作，同时加强对"新建住宅质量保证书"和"使用说明书"实施的监管，为新建住房交付使用和节能省地型四高小区创建打下坚实的基础。见表5。

新建住宅交付使用情况　　表5

项　目　名　称		单位	数值
审核发放新建住宅交付使用许可证		件	565
建筑		幢	8941
面积		万平方米	2469.03
其中	市局发证	件	49
	建筑	幢	399
	面积	万平方米	239.22
	区（县）局发证	件	516
	建筑	幢	8542
	面积	万平方米	2229.81
进行质量检查的住宅项目		个	263
面积		万平方米	1882.39
同比增长		%	20.2

【加强住宅配套建设管理】

新建住宅配套设施配套建设。市政和公建配套建设保持与住宅建设同步实施。表6为2008年新建住宅市政设施配套建设投资情况；表7为2008年新建住宅公建设施配套完成情况；表8为2008年新建住宅竣工配套情况。

2008年新建住宅市政设施配套建设投资情况　　表6

项目分类	项目投资（万元）
总计	70147.21
各区	55698.73
综合项目	51217.20
单项工程	4481.53
其他项目	14448.48

2008年新建住宅公建设施配套完成情况　　表7

公建用途	配套费投资（万元）	竣工面积（万平方米）
合计	42002.86	28.76
教育	29259.61	17.32
财贸	0.0	0.0
地区行政	4962.54	2.85
环卫	1503.4	1.00
市政公用	0.0	0.0
园林	499.48	3.97
社区服务	5777.83	3.62
其他	0.0	0.0

2008年新建住宅竣工配套情况　　表8

项目名称	单位	数值
累计计划竣工项目	个	298
建筑面积	万平方米	1911
住宅	幢	5941
建筑面积	万平方米	1698

年内，建成市属配套商品房浦江基地、江桥基地市政配套设施；华新和航头等保障性住房基地也在进行前期准备工作。

【保障性住房建设稳步推进】

配套商品住房建设。2008年，不断完善配套商品住房建设、供应的实施流程，提高住宅质量，稳步予以推进。满足了世博基地、轨道交通项目、北外滩综合交通枢纽项目、外滩通道工程、董家渡旧改等市重大工程、重点旧改项目动迁安置房源的需求。见表9。

配套商品住房建设情况　　表9

项目名称		单位	数值
新开工配套商品房		万平方米	538
竣工面积		万平方米	1083
办理预售认定		万平方米	602
搭桥供应市属配套商品房房源		套	9752
面积		万平方米	72
其中	市属基地	套	9014
	面积	万平方米	67
	企业认定	套	738
	面积	万平方米	5

经济适用住房建设。新开工经济适用住房400万平方米列入了年内市重大工程。列为市级经济适用住房的11个项目于三季度相继开工，该批项目住宅建筑面积约169万平方米，主要分布在徐汇华泾、宝山顾村、南汇航头、闵行浦江、松江泗泾和青浦华新6个基地。浦东新区三林基地174万平方米作为经济适用住房建设的重点推进项目，于10月6日启动建设。此外，包括徐汇、虹口的新建项目以及其他各区的配建、转化等项目在内的60万平方米经济适用住房，顺利启动建设。同时，加快推进保障性住房市属基地的公建服务设施和"开门七件事"配套建设。见表10。

保障性住房市属基地的公建服务设施情况　　表10

项目名称		单位	数值
建设公建配套设施		万平方米	24.1
其中	居住区配套的大型公建设施	项	26
	面积	万平方米	17.5
	街坊级公建设施	万平方米	6.6
实施绿化项目		项	18
面积		万平方米	26

【完善住宅小区综合管理机制】

加大街道（乡镇）住宅小区综合管理联席会议组建力度。建立街道（乡镇）住宅小区综合管理联席会议组建月报制度，推动组建工作。至2008年底，19个区县政府已建立了住宅小区综合管理联席会议，211个应组建联席会议的街道（乡镇）已全部建立了住宅小区综合管理联席会议，全市已建成市、区（县）、街道（乡镇）三级住宅小区综合管理协调机制。

健全房地物业纠纷调解工作机制。上海市住房保障和房屋管理局会同市司法局联合发文，明确了人民调解组织参与房地物业纠纷范围，内容包括邻里间的物业使用纠纷、业委会组建、运作和自我管理中的纠纷，业主、业委会与物业企业之间的纠纷等，并统一了受理、立案、调解、履行等纠纷调解程序，发挥人民调解组织的作用，预防矛盾纠纷激化，并在部分区开展了试点工作。

【加大物业管理行业监管力度】

2008年，为加大物业管理行业的监管力度，上海市住房保障和房屋管理局主要从四个方面着力推进。一是推进物业服务呼叫平台建设，市和徐汇区物业服务呼叫平台已进入试运行阶段，"12319"城建热线与"962121"房地热线房屋应急维修系统已经正式联动，应急维修处置、反馈均通过网络实现。二是建立物业行业四级检查制度，修订出台了《上海市住宅物业服务规范》，建立小区经理每日自查、企业双周检查、房地办事处每月督查、区县房地局每月抽查的分级检查制度，对小区经理不履行职责的，予以记分处理，并在小区经理和物业服务企业诚信档案中予以记录，将企业诚信与物业管理招投标、物业企业资质核定、物业项目评优等挂钩，促进物业企业不断改进服务。三是取消一批物业服务企业资质，对全市物业服务企业进行了梳理和身份认证，对清理出的320家资质证书过期、不得再从事物业管理的物业服务企业，通过新闻媒体向社会公告了企业名单，进一步规范物业管理市场秩序。四是开展全覆盖的物业服务满意度测评，在全市实施物业管理的所有住宅小区进行物业服务社会公众满意度测评，对区（县）、街道（乡镇）、物业服务企业按照满意度总分、商品房、售后房、公房进行分类排名，并出具测评报告，帮助整改提高。同时，通过上海房地资源网公布各物业服务企业的测评排名情况，接受社会监督。

【推进旧住房改造】

旧住房综合整治。2008年，上海市住房保障和房屋管理局筹备、组织开展对1996年前建造的高层进行旧住房综合整治，对尚未进行过改造的多层旧住房实施综合改造并对世博相关范围、路段、区域内的建筑物进行外立面整治工作。通过迎世博建筑整治工作，力争消除高层外立面空鼓起壳等安全隐患，保障房屋的基本居住功能和安全使用。①在迎世博建筑整治工作中，编制了《上海迎世博建筑整治设计导则》，形成了建筑改造色彩引导与"整洁为主、整治为辅、整容少量"的改造分级引导标准。各区按照《导则》的相关要求开展迎世博建筑整治设计、管理和具体实施工作。②下发了《上海市迎世博加强市容环境建设和管理600天行动建筑整治管理实施办法》，明确了市、区相关部门的职责分工、工作要求、计划管理、资金管理、项目管理等内容，规范管理建筑整治工作。③组织对各区、县局、修缮施工单位、物业企业等从事修缮管理、施工及房屋安全检查人员开展了共四批、253人的《房屋修缮工程技术规程》培训。

旧住房成套改造。年内，上海探索采取"拆除重建"等方式进行旧住房（成套）综合改造新机制。对《上海市房屋租赁条例》中的相关条款作出了解释，推进旧住房成套改造的顺利进行。鞍山四村旧住房成套改造项目获得了国家建设部颁发的"中国人居环境范例奖"，并在南京召开的第四届世界城市论坛上进行交流和展示。见表11：

旧住房成套改造情况　　　　表11

序号	项目名称	单位	数值
1	多层旧住房综合改造	万平方米	1182.53
2	高层旧住房综合整治	万平方米	31.70
3	建筑外立面整治	万平方米	980
4	竣工旧住房成套改造	万平方米	27.82
5	受益居民	万户	21.03

注：5为1、2、4项所涉及的受益居民。

【落实优秀历史建筑保护管理基础工作】

研究与深化保护管理的政策措施。开展《保护条例》修订的课题研究，完善了以"管好房、修好房、用好房"为核心的保护三年工作计划；市区分级管理和配合有所加强。区、县局完善了组织机构和人员配备，加大对保护实施项目的巡查与监管，对个别违章情况作了及时处理。

保护修缮技术取得一定进步。对上海理工大学思晏堂石柱修缮与恢复、武康大楼水刷石墙面清洗等工程进行了一些探索和实践，在修缮技术、工艺及新材料应用上有了提高和进步。

保护管理基础工作得到进一步加强。全面梳理了约900份有关历史建筑保护的档案资料，并移送上海市住房保障和房屋管理局档案馆作进一步的归档和整理；至年底，50处优秀历史建筑影视信息资料的拍摄计划，已完成20处。

市区联手编制了"2片、6线、24点"修整历史风貌建筑600天行动计划。至2008年底，"2片、6线"全面展开，其中"24点"已完成9处。各区结合迎世博600天的计划任务，进一步加强了保护管理和修缮，除以上正常推进的计划外，浦东、卢湾、徐汇、静安、黄浦、虹口、杨浦等区共增加了26处修整风貌历史建筑项目，并完成11处。浦东新区完成了风貌区内高桥老街及三林地区的圣堂道观、贞洁牌坊等预保留历史建筑的保护整治，静安区完成了文联、枕流公寓等优秀历史建筑的保护整治。

继续推进成片试点项目。包括黄浦区外滩源、中央商场街坊，卢湾区思南路47街坊，徐汇区建业里，青浦区南门老街等，其中外滩源、建业里试点已进入实施阶段，思南路47街坊已部分完成外观整治。

【推进旧改拆迁新机制】

2008年，在旧改拆迁方面，上海市住房保障和房屋管理局加强政策调研，完善居住房屋拆迁补偿安置办法，试行"数砖头加套型保底"试点政策。对拆迁补偿安置后居住仍困难的，另行提供相应的补偿安置，实现动迁补偿安置与帮困救助分离，还动拆迁以本来面目。年内，在黄浦区东元坊旧改拆迁基地进行了该补偿安置试点。为推进旧改拆迁进程，上海着手探索旧改拆迁征询试点新机制。通过选择浦东新区塘一、塘二基地、杨浦区飞虹路720弄作试点，开展旧区改造拆迁征询。目前，飞虹路基地因在协议期内未能达到约定比例，暂停拆迁。塘一、塘二基地签约率超过80%，试点取得阶段性成果。

【扩大廉租住房受益面】

进一步扩大廉租住房受益面。2008年，《关于调整本市廉租住房家庭收入和金融资产认定标准的通知》出台。《通知》将申请廉租住房的家庭人均月收入标准从600元以下放宽到800元以下，家庭金融资产标准从3万元以下放宽到9万元以下，并召开专题会议布置扩大廉租住房受益面工作，以各区县作为实施主体予以具体落实。至年底，全市廉租住房受益家庭累计达4.457万户，比上年增长了47%。

开展实物配租。一是推进徐汇等区的实物配租试点工作，指导制订实物配租工作的实施办法和操作规则；二是布置各区县实施开展试行工作；三是研究制订并下发了"廉租住房实物配租试行办法"和"廉租房源管理办法"，四是通过收购、改建、转化等方式筹措廉租房源3300多套，为开展实物配租试行工作创造条件。

【研究制订《经济适用住房管理试行办法》】

2008年，上海市住房保障和房屋管理局会同相关部门起草拟订《经济适用住房管理试行办法》初稿，同时委托上海零点指标信息咨询有限公司开展了有关政策设计的市民咨询调查，并反复征询相关委办局、各区县政府、市内外专家学者的意见建议，多次向市委、市政府进行专题汇报，并听取市人大、政协意见，形成《经济适用住房管理试行办法（征求意见稿）》，于年底向社会公开征询意见，共收到意见建议3400余件，在此基础上对"征求意见稿"作进一步修改完善。

（上海市住房保障和房屋管理局）

江 苏 省

一、综述

2008年，江苏省城乡建设系统坚持以科学发展观为指导，先后经受了雨雪冷冻灾害、支持四川灾区抗震救灾等严峻考验，承担了保障城乡居民安全供水、推进住房保障、太湖水污染防治等重要任务，实现了学习实践科学发展观活动、援助灾区抗震救灾和恢复重建工作、城乡建设事业各项业务工作的"三不误三促进"。学习实践活动得到了省委领导的充分肯定，援助灾区抗震救灾工作超额提前完成，建设事业的各项重点工作任务圆满完成。

认真组织开展学习实践科学发展观活动，较好地实现了"党员干部受教育、科学发展上水平、人民群众得实惠"的目标；超额提前完成抗震救灾活动板房建设和灾后恢复重建，成功协助举办第四届世界城市论坛等工作；住房保障政策体系基本建立，住房保障工作取得实质性进展，实现对人均建筑面积15平方米以下的低保住房困难家庭和低收入无房住房困难家庭申请租赁补贴应保尽保；认真落实调控政策，推进住房建设规划编制，加强城市房屋拆迁管理，加强了房地产市场监管和市场风险防范工作，增强房地产市场调控的针对性，房地产市场运行总体平稳；以统筹城乡规划和区域基础设施建设为重点，着力推进城乡一体化建设；强力推进《太湖水污染防治工作方案》实施，太湖流域污水治理取得积极进展；城市基础设施建设进一步完善，建筑节能工作力度加大，在全国率先推行民用建筑节能工程专项验收制度，实施闭合监管；工程建设管理进一步加强，建筑业持续稳定发展；深入开展"四项平安"创建等各项活动，政府信息公开建设、精神文明建设、机关作风建设和党风廉政建设成效明显。

二、城乡建设规划

【规划编制】 推进区域城镇体系规划编制。开展了修编《江苏省城镇体系规划》的前期工作。基本完成了《江苏省沿江风光带规划》、《江苏省沿海城镇带规划》等区域性规划。开展了《苏南地区综合交通发展战略与规划研究》，完成了研究大纲。

加快城市总体规划修编。经省政府同意，启动了24个待批城市总体规划的审批工作，批复了仪征、吴江等城市总体规划。连云港、淮安、泰州等市开展了新一轮城市总体规划修编。

加强历史文化保护的规划。为加强历史文化遗产的保护，提高全省历史文化街区保护规划的质量和水平，省建设厅印发了《历史文化街区保护规划编制导则》。江阴市等历史文化名城、扬州市东关街等历史文化街区、姜堰市溱潼镇等历史文化名镇编制完成了保护规划。

专项规划编制全面推进。苏州、扬州、无锡、盐城等城市完成了城市综合交通规划纲要或成果的编制。40个计划编制城市综合交通规划的县（市）中，有29个城市完成了编制工作。汶川地震之后，徐州、苏州、江阴等城市完成了抗震防灾规划。城市抗震防灾规划的编制和实施，对提高城市抗震防灾能力、引导城市合理建设和布局具有重要意义。（王兴海）

【规划管理】 强化重大建设项目选址规划服务。省建设厅对申请规划选址的重大建设项目，加强了服务和协调工作，核发了宁杭铁路、沪通铁路江苏段选址意见书，召开了昆山第四水厂、大唐南京电厂选址论证会，确保最终项目选址符合城乡规划。2008年共核发省级以上建设项目选址意见书80份，包括电厂、电力设施、高速公路、铁路等重大基础设施、大型工业项目等，并对8个建设项目出具了预选址意见，便于其开展前期研究工作。

加强各类开发区设立和扩区的规划审查。按照国务院和建设部有关部委文件的精神，省建设厅认真做好各类开发区设立和扩大、调整区域的规划审查工作，确保开发区的选址和用地符合城市总体规划，要求开发区由城乡规划主管部门实行统一规划管理。对省政府交办的6家申报南北挂钩共建苏北开发区园区以及15件开发区审核事项提交了办理意见。

历史文化保护规划实施监管。配合国务院《历史文化名城名镇名村保护条例》的出台，省建设厅下发了《关于做好历史文化名城、名镇、名村保护规划和管理有关工作的通知》，召开了历史文化名城名镇保护规划座谈会，组织了第四批中国历史文化名镇的考察和申报工作，提请省政府批准公布了第五批省级历史文化名镇。（王兴海）

【城乡规划行业发展】 根据建设部部署，省建设厅开展了全省城市规划编制单位重新核定工作，共有74家规划编制单位通过了重新核定，加强了对城市规划编制单位的动态监管。全省从事规划管理的人员约2500人，规划设计人员约2700人，通过注册规划师认定和考试700余人。

为了提升城乡规划工作质量和水平，省建设厅于2008年上半年举行了两期全省城乡规划培训班，主题为《中华人民共和国城乡规划法》的贯彻实施、控制性详细规划的制定及公交优先的城市综合交通的构建等来自全省各市、县（市）规划主管部门工作人员和规划编制单位技术骨干等近600人参加了此次培训。下半年举办了第七期苏北地区城市规划培训班，邀请专家讲解城乡规划法律法规、规划实施管理、控制性详细规划、修建性详细规划、现代城市交通规划、镇村规划，加强对苏北地区城乡规划的技术培训和指导，培训人员300人次。（王兴海）

【援助绵竹规划】 省建设厅按照省委、省政府的要求，集中组织技术力量迅速投入援助绵竹灾后重建城乡规划编制工作，率先完成了地震灾区灾后重建的第一个城市近期建设规划、第一批乡镇总体规划。省建设厅组织全省规划编制单位，完成绵竹市区的近期建设规划（含纳入市区的3个镇），其他18个乡镇的总体规划和45个农民集中居住点的规划方案。9月7日，绵竹市城市近期建设规划、汉旺镇总体规划分别通过了四川省建设厅组织的专家论证。9月8日～9日，富新镇等15个镇（乡）总体规划通过了绵竹市政府组织的专家论证。9月底前，各规划编制单位已经全面完成各项规划成果的修改完善并分别向绵竹当地政府提交了规划成果。（王兴海）

【对口支援拉萨的规划工作】 省建设厅援助编制的《拉萨市城市总体规划（2007～2020）》于2008年5月分别通过了专家论证会、修编领导小组、拉萨市城市规划建设委员会审查，项目组根据专家和有关部门的意见和建议进行了修改完善。拉萨市综合交通规划编制工作已经完成，其成果与《城市总体规划》成果同时移交给拉萨市人民政府。拉萨市地下管线普查通过专家验收并移交给拉萨市人民政府。完成了拉萨市城市管线综合规划与拉萨市中心区、百淀区、西城区、北城区等四个片区的控制性详细规划方案编制工作。拉萨河、江苏大道城市设计编制工作已经初步完成。（王兴海）

三、村镇建设

【概况】 2008年，全省有建制镇838个（不包括县城关镇和划入城市统计范围的镇，下同），乡集镇102个，行政村15682个，村庄159406个。村镇总人口5502.33万人，其中暂住人口577.78。建制镇建成区面积231418公顷，平均每个建制镇276公顷；

集镇建成区面积11400公顷,平均每个集镇建成区面积111公顷;村庄现状用地面积737400公顷,平均每个村庄用地面积5公顷。(朱建芬)

【农村房屋建设】 2008年,全省村镇住宅竣工面积3168.66万平方米,实有住宅总建筑面积19.18亿平方米,全省人均住宅建筑面积34.85平方米。全省村镇公共建筑建设总量与上年持平,竣工面积701.20万平方米,其中混合结构建筑面积678.91万平方米,占新建公共建筑总面积的96.82%。全省生产性建筑竣工面积达到了3503.45万平方米,其中混合结构建筑面积3263.81万平方米,占新建生产建筑总面积的93.16%。(朱建芬)

【村镇基础设施建设与园林绿化】 2008年,全省村镇公用设施建设继续保持稳步发展的势头,公用设施建设投资184.74亿元,全省乡镇年供水总量为12.87亿立方米,自来水受益人口1311.99万人,农村自来水普及率88.58%(不含暂住人口);乡镇排水管道长度1.58万公里,乡镇污水处理厂个数204个,年污水处理总量2.40亿立方米。2008年底,全省乡镇实有铺装道路3.02万公里,小城镇镇区主街道基本达到硬化。全省乡镇拥有环卫机械数量7421辆,公共厕所1.08万座,村容镇貌进一步改观。建制镇绿地面积33403.79公顷,其中公园绿地面积5958公顷,人均公园绿地面积4.56平方米,绿化覆盖率为20.56%;集镇绿地面积1406.24公顷,其中公园绿地面积204公顷,绿化覆盖率为19.44%,人均公园绿地面积3.28平方米。(朱建芬)

【村庄规划编制工作】 印发了《江苏省村庄规划导则(2008年版)》,举办了专题培训、组织了两轮交流指导,对各地进行村庄规划编制指导和督查。2008年,由省级财政直接拨款的1580个"三类"村庄规划和20000个一般规划保留村庄的平面布局规划编制工作已经完成。20个重点中心镇控制性详细规划的编制工作也已经完成,并已按法定程序报批。到2008年底,城乡规划全覆盖工作全部完成。全省共完成4500个"三类"村庄规划、35000个一般规划保留村庄的平面布局规划的编制工作。(朱建芬)

【村庄建设整治工作】 各地依据因地制宜、分类指导的工作原则,运用试点先行、示范带动的工作方法,有序推进面上村庄建设整治工作,积极探索符合实际的村庄建设整治工作方法和措施。从农民最关心、最迫切需要解决的问题入手,环境卫生整治先行,利用已有基础配套完善村庄基础设施和公共服务设施条件,引导农民相对集中居住,改善村庄人居环境;同时结合市政基础设施的区域共建共享,大力促进城市供水、公交、污水治理等基础设施向农村覆盖延伸。为更好地保护文化底蕴丰厚、有发展乡村旅游潜力的特色村庄,避免村庄建设整治中的简单化、同质化问题,选择20个特色显著的规划保留村庄,加大建设整治力度,延续和创造浓郁的乡土风情和地方文化特色。

2008年,20个特色示范村庄建设改造和201个省级村庄整治试点,共投入建设改造资金约8000万元,建设整治村内主次道路57公里,修建排水管道278公里,新建垃圾箱2500个,新建公厕125座,增加公共绿地4.58万平方米,农民的人居环境得到了明显改善。形成了一批乡村风情浓郁、配套设施适宜、环境卫生整洁的村庄,受到农民的普遍欢迎。(朱建芬)

【农村生活污水和垃圾处理试点】 按照省委省政府确定的太湖治理年度目标,2008年太湖流域共需建设699个规划保留村庄的农村生活污水处理设施建设,其中399个年底前建成投运。为完成这一目标,提前启动了20个农村生活污水治理试点示范项目和一级保护区内74个规划保留村庄的污水处理设施建设。2008年末,20个农村生活污水治理试点示范项目和一级保护区内74个村庄已完成,另外的305个规划保留村庄的污水处理设施也全部建成。

江苏省率先提出了"组保洁、村收集、镇转运、市县集中处理"的城乡生活垃圾统筹处理工作思路,通过召开现场会和下达年度工作目标任务等形式加以落实和推进。苏南经济发达地区普遍进展较快,大部分乡镇、村都有专门保洁队伍,配备相应的环卫处理设施,定时保洁,垃圾及时转运。苏中与苏北经济相对落后地区初步建立了垃圾收运处理体系的框架,一些离市区较近的乡镇已纳入县(市)集中处理范围,一些县(市)正在加紧进行集中处理设施建设,相当一部分乡镇实现了村收集、镇集中简易填埋处理。苏北地区抓紧建设镇村生活垃圾收集处理体系,不少乡镇基本实现了生活垃圾村镇保洁收集,集中填埋处理。(朱建芬)

四、风景园林建设

【省情概况——风景名胜】 江苏风景名胜驰名中外,自然景观和人文历史的相互依托与结合,形成了江苏风景名胜所独有的艺术魅力。自1978年开始,江苏省陆续建立了较为完整的风景名胜区体系。现有国家重点风景名胜区5处,即太湖风景名胜区、南京钟山风景名胜区、扬州蜀冈—瘦西湖风景名胜区、连云港云台山风景名胜区、镇江三山风景名胜区。省级风景名胜区有南京雨花台、夫子庙—秦淮风光带，苏州虎丘、枫桥，常熟虞山，镇江南山，句容和金坛交界的茅山，句容九龙山，南通濠河、狼山，姜堰溱湖，徐州云龙湖，新沂马陵山，盱眙第一山，建湖九龙口，宿迁骆马湖—三台山、古黄河—运河风光带共17个。风景名胜区总面积1500多平方公里，占全省国土面积1.5%，基本涵盖了全省山水胜迹与风景名胜的精华，成为集游憩、休闲、审美、科教、生物多样性保护及维护生态平衡等多功能于一体的游览胜地。（王健　单干兴）

【园林绿化概况】 2008年，全省城市城市绿地率达37.94%，绿化覆盖率达41.61%，人均公共绿地面积达12.31平方米。（王健　单干兴）

【园林城市创建】 2008年，省建设厅对提出开展创建江苏省园林城市活动的15个城市进行了调研和指导。2008年，新增盐城、兴化、如皋、溧水、高淳、金湖为省级园林城市（县城）。淮安市积极申报并通过住房和城乡建设部考核，被命名为国家园林城市。（王健　单干兴）

【园林式单位与园林式居住区创建】 为鼓励社会参与城市园林绿化建设，推进改善居住与工作环境，实现结构性绿量均匀分布的建设目标，2008年，采取城际互查的方式开展了江苏省园林式单位、居住区评选活动。共评选出园林式单位323个，园林式居住区143个。（王健　单干兴）

【节约型园林绿化建设】 2008年，在城市园林绿化建设中，积极推进以资源节约、减少消耗和浪费的较低成本，获取最大生态、社会与经济效益的建设模式。在规划设计、建设施工、养护管理等各个环节中，落实节约型园林绿化建设的各项措施。将节约资源的效益最大化原则有机地落实到园林城市、园林小城镇创建与生态园林城市试点工作中去，并作为城市园林绿化建设的重要考核指标。（王健　单干兴）

【国家公园创建】 2008年9月，国家住房和城乡建设部公布了第二批国家重点公园。按照《国家重点公园管理办法（试行）》的规定，苏州市虎丘山、扬州市瘦西湖公园、常州市红梅公园、南京市玄武湖公园、无锡市梅园、无锡市锡惠公园、镇江市金山公园等7个公园被国家住房和城乡建设部批准为国家重点公园。2008年6月，国家住房和城乡建设部公布了第五批国家城市湿地公园。按照《国家城市湿地公园管理办法》的规定，昆山市城市生态公园被国家住房和城乡建设部批准为国家城市湿地公园。（王健　单干兴）

【风景名胜区综合整治】 2008年9月，省建设厅组织考核验收组，按照《省级风景名胜区综合整治工作考核验收标准》，对全省17处省级风景名胜区五年综合整治工作进行现场考核验收，同时将考核过程中发现的问题与各风景名胜区管理部门做了反馈。在综合各方面情况基础上，确定马陵山、云龙湖、濠河、虎丘山、虞山、南山等7处风景名胜区为优秀风景名胜区。通过综合整治这个抓手，改进和提升了全省风景名胜区的综合管理水平，从根本上改善了景区资源保护、环境质量、形象面貌和游览秩序等。（王健　单干兴）

【风景名胜区规划编制与审批】 2008年，镇江三山国家级风景名胜区总体规划经建设部批准实施；太湖风景名胜区总体规划（修编）三线划定工作全面完成；完成连云港云台山国家级风景名胜区总体规划（修编）纲要部级评审；宿迁骆马湖——三台山、古黄河——运河风光带、徐州云龙湖和镇江南山（修编）省级风景名胜区总体规划经省政府批准实施；完成南京夫子庙——秦淮风光带和泰州溱湖（修编）省级风景名胜区总体规划编制；完成茅山风景名胜区金坛四个景区详细规划的编制和批准；协调九龙山风景名胜区总体规划的编制工作。（王健　单干兴）

【风景名胜区建设项目选址审批】 2008年，按照行政许可的规定，严格审查，依法办理风景名胜区建设项目选址审批工作，主要项目包括：中山陵园风景区抗日航空纪念馆、钟山干部疗养院、内环路（二期）、山北民风区、玄武湖景区北扩工程；茅山风景区宝盛园、省气象试验基地；雨花台风景区生态密林区和太湖风景区若干建设项目等。（王健　单干兴）

【第六届江苏省园艺博览会】 2008年10月，省政府办公厅批准了《江苏省第六届园艺博览会总体方案》，同时，完成了博览园规划设计方案编制工作。博览园建设全面启动，完成基地拆迁、地形改造、土方工程等基础设施。10月，在泰州召开了第六届省园博会筹备工作会议，部署各市参展景点地块和景点建设目标任务，对博览园主体建筑设计方案进行了审查讨论，研究确定了第六届园博会会标及吉祥物方案。（王健　单干兴）

五、住房保障与住房制度改革

【概况】 2008年，全省住房保障与房改工作，贯彻落实《国务院关于解决城市低收入家庭住房困难的若干意见》（国发[2007]24号）和全国城市住房工作会议精神，按照省委第十一届三次会议提出的"要以建立城镇低收入家庭住房保障制度为重点，努力使低保家庭住得上廉租房，低收入家庭住得起经济适用房，新就业人员租得起住房，真正做到住有所居"的要求，狠抓省政府十件民生实事中有关住房保障项目的落实，制定完善相关政策，完善住房保障体系，住房保障工作取得明显成效。（訾民增）

【完善住房保障相关政策】 在充分调研、征求意见的基础上，代拟了《省政府关于解决城市低收入家庭住房困难的实施意见》（苏政发〔2008〕44号）和省委省政府《关于切实加强民生工作若干问题的决定》（苏发〔2008〕14号），明确了未来一段时期江苏省解决城市低收入家庭住房困难的指导思想、基本原则、目标任务和政策措施。《江苏省廉租住房保障办法》、《江苏省经济适用住房管理办法》也先后以省政府第50号、51号令的形式颁布实施。明确了廉租住房制度、经济适用住房制度、公共租赁住房制度和住房公积金制度为我省住房保障基本制度，着力完善六项工作机制，即组织领导和协调机制、住房保障管理和实施机制、保障对象准然和退出机制、资金筹集和保障机制、政府主导和市场化运作机制、目标管理和考核监督机制。会同省财政厅制定出台《江苏省省级廉租住房保障专项补助资金管理暂行办法》（苏财建〔2008〕11号），与省地税局协商，对政府或经批准的房地产开发企业销售经济适用住房暂免征收营业税。（訾民增）

【制定住房保障工作规划】 按照省委省政府、住房和城乡建设部要求，组织各地开展低收入家庭住房状况调查，完成全省低保、低收入家庭住房状况调查和建档工作，编制完成2008～2010年住房保障工作规划。经省政府同意下发《全省住房保障三年（2008～2010年）行动计划。计划2008～2010年，全省新增廉租住房3.6万套，新开工建设经济适用住房15万套以上，发放廉租住房租赁补贴4万户以上，完成重点片区危旧房改造项目684个，改造危旧房建筑面积1651万平方米。（訾民增）

【超额完成2008年度住房保障目标任务】 为确保省政府目标任务的落实，省建设厅、发展改革委员会、财政厅、国土资源厅、民政厅联合下发了《关于分解下达2008年城市住房保障目标任务的通知》（苏建房改〔2008〕111号），把省政府目标任务细化分解到县（市）区，并实行目标责任制管理，建立了形势分析、情况通报、专题督查等多种工作制度，加强督促指导与检查，全力推进住房保障各项工作。经考核验收，截至2008年12月31日，全省新增廉租住房共13146套；新开工经济适用住房61119套，共发放廉租住房租赁补贴36261户。（訾民增）

【落实省级专项补助资金】 为支持苏北部分财政困难地区廉租住房建设，积极与财政部门协调，在争取2007年省级财政安排5000万元专项补助资金的基础上，2008年又争取安排了1亿元。（訾民增）

【加强廉租住房的信息化建设】 研究开发全省廉租住房信息管理系统，组织培训，无偿提供给各市、县（市、区）使用，实现省、县（市、区）廉租住房信息管理系统三级联网。加强住房保障工作的科学化、规范化、信息化建设与管理。（訾民增）

【积极探索住房保障新思路】 结合学习实践科学发展观活动，深入开展住房保障工作调查研究，先后完成了《贯彻落实省委十一届三中全会要求，努力实现住有所居》和《关于解决城市困难家庭住房问题的调研报告》的调研报告，报告提出的建议受到省委省政府主要领导的肯定。（訾民增）

【努力创新住房保障工作方式方法】 泰州、苏州、淮安、连云港等市实行经济适用住房共有产权制度，有效解决了一部分低收入家庭购买力不足的问题。苏州、无锡、常州、南通等市按照政府主导、社会参与的原则，采用企业自建、政府与社会共建、政府投资建设等方式，建设了一批配套齐全、管理规范、生活方便，符合新就业人员和外来务工人员居住需求的公共租赁住房。（訾民增）

【住房制度改革】 2008年全年出售公房120.01万平方米、10.57亿元。至2008年底，售房款余额35.12亿元；发放一次性住房补贴73.28万人，补贴金额161.46亿元。（訾民增）

六、城市设施建设

【城市基础设施建设】 2008年，全省城市（县城）新增道路面积达到3433万平方米，城市人均拥有道路面积20.28平方米；县城人均拥有道路面积15.75平方米。全省新增供水能力170万立方米/日，新增县以上城市污水处理项目32个，新增污水收集主干网长度2183公里。城市污水厂处理能力达到748.4万立方米/日，污水处理率84.13%，污水厂集中处理率61.33%；县城污水处理厂处理能力达到46万立方米/日，污水处理率64.56%，污水厂集中处理率42.04%。全省城市（县城）公交运营车辆达到27479辆，出租汽车达到52035辆，公交全年客运总量达到37.88亿人次。城市公交线路网长度达到14657公里，每万人拥有公交车辆12.41标台；县城公交运营路线长度1908公里，每万人拥有公交车辆4.35标台。全省城市（县城）新增生活垃圾无害化处

理能力4211吨/日,生活垃圾无害化处理能力达到2.87万吨/日,城市生活垃圾无害化处理率90.84%。(韩建忠)

【城市轨道交通建设】 江苏省将城市轨道交通建设作为落实公交优先发展的重要举措,大力推进。到2008年底,南京、苏州、无锡等3个城市的轨道交通建设规划已获国务院批准,常州、徐州等市正在实施城市轨道交通建设规划研究。全省已建成投运轨道交通的为南京市地铁1号线,长21.7公里,平均日运量近30万人次。在建轨道交通项目有南京市地铁2号线(长25.2公里)、1号线南延线(长23.5公里)、2号线东延线(长8.3公里)以及苏州市1号轻轨线(长25.7公里)。2008年全省城市轨道交通建设总投资约80亿元。(张海达)

【人居环境奖】 2008年,南京市获得联合国人居环境特别奖和中国人居环境奖,淮安市中心城区物业管理与社区服务、申港镇人居环境建设、沙家浜镇生态保护及绿化建设获得中国人居环境范例奖。淮安市中心城区物业管理与社区服务、泰州市莲花居住片区物业管理与社区服务、常州市敞开公园建设、太仓市城市绿化建设、云龙湖风景区小南湖景观改造、常熟虞山古城段保护与生态修复、昆山市千灯古镇保护、姜堰市白米镇野沐村村庄整治、溧阳市天目湖镇桂林村人居环境建设等9个项目获得2008年江苏人居环境范例奖。(蔡雨亭)

【城市照明管理】 全省已有南京、苏州、无锡、常州、扬州、南通、淮安、徐州8个省辖市完成了城市照明专项规划的编制工作。所有省辖市的照明控制系统全部实现"无线三遥"自动监控,其中南京、苏州、常州、南通、扬州、连云港、盐城、宿迁8城市的道路照明和景观照明实现了统一控制。全省城市照明行业继续以"发展绿色照明"为目标,坚持以人为本、经济实用、节约用电、保护环境、与当地经济水平相适应的原则开展工作,行业发展基本平稳、健康。(俞露)

【市容管理】 按照"创新管理、夯实基础、打造精品、典型示范"的要求,深入开展江苏省市容管理示范路创建活动,创建道路的数量和质量呈逐年上升的良好势头。共命名13条"江苏省市容管理示范路"。(夏明)

【数字化城市管理建设】 全省各地结合当地实际进行了积极探索,逐步形成具有江苏特点、符合信息化管理要求的数字化城管模式,体现了节约建设的要求。到2008年底,省辖市中南京、扬州、盐城、常州、泰州5个城市的数字化城管系统已建成运行;苏州、无锡2个城市已部分建成投入使用;南通、镇江2市的系统平台投入试运行。(蔡雨亭)

【公共交通】 深入贯彻落实省政府全省公交优先大会精神,大力实施公交优先发展战略。2008年全省城市公共交通投资达140多亿元。全省新增公交车辆5100标台,更新出租汽车8000余辆。南京地铁、苏州轨道交通以及常州BRT二号线等一批公共交通重点工程稳步推进,无锡、连云港、宜兴等地推进公交事业城乡统筹发展成效明显。继续组织开展了第二届城市公共交通周和无车日活动,并促成新增2个承诺城市。(张海达)

【城市燃气设施水平】 2008年,全省城市(县城)新增供气管道长度4469.57公里,天然气供气总量达到30.13亿立方米,液化石油气供气总量达到109.55万吨。城市用气人口2293.07万人,燃气普及率达到98.23%;县城用气人口435.76万人,燃气普及率达到94.03%。(韩建忠)

【天然气供应安全稳定】 针对以往天然气冬季供应工作中出现的天然气严重不足的问题,各地按照国家天然气利用政策,有选择地发展可中断用户;同时建设应急调峰设施,积极组织应急调峰气源等,并制定了一些应对紧急情况的措施。结合上游"川气东送"、"西气东输二线"、"如东液化天然气接收站"的建设,积极开展城市天然气利用工程的建设。(周敏珍)

【燃气市场监管】 《江苏省燃气管理条例》实施3年来,各地依据《条例》规定和省建设行政主管部门下发的一系列规范性文件,强化了对燃气经营市场的监督管理,对燃气经营企业实行了许可证的管理;按照国家、省有关规定,各地加大了燃气安全生产整治力度,会同公安、技术监督等其他部门对违法经营、超期钢瓶等实行了综合执法检查;拆除违法建构筑物320处,没收不合格钢瓶3387只,取缔违法站点659个。(周敏珍)

【燃气行业培训】 举办《聚乙烯燃气管道工程技术规程》CJJ 63—2008培训学习班,150多人参加了培训;建设厅会同省劳动厅、总工会组织开展了燃气具安装维修工的职业技能竞赛,共有63人参加了省的决赛;组织对1090位燃气具安装维修人员进行全省统一培训和考试;各地也陆续组织举办了一些培训班,对燃气行业关键岗位从业人员进行技能培训,行业从业人员的素质有了较大幅度的提高。(周敏珍)

【区域供水】 宁镇扬泰通和苏北地区区域供水规划实施工作进展顺利。2008年列入省政府工作目

标的宁镇扬泰通和苏北地区区域供水规划实施任务如期完成，分别新增通水乡镇62个和56个。（林国峰）

【城镇污水处理设施建设】 2008年，全省县以上城市新增污水处理项目32个，新增处理能力114万立方米/日，新增污水收集主干管网长度2900多公里。到2008年底，全省县以上城市建成投运城市污水处理厂149座。城市污水厂处理能力达到748.4万立方米/日，污水处理率84.13%，污水集中处理率61.33%；县城污水处理厂处理能力达到46万立方米/日，污水处理率64.56%，污水厂集中处理率42.04%。（何伶俊）

【太湖流域污水治理】 2008年，全省太湖流域累计完成污水处理工程建设投资106.8亿元，新增城镇污水处理能力117.05万立方米/日，建成污水收集管网达3500余公里，创历史新高。92个无污水处理厂的建制镇中，有88个已经开工建设，其中78个建成投运；此外，还有79个新建、扩建城镇污水处理项目开工建设；100余座城镇污水处理厂开展了除磷脱氮提标改造工作。（何伶俊）

【淮河流域水污染治理】 在积极实施《淮河流域"十一五"水污染防治计划》的同时，各地还实施了一批计划外的项目。2008年，淮河流域新增县以上城市污水处理项目11个，新增污水处理能力26万立方米/日。（何伶俊）

【城市节水】 苏州、江阴获得江苏省节水型城市称号；南京、无锡、吴江等3个城市通过了住房和城乡建设部、国家发改委对国家节水型城市现场考核并获命名。（林国峰）

【垃圾处理】 常州、南通、江阴、启东等4座垃圾焚烧发电厂以及太仓生活垃圾填埋场相继建成投运，无锡、苏州等市对垃圾填埋场进行技改扩容，连云港、江都市和常州武进区等地依照国家新标准对老垃圾场实施了规范化封场。（夏明）

七、房地产业建设

【概述】 2008年，受国际金融危机快速蔓延和全球经济增长明显减速的影响，我国经济发展的增速放缓，下行压力加大。宏观经济形势的变化对房地产市场产生了较大影响，从2007年年初到10月份，江苏省商品房销售持续下滑，市场观望现象明显，房地产市场进入了调整期。2007年11月份以后，随着中央和各地一系列促消费、保增长政策措施的出台，商品房销售呈现阶段性回升现象。2008年，江苏省完成房地产开发投资3064.5亿元，占全省城镇固定资产投资的26.95%，投资额连续四年位居全国第一；实现房地产业增加值1220.98亿元，占全省地区生产总值的4.1%，占全省服务业增加值的比重为10.47%；全省城镇居民人均住宅建筑面积32.4平方米。房地产业为江苏省经济社会发展继续发挥着重要作用。（陆建生 李强）

【房地产开发投资】 2008年，全省开发投资增幅先增后降，共完成房地产开发投资3064.45亿元，同比增长21.8%，占城镇固定资产投资的26.95%，分别比上半年下降了9.15和2.38个百分点；投资增幅低于城镇固定资产投资增幅2.29个百分点。从全年变化看，上半年增幅逐月上升，1~6月增幅达到最高值36.1%，进入7月后呈单边下行趋势。我省房地产开发投资规模连续四年位居全国第一。（陆建生 李强）

【商品房新开工、施工和竣工面积】 2008年，全省商品房新开工面积为10015.74万平方米，其中商品住宅为7908.37万平方米，比2007年分别增长11.47%、6.88%，增幅分别回落9.04个和15.08个百分点。商品房施工面积为28188.14万平方米，其中商品住宅为21968.45万平方米，比2007年分别增长21.39%、18.42%，增幅分别回落2.26个和3.54个百分点。全省商品房竣工面积为6705万平方米，其中商品住宅5489.81万平方米，同比分别增长5.74%、6.36%。（陆建生 李强）

【商品房供应】 批准预售面积增幅继续回落。2008年，全省13个省辖市市区商品房、商品住宅批准预售面积分别为5078.74万平方米、3912.95万平方米，商品房同比增长3.16%、商品住宅同比下降1.6%。从区域看，商品房同比增幅苏北最高为18.66%，苏中次之为4.48%，苏南负增长为1.94%；商品住宅同比苏北增长14.43%，苏南、苏中均为下降，降幅分别为6.33%和2.80%。累计可售房源增幅继续回落。至2008年底，全省13个省辖市市区商品房、商品住宅月末累计可售面积为5783.89万平方米、3735.89万平方米，同比分别增长52.15%、59.07%。从区域看，商品房月末累计可售面积同比增幅苏南最高为61.20%，苏中次之为58.61%，苏北最低为26.59%；商品住宅同比增幅趋势与商品房一致，苏南最高为72.33%，苏中次之为52.20%，苏北最低为30.42%。（陆建生 李强）

【商品房销售】 2008年，全省13个省辖市市区商品房销售面积为2924.72万平方米，同比下降34.9%；商品住宅销售面积为2405.25万平方米，同比下降37.82%。从全年的走势看，商品房和商品住宅销售低迷，同比始终是下降态势。随着中央和地方政府一系列利好政策的出台，11月起，市场销售出现转折，降幅减缓并呈回暖趋势，11月和12月分别同比下降40.82%和14.12%，环比分别增长49.76%和30.46%。（陆建生　李强）

【商品住房供销结构】　2008年，全省13个省辖市市区批准预售商品住房中90平方米以下占比为20.15%，比2007年提高了2.03个百分点；144平方米以上占比为21.75%，比2007年提高了1.35个百分点。13个省辖市市区实际登记销售商品住房中90平方米以下占比为20.4%，比2007年提高了4.43个百分点；144平方米以上占比为19.4%，比2007年提高了2.4个百分点。

商品住宅供销关系有所改善。2008年，全省商品住宅批准预售面积大于实际登记销售面积，累计供销比为1.63，较2007年提高了0.62个百分点。从不同面积段的供销比看，90平方米（含）以下供销比为1.60，90~144平方米（含）供销比为1.57，144平方米以上供销比为1.82。（陆建生　李强）

【住房成交价格】　2008年，全省13个省辖市市区商品房和商品住宅成交均价分别为5235元/平方米和4846元/平方米，同比分别增长7.4%和5.36%。从全年走势看，商品住房累计成交均价同比增幅呈逐月下降趋势。（陆建生　李强）

【二手住房市场】　2008年，全省13个省辖市市区二手房交易面积为1311.09万平方米，其中二手住宅为840.53万平方米，同比分别下降22.88%和34.78%，比2007年增幅下降了23.07个和38.36个百分点。二手房成交均价为3995元/平方米，二手住宅为4148元/平方米，二手房同比略有下降，二手住宅略有增长。（陆建生　李强）

【房地产贷款和税收】　至2008年底，全省房产开发贷款余额1522.40亿元，比年初增加231.14亿元，比2007年同期少增127.58亿元；全省商业银行个人住房贷款余额2712.17亿元，比年初增加336.96亿元，比2007年同期少增477.32亿元。

全年共发放个人住房公积金贷款200.29亿元，比2007年同期减少63.73亿元，减幅达24.14%；12月末，住房公积金个人贷款比率为72.24%，比2007年末的80.79%下降了8.55个百分点。个人住房公积金贷款继续下降。

2008年，全省房地产业地税收入完成344.45亿元，占全省地方税收收入1658.37亿元的20.77%，较2007年占比下降了2.63百分点；全省房地产业地税收入比2007年同期增加24.99亿元，同比增长7.82%，较2007年同期增幅44.9%下降了37.08个百分点。自今年1月份起，房地产业地税收入增幅呈持续下降趋势（1月36.7%、1~2月34.5%、1~3月33.10%、1~4月27.3%、1~5月23.1%、1~6月26.19%、1~7月20.9%、1~8月18.0%、1~9月13.55%、1~10月9.6%、1~11月6.8%、1~12月7.82%）。（陆建生　李强）

【城镇房屋拆迁】　2008年，全省共许可拆迁项目880个，房屋建筑面积为1291.18万平方米，涉及户数86740户。2008年全省共完成（含往年结转）拆迁项目949个，拆迁房屋建筑面积1393万平方米，涉及户数86942户。2008年，全省共受理拆迁行政裁决案件5187宗（含结转的1922宗），实际裁决3061宗，还有2126宗结转至2009年处理。共实施强制拆迁250户，其中行政强制拆迁215户。2008年，全省通过拆迁解决了人均15或18平方米以下住房困难家庭17200户，其中，有7000户双困家庭得到了拆迁最低保障。（陆建生　李强）

八、建筑节能

【概述】　2008年，根据省政府"十一五"建筑节能实现节约标煤1000万吨的目标，围绕新建建筑节能、既有建筑节能改造、可再生能源建筑应用、建筑用能系统运行节能管理等主要任务扎实推进全省建筑节能工作。

全省新增节能建筑10967万平方米，设计阶段建筑节能标准执行率达100%，施工阶段建筑节能标准执行率达98.18%，比2007年上升14个百分点。

完成省本级、南京、常州机关办公建筑和大型公共建筑的基本信息调查及能耗统计工作（4337栋），完成61栋（家）省、市机关办公建筑、大型公共建筑的能源审计工作，基本完成5个高校园区的建筑能源审计，对209栋机关办公建筑和大型公共建筑的能耗情况进行了公示；省级财政补助资金1805万元，实施了10项省级建筑节能改造项目，改造面积17.66万平方米。南京、常州实施了既有住宅节能改造，完成老旧钢窗改造近1.2万户。

推进以太阳能热水系统为主的可再生能源建筑应用技术，出台了《关于进一步加强太阳能热水系统推广应用和管理的通知》、《江苏省太阳能热水系统施工图设计文件编制深度规定》和《太阳能热水系统施工图设计审查要点》等规范性文件。实施了18项建设部、财政部可再生能源建筑应用示范项目，争取国家财政补贴14402万元，示范面积近460万平方米。省级财政补助资金3553万元，实施了32项省级可再生能源建筑应用示范项目，示范面积370余

万平方米。（费宗欣）

【建筑节能政策】 省政府办公厅出台《关于加强建筑节能工作的通知》（苏政办发〔2008〕17号），江苏省加快了建筑节能地方法规制定，编制完成《江苏省建筑节能条例》（征求意见稿），省建设厅出台建筑节能方面的规范性文件22项。加大了对建筑节能的财政投入，设立了省级节能减排（建筑节能）专项引导资金，每年安排1亿元用于支持全省建筑节能工作，包括可再生能源建筑应用、低能耗建筑示范和建筑节能技术支撑体系建设等。（费宗欣）

【建筑节能推广应用】 加快了建筑节能产品的推广应用步伐，2008年发布270项建设领域科技成果推广项目，其中有224项建筑节能技术产品推广项目，占推广项目总数的83%。出台了《关于进一步加强复合保温砂浆建筑保温系统应用管理的通知》、《关于进一步加强太阳能热水系统推广应用和管理的通知》、《关于加强节能建筑墙体自保温推广应用的通知》、《关于加强建筑节能门窗和外遮阳应用管理工作的通知》、《江苏省应用外墙外保温粘贴饰面砖做法技术规定》、《关于发布江苏省建筑节能与可再生能源建筑应用推广和限制禁止技术（第一批）的公告》等推广应用文件。（费宗欣）

【建筑节能宣传与交流】 组织开展了以倡导资源节约和发展绿色建筑为主题的大型公益活动，结合全国科技活动周暨全国第二十届科普宣传周和全国第18个节能宣传周组织开展建筑节能科普宣传活动。在"第四届世界城市论坛"活动中，组织了以"当代建筑节能"为主题的合作伙伴会议。组织召开了绿色建筑高层论坛、中法建筑节能交流会，与加拿大卑诗省、美国能源基金会建立研究交流关系。（费宗欣）

九、住房公积金管理

【概述】 2008年，全省住房公积金管理系统积极贯彻国家和省有关"保增长、扩内需、促消费"的决策要求，在宏观经济形势和房地产市场发生重大变化、公积金管理面临新的压力和困难的情况下，加强增人扩面工作，及时调整公积金使用政策，扎实开展住房公积金专项治理，大力强化内控体系建设，努力提升服务功能和水平，较好地完成了各项年度目标任务。（孙玥）

【提高住房公积金制度覆盖面】 切实加强增人扩面工作，住房公积金制度的覆盖面进一步提高。因地制宜，主攻难点，分类推进，尤其在推进新就业人员建立公积金制度方面，取得了明显成效。全省实际正常缴存住房公积金的职工有608.19万人，比2007年底增加56.89万人。2008年全省共缴存住房公积金360.61亿元，比2007年多缴存81.92亿元，增幅为29.39%。全省缴存总额和余额分别为1696.49亿元和933.17亿元，分别比2007年底增长27.0%和26.06%。（孙玥）

【贷款使用政策调整】 贯彻落实国家和省关于促进经济平稳较快发展决策措施，在住房公积金贷款使用出现回落的情况下，及时研究调整相关政策，采取提高贷款额度、延长还款期限、降低首付比例、开办异地贷款和住房公积金贷款置换商业住房贷款业务，特别是允许新就业人员按月提取公积金支付房租和取消二手房贷款的限制规定，对于增强缴存人支付能力，支持鼓励住房消费起到了积极作用。全省向10.76万户职工家庭发放住房贷款200.29亿元，放贷户数和金额分别比2007年同期减少4.63万户、63.73亿元，减幅分别达30.08%和24.14%。至2008年底，全省住房公积金系统累计提取廉租住房建设补充资金16.94亿元，其中2008年提取5.19亿元。（孙玥）

【住房公积金专项治理】 按照中央统一部署，扎实开展住房公积金专项治理，"控高保低"的缴存政策得到落实，纠正损害职工权益的问题得到重视，资金风险防范措施得到加强。坚持把执行审计决定与专项治理相结合、解决当前问题与建立长效机制相结合，采取多项措施，扎实推进审计整改落实工作，审计决定责成整改的问题全部整改到位，对历史遗留问题的处理有了较大进展。（孙玥）

十、建筑业

【概况】 2008年江苏省建筑业总产值达到8972.41亿元，同比增长21.83%；企业营业额9731.26亿元，同比增长20.12%；2008年末从业人员500.61万人，同比增长7.53%；全行业实现利润327.07亿元，实现利税总额599.84亿元，同比增长20%以上；技术装备率12342元/人，同比增长9.29%；劳动生产率173115元/人，同比增长11.11%；人均劳动报酬29630元/人，同比增长23.25%。

2008年，在全国建筑行业中，江苏建筑业以占11%左右的从业人员完成了13%左右的产值总量，继续保持在全国同行业中的领先地位。除了从业人数和建筑业总产值在全国各省、市、区名列第一，建筑企业总数、一级以上企业数量、企业营业额、利税总额等主要经济指标和荣获"鲁班奖"、国家级优质工程奖的工程项目，均在全国名列第一。

全省建筑企业上缴税金 260 多亿元，有 50 多个县（市、区）建筑企业上缴税金超过 1 亿元，其中最多的超过 10 亿多元。有相当数量的县市、乡镇，建筑业成为财政收入的重要支柱。全省建筑业吸纳城乡劳动力 500 余万，其中 85% 以上来自农村，农民从建筑业获得的收入约占全省农民纯收入的 28%，苏中部分县（市、区）这一比例超过 35%。（李波）

【区域建筑经济】 全省区域建筑经济各显所长，竞相发展，取得新的业绩。苏中建筑业总量在全省保持领先，通、扬、泰三市建筑业产值达 3765 亿元，占全省 42%，该地区通过产业结构调整，专业企业发展比往年明显加速。苏南建筑业继续发挥资金密集、技术密集、人才密集的优势，规模和效益同步提升，宁、苏、锡、常、镇 5 市完成建筑业产值占全省 38.9%，利润则占 45.2%，其中，苏州、无锡的产值利润率分别高出全省平均值 1.4 个百分点和 2.8 个百分点。苏北建筑业主要经济指标增幅高于全省平均水平，其中，淮安建筑业产值增幅达到 25%。名列全省前 5 位的南通、南京、扬州、苏州、泰州建筑业总产值分别达到或接近 1000 亿元，合计占到全省总量的 65%。

县级建筑经济总体态势稳健发展并有新的突破。省政府命名的 10 个"建筑强县（市）"继续发挥领跑拉动作用，这 10 个县（市）建筑企业营业额合计达 2662 亿元，利税总额合计达 165 亿元，均占全省的近 30%。全省建筑企业营业额超 100 亿元的县（市、区）由 2007 年的 19 个增加到 24 个，超过 200 亿元的达 8 个，比 2007 年增加 1 个，其中突破 300 亿元的有 3 个，分别是通州市 396 亿元、海门市 348 亿元、江都市 339 亿元。全省有 63 个县（市、区）建筑业利税总额超亿元，比 2007 年增加 3 个；超过 5 亿元的达 32 个，比 2007 年增加 6 个；超过 10 亿元的达 13 个，比 2007 年增加 2 个。其中通州、海门分别达到 27.4 亿元、24 亿元。（李波）

【企业发展】 2008 年，全省建筑企业总数 10811 家。按资质等级分，特级企业和一级企业数量没有变化，仍分别为 32 家、560 家，一级以上资质企业占比由 4.60% 上升到 5.48%，说明全省建筑业整体素质有新的提高。

围绕构建建筑强省的目标，全省建筑业综合实力 30 强、外经 10 强、钢结构 10 强和装饰 10 强企业率先发展，做大做强跨出新步伐。企业整体实力进一步增强，全省营业额超亿元的建筑企业达 1782 家，比 2007 年增加 396 家；超过 10 亿元 135 家，比 2007 年增加 40 家；超过 20 亿元的 62 家，比 2007 年增加 15 家。全省有 9 家建筑企业营业额超过 100 亿元。全省 1% 的建筑企业所完成产值占到全行业的 37%，比十五期末提升了 5 个百分点，说明产业集中度进展明显。

产业结构调整取得明显进展。专业企业已占全省建筑企业总数的 58%，产值占全行业产值的比重达到 15%。一大批企业通过多种方式积极调整产业结构，取得良好业绩。

多元化经营增幅势头强劲。全省有条件的企业围绕主业进行纵向延伸或横向拓展，广泛涉足房地产、建材生产、电力能源、教育、服务等多种领域，多元化营业额达到 650 亿元，同比增长 20% 多。

通过近 10 年的努力，全省建筑业企业体制改革的原定任务已基本完成。2008 年建筑企业的改革着力点放在了进一步建立现代企业制度，规范母子公司体系，推进国际通用的工程总承包方式。（李波）

【市场拓展】 2008 年，江苏建筑企业省内施工人员 383 万人，省内完成建筑业总产值 5824 亿元，同比增长 20.6%，在近千家实力雄厚的境外、省外建筑企业深入江苏建筑市场的情况下，做到了三分天下得其二。

2008 年，全省赴省外施工人员达 142 万人，比 2007 年增长 10.94%；实现省外建筑业总产值 3148 亿元，比 2007 年增长 20.08%。通过全面开发省外市场，江苏建筑企业在 18 个省（市、区）的施工产值超过 50 亿元，其中在 11 个省（市、区）超过 100 亿元。在陕西省的施工产值猛增 36%，一举突破 100 亿元。在安徽的施工产值从 2006 年的 110 亿元增加到 2007 年的 177.8 亿元，2008 年又增加到 211 亿元。2008 年市场开拓的显著特点是着手培育北京，上海、东北地区、天津、河北地区、广东、福建地区、山东、河南地区等六大集约化建筑市场。尽管受到国际金融危机冲击，江苏建筑企业仍在北京、上海两大区域巩固了市场份额，施工产值均超过 330 亿元；在其他 4 个区域市场的施工产值均超过 300 亿元，在天津、河北地区增幅高达 46.6%。

境外建筑市场开拓取得新进展。江苏部分建筑企业先后参加了"欧盟——中国机械建筑经贸合作伙伴"配对洽谈、加拿大安大略省建筑业经贸洽谈、加拿大 SHERRITT 公司在马达加斯加大型镍矿项目合作建设洽谈。全年境外市场营业额 49 亿元，同比增长 17%。省建筑外经 10 强企业继续扩大境外市场份额，一些原 10 强之外的建筑企业在 2008 年取得跨越式进步，有 4 家首次进入外经营业额前 10 名，其中，省电力建设第一工程公司营业额一年增长 10 倍，省第一建筑安装公司由 0.3 亿美元增长到 2.27 亿美元。全省有 5 家建筑企业外经营业额达 9000 万美元以上，可望进入国际工程承包商 225 强之列。（李波）

【建筑业科技进步】 在全国率先出台《江苏省认定建筑业企业技术中心管理试行办法》，颁布了《江苏省建筑业企业技术中心建筑指导意见》和《江苏省建筑业企业科技活动经费财务核算指导意见》，制定了《江苏省建筑业科技成果奖励办法》，制定并发布了《江苏省建筑工业化发展导则》，是全国第一个在省级层面上推动建筑工业化的省份。产、学、研结合深入推进，企业技术研发中心建设初具规模，创新活力进一步增强。组织开展了建筑业科研项目的申报和专家评审。促进新技术新工艺推广应用，全省共有 9 个项目通过国家级新技术示范工程验收，2008 年省级建筑业"十项新技术"应用示范工程立项 246 项，2007 年度立项的工程中有 102 项工程通过评审并被授予省级建筑业"十项新技术"应用示范工程。开展工法研究，有 49 项工法被评为国家级工法，117 项工法被评为省级工法。全年共获国家级 QC 成果 项，省级 QC 成果 项。首次评选江苏省建筑业科技成果二等奖和三等奖 22 项。评选出第三届江苏省建筑业"十大科技之星"。全省建筑行业信息化建设得到进一步加强。（李波）

【人才培养和技能培训】 向省政府申报 32 个人才高峰项目，获资助经费近 200 万元，4 个单位被评为"省政府六大人才高峰建设五年成果优秀集体"，9 人受到表彰。着力开展各类人才的培养和各类人员职业技能培训工作，并率先在全国实行考培分离。举办中岗管理人员培训、特种作业人员培训、一线操作人员培训 200 多期，培训各类人员 10 万多人。进一步加强对全省建筑业农民工的教育培训工作，建立农民工业余学校 1675 所。农民工业余学校的建立，进一步提高了广大从业人员的思想和业务素质。另外，对全行业 640 多名技术负责人进行了"科技查新"和"专利编写与申报"的培训，使建筑企业科研和技术攻关在方法和技术路线上得到有效改善。（李波）

【工程质量和安全生产】 2008 年全省建筑企业承接的建筑工程，优良率超过 50%。全省共有 11 项工程获鲁班奖，11 项工程获国优奖，获奖数继续保持国第一。全年，江苏施工队伍获全国建筑工程装饰奖 40 项，其中公装类 20 项、幕墙类 12 项、设计类 8 项。全省有 240 项工程被评为省优扬子杯，195 项工程被评为省外扬子杯。另有 4 家企业获奥运工程国优奖。

2008 年，全行业认真贯彻建设部和省政府对安全生产工作的总体部署，不断完善安全生产技术标准，完善并落实安全生产责任制，深入开展百日安全生产督查、安全生产隐患排查和"安全生产月"活动，强化安全生产许可证动态监管，严格实施"三类人员"考核管理，持续加大文明工地建设工作力度，从而有力地促进了全省建筑施工安全生产形势的稳定好转，在建筑经济总量增长 21.83% 的情况下，房屋建筑、市政工程死亡事故起数同比下降 34.6%，死亡人数同比下降 27.5%。2008 年全省共评选省级文明工地 1093 个。（李波）

十一、教育培训

【教育培训概况】 2008 年全省建设教育培训工作以科学发展观、人才观为指导，围绕建设事业的中心工作，"大规模、多渠道、多层次、多形式"的全员培训蓬勃开展，"催人奋进的学习环境、丰富优质的培训环境、竞争有序的市场环境和规范高效的管理环境"逐渐形成，越来越多的建设者从"管用、方便、廉价"的培训中得到充实和提高。（章小刚）

【制度建设】 针对多年来系统岗位培训质量不高，对培训机构疏于监管等情况，省建设厅出台了《关于全省建设系统专业管理人员岗位培训实行考培分开制度的通知》、《建设厅培训办班管理办法》等管理规定，有效遏制了一些不良行为地发生。（章小刚）

【队伍建设】 省建设厅会同省人事厅完成了苏港人才合作项目"住房保障培训班"赴新加坡、香港的培训；组织质检员、施工员等岗位培训 6 万余人次，开展职业技能培训 7.6 万余人次，其中技师、高级技师 805 人；委托省常州建设高等职业技术学校为苏北（盱眙县）村镇建设管理干部举办新农村建设专题培训班，93 名同志参加了培训。（章小刚）

【基础建设】 省建设厅指导的高技能人才培训示范点——南京自来水总公司经省建设厅和建设部推荐，被人力资源和社会保障部批准为第二批全国高技能人才培养示范基地。在学习实践科学发展观活动中，组织开展了全省建设（建工）、市政、规划、园林、房产、城管、公积金七个系统教育培训工作调研检查，发现了典型、找准了问题，提出了对策、按行业分别建立了教育培训管理联谊会制度。由建设部人教司、标准司委托江苏省牵头组织编写的 6 个《园林行业职业技能标准》和 12 个《供水行业职

业技能标准》，已由常州建校、南京自来水总公司等单位编写完成报住房和城乡建设部审批。（章小刚）

补充部分：

【超额提前完成抗震救灾过渡安置房建设】 全省建设系统根据住房和城乡建设部的要求和省委省政府部署，在最短时间内迅速调集8000名建设者，奋力拼搏，连续奋战，主动承担了2400多亩场地处理及平整、基础地坪浇筑以及市政配套工程建设任务，在两个月时间里全面完成过渡安置房建设任务。一期江苏应完成2万套过渡安置房安装任务，实际建成活动板房28083套，二期根据绵竹当地实际需求及申请，任务量为1000套，实际完成1205套，圆满完成了中央交给江苏的援建任务。（严道存）

【积极开展四川震损房屋建筑应急评估】 于5月16日、5月20日派出两批房屋应急评估专家组赴四川绵竹市地震重灾区，共鉴定评估房屋建筑2390栋，共441万平方米；组织全省建筑设计、科研院所和检测机构共28个单位、200多名专家分33个小组对绵竹市震后房屋建筑安全进行为期50天的鉴定工作，顺利完成了1976幢、313万平方米的受损房屋安全鉴定任务。（严道存）

【援助绵竹规划】 省建设厅按照省委、省政府的要求，集中组织技术力量迅速投入援助绵竹灾后重建城乡规划编制工作，率先完成了地震灾区灾后重建的第一个城市近期建设规划、第一批乡镇总体规划。9月7日，绵竹市城市近期建设规划、汉旺镇总体规划分别通过了四川省建设厅组织的专家论证。9月8日～9日，富新镇等15个镇（乡）总体规划通过了绵竹市政府组织的专家论证。9月底前，各规划编制单位已经全面完成各项规划成果的修改完善并分别向绵竹当地政府提交了规划成果。（王兴海）

【对口支援拉萨的规划工作】 省建设厅援助编制的《拉萨市城市总体规划（2007～2020）》于2008年5月分别通过了专家论证会、修编领导小组、拉萨市城市规划建设委员会审查，项目组根据专家和有关部门的意见和建议进行了修改完善。拉萨市综合交通规划编制工作已经完成，其成果与《城市总体规划》成果同时移交给拉萨市人民政府。拉萨市地下管线普查通过专家验收并移交给拉萨市人民政府。完成了拉萨市城市管线综合规划与拉萨市中心区、百淀区、西城区、北城区等四个片区的控制性详细规划方案编制工作。拉萨河、江苏大道城市设计编制工作已经初步完成。（王兴海）

（江苏省住房和城乡建设厅）

浙　江　省

一、概述

2008年，面对历史罕见的自然灾害和极其严峻的经济形势，在浙江省委、省政府的正确领导和住房城乡建设部的指导下，浙江省城乡建设工作以科学发展观为指导，紧紧围绕省委"创业富民、创新强省"总战略，按照省委、省政府"标本兼治、保稳促调"的要求，一手抓经济发展，一手抓抗震救灾，一手抓社会稳定，全省城乡建设事业取得了新的进展，在全省经济社会发展大局中发挥了重要作用。到2008年底，全省城市化水平达到57.6%，比上年提高0.4个百分点。设市城市和县城建成区面积为2425.2平方公里。

二、城乡规划

【城镇体系规划】 10月24日，《浙江省城镇体系规划（2008～2020年）》通过省政府常务会议审议，11月26日，通过省人大常委会审议，即将由省政府上报国务院审批。同时，厅会同金华市政府开展了《浙中城市群规划》编制，10月中旬编制完成规划纲要。

【县市域总体规划】 全省各县（市）都已完成县市域总体规划方案编制工作，其中，兰溪、温岭、诸暨、桐乡和安吉等5个县（市）的县市域总体规划已经省政府批准实施，长兴、江山和临海等10个县（市）的规划成果已上报省政府待批。建设厅和省国土资源厅联合下发了《关于深入推进县市域总体规划和土地利用总体规划衔接工作的通知》，进一步推进了"两规"衔接工作。

【村庄规划】 组织在杭省部属规划设计单位帮助22个欠发达乡镇完成所属村庄的规划编制工作。会同省财政厅下拨1000万元村庄规划编制专项补助资金，用于补助欠发达地区21个乡镇300多个村庄的规划编制工作。进一步加强中心镇和中心村培育，全面完成3395个环境综合整治村和1040个污水治理提升村的污水处理设施建设任务，有力促进了社会主义新农村建设。

【规划监管】 省政府出台了《浙江省城乡规划督察办法（试行）》，明确了实行城乡规划督察员制度，省政府将向各市派出城乡规划督察员。核发交通、电力、燃气、水利和产业以及风景名胜区、湿地等特殊保护区域内的重要建设项目规划选址意见书327件。

三、风景名胜和历史文化资源保护

【风景名胜区】 积极推进江郎山、方岩丹霞地貌申报世界自然遗产进程。完成《浙江省风景名胜区体系规划》的编制和评审，建立和完善了风景名胜区规划体系。开展了《浙江省风景名胜区管理条例》修订工作和省级文明风景旅游区创建等工作。全省国家级、省级风景名胜区分别达到17处和44处，国家级风景名胜区数量位居全国第一，全省风景名胜区面积5782平方公里。

【历史文化名城（镇、村）】 全省17座历史文化名城，78处省级历史文化街区、名镇、名村保护规划已基本编制完成。新增加4个中国历史文化名镇、1个中国历史文化名村。

四、城乡住房

【概述】 全省房地产开发完成投资1999.3亿元，同比增长9.8%，占全社会固定资产投资的21.5%；上缴地税279.13亿元，占全省地税收入的18.7%；房地产增加值1083亿元，占全省GDP的5%。

全省已有15个住宅小区被列为国家康居示范工程，建筑面积约350万平方米。有12个住宅小区被住房和城乡建设部列为A级以上住宅性能认定项目，建筑面积达240万平方米。

【房地产市场调控】 全省住房供应结构得到进一步改善，全省90平方米以下商品住房完成投资373.7亿元，同比增长57.6%，施工面积2799.6万平方米，销售面积579.5万平方米，同比增长45.6%。全省商品房售销同比减少36.6%，房价涨幅也出现了逐季逐月回落趋势。

【城镇住房保障】 全省新开工建设经济适用住房343.4万平方米，完成旧小区综合改造面积538.8万平方米，建设农民工公寓81.1万平方米。全省新增廉租住房保障对象1.32万户，累计达3.93万户以上。至2008年底，全省已有26个市县（市、区）提前3年完成低保标准2倍以内低收入住房困难家庭廉租住房应保尽保任务。省级财政对全省32个经济欠发达县（市）首次给予了2823万元的省级廉租住房保障专项资金补助。

【住房公积金管理】 全省75%的市、县发放住房补贴，约向13万职工发放住房补贴23亿元，累计向95万职工发放住房补贴约210亿元，继续保持全国前列。全省住房公积金实际缴存职工人数达到312万人。全省住房公积金缴存额为311亿元，住房公积金缴存总额为1441亿元，缴存余额为794亿元，帮助65万户职工家庭改善了居住条件。住房贷款逾期率保持在0.5‰。为全国最低的省份之一。全省累计出售公房143万套、8860万平方米，回收房款约257亿元，全省公房平均租金约2.50元。

【农村"固房工程"】 10月，省委、省政府办公厅出台《关于全面实施"强塘固房"工程的意见》。全省通过新建、改建、修缮、置换等多种形式完成1.88万户农村困难家庭危旧房改造，累计完成3.67万户改造任务。同时，加强了新建农房管理，配合省政府法制办起草了《浙江省农村住房建设管理办法（草案）》，已上报省政府。大力推广农房设计，普及科学建房知识。

五、城镇建设

【环境基础设施建设】 编制完成《浙江省城市污水配套管网及污水污泥资源化建设规划（2008～2012）》，全省完成县以上城市污水配套管网1037公里，其中太湖流域城市完成489公里。建成105个镇级污水处理设施，其中太湖流域建成74个，钱塘江流域建成31个。提前4年完成国务院下达浙江省到2012年前太湖流域建制镇污水处理设施全部建成通水的目标任务，率先实现太湖流域镇镇建有污水处理设施的目标。

编制完成《浙江省城乡生活垃圾减量化无害化资源化项目建设规划（2008～2012）》，组织完成了杭州天子岭等63个垃圾填埋场的无害化评估。全省县城以上城市新增生活垃圾无害化处理能力3501吨/日以上，达到处理能力3.3万吨/日，全年生活垃圾无害化处理量904.83万吨，生活垃圾处理率98.05%，其中无害化处理率86.41%。

铺设各类供水管道约14185公里，改造各类旧管道约1200公里，新增城乡一体化供水农村受益人口154万人。指导杭州市开展非居民用水超定额超计划加价收费试点工作，指导各地加快推行居民生活用水阶梯式水价。

全省县城以上城市污水年处理总量18.15亿立方米、污水处理率73.12%，污水处理厂日处理能力663万立方米，COD年削减量73万吨。

经国家发改委、财政部和世界银行磋商同意并报经国务院批准，启动了浙江省利用世界银行贷款1亿美元的钱塘江流域小城镇环境综合治理项目。

【建筑节能】 大力推进新建民用建筑全面实施建筑节能50%设计标准，杭州、宁波等市开展65%建筑节能设计标准试点。全省完成新建建筑节能技术集成和既有建筑节能改造工程示范面积约750万平方米，开展国家机关办公建筑和大型公共建筑能耗监测和节能管理，在全省确定了65个示范试点项目，逐步推可再生能源在建筑中应用，估计建筑节能对全社会总能耗降耗的贡献率保持在10%以上。积极推进节水型城市创建工作，杭州、绍兴和宁波市被评为国家节水型城市。

【城市环境综合治理】 全省建成区绿化覆盖面积88562公顷，绿化覆盖率36.52%，人均公园绿地面积9.25平方米。绍兴市荣获联合国人居环境奖，江山市、德清县和新昌县被省政府命名为省级园林城市。成功承办第十一届中日韩风景园林学术研讨会。累计荣获国家园林城市(县、镇)16个，省级园林城市25个。

【城市公共交通】 积极实施"公交优先"战略。印发了《浙江省优先发展城市公共交通考核评价指标(试行)》，继续完善城市公交网络运作体系和城际、城乡交通枢纽系统，加快快速公交(BRT)设施建设。杭州市率先推行公共自行车体系建设。

六、城市管理

【"数字城管"】 总结推广"数字城管"试点经验。编制发布了《数字化城市管理部件和事件分类与立结案标准》和《数字化城市管理绩效评价规范》。全省已有杭州等40多个市、县(市、区)开展"数字城管"工作，其中杭州等29个市、县(市、区)已投入运行。

宣传贯彻《浙江省城市管理相对集中行政处罚权条例》，积极开展"阳光执法"等主题活动。实现"数字执法"与"数字城管"并网，探索建立与"数字城管"的协调工作机制。

【应急管理】 完善建设工程质量安全、供水和燃气等专项应急预案操作手册，印发实施《浙江省建设厅抗震减灾应急处置工作预案》，出台《关于加强全省城乡抗震减灾规划和建设工程抗震设防管理工作的若干意见》。部署开展了全省城市供水、供气和公交行业奥运安保工作。指导各地根据《浙江省燃气管理条例》实施瓶装燃气经营许可制度，开展全省范围的小液化气行业质量安全整治和规范活动。组织全省各地市政公用环卫等领域干部职工抗击雨雪冰冻灾害，指导各地开展城市排水排涝改造工作。

七、建筑业

【概述】 全省建筑业总产值8040亿元，同比增长18.4%；利润总额210亿元，同比增长15.19%；上缴地税171.1亿元，占全省地税收入11.4%；建筑业增加值1220.6亿元，占全省GDP的5.7%。建筑业成为浙江省国民经济的支柱性产业、富民安民的基础性产业、科技进步的创新型产业和文明建设的窗口型行业。

【"走出去"战略】 省政府召开全省建筑业"走出去"发展工作会议，出台了《关于加快推进建筑业"走出去"发展的若干意见》，进一步引导建筑施工企业积极拓展省外、国外市场。全省建筑业实现省外产值3617亿元，同比增长25.5%，占全省建筑业总产值的45%，实现境外承包工程产值25亿美元，国内市场占有率和境外产值位居全国前列。浙江省钢结构企业参加了北京奥运会15个场馆建设，在"鸟巢"、"水立方"等比赛场馆建设中攻克了几十项世界级技术难关，取得了多项国家专利，达到了国际先进、国内领先水平。

【建设科技】 出台了《浙江省省级企业技术中心(建设)管理办法》，全省共评出20家建筑业企业省级企业技术中心，组织开展了2007年度省级工法的评审工作。完成全省建设科技推广项目立项72项，科研课题验收10多项。组织开展地下空间合理利用研究，推进城市无障碍设施建设，出台《关于进一步推进我省城市无障碍建设工作的若干意见》。组织开展《无机轻集料保温砂浆及系统技术规程》等20多项省级建设工程标准编制，批准实施了《卫生监督机构建设标准》等10项省级建设工程标准。

【清欠工作】 认真巩固清欠成果，组织开展建设领域清理拖欠工程款"回头看"，配合劳动部门做好农民工工资支付监管工作，长效机制进一步健全，拖欠民工工资的现象得到有效遏制。继续推进民工学校创建工作，全省在建工程共建立民工学校2700

多所，70多万民工在民工学校接受了培训教育。积极推进农民工工伤保险工作。

八、综合

【建设立法】《浙江省城市市容和环境卫生管理条例》于2009年1月1日起实行，《浙江省城乡规划条例》已列入省人大2009年一类立法计划。列入省政府一类立法项目的《浙江省农村住房建设管理办法》、《浙江省污水处理管理办法》和一类修订项目的《浙江省城镇廉租住房保障办法》、《浙江省经济适用住房管理办法》，已上报省政府审议。厅出台了《浙江省建设工程人工市场信息价发布管理办法》、《浙江省房地产经济人员职业资格注册管理暂行办法》、《浙江省国有土地范围房屋登记实施细则》，修订了《浙江省建筑施工企业安全生产许可证管理实施细则》等规范性文件。

【行政许可】 对全省建设系统32个执法文书格式进行了规范，对设区市24个建设行政主管部门的相关执法案卷开展了评查，进一步促进了执法程序和行为的规范。调整确定因相关法规颁布施行后需要公布的建设系统9项行政许可事项。2008年，厅政务办理中心受理行政许可事项107350件、办结108213件，累计受理行政许可事项291747件，已办结291741件；受理服务事项233件，累计受理22935件，已全部办结。厅依法受理了87件行政复议，依法审结45件、依法中止22件，依法应诉并结案的3件行政诉讼案全部胜诉。厅政务办理中心被省政府命名为首批省级"示范办事大厅"，被省纪委列为电子实时监察系统试点。

【建设市场秩序】 推进长三角建筑市场信用体系建设，开展全省建筑市场监管系统数据标准研究。加强招投标监管，不断完善招投标统一平台建设。全省建设工程应招标工程招标率和应公开招标工程公开招标率都达到100%。组织开展全省房地产市场秩序检查、建筑业"安全隐患排查治理年"活动和"安全生产百日督查"专项行动，组织开展全省勘察设计专项检查，重点查处了建筑市场、房地产市场和城乡规划等方面存在违法违规行为的典型案件24例，已结案22例。

【党风廉政建设责任制】 将落实党风廉政建设责任制各项要求纳入对各市建设部门"一票否决"考核内容，出台《2008年浙江省建设厅党风廉政建设和反腐败工作组织领导和责任分工》、《浙江省建设系统惩治和预防腐败体系2008～2012年工作细则》。牵头开展整顿房地产市场秩序和住房公积金专项治理工作。

【精神文明建设】 深入开展文明单位、青年文明号创建活动，全省建设系统有5家单位和26家单位分别荣获全国、全省文明单位，6家单位荣获全国精神文明建设工作先进单位，7个青年集体荣获全国青年文明号。开展全省建设系统信用建设先进单位评选和对首批37个信用建设先进单位考核认定。召开了全省建设系统思想政治工作会议，推进了行业思想政治工作。

【干部队伍建设】 组织机关处级干部、全省建设系统军转干部和纪检监察干部等培训，抓好市、县(市、区)管理的在职领导干部专题培训。组织全省建设系统行政领导干部、公务员和各类专业技术管理人员培训近3万人次，全省工程建设专业管理岗位专业知识培训考试和安全生产三类人员考试14万余人次。贯彻实施省"新世纪151人才工程"，做好新一轮第二层次培养人选的选拔推荐工作。

【四川汶川特大地震灾后援建工作】 四川汶川地震后，浙江省城乡建设系统广大干部职工全力以赴，截至2008年8月6日，浙江省援建四川广元过渡安置房累计安装为54590套，累计完成安装面积约118.35万平方米，为住房和城乡建设部8月3日调整浙江省援建总量5.4万套的101.09%，提前4天完成国务院下达浙江省8月10日前的援建任务，完成数量居各援建省、市第一；还完成238所学校、40所医院、113个其他公共服务设施。省建设厅援建施工现场指挥部被中共中央、国务院和中央军委授予"全国抗震救灾英雄集体"光荣称号。同时，省建设厅及时组织全省规划力量，派出了100多名规划技术技术人员组成的规划援助工作小组赶赴灾区，开展规划援助。完成了青川县36个城镇(乡镇)的规划编制工作。截至12月4日，所有规划成果通过了四川省组织的技术鉴定，为浙江省对口援建的开展奠定了坚实的基础。

2008年度浙江省建设大事记

一月

▲1月10日，中国丹霞地貌申报世界自然遗产国内专家考察组分别考察浙江省江郎山和方岩风景名胜区。

▲1月11日，在上海召开浙江省进沪建筑业施工企业年度表彰会，陈加元副省长出席会议。

▲1月14日，省政府授予省建设厅政务办理中心"省级示范大厅"称号。

同日，浙中城市群规划编制工作领导小组在金华召开全体成员第一次会议，规划编制工作正式全面展开。

▲1月18日，《浙江省数字化城市管理发展规划(2006~2015)》论证会在杭州通过专家论证，成为全国率先制定的发展规划。

▲1月19日，省政府召开浙江省城镇体系规划评审会，《浙江省域城镇体系规划2007~2020年》通过专家评审。建设部齐骥副部长和国内专家参加评审，吕祖善省长、陈加元副省长出席并讲话。

▲1月21日，省政府召开专题会，研究落实今年《政府工作报告》提出的"全面小康六大行动计划"责任分解工作。行动计划指：公民权益依法保障行动计划、基本公共服务均等化行动计划、资源节约与环境保护行动计划、自主创新能力提升行动计划、以及低收入群众增收行动计划。该六项行动计划均与建设事业发展息息相关。

▲1月22日，省建设厅领导赴对口扶贫点丽水市青田县贵岙乡慰问贫困户。2000年以来，结对扶贫帮困对口乡镇以来，已投入338万元，修建了乡中心小学教育楼、桥梁以及道路和15个村级办公活动场所。

二月

▲2月19日，全省建设工作会议暨建设系统党风廉政建设精神文明建设工作会议在杭州召开。会议总结了2003~2008年全省建设事业十大亮点，提出了今后五年我省城乡建设工作总体思路和目标任务。出台《关于全面落实"创业富民创新强省"总战略要求加快推进全省城乡建设事业又好又快发展的实施意见》。

▲2月26日，省政府发布《关于2007年度省政府直属单位工作目标责任制考核情况的通报》，根据考核情况和评价评议结果，省建设厅为考核优秀单位。

三月

▲3月18日，陈加元副省长主持召开省丹霞地貌申报世界自然遗产领导小组第一次会议。

▲3月26日，省建设厅领导班子按照省委深化和拓展"树新形象、创新业绩"主题实践活动要求，分片赴11个市和义乌市开展调研。31日张苗根厅长在长兴县和平镇琛碛村蹲点。

四月

▲4月17日，中国丹霞地貌申报世界自然遗产工作会议在杭州召开，来自世界自然保护同盟、中科院等20余位专家参加了会议。

▲4月18日，省建设厅与西澳大利亚州工业和资源部在杭州联合举办"垃圾最小化"峰会。

五月

▲5月5日，省府办公厅在湖州召开太湖流域杭嘉湖地区水污染防治和蓝藻应对应急工作会议。

▲5月19日，省建设厅成立浙江援建四川广元过渡安置房协调工作小组。

▲5月20日，省建设厅召开抗震救灾援建动员会议，初步落实省建设投资集团等50余家援建企业和1500名援建人员。

▲5月21日，建设部下达援建过渡安置房建设任务，浙江省为6万套。同日，陈敏尔常务副省长召开灾区应急救援保障会议。

▲5月22日，省建设厅成立浙江省援建四川广元过渡安置房施工现场指挥部。各援建市成立分指挥部。25日，省建设厅建立援建工作后方指挥部。

▲5月23日，陈敏尔常务副省长、俞仲达秘书长召开援建广元灾区过渡安置房专题会议。

▲5月24日，国务院在四川省成都市召开全国对口支援地震灾区工作会议。

▲5月27日，浙江援建青川过渡安置房首期2.2万套建设在广元市南河体育场工地正式开工。

▲5月30日，省第十一届人大第四次会议通过《浙江省普陀山风景名胜区条例》，10月1日起施行。

六月

▲6月18日，赵洪祝书记率省委、省政府代表团赴四川省广元考察检查浙江省重建援建工作。

七月

▲7月1日，省政府成立浙江省支援青川县灾后恢复重建指挥部，谈月明任指挥长。

▲7月16日，省政府办公厅召开全省实施强塘固房工程(固房部分)电视电话会议。

▲7月17日，省委召开浙江省对口支援青川县恢复重建工作会议。

八月

▲8月1日，省第十一届人大第五次会议通过《浙江省城市市容和环境卫生管理条例》，该条例于2009年1月1日起施行。

▲8月8日，省建设厅制定下发《关于扶持景宁城乡建设发展的实施意见》。

▲8月14日，铁路客运枢纽建设指挥部在杭州召开车站枢纽规划成果汇报会。

▲8月20日，吕祖善省长赴青川县视察浙江省

援建青川灾后恢复重建工作。

九月

▲9月2日，陈加元副省长主持召开省城乡规划协调委员会（扩大）会议，讨论审议《浙江省城镇体系规划（2008～2020年）》。

▲9月8日，建设部在杭州组织专家对《浙江省城镇体系规划（2008～2020年）》规划成果进行审查，并反馈了审查意见。

同日，省建设厅、省民政厅等8个厅局发出开展全省农村危旧房现状调查的通知。

▲9月10日，在嘉兴市举行嘉兴市城乡规划建设委员会成立揭牌仪式。

▲9月12日，省建设厅党组印发《浙江省建设系统建立健全惩治和预防腐败体系2008～2012年工作细则》及责任分解。

▲9月16日，在杭州市召开浙江省援建四川广元过渡安置房总结表彰大会，陈加元副省长、施利民副秘书长、张苗根厅长等厅领导参加会议。

▲9月20日，在嘉兴市举办"第三届浙江省绿色建筑与建筑节能技术、产品博览会"。

▲9月28日，杭州地铁2号线工程萧山段开工典礼。

▲9月30日，杭州市委、市政府举行杭州钱江新城核心区开放典礼暨和谐杭州—"城市日"庆祝活动。

十月

▲10月8日，中共中央、国务院、中央军委授予"浙江省建设厅援建四川广元过渡安置房施工现场指挥部"为"全国抗震救灾英雄集体"。张苗根厅长参加在北京召开的全国抗震救灾表彰大会。

▲10月12日，中国风景园林学会在杭州市召开中国风景园林学会第四次全国会员代表大会。

▲10月15日，省建设厅召开开展深入学习实践科学发展观活动动员大会，张苗根厅长作动员报告，省检查组出席会议。

▲10月15日，中国风景园林学会在杭州召开第十一届中日韩风景园林学术研讨会。

▲10月17日，省第十五届房博会在杭州世贸中心、和平会展中心分别举行。陈加元副省长等领导为开幕式剪彩并参观房博会。参加开幕式的还有原省人大李志雄副主任、省政府施利民副秘书长、建设部沈建忠司长、中国房协朱忠一副会长及其他领导。

▲10月20日，省建设厅、省公安厅联合决定，每年10月26日"环卫工人节"所在这周设立为"浙江省环卫工人安全周"。

同日，厅学习实践科学发展观活动学习领导小组办公室组织3个督导组，分赴11个厅直属单位，重点指导各单位建立组织机构、制定活动计划、进行动员部署等项工作开展检查督导。

▲10月21日，陈加元副省长召开专题研究房地产市场形势和城市住房工作。

▲10月24日，《浙江省城镇体系规划（2008～2020年）》通过省政府常务会议审议。

▲10月26日，浙江建设职业技术学院在该院举行建校50周年庆典。

▲10月31日，省府办公厅召开城市住房和房地产工作座谈会。

十一月

▲11月4日，省人大常委会讨论审议《浙江省城镇体系规划（2008～2020）》。

▲11月13日，建设部召开加大保障性住房建设等工作力度促进经济平稳较快增长和加强建筑工程质量安全工作电视电话会议。

▲11月16日，国家安全总局赵铁锤局长率检查组听取省关于杭州地铁工地塌陷事故情况汇报。

▲11月20日，在纪念我国建设监理制度创新发展20周年之际，中国建设监理协会授予包括浙江工程建设监理公司曾宪纯同志在内的64名同志为中国工程监理大师称号。

▲11月26日，《浙江省城镇体系规划（2008～2020年）》通过省人大常委会审议。

十二月

▲12月1日，《浙江省江郎山风景名胜区保护管理办法》（省政府令第254号）、《浙江省方岩风景名胜区保护管理办法》（省政府令第255号）施行。

同日，省政府发布《浙江省城乡规划督察办法（试行）》。省政府实行城乡规划督察员制度，向设区市政府派出督察员，是对城乡规划的编制、审批、修改及实施情况所进行的监督检查。办法的出台为加强对城乡规划的有效监管，确保城乡规划依法实施提供了保障。

▲12月15日始，建设部组织全国建设领域节能减排监督检查组一行11人对我省建设领域节能减排工作进行为期6天的监督检查。

▲12月16日，陈加元副省长和施利民副秘书长来省建设厅听取2008年工作情况和2009年工作安排。

▲12月17日，建设部在湖州市召开全国农村

▲12月18日,建设部在湖州市召开全国农村地区村镇污水治理现场会。

▲12月19日,吕祖善省长听取省建设厅2008年工作完成情况和2009年工作汇报。

▲12月20日,国务院办公厅发出《关于促进房地产市场健康发展的若干意见》,提出了加大保障性住房建设力度,进一步鼓励普通商品住房消费,支持房地产开发企业积极应对市场变化等政策措施。

▲12月22日,省建设厅与金华市人民政府在杭州召开浙中城市群规划纲要论证会。

▲12月23日,建设部公布第四批中国历史文化名镇名村,浙江省新市、皤滩、龙门、岩头镇为名镇,龙游三门源村为名村。

▲12月23日,省建设厅、省质量技术监督局命名11条城市街路为"省级城市街容示范路"。

▲12月23日,省建设厅开展学习实践活动帮扶结对工作。省建筑业管理局和泰顺县规划建设局,省建工集团和泰顺县广泰建设集团分别签订了结对协议。浙江省建筑企业三类人员培训考试泰顺点揭牌设立。

(浙江省住房和城乡建设厅)

安 徽 省

一、城乡规划

【城市总体规划】 随着安徽省工业化、城镇化的快速发展,芜湖、蚌埠、滁州、阜阳、宣城、宁国、界首等7个城市现行城市总体规划已不能有效发挥综合调控与引导作用,急待修编。依据《安徽省城市总体规划审批程序》(皖政办[2003]3号)规定,经省建设厅同意,七市人民政府相继于2003、2004年分别启动了城市总体规划(以下简称"总体规划")的修编工作。截至2008年11月底,7市总体规划全部通过省政府审核并批准实施,为7个城市发展提供科学的纲领性蓝图,为全省城市化快速健康发展拓展了新的空间。

【跨区域城镇体系规划】 顺利完成《省会经济圈城镇体系规划》编制工作。为落实省第八次党代会精神,稳步推进全省城镇化,打造安徽跨越式发展的战略支点,发挥城镇规划的"龙头"作用,推动合肥、巢湖、六安一体化建设,形成具有较强辐射带动力的省会经济圈,全面提升省会经济圈综合竞争力,省建设厅会同合肥、六安、巢湖三市政府于2007年5月启动了《省会经济圈城镇体系规划》的编制工作,于2008年11月5日通过了省城市规划委员会办公室组织的专家审查,并征求了省规划委员会成员单位意见和社会公众意见。

率先在全国组织编制跨市域电网布局规划。安徽省实施"皖电东送"战略后,为适应国家及安徽省电网建设及优化省域空间资源配置的需要,根据《安徽省省域城镇体系规划实施办法》和国家电网总体规划的要求,省建设厅与省电力公司联合在全国率先编制了《安徽省500千伏及以上电网布局规划(2008~2020年)》。省建设厅和省电力公司有关部门、规划编制单位进行了多次的讨论和研究,并在初稿形成后征求了全省各地市城乡规划部门以及省规划委员会各成员单位意见。该规划从省域空间管制的角度对高压电力廊道进行预留和控制,从而将电网规划纳入城乡规划的体系中,确保电网建设所需要的用地和空间,促进电网建设与城乡规划的有效衔接,实现区域电力基础设施、高压电力廊道路径与城乡建设用地的统一协调。

启动并基本完成合淮同城化规划。为贯彻落实省政府2008年工作报告,积极推进合淮同城化战略,省建设厅会同合肥、淮南市规划局组织编制了《合肥淮南同城化规划》,编制工作于2008年6月正式启动,2008年年底前该规划已经通过预评审。规划以"政府主导、市场运作,资源共享、优势互补,互利双赢、共同发展"的原则,以"产业园区、工业走廊和新村镇建设"为重点,有计划、有步骤地推进合肥与淮南同城化发展,做到规划同筹、交通同建、信息同享、市场同体、产业同步、科教同兴、旅游同线、环境同保,逐步实现城市一体化、经济一体化、文化一体化、交通一体化、旅游一体化、环保一体化,联手打造安徽腹地更具竞争力和辐射力的中心城市。规划的编制与实施不仅对促进两市经济社会全面融合具有举足轻重的作用,而且使省会经济圈向北扩展，沿淮城市群向南突围，对于缝合纵贯全省南北的城镇发展轴具有现实意义。

【专项规划和控制性详细规划】 专业规划编制工作取得新进展。随着新一轮总体规划的修改，原有专业规划有的已经不适应群众生活和城市发展的需要。各地以城市总体规划为依据，普遍开展了城市专业规划的编制或修改，超前编制保障性住房、重大基础设施、公共服务设施规划。马鞍山、宣城、淮北、黄山、阜阳等城市开展了城市消防、人防、城市蓝线、城市道路网、电力等专业规划的编制，滁州市2008年底完成了公交、供电、商业网点、医疗卫生、环境卫生、供热、抗震防灾等18项专项规划的编制工作，宣城市完成了城市公交、环卫、人防、教育等13项城市专项规划编制工作，为改善民生、提升建设管理水平、增强城市功能、改善人居环境提供超前服务和依据。

控制性详细规划编制审批进展迅速。2008年，督促各市将城市中心地区、旧城改造地区、近期发展地区、拟储备出让土地的地区作为重点区域，优先编制控制性详细规划。各地根据要求，加强控制性详细规划的制定，特别是加强了近期规划建设用地范围内的控制性详细规划编制工作。池州、淮南、滁州等市完成了控制性详细规划近期建设地区全覆盖，铜陵、宁国市在近期建设用地全覆盖的基础上，对前几年编制的控制性详细规划进行了梳理和修改。为城市建设和管理提供了依据。淮北市在提高控规覆盖率的同时，更加注重体现控规的可实施性，以期更好地指导城市建设特别是旧城改造和环境整治。

【重大项目选址】 省建设厅开辟了重大建设项目规划审批绿色通道。2008年省建设厅结合机关效能建设，继续做好重大项目选址意见书的核发工作，在抓好建设项目规划选址的专题论证报告、保证项目选址和布局与城乡规划衔接的同时，为省"861"项目规划选址开设"绿色通道"，为保增长、扩内需项目提供及时高效的规划服务，以实际行动支持重大建设项目提速。全年省建设厅直接办理重大项目选址意见书18件，总投资约527.68亿元，项目建设用地约1192.16公顷，其中"861"项目11份。项目内容包括大唐淮北发电厂建设、西电东送淮南—上海1000千伏输电线路选址、合肥大陆轮胎项目、皖北煤电集团有限公司朱集西矿井及选煤厂矿产开采等重大建设项目，平均办结时间为34个工作日，办结时间缩短了26个工作日，大大提高了行政效率。

【贯彻实施城乡规划法】 《城乡规划法》宣传与培训工作全面铺开。《城乡规划法》2008年1月1日实施，宣传贯彻《城乡规划法》成为安徽省2008年城乡规划工作的主线并贯穿各项工作始终。省建设厅在2008年1月1日在《安徽日报》开辟了宣传专版，发表了由倪虹厅长亲自撰稿，题为《认真贯彻城乡规划法，促进全省城镇化健康协调发展》的专栏文章及倪虹厅长就城乡规划法有关重点内容进行答记者问内容，图文展示宣传了建设厅近两年来城乡规划工作成效。省建设厅对全省规划部门宣传贯彻《城乡规划法》进行了部署，制定了宣传方案和工作计划，集中开展了宣传月（周）活动，举办了全省城乡规划法学习班，邀请建设部规划司领导和有关专家讲课，500多人参加培训学习；在京举办了全省市县长城乡规划学习班，把城乡规划法作为重要学习内容。组织专门的培训师资队伍，分批赴庐江、桐城、泾县、池州等地市政府分管领导和市县规划主管部门的主要工作人员进行培训。通过声势浩大的宣传培训活动，《城乡规划法》精神家喻户晓，全社会规划法律意识大大增强，为开创我省城市规划工作新局面创造一个良好的社会环境。

省城乡规划法规与制度建设有了较大进展。新的城乡规划法对城乡规划管理提出了新的要求和思路，按照《城乡规划法》确立的基本原则，各级规划部门都按照《城乡规划法》的要求，对原有的规划法规、工作制度、办事程序进行了梳理和修改。省建设厅认真总结过去安徽省在实施城市规划法方面的经验教训，积极探索新旧法规的衔接问题，结合当前新形势、新要求，起草了《安徽省〈中华人民共和国城乡规划法〉实施办法》（送审稿），经过征求意见等程序于2008年7月上报省政府，已完成省政府立法调研。按照《城乡规划法》和建设部《关于贯彻实施〈城乡规划法〉的指导意见》要求，2008年重点对建设工程竣工验收规划认可、安徽省建设工程规划批后管理、安徽省城市临时建设和临时用地规划管理和加强经营性用地容积率规划管理和监督检查等工作进行了深入的研究和讨论，经过征求各地规划管理部门意见后，制定了相关办法，为安徽省城市规划管理工作走向规范化、法制化、程序化奠定了制度基础。

【重大规划问题研究】 全省区域发展空间布局研究取得重大突破。为全力落实胡锦涛总书记在安徽省考察工作时的重要讲话精神，抓住建设创新型国家，大力促进中部崛起这一千载难逢的历史机遇，根据目前安徽省城市群发展现状，在统筹协调好省会经济圈、皖江城市带、沿淮城市群发展的基础上，积极打造安徽能够上升到国家战略层面的城市群。

2008年围绕构建自主创新试验区，组织省规划院骨干力量对安徽现有三大城市群的现状和特色进行了系统分析，提出了整合三大城市群优势，构建江淮城市群，形成自主创新试验区有效空间载体战略构想，并形成了《江淮城市群国家级自主创新试验区的战略构想》的文本，为建立合芜蚌自主创新综合配套改革试验区，促进皖江城市带承接产业转移示范区上升到国家层面奠定了基础。

全省城市人口与资源环境协调发展对策研究成效显著。2008年下半年，省建设厅组织力量开展了全省城市人口资源环境协调发展的专题调研活动。经过两个多月的深入调研和分析论证后形成了专题报告，报告在深入分析安徽省城镇化历史发展演变、现状特征的基础上，基于安徽省城镇化发展的宏观背景、动力机制和资源环境制约因素，对安徽省城镇化趋势作了分析，在考虑土地资源承载、坚持节约土地资源的前提下，对城镇化健康发展提出了相应的政策建议，为即将修编的省域城镇体系做了前期研究，为审核各市即将开展的新一轮城市总体规划及相关政府部门决策提供参考。

【城乡规划效能监察】城乡规划效能监察工作进一步深化。根据建设部、监察部统一安排，省建设厅会同省监察厅开展了全省第二次城乡规划效能监察绩效考核工作，各地就考核效能监察工作组织机构建设与工作推进情况、城乡规划依法编制、审批情况、城乡规划行政许可的清理、实施、监督情况、城乡规划政务公开情况、城乡规划廉政、勤政情况、城乡规划信访、督办工作及违法建设处理情况进行自查，规划效能监察步入了规范有序的运行轨道。

完善制度推进反腐倡廉建设。为落实省委、省政府"反腐倡廉制度建设推进年"活动，从源头上预防"规划腐败"的产生，结合《城乡规划法》的实施，省建设厅会同省监察厅联合下发了《关于加强经营性用地规划条件监督管理工作的通知》（建规[2008]204号）。内容包括：加强经营性用地规划条件管理重要性的认识、经营性用地规划条件的管理、经营性用地规划条件变更的条件和程序以及对规划条件监督管理等。加强对经营性用地规划条件的管理，有利于维护城乡规划的权威，提高城乡规划主管部门依法行政的水平，对于切实维护人民群众的合法权益，从源头上预防"规划腐败"具有重要意义。

【松潘县灾后重建规划工作】精心谋划松潘县灾后重建发展蓝图。四川汶川大地震后，省建设厅按照省委、省政府关于对口支援松潘县灾后恢复重建工作的要求，成立了对口支援松潘县恢复重建规划建设领导小组，切实加强组织领导，专题研究、部署对口支援松潘县灾后重建规划工作。5月份，几十名规划设计人员先后入川，参与了都江堰过渡安置房的建设活动，作出了积极贡献。7月下旬后，省建设厅专门成立由省规划院骨干力量组成的规划小分队，赴松潘县协助开展规划制定工作，在对松潘县现有规划及其实施情况进行了认真梳理的基础上，组织制定了《四川省松潘国际旅游胜地规划建设战略思路》；参与组织了《松潘县城-川主寺总体规划》（2008～2020）编制工作；在上述一系列总体规划和策划的基础上，按照统一规划、综合开发、因地制宜、配套建设的要求，协助地方直接组织了《城北片区控制性详细规划和重点地段城市设计》，在全国范围内的规划设计方案征集和方案深化的编制组织工作。援建工作组织有序，执行有力，体现了省建设厅援建工作的高效、务实精神，树立了安徽省对口支援的良好形象，为松潘近期与长远发展奠定了坚实的科学基础，也为援建项目的组织和设计提供了规划依据，获得省委省政府领导与阿坝州政府及松潘县政府的高度肯定。（江莹）

二、城市建设

【概述】2008年，安徽城市建设领域紧紧围绕工业化、城镇化双轮驱动，进一步开展解放思想大讨论和深入学习实践科学发展观活动，以提高城市综合承载能力和城市综合管理水平为重点，继续加大城市基础设施和人居环境设施建设资金投入，在全省范围内掀起了城市大建设的新高潮，城市建设和管理工作呈现又好又快发展的新局面。

【城市基础设施建设】投资继续保持快速增长。2008年全年完成城市基础设施投资总额超过380亿元，增幅36%以上。全年累计争取中央财政、省财政资金137084万元，创历史最好水平，为各市大建设提供坚强保障。其中：污水管网中央以奖代补43960万元（居全国第5位），基础设施国债42000万元，45个污水、垃圾处理项目获得中央扩大内需预算内投资31470万元，公交燃油补助27354万元，污水处理省财政以奖代补30100万元，雪灾补助13000万元。

城市综合承载能力显著增强。唱好城市道路、桥梁改扩建工程等市政设施"大建设"的重头戏，以合肥市金寨路高架路为代表的一批城市道路、桥梁工程建成并投入使用，城市路网结构和交通组织进一步优化，城市综合承载能力显著提升，并涌现出一批精品和优质工程。合肥市徽州大道南段工程荣获中国建设工程质量最高奖"鲁班奖"，芜湖市临江桥等8个市政公用工程获得省建设工程质量最高奖"黄山杯"。

城市基础设施水平普遍提高。全省新增污水处理能力87.5万吨/日、垃圾处理能力1200吨/日、天然气居民用户20万户。城市基础设施水平继续争先进位，12项主要指标中有10项指标挤进全国前18位，其中城市污水处理率居全国第5位，人均城市道路面积居全国第7位。

【城市人居环境】 城市人居环境建设再创佳绩。坚持科学发展观，建立正向激励机制，体现安徽省城建领域正确的政绩观。大力推进改善人居环境项目建设，创建园林城市、人居范例奖工作取得实效，再创佳绩，喜获多项殊荣。芜湖市九莲塘地段棚户区环境综合整治工程、合肥市清溪路垃圾填埋场综合整治工程、池州市城区环境综合整治工程将获中国人居环境范例奖。池州市荣获省人居环境奖，巢湖洗耳池公园地段环境整治等11个项目荣获省人居环境范例奖，宿州、六安、巢湖等三市获省级园林城市，肥西、无为获省级园林县城称号。通过有效的激励，科学的评价，奖励先进，鞭策落后。组织召开创建国家园林城市、县城现场会，介绍和推广淮南市、凤台县的创建经验。全面完成了国家和省园林城市、园林县城的复查考核。

重点推进城市污水处理垃圾处理设施建设。2008年是安徽省污水处理厂建设史上工作力度最大、建成数量最多、成就最为显著的一年，当年新建成污水处理厂33座、扩建3座，建成的数量超过1998~2008年的总和。淮河、巢湖流域实现了所有市县建成污水处理厂的目标。完成了省政府对省建设厅污水处理设施建设的年度目标考核任务，通过了住房和城乡建设部组织的节能减排专项检查。

贯彻落实《安徽省城市生活垃圾处理收费管理暂行办法》，加快垃圾处理设施建设，提高生活垃圾无害化处理水平。2008年底，全省在建的垃圾填埋场均按照国家有关标准建设，注重做好场区防渗工程和渗沥液处理工程建设，避免产生二次污染。合肥龙泉山垃圾填埋场填埋气发电工程即将竣工，标志着安徽省垃圾资源化综合利用工作迈上新台阶。

积极推进城市公交优先战略实施。争取到中央财政燃油补贴资金27354万元，有效化解了燃油价格上涨给公交行业增加的负担，保证了城市公交运营价格的稳定和行业稳定，为进一步推动公交优先发展战略的实施奠定了坚实基础。积极推动城市公交线路向郊区邻近乡镇的覆盖和延伸，合肥市有一半的镇开通了城市公交。

积极拓展"西气东输"天然气利用工程。全省17个地级市中已有16个地级市转换为城市天然气，全年新增天然气居民用户20万户。黄山、桐城、庐江、无为、涡阳等市县城市天然气工程项目即将建成，顺利完成安庆、池州、宣城等我省"川气东送"沿线城市天然气利用工程各项前期准备工作。大力推广和普及天然气在空调、公交车和出租汽车等领域的应用，全省一半以上城市公交车、出租汽车使用压缩天然气作为汽车燃料。

【城市管理】 扎实做好数字化城市管理试点工作。推进城市管理体制、机制创新，切实提高政府解决涉及人民群众利益的公共服务水平和管理效能。采取分步试点、科学引导、逐步全面展开的形式，重点推进被住房建设部列入试点的合肥市、淮北市、铜陵市、芜湖市和黄山市等5个试点城市的数字化城市管理实施工作。淮北、黄山市数字化城管建设取得阶段性成效；芜湖市、黄山市、铜陵市的数字化城市管理模式试点实施方案通过住房建设部组织的专家审查。六安市、淮南市数字化城市管理方案通过安徽省住房和城乡建设厅和地方政府组织的专家评审，数字化、信息化平台正在加紧建设中。

科学指导专项规划的编制。适应工业化、城镇化进程加快和城市建设水平不断提高的新形势，依据新一轮《城市总体规划》，科学指导全省城市供水、燃气、公交、绿地系统、污水和垃圾处理等城建行业专项规划的编制。全省各市抢抓扩大内需政策机遇意识显著增强，城建专业规划编制进程明显加快，绝大部分城市完成了新一轮城建行业专项规划的编制或修编工作，为后续项目建设及专项资金争取提供支撑和依据。

根据国家、省确定的城镇污水垃圾处理设施建设的目标和任务，会同省发展改革委、省环保局对《安徽省"十一五"城镇污水处理及再生利用设施建设初步方案》进行修订完善，补充污水处理厂、垃圾处理场（厂）、污水管网等新增项目、规模和主要建设内容。

加强城市公用设施安全运营监管工作。由于科学预防和措施得力，市政公用事业总体呈安全平稳发展态势。高度重视供水、燃气、公交等公用行业的迎奥运安保维稳和应急处置工作，为北京奥运会和残奥会的成功举办营造了安全和谐稳定的社会环境。以建立健全隐患排查治理长效机制为目标，实现安全管理工作重心前移，应对公共危机和综合防灾能力逐步增强。认真总结2007年以来的工作经验和好的做法，巩固安全隐患排查治理工作成果，进一步组织和开展城市供水、供气、供热、桥梁、公共交通等市政公用基础设施安全隐患排查治理工作。

创新城市节水管理工作。为创新城市节水管理模式，加强城市节水指导和管理工作，会同省经委制定全省节水型企业考核办法，在全省组织启动开展节水型企业活动，大力推动工业节水，增强全社会和市民节水意识。黄山市创建国家节水型城市工作取得成效，2008年9月通过住房和城乡建设部组织的考核验收，继合肥市之后，黄山市成为我省第二个进入国家节水型城市行列的城市。

夺取了抗雪防冻救灾斗争的重大胜利。面对2008年初历史罕见的雨雪冰冻灾害，省建设厅突出抓住"三保一防"（保供水、保供气、保公交畅通、防房屋坍塌）这一城市抗灾工作重点，并组织了十个抢险突击队奔赴救灾一线，科学调度，恪尽职守，团结一致，众志成城，夺取了抗雪防冻救灾斗争的重大胜利，为保障全省市政公用行业的稳定运行，维护城市生产生活秩序的稳定，确保人民群众度过欢乐祥和的春节作出了重要贡献，得到社会各界和新闻媒体的广泛赞誉。安徽省建设厅应急办荣获省委省政府表彰的"全省抗雪防冻救灾先进集体"称号。

在全省抗雪防冻救灾工作取得关键性胜利，由应急抢险抗灾转入全面恢复重建阶段后，省建设厅编制灾后恢复重建规划方案，指导灾后恢复重建工作。按照"规划先行，统筹安排，分清缓急，突出重点"的原则，于2008年3月底相继完成了城镇供水、污水处理、垃圾处理、供气和公共交通等基础设施灾后恢复重建工作，并稳定正常运行；于2008年6月底完成了城镇道路桥梁等基础设施灾后恢复重建工作。（盛世福）

三、村镇建设

【概述】 到2008年底，安徽省共有小城镇2584个，其中，县城以下建制镇847个、农村集镇1737个，行政村16921个。在村镇建设工作中，安徽省认真贯彻落实党的十六大和十七大精神，坚持以科学发展观为指导，以村镇规划为抓手，以中心镇和示范镇建设为重点，以扩大投资为动力，以改善农村人居环境、提高农村居住质量为目标，扎实推进村镇规划建设管理各项工作，取得了显著成效，促进了全省新农村建设工作发展。

【小城镇规划】 开展小城镇总体规划修编。对乡镇行政区划调整、规划期满以及不适应建设需要的小城镇总体规划，及时开展修编。2008年共完成小城镇总体规划修编215个，截至2008年底，全省小城镇总体规划修编完成率达85%。

加强村庄规划编制。为增强村庄规划的可操作性，确保规划质量，省建设厅要求加强中心村地形图测绘，明确村庄布点，合理布局，科学安排功能分区，对居住、主要公共建筑、道路和供排水、供电、通讯等公用工程设施作出具体配置，并结合农村经济发展的现状，把农村产业发展作为村庄规划的一项重要内容。全年共编制村庄规划1063个。到2008年年底，全省村庄建设规划的编制比率达42%。

加强规划管理。对建制镇进一步强化了"一书两证"管理，坚决杜绝违反规划的建设行为。针对乡镇政府在规划执法中普遍存在的"看得见、管不着"等权责不匹配的问题，积极探讨城市规划管理职能向乡镇延伸的途径和办法。抓好村庄规划的实施，对村庄建设项目实行了《乡村建设规划许可证》新的管理制度。

【小城镇基础设施建设】 2008年，全省村镇建设总投入达476亿元，其中小城镇建设投入230亿元，比2007年增加30%以上。投入的增加，加快了全省村镇基础设施建设步伐。全省1310个小城镇和11240个村庄通上了自来水。小城镇道路建设水平显著提高，全省小城镇镇区道路铺装率达到56%。小城镇绿化水平不断提高，全省小城镇绿化覆盖率达22%，人均公共绿地面积达3.1平方米。

小城镇环卫设施建设步伐加快。2008年，省建设厅利用省小城镇建设专项资金，2008全年安排了44个小城镇生活垃圾治理项目，其中有25个示范镇垃圾处理设施建设项目。

【村镇住宅建设】 2008年，我省村镇新建住宅建筑面积在4100万平方米以上，有近3%的农户搬入新居，农民人均住房面积28.8平方米。小城镇居住水平不断提高，全省小城镇人均住房面积达25平方米，楼房率达55%，一批小城镇按照规划建设了居住小区，极大地提高了小城镇居住水平。

【省级中心镇建设】 为进一步发挥中心镇示范带动作用，在省建设厅的积极努力下，省政府于2007年12月22日下发了《关于增补中心建制镇的通知》（皖政秘[2008]208号），增补宣城市宣州区狸桥镇、淮南市潘集区平圩镇、黟县宏村镇、望江县鸦滩镇、颍上县迪沟镇、庐江县罗河镇、安庆市大观区海口镇、金寨县天堂寨镇、宿州市埇桥区时村镇、霍山县黑石渡镇、东至县大渡口镇、肥东县石塘镇、和县石杨镇等13镇为省级中心镇。至此安徽省中心镇的数量达到212个。中心镇的增加，不仅提升了建设部门的影响力，更有利于促进城乡统筹和加快城乡一体化建设的进程。

到2008年底，全省中心镇建成区面积692平方公里，全省中心镇全部通上了自来水，建成区自来水普及率达67%。中心镇高级道路铺装率达88%以上，镇区绿化覆盖率达21.7%。中心镇建设的发展，有效地改善了中心镇生产和生活条件，优化了投资环境，带动了农村经济的发展和农民收入的增加。

【历史文化名镇名村申报】 2007年11月，安徽省歙县许村镇、休宁县万安镇、宣州区水东镇等三个镇和徽州区呈坎镇呈坎村、泾县桃花潭镇查济村、黟县碧阳镇南屏村等三个村被住房和城乡建设部、国家文物局列为第四批全国历史文化名镇名村，其中"千村百镇示范工程"的示范镇、村占50%。2008年底，安徽省西递、宏村为世界文化遗产，有5个中国历史文化名镇，10个中国历史文化名村、10个省级历史文化名镇、21个省级历史文化名村。历史文化名镇名村的增加，提升了我省各地保护意识，弘扬中华民族优秀传统文化，促进历史文化资源可持续发展。

【十个镇、村入选安徽省村镇建设十佳镇和十佳村】 从2008年6月开始，省建设厅在全省范围内开展了"安徽省村镇建设十佳镇"和"安徽省村镇建设十佳村"推荐评选工作。全省十七个市共有六十多个镇、村参与评选。通过层层推荐、实地考察、综合评估，评选出肥西县三河镇、黄山市黄山区耿城镇、繁昌孙村镇、潜山县源潭镇、六安市裕安区苏埠镇、无为县高沟镇、颍上县迪沟镇、当涂县博望镇、天长市秦栏镇、亳州市谯城区古井镇等十个镇为"安徽省村镇建设十佳镇"；淮北市烈山区烈山镇洪庄村、池州贵池区梅村镇霄坑村、舒城县城关镇幸福村、肥西县上派镇三岗村、铜陵县顺安镇凤凰山村、凤台县杨村乡店集村、宿州埇桥区夹沟镇夏刘寨村、绩溪县龙川村、合肥包河区大圩镇新民村、固镇濠城镇垓下村等十个村为"安徽省村镇建设十佳村"。

【艾滋病重点村特别困难户住房建设】 省建设厅按照省防艾办要求，积极采取有力、有效措施，协助、推动地方政府完成"一处住房"的建设任务，为改善艾滋病住房困难户居住条件作出了努力。目前列入省财政"一处住房"建设和修缮补助范围内的艾滋病住房困难户有683户，其中新建272户，修缮411户，目前已经完成的有665户，其中新建268户，修缮397。

【新农村建设对口帮扶镇村工作成效显著】 按照省新农村建设领导小组的工作部署和要求，省建设厅继续强化对新农村建设联系点帮扶点——肥西县三河镇、肥西县上派镇三岗村的新农村建设指导和资金支持，较好地促进帮扶镇村新农村建设工作。由于帮扶力度大，措施得力，成效突出，2008年12月，省新农村建设工作领导小组授予省建设厅等7个省直部门为"安徽省推进新农村建设联系帮扶工作先进单位"称号。肥西县上派镇三岗村等7个村被评为"安徽省社会主义新农村建设先进村"。（卢立新）

四、建筑业

【建筑业概况】 2008年，全省建筑业实现了快速、稳定、协调发展，作为国民经济传统支柱产业的地位进一步增强，取得了明显成效。建筑业高速增长态势不减，对经济总量贡献加大。全省累计实现建筑业总产值1800亿元，比上年增长21%；全社会实现建筑业增加值648亿元，同比增长20%，对全省GDP贡献率达7.3%；建筑业税收占地税总额16.3%。

2008年，安徽建工集团有限公司产值突破百亿元大关，填补了安徽省无百亿元企业的空白。2008年上半年排出的2007年度"建筑业50强"企业完成建筑业总产值占全省2008年完成建筑业总产值的39.4%，同比增长1.6个百分点；实现利润占全省当年完成利润总额的34.8%，比上届增长3.9个百分点；产值超亿元的企业由上届的207家上升至279家。安徽省建设监理公司、安徽省电力工程监理有限责任公司连续三年位列全国百强监理企业，其中后者前进了21个位次；安徽省监理十强企业监理营业总收入占全行业的42.8%。

建筑业企业资质不断提高，产业结构逐步优化。截至2008年底，全省共拥有建筑业企业4290家。其中施工总承包特级4家、一级89家、二级472家；专业承包一级59家，二级364家；省批劳务企业501家。在12类施工总承包资质序列中，安徽省覆盖率达100%；在60类专业承包资质序列中，安徽省占38类，覆盖率达63%。另外，全省有工程监理企业214家，其中，甲级36家，乙级59家，丙级119家。有工程招标代理机构197家，其中，甲级16家，乙级94家，暂定级87家。

建筑业吸纳大量从业人员，企业人才匮乏状况有所缓解。建筑业全社会从业人员374.5万人，占全省全社会从业人员9.8%。截至2008年底，全省建筑企业从业人员148.3万人。出省施工人员36万人，境外施工人员1.2万人。全省现拥有注册建造师23720人，符合一级建造师注册5296人，符合二级建造师注册18424人；拥有国家级监理工程师2776人；拥有工程招标代理专职从业人员2812人，拥有工程评标专家2953人。

建筑业企业进出井然有序，开拓省外和国外市场取得新突破。2008年，安徽省有365家建筑业企业办理外出施工手续，施工产值为321.4亿元；有11个企业承接了境外工程，施工产值达19.4亿元。在安徽建工集团有限公司、安徽省外经建设（集团）有限公司等龙头企业带动下，安徽建筑业企业国际工程承包取得突破进展，2008年共承接对外承包工程项目49项，签订对外承包工程合同额13.5亿美元，完成产值10.5亿美元，分别较上年增长19%和76%。

建筑业企业积极创优，工程质量稳步提升。2008年，全省创建设工程鲁班奖（国家优质工程）5项，创安徽省建设工程"黄山杯"奖（省优质工程）工程60项，创省级用户满意住宅工程54项，安徽省建筑业新技术应用示范工程13项。工程质量奖项的评审活动，有效地激发了企业注重品质、创造品牌的热情和动力，推动了工程质量水平的稳步提升。

工程招投标有序竞争，建筑市场监管进一步加强。据各市上报，2008年全省各级建设工程招标投标监管机构直接监督招标工程10469项，项目总投资额661亿元，其中，公开招标工程5434项，项目总投资额395亿元，进入各级有形建筑市场招标工程8385项，项目总投资额645亿元。全省工程招标、工程监理、合同备案、工程质量安全监督、工程竣工验收备案、工程质量投诉处理、违法违规行为查处等制度得到了有效落实。

清欠工作继续推进，受到住房和城乡建设部表彰。2008年全省共受理拖欠工程款投诉485件，涉及工程款210064万元；受理拖欠农民工工资投诉1106件，涉及农民工46836人次，都及时得到了妥善处理。会同省劳动和社会保障厅联合印发了《关于建立快速处理建设领域拖欠工程款和农民工工资投诉案件机制的通知》，把解决好拖欠投诉案件工作作为落实政府民生工作的重要内容，确定了"属地管理原则，分类处理原则，争议处理原则和非法转包、违法分包处理原则"四条快速处理原则。省建设厅、合肥市建委、淮南市建筑管理处、马鞍市建委四家单位，以及张长淮等12名同志分获住房和城乡建设部"全国解决建设领域拖欠工程款工作先进单位和先进个人荣誉称号"。

经省政府同意，省建设厅、省人事厅对2003年以来，圆满完成安徽省清理建设领域拖欠工程款的42家先进集体和77名先进个人进行了通报表扬。

【抗震救灾创造安徽"速度"，展示"皖军"风采】 举世震惊的四川汶川特大地震发生后，按照住房和城乡建设部，以及省委、省政府的决策部署，安徽省建设部门承担了大量的过渡安置房建设。全省相关建筑企业和各级建管机构，急灾区人民所急，全力以赴，承担了所有活动板房的组织、实施、协调、生产、安装等工作，圆满并提前完成了任务，创建了"安徽速度"、"安徽质量"、"安徽特色"，受到了灾区人民群众和当地政府的高度评价。"徽匠来了，我们有住了"这句话，道出了灾区群众对建筑"皖军"的信任之情；"安徽好人"这幅标语，表达出了灾区群众对安徽人民的感恩之情。在支援四川抗震救灾中，合肥市建委率5家援建企业，累计完成活动板房生产和安装任务，建筑面积将近19万平方米，占全省总量的51%，圆满出色完成了过渡安置房和校舍生产建设任务，获得中共中央、国务院、中央军委授予的"全国抗震救灾英雄集体"称号。2008年6月11日，中华全国总工会授予省建设厅前线指挥部、安徽鸿路钢结构有限公司、安徽新鸿伟钢结构有限公司、安徽富煌钢构股份有限公司四家单位全国抗震救灾重建家园"工人先锋号"的光荣称号。建设队伍在抗震救灾中展现出的强烈社会责任感，以及大爱精神、吃苦耐劳的敬业精神、团结一致的协作精神、率先垂范的先锋精神，已成为一笔宝贵的精神财富，并将激励我们战胜前进道路上的各种困难，谱写全省建筑管理事业发展新篇章。

【"徽匠"精神的展现】 举办建筑文化年活动汇展和全省建筑行业文艺汇演。2008年4月7日下午，安徽省建筑文化年活动汇展开幕式在安徽省博物馆隆重举行。当晚，全省建筑行业文艺汇演在安徽大剧院举行，这次全省建筑行业的文艺汇演，规模之大，职工参与之广泛，在安徽建筑行业历史上是第一次。省政协主席、省委常委、省人大副主任、省政府副省长等省领导以及其他省直部门的领导出席了汇演和汇展，并给予很高的评价。这两项活动的举行，掀起了安徽建筑文化年的高潮，展示了安徽建筑行业广大职工的精神风貌。

正式公布了"徽匠"徽标和《安徽建筑业之歌》。2007年12月3日，省建设厅发布《关于加强推广使用《安徽建筑业之歌》和"徽匠"徽标的意见》，就徽匠形象的推广、宣传和使用做出明确规定。新华网等全国17家媒体对"徽匠"徽标和《安徽建筑业之歌》进行了专题报道，这对进一步弘扬"徽匠"精神，塑造安徽建筑业的总体形象，做大做强安徽建筑业，起到了积极作用。

【建设监理试点在安徽】 开展监理单位创建工程项目管理企业试点工作。合肥澳中财富中心项目是合肥市的地标性建筑，2008年，该项目经公开竞标，安徽省建设监理有限公司成为澳中财富中心项目的"总管"，为这一项目提供工程监理与项目管理一体化服务。该试点项目是中国建设监理协会根据建设部要求确定的全国第一个监理单位创建工程项目管理企业试点项目，对于深化我国工程建设管理体制改革具有重要的现实意义。

开展建筑节能监理研讨交流活动。在《安徽省民用工程建筑节能监理导则（试行）》印发实施一周年之际，在马鞍山组织了建筑节能监理经验交流和工作研讨活动，来自全省30多位项目总监参加了会议，并观摩了马钢生产指挥中心工程的节能监理工作和效果。会议共收到建筑节能监理论文28篇，后编印成论文集，发给全省每个监理企业，对全行业规范建筑节能监理工作、提高监理水平起到了积极的推动作用。

组织起草建筑安全监理导则工作。为规范项目监理机构施工现场安全生产监督管理工作，组织有关监理和安全管理专家起草了《安徽省建设工程安全生产监理工作导则（试行）》，分6个部分26条10张附表。2008年底，导则草案正在征询有关监理企业的意见和建议，作进一步修改和完善。

【招投标监管制度的不断创新】 落实八项监管制度，促进招投标有序竞争。一是严格招标信息公开发布制度。2008年，省建设工程招标投标信息网共发布公开招标信息5566条；二是严格资格审查制度。规范投标人资格审查工作，保证符合资质的企业投标机会平等。2008年，省招标投标办公室利用公告发布监管平台，及时截获和制止了161项工程抬高投标人资质等级要求，排斥潜在投标人的行为；三是严格合理报价择优中标制度。把不规范的压级、压价等恶性竞争引向合理价中标；四是严格备案监督制度。坚持以对招标文件的备案监督为手段，着力规范招标文件的编制；五是严格专家评标制度。2008年，对全省建设工程招标评标专家名册在册专家进行了集中考核，考核工作加强了对评标专家的动态管理，进一步规范了专家评标活动；六是严格中标候选人公示制度。对采取公开招标的工程，将中标候选人的情况在有形建筑市场和信息网上予以公示，广泛接受社会监督，提高工程招投标工作的透明度；七是严格招标代理行业自律制度。继续推行工程招标代理从业人员业绩信用登记制度，组织代理机构开展"双满意工程招标代理机构"创建活动，签订《行业诚信自律公约》；八是严格投诉处理制度。2008年，全省各级建设工程招标投标监管机构受理招投标投诉259件，其中省建设工程招标投标办公室直接受理投诉17件。

出台规范性文件，改进和规范招投标活动监管。省建设厅出台了《关于进一步改进和规范房屋建筑和市政基础设施工程项目施工招标投标活动的若干意见》，提出进一步规范工程量清单计价招标方式，确保工程量清单、控制价或标底的编制质量，进一步简化招投标程序，清理、取消自行增加的招标程序；鼓励企业争先创优，实行优质优价；严格资格审查制度和改进招投标监管模式。《若干意见》较好地解决了目前建设工程招投标活动中存在的一些突出问题，特别是在招投标活动中的一些重要环节，有效地堵塞了容易滋生腐败的漏洞，对于进一步完善招标投标制度建设，促进招标投标活动的公开、公平和公正，鼓励建筑业企业争创质量高、成本低、经济效益好的精品工程，更好地服务于工程建设，促进全省建筑业又好又快发展，发挥了积极作用。

【"悬剑"制度管理建筑市场的新理念】 以建设部发布的关于建筑市场各方主体的守法诚信评价标准为基础，构筑全省建筑市场信用监管体系，记录、采集和公示建筑市场各方责任主体和从业人员的业绩信用情况。根据记录对建筑市场各方责任主体和从业人员实行"悬剑"监督，差别管理。受到不良信用记录的企业和个人，在建筑市场活动过程中，被严格监控，定期检查，直至解除不良记录为止；受到优良信用记录的企业和个人，在建筑市场活动过程中，则免予定期检查，企业和个人可处于自我约束和自律的状态。"悬剑"制度实施以来，全省因拖欠农民工工资等其他违法违规行为而被列入重点监控的建筑业企业23家，因拖欠工程款而被列入重点监控的建设单位2家。

【扶持建筑业发展新措施】 出台《安徽省建筑业企业资质管理实施细则》。2008年3月24日，省建设厅出台了《安徽省建筑业企业资质管理实施细则》，《细则》明确了建筑业企业资质审批权限、程序及资质申报要求，规定了资质审查工作要求和监督管理，为全省建筑业企业资质申请提供了明确的文件依据。

落实建设部文件精神，平稳实现建造师执业制度平稳过渡。积极落实建设部《关于建筑业企业项目经理资质管理制度向建造师执业资格制度过渡有关问题的补充通知》和《关于建筑业企业项目经理资质管理制度向建造师执业资格过渡有关问题的说明》文件精神，转发通知，确保我省建筑业企业项目经理资质管理制度向建造师执业资格制度平稳过渡，妥善解决尚未取得建造师执业资格的持有一、二级项目经理资质证书人员的实际问题。

【装饰装修行业发展新亮点】 以市场准入为前提，积极做好装饰企业的资质申报工作，培育装饰队伍。组织了全省装饰博览会，让装饰企业有平台能够相互学习、相互借鉴经验，切实推动安徽省装饰装修行业的发展。马鞍山市实行了《马鞍山市住宅装饰装修施工合同》示范文本，与技术监督局联合制定了《马鞍山市住宅装饰装修验收标准》。滁州市做好建筑工程二次装修的施工许可、质量监督和安全督察工作，确保所有二次装修工程处于受控状态。（周元楼）

五、房地产业

【概述】 2008年，全国房地产市场进入调整期，特别是东部地区调整幅度较大，对全国房地产市场影响较为深远。安徽省房地产市场受外部严峻形势特别是全球金融危机的影响，也开始呈现了调整的迹象。发展速度受到一定的限制，主要指标过高的增幅开始回落，部分指标开始下行。

【房地产开发投资】 全年完成房地产开发投资1351.6亿元，同比增长51.6%。其中住宅完成投资1003.07亿元，同比增长51.5%。全年房地产开发投资增速前高后低，7月份后出现回落，11月当月只完成投资66.4亿元，月度完成投资全年最少。商品房供给。全年新开工商品房面积4565.06万平方米，同比增长23.05%。其中，新开工商品住房面积3759.53万平方米，同比增长22.2%。商品房竣工面积2365.5万平方米，同比增长0.7%。其中，商品住房竣工面积2002.49万平米，同比增长1.7%。当年房屋新开工面积增幅明显趋缓，7月份以后竣工面积增幅快速降低。商品房销售。全省销售商品房面积2756.96万平方米，同比减少10.6%。销售商品住房2523.54万平方米，同比减少9.14%。上半年全省商品房销售增速平稳，但进入7月份以后快速下滑，月均降幅10～20%。商品房价格。全年商品房平均销售价格2926.55元/平方米，同比增长9.9%。商品住房平均销售价格为2789.62元/平方米，同比增长11.4%。二手房市场。全省省辖市市区二手房成交面积为559.86万平方米，其中二手住宅成交面积为399.1万平方米，同比分别下降19.43%和24.18%；土地购置。土地市场先扬后抑，购置土地面积增幅年初以108%高开，但随着宏观经济和房地产市场的变化，加上土地价格的快速拉升，开发商开始正视购置土地的风险，各地相继出现土地流拍或零成交现象，三季度后土地购置量明显减少，增幅出现大幅回落，全年仅增长2.1%，全省累计购置土地面积达2307.96万平方米。

【房地产管理】 农房登记试点工作启动。中共安徽省委在下发《关于贯彻〈中共中央关于推进农村改革发展若干重大问题的决定〉的实施意见》中提出要开展农房登记工作。根据要求，安徽省住房与城乡建设厅制定了《关于进一步开展农房登记工作的指导意见》，确定在全省范围内开展农房登记试点工作。

房屋登记办法开始实施。自7月1日起，全省开始实施新的房屋登记办法。以《物权法》为立法依据的新房屋登记办法，对登记定义、房屋权属证书性质、登记机构审查职责、登记类型、登记簿管理、登记机构的赔偿责任等方面都作了新的规定，丰富了不动产登记形式，规定由房屋登记机构管理的房屋登记簿是房屋权利归属和内容的根据，通过设立预告登记、异议登记，保护权利人合法权益。相应地安徽省也改版了了房屋权属证书式样，细化了登记程序和要求。

【住宅产业化】 以合肥国家住宅产业化基地建设为重点，推进住宅产业化向新领域、新层次迈进。建设部住宅产业化促进中心、安徽省建设厅、合肥市人民政府共同举办了第一届中国（合肥）住宅产业博览会。会同省发改委、省经委主抓了31个节能省地环保型示范项目建设，对全省发挥了良好的示范和带动作用。

【房地产市场宏观调控】 为贯彻落实党中央、国务院和省委、省政府关于保增长、保稳定、保民生的决策部署，加快推进全省城镇化进程，进一步促进房地产市场健康发展，省政府办公厅出台了《关于促进房地产市场健康发展的意见》。

进一步鼓励普通商品住房消费。一是减轻居民购房税费负担。各地在认真贯彻执行国家已出台的居民购房税费减免政策的基础上，可结合地方实际，进一步制定居民购房契税补贴和收费减免政策，规范经营服务性收费行为，鼓励和支持居民购买普通商品住房。二是加大对自住型和改善型住房消费的信贷支持力度。按国家政策，居民首次贷款购买普通自住房，贷款利率的下限可扩大为贷款基准利率的0.7倍，最低首付款比例调整为20%。自2009年1月1日至12月31日，对已贷款购买一套住房，但人均住房面积低于当地平均水平，再申请贷款购买第二套用于改善居住条件的普通自住房的居民，可比照执行首次贷款购买普通自住房的优惠政策。对其他贷款购买第二套及以上住房的，贷款利率等由商业银行在基准利率基础上按风险合理确定。三是对个人转让住房实行税收优惠政策。自2009年1月1日至12月31日，个人转让购买超过2年(含2年)的住房，普通住房免征营业税，非普通住房按其转让收入减去购买住房原价的差额征收营业税；个人转让购买不足2年的住房，普通住房按其转让收入减去购买住房原价的差额征收营业税，非普通住房按其转让收入全额征收营业税。四是调整放宽购房落户政策。各地可结合当地实际，进一步放宽外地购房者办理当地城市户口政策。

支持房地产开发企业积极应对市场变化。一是缓缴开发项目有关税费。对房地产开发项目完工前的预售收入，按国家税收政策规定的预计利润下限标准预征企业所得税，实行按季(月)预缴、项目完工后清算。对纳税确有特殊困难、不能按期缴纳税款的房地产企业，按规定经批准，可以延期缴纳，但最长不得超过3个月。对房地产开发新开工项目应缴纳的相关规费，各地可结合实际，给予缓缴或分期缴纳，最长可延期至申请办理商品房预售许可证时缴纳。二是优化土地供应方式。对房地产开发项目，可实行"大块规划、小块供应"的土地供应方式。对房地产开发企业新受让开发用地，出让方与受让方可通过土地出让合同约定，适当降低土地出让金首付比例、延长支付期限。三是鼓励发展节能省地环保型住房。在征收的新型墙体材料专项基金及省财政每年安排的节能专项资金中，按照有关规定，采用补助、奖励等方式，支持列入省级以上节能省地环保型住宅建设试点项目的建设。住房建设及相关研究单位为开发新技术、新产品、新工艺发生的研究开发费用，按规定可享受企业研究开发费用所得税加计扣除政策。四是支持房地产开发企业合理的融资需求。各银行业金融机构要根据信贷原则和监管要求，加大对中低价位、中小套型普通商品住房建设特别是在建项目的信贷支持力度。对资金困难的在建项目，在保障资金安全的前提下，适当给予支持，促进项目按期建成。

进一步加强房地产市场协调指导。一是强化政府稳定房地产市场的职责。各市、县人民政府要对稳定本地房地产市场负总责。各地在执行国家和省统一政策的前提下，可结合当地实际，进一步采取鼓励住房合理消费、促进房地产市场健康发展的政策措施。各地、各有关部门要建立健全房地产市场信息系统和统计制度，完善市场监测分析机制，准确把握房地产市场走势，及时发现市场运行中的新情况、新问题，提高调控措施的预见性、针对性和有效性。省建设厅要建立专业化研究机构，开展房地产市场监测分析和研究。二是加强房地产市场监管。进一步规范房地产企业经营行为，切实保障消费者合法权益。加强对房地产开发项目建设全过程的动态监管，健全相应预案，防止可能出现的抽逃预售款、延期交房等突发事件。要切实加强城市房屋拆迁管理工作，维护被拆迁人的合法权益，促进住房和城市建设的稳定健康发展。三是坚持正确的舆论导向。要以加快保障性住房建设、鼓励合理住房消费、促进房地产市场健康发展为基调，大力宣传国家、省出台的各项政策措施及成效，着力稳定市场信心。严肃查处各种散布虚假信息、扰乱市场秩序的行为，加强市场经济条件下风险意识的宣传和教育工作。（王立国）

六、住房保障与住房公积金

【概述】 2008年，全省住房保障与住房公积金工作以科学发展观为统领，积极落实中央扩大内需、促进经济增长的重大决策部署，认真贯彻省委、省政府关于加快解决城市低收入家庭住房困难民生工程的要求，坚持以人为本，积极推进以廉租住房制度为重点的住房保障体系建设，加大廉租住房建设力度，逐步扩大保障范围，解决城市低收入家庭住房困难工作取得重要进展；以发展住房公积金业务为主线，加强管理，完善制度，强化监管，防范风险，保障资金安全有效运作，住房公积事业又好又快发展，为改善中低收入家庭居住条件，发挥积极作用。

【住房保障】 廉租住房制度建设取得重要进展。2008年，是全面推行廉租住房制度的重要一年，廉租住房制度首次纳入省政府民生工程。在各级党委、政府高度重视、相关部门支持和住房保障部门努力下，所有市县全部实施廉租住房制度，全面开展廉租住房建设。到2008年底，全省所有城市(含县城)对人均住房建筑面积低于10平方米低保家庭做到了应保尽保，并积极向低收入住房困难家庭拓展，共有91000户（其中租赁补贴方式81727户、实物方式9273户）住房困难家庭享受了保障，其中低保和低收入住房困难家庭分别为54584户、36416户，完成省政府下达50400户年度目标任务的180%，是2007年保障户数的3.4倍。

廉租住房建设力度不断加大。2008年，各地全面启动廉租住房建设。特别是中央作出扩内需保增长，加快保障性安居工程建设的决策部署后，全省上下紧急启动相关工作，抢抓中央政策机遇，加快推进廉租住房建设，加大廉租住房建设力度和供应规模。全省共安排新建廉租住房建设项目230个，覆盖全省各市县，廉租住房建设投资24.8亿元，其中中央预算内投资5.216亿元，计划建设廉租住房174万平方米、35762套。截至2008年底，全省完成廉租住房建设投资9.1亿元，竣工廉租住房7472套、面积37.6万平方米。

加大住房保障资金投入。2008年，全省共筹集廉租住房保障资金16.9亿元，是上年度筹集资金的6倍，其中争取中央预算内投资和廉租住房保障专项补助资金共10.32亿元；省级财政安排0.2亿元；地方筹集资金6.4亿元，为推进廉租住房制度实施提供了有力的资金支持。全省廉租住房保障资金支出11.9亿元，其中发放租赁补贴2.9亿元、购建廉租房支出8.9亿元。

经济适用住房建设逐步规范。各地结合地方实际和住房保障需求，增加经济适用住房供给，完善经济适用住房制度，规范建设和销售行为，并将集资建房纳入经济适用住房统一管理。2008年，全省完成经济适用住房建设投资21.35亿元，施工面积379.16万平方米，新开工面积164.96万平方米，竣工面积78.37万平方米、竣工套数10211套。

住房保障政策措施不断完善。为加快解决城市低收入住房困难家庭，促进工作开展，省建设厅先后会同有关部门印发《安徽省城市低收入家庭廉租住房保障实施意见》、《安徽省廉租住房保障专项补助资金管理实施办法》、《关于进一步做好廉租住房保障租赁补贴发放工作的通知》、《关于进一步做好新建廉租住房建设有关工作的通知》等政策文件，明确城市低收入住房困难家庭标准界定、租赁补贴发放、廉租住房建设、保障资金管理等政策方面，提出指导性意见，推进廉租住房保障工作规范有序实施。

【住房公积金】 住房公积金业务继续保持较快发展。2008年，住房公积金业务继续保持较快发展势头，全年住房公积金缴存153.31亿元，同比增长27.3%，再创历史新高；职工购房等提取73.8亿元，同比增长40.7%；向49316户家庭发放个人住房贷款64.5亿元，贷款余额比上年增长28.2%，贷款资产质量保持良好状态。截至2008年底，全省累计缴存住房公积金622.89亿元、缴存余额367.43亿元，向30.28万户职工家庭发放个人住房贷款总额292.87亿元、贷款余额199.14亿元，提取255.46亿元。住房公积金使用率、运用率、个贷率分别为73.6%、55.5%、54.2%。住房公积金制度的保障作用显著提高。进一步加强住房公积金归集，维护职工合法权益，通过清理不建不缴、少缴漏缴等多种方式，促进住房公积金缴存人数增长。截至2008年末，全省开户人数达到273.01万人，实际缴存职工246.76万人，同比分别增长1.02%和1.15%，按省统计年鉴公布的全省城镇在岗职工人数计算，住房公积金覆盖面和缴存率分别达到84.4%、76.3%。同时，通过住房公积金有效运营，实现增值收益4.82亿元，提取廉租住房建设补充资金1.02亿元，比上年增加0.18亿元，上缴地方政府0.79亿元，促进廉租住房建设，让更多城市中低收入家庭受益于住房公积金制度。

完善住房公积金管理制度。按照省政府开展加强政风行风建设和"反腐倡廉制度建设推进年"活动的要求，从建章立制入手，完善管理制度，健全内控机制，规范管理行为，强化行政监管，结合开展专项治理工作，制定了《住房公积金管理若干规定》。从建立办事公开制度、业务一次性告知制度、规范业务办理程序、责任追究制度等七个方面，加强住房公积金管理，规范业务运行，完善内部管理程序，防范资金风险，促进住房公积金制度健康发展。

开展加强住房公积金管理专项治理。按照国务院和省政府要求，强化住房公积金的监管，认真开展加强住房公积金管理专项治理工作，成立省专项治理工作领导小组及工作机构，制定实施工作方案。各地按照省统一部署和要求，围绕"强化住房公积金监管，保障资金安全，整改审计反映问题，提高服务水平"的目标任务，落实专项治理各项措施，顺利完成了宣传发动、自查自纠、边查边改、监督检查、整改落实、巩固成果等各个阶段的工作任务，得到了专项治理预期的目的。（徐春雨、陈琳）

七、科技教育

【建筑节能】 各项节能政策得到落实，超额完成省政府目标考核。为加强建筑节能工作，省建设厅和各市建委均成立了节能工作领导小组,建立和完善了建筑节能工作体系,实施了目标责任制和考核制度。省建设厅每年度对建筑节能工作任务进行细化和分解,经厅党组专题研究下发《安徽省建设厅建筑节能管理工作任务分解表》,落实工作责任,2008年底进行考核。全省形成了组织健全、协调配合、齐抓共管、运行顺畅的建筑节能工作机制。

为推动安徽省建筑节能工作的深入开展,省建设厅结合我省实际,组织编制了《安徽省建筑节能专项规划》,制定了《安徽省建设领域节能减排综合性工作实施方案》,拟定了《安徽省"十一五"建筑节能工作分步实施计划》,每年度下发《安徽省建筑节能工作要点》,召开全省建筑节能工作会议,确定目标任务,提出实施要求,确保了各项政策得到落实。在省政府对17个市和7个省直部门2008年节能目标考核中,省建设厅连续两年被省政府授予"节能目标超额完成奖"。

节能法规标准体系逐步完善。为推动建筑节能工作的法制化、规范化、标准化,省建设厅起草完成《安徽省建筑节能管理办法》(送审稿),现已列入省政府实施类立法计划,将以政府令发布。结合实际,与国家节能标准相配套,陆续颁布了《安徽省公共建筑节能设计标准》、《安徽省居住建筑节能设计标准(夏热冬冷地区)》、《安徽省建筑与太阳能一体化技术规程》等11项建筑节能技术地方标准,以及《外墙外保温系统构造图集》等23项节能标准设计图集,发布了《安徽省建筑节能定额综合单价表》,满足了建筑节能工程实施的需要。

强化监督,开展了全省建筑节能专项大检查,顺利通过建设部检查。2008年,由省建设厅领导带队分两个组对全省建筑节能工作推进情况进行了专项监督抽查。根据住房和城乡建设部、国家工商行政管理总局、国家质量监督检验检疫总局联合下发的《关于加强建筑节能材料和产品质量监督管理的通知》要求,在此次检查中将建筑工程使用节能材料、产品的质量情况纳入重要内容。对严重违反规定的项目下发了执法告知书,限期整改并通报批评,对责任主体记不良行为

通过各市自查和省级抽查督查,对照标准,查摆问题,各市均采取了有针对性的整改措施,有力推进了全省建筑节能工作。在2008年住房和城乡建设部建设领域节能减排监督检查中获得充分肯定。

建筑可再生能源规模化应用和"绿色建筑"等示范工作取得显著成效。积极倡导可再生能源在建筑中的应用。对部分城市住宅小区、大型公共建筑太阳能、浅层地能应用情况进行了调研,并开展了可再生能源规模化应用的城市级示范。确定合肥市申报国家首批试点城市,已有14项工程列入省级建筑节能示范工程项目,9项工程列入"建设部节能省地型公共建筑综合技术应用科技示范工程"等各类示范工程。

"科学家花园"湖水源热泵+太阳能光热光电综合集成系统等7个项目列入财政部、建设部可再生能源建筑应用项目,争取资金支持4138万元。合肥市"绿地新里·海顿公馆"及安庆市"兴尔旺二期工程"分别列入住房和城乡建设部绿色建筑和低能耗建筑"双百"示范工程(第一批);"合肥燃气集团综合服务楼"成功申报住房和城乡建设部"节能省地型公共建筑综合技术应用科技示范工程"。合肥"景成·御琴湾"列入2008年度"十一五"国家科技支撑计划课题"可再生能源与建筑集成示范工程"。"格兰云天"项目作为全国首个完全采用太阳能照明的示范申报项目,将太阳能住宅照明、公共照明、庭院照明、消防应急照明、楼宇对讲供电功能合五为一,受到部领导的关注。

为加强以"节能、节地、节水、节材和环保"为核心的绿色建筑技术发展,省建设厅会同省发改委、省经委等部门联合开展了"节能省地环保型(绿色建筑)住宅试点示范工程"工作,目前,全省33个"节能省地环保型住宅试点示范工程"全部进入实施阶段。在全省首个星级绿色建筑—合肥"绿地新里·海顿公馆"试点示范工程基础上,编制了安徽省绿色建筑实施方案。以四节一环保为重点的外墙保温技术、太阳能热水系统、太阳能光伏发电系统、人工湿地中水回用系统等技术得到大量推广应用。

通过试点推进和政策资金扶持,带动了一批太阳能、地热等可再生能源利用技术的发展,节能技术的转化、示范引导和成果扩散作用日渐凸显。各地创建积极性大大增强,全国首个政府引导型的"节能省地型"住宅产业化基地就落户在合肥经济经济技术开发区。

机关办公建筑和大型公共建筑节能管理工作有突破。建设部、财政部出台《关于加强国家机关办公建筑和大型公共建筑节能管理工作的实施意见》等一系列文件后,结合本省实际制定了《安徽省机关办公建筑和大型公共建筑节能体系建设工作实施方案》及其《分步实施计划》。确定合肥、铜陵、马鞍山、淮北4城市开展首批试点,逐步开展能源审计、能效公示等工作,并对用能标准、能耗定额和

超定额加价、节能服务等制度开展研究。印发了《关于做好政府机关办公建筑和大型公共建筑能耗统计和监管体系建设工作的通知》，确定合肥、铜陵、马鞍山、淮北4城市为首批试点城市。下发了《关于开展全省公共机构能耗监测统计报告工作的通知》，实施了《安徽省公共机构能耗统计报告表》报送制度。力争"十一五"期末，实现机关办公建筑和大型公共建筑总能耗下降20%的目标。

为摸清全省建筑能耗现状，组织省建工学院等单位在全省开展了《安徽省建筑能耗分析及节能措施研究》课题研究工作，已完成对全省机关办公建筑和大型公共建筑的建筑面积、使用功能、结构形式、年度能耗总量等基本信息的调查统计工作，形成《安徽省办公建筑与大型公共建筑能耗调查统计报告》，并通过研究建立了具有可操作性的建筑能耗指标体系，找出了影响全省建筑能耗的可控因素，提出了降低全省建筑能耗的可行性方案和节能措施。

全面启动高等学校节约型校园建设工作。为贯彻落实建设部有关工作部署，会同省教育厅联合启动了高等学校节约型校园建设工作。编制了《安徽省高等学校节约型校园建设（节能节水）工作实施方案》，制定了安徽省高校"十一五"期间的总体节约目标和实施步骤，全省90多所高校建立了组织领导机构，深入开展节约型校园建设工作。为做好实施工作，教育厅、建设厅依托安徽建工学院节能研究中心，开展了全省高等学校建设节约型校园培训工作，重点学习了《高等学校节约型校园建设与管理技术导则》，促进了高校本身的能源和水资源节约、降低办学成本，在全社会起到较好的示范和带动作用。

建筑节能技术研发和推广取得新进展。重视基础调查研究工作，完成了《安徽省建筑节能与新型墙材推广应用调研报告》、《安徽省建设领域可再生能源利用情况调研报告》、《关于政府办公及大型公建节能运行与管理研究报告》、《安徽省推进既有建筑节能改造试点工作研究报告》、《关于节能服务机制建设工作调研报告》等。

为深入落实科学发展观，2008年省建设厅开展了《安徽省建筑节能科技创新》课题专项研究。通过调研，在客观总结的基础上，科学分析了安徽省建筑节能工作的优势和技术创新潜力，提出了存在的不足和问题以及相应的建议和对策，对今后进一步开展我省建筑节能科技创新工作具有重要的指导意义，是切实加强政府的行政能力建设和先进性建设的重要体现。《安徽省建筑节能科技创新》课题研究成果对指导全省建筑节能工作和各级政府的科学决策将发挥重要作用。

初步建立了节能技术体系框架。以节能、节地、节水、节材和环保为核心的绿色建筑技术为重点，开展了可再生能源建筑应用和自保温体系等多项研究，引导企业自主开发了"KX无机发泡自保温砌块"等保温节能材料，完善了新型围护结构技术。组织专家编制了《KX无机发泡复合保温砌块建筑构造专项图集》、《KX无机发泡复合保温砌块砌体技术导则》。加快了对太阳能技术的研究，研制出"太阳能红外控制LED公用灯"、"非逆变太阳能光伏电完全照明系统"等相关节能应用技术。省建设厅定期发布省级推广项目目录，同时加强民用建筑新建、改造过程中节能材料和产品的质量监督管理，全面施行建筑节能材料和产品的备案、登记、公示制度。举办了"安徽省建筑节能技术研讨会"、"可再生能源（水地源热泵）应用技术研讨会"等多项会议，承办了建设部"华东地区建筑节能工程质量研讨会"，推动了节能新技术的推广应用及扩散。

宣传培训分层次有重点。2008年以来，省建设厅多次在电视、报纸、网络等媒体上宣传建筑节能工作。为进一步推动安徽省建筑节能工作，提高建筑节能研发、施工、检测等方面技术水平，2008年1月18日，组织全省建筑节能管理、设计、施工、监理等单位及节能材料生产单位在合肥召开"安徽省建筑节能技术研讨会"。邀请了国内外从事建筑节能研发、设计、标准编制等方面专家现场讲座，分析讲解建筑节能现状、前景及国家有关政策和激励措施。

在今年的节能宣传周活动中，省建设厅在机关办公楼张贴节能宣传画，组织职工参加了节能知识竞赛，举办了建筑节能专题讲座—请中国科学院张毅副院长结合该院正在组织实施的国家可再生能源建筑应用示范项目"科学家园"工程项目，对太阳能热水与建筑一体化和水源热泵技术在该项目中的应用作了全面介绍。六安市政府和市建委联合举办了建筑节能论坛和成果展，展示了建筑节能新技术、新材料，邀请九三学社中央副主席赖明以及国内知名建筑节能专家到会作建筑节能专题报告，开展了建筑节能优秀论文评选等活动。这些活动的开展，有力地推动了建筑节能工作地的深入开展，向社会普及了建筑节能知识，取得了很好的效果。

为提高建筑节能工程质量，促进华东地区建筑节能工作的开展，受住房和城乡建设部委托，2008年6月30日，省建设厅与住房和城乡建设部建设科技发展促进中心、合肥市建委、上海市建筑科学研究院在合肥市联合召开了"华东地区建筑节能工程质量研讨会"。邀请有关专家进行建筑节能工程质量专题讲座(包含可再生能源建筑应用、既有建筑改造、大型公共建筑节能监管体系建设等内容)并答疑。此次会议对推动安徽省建筑节能工作发展、促进建筑节能工程质量提高都具有重大意义。

通过强化宣传培训，全社会的节能意识和建筑节能行业技术人员素质均有所提高，为建筑节能工作深入开展创造了有利条件。

【科技推广】 为加强全省推广项目的应用力度，引导建设行业技术创新，多次邀请国内外专家作新技术、标准讲座，积极组织各种形式的新技术新产品推广展示会，发布应用项目信息，充分发挥了科技先导作用。

积极组织建设科技项目研究开发工作。组织有关专家对我省自主开发的"斜拉式吊杆多跨连续梁结构高镂空支模钢平台的施工技术"、"膨胀土地区透水路面应用研究"、"新型无中心柱水泥熟料库屋盖结构关键技术研究"等10多项新技术新产品进行了成果鉴定。组织"铜陵市城市害虫区系分布及其重要害虫综合治理研究"项目申报建设部2008年华夏建设科学技术奖。省建设厅推荐的"城市供水水量损失控制课题研究"、"钢框架—支撑结构设计新方法与抗震性能研究"、"合肥市城市建设行业管理信息化建设工程"等13个科研项目，已被列为建设部2008年科学技术项目计划，为历年来最多的一次。

列入推广技术目录的产品在建筑行业中得到广泛应用。特别在08年支援四川抗震救灾过渡安置房建设过程中，风光锂电绿色照明系统和无机发泡隔热地坪等先进技术得到了充分应用，很好解决了灾区电力资源缺乏、地面不平、潮湿及活动板房建设工期紧等难题，并且节能环保，受到灾区群众好评。

为解决制约我国经济社会发展的重大水污染瓶颈问题，"十一五"期间国家将投入数十亿元人民币全面启动实施水专项。省建设厅先期积极与合肥、巢湖两市建设、规划等相关部门充分协调，委托同济大学开展了巢湖污水治理项目的实地考察、论证，现已成功申报"国家水体污染治理重大科技专项"——"巢湖流域城市水污染控制及水环境治理技术研究与综合示范"、"重污染非稳定高风险淮河水源水质处理关键技术示范"，预计争取1.28亿科技经费。在会同同济大学等科研单位充分开展调研、技术对接基础上，2008年3月已组织完成专项实施方案编制工作。项目已经进入实施阶段，各项工作正陆续开展。

【教育培训】 岗位培训和技能鉴定稳步发展。根据建设部建设企事业单位关键岗位持证上岗制度的要求，对建设各行业的专业人员按照规定的程序，专业教育标准及职业实务要求，积极组织各培训机构进行职业岗位的资格培训。岗位培训工作逐步走上了规范化、制度化、系统化、专业化的轨道。

2008年共有12956人通过了各类岗位培训，组织各地方已完成技能培训8432人次，持证上岗率逐年上升。职业技能岗位培训证书制度作为劳动力市场准入控制的核心内容，并为推进建设职业资格证书制度打下良好的基础。

进一步规范了建设厅及直属单位建设教育培训工作。认真执行《安徽省建设厅教育培训管理办法》，对所有培训项目实施审批监督制度。按照确属必要、讲求实效、符合规定的原则，对厅机关各处室、厅直单位及厅属各协会、学会办班申报情况进行审查，编制年度计划，印发《关于通报2007年全省建设职业技能培训与鉴定工作情况和安排2008年工作任务的通知》。2008年5月召开了全省建设教育培训工作座谈会，各市建委行政主管部门、培训机构负责人40多人参会。此次会议规范了各行业协(学)会"办班、收费、发证"的程序，建立起规范、开放、有序的教育培训长效机制。

在建筑工地创建农民工业余学校工作取得实效。2007年，建设部、中央文明办、教育部、全国总工会、共青团中央等五部委《关于在建筑工地创建农民工业余学校的通知》(建人[2007]82号)下发后，省建设厅会同省文明办、教育厅、省总工会、团省委及时转发五部委《通知》，并结合安徽省实际，制定了《安徽省建筑工地创建农民工业余学校指导意见》并下发各市。已与中铁四局、省建工集团等大型企业协商，先行设立农民工业余学校，以期对全省建筑企业、建筑工地设立农民工业余学校起到示范带动作用。2008年，各地政府包括企业总投入727.1万余元，建成458所学校，共培训24132人次。

2008年6月，由团中央、住房和城乡建设部等五部委组成的农民工业余学校调研组来安徽省合肥市、芜湖市开展工作调研，并对我省两年来的成绩予以肯定。

积极开展建筑业农民工技能培训示范工程。2008年6月，住房和城乡建设部会同人力资源和社会保障部联合下发《关于印发建筑业农民工技能培训示范工程实施意见的通知》(建人[2008]109

号),要求在各地开展农民工技能培训工作,提高农民工的工作技能,以技能培训促就业,实现农村富余劳动力就业的倍增效应。省建设厅会同省劳动厅及时转发了文件,明确了培训对象、工种及内容,制定了培训补助资金申报程序,成立了项目协调小组,明确工作职责,确保示范工程顺利实施。已先期申报了70000万人的培训计划,并得到两部委支持。(刘兰)

八、勘察设计咨询业

【概述】 截至2008年底,全省共有勘察设计单位464家,勘察设计从业人员2.6万人,其中,高级职称6493人、中级职称8382人、初级职称5909人,具有各类注册执业资格的共3989人。

2008年全省勘察设计行业克服国际金融危机蔓延的影响,继续保持了良好发展势头。全省勘察设计行业实现营业收入146.9亿元,同比增长30%,勘察设计人员人均营业收入达到了56.15万元。全省勘察设计单位上交税收6亿元,全行业人均交税2.3亿元。

2008年全省施工图审查机构共审查建筑工程10917项(建筑面积7577万平方米),市政工程设计449项。一次审查通过4018项,一次审查合格率35%。经审查,发现违反工程建设标准强制性条文14355条,均督促勘察设计单位及时进行了整改,消除了勘察设计质量安全隐患,为保障工程建设质量发挥了重要作用。

【积极做好抗雪抗震救灾技术服务】 在2008年年初的抗雪救灾中,积极组织全省勘察设计单位、勘察设计技术人员为"三保一防"(保障城市供水、保障城市供气、保障城市公交运行,严防雪压倒房)提供技术服务。根据钢结构房屋屋面承雪面积大,屋面材料和房屋结构承压能力相对较弱,受持续暴雪倾压可能产生房倒屋塌严重后果的情况,省建设厅迅速以明传电报向全省建设系统发出了《关于做好钢结构房屋防雪安全工作的紧急通知》,要求各地对钢结构房屋进行全面排查,及时清除屋面积雪,设法减轻屋面承雪重量,对屋面和房屋承重结构出现的安全隐患要及时采取加固措施,并介绍了清除积雪的正确方法、注意事项。省政府网站和有关媒体对此进行了转载、报道。同时,在厅领导的亲自关心指导下,组织有关设计人员日夜奋战,编印了《安徽省城乡建设工程抗雪救灾图示》和《安徽省城乡建设工程抗雪救灾图册》。《图示》、《图册》不仅技术合理,而且操作方便、通俗易懂,实用性更强,为我省建设系统战胜五十年一遇的雨雪冰冻灾害起到了很好的技术指导作用。

在5·12四川汶川特大地震发生后,为做好安徽省援建四川地震灾区过渡安置房建设工作,根据省建设厅党组的统一部署,立即组织设计人员加班加点研究建设标准、进行图纸设计,组建了400余人的支援四川地震灾区勘察设计技术服务队,并先后组织14名勘察设计骨干人员赴灾区一线为过渡安置房建设进行现场设计,为安徽省提前完成支援四川地震灾区过渡安置房建设任务做出了积极贡献。

【着力规范勘察设计市场】 为提高勘察设计市场的透明度,方便社会监督,2008年组织开展了勘察设计人员信用信息登记工作,并将全省勘察设计人员信用信息库与勘察设计行政许可、市场准入、招标投标、资质管理、施工图审查、评优评奖、执法监督等工作实现数据共享和管理联动。进一步规范省外勘察设计单位来我省承接业务备案管理。印发了《省外勘察设计单位来皖承接勘察设计业务登记备案具体办法》,规范、精简和统一了备案的办理程序、申请材料和有关要求,对各市建委更好地做好省建设厅下放的省外勘察设计单位来安徽省承接业务登记备案工作起到了较好的指导作用。

【积极做好建设系统抗震防灾工作】 继续强化新建建筑抗震设防管理。四川汶川特大地震发生后,建设部及时对《建筑抗震设计规范》和《建筑工程抗震设防分类标准》进行了修订。根据建设部要求,省建设厅认真做好新抗震规范的宣贯工作,选派了勘察设计、施工图审查、工程质量监督、施工监理等方面的技术骨干参加建设部举办的新抗震规范师资培训班。要求各勘察设计单位、施工图审查机构严格按照新规范进行设计和审图,做到正确理解、严格执行、监管到位。全省各施工图审查机构将抗震设计作为施工图审查的重要内容,2008年通过施工图审查发现设计中违反抗震设计规范强制性条文1770处,均督促设计单位及时进行了改正,有力地保证了工程的抗震安全。

根据建设部第111号令《超限高层建筑工程抗震设防管理规定》要求,2008年,省建设厅共组织对合肥渡江战役纪念馆、滨湖世纪城、新华U阁高层住宅、芜湖新百大厦扩建等6个超限项目进行了抗震审查,并按规定将安徽饭店国际中心、东怡酒店2个项目报送全国超限高层建筑工程抗震设防审查专家委员会审查。这些项目,都是安徽省的重大项目,其中有国际商务中心、有五星级酒店、有大型商场、有高层住宅,还有重要的纪念馆。通过审查，对设计文件提出了明确的修改要求，有力地保证了工程的抗震安全。为加强对农村建房的抗震技术指导，组织编制了《安徽省农村房屋抗震技术措施》，并经审查批准为安徽省地方标准，填补了我省农民自建房屋缺乏系统抗震技术指导的空白，对提高农村房屋抗震水平，保障农民群众生命财产安全具有重要的意义。

【参加全省中小学校抗震安全排查工作】 根据教育部、住房和城乡建设部以及省政府的部署要求，省教育厅、省建设厅和省地震局组织开展全省中小学校舍抗震安全排查工作，要求依据国家抗震设防的法律法规和标准规范，对全省各级各类学校校舍进行了全面排查。排查工作量大面广，时间紧、任务重，全省勘察设计技术人员在排查中工作中发挥了重要作用。

【加强施工图审查工作】 经省政府法制办前置审查出台了《关于进一步加强施工图设计文件审查机构管理工作的通知》，进一步规范审查程序，提高审查效能，保证审查质量。强化节能设计专项审查。全省建筑节能标准设计阶段执行率达到100%。2008年建设部组织开展了全国建设领域节能减排专项监督检查活动，我省建筑节能设计和节能审查环节方面的工作，得到了建设部检查组的肯定。

组织开展了全省节能设计审查质量暨施工图审查质量监督检查工作。对列为重点检查对象的8家审查机构组织专家进行全面检查，随机抽取16个项目对建筑节能审查质量以及施工图审查质量进行重点抽查，及时通报抽查情况。

【进一步强化和规范工程建设地方标准的管理】 本着急用先编、突出重点、提高水平、逐步完善的原则，合理制定了2008年度安徽省工程建设地方标准编制计划。开展了工程建设地方标准复审和在编标准清理工作。实现跟踪指导服务，定期检查督促，规范标准审查程序。2008年共组织编制完成安徽省工程建设地方标准9项，其中6项已发布实施。

【积极开展无障碍建设城市创建活动】 积极配合协助省残疾人联合会认真做好我省无障碍建设工作。组织开展全省城市无障碍设施建设情况调研检查，对申报全国无障碍建设优秀城市的合肥、淮北、黄山三市进行了重点检查。

【认真组织开展勘察设计人员执业资格注册、考试工作】 2008年，共组织注册建筑师、勘察设计注册工程师全国统一考试9项，共6163人次。其中参加注册建筑师考试2651人次、参加注册工程师考试3512人次。组织开展了注册道路工程师考核认定测试工作。

【加强法制建设，坚持依法管理城建档案工作】 认真贯彻新的《城乡规划法》和《建设工程质量管理条例》、《安徽省建设工程质量管理办法》等法律、法规、规章，组织起草《安徽省城市建设档案管理办法》，已列入省建设厅十一五立法规划。制定了《安徽省建筑工程资料管理规程》，已批准为安徽省地方标准，对规范城建档案资料的归档管理起到了积极的作用。（尹宗军）

九、依法行政

【概述】 2008年，建设立法紧贴建设事业发展实际需要，有针对性的提出立法项目，稳步推进各项建设立法的进程；认真做好建设普法工作，接受了省人大普法督察组对省建设厅的督查受到好评，适时组织参加各类普法宣传活动，努力实现"五五"普法的各项目标；建设执法行为进一步规范，选择不同类型的执法单位试点开展对行政执法案例剖析活动，开展行政许可案卷评查，提升了立卷水平；进一步强化建设行政执法资格认证工作；高度重视人大代表意见的办理；创新行政复议审理方式，坚持行政复议案件分析制度。

【立法】 省建设厅列入省人大立法计划的有4项调研论证类项目，分别是《安徽省物业管理条例（修订草案）》、《天柱山风景名胜区管理条例（草案）》、《城镇供水管理条例（草案）》、《安徽省实施〈城乡规划法〉办法（草案）》。其中《安徽省物业管理条例（修订草案）》已经省政府同意正式向省人大提交立法建议；《天柱山风景名胜区管理条例》已确定由省人大自主立法；其他两项还在由省政府法制办作立法审查。

列入省政府规章制定调研论证类计划的有《安徽省建设工程安全生产管理办法（修订草案）》，省政府法制办在组织征求意见。共办理外部立法征求省建设厅意见的草案稿80余件，例如对住房和城乡建设部的《住宅专项维修资金管理办法（草案）》、省人大的《安徽省全民健身条例（草案）》、省政府的《安徽省农村宅基地管理办法（草案）》等。

【普法】 自"五五"普法启动以来，省建设厅坚持党组中心组学法制度，一把手带头学法；坚持普法教育紧密结合建设系统实际，不仅有针对执法人员的上岗培训、更有针对专业技术人员和城市政府领导的专业法律法规培训、还有针对农民工的普法培训；普法教育形式多样重点突出，依法治建成效明显。每年还结合12.4法制宣传日和一些新法规出台、建设法规纪念活动，开展广场宣传活动。

【推进依法行政】 为提高行政效能，省建设厅进一步完善了岗位责任制、首席代表制、限时办结制、公开承诺制、首问负责制、一次性告知制，并逐步推行超时默许制、行政过错追究制、绩效考评制等制度，以真正形成用制度规范行为、按制度办事、靠制度管人的有效机制。强化政务中心窗口行政审批"首席代表制"，进一步方便企业和群众来厅办理各项事务。

为规范执法，继续开展对行政处罚案件分析的试点工作。分析工作试点的范围扩大到三个城市的三个不同类型的单位，要求针对违法行为发生规律、处罚的合法性、执法队伍情况和如何避免违法行为发生等情况进行分析。由省建设厅对三份分析报告进行汇总分析，更加明晰了进行行政处罚事项分析的目的和方法。

组织开展行政许可案卷评查工作。按照省政府的部署，对省建设厅的行政许可案卷立卷情况进行了评查。经过自查、评查、改进完善等，使安徽省住房与城乡建设厅行政许可立卷水平得到提高，许可行为得到规范。安徽省住房与城乡建设厅的评查工作，得到了省政府法制办抽查组的认可。

【执法监督】 认真执行制定规范性文件前置审查制度，全年省建设厅制定印发的4件规范性文件，全部经过省政府法制办进行前置审查，对审查意见认真研究采纳之后公开发布。

在历年组织建设执法工作检查评比的基础上，结合依法行政新的形式，制定了《建设监察（执法）评议考核办法》和《考评标准》，并组织了对上一年度建设执法工作的评议考核。

强化建设行政执法人员资格认证制度。2008年，有近3000名执法人员需要进行执法资格的认证，省建设厅会同省政府法制办认真组织培训和考试，考试合格率达到86%，保证了资格认证质量和执法人员素质水平。

全年共办理人大代表议案21件，政协委员提案39件，涉及到城建、房地产、公积金、建筑、节能等与群众生活关系十分密切的民生问题。全部议案、提案均在规定时间内办理完毕，答复率、满意率均达100%。

【行政复议】 创新行政复议审理方式。2008年共办理行政复议案件18件，其中作出维持决定7件，撤销决定1件，终止审理9件，不予受理1件。在办理过程中，我们不断创新审理方式，积极探索有利于双方当事人协商解决争议的方式。经过努力，大部分案件纠纷都能以调解的方式解决，从而定纷止争。还有十几件复议申请经调解来诉不诉了。全年调解成功率达到76%。

2008年，还办理答复了1件省建设厅被复议案件。办理中，积极配合省政府法制办提供证据资料，最终安徽省住房与城乡建设厅的行政行为得到维持。

为了总结复议案件规律，省建设厅坚持每年进行行政复议案件年度分析，对全年受理案件进行情况分析，着眼于总结行政复议案件发生和解决的规律，揭示建设领域当前存在的突出矛盾，找出导致行政行为错误的问题方面，提出改进建议。行政复议分析报告，以厅简报的形式印发基层单位借鉴参考。（李家冬）

十、质量安全管理

【概述】 坚持"安全第一，预防为主，综合治理"的方针，围绕"隐患治理年"中心任务，应对罕见冰雪灾害和"5·12"汶川特大地震后的板房援建工作，安全生产和工程质量各项工作全面开展，在全省建筑业产值增长21%的情况下，百亿元产值死亡率下降0.12，没有突破省安委会下达安徽省住房与城乡建设厅的控制指标。全省监督工程23409项，建筑面积13472.6万平方米，工程总投资1235.8亿元，分别比上年增长1.4%、19.3%和53.1%。全省创建"鲁班奖"工程5项，创"黄山杯"工程60项，省级用户满意住宅工程54项，安徽省建筑业新技术应用示范工程13项，公布省级工法23项。全省建设工程质量平稳，建筑安全生产形势总体稳定，为全省建设事业平稳较快发展提供了保障。

【安全生产目标管理】 制定颁发了《关于印发2008年度建设行业安全生产工作目标管理考核标准的通知》，明确了内容和任务；在全省工程建设管理工作会议上，省建设厅与各市建委签订了年度安全生产目标管理责任状，明确各市安全生产工作管理目标。对年度全省建设行业安全生产目标管理先进单位，以及建筑行业安全生产先进集体和先进个人进行了考核、表彰。

【建筑施工企业安全生产许可制度】 按照申报条件、审查程序和时间要求，共办理新申请建筑施工企业安全生产许可证443个，延期申请安全生产许可证1912个，首次申请"三类人员"安全生产考核合格证书12985个，延期申请"三类人员"安全生产考核合格证书11690个。为实现全省建筑施工企业安全生产及"三类人员"行政许可动态监管和信息共享,在各市开展对有关操作人员培训的基础上,从2008年12月1日开始,安徽省建筑施工企业安全生产许可证、"三类人员"安全生产考核开始实施网上申报、网上公示和网上审批,将行政审批的权力运行置于阳光之下和程序监控之中,同时将安全目标管理同安全生产行政许可网上动态监管相结合,初步实现全省建筑安全生产网络化管理,把企业的安全行为与企业市场准入资格和个人执业资格挂钩,督促各方主体履行法定安全责任,实现对安全生产全过程监管。

【建设安全行政执法】 促进合法、规范、有序的建筑安全生产环境的形成,对不具备安全生产条件的企业,加大行政执法力度,全年共计暂扣31家安全生产许可证,吊销1家安全生产许可证,向外省建设主管部门发出16份事故通报函,依法查处事故瞒报行为。全年在各类执法检查和巡查中,共下发执法建议书(含整改通知书)40份,对2家企业实施了经济处罚。

【安全生产检查、巡查工作】 2008年6月份,全省开展建筑安全生产大检查,对各地采取不打招呼、突击检查的"飞行"检查形式进行检查。9月下旬,省厅安全办和质监总站组织两个巡查组,分别对六安、安庆、蚌埠和亳州四市贯彻落实有关安全生产法律法规和建设工程质量强制性标准情况进行巡查。

【开展各类建筑安全专项行动】 开展隐患排查治理专项行动。重新修订2007年的隐患排查制度,制定《安徽省建筑安全生产隐患排查制度》和《安徽省建设工程重大危险源管理办法》。全年共排查各类隐患37398项,整改35920项,整改率96%。其中,重大隐患272项,整改271项,整改率99.6%。

开展建筑安全生产百日督查专项行动。根据国务院、省政府关于加强安全生产工作的要求,2008年4月下旬至7月31日,在全省建筑施工领域开展安全生产百日督查专项行动,下发《安徽省建设厅关于在全省建筑施工领域开展安全生产百日督查专项行动的通知》,对开展此项工作进行具体部署。6月10日至6月20日,省建设厅组织9个检查组采取委托各市相互检查的方式,共检查施工企业41家,施工现场41个。

开展打击建筑安全生产非法违法行为专项行动。根据省安委会办公室《关于开展打击安全生产非法违法行为专项行动督查的通知》精神,安全办派出三个督查组,分别对滁州、巢湖、阜阳、亳州、铜陵和池州6市18个在建工程项目进行督查。各市成立以主管部门负责人为组长的打击建设工程安全生产非法违法行为专项行动领导小组,有针对性地开展工作。

开展在建重点建设工程项目安全生产专项督查。省建设厅12月3~12日组织5个督查组,采取随机抽查的方式对全省17个市进行督查。共检查了34个施工现场。各市认真贯彻落实国务院、住房和城乡建设部、省政府和省建设厅关于加强安全生产工作的一系列部署,执行国家法律法规和工程建设强制性标准,落实安全生产责任,加大隐患排查治理力度,保证重点建设项目的施工安全。

【施工现场安全生产达标创建工作】 各市普遍开展建筑施工安全质量标准化现场达标创建活动,创建了一大批市级安全质量标准化示范工地和示范小区。全年共创建6个省级安全质量标准化示范施工小区和113个省级安全质量标准化示范工地,发挥了很好的示范效应。

【应急管理】 在2008年初雪灾形成之前,向各市建委发出明传电报,要求各地加强对加油站等钢结构建筑的质量安全排查。组织省级检测机构对雪灾受损的钢结构工程进行检测鉴定,采取加固除险措施,努力减轻雪灾造成的损失。年初冰雪灾害发生后,组织全省建设系统快速响应,科学应对,确保城市生命线的安全运营和建筑施工安全。"5·12"汶川特大地震发生后,紧急动员,成立抗震救灾工作领导小组,领导小组办公室(应急办)设在厅安全办,负责全省建设系统抗震救灾工作的组织、协调和调度。厅应急办(安全办)被中华全国总工会授予"全国五一劳动奖状"。

迎奥运安保维稳工作。为确保奥运会期间全省建设系统形势稳定,省建设厅部署全省建设系统迎奥安保维稳工作,并组织督察组分别到亳州、宿州和马鞍山、芜湖4市进行督查。全省建设系统城市生命线奥运期间实现安全运营,同时防止了越级上访、赴京上访及爆炸等恶性事件的发生。

【工程质量监督管理】 指导各地有针对性地采取措施,加大监督执法力度,共对5家严重违法违规单位直接进行了行政处罚。

组织开展了省级工程质量巡查,检查房屋工程16项,市政桥梁工程4项,抽查了8项竣工工程的监督档案和备案资料,下发巡查意见书、整改意见书、执法建议书共13份。各地质量监督机构在执法检查中,共查出各类违法违规行为1989项,查处劣质工程20个,实施行政处罚69项,记不良行为记录

203项。

村镇工程质量管理三年重点推进取得阶段性成果。省建设厅选定加强村镇建设质量安全管理的22个重点县中已有19个县将限额以上工程纳入工程质量监督范围，另外3个重点县已有80％以上的限额以上工程纳入工程质量监督范围；63个重点中心镇中有55个镇将限额以上工程纳入工程质量监督范围；76个市辖区一般中心镇有68个镇将限额以上工程纳入工程质量监督范围。

将《建筑节能工程施工质量验收规范》的执行情况列为质量巡查重要内容，严肃查处未按节能设计施工、随意变更设计等违法违规行为；亳州市、六安市对违反节能管理规定的单位给予了行政处罚。各地对未进行节能分部验收的工程不予竣工验收和备案。新建工程建筑节能施工现场执行率提高至95％。

编制完成了《安徽省建设工程质量检测规程》、《城镇桥梁安全性鉴定规程》和《安徽省建设工程质量监督工作规程》。全省工程质量监督信息化系统已初步完成框架体系的设计，检测管理子系统进入试运行阶段。

【检测机构质量行为监管】 运用"飞行检查"手段，共检查检测机构9家，印发检查通报4份，整改涉及8家检测机构。加强对检测试验从业人员的职业技能和职业道德培训，结合续期登记管理工作，培训登记1517名试验人员，办理142人岗位扩项登记。

【质量管理队伍建设】 省质量安全监督总站全年组织培训质监员483名。指导全省12个市开展了施工企业质量检查员考核培训工作，5197名从业人员通过考核培训取得质量检查员资格。（丁金颖、刘淑敏）

十一、风景名胜事业

【概况】 安徽省共有黄山、九华山、齐云山、天柱山、琅琊山、采石、巢湖、花山谜窟—渐江、太极洞、花亭湖等10个国家级风景名胜区和28个省级风景名胜区，各级各类风景名胜区面积占全省总面积的2.35％，是风景名胜资源大省、强省。2008年，认真贯彻执行国家有关政策法规，遵循"科学规划、统一管理、严格保护、永续利用"方针，强化风景名胜区的规划、建设、保护和管理工作，风景名胜事业得以持续、健康发展，风景名胜区的基础设施水平、旅游环境质量和管理服务水平逐步提升，进一步展示了安徽风景名胜区对外良好形象，为全省社会经济发展和对外开放作出了积极贡献。

【风景名胜区规划】 总体规划。把各国家级风景名胜区总体规划编制作为工作的最重要内容紧抓不放，以充分发挥总体规划对风景名胜区建设、保护、开发、管理的指导作用。黄山、九华山、琅琊山、齐云山、采石、花山谜窟—渐江等6个风景名胜区总体规划已经国务院批准实施；天柱山、巢湖、太极洞、花亭湖风景名胜区总体规划已按照国家有关部委的意见修改完善并报国务院待批。

景区、地段、节点详细规划。2008年，省建设厅积极组织各风景名胜区编制景区和重要节点、地段详规。对黄山风景名胜区云谷景区详细规划、钓桥景区详细规划进行技术审查并上报建设部。建设部正式批复黄山风景名胜区钓桥景区详细规划，黄山风景名胜区云谷景区详细规划正在修改完善，待批。

省建设厅还组织审查了九华山风景区铜像明堂大门、佛文化展示中心方案、闵园景区及其重要地段详细规划、柯村新区道路网规划、方家——桥庵地段详细规划，六七里居民点详细规划，齐云山风景名胜区云岩湖仙桥、五老峰地段详细规划，花山谜窟——渐江风景名胜区王村镇总体规划，太平湖风景名胜区总体规划、八公山风景名胜区总体规划。批复实施了九华山地藏菩萨露天铜像明堂大门、佛文化展示中心方案及工程规划用地红线、方家——桥庵地段详细规划六七里居民点详细规划。

安徽省国家级风景名胜区必要的基础设施建设，其规划选址、方案设计等严格遵循《风景名胜区条例》，按规定程序履行报批手续。安徽省风景名胜区未出现违法建设、开发现象，规划的严肃性得到充分体现。

【风景名胜区项目建设】 2008年，争取建设部核准九华山天台索道改建项目选址方案，指导、推进九华山花台索道、天台索道建设，九华山露天铜像工程建设稳步推进。根据《九华山风景名胜区总体规划》及《九华街区整治规划》，深化九华街区环境整治。批复黄山风景区701台整治方案、黄山风景区玉屏楼污水管道工程设计方案、黄山云谷执勤管理办公用房建筑设计方案、梦幻景区西海大峡谷谷底至三溪口游道选址方案、九华山花台索道上下站房设计方案及连接线工程建设方案、柯村金融服务中心建筑设计方案。指导、完成天柱山主峰景区整治工程、开始大龙窝索道改建工程的论证工作。巢湖风景名胜区结合合肥市拆违大环境，拆除了景区内遗留的违章、危旧建筑，强化植树造林，恢复景区植被；琅琊山、齐云山、采石、太极洞等风景区根据总体规划对现有部分核心景区进行环境综合治理。在抓好景区违章建筑强拆工作的同时，各风景名胜区还开展了交通客运市场秩序、游览导购秩序的专项整顿，使风景名胜区游览环境进一步改善。

【风景名胜区机构建设】 安徽省委、省政府对全省风景名胜区工作高度重视，成立黄山规划委员会和安徽世界遗产地保护委员会，办公室均设在省建设厅，省政府设立专项资金用于黄山等遗产地的保护管理工作。省编委批准设立安徽省风景名胜区管理办公室，行使行业管理职能，使省级管理机构得到强化。

安徽省10个国家级风景名胜区均设立了风景名胜区管理机构。其中：黄山、九华山、齐云山、天柱山、花山谜窟—渐江、巢湖、太极洞、花亭湖等8个国家级风景名胜区成立了景区管理委员会，琅琊山、采石2个国家级风景名胜区成立了管理处，并正优化机构建设，拟成立风景名胜区管委会。

【风景名胜区监管信息系统建设】 根据建设部《关于国家重点风景名胜区监督管理信息系统建设工作指导意见》（建城〔2004〕220号），安徽省住房与城乡建设厅还积极组织各国家级风景名胜区参加建设部的业务集中培训。2008年，各国家级风景名胜区在网站上建立了宣传网页。黄山、九华山等风景区作为国家级风景名胜区数字化建设试点单位，从编制专项规划入手，扎实推进监管信息系统建设，2008年底已做好准备迎接建设部的审核验收。安徽省省级风景名胜区的监管信息系统建设也在推进之中。（赵新泽）

（安徽省住房和城乡建设厅）

福 建 省

一、综述

2008年福建省建设系统按照住房和城乡建设部和福建省委、省政府工作部署，深入学习实践科学发展观，围绕"两个先行区"建设，努力推进"一个规划、二件实事、三项节能减排任务、四项防腐制度建设"等重点工作，组织抗击雨雪冰冻灾害和四川彭州灾区过渡板房建设、北京奥运会维稳、扩大内需应对金融危机等工作，各项任务圆满完成，建设行业总体持续较快发展。省部联合编制《海峡西岸城市群协调发展规划》完成。专家认为，《规划》具有较强的战略性、综合性和前瞻性，成果达到国内领先水平，对海西区建设具有重大而深远的指导意义。住房保障工作取得实效，新增廉租住房保障9166户，1.6万多户城市低保住房困难家庭实现应保尽保，超额完成年度任务，同时新增经济适用住房保障9345户，完成投资18亿元，施工面积和竣工面积均创历史新高。农村"清洁家园行动"取得成效，基本完成沿国道、高速公路和"五江两溪"主次支流第一轮乡镇垃圾治理，村容村貌有所变化。第二届"绿博会"成功举行，实现项目对接数量、成功率、范围三个突破；建筑节能有效推进，《福建省建筑节能关键技术研究与应用示范》重大专项课题获得立项。污水垃圾处理项目年度建设任务基本完成，全省城市污水处理率达63%，生活垃圾无害化处理率达93%。公交优先持续推进，全省投资近6亿元新建公交场站、更新公交车辆，并用好省财政8000万元专项资金创建精品线路。此外，城市LNG项目建设累计完成投资17.74亿元。泉州、莆田率先通气，福州、厦门、漳州三个城市进度满足通气要求。制定福建省建设厅机关和建设系统贯彻省委惩防体系2008～2012年工作规划实施意见的工作方案并付诸实施，开展规范行政权力运行和自由裁量权试点，出台《建设系统规范行政权力运行和行政处罚自由裁量权实施意见》；继续完善招投标制度，出台标准施工招标文件、招标代理业务作业规程等一系列规范性文件。开展工程招标代理机构和造价咨询企业专项整治；健全建设市场法人和自然人违法违规档案管理。跟踪落实《加强房地产开发项目容积率管理意见》。出台房屋登记工作规程、存量房交易资金结算管理办法，制定经纪合同示范文本，维护购房者合法权益。开展"四项制度"建设两年多来，建设厅已出台规范性文件31件，腐败案件明显减少。房地产与建筑业两个市场平稳持续发展。完成房地产投资与上年持平，房地产交易面积、金额分别下降35%和40%。2007年上半年贯彻房地产调控政策效应显现，投机、投资需求得到有效抑制，房价涨幅逐月回落；第四季度积极应对国际金融危机，及时部署出台激活住房消费等政策措施，11月份后销售量增加。完成建筑业总产值1850亿元，其中施工承包和专业承包企业建筑业总产值1650亿元，省外施工总产值500亿元，8个"建筑之乡"完成建筑业总产值占全省近30%，成为县域经济支柱产业。

二、城市规划与建设

【海峡西岸城市群协调发展规划编制】 紧紧围绕加快推进海峡西岸城市群建设这一主要工作，结合住建部2008年城市规划工作要点，按计划稳步推动福建省城市规划工作，并取得成效。11月2日，《海峡西岸城市群协调发展规划》成果通过省政府与住房和城乡建设部联合召开的专家评审会评审。为此，2008年初省政府与住房和城乡建设部联合召开了该规划战略研究成果汇报会，住房和城乡建设部函复省政府，原则同意该规划。之后，多次与中国规划研究院编制组沟通研究，制定深化工作方案，商定深化细化重点及具体内容，于5月中旬完成初稿，7月中旬省建设、省发展与改革委和省政府发展研究中心对规划初稿进行认真研究，凸显"协调发展"的主题，9月初书面征求省直相关部门及各设区市政府意见，然后逐条分析研究，对规划作了进一步修改完善。

【城市规划编制指导与审查】 严格按照《城市规划法》和《国务院办公厅关于加强城市总体规划工作意见的通知》要求，继续指导和督促城市总体规划修编工作。实地指导泉州、龙岩、莆田、永安、建阳、漳平等城市总体规划修编；主动参与指导福州市总体规划修编，并多次与住建部沟通，促使福州市总规修编顺利开展，于12月通过纲要审查。同时，指导重点地区规划编制工作。指导和审查三都澳地区、东山湾地区、福州南翼-江阴区域及古雷经济区、闽北工业集中区等区域发展规划编制。督促指导各地进一步加强城市近期建设规划和控制性详规编制，继续跟踪督促各地抓紧做好城市近期建设规划编制、报备案和控制性详规专项检查。

【规划效能监察】 按照住建部、监察部城乡规划效能监察领导小组部署，开展并完成城乡规划效能监察阶段成果统计和规划效能监察工作绩效考核；跟踪《福建省人民政府办公厅转发省建设厅省国土资源厅关于加强房地产开发项目容积率管理意见的通知》(闽政办[2007]190号文)落实情况，督促各地执行城乡规划，自觉维护依法确定规划设计条件的严肃性，牢固树立依法实施城乡规划意识；在开展房地产市场专项整治中，对群众投诉举报和检查中发现违反规划的行为，督促各地规划主管部门调查处理；探索建立省派驻城市规划督察员制度，提出试点工作思路，并及时制定试点工作方案，具体对城乡规划督察员制度的指导思想、督察思路、督察内容、规划督察员管理以及工作计划予以明确；通过办理群众上访件，督促各地规划部门进一步规范管理，一年中共办理和转办群众上访件70多件；出台《福建省城乡规划信息公开公示暂行办法》、《容积率计算规则》和《关于规范建设工程竣工规划条件核实管理的指导意见》等文件，有效地维护了规划严肃性，增加了规划实施透明度。

【城市联盟】 继续从规划、机制和项目三方面推进城市联盟建设。厦泉漳龙城市联盟召开第六次市长联席会议，在规划、交通、港口、风景名胜等多方面取得新的合作成效，福州、宁德两市开展规划对接，闽东北一翼城市联盟正式启动。晋江和泉州江南池店片区共建污水处理厂项目投入使用，三明市区与沙县一体化、三明市区与永安产业空间整合取得进展，从而推动了闽西南区域协调发展。

【历史文化名城名镇名村保护】 做好历史文化名镇名村保护及规划编工作，完成4个国家级、10个省级历史文化名镇名村保护规划编制，及第四批国家级历史文化名镇名村申报，有永泰嵩口镇和清流赖坊乡、福安廉村和屏南漈下村3个村被评为国家级历史文化名镇名村。至2008年底，福建省已有12个国家级和45个省级历史文化名镇名村。其中，国家级名镇3个，国家级名村8个。历史文化名城、名镇、名村基础设施建设共获得国债资金2000多万元。争取国家补助的5个国家级历史文化名镇名村，还积极做好基础设施建设。此外，福州"三坊七巷"保护修复工程取得阶段性成效；颁布《福建省优秀近现代建筑分级标准(试行)》，开展优秀近现代建筑普查和保护名录登记。

【污水垃圾产业化进程】 福建省政府下达17个污水和17个垃圾处理设施任务，除福安污水厂和罗源、漳浦、长泰、诏安垃圾处理设施建设滞后外，其他基本建成。到2008年底，全省建成污水厂54座，日处理能力达289万吨，城市污水处理率达63%；建成垃圾处理场34座，日处理规模达13000吨，城市无害化处理率达92%。17个污水处理项目有8个投产，8个通水试运行，即罗源、泉州北峰、晋江仙石二期、宁德、福鼎、邵武、建瓯、上杭等8

座污水处理厂已投产；福州大学城二期、泉州城东、闽侯、龙海、南靖、泰宁、建阳、漳平等8座污水处理厂12月下旬通水试运行。17个垃圾处理项目也有13个项目投产，4个项目在建，即屏南、古田、将乐、南靖垃圾填埋场和石狮垃圾焚烧扩建等5个项目7月投产，宁化、厦门东部、华安、诏安、清流、长汀、霞浦、上杭等8个项目12月投产，累计建成垃圾无害化处理场27座，日处理规模1.1万吨，长泰、永春、漳浦和罗源等4个垃圾处理场在施工中。此外，垃圾焚烧发电项目稳步推进，晋江焚烧发电厂扩建、厦门东部、莆田、南安和惠安垃圾焚烧发电厂等5座在建，还有厦门海沧、福清、宁德等10个项目完成环评，4个项目开始前期工作，在项目建设的同时，着力运行监管，出台规范性文件，编制《福建省城镇污水处理厂运行管理标准》，制定《福建省城市污水处理优秀企业评选办法》，和《城市污水处理厂COD处理合格率与运营费挂钩管理办法（试行）》，采取经济手段，促进达标排放。

【公共交通先行和天然气建设】 加快实施公共交通优先战略，全省投入资金近6亿元，建设公交场站，更新公交车1500辆。用好8000万元专项资金，扶持各地创建13条公交精品示范线路，更新505辆公交车，并对全省9个设区市及长汀、沙县、南安等县（市）开展公交优先工作专项督查调研，形成专题调研报告，进行督办，争取国家燃油补助2.67亿元并及时下拨，保证公交企业正常运营。推进城市天然气（LNG）项目建设，累计完成投资17.74亿元，泉州、莆田两市率先通气，其余三城市进度超前于长输管线，按省政府要求实现通气目标。

【风景名胜区管理】 贯彻执行国务院《风景名胜区条例》，做好泰宁、冠豸山丹霞地貌申报世界自然遗产，和风景名胜区综合整治工作。成立"申遗"专家指导委员会，组织科研人员深入开展"中国丹霞"基础性研究，编写上报申遗中英文分文本；编制遗产地保护管理与环境整治规划，并通过专家评审；开展景区基础设施建设和环境整治；起草上报《福建省"中国丹霞"自然遗产保护办法（草案）》，并在调研论证后拟报省长常务会审议；邀请美国、英国、新西兰和德国的世界自然保护联盟（IUCN）专家和国内专家到泰宁和冠豸山考察指导。做好风景名胜区规划、建设与保护。完成鼓浪屿—万石山、十八重溪、青云山国家级风景名胜区总体规划修改完善和上报，菜溪岩、翠屏湖、宝山、白云山、福宁海湾、归宗岩等省级风景名胜区总体规划审批与杨梅州省级风景名胜区总体规划评审，金湖上清溪下码头旅游服务区、北辰山入口区和九龙漈风景名胜区核心景区详细规划审批及桃源洞南北入口区详细规划评审；抓紧武夷山南入口和竹筏码头调整规划、太姥山山岳景区绿化专项规划等8个国家级风景名胜区规划编制。指导武夷山景区实施畅通工程；协调风动石—塔屿、佛子山、宝山和白云山申报国家级风景名胜区工作；完成武夷山九曲溪航道保护和改造、鸳鸯溪宜洋景区百丈漈电梯项目的审批以及晋江—大园500千伏Ⅰ、Ⅱ回线路路径清源山国家级风景名胜区工程项目选址、古田至屏南连接线路经翠屏湖风景名胜区选线核准和泉州市0703工程项目设计方案、太姥山中华万福坛项目选址方案评审，以及横南铁路武夷山景区段电气化改造审查；组织福州市园林局对十八重溪风景名胜区存在监管信息系统监测到的图斑进行核查，并将核查情况上报住房和城乡建设部。做好风景名胜区管理，经立法调研后起草《福建省风景名胜区条例》、《福建省风景名胜区经营权出让情况的调研报告》；督促桃源洞—鳞隐石林、十八重溪、青云山等3个风景名胜区整改，其中十八重溪、青云山完成整改并上报住建部；全面部署以机构设置管理职能、总体规划编制实施、标志标牌规范设置等为主要内容的省级风景名胜区综合整治工作。

【"园林城市"创建和绿化等工作】 组织专家指导莆田市创建"国家园林城市"，南安、龙海、福清、长乐、泰宁等创建"省级园林城市（县城）"。同时，对南安、龙海、福清、泰宁等市（县）组织考核验收；对厦门、泉州、漳州和三明市"国家园林城市"组织复查。指导城市绿化发展，督促各地开展城市绿地系统规划编制，福清、龙海、长乐、泰宁、顺昌等市（县）已完成这项工作。做好城市大型园林绿化项目建设，福州市投资2亿多元新建总面积54公顷的动物园，于国庆期间正式对外开放，同时建成福州西湖公园环湖栈道等；泉州市投资1.25亿元兴建郑成功公园等，南安市投资1.55亿元兴建武荣公园。成功举办第六届中国国际（厦门）园林花卉博览会，吸引24个国家和地区参展，国内26个省、自治区、直辖市和2个特别行政区及台湾地区共60个城市、400家单位参展，展出98个室外园林景点和11个室内园林景点等，5000多名来自国内外的建设者参与园博园各项建设。参与省2010年上海世博会策划筹备工作，并积极推荐省内园林专家参与福建参博方案研讨。加强企业升级指导，有7家上报住建部申报一级园林施工资质，2家通过一级企业资质就位，138家通过二级企业资质就位。开展园林绿化施工企业"一先两优"评选活动，授予厦门鹭路兴绿化工程建设有限公司等12家企业为省园林绿化先进企业，郑伙霖等9人为省园林绿化施工企业优秀经理，江贵宽等21人为省园林绿化施工优秀项目经理。组织编写园林五大员教材和园林施工招投标办法，举办多期园林五大员培训。

【廉租住房制度建设】 全省新增廉租住房保障9166户，其中实物配租4021户，累计享受廉租保障20819户；16330户城市低保住房困难家庭实现应保尽保，超额完成年度任务。经济适用房、限价房建设加快。全省新增经济适用住房保障9345户，完成投资18亿元，施工面积、竣工面积创历史新高。住房公积金管理加强。2008年底全省归集总额达642亿元，累计向37万职工发放贷款362亿元。

【第二届"绿博会"举办】 实现项目对接数量、成功率、范围三突破。参展企业数比上届增加53%，其中"世界500强"11家，对接项目201个，总投资49亿元、比增48.6%；合同项目132个，对接成功率65.7%，提高9.6个百分点；建筑节能有效推进。抓好国家可再生能源建筑应用示范项目，完成省直、福州和厦门市机关办公建筑、大型公共建筑等基本信息普查、能耗调查和典型建筑能源审计、能效公示等工作。向建设部申报建筑节能项目278个。《福建省建筑节能关键技术研究与应用示范》重大专项课题获得立项。

【污水垃圾处理项目建设】 落实目标责任制，倒计时安排建设计划，省建设厅联合省直部门开展两次全省污水垃圾处理项目建设督查，建立月通报制度，对项目建设进度滞后县（市）按省政府要求不予安排省级补助资金、不予新项目环评。同时，加强设施运行监管，开展污水处理厂运行评估考核，培训关键岗位人员，组织污泥堆肥处理技术交流，促进达标排放。污水垃圾处理项目年度建设任务基本完成。2008年初计划的17个污水厂和17个垃圾处理场项目，除福安污水处理厂和罗源、漳浦、长泰、诏安垃圾处理场建设滞后外，均已建成。争取中央扩大内需污水垃圾处理设施建设补助资金1.6亿元，省级配套安排以奖代补资金1.4亿元。全省城市污水处理率达63%，生活垃圾无害化处理率达93%。

【公交优先持续推进】 全省投入资金近6亿元，新建一批公交场站，更新公交车1500辆。用好省财政8000万元专项资金创建精品线路，福州、泉州、厦门、南平、漳州、三明市等精品线路已开通。争取国家燃油补助2.67亿元，全部补贴到位，确保公交正常运营。开展公交"四优"活动、第二届城市公交周和无车日活动、岗位技能竞赛等，服务水平有所提高，98位公交驾驶员获得高级工资格证书。各城市着力优化路网结构，加快城区道路交通设施改造，实施"畅通工程"综合整治，厦门市BRT项目竣工使用，南平市实施三江两岸快速通道建设，城市基础设施有所改善。

【城市LNG项目建设】 累计完成投资17.74亿元。泉州、莆田率先通气，福州、厦门、漳州三城市进度满足通气要求；五城市会同项目业主倒计时安排进度计划，进一步落实责任，加强工程质量管理与已建管线巡查管理，聘请8位督查员，对项目进度进行多次督查，加快建设进度。实施《福建省燃气管理条例》，实行瓶装燃气经营行政许可制度，初步建立燃气企业信用档案。

【园林绿化和风景名胜区保护】 园林绿化和风景名胜区保护取得进展，第六届中国国际（厦门）园林花卉博览会圆满闭幕，展园数量、规模、参展城市创历届之最，"园博园"水陆面积10.82平方公里，有24个国家和地区、60个城市、400家单位参展，台湾地区四市一县首次参展，全省9个设区城市参与共建闽台园。组织泰宁、冠豸山"中国丹霞"项目申报世界自然遗产，做好保护规划编制、景区环境整治、邀请国内外专家考察指导等工作。南安、龙海、福清、长乐、泰宁、南靖等获得省级园林城市（县城）称号。福州罗星塔公园、厦门中山公园、泉州东湖公园等五个公园列为国家重点公园，厦门市《龟之戏》等三组城市雕塑获得2007年度全国优秀奖。

【监察队伍建设】 组织三明、南平、龙岩三地区建设监察队伍开展"我与改革开放三十年"演讲比赛活动和"深入学习实践科学发展观，做好新时期城建监察工作"研讨交流会，进一步加强建设监察队伍交流沟通，增强队伍凝聚力与执法力度。继续深化"青年文明号"创建工作，组织全省建设监察队伍各省级、全国级青年文明号单位开展"建设先行区、青年要先行"主题活动，弘扬职业道德，打造一流工作业绩，在社会上树立建设监察队伍良好形象。配合相关厅局开展专项整治，充分发挥监察队伍在社会管理中的作用，做好"无证无照经营"查处、"扫黄打非"、"创建诚信一条街"和学校及周边治安综合治理等项工作。2008年，省建设监察总队先后荣获"2007年度全国治理自行车被盗问题专项行动先进单位"和"2008年福建省扫黄打非工作先进单位"称号。

【解决建设领域拖欠工程款等问题】 开展专项整治，切实解决建设领域拖欠工程款和农民工工资、商业贿赂、串通投标和群众举报投诉等问题。组织实施工程款和农民工工资清欠"回头看"工作，对在三年集中整治期间难以清理的网上项目进一步采取有效措施督促清理，基本解决历史旧欠问题。召开预防房地产开发企业和建筑业企业拖欠工程款和农民工工资座谈会，进一步研究解决和预防拖欠工程款和农民工工资的办法和措施。对2008年度竣工和在建项目工程款支付情况进行调查摸底，督促各地采取有力措施，切实防止新欠发生。截至11月30日，共收到群众投诉举报件88件，涉及金额2.889亿元，解决拖欠金额8525.58万元。省建设监察总队被评为"全国解决建设领域拖欠工程款工作先进单位"，总队长薛依强和副总队长黄立强被评为"全国解决建设领域拖欠工程款工作先进个人"。治理商业贿赂工作从抓专项入手，稳步推进。省建设厅治贿办直接受理的投诉3件，均反馈办结。进一步深入开展串通投标违法行为专项整治工作，对福州、厦门、泉州等3个设区市专项整治工作情况和招标代理机构、造价咨询企业进行专项检查。调查核实省专项办移送的4件工程建设领域串通投标违法案件线索，直接立案查处3起评标专家未按招标文件规定的方法、标准进行评标的违法案件。对近期省专项办移送要求行政处罚的28起串通投标信息，决定由省建设厅对其中7起直接立案查处、9起行政处理，另外12起由各设区市负责查处。全年受理群众举报投诉13件，均全部依法处理。继续做好建设市场法人和自然人违法违规档案管理工作，在福建建设信息网上公布29件（其中2008年5件）违法违规档案信息。房地产专项整治工作成果进一步巩固，做好迎接住房和城乡建设部等八部委组织的房地产市场秩序专项检查工作，4月中旬国家联合检查组到福建省开展为期7天的检查工作，并对福建省房地产专项整治工作给予肯定。处理投诉举报，截至12月1日，专项办共受理43件，办结18件，需进一步落实13件，其余12件正在办理中。调查核实重点投诉件，组织对沈郎房地产公司在尤溪县李厝巷片区旧城改造开发建设中存在违规等问题进行实地调查。

【信访工作】 截至11月30日，福建省建设厅共受理群众来信882件，接待群众来访306批1323人次。两次下发文件，部署2008年全省建设系统信访工作，组织开展春节和全国、全省"两会"前后矛盾纠纷集中排查调处活动、重信重访专项治理工作和奥运期间维护稳定工作。针对行业矛盾纠纷较突出的拆迁问题，7月11日，在厦门召开各设区市拆迁主管部门主要领导人和拆迁办主任参加的全省城市房屋拆迁工作座谈会，对全省建设系统奥运期间信访工作作出防范部署，交办100件拆迁信访突出问题。完善信访工作制度，制定信访突出问题呈报规程，修订《处置群体性上访事件工作预案》，并制作简明流程表。建立全省建设系统矛盾纠纷排查化解情况月报制度。做好重大节假日信访工作。8月上旬，联合省联席会议信访督查组，对福州、莆田、泉州、龙岩、三明等5个设区市可能进京信访的9个重点信访突出问题进行督查、督办，约谈福州、莆田、龙岩和泉州南安分管市（县）领导人和拆迁主管部门负责人，进行业务指导，协助分析、研究解决措施和方案。做好个案调处工作，副厅长李尧主持召开"世茂外滩"等重点信访件专题会议，并接谈仓山万里村群众、海润滨江花园和惠安金龙华城业主等重点上访户，做过细的思想工作。针对福州市6件重点信访突出问题，发函至福州市政府，请求督促处理做好化解稳控工作；针对莆田市荔城区后塘片区拆迁项目被拆迁户多次到省大规模集体上访等情况，联合省信访局发文请莆田市政府督办解决群众反映问题。加强与省信访局和各地主管部门的沟通联系，在奥运期间实行信访信息零报告制度，通报2008年1～4月、奥运期间福建省群众进京信访情况和10月福建省群众进京非正常上访情况，及时掌握沟通全省信访工作动态。

三、村镇规划与建设

【开展"家园清洁行动"】 福建省委、省政府把开展农村家园清洁行动、改善农村人居环境列入为民办实事项目。两年多来，累计下达省级以奖代补资金1.94亿元，带动全省投入资金11.45亿元。至2008年底，全省开展农村家园清洁行动通过验收合格乡镇459个，建制村5145个，分别占全省乡镇总数的49%和建制村总数的35.6%。其中，2008年完成139个乡镇和1125个村庄。武夷山星村镇、长乐洋屿村等30个镇、108个村被授予省级示范镇村，超额完成省委、省政府为民办实事年度任务。开展家园清洁行动的乡镇、村庄垃圾处理体系基本建立，垃圾清运、归集、处理机制逐步完善，农村垃圾治理效果明显，村容村貌改善，并涌现出一批整治示范村镇。永泰县嵩口镇等30个镇和长乐市洋屿村等108个村被授予省级示范镇、示范村。全省建成村镇垃圾处理场473座，其中垃圾焚烧炉246座，垃圾中转站115座，垃圾填埋场112座；建设垃圾池3.19

万个,配备保洁车、运输车辆7810台,配备村镇卫生保洁员2.12万人。同时,出台资金和配套政策支持农村人居环境建设。省里设立农村家园清洁行动专项资金,并逐步加大投入,三年累计下达省级以奖代补资金1.93亿元。各地政府也相应出台配套资金补助办法支持家园清洁行动,福州市按省补资金标准1∶1进行配套,莆田、邵武市出台按月补助整治村保洁员工资办法。各地还发动社会各界力量多渠道筹措资金,三年来共投入家园清洁行动经费11.45亿元。组织全省农村家园清洁行动现场观摩会,各县市区分管领导和"家园办"主任等200多人赴福清市学习农村家园清洁行动典型经验和具体做法。农村家园清洁行动领导小组成员单位联合开展巡查,深入县乡,采取随机抽查方式,重点巡查汀江、九龙江流域、319国道、"海漂垃圾"、库区、景区和公路沿线农村垃圾治理情况,督促各地建立长效机制。编发家园清洁行动宣传挂图3万张,纪实图册2000册,并在福建建设信息网站和福建日报上开辟专栏,推动村庄整治和家园清洁行动。列为住建部村庄整治试点县市的莆田荔城区、龙岩永定县,及省里确定的三明泰宁县、漳州华安县、南靖县等村庄整治试点县,安排专项资金补助建设村庄整治示范村,福清市龙田镇东华村、漳浦县旧镇秦溪村、泰宁县大田乡金坑村、泰宁县梅口乡廖元村、东山县康美镇马銮村等一批示范村带动效应明显。

【村镇规划编制和管理】 举办《城乡规划法》培训班,分别在福州、厦门、南平和宁德四城市组织6期县市村建科长、乡镇分管领导和村建站长培训,有1000多人参加;在省委组织部开展全省乡镇长"学习贯彻党的十七大精神、持续推进海西新农村建设"专题轮训班上,增加《城乡规划法》培训内容,使全省乡镇长了解《城乡规划法》主要内容。加强乡村建设规划许可证发证管理,按照《城乡规划法》要求做好新版城乡规划许可证书定制和发放。加大对村镇规划编制的扶持力度,增加规划编制专项经费,采用以奖代补的形式对规划编制予以扶持,重点做好中心镇、中心村的规划编制。全年省级支持50个重点镇、450个中心村规划编制。全省完成100个乡镇、1000个以上村庄的规划编制工作,逐步适应村镇规划建设发展需要。龙岩市制定《龙岩市村镇规划建设专项补助资金管理暂行办法》,规定规划编制补助标准,乡镇总体规划编制成果验收合格后每个乡镇补助5万元;泉州、莆田等市也增加规划编制经费。结合新农村规划用图,省建设厅会同省测绘局研究村镇规划图纸实测问题,探讨做好村镇规划测绘技术,为测绘部门提供拟开展规划的乡镇名单,作为确定2008年测绘村镇的依据;全年测绘部门施测3个乡镇、386村庄的地形图,其中1∶1000村庄227个,1∶2000村庄159个,为村镇规划提供图件,实现信息资源共享,为村镇规划的顺利编制打下良好基础。

【村镇住宅试点小区建设】 为培育村镇建设示范工程,推进海峡西岸社会主义新农村建设,全省继续结合重点建设工程、造福工程、灾后重建工程等项目,开展村镇住宅试点小区建设工作。全省新确定18个、累计确定200个省级村镇住宅小区试点。建设试点既有旧村改造项目,也有新区建设项目。村镇住宅试点小区的建设,为广大农民群众提供了看得见、摸得着的范例,对逐步转变农村传统建房观念,改变无序建设状态,改善农村人居环境起到很好的带动和引导作用。开展农村生活污水处理示范工程建设,采用地埋式整体三化池处理罐污水处理技术,处理后的污水达到国家二级排放标准,且安装方便,坚固耐用,使用寿命长。已在永春县桃城镇丰山村、湖洋镇龙山村、晋江市东石镇梅塘村、安溪县湖头镇横山村、莆田涵江区梧塘镇枫林村安装使用。全省确定农村生活污水处理试点16个,组织试点建设单位到浙江湖州参观学习,致力污水处理示范工程建设。

【农村垃圾治理和村镇建设】 建成农村垃圾焚烧炉246座、填埋场115座、中转站112座、垃圾池3.19万个,配备保洁、运输车辆7810辆,村镇保洁员2.12万人,日处理垃圾约4500吨。建立省、市、县三级巡查制度,评审、推广闽侯南通镇生活垃圾低温负压热馏处理技术,农村垃圾基础设施不断完善,管理逐步常态化,基本完成沿国道、高速公路和"五江两溪"主次支流第一轮乡镇垃圾治理,村容村貌有所改观。确定第十批省级村镇住宅小区建设试点18个,全省累计建立省级小区试点200个;确定永春县丰山村等16个示范试点,推广农村适用的生活污水处理技术。各地加大投入力度,修建村道、铺设供排水管、增设公厕、路灯等公用设施。福州、厦门、泉州市等加快市政公用设施和公用服务向农村延伸。同时,继续做好挂钩乡村扶贫点帮困工作。

四、房地产业

【概况】 受金融危机和股市低迷等意外因素影响,福建省房地产市场总体呈现较大变化和调整。市场运行主要特点是投资下降,投资增幅逐月回落;

交易持续萎缩；房价涨幅逐月回落，多数楼盘下调房价。2008年，全省房地产开发完成投资1114.22亿元，下降1.6%，比同期城镇固定资产投资增幅低22.8个百分点；投资量占同期城镇固定资产投资24%，比2007年占比减少5.3个百分点。其中福州、厦门两市投资分别下降17.7%、6.3%。全省商品房销售1444万平方米，下降36.6%；存量房交易907万平方米，下降27.4%。房地产交易金额905.36亿元，下降37.5%，交易金额相当于全省社会商品零售总额23.7%，比2007年占比减少23.5个百分点。福州、厦门、泉州三城市新建商品住房价格指数，分别上涨4.4%、3.0%和3.0%，涨幅呈逐月回落态势。其中，厦门市从10月份开始出现下降，福州市12月份出现下降。大部分城市多数楼盘降价促销。

【实施房地产新政策及主要成效】 主动应对房地产市场新形势新变化，加大保障性住房建设规模，降低交易税费，支持居民购房；鼓励住房消费，激活市场，扩大内需，促进投资，促进房地产市场持续健康发展。房地产新政策实施以来，已对市场产生积极影响，住房交易有所回暖。10月17日，国务院常务会议作出"加大保障性住房建设规模，降低住房交易税费，支持居民购房"的决策后，福建省反应迅速，出手快，24日即研究出台促进房地产市场持续健康发展的九项对策措施。各设区城市积极贯彻落实省政府专题会议精神，结合实际相继出台促进房地产市场持续健康的具体政策措施。12月20日国务院办公厅出台《关于促进房地产市场健康发展的若干意见》（国办发[2008]131号），福建省在第一时间内进行传达贯彻部署，研究提出贯彻落实国办发[2008]131号的实施意见，印发各地实施。具体政策措施重点突出三方面：一是突出保民生，加大保障性住房建设力度。主要扩大廉租住房保障范围、加大廉租住房筹集、加快推进棚户区、危旧房（城中村）改造、加快经济适用住房建设，解决进城务工人员及其他住房困难群众住房问题，以及发挥住房公积金在住房保障中的作用等方面的政策措施。二是突出促消费，鼓励支持普通商品住房消费。主要调整普通商品住房标准、加大对自住型和改善型住房消费的信贷支持、降低和免征交易税费、调整放宽购房落户政策、进一步促进住房消费等方面的政策措施，扩大内需促进投资增长。三是突出提振信心，营造发展投资环境。主要支持房地产开发企业合理的融资需求、优化土地供应、放宽新出让地块地价款支付期限、缓征开发项目税费、营造投资发展环境等方面的政策措施。与此同时，针对房地产中介经纪市场较弱、较乱的情况，重点整治房地产中介经纪市场秩序。组织各地开展房地产经纪市场专项检查，印发《福建省房地产中介组织专项治理实施方案》，分三阶段开展整治，用两年时间力争房地产中介经纪市场秩序有明显好转，整个工作有序推进。组织开展房地产中介经纪市场和领导干部利用职权谋取不正当利益问题专题调研，对各地专项治理情况开展督查，督促指导各地做好整治工作落实，取得阶段性成效。此外，还着力从关注民生方面加强制度建设，从源头上规范和提高行业管理水平。在市场交易方面，制定并推广使用《存量房买卖居间合同》、《存量房买卖合同》和《存量房委托洽谈合同》三种房地产经纪合同示范文本，提高经纪服务质量，保障当事人合法权益；制定出台《福建省存量房交易结算资金管理暂行办法》，进一步加强存量房交易结算资金管理，防范存量房交易资金风险。在物业管理方面，转发住房和城乡建设部、财政部《住宅专项维修资金管理办法》，并提出具体操作性实施意见；印发《物业管理相关主体权利和义务》，理顺物业管理各方主体间关系，促进社区和谐。在权属登记方面，制定贯彻住房和城乡建设部《房屋登记办法》指导意见及《福建省房屋登记工作规程（暂行）》，规范产权登记行为。组织开展物业管理示范项目考评，新评定19个省级示范项目，至2008年底全省累计有国家级示范项目60个，省级示范项目186个。推进房地产交易规范化和住宅建设示范小区建设，泉州、漳州、永安市房地产交易登记中心被授予省级房地产交易与权属登记规范化管理单位称号；永安市永乐佳房小区（经济适用房项目）被评为省级住宅建设示范小区。

【城市房屋拆迁管理】 以维护社会稳定为重点，先后召开三次全省性城市房屋拆迁信访工作会议，部署城市房屋拆迁行业维护社会稳定工作。住房和城乡建设主管部门深入20多个市、县开展矛盾纠纷排查调处和督促指导拆迁工作。同时，深入开展矛盾纠纷大排查大调处活动，对排查出来的100件重点拆迁信访案件进行跟踪督办，70多件得到合理解决，20多件基本息诉息访。全省各级拆迁管理部门认真组织开展纠纷排查，落实责任，积极调处拆迁矛盾和纠纷案件，奥运会期间，基本没有到北京集体上访和非正常上访，确保了社会稳定。加强拆迁管理，合理控制拆迁规模，指导核定重点工程拆迁补偿标准，对旧屋区改造、铁路建设等重点项目跟踪服务。强化培训，提高拆迁工作人员法制和服务水平，从源头上减少预防拆迁纠纷的产生。

【编制"解决城市低收入家庭住房困难"发展规划和年度计划】 对城市低收入家庭住房困难问题开展调查摸底,编制发展规划与年度计划。3月份省建设厅分管领导到各设区市向9个设区市政府分管领导通报编制发展规划和年度计划进展情况,对问题突出、措施不落实的县(市)采取约谈、直接打电话或发函给县(市)政府分管领导等方式进行督促。会同省国土资源厅、省财政厅等相关部门,对未按规定时限要求完成规划编制的,采取停止发放2008年度廉租住房制度建设省级财政以奖代补资金;停止下达年度住房用地供应计划及拆迁规模计划等切实有效措施,推进各项工作落实。加强规划编后相关数据核检,全省9个设区市、58个县(市)完成解决城市低收入家庭住房困难发展规划和年度计划编制工作。配合省财政厅安排省级财政以奖代补资金,并制订《廉租住房省级资金管理办法》,省级财政以奖代补5000万元全部下发。同时,争取建设部支持将福建省列入廉租住房补助资金省份,2008年中央预算内投资安排福建1亿元。配合省国土资源厅下达年度住房用地计划,负责对未完成规划编制的市县停止下达报省国土资源厅备案,分两批下达。在房源筹措上,开展现有公有住房清理工作,对全省各类存量公有住房清理、分类、建档,明确房管部门的直管现有公有住房原则上不再出售或转让,作为政府廉租住房的基本房源;推动配建廉租住房,在经济适用住房和商品住房开发中配建廉租住房。在专题调研基础上,起草《福建省经济租赁住房暂行管理办法》上报省政府;起草《关于推进限价商品住房建设的若干意见》,由省建设厅、省国土资源厅联合上报省政府。开展住房保障重点课题调研,《加快建立我省多层次住房保障体系的研究》列入省重点调研课题,省委政研室《调研文稿》专门刊发。开展驻闽部队住房问题专题调研,形成了调研报告,提出了政策措施,省委、省政府出台《关于解决拥军优属若干具体问题的意见》(闽委办[2008]35号),并参与解决部队住房问题专项检查。同时,参与抗震减灾危旧房改造专题调研。参与促进房地产市场持续健康发展的文件起草。完善配套办法,各设区市均修订廉租住房和经济适用住房管理办法,明确廉租住房与经济适用住房供应对象、建设标准、户型结构、价格与租金控制、配租配售、上市交易、准入退出等政策。规范实施流程,重点是申请、审核、办理、公示、复核、回购办法,接受社会监督,省建设厅专门下发《福建省廉租住房与经济适用住房供应管理规范化流程的指导意见》。建立目标责任制,细化分解廉租住房和经济适用住房目标任务,由省政府下达分解到各设区市,落实工作责任。6月省建设厅对部分市、县落实目标责任制进行抽查,9月省建设厅、省监察厅联合开展落实情况检查,11月省建设厅建立项目跟踪制度,汇总编发《福建省保障性住房项目手册》。召开全省经济适用住房和廉租住房统计工作会议,建立统计报表制度,及时反映廉租住房和经济适用住房保障对象条件和保障标准情况、保障户数与人数情况、投资建设与配租(售)情况等。

【住房公积金管理】 开展住房公积金管理专项治理、审计整改和管理中心业绩考核,并推行信息化管理,有效防范风险。拓展住房公积金归集和个贷工作,全省累计归集公积金642亿元,向37万职工发放贷款362亿元。全省按照国家和省里部署与要求开展并完成为期5个月的住房公积金管理专项治理工作,得到国家六部门联合检查组肯定。全省各地以住房公积金专项治理为契机,加强住房公积金管理。各设区市强化归集工作,落实"限高保低"政策,特别是非公经济组织住房公积金建立工作取得较大进展。南平市全年累计新增166个单位,新增开户人数14443人,其中非公企业新增开户单位47个,开户人数超过3000人,覆盖率提高了5.3个百分点。莆田市在区教职员工建立公积金工作上取得重大进展,所辖秀屿区6200多名中学教职员工建立了住房公积金。此外,各地建立健全住房公积金缴存额审核制度,实行"限高保低"政策,体现社会公平。为应对金融危机和经济下滑趋势,各设区市适时调整政策推动贷款业务发展,贷款最低首付款比例由原来30%降至20%,适当提高贷款最高额度,延长贷款期限。福州、漳州、泉州、南平、莆田等市实现同城通贷,三明市在全省率先开办商业贷款转住房公积金贷款业务,减轻职工还款负担。此外,福州、厦门、龙岩等设区市管理中心还加强对低收入职工购房贷款的支持力度。落实审计整改,加强制度建设。7月,《审计署关于福建省2006年度住房公积金归集管理使用情况的审计决定》(审社决[2008]338号)下达后,有关设区市认真执行审计决定,加强审计整改工作,全省上下共同努力,审计决定已执行完毕。各地结合住房公积金专项治理和审计整改工作,加强制度建设,完善住房公积金管理工作机制。全省各设区市管理中心新建工作性措施、制度操作规程124件,各设区市政府及有关部门制订了相关政策规定26件。泉州、三明、厦门市政府出台了住房公积金管理规定,龙岩市出台了住房公积金管理若干具体问题的实施意见。转变服务方式，不断提升服务水平。福州市管理中心推出单位网上归集业务，通过网银汇缴住房公积金；三明市管理中心简化贷款操作流程，与房地产管理部门共同制定了一个既符合规定又安全便利的抵押操作规程。省直、福州、漳州相继推出了住房公积金直接冲还贷款本息业务，进一步减轻职工还款负担。龙岩市增设预约服务，职工办理业务不再受工作时间限制。莆田市管理中心组织开展评选"月服务明星"活动，有效调动中心工作人员积极性，大大提高了服务水平。扎实做好各项基础性工作。各设区市加强档案的规范化管理，制订完善了一系列档案管理制度，省直单位、泉州市相继获得"省一级档案管理单位"称号。推进住房公积金业务管理信息化，福州管理中心申请开通政务网专线，实现全市信息管理一体化；三明市开通网上银行，实时监控银行账户资金流动情况，加强资金动态监管。福州、泉州、三明、南平、莆田市管理中心及省直、铁路、煤炭分中心改善服务大厅环境，更加方便前来办事的单位职工。

五、建筑业

【概况】 福建省2008年完成建筑行业总产值2018.77亿元，增长12.29%。其中，总承包和专业承包企业完成建筑业总产值1805.40亿元，增长16.9%。提前两年超额完成"十一五"规划目标，产值三年翻一番。省外完成建筑施工产值547.97亿元，增长31.39%，为全省建筑业产值增长起到重要支撑作用。全省实现全社会建筑业增加值660.32亿元，增长24.4%；建筑业税收总收入79.61亿元，增长9.7%。8个"建筑之乡"完成产值504.84亿元，占全省建筑业总产值27.96%；其中省外产值273.36亿元，增长34.66%，占全省省外产值49.89%，继续为全省建筑业发展做出重要贡献；其中惠安县建筑业总产值达130.1亿元，回乡缴纳所得税6482.5万元。全社会建筑业从业人员130多万人，其中农民工110多万人，新增就业10多万人。全省有75家优质建筑业企业列为重点扶持对象。公布年度全省建筑业总承包、民营和专业承包各"二十强"和装饰装修"十强"企业名单；会同金融机构出台扶优信贷政策，出台建筑业企业技术中心评价标准，三家特级企业技术中心通过省级评审。

【建筑市场管理】 落实完善工程建设招标投标制度，出台《福建省工程建设招标代理业务作业暂行规程》，及《福建省房屋建筑和市政基础设施工程标准施工招标文件》，规范招标代理和业主行为；制订《福建省房屋建筑和市政基础设施工程评标专家管理办法》，强化评标专家行为规范和责任追究。各设区市及省管项目全面实行"合理造价随机抽取中标人"办法，全年共有2144个工程施工项目采用该办法，中标价67.2亿元，既降低社会成本，又提高招投标效率，基本实现"零投诉"。公布实施省级政府投资项目承包商预选和招标代理机构比选名录，有928个项目实施预选承包商制，944个项目实施招标代理比选制。一年房建和市政工程施工与货物招标项目4532项，中标价515亿元，较预算价下降10.24%，下降幅度总体合理。开展招标代理机构和工程造价咨询企业专项整治，出台加强招标代理机构、工程造价咨询企业资格管理和分支机构备案管理的规定，中介机构的组织、工作、经济、场所与行政机关全面彻底分开。推进行业诚信品牌建设，实行建筑业企业资质批后差异化动态监管，区分红色、黄色、绿色监管企业，组织各地开展建筑业企业资质检查，对235家企业限期整改。打造建筑业企业品牌，开展建筑业企业综合实力评比，公布2007年全省建筑业总承包、民营和专业承包各"二十强"企业及装饰装修"十强"企业名单。首次组织开展2007年度建筑业企业、招标代理机构、工程造价咨询企业信用等级评定，并公布评定结果。组织开展2007年全省建筑业"一先两优"评选，表彰135家先进企业和153名优秀企业经理、267名优秀项目经理。全面实行建造师执业资格制度，全省有执业建造师51633人，其中一级5635人，二级45998人，实现建筑业企业项目经理资质管理制度向建造师执业资格制度的平稳过渡。预防工程款和农民工工资拖欠的长效机制得到完善。工程担保制度试点工作展开，有356项新开工的单项施工合同价1000万元以上房地产项目实施业主工程款支付担保和承包商履约担保，有672项其他项目实施支付和履约担保。推进建立建筑劳务分包制度，建筑劳务分包企业431家，其中新增85家，增长24.6%；全年有1001个新开工项目实行劳务分包。

【建设工程交易】 至11月底，福建省完成建设工程交易项目192个（次数），比2007年同期增长46.56%；交易总中标价约14.46亿元，比增2.3%。中心实现收入265万元左右，比2007年同期增长32.5%。预计到12月底，可完成208个交易项目，实现收入280万元。从5月15日起按《福建省房屋建筑和市政基础设施工程建设项目招标代理机构比选办法》对招标代理进行随机抽取，共抽取项目39

个，其中省重点28个。加强有形市场软硬件建设，继续完善建设工程交易网服务平台，对网站功能进行改进升级及网页改造。完成交易网身份认证锁的功能改造，对中心现有办公设备进行升级改造，完成中心LED大屏改造升级。起草《福建省工程建设项目招标代理业务作业规程》和《福建省房屋建筑和市政基础设施工程评标专家管理办法》，修订《房屋建设和市政工程招投标示范文本》。开展招标代理机构比选、施工预选承包商、招标代理机构信用等级评定、福建省事业单位财务状况统计、招标代理单位经营状况统计。配合开展串通投标违法行为专项整治和招标代理机构专项检查工作。印制《串通投标违法行为专项整治工作宣传提纲》，在办事窗口向公众发放，积极参与和配合专项整治工作。按照构建惩防腐败体系部署，清理、完善各项规章制度，加强内部管理。着力从制度建设、加强教育、强化监督上防止发生不廉洁问题。

【援建四川地震灾区】 福建省援建四川地震灾区过渡安置房提前超额完成。全省48家土建、安装建筑业企业赴川援建，到位迅速，急灾区所急，想灾区所想，不计得失，不畏余震，不惧风险，克服交通不便、水土不服、条件恶劣等诸多困难，提前15天超额完成并交付使用过渡安置房36522套，为保质保量完成国务院抗震救灾总指挥下达的建设任务做出突出贡献，展示了福建省建筑业企业勇于承担社会责任的风采，提升了建筑行业形象。

【工程质量安全管理】 工程质量安全态势总体平稳。全年事故起数、死亡人数同比分别下降47.3%（44.6%）和23.1%（20.8%）。福州大学新校区图书馆和厦门检验检疫综合实验楼等2个工程获鲁班奖，另有93个工程获"闽江杯"优质工程奖，创建省级文明工地128个。持续开展工程质量安全综合治理，坚持目标责任管理和季度形势分析，加强安全生产动态和应急管理，强化责任追究，推进文明工地和优质工程创建活动，开展隐患排查治理专项行动，排查治理建筑施工项目12795个、隐患41964条，整改率97%，取缔非法施工75项。施工图审查纠正工程设计违反强制性条文4400多条，工程勘察违反强制性条文350多条。霞浦重大安全事故发生后，省建设厅积极应对，举一反三，开展为期两个月的拉网式建筑施工安全大检查，省建设厅与宁德市共同举办特种设备监管人员培训班，加强建筑起重机械安全管理，出台加强安全监督机构和人员管理办法，健全施工现场管理人员配备制度，创新工程质量安全考评办法，进一步健全完善监管体制机制，遏制群死群伤事故发生。

【房屋抗震设防管理】 针对社会关注的房屋抗震问题，组织专家进行现场踏勘，指导各地抓紧开展建筑物抗震性能普查摸清底数。会同教育、卫生部门对校舍、医疗用房进行抗震安全排查，起草《加强城乡房屋建筑抗震加固改造工作的指导意见》并上报省政府。

【建设工程造价管理】 继续完善计价办法和计价依据，提供公共服务和造价信息，并应对国家公布取消工程定额测定费后给造价管理系统带来的冲击。贯彻实施新修订的国家标准《建设工程工程量清单计价规范（GB 50500—2008）》，起草实施意见，编写学习资料。编制《福建省建筑工程概算定额》，完成编制方案讨论、项目划分并征求意见、编制参数测算、概算定额编制等工作；编制《福建省安装工程消耗量定额》。开展劳务分包计价调研。组织建筑工程、园林工程造价员资格考试培训与考务工作，建设工程造价员继续教育培训；继续受理造价员日常变更事项；组织建筑施工企业劳保费取费类别核定，以及宣传贯彻《福建省房屋建筑和市政基础设施工程概算编制办法》。部署工程造价咨询行业专项检查工作，着力解决损害群众利益和企业利益的突出问题。根据《福建省工程造价咨询企业信用等级评定暂行办法》，开展工程造价咨询单位信用评价，全省评定110家造价咨询企业信用等级。加强全省及入闽工程造价咨询企业资质管理，规范企业设立分支机构和跨地区承揽业务备案工作。面对国家公布取消工程定额测定费后造价管理机构资金来源问题，协调有关部门，寻求解决经费办法，编制建设工程造价管理总站2009年预算，纳入省建设厅2009年部门预算计划。

六、建设科技

【举办第二届海峡绿色建筑与建筑节能博览会】 报名企业339家，入选参展企业253家，参展企业数与第一届相比增加了53%，其中"世界500强"企业有11家；新对接项目194项，总投资48亿元，投资额比增加了45%，参观人数11.1万人。博览会不仅展示产品技术特点，扩大企业影响，而且在展会期间诞生许多合作项目。

【围绕节能减排中心推进建筑节能工作】 开展国家机关办公建筑和大型公共建筑能耗统计、能源审计、能效公示工作。示范工作主要包括福建省本级和福州市两部分的机关办公建筑、5所高校建筑、大型公共建筑及8个街道民用建筑的基本信息普查、能耗调查和典型建筑的能源审计、能效公示等。其中，能耗统计工作全部完成，含5942栋建筑的2007年和2008年上半年能耗统计、数据录入和上报。能源审计和能效公示也全部完成。同时还制定机关办公建筑和大型公共建筑能效公示办法、能耗统计与能源审计管理办法和能源审计实施细则。推进政府办公建筑能源监管体系建设，以省建设厅办公楼为试点安装能耗监测系统，实现用电分项计量装置和部分控制项目。完成住建部、财政部2007年可再生能源建筑应用示范项目组织实施和2008年14个项目的申报。其中，福鼎金九龙大酒店、泉州千亿山庄、石狮美达国际大酒店、厦门鲁能领秀城和香山国际游艇俱乐部等5项通过住建部专家评审，示范面积60.71万平方米。开展农村太阳能推广调研，2006年9月以来在农村推广3万多台户用太阳能热水器。出台《福建省建筑节能材料和产品备案管理暂行办法》，编制发布《福建省居住建筑节能设计使用手册》、《福建省建筑工程施工图节能设计说明示范文本》、《玻化微珠保温砂浆系统应用技术规程》等技术标准。开展建筑节能重大专项攻关及专项检查。组织"透水砖"、"屋顶绿化集成技术"、"城市餐厨垃圾处理技术"新技术推介、研讨会，为节能减排、改善生态环境提供技术支持。发动全行业申报国家建筑节能项目，并组织专家帮助项目计算节能量等技术问题，对项目进行评审、完善和优化，提高项目申报质量。经征集和专家评选，将技术含量较高，示范辐射带动力强，有影响力的福州海峡国际会展中心等278个项目申报国家建筑节能项目，其中新建建筑节能项目137项，包括经济适用房、廉租房、新农村农房建设、规模化应用可再生能源类90项，低能耗建筑和绿色建筑类47项，国家机关办公建筑和大型公共建筑节能改造项目35项、可再生能源建筑应用示范项目105项，累计建筑面积2485万平方米，总投资490亿元。为解决建筑节能技术攻关存在的突出问题，从2007年下半年开始，对全省建筑节能现状和技术需求作了广泛调研，确定把福建建筑节能关键技术研究和节能产品研发作为2008年申报重大科技专项的选题方向，组织省建筑科学研究院等单位着手编写重大专项可行性研究报告。组织专家对重大专题《福建省建筑节能关键技术研究和应用示范》的可行性研究报告进行论证和评审。省科技厅、财政厅下达2008年科技项目计划和经费（省级第十五批），这项技术研究和应用示范经批准列入省科技重大专项"新能源与高效节能技术及产品"专题，获得700万元经费支持。这是福建建设行业首次获得省科技重大专项立项，也是单项获得经费支持最多的项目。组织省部级科技计划项目申报21项，建设系统组织申报的《提高公交出行率技术研究》、《福建省建筑结构风荷载关键技术研究》、《台风地区既有轻钢结构厂房结构安全性鉴定及加固技术研究》等8个项目获得2008年全省第二批科技项目计划立项批准，并得到相应资金补助；组织全省建设科技计划项目申报，共申报29个研究开发类项目、6个示范类项目。组织《福建省住区室外环境设施配置标准研究》、《PHC管桩施工技术研究》等16项建设科技项目成果评审；受省经贸委委托，组织"建科透水砖"、"硅藻土系列保温隔热烧结空心砖（砌块）"、"蒸压加气混凝土砌块"等3项新产品鉴定；完成《城市历史文化遗产规划与保护数字化技术研究》、《高层住宅短肢剪力墙结构体系抗震性能研究》等3项省科技计划重点项目鉴定。有19项科技成果达到国内领先水平。做好科技进步奖组织工作，建设系统共有"建筑防震减灾技术研究"等8项科技成果（其中二等奖4项、三等奖4项）获省政府2007年度科学技术奖；做好2008年度福建省科学技术奖和华夏建设科学技术奖申报推荐工作。筹备福建省建设行业的科学技术进步最高奖——福建建设科学技术奖，筹集奖励经费70万元，并获得福建省科技厅批准登记。

【建筑行业技术进步】 组织实施科技示范工程，推进以不同类型工程为平台、重点技术体系为支撑、设计施工验收等技术配套的工程技术集成创新示范。加强建筑科技调研，先后到龙岩、漳州等市县调研建筑节能技术和产业现状、节能标准实施情况、节能示范工程建设情况，以及推进建筑节能有关政策问题。督促指导福建省第五批全国建筑业新技术应用示范工程——福建电力调度通信中心、厦门海关业务办公楼等部示范工程通过建设部评审，居国内领先。组织厦门港客运联检大楼工程、福州大学新校区图书馆工程、泉州市海峡体育中心等省建设科技示范工程验收，省广播电视中心、福州电力调度指挥中心等在建工程项目开展部、省建设科技示范工作。指导特级企业因应新的资质标准中有关科技要求和大型建筑施工总承包企业执行《大型建筑施工总承包企业技术进步评价表（试行）》，提高企业自主创新能力。就福建省企业技术中心评价标准与省经贸委多次协商后，依据本省施工企业特点和实际提出福建省建筑企业技术中心评价标准，起草技术中心评价模式及说明，编制2008年省级建筑企业技术中心评审组织方案，组织12家建筑企业申报企业技术中心并受经贸委委托对其中6家初审合格的技术中心进行现场考核和评审,并报省经贸委审批。"建筑防震减灾技术研究"等8项科技成果获省政府2007年度科学技术奖。

【**继续完善工程建设地方标准体系**】 进一步加强节能标准监管。强化节能各环节尤其是建筑施工现场标准执行情况的实施监管,及时查处一批违反强制性标准工程项目。督导《建筑节能工程施工质量验收规范》、《绿色施工导则》等的实施,开展执行建筑节能标准专项检查,确保设计、施工、监理、房屋销售、竣工验收等环节严格实施节能标准。组织科研、设计和施工单位参与住建部开展的实施工程建设标准国际化战略及与有关国家和地区的标准化合作。组织行业标准《施工现场临时建筑物技术规范》编制,组织申报编制建设部行业标准4部、批准2部,其中《岩土工程勘察安全规范》为福建省首次主编的国家标准。继续完善工程建设标准体系,以能源资源节约和合理利用、城乡规划、建设工程安全、工业建设领域标准制定修订为重点,批准立项28项标准编制计划,重点结合本省风景园林和节能减排发展需要组织编制《公园设计技术导则》、《古树名木鉴定标准》、《大树移植技术规程》、《古树名木管理技术规范》、《城市生活垃圾分类标准》等5部地方标准。审定17部标准,已批准发布《古树名木鉴定标准》、《大树移植技术规程》、《古树名木管理技术规范》、《预拌混凝土生产施工技术规程》、《水泥土配合比设计及基本性能试验规程》、《住宅工程质量通病规程》、《福建省建筑结构设计暂行规定》等15部标准及《湿铺法防水卷材建筑构造》等5部地方标准图集,促进编制单位加快编制进度,提高编制水平。加强指导与培训工作,提高工法编制水平。如开展工法编写讲座,指导省六建等建筑企业修编工法多部,审定《纸机基础板安装施工工法》等37部工法,汇总1997~2008年福建省级工法并在福建建设信息网发布。

七、建设法规

【**立法和依法行政**】 《福建省建设工程安全生产管理办法》上报省政府常务会议审议;《省风景名胜区管理条例》、《省实施〈城乡规划法〉办法》、《省建设工程抗震条例》、《省供水安全管理办法》等一批项目列入省人大五年立法规划和省政府规章年度制订计划。开展全省建设系统"五五"普法中期督导和行政处罚实施情况检查工作。推进阳光行政,制定建设厅政府信息公开工作规程和供水、公交、燃气等行业办事公开目录示范文本。出台加强建设系统行政复议工作若干意见,省建设厅办结行政复议案件79件,发挥化解行政争议作用。加强建设行业行政执法监督,推广使用建设行政执法信息系统,提高执法动态监督水平。

【**援建四川地震灾区**】 援建四川地震灾区过渡安置房任务圆满完成。汶川特大地震发生后,福建省建设厅受命建立援建工作现场指挥部,指挥协调本省援建过渡板房工作,派出援建干部100多人次,负责现场规划选址、勘察设计、施工协调和质量监督,与经贸、交通等部门紧密配合,迅速扩大板房产能,调集省内48家施工、安装企业入川,现场施工人数高峰期达7000多人。随后厦门市等设区市相继建立以建设局为主的现场指挥部,厦门市承担17070套板房援建任务。省、市现场指挥部和各参建单位干部职工冒着余震危险,克服缺水缺电、施工和生活条件恶劣等各种困难,经过两个月艰苦奋战,提前20天超额完成国务院抗震救灾指挥部下达的3.65万套任务。福建省在援建板房规划设计施工中,急灾区人民之所急,注重耕地保护,处处体现人文关怀,得到国务院抗震救灾总指挥部领导肯定,省援建现场指挥部被党中央、国务院、中央军委授予"全国抗震救灾英雄集体"称号,厦门市建设局等9个单位获"全国建设系统抗震救灾先进集体"称号,厦门、福州市援建现场指挥部等9个单位获得"省抗震救灾先进集体"称号,1人获全国抗震救灾先进个人,3人获"省抗震救灾功臣"称号,61人次获省、部先进个人表彰。建设系统继续派出骨干参加三年灾后恢复重建工作。

【**反腐倡廉四项制度建设**】 为防止行政权力滥用,制定建设厅机关和建设系统贯彻省委惩防体系2008~2012年工作规划实施意见的工作方案,并付诸实施。开展规范行政权力运行和自由裁量权试点,出台《建设系统规范行政权力运行和行政处罚自由裁量权实施意见》,公布22项行政许可审批等事项流程图和127项行政处罚自由裁量标准。总结推广漳州市规划局、建设局经验。继续完善招投标制度,出台标准施工招标文件、招标代理业务作业规程等一系列规范性文件。开展工程招标代理机构和造价咨询企业专项整治。健全建设市场法人和自然人违法违规档案管理。工程项目采用合理造价随机抽取中标人办法后,全省共有2079个招标项目实行,基本没有出现投诉,市场各方反映良好。跟踪落实《加强房地产开发项目容积率管理意见》,泉州、莆田市等加强近期建设用地详规编制,合理确定出让地块容积率等规划条件，有效防止滥用职权腐败现象发生。开展房地产市场秩序专项整治，出台房屋登记工作规程、存量房交易资金结算管理办法，制定经纪合同示范文本，维护购房者合法权益。开展"四项制度"建设两年多来，建设厅已出台规范性文件31件，腐败案件明显减少。

【队伍与精神文明建设】 在行业人才队伍建设中，人才数量不断增加，队伍结构逐步优化，全行业专业技术人才近25万人，其中高级职称人才1.5万多人，教授级高级工程师近百人，各类执业资格人才8万多人，技能型人才14万多人。组织实施注册建筑师、建造师等9项执业资格制度，全省已有执业建造师近5万人。实行资格考试和申报注册网上报名，全年组织2.8万人次参加各类执业资格考试。举办各类专业技术人员继续教育培训，受训人数达8万多人。创建150个工地农民工业余学校，开展污水化验监测、建筑工程监理等岗位技能竞赛，提高岗位技能。与此同时，精神文明建设如开展"迎奥运、讲文明、树新风"活动，开展供水、燃气行业损害群众利益和企业利益专项整治等也取得新成绩。以8个行业为重点，全行业参加"文明行业"竞赛，140个省市级示范窗口相互学习促进，6个单位获得国家级青年文明号称号，2个单位被评为全国文明单位。全系统涌现出37位省劳模和先进工作者。全系统干部职工踊跃向四川灾区捐款、捐物和缴纳特殊党费。厦门市向灾区派出16名专家参与震后房屋评估，福州、厦门市还派出自来水检测检修技术人员，援助一批垃圾处理设施和移动公厕等。开展纪念改革开放30周年活动，出版《福建建设改革开放30年画册》。在深入学习实践科学发展观活动中，福建省建设厅机关作为第一批开展学习实践活动的单位、泉州市建设行政主管部门（含洛江区、惠安县）作为第二批试点，都以"情系民生，建设先行"为实践载体，着力解决影响和制约行业发展的一些突出问题。建设厅把贯彻落实中央和省里扩大内需政策，作为学习实践活动的重要内容，认真研究，及时向省委、省政府提出加快廉租住房和污水垃圾处理设施建设等五项扩大内需、促进经济持续发展的建议，研究代拟省政府加快推进棚户区、危旧房改造意见等政策措施。开展在建开发项目摸底，建立重点企业项目档案，会同金融部门搭建银企对接平台，帮助企业解决困难。各级建设行政主管部门主动跟进，狠抓项目落实，展现建设系统"四求先行"新风貌。

（福建省住房和城乡建设厅　施德善）

江 西 省

一、综述

2008年是省委省政府主要领导高度重视、高位推进住房和城乡建设工作的一年。江西省委书记苏荣同志直接部署，将提升城市规划、建设、管理水平，加快推进新型城镇化，首次列为省委常委理论中心组学习的主题，并率领省党政代表团，到上海、江苏和内蒙古、安徽等地考察城市规划建设管理。吴新雄省长先后4次到省建设厅指导部署新型城镇化、保障性住房、房地产市场、城市基础设施建设等重要工作。史文清副省长深入城乡建设一线调查研究、协调部署、督导落实。

2008年是全省住房和城乡建设系统学习实践科学发展观取得突出成效的一年。苏荣同志亲自挂点指导省建设厅深入学习实践科学发展观活动试点工作，并到厅机关开展调研。江西省住房与城乡建设厅突出实践特色、创新活动载体、促进中心工作的做法，专门向中共中央政治局常委、国家副主席习近平汇报，还受邀到住房城乡建设部机关作试点活动专题报告。全省城乡建设系统以深入学习实践科学发展观为动力，以推进新型城镇化和统筹城乡一体化发展为中心，在健全住房保障体系、改善城乡人居环境、强化节能减排、支援四川抗震救灾和灾后重建等方面做了大量工作，付出了艰苦努力，取得了突出成绩。

2008年是全省住房和城乡建设系统勇担急难险重任务，经受严峻考验和挑战的一年。抗击低温雨雪冰冻灾害，确保城市路通、水通、气通，确保公交、环卫等市政行业安全有序运行，确保风景名胜区、建筑工地和直管公房安全。争取国家城市基础设施恢复重建补助资金4.21亿元。调集精兵强将支援四川抗震救灾，克服重重困难，提前22天完成地震重灾区彭州等6市(县)3.273万套过渡安置房援建任务。全省建设系统25个单位、105名个人分别受到中央和省(部)、厅级表彰。省建设厅被中共中央、国务院、中央军委授予"全国抗震救灾英雄集体"称号。对口支援四川小金县灾后重建，"江西小金服务中心"作为全国援建灾区永久性项目，率先开工，118天竣工，"江西速度"令灾区社会各界惊叹。

2008年是全省住房和城乡建设系统应对金融危机，住房和城乡建设事业保持平稳较快发展的一年。全省建设事业"十一五"规划主要指标全面超额完成预定计划，城乡建设事业取得新成绩。全年城市市政公用设施建设完成投资170亿元，较上年增长20%左右，占全省固定资产投资4%左右；房地产完成投资540亿元，同比增长25%左右；全省建筑业企业完成建筑业总产值970亿元，同比增长23.4%左右，建筑业占全省GDP比重10%(全国平均水平为6%左右)，绝对值达到648亿元；城镇化率达41.36%，较上年增长1.56个百分点。

二、建筑业

【概况】 2008年底，江西省共有各类建筑业企业2367家。按资质序列分：施工总承包1194家，占50.44%；专业承包企业1004家，占42.42%；劳务分包企业169家，占7.14%。按资质等级分：特级企业1家；一级企业135家(施工总承包79家，专业承包56家)；二级企业542家(施工总承包338家，专业承包204家)；三级企业1495家(施工总承包776家，专业承包719家)；不分等级企业25家。

根据省统计局快报统计，2008年全省全社会建筑业增加值648亿元，占GDP比重10%。全省有资质的建筑业企业完成建筑业总产值970亿元，比2007年增长23.4%；全员劳动生产率14.8万元，比2007年增长18%，全省建筑业企业施工面积达10009.33万m^2，比2007年增长8.4%，竣工面积5059.72万m^2，比2007年增长10%。

【深入开展建筑业调研工作】 组织开展推进建筑业企业改革与发展，做大做强全省建筑业的调研。先后在南昌、宜春、上饶等地多次组织召开"推进建筑企业改革与发展、做大做强全省建筑业"座谈会，分析江西省建筑业的现状、存在的问题和制约发展的瓶颈，研讨推进企业改革与发展的对策、措施，鼓励企业开拓市场，树立品牌，做大做强。厅领导带队，赴江苏、浙江两省进行建筑业改革与发展考察、调研，学习借鉴建筑业先进省份的成功经验。结合学习实践科学发展观试点工作，撰写了《推进建筑企业改革和发展、做大做强全省建筑业——江西省建筑业发展状状况及建议》，分析阐述我省建筑业发展状况并提出对策和建议，明确了发展目标。

【积极推动建筑业企业改革】 积极扶持江西省大中型国有、集体建筑业企业改革，加快体制机制创新。加快推进和扶持我省大中型国有、集体建筑业企业产权制度改革，建立现代企业制度，完善法人治理结构，促进新的利益机制、创新机制和风险防范机制的形成，以增强建筑业企业内在发展动力和竞争实力，促进江西省建筑业快速发展。2008年新余市建筑工程总公司、江西省水利水电总公司、江西省第四建筑工程公司等大中型国有企业完成改制，江西省建工集团公司所属其他大型企业的改制工作启动。

【大力扶持建筑业企业做大做强】 一是加强指导，扶持建筑业企业做大做强。按照"扶优、扶强、做专、做精"的原则，积极扶持一批有条件的骨干建筑企业申报一级资质。2008年，全省共有70家(次)建筑业企业申请一级资质升级(含增项)获得批准(其中住房和城乡建设部审批33家，我厅审批37家)，主项升级的一级建筑业企业31家。二是服务企业，做好建筑业企业资质管理工作。对江西省住房和城乡建设厅实施行政许可的建筑业企业资质，实行"受理公示、专家评审、集体讨论、限时审批、及时反馈"制度，全方位、全过程、全范围实施阳光操作，保证资质许可的公开、公平、公正。全年共受理建筑业企业资质申请385家。积极鼓励企业开拓外省建筑市场，热情为施工企业出省承接建筑工程做好服务与协调。全年为江西省施工企业出省承揽施工任务开具介绍信、办理出省登记等手续累计1500余家(次)。

【开展建筑业评优工作】 为激励全省建筑业企业、项目经理(建造师)开拓进取，注重企业经营及工程项目管理，狠抓工程质量和安全生产，开展了2007年度全省先进建筑业企业和优秀项目经理(建造师)评选活动，南昌市建筑工程集团有限公司等115家企业被评为"2007年全省先进建筑业企业"，龚星平等252位项目经理(建造师)被评为"2007年全省优秀项目经理(建造师)"。

【推动建筑企业科技进步】 积极组织开展建筑业新技术应用示范工程评审工作。鼓励企业提高自主创新能力，发展自己的专有技术和工法，提高企业的核心竞争力，加快转变增长方式。批准南昌市建筑工程集团公司申报的14项工法为省级工法。开展了2008年度江西省建筑业新技术应用示范工程的申报工作，8项工程列为2008年度省建筑业新技术应用示范工程。

【强化建筑市场监管】 继续开展清理拖欠工程款和农民工工资的工作。组织开展建设领域竣工项目工程款支付情况调查统计。认真抓好拖欠工程款和农民工工资投诉举报案件处理、协调和督办，促进了社会和谐稳定。认真做好省外建筑业企业和工程监理企业进赣备案工作。按照江西省住房和城乡建设厅制定下发的《关于进一步规范我省建筑市场有关问题的通知》和《关于省外工程监理企业进赣备案有关问题的通知》要求，严格管理与热情服务并重，认真抓好省外施工企业和工程监理企业进赣备案管理工作。全年共办理省外施工企业进赣投标备案手续1392家(次)；办理省外工程监理企业进赣投标备案手续70家(次)。切实做好省管项目施工许可证核发工作。全年共发省管项目施工许可14个。

【认真做好建造师注册工作】 认真完成了二级建造师初始(增项)注册审批和一级建造师初始(增项)注册初审工作，并集中开展了建造师临时执业资格证书认定工作。954名一级临时建造师获得住房和城乡建设部批准。在二级建造师临时执业证书认定工作中，重点对一些外向型及业绩优良的企业给予一定的倾斜与扶持，为江西省企业在过渡期正常参与市场竞争打下了良好基础。2008年底，江西省取得建造师注册证书人员总数达17935人(一级2985人，一级临时954人，二级5491人，二级临时8505人)，为确保建造师执业资格制度平稳推进奠定了良好的基础。

三、城市规划

【概况】 全省城市化水平达到41.36%，比2007年增长1.56个百分点。11个设区市均成立了城市规划委员会，由市委书记或市长亲自担任主任，具体研究解决城市规划发展和建设的重大问题。各地普遍实行了城市规划专家技术审查制度，对有关城市规划、建设和发展的重大问题，注意广泛听取专家和社会各界的意见，科学决策、民主决策的意识进一步加强。南昌、九江、景德镇、鹰潭、萍乡、上饶、新余、抚州、南康、瑞金、贵溪、丰城、乐平、井冈山等14个市设立了一级规划局，赣州、宜春、吉安3个市设立了一级规划建设局，德兴、樟树、瑞昌等3个市设立了二级规划局，吉安市设立了规划管理处，于都、寻乌、修水、上饶县、玉山、广丰、鄱阳、婺源、万年、余干、弋阳、横峰、上高13个县设立规划局，全省规划管理人员千余人。全省现有南昌、景德镇、赣州市3个国家历史文化名城，吉安、井冈山、瑞金、九江市4个省级历史文化名城。

全省有庐山、井冈山、三清山、龙虎山、仙女湖、三百山、梅岭—滕王阁、龟峰、云居山—柘林湖、高岭—瑶里、武功山等11处国家级风景名胜区和25处省级风景名胜区。风景名胜区总面积达5257平方公里，占全省国土总面积的3.2%。其中庐山、三清山被联合国教科文组织世界遗产委员会列入《世界遗产名录》。全省共设立风景名胜区管理局(管委会、管理处)39个，从业人员达28481人。国家级风景名胜区固定资产投资额达到15.2亿元。比2007年下降21.7%。全年国家级风景名胜区接待境内外游客1416.2万人次，比2007年下降20.43%。实现旅游收入18.3亿元，比2007年下降2.69%。其中门票收入5.75亿元，比2007年下降10.7%。

【新型城镇化政策理论研究取得成效】 完成省委常委领题的《关于推进新型城镇化问题调研报告》；配合建设鄱阳湖生态经济区战略目标的专题调研，形成《关于培育和促进环鄱阳湖城市群发展的调研情况的报告》，完成鄱阳湖生态经济区规划之九《新型城镇化专项规划》编制；代省政府起草《关于加快推进我省新型城镇化进程的若干意见》。

【城乡规划法规制度建设力度加大】 对照《城乡规划法》，对江西省现有的相关法规、规章和政策等进行全面梳理。《江西省城乡规划管理条例》纳入省政府2009年立法计划，《关于加强全省城乡规划工作的通知》进入审核报批程序，《江西省城市和镇控制性详细规划条例》出台实施。各城市基本建立城市规划成果专家论证制度和公示制度，完善并实施了城市规划编制的招标制度，各城市重要地段规划项目100%招标。

【城乡规划编制步伐进一步加快】 各设区市全面启动新一轮总体规划调整修编，至2008年底，全省11个设区市的城区控规覆盖率均超过了80%，赣州、上饶、九江基本实现城区规划用地控规全覆盖。贵溪市、赣县、九江县、吉安县等纳入中心城区统一规划、统筹布局。各市完成2009年度、2010年度住房建设计划、2008~2012年住房建设规划。各地还结合本地实际，编制一大批专项规划，开展城市设计工作，为科学建设城市奠定基础。

【城乡规划实施监督管理得到加强】 深入学习贯彻《城乡规划法》，在全省组织开展"城乡规划年"活动,进一步提高了全社会的规划法规意识。加强城乡效能监督检查,严肃查处群众反映突出的违法违规建设项目。依法依规简化城市总体规划审批程序,加快规划审批进程。规范建设项目规划选址审批专家论证和管理,确保各级各类重点建设项目有序推进。

【启动省域城镇体系规划调整修编】 为全面贯彻落实科学发展观,推进江西省新型城镇化和鄱阳湖生态经济区建设,实现城乡和区域统筹,促进江西省经济社会又好又快发展,江西省住房和城乡建设厅向省政府提出建议,对已报国务院待批中的省域城镇体系规划进行调整修编。并积极做好了省域城镇体系规划调整修编的前期准备和有关协调工作,向国务院办公厅、国家住房和城乡建设部进行了专题汇报,得到了他们的理解和支持。为此我们拟定了《江西省城镇体系规划》编制工作方案,经报请省政府审定同意,正式启动省域城镇体系规划调整修编工作。

【三清山"申遗"获得成功】 7月8日,在加拿大魁北克召开的第32届世界遗产委员会上全票通过,三清山列入世界自然遗产名录,成为全国第7处我省第1处世界自然遗产地,提升了江西省风景名胜在全国的地位。

【风景名胜立法工作扎实推进】 协助省人大开展《江西省风景名胜区条例》立法调研,该条例列为2009年立法计划。《龙虎山和龟峰风景名胜区管理条例》7月经省人大常委会审议通过。至2008年底,江西省有庐山、三清山、梅岭、滕王阁、龙虎山、龟峰等六部专门法规,风景名胜区立法工作走在全国前列。

【风景名胜区规划编制取得突破性进展】 江西省第一部风景名胜区体系规划《江西省风景名胜区体系规划》(初稿)基本完成。国家级风景名胜区总体规划全部通过省政府的审查,上报国务院审批。省级风景名胜区总体规划全部编制完成。国家级风景名胜区基本做到了没有详细规划,不批准项目建设。省级风景名胜区也编制了一批详细规划,为指导风景名胜区保护、建设和管理提供了依据。

【开展文明风景旅游区创建活动】 省文明办、省建设厅、省旅游局联合对申报第二批全国文明风景旅游区、全国创建文明风景旅游区工作先进单位的井冈山、三清山、滕王阁风景名胜区进行了考评,推荐井冈山风景名胜区为第二批全国文明风景旅游区,三清山、滕王阁风景名胜区为全国创建文明风景旅游区工作先进单位。

四、城市建设

【概况】 全省城市公共供水日综合生产能力614.97万立方米,供水总量12.32亿立方米;设市城市用水普及率96.49%,县城用水普及率85.15%;设市城市人均日生活用水量201.75升,县城人均日用水量124.81升。全省21个城市、69个县城建立了公交设施,运营车辆8875辆,年客运总量131317万人次;设市城市每万人拥有公交车辆9.22标台;县城每万人拥有公交车辆3.75标台。全省91个城市(县城)均建有液化气供气设施,25个城市建成管道燃气工程。全省燃气用户398.11万户,用气人口1125.77万;液化石油气供气总量34万吨,用气人口884.05万;人工煤气供气总量4亿立方米,用气人口133.85万;天然气供气总量6065万立方米,用气人口104.87万;设市城市燃气普及率90.18%,县城燃气普及率69.17%。全省城市道路9252.8公里,面积1.54亿平方米,排水管道10010公里,城市路灯56.9万盏;设市城市人均道路面积11.03平方米,县城人均道路面积11.13平方米;设市城市污水处理率51.52%,污水集中处理率44.52%。全省城市环卫行业清扫保洁面积13687万平方米,年清运垃圾532.82万吨,无害化垃圾处理场13座,建有公共厕所2937座,其中三级以上公厕1755座;设市城市生活垃圾无害化处理率76.4%。全省城市绿化覆盖面积70103公顷,园林绿地面积54903公顷,公园绿地面积14501公顷,公园376个;设市城市建成区绿地率38.5%,绿化覆盖率41.72%,人均公园绿地面积10.56平方米;县城建成区绿化覆盖率33.35%,绿地率29.17%,人均公园绿地面积10.19平方米。全省各市、县均组建了城建监察(城管执法)支(大)队(南昌、九江、抚州、新余成立了城市管理行政执法局)。全省有城建监察队员5506人,监察车辆1986辆(含摩托车等)。

【着力推进全省县(市)污水处理设施建设工作】 污水处理设施建设实现突破。各级建设部门超常规高效工作,实现了省政府确定的开工建设阶段性目标。一是成立机构,制定操作细则。省政府作出两年内建设85座县(市)污水处理厂的决策后,4月,成立省建设厅加快推进县(市)污水处理设施建设领导小组,设立了综合组、规划组、设计组、招标投标组、质量安全组、工程造价组、工程监理组、信息宣传组8个工作组,全年召开了21次领导小组会议。二是积极开展帮扶,为项目建设提供服务。先后2次对第一批45个县(市)的规划、设计、工程招投标、质量安全、工程监理、造价管理和综合管理等6个方面进行帮扶。举办了全省污水处理设施建设政策技术指导会、污水处理工程建设质量安全现场会、工程造价控制会,以及项目业主、施工监理工程师培训等8次技术指导会议。组织编印了2册《江西省建设厅推进污水处理设施建设文件汇编》,编写了《污水处理设施建设常识100问》,发简报18期。三是加强监督,提出指导意见。提出了对县(市)加快推进污水处理设施建设的指导意见和原则,主要有《江西省县(市)污水处理厂工程施工招标文件(示范文本)》《江西省县(市)污水处理厂工程施工招标资格预审文件(示范文本)》《江西省县(市)污水处理设施工程造价控制指导意见》《江西省污水处理厂工程质量和安全监管指导意见》《江西省县(市)污水处理工程监理指导意见》《江西省县(市)污水管网规划建设指导意见》等。

【结合实际深入学习实践落实科学发展观】 参与了省委深入学习实践科学发展观活动9个调研课题之一的"以抓污染为重点,从源头上防止和控制污染排放问题研究"和"江西省新型城镇化"两个课题的调研和撰稿工作。

【城市管理体制进一步完善】 各级城市不断强化以人为本的管理理念,积极探索城市长效管理、规范化管理的新途径、新办法,取得新成效。景德镇市建成数字化城市管理中心,标志着江西省数字化城市管理工作进入实质性运行阶段。南昌、宜春等市正积极组织开展数字化城市管理基础工作。

五、勘察设计

【概况】 全省工程勘察设计单位共395家。其中甲级企业59家,乙级企业142家,占51%;从业人员22102人,其中技术人员18110人(高级职称人员4510人,中级职称人员7121人,初级职称5579人),占82%;全国工程设计大师3人;注册执业人员3147人,其中注册建筑师766人(一级184人,二级582人),注册结构工程师455人(一级309人,二级146人),注册土木(岩土)工程师153人,其他注册工程师1773人,比2007年增加22%。

2008年,全省勘察设计单位营业收入28.96亿元,比2007年增长12%,其中:境内收入28.42亿元(勘察4.61亿元,设计14.33亿元,技术管理服务1.79亿元,工程总承包6.57亿元,其他1.12亿元)。人均营业收入13.59万元,比2007年增长11.2%。营业成本22.10亿元,实现营业税金及附加1.42亿元,营业利润2.25亿元,应交所得税0.61亿元。企业累计拥有专利63项,专有技术132项,承接编制图、行业、地方标准设计15项(其中国家5项)。

【加强勘察设计质量和市场管理】 2008年共审查3408项房屋建筑工程施工图设计文件,总建筑面积2810万平方米;市政基础设施工程项目161项,投资额为54.2亿元,审查出违反工程建设强制性条文3572条(比2007年减少),并责成勘察设计纠正,为保证工程结构安全公众利益,提高工程质量,发挥了重要作用。进一步加大勘察设计市场监管力度,通过严格执行外省勘察设计单位进赣年度登记制度,对外省勘察设计企业在赣市场行为的专项检查和施工图设计文件审查备案等措施,有力规范了勘察设计单位各方主体的行为。

【强化注册执业人员管理】 2008年全省新增注册建筑师19人(一级15人,二级4人);注册工程师(结构、岩土、化工、电气、公用设备、水利水电、环保、港口航道等专业),基础考试合格132人,专业考试合格72人。加强注册执业人员继续教育培训,全年举办5期各类注册专业继续教育学习班,共有1000人参加学习。全年共办理各类注册手续520人,其中首次注册32人,继续注册412人,变更注册56人。

六、村镇建设

【概况】 全省建制镇677个(不含县城关镇)、集镇633个、农场33个、村庄162379个(其中村委会17103个),村镇总人口3725.31万人,其中建制镇、集镇居住的人口663.27万人,占村镇总人口的17.8%。各级建设部门村镇建设管理职能基本到位,省级村镇建设(规划)管理机构1个,市级村镇建设(规划)管理机构19个,县级村镇建设(规划)管理机构129个,乡镇村镇建设管理机构1268个;全省村镇建设(规划)管理人员5000余名。全省建设用地面积651824公顷,其中建制镇、集镇用地129882.99公顷;村镇建设总投资172.43亿元,其中住宅建设投资85.19亿元,占投资总额的49.41%,公共建筑、生产性建筑和公用设施投资87.23亿元,占投资总额的50.59%。全省村镇实有住宅建筑面积121888.85万平方米,人均住宅建筑面积33.78平方米。村镇公用设施逐步完善,共有623个建制镇、481个集镇、22个农场、4894个行政村建有集中供水设施。建制镇、集镇自来水厂日供水能力164.84万吨,村镇自来水受益人口411.66万人,占村镇总人口的11.05%,建制镇自来水普及率92.02%,集镇自来水普及率75.99%。全省人均村镇道路面积17.48平方米，建制镇人均公共绿地10.09平方米，集镇人均公共绿地面积9.65平方米。建制镇、集镇、农场共有公共厕所3634座，环卫车辆1798辆。

【村镇规划编制基本完成】 按照中央和省委、省政府关于建设社会主义新农村的战略部署，江西省住房和城乡建设厅提出从2005年开始，用3年左右的时间基本完成全省所有乡镇、行政村的规划编制任务。3年多来，全省各级规划建设部门大力推进，从人、财、物等方面来保障村镇规划的编制。至2008年底，全省1324个乡镇，共有1276个完成了总体规划的编制与修编工作，编制率达96%；全省15601个行政村，共有15135个编制了村庄建设规划，编制率97%；约40%以上的自然村完成了规划编制，使江西省村镇规划编制率从全国中下游跃为上游水平。

【农村房屋建设管理得到加强】 为加强农村房屋建设管理，规范农民建房行为，代省政府起草了《关于切实加强农村房屋建设管理的通知》。修订下发了《江西省村镇建房规划审批办法》，进一步规范了村镇建房审批程序，有效地指导了全省村镇建设。

【加强村镇规划建设管理】 全年累计编制乡镇总体规划1165个，编制行政村规划13670个，完成省委新村办16210个试点自然村的规划编制。省财政厅和住房城乡建设厅联合下达村镇规划补助资金1000万元，解决了村镇规划编制金缺乏的燃眉之急。提出了规范农民建房、尽快遏制农村建房无序状况的政策思路；不少县（市、区）健全村镇建设管理机构，创新管理机制，解决了职能、人员和经费问题。

【示范镇"五整治、三建设"活动逐步深入】 组织对全省示范镇"五整治、三建设"（道路街巷整治、违章搭建整治、临街建筑整治、环境卫生整治、集贸市场整治；园林绿化建设、公用设施建设、景观环境建设）活动进行检查督导。各级建设部门和示范镇政府对此高度重视，将"五整治、三建设"活动开展得有声有色，镇容镇貌发生了较大的变化。11月上旬，在景德镇市召开全省小城镇建设现场会既省镇长协会年会，总结表彰先进，推广典型经验，通报了全省示范镇"五整治、三建设"检查情况。

【历史文化名镇名村得到较好保护】 会同省文化厅在组织对全省村镇历史文化资源进行普查的基础上，组织专家对申报第三批省级历史文化名镇名村的村镇进行了检查和评选，共评出17个历史文化名镇名村上报省政府审批。会同省财政厅下拨了专项补助资金，用于历史文化名镇名村保护规划的编制。通过努力，江西省有7个村镇被住房和城乡建设部、国家文物局授予中国历史文化名镇名村，使江西省已公布的中国历史文化名镇名村总数达15个，省级历史文化名镇名村49个，处于全国上游水平。2008年全省已有29个历史文化名镇名村完成了保护规划的编制，历史文化名镇名村的保护工作进一步加强。

【乡村垃圾处理工作全面启动】 按照省委、省政府领导的指示，结合学习实践科学发展观试点活动，由厅领导带队，深入南昌、九江、宜春、上饶、赣州、吉安等地对村镇垃圾处理工作进行了专题调研，及时下发了《关于要求认真抓好乡村垃圾无害化处理试点工作的通知》和《关于开展乡村垃圾无害化处理调研督查的通知》，在全省建设系统部署了乡村垃圾处理工作。九江市、庐山、渝水区、星子、上犹、宜丰、鄱阳、上饶等县进行了积极探索，初见成效。9月，省政府在星子县召开了全省农村垃圾处理现场会，熊盛文副省长到会讲话，对全省农村垃圾处理工作进行了全面部署。之后，景德镇、鹰潭等地全面启动了乡村垃圾处理工作，全省大多数地方的规划建设部门积极参与了此项工作。

【"三下乡、五服务"活动深入展开】 各级规划建设部门进一步强化了服务意识，按照住房和城乡建设部的部署，组织开展了"三下乡、五服务"（科技、规划、设计下乡，为农民建房、修路、改水、改厕、改善人居环境服务）活动。组织开展了具有江西特色的农房设计方案的征集活动，共收集到设计方案100多个，经组织专家评选，初选入围的方案有20个，待进一步深化设计后定稿。各地结合实际开展了送图下乡、巡回图展、农房知识讲座等形式，主动为农民建房服务。赣州、新余等地还加强了村镇建筑工匠的培训和管理，严把农村建房质量安全关。

【扩大农村危房改造试点和农房发证试点工作开始部署】 按照住房和城乡建设部扩大农村危房改造试点的部署，及时将江西省调查情况上报。开展农村房屋登记发证试点工作，起草了试点方案，广泛征求各方意见，与试点县县政府、房管部门领导进行座谈。要求进贤、婺源两个试点县根据《城乡规划法》、住房和城乡建设部《房屋登记办法》，结合当地实际制定实施方案，逐步开展试点工作，力求抓出成效，创造经验。

【新农村建设有序推进】 根据省委、省政府领导的指示，进一步加大了新农村建设的力度，全省9000个新农村建设试点村的规划编制工作基本完成，基础设施逐步配套。继续开展"江西人居环境奖"的评选工作,共有13个村庄整治项目获得"江西人居环境范例奖"。

【扶贫包村等项工作成绩较出色】 落实省委部署认真抓好包扶后进村工作,多次深入扶贫点调研,帮助解决实际问题,江西省住房和城乡建设厅被省委组织部评为包村工作先进单位,包村工作组组长被评为先进个人。注重特色和效果,开展对口支援少数民族地区经济发展工作,做到了规划先行,产业支撑,加大了基础设施的投入,少数民族村的面貌发生了较大的变化。

七、住宅与房地产业

【概况】 2008年,受国际金融危机等因素影响,江西省房地产市场出现开发投资增速平稳、商品房开工和竣工面积下降,市场销售逐月低迷、销售价格涨幅回落等特点。一是房地产开发完成投资增速平稳,90平方米以下的住房完成投资增幅较大。全省房地产开发完成投资544.32亿元,同比增长25%,增幅比2007年同期上升0.2个百分点,其中,住宅完成投资444.72亿元,同比增长25.5%,增幅比2007年同期下降7.8个百分点,90平方米以下的住房开发完成投资60.87亿元,同比增长42.9%。二是商品房施工面积增幅减少,新开工面积、竣工面积下降幅度进一步加大。商品房施工面积6034.68万平方米,同比增长10.7%,增幅比2007年同期下降6.5个百分点。商品房新开工面积2418.81万平方米,同比下降7.5%,降幅比2007年同期增加17.3个百分点。商品房竣工面积1245.65万平方米,同比下降23.4%,降幅比2007年同期增加13.6个百分点。三是商品房销售面积、销售金额下降幅度进一步加大。商品房销售面积1464.55万平方米,同比下降32.7%,降幅比2007年同期增加49.5个百分点。商品房销售额321.25亿元,同比下降28.7%,降幅比2007年同期增加72.8个百分点。四是商品房空置量下降,90平方米以下的商品住宅空置面积降幅和140平方米以上的商品住宅空置面积增幅较大。截至2008年12月底,商品房、住宅、办公楼和别墅(含高档公寓)空置面积分别为183.47、81.08、3.23、8.76万平方米,同比分别下降3.8%、13.6%、17.8%、11.8%;90平方米以下商品住宅空置面积1.59万平方米,同比下降57.6%。五是商品房价格增幅下降。商品房综合销售价格2194元/m^2,同比增长5.9%,增幅比2007年同期下降13.4个百分点。其中,住宅综合销售价格2083元/m^2,同比增长4.2%,增幅比2007年同期下降21.8个百分点。

【省政府与各设区市签订廉租住房、经济适用住房责任书】 1月14日,省政府召开了2008年民生工程及廉租住房、经济适用住房责任书签订仪式暨新闻发布会。省人民政府及省国土资源厅分别与各设区市市长签订了2008年全省廉租住房、经济适用住房建设和土地供应责任书,各设区市市长与省中行、工行、建行、农行四家专业银行签订了低收入家庭购买经济适用住房按揭贷款协议书。

【召开规范有序发展房地产市场座谈会】 10月22日,吴新雄省长在江西省住房和城乡建设厅主持召开了由部分设区市政府分管副市长、省直有关部门及房地产企业负责人参加的座谈会,专题研究加大保障性住房建设力度,规范有序健康发展房地产的措施。副省长史文清、省长助理胡幼桃出席了座谈会。吴新雄省长在座谈会上作了重要讲话,强调要以科学发展观为指导,积极全面贯彻党中央、国务院政策方针和省委书记苏荣讲话精神,加大保障性住房建设力度,解决普通老百姓的住房困难,让人民群众得到更多的实惠;采取扎实有效的措施,规范有序健康发展房地产业。要认清形势,增强信心,多管齐下,促进经济平稳较快增长。

【房地产市场基本平稳】 研究起草了《关于促进房地产市场平稳健康发展的若干意见》。各地房地产主管部门会同有关部门积极开展全面整顿规范房地产交易秩序活动,及时查处了一批违法违规案件,通过媒体重点曝光了25起房地产典型案例。有效规范了市场秩序,遏制了房地产领域损害群众利益的违法违规行为。住房城乡建设部等八部委联合检查组对江西省房地产市场秩序专项整治工作给予了充分肯定。认为组织领导是有力的,工作机构是健全的,工作开展是扎实的,工作成效是显著的。

【开展了国家康居示范工程申报工作】 江西省住房和城乡建设厅选择、培育南昌申标房地产发展有限公司在南昌县开发的保集半岛小区申报国家康居示范工程,并与建设部住宅产业化促进中心联合召开评审会,通过了该小区申报国家康居示范工程。这是南昌市首家申报项目,也是江西省第二家。

【开展了物业管理示范项目创评活动】 积极开展了物业管理示范项目创评活动,有2个项目推荐为全国物业管理示范项目。对《江西省居住小区物业管理条例》进行修改,形成了《江西省物业管理条例(修改稿草案)》报送省政府法制办。在全省范围内组织开展了物业管理行业专题调研活动,形成了《江西省物业管理行业专题调研报告》报送住房和城乡建设部。

八、建设法制和行业精神文明建设

1. 法制建设

【行业立项工作取得新突破】《龙虎山和龟峰风景名胜区管理条例》经省人大常委会审议通过并颁布实施。《江西省城乡规划条例》、《江西省风景名胜区条例》、《江西省民用建筑节能管理条例》、《江西省城市居住小区物业管理条例（修订）》、《江西省井冈山风景名胜区条例》、《江西省城市排水和污水处理设施监管办法》列入省政府2009年立法计划。住房城乡建设领域6部（项）地方性法规立法项目计划列入省人大立法规划项目库。法规体系建设不断完善和充实，为依法治业提供了坚实的法治基础。

【规范执行行为出台新办法】组织完成了住房城乡建设领域规范行政处罚自由裁量权工作。对76部行业法律、法规、规章中的行政处罚事项的种类、幅度，根据涉案标的、过错、危害程度等进行了细化，并制定了《江西省建设行政处罚自由裁量权细化标准》和《江西省建设行政处罚自由裁量权适用规则》印发全省住房城乡建设行政主管部门推广执行，从制度上规范了行政执法行为。在全省建设系统开展了行政执法监督检查，对检查中发现的问题及时提出了整改建议，尤其对规范行政处罚行为提出了明确要求，取得了较好的效果。

【行政复议工作取得新成效】全年江西省住房与城乡建设厅共受理行政复议案件7起，变更行政裁决1起，维持原行政裁决2起，通过调解终止行政复议3起。其中一起历时两年的房屋拆迁信访案件，在进入行政复议阶段后，经多次组织调解，五位申请人最终签订了拆迁补偿安置协议，有效化解了矛盾，较好地维护了双方当事人的合法权益。

【普法宣传工作取得新进展】组织开展了"五五"普法中期自查、检查工作。在全省建设系统及时转发了住房和城乡建设部《关于开展"五五"普法中期检查的通知》，要求各设区市建设行政主管部门加大普法工作力度，开展自查自纠，做到遗拾补漏。同时，对在自查检查工作中发现的先进典型和经验进行了推广。通过自查、检查，全系统领导干部和执法人员的法治意识得到了增强，依法履职水平得到了提高。

2. 行业督察（稽查）

【概况】江西省机构编制委员会办公室以《赣编办发〔2008〕119号文件》、江西省建设厅以《赣建人〔2008〕2号文件》明确"江西省建设市场督察站"为参照公务员法管理单位，负责全省住房城乡建设系统的稽查和建设行政处罚工作，主要职责是：负责组织对全省城乡规划、建筑市场、房地产市场和风景名胜区等方面违法违规行为的专案稽查，负责指导全省各级建设、规划、房地产等行政主管部门和风景名胜区管理机构的稽查工作。

各设区市建设主管部门高度重视建设稽查工作，上饶市建设局、赣州市建设规划局、景德镇市建设局设立建设市场督察站，南昌市建委成立执法联络处，九江市、宜春市、吉安市、鹰潭市明确由建筑管理站负责建设稽查工作，赣州市房管局、吉安市房管局、上饶市房管局、抚州市房管局、抚州市规划局、庐山风景名胜区管理局成立监察支队负责建设稽查工作，南昌县、乐平市等74个县（市）成立了相应的稽查机构，初步形成了省、市、县（市）上下对应、齐抓共管的住房城乡建设稽查局面。

【建设稽查工作取得初步成效】认真贯彻"坚持维护群众合法权益，解决好涉及城乡群众切身利益的问题"的要求，对举报投诉、其他部门转交以及上级领导交办案件都认真调查核实，依法处理。重点查处发生在群众身边、损害群众利益、社会影响恶劣的建设违法违规行为，2008年共检查各类建设工程和相关单位136个，查处违法违规案件71起，其中作出行政处罚53件，收缴行政处罚款55万元。切实维护了建设法律法规的严肃性和权威性，保障了当事人的合法权益。

3. 行业精神文明建设

【全省建设系统精神文明建设成效显著】全省建设系统各单位（部门）继续广泛开展多种形式的精神文明创建活动，涌现了一大批先进单位和先进个人。庐山、井冈山、三清山和滕王阁风景名胜区等积极参加第二批全国文明风景旅游区创建活动，景区的服务水平和服务质量得到了进一步提升，井冈山获第二批全国文明风景旅游区称号，滕王阁风景名胜区和三清山风景名胜区获第二批全国创建文明风景旅游区工作先进单位，庐山风景名胜区顺利通过复查，继续认定为全国文明风景旅游区。三清山申报世界自然遗产获得成功，江西省住房和城乡建设厅被省政府评为申报世界自然遗产工作先进单位。宜春城管局被住房和城乡建设部授予全国精神文明建设工作先进单位。上饶市房产交易中心等4个集体被住房和城乡建设部、共青团中央新命名为全国青年文明号集体。景德镇市房屋维修基金管理中心等5个集体被新命名为省级青年文明号集体。

【厅直系统精神文明建设成果丰硕】 厅直系统开展了深入学习实践科学发展观试点活动以及一系列道德实践活动，精神文明建设工作取得了丰硕成果。江西省住房和城乡建设厅获省综治委授予的2008年度社会治安综合治理目标管理先进单位。厅直机关党的工作更上一层楼，获省直机关党的工作"特别优秀奖"，陈志钢等17人获省直机关优秀党员称号。2008年，省建设工程质监局、省城乡规划设计研究院和省住房公积金管理中心获省直机关文明单位称号，省建设工程安全质监局局长钱勇获中共中央、国务院、中央军委"全国抗震救灾英雄"称号，欧阳泉华副厅长获"省直机关重视工会工作领导干部"称号，省建筑设计研究总院院长喻家凯同志获全国"五一"劳动奖章，村镇处王纪洪同志被授予省直单位"人民公仆"称号，厅建管处陈杰等三名同志被省直机关工委组织部、团省委直属机关工委、省直机关青联会表彰为第七届省直机关"百优十杰青年"。省建筑设计研究总院袁梅和省住房公积金管理中心刘君分获"全省创业型优秀人才"和"省直机关知识型职工标兵"称号。厅直妇委会和女工委积极组织开展"春蕾计划十元捐"活动，捐款15285元，被省妇联授予2008年春蕾计划10元捐"爱心集体"称号。江西建设职业技术学院财务处、省住房公积金被省直机关工委评为省届省直"巾帼文明岗"。

九、住房制度改革与住房保障

继续贯彻实施《国务院关于进一步深化城镇住房制度改革加快住房建设的通知》和《省人民政府印发关于进一步深化城镇住房制度改革加快住房建设实施方案的通知》，以停止住房实物分配，实行住房分配货币化为主要内容的房改方案逐步落实。为贯彻落实国务院扩大内需促进经济平稳较快发展的政策措施，稳定市场预期，推动住房消费，省委办公厅、省政府办公厅转发省财政厅、省直房改办《关于在昌省直机关住房分配货币化的意见》，规定从2009年起，对未按房改政策购买公房的职工，其住房补贴按月、按职级（职称）定期发放，对已购公房但面积未达标的职工，按每平方米700元标准给予一次性补贴。

从2008年起，根据省建设厅内设机构职责安排，原由厅房地产业处承办的政策性住房建设和管理职能划归省房改办，其工作职责除原承担的房改业务外，还负责拟定全省住房保障政策并指导实施，参与住房建设的计划管理和中央、省廉租住房资金的安排，编制解决低收入家庭住房困难发展规划和年度计划并监督实施。

【推进"两房"建设】 开展了2007年～2008年全省经济适用住房、廉租住房核查验收工作，省政府召开全省推进经济适用住房建设和完善廉租住房制度工作现场会议，表彰了2007年度全省"两房"目标管理优胜城市，宜春等城市作了经验介绍，吴新雄省长作了重要讲话。多次组织督查组，对11个设市"两房"建设工作进行督查了解情况，破除难题，并形成专题报告上报省政府。为保证"两房"建设公开透明，阳光操作。省长、各设区市市长手机号码及"省'两房'投诉举报中心"电话向社会公布，截至年底，共受理举报件1850余件，其中114件在省政府网上予以公布。

【政策措施逐步完善】 省政府《贯彻落实国务院关于解决城市低收入家庭住房困难的若干意见的实施意见》颁布实施，这是继省政府[2006]35号文件之后出台的关于住房保障内容的又一个综合性、规范性文件。

省政府出台《关于解决经济适用住房按揭贷款有关问题的若干意见》，印发《关于做好扩大城市廉租住房保障范围调查摸底工作的通知》。全省开展了扩大城市廉租住房保障范围调查摸底工作，以此为依据，经省政府同意，省财政厅、建设厅分配下达廉租住房专项补助资金31240万元，使12.82万户家庭受益，提前实现城市低收入住房困难家庭廉租住房应保尽保的目标。

为落实国务院进一步扩大内需，促进经济平稳较快增长的政策措施，经省政府同意，省建设厅、发改委、财政厅、国土厅、地税局、人行等6厅局联合制定出台《关于加强保障性住房建设，促进房地产业规范有序健康发展的政策措施》（赣建房[2008]42号）。

【保障性住房建设力度继续加大】 2008年实现县城人均住房6平方米以下和设区市中心城区7平方米以下低保家庭廉租住房应保尽保，保障对象达4.9万户。新开工建设廉租住房133.2万平方米，2.66万户家庭收益，增长幅度为历年之最；新开工建设经济适用住房150万平方米，2.14万户家庭受益。争取中央廉租住房租赁补贴资金3.98亿元，中央预算内补助廉租住房建设资金4.6亿元。

（江西省住房和城乡建设厅　夏萍）

山 东 省

一、城乡规划与管理

【区域性、战略性规划编制和实施】 一是成立了山东省城市规划委员会,负责对需报山东省政府审批和由山东省政府报国务院审批的城镇体系规划进行审查,协调处理全省城镇规划中的全局性、长远性及跨区域性重大问题。二是做好区域性、战略性规划编制工作。召开了《黄河三角洲城镇体系规划纲要》汇报会,编制完成了《黄河三角洲城镇体系规划》方案,对黄河三角洲的城镇布局、产业协作、资源开发、生态保护等进行统筹安排。编制完成了《鲁南城市带规划》初步成果,召开了初步成果讨论会。三是指导各市做好区域性、战略性规划的深化研究。青岛、烟台、威海、日照等市依据省政府批准实施的《山东省海岸带规划》,编制完成了市域海岸带规划。德州市及其所辖齐河县、临邑县依据《济南都市圈规划》,主动承接济南辐射,举办了城市发展战略研讨会。莱芜市、桓台县编制了《统筹城乡一体化发展总体规划》,研究建立延伸到全市(县)域的城乡统筹发展策略和空间管制体系。四是通过立法加强区域性、战略性规划的实施。研究了《山东省海岸带规划管理办法》。

【城乡规划全覆盖工作】 一是城市总体规划审批工作取得新进展。在全省108市县全部完成规划编制成果的基础上,72个市县的城市总体规划获省、市政府审批。建设部组织国土资源部、发改委等有关部委在济南召开了《济南市城市总体规划》审查会,完成了上报部际联席会议审查的前期工作。二是各地普遍开展了城市近期建设规划和各类专项规划、专业规划编制工作。全省完成近期建设、综合交通、绿地系统、市政公用设施、公共服务设施等300余项规划,形成了一批高质量的成果。三是控制性详细规划覆盖率稳步提高。设市城市控制性详细规划覆盖率达到95%,县城达到85%,济南、青岛等市控规已全部覆盖规划建成区。起草了《山东省城市控制性详细规划技术导则》。四是指导各地组织规划评审论证。先后组织召开了30余个规划项目的评审会、论证会,保证了规划质量。五是扎实推进规划管理全覆盖工作。按照《城乡规划法》的要求,对规划区范围内的建设项目全面实行了"一书三证"(选址意见书、建设用地规划许可证、建设工程规划许可证、建设工程竣工规划验收合格证书)制度。

【城市规划法规和管理体系建设】 一是组织了两期全省学习贯彻《城乡规划法》培训班。邀请全国人大法工委、建设部等有关负责人和一批国内知名专家,对全省规划建设系统工作人员进行了授课。二是研究修订完善原有规划法规体系。收集了相关资料,进行了初步调研,为起草《山东省城乡规划条例》做好前期准备工作。起草了《山东省城市规划违法违纪行政责任追究暂行规定》和《山东省派驻城市规划督察员试行办法》,上报山东省政府法制办审查。三是指导各地按照《城乡规划法》的有关规定,理顺规划管理程序,完善和规范各项规划管理的制度、流程,使规划管理工作与《城乡规划法》相衔接。

【城乡规划效能监察绩效考核工作】 一是按照建设部、监察部要求,开展了第二次城乡规划效能监察绩效考核活动。建设部、监察部在山东新泰召开了全国城乡规划效能监察工作联系点经验交流会。二是按照建设部稽察办公室要求,积极配合建设部派驻济南、青岛城乡规划督察员开展了工作。三是加强规划层级监督。转发了《新华社高管信息》刊登的"重庆三名厅级干部落马暴露规划腐败"、"打破权力封闭运行遏制规划腐败"两篇文章,要求全省规划行业加强廉政建设,防止腐败行为。认真做好信访调查,先后调查落实并及时办理了10件领导批办和群众信访案件。

【强化规划的宏观调控和公共政策职能】 一是加强对大型建设项目的规划指导和调控,核发了东营风力发电项目等15个国家大型建设项目的选址意见。二是研究起草了《山东省建设项目选址规划管理办法》和《山东省建设项目选址可行性研究报告编制导则》。三是为加强城市公益性公共设施和保障性住房建设用地的规划管理,起草了《山东省城市橙线管理办法》。四是指导各地严格按照有关法规、规范要求,对商业网点、文体设施、公交站点、中小学、幼儿园、医疗卫生以及社区管理用房等予以定量、定位，并加强批后监管，搞好规划验收，确保按规划落实到位。五是加强对房地产市场的规划调控，督导各市编制了2008年、2009住房建设计划和2008～2012年住房建设规划，全部按期上报建设部备案。

【开展新型城镇化研究】 山东省建设厅会同山东省委政研室、山东省政府调研室等10部门，赴全省17市、26个县（市、区）和重庆、河北、浙江、湖北、湖南等5省市，开展城镇化工作调研考察，形成了调研报告和考察报告，提出了推进新型城镇化的思路、目标和政策措施，为省委、省政府召开高规格的城镇化会议奠定了基础。会同省统计局，开展了城镇化监测评价工作，编写了《2008年度山东城镇化发展报告》。

二、城市建设与管理

【城市基础设施建设】 2008年全省设市城市和县城城建固定资产投资完成580亿元，同比增长8.6%。全年设市城市和县城新增供水能力13.65万立方米/日，供水管道长度875.78公里，新增液化石油气储气能力162吨，新增供热能力蒸汽901.50吨/小时、热水1949.49兆瓦；新增公交车辆3911辆；新建扩建城市道路长度1193.97公里、面积2140.33万平方米，铺设排水管道长度2338.00公里，新增污水处理能力129.85万立方米/日，新建桥梁77座，新增园林绿地面积7811公顷，新增垃圾无害化处理能力3273吨/日。各地实施了一批重点城建项目，济南奥体中心和大明湖改扩建、青岛胶州湾跨海隧道和海泊河整治、烟台北马路改造、潍坊文化中心、临沂三河整治等进展顺利。

【城乡环境综合整治】 为迎接第十一届全运会，山东省政府部署开展了迎全运城乡环境综合整治集中行动，召开了电视动员会议，印发了《关于在全省开展迎全运城乡环境综合整治集中行动的通知》（鲁政办字〔2008〕136号），决定用1年时间，围绕全运会比赛场馆周边环境、接待场所周边环境、交通干线沿线和重要景区等区域，开展集中整治活动，以整洁优美的城乡环境展示山东改革发展成果，促进经济文化强省建设。组织全省设区城市建委（建设局）、市政局负责同志赴北京、青岛观摩奥运场馆建设和环境综合整治，印发了《全省迎全运城乡环境综合整治集中行动实施方案》。青岛市建设系统全力以赴做好浒苔清运和环境整治工作，为奥帆赛顺利举办做出了突出贡献。

【迎奥运铁路沿线环境综合整治】 为迎接奥运会和青岛奥帆赛，营造良好城市环境，省政府印发了《关于开展迎奥运铁路沿线环境综合整治活动的通知》（鲁政办发明电〔2008〕86号），自2008年5月开始，省建设厅牵头组织了迎奥运铁路沿线环境整治活动。济南、青岛、淄博、枣庄、潍坊、泰安、济宁、德州、滨州等九市与铁路部门相互支持，密切配合，广泛开展环境整治活动。省建设厅会同省政府办公厅等部门进行3次专项督查，及时通报各地工作进展情况，组织了检查验收。经整治，全省铁路沿线环境卫生状况明显好转，建筑环境明显改善。

【市政公用事业安全运营管理】 抓好市政公用事业安全运营管理的部署排查，下发了《关于做好奥运期间建设系统安保反恐工作的紧急通知》、《关于加强市政公用管网施工和维护安全管理的紧急通知》、《关于加强奥运期间公共交通安全营运工作的通知》，转发了建设部《关于进一步加强防范恐怖袭击工作的紧急通知》和省综治委《关于做好奥运安保工作暗访检查的通知》，组织精干力量开展监督检查，督促指导各地加强对城市供水、公交、桥梁等市政设施安全隐患排查和整改工作，确保设施正常运行。突出重点行业、关键部位抓好防范，确保安全运行。针对严峻的安全、反恐形势，制定了《城市供水水厂安全管理特别规定》，召开了全省城市供水安全座谈会，全面部署了奥运期间全省城市供水安全保障工作，17设区城市供水企业投入1400多万元，建设红外、视频等水厂安全防护设备，全面提高了水厂安全保卫等级。以确保出租汽车行业稳定为前提，研究加强出租汽车行业管理措施，继续开展出租汽车清理整顿。督促各地认真落实公共交通和出租汽车用油财政补贴，确保公共交通正常运营。

【城市防汛】 2008年5月9日，省建设厅组织召开了全省城市防汛工作电视会议，全省建设系统700多人收看了会议。2008年7月2日至4日，省建设厅分两片召开了城市防汛工作调度会，传达了姜大明省长在2008年7月1日省防指全体成员会议上的讲话精神，进一步检查了各地极端灾害天气应对方案落实情况。以"再遇7.18，我们怎么办"为主题，督促各城市修订防汛应急预案，组织开展了专项检查，建立了城市防汛信息报告制度和城市防汛短信平台。各级城市防汛部门按照国家和省有关城市防汛、安全生产隐患排查治理的部署要求，精心组织，科学调度，不断加大投入，强化措施，积极开展城市防汛隐患排查治理，成功地防范了多次较大汛情，确保了城市安全度汛。

【环境卫生】 在烟台市组织召开了全省城乡环卫工作会议，总结推广烟台市莱山区城乡环卫一体化经验，推进城市生活垃圾处理设施建设城乡统筹，把农村垃圾治理工作纳入城市生活垃圾治理体系，建立"村收、镇运、县（市、区）处理"的垃圾处理体系，实现村镇垃圾的集中无害化处理。同时，举办了城乡环卫发展论坛和环卫设备博览会。召开了全省城市生活垃圾处理厂渗沥液处理研讨会，组织了全省城市生活垃圾处理场拉网式检查和评价。会同有关处室编制了《全省城市生活垃圾无害化处理设施2009～2011年建设规划》。

【风景园林绿化】 在广饶县召开了全省城镇园林绿化暨风景名胜区工作会议，按照以城带乡的总体思路，统筹城镇绿化工作，下移城市绿化重心，将园林绿化向乡镇辐射，向村庄延伸。园林城市创建工作取得新成绩，2008年2月，建设部命名莱芜市、胶州市、乳山市、文登市为国家园林城市，邹平县为国家园林县城，文登市葛山镇为国家园林城镇。全省共有国家园林城市15个，国家园林县城2个，国家园林城镇1个，总数居全国前列。深入推进风景名胜区综合整治，开展省级风景名胜区综合整治考核，改善了景区环境。省政府批准了水泊梁山风景名胜区—东平湖景区、蒙山风景名胜区—平邑景区规划，批复沂河源、景阳岗、曲阜九仙山、东营清风湖为省级风景名胜区，全省省级风景名胜区达到35个。

【城市管理】 组织做好数字化城市管理试点工作，烟台通过了城乡建设部专家组考核验收，临沂、即墨正在积极推进。在滨州召开了全省城市管理行政执法现场交流会，总结推广滨州等城市的经验，积极推进城市管理体制机制创新、为民服务和精细化管理。组织起草了《山东省城市管理行政执法服务规范》和《山东省城市容貌和环境卫生管理办法》。加强12319城建服务热线与管理，印发了《关于加快推进12319城建服务热线工作的意见》，在临沂市召开了12319热线建设现场调度会，对全省热线建设与管理进行了安排部署。全省17个设区城市和15个县市开通了"12319"热线，平均每月接听群众来电14万个，办结13.3万个，办结率达95％，满足了广大群众在政策咨询、问题投诉、故障报修、参谋建议等方面的需要，促进了城市建设管理工作的机制创新，提高了工作效率。

【城市供水排水】 根据国家重大科技专项部署和山东省情况，提出了"黄河下游地区重点城市饮用水安全保障技术及示范"的研究课题，编制完成了课题实施方案并通过了建设部等国家部委的项目论证，目前正抓紧实施。扎实推进城市节水工作，会同省经贸委对省级节水型城市创建工作进行了审查。寿光市、胶南市通过了国家节水型城市现场考核。继续抓好城市污水处理厂建设、运营、收费的调度、督查工作，加快污水处理远程监控设施建设，开展污水处理厂信息上报工作。

【全省实现"一县至少一厂"的目标】 到2008年底，山东省共建成污水处理厂175座，形成污水处理能力779万立方米/日，累计完成投资137亿元；其中正在运行的163座污水处理厂，累计完成投资131亿元，形成污水处理能力755万立方米/日；正在调试的12座污水处理厂，污水处理能力24万立方米/日，完成投资6亿元。其中2008年全省共建成污水处理厂39座，形成污水处理能力120.8万立方米/日。全省108个市、县都已建有污水处理厂，实现了省政府提出的"一县至少一厂"的目标。

【城市供热】 一是省政府以鲁政发〔2008〕89号文件出台《关于做好城市供热工作确保群众冬季采暖的意见》。二是通过加强省内煤炭资源的科学配置和管理，加大外省调煤力度，初步建立起全省供热用煤供应保障机制，2008年全省供热用煤的采购、调运、库存和煤炭质量都明显好于往年。三是煤热价格联动机制启动实施。在充分考虑当地居民承受能力和地方财力状况的情况下，严格按照法定程序进行供热采暖价格听证，平稳、有序、适度地调整了居民采暖价格。除威海不调价外，全省采暖价格调整幅度大致在2～5元/平方米左右。社会困难群体的采暖保障机制得到逐步完善，全省共拿出近亿元资金向社会弱势群体发放了采暖费补助。四是供热企业资金困难有效缓解。指导各市通过采取财政补贴、垫资、借款、贷款贴息、担保等办法，帮助供热企业筹集购煤资金。抓好供热采暖税费优惠政策落实情况的督查，对供热企业的烟尘、废水排放等排污费实施了部分或全部免除，进一步缓解了供热企业购煤资金不足的压力。据统计，全省各级政府累计筹集供热资金9.66亿元，其中财政补贴3.52亿元，借款4亿元，贴息贷款0.63亿元，协调贷款1.51亿元。五是热计量改革试点进一步扩大。全省供热计量试点面积达到140万平方米。通过各地供热计量改革试点，使供热计量工作有了实质性进展。

【《山东省天然气发展利用规划》】 按照省政府要求，依据《山东省燃气管理条例》的有关规定，组织编制完成《山东省天然气发展利用规划》，经省直有关部门、中石油、中石化、中海油等有关单位进行会签后，召开了规划评审会，并通过了专家评审。《规划》勾画的蓝图是，到2010年全省天然气供气量为50亿方，到2015供气量达到100亿方，2020年可达到150亿方。该《规划》的实施将进一步加快全省天然气长输管网建设，在现有4条天然气长输管线的基础上，至少新增5条长输管网，特别是中石油新建的泰安—青岛—威海管线，全长1058公里，2009年即可建成，设计年供气能力为70～80亿方，设计压力6.4兆帕，管线直径913毫米，可大大提高全省天然气的供应保障能力，有效缓解天然气的供应紧张局面。

三、住房建设与房地产管理

【房地产市场监管】 一是组织开展了房地产投资调研、省政府"三大需求"调研、全省房地产业发展情况的调研，起草了《关于全省房地产业发展情况的调研报告》，并报省政府。该调研报告得到了姜异康书记、姜大明省长的高度重视，并做出重要批示。二是制定出台促进房地产市场健康发展的政策。以鲁政办发〔2008〕73号文件印发《关于促进全省房地产市场健康发展的实施意见》。三是建立健全房地产市场调度工作。24小时值班，实行"每周一调度，每月一分析"，及时准确掌握全省房地产市场动态。每周向省委、省政府上报《全省房地产市场运行情况周报》。四是切实抓好房地产市场监管。指导各市加快住房供应结构调整，确保国家宏观调控政策落实到位。加强政策宣传和舆论引导，引导居民树立"适度消费"、"梯级消费"的正确住房消费观念，努力实现从"有住房"到"有房住"的转变。深入整顿规范房地产市场秩序，优化房地产发展环境。省建设厅联合国土资源厅等十部门及时制定下发了《关于开展房地产市场秩序专项整治的通知》，对全省开展房地产市场秩序专项整治工作提出具体要求。加强资质管理工作，统一和规范开发企业资质审批程序。2008年，全省报建设部审批一级资质25家，省里共审批开发企业576家，其中二级139家，三级401家，四级及暂定36家，全省的开发企业已经达到了4522家。

【城市房屋拆迁】 一是拆迁管理体制进一步理顺。全省17个设区城市中，聊城、菏泽市成立了正县级的拆迁管理机构，烟台、泰安、临沂、德州等市成立副县级的拆迁管理办公室，滕州市在全省率先成立了与《物权法》确立的征收体制相适应的"征收房屋与拆迁补偿安置办公室"，日照等市拆迁办由自收自支事业单位改为全额拨款事业单位。二是拆迁法规政策体系进一步健全。济南、青岛、枣庄、东营、菏泽等市出台了新的拆迁条例或办法，对省《城市房屋拆迁管理条例》授权内容作出了规定。济宁、青岛、菏泽等市根据工作需要先后制定并完善拆迁重大案件和突发事件上报、拆迁信访包案、拆迁工作责任追究、拆迁项目跟踪管理等12项制度。三是拆迁程序管理进一步规范。各地严格依据《行政许可法》落实房屋拆迁许可制度，坚持"四合法两到位"，严把房屋拆迁许可证审批关，大部分市县将拆迁行政许可纳入当地行政审批大厅，实行一个窗口受理、发证，做到了审批、发证、管理、责任到位。2008年，全省受理拆迁裁决517件，实际裁决360件，强制拆迁86户，其中行政强迁41户，强迁率不到0.1%。四是拆迁行为监督进一步到位。五是拆迁安置房建设进一步加快。各地按照"先补偿安置后实施拆迁"的原则，加快拆迁安置房建设步伐，确保了安置房如期开工并交付使用。2008年，全省拆迁安置房施工面积1100万平方米，竣工472万平方米，安置432万平方米，竣工面积和安置面积分别比上年增长11%和20%。

【物业管理】 为规范物业管理活动，根据山东省实际情况，制定了《山东省物业管理条例》，并已经省人大常委会一审通过。到2008年底，全省共有物业服务企业3184家，同比增长19%，从业人员23.5万人，同比增长49%，管理项目1.1万个，同比增长22%，管理面积5.3亿平方米，同比增长13%，物业管理的覆盖面已从单纯的住宅小区管理延伸到办公楼、工业区、商业大厦、医院、学校、图书馆、体育馆等，形成了包括房屋及相关设施设备维修养护、小区秩序管理、环境清洁、绿化、居民生活服务、物业中介等多层次、全方位的配套服务体系。全省共归集住宅专项维修资金40.4亿元，保障了住宅共用部位和共用设施设备的正常维护与使用。全省12个物业管理项目通过国家预评预验，73个项目达到省优标准，全省国优、省优项目分别达到184个、690个。

【城市低收入家庭住房保障】 全省各级住房保障部门认真落实国家和省保障民生、扩大内需、促进经济增长的决策部署，加大保障性安居工程建设力度。2008年，全省完成经济适用住房投资91.84亿元，施工993.6万平方米，竣工58009套、473.93万平方米。截止2008年底，全省廉租住房累计保障户数达到67643户，其中正在实施保障60735户。一是强化部署检查。省政府在菏泽召开全省住宅与房地产工作会议，以解决城市低收入家庭住房困难为重点，安排部署当前和今后一段时期工作任务。省建设厅与各市主管部门签订了2008年度住房保障目标责任书，将"三个确保"的住房保障工作任务的分解落实到各市。二是健全政策体系。省政府修订印发了新的《山东省廉租住房保障办法》（鲁政办发[2008]16号）。青岛市以廉租住房、经济适用住房、限价商品住房、商品住房为主体，以政府投资和社会投资建设的两类租赁性住房为补充，形成了"4+2"式、全面覆盖的住房保障和供应体系。济南、莱芜、日照等市实现了廉租住房与经济适用住房保障收入标准并轨，莱芜市还率先将在本市工作满一定年限的农民工家庭纳入廉租住房保障范围。三是全力落实资金。2008年全省筹集廉租住房保障资金14亿元，是2008年之前年份筹集资金总和的3.76倍。青岛市将土地出让净收益的15%用于廉租住房制度建设，2008年落实廉租住房保障资金6.94亿元，占全省的49.58%。四是积极组织廉租住房建设。2008年，全省竣工（筹集）廉租住房5208套，此外还有49万平方米、约1万套廉租住房在建，超额完成国家下达的新增廉租住房8000套的任务。五是加快扩大廉租住房保障范围。截止2008年底，17个设区城市已全部将保障范围扩大到低收入住房困难家庭；91个县级（市、县）中，也已有81个扩大到低收入住房困难家庭。2008年内全省新增廉租住房保障4.45万户。

【住房公积金管理】 一是提高住房公积金归集额和使用效率。截止2008年底，全省缴存住房公积金职工547.2万人，较上年度增加13.7万人；住房公积金缴存总额1178.8亿元，较上年度增长25.8%；缴存余额为725.5亿元，较上年增长24.5%；本年发放住房公积金贷款发放个人住房贷款127.4亿元，同比增加7.2亿元，增幅为6%，个贷率为42.9%；住房公积金使用率65.5%，运用率44%，均较上年度增加了0.9个百分点；累计提取风险准备金7.46亿元；累计为城市提供廉租住房补充资金5.75亿元，对住房保障工作做出了贡献。二是调整住房公积金个人贷款政策。三是扎实开展住房公积金专项治理工作。全省整改审计问题金额5.2亿元；自查自纠问题116个，金额4318万元；新增缴存住房公积金人数9.78万人，金额1.16亿元；纠正超标准缴存人数1.32万人，金额1472万元；建立完善管理制度措施303件。四是考核各地住房公积金管理中心业务管理工作。对全省17城市住房公积金管理中心业务管理工作进行了考核，青岛、威海、滨州、泰安、聊城、淄博、枣庄、济宁、济南、东营10市住房公积金管理中心授予"全省住房公积金管理先进单位"称号。

四、村镇建设

【村镇规划编制】 各级加大村镇规划资金投入，2008年省财政拿出810万元，支持27个省委确定的新农村建设分类指导三类县，用于县域村镇体系规划、乡镇总体规划、中心村建设规划编制等。到2008年底，基本完成了乡镇总体规划和中心村建设规划修编，中心镇详细规划覆盖率达55%以上。组织了全省村镇规划试点培训，系统学习宣传了《城乡规划法》。加强村镇规划管理，在镇驻地执行"一书两证"制度，乡与村庄的建设执行"乡村建设规划许可证"。组织了全省优秀村镇规划设计评选活动。为提高小城镇规划建设管理水平，在山东省与巴伐利亚州建立友好省州二十周年之际，与德国巴伐利亚州建设部门达成初步意向，由德国规划部门组织德国规划专家为山东省小城镇编制详细规划，经协商由尤根·乌泽尔设计师事务所为肥城市石横镇、ASA建筑师事务所为邹平县魏桥镇、弗里兹·胡伯特城市规划及建筑设计事务所为桓台县马桥镇编制详细规划。2008年10月到11月，德国尤根·乌泽尔设计师事务所、弗里兹·胡伯特城市规划及建筑设计事务所、ASA建筑师事务所的建筑师分别到三个镇踏勘了现场，收集了相关资料，并签订了规划服务合同。

【村庄整治试点】 2008年继续按照"三清"（清理粪堆、垃圾堆和柴草堆）、"四改"（改水、改厕、改灶、改圈栏）、"四通"（通路、通电、通自来水、通宽带网），实现"五化"（硬化、净化、亮化、绿化、美化)的标准，搞好村庄整治工作，同时把村庄整治工作列入省建设厅为农民群众办的四件实事之一。2008年，省财政拨付1506万元，对169个省级试点村的村庄整治进行了补助。2008年10月省建设厅在济南组织了《村庄整治技术规范》培训班，邀请了住房和城乡建设部有关负责人和《规范》的主要起草人员来山东讲解了《规范》的主要内容。各市、县建设主管部门共260余名工作人员参加了培训，系统学习了《规范》的各项规定和技术标准，明确了村庄整治工作的要点和技术要求。积极研究推广了"户集、村收、镇运、县处理"的城乡一体化垃圾处理模式，加大村镇自来水覆盖面，保障村镇居民饮水安全，经过各级努力，村镇自来水普及率和道路硬化率分别达到80%、60%，小城镇面貌有了很大改观。至2008年底，已有4000个村庄的基本完成了村庄整治，人居环境明显改善。

【农村住房和村镇公共设施安全问题调研】 为了解全省农村住房和村镇公共设施安全情况，省建设厅会同省委政研室组成调研组，赴潍坊、东营等8市10个县(市、区)进行专题调研，实地察看了部分农村住房和学校、敬老院、卫生院等公共设施，与基层干部群众、有关部门负责同志和专家学者进行了座谈。通过调查居住危房的困难群众约占调查户数的5%，按照这个比例测算，全省农村居住危旧房的困难群众约有80万户，分析了影响农村住房和村镇公共设施安全的主要因素，提出了确保农村住房和村镇公共设施安全的对策，建议在摸清底数的基础上，综合考虑各地的城镇化水平、农民收入状况、村镇公共设施及农村危旧房比例，确定科学合理的目标，实施"农村安居工程"。这次调研形成调研报告，上报省委、省政府主要领导。这次调研成果进入了省委、省政府的重要决策，农村危房改造成为山东省拉动内需的21个开工项目之一，成为保障性住房的重要组成部分。

【全省村镇规划建设试点情况检查】 根据《2007年山东省省级小城镇规划建设专项资金管理办法》，2007年省财政拿出预算内资金4000万元，用于村镇规划、村庄整治、小城镇建设示范镇、省际边界试点村、节点镇建设。为了充分发挥专项资金的引领作用，确保专款专用，掌握省级试点进展情况，省建设厅组织检查了2007年度村镇规划、村庄整治、示范镇建设和省际边界环境综合整治试点情况，小城镇规划建设专项资金拨付使用情况。通过检查发现，省级小城镇规划建设专项资金基本到位，有效地吸引了大量社会资金用于村镇规划建设试点，效果明显，变化显著，很好的发挥了省级财政专项资金的引领作用。

【历史文化名镇名村保护】 省建设厅在济南举办了历史文化名镇名村保护和申报国家级历史文化名镇名村座谈会，住房和城乡建设部有关负责人讲解了《历史文化名城名镇名村保护条例》的相关内容，重点学习了历史文化名镇名村保护规划的编制与实施及国家级历史文化名镇名村申报条件、评选办法和申报材料的编写与制作。组织参观了国家级历史文化名村——章丘市朱家峪村。经住房与城乡建设部审批，山东省桓台县新城镇、青岛即墨市丰城镇雄崖所村分别获"国家历史文化名镇和历史文化名村"称号，至此山东省有历史文化名镇1个，国家级历史文化名村3个。

【少数民族地区村镇帮扶工作】 按照《山东省人民政府办公厅关于做好曹县侯集回族镇和禹城市十里望回族乡集中帮扶工作的通知》的要求，认真做好帮扶民族乡镇工作。从全省小城镇建设资金中拿出20万元，用于曹县侯集回族镇规划编制和基础设施建设。该镇依据规划，利用该资金实施了街道绿化工程，架设路灯50盏；实施了排水工程，修建下水道3000米，有效改善了镇驻地居民的生产生活条件。拿出20万元资金用于禹城市十里望回族乡驻地基础设施建设和村庄环境整治，进行徒骇河大桥西侧绿化工程。共调土方14000方，绿化面积7800平方米，硬化面积720平方米，既方便了群众通行、完善了基础设施功能，还有效提升了乡镇形象。为帮助十里望回族乡大白村改善农村居住环境，省建设厅从全省小城镇建设资金中拿出8万元，用于硬化村内道路，进行村庄整治。

五、工程建设管理

【援川救灾工作】 一是迅速建立高效工作机制。5·12汶川地震发生后，省、市建设部门迅速成立了援川工作机构，全系统紧急动员，全力支援灾区抗震救灾。省、市建设部门主要负责同志多次奔赴亲临灾区，现场指挥，有效保障了援川救灾工作的顺利进行。二是踊跃向灾区捐款捐物。累计认购活动板房9284套，价值8432.2万元，还捐助了灾区急需的移动公厕、垃圾清运车等设备，并派出全国第一支城镇供水抢险队伍，展现了建设系统良好社会形象。三是尽力安抚救助在鲁川籍民工。累计开通366部亲情电话，为川籍农民工支付工资577万元，捐款195.7万元，帮助8349名民工顺利返乡寻亲抗灾，对坚守工作岗位的妥善安排生产生活。四是提前超额完成板房建设任务。全系统8000多名干部职工在北川、成都和绵阳三个战场昼夜奋战，累计安装活动板房32876套，安置群众10万余人，提前超额完成国家下达任务。援建工作中涌现出许多先进典型和感人事迹，全系统共有13个单位、138名同志荣立二等功。五是积极参与北川灾后重建。组织14家甲级规划设计单位和7家建筑设计单位，先后110多名专业技术人员入川，编制了北川县城乡住房建设规划和17个乡镇灾后重建规划，编印了《北川灾后重建特色民居施工图设计图集》。

【整顿和规范建筑市场秩序】 创新监管模式，建筑市场秩序进一步规范。省建设厅、省监察厅联合印发了《关于2008年全省整顿和规范建筑市场秩序的工作意见》，全年围绕工作意见，督促指导各市开展了一系列活动。10月底，省建设厅会同省监察厅组织开展了全省建筑市场综合执法检查，派出8个组，对17城市、17个县的整顿规范建筑市场秩序工作及选取的68个工程建设的情况进行了检查，提出整改意见57条。全面推进建筑市场诚信体系建设，建立了建筑市场诚信信息采集、公开制度，首次向社会公布了2007年全年发生的建筑市场责任主体不良行为记录。积极着手统一信用平台的搭建工作，2008年底部分模块已基本完成。继续深入开展治理商业贿赂工作，突出抓了不正当交易行为自查自纠"回头看"，自查自纠工作成果得到了巩固和扩大，不正当交易行为得到了有效遏制。注重源头防治，开展了工程总分包法律关系调研，从企业经营管理模式等多个方面提出了规范总分包关系、推动市场良性发展的对策建议。

【工程建设监理】 强化监管和引导，建设监理行业持续健康发展。指导各市深入开展监理市场秩序专项整治，严厉打击挂靠、出卖出借资质资格证照、人员不到位等违法违规行为，净化了市场环境，促进了监理工作质量和服务水平的提高。深入调查研究，完成了监理工作规范化与信息化调研，提出了项目监理机构建设及人员配备标准的意见。组织召开了全省建设监理工作会议，提出了进一步推进行业持续健康发展的意见。加快监理人才的培养，指导省建设监理协会举办了总监培训班3期，累计培训总监理工程师341人。积极推动监理行业结构调整与优化升级，结合新资质标准的实施，对全省监理企业在注册资金、注册人员和工程业绩等方面的达标情况进行了严格核查，撤回达不到标准条件的工程监理企业资质6项。按照建设部的部署安排，认真组织开展了建设监理创新发展20周年系列纪念活动，全省有10家企业被评为全国先进监理企业，3人被评为中国工程监理大师，12人被评为全国优秀总监，19人被评为优秀监理工程师，2人被评为优秀协会工作者。

【工程质量管理】 全省工程质量稳中有升。继续组织开展创建"质量诚信、用户满意"工程活动，工程创建率达60%以上。按照由点到面、分阶段实施的原则，积极指导各市继续推行住宅工程质量分户验收。将建筑节能标准的执行列入日常质量监管的重要内容，在工程建设全过程强化了节能达标情况的把关审查。组织开展了建设系统"质量月"活动，强化了有关工程质量的法律法规宣传，进一步提高了工程建设各方的质量意识。山东省建设系统2008年获中国建筑工程鲁班奖11项、国家优质工程奖14项、全国建筑工程装饰奖21项，分别占全国获奖工程总数的11%、10%和7%，工程质量创优水平再创新高。

【工程安全管理】 一是根据不同时期、不同季节的安全生产特点和上级工作要求，及时对建设系统的安全生产工作进行部署安排，全年累计4次召开全省建设系统安全生产工作会议，下发了17个安全生产工作文件、通知。二是加强监督检查，强化工作落实，先后组织开展了包括5月中旬全省建设系统安全稳定工作大检查、7月底奥运期间安全生产工作督察等7次全省性的督察、检查，派出督察、检查组36组次。三是重点围绕确保"两会"、奥运会、"十一"黄金周和汛期、冬季的安全生产，打好安全生产"隐患治理年"五大战役，组织开展了安全生产百日督查专项行动和"安全生产月"活动。全省建设系统累计检查施工现场26458个，排查隐患116940处，对1519个存在严重隐患的工程责令停工整改。2008年全省房屋建筑和市政工程施工累计上报发生安全事故20起、死亡31人，比去年分别下降了20%和13.8%，实现了省安委会下达给建设系统的控制指标。

【大中型建设项目初步设计审批】 加强市政基础设施及建筑工程项目的初步设计审查和批复工作。全年共审查东阿县生活垃圾处理场工程等市政基础工程项目24项，经优化设计方案，为国家节约了大量资金；共审查济宁市文体中心体育场工程初步设计等建筑工程项目初步设计21项，经审查提升了建筑设计水平，为创造精品工程奠定了基础。

【施工图设计文件审查】 全省施工图审查机构的自身制度建设不断完善，管理水平日益提升。施工图审查在确保工程质量、规范市场秩序、提升勘察设计水平等方面的综合作用得到体现。截至2008年底，全省共有施工图审查机构51家，其中一类审查机构18家，二类33家。2008年8月至9月，省建设厅组织专家对施工图审查机构进行了检查，印发了《关于全省施工图审查机构检查情况的通报》，对5家施工图审查机构予以不良行为记录。为提高施工图审查各专业技术人员业务水平，保证审查质量，举办了全省施工图审查人员培训班，1000多名审查技术人员参加了培训。

【太阳能与建筑一体化技术应用推广】 为积极推动新能源和可再生能源在建筑中的应用，深入实施太阳能建筑一体化技术，进一步完善山东省太阳能建筑一体化技术标准体系，促进建设领域节能工作的全面开展，组织编制并批准了《太阳能热水系统建筑一体化设计与应用》标准设计图集，开展了太阳能与建筑一体化设计竞赛活动，召开了标准设计《太阳能热水系统建筑一体化设计与应用》新闻发布会，同时进行"力诺瑞特杯"太阳能建筑一体化住宅建筑设计方案竞赛颁奖。

【工程建设标准化工作】 制定印发了《山东省工程建设标准化管理办法》。根据省政府节约能源办公室的要求，组织编制《城市供热企业节能减排技术规范》等7项相关节能地方标准。邀请建设部的有关负责人及中国建科院有关专家，分别召开了《混凝土叠合箱网梁楼盖技术规程》和《纤维石膏空心大板复合墙体应用技术规程》两项行业标准编制组的第一次工作会议。组织有关专家对莱西建总、胶州建设集团申报的两项企业标准进行了备案审查。由山东金塔集团主编的国家标准《电子辐照工程技术规范》编制组成立暨第一次编制工作会议在曲阜召开。全年组织制定并发布了《蒸压灰砂砖砌体技术规程》、《预应力混凝土管桩基础技术规程》等11项地方标准。全省共新、换发建设工业产品登记备案证明1600多家。

【工程造价管理】 完成了《山东省房屋修缮工程计价定额》、《山东省房屋修缮工程计价依据交底培训资料》的修改、调整、发行及交底等工作。根据专家提出的对《山东省房屋修缮工程预算定额》修改意见，进一步修改、调整相应定额及其交底培训资料，共完成《山东省房屋修缮工程计价定额》及《山东省房屋修缮工程计价依据交底培训资料》。发布施行《山东省房屋修缮工程计价定额》（建筑、安装、市政工程三部分）。编制发行《山东省建设工程施工机械台班单价表、施工仪器仪表台班单价表》。根据全省定额综合工日单价的变化及国家有关政策的调整，及时调查取定了汽油、柴油等近20种机械台班中涉及的材料单价，重新计算生成了13类989项施工机械台班单价、测算调整了39类1398项仪器仪表台班单价。编制发行《山东省建筑、安装工程消耗量定额补充册（二）、建筑、安装工程计价依据综合解释（二）》。

【工程造价咨询业管理】 在全省开展了工程造价咨询企业设立分支机构备案工作，2008年核准备案分支机构6家。印发了《工程造价咨询企业跨地区承接业务备案制度》，对跨地区承接造价咨询业务的省内、外造价咨询企业承接业务实行备案制度。在全省范围内开展了对造价咨询企业执业情况的普查和抽查活动。共抽查工程造价咨询企业163家，占全省造价咨询企业的25%，其中合格企业86家，基本合格企业24家，整改企业39家，注销企业14家。行政许可49家乙级咨询企业，上报建设部审批14家甲级咨询企业。共批准40家企业转为乙级资质，批准11家企业资质分立，4家企业资质合并，为72家造价咨询企业资质相关内容进行变更，撤消11家企业乙级资质。至2008年底，全省有甲级造价咨询企业95家，乙级造价咨询企业570家。进一步规范了全省造价专业人员变更管理工作，2008年内为近万人次进行了造价员工作单位变更。

【建设工程招投标】 一是完善制度，创新机制，招投标监管力度进一步加大。严格落实各项监管制度、投诉举报受理制度、招标投标违法行为公告制度，开通了山东省建设工程招标投标管理信息网，初步实行了招投标工作的网络化管理。二是强化服务功能建设，交易中心运行更加规范。各级交易中心全面落实《山东省建设工程交易中心运行规范》，在服务功能、服务范围、服务内容、服务方式、服务标准以及内部管理制度等方面，进行了积极改进和完善。绝大多数的交易中心全部实现了为工程建设项目交易活动提供全过程、全方位、规范化的服务，有力地吸引了更多项目的进场交易。三是积极推进招标代理行业健康发展。严格审批程序和审批标准，认真做好招标代理机构资质审批工作。编制完成了全省招标代理行业发展规划，提出了山东省招标代理行业由单一型向复合型、由区域性向拓展型发展的思路。开展了全省工程招标代理活动专项检查，摸清了招标代理市场的基本情况，对全省招标代理机构市场行为的规范起到了积极的引导作用。

【城建档案工作】 一是管理手段不断强化，政策规定不断完善。日照市、济宁市以市政府令出台了《日照市城市建设档案管理办法》、《济宁市城市建设档案管理办法》，为城建档案管理工作提供了政策支撑。枣庄市开展了年度专项检查，率先实行了"建设工程档案质量终身责任制"。二是城建档案资源建设不断拓展。加强了对重点工程档案的归集。济南档案馆制定了严格的工作程序，即工程施工前督促、施工中培训指导、施工后严格验收，确保重点城建项目档案真实完整地收集进馆。济宁市档案馆印发了规范性文件，加强了对重点城建项目档案的跟踪服务工作。加大了对声像档案的投入和采集力度。日照档案馆通过政府采购方式，购置了30万元的非编机及数码声像设备。淄博馆联合飞行单位研究制定了《淄博市城市建设成就航拍计划》，多方位、多角度真实记录了淄博市改革开放30年来的建设成就及日新月异的变化。济南、青岛、枣庄、莱芜、德州等档案馆与工程建设单位签订《工程声像档案制作合同书》，及时对工程跟踪拍摄。枣庄馆围绕城市建设中心工作拍摄了4部专题片。济宁馆全年共拍摄和归档照片底片4750张、数码照片4500余张，录像330分钟，并将九十年代模拟信号录像资料进行了数字信号处理。加大了其他类别档案的归集力度。潍坊档案馆将《潍坊市人防工程档案管理系统》电子档案收缴进馆。日照档案馆对近几年防汛形成的文件材料进行了及时收集归档。三是管线管理工作和信息化建设不断增强。淄博市启动了高新区管线普查工程。日照市对建成区260平方公里、360公里的道路进行普查，完成管线探测2500公里，研究开发的地下管线信息动态管理系统即将运行。广泛开展了电子文档收集整理和文档电子化工作。淄博馆成立了电子档案管理办公室，对进馆城建档案实施电子档案编制、查询。积极开展微机管理和网上服务。潍坊、枣庄等开通了网站，完善了馆内局域网，进一步优化了与用户和相关单位快捷沟通的交流平台，提高了服务质量。四是城建档案信息开发服务水平不断提高。省城档办与济南馆对济南恒隆广场地下管线工程有关材料进行了密级鉴定，防止了涉密信息的外流。日照馆已帮助解决诉讼纠纷案件10余次。济宁档案馆积极向市委等部门和济宁日报、齐鲁晚报等新闻媒体提供、发表照片497张，向电视台发稿48条，真实地反映了济宁城市的巨大变化，较好地宣传了城市建设。

六、建设科技教育

【墙材革新与建筑节能】 2008年，墙材革新与建筑节能工作实现持续快速发展，生产新型墙材303亿块标砖，新型墙材生产量占墙材生产总量比例达到80%，县城以上城市规划区新型墙材应用比例达到95%，基本实现"禁实"目标；全省共建成节能建筑4636.03万平方米，设计阶段节能标准执行率100%，施工阶段执行率93.84%。实现节能240万吨标煤，节地4.9万亩，利废3500万吨，减排二氧化碳620万吨、二氧化硫4.8万吨。政策与技术标准体系进一步完善。省建设厅印发了《山东省民用建筑能效测评标识管理暂行办法》，修订印发了《山东省新型墙材建筑节能技术产品认定管理办法》和《山东省新型墙体材料专项基金征收使用管理实施办法》；编制了《蒸压粉煤灰砖砌体技术规程》、《山东省既有居住建筑供热计量及节能改造技术导则（试行）》、《外墙外保温应用技术规程》等10项技术标准。

【既有居住建筑供热计量及节能改造】 省建设厅会同省财政厅分解下达了国家分配的1900万平方米的改造任务和第一批奖励资金，经省政府同意，省建设厅等四部门联合印发了《关于推进既有居住建筑供热计量及节能改造工作的意见》，会同省财政厅印发了《山东省既有居住建筑供热计量及节能改造实施方案》，确定了第一批、第二批节能改造项目317个，共计935万平方米。截至2008年底，已完成节能改造725.986平方米（其中供热管网改造涉及供热面积为622万平方米），正在施工的82.0941万平方米。

【机关办公建筑和大型公共建筑能源监管】 省级机关事务管理局、建设厅联合印发了《关于加强省直能耗统计工作的通知》、《关于开展省直机关办公建筑能源审计工作的通知》，在省直机关开展了能耗统计和能源审计。截至2008年底，共有74个省直单位开展了能源统计，34个单位完成了能源审计，建成了7栋机关办公建筑的能耗监测平台。

【建设教育培训】 组建了由山东城市建设职业学院牵头、有关教育培训单位、建设类企业、协会学会等参加的山东省建设职业教育集团，并已经省教育厅、经贸委批准，进行了建设职业教育发展的创新模式探索；山东城市建设职业学院办学规模不断扩大，办学能力和办学水平不断提高；全年完成物业管理、市政工程等方面的资格性岗位培训3378人；围绕建筑节能等重点工作，组织开展了各类技术培训，完成培训15000多人次，专业技术和管理人员素质得到提高；组织举办了西藏日喀则地区规划城建管理干部培训班；成人高等学历教育稳步发展，2008年招生1000多人，年内毕业学员1170人，建设系统职工队伍的学历层次不断提高。

【山东建设技术创新奖】 12月9日，省建设厅印发《山东建设技术创新奖管理办法》，决定设立"山东建设技术创新奖"，自2009年开评。该奖项由山东省建设科技委员会和山东省建设科技协会共同设立，省建设厅负责指导和管理该奖项的评选。山东建设技术创新奖设一等奖、二等奖、三等奖三个等级，每年评选一次，并以此为基础遴选部分项目推荐省、部科技奖励。《山东建设技术创新奖管理办法》主要内容包括：总则、管理及执行机构的职责、申报范围及申报条件、申报资料及申报程序、评审、公示与公布、纪律、奖励、附则等。该奖项的设立，是山东省建设系统"尊重知识、尊重人才、尊重劳动、尊重创造"和"促进科技创新与成果转化"的重要体现，对充分调动广大科技工作者的积极性和创造性，推动和促进全省科技进步与技术创新具有积极意义。

【建设执业资格制度】 至2008年底，已实施的建设执业资格注册制度有28种，全省取得建设执业资格的人员达11万人，比上年增加3.7万人；注册人数8.8万人，比上年增加6.2万人。一是考试考务工作。按照国家统一部署，配合人事部门完成了一、二级注册建筑师等12类建设执业资格的考试报名组织、资格审查、考试巡视和阅卷组织等工作。二是注册管理工作。按照行政许可有关规定认真完成申报材料审查、汇总上报、审批公示、颁发注册证书和执业印章等工作，2008年度受理信息公开咨询63.2万人次，其中现场咨询1.2万人次，电话咨询5万人次，网上咨询57万人次。受理各类执业师首次、变更、续期注册申报7.3万余人。三是继续教育工作。根据培训人员的执业需要，对各类建设执业师的继续教育内容都做了更新和调整。全年举办各类执业师继续教育培训班28期，培训5398人次。委托培训定点单位培训二级建造师56期，培训人数近1万人。组织编写并由正式出版社出版了33本二级建造师继续教育培训教材。

【建设科技成果】 2008年，建设系统获省科技进步奖11项，其中一等奖1项：建筑屋面保温板成套技术的研究与应用。二等奖5项：DS优质饮用水（管道直饮水）净化设备、大掺量粉煤灰混凝土技术的研究和工程应用、高地应力顺层偏压软岩隧道综合施工技术、岩土结合临海复杂地质条件地下工程工艺研究、山东省建筑节能"十一五"发展研究。三等奖5项：城市供水微囊藻毒素测试技术与装备研究、辅助热（冷）箱-热流计法建筑节能检测技术与设备研究、山东省城市供水藻类污染特征及水厂除藻工艺研究与示范工程、小尺度流道换热器研究、新型方钢管混凝土组合框架结构体系抗震性能的研究。获华夏建设科技奖三等奖1项：高强高性能混凝土在冻结法凿井施工中的研究与应用。

七、政策法规与精神文明建设

【立法工作】 进行了《山东省物业管理条例》的调研、论证、修改及会签工作，报经省政府常务会审议，省人大常委会进行了一审、二审。进行了《山东省建筑装饰装修管理办法》的调研、论证、修改及会签工作。审核出台了《山东省市政公用施工企业资质管理实施办法》、《山东省实施〈工程监理企业资质管理规定〉细则》、《山东省二级建造师继续教育管理办法》、《建设工程标准化管理办法》、《建设工程招投标资深评标专家库管理办法》、《山东省施工特种作业人员管理暂行办法》、《山东省房地产开发综合验收暂行办法》、《山东省新型墙材建筑节能技术产品应用认定管理办法》、《关于加强省外勘察设计企业进鲁承担业务备案管理的意见》、《山东省民用建筑和市政基础设施工程招标公告办法》等10件部门规范性文件。会签建设部、省人大常委会、省政府法制办及省直有关部门法规性文件42件，提出会签意见34条。根据省政府法制办的有关通知要求，研究修改了《山东省建设厅立法工作规定》。

【执法监督】 制定了《2008年度省建设厅执法检查计划》，确定将建筑市场秩序、墙改与建筑节能、城乡规划、工程造价咨询机构管理作为执法检查的重点。派员参加了勘察设计执法检查。修订并印发了《山东省建设厅建设行政执法责任制方案》，明确了建设厅各行政许可、行政检查、行政处罚等岗位职权、工作规程和责任，将由省建设厅为执法主体的139件执法依据所确定的执法责任细化分解到每个执法岗位，建立了执法考核评议和过错责任追究制度。全年共受理行政复议案件77件、办结69件。受建设厅领导委托办理行政诉讼6起，民事案件9起。完成了向建设部、省政府年度行政复议案件备案工作。

【普法教育】 制定下发了《全省建设系统开展第五个平安山东建设宣传月活动的通知》，明确了活动的指导思想、宣传重点和活动安排，对全省宣传日、平安山东知识竞赛活动、征文活动等具体工作进行部署。结合"山东省第三届住宅产业博览会"，联合菏泽市建设行业主管部门进行普法宣传活动，集中宣传《城乡规划法》、《建设工程质量管理条例》、《山东省城市城市房屋拆迁管理条例》、《山东省燃气管理条例》等与平安建设、社会稳定的相关法律法规。积极参加省普法办举办的"深化法制宣传教育，推进平安山东建设"法律知识竞赛活动法律知识竞赛，建设厅机关及厅属单位干部职工参赛率达到97%，获得竞赛组织奖。积极参加省普法办举办的"我与平安山东建设"征文活动，筛选报送了13篇征文作品，一名同志获一等奖。积极参加全省政府法制二十年庆活动，报送的绘画、征文作品分获三等奖。举办了全省建设系统行政法规实务培训班。

【精神文明建设】 一是全系统文明行业创建工作全面展开。详细制定了建设类、规划类、市政类、房产类、执法类等五个行业开展文明行业创建的考评细则。二是积极组织城乡文明共建活动。积极组织参加了全省城乡文明牵手共建示范行动，将禹城县十里旺乡大白村作为文明共建联系点，开展了帮扶工作。三是大力选树先进典型。对在抗震救灾中涌现的先模人物和感人事迹进行了大力宣传，在全系统掀起向抗震救灾英雄学习的热潮。推荐上报了济南市建委等11家单位为全国建设系统抗震救灾工作先进集体，推荐了省建设厅副厅长宋守军等18名同志为全国建设系统抗震救灾工作先进个人。推荐上报了青岛市12319热线为第二批建设系统全国文明单位，日照市建委为全国精神文明建设先进单位。推荐上报了济南市中区建设局等3家单位为全国建设系统思想政治工作先进单位，聊城建设政研会为全国建设系统优秀政研会，东营建委副主任徐信楼为全国建设系统政研会优秀干部。

【行业文化建设】 一是全系统文化建设框架初步形成。制发了《关于推进全省建设系统文化建设的实施意见》，以加强行政文化、行业文化和企业文化为主要内容的建设文化体系基本形成。参加了在青岛召开的全国建设系统文化建设交流研讨会和长沙召开的全国文化建设推介会，作为全国首家开展文化建设的厅局进行了经验介绍。二是加大对系统行政文化建设的指导和调研。对全省建设系统涌现出的行政文化典型积极加以指导和规范。赴高密、文登建设局进行了行政文化、城建文化的调研，总结做法，挖掘经验，大力进行了宣传推广。

（山东省住房和城乡建设厅　于秀敏）

河 南 省

一、综述

【城乡建设概况】 2008年，全省建设系统坚持以科学发展观统领建设工作全局，紧紧围绕省委、省政府的工作部署，创新思路，突出重点，深化改革，强化监管，各项工作都取得了明显成效，全省建设事业保持了良好的发展势头。一是住房保障工作扎实推进。全年全省经济适用住房施工面积完成278万平方米，提供4万套经济适用房；廉租住房保障户数12万户；落实廉租住房保障资金12.83亿元，比2007年增加7.23亿元。二是房地产业健康发展。全年全省房地产开发完成投资1130亿元；全省商品房施工面积完成13721万平方米；全省商品房销售面积完成3150万平方米。三是污水垃圾处理设施建设运营进展顺利。已建成的135座城市污水处理厂全部实现稳定运行，总规模达到592.05万吨/日，建成配套管网3778公里。2008年要求开工建设的20个县级垃圾处理场升级改造项目一期工程全部完成，新增生活垃圾处理能力3122吨，对全省116个垃圾处理场补助1亿元配置了大型作业设备。四是建筑业快速发展。全年完成建筑业总产值2700亿元，增长30%。75家骨干企业完成建筑业总产值1013.39亿元，占全省比重达37.5%。出省施工人数112万人，创劳务收入102亿元。五是城乡规划工作得到加强。38个设市城市和86个县全部完成新一轮总体规划修编。47个扩权县(市)有18个开始编制县域村镇体系规划。乡镇规划完成总数的60.7%。村庄规划完成总数的30.5%。国家级、省级重点镇控制性详细规划覆盖率达19.2%。六是社会主义新农村建设取得实效。全年全省村庄整治建设投资累计完成49亿元。新建村庄垃圾站(池)1568个，村镇垃圾简易处理设施45个。七是墙材革新和建筑节能工作取得进展。全年全省新型墙材产量达到363亿标砖，增长57%；新型墙材比重达93%，提高26个百分点；新增规模以上生产线140条，新增生产能力70亿标砖；新型墙材建筑开工面积4000万平方米，占房屋开工量的90%；农村新型墙材应用率超过20%；全省县级以上城市基本实现"禁实"。省辖市建筑节能标准执行率100%，实施率90%以上，新增节能建筑1500万平方米。

【全省建设工作会议】 2008年12月31日全省建设工作会议在郑州召开。会议的主要任务是：贯彻落实党的十七大、十七届三中全会、中央经济工作会议和省委八届九次全会精神，深入学习和实践科学发展观，回顾总结2008年全省建设工作和建设系统党风廉政建设工作，分析形势，安排部署2009年的工作任务，动员和组织全省建设系统广大干部职工坚定信心，振奋精神，凝聚力量，开拓创新，推进建设事业平稳较快发展。各省辖市建设主管委（局）主任（局长）、省定47个扩权县（市）建委（建设局）主任（局长）、省直有关部门负责同志、省建设厅机关各处室、厅属有关单位主要负责人参加会议。

【法制建设】

2008年，河南省建设系统继续加强法制建设工作。认真做好立法工作，积极配合省人大、省政府法制办做好已列入地方立法计划项目的有关法规、规章调研、论证、起草工作。出台了《河南省发展应用新型墙体材料管理办法》、《河南省装修装饰管理办法》。根据省人大的要求，结合全省建设工作实际情况，在认真研究论证的基础上，向省人大申报了省住房和城乡建设厅拟列入省人大2009至2013年立法规划的项目。认真做好法律、法规、规章草案的修改工作。

【建设综合执法】

2008年，河南省建设系统综合执法能力不断提高。一是积极拓宽执法领域和执法范围。与厅规划处、房产处、建管处等处室配合，以查处房地产市场和涉及城市规划的工程为重点，将执法范围扩展到工程质量安全、建筑节能等方面。二是组织开展综合执法检查。以房地产市场和涉及城市规划的工程为重点，严肃查处城市规划建中破坏城市布局和环境，损害公众利益，危害城市可持续发展的违法建设行为；严肃查处违反建筑节能强制性规定的行为；严肃查处房地产开发和经营活动中的违法违规行为。检查的范围主要是2007年以来开工建设的工程项目。

【学习实践科学发展观活动】

按照中央和省委的部署，自2008年10月中旬至2009年3月初，在省委学习实践办和第十五指导组的正确指导和帮助下，河南省住房和城乡建设厅机关及厅属单位10个基层党委、130个党支部，共计1805名党员，全部参加了第一批开展深入学习实践科学发展观活动，覆盖面达100％。

【"三新"大讨论活动】

根据省委统一安排，2008年7～10月，在督导组的具体指导下，河南省住房和城乡建设厅开展"新解放、新跨越、新崛起"大讨论活动从，历时2个多月，全厅16个处室和22个厅属单位都参与了解放思想大讨论活动，覆盖率达100％。

【政风行风建设】

2008年，全省建设系统进一步加大政风行风建设力度，政风行风不断改善。一是把政风行风建设作为"三新"大讨论和"学习实践科学发展观"活动自我剖析、查摆问题、破解难题的重点，把"对照职能，贴近民生，努力为群众办实事办好事"作为政风行风主题实践活动来安排，先后制定下发了《全省建设系统认真贯彻落实省委省政府十大实事意见》、《全省建设系统深入开展2008年民主评议政风行风工作的意见》。强化完善政风行风工作领导机制、工作机制和考评机制，确保政风行风建设责任到位、措施到位、奖惩到位。二是把政风行风建设作为抓系统工作的重要内容，纳入领导班子、领导干部目标管理，坚持"谁主管、谁负责"的原则，在进行行业管理的同时必须首先抓好行业作风建设，形成了一级抓一级，层层抓落实的工作机制，建立了"一把手负总责，分管领导具体抓，部门联动，省市互动"的工作格局。三是在政风行风评议中注重建立整改工作机制。

【职工经济技术创新活动】

2008年省建设工会在全省建设职工中持续开展了经济技术创新活动和职工技能升级活动，全年有1万名职工技术等级提升一级，44名技术英杰和28项优秀创新成果受表彰，提高了企业竞争力，推动了技术创新和科技成果转化。在建设系统众多工种中选择了市政道路巡视工和燃气运行工两个工种作为2008年组织的建设职工职业技能竞赛工种，并于2008年10月22～23日举行了河南省建设职工职业技能竞赛开幕式、理论考试及实际操作考试。系统内还组织了计算机操作、绿化工、道路养护工、自来水管道维修工、水泵运行工、水质检验工、公交驾驶员、汽车维修工等二十多个工种的职业技能竞赛。企业参赛职工26万人，为提升职工技能的整体水平奠定了扎实的基础。通过竞赛，2名选手荣获省"五一劳动奖章"称号，9名选手荣获"河南省技术能手"称号，26名选手获"建设技术能手"称号，63名选手获"建设系统优秀选手"称号，36名选手获市"五一劳动奖章"称号。竞赛"不唯学历、不唯职称、不唯资历、不唯身份"，使1000名选手直接晋升为高级工，310名省市技术能手破格晋升为技师。

【"安康杯"竞赛】

2008年，组织全省建设系统420个企事业单位积极参加国家安全生产管理局和全国总工会、省安全生产管理局和省总工会组织的"安康杯"竞赛活动。其中7个企业获得全国"安康杯"竞赛优胜企业称号，22个企业获得河南省"安康杯"竞赛优胜企业称号,39个企业获省建设系统"安康杯"竞赛优胜企业称号,21个优胜班组和项目部获省建设系统优胜班组称号。

二、城市规划与建设

【城市规划修编情况】

1. 加强规划编制,完善规划体系。《河南省域城镇体系规划》已经省政府上报国务院。国务院审批总体规划的7座城市中,平顶山市总体规划已报国务院待批,郑州、洛阳、安阳、新乡四市规划纲要已通过建设部专家审查,组织进行上报国务院审批工作,开封、焦作两市总体规划纲要已编制完成,待建设部组织专家审。省政府审批总体规划31个城市中,16个城市的总体规划已经省政府批准,13个城市已完成总体规划的编制工作。全省88个县城中,已修编83个。

洛阳市在完成《老城区工农村整体改造控制性详细规划》、《定鼎北路以西地块控制性详细规划》、《南村城中村改造规划》等9个专项规划的基础上,还编制《洛阳市工业遗产保护规划》、《城市主要道路交通组织设计规划》等16项专项规划。

2. 积极开展《城乡规划法》的宣传工作。《城乡规划法》于2008年1月1日起施行。为切实做好《城乡规划法》贯彻工作,在全省组织开展了集中宣传活动。

3. 加强督导,全面完成城市住房建设规划的制定和公布。2008年以来,按照建设部要求,为督促住房建设规划(计划)编制,保证工作进度和质量,成立了由厅领导为组长,有关处室处长(主任)为成员的督导组,并安排专人对各市工作进行督导。建立了以各市住房建设规划(计划)编制阶段、政府审批和公布时间为主要内容的住房建设规划(计划)工作台账,每周更新一次,并根据各地住房建设规划(计划)编制进度,及时对规划(计划)进度较慢的城市发函进行督促,确保按建设部规定时间内完成。会同省监察厅将住房建设规划(计划)的编制和实施列入城乡规划效能监察的重点内容,开展专项督查等。确保了全省18个省辖市全部完成了2008、2009年住房建设计划和2008~2012年住房建设规划的制定、公布和备案工作。

4. 积极参与组织重大专项规划的制定。参与组织完成了郑汴产业带总体规划的编制和审查报批;参与了郑州综合交通枢纽及其地区规划、郑州航空港区总体规划、中原城市群轨道交通规划的审查,参与土地利用总体规划、产业集聚区规划等重大规划的衔接与协调。

5. 深入开展城乡规划效能监察工作。按照建设部、监察部的部署,会同省监察厅开展了以全面树立领导干部依法行使城乡规划管理权力意识,初步解决城乡建设指导思想不端正,随意更改规划等问题;改善城乡规划工作机制,推进规划编制的科学性,提高规划的权威性,保证规划的严肃性;改进工作作风,加强廉政建设,使城乡规划行业工作人员廉洁自律的自觉性明显增强,部门和行业风气普遍好转,预防和治理腐败取得明显成效为目标的城乡规划效能监察工作。

【城市园林绿化】

1. 大力开展生态园林城市、国家级园林城市(县城)和省级园林城市(县城)的创建工作。积极开展城市星级公园、达标道路、达标广场和省级园林小区、园林单位的评定工作,加快全省城市园林绿化建设,确保实现2008年底达到人均绿地9平方米的目标。2008年1~9月,共组织省内外专家30余人次,对全省15个市县的城市园林绿化建设进行20余次技术指导和讲座,确保了周口、鹿邑等市县创建工作的顺利开展。

2. 大力推进节约型园林绿化建设。大力推进生态效益突出的节约型园林绿化建设模式,9月18日,与中国风景园林学会共同组织了中国科协十届年会第36分会场,召开了主题为"风景园林与城市生态"的学术研讨会,以孟兆祯院士为首的10多位全国风景园林著名专家参加了会议,对河南省如何开展节约型绿化建设起到了很好的指导作用。

3. 加强园林绿化市场体系建设。河南省一级园林绿化施工企业达到8家,二级企业达到440余家;组织开展全省园林绿化施工企业项目经理资质认证工作,首批批准了1325名全省首批园林绿化项目经理,建立了外省绿化施工企业入豫备案制度,加强了对外省入豫施工企业的管理,确保了河南省园林绿化施工市场秩序。参与组织了"第八届中原花木博览会",搭建了施工企业与苗木商的合作平台,促进了地方花卉苗木产业的发展。

【风景名胜区建设】

1. 组织开展了省级风景名胜区综合整治验收检查。以贯彻落实《风景名胜区条例》为目标,以理顺管理体制、加强管理机构建设、规范标志标牌设置、划定核心景区范围、加强资源保护、清除违规建设为重点检查内容,对全省23个省级风景名胜区进行了全面检查验收。

2. 加快风景名胜区规划的编制和报批工作。按照《风景名胜区条例》和建设部的工作要求，在6月30日前全部完成了全省9个国家级风景名胜区的规划编制和技术评审工作，其中，嵩山、龙门总体规划已于2008年2月通过部级联席会议，待国务院批准实施；鸡公山、石人山总体规划已经省政府报国务院，并经住房和城乡建设部征求相关国家部委意见，目前两地政府正就相关问题进行完善和调整工作；林虑山、神农山总体规划已经省政府上报国务院；王屋山和云台山总体规划已由省住房和城乡建设厅报省政府；青天河总体规划已编制完成，近日修改完善后将上报省住房和城乡建设厅。信阳南湾湖省级风景名胜区总体规划已经省政府批准实施。同时，组织开展了鸡公山南街、嵩山少室山旅游服务中心等多个风景名胜区详规和控规的评审工作。

3. 推进河南省国家级风景名胜区的数字化建设。配合建设部在龙门和云台山风景名胜区开展了全国数字化景区建设试点，在云台山风景区举办了全国风景名胜区监管信息系统培训。

4. 加强风景名胜区精神文明建设。会同省委宣传部共同开展了全国第二批文明风景旅游区评选工作，推荐云台山风景区为国家文明风景旅游区，推荐安阳殷墟和嵩山为国家文明风景旅游区创建先进单位。

【城市市政公用基础设施建设】

全省市政公用设施建设管理力度逐步加大，运营管理水平不断提高。河南省已建成的136座城市污水处理厂已全部实现稳定运行，达标排放。2008年，全省城镇污水处理厂实际处理污水量14.92亿立方米，COD削减总量43.85万吨。全省20座生活垃圾处理场进行了升级改造，并达到无害化处理标准，目前一期工程建设已全部完成。全省18个省辖市实际征收污水处理费4.81亿元；全省105个县（市）污水处理费实际征收污水处理费1.89亿元。全省共征收垃圾处理费1.84亿元。

各省辖市共检查在建和已竣工市政公用工程858项。在此基础上，省建设厅组织检查组对127项工程进行了抽检。所抽检工程质量合格率达100%。有93项工程被评为河南省市政公用优良工程，其中25项被评为"河南市政工程金杯奖"工程。郑州市政工程总公司、郑州市第二市政工程公司、河南恒兴工程建设有限公司共同承建的郑州市107国道综合整治等三项工程荣获我国市政工程质量最高荣誉奖——中国"市政金杯示范工程"奖。

【城市公共交通】

截至2008年底，河南省已有11个省辖市出台了公交优先政策措施，使河南成为全国省辖市制定出台公交优先政策最多的省份，为全面推进公交优先奠定了坚实的政策保障。

2008年，全省出租汽车行业在省政府的正确领导和高度重视下，认真贯彻国家建设部等部门《关于规范出租汽车行业管理专项治理工作的实施意见》（建城[2006]107号），各市及各级有关部门按照国家七部委文件精神和全省有关规范出租汽车行业管理专项治理工作的部署积极行动，认真抓好贯彻落实工作。通过开展规范出租汽车行业管理专项治理工作，全省出租汽车乱收费、乱罚款、乱扣车的行为基本得到纠正，出租汽车从业人员的负担明显减轻，非法营运车辆明显减少，市场环境有了一定改善，出租汽车服务质量明显提高，出租汽车行业比较稳定。

【城市人居环境奖】

2008年，全省继续开展了"中国人居环境奖"和"河南人居环境奖"评选活动。各城市建设行政主管部门在当地党委、政府的领导和支持下，以开展"人居环境奖"创建活动为载体，高度重视城市人居环境建设，大力开展城市环境综合整治，加大城市环境建设的投入，城市环境建设步伐进一步加快，城市环境质量逐步改善，市政基础设施功能日趋完善，城市居民生活环境质量日益提高。一批城市污水处理、垃圾处理、燃气管网、河道治理、道路桥梁和照明等"绿、亮、净、美、畅"工程相继建成，城市建设工作取得明显成效。2008年，孟州市生态保护及城市绿化建设、嵩县生态保护及城市绿化建设、清丰县马庄桥镇小城镇建设3个项目荣获"河南人居环境范例奖"；新安县生态保护和城市绿化建设项目荣获"中国人居环境范例奖"。

三、村镇规划与建设

【村镇规划与建设概况】

积极推进郑汴一体化进程，指导并有效推进郑开大道沿线地区村镇整合规划的编制与实施；建立和完善村镇规划公示制度。在体系规划方面，出台了《河南省县域村镇体系规划编制技术实施细则》；在村镇规划方面，出台了《关于印发河南省建制镇"一书两证"和乡·村庄"乡村建设规划许可证"发放管理办法（暂行）的通知》，建立村镇规划许可制度；在村庄整治方面，制订了《河南省村庄环境整治分类指导标准》和《河南省村庄整治技术规范》；在农村垃圾收集处理设施建设方面，出台了《关于做好在全省农村生活垃圾收集处理工作的指导意见》；在城乡一体化建设方面，出台了《关于在全省城乡一体化试点市推广"济源模式"大力开展村镇整治工作的通知》；在工作推进机制方面，建立和完善月报制度、督察制度和通报制度，长效机制初步完善，为村镇建设工作制度化、规范化奠定基础。2008年，在47个扩权县（市）中有20个县（市）开始编制县域村镇体系规划；乡镇规划完成1098个，占乡镇总数的61%；村庄规划完成15218个，占村庄总数的32%；国家级、省级重点镇控制性详细规划覆盖率达20%。大力开展业务技术培训，2008年，省、市、县共举办了23期村镇规划建设管理培训班，培训基层技术和管理人员3200多人。创建国家级历史文化名镇名村8个，创建省级历史文化名镇名村17个，为新农村建设做出了积极的贡献。

【村镇整治】

印发了《河南省建设厅关于落实省委省政府十大实事切实改善农村村容村貌的实施意见》和《河南省建设厅关于在全省开展"清洁家园行动"的通知》，制订了在全省开展村镇环境综合整治工作行动方案。连续总结推广了驻马店、平顶山两市以乡镇环境综合整治带动农村人居环境改善的经验，信阳以"六城联创"为载体在全市开展村容村貌整治的经验，济源城乡一体化村镇整合整治的经验，栾川、固始村庄环境综合整治的经验，以及鹤壁利用人工湿地处理农村生活污水的经验。截至2007年底，全省村庄环境整治投资完成49亿元。改建农村危房10794间，新修改建村内道路1365公里、排水管沟1647公里、自建供水设施167个，供水管道842公里，安装路灯12835，绿地游园45个，人均绿地面积达3.2平方米，公厕612个，环卫车辆235台。新建村庄垃圾站池1568个，村镇垃圾简易处理设施45个。

四、住宅与房地产业

【住房保障】

2008年房地产业健康发展。全年全省房地产开发完成投资1130亿元；全省商品房施工面积完成13721万平方米；全省商品房销售面积完成3150万平方米。河南省委省政府把解决低收入家庭住房困难、健全廉租住房制度、加快廉租住房和经济适用住房建设、增加房源供应纳入各级政的责任目标并加强考核。截至2008年底，河南省已初步建立起以廉租住房制度为重点、多渠道解决城市低收入家庭住房困难的政策体系，城市低收入家庭居住条件得到不断地改善。全省实施廉租住房保障17.32万户，其中，发放租赁补贴16.74万户，实物配租及租金核减0.58万户。实施保障户数占应保障户数的70.1%，其中实物配租比例占3.4%。开工建设廉租住房172.53万平方米、3.46万套，计划总投资18.76亿元。2008年经济适用住房施工面积814.05万平方米（其中新开工482.5万平方米），竣工343.21万平方米，完成投资46.19亿元。

【住房公积金】

2008年，全省住房公积金缴存人数381.99万人，公积金覆盖面55.20%（占2007年在岗职工人数）；累计归集公积金594.37亿元，累计支取170亿元，归集余额424.61亿元；累计发放个人住房贷款213.59亿元，贷款户数20.26万户，贷款余额156.72亿元；购买国债余额10.86亿元。住房公积金个贷率为36.91%。

【物业管理】

全省新建建筑面积在3万平方米以上配套设施齐全的居住小区和大厦的物业管理覆盖面已达100%，全省城市物业管理面积达2亿多平方米，物业管理覆盖面达到35%。2008年底，全省共有物业管理企业1475家，其中一级物业管理企业4家，二级物业管理企业29家，三级物业管理企业1442家，从业人员10余万人。河南省5个项目获国家级物业管理示范项目称号，表彰省级物业管理示范和优秀项目42个。组织人员对全省现有物业管理企业进行了资质动态考核工作。参加物业管理资质动态考核的企业1608家，通过考核的企业1475家，限期整改43家，降低企业资质等级的企业16家，注销物业管理企业58家。

五、工程建设与建筑业

【建筑业发展】

2008年全省总承包和专业承包资质建筑施工企业完成建筑业总产值2826.1亿元，比2007年同期增长31.3%，超额完成2400亿元的目标任务。总量在全国保持第7位，增速保持第3位。在全国的比重由2007年的4.2%提高到4.6%。在中部六省中，河南省建筑业总产值无论总量还是增速都保持在第1位，占比也从2007年的22.4%提高到23.9%。全年签订合同额达4245.28亿元，比2007年同期增长27.7%，其中新签合同额2824.36亿元，同比增长26.0%。房屋建筑施工面积扩大，达到2.16亿平方米，2008年新开工为1.29亿平方米，分别比2007年同期增长13.5%和5.9%。房屋建筑竣工面积为

9156.99万平方米，比2007年同期下降0.2%。全员劳动生产率上升，按建筑业总产值计算的全员劳动生产达到161274元/人，比2007年同期增长30.8%。市场开拓成效明显。全年出省施工人数达112万人，创劳务收入102亿元，分别比2007年增长6.6%和14.2%，超额完成省政府下达的出省105万人、劳务收入100亿元的责任目标。

【省重点工程监管】

2008年，新报建的省管工程项目共计23项，建筑面积842858.47平方米，总投资101805.9万元。受监在建工程95项，建筑面积2163208.08平方米，工程造价334171.66万元。办理竣工备案10项，建筑面积104403.08平方米，工程造价11835.13万元。全年获得省结构中州杯奖19项，省中州杯奖3项，拟申报鲁班奖5项。省管工程总体运行态势比较平稳，质量安全监管覆盖面达100%，未发生重大质量安全事故和拖欠农民工工资的集体上访事件。

【清理拖欠工程款和农民工工资】

全面开展全省清欠"回头看"，巩固清欠成果，打击弄虚作假行为，开展全省清欠评先表彰。加大督查督办力度，对拖欠问题较为突出的县、区，实行"约谈主管领导"制度。继续强化投诉受理机制，健全应急处理机制，快速高效处理各类案件。全年共处理信访局集中交办案件24起，省领导批示案件24起，全省接待上访人员千余人次。为应对经济危机可能引起的新的拖欠，引发不稳定因素，省清欠办连续下发7个通知，开展专项排查，采取全省通报、媒体曝光、暂扣相关行政许可、暂停招投标资格、追究主要负责人责任、计入企业不良行为记录等措施，及时清理各种拖欠，确保社会稳定。清理拖欠与信用体系建设相结合，完善信用体系，约束企业拖欠行为的发生。湖南湘潭路桥建设有限公司等部分拖欠公示信息被建设部采纳，记入全国建筑市场诚信信息平台。草拟《农民工信息档案管理办法》，规范建筑企业农民工工资发放管理，改革农民工保障金的缴纳办法，减轻企业资金负担，完善制度建设。

【援建四川地震灾区安置房建设】

5月20日，省建设厅立即成立了援川活动板房建设前线指挥部，并迅速开赴四川前线，开展援建工作。在省援川抗震救灾前线指挥部的直接领导下，建设厅援川抗震救灾指挥部与全省18个省辖市党委、政府及建设、交通、财政、卫生等部门一起，率领全省90多家建筑企业、7800多名援建人员，充分发扬特别能吃苦、特别能战斗的河南建设精神，奋战两个月，于7月20日提前20天出色完成了我省援建灾区的2.646万套活动板房建设任务。

【整顿和规范建筑市场秩序】

2008年，进一步加强整顿和规范建筑市场秩序。各地将国有资金投资或以国有资金投资为主的建设项目作为监管重点，完善招投标程序、评标标准办法，强化招标过程、招标文件、招标情况备案的管理，遏制虚假招标或围标串标等违法违规行为发生；制定《河南省建设工程工程量清单计价评标办法》，总结漯河、濮阳等地经验，在政府投资工程中积极推行工程量清单计价招标，对《标准施工招标资格预审文件》和《标准施工招标文件》开展宣贯活动。2008年，全省管理范围内的建设工程应招标和实际招标的项目，公开招标和实际招标都达到了100%。完善省级建设工程评标专家库管理。进一步整合全省各市建设工程评标专家资源，建立完善河南省建设工程评标专家数据库和专家准入、清出和动态考核制度，加强专家库管理。初步形成了完善的、科学的、方便的全省评标系统。目前省级建设工程评标专家数据库已有22个大类、60余个专业，评标专家6500余名，基本上能满足全省招投标工作的需要；2008年，全省实行投标承包的房屋建筑施工面积18582.64万平方米，占全部房屋建筑施工面积的86.1%。工程招投标率不断提高显示出全省建筑业市场的规范化程度进一步提高。加强信用体系建设。出台《河南省建筑市场信用信息记录和公示管理办法》，进一步规范建筑市场各方主体行为，统一河南省建筑市场信用体系平台，建立统分结合的信息上报、管理程序，完善信息公示、交流工作制度，分部门培训信息管理人员。改进建设部单纯记录不良行为的做法，首次将良好行为引入信用信息系统，为深入开展建筑市场信用体系建设工作奠定坚实基础。积极推进工程担保。在总结2007年工程担保试点经验的基础上，制定《关于进一步在全省推行工程担保制度的实施意见》，积极推进担保工作在全省的开展。扩大备案工程担保机构数量，加快工程担保市场竞争格局的形成。2008年底，已备案的担保机构6家，基本满足了市场的需求。全省开展工程担保业务的项目有413个，担保金额达4.83亿元。加大建设工程举报投诉处理力度。突出检查重点，加大建筑市场规范力度，组织全省招投标情况和中标后项目负责人到位情况大检查。在联合监察部门建立招投标举报投诉联合受理机制的基础上，积极处理投诉案件，加大对围标串标、投标工程业绩虚假等问题的处理力度，规范市场秩序。全年，仅省厅就收到投诉案件25起，现已处理23起，有2起正在调查处理中。

【工程质量安全监管】

组织召开了全省建筑工程质量安全执法情况通报会、省直管工程安全生产现场会、全省建设安全监督站（科）长会、生产事故约谈会，研究部署抓好安全生产工作的措施和办法，有力地推动了全省安全生产工作的深入开展。继续强化建筑安全生产目标管理，抽调安全业务技术管理骨干，组成6个考核组，对18个省辖市建委2008年建筑安全生产工作情况进行了全面考核，进一步加大了安全生产工作落实力度。深入开展安全隐患排查治理和专项整治。制定下发了《河南省建设系统安全生产隐患排查治理工作方案》，并会同省交通厅专门印发了《河南省道路桥梁、隧道工程安全隐患排查治理工作方案》，出台了《河南省建设工程重大危险源登记建档管理办法》，对重大危险源的登记、公示、告知、监控、整改等提出了具体要求。同时，建立了全省建设安全生产隐患排查治理专项行动信息报送制度，及时了解掌握各地隐患排查工作的进展情况。据初步统计，2008年，全省各地建设行政主管部门共排查企业4808家，工程项目14508项，排查一般隐患35626项，其中已整改34036项，整改率为95.5%；排查治理重大事故隐患468项，其中已整改449项，整改率为95.9%，有效地遏制了重特大事故的发生。强化检查督导。省建设厅先后组织开展了5次安全大检查，共检查施工现场289个，发现不安全问题和事故隐患1538条，下达隐患整改通知书208份，停工整改通知书24份，不良行为告知书35份。认真组织开展百日督查专项活动。2008年全省共发生建筑施工生产安全事故23起，其中一般事故22起，较大事故1起，死亡28人，重伤3人。与2007年相比，事故起数减少2起，下降8%，其中较大事故减少2起，下降66.7%；死亡人数减少13人，下降31.7%；重伤人数减少12人，下降80%，全省建筑安全生产形势总体平稳。

【建筑职业技能培训】

2008年河南省建筑工人职业技能培训47230人，通过考试鉴定31570人。技师、高级技师考评通过138人。在建筑工地创建农民工学校144所，受教育农民工45475人，通过考试鉴定取得证书2380人。全省建设企事业单位管理人员参加考试并取得"建设企事业单位专业管理人员岗位证书"48000多人。除此之外，为产权产籍员、工程检测员、工程质量监督员、建设工程质量资料员、建筑装饰设计师、园林项目经理培训、房屋拆迁岗位证、建筑节能培训、项目经理继续教育等证书加章约23000多人。

【建筑装饰装修】

2008年，全省装修装饰各项工作取得了显著成绩。全年完成产值800多亿元，上缴利税65亿元，同比增长10%左右。全省现有装修装饰企业1785家，其中：装修装饰施工企业1421家，设计企业113家，设计施工一体化企业251家，新增企业341家，2008年末从业人员40余万人，全省装修装饰行业没有发生一起安全生产责任事故，较好地完成了2008年确定的目标任务。

【勘察设计行业管理】

2008年，全省勘察设计企业总数678家，其中甲级110家、乙级314家、丙级254家。2008年，我省环境工程，轻型钢结构，建筑幕墙3个类型的专项设计企业得到较快发展，企业总数已达46家，比2007年同比增加27.7%。2008年底全省勘察设计从业人员达5.2万人，各类注册人员已达14个专业共5580人；专业技术人员占总量的80%以上。据统计，2008年全年完成勘察设计营业收入156.23亿元，比2007年增长44.01%。

【勘察设计质量管理】

从勘察设计源头抓起，明确规定凡不符合节能减排有关法律法规和政策规定的工程项目不予通过施工图审查，2008年，全省建筑节能设计标准执行率达到100%，建筑节能闭合监管体制已经基本建立。加强节能标准制定工作，共批准发布并建筑节能标准3项，即《模块化同层排水节水系统应用技术规程》、《内置保温混凝土结构工程施工质量验收规程》、《集中空调计量收费及应用技术规程》。加强节能监督工作，在全省范围内开展了以建筑节能为重点的施工图质量大检查和配合全省建筑节能专项检查各一次。

【勘察设计体制改革】

2008年，省建设厅继续推动深化改革工作，继续作好改革政策的落实工作，协调省市有关部门做好省直勘察设计单位资产转让资金的返还、养老社保手续的续接、土地房产过户手续的办结和确认工作。

【抗震防灾管理】

2008年，我们始终坚持把提高城乡建设和工程建设抗震防灾能力作为一项重要工作来抓，严格执行工程建设强制性标准条文，加强市政基础设施和各类建筑工程的抗震设防监督管理，加强对在建项目的检查及现场抽查工作，形成了从勘察设计、施工监理、工程竣工验收的全过程管理。

【工程建设标准编制推广】

2008年，河南省共转发国家标准34项，行业标准65项；主持修订了《室内环境污染控制规范》，参与编制了国家标准《工程建设标准实施评价标准》和行业标准《透水混凝土路面技术规程》。在地方标准编制方面，2008年，河南省共批准发布工程建设地方标准11项。建立开通了《河南省工程建设标准化网》，及时准确地发布工程建设标准信息。按照建设部要求，与有关部门联合，积极开展创建无障碍城市建设工作。印发了《创建全国无障碍建设城市工作要点》和《创建全国无障碍城市工作标准》，严格按照《老年人建筑设计规范》等相关标准，科学制定城市公用设施和建筑物的无障碍设施建设计划，落实责任，逐步实施。

【工程建设标准定额】

为贯彻好新修订的国家标准《建设工程工程量清单计价规范》，按照国家建设部及河南省制定建设工程造价改革的思路，经历两年多的时间编制完成了《河南省建设工程工程量清单综合单价》。新定额已经省建设厅、省发改委联合发布于2008年12月1日起执行。新定额包括建筑、装饰装修、安装、市政、园林绿化5个专业，共计24830子目。新的综合单价定额充分考虑到与工程量清单计价相衔接。按照建设部标准定额司的要求，深入市场进行调查，结合河南省定额水平，完成了2008年度共4次的建筑工种人工成本信息和建筑工程实物工程量人工成本信息的测算、填报工作。及时发布了2008年四个季度的人工费价格信息。针对2008年年初河南省部分建筑安装材料价格涨幅较大，严重影响工程建设的实际情况，制定下发了《河南省建设厅关于建设工程材料价格风险处理办法的通知》（豫建设标[2008]11号），很好地解决了因材料涨价引起的建施双方在工程造价方面的纠纷。为加大对工程造价计价行为的监管力度，今年在全省继续推行商务标条款审查、合同价款审核和结算价款审核备案工作。将这三项审核备案工作作为工程造价进入市场实施监管、开展服务的切入点，建立从招投标、合同签订到结算的工程造价监管服务体系。此项措施对进一步完善建施双方合同，促使双方履行合同，减少事后扯皮、防止拖欠等都起到了积极作用。按照《工程造价咨询企业管理办法》的要求，在全省开展了工程造价咨询企业执业行为的监督检查，实行了工程造价企业动态考核和失信惩戒制度，对在市场执业中不规范、不诚信的工程造价咨询企业进行教育引导及相应的处罚。

【建筑节能】

2008年，全省建筑节能设计标准执行率达到100%，实施率达91%以上，新增节能建筑2100多万平方米，完成既有建筑节能改造面积10万平方米。全省已建成节能建筑面积1亿平方米，新建节能建筑累计形成每年可节约180多万吨标准煤的节能能力。全省太阳能、地源热泵等可再生能源在建筑中应用达200多万平方米。新增7个国家级示范项目，获得国家财政专项资金支持2921万元。新增省级试点示范工程28个，面积154万平方米，全年验收示范工程10个，面积30万平方米，示范效应日趋明显。13个特一级建筑施工企业技术中心列入了省厅培育计划。

（河南省住房和城乡建设厅　秦华、王广军、李育军、王鹏程、王巍、唐晓峰）

湖　北　省

一、综述

（一）加强城乡规划编制，促进区域协调发展

2008年是《城乡规划法》颁布实施的第一年，各地利用电视、报纸、电台等媒体和形式进行大力宣传，省里专门举办全省县（市）长城乡规划建设管理研讨班进行学习贯彻。加强总体规划编制工作，随州等地总体规划纲要和枣阳等城市总体规划成果通过了审查，孝感、黄冈、潜江、石首、神农架林区城市总体规划已获省人民政府批复，襄樊市城市总体规划已由省政府上报国务院待批，荆州市城市总体规划已通过省政府审查，将上报国务院。突出控制性详细规划地位，依法实施城市规划管理。各地进一步加大控详规划编制、审批与实施衔接力度，全省设市城市控规覆盖率尤其是近期建设地区及重点地段的控规覆盖率有了显著提升，达到100%。深

入开展城乡规划效能建设和监察工作，落实"一书两证"、"四统一"制度，重点推进"阳光规划"，严格规划决策程序，建立和完善了规划执法责任追究监督机制。

加强区域协调，促进城乡建设统筹发展。全面落实《湖北省城镇体系规划》，加大区域规划研究和编制力度，积极引导城乡统筹，促进区域基础设施共建共享、资源有效利用。组织开展《武汉城市圈"两型"社会建设综合配套改革试验区空间规划》的研究和编制，提出城市圈空间发展的目标指标体系和空间布局结构，建立了规划实施支撑体系。推进公交优先战略，编制完成《武汉1+8城市圈鄂通卡即城市一卡通工程实施方案》，促进了武汉城市圈公交一体化建设。开展城乡总体规划编制试点，逐步推进城乡规划统筹管理。加强城中村及旧城改造规划引导。严格区域重大建设项目选址管理，保障重大基础设施项目选址与城市规划相协调，促进区域经济社会协调发展。遵循集约、可持续城市发展方针，做好土地利用调整，加强了开发区集中统一规划管理。

（二）加大城乡建设力度，着力改善人居环境

积极开展城市环境综合整治，城市公交、环卫、供水、供气、绿化等市政公用基础设施建设力度加大。全省新增城市道路长度360公里，面积980万平方米，新增城市桥梁21座，新增公交车辆1874标台，改造城市供水管道300公里，新建排水管道1022公里，新建燃气管道780公里，园林绿化覆盖率提高1.1个百分点。坚持公交优先，建立健全城市公交客运市场监管体系和安全防范、应急处理机制。认真落实燃油补贴政策，有效缓解了公交行业燃油价格压力。建立健全省水质检测季度公告制度，妥善处理恩施城区居民生活饮用水源地、松滋河断流、安陆市水质污染等突发事件，保障了城镇供水安全，武汉市被评为国家节水型城市。加强供气管理，出台了湖北省燃气行业服务规范，完成了武汉城市圈燃气专项规划的立项和大纲编制，保障供气安全。着力加强背街小巷环境卫生、城市广告"牛皮癣"、空中管线"蜘蛛网"的整治，努力改变建设标准低、设施不配套、环境脏乱差的状况。武汉市数字化城管系统建设通过建设部验收。以理顺体制、强化规划、改善环境、规范标准、健全制度为重点，狠抓综合整治，改善了风景名胜区面貌。积极开展园林城市、园林式单位、"四级五类"等创建活动，组织"八提倡八纠正"和节约型园林城市示范工程评比，黄石、兴山、宜都获国家级园林城市（县城）称号，武汉市中山公园被建设部授予"国家级重点公园"，咸宁淦河、钟祥莫愁湖水环境治理等4个项目申报了中国人居环境范例奖。

强化污水处理设施建设与运营管理。按照《湖北省"十一五"城市污水处理目标责任书》要求，全省全年新开工污水处理项目39个，设计规模189.3万吨/日，新建成（含基本建成项目）15个，设计规模69.9万吨/日。全年新（改）建收集管网1022公里。正式投入运营的污水处理厂共41座（含三峡库区集镇7座），全省城市污水处理率达到63.25%。武汉市龙王嘴污水处理厂被评为"2008年度全国城镇污水处理厂十佳运营单位"，武汉市南太子湖等5座污水处理厂被评为"2008年度全国城镇污水处理厂优秀运营单位"，荆门夏家湾水务有限公司被评为污泥处置先进单位。污水处理费征收工作全面启动，全省各县市均已发文开征，其中，有68个县市已实际开征了污水处理费，有60个县市实际执行了0.8元/吨的收费标准。垃圾处理设施建设步伐加快。共有13个县市的生活垃圾处理场通过了国家和省组织的无害化等级评估，新增无害化处理能力153.19万吨/年，城市生活垃圾无害化处理率由2007年的18%提高到27.11%。全年新开工垃圾处理项目16个，设计规模10383吨/日，新建成垃圾处理场4个，设计规模683吨/日，完成投资1.98亿元。

"百镇千村"建设取得新的进展并由点及面向纵深推进。集中力量支持30个产业支撑强、特色鲜明的重点镇建设和200个示范村的村庄环境整治。重点镇城镇功能不断完善，辐射带动能力明显提升。全省首批52个重点产业集群名单中，有11个产业集群是依托重点镇支柱产业进行发展，"十镇二区"旅游名镇创建有9个是以省定重点镇为基础开展创建工作。在全省10个县（市、区）、4个镇开展整县、整镇实施村庄环境整治试点，探索了整体实施农村环境建设的有效途径和方法。在省委命名表彰的150家新农村建设示范村中，有102个村在"百镇千村"示范村名单之中，占总数的2/3以上。完成了《仙洪新农村建设试验区村镇布局规划》编制，制定了实施方案，重点抓了村镇规划、村庄整治、污水和垃圾处理、村镇建设体制机制创新等试点工作。试验区14个镇和当年启动村庄环境建设的100个村的规划编制工作全部完成，正全面组织实施。

（三）积极推行建筑节能，推进建筑业加快发展

全省建设系统不断加大工作力度，积极推进建筑节能。各市、州、直管市城区新建建筑节能标准设计阶段执行率达到99%，施工阶段执行率达到

89.3%,"禁实"达标率100%。强化目标责任管理,将原由省、市建设主管部门签订责任书改为省、市政府签订责任书,将部门考核提升为政府考核。加强建筑节能地方法规建设,《湖北省建筑节能条例(草案)》通过省人大常委会一审。大力发展新型墙材,全省新型墙材占墙材总量比例已由三年前的35.74%上升到66.23%。开展低能耗、绿色建筑、可再生能源利用、康居工程、既有建筑节能改造项目示范,全省建立国家级示范工程18个,省级示范工程43个,农村抗震节能示范工程2个。全省有近十家节能服务企业运用合同能源管理模式实施建筑用能系统改造30多项,节能量达到10万多吨标准煤。加快"禁现"步伐,加强混凝土搅拌站建设,全省散装水泥供应量达到2550万吨,水泥散装率达到41%。

建筑业发展进一步加快。全面实施"扶优扶强"战略,发挥优势龙头企业示范作用,确定了110家企业作为重点培育和指导对象,促进建筑行业核心竞争力提高。据统计,全省共有建筑业企业6215家,本地年产值过10亿的达15家,全年共有22家企业晋升为一级企业,武汉新八建筑集团有限公司等20家企业被评为全省建筑业企业综合实力20强企业,湖北高艺装饰工程有限公司等10家企业被评为全省建筑装修装饰10强企业,中南建筑设计院等10家企业被评为全省勘察设计综合实力10强企业,并受到省政府表彰。全年全省勘察设计业实现营业收入255亿元;全省建筑业总产值2600亿元,实现增加值520亿元,利税总额130亿元,均在中部地区保持第一。深化建筑市场监管,严格市场准入和清出制度,加强工程招投标管理,全省应招标工程招标率和应公开招标工程公开招标率达到100%。加强对外出施工企业的指导和服务,大力实施"走出去"和"大市场"战略,积极开拓市场,全年建筑业企业出省施工人数达15万人,施工范围覆盖27个省、市、自治区,完成省外施工产值超过800亿元。

工程质量总体水平稳步提高,安全生产运行平稳。全省开展施工图审查项目4884个,纠正违反强制性标准16411条,杜绝重大隐患1048处。全省工程质量验收合格率达到100%,工程竣工验收备案率达到93%以上。评选出省优秀工程勘察设计127项、省建筑优质工程(楚天杯)136项,推荐8项工程参加中国建筑工程鲁班奖的评审,全部获得通过,是湖北省历史上获得鲁班奖最多的年份。评定全省优质建筑装饰工程48项,建筑装饰施工质量还获得了中装协专家组"施工水平中部地区排名第一"的高度评价。通过开展施工现场安全管理百日督查,强化安全生产许可证动态管理,以及隐患排查治理,全省安全事故得到有效遏制,完成了与省政府签订的年度安全生产责任目标。清理建设领域拖欠工程款工作取得新成绩,清欠工作在全国位居前列。

(四)抓好住房保障工作,促进房地产业稳定发展

城镇居民住房保障工作取得新进展,居民居住水平不断提高。各市州按照与省政府签订的《湖北省"十一五"城镇居民住房保障目标责任书》要求,认真落实年度保障性住房建设任务。全省经济适用住房开工建设440万平方米,超额完成目标任务,销售165万平方米,解决15741户低收入住房困难家庭的基本居住需求。全省廉租住房保障工作全面推进。各地在2006~2007年的基础上,把廉租住房保障面积标准由人均住房建筑面积8平方米提高到10平方米,租赁补贴的标准逐步接近市场租金水平,保障范围由最低收入住房困难家庭逐步扩大到低收入住房困难家庭。据初步统计,全省廉租住房保障17.6万户,其中实物配租2.2万户,租赁补贴15.4万户,完成国家下达目标任务的110%。充分发挥住房公积金对提高居民购房支付能力的作用,2008年新增公积金约142亿元,发放贷款约47亿元。加强拆迁计划管理,有效控制拆迁规模,全省计划拆迁面积580万平方米,实际完成拆迁面积430万平方米。开展拆迁矛盾纠纷排查化解活动,确保了奥运期间的社会稳定。贯彻落实新的《住宅专项维修资金管理办法》和《房屋登记办法》,物业服务收费和房地产交易与权属登记工作进一步规范。住宅性能认定工作取得新进展,武汉万科·西半岛通过国家2A级性能认定终审,武汉泛海中央居住区(北区)通过国家3A级性能认定初审,武汉红旗公寓经济适用住房小区和武汉万科·西半岛两个项目获得国家"广厦奖"。

继续深入贯彻落实房地产市场宏观调控政策,积极开展房地产市场秩序和交易秩序专项整治,得到了国务院专项整治检查组的充分肯定。加大住房供应结构调整力度,全省地级以上城市按时完成了2008年、2009年住房建设计划和2008~2012年住房建设规划的编制、公布工作,其中,2008年住房建设计划的编制工作受到建设部通报表彰。下半年,房地产市场观望气氛浓厚,各地密切关注市场动向,积极做好市场调研,及时分析市场形势,认真落实差别化住房税收、信贷政策,因地制宜采取措施稳定房地产市场,武汉、襄樊等市还结合实际出台相

关政策文件，对增强企业投资信心、减轻居民购房负担、促进房地产市场稳定健康发展起到了积极作用。预计全年完成房地产开发投资 770 亿元，同比增长 7%；商品住房平均销售价格 3150 元/平方米，同比增长 7%。

（五）努力提高行政效能，积极应对自然灾害

2008 年上半年自然灾害频发，危害巨大。灾难面前，建设系统能打恶仗、善打硬仗的行业作风、队伍形象和执行能力得到充分展示。雪灾期间，全省建设系统出动干部职工 131 万人次，将冰雪灾害带来的影响缩小在最小范围，确保了城市生产生活正常运转。5·12 汶川大地震发生后，全省上下积极响应党中央、国务院号召，全面投入抗震救灾工作。全省建设系统在捐款捐物的同时，组织 50 多名工程技术人员和水质检测人员急赴灾区参与抢险，并从武汉、襄樊、宜昌、黄石城管部门抽调 10 台洒水车捐赠灾区。按照国务院抗震救灾总指挥部的统一部署和建设部的具体安排，湖北省建设系统承担了援助四川省雅安地区灾区群众建设过渡安置房 28580 套、556963.34 平方米的任务。

全面搞好政风行风评议工作。通过召开不同对象和不同层面的座谈会，登门征求意见，发放调查问卷，认真听取意见，着力抓好整改，立足长效管理，建立健全了一系列规章制度，达到了促进工作、破解难题、规范管理的目的。全省 17 个市州建设主管部门，有 13 个部门的行评测评得分在 90 分以上，有 9 个位居当地 8 个参评系统的前三名。

二、城乡规划

【宣传贯彻《城乡规划法》】 组织全省各市、州、县收看全国《城乡规划法》宣传贯彻电视电话会议，先后邀请中国城市规划协会石楠秘书长、建设部城乡规划司孙安军副司长到省建设厅、荆门、荆州等地宣讲《城乡规划法》；省人大纪玲芝副主任、省政府李春明副省长、省建设厅杨晓波厅长在《湖北日报》上发表专题文章，宣传《城乡规划法》；组织召开了全省设市城市规划局长座谈会，有效地指导全省《城乡规划法》宣传贯彻工作；举办规划建设管理县长培训班，提高领导干部贯彻《城乡规划法》水平；协助宜昌、黄冈、黄石、麻城、监利、大悟等市县《城乡规划法》开展宣讲活动；开展了《湖北省实施〈城乡规划法〉办法》起草调研工作。

【区域协调与城乡统筹】 开展了《武汉城市圈"两型"社会建设综合配套改革试验区空间规划》及相关规划研究编制。为统筹武汉城市圈内空间布局，由省建设厅牵头，省发改委、省国土厅、省水利厅、省环保局、省林业厅参加，开展了《武汉城市圈"两型"社会建设综合配套改革试验区空间规划》编制工作，并委托武汉市规划院具体承担规划的编制任务。2008 年 6 月底通过了专家评审。

【规划编制与实施管理】 抓好城市总体规划编制。按照《城乡规划法》和《城市规划编制办法》有关规定，规范城市总体规划纲要、城市总体规划成果编制内容深度及审查工作。孝感、潜江、枣阳等地总体规划纲要和孝感、随州、黄冈、潜江等城市总体规划成果通过了审查，孝感、潜江、石首、神农架林区城市总体规划已获省人民政府批复，襄樊市城市总体规划已由省政府上报国务院待批。完成了宣恩、房县、谷城、监利等县城总体规划的规模核定，协助建设部完成了荆州市城市总体规划纲要审查工作，并组织省政府相关厅局对规划成果进行了审议，省政府将完善后的规划成果上报国务院待批。

突出控制性详细规划地位，依法实施城市规划管理。及时开展了"全省控制性详细规划编制与实施"调研，上武汉、十堰、荆州、鄂州、大冶、枣阳、宜都等城市控规覆盖率已经达到了 100%，荆门、安陆等城市达到了 80% 以上。

做好全省城市规划新"一书两证"的换发工作。截至 2008 年底各设市城市共发放《建设项目选址意见书》790 份，《建设用地规划许可证》2618 份，《建设工程规划许可证》5968 份，建设总规模超过 3000 万平方米，有力地保障了城市建设和经济发展。

【城市规划效能建设与监察】 结合城乡规划效能建设与监察工作，强化城市规划工作制度建设。围绕实现"科学规划"，建立规划决策机制；围绕实现"法治规划"，建立规范行政许可行为；围绕实现"效能规划"，建立高效行政运行机制；围绕实现"阳光规划"，建立公开透明（公示、听证）等制度；围绕实现"廉洁规划"，建立规划执法责任追究等监督机制。

【城市勘测与信息化建设】 全省城市规划管理地理信息系统空间数据库标准于 10 月通过了由湖北省质量技术监督局和湖北省建设厅联合组织的专家评审。该标准填补了国内该领域标准的空白，具有国内领先水平。继续推进地理信息系统试点及遥感影像的城市规划动态监测扩大范围试点工作。不断完善各级城市规划网站建设。2008 年底全省大部分城市已建立自己的规划网站，推行网上公示查询，促进规划管理公开透明。武汉全面完成了 8549 平方

公里1:10000地形图测制和数据库建设,成为全国副省级城市中首个全市域覆盖的城市。

【**优秀城市规划评选**】 组织开展湖北省优秀城市规划设计评选活动。积极开展湖北省优秀城市规划设计评选活动,共收到参评项目共120项,共评出一、二、三等奖68项,其中最具近几年工作特色的《武汉城市总体规划(2006~2020年)》、《武汉城市圈"两型"社会建设综合配套改革试验区空间规划》、《中国·长江三峡水利枢纽工程管理区保护与利用规划》、《宜昌都市区规划》、《湖北省鄂州市红莲湖旅游度假新城总体规划》等11项获得一等奖,并推荐获一、二等奖的项目参加2007年度全国优秀城乡规划设计评选活动。

三、城市建设与管理

【**城镇规划建设管理"楚天杯"创建**】 2008年修订完善了"楚天杯"创建考核标准,完成了对申报城市的创建考评工作。经各地申报和省建设厅组织考评,并报省政府审定,襄樊市等8个省辖市(直管市)、宜都市等20县(市)、新洲区阳逻街办事处等40个小城镇被授予"湖北省城镇规划建设管理楚天杯"称号;孝感市等32个市、县(市)、小城镇被授予"湖北省城镇规划建设管理'楚天杯'创建先进单位"称号。

【**城市污水处理**】 城市污水处理设施建设扎实推进。截至12月底,全省新开工建设污水处理厂41座,设计规模210.8万吨/日;新建成污水处理厂15座,设计规模62.4万吨/日,累计建成污水处理厂56座,设计规模371.94万吨/日。设市城市污水处理率预计可达到67%。城市污水处理设施运行质量稳步提高。2008年,湖北已投运的污水处理厂全年共计处理水量88433.82万立方米,COD削减量为14.61万吨,平均负荷率为80.77%,城市污水处理费收费制度顺利推行。截止2008年底,全省76个县市中,共有68个县市已实际开征了污水处理费,有61个县市实际执行了0.8元/吨的收费标准。

【**城市生活垃圾处理**】 2008年,全省76个市县累计清运生活垃圾880.25万吨/年;13个(含十五期间规划的8个)垃圾处理场通过省或国家无害化等级评估,新增无害化处理能力153.19万吨/年;全省城市生活垃圾无害化处理率由2007年的18%提升到27.11%(其中设市城市为30.47%,县城为13.27%)。根据国家发改委、住房和城乡建设部通知,建立、完善了全省垃圾处理及收费信息统计报告制度,6月底与省物价局联合上报了湖北省统计结果;全省56个市县先后按照国家、省有关文件开征了垃圾处理费,垃圾处理费收缴率由2007年的50.5%提高到52.3%。

【**市容环境综合整治**】 印发了《关于大力开展城市(县城)市容环境综合整治,进一步掀起创建"楚天杯"活动新高潮的通知》;在宜昌市召开了全省建委、城管局分管领导参加的全省城市市容环境综合整治推进会。全省全年新增、改造公厕31个(不含武汉市);新增果皮箱8900个;40个市县编制完成环境卫生专业规划;全省共有水上保洁队8个,保洁船17艘,清运水上垃圾7000吨;全省现有47455名环卫工作从业人员(其中管理人员16162名,一线人员31293名);环卫工人基本工资平均提高50~100元;城市保洁面积14512万平方米。组织了一期60人参加的垃圾无害化处理专项培训;恩施市环卫处荣获湖北省"十佳行政执法单位"荣誉称号;按照省政府《关于加强创建卫生城镇工作的意见》(鄂政发[2006]17号),各地积极参与卫生城市创建活动,全省3个市(广水、安陆、松滋)通过考核验收。

【**城管执法**】 2008年,湖北针对城管执法暴露出来的种种矛盾和难点问题,以省政府名义召开全省城管执法工作座谈会,联合省政府法制办在黄石召开城管文明执法理论研讨会。在全系统组织开展的大规模的文明执法教育活动,组织专家学者和先进单位代表赴省内各地巡回宣讲文明执法。

【**市政工程**】 全年全省新(改、扩)建城市道路长度360公里、面积980万平方米,全省城市道路总长达16263.1公里,面积26020万平方米,其中设市城市道路总长13112公里,道路面积20428万平方米,县城道路总长3151.1公里。全省全年新增城市桥梁21座,全省城市桥梁达到1762座。被誉为"万里长江第一隧"的武汉长江公路隧道于2008年12月28日通车试运行。这是继1951年建成的"万里长江第一桥"——武汉长江大桥之后,我国在长江中部特大中心城市武汉成功修筑的第一条长江公路隧道。"万里长江第一隧"的建成,是长江过江交通史上的又一个里程碑,标志着长江交通迎来了"江上架桥、水上行船、江底通隧"的三维时代。隧道全长3.63公里,工程概算投资20.5亿元,为双线双车道,设计行车时速为50公里,是我国修建的第一条长江公路隧道,也是目前我国地质条件最复杂、工程技术难度含量最高、施工难度最大的江底隧道。

【**燃气热力**】 2008年,全省新增燃气管道900.7公里。已有52个县市使用天然气,24个县市使用液化气，用气人口达1800万人，用气普及率达到90%以上。天然气已成为主导气源，全省有15个市州、37个县市使用了天然气。全年全省天然气用量达7.8亿立方米，人工煤气已退出市场，液化石油气销售300余万吨。

【城市供水】 2008年，全省76个县市共有供水企业101个，综合供水能力为1273万立方米/日，自建供水设施32个，综合供水能力146万立方米/日，现有供水管网16424公里（DN75及以上），全年供水总量为248986万立方米，用水普及率97%。委托全省已有的13个水质监测站其对全省供水水质进行监测，并开展水质公告，将全省16个省辖市、州、直管市水质监测情况每季度在媒体公布；改造城市供水管道350公里；及时组织人员处理各地供水突发事件；组织开展节水型城市创建活动，武汉市荣获"国家节水型城市"称号。

【城市公交】 截至2008年底，全省城市公交企业92家，公交职工人数73893万人；公共汽（电）车17302辆；轮渡、船舶48艘；轨道交通从无到有，营运线路有523条；轮渡航线15条，营运线路长度12362.5公里，日均客运量达613.4万人次。全省大中城市公共交通现已形成了合理布局、转乘方便的公交线网，城市公共交通日渐成为市民上下班交通的主导方式，城市客运交通结构日趋合理。

【风景园林】 "3515"工程全面启动。各地按照用3年的时间，基本实现中心城区市民出行500米，就能见到一块面积不小于1500平方米的休闲绿地的"3515"工程的要求，大力实施亲民工程。全省一年来共建各类小游园306处，面积达到64100平方米。各地完成规划设计待建的小游园18处，面积达到108万平方米。黄石、兴山、宜都被授予"国家级园林城市（县城）"奖牌，武汉市中山公园、黄鹤楼公园被建设部授予第二批"国家重点公园"称号。

风景名胜区管理进一步加强。印发了《关于加快省级风景名胜区总体规划编制报批工作的通知》（鄂建文〔2008〕46号），召开了全省省级风景名胜区综合整治工作汇报会。已完成3个景区的总规（详规）的编制、评审工作；有8个景区启动了规划编制工作；武当山风景名胜区总规修编已进入国务院审批程序；东湖风景名胜区总规修编完成了《大纲》阶段。全省25个省级风景名胜区拆除违章建筑160处，违章房屋1845间。

四、村镇建设

【"百镇千村"示范工程建设】 6月30日，省委、省政府在老河口市召开全省推进"百镇千村"建设与村庄环境整治现场会暨电视电话会议，省委书记罗清泉、省长李鸿忠、副省长田承忠出席会议。各地认真落实会议精神，积极开展重点镇、示范村建设和村庄环境整治活动，共投入17.6亿元。综合效益凸显。在2008年公布的全省首批52个重点产业集群名单中，有11个是依托重点镇支柱产业进行发展的。初步形成了工业主导型、市场带动型、生态旅游型、农业产业基地型等不同类型的小城镇发展模式。在首批启动的10个旅游名镇中，有9个是省重点镇；在全省命名表彰的150个新农村建设示范村中，有102个为"百镇千村"中的示范村。

【整县整镇村庄环境整治试点】 省建设厅印发了《湖北省整县整镇开展村庄整治，推进"清洁工程"建设实施方案》（鄂建〔2008〕104号），全省确定了10县（市、区）和4镇为第一批整县整镇推进村庄环境整治试点。各试点市县把改善农村生态环境作为新农村建设的重要任务，注重整合资源，层层明确责任，村庄环境整治取得了较大进展。

【仙洪试验区村镇建设】 省建设厅制定了《关于仙洪试验区村镇规划建设实施方案》，重点抓了村镇规划、小城镇建设、村庄环境整治、污水和垃圾处理、村镇建设体制机制创新等方面的工作。

【村镇规划编制】 全省730个建制镇，有502个完成了总体规划编制，占总数的69%；209个乡集镇，有150个完成了总体规划编制，占总数的72%；2.6万多个建制村有1.2万个完成了村庄规划编制，占总数的46%。

【中国历史文化名镇名村】 根据国家住房和城乡建设部、国家旅游局联合公布的第四批中国历史文化名镇名村名单，湖北省的咸宁市咸安区汀泗桥镇、大冶市龙港镇、宜都市枝城镇和宣恩县沙道沟镇两河口村三镇一村入选，使湖北省的中国历史文化名镇名村数量增加到了11个。

五、住房保障与房地产业

【住房保障】 2008年新增廉租住房保障实物配租1.55万户、新增租赁补贴8.05万户，累计保障户数达到17.6万户，超额完成了国家和省下达的全年目标任务。与此同时，全省经济适用住房新开工面积530万平方米（含单位集资建房和合作建房），销售165万平方米，新增解决15741户低收入住房困难家庭的基本需求，全面完成目标任务。

制定了《关于加强新建、配建廉租住房建设项目跟踪督查工作的意见》。建立了廉租住房项目进度跟踪督查制度，建立了项目进度督查责任人制度。2008年全省开工建设廉租住房项目152个，建筑面积1824062平方米，36536套，总投资214860万元，其中中央预算内投资补助下达资金52042万元。截至2008年底，竣工项目60个，建筑面积68万多平方米，完成投资105338万元，建成廉租住房13745套，新建廉租住房套数是过去几年总量的2倍多。

开展棚户区改造。对全省棚户区进行了调查摸底，初步统计，全省棚户区（不含武汉市）733个，总建筑面积3340万平方米，总户数487882户，低收入家庭户数306986户。截至2008年底，全省共改造建筑面积在1万平方米以上的城市棚户区52个，总建筑面积190多万平方米，安置31700多户棚户区居民。

【住房公积金】 截至2008年底，全省住房公积金账户数为352.47万户，实缴账户数为316.7万户，同比增加19.37万户和17.54万户，增幅达5.8%和5.9%。制度覆盖面达到77%，较上年底增加10%。全年新增归集住房公积金147.9亿元，同比增加35.9亿元，增幅为32.06%。累计缴存住房公积金659.84亿元，累计提取公积金219.2亿元，缴存余额441.23亿元。

2008年，全省新增个人住房贷款52.28亿元，全年发放贷款户数4.17万户，累计发放个人住房贷款30.53万户、275.89亿元，贷款余额为151.36亿元。全省平均个贷率为34.3%，全省个人贷款逾期额为1590万元，平均逾期率为0.105%。

【房地产市场调控】 2008年，各地继续深入贯彻落实房地产市场宏观调控政策，认真开展房地产市场秩序和交易秩序专项整治，得到了国务院房地产市场秩序专项整治检查组的充分肯定。

积极采取措施稳定房地产市场。2008年以来，受大环境的影响，湖北省房地产市场出现了一些新情况，呈现出投资有所增长但新开工面积不足，结构有所改善但空置面积大幅增加，房价趋于稳定但销售面积持续下降的特点。为此，对全省部分城市房地产市场的运行情况进行了调研，并形成了《2008年湖北房地产市场运行情况调研报告》。全年全省完成房地产开发投资892.67亿元，占全省固定资产投资的比重为15.5%，比上年同期增长23.3%。完成投资前三位的城市是：武汉市560.36亿元，同比增长21.9%；宜昌市56.68亿元，同比增长16.4%；襄樊市46.21亿元，同比增长25.3%。2008年，全省商品房销售面积1926.98万平方米，同比下降24.1%。商品房屋平均销售价格为3011元/平方米，同比下降1.4%；商品住房平均销售价格为2904元/平方米，同比下降1.1%。

【房屋拆迁】 2008年全省计划拆迁面积580万平方米，实际完成拆迁面积430万平方米，拆迁规模得到有效控制。《物权法》施行后，新的《房屋征收与拆迁补偿条例》尚未出台，针对拆迁工作难度进一步加大的问题，加强了工作调研和指导，并形成了《当前我省城镇房屋拆迁工作问题分析及对策建议》的调研报告，获得建设厅学习实践成果二等奖。2008年10月，召开了全省城镇房屋拆迁工作座谈会，围绕"平安奥运"和"事要解决"的总目标，全省各级拆迁主管部门加大了拆迁矛盾化解力度，及时查处了多起拆迁信访突出问题，来省进京上访大幅下降，到建设部上访人次比上年度下降了12%，其中集体上访下降了53%。

【房地产权属登记与交易】 省建设厅组织房地产交易与权属登记验收小组，对武汉市青山区房产局、荆州市房屋产权市场管理处两家申报2008年房地产交易与权属登记规范化管理先进单位和孝感、天门、松滋市房产局以及荆州经济开发区房产局四家申报2007年度房地产交易与权属登记规范化管理单位进行了验收。对9家申报2008年度规范化管理单位和1家申报2008年规范化管理先进单位的申报材料进行了初审，协助申报单位做好准备工作，并按规定程序进行自查、考核和验收。对全省房产系统从事房屋权属登记管理和审核工作人员开展了《房屋登记办法》业务培训，培训人员640人。根据建设部《房地产市场信息系统技术规范》要求，结合《房屋登记办法》的贯彻实施，选择荆州、荆门、天门等部分具有代表性的地市对房屋权属登记子系统软件进行了升级和改版，同时加快系统软件的推广和应用。督促市州做好信息化基础数据建设工作，特别是权属档案数字化、影像化工作，充分发挥房地产信息系统的社会效能。

【物业管理】 根据建设部的统一部署，全省开展了一次为期半年的物业管理专题调研活动，进一步摸清了湖北物业管理的基本情况，截至2008年底，全省在工商部门注册并核发物业服务企业资质证书的企业2200多家，其中一级15家、二级97家、三级2000多家（含三级暂定，约占其总数的三分之一）。一、二级资质企业80%以上集中在武汉、黄石、宜昌等大中城市。全省城市（含县城）实行物业管理的房屋建筑面积超过1.5亿平方米，物业服务的覆盖率超过50%，部分中小城市（城区）达60%。建设部和财政部发布的《住宅专项维修资金管理办法》于2008年2月1日正式实施，该办法明确了缴存专项维修资金由商品房购买者即业主交存。为此，省建设厅与省财政厅密切配合，按规定调整了湖北省一直实行向开发单位和购房者（业主）双边征缴政策，实行了向业主单边征缴的做法。

【房地产中介管理】 2008年共受理新办、延续、升级房地产估价机构38家。根据建设部《注册房地产估价师管理办法》和中国房地产学会关于印发《注册房地产估价师继续教育实施办法（暂行）》的有关规定，湖北省制定了房地产估价师继续教育（地方）培训方案，并举办了两期房地产估价师（全国必修）培训班及（地方必修）培训班，共培训人员640名。

【住宅产业化建设】 2008年，武汉红旗公寓经济适用住房小区和武汉万科·西半岛两个项目获得国家"广厦奖"称号。经济适用住房项目的获奖，对规范我省经济适用住房建设，提高低收入家庭住房品质起到了重要推动作用。由武汉王家墩中央商务区建设投资股份有限公司开发的泛海中央居住区（北区）通过了国家3A级性能认定初审，武汉市万科房地产有限公司开发的万科·西半岛通过了国家2A级性能认定终审。

六、建筑业管理

【建筑业发展】 2008年全省完成建筑业总产值2598亿元，同比增长23%，高出全省GDP增速9个百分点，建筑业增加值达到633.4亿元。至2008年底，全省共有建筑业企业6876家，其中特级企业3家，一级企业216家，全年共有22家建筑业企业晋升一级资质，全省正在形成大、中、小梯次结构相对合理，施工总承包、专业承包、劳务分包配套的企业结构体系。本地年产值过10亿的企业达15家，新八建设集团有限公司等20家企业被评为全省建筑业企业综合实力20强企业；湖北高艺装饰工程有限公司等10家企业被评为全省建筑装修装饰10强企业；武汉市政集团等28家企业被省政府授予"重合同守信用"单位。武汉市新洲区成为全国第一家被中国建筑业协会授予"中国建筑之乡"称号的地区，新洲区和团风县被授予"楚天建筑之乡"。

【工程质量】 2008年，工程质量管理制度进一步完善，质量监督机制进一步健全，制定出台了《湖北省住宅工程质量分户验收管理暂行规定》，建设工程实物质量水平稳步提高。全省共监督工程13963项，受监面积10333.7万平方米，监督覆盖率99.94%；全年竣工工程3939项，竣工面积2480.2万平方米，工程竣工验收合格率100%；备案工程3925项，面积2389.6万平方米，全省工程质量验收合格率100%，工程竣工验收备案率达到96.47%。举办了QC活动发布暨评审会，发布省级成果65项，推荐并获得部级优秀成果26项，国家级优秀成果3项。全年共有323项工程获得省结构优质工程，48项获全省优质建筑装饰工程，136项工程获"楚天杯"奖，11项获全国优质建筑装饰工程，2项工程获国优，湖北省境内8项工程获"鲁班奖"，获国家级质量奖数量为历年之最。

对全省381家检测机构开展了监督巡查，规范工程质量检测行为；制定《湖北省建设工程质量监督机构和人员考核管理办法》，对全省各级109个建设工程质量监督机构和1100余名监督人员进行统一考核，换发资格证书；颁布了《关于进一步加强全省建筑业技术创新工作的指导意见》，积极推行工程建设工法制度，评定省级工法114项；推进"四新"技术的应用，确定新技术应用示范工程32项；在企业自查、市州检查的基础上，组织抽查在建项目85项，下达《责令限期改正通知书》21份，《执法建议书》6份，涉及建设、设计、施工、监理单位和图审机构34家。

【安全生产】 组织编写了《湖北省建筑施工现场安全防护设施技术规程》和《湖北省建筑施工现场安全管理规程》，修订了《湖北省建设工程重大质量安全事故应急预案》，出台了《关于贯彻落实〈建筑起重机械安全监督管理规定〉的实施意见》，继续实行安全生产目标责任制度和安全生产形势通报会制度，结合节假日及不同气候条件下施工的特点，下发了《关于进一步加强建筑施工安全生产工作的通知》，改变网上公示方式，延长事故企业不良记录网上曝光时间，各地还按处罚标准的上限从重处罚事故责任单位。荆门、随州、仙桃、天门、神农架等地实现了全年建筑施工安全生产无死亡事故，全省15个市州死亡人数控制在指标范围内。

2008年各地建管部门共下达停工、局部停工整改通知953份，责令63家企业停工，将94家企业纳入重点监控名单，对286家安全生产许可证未按时延期的企业进行跟踪检查，对发生安全事故和安全生产条件不符合要求的25家企业暂扣了安全生产许可证；同时认真开展安全生产隐患排查，各市州共集中排查建筑工程8396项（次），查出各类安全生产隐患13125项，其中排查重大事故隐患313项，已整改完成安全生产隐患12810项，整改率达97.6%，其中重大隐患整改消号291项，尚未完成整改的隐患处入监控中，有22项重大隐患列入治理计划，通过隐患排查治理，安全事故得到有效遏制。2008年省建设厅被评为全省安全生产工作责任目标考核优秀单位。

【市场监管】 颁布了《湖北省建筑业企业资质管理实施意见》、湖北省建筑业企业监督检查办法（试行）》、《外省建筑业企业进鄂管理办法》及《湖北省建设工程项目招标代理机构管理办法》，出台了《关于对确定的110家高等级资质建筑业企业实行重点培育指导的意见》，各级建管部门严格基本建设程序，依法依规办理施工许可和竣工验收备案手续，进一步规范建筑市场各类主体的市场行为；严格市场准入清出制度，加强外省进鄂队伍的准入管理，对湖北省企业实行资质动态检查，清理了一批资质不达标或信用不合格企业，逐步净化了建筑市场；为了加强出省施工队伍的管理，先后在北京、上海、黑龙江和新疆设立了驻外省建筑管理处；以国有投资工程为重点，进一步加强和完善招投标监管，积极推行政府工程工程量清单招标，全面提升招投标管理水平，全省应招标工程招标率和应公开招标工程公开招标率均达到100%；认真贯彻落实《湖北省预防和治理工程建设领域商业贿赂行为暂行办法》，进一步预防和治理工程建设领域商业贿赂行为；加大建筑市场治理整顿力度，查处了一批违反建设程序、转包、违法分包、严重失信以及出现重大质量安全事故的企业，有效地维护了建筑市场秩序。

【清欠工作】 积极做好拖欠工程款和拖欠农民工工资案件的调查处理工作。全年共受理拖欠工程款、拖欠农民工工资案件597件，涉及人数21533人，涉及金额7.72亿元，清欠完成80%，结案率100%，清欠工作位居全国前列，咸宁市建委被评为全国清欠工作先进单位。

2008年本地年产值过10亿的企业达15家，新八建设集团有限公司等20家企业被评为全省建筑业企业综合实力20强企业；湖北高艺装饰工程有限公司等10家企业被评为全省建筑装修装饰10强企业；武汉市政集团等28家企业被省政府授予"重合同守信用"单位。黄冈窑炉、大冶园林古建、孝感抹灰、凌云幕墙等特色企业发展势头强劲，在全国享有盛誉，市场拓展呈现出可喜的局面。

【建筑装饰】 2008年全省建筑装饰装修行业经受住金融危机和房地产业萎缩的考验，继续持续、健康发展。全省现有主项资质为装饰装修的企业1410家，其中一级39家，二级610家，三级757家；主项资质为建筑幕墙的企业共24家，其中一级6家，二级5家，三级13家；主项资质为装饰装修和建筑幕墙的二级以上的企业共有657家。全年"三优"评选经过企业申报、各市州初审、省协会复审及评委会终评，有70家企业被评为全省先进建筑装饰企业、50名企业经理被评为全省优秀建筑装饰企业经理、114名项目经理被评为全省建筑装饰企业优秀项目经理。评定全省优质建筑装饰工程48项，湖北高艺装饰工程有限公司进入全国建筑幕墙企业50强；湖北高艺装饰工程有限公司、武汉华达建筑装饰设计工程有限公司、武汉科艺建筑装饰设计工程有限公司获"AAA"信誉等级；在申报全国建筑工程装饰奖12项工程中，有11项荣获此殊荣；武汉凌云装饰工程有限公司有两个"鲁班奖"参建奖，获两项全国建筑工程装饰奖。建筑装饰施工质量还获得了中装协专家组"施工水平中部地区排名第一"的高度评价。全年先后三次在武汉国际会展中心组织和主办家装赶集会活动，方便了装饰企业的协议签约，沟通了消费者与企业经营者之间的感情，扩大了装饰企业的社会影响，获取了较好的经济效益和社会效益。全年办理住宅装饰市场准入与清出296项，对规范管理和净化市场具有积极作用。

【招标投标】 先后颁布了《湖北省招标投标管理办法》、《省人民政府办公厅关于在招投标活动中防治围标串标的通知》，《湖北省预防和治理工程建设领域商业贿赂行为暂行办法》和《湖北省建设工程项目招标代理机构管理办法》，并研究制订了《建设工程工程量清单招标投标实施办法》、《建设工程工程量清单招标评标办法》，全省应招标工程招标率以及应公开招标工程招标率均达到100%。

【勘察设计】 全省共有勘察设计单位602家（甲级143家、乙级245家、丙级205家、其他企业9家），比2007年增加1.16%。从业人员57599人，比2007年增加1.15%。全年营业收入295亿元，比2007年增长17.8%，人均营业收入51.27万元，比2007年增长4.7%。共有146家勘察设计单位进行了改企建制工作。开展资质核查对企业资质实行动态监管，共核查企业284家，（中央属、省直属企业33家，市、州管辖企业251家）占总数的47%，其中，244个企业合格，合格率为86%；19个企业基本合格；15个企业不合格。

制定印发了《湖北省建设工程勘察设计资质管理实施细则》。推广使用了《全国勘察设计企业资质管理办公平台》，初步建立了全省勘察设计资质管理信息库，并开始实行网上申报。查处市场违规行为。全年共受理查处举报6家勘察设计企业市场违规行为，受理查处举报5家建设监理企业市场违规行为。

通过施工图审查对把好建设工程勘察设计质量关。全年共通过房屋建筑工程施工图审查项目4087个，建筑面积5488.8万平方米，纠正违反强制性标准17824条，杜绝重大安全隐患966处；通过市政基础设施工程施工图审查项目385项，纠正违反强制性标准969条。

开展了勘察设计评优活动。组织推荐了全国勘察设计大师候选人9位，有4位当选，占全国总数的15.3%；组织开展了年度全省优秀工程勘察设计评选活动，评出了优秀工程勘察设计127项，其中一等奖21项、二等奖47项、三等奖59项；开展了年度全省工程建设（勘察设计）优秀QC小组成果评选活动。评出31个优秀QC小组奖，其中8个优秀QC小组荣获国家优秀QC小组奖。

【建筑节能】 2008年，全省各市、州、直管市城区新建建筑节能标准执行率设计阶段达到99.1%，比上年提高0.8个百分点；施工阶段达到91.2%，比上年提高2.8个百分点；县、市城区设计阶段达到94.42%，施工阶段达到80.29%。各市、州、林区、直管市城市城区"禁实"与上年一样均达100%，没有反弹；国家规定的湖北省第二批27个限时禁止使用实心黏土砖的城市城区全部通过"禁实"达标验收，"禁实"率达100%。2008年全省新增新型墙材企业122家（截至2008年底全省共建新型墙材企业1336家），生产新型墙体材料186.02亿标砖，关停黏土砖厂153家，减少黏土砖生产能力21.61亿标砖，节约标准煤115.33万吨，减少废气（SO_2）排放量2.31万吨，节约土地30696.37亩，全省新型墙材占有率达到63.44%。全省散装水泥供应量达到2683万吨，水泥散装率达到43.5%。全年建筑节能与"禁实"工作目标任务均顺利完成。

【建设科技】 组织立项建设科技计划项目84个，评审通过建设科技（建筑节能）示范工程26项。组织科技成果和产品鉴定32项，对46项科技成果进行审核颁发了推广应用证书。积极申报"十一五"国家科技支撑计划"可再生能源与建筑集成技术应用示范工程"4个；申报可再生能源建筑应用示范项目6个，首期资金872万元。

省政府召开了全省建筑节能与墙体材料革新工作会议，印发了《关于进一步做好2008年全省禁止使用实心黏土砖工作的通知》（鄂墙领办[2008]01号），强化了建筑节能监管和检查，并对所有受检地的建筑节能综合情况进行了评分排序，将检查结果向全省进行了通报。湖北省列入国家第二批"禁实"的13个县级城市均限期通过了"禁实"达标验收。

充分发挥新型墙材专项基金的作用。全省生产新型墙体材料186.02亿块标砖，新增新型墙材厂家122个，关闭实心黏土砖厂153个，减少黏土砖生产能力21.61亿块标砖，折合节约土地30696.37亩，节约能源115.33万吨标煤，减少废气（SO_2）排放2.31万吨。

举办了2008湖北建筑节能科技产品展览会暨墙体材料革新成就展。

【散装水泥】 全省除神农架林区外，各城市城区都全面推行使用商品混凝土，禁止混凝土现场搅拌。2008年，全省新建商品混凝土搅拌站12个，新增商品混凝土生产能力360万方。目前全省建有商品混凝土搅拌站131个，生产能力5720万方。全省建有散装水泥供应网点337个，储用规模9424吨。

【工程建设标准化管理】 与省质量技术监督局联合批准发布《预应力混凝土管桩基础技术规程》、《低层住宅冷弯薄壁型钢结构技术规程》、《建筑工程施工文件管理规范》、《燃气行业服务规范》、《居住小区信息管网设计规程》等5项湖北省地方标准，已组织专家评审通过《建筑施工现场安全防护设施技术规程》、《城市规划地理信息系统空间数据库标准》2项地方标准，开展并初步完成了《商品砂浆生产与应用技术标准》和《散装水泥流通术语规范》的标准制定。

举办了全省建筑抗震标准宣贯培训班。全省具有建筑工程设计资质甲、乙、丙级设计单位和驻鄂建筑设计单位分支机构结构专业的总工程师、技术负责人，以及全省施工图审查机构所有结构专业的审查工程师等444人参加了培训。

七、法制和文明创建

【建设法规】 2008年10月20日出台了《湖北省建设工程监理管理办法》（省政府令第323号），《湖北省建筑节能条例》（草案）2008年11月省人大常委会已通过第一次审查。开展了"五五"普法中期检查工作和"12·4"全国法制宣传日宣传活动。对原《湖北省建设行政执法处罚文书格式》进行了补充、完善，形成了全省建设系统行政执法处罚文书格式文本，并已在全省建设系统各行政执法单位推广使用。开展了文明执法教育活动。组织机关干部和厅直单位具有执法资格的在岗人员,进行了文明执法教育学习和考试。2008年,全省建设系统有3个单位获行政执法奖,其中恩施市环卫处被省政府法制办、文明办、纠风办授予"全省十佳行政执法单位"荣誉称号;黄石市城管局、荆门市城建监察支队被授予"全省行政执法先进单位"称号。严格执行《行政复议法》和《湖北省行政复议实施办法》规定的审理方式和程序,认真办理行政复议和诉讼案件。全年共受理复议案件6件,按期办结6件,按期办结率100%;复议维持4件,经过调解当事人撤回申请依法终止审理2件,案件量比2008年以前有所下降。对建设厅行政审批事项进行了全面的清理,按要求完成了行政审批事项的清理工作,全厅行政审批事项共75项,清理后保留35项(其中部分下放9项),下放35项,取消4项,合并1项,新增1项,已上报省政府审改办待批。

【党的基层组织建设】 推进领导班子和干部队伍建设,共选派18名处级干部参加省委党校和省行政学院培训。选拔了一名年轻干部参加援疆工作。选派了一名女干部到荆州市规划局挂职锻炼。在厅机关和厅直单位实行干部轮岗和上下交流工作机制,厅机关和厅直单位分别有1名干部交流任职,4名厅直单位的干部进行轮岗交流。对处级领导干部的选拔实行竞争上岗,有一名处级干部通过竞争被任用。同时,积极探索行政问责和干部效能考核工作,拟定了《省建设厅干部效能考核办法(试行)》和《省建设厅行政问责等四项制度实施办法(试行)》,统筹各类人才队伍建设。

加强了党建工作调研,加强了各级党委(支部)民主集中制建设,完善了考评机制。进行了表彰评比活动,"七一"前夕,对厅直单位的7个先进基层党组织、54名优秀共产党员、15名优秀党务工作者进行了表彰,并有一个先进基层党组织、2名优秀共产党员、2名优秀党务工作者得到了省直机关工委的表彰。开展了党风廉政建设宣传月活动。在全省开展向兴山县建设局原局长王忠平同志学习的活动。王忠平同志是兴山县建设局原局长,是建设系统涌现的勤政廉政的优秀基层党员干部代表,厅党组下发了学习决定,并与省委宣传部联合开展向王忠平同志学习的宣传教育活动。

【精神文明建设】 全省建设系统深入开展社会主义荣辱观践行活动和公民道德践行活动,扎实开展全国文明城市创建活动。围绕创建重点,提高建设行业的服务水平,广泛开展"迎奥运、讲文明、树新风"活动。厅机关被评为"省建设文明建设先进单位"。全省建设系统2008年命名的全国青年文明号7个,被共青团湖北省委、湖北省精神文明办公室命名表彰的青年文明号19个,受省委、省政府表彰的精神文明单位57个,省级"创建文明行业工作先进单位"7个。

【培训工作】 制定了《湖北省建设行业人才队伍"十一五"规划纲要》,加大全省建设行业人才队伍的教育培训,举办了一期以"城乡规划法"为主要内容的建委主任、建设局长培训班,全省各市州(县)建委主任、建设局长参加了培训;举办了三期建设行业专业技术管理人员培训,共有30029人参加了培训;同时,开展了建设工程项目管理人员继续教育,全省共有23652人参加继续教育培训;此外,还举办了一期建筑企业农民工业余学校师资培训班。

(湖北省住房和城乡建设厅)

湖 南 省

一、概述

2008年,全省建设系统以省委省政府中心工作为要点,深入落实科学发展观,大力推进城乡建设、精神文明建设和党风廉政建设工作,建设事业迈上了新的台阶。

(一)认真落实省委省政府重大战略部署,努力抓好各项中心工作

一是积极参与了抗冰救灾斗争。面对年初低温雨雪冰冻灾害,全省建设系统按照省委、省政府的统一部署,出动干部职工100余万人次,力保供水、保供气、保安居、保出行、保建设,维护了人民群众正常生活生产秩序。二是出色完成了援建四川灾区过渡安置房任务。5·12汶川特大地震发生后,根

据住房和城乡建设部的统一安排,全省建设系统承担了援建四川德阳地区20838套过渡安置房任务。在省委、省政府的高度重视和省直有关部门的支持配合下,广大参建人员发扬不怕吃苦、不怕疲劳、连续作战、勇于奉献的精神,圆满完成了国家下达的援建任务。三是着力应对国际金融危机。为抵御国际金融危机对经济发展的不利影响,全省建设系统在廉租住房、污水垃圾处理、农村危旧房改造、建筑节能等方面,抓紧项目申报,积极争取国家资金,共获得廉租住房补助8.34亿元,污水垃圾处理建设资金2.58亿元。针对受金融危机影响而日益疲软的房地产走势,及时报请省委、省政府出台《关于促进房地产市场稳定健康发展的若干意见》,全年完成房地产开发投资896.4亿元,同比增长18.8%。成功筹办全省新型城市化工作会议。由建设厅牵头代拟的《中共湖南省委湖南省人民政府关于大力推进新型城市化的意见》正式出台,标志着湖南省城市化建设进入了一个新的阶段。

(二)城乡规划管理取得新成效

加大了规划编制力度。2008年全省县级以上财政安排规划编制经费超过5亿元。部分城市启动新一轮城市总体规划修编,长株潭三市已通过绩效评估。85%以上的建制镇编制完成镇总体规划,60%的乡编制完成乡规划。全省控制性详规覆盖率达80%以上,长沙市已基本实现全覆盖。韶山"一号工程"及长沙黄花国际机场总体规划、长沙航空城概念规划等一批重点规划编制的指导工作进一步加强,启动全省机场布点规划编制。全省大部分县市完成村庄布局规划,3350个建制村完成村庄整治建设规划,优化了县域村庄布局。积极参与长株潭"两型社会"试验区建设。提质《长株潭城市群核心区建设管治规划》。继续推进长沙县、韶山市城乡一体化规划建设试点,积极引导城乡规划统筹。严格区域重大建设项目选址,保障重大基础设施项目选址与城市规划和区域经济社会发展相协调。集中力量支持示范镇、重点镇建设和示范村环境整治,带动小城镇发展。加强历史文化和自然资源保护。加强了历史文化和自然资源保护。望城县靖港镇、永顺县芙蓉镇被命名为第四批中国历史文化名镇。国家级风景名胜区综合整治全面完成,南岳衡山获十佳单位,武陵源、岳麓山、崀山获优秀单位。"泰山扩展四岳"和"中国丹霞"申遗项目有新进展,丹霞申遗已由国务院批准正式呈报给联合国教科文组织。

(三)重点工程建设再上新台阶

全年完成投资902.9亿元,占同期全社会固定资产投资的16%,对全省经济增长贡献率达10%。重前期、抓配合。参与了铁路、高速公路、电力等项目前期工作,加快污水和生活垃圾处理项目规划选址进度,下放了部分污水和生活垃圾处理项目的施工图审查权限。针对高速公路穿越风景名胜区问题,深入现场调查,参与走线筛选优化工作,获得住房和城乡建设部对4条高速公路通过6个风景名胜区的认批。重协调、抓服务。先后为长沙黄花机场等10多个重点项目争取出台了优惠政策,并集中力量对泰格林纸等90多个项目进行协调。积极配合地方政府做好征地拆迁工作,努力维护好征地拆迁当事人的正当权益。重质量、抓安全。联合省总工会开展省重点建设和"双百"工程劳动竞赛。建立严密的质量安全监督检查体系,实行建设、施工、质量、监理、行业主管及省建设厅多方协同监督检查制度。2007年全省重点建设安全生产成效显著,未发生一起施工过程中的重大质量安全事故。

(四)城市基础设施建设有新进展

全省完成市政公用基础设施投资360亿元,同比增长20%。积极推进城市污水和生活垃圾处理。污水处理厂由2007年的21座增加到26座,处理率达到52%,比上年提高5.7个百分点,14个市州政府所在地污水集中处理实现全覆盖。全省污水处理COD实际削减量比上年提高43.6%。生活垃圾处理设施建设步伐加快,去年共有9个县市的生活垃圾处理场通过国家无害化等级评估,新增生活垃圾处理场3座,达到17座,处理率达到59.5%,比上年提高6.8个百分点。积极推进城市基础设施建设。全省新建、改(扩)建城市道路570公里,新增公交车辆1000标台,新建、改造城市供水管道1600公里,新建、改建排水管道1200公里。株洲市、长沙市获国家园林城市称号,资兴市、嘉禾县获省园林城市(县城)称号。长沙市旧城区社区及街巷改造工程项目申报迪拜国际改善居住环境最佳范例奖。推进数字化城市管理,长沙市数字化城管系统建设通过住房和城乡建设部验收。积极推进市政公用事业改革,大力推行特许经营。目前有约30家特许经营投资商参与全省三年行动计划,正式签约项目41个,仅与北京首创公司签约引进的合同额就达7.2亿元。岳阳、株洲、浏阳生活垃圾处理项目共引进投资8.15亿元。污水垃圾处理费征收工作全面启动,全省已有94个县市开征污水处理费,27个开征生活垃圾处理费。

(五)保障性住房建设实现新突破

全省到位廉租住房保障资金14.43亿元，为2007年到位资金的9.6倍；建设（筹集）实物配租廉租住房107.3万平方米，新增实物配租2.1万户、租赁补贴9.6万户。截至2008年底，全省廉租住房累计保障14.8万户。全省经济适用住房开工建设287.9万平方米，竣工221万平方米、25828套。全省新增缴存住房公积金人数15万人，累计缴存人数337.6万人，覆盖面73.1%；缴存余额、个人贷款余额分别比上年增长26.9%和25.6%，其中长沙、省直、株洲管理中心归集增长35%以上，湘潭、郴州、张家界管理中心个贷增长36%以上。

（六）建筑业发展迈出新步伐。

全省建筑业总产值突破2000亿大关，达到2287亿元，同比增长25%；实现增加值653亿元，占全省GDP的5.85%；勘察设计完成初步设计投资额672亿元、施工图投资额1090亿元；全省建筑劳务247.9万人，实现劳务收入191.7亿元，分别占全省劳务总量和总收入16.9%和18.3%。全年出省施工人数69万人，完成省外产值536亿元。完成海外工程营业额5.7亿美元，新签合同额15.3亿美元，同比分别增长62%和50%。省内10家建筑企业取得对外承包工程经营资格，中冶长天充分利用其冶炼烧结方面技术优势成功开辟了巴西、澳大利亚和日本等国的工程总承包市场。加强工程招投标和工程造价管理，强化劳保基金统筹，全省应公开招标工程招标率达100%。狠抓建设工程质量安全监管，共有3项工程获鲁班奖、50项工程获芙蓉奖、178项工程获省优质工程奖。大力推动农民工学校创建工作，共建农民工学校1078所，培训17万人，完成职业技能培训鉴定6.4万人。全省新建建筑节能标准设计阶段执行率达到95%以上，施工阶段执行率达到60%以上。全年新建民用节能建筑1500万平方米，新增节能能力40.9万吨标煤/年。

（七）法制建设、党风廉政建设和精神文明建设全面加强。

省人大审议通过了《湖南省市政公用事业特许经营条例（修正）》，省政府常务会议审议通过了《湖南省〈城乡规划法〉实施办法》，《湖南省紫鹊界梯田梅山龙宫风景名胜区管理条例》已经报批，建设法规体系日趋完善。认真清理规范性文件，废止和宣布失效的规范性文件27件，削减行政许可项目7项，行政效率进一步提高。坚持业务工作和党风廉政建设两手抓，加大《关于贯彻落实建立健全惩治和预防腐败体系工作的实施细则和分工方案》的落实力度。深入开展解放思想大讨论和学习实践科学发展观两大主题教育活动，广泛开展"迎奥运、讲文明、树新风"系列活动，为奥运会成功举办营造良好氛围。长沙市房产交易中心被评为全国文明单位，长沙市城管局被评为全国精神文明建设先进单位，全省城镇供水行业被评为省文明行业，怀化市房产局、常德市规划局等单位被评为省文明单位，省建设厅机关荣获省直机关文明单位，机关和行业形象不断提升。信息化建设、城建档案管理、老干、信访、应急、维稳、综合治理、建议提案承办等工作都取得一定成效。（王芊）

二、重点工程建设

【概况】 2008年，全省共组织重点建设项目172个，完成投资902.9亿元，占同期全社会固定资产投资的16.2%，对全省经济增长的贡献率达到10%，比2007年增加148.5亿元、增长19.7%。重点建设再创佳绩，对全省经济增长的引擎作用更加明显，社会效益十分显著。

【项目建设】 全年组织建设70个产业项目，其中湘钢宽厚板二期工程、怀化年产40万吨漂白硫酸盐木浆项目、长沙烟厂技改、吉利汽车、特变电工等项目的全部投产，加快推进了全省新型工业化进程。组织52个基础设施项目建设，其中铜湾水电站、筱溪水电站、清水塘水电站等投产，共新增电力装机300万千瓦。常吉高速公路、韶山高速公路建成通车，新增通车里程236.5公里，全省高速公路通车里程突破2000公里。武广铁路客运专线"咽喉工程"——浏阳河隧道于2008年12月17日全线贯通。湖南移动公司通过"1836"工程等建设，市场份额排名跻身全国第四位。邵阳大道、吉首城市道路建成通车，衡州大道进入扫尾阶段，城市骨架进一步拉通。沅水大桥建成通车，为洞庭湖畅通工程画上圆满句号。同时，城乡统筹发展取得了新成绩。全省完成县到乡镇公路3941公里，乡镇到村水泥（沥青）路24693公里，实现94%的乡镇和65.5%的行政村通水泥（沥青）路。完成255所新建、改造乡镇卫生院建设，有效地缓解了农民看病难、看病贵的问题。农村饮水安全工程竣工5028处，解决了169.2万人饮水不安全问题。农村通信扶贫工程完成660个自然村信号覆盖。全省实施城镇污水处理设施建设三年行动计划进展顺利，14个污水处理项目中有5个项目正式运营，5个项目投入试运行，4个项目厂区基本建成；3个生活垃圾卫生填埋场（一期）基本建成。株冶集团直接浸出项目竣工投产；重金属废水处理二期改造投入运行，总废水外排量每年可减少100万吨；建成3条共60万吨/年的渣处理能力的生产线，预计2010年前渣山可全部处理完毕，退还占地22.8万平方米。

【项目管理】 一是建立健全管理体系。武广铁路客运专线建立了质量、安全、工期、投资、环保和技术创新"六位一体"的管理体系，对工程质量等问题实行网上通报、分类建档、跟踪整改，提高了建设管理水平。永蓝高速公路采用HCS建设管理软件系统，对招投标、合同、进度等进行全过程动态管理和实时监控，准确、及时、高效处理各项业务。省检察院推行"两房"建设责任制，建设经验受到最高人民检察院的肯定，并向全国推广。二是重视质量安全管理。省电力公司强力推进电网基建"现场标准化作业"、"反违章安全年"活动，创造了湖南电网连续安全稳定运行27年的纪录，位居全国前列。邵永高速公路推行"工程首件制"，每项工程开工前须经工艺审核后方可进行试验段施工，试验成果经现场认可后再组织大面积施工，确保了工程质量。黄花机场进一步强化了不停航施工质量安全管理措施，确保了施工安全、飞行安全和空防安全。全年全省重点建设安全生产形势良好，未发生一起施工过程中的重大质量安全事故。三是踊跃参加劳动竞赛。韶山高速公路将劳动竞赛与质量安全精细化管理相结合，确保分项工程一次验收合格率100%，优良率达到95%。湘钢强调"自主管理"的原则，将生产中的劳动竞赛机制引入到项目建设中，年度任务超额完成。省人民医院以农民工学校为载体，精心组织、科学考评，以岗位练兵、奖学结合形式开展劳动竞赛，成效显著。四是积极优化建设环境。衡炎高速公路公司积极协调地方关系，出现问题及时解决，实现"零投诉、零上访"。潭衡、衡邵高速公路公司积极筹措资金，按时拨付工程款、民工工资，确保了施工顺利进行。湖南交通职院成立综合协调办公室专门负责协调地方关系，并与乡、村、组建立长效合作机制，营造了良好的建设环境。

【科技创新和环境保护】 亚新科公司新型电控燃油喷射系统一期工程建成投产，主要产品获中国汽车工业自主创新成果大奖和原始创新奖。黑糜峰抽水蓄能电站在斜井施工中，自制了大型衬砌施工滑模系统和灌浆台车系统，创造了国内同类工程斜井月滑升长度203.5米的新纪录，以及斜井灌浆工艺标准最高、施工最快的新纪录。吉茶高速公路在国内跨径最大的悬索桥——矮寨特大桥梁板混凝土浇注施工中，采用附着式高频振动器等方式，完成了两岸索塔基础开挖。泰格林纸怀化公司清洁发展机制项目通过了联合国的现场评审，节能减排工作达到世界领先水平。主电网建设过程中，省电力公司研究出国内首个自主开发的电网航测选线系统，通过线路方案优化比选，可最大限度减少森林砍伐，避开各种重要建筑物，有利于保障输电线路沿途的自然环境，减少对沿线居民生活的影响。

【项目协调】 一是积极顺应宏观政策变化，加强调度。周强省长3次专门听取全省重点建设情况汇报，强调"重点工程要重点支持、重点抓、强力推进"；来山常务副省长多次主持召开加快高速公路建设工作会议，有力地推动了全省18条线路开工建设；宪平副省长多次召开会议，专题研究重点建设中的问题，亲临武广铁路客运专线、黑糜峰电站、黄花机场等项目开展调查研究、协调问题。二是建立健全前期工作机制，积极推进。省政府成立了湖南省铁路建设投资有限公司，为铁路建设搭建了新的投融资平台。按照省政府高速公路、铁路前期工作部署，省发改委、省交通厅、省国土资源厅等部门采取提前介入、超前安排、交叉作业、并联审批等超常规措施推进审批工作，省水利厅、林业厅、环保局、省重点办、省铁建投等单位各负其责，主动与国家有关部委汇报和沟通，18条高速公路和6个铁路项目全部按期或提前开工。三是迅速及时协调处理矛盾，减少阻力。2008年，省重点办集中力量对武广铁路客运专线、泰格林纸、中联重科等90多个项目进行了协调，确保了项目顺利建设。产业项目方面，高克勤厅长亲自对中石化长岭项目进行协调，加快了项目开工建设步伐；省重点办组织召开了产业项目推进会，进一步加大了对产业项目的政策扶持和服务力度。基础设施方面，突出抓好武广铁路客运专线协调工作，全年共召开协调会15次，坚持每周五到新长沙站建设现场调度，推进项目建设。（曾铮）

三、城乡规划

【概况】 2008年底，全省总人口6845.20万人，城镇人口2885.25万人，城镇化水平为42.15%，居中部六省第三位，比上年提高1.7个百分点，与全国城镇化平均水平的差距缩小到3.53个百分点。全省有100万人以上的特大城市1个，50万～100万人的大城市6个，20万～50万人的中等城市9个，20万人口以下的小城市13个；共有小城镇1074个，其中县城72个，县以下建制镇1002个。

【探索推进新型城市化】 一是认真筹办全省新型城市化工作会议。积极配合《中共湖南省委、省人民政府关于大力推进新型城市化的意见》的起草和修改工作；分三片组织对推进新型城市化的典型市、县、镇进行调研考察，推荐确定典型发言的县市镇名单。二是扎实开展新型城市化指标体系研究。按照新型城市化的内涵，从经济高效、功能完善、资源节约、环境友好、城乡协调、社会和谐六个方面提出了18个指标，并分2010年和2015年两个时段对新型城市化发展目标进行了预测，确定了目标值，以科学引导推进我省新型城市化建设。三是深入开展"两新"协调发展专题调研。根据省委的统一部署，牵头与省国土资源厅、省经委等单位组成联合调研组，赴长沙、株洲、常德、岳阳等地开展了新型工业化与新型城市化有机结合的专题调研，全面摸清当前湖南省新型工业化与新型城市化结合的基本情况，深入分析存在的问题，提出了大力推进新型城市化、为新型工业化提供强有力载体的建议和措施，得到了有关部门的高度肯定。四是开展城镇化发展综合质量评价。根据制定的城镇化指标评价体系，对全省2007年城镇化发展综合质量进行了分析评价，分层次对长株潭"3+5"城市群和市（州）进行了评估，对全省城镇化进程中存在的问题进行了分析，完成了《湖南省城镇化发展报告（2008）》。

【构建长株潭"3+5"城市群】 一是开展"3+5"城市群发展战略研究。按照"两型社会"建设和新型城市化要求，组织专家对长株潭"3+5"城市群的空间发展模式、空间结构、交通网络、产业集群建设、生态环境建设、发展对策等方面进行深入研究，完成了《长株潭"3+5"城市群空间发展战略研究》总报告，以及《国内外城市群规划建设的理论与实践》、《长株潭城市群城镇体系建设研究》、《长株潭城市群交通组织及物流建设研究》、《长株潭城市群可持续发展研究》四个专题报告。二是启动编制《长株潭"3+5"城市群城镇体系规划》。组织编制了《长株潭"3+5"城市群城镇体系规划编制工作方案》并报省人民政府领导同意，确定由南京大学城市规划设计院和湖南省城市规划设计院联合编制《长株潭"3+5"城市群城镇体系规划》，全面启动规划编制工作，充分发挥规划在城市群建设中的引领作用，将省委、省政府构建"3+5"城市群的战略决策落实到空间上。

【加快推进长株潭"两型社会"建设】 一是提升、完善《长株潭城市群核心区建设管治规划》。在2007年完成《长株潭城市群核心区建设管治规划》的基础上，按照"两型社会"要求，根据《长株潭城市群区域规划（提升）》，对《长株潭城市群核心区建设管治规划》进行了系统的、全局性的调整、完善和提升。二是组织开展《湖南省城镇体系规划》及长株潭三市城市总体规划实施绩效评估。按照建设"两型社会"、统筹城乡一体发展的要求，组织对经国务院批准的《长沙市城市总体规划》、《株洲市城市总体规划》的实施绩效进行综合评估，同时对报请国务院审批的《湖南省城镇体系规划》、《湘潭市城市总体规划》内容进行评估。

【贯彻实施《城乡规划法》】 一是全力开展地方性法规的调研起草工作。启动了《湖南省实施〈中华人民共和国城乡规划法〉办法》的调研和起草工作，于2008年11月12日经省政府第16次常务会议讨论通过并上报省人大常委会审议，是全国地方性法规制定审议工作较快的省份。二是开展城乡统筹的规划管理体制改革课题研究。委托湖南行政学院开展了《湖南省城乡规划管理体制改革》课题研究，通过对湖南省现行规划管理体制和机构设立情况进行调研和综合分析，借鉴其他省市规划管理体制改革的尝试和创新，提出按照"强化省级统筹，加强垂直监督，提高市县效能，健全村镇管理"的思路，构建统筹城乡、区域协调发展，"机构健全、职责明确、精简统一、运行高效"的省、市、县、镇（乡）、村五级城乡规划行政管理体制。为全省下一轮机构改革提供了重要基础依据，得到了省人事和编制部门的充分肯定，在全国也是首创。三是开展法规规章清理工作。按照《城乡规划法》，组织对现行城乡规划审批管理办法、规划选址管理办法、规划验收管理办法等一系列涉及到规划编制、审批、实施全过程的管理规定进行了清理，制定了详细的修订计划，明确了责任人和时限要求。

【城乡规划编制】 一是进一步完善规划编制体系。按照新型城市化的要求，部分城市着手启动了新一轮城市总体规划修编工作，规划编制重点逐步向村镇体系规划、乡镇规划、村庄规划转移。2008年，全省控制性详细规划覆盖城市规划建设区达80%以上，85%以上的建制镇编制完成了镇总体规划，60%的乡编制完成了乡规划。二是全面完成住房建设计划和住房建设规划编制工作。按照住房和城乡建设部的要求，督促13个地级城市按时完成了本辖区2008年、2009年住房建设计划和2008～2012年住房建设规划的编制、审批和公布工作，并在全国住房建设规划（计划）工作会议上作为惟一的省份进行了典型发言，介绍了湖南省住房建设规划编制工作的经验。三是加强重点规划的编制。牵头组织完成了长沙黄花国际机场总体规划方案，完成了长沙航空城概念规划招标工作，着力抓好了张家界总体规划修改工作，编制完成了江永县上甘棠村、女书园普美村及道县濂溪故里楼田村三个古村保护规划。

【城乡规划实施管理】 一是建立了"一书三证"制度。根据《城乡规划法》要求，建立了规划选址意见书、建设用地规划许可证、建设工程规划许可证、乡村建设规划许可证等"一书三证"制度，并统一印制了"一书三证"各5万份，及时发放14个市州及其所属市县。二是强化了建设项目规划选址。进一步梳理和规范了建设项目规划选址程序，加强了对省管项目的规划选址管理，全年共核发158个建设项目的规划选址意见书，创历年之最。其中，为确保"全省城镇污水处理设施建设三年行动计划"顺利实施，对全省城镇污水处理设施规划选址实行市州统一现场踏勘、技术论证和打捆上报，优先办理城镇污水处理设施规划选址，共核发选址意见书126份。三是巩固了城乡规划效能监察成果。针对前两年存在的薄弱环节，2008年着重在加强制度建设、建立长效机制上下功夫。会同省监察厅在岳阳召开了全省城乡规划效能监察总结表彰大会，对全省三年来城乡规划效能监察专项工作进行了全面总结，肯定了成绩，查找了问题，交流了经验，深入分析了城乡规划工作面临的形势，对下一步城乡规划效能监察工作进行了部署。四是推进了规划督察员制度。认真总结2007年派驻规划督察员的工作成效，剖析存在的问题，围绕城乡规划法的贯彻实施、新型城市化和"两型社会"建设，选派32名规划督察员到13个地级城市，开展了为期一周的集中督察活动，对存在问题较多的城市分批次下发了督察整改意见。

【小城镇建设】 一是村庄布局规划基本完成。按照省委省政府三年基本完成县市域村庄布局规划的总体要求，加大了村庄布局规划编制的督办力度。2008年底，全省90%以上的县市编制完成了村庄布局规划，60%上省建设厅审查，编制完成村庄整治建设规划3350个，超额完成了2008年下达的编制任务。二是组织开展示范镇、重点镇的考核评估。为加快推进以点带面的全省小城镇建设，组织制定了《省示范镇（村）、重点镇建设考核管理办法》，并按照示范镇、重点镇建设五年一个周期，部署启动了中间阶段的考核评估工作。三是完成村镇建设统计工作。及时组织落实市县数据的上报和汇总，认真做好村镇规划管理、市政公用设施水平、建设投入、维护建设资金、房屋建设等方面情况的深入分析，并报住房和城乡建设部审定通过了《湖南省村镇建设统计报表（2007）》。

【新农村建设】 一是继续抓好城乡一体化试点。深入长沙县、韶山市、冷水江市等三个城乡一体化规划建设试点县（市）进行调研，加强对试点工作的指导，研究分析试点工作中存在的问题，帮助寻找工作对策和突破口。组织对三年来城乡一体化规划建设试点工作情况进行总结，提出了启动"全省城乡一体化示范工程"的建设思路和工作方案。二是扎实推进村庄整治试点。以韶山5个小康示范村的整治为重点，结合韶山"一号工程"建设，深入现场制定整治方案，安排落实整治资金，实现了韶山面貌大变样。督促协调对口联系单位加大工作力度，14个示范村的村庄整治效果较好。三是积极争取纳入全国扩大农村危房改造试点工程。根据中央进一步扩大内需的战略部署，为加快湖南省农村危房改造进程，积极向住房和城乡建设部争取将湖南省纳入全国扩大农村危房改造试点工程，组织制订了实施工作方案和改造试点工程年度计划（2009~2010），确定上报了试点县名单及其农村危房改造工程规划和项目建议书等。

【历史文化资源保护】 一是抓好《历史文化名城名镇名村保护条例》的宣传贯彻。在《历史文化名城名镇名村保护条例》施行前后，组织各级规划部门充分利用网络、电视、广播、报纸、宣传栏等开展多种形式的宣传活动，省级以上历史文化名城（镇、村）在重要地段张贴横幅标语，设置宣传专栏，发放宣传资料，切实保证了宣传气氛和效果。二是加强历史文化资源保护的监管。组织到湘西吉首市、凤凰县、龙山里耶镇进行历史文化名城名镇保护的调研和检查，对与古镇风貌不协调、违反《里耶历史文化名镇保护规划》的里耶镇绿园广场作出了停工整改的决定。三是组织开展历史文化名镇名村申报工作。会同省文物局广泛宣传发动历史文化名镇名村的申报工作，经专家现场考察和集中评定，将符合条件的邵阳市绥宁县寨市镇等7个镇、娄底市涟源市楼下村等12个村上报省政府公布为省第二批历史文化名镇名村。并组织将望城县靖港镇、永顺县芙蓉镇（原王村镇）上报住房和建设部及国家文物局公布为中国第四批历史文化名镇。四是组织编纂历史文化资源保护书籍。组织专家编辑出版了《湘西州历史城镇和传统建筑》，并会同省政协文史学习委员会编辑出版了《湖南古村镇、古民居概览》。

【规划设计市场管理】 一是圆满完成规划资质

核定和换证工作。为进一步优化规划队伍结构，根据住房和城乡建设部《关于开展城市规划编制资质核定及换证工作的通知》要求，从2008年2月份起，组织对全省甲、乙、丙级规划设计单位开展了资质核定及换证工作。经过严格审查，全省6家甲级规划编制单位全部通过住房和城乡建设部批准发证，149家乙、丙级规划编制单位顺利完成了审查、公示和换发证工作。二是加强注册考试和注册管理工作。2008年9月份，组织对注册规划师考试资格进行了审查，配合省人事厅完成了考务和评卷工作。2008年5月中下旬分三期对全省450名注册规划师进行了继续教育培训，及时组织开展了注册规划师的初始注册、登记及变更工作，全年新注册规划师53名，变更注册规划师4名。

四、城市建设

【概述】 2008年，全省设市城市29个，其中：地级市13个，县级市16个；县城（区）75个（南岳区、洪江区、大通湖区）。市县城区人口1708.09万人、暂住人口169.85万人，其中设市城市城区人口1054.08万人，暂住人口84.89万人；县城人口654.01万人，暂住人口84.96万人。全省设市城市城区面积3370.05平方公里，其中建成区面积1195.25平方公里；县城面积2052.49平方公里，建成区面积751.01平方公里。全年共完成市政公用基础设施固定资产投资361.8亿元，同比增长21.2%，分别占同期全省GDP、全社会固定资产投资的3.2%和6.4%。

【城市供水】 2008年，全省市县城区投入资金7.71亿元用于供水设施建设。全社会供水综合生产能力（含部分自建供水）为1377万立方米/日，年供水总量25.5亿立方米，用水普及率90.8%。其中设市城市全社会供水综合生产能力为1025.34万立方米/日，用水普及率94.57%，城市人均日生活用水量234.53升。

【市政工程建设】 2008年，全省市县城区道路总长12046公里，道路面积21924万平方米，人均城市道路面积11.67平方米，桥梁1026座，路灯55.5万盏，完成道路桥梁固定资产投资209.64亿元。其中设市城市道路总长7412公里，道路面积13684万平方米，人均城市道路面积12.01平方米，桥梁535座，路灯38.5万盏，完成道路桥梁固定资产投资172.28亿元。

【城市公共交通】 2008年，全省市县共有公共汽车14795辆，出租汽车31521辆，营运线路网长度7136公里，客运总量36.9亿人次，每万人拥有公交车辆8.09标台。其中设市城市公共汽车11567辆，出租汽车22731辆，营运线路网长度5095公里，客运总量30.7亿人次，每万人拥有公交车辆10.89标台。为提升行业服务质量，全省启动首届公交优质服务"潇湘杯"竞赛活动，取得了良好效果，涌现出了一大批先进集体和个人，湖南巴士公共交通有限公司等28个单位获先进集体称号，朱宏伟等48名同志获先进个人称号。

【城市燃气】 2008年，全省市县人工煤气供应总量10.35亿立方米、天然气供应总量8.38亿立方米、液化石油气供气总量39.1万吨，燃气普及率76.41%。其中设市城市人工煤气供应总量10.35亿立方米、天然气供应总量7.71亿立方米、液化石油气供气总量27.9万吨，燃气普及率84.26%。

【城市园林绿化】 2008年，全省市县建成区绿化覆盖面积6.12万公顷、园林绿地面积5.41万公顷，建成绿化覆盖率和绿地率分别为31.4%、27.8%，人均公园绿地面积7.19平方米。其中设市城市建成区绿化覆盖面积4.28万公顷、园林绿地面积3.86万公顷，建成区绿化覆盖率和绿地率分别为35.83%、32.31%，人均公园绿地面积7.96平方米。"创园"工作有新突破，2008年株洲、长沙市相继获得"国家园林城市"称号，全省"国家园林城市"增加到4家；资兴市、嘉禾县获"省级园林城市（县城）"称号，全省"省级园林城市（县城）"增加到8家。

【市容环境卫生】 2008年，全省市县城区道路清扫面积16618万平方米，机械化清扫面积5140万平方米，生活垃圾年清运量为951.19万吨，市容环卫专用车辆2556台，公共厕所4045座。其中设市城市城区道路清扫面积10565万平方米，机械化清扫面积4822万平方米，生活垃圾年清运量为542.79万吨，市容环卫专用车辆1674台，公共厕所2810座。

【污水和生活垃圾处理】 2008年，全省运营污水集中处理厂共有26座，日处理能力197.2万立方米。设市城市污水处理率52.05%，超年初"为民办实事"目标2.05个百分点。省政府决定在全省实施城镇污水处理设施建设三年行动计划，成立了以徐宪平副省长任组长，省建设厅、省发改委、省财政厅、省监察厅、省人事厅、省国土资源厅、省水利厅、省环保局、省物价局、国家开发银行省分行等为成员单位的省三年行动计划领导小组，领导小组办公室设在省建设厅。计划2008～2010年三年内，全省新建119个污水处理厂及5500公里配套管网（含已建成项目管网配套部分),新增污水集中日处理能力428.6万立方米,总投资约140亿元。

全省共建成生活垃圾无害化处理场14座,无害化处理能力9810吨/日。其中设市城市12座,县城2座。2008年全年设市城市生活垃圾无害化处理量323.08万吨,无害化处理率59.5%,超年初"为民办实事"目标1.5个百分点。

【风景名胜】 2008年,全省国家级风景名胜区11处,省级风景名胜区38处,其中包括武陵源1处世界自然遗产,南岳衡山、崀山、紫鹊界梯田-梅山龙宫三处国家遗产。风景名胜区总面积6969平方公里,约占全省国土面积的3.3%,全年接待游客量约6218万人次,景区门票收入37亿元,风景名胜区旅游综合收入282亿元。(李亚)

五、住宅建设与房地产业

【房地产投资】 2008年,全省完成房地产开发投资896.4亿元,同比增长18.8%,增速回落16.9个百分点。投资额在全国排第15位,中部地区排第4位;增速在全国排第21位,中部地区排第7位。投资额占全省固定资产投资的比重为16.1%,同比下降1.6个百分点。

【房地产开发】 全省商品房施工面积9880.5万平方米,同比增长21.1%,其中商品住宅施工面积8097.9万平方米,同比增长25.9%。商品房新开工面积3813.9万平方米,同比增长7.1%,其中商品住宅新开工面积3231.8万平方米,同比增长12.9%。商品房竣工面积2041.2万平方米,同比下降0.7%,其中商品住宅竣工面积1718.3万平方米,同比增长2.5%。(叶超)

【住房消费】 全省商品房销售面积2375.3万平方米,同比减少13.1%,其中商品住宅销售面积2159.1万平方米,同比减少13.6%。商品房成交量萎缩在2007～2008年十年来首次出现,市场供大于求,商品房空置面积快速增加,空置310.6万平方米,同比增长68.8%,其中商品住宅空置面积192.1万平方米,同比增长141.6%。全省商品住宅销售均价为2156元/平方米,同比上涨6.3%,环比下跌6.2%。(叶超)

【房地产用地】 全省房地产用地需求下降,土地一级市场中流标现象时有发生。全省房地产用地供应总量为3276.8公顷,同比减少10%,其中,住宅用地2678.7公顷,同比增长4.5%,占总量的82%;商服用地598.1公顷,同比减少45.4%,占总量的18%。房地产用地出让单价为745元/平方米(合49.7万元/亩),同比上涨23.3%。地价上涨的主要原因是房地产用地供应以盘活存量地为主,存量地占供应用地的58.3%,比上年提高2个百分点。(叶超)

【房地产信贷】 截至2008年底,全省房地产贷款余额1106.5亿元,同比增长18.3%。其中,开发企业贷款余额、个人购房贷款余额、政策性购房贷款余额分别为363.8亿元、580.3亿元、161.8亿元,同比分别增长12.6%、22.5%、26.6%。2008年,受全球金融危机的影响,全省新增房地产贷款171亿元,同比减少38.5%,占各项新增贷款的13.3%,比上年下降17.8个百分点。保障性住房贷款房贷则大幅增长,全年新增12.4亿元,同比增长581%,占全省房地产贷款新增的7.3%。2008年11月,国家和省出台鼓励住房消费政策后,个人住房消费信贷激增,12月全省新增个人住房贷款12亿元,比11月多增9.3亿元。(叶超)

【房地产市场秩序】 为促进房地产市场稳定健康发展,省委办公厅、省政府办公厅联合发文《关于促进房地产市场稳定健康发展的若干意见》(湘办发〔2008〕18号),文件的下发对房地产市场的发展起到了很好的规范作用。同时,开展房地产市场专项整治行动,加大了对房地产市场交易环节违法违规行为的查处力度,规范了城镇房屋拆迁管理和物业管理市场行为,指导市州加强了项目资本金的监控管理,有效防止虚假出资、抽逃资本金等行为。各市、州也纷纷成立了领导小组,组织了专门人员,出台了相关文件,制定了措施,积极开展了专项整治工作,起得了明显成效。开展专项整治工作以来,共检查了5124家房地产企业、2487个房地产项目,查处违法违规案件2034起,办结率96%,维护了群众合法权益,得到了国家八部委房地产市场秩序专项整治联合检查组的高度评价。(叶超)

【廉租住房保障】 2008年,全省累计筹集到位廉租住房资金14.43亿元。新建廉租住房开工项目263个,总建筑面积157.31万平方米、32606套,总投资16.7亿元,竣工面积77万平方米、15926套,完成投资10.3亿元。新增建设(筹集)实物配租廉租住房107.35万平方米、35792套。到2008年底,全省共建设(筹集)实物配租廉租住房196.8万平米、54068套。全省廉租住房累计保障城市低收入住房困难家庭14.8万户,其中,实物保障3.9万户,发放租赁补贴10.9万户。(苏静芳)

【经济适用住房建设】 2008年,全省经济适用住房完成投资26.24亿元,施工面积287.92万平方米，竣工面积220.92万平方米。到2008年底，全省经济适用住房累计完成投资419.27亿元，竣工面积5280.24万平方米，解决了62.44万户群众的住房困难问题。（苏静芳）

【农村安居工程】 解决了2.6万户农村低保户、五保户和重点优抚对象住房困难；按每户补贴1万元的标准，解决了5378户库区移民住房困难。（苏静芳）

六、住房制度改革

【概况】 到2008年底，全省住房公积金实际缴存人数达到294.3万人，归集总额和余额分别达到489.6亿元和329.4亿元，个贷总额和余额分别达到248.1亿元和155.1亿元。其中2008年新增缴存人数15.1万人；归集公积金105.6亿元，同比增长27.2%；发放个人住房贷款55.9亿元；支取资金37亿元，同比增长6.9%；取得增值收益4.99亿元，同比增长38.6%；上交廉租住房建设补充资金1.7亿元，同比增长84.8%；资金安全运作，资产质量进一步提高，住房公积金制度的社会公益性功能进一步发挥。

【规范住房公积金管理】 2008年，全省住房公积金管理系统推行全面质量管理，实现公积金管理的标准化、精细化。省建设厅制定印发了《湖南省住房公积金管理中心内部控制暂行办法》，全省住房公积金管理内控机制建设全面启动，内部管理向规范化迈进，内部稽核工作启步迈入正轨，财务管理有所加强，信息化建设步伐加快。到2008年底，全省住房公积金已基本实现信息化管理。

【积极促进住房消费】 为促进湖南省房地产市场健康发展，支持居民购房，省委办公厅、省政府办公厅下发了《关于促进房地产市场稳定健康发展的若干意见》（湘办发〔2008〕18号），其中对住房公积金贷款推出了包括支持住房公积金缴存入商业贷款转公积金贷款、开展按月对冲还贷业务等6项措施。住房公积金管理系统认真贯彻省委、省政府两办18号文件，适时调整住房公积金贷款政策，出台惠民举措，鼓励缴存职工使用住房公积金购建住房。在全省房地产市场低迷情况下，2008年住房公积金贷款仍保持了上年发放水平。各地在大力发展个人住房贷款业务的同时，加强贷款审查、审批和贷后管理，积极清收逾期贷款，贷款质量有新提高。2008年底全省平均个贷逾期率0.27%，比2007年底降低0.1个百分点。

【扎实开展专项治理】 2008年，住房和城乡建设部等七部门下发了《关于开展加强住房公积金管理专项治理工作的实施意见》。省人民政府办公厅转发了《省建设厅等单位关于加强住房公积金管理专项治理工作方案》，成立了省专项治理领导小组，召开了专门会议进行部署。各市、州均成立了以市州政府分管副市州长、管委会主任为组长的专项治理领导小组，相继印发了专项治理工作方案，召开会议进行专题部署。省专项治理领导小组对各市、州的专项治理工作进行了督促检查，进行了专项治理工作通报，推动专项治理工作扎实有序有效开展，专项治理工作取得显著效果。各地历次审计和检查中发现的问题大部分已得到整改。全年收回项目贷款和挤占挪用资金7227万元全省财政供养人员住房公积金财政补贴有所增加，已补人数与应补人数之比达到81.6%。证券市场国债资金得到有效处置。"控高保低"政策基本落实。内部管理中存在的突出问题基本整改到位。住房公积金管理监督与风险防控的长效机制初步建立。

【加强队伍建设与人才培养】 2008年，着重抓了党风廉政建设和人才培训。召开了全省住房公积金管理系统党风廉政建设工作会议，落实住房和城乡建设部、省建设厅关于党风廉政建设工作部署，进一步建立和健全公积金管理系统惩防体系，为公积金事业健康发展提供组织保证。组织了全省公积金稽核工作、公积金利率风险和相关政策及信息化管理等研讨和培训，从业人员的业务素质进一步提高。积极推进干部人事制度改革，推行人事代理制度，建立了中层干部和管理部负责人交流轮岗制度，优化干部队伍结构，全面提升干部素质。

七、建筑业

【概况】 2008年，湖南建筑业平稳健康发展。全省建筑业总产值首次突破2000亿元大关，达到2287亿元，同比增长25%。实现增加值653亿元，增长20.7%，占全省GDP的5.85%；实现利税总额149亿元，增长19.8%，上缴税金94.2亿元，增长20.4%；3项工程获鲁班奖，50项工程获芙蓉奖，178项工程获省优质工程奖，工程质量一次竣工验收合格率100%；共创建46个安全文明示范工程，430个在建项目被评为安全文明工地，百亿元建筑产值死亡率人数控制在3以内。

【质量安全监管】 一是完善了相关法规制度。为认真贯彻落实2007年湖南省人大颁布的《湖南省建设工程质量和安全生产管理条例》，2008年又配套出台了《湖南省建设工程安全生产监理规程（试行)》、《湖南省建设工程监理招标投标管理办法(试行)》和《湖南省预拌混凝土质量管理细则(试行)》等文件,进一步明确了相关市场责任主体的质量安全责任和要求。二是加强了全省质量安全监管队伍的培训。按照《湖南省建设工程质量和安全生产监督机构与人员考核管理实施细则(试行)》要求,启动了全省建设工程质量和安全生产监督人员的教育培训和考核,共举办监督人员培训班13期(含质量监督人员培训班7期、安全监督人员培训班6期),1081名质量监督人员和784名安全监督人员取得了考核培训合格证。通过考核培训工作,全省建设系统质量安全监管队伍的整体素质和水平得到了明显提升。三是加强了监督检查与隐患排查。2008年初出台了《关于强化施工现场安全生产监督执法的通知》和《关于强化施工现场工程质量监督执法的通知》等文件,明确了监督检查重点和执法尺度。全年集中组织开展了建筑工程质量安全、建筑节能、检测市场等5次检查,发现质量安全隐患471处,责成下发停工通知27份,限期整改通知22份,局部停工整改通知1份。四是加大了对违法违规主体的处罚力度。依法暂扣了43家建筑业企业安全生产许可证,收回了85名建筑施工安全生产管理人员的安全生产考核合格证书,吊销了4家施工企业的安全生产许可证,将21家已不具备资格条件的施工企业和21家工程监理企业做出了撤回资质的处理,对6家施工企业和2家监理企业给予了停业整顿的行政处罚;严肃查处了11个不严格履行法定建设程序的省管工程项目,共罚款181.07万元,居历年之最;对880个责任单位及个人通报了不良行为记录,其中企业507家,责任人员373名。

【招投标监管】 一是加强了对招标代理机构从业的管理。严把市场准入和清出关,对20家逾期未提出资格延期的招标代理机构进行了注销。同时,制定了招标文件编制的有关规定,以解决招标代理公司编制招标文件不规范的问题,并针对投标保证金退还不及时、甚至挪作他用,投标单位串标围标、资质挂靠等问题,出台了《关于进一步加强建设工程投标保证金安全管理的通知》,要求投标保证金必须由投标人从其企业基本账户拨付至招投标监管机构在银行开设的专门托管账户。二是加强了对评标专家库的管理。对全省建设系统14个专家分库的专家进行了更换和认证,组织专家培训18期,培训考核合格人数达9000余人,并对不合格和在评标过程中违规的150多名专家清理出库。三是加强了对市场违法违规行为的督查。联合省监察厅对全省部分市州的招投标工作进行了2次稽查,严肃查处了一些违法违规行为,对18家招标投标单位下发了不良行为记录告知,对2家单位进行了行政处罚。通过采取有效措施,进一步规范了招标代理行为,提高了有形建筑市场服务质量,改善了招标投标环境。2008年,全省建设工程招标项目3678个,招标金额401亿元,应公开招标项目招标率达100%,通过招投标为国家节约建设资金9.17亿元。

【行业结构调整】 一是所有制结构逐步实现多元化。通过政府加大对非公有制建筑企业的扶持力度,非公有制企业获得了进一步发展,特别是望新、高岭、长大建设集团等已成为了湖南省建筑业非公有制企业加速发展的典型代表,2008年总产值均超过15亿元,其中望新集团达到25亿元。二是行业构成结构逐步趋于合理。目前,总承包、专业承包、劳务分包三类企业结构调整至42:36.7:21.3,总承包企业所占比例较2007年继续下降,劳务分包企业比去年继续增长。三是经营结构调整取得了实质性进展。一批总承包企业顺应国家政策走向,积极推行设计施工一体化,逐步向工程项目总承包发展。如湖南建工集团、中冶长天国际工程公司等大型企业正在向着力打造工程总承包公司、项目管理型公司迈进。

【建筑劳务经济和外埠市场】 2008年,湖南省建筑劳务经济持续发展。据统计,全省建筑业累计吸纳农村富余劳动力247.9万人,占全省劳务总人数的16.9%,创劳务收入191.7亿元,同比增长18.8%,占全省劳务总收入的18.3%;人均劳务人员收入7732.3元,高出全省劳务人员平均收入595.4元,同比增长19.4%。其中15个劳务基地县共输出建筑劳务55.8万人,占全省建筑劳务总人数的22.5%,共创劳务收入48亿元,占全省建筑劳务总收入的25.6%。全省建筑业外拓力度进一步加大,省外完成产值持续增加,达537亿元。省外市场方面,主要以广东为核心的泛珠三角区域市场得到进一步巩固,完成外拓产值280.6亿元,占外拓产值的52.3%,以上海为核心的长三角区域和以京津为核心的环渤海区域市场得到进一步发展和提升,分别完成外拓产值48.3亿元和72.7亿元。海外完成工程营业额5.7亿美元,同比增长62%,新签合同额15.3亿美元,同比增长50%,境外市场成为了2007年新的经济增长点。同时,建筑企业外拓项目、方式及区域也发生了重大变化,逐渐从单一的房屋建设拓展到市政、桥梁、水利、公路等不同领域,逐渐从靠大靠强、借船出海转向直接参与国际竞争,逐渐从传统的非洲、亚洲市场拓展到南美、大洋洲及欧洲市场。如中南勘测设计研究院与利比亚方面签订5000套房建项目设计施工总承包合同总额达60亿元人民币。

【工程造价与劳保统筹管理】 工程造价管理方面，积极开展工程消耗量标准及计价依据的调查、测算，调整工程消耗量标准20项，补充29项，统一解释70余条；进一步完善动态基价管理模式，共发布动态基价子目近180万条，更好地满足了社会需求；完成了《湖南省建设工程施工承包合同》（示范文本）、《湖南省建设工程施工作业分包合同》（示范文本）制订工作，进一步维护了建设工程各方的合法权益。劳保基金统筹管理方面，出台了《湖南省建筑行业劳动保险基金财务制度》及《湖南省建筑行业劳动保险基金会计制度》，建立了湖南省建筑行业劳保基金实时监管系统，并积极组织开展了前期试点工作。全年共收取劳保基金11亿元，比2007年增长7%，共拨付劳保基金8.5亿元，进一步扩大了全行业参与养老保险的范围，有效地促进了全行业基本养老保险制度的建设，确保了行业的稳定。（江滔）

八、勘察设计、咨询

【概况】 2008年，湖南省勘察设计行业充分发挥在工程建设中的先导作用，提高全行业自主创新能力，加强行业诚信体系建设，规范勘察设计市场，促进勘察设计质量提高，各项工作有序推进，勘察设计行业实现平稳发展。全省共有勘察设计企业534家，从业人员34764人，完成初步设计投资额961.5亿元、建筑面积5539.5万平方米，同比分别增长17.5%、21.8%；完成施工图设计投资额1217.7亿元、建筑面积8298.7万平方米，同比分别增长10.6%、9.8%；科技活动费用支出3.8亿元，同比增长11.8%；科技成果转让收入3.7亿元，同比增长27.6%；企业累计拥有专利278项，比去年底增加4.5%。完成营业收入101.48亿元，同比增长46%；人均营业收入27万元，同比增长22.7%；营业税及附加4.2亿元，同比增长59.7%；净利润10.4亿元，同比增长45.7%。

【开展"两型社会"创建活动】 制定了《湖南省政府办公建筑和大型公共建筑节能初步设计审查要点》，对全省新建工程项目的节能设计专篇进行了专项审查。在湖南省第二届优秀勘察设计院长、优秀设计师评选和湖南省优秀工程勘察设计项目评选中，专门设立了"两型社会"创建指标，分别评选出优秀勘察设计院长19名、优秀设计师35名；评选出优秀勘察设计项目131个，其中一等奖17项、二等奖30项、三等奖56项、表扬奖28项。在注册人员继续教育和考核评价中，增加了"两型社会"创建活动内容。开展了"嘉盛地产杯"中小套型住宅设计方案竞赛，共评选出一等奖6个、二等奖15个、三等奖24个、优秀奖22个以及最具人气方案奖3个。据不完全统计，设计单位通过各阶段设计优化，节约投资约36.6亿元；全省28家施工图审查机构通过加强经济性审查把关，节约投资约1.2亿元。

【支援灾后重建】 全省勘察设计企业积极参与四川地震灾区灾后重建工作，省建筑设计院和中机国际工程设计研究院按照住房和城乡建设部《地震灾区过渡安置房建设技术导则》，编制了地震灾区安置住房、中小学、诊疗所、粮食与商品零售点等建筑标准设计图集。我省援建的安置板房根据当地气候特点及人民群众的实际使用需求，以人为本，将厨房、挑檐等作了一些有别于其他省援建房屋的设计改进，得到了当地政府、群众及住房和城乡建设部的高度好评。一些勘察设计企业和设计人员还多次赴板房生产厂家，监督生产质量和进度；积极奔赴灾区，进行现场技术指导和技术服务，多人被评为抗震救灾先进个人。

针对2008年年初湖南省冰冻灾害后各类建筑受损的具体情况，省建设厅及时下发了《关于认真做好轻型屋面结构、大跨度悬臂结构等房屋建筑防范冰雪灾害工作的紧急通知》，提出了切合实际的技术标准和操作措施，为防范极端天气造成的建筑物损害，提供了技术上的依据和保障。

【围绕"三最"搞调研】 按照省委围绕"三最"搞调研的要求，结合行业实际情况，省建设厅分别与湖南省科技厅、湖南省知识产权局联合开展了工程总承包、"博士后科研工作站"和勘察设计行业专利专有技术情况调研，分别完成了《认准方向，坚定不移推进以设计为龙头的工程总承包》、《加大技术创新力度，努力提高勘察设计企业核心竞争力》和《湖南省勘察设计行业"博士后科研工作站"组建与工作情况调查报告》3个调研报告，并及时向省委、省政府汇报，积极促成将勘察设计行业作为生产性服务业的支柱产业加以培育、扶持。

【创新管理手段】 率先在全国勘察设计行业建立了"建设工程勘察现场见证制度"，制定出台了《湖南省建筑工程勘察现场见证管理暂行办法》，召开了"湖南省建设工程勘察现场见证管理暂行办法宣贯会"。见证办法从2008年6月1日起在全省全面实施，标志着湖南省建设工程勘察质量监管方式实现重大突破。住房和城乡建设部对推行勘察现场见证的做法进行了充分肯定,指出"这项制度的建立和推行,填补了湖南省乃至全国在工程勘察质量监管方面的空白,对整个建设行业的发展具有十分重要的意义",并将这一经验在全国建设系统作了推介。

【强化施工图审查质量】 强化施工图审查的质量抓手作用,下发了《关于进一步规范全省房屋建筑和市政基础设施工程施工图审查备案工作的通知》,在严格初步设计审查的同时,重点加强施工图审查质量把关。对第一次审查合格率低于50%且违反工程建设强制性标准的88家省内和47家省外勘察设计企业进行了通报;对连续2个季度出现以上问题的39家省内和8家省外勘察设计企业,记一次不良行为记录;对一年内给予2次及以上不良行为记录的省外勘察设计企业,列入"湖南省建筑市场不受欢迎单位名录",处罚情况通报了其所在地建设行政主管部门。加强全省施工图审查机构检查,检查结果进行了全省通报,4家存在问题的审查机构进行了整改。通过一系列扎实工作,经施工图审查机构审查合格的施工图设计文件无违反工程建设标准强制性条文及结构安全隐患,设计单位施工图送审第一次审查合格率达到71.58%。

加强质量监管,延伸质量监管链。通过对施工图审查环节的检查,落实了初步设计审批执行情况,并通过与建管和建设工程质量安全监管机构的联合检查,进一步落实施工图执行情况,逐步延伸质量监管链。

【加强资质动态管理】 实行资质动态管理,将市场行为、质量、安全等与资质管理挂钩,实行一票否决。加大执法力度,对违反有关法律、法规,扰乱市场秩序的企业和个人,责成市、县建设行政主管部门作了相应处罚。2008年全年查处违法、违规企业6家、设计人员1名,共计罚款24万元,没收违法所得9万元,全部上缴当地财政。核实了湖南省行风评议中反映的湘西自治州南方华林建筑设计有限公司人员重复问题和日常市场监督中反映的其他问题。

【实施"走出去"战略】 勘察设计行业抓住机遇,把握住勘察设计行业发展趋势,充分利用自身拥有的专利、专有技术和核心技术优势,开展以设计为龙头的工程总承包,并极大的带动了"走出去"的步伐。中国水电顾问集团中南勘测设计研究院中标利比亚一大型住宅小区房建总承包项目,承建5000套住宅,建筑面积115万平方米,合同额58亿多人民币。2008年,全省完成工程承包合同额108亿元,同比增长160.2%。据初步统计,全省涉及12个行业的83家勘察设计企业实施了以设计为龙头的工程总承包,绝大多数企业实现了跨越式发展。

【加强执业管理】 2008年共组织700多人次参加了各类继续教育培训,办理延续注册656人次、初始注册125人次、变更注册141人次、注销注册32人次。截止2008年底,勘察设计行业共有各类注册执业人员共计2943人。其中,一级注册建筑师362人,二级注册建筑师1203人;一级注册结构工程师834人,二级注册结构工程师282人;注册岩土工程师262人(另有已获资格未注册44人)。另外,未实行注册但已获取执业资格证书的共计1362人。其中,注册化工工程师144人,注册电气工程师383人,注册公用设备师(给排水、暖通空调、动力)412人,注册土木工程师(港口与航道)15人,注册采矿/矿物工程师83人,注册土木工程师(水利水电)74人,注册冶金工程师92人,注册机械工程师113人,注册环保工程师46人。

九、建设科技、标准、建筑节能

【概况】 建筑节能工作不断深化,建设行业科技自主创新能力明显提升,全省实施工程建设标准化战略,有力地促进了成熟技术的推广和产业化发展。2008年,新建民用节能建筑1500万平方米,新增节能能力40.9万吨标煤/年。全省新建建筑节能标准设计阶段执行率达到95%以上,施工阶段执行率达到60%以上。

【建筑节能工作】 以"建设节能型建筑、加强建筑用能管理"为根本任务,紧紧抓住国家《节约能源法》和《民用建筑节能条例》颁布实施的发展机遇,狠抓各项政策措施和强制性标准的贯彻落实,突出新建建筑贯标、建筑节能监管体系建设、可再生能源工程示范等工作重点,破解建筑节能有效需求不足、节能材料产品质量问题突出等工作难点,不断开拓创新,取得了显著成效。加强新建建筑节能工程监管。继续严格贯彻执行建筑节能强制性标准,进一步加强新建项目工程建设全过程各阶段重点环节的监管,组织两次全省建筑节能专项检查。积极组织可再生能源建筑应用工程示范。目前湖南省已有6项工程列入国家可再生能源建筑应用示范项目,建筑面积共47万平方米,已落实财政补助资金1100万元。加强省级建筑能耗监管体系建设。落实中央和省级财政资金592万元专项用于建筑节能监管体系建设工作,目前已完成85栋公共建筑的能耗调查统计。加强建筑节能宣传和培训。在《湖南日报》显著版面开辟专刊进行了宣传报道,开展了以贯彻《民用建筑节能条例》为主题的大型宣传活动,组织培训活动10余场。加强管理平台建设。组织开展了地方建筑节能管理条例的调研、初稿编制和征求意见工作。先后召开了全省建筑节能工作会议和全省可再生能源建筑应用工作座谈会议，督促各市、州主管部门进一步加强机构建设，完善管理制度，明确责任分工，建立建筑节能考核机制。通过产学研资源整合，积极支持高校、科研机构和企业联合开展建筑节能新技术的研发，安排省部级科研项目12项，安排经费61万元，较去年同比增长38%。

2008年，全省新建民用节能建筑1500万平方米，其中公共建筑190万平方米、居住建筑1310万平方米，新增节能能力40.9万吨标准煤/年；2006年以来全省已累计建成节能建筑3238.5万平方米，其中公共建筑476.9万平方米、居住建筑2761.6万平方米，累计形成节能能力93.1万吨标准煤/年；2008年已建成的节能建筑实现节约标准煤72.7万吨，2006年以来各年度建筑节能累计实现节约标准煤117.8万吨。

【建设科技】 2008年，建设行业科技自主创新能力和建设企业竞争实力明显提升。多项科技成果获得国家和省级科技奖励。"新型装配整体式楼盖体系的关键技术及其应用"获得国家科技进步二等奖，"工程机械动力节能技术研究与产业"获省级科技进步一等奖，"结构构件动静态变形计算理论研究及应用"四项成果获省级科技进步二等奖，"岳阳城市森林建设研究"获省级科技进步三等奖。建筑业企业新技术示范工程有新成果。运达国际广场省级新技术示范项目通过省级验收，省建工集团HC新城和岳阳华能电厂两个国家级新技术示范工程项目通过验收，由湖南省负责管理的国家级示范工程重庆大剧院正在紧张建设当中，计划明年下半年竣工验收。省级建筑业企业技术创新管理有新突破。湖南省建设厅厅会同省经委联合印发了《湖南省省级建筑业企业技术中心管理办法》，明确省级建筑业企业技术中心评价标准。按照管理办法，省建工集团、中建五局、中国水电八局等7个国有特级企业的企业技术中心通过了认定。省级企业技术中心的建立，进一步提升了特级资质企业科技创新的能力和在行业中的科技领先地位，也为全省建设科技政策的深入贯彻实施提供了管理平台和制度保障。

【工程建设标准化管理】 2008年，全省实施工程建设标准化战略，标准对成熟技术的推广和产业化的促进作用得到充分发挥。一是加大了标准编制力度。坚持"完善体系，服务市场，促进创新"的工作方针，今年已完成《住宅小区及商住楼通信设施建设标准》、《湖南省公共建筑节能设计标准》两项工程建设强制性地方标准的编制、征求意见、会议审查、报批工作。截至2008年底，湖南省已发布省级标准25项。二是积极组织省级施工工法评审。对省建工集团总公司、中建五局三公司、二十三冶、省路桥等十余家单位申报的施工工法进行了专家审查，先后共有132项省级工法通过评审。2008年底湖南省共有省级工法157项，国家级工法21项。省级工法评审工作促进了施工单位对近几年施工实践中的新鲜经验及时进行了总结，展示了湖南省建筑企业在施工技术方面取得的最新成果和最高水平。

十、人才教育与精神文明建设

【概况】 2008年，湖南省建设人才工作以科学发展观和科学人才观为指导，着力加强专业技术人才、经营管理人才、技能人才和农民工队伍建设，把建筑农民工培训工作作为工作重点，取得了显著成效。在2008年11月16日全国优秀农民工表彰大会上，湖南省建设厅人教处作为全国建设系统惟一代表，被国务院农民工工作联席会议授予全国"农民工工作先进集体"荣誉称号。

【农民工学校创建】 为促进湖南省建筑工地农民工学校创建工作持续健康发展，制定了《湖南省建筑工地农民工学校管理办法》及其考核评估细则，加强了农民工学校创建模式、学校管理、教学组织的标准化建设，完善了运行机制。为加强农民工学校师资队伍建设，举办了四期以施工现场技术人员为主体的农民工学校骨干师资培训班，共培训1500名师资，提高了农民工培训师资队伍水平。2008年全省共创建农民工学校910所，依托农民工学校培训农民工17万人，完成职业技能岗位鉴定6.4万人。

【安全生产教育培训】 为提高湖南省建筑业农民工的安全素质，全年组织完成了2次建筑企业三类人员安全生产培训考核和1次建筑起重机械特种作业人员培训考核。并于2008年10月率先在全国开展建筑业"百万农民工同上一堂课"安全生产教育培训活动。活动通过以农民工学校为平台，以建筑施工作业"不伤害自己，不伤害别人，不被别人所伤害"为主题，通过"一片"、"一课"、"一案"、"一书"、"一班"、"一库"、"一证"、"一赛"等"八个一"系列活动，对全省建筑业农民工集中进行一次安全生产教育培训。《中国建设报》对湖南开展活动的情况进行了报道，省委深入学习实践科学发展观活动领导小组办公室将此项活动作为学习活动的创新形式，进行了介绍和推广。

【行业人才队伍建设】 湖南省土建工程专业技术职务任职资格和"五大员"管理岗位资格，在全国率先实行"以考代评"和"一考两证",为建设行业培养、选拔生产一线应用型、复合型人才拓宽了空间和通道。2008年全省土建工程专业职称报考人数达20540人。(鲁晓彬)

【深入开展学习实践科学发展观活动】 按照中央和省委的部署,厅党组高度重视,认真抓好深入学习实践科学发展观活动各个阶段、各个环节的工作,突出实践特色,着力解决突出问题。成立了深入学习实践科学发展观活动领导小组,制定了学习实践活动实施方案,举办了处以上党员干部培训班,组织了党组中心组专题学习,开展了"坚持解放思想、加快富民强省"大讨论和"问计基层群众、共谋科学发展"大调研活动,召开了党组专题民主生活会,写出了党组领导班子分析检查报告。

【积极投入抗冰救灾和抗震救灾斗争】 2008年年初,在抗击南方冰雪灾害斗争中,湖南厅举全厅之力做好抗冰救灾工作。挤出经费48.4万元,组织多个工作组分赴受灾严重的市州了解灾情,指导救灾,慰问受灾企业和职工。组织全省建设系统出动人员160万人次,调用机械设备9万多台次,筹措资金4.35亿元,撒盐近1万吨,为维护城市正常生产生活秩序做出了重大贡献,受到了省委省政府的表彰和全省人民的好评。城建处党支部、陈宏同志分别被评为省先进党支部和优秀党员。5月,四川汶川发生特大地震灾害,湖南厅接到援建灾区过渡安置房任务后,紧急动员、快速部署,从厅直机关抽调50多名技术骨干组成5个工作组,组织指挥全省4000多建设职工赴四川救灾抢险,帮助灾区援建过渡安置房2万多套;组织厅直机关广大党员干部积极开展救灾募捐活动,捐献救灾款47万多元,"爱心款"4900多元,上缴特殊党费21万多元。

【基层党组织建设扎实推进】 全面巩固和发展党的先进性教育活动成果,进一步落实中央、省委六个长效机制文件精神,增强了党的基层组织活力。在推进"五个一"工程建设中,加强了基层组织规范化建设和对党支部工作的指导和考核,有效提高了基层组织规范化建设水平。着眼增强党的创新活力,巩固党的团结统一,认真落实《党章》、《党员权利保障条例》、《党内监督条例》等党内规章,切实保障了党员民主权利。强化党员教育管理,特别是流动党员的管理。厅驻川援建指挥部成立了"临时党支部",动员和组织212名党员克服困难、率先垂范,带领职工群众积极完成援建任务。在"临时党支部"坚强组织领导下,有119名同志"火线"入党。"七一"期间,表彰了一批先进基层党组织、优秀共产党员和优秀党务工作者。

【文明创建成绩显著】 厅党组将2008年确定为机关文明创建年。2008年初在全省建设系统党风廉政建设和精神文明建设工作会议上提出"力争创建省直机关文明单位"目标,成立了创建工作领导小组,下发了《湖南省建设厅机关创建文明单位实施方案》、《厅机关文明创建工作评分细则》、《厅直机关文明创建工作考核记分表》和《厅直机关年度工作目标考评方案》。

【机关作风建设力度加大】 在省作风建设领导小组开展省直单位作风评议活动中,收集到对湖南省厅的意见和建议340条,其中涉及机关作风建设的有41条。为了给人民群众一个满意答复,厅党组多次召开作风整改会议,对民主评议意见和建议逐条逐项查找原因,研究整改措施,制定整改方案,并提出对群众反映的问题做到"四个不放过",即:没找准问题产生的原因不放过,没找准责任单位和责任人不放过,没有制订具有针对性和操作性的整改方案不放过,整改处理不到位不放过。各处室各单位按照厅党组要求,认真抓好整改,有力的推动了机关的思想作风建设。被评为省直单位作风建设先进单位。(张灼文)

(湖南省住房和城乡建设厅)

广 东 省

一、综述

【概述】 2008年,广东建设系统构建与经济社会发展水平及不同收入群体相适应的住房供应和保障体系,逐步提高城乡居民居住水平。推进治污保洁工程,污水、垃圾得到有效治理。统筹城乡供水、供电、供气、通信、污水垃圾处理等市政设施建设，实现公共资源共享。既有建筑节能改造、新建建筑执行节能设计标准等工作取得成效。加大建筑工程质量和市场监管力度，施工质量一次验收合格率99.94%，建筑施工事故起数和死亡人数分别比上年下降16%和21%。

【抗震救灾】 2008年年初，广东遭遇80年一遇的低温雨雪冰冻灾害，韶关和清远市石油液化气供应告急。省建设厅与各市和邻近省市协调紧急支援，从各市调动10台专用槽车，3天内共向韶关、清远地区紧急运送1000吨液化石油气，以最短时间解决两市燃气供应短缺问题，缓解春节期间供应紧张局面。组织1000件反光衣及应急设施送往救灾前线。5·12四川汶川特大地震发生后，完成过渡房援建任务。广东建设系统为灾区捐建板房累计价值4506万元，派出大批援建队伍，建成过渡安置房4.94万套，建筑面积98.8万平方米。援助汶川县编制完成灾后恢复重建城镇体系规划，编制完成汶川县县域城镇体系规划、县城（威州镇）等6镇7乡的恢复重建总体规划以及萝卜寨、秉里村等村庄试点规划成果，在四川省10个极重受灾县中率先进入法定审批程序。赶赴汶川县开展县城震后房屋鉴定工作，累计鉴定受损房屋1141栋，总建筑面积112.12万平方米，并将房屋鉴定成果绘制成电子地图。

【建设宜居城乡创建活动】 在广东开展建设宜居城乡创建活动。省建设厅草拟《关于建设宜居城乡的实施意见》，提出建设宜居城乡的政策措施和机制保障，制定《宜居城市、城镇、村庄评价指标体系》、《宜居城市、城镇、村庄申报和评选办法》。《南方日报》7月10日发表《开展宜居城乡创建活动，提升优美环境建设水平》的解读文章，各地广泛开展宜居城乡的宣传活动，通过网络、报纸等形式开展问卷调查，广东共收回问卷调查15000余份。湛江市"生态保护及城市绿化建设"、梅州市"首创城市公厕可持续发展新模式"、肇庆市"星湖湿地生态保护与环境整治"和"中山市村村通自来水工程建设"四个项目申报"中国人居环境范例奖"。

【建设法制步伐加快】 《广东省物业管理条例（修订）》业经省十一届人大常委会第七次会议通过，于2009年3月1日起正式施行。完成《广东省燃气管理条例》、《广东省散装水泥管理规定》的修订报送工作。完成《广东省村庄规划建设管理条例》、《广东省城乡规划条例》、《广东省工程质量管理办法》、《广东省民用建筑节能管理条例》的起草。广州、深圳、珠海、汕头等市和其他各市相继出台一些建设类地方性法规、规章。

【普法工作扎实开展】 广东建设系统开展"五五"普法（在广东公民中开展法制宣传教育推进依法治省进程的第五个一年规划）中期检查。各地加强普法机构的建设，加大普法培训，开展多种形式的普法宣传教育活动。惠州市规划建设局建立行政执法案卷评查制度，制定《行政执法案卷评查工作实施方案》、《行政处罚案评查标准》、《行政许可案卷评查标准》、《行政执法案郑资料内容指引》四个规范性文件。深圳市建设局制定《〈深圳经济特区建筑节能条例〉行政处罚实施标准》等规范性文件，将行政处罚自由裁量权细化、量化。深圳市城管局利用电台、报社、网络等媒体进行普法宣传，开"百名市民走进城管"、"走马鹏城看变化"等活动。各地加大行政复议的协调力度。全年省建设厅受理行政复议案件51宗，比2007年增加34宗，案件得到妥善处理。

【行政审批制度改革】 省建设厅进行行政审批制度改革，成立行政审批中心。省建设厅主动提请将厅机关实施的房地产开发企业二级及以下资质核准等8项行政许可事项依法委托给地级以上市建设行政主管部门实施，2008年12月22日，省政府第128号令公布了《省建设厅委托实施行政许可事项》。

【党风廉政建设】 在落实中央《建立健全惩治和预防腐败体系2008～2012年工作规划》和《中共广东省委贯彻落实〈建立健全惩治和预防腐败体系2008～2012年工作规划〉实施办法》中，各地研究提出并逐步落实健全完善建设工程招标投标制度、住房保障体系建设、落实房地产市场调控政策、建设公用事业市场监管机制等反腐倡廉重点领域的一系列意见和措施。治理商业贿赂、住房公积金治理、城乡规划效能监察、房地产市场监管等专项整治工作成效显著，全系统主动上交不正当所得28人次，金额22万元，查结商业贿赂案件8宗，涉案金额51万元。（卿文峰）

二、城乡规划

【《城乡规划法》配套制度建设】 2008年，省建设厅与华南理工大学联合开展配套地方性法规立法的前期研究工作，建立编制—实施—评估—修正—提高的城乡规划动态循环机制，在国内率先制订《关于开展广东省城市规划实施评估工作的指导意见》，完成对汕头、四会、高要等市总体规划实施评估报告的审查。开展《城乡规划年度实施计划管理办法》和《城乡规划与土地利用规划衔接办法》的制订工作，推动广东建立城乡规划实施年度计划制度。组织起草《广东省城市控制性详细规划备案审查办法》、《广东省城乡规划公示办法》、《广东省城乡规划公众参与手册》、《广东省城乡规划"一书三证"核发的指导意见》、《广东省建制镇控制性详细规划编制指引》、《广东省城乡规划编制年度计划管理暂行规定》等一系列配套规章和文件。

【城乡规划管理】 2008年，省建设厅对《深圳市城市总体规划（2007~2020）》、《潮州市城市总体规划（2007~2020）》、《肇庆市城市总体规划（2007~2020）》及《广州市城市发展战略》等规划进行技术审查。成立广东省城乡规划委员会，省政府主持召开省城乡规划委员会第一次全体会议，审议通过《广东省城乡规划委员会章程》。落实《关于推进产业转移和劳动力转移的决定》，规范省产业转移工业园的规划认定工作，省建设厅印发《广东省产业园区规划制定的指导意见（试行）》，完成深圳南山（龙川）等14个产业转移工业园申报认定的园区规划审查工作。省建设厅、省监察厅组成联合检查小组，在广东15个市开展城乡规划效能专项检查。

【城乡规划编制】 2008年，省政府成立"粤东城镇群协调发展规划领导小组"，启动《粤东城镇群协调发展规划》编制。广州市作为城乡总体规划编制试点，河源市作为"三规合一"规划编制试点，在新一轮城市总体规划修编工作中，先行以"城乡统筹"和"三规合一"的规划理念为指导，破除城乡建设各领域的分割，统筹规划建设城乡一体的供水、排水、供电、通信、污水及垃圾处理等市政基础设施和公共服务设施，促进城乡基本公共服务均等化，构建体现社会公平和地域平等的公共服务体系。

【区域规划实施】 按照《珠江三角洲城镇群规划管理条例》的要求，建立省实施珠江三角洲城镇群协调发展规划联席会议、珠三角城乡规划督察员巡察、珠三角城镇群规划局长联席会议、信息交流等一系列制度。《珠江三角洲区域绿地划定及管理工作方案》和《珠江三角洲区域绿地划定技术要点》颁布实施，保育8300平方公里生态用地总量和建立"一环、一带、三核、网状廊道"区域绿地总体框架。

【行业交流】 2008年，根据广东省与意大利签署的"区域伙伴协议行动计划"，与意大利建筑学院院长全国委员会签署城市规划发展合作备忘录。与澳门运输工务司共同举办"粤澳城市规划研习班"，召开第二届"大珠三角洲城镇群规划与管理论坛"。

（高磊）

三、村镇规划建设

【村庄规划和整治】 2008年广东共编制村庄规划5249个，村庄规划覆盖率35.09%，比2007年提高3.92个百分点。开展4807个村庄整治，村庄整治覆盖率提高3.59个百分点。省建设厅组织开展南方水网地区农村污水处理技术专题研究，在广大农村逐步推广"厌氧加生态处理"的生活污水处理简易技术，推行"户分类、村收集、镇运输、县处理"的垃圾处理模式，在省治污保洁专项资金中对一些县、镇垃圾处理设施建设给予支持。各地涌现出一批各具特色的村庄整治典型，中山市村村通自来水工程项目获选全国人居范例奖。

【中心镇建设】 省建设厅明文规定各县城镇改设街道办事处后不再是中心镇，不占用中心镇名额，不享受中心镇优惠政策。各地据此对中心镇进行调整，新增湛江市徐闻县下桥镇、韶关市仁化县周田镇为省中心镇，清远市清新县禾云镇取代浸潭镇为中心镇，至2008年底，广东共有中心镇271个。省建设厅、省发改委、省国土资源厅联合核定河源市埔前镇等6个中心镇的建设用地规模。至2008年底，广东271个中心镇中，已核定60个镇的用地规模，占22.14%。配合国家开发银行广东省分行开展全国重点镇和新农村建设信贷工作，多渠道增加中心镇的建设资金投入，2008年广东村镇共贷款11.6亿元。

【历史文化名镇、名村】 2008年10月，住房和城乡建设部、国家文物局公布第四批中国历史文化名镇（村）中，广东省共有6个镇（村）上榜。它们是：揭阳普宁市洪阳镇、惠州市惠阳区秋长镇、东莞市石龙镇、汕头市澄海区隆都镇前美村、清远市连南县三排镇南岗古排、江门恩平市圣堂镇歇马村。至2008年底，广东有8个镇获得中国历史文化名镇称号，11个村获得中国历史文化名村称号。省建设厅、省文化厅在广东开展广东省历史文化街区、名镇（村）评选活动，2008年8月公布第一批广东省历史文化名镇、名村名单，它们是：揭阳普宁市洪阳镇、惠州市惠阳区秋长镇、梅州市大埔县三河镇、汕头市澄海区隆都镇前美村、清远市连南县三排镇南岗古排、江门恩平市圣堂镇歇马村、东莞市寮步镇西溪村、云浮市郁南县大湾镇五星村。

四、住房保障与公积金监管

【机构建设】 2008年1月在广东省建设厅设立

住房保障与公积金监督管理处，于5月21日正式开展工作。广州市成立广州市住房保障办公室，深圳、东莞、韶关等市也相应成立住房保障机构。

【住房保障政策体系和制度体系的建设】 完善住房保障体系的内容写入《珠三角地区改革发展规划纲要（2008～2020）》，提出珠三角地区在建设住房保障体系上先试先行，完善住房货币分配和政策性租赁机制。建立住房货币补贴标准与住房市场价格、居民收入水平等相适应的动态调整机制。完善住房公积金制度，适当提高住房公积金在工资总额中的比例，发挥公积金在住房保障方面的作用，增强职工住房支付能力。推行政策性租赁住房制度，满足新就业职工、中低收入住房困难家庭和符合规定条件的暂住人员的基本住房需求。省委政策研究室、省建设厅、省扶贫办等单位联合起草《关于进一步解决人民群众住房困难的意见》。

【解决城镇低收入家庭住房困难】 2008年起，广东住房保障面扩大到城镇低收入住房困难家庭，落实国务院《关于解决城市低收入家庭住房困难的若干意见》和省政府《关于切实解决城镇低收入家庭住房困难的实施意见》，开展解决城镇低收入家庭住房困难工作。省政府对各地级以上市下达具体的责任目标，要求各市人民政府按照不低于符合廉租住房条件家庭总户数的40%来解决城镇低收入住房困难问题，签订了责任状。广东加大财政投入支持保障性住房建设，省财政2008年安排1亿元专项补助资金支持东西两翼和粤北山区城市实施廉租住房保障，并确定2009～2011年每年安排2亿专项资金补助东西两翼和粤北山区城市实施廉租住房保障。至2008年底，广东已实现对城镇低保住房困难家庭的廉租住房保障应保尽保，累计实施廉租住房保障50108户，其中实物配租19078户。提供经济适用住房68244套。通过实物配租、租赁补贴、租金核减等方式，新增对26759户以上城镇低收入住房困难家庭实施廉租住房保障；对4951户符合经济适用住房条件的低收入住房困难家庭供给经济适用住房。

【外来务工人员住房】 广东省外来务工人员较多的广州、深圳、东莞等城市通过在工业园区及工业用地基础上规划配套建设向农民工出租的集体宿舍，探索和建设"外来工公寓"建设模式。培育和发展包括城中村在内的住房租赁市场，让外来务工人员根据需要租住合适的住房等多种渠道改善外来务工人员居住条件。

【完善住房货币分配制度】 广东坚持以住房货币分配为原则，提出建立住房货币补贴标准与住房市场价格、居民收入水平等相适应的动态调整机制。完善住房公积金制度，适当提高住房公积金在工资总额中的比例，增强职工住房支付能力。至2008年底，广东参加住房货币分配人数48.4万人，累计发放住房补贴107.3亿元。住房公积金缴存人数548.2万人，累计归集资金1750.4亿元，比2007年增长20%、30%；发放个人贷款586.7亿元，支持36.1万户职工家庭解决住房问题。

【公积金优惠政策】 各地陆续出台住房公积金优惠政策，提高公积金贷款额度，延长贷款年限，支持职工住房消费。广州市的个人住房公积金贷款额由40万元调高至50万元，家庭贷款额由65万元调高至80万元。珠海市将个人购房贷款限额提高到40万元，两人以上最高可贷60万元。阳江将个人贷款额度从10万元提高到15万元，联名购房者贷款额度从20万元提高到了30万元。惠州将最高限额有15万元提高到20万元。梅州、湛江市住房公积金最高贷款年限由20年提高到30年。（张文宇）

五、住宅与房地产业

【房地产市场】 调整住房供应结构　广东各市、县均编制并向社会公布2008年、2009年住房建设计划和2008～2012年住房建设规划，加大住房供应结构调整力度，增加中低价位、中小套型普通商品住房供应，增加住房有效供给，满足居民合理的住房需求，引导理性住房消费。

应对市场调整　贯彻落实党中央、国务院关于扩大内需、促进经济平稳较快增长的部署，采取各种措施应对市场调整。省政府印发《关于进一步加大投资力度扩大内需促进经济平稳较快发展的若干意见》，推进住房供应结构调整，引导开发中小户型、中低价位普通商品房，提高住房公积金缴存比例和贷款额度，加快发展二手房市场和住房租赁市场，满足多层次住房需求。

二手房交易管理　针对部分中介机构因房地产市场调整而歇业或停业，危及交易资金安全的情况，省建设厅印发《关于进一步加强房地产经纪管理的紧急通知》，要求广东房地产经纪机构不得代购房当事人收取房款，逐步推行由银行托管二手房交易资金，保障交易资金安全。省建设厅指导各地建设二手房网上交易管理系统，深圳市已实行二手房网上交易，实现交易行为和资金全方位监管。

促进房地产市场平稳发展政策初显成效　受从紧宏观经济政策和国际金融危机的影响，2008年广东省房地产开发投资增幅放缓，投资金额2932.34

亿元，比2007年增长16%。新开工商品房面积6505万平方米，减少9.28%。商品房销售面积4824.41万平方米，下降22.43%。商品房销售价格有所回落。在国家和省实施积极的财政政策和适度宽松的货币政策后，广东省房地产市场交易逐步回暖。11月商品住房销售情况明显好转，广东商品住房销售面积362.04万平方米，环比10月大幅增长23.23%。

【房地产登记改革】 2008年7月1日《房屋登记办法》实施。贯彻实施《物权法》和《房屋登记办法》，完善房地产登记发证工作。根据建设部《房屋登记办法》、《房屋登记簿管理试行办法》等相关规定，省建设厅印发《房地产登记簿》式样，各市、县房地产登记机构相继建立房地产登记簿制度，按派出所门牌号或项目幢号建立登记簿册，记载各个房屋基本单元的基本情况、权利情况、其他依法应当登记事项，以及共有部分情况等，保障业主自身合法权益。根据房地产登记发证的有关新要求，省建设厅发布广东省2008版房地产权属证书（包括《广东省房地产权证》、《广东省房地产他项权证》)和登记证明（包括《广东省在建工程抵押登记证明》、《广东省房地产预告登记证明》)式样。各市、县房地产登记机构做好新旧政策衔接，规范业务规程，整合业务系统，组织培训，依法规范登记发证工作。

【物业管理】 2008年11月28日召开的省十一届人大常委会第七次会议表决通过《广东省物业管理条例》（修订稿），于2009年3月1日起正式施行。《广东省物业管理条例》（修订稿）对物业管理活动的重大问题提出具体有效的解决措施，赋予街道办事处、乡镇人民政府等基层政权对业主大会和业主委员会的指导和协调物业管理纠纷职能。明确物业管理区域的划分、业主身份的确认、投票权的计算，规范业主委员会的运作。明确建设单位、物业服务企业的职责，规范服务行为。落实业主对车位租用、买卖的优先权。落实对"房中房"的管理职责和解决办法。

【城镇房屋拆迁】 广东省严格控制广东城镇房屋拆迁规模，2008年核定下达的城镇房屋拆迁规模为432万平方米，广东实际完成拆迁面积235.9万平方米。（张志军）

六、建设科技与地方标准

【建设科技】 2008年，广东完成建设科技成果鉴定95项，其中"金刚砂耐磨地坪施工技术研究"等5项达到省内先进水平，"玻化微珠保温砂浆外墙内保温施工技术研究"等9项达到省内领先水平，"门式钢管脚手架"等36项达到国内先进水平，"盾构施工防溜车作业施工技术研究"等32项达到国内领先水平，"大跨度悬臂桁架悬挂结构施工新技术的研究与应用"等8项达到国际先进水平，"现代建筑遮阳设计方法研究"等3项达到国际领先水平。发布推介新型墙材、建筑节能材料与应用技术、施工技术与应用等方面的16项省建设行业科技成果推广项目。审核推荐建设部华夏科技奖5项，广东有40个项目获建设部科技计划项目。"广东省既有公共建筑节能改造技术研究"、"广东省工程建设地方标准评价体系研究"两项获得省科技计划项目批准。"南方建筑节能技术基础研究"荣获省科技进步奖一等奖，"广东省博物馆新馆大跨度悬挂结构新技术研究"等5个项目获得省科技进步奖三等奖。审核同意到外省备案的建设科技和建材产品20项。加强对广州、深圳、珠海、汕头、中山、佛山6个城市创建全国无障碍建设城市工作的监督。

【民用建筑节能推广】 2008年，建筑节能立法工作得到推进，起草《广东省民用建筑节能条例》，《建筑节能材料能效评价及检测技术标准》等4项建筑节能标准获得立项，完成《〈建筑节能工程施工质量验收规范〉广东省实施细则》报批稿。节能监管体系建设取得阶段性成果：编制《广东省政府机关办公建筑和大型公共建筑节能监管体系建设方案》及《广东省政府机关办公建筑和大型公共建筑节能监管体系建设2008年建设方案》。完成广东21个地级以上市2750栋国家机关办公建筑和大型公共建筑基本信息及能耗统计工作，其中广州872栋，深圳936栋，其他19个地市942栋。组织编写《广东省国家机关办公建筑和大型公共建筑基本信息和能耗统计人员工作手册》。"2010年广州亚运城新能源——太阳能热水及水源热泵综合利用项目"、"城市动力联盟（6号商铺办公楼）"两个项目获得建设部可再生能源建筑应用示范推广项目。审核推荐6项"十一五"国家科技支撑计划"可再生能源与建筑集成技术应用示范工程"。推进既有建筑节能改造，推动实施绿色照明工程，编印《广东省建筑节能技术及产品选用目录》和《广东省新型墙材和建筑节能材料应用目录》。

【新型墙体材料的发展应用】 2008年，广东共有新墙材生产企业560家，年生产能力和年生产量均稳步增加，广州、深圳、汕头、佛山、惠州等市已全面禁止生产实心黏土砖，新报河源、云浮、清远三个地级市为国家第三批"禁实"城市。在新墙材应用方面，广东新建城镇房屋的新墙材建筑比例达到83%以上,广州、深圳、佛山、汕头、潮州、清远达90%以上。珠海、东莞、汕尾、惠州达80%以上,中山、韶关达到60%以上,其余各市的应用比例也逐年提高。广东2008年共使用散装水泥6320万吨,散装水泥使用率42.5%,实现节能374.20万吨标煤,取得较大的节能成效。

【职业技能培训与鉴定】 在江门举办以"建设宜居城乡"为主题的广东第十期书记(市长)城建专题研究班,建筑节能是授课内容之一,21个地级以上市和部分县级市的50名书记(市长)参加学习。广东共举办10期"三新"(新技术、新理论、新规范)培训班,共培训2501人。

【建设地方标准】 2008年,发布《冷轧变形钢筋混凝土构件技术规程》等7项行业标准,《建筑节能材料能效评价及检测技术标准》等8项标准获得立项,向住房和城乡建设部报送了《夏热冬暖地区居住建筑节能设计标准实施细则》等4项2008年拟修订、制订的工程建设标准。(王礼贵)

七、城市建设

【概况】 2008年,广东城市建设完成固定资产投资860亿元。城市燃气普及率94.8%,自来水普及率99%,污水集中处理率60%,生活垃圾无害化处理率65%,人均道路面积12.2平方米,每万人拥有公共交通车辆11标台,广东设市城市建成区绿地率34.2%,建成区绿化覆盖率38%,人均公共绿地面积12.5平方米。

【治污保洁工程】 至2008年底,广东共建成污水处理厂175座,日处理能力1091.5万立方米,污水集中处理率60%以上,比2007年新增污水处理厂48座,污水处理率提高15个百分点。建成垃圾无害化处理场37座,其中焚烧厂16座,填埋场21座,日处理能力3.5万吨,新增日处理能力4000吨,无害化处理率65%,提高5个百分点。

【园林绿化】 2008年,广州、东莞、潮州市荣获"国家园林城市"称号,广东省国家园林城市数量已达到13个。湛江市绿塘河湿地公园被批准为"国家湿地公园"。广州市越秀公园、深圳市园博园、仙湖植物园、莲花山公园4个公园被命名为"国家重点公园"。

【风景名胜区管理】 贯彻实施《风景名胜区条例》,召开广东风景名胜区工作会议。开展为期2年的广东风景名胜区综合整治工作,重点对风景名胜区的机构设置、规划编制及核心保护区划定、违章建筑及破坏风景名胜资源情况、标志、标牌设立进行规范和整治。

【数字化城管】 加快"12319"城建服务热线建设进度。省建设厅印发《关于加快推进12319城建服务热线工作的意见》、《关于尽快确定12319城建服务热线使用主体的通知》等文件,至2008年底,广东已有广州、深圳、江门、中山、佛山、惠州、湛江、韶关、汕头9个城市开通"12319"服务热线。

【公共应急突发事件】 确保奥运期间城市基础设施安全运行,省建设厅多次组织召开燃气、供水、城市桥梁、公交等主管部门专题会议,建立防恐信息报送制度,派人到广州、深圳、佛山、中山、肇庆、东莞、梅州、清远、韶关等地采取突击抽查和电话调查等多种方式,全面行动。

【市政公用事业监管】 建立广东城镇污水处理管理信息系统,从2008年3月起对投入运行的135座污水厂的处理量、运行效率、进出水浓度和主要污染物削减总量等近60项指标进行全面监管。建立广东城市桥梁管理信息系统,运用信息化管理手段及时掌握城市桥梁状况,加强养护维修,确保城市桥梁安全运行。该系统已经通过省级技术鉴定,并在佛山、东莞等城市运用。建立供水安全监管制度,制订广东城镇供水水质督察实施方案,对各级供水企业执行国家规范、标准、规程的情况进行督察,对地级以上城市供水水质进行不定期抽查,公布相关供水水质情况。(李巍)

八、重点工程建设

【超额完成重点项目建设投资计划】 2008年广东共安排重点建设项目188项,年度计划投资1280亿元。全年累计完成投资1540亿元,为年度计划的120.3%,超额完成全年投资计划。建成投产27个项目,新开工34个项目。省重点项目建设的加快推进,带动广东固定资产投资增长165%。

【推进重点项目加快建设】 2008年,全年共争取国家发展改革委安排中央预算内投资29.25亿元(不含深圳市),其中国家新增投资1000亿元中安排给广东省15.55亿元。广东各地采取有效措施,落实项目各项建设条件,扎实推进重点项目各项工作。2008年广东省阳江核电、惠州平海电厂、乐昌峡水利枢纽、广汽自主品牌乘用车等24个重点项目获国家批准建设,总投资3805亿元,省内投资约2104亿元。湛江钢铁基地、中船广州低速柴油机等项目获得国家批准开展前期工作。推进大型炼化一体、大型船舶和海洋工程装备制造基地、汽车等重大项目前期工作。开发银行、农业银行、工商银行、交通银行等金融机构发挥融资平台作用,协调落实省重点项目建设融资贷款。据省金融办统计,签订协议中金融机构授信额度和贷款意向共1.4万亿元。

【加强重点项目管理和执法督查】 省建设厅和省检察院联合制订《广东省重点建设项目预防职务犯罪工作指引》。组织对中海石油(惠州)1200万吨炼油项目,惠州抽水蓄能电站,大唐潮州三百门电厂,华能海门电厂,阳江电厂,东莞立沙油品储运项目,武广客运专线、洛湛铁路茂名段、广珠铁路以及广珠城际轨道等重点建设项目的执法检查,重点检查项目执行基本建设程序的情况,促进重点项目依法建设。(谭龙海)

九、建筑业

【概况】 2008年,广东建筑业完成总产值3200亿元,比2007年增长约6.4%,完成建筑业增加值1148.6亿元,增长11.7%,在建工程27921项,房屋建筑工程竣工工程面积12200万平方米。广东有资质的施工总承包和专业承包建筑业企业共4100家,从业人员约200万人,完成利税总额270.13亿元,增长31.7%。广东在建工程27921项,实行招标工程项目9025项,工程造价1959.1亿元。其中公开招标工程7628项,工程造价1623.8亿元。广东16132项开展工程质量监督的工程一次验收合格率为99.94%。工程质量整体水平保持稳定态势。

【建筑市场管理】 2008年,广东建筑业实行招标工程9025项,工程造价1959.1亿元。其中公开招标工程7628项,工程造价1623.8亿元,未发现重大违法违纪案件。省建设厅、省监察厅联合印发《关于加强建设工程招标投标关键环节管理的意见》,各市加强对建设工程招标投标关键环节的管理,加大防止围标、串标的管理力度。建立广东建筑市场诚信信息平台,建筑劳务分包制度和工程保证担保制度在广东推进。粤港两地建设领域的合作继续加强,达成《获得内地注册城市规划师资格及内地监理工程师资格的香港专业人士在粤注册合作协议》,为粤港两地规划和建筑服务合作人才交流、技术合作开辟绿色通道。

【建设监理】 广东各地建设管理部门加强对建设监理的管理,开展一系列日常检查、飞行检查和专项检查,对建设监理活动进行规范。开展对广州、中山、汕头、惠州等部分城市监理进行巡查,通报一批问题突出的监理企业及其监理项目。省建设厅会同省建设监理协会引导监理企业加强自律,2008年12月18日制定公布广东省监理行业公约。

【建筑工程质量】 贯彻落实《建筑法》和《建设工程质量管理条例》,广东施工质量一次验收合格率99.94%。开展《广东省建设工程质量管理条例》的修订工作。2008年开始在广东推行住宅工程质量分户验收制度,加强商品(预拌)混凝土质量管理工作,在市政基础设施和建筑物结构工程中禁止使用立窑水泥、在混凝土结构工程中禁止使用未经处理海砂,加强监管防止劣质水泥用于建筑工程。各地创新工程质量的监管模式,珠海市将工程质量纳入企业诚信管理,强化质量优胜劣汰机制。东莞市将工程动态监管与监督员履行职责监督同步进行,强化差别化监管,加大监管力度。富力国际公寓等8项工程获2008年度鲁班奖(国家优质工程),84项工程被评为省优良样板工程。省建筑业协会组织开展2008年度广东建筑业新技术应用示范工程和省级建筑施工工法评选活动,评出省级新技术应用示范工程22项,评出2008年度省级建筑施工工法132项。(梁志华)

十、建筑安全生产

【概况】 2008年,广东省在建工程27921项,总建筑面积2.92亿平方米,分别比2007年增加4.7%和3.5%,广东共发生建筑施工死亡事故37起,死亡43人,事故起数减少14起,下降27.4%,死亡人数减少20人,下降31.7%,没有发生过重大以上建筑施工生产安全事故,施工事故死亡人数占省政府下达给广东建设系统74人安全生产控制指标的58.1%。

广东省的多发事故类型仍为高处坠落和施工坍塌,这两类事故导致的死亡人数30人,占广东总数的61%。其中,高处坠落事故22起,死亡22人,事故起数和死亡人数与上年相比基本持平。施工坍塌事故5起,死亡8人,事故起数和死亡人数分别比2007年减少50%、56%。2008年广东的2起较大事故发生在模板支撑和起重机械装拆过程中。

【安全生产责任制】 省建设厅与各地级以上市建设行政主管部门签订安全生产责任书,将控制指标分解到各市,要求各地层层分解,落实到基层。每季度召开一次广东建筑施工防范重特大事故工作例会,通报各地安全指标的控制情况,深入分析广东施工安全生产形势,查找深层次问题。

【安全生产监管队伍】 2008年5月组织举办广东各地分管施工安全的副局长、施工安监站长参加的法律法规培训班,针对施工安全监管工作存在的焦点问题进行剖析,增强大家的法制意识,提高依法监管能力和执法水平。根据《广东省建筑工程安全监督机构及人员考核管理办法》，组织开展广东施工安全监督站业务考核工作。

【隐患排查治理】 针对城乡结合部工程、工业园区工程、外省或广东省跨地区经营施工单位承建工程，以及高支模、深基坑、建筑起重机械、高层外脚手架、地下暗挖等危险性较大工程，执行"三个一"制度，即每季度"组织一次广东施工安全大检查"、"抓一个重大隐患或典型事故案例分析"、"举办一次事故责任单位和相关责任人的安全教育培训班"。据统计，全年广东各级建设主管部门在"春节"冰雪天气、全国"两会"、北京奥运、台风汛期、"十一"长假等重点时期先后组织632个检查组（次），出动检查人员20494人次，检查施工企业4132家，检查在建工程8093项，排查安全隐患8834处。

【安全生产三项制度】 推行建筑工人"平安卡"制度，广东地级以上市中心城区已全面覆盖，持卡上岗作业的建筑工人达到75万人。制定《建筑工程安全生产动态管理办法》，对施工、监理单位以及施工企业"三类"人员、监理单位总监理工程师、专业监理工程师等单位和人员的安全生产违法违规行为进行量化扣分。广东各地依据该办法对511家施工单位、187家监理单位和1546名责任人进行量化扣分。加强建筑起重机械安全监管，组织广东建筑起重机械专项检查，已办理2万台建筑起重机械的产权备案登记并统一广东建筑起重机械的检测标准，在广东一半以上市开展了特种作业人员的培训考核。（赵航）

十一、勘察设计咨询业

【概况】 2008年，广东勘察设计完成工程勘察设计项目施工图投资额约4000亿元、建筑面积约2.5亿平方米。广东勘察设计全年营业收入约640亿元，人均营业收入51万元。至2008年底，广东共有勘察设计企业1370家、施工图审查机构80家，勘察设计从业总人数12.6万人，其中高级职称人员1.25万人、中级职称人员2.94万人、初级职称人员2.84万人、一级注册建筑师1761人、二级注册建筑师2708人、一级注册结构工程师2398人、二级注册结构工程师656人、注册岩土工程师719人，中国工程院院士3名，全国勘察设计大师8名。

【初步设计审查】 2008年省建设厅印发《广东省建设厅大中型建设工程初步设计审查管理办法》，对大中型建设工程初步设计审查的范围、内容、材料、权限、期限等作出规定。2008年，广东共组织审查大中型建设工程初步设计400多项，项目总投资3000多亿元，主要有2010年亚运会省属体育场馆、广深港客运专线、厦深铁路、茂湛铁路、贵广铁路、南广铁路、广州西江引水工程、云浮电厂等一批省重点工程项目。

【施工图审查】 2008年，广东依法应当进行施工图审查的工程项目共计17188项，其中一次审查合格的有7266项，占审查总项目的42.21%。审查共查出设计违反工程建设强制性标准条文11708条次。

【建筑节能设计】 2008年，广东建设系统贯彻落实建筑节能设计法律法规与标准，对不符合节能设计标准的不予通过初步设计审查与施工图设计审查，对不按节能设计施工的项目不予参加优秀设计评选。10月，省建设厅组织广东建筑节能设计大检查，共抽查公共与民用建筑工程项目129项，被抽查项目实行建筑节能设计和节能设计审查，好、中、差比例分别为22%、66%、12%。12月，住房和城乡建设部对广州、惠州等市进行了抽查，共抽检了12个项目建筑节能设计，优良率达91.7%。

【勘察设计市场管理】 广东开展勘察设计市场专项整治活动，共抽查164家勘察设计企业、35家施工图审查机构，查出46家勘察设计企业、3家施工图审查机构不符合资质（资格）条件，发出整改通知49份，对拒不整改、不按要求整改、整改后仍不合格的，依法取消其工程勘察设计资质或施工图审查资格。

【建筑抗震设防】 《广东省建设系统应对破坏性地震应急预案》实施，明确广东建设系统应对破坏性地震应急组织体系及职责、预警与防御机制、应急响应、应急处置、后期处理、保障措施等，提高应急反应能力。2008年1月29日，省建设厅、地震局联合印发《广东省农村民居地震安全工程建设规划》，对农村民居安全工程建设的指导思想、工作目标、主要任务、政策措施、保障机制等作出规定，推进农村民居地震安全工程建设。8月18日，省建设厅、教育厅联合印发《关于进一步做好学校校舍抗震安全排查的紧急通知》，组织各类学校对校舍进行一次地毯式防震安全排查，摸清底数，做好防震应急措施。9月26日，省建设厅印发《关于进一步加强建设工程抗震设防工作的通知》，各级建设行政主管部门扎实做好建设工程抗震设防，从源头上加强工程抗震设防工作。12月30日，省财政厅、建设厅印发《关于下达2008年度抗震加固补助经费的通知》，下拨135万元补助经费，安排汕头海门镇老人活动中心等11项房屋抗震加固。（李雨林）

（广东省住房和城乡建设厅）

广西壮族自治区

2008年，全区建设事业持续健康快速发展，并取得了"三个新突破、三个新进展、四个新成效"的显著成绩。"三个新突破"分别是：城镇化水平实现新突破；建设经济发展取得新突破；城镇污水垃圾处理率取得新突破。"三个新进展"分别是：城乡人居环境建设取得新进展；保障性住房建设及房地产市场管理工作取得新进展；建筑节能工作取得新进展。"四个新成效"分别是：工程质量与安全生产工作取得新成效；重点工程建设管理工作取得新成效；保民生保稳定工作取得新成效；队伍建设、立法工作和精神文明取得新成效。

一、城市规划与管理

【概况】 强化城乡规划调控功能，城镇化水平实现新突破。2008年，全区深入实施城镇化核心战略，城镇规模逐步扩大，城市承载能力得到提高，规划建设管理进一步加强。至2008年底，全区城镇化水平达到38.2%，同比提高2个百分点，成为全区城镇化水平提高最快的一年。

【城市规划编制】 以广西北部湾经济区城市为重点的规划编制迅速推进，调控功能进一步增强。广西北部湾经济区城市规划全面启动，北海、防城港和钦州市城市总体规划已通过审查并上报自治区人民政府审批；崇左市城市总体规划已完成编制任务；玉林市城市总体规划修编即将完成；《广西北部湾经济区城镇群规划纲要》已完成编制和审查，2008年底上报住房和城乡建设部审批。南宁市完成了《南宁市城市总体规划》修编等12项总体规划、近百项分区规划、控制性详细规划、专项规划的编制。柳州市城市总体规划、市域体系规划、历史文化名城保护规划已通过住房城乡建设部审查。桂林市完成了特色街区城市设计、临桂新城中心区控制性详细规划等的编制。《百色市右江河谷走廊城镇带规划》已经自治区人民政府批复实施。在钦州保税港区的申报过程中，自治区建设厅积极协调、联系国家有关部委，采用项目申报与纳入城乡规划同步推进的方式，保障了钦州保税港区顺利设立；在南广铁路环评阶段，自治区建设厅及时与广东省建设厅等部门协调沟通，为南广铁路建设方案通过环评并顺利开工打下基础。各地将重大项目的选址论证、城乡规划和修编同步推进，确保了重大项目及时落地。

【城市规划管理】 以《城乡规划法》实施为契机，进一步加强规划编制和管理。南宁国际物流基地、钦州保税港区、北海铁山港工业区、防城港企沙工业区、凭祥综合保税区、铁山港（龙潭）工业组团等开发区依法纳入相关城市总体规划；各类园区开发用地纳入城市总体规划管理。全区建设项目选址意见书、建设用地规划许可证和建设工程规划许可证实行统一编号管理。风景名胜区规划管理取得新成效，《桂林漓江风景名胜区总体规划》已经自治区人民政府审查通过并上报国务院审批；陆川谢鲁山庄等一批自治区级风景名胜区规划经自治区审批后实施。

二、村镇规划与建设

【概况】 2008年，广西有建制镇〔不含县（市、区）人民政府驻地镇，下同〕603个，乡政府驻地集镇421个，村庄17.93万个（其中村民委员会所在村1.44万个）。村镇总人口4348.26万人，其中暂住人口84.06万人。建制镇建成区面积644.54平方公里，人口432.11万人（户籍人口，下同）。乡政府驻地集镇建成区面积150.07平方公里，人口105.95万。村庄现状用地面积合计4849.93平方公里，人口3726万人。

【村镇规划】 村镇规划积极推进，相关试点工作取得阶段性成果。2008年年内，全区完成乡镇总体规划86个，村屯规划4366个。自治区重点镇动态调整取得阶段性进展。少数民族村寨防火改造寨改规划和房改试点一期工程按计划组织实施；选择58个自然村，作为自治区第二批村屯规划整治示范村，相关规划整治工作有序展开。开展自治区级历史文化名城名镇名村评定工作，获得自治区人民政府批准；富川县朝东镇秀水村获第四批国家级历史文化名村称号。各地村镇规划编制工作积极推进，南宁市完成35个镇、100个村的规划编制；柳州市完成村庄规划10个；贺州市完成村庄规划40个；崇左市完成27个乡镇、75个村的规划编制。组织相关市县开展农村危房改造项目前期工作，为列入国家农村危房改造试点创造条件。探索县乡村三级规划建设管理改革，在田东县开展依托"农事村办"，简政放权、服务下移试点。村镇农房建设预计完成投资150亿元，同比增加21.3%。

【村镇基础设施建设】 2008年，自治区村镇市政公用设施维护建设投入18.03亿元，其中：供水设施投入2.68亿元，道路桥梁投入11.18亿元，排水设施投入1.57万元，环卫设施投入0.70万元。

至2008年底，广西建制镇自来水普及率91.88%，人均日生活用水量104.81升；乡政府驻地集镇自来水普及率88.54%，人均日生活用水量98.15升；村庄自来水普及率38.08%，人均日生活用水量91.14升。建制镇实有道路5884.72公里，道路面积4696.80万平方米；乡政府驻地集镇实有道路1560.06公里，道路面积1016.08万平方米。乡镇拥有桥梁1670座，防洪堤567.71公里，排水管道3395.52公里。建制镇绿化覆盖率8.68%，人均公园绿地0.8平方米，乡政府驻地集镇绿化覆盖率8.14%，人均公园绿地0.42平方米。建制镇燃气普及率74.62%，乡政府驻地集镇燃气普及率54.18%。

2008年，乡镇年生活垃圾清运量171.01万吨，乡镇年生活垃圾处理量127.02万吨，拥有环卫专用车辆1898辆，公共厕所2461座；有生活垃圾收集点的行政村3397个（占行政村总数的23.51%），对垃圾进行处理的行政村914个（占行政村总数的6.33%），对污水进行处理的行政村133个（占行政村总数的0.92%）。

三、重点工程建设

2008年统筹推进新开工重大项目130项，计划竣工投产或部分投产项目76项，全年完成投资856亿元，超额完成了年度计划。其中：自治区和市级新开工重大项目完成投资257亿元，占年度计划投资的110%；湘桂铁路扩能改造，南宁至广州铁路、贵广铁路、钦州至崇左高速公路等125项实现新开工，开工率为96.2%；续建项目完成投资599亿元，占年度计划的103%，中石油钦州炼油项目常压装置、广西金桂纸业林浆纸一体化项目1号化机浆车间、岑溪至兴业高速公路，桂林至阳朔高速公路、全州至兴安高速公路、南宁机场飞行区扩建、广西民族博物馆、广西科技馆（新馆）等80项实现竣工投产或部分投产。防城钢铁基地项目已通过国家发改委审核。自治区领导关注的重大项目中，有8个项目实现竣工投产或部分投产，有6个项目实现开工或启动。在推进重大项目建设过程中，自治区建设厅积极配合自治区有关部门，全力做好重大建设项目的规划选址、施工过程中的组织、协调工作，确保了项目落地和工程顺利推进。

重点建设新增主要生产能力和设施：发电装机容量399.3万千瓦，500千伏输电线路969公里，高速公路427.58公里，航道整治402.9公里，氧化铝208万吨，铝精矿198万吨，干法水泥900万吨，新建机场跑道3200米，城市桥梁748米，城市立交桥580米，城市道路1979米，日处理污水7.5万立方米，精制糖18万吨，建筑面积7.25万平方米等。

四、市政公用事业

【污水垃圾处理】 全区污水垃圾处理能力大幅提高，双双猛增约8个百分点，污水集中处理率达到20%，城镇生活垃圾无害化处理率达到46.70%。新开工污水处理项目26个，建成投产7个，新增日处理能力50.5万立方米；全区13个设区城市已建成了垃圾处理厂（场）。污水、生活垃圾处理费征收力度加大，全区14个设区城市已经按照标准开征污水处理费，征收率都在80%以上；按新标准开征污水处理费、城镇生活垃圾处理费的县（市），分别达到30个和22个。

建设厅作为牵头部门，代拟并出台了《自治区党委、自治区人民政府关于全面推进城镇污水生活垃圾处理设施建设的决定》等11个政策文件，有力地推进了全区污水垃圾处理设施建设。明确任务，落实责任。自治区人民政府与14个设区城市政府签订了责任书，明确了任务。各市县积极履行责任主体职责，把污水生活垃圾处理设施建设摆在突出的位置，积极抓好各项工作的落实。积极筹措资金。2008年争取中央资金8.71亿元、自治区专项资金1.5亿元、国家开发银行贷款70亿元，有力地支撑了全区污水垃圾处理设施项目建设。四是加强督察指导。广西壮族自治区建设厅牵头组织相关部门对全区推进城镇污水生活垃圾处理设施建设情况进行专项督察，提出建议和要求，对进展缓慢的地方和项目实施"挂牌督办"，严密跟踪工程建设进展。

【城乡清洁工程】 深化拓展"城乡清洁工程"，城乡人居环境建设取得新进展。全区各地深入推进"城乡清洁工程"，加强城乡环境卫生和容貌秩序管理，确保以崭新面貌迎接自治区成立50周年大庆。

一是加强领导,进一步明确深化拓展任务。自治区先后召开全区"城乡清洁工程"工作会议和迎接50周年大庆"城乡清洁工程"电视会议,部署深化拓展的工作任务,各地乘势而上加强领导,精心组织,一把手负总责、分管领导具体抓,掀起了"城乡清洁工程"的新高潮。二是注重与民生结合,整治"脏乱差"。各地坚持疏堵结合,引导经营户入场集中经营,整治摊点乱摆;恢复原有停车场功能,增加道路停车泊位,加快市区停车场建设,严管重罚车辆乱停行为;引入市场机制,整治广告乱贴;严管重罚与强化管理相结合,整治工地乱象。三是推进"穿衣戴帽"工程,提升城市形象。南宁、桂林等城市对城市主干道、景观道路的房屋立面实施"穿衣戴帽",改善了市容景观,巩固了整治效果,凸显了地方特色。四是加大城镇基础设施投入,提升城镇服务功能。各地多渠道筹措资金,开展环境综合整治和城乡环境卫生基础设施建设,城乡"脏乱差"现象得到有效遏制,增强了发展环境竞争力。如南宁市开工157项城建项目,完成投资106亿元;贵港市开工"一路二中心三馆五园"建设项目55个,完成投资14.5亿元。

【城市环境卫生】 2008年,广西城市和县城拥有环卫专用车辆2117辆;有生活垃圾无害化处理场18座,其中3座是在2008年建成投入使用;有公共厕所2051座,其中三类以上公厕1649座;道路清扫保洁面积1.46亿平方米,其中机械清扫2703万平方米;清运生活垃圾460.50万吨;生活垃圾无害化日处理能力6493吨,生活垃圾无害化年处理量208.29万吨,生活垃圾无害化处理率45.23%。

【城市供水】 2008年,广西城市和县城供水日综合生产能力822.78万立方米,其中公共供水部分日综合生产能力578.32万立方米。年供水总量18.20亿立方米(含自备水),其中公共供水部分供水总量12.75亿立方米。供水管道总长1.61万公里。用水人口1185.72万人(含自备水),用水普及率87.84%。

【城市燃气】 2008年,广西城市(县城)人工煤气日生产能力16.60万立方米,储气能力11.40万立方米,供气管道总长594.86公里,年供气总量4965.20万立方米,用气人口45.71万人;供气管道总长度、年供气总量、用气人口分别比2007年增加80.94公里、104.46万立方米、20.57万人。

2008年,广西城市(县城)天然气年储气能力255.26万立方米,供气管道总长2501.59公里,供气总量4693万立方米,用气人口58.82万人。天然气发展迅速,储气能力、年供气总量、供气管道总长度、用气人口分别比2007年增加110.45万立方米、2420.00万立方米、580.52公里、19.09万人。桂林市新建液化天然气(LNG)站,北海市新建液化—压缩天然气(L-CNG)汽车加气站。南宁市、柳州市、钦州市、贵港市等地级市新建天然气管道。

2008年,广西城市(县城)液化石油气年储气能力7.66万吨,供气管道总长30公里,供气总量42.57万吨,用气人口936.24万人。液化石油气储气能力、用气人口分别比2007年增加2158.80吨、10.06万人。年供气总量比2007年减少15.85万立方米,主要原因是受全球金融危机影响,国外原油价格上涨,区内部分燃气企业对外购气量减少,进而销售量减少;供气管道总长度比2007年减少12.00公里,主要原因是统计口径和数据调整。

2008年1月,全区建立了燃气安全生产隐患排查制度。2008年1~12月共检查设施13168处,查出隐患569条,已整改496条,列入治理计划隐患73条,整改率达87.2%。

【城市公共交通】 2008年广西城市和县城有公共交通运营车辆7883辆,每万人拥有公交车辆5.87标台,运营线路网长度4069公里,公交专用车道长度57公里,客运总量122020万人次。桂林市有公共汽车887辆,运营线路网长度233公里,公交专用车道长度6公里,客运总量21430万人次。2008年,自治区建设厅配合自治区财政厅给予全区7268辆公交车发放燃油补贴45363.97万元,在一定程度上缓解了因燃油价格上涨对城市公交企业造成经营压力。

五、建筑业

【建筑市场管理】 加强建筑业、勘察设计业企业资质监管,严格准入与清出制度。组织力量对2578家区内外建筑业企业的资质材料进行核查,其中符合资质条件的企业1785家,占企业总数的69%;重点对894家建筑施工企业资质和市场行为进行现场检查,下发核查、检查整改意见书715份,依法组织对532家不符合资质条件或违反建筑市场管理法规的建筑企业进行整改,对313家不符合资质条件或违规企业,分别作出降低资质、清出自治区建筑市场、限期资质就位的处罚或处理,有效地规范了自治区建筑市场秩序。2008年内,对全区329家勘察设计企业、684项资质进行了检查,对其中22项资质不合格、46项已过有效期资质正按规定和程序进行处罚。

完善建设工程招标投标监管,维护建筑市场秩序。2008年全区房屋建筑及市政基础设施工程发包4230个，总造价402亿元。其中，直接发包工程1208个，工程造价79.9亿元；实行招标工程3022个，工程造价322亿元；实行公开招标工程1610个，工程造价174.6亿元；实行邀请招标工程1412个，工程造价147.5亿元；应招标工程招标率和应公开招标项目公开招标率均为100%。制定《广西建设工程招标投标行为监督工作导则》等四项管理规定，进一步完善招标投标管理制度。严肃查处招投标中的违法违规行为，2008年内受理招标投标投诉案件3起，维护了招标投标市场秩序。

【建筑施工安全管理】 抓好工程质量监督检查，强化建筑施工安全管理。建立建筑市场监管信息系统，全面推行施工图设计文件审查制度，组织开展工程质量创优、优秀勘察设计获奖项目点评活动，推动工程质量和勘察设计上水平。全面落实安全生产责任制，开展工程质量安全层级监督执法检查、建筑施工安全生产百日督查专项行动，严格建筑施工企业安全生产许可证的动态监管，严肃查处建筑市场违法违规行为。2008年内，安全生产形势稳定好转，安全生产事故同比下降28%。抓好工程建设地方标准制定工作，颁发《广西工程建设地方标准化管理办法》；起草《广西桩承载力自平衡测试技术规程》、《广西绿色建筑评价》等8项地方标准，其中有5项已颁布实施。

【防震减灾管理】 抓好建设系统防震减灾工作，加强城市防震减灾专项规划编制，明确城市规划、勘察设计、建设施工、市政基础设施、村镇民居等方面防震减灾的要求，强化避难场所及配套设施的建设和备案；全面施行抗震设计新标准，从严审查勘察设计文件；严格控制大型建筑和超限高层建筑的施工许可，加快危旧建筑物构筑物评估，以及市政基础设施、生命线工程的安全隐患排查工作；结合村屯规划整治，将防震减灾纳入村镇规划，规范和引导村镇住宅建设。

【建筑节能】 组织开展建筑节能专项检查，督促新建建筑执行节能强制性标准，2008年全区新建建筑节能强制性标准执行率达80%，建筑节能累计完成30万吨标准煤。启动能耗监管体系建设，完成1079栋国家机关办公建筑与大型公共建筑的能耗普查、30栋大型公共建筑的能耗监管体系建设和100栋公共建筑的能耗审计工作。大力推广应用建筑节能技术，先后组织2000多人参加建筑节能知识培训，普及建筑节能知识。推广节能技术，太阳能建筑一体化应用面积近50万平方米，浅层地能应用面积约60万平方米。强化墙体材料革新工作，全区新型墙体材料产量累计120亿标准砖，占全区墙体材料总量的45%，折合节地1.2万亩，节能74万吨标准煤，减少二氧化硫排放1.7万吨、二氧化碳排放177万吨，利用工业废渣150万吨；列入第二批限时禁用实心黏土砖的10个城市提前完成任务，新型墙体材料应用比例超过70%。住房和城乡建设部建筑节能专项检查组，认为广西建筑节能工作做到了认识到位、目标分解到位、工作措施到位、考核评价到位、工作成效到位，建筑节能工作走在全国前列。

六、房地产业

【廉租住房建设】 按照自治区人民政府"为民办实事"项目的工作要求，自治区建设厅牵头协调各地各相关部门，建立住房保障联席会议制度和定期报表制度，以落实责任制为抓手，进一步完善廉租住房保障制度，分解下达廉租住房建设任务，加大监督检查力度，加快廉租住房建设。组织开展低收入家庭住房状况调查，编制住房保障发展规划和年度计划。积极争取中央预算内投资和廉租住房保障专项补助资金的支持，2008年全区获得廉租住房保障共9.11万户（其中租赁补贴7.75万户，实物配租6597户，租金核减5140户，其他2003户），分别超额104%、10.3%完成自治区人民政府、住房和城乡建设部下达的任务。

【经济适用住房】 2008年，全区在建经济适用住房项目315个，完成投资35.4亿元，竣工项目146个、2.6万套、269.1万平方米，占年度计划的141.7%，超额41.6%完成自治区下达的建设任务。市场运作方式建设住房稳步推进，全区累计已开工项目263个，占已批准项目的85.7%；完成投资72亿元，占计划总投资的48%。《广西壮族自治区危旧住房改造暂行办法》经自治区人民政府批准实施，为拉动内需、促进发展开辟了新的领域。

【住房公积金管理】 住房公积金专项整治取得初步成效，监督管理制度逐步完善，各项业务进一步规范。全区住房公积金2008年内归集102.2亿元，同比增加32%；累计归集414.1亿元，余额227.7亿元；177.7万职工参加缴存住房公积金，覆盖率达68.4%；发放住房公积金个人住房委托贷款42亿元，累计达168.5亿元，贷款余额126.9亿元，占住房公积金归集余额的55.7%。住房公积金逾期贷款391.6元，贷款逾期率为0.031%。住房公积金增值收益3.73亿元，同比净增1.33亿元。通过提取住房公积金和发放住房公积金委托贷款，解决了20多万户职工的住房问题。

【房地产市场宏观调控】 各地注重抓好住房建设规划编制工作，调整住房供应结构。积极应对国际金融危机对广西房地产市场的影响，及时研究提出保持房地产市场稳定发展的对策。加大房地产市场专项整治力度，规范房地产市场秩序；鼓励房地产开发向县城和重点镇发展；着力增加中低价位的普通住房和保障住房供应量。

七、园林绿化

2008年，广西县城以上城镇建成区绿化覆盖率已达28%，人均公共绿地6.2平方米，其中设市城市建城区绿化覆盖率达到32%，人均公共绿地10.5平方米。各地以人居环境奖、"南珠杯"竞赛、创建园林城市等项活动为载体，结合"城乡清洁工程"长效管理机制，全区各城市面貌焕然一新。继续做好桂林漓江风景名胜区、桂平西山风景名胜区、花山风景名胜区3个国家重点风景名胜区和30个自治区级风景名胜区的规划工作。其中，桂林漓江风景名胜区总体规划修编已经完成，上报国务院审批。年内，完成了贵港东湖 南山、梧州白云山、鹿寨香桥岩等自治区级风景名胜区总体规划工作。2008年，全区拥有200余家园林绿化公司，其中二级资质(含试行二级资质)61家，形成了园林绿化施工骨干队伍，实现了苗木自给，为进一步做好自治区园林绿化工作提供了良好的条件。

八、民生工作、人才教育和法制建设

【民生工作】 全区各级各地建设部门努力落实廉租住房制度，规范经济适用住房管理，推进解决城市低收入家庭住房困难；把实施"城乡清洁工程"与关注民生相结合，疏堵并举，既方便了群众生活，又加强了管理，维护了社会稳定。积极发挥建安劳保费的作用，全区共筹集建安劳保费6.19亿元，回拨和调剂5.23亿元，受益企业达1883家。完善信访工作机制，继续把清理拖欠工程款和农民工工资、解决拆迁信访突出问题作为大事来抓，梳理历史遗留案件并建立台账，组织开展"领导公开大接访"、"领导带案下访"等专项活动，多管齐下，分类指导，积极化解矛盾纠纷，先后召开清欠协调会56次，解决拖欠工程款1.2亿元；2008年内实现了非正常进京上访为"零"的工作目标。

【行业队伍建设】 依托自治区建设厅厅属培训机构、协会、学会以及相关大中专院校，开展建设行业管理及继续教育培训，全年参加管理人员关键岗位继续教育人数9460多人，参加新技术、新规范、新成果宣贯培训、物业管理培训、注册师继续教育等9640多人，培训各等级技术工人1.3万人、农民工5万多人。

【法制建设】 2008年年内，先后有《广西发展新型墙体材料促进条例》、《广西实施〈城市市容和环境卫生管理条例〉办法》和《广西建设工程造价管理办法》3部法规和规章正式实施；《广西实施〈城乡规划法〉办法》、《广西物业专项维修资金管理办法》和《广西城镇市政设施配套费征收管理办法》3部法规和规章列入自治区年度立法计划；《广西危旧房改住房改造暂行办法》已经自治区党委审查同意，由自治区人民政府颁布实施；《广西经济适用住房管理办法》等规范性文件的制定取得重要进展。建设行政执法的监督指导、执法人员资格管理工作加强，行政复议工作有序进行，普法和依法治理工作得到了建设部检查组的肯定。

九、党风廉政建设和精神文明建设

加强惩防体系建设，制定并实施建立健全惩治和预防腐败体系五年规划；深入开展党性党风党纪教育，推进干部作风和机关效能建设；强化对党风廉政建设的领导，坚持把行政业务工作和党风廉政建设一同部署、一同检查、一同落实，形成抓党风带政风促行风、上下联动、相互促进、相互监督的工作格局。着力抓好对住房公积金专项整治的督查、城乡规划效能监察、房地产调控政策执行情况和治理商业贿赂专项治理工作，积极推进建设行业市场诚信体系建设。开展创建"文明处室、文明单位"和"八桂先锋行"活动，举办建设系统书画摄影比赛及作品展，邀请专家作专题报告和形势报告，成立建设厅"建设之声"艺术团，着力培育良好的团队精神，推动行业文化建设，全系统的精神文明建设水平进一步提高。在四川汶川大地震灾后重建中，广西建设系统组织了46人的救援队奔赴灾区参与抗震救灾，援助灾区30万元的环卫设备，捐款和交纳特殊党费90多万元，得到受援地区的好评以及住房和城乡建设部的充分肯定。在自治区50大庆项目民族博物馆的建设中，建设厅临危受命，发挥团结拼搏精神，在30天内完成了半年的工程量，为自治区50大庆活动的成功举办贡献了力量。自治区领导赞扬建设厅"是一支十分优秀的队伍，一个特别能打硬仗的团队"。

（广西壮族自治区住房和城乡建设厅）

海 南 省

一、综述

【加大廉租住房和经济适用住房建设力度】 一是深化住房制度改革。出台了海南省现阶段解决中低财政供养人员住房的意见、省直机关职工住房补贴办法。截至2008年12月底，审核62个省直单位2300人发放住房补贴，补贴资金3495.95万元。二是稳步推进住房保障制度。省政府发布关于解决城镇低收入家庭住房困难的实施意见，制定发展规划和年度计划后，各市县狠抓落实，全年发放廉租住房租赁补贴12352户45169人，补贴金额2118.81万元。全省新建、改建廉租住房5353套、29.06万平方米已开工，其中竣工640套，3.19万平方米。全省城镇低保住房困难家庭按国务院要求做到应保尽保。全省（含农垦和单位集资建房）新建经济适用住房39829套、350.92万平方米已开工，其中竣工16237套、128.03万平方米。

【扎实推进房地产业健康平稳发展】 认真贯彻落实国务院关于加强房地产市场调控政策，根据房地产市场的不断变化，及时调整房地产开发投资结构，大力发展旅游房地产。针对金融危机的影响，制定鼓励促进房地产持续健康发展的优惠政策，保持房地产市场健康稳定发展。2008年房地产完成投资189.31亿元，同比增长48.4%。全省商品房施工面积1390.52万平方米，同比增长17%，商品房竣工面积233.32万平方米，商品房累计销售面积336.99万平方米，同比增长7.8%，商品住房累计销售金额171.12亿元，同比增长39.5%，继续成为海南省固定资产投资增长速度最快、上缴利税增长最快的重要支柱产业。值得一提的是，除海口、三亚外，文昌、琼海、五指山、陵水、保亭等城市商品房岛外销售也有了较大增长，市场走势良好。

【积极推进重点旅游房地产项目建设】 海南省重点旅游房地产项目神州半岛、海棠湾、香水湾、清水湾、石梅湾、铜鼓岭、美丽沙等度假休闲旅游区建设加快，投资总额达75.17亿元，其中购买土地投资50亿元，占投资总额的66.7%，工程项目投资25亿元，占投资总额的33.8%。同时，积极推进华润石梅湾、中粮亚龙湾、国信龙沐湾、雨润棋子湾、富力香水湾等旅游房地产项目建设，完成投资21亿元。海口、三亚、文昌、保亭、万宁、琼海等项目所在市县积极配合、协调处理好土地、规划建设等各个环节，保证项目顺利进行。

【大力加强和改善城乡环境质量】 为迎接建省20周年庆典活动、博鳌亚洲论坛年会和奥运会火炬在海南省传递活动，按照省委省政府统一部署，在全省组织开展了环境综合整治"2008春季行动"和"秋季行动"专项整治活动。据不完全统计，全省各地共投入整治资金2.5亿元，改造建筑立面53.27万平方米，拆除乱搭乱建建构筑物13.5万平方米，种植树木花草14万株，铺设草坪33.9万平方米。通过这一专项行动，全省城镇的"脏乱差"得到了有效整治，海口、三亚、琼海、文昌、儋州、洋浦等重点沿线地区整治力度更大，街道整洁，绿化美化水平有了较大提升，27个重点镇环境质量也有了较高水平。

全力推进垃圾处理设施建设，超前完成任务目标。2008年省政府责任事项确定开工8个垃圾处理设施项目，已超前完成计划目标。海南省"十一五"规划确定的21个垃圾处理设施建设项目，除三亚市垃圾处理项目已竣工投入试运行外，有13个项目已开工建设，有7个项目将于近期陆续开工建设：原定2008年开工的10个垃圾处理设施项目，其中儋州、万宁、五指山、白沙、定安、澄迈、洋浦7个项目已开工建设，文昌、琼海、临高3个项目正在进行前期开工准备；原定2009年开工的7个垃圾处理设施项目中，东方、屯昌2项目已提前到2008年开工建设，海口市垃圾焚烧发电厂也于2008年12月奠基建设。其余项目将于2009年初完成前期开工准备。到2009年底，全省各市县垃圾处理设施将全面竣工投入使用。

【加强城乡规划编制和管理】 一是加强城乡规划编制。编制完成《海南省社会主义新农村建设总体规划》，已获省政府批准，并给予高度评价；完成

《海南航天发射场配套区总体规划》、《乐东龙沐湾国际旅游度假区总体规划》和《五指山风景名胜区总体规划纲要》等一大批总体规划和陵水珍珠海岸、三亚亚龙湾、文昌铜鼓岭、定安南丽湖等控制性详细规划的编制工作,有力地支持了重要资源和重大项目的开发建设。同时积极开展《海南省城乡经济社会发展一体化总体规划》的前期准备工作,2008年底已完成总体工作框架。二是加强城乡规划督察。2008年已完成了海口、琼海、万宁三地的城乡规划督察工作。其中,琼海的城乡规划督察工作在琼海市的积极配合下取得了较好的效果,成为各市县参阅学习的良好经验。三是加强小城镇规划建设。围绕省委、省政府推进城乡基本公共服务均等化的部署,利用省财政安排的资金和市县配套资金,完成了一批与群众生活密切相关的道路硬化、人行道及户外公共活动场所等建设项目,小城镇人居环境得到进一步提升。努力抓好中部生态保护核心区小城镇建设试点,探索生态保护核心区县域经济发展新路子。完成了一批重点小城镇规划编制工作。按照省委、省政府关于海南农垦管理体制改革的实施意见,将农场纳入全省城乡规划体系统一规划,完成了白沙县邦溪等4个镇(农场)一体化规划编制试点。四是历史文化名镇、名村保护工作进一步加强,儋州市中和镇、文昌市铺前镇和定安县定城镇第一次获国家历史文化名镇称号。

【**扎实做好工程质量安全监督和管理**】 加强建筑工程安全生产管理。配合迎奥运、博鳌论坛、和建省二十周年庆祝活动,省建设厅分别对各市县建筑工程项目进行了细致的安全生产检查。开展建筑工程安全生产隐患排查和安全生产百日督查专项行动及"安全生产月"活动。全省共检查在建工程325项,建筑面积827万平方米,评出标准化工地25个,并对11家施工企业和4名责任人进行处理(罚)。

加强工程质量安全监督机制建设。评出2008年度海南省建筑工程"绿岛杯"奖(省优质工程)36项。比2007年30项省优工程增加了6项,其中三亚凯滨斯基大酒店工程获"鲁班奖"。积极开展禁止使用实心粘土砖工作,把"禁实"工作与建筑节能有机结合,共同推进,落实到责任单位和责任人。开展建筑材料专项整治及"质量月"活动。

【**积极推行工程建设制度改革和建筑节能**】 海南省委办公大楼和省政府办公大楼项目是政府指导下的代建模式在海南省大型政府投资项目中的首次使用,达到了控制项目投资、保证质量和工期的预期目标,取得了良好的社会效益和经济效益,为以后代建政府投资项目积累了丰富的宝贵经验。海口、三亚、琼海、儋州等4个市已开始试点代建工作,其他有条件的市县政府投资建设项目也要实行代建制。

建筑业改革与发展稳步推进。加强建筑业企业的优化管理,建立了建筑业企业信用档案,重点发展市场竞争力强,跨行业和专业经营的龙头企业,促其做强做大。鼓励海南省建筑企业优化生产经营模式。同时进一步加强建筑市场监管,创新工程招投标制度,研究制定新的招投标管理办法,落实《标准文件》进行宣传贯彻及人员培训。

积极推进建筑节能和科技进步。认真贯彻落实《民用建筑节能条例》等相关建筑节能政策法规,强化建筑节能评估、规划审查、施工图审查、施工报建、竣工验收及质量监督的全过程管理,确保新建筑节能50%的目标;建立了全省建设科技成果推广网络,实行建设科技推广应用证制度;抓好重点课题研发,相继编制了适合海南实际的建筑节能设计标准图集;积极申报建筑节能示范项目,加强对国家4个可再生能源示范项目跟踪指导。同时,加强全省国家机关政府办公建筑和大型公共建筑能源统计和审计等节能监管体系建设,受到全国节能减排监督检查组的表扬。

【**保质保量完成活动板房建设和抗震防灾普查任务**】 优质高效建成四川地震灾区活动板房。"5·12"汶川地震发生后,全省建设系统共有852家单位为灾区捐款达2100万多元。国务院、住房和城乡建设部在第二期援建工程中下达给海南省4330套援建过渡安置房的任务,总面积近10万平方米,分布在成都辖属两个市县乡镇的286个安置点。受领任务后,省建设厅立即成立前线指挥部,调动10个施工企业奔赴抗震一线,克服重重困难,连续奋战,按时保质保量超额完成任务,受到海南省委、省政府、住建部、受援地政府和人民的充分肯定和高度赞扬,共收到各类锦旗和感谢信80多面(封)。住房和城乡建设部姜伟新部长在给省委书记卫留成、省长罗保铭的感谢信中称赞海南省建设厅建成了"全国最好的活动板房"。在住房和城乡建设部召开的全国建设系统抗震救灾工作表彰会上,海南省建设厅、海南省建筑工程总公司、中国建筑股份有限公司海南分公司3个单位被评为全国建设系统抗震救灾先进集体,朱亚光、田光明、吴亚春、曹书明、王俊、张壮海6人被评为全国建设系统抗震救灾先进个人;海南省建设厅援建指挥部被评为海南省支援四川抗震救灾先进集体。朱亚光、刘春生、陈东海、余明恭、邓伦诚、任学斌被评为海南省支援四川抗震救灾先进个人。扎实做好建设工程抗震安全隐患排查工作。为全面吸取"5·12"汶川大地震的教训，落实省委省政府专项部署，省建设厅在全省部署开展了建设工程抗震安全隐患排查工作，连续下发五个相关文件通知，并在海口举办现场观摩会，采取属地负责，条块结合的方式，实行拉网式排查，截至2008年底，共排查学校3692所，面积1201.90万平方米，排查卫生医疗建筑479所，面积183.8万平方米。

【**积极推进建设领域的改革创新**】 简政放权，建立便民利民的运行管理机制。积极转变工作职能，将建设工程招投标、建筑工程施工许可、质量安全监督、建筑管理、燃气管理等主要审批权限下放给市县，将建设厅机关从繁琐的审批事项中解脱出来，把主要精力放在制定政策和加强对市县的监督指导上。2007年全省下放各类审批权限179项，省建设厅下放了16项，是全省放权较多的省直部门。同时，按省政府的要求成立了行政审批办公室，将建设行业所有的审批权集中在省政务中心公开办理，截至2008年底共受理行许可政审批1575项，办结1318项，良好的服务受到群众的广泛好评。

（史贵友　谢曦）

二、城乡规划建设

【**城乡规划编制**】 《海南省社会主义新农村建设总体规划》在1月12～13日召开的专家评审会上通过了专家组评审，5月27日，通过了海南省城乡规划委员会第九次会议的审议。《海南省城乡经济社会发展一体化总体规划》编制工作开始启动。继续抓好省重点景区沿海重点区域的规划编制工作，编制完成并评审通过了文昌航天发射场配套区、乐东龙栖湾旅游度假区、乐东龙沐湾旅游度假区、临高角风景名胜区、屯昌木色湖风景名胜区、南丽湖风景名胜区、金牌港经济开发区等一批中西部地区资源特色突出、开发优势明显的旅游区、开发区总体规划。开展了博鳌亚洲论坛核心区、海棠湾各片区、亚龙湾旅游度假区、铜鼓岭淇水湾、宝陵河区域等控制性详细规划，以及陵水银牛岭度假区项目、清水湾莱佛士酒店以及A09地块等一批重大旅游项目修建性详细规划的审查评审工作。依法组织协调土福湾、神州半岛等旅游度假区控制性详细规划的修改工作。2008年，省政府批准同意了澄迈县城市总体规划、澄迈县老城片区总体规划、棋子湾旅游度假区总体规划、海南航天发射场配套区总体规划、定安县南丽湖风景名胜区总体规划、龙沐湾国际旅游度假区总体规划、百花岭风景名胜区规划和金牌港经济开发区总体规划等一批总体规划，这些规划的实施，对当地的经济发展和建设将起到重大促进作用。抓好全省的住房建设规划编制工作，着力解决民生问题。海口市、三亚市的住房建设规划已经完成规划编制成果并上报住房和城乡建设部备案，其他市县住房建设规划编制工作也已全部完成。完成白沙县邦溪镇、文昌市文教镇和屯昌县南吕镇、新兴镇总体规划，以及海口市三门坡镇控制性详细规划试点工作。完成海口市荣堂村、东方市白查村、昌江县洪水村三个历史文化名村和特色村庄的规划编制工作。

【**城乡规划管理**】 在2008年1月1日《城乡规划法》正式实施之日，组织全省18个市县和洋浦经济开发区在城市主城区、县城镇、主要旅游区和开发区、重点乡镇等开展《城乡规划法》实施宣传活动。通过设立规划宣传站点、播放影音资料、开通宣传车、免费发放《城乡规划法》单行本及有关法律法规、在主要街道挂横幅等方式，并通过省内外媒体集中宣传报道，让人民群众了解《城乡规划法》。继续发挥省城乡规划委员会的决策和指导作用。5月27日，海南省城乡规划委员会第九次会议召开，审议通过《海南省社会主义新农村建设总体规划》、《定安南丽湖风景名胜区总体规划》《琼中百花岭风景名胜区规划》以及《临高金牌港经济开发区总体规划》等一批重要规划成果。海南省建设厅完成了修订《海南经济特区城乡规划条例》的起草工作，并报省政府法制办审核。继续抓好城乡规划督察工作和城乡规划效能监察工作，先后完成了对海口、琼海、万宁的规划督察工作；配合住房和城乡建设部城乡规划督察员派驻海口开展规划督察工作；根据住房和城乡建设部和监察部的统一部署，省建设厅和省监察厅继续开展全省城乡规划效能监察工作。按照省委省政府的工作部署，督促加快神州半岛、海棠湾、香水湾、清水湾、石梅湾、铜鼓岭、美丽沙等旅游度假区建设。7月份，组织了重点旅游度假区项目建设督察组，重点巡查了神州半岛、海棠湾、香水湾、清水湾、石梅湾、博鳌特别规划区、铜鼓岭、美丽沙等旅游度假区建设。加强规划实施服务，做好昌江县南绕河水电站及配套设施项目、海南儋州峨蔓风电场（一期）工程、琼中县吊灯岭水电站项目、大广坝水利水电二期（灌区）工程、海南铜鼓岭国家级自然保护区一期建设项目、华能海南东方电厂（一期）工程、海口—文昌输气管道工程、海南东方四更风电场（一期）工程、海南东方感城风电场（一期）工程、文昌木兰湾石英砂及海洋地质调查补给码头建设项目等省重大建设项目选址工作，核发了建设项目选址意见书，为项目尽快上马建设做好了相关服务工作。（朱运梓　陈天平）

【城乡规划培训】　2008年5月，省建设厅组织各市县及洋浦经济开发区主要领导、分管城建工作的领导以及规划建设局局长共36人，赴上海同济大学参加海南省—同济大学城乡规划培训班。培训的主要内容为《城乡规划法》以及国家有关城乡规划建设的法律、法规，并组织学员到苏州、杭州等长三角经济发达地区考察学习。

【园林绿化】　2008年9月19日，海南省第四届人民代表大会常务委员会第五次会议通过了《海南省城镇园林绿化条例》，并于2009年1月1日起施行。《条例》的颁布实施，是海南省城镇园林绿化发展的一个重要里程碑，是海南省城镇园林绿化向科学化、规范化、法制化管理工作一个新的、更高的阶段，将推进依法行政，促进园林绿化事业健康持续发展。《条例》强化了绿化规划管理，加强了绿地用途管制，对提高乔木覆盖率、加大古树名木保护力度、加强对外来物种的监管，做出了具体规定，同时细化了行政处罚措施。2008年，全省城市（县城）建成区园林绿化绿地面积达到9377公顷，绿化覆盖面积达到11210公顷，城市（县城）建成区绿地率达到32.46%，绿化覆盖率达到38.8%，人均公园绿地面积为8.89平方米。城镇园林绿化建设使人居环境得到了极大改善和提高，人居环境优势更加显现，海南省逐渐成为人们向往的最佳旅游目的地和居住地。

【道路、桥梁与公共照明建设】　2008年，全省城市道路总长1725.7公里，桥梁182座，全省有城市公共照明14.8万盏，安装路灯的道路长1355公里。根据《海南省人民政府办公厅关于加强城市桥梁管理工作的通知》（琼府办〔2008〕103号），省建设厅于12月份组织各市县主管部门领导学习通知精神，要求各市县明确职责，落实桥梁维护管理责任，建立健全城市桥梁管理体制，尽快做好普查、建档、检测评估等工作，采取措施，保障桥梁安全运行。为贯彻国家、省节能减排政策，推进绿色照明设施建设，全省公共照明规划编制工作加快进行，第一批设市城市及洋浦经济开发区公共照明规划编制工作已完成，并通过专家评审，海口市已完成报批程序。第二批县城公共照明规划编制工作已开始。

【燃气工程建设】　2008年，全省城镇气化率超过80%，液化石油气用气户数44.77万户，其中家庭用户40.09万户，用气人口153.49万人；天然气用气户数15.2万户，其中家庭用户15万户，工商用户0.2万户。全年液化石油气供应量约10万吨，管道天然气供应量约1.5亿立方米，压缩天然气汽车加气供气量约3600万立方米。全年新建城市天然气管道152.26公里，累计建设城市天然气管道超过1250公里；新建压缩天然气汽车加气子站2座，累计建设压缩天然气（CNG）母站1座，CNG汽车加气子站17座；另外，海南省的第一个液化天然气（LNG）汽车加气示范站将于2008年在海口开工建设，计划2009年再建设3个示范站，以缓解省燃气汽车加气难问题。全年新建项目投资约5700万元，改造项目投资约500万元，投入维护建设资金1438万元。

【城镇环境综合整治】　2008年，适逢国家实行改革开放30周年、海南建省办经济特区20周年以及奥运会在北京举办等一系列重大政治、经济和文化体育活动，省委、省政府作出了举全省之力搞好全省环境综合整治工作的统一部署。省环境综合整治工作领导小组办公室分别组织开展了"2008年春季行动"和"2008年秋季行动"环境综合整治专项活动。据不完全统计，2008年全省共投入环境综合整治资金4.55亿元，改造建筑立面78.97万平方米，拆除乱搭乱建建（构）筑物24.8万平方米，清理杂物乱放点、卫生死角12148处，清理拆除各类广告、灯箱、条幅等20838块（条），维修道路196.52万平方米，检修路灯28687盏，种植树木花草123.92万株，铺设草坪33.9万平方米。通过综合整治，全省的城乡面貌发生了明显变化，为2008年博鳌亚洲论坛年会、建省办经济特区20周年庆典活动、2008年奥运会火炬在海南省顺利传递以及奥运会的成功举办等一系列活动创造了优美、干净、整洁的环境氛围，受到了领导和公众的肯定和好评。

【环卫设施建设】　2008年，为落实省政府第128次常务会议关于"十一五"城镇生活垃圾处理设施建设决策部署，加快实施"十一五"垃圾处理设施建设项目进度，省政府召开了全省生活污水和垃圾处理设施建设动员大会。明确用三年的时间完成全省21个垃圾处理项目建设任务，在"十一五"末实现垃圾无害化设施处理率70%的目标。动员大会后，各市县都成立了垃圾处理设施建设领导小组，垃圾处理设施建设工作稳步推进。截至2008年12月，竣工项目1个，三亚市生活垃圾填埋场项目已竣工投入试运行阶段；在建项目13个，海口市生活垃圾焚烧发电 BOT 项目、儋州市、琼海市、万宁市、五指山市、东方市、白沙县、定安县、屯昌县、澄迈县、洋浦开发区、海口转运项目、三亚转运项目。处于前期工作项目 7 个：文昌市、临高县、昌江县、保亭县、琼中县、乐东县、陵水县。全省 21 个垃圾处理设施建设项目总投资 130124 万元（含 4 个项目估算投资），一期建设总投资 77192 万元、海口 BOT 项目 45809 万元、"十二五"二期续建项目资金 7123 万元。截至 2008 年 12 月，已落实投资 35165 万元，其中，已落实中央投资 11800 万元，省财政资金 11883 万元，市县配套 11482 万元。（林亚芒）

三、小城镇建设

【村镇建设】 为贯彻落实海南省委、省政府关于创建文明生态村、镇（农场）的工作部署，2008 年，省财政安排 1500 万元小城镇建设资金，其中 464 万元用于省级重点建设区域和城乡规划编制，安排 936 万元，加上各地配套资金 5781 万元，用于 42 个乡镇（农场）的路面整治及排水设施、绿化、路灯、环境卫生设施等基础设施和环境建设，改善小城镇人居环境。省建设厅重点抓好文昌市文教镇、陵水县新村镇、琼中县长征农场（长征镇）和东方市四更镇英显村四个示范项目。修编完成文教镇建设总体规划。投入建设资金 155 万元，完成了文教桥入境路改造、人行道彩砖铺设，完善绿化带、路灯、排污管道、挡土墙建设等，以及完成一处人工湿地污水处理及配套设施建设。陵水县新村镇结合国家渔港项目建设和清水湾开发区"绿城"项目建设，实施"项目带动"战略，着力打造"滨海旅游中心小城镇"。共投入建设资金 161 万元，用于路灯照明、人行道铺设、道路绿化带及排水沟工程，以及垃圾填埋场维护清理工程建设。琼中县长征农场（长征镇）探索场、镇公共服务设施和基础设施配套、共享建设新路子，建设人居环境优美和谐的文明生态示范农场（镇）。共投入建设资金 160 万元，用于场部（长征镇区）环境整治、硬化路面、人行道彩砖铺设、道路及广场绿化、路灯安装、垃圾箱配置、污水管道铺设，以及建设"三格式"化粪池 46 个等环境整治示范项目。东方市四更镇英显村完成了村庄建设整治规划编制和"英显村人工湿地污水处理工程设计方案"，并结合创建文明生态村活动，共投入建设资金 106 万元，完成了一批村庄道路、排水、饮水、绿化等基础设施建设，改善村民生产生活条件。根据海南省政府的统一部署，省建设厅会同农垦总局出台了《海南省建设厅、海南省农垦总局关于认真做好农垦系统规划建设和房地产管理服务工作的通知》，理顺农垦规划建设，将其纳入全省统一规划建设管理；配合农垦总局将农垦系统住房建设计划融入地方，推进农垦系统廉租房和经济适用房建设。

【历史文化名镇名村】 根据住房和城乡建设部、国家文物局《关于组织申报第四批中国历史文化名镇名村的通知》（建规函[2007]3600号）要求，海南省将定安县定城镇、儋州市中和镇、文昌市铺前镇，以及三亚市崖城镇水南村、文昌市会文镇十八行村、琼海市阳江镇双举岭村、东方市江边镇白查村申报中国历史文化名镇、名村。10 月，住房和城乡建设部和国家文物局公布第四批中国历史文化名镇（村），海南省儋州市中和镇、文昌市铺前镇、定安县定城镇名列其中，加上入选第三批历史文化名镇的三亚市崖城镇，海南省目前已有四个镇被评为中国历史文化名镇。（朱运梓 陈天平）

四、房地产业

【商品房建设】 2008 年，全省房地产开发投资完成 189.31 亿元，同比增长 48.4%，全年均保持大幅增长，但增幅自下半年逐月回落。其中商品住房投资完成 158.44 亿元，占房地产开发投资总额的 83.69%；办公楼投资完成 2.63 亿元，占 1.39%；商业营业用房投资完成 8.41 亿元，占 4.45%；其他投资完成 19.83 亿元，占 10.47%；全省商品房在建面积 1390.52 万平方米，同比增长 17.3%，其中本年新开工面积 522.38 万平方米，同比增长 53.7%。商品房竣工面积 233.32 万平方米，同比增长 0.1%，其中商品住房竣工面积 200.99 万平方米，同比下降 4.9%。

【商品房销售】 全省商品房销售面积 336.99 万平方米，同比增长 7.8%，其中商品住房销售面积 324.91 万平方米，同比增长 8.5%。商品房销售金额 177.69 亿元，同比增长 36.6%，其中商品住房销售金额 171.18 亿元，同比增长 39.5%。（邓洲华）

【房地产市场管理】 12 月 4 日，由住房和城乡建设部等八部门组成的房地产市场秩序专项整治联合工作组，对海南省进行专项整治工作检查。省建设厅汇报了省专项整治工作情况，得到了联合检查组的充分肯定。为进一步规范房地产权属登记工作，学习和掌握《房屋登记办法》，省建设厅举办了《房屋登记办法》培训班，全省各市、县住房保障和房产管理局有关工作人员 260 人参加了学习。为应对国际金融危机对房地产业的影响，经过反复调查研究和论证，省建设厅起草了《海南省人民政府关于保持房地产业持续健康发展的意见》，经五届省政府第18次常务会审议通过，颁布实施。从11月份开始，省建设厅组织房地产开发企业赴北京、上海、太原等省市，举办了3场房地产宣传推介展销会，宣传海南的独特地理区位和保存良好的生态环境，让岛外消费者更加深入地了解海南，促进了商品房销售，取得了良好的效果。

【物业管理】 初步完成了《海南省住宅区物业管理条例》的修改工作，起草了《海南省业主大会及业主委员会管理规定》，转发了住房和城乡建设部、财政部《住宅专项维修资金管理办法》，出台了《关于规范物业服务企业服务活动的通知》和《关于公布交存首期住宅专项维修资金标准的通知》等规范性文件。根据省政府办公厅《关于印发海南省加快发展服务业启动工作方案的通知》要求，省建设厅组织有关领导、专家及相关人员，对省物业服务行业的现状、难点问题、市场潜力、发展规划等问题进行专题调研，形成了《加快发展海南省物业服务行业专题调研报告》，上报省政府。为全面提高物业服务从业人员素质，促进服务质量的提高，省建设厅通过开展多形式、多层次的培训、讲座，对企业关键岗位和一线从业人员进行技能培训和相关法律知识讲座，全省共有719人次参加各种技能培训和法律知识讲座，有45人参加物业管理中层管理人员岗位培训。截至2008年底，全省共有515家物业服务企业，其中一级资质企业6家，二级资质企业21家，三级资质企业394家，暂定资质企业94家；全省实施物业管理的项目共1076个，总建筑面积3642万平方米，占城镇建筑总面积的37.5%；行业从业人员达34300人；全省已成立业主委员会325个，占物业管理区域总数的30%。(毕华)

五、建筑业

【建筑施工企业】 据省建设厅统计，2008年全省有建筑施工企业301家，其中施工总承包企业141家(一级企业18家，二级企业67家，三级企业56家)；专业承包企业138家(一级企业26家，二级企业37家，三级企业68家，无等级的企业7家)；劳务分包企业22家。全年完成建筑业总产值91亿元。

【建筑业改革】 彻底打破地方封锁及垄断，全面放开建筑市场，省外建筑企业凭有效的资质证书直接来琼承揽工程业务，中标后到省建设行政主管部门办理单项备案手续。继续推行政府投资建设项目代建制，从源头上防止腐败，控制投资及提高工程质量。2008年，在总结省属政府投资建设项目代建制经验的基础上，海口、三亚、琼海、儋州等市县也相继实行政府投资建设项目代建制的代建工作。为规范政府投资建设项目代建企业的标准，省建设厅对符合项目管理条件的勘察设计、施工监理、招标代理等8家具有综合实力的企业进行资格确认。大力鼓励和扶持发展建筑劳务企业。2008年，省建设厅将建筑劳务企业的资质审批权下放各市县。进一步加大扶持建筑劳务企业发展的力度，全年共批准建筑劳务企业22家。加强招标投标市场监管，认真组织实施国务院9部委联合编制的《〈标准施工招标资格预审文件〉和〈标准施工招标文件〉试行规定》，进一步加强改进全省建筑工程招标投标管理工作，规范招标投标行为。继续实行工程款及农民工工资支付保证金制度，有效保障施工企业及农民工的合法权益。同时督促全省建筑业企业认真做好新竣工工程工程款支付情况的统计及上报工作。(胡才澈)

【工程造价管理】 2008年，组织召开建省20年来的第一次全省建设标准定额工作会议。完成了《海南省安装工程综合定额(常用册)》、《海南省装饰装修工程综合定额》的编制发行任务。结合开展对工程造价咨询企业的业绩年审，分析测算搜集的资料，编制发布了首册《住宅、综合楼造价指标分析》。针对2007年下半年以来建筑劳务市场人工价涨幅较快的事实，通过广泛征求意见并做好市场调研，从2008年6月1日起，将建筑工人人工单价从执行不到一年的34.39元/工日调整到41.27元/工日，增幅达20%。将已发行了8年的《海南工程造价信息》刊物由双月刊改为单月刊，全年向社会发布了12.33万项建筑材料单价信息，其中主材信息2.69万项，厂商报价信息9.12万项，园林苗木信息0.52万项，该刊物在由'中价协'组织的两年一次全国工程造价管理类期刊评比中，连续第四届获评'优秀期刊'。承担援建四川地震灾区活动板房建设的材料采购、运输及工程造价控制任务，以又好又快又省的工作业绩获得了住房和城乡建设部及灾区政府、人民的充分肯定，整个援建项目结算价为6700万元，比省政府预算资金8700万元节省了2000万元。

【建设标准管理】 2008年，完成《太阳能热水系统与建筑一体化设计施工及验收规程》、《农村居住建筑防风抗震技术规程》2项地方标准的编制发行任务。举办4期工程建设标准强制性条文培训班，共787人参加培训，累计参加该项培训的从业人员达到5276人次。(林克旺)

【工程质量】 全年建设工程质量保持平稳态势，

共有586项工程通过竣工验收备案,建筑面积658.4万平方米,竣工验收合格率100%。有36项工程被评为"绿岛杯"工程,17项工程被评为省优质结构工程,其中三亚凯滨斯基大酒店工程获"鲁班奖"。

【施工安全】 全年建设工程施工安全生产保持平稳态势,全省共发生9起一般建筑施工生产安全事故,死亡10人。事故起数和死亡人数与上年同期相比均有小幅增长。深入开展建筑施工安全生产隐患排查治理活动。全省共检查在建项目235项,建筑面积627万平方米。组织督查组20个、参加督查人员88人次、督查7个市、11个县,召开各类督查会议20次。查出并消除一批安全隐患。积极开展企业负责人、项目经理、专职安全生产管理人员教育培训工作,"三类人员"继续教育共培训1350人次。培训安全员并办理证件234人。全省建筑施工现场共设立了农民工夜校150多个。举办了两期建设工程安全质量监督执法人员培训班。6月份在全省开展了多种形式的安全生产月活动,各市县都设立"安全咨询点"并开展安全服务活动。共张贴安全标语1780张,安全标志牌875块,悬挂安全横幅1263条,发放宣传资料2840份,出动宣传车30辆次。加强和规范事故处理工作。严格按照"四不放过"的原则对事故进行处理。对发生事故的相关责任单位和责任人,依法予以罚款或暂扣安全生产许可证的处罚。

【工程监理】 至2008年底,全省有监理企业38家,其中甲级9家,乙级18家,丙级11家。监理从业人员1600多人,其中注册监理工程师556人。全年监理企业承揽合同额17991万元。(曾德坤)

六、勘察设计

【简况】 2008年,海南省共有125家勘察设计企业,其中甲级(含专项)企业44家,乙级(含专项)企业50家,丙级、丁级企业29家。从业人员6223人,高级职称1410人,中级职称1958人,初级职称1464人。注册执业人员670人,其中一级注册建筑师117人,二级注册建筑师53人,注册工程师230人,其他注册工程师265人。2008年工程设计完成合同额10.73亿元(其中专项设计完成合同额5894.28万元),完成建筑面积7752.51万平方米,工程勘察完成合同额1.38亿元。工程技术管理服务完成合同额5606.61万元(其中工程咨询3884.67万元,工程监理670.24万元,工程咨询造价620.10万元,项目管理431.60万元),工程承包完成合同额3.17亿元(其中岩土工程治理770.02万元,工程承包2445.25万元,专项承包28449.67万元)。全年营业收入13.09亿元(其中工程设计收入40771.83万元,工程勘察收入13438.08万元,工程技术管理服务收入6300.91万元,工程承包收入63759.47万元,其他收入6579.34万元),营业成本98533.22万元。完成营业税金及附加5082.01万元,利润总额10488.38万元。

【勘察设计市场管理】 实行工程勘察设计质量动态管理制度,对全省勘察设计质量进行抽查,对存在的问题及时整改。严格执行住房和城乡建设部《建筑工程方案设计招标投标管理办法》,指导做好省建筑工程方案设计招投标工作。建立省房屋建筑工程和市政工程设计招投标评标专家库,印发了《海南省建设厅关于申报海南省建筑工程和市政工程设计评标专家的通知》(琼建设函[2008]148号),并对申报人员进行了评审,共有98名人员获得首批设计评标专家资格,并录入设计评标专家库。

建立施工图审查专家考试上岗制度,印发了《海南省建设厅办公室关于开展施工图(含勘察)审查机构专家资格考试的通知》(琼建办[2008]18号),组织了全省审图专家资格考试工作,共有87人获得首批经过考试认定的审图专家资格。同时,加大力度,要求各审图机构不得聘用未经省建设厅考试录用的专家,进一步规范完善审图专家上岗制度,确保施工图审查质量。

为规范省外工程设计企业(包括已在琼工商注册但无独立设计资质的设计分支机构)来琼承担单项工程设计任务行为,提高建设工程设计水平,保证设计质量,创建公平有序的竞争环境,制定了《海南省建设厅关于规范省外工程设计企业单项设计登记备案管理的通知》(琼建设[2008]119号),并于2008年7月1日开始实施。为贯彻落实《建设部关于印发〈建筑市场诚信行为信息管理办法〉的通知》(建市[2007]9号)精神,根据《海南省建设系统诚信行为信息管理办法暂行办法》(琼建综[2008]96号)印发了《海南省建设厅关于建立工程勘察设计行业诚信档案制度的通知》(琼建设[2008]226号),做好勘察设计单位、施工图审查机构的诚信良好记录和不良记录的采集、汇总、发布工作,并对有关不良记录进行相应处罚。

为贯彻落实党中央、国务院关于加快建设保障性安居工程(廉租住房、经济适用住房)的精神,逐步实现城镇低收入家庭"住有所居"的发展目标,指导做好保障性住房建设前期规划设计阶段的相关工作。一是制定下发了《海南省保障性住房建设技术规定》，为省廉租住房、经济适用住房和"两限房"项目的规划、设计、施工和监督管理提供有力依据。二是指导开展了海南省保障性住房（含廉租住房和经济适用房）优秀设计方案评选活动。申报方案共196个，设计单位35家，设计人员110人。专家评审委员会反复评议，最后确定保障性住房优秀设计方案90个，其中一等奖2个，二等奖4个，三等奖12个，优秀奖72个，省建设厅将建筑设计方案分《海南省保障性住房建筑设计方案图集》及《海南省廉租住房建筑设计方案图集》编辑成册，免费发放到各市、县房管局和建设局参考使用。海南省保障性住房（廉租住房）建筑设计方案的应用，将引导全省保障性住房建设体现"以人为本"的原则，为居民营造一个安全、舒适、方便、健康的人居环境。

开展2008年海南省优秀工程勘察设计暨推荐全国行业奖评选工作。共有27项项目参加评选，评出凯宾斯基三亚酒店等优秀勘察设计奖项目9项，其中设计一等奖2项、二等奖3项、三等奖2项；勘察一等奖缺，二等奖缺，三等奖2项。将获得一、二等奖的凯宾斯基三亚酒店、石梅湾艾美滨海度假酒店、亚龙湾五号度假别墅、海南省陵大线至保亭段大修工程等4项目推荐参加全国行业奖评选。

2008年，在全国的工程勘察设计单位诚信评选活动中，海南省公路勘察设计院、海南宏生勘测设计有限公司和海南有色工程勘察设计院被评为"诚信单位"。

【勘察设计质量管理】 依法强化监督检查，严格查处违法勘察设计，加大执法工作力度，重点对工程勘察设计质量抽查、审查，进一步规范市场行为，提高勘察设计质量。在组织勘察设计企业对2008年完成的项目质量进行自检自查的基础上，全省共抽查119家勘察设计企业（含少部分外省企业）及在琼承接的建设工程勘察设计项目134项，其中工程勘察26项，建筑工程设计71项，市政及专项设计37项。分别组成四个专家组，依据国家现行工程勘察设计标准、规范及行政法规，对所抽查项目分别从市场管理、质量管理及专业技术三方面进行严格检查，并对建筑节能设计、工程抗震、无障碍设计、工程消防设计等进行重点专项审查，本次质量抽查合格项目130项，不合格项目4项，合格率为97%。抽查情况表明，大部分勘察设计单位能严格执行国家强制性标准条文和勘察设计规范，特别是经过施工图设计文件审查的建筑工程设计、工程勘察、市政工程设计项目，其质量达到国家现行规范和强制性标准的要求。

同时对在质量抽查中违反法律法规和强制性条文的有关责任单位进行了处罚：一是连续2年未按规定上报年报、未参加质量抽查和质量抽查不合格的4家勘察设计企业，给予停业整顿处分；二是技术力量达不到资质标准的2家勘察设计企业，给予停业整顿并重新核定资质；三是未按规定上报年报的2家勘察设计企业，违反国家现行规范和强制性标准的省外单项备案的5家勘察设计企业，给予通报批评；四是技术力量达不到资质标准和管理不到位的1家设计院，给予注销资质。

为加强房屋建筑和市政基础设施工程施工图设计文件审查管理，更好地施行《房屋建筑和市政基础设施工程施工图设计文件审查管理办法》，认真贯彻国务院《建设工程质量管理条例》，指导6家勘察设计文件审查机构对勘察报告、施工图设计文件的审查工作，重点进行了建筑节能设计、工程抗震设计、工程消防设计等专项审查。2008年，全省6家施工图审查机构年审查项目2097项（其中工程勘察1399项，建筑工程设计628项，市政工程设计70项），总建筑面积1201.44万平方米，工程总投资165.01亿元，查出违反强制性条文1289条，确保了全省建设工程项目的质量安全。

【工程抗震】 继续贯彻执行建设部《房屋建筑抗震设防管理规定》（建设部令第148号）和建设部防灾减灾与抗震2008年工作要点，指导省房屋建筑抗震设防管理，严把施工报建关，印发了《海南省建设厅2008年工程抗震工作要点》（琼建设[2008]50号），加强工程抗震管理工作，加强对强制性标准、规范执行情况的监督检查，抓好建筑工程抗震勘察设计质量专项审查工作。根据《超限高层建筑工程抗震设防管理条例》（建设部令第111号），继续组织并有效实施超限高层建筑工程抗震设防专项审查，强化超限高层和大跨度建筑结构的抗震质量监管。2008年省建设厅共组织审查了海南新海航大厦等3项超限高层建筑工程，通过超限审查，进一步优化设计，尽量避免超限的可能性，提高抗震设计的安全性和可靠性，保证超限高层和大型公共建筑工程抗震设防质量。

"5·12"汶川地震后，为进一步加强省抗震防灾工作，印发了《关于进一步加强建设工程抗震防灾工作的通知》（琼建设[2008]108号），建立健全工程抗震监管体制，完善市县工程抗震设防管理机构，强化工程抗震质量监管，积极推进抗震防灾专项规划的编制与实施，加强村镇建设工程抗震设防管理等方面提出具体要求。为全面吸取"5·12"汶川大地震的经验，根据省委省政府主要领导同志的指示，全面开展省建设工程抗震安全隐患排查工作。相继印发了《关于进一步加强建设工程抗震防灾工作的通知》、《关于开展建设工程抗震安全隐患排查工作的通知》、《关于开展学校、医院等公共建筑工程抗震安全隐患自查的紧急通知》、《关于开展建设工程抗震安全隐患自查工作的通知》、《关于印发〈海南省建设工程抗震安全隐患排查办法〉的通知》等一系列文件。同时，联合省教育厅于6月14日在海口琼山区第三小学召开全省工程抗震安全隐患排查现场观摩会，就排查工作进行了全面动员部署。全省各市县建设局、教育局、工程质量监督检查机构、建筑设计院（室）等会议代表180多人参加会议并观摩。

为全面了解和督促各市县开展建设工程抗震安全隐患排查情况，省建设厅联合省教育厅、卫生厅分别成立了四个督导组，督促指导市县完成了全省学校、卫生建筑的抗震安全隐患排查工作。全省共报4405所学校，现场排查了3692所。从排查情况来看，大部分不符合抗震设防要求的学校建筑是2001年前的建筑。已组织专家针对排查情况制定了《海南省中小学校多层砖（石）砌体结构教学楼（学生宿舍）抗震加固技术导则》，以高效经济指导全省学校校舍下一步加固工作。同时，根据省领导的批示联合教育厅出台相关加固方案。通过排查，进一步提高了各级学校和单位对工程抗震设防的认识，提高工程抗震设防质量，同时，要求全省新建建筑必须根据规范做好抗震设防的设计工作，防患于未然。在学校建筑排查后，印发了《海南省建设厅关于做好第二和第三阶段建设工程抗震安全隐患排查工作的通知》（琼建设函〔2008〕162号），就做好卫生建筑、公共建筑、市政公用设施、农村民居等的排查工作做了相应要求。卫生建筑共排查卫生建筑479所（含医院、卫生院、疾控机构、妇幼保健院，不含农垦系统）。

加强农村民居地震安全工程建设，增强农村整体防震减灾能力。一是积极推广符合抗震设防要求的农居工程建筑设计图集的应用技术，提高村镇工匠抗震技术施工建筑水平；二是加强对村镇建筑工匠和村镇建设管理人员的工程技术培训，会同省地震局共举办5期培训班，培训技术人员400多人，为做好"地震安全农居工程"奠定基础；三是为提高农村民居建设抗震水平，省建设厅从设计入手抓好建设管理，2008年组织有关专家编制了《农村居住建筑抗震防风技术规程》，加强技术服务，提高农居的居住安全水平。

印发了贯彻落实《住房和城乡建设部关于做好〈建设工程抗震设防分类标准〉和〈建筑抗震设计规范〉实施工作的通知》（建标函〔2008〕225号）的通知（琼建设〔2008〕187号），认真实施新修订发布的《建设工程抗震设防分类标准》和《建筑抗震设计规范》（以下简称新标准）做好全省建筑工程抗震防灾工作，确保人民生命财产安全。为做好新标准的宣贯工作，委派海南大学结构专业专家到国家进行新标准的宣贯学习，并委托省勘察设计协会在海口举办新标准的宣贯会，邀请有关专家讲学，共有各市县建设主管部门，各勘察设计单位等共130人参加，进一步提高行业管理和专业技术人员对建设工程抗震设计技术规范的理解和认识。（黄艳）

【支援地震灾区】 按照国务院的统一部署，住房和城乡建设部分配给海南省对口援建灾区群众过渡安置房任务4330套（每套造价约1万元）以及配套的学校等公共设施。接受任务后，省建设厅高度重视，及时抽调相关人员成立的援建指挥部，制定了工作方案，分解落实了工作任务，选派精兵强将和专业技术人员组成280多人的援建队伍，赴川开展援建工作，并协调相关部门在过渡安置房材料生产、交通运输以及与援建地的选址布点、规划设计、安装施工等方面做了大量卓有成效的工作。并于7月25日提前15天出色完成了4330套活动板房建设任务，总面积近10万平方米。所援建的活动板房注重防水防电、隔热和保护耕地，成为援建省份建设中惟一没有要求整改的省份和全国质量最好的援建板房之一。及时解决了邛崃市区及金堂县11个乡镇9万余名灾民的临时安置、5万多名中小学生按时参加高考和复课问题。

承担了四川宝兴县对口支援灾后恢复重建任务及开展灾后城镇房屋安全鉴定工作。负责宝兴县援建项目选址、设计的指导及协调工作，及时督办和完成了施工图设计文件的审查及成本概算。为海南援建四川宝兴县四个重点工程项目顺利开工做了大量工作。从设计院、质量监督、检测机构抽调了8名骨干专业技术人员组成了援助鉴定工作组，先后深入到宝兴县城和县内3个镇6个乡，对城镇居民每家每户的房屋进行核准、查实房屋灾损情况，分门别类进行安全鉴定。仅用9天时间就全部完成了任务。共对全县364幢城镇房屋作出了安全鉴定报告。

指导组织开展抗震救灾捐款活动，委托省勘察设计协会印发了《关于开展抗震救灾捐款活动的紧急通知》，号召全省各勘察设计单位和施工图审查机构积极献爱心，共收到近100个单位，约500万元的捐款。

【**无障碍设施建设**】 为贯彻落实住房和城乡建设部《关于贯彻落实〈中共中央 国务院关于促进残疾人事业发展的意见〉的通知》（建标［2008］77号），起草了《海南省建设厅关于贯彻落实〈中共中央 国务院关于促进残疾人事业的通知》（琼建设［2008］104号），要求各市县做好无障碍设施建设的自查和整改工作，并督促海口、三亚做好无障碍城市建设工作。联合省民政厅、省残疾、省老龄工作委员会办公室起草印发了《海南省2008年创建全国无障碍建设城市工作要点》（琼建办［2008］10号），推进省创建全国无障碍城市建设进程。（林艳萍）

七、建设科技

【**建筑节能工作**】 2008年，认真贯彻落实国家颁布的建筑节能政策法规，积极出台省建筑节能管理的政策措施。一是根据《海南省人民政府关于印发海南省固定资产投资项目节能评估和审查管理暂行办法的通知》（琼府［2008］53号）的有关要求，结合实际，研究制定了《海南省民用建筑节能评估和审查管理暂行办法》（琼建设［2008］225号），进一步从源头遏制建筑能耗的发展，推动绿色建筑建设；二是为贯彻落实住房和城乡建设部、工商行政管理总局、质量技术检验检疫总局《关于加强建筑节能材料和产品质量监督管理的通知》（建科［2008］147号），制定了《海南省建筑节能材料和产品认定管理暂行办法》（琼建设［2008］228号），做好建筑节能材料和产品认定工作，促进建筑节能材料和产品的推广应用，推进建筑节能技术进步，加强建筑节能材料和产品市场管理，维护建筑节能材料和产品生产与使用者的合法权益；三是为了规范民用建筑能效测评机构的管理，保障民用建筑能效测评质量，根据住房和城乡建设部《民用建筑能效测评机构管理暂行办法》，制定了《海南省民用建筑能效测评机构管理暂行办法》（琼建设［2008］203号）；四是为贯彻《民用建筑节能条例》及住房和城乡建设部、国家发展改革委、财政部、监察部、审计署《关于加强大型公共建筑工程建设管理的若干意见》要求，制定了《海南省民用建筑能效测评标识管理暂行办法》（琼建设［2008］204号）建立和实施民用建筑能效测评标识制度，规范测评标识行为；五是联合省发改厅完善印发《关于加快太阳能热水系统推广应用工作指导意见的通知》（琼发改交能［2008］28号），进一步推进太阳能热水系统在建筑中的应用。同时，为加大力度推进太阳能规模化利用，减少建筑中常规能源使用，降低建筑能耗，省政府办公厅转发了由省建设厅、发展和改革委员会和科技厅制定的《关于推动海南省太阳能规模化利用的实施意见》（琼府办［2008］135号）；六是转发了《民用建筑节能条例》、《民用建筑节能信息公示办法》《公共建筑室内温度控制办法》等政策法规，并制定了具体措施，要求各单位严格执行建筑节能设计标准，加强对住宅和公共建筑工程执行建筑节能标准的监督，从建设工程项目立项、可行性研究、规划、设计、施工图审查、施工、监理、质量检测、竣工验收和备案等各个环节强化建筑节能工作。

2008年，建立民用建筑能耗统计报表制度。根据建设部《民用建筑能耗统计报表制度》（试行），印发了《海南省民用建筑能耗统计报表制度》（试行），组织全省各有关部门参加了海南省民用建筑能耗统计工作培训班。并委托海南建程建筑节能中心和国家统计局海南调查总队在全省范围内组织开展民用建筑能耗调查工作。调查建筑物总栋数1480栋，其中国家机关办公建筑和大型公共建筑940栋、乡镇建筑180栋、农户建筑360栋。省建设厅根据调查统计结果，在海口和三亚的调查单位中抽选出部分国家机关办公建筑和大型公共建筑，按照建筑物总面积和单位面积能耗统计两种方式对调查单位进行了排序，从中抽选部分有代表性的单位在《海南日报》上进行了公示。

开展国家机关办公建筑和大型公共建筑能源审计工作。委托深圳建筑科学研究院为技术支撑单位，从省内各设计院抽调电气、暖通空调、建筑等方面的专业技术人员近30人，按照建设部《国家机关办公建筑和大型公共建筑能源审计导则》开展培训后进行能源审计工作，完成了60栋建筑的能源审计，形成了60多套审计报告，并在《海南日报》进行了审计结果公示。

为了顺利开展省国家机关办公建筑和大型公共建筑节能监管体系建设工作，起草印发了《关于开展海南省国家机关办公建筑和大型公共建筑节能监管试点工作的通知》（琼建设［2008］59号），对试点工作中的能耗统计、能源审计工作进行了具体部署。

相继起草印发了《海南省国家机关办公建筑和大型公共建筑能耗统计管理办法（试行）》（琼建设［2008］278号）、《海南省国家机关办公建筑和大型公共建筑能源审计管理办法（试行）》（琼建设［2008］279号）、《海南省国家机关办公建筑和大型公共建筑能效公示管理办法（试行）》（琼建设［2008］280号）等能耗统计、能源审计、能效公示的管理办法，对全省能耗统计、能源审计工作进行规范化、制度化管理。

根据财政部办公厅、住房和城乡建设部办公厅《关于组织申报2008年可再生能源建筑应用示范项目的通知》（财办建[2008]64号）的要求，积极组织省有关单位进行申报。2008年，海南省申报的"鲁能三亚湾美丽城、美丽MALL"太阳能热水、淡水源热泵示范项目列入财政部、建设部进行公示的《2008年可再生能源建筑应用示范项目公示》中。根据住房和城乡建设部《关于推荐报送建筑节能项目的通知》（建办科电[2008]117号），积极组织海南省申报工作，并将49项符合条件的新建经济适用房、廉租房、低能耗建筑、国家机关办公建筑和大型公共建筑节能改造、可再生能源应用示范项目等建筑节能项目推荐报上。同时，根据省科技厅《关于发布2008年海南省重点科技项目计划申报指南的通知》要求，组织各市县，各勘察设计单位，及有关单位积极申报省节能减排重点科技项目。省建设厅申报的《海南省国家机关办公建筑和大型公共建筑节能监管体系技术研究》、《海南省太阳能热水系统与建筑一体化设计施工及验收规程》列入2008年建设部科技项目计划。同时，根据《可再生能源建筑应用专项资金管理暂行办法》和有关建设工程质量规定，加强2007年海南大学图书馆、学生公寓楼等4个太阳能可再生能源示范项目的跟踪指导，并组织4个示范项目参建单位参加"第四届国际智能、绿色建筑与建筑节能大会暨新技术与产品博览会"，推进示范项目实施进度。

加大建筑节能执法力度，开展2008年省建筑节能专项检查工作。根据《海南省建设厅关于开展2008年建筑节能专项检查的通知》（琼建设[2008]206号），组织专家对海口、三亚、琼海、儋州、文昌、东方、万宁和陵水共8个市县进行建筑节能专项检查，共检查了35个建筑工程项目，建筑面积94.13万平方米，涉及33家建设单位、27家设计单位、3家审查机构、32家施工单位和19家监理单位。发布了《海南省建设厅关于2008年海南省建筑节能专项检查情况的通报》（琼建设[2008]274号），给出了对存在问题的责任主体的处罚意见，并针对检查中存在的问题，提出了加强建筑节能管理的措施，有力地推动了全省建筑节能工作发展。

住房和城乡建设部督查组对海南省建筑节能、污水处理（水务局）两方面进行了监督检查，抽查了海口、三亚共12个在建建筑工程和个别污水处理场项目，对检查出违反建筑节能标准强制性条文的1个建筑工程项目发放了执法建议书，对设计及施工现场方面存在的问题也给出了相应的改进措施，进一步推动省建筑节能的发展。

12月3日在海口进行了《民用建筑节能条例》宣贯会，市县建设行政主管部门、设计、施工、监理、质量监督、房地产、太阳能、节能产品企业等单位共计约200人参会。

抓好建筑节能"六把关一监督"工作。要求各有关部门要在项目评估、规划报建，施工图审查、施工报建、竣工验收备案、房屋销售等环节把好节能关，对不符合国家和省节能标准要求的建筑，不予通过当前环节审批或备案，同时，由各级建设工程质量监督管理部门将施工中的建筑节能措施进行重点监督。

严格执行《海南省新型墙体材料专项基金征收和使用管理办法》和《海南省人民政府关于印发海南省节能减排综合性工作方案的通知》等文件精神，印发了《海南省建设厅进一步禁止使用实心黏土砖的通知》，确保2008年全省"禁实"目标的实现。

【建设科技】 2008年，为了推动建设科技进步，指导组织各相关单位开展了相关重点课题研究，研究制定颁布了《海南省农村居住建筑抗震防风技术规程》、《海南省中小学校多层砖（石）砌体结构教学楼（学生宿舍）抗震加固技术导则》等，深入开展《海南省建筑节能对策研究》（包括《海南建筑节能实用技术》）、《海南省居住建筑节能设计标准实施导则》、《海南太阳能热水系统一体化设计施工及验收规程》、《建筑外遮阳构件技术图集》、《海南省绿色建筑评审实施细则》等)、海南热带建筑文化发展研究（包括《海南城乡热带风貌设计导则》、《海南热带建筑文化元素集》、《海南近代建筑研究》）、《海南省太阳能建筑应用规划(2008~2015)》等课题研究，《海南省勘察设计行业中长期发展规划》完成了初稿。（黄艳）

八、建设政策法规

【简况】 2008年，进一步健全海南省建设法规体系。根据省人大常委会、省政府确定的2008年立法规划，起草了有关城镇园林绿化、物业管理、城市规划管理、工程造价管理等方面的法规规章。强化依法监督，规范执法行为，推进依法行政，加强对抽象行政行为的监督，确保各项工作符合依法行政的要求。深化普法教育，积极开展"五五"普法工作，提高依法行政水平，增强依法行政能力。

【制定《海南省城镇园林绿化条例》】 2008年9月19日，海南省第四届人民代表大会常务委员会第五次会议审议通过《海南省城镇园林绿化条例》，自2009年1月1日起施行。该条例针对近年来在城镇园林绿化方面的群众关心的问题，在城市绿化率、建设项目绿地率和绿化补建费、实施"绿线"管制制度、占用城镇绿地、城市绿化中的外来树种、古树名木保护等方面都作出了具有操作性的规定。

【开展"五五"普法工作】 深化普法教育，积极开展"五五"普法工作。采取多种形式开展领导干部学法用法工作，制订了《海南省建设厅关于开展"法律进机关"活动实施方案》，以"法律进机关"为普法的重要载体，加强领导干部学法用法工作。建立健全党委中心组学法、领导干部法制讲座等学法制度。开展《公务员法》、《物权法》、《城乡规划法》为内容的领导干部法制讲座，依托党校开展领导干部法制轮训，把法制课列入领导干部的必修课，不断拓宽培训渠道。

【把好规范性文件的法核备案关】 加强对抽象行政行为的监督，出台了《海南省建设厅法规制定程序规定》和《海南省建设厅规范性文件合法性审查办法》。2008年，建设厅共有7个规范性文件向省政府申请规范性文件备案登记，内容包括民用建筑节能、防风抗震、工程建设地方标准、装饰装修工程定额等方面。

【做好建设系统行政复议工作】 提高办案质量，进一步发挥行政复议制度在解决行政争议、建设法治政府、构建社会主义和谐社会中的作用。全年受理并审结行政复议案件7件，案件涉及规划管理、房屋拆迁、房屋产权登记、物业管理等方面。当事人对案件处理结果满意，没有提起行政诉讼。

【完成建设系统行政管理事项下放】 组织落实省委五届三次会议精神和《海南省人民政府关于下放行政管理事项的决定》（省政府第216号令），做好建设系统行政管理事项下放工作，制定了《海南省建设厅关于行政管理事项下放的工作方案》，举办"全省建设系统下放行政管理事项培训班"。为保证下放事项的监管到位，还制定了《海南省建设厅下放行政管理事项备案制度》。至2008年10月1日，政府令里要求建设系统下放的16项行政管理事项已全部下放给各市县建设行政主管部门。（吴坤锦）

九、建设系统教育培训

【建设行业人才队伍建设】 制定了《海南省建设厅2008年建设教育培训计划》，加强了对专业技术人员的教育培训，指导省建设培训中心等单位举办了以新知识、新理论、新技术为主要内容的继续教育培训班，培训人员8437人次。继续抓了专业技术资格的评审工作。组织了全省建设行业专业技术资格评审工作，共有521人参加了评审，提高了专业技术人员的整体素质。制定了《海南省建设工程系列正高级专业技术资格评审条件（试行）》。根据《海南省建设行业生产操作人员职业资格证书制度实施办法》，2008年加强推行了职业资格证书制度。省建设行业各鉴定站培训、鉴定各类技能人才1350人。认真开展建设行业人才队伍的调研工作。组成多个调研组对全省18个市县和洋浦经济开发区管理局建设行政机关公务员、部分企事业单位专业技术人员的文化水平、知识结构、专业技术情况进行了调研。

【建筑工地农民工培训】 根据住房和城乡建设部、人力资源和社会保障部《关于印发建筑业农民工技能培训示范工程实施意见的通知》，组织实施了建筑业农民工技能培训示范工程，对海南户口的农民工参加培训，向政府申请了经费补贴。共为141名海南户口的农民工申请了培训经费补贴，计8万余元。制定下发了《海南省建设厅关于进一步加强建筑工地农民工业余学校创建工作的通知》，进一步明确了创建农民工业余学校的范围、时间、课时安排、培训场地、培训教材、师资力量以及职责分工，对不按照规定创建农民工业余学校或不认真组织办校的工地，提出了处罚措施。全省建立农民工学校100家，培训农民工6000余人。11月下旬在全省范围集中开展了建筑业"千万农民工同上一堂课"安全培训活动，播放了《建筑业农民工业余学校培训教学片》，组织了讲解安全知识、法律法规、卫生常识等方面的授课。至2008年底，全省有4万名农民工参加了安全培训活动。（杨然）

【建设系统注册管理工作移交】 根据琼建办[2008]16号和琼建人函[2008]121号文件精神，为进一步转变政府职能，保证海南省建设厅机关各处室及有关单位集中精力研究制定政策和加强市场监管，从2008年7月11日起，海南省建设行业各类执业资格考试资格审查、报名、考前培训、取得《执业资格证书》人员的注册管理及继续教育等具体工作，全部移交海南省建设培训与执业资格注册中心承办。在顺利交接后，中心共受理各类注册师初始、变更、增项、延续、注销等注册643人次，办结625人次，办结率为98%。（叶颖）

十、行政审批

【简况】 2008年，根据《海南省人民政府关于印发海南省人民政府政务服务中心建设运行管理监督实施方案的通知》(琼府〔2007〕37号)的要求,省建设厅设立行政审批办公室,并于7月1日入驻省政务服务中心正式办公。截止2008年12月底,共受理1575项行政许可审批,办结1318项,按时办结率达100.0%,提前办结率达99.26%。办件平均承诺天数19.35天,实际平均办结时间只用5.29天,收到锦旗8面,感谢信3封。省建设厅行政审批办被政务中心授予"2008年度行政审批优质服务单位",赵小亮被授予"2008年度行政审批优质服务标兵"。

【审批服务工作】 制定《海南省建设厅行政审批办公室建设运行管理实施方案》(琼建审批〔2008〕140号),将面向公民、法人和其他社会组织实施的48项行政许可审批项目,全部进入审批现场办理,坚持"一个窗口对外",推行"一站式服务"。把行政审批窗口当作是为社会和企业服务的一个平台,不断增添便民利民新举措。向企业和群众发放便民卡、制定《行政审批工作手册》,实行"一次性告知"和"一次性受理"。梳理审批流程,简化审批程序,大大缩短了审批时间,提高了审批效率。积极做好审批权下放的衔接工作。主动邀请海口和三亚建设局的同志到窗口进行为期2周的"跟班学习"。
(赵小亮)

(海南省住房和城乡建设厅)

重 庆 市

一、城乡建设

【危旧房改造和宜居城市研究全面启动】

坚持"减量、增绿、留白、整容"的规划建设原则,全面启动新一轮主城区危旧房改造。出台危旧房拆迁、补偿和安置房建设等政策,加大对被拆迁对象的政策优惠力度。细化三年改造计划,先期对居住密集、房屋安全隐患突出的103个危旧房片区实施改造,完成拆迁303万平方米、38495户,其中主体量240万平方米。落实安置房227.5万平方米、33885套。采取城建资金放大做贷、信托融资、市级平台融资等方式,筹措危旧房改造资金181.9亿元。

加强宜居重庆研究,制定宜居城市指标体系和评价标准,编制完成《宜居重庆建设纲要》。举办"当代中国建筑创作论坛"、开展"最优街道"设计竞赛,打造了一批城市雕塑精品,提升城市品位。大力抓好污水、垃圾处理设施建设,建成10座城市污水处理厂、6座城市垃圾处理场。深入开展以"健康环保搞建设、清新靓丽迎奥运"为主题的建筑工地文明施工专项整治活动,加大对违法违规行为的处罚力度,施工扬尘控制成效显著。

【市政基础设施和重点工程建设力度加大】

组织编制完成《畅通重庆建设规划》,牵头推进畅通重庆硬件建设。完成市政公用设施投资356.79亿元,占全社会固定资产投资的8.89%,较上年提高1个百分点。强化城市路网建设,快速路一横线蔡家段、嘉华大桥北延伸段、渝南分流道、松牌路与电子校立交等项目开工建设;水碾、寸滩、鸿恩寺东部立交等项目建成通车。跨江穿山交通建设取得进展,慈母山隧道一期、双碑大桥与双碑隧道开工建设,鱼洞大桥一期建成通车。轨道交通建设加快,一、三号线一期工程进展顺利,三号线二期及六号线一期控制性节点工程开工建设,二、三、六号线延伸段前期工作加快推进。认真做好二号线的运营管理工作,日均客流量约11万人,日高峰流量超过20万人。加大对区县建设支持力度,配合相关部门安排7.75亿元专项资金,帮助31个远郊区县完善城市功能、改善民生。

254项市级重点建设项目进展顺利,完成投资1153.2亿元,占全社会固定资产投资的28.5%。政府主导类项目沪蓉高速公路万州至云阳段、万州江南集装箱码头、永川松既电厂、乌江彭水水电站等22项完工或基本完工,兰渝、渝利、南涪、遂渝二线铁路和江北国际机场三期改扩建工程、湖广会馆历史街区等24项实现开工。市场主导类项目庆铃汽车、年产250万套全钢子午线轮胎、年产1500吨多晶硅等18项完工或基本完工,上海新格再生铝生产项目、东升公司大板锭项目、万盛煤化20万吨煤基醋酸、中电科技重庆产业园区一期等26项实现开工。渝湘高速公路、川气东送管线工程、908重型汽车项目、重庆大剧院等续建项目进展顺利。

【村镇建设加速推进】

城镇化率提高1.6个百分点,达到49.9%。中心镇建设成效明显,市政基础设施建设一体化示范镇总体建设进展顺利,镇乡简易治污工程、康居村建设、农村集居点便道建设稳步推进。开展第四次农房图集编制,完成16个方案共26套图集,充分体现了川东民居特色。乡镇建设管理力量加强,管理机构基本健全。举办村镇建设管理人员培训,提高基层管理水平。

全面实施惠农工程,开展农民工技能培训示范工程,免费培训3.5万人,促进农村富余劳动力转移。创建101所农民工业余学校,提高建筑业农民工综合素质,增强就业能力。成功举办重庆市首届农民工技能大赛砌筑工竞赛,积极开展农民工"平安卡"管理制度试点。继续抓好建设领域拖欠工程款清理工作,农民工工资支付保障金制度进一步完善。

【建设行业平稳较快发展】

房地产开发投资平稳增长,完成投资991亿元,占全社会固定资产投资的24.5%。竣工经济适用住房185.41万平方米。建筑业继续保持快速增长的势头,完成总产值1430.00亿元,同比增长26.7%。勘察设计业营业收入超过140亿元,同比增长18%。不断加大对外开放步伐,成功举办"港渝携手,共建宜居重庆"活动,签署15个房地产合作项目,合同总金额达680亿元。加强先进建设技术和人才引进工作,与加拿大、德国、英国有关机构在建筑节能等领域签署合作协议。

坚持以结构调整和整顿市场秩序为重点,加大房地产和建筑市场监管力度。加强房地产项目转让审批、联建备案和分期开发管理,严格执行"两书"和项目资本金制度。积极探索遏制工程围标串标的管理办法,有形建筑市场良性发展。编制完成2008年重庆市工程计价定额,造价管理水平再上新台阶。坚持差别化监管,加强对重点地区、重点工程的提前预控,杜绝了重大质量事故的发生。推进分户验收制度,质量通病得到有效遏制。扎实开展建筑安全生产隐患排查治理专项行动,狠抓关键时段安全管理,安全生产形势总体稳定。

【建设科技取得新进展】

《重庆市建筑节能条例》正式施行,建筑节能工作步入法制化轨道。主城中心区新建居住建筑开始执行节能65%标准,公共建筑及其他地区居住建筑执行节能50%标准。开展建筑节能设计审查,加强现场监管,推行能效测评与标识制度。开展既有公共建筑节能改造试点。制定国家机关办公建筑和大型公共建筑节能监管体系建设方案,完成了基本信息收集、能耗统计、能源审计等工作。大力推进4个国家级可再生能源建筑应用示范项目。

积极推广应用新技术,确立了符合重庆市实际的墙体自保温技术路线,引导和扶持相关产业发展。大力发展科技地产,培育93万平方米绿色生态小区,完成32万平方米住宅性能等级认定。加大重大科技项目研究,完成建设科研64项,其中7项获重庆市科技进步奖。加强工程建设地方标准编制,发布14项地方标准。启动建设信息化规划编制,城市建设事业管理信息系统投入试运行。

【服务发展的能力和水平有效提高】

继续深化行政审批制度改革,再次对行政审批项目进行全面清理,精简一批行政审批项目。进一步下放建设管理权限,推进区县扩权改革工作,增强区县建委统筹能力。积极开展行政立法调研,推进《重庆市轨道交通管理条例》起草和《重庆市城乡建设档案管理办法》、《重庆市建设工程造价管理规定》修订。全面清理政策法规,废止市建委规范性文件11件。强化执法监督检查,开展专项教育培训,全面清理行政执法人员资格和证件。认真做好国家调研组相关课题来渝调研衔接工作,全力争取国家政策支持。

围绕"坚持科学发展,推进宜居重庆、畅通重庆建设",迅速掀起学习实践活动热潮,深入调查研究,突出实践特色,取得了初步成效。扎实开展"解放思想、扩大开放"大讨论活动,以"三把标尺"量长短、比先进、查差距、找症结,广大干部职工的思想进一步解放,扩大开放的脚步加快。大力实施"固本强基"战略,加强基层党组织和党员队伍建设,完善24项机关内部管理制度,建立健全六大核心制度,不断改进作风,积极开展文明单位创建,党的建设、党风廉政建设和精神文明建设取得新成效。加大信访维稳工作力度,深入排查化解矛盾纠纷,着力解决群众诉求,系统信访工作形势总体平稳,圆满完成了奥运等重要时段信访稳定任务。

2008年面对突如其来的"5·12"汶川特大地震灾害,坚决贯彻市委、市政府的决策和部署,紧急行动、迎难而上、共克时艰,为夺取重庆市和援川抗震救灾斗争的重大胜利作出了突出贡献。牵头组成市抗震救灾指挥部市政设施组,摸清重庆市受损情况,果断处置险情,有效排除隐患。倾情倾力支援四川灾区。建委系统组织赴川抗震救灾人员3962人次、机械设备224台套,疏通17条公路和3座桥涵，拆除1021栋房屋，挖填5万多立方土石方。积极开展活动板房援建，建成全国援建的第一个过渡安置点。提前完成国家下达的建设任务，移交活动板房19907套、31.7万平方米。努力实施对口援建，推进崇州市人民医院和妇幼保健院建设。

（重庆市城乡建设委员会办公室　邹隆军）

二、房地产业

（一）房地产发展态势

1. 全市总体走势

（1）房地产业发展高位回归，对全市经济增长的贡献相对减弱

2008年，房地产业发展明显放缓。全市实现房地产业增加值191.21亿元，比上年降低2.47%，增速下降26.4个百分点。完成房地产开发投资991亿元，比上年增长16.6%，增速下降18.4个百分点。房地产投资占全社会固定资产投资的24.5%，比重比上年下降2.4个百分点。收入房地产税费444.09亿元，占全市财政收入的46.12%，比重比上年下降4.7个百分点。

（2）区域发展特征各异，区县市场整体好于主城区市场

2008年，在全国楼市低迷的大背景下，全市房地产发展呈现区域差异。主城区"高位下滑"，其他区县"平稳运行"。总体比较，区县市场好于主城区市场，并成为主城区市场的有益补充。

从销量分析，2008年，全市销售商品住房2669.93万平方米，比上年下降19.3%，其中，主城区销售商品住房1084.23万平方米，比上年下降47.5%，其他区县销售商品住房1585.7万平方米，比上年增长27.5%。从市场份额分析，主城以外其他区县商品住房销售面积占全市商品住房销售面积的59.39%，比上年提高21.8个百分点；主城以外其他区县二手房转让面积占全市二手房转让面积的68.67%，比上年提高1.8个百分点。

（3）房地产投资优化，产业发展的合理性增强

从投资走向看，主城以外区县开发投资比重进一步提高，房地产发展向区县扩展的趋势更加明显。2008年，主城区完成房地产开发投资756.04亿元，比上年增长10.4%，占全市房地产投资完成额的76.3%，其他区县完成房地产开发投资234.96亿元，比上年增长42.2%，增速比主城区高31.8个百分点，占全市房地产投资完成额的23.7%，比重在上年上升2.3个百分点的基础上又上升了4.3个百分点。

从投资结构看，住宅开发投资比重进一步提高，市场供应与需求的结合更加紧密。2008年，全市完成住宅开发投资619.53亿元，比上年增长18.7%，占全市房地产开发投资的62.5%，比重比上年提高1.1个百分点。而商业用房开发投资为80.44亿元，比上年增长7.0%，低于住宅投资增速11.7个百分点，占全市房地产开发投资的8.1%，比重比上年降低0.8个百分点。

（4）房屋建设放缓，土地交易趋冷

2008年，全市房屋新开工面积3508.62万平方米，比上年下降1.3%，增速比上年下降32.5个百分点，其中，主城区房屋新开工面积1730.36万平方米，比上年下降19.3%，增速比上年下降41.4个百分点。全市共供应审批经营性用地面积1187.60公顷，比上年下降41.1%，其中，主城区成交经营性用地面积345.28公顷，比上年下降74.2%。土地购置面积、房屋新开工面积下降是房地产发展放缓的重要表现。

（5）金融业支持力度减弱，房地产开发资金趋紧

2008年，各银行业金融机构的房地产自营性贷款余额为1634.83亿元，比年初增加244.85亿，同比少增125.32亿元。贷款余额比上年增长17.62%，增速回落18.7个百分点，是2002年以来的最低增速。

2008年末，重庆市金融机构的房地产开发贷款余额为649.83亿元，比年初增加80.96亿元，增量与上年基本持平。贷款余额比上年增长14.23%，比重庆市金融机构各项贷款增速低10.2个百分点，是2002年以来的次新低，仅比2004年高5.6个百分点。

2. 重点区域运行特征

（1）主城区

——销量低位运行，市场供应大于需求。2008年，主城区新批准上市预售商品住房1768.18万平方米，比上年下降3.02%。实际销售商品住房1084.23万平方米，比上年下降47.54%。供销比由去年底的1∶1.2下降为1∶0.6，累计可售面积由年底的426.17万平方米上升到1110.12万平方米。从单月分析，新批准上市预售商品住房基本以月均150万平方米匀速推出，但销售低迷，全年仅1月因前年翘尾带动，5月、10月受房交会刺激，单月销量达到100万平方米以上，2月、8月更是跌到60万平方米以下（见图1）。

——房价趋于下行，逐渐回归理性区间。从单月分析，房价下滑趋势非常明显，且从9月份开始，商品住房价格就低于全年均价，12月为全年最低（见图2）。

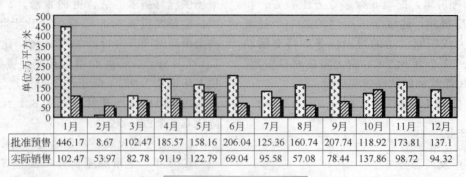

图1　2008年主城区商品住房预售、销售面积图

图2　2008年各月商品住房成交均价

——四类住房销售较好，知名地产商的市场占有率明显超过繁荣期。第一类是高档住宅（包括别墅和花园洋房），由于此类住房多为大型知名企业开发，社区配套完善，促销力度较大，且购买对象多为经济实力较为雄厚的中、高收入阶级，相对价格变动，更加注重住房品质和安全，因此，在地震因素的推动下，出现了市场热销，全年6000元/平方米以上商品住房销售比重比上年提高了5.7个百分点。第二类是小户型公寓，多位于城市中心、区域中心或经济开发区内，主要满足青年居住需求，全年90平方米以下商品住房销售比重比上年提高了3.5个百分点。第三类是经济型房源，市场需求主力是那些经济实力有限、首次置业的刚性需求，全年经济型住房销售比重比上年增加了5.3个百分点。第四类是综合型特色产品。该类项目多处在城市区域内的商业中心和地标，其配套建设的住宅产品升值潜力得到了投资者的认可。

总体来看，在2008年市场低迷的情况下，大型房地产开发商依据其品牌优势和市场口碑，对中小房地产商产生了挤压，龙湖、金科、中海、富力、恒大五大开发商的市场占有率由上年的4.06%，提高到9.04%。

（2）区域性中心城市

——房地产开发逆势上扬，明显高于全市。2008年，万州、涪陵、黔江、永川、江津、合川六个区域性中心城市，共完成房地产开发投资101.62亿元，比上年增长39.9%，高于全市房地产开发投资增速23.3个百分点，占全市房地产投资完成额的10.25%，比重在上年上升0.8个百分点的基础上又上升了1.7个百分点，开发形势明显高于全市（见图3）。区域性中心城市作为全市房地产梯度发展的重要衔接区域正发挥越来越重要的传导作用，带动外围区县的房地产发展。

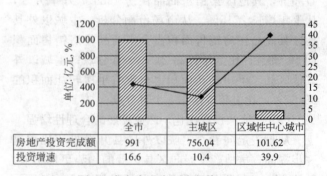

图3　全市房地产开发投资对比图

——房地产市场平稳运行，波动相对较小。2008年，六个区域性中心城市实际销售商品住房277.21万平方米，比上年下降17.7%，其下降幅度低于主城区29.8个百分点，并且涪陵区在1～9月、合川区在1～5月出现了供不应求的情况，永川区区

外人口购房比重还呈上升之势，商品住房价格也基本稳定在上年底水平。

(3) 交通便捷区县

交通基础设施的完善，与主城区通勤距离的缩短，极大地促进了长寿区、南川区、綦江县、潼南县、壁山县等地房地产业的发展。主要表现有：一是商品住房规模化开发，市场发展由自发向有序转变。二是楼盘品质明显提升，由单体楼向小区划化、配套化发展。三是品牌开发商进入，商品住房类型多样化、升级化，如碧桂园在长寿区开发了全国连锁的别墅群。

(二) 影响房地产发展的外部环境

1. 全国市场对重庆市场的影响逐渐深化

2008年，全国房地产市场进入下行通道，总体表现量价齐跌，消费者观望情绪不断加重。全市由于住房消费正处于升级改善阶段，市场刚性需求较大，投机投资比重较小，因此，商品住房销量虽有下滑，但仍位居全国前列，价格下降幅度较小，运行相对全国大势和其他一线城市平稳。但应清醒地意识到全国市场对重庆市场的影响正不断深化，主要有三个表现：一是从横向看，此次房地产市场调整总体呈现由珠三角—长三角—华北—中西部推进的趋势，对重庆的影响相对滞后。二是从纵向看，全市房地产市场在近几次的调整中，均表现出"反应较慢，波动较大"的特点。三是从国家发改委公布的房屋销售价格指数（见图4）可发现，虽然全市和全国房价指数均呈下滑趋势，但全市房价走向趋势呈阶段性特征，1～7月，下滑较为平缓，幅度小于全国市场。但8月份以后，下滑明显加快，幅度大于全国市场。

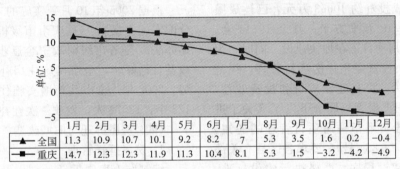

图4 全国和重庆价格指标对比图

2. 区域发展态势有利于房地产业复苏

2008年是我国经济运行波动较大的一年，国际"金融海啸"极大地影响了沿海出口加工业，冰冻雪灾、地震灾害都对经济产生了较大的压力，2009年全国生产总值增速有可能继续下行。由于房地产业发展与经济整体增长关联度极高，因此，预计全国房地产业还将低位运行一段时间。但全市房地产业具有相对较好的发展环境。一是经济平稳较快增长，2008年全市生产总值增长14.3%，高于全国水平，2009年将力保增长12%，稳定的经济发展环境将促进住房消费持续释放。二是全市经济对外依存度较小，不断蔓延的国际金融动荡，经过沿海城市、东部城市的缓冲后，对全市的影响相对较小。三是全市及时出台了系列扩大内需、促进经济平稳较快发展的政策，相较其他城市出了问题再想对策，全市利用反应的延后，提前介入，抢得了时间上的先机。四是全市在新一轮发展中已成为中央关注的热点，国务院出台《关于推进重庆市统筹城乡改革和发展的若干意见》，房地产发展将从政策和舆论两个层面获得推动。

3. 信贷政策对房地产供需双方的限制放松

房地产业对资金需求量较大，对银行贷款依赖度很高。因此，信贷政策是调整房地产发展节奏最快见效的手段。纵观2007年～2009年，伴随房地产市场的变化，房地产信贷政策由松到紧、由紧到松，呈现阶段性变化。第一阶段是2007年下半年的上紧下松，为抑制过热的房地产市场，央行紧缩银根，提高利率、提出二套住宅按揭贷款新规定，但各商业银行在市场的驱使下，仍较大比例向房地产行业放贷。第二阶段是2008年的上紧下紧，中央进一步加强房地产调控，央行5次上调银行存款准备金率，各商业银行也在政策压力下，收缩了房地产贷款。第三阶段是2008年年底开始的上松下紧，央行对房地产信贷有所放松，但各商业银行面对当前市场环境，处于安全考虑，进一步惜贷。预计，此阶段将延续到2009年上半年，然后，随着市场下滑态势的扼制，开始逐渐进入上松下松阶段。因此，房地产信贷政策将趋于不断宽松，房地产供给层面的企业和需求层面的个人都将获得银行更大的支持。

(三) 住房保障与改革情况

1. 以廉租住房建设为重点，落实"保增长，扩内需"重大决策

重庆市政府制定并下发了《关于贯彻中央扩大内需促进经济增长工作部署的意见》（渝府发［2008］116号文）文件，明确提出"要增加保障性住房供应，力争到2010年完成主城区危旧房改造786万平方米，工矿棚户区改造230万平方米，建设1000万平方米经济适用房，建成廉租住房150万平方米"。

2008年12月4日，国家发展改革委、建设部下达重庆市2008年廉租住房建设项目新增中央投资计划38115万元，根据文件精神，市国土房管局会同市发展改革委、市财政局于12月7日将中央投资计划分解下达到37个区县共79个廉租住房项目，建筑总规模25597套、120.54万平方米。2008年12月，该批项目共新增完成投资约10663万元，已建成廉租住房6083套、29.19万平方米；其余19514套、91.35万平方米廉租房项目正在加快建设。同时，为进一步加强新增中央投资廉租住房项目管理，规范项目建设程序和行为，提高建设质量和投资效益，市发展改革委、市国土房管局联合下发了《关于进一步加强新增中央投资廉租住房项目管理的通知》（渝国土房管发［2008］834号），要求各区县有关部门进一步严格基本建设程序、严格执行建设标准、加快项目实施进度、加强计划管理、确保工程质量、加快项目储备、加强监督检查，确保扩大内需促进经济增长政策落到实处。

按照国发［2007］24号以及渝府发［2007］136号文件精神，2008年全市廉租住房保障范围扩大到了主城区人均使用面积10平方米以下、远郊区县人均使用面积6平方米以下的城市低保住房困难家庭，全年共通过实施实物配租、租金补贴、危旧房拆迁改造等方式新增廉租住房保障家庭4.47万户，超额完成了市政府年初下达的新增3.32万户保障家庭的"民心工程"目标任务。截至2008年末，全市共投入保障资金33.17亿元，累计对8.19万户城市低保住房困难家庭实施了廉租住房保障，其中实物配租保障2.12万户，发放租金补贴3.01万户，通过旧城改造等其他方式解决3.06万户；主城区人均住房使用面积10平方米以下、远郊区县人均住房使用面积6平方米以下的7.76万户低保住房困难家庭实现了保障全覆盖，另有0.43万户低收入住房困难家庭提前一年实施了保障。

2. 住房制度改革

全市出售公有住房5799套，建筑面积27.88万平方米；完善集资合作建房产权119套，办理西南铝(集团)有限责任公司、重庆工学院、重庆市自来水有限公司、重庆发电厂等9个单位集资建房竣工备案，补缴公共维修基金14.27万元；为进一步转变政府职能，加强住房宏观管理，按照《重庆市人民政府关于将现有市直管公房房产划转区政府的通知》（渝府发［2008］115号）文件精神，启动了市有直管公房下放区县工作，完成了渝中区、大渡口区、江北区、沙坪坝区、九龙坡区、南岸区、北碚区、万盛区划转范围内的市有直管公房房产清理，并委托中介机构基本完成了对清理结果的审计工作；做好破产、改制等企业职工住房政策的宣传解释工作，积极研究并妥善处理改革中涉及职工住房的遗留问题。

3. 住房货币化分配

根据2005年10月新实施的《重庆市住房货币化分配实施方案》、《重庆市市级机关事业单位住房补贴办法》，随着市级财政资金逐步到位、企事业单位效益日趋好转，全市实施住房补贴的单位呈上升趋势。2008年，全市共新增实施住房货币化补贴单位128个，12572人，发放一次性补贴共计2.74亿元。

（四）房屋拆迁与旧城改造

1. 房屋拆迁管理

编制城市房屋拆迁计划以及危旧房拆迁改造计划，全市城市房屋拆迁工作按照拆迁计划有序推进。

严格按照中央精神，全面建立拆迁计划管理制度，全市2008年城市房屋拆迁计划的控制目标为：拆迁项目259个，拆迁户数80003户，总面积为623.01万平方米，拆迁项目占地面积为1080.22万平方米。其中，拆迁住宅71971户，住宅面积408.46万平方米，与2007年的拆迁计划相比增加148%。本计划将259个拆迁项目分为四大类(市重点项目47个、公益性项目49个、旧城改造项目116个、土地储备整治项目47个)。

为进一步改善主城区城市居民的居住条件，提升城市整体形象，按照市委、市政府的工作部署，2008年市主城区将完成230万平方米的危旧房拆迁改造任务。在"一个主体、三个捎带"的拆迁原则，全市全年房屋拆迁规模将较去年有所增加。

2008年全市发放拆迁许可证259个，批准拆迁52341户，批准拆迁面积444.1万平方米，实际拆迁48583户，实际拆迁面积478.2万平方米，与上年同期相比分别上升113.6%和89.9%；共安置48483户（其中：货币安置27782户，产权调换20701户），安置面积507.9平方米，与上年同期相比分别上升

121.6%和121.2%。主城区实际拆迁住宅40198户，实际拆迁住宅面积233.5万平方米。主城区拆迁中提供保障1.3万户，提供保障建面20.8万平方米。全市共受理行政裁决2614件，占实际拆迁总户数5.5%；发出裁决2058件，占实际拆迁总户数4.2%；与上年同期相比上升28%；共强制拆除236户，占实际拆迁总户数0.48%，与上年同期相比上升31%。由于所有裁决和强制拆迁均严格依法按程序实施，并充分考虑被拆迁人的实际困难，妥善做好善后工作，加快了拆迁进程，有力的保障了城市建设的顺利进行。

针对拆迁矛盾比较突出的问题，定期召开主城区城市房屋拆迁工作会，切实解决拆迁中存在的各种矛盾和问题。特别是召开的渝西片区拆迁工作会，有针对性的对各区县拆迁中存在的问题进行了专题研究。

2. 主城区危旧房拆迁市拆迁工作的最大特点是将危旧房拆迁改造工作作为城市房屋拆迁的核心内容

为加快主城区危旧房拆迁，切实解决民生问题，改善人民群众基本生活、居住条件，改善城市环境和完善城市功能，依照重庆市委、市政府的要求和部署，全市在2008年～2010年，在主城区范围内实施大规模的危旧房改造工程。

市主城区现有危旧房总量为786万平方米（其中旧房面积431万平方米，占总量54.83%，危房面积355万平方米，占总量45.17%），其中住宅面积约524万平方米，住宅户数138776户，户均住宅面积约37.78平方米，全市划定为危旧房的住宅主要以小户型为主，生活设施严重不配套，安全隐患突出，大部分家庭均为低收入家庭户，无力改善自身居住条件，且属于应提供最低住房保障的家庭。

按照计划，将在3年内完成主城区786万平方米的危旧房拆迁任务，其中2008年危旧房拆迁总量为230万平方米，约占危旧房拆迁总量的30%；2009年的拆迁总量为360万平方米，约占危旧房拆迁总量的45%；2010年的拆迁总量为196万平方米，约占危旧房拆迁总量的25%。同时，为便于拆迁片区的统一开发，按照"一个主体、三个捎带"原则确定的房屋拆迁总规模为1185万平方米（危旧房主体与捎带建筑量之比原则上不大于1∶0.5）。

按照市政府37号文件相关规定，在实施危旧房改造中的拆迁安置政策充分考虑被拆迁人合理利益要求，引导和鼓励被拆迁人选择货币安置，对选择货币安置，给予1万～3万元一次性货币奖励。对低收入住房困难家庭，住房建筑面积不足45平方米且在他处无住宅，按建筑面积45平方米给予等值货币或实物补偿安置。同时对被拆迁人子女义务教育、低保家庭最低生活保障金发放，拆迁人就业、培训、医疗、社会保障服务等给予充分考虑。市有直管公房拆迁户有条件的实行产权调换安置，无条件的实行货币补偿安置，货币补偿费按产权人与承租人3∶7比例分配；拆迁非住宅直管公房时，原则上实行产权调换安置，对确无条件的实行产权调换安置的，实行货币补偿安置，货币补偿费按产权人不低于70%，承租人不高于30%比例分配。

（重庆市国土房管局）

四 川 省

一、城乡规划

【宣传贯彻《城乡规划法》】 2008年1月，国家《城市乡规划法》颁布实施后，省建设厅先后培训城乡规划从业人员2000多人，印发了《关于做好〈中华人民共和国城乡规划法〉宣传贯彻工作的通知》、《关于使用新版城乡规划许可证书的紧急通知》等文件，就做好全省学习宣传和贯彻实施工作进行了全面部署，并对全省城乡规划有关制度政策进行了系统清理，出台了《四川省城乡规划法实施条例》，在全省印制并统一使用了新版城乡规划许可证。各地按照省建设厅的要求，集中开展了《城乡规划法》宣传月活动，采取多种形式在城市和乡村广泛宣传《城乡规划法》，营造全社会关心、支持城乡规划的良好社会氛围和舆论环境，以确保《城乡规划法》在全省的顺利实施。

【省域城镇重大规划编制】 2008年初，省建设厅开展了全省重点发展地区城镇群规划的编制，编制完成《成渝城镇群协调发展规划》。四川省"四大城镇群"规划编制进展顺利，其中川南城镇密集区规划成果已编制完成,成都平原城镇连绵区、攀西城镇发展区编制完成初步成果。开展了联动推进工业化、城镇化重大课题调研和政策文件的起草工作。同时,编制完善了"两湖一山"和攀西阳光、嘉陵江流域和蜀南竹海、石海等四大旅游区规划纲要,其中"两湖一山"旅游区和攀西阳光旅游区纲要在报经省政府批准的基础上,完成了两旅游区总体规划成果的编制。还编制了《四川省历史文化名城镇体系规划》,完成了10个市、县(都江堰市、绵竹市、汶川县、北川县、青川县、茂县、盐源县、泸定县、夹江县、兴文县)总体规划和会理县历史文化名城保护规划的技术审查。

【规划实施管理】 依据《四川省城镇体系规划》,完成了25个重大建设项目规划选址。组织开展了城市规划编制单位资质认证工作,指导各地规范了城乡规划行政许可审批。扎实开展城乡规划效能监察和城市规划督察工作,进行了全省各市(州)、县城乡规划效能绩效考核,推进了各地城乡规划效能建设,省派驻城市规划督察员共发出督察意见书78份,维护了城市规划实施的严肃性。同时,结合城乡规划效能监察和督察工作,会同监察厅拟定了《四川省城乡规划违纪违法行为处分规定》,建立了规划效能监察与督察的长效机制。

【抗震救灾恢复重建规划】 "5·12"汶川特大地震发生后,省建设厅将工作重点迅速转移到抗震救灾上来,抓好抗震救灾恢复重建规划工作。一是抓好灾区过渡安置房建设。加强对灾区过渡安置房规划建设的政策技术指导,先后制发了《关于做好地震灾区受灾群众过渡安置房建设工作的紧急通知》、《四川省"5·12"地震救灾过渡安置规划导则》等政策和技术文件,对灾区过渡安置房的规划选址、建设标准和基础设施配套等工作提出了具体要求,有效地指导了灾区过渡安置房建设,推进了受灾群众过渡安置房建设工作的顺利实施。二是认真编制灾后恢复重建城乡规划。根据省委省政府《汶川地震灾后重建规划工作实施方案》的总体要求,组织编制完成了汶川地震灾后恢复重建城镇体系规划、农村建设规划、城乡住房建设规划等三项专项规划,制发了《关于加快地震灾区恢复重建城乡规划编制工作的通知》,在地震重灾区组织开展了灾后恢复重建城乡规划编制"大会战",推进了地震灾区城镇和乡村灾后恢复重建规划的编制,为全面实施城镇灾后恢复重建提供规划依据。

至2008年底,四川省地震重灾区39个需要编制或修编规划的县(市、区)规划已经全部完成(其中6个市辖区已纳入当地城市规划统一编制);702个镇乡已编制完成了631个,占需要编制规划的90%;2197个需要编制规划的村庄,已编制完成2043个,占需要编制规划的93%。基本完成了省政府确定的目标任务。

省政府建立了规划编制督导机制,成立了由省建设厅牵头负责,国土、水利、地震等省直有关部门和相关专家共同参与的成都和阿坝、绵阳和德阳、广元和雅安3个督查组,分片对各地进行督查和指导。各市、州也成立了相应的督导工作机构,有针对性地定期对县(市、区)灾后重建规划编制工作进行检查和督察。同时,省建设厅针对灾后重建项目的实际需求,对近期建设规划提出了具体规划,落实"近期建设项目库",明确项目、投资来源、建设时序等相关内容,提高规划的可操作性。对社会广泛关注的一些城市、镇乡的规划,在技术审查时,建设厅广泛邀请国家级、省内外的权威专家参加。

二、城市建设

【抗击冰雪灾害情况】 2008年初,四川省盆地周边和沿江城市供排水、城市道路和桥梁等市政公用设施以及农村住房均不同程度受到冰雪和低温冷冻的危害,受灾损失累计达23.31亿元。灾情发生后,省建设厅立即作出部署,相关城市建设行政主管部门迅速启动应急预案,制定可行措施,建立受灾情况和恢复重建的日报制度,组织编制和实施恢复重建方案,抓好抗灾救灾工作,并向建设部争取了恢复重建专项资金600万元。截止到4月中旬,全省受冰雪灾害影响市(州)的市政公用设施基本恢复正常运营。

【抗震救灾情况】 一是保障应急供水。"5·12"地震发生后,省建设厅立即启动了城市供水应急预案,紧急组建省内外38支共567人的供水管网检漏抢修队深入灾区,并派出由32名省内外专家组成的供水水质应急保障和检测小组,指导帮助灾区做好水质化验和检测工作。除北川等极重灾县外,大部分灾区县(市)在5月底前基本恢复了应急供水,保障了受灾城镇人民群众喝上了干净的水,防止了群体性介水疾病的发生。

二是组织分送抢险物资。省建设厅共组织分送省内外捐助的净水设备、各类环卫车及移动公厕、瓶装燃气及灶具等共1.1万台(套),使灾区人民群众的基本生活得到了保障,维护了灾区生产、生活和社会秩序的稳定。

三是开展应急评估。省建设厅完成了重灾区2928座城市桥梁、35座城市自来水厂、254个镇(乡)自来水厂、35座城镇(乡)污水处理厂、37座城镇垃圾处理场的安全性应急评估,为抗震抢险、适时安置灾民和灾后重建等工作提供了科学依据。

四是抓好过渡安置点市政公用基础设施配套建设。建设厅迅速制发紧急通知,要求灾区城镇过渡安置点市政配套设施与过渡安置房建设同步进行,对配套设施建设完成情况实行了每周一、三、五报告制度,并由派驻灾区市(州)的工作组对配套建设情况进行督导。到8月上旬,共建设集中供水点6616个,配套率98.3%;建设垃圾收集点8079个,配套率100%;建设公共厕所8566个,配套率100%;安置点配备燃气器具155675套,配套率71.44%。

【市政公用设施恢复重建】 一是编制规划。根据灾区恢复重建对供水、污水、燃气和道路桥梁等市政基础设施的需求分析,完成了《四川省地震灾区市政公用基础设施灾后恢复重建实施规划》、国家确定的39个灾区县(市、区)《市政公用基础设施灾后恢复重建实施方案》、四川省确定的12个受灾县(市、区)的《灾后恢复重建实施规划》。

二是制发技术导则。编制印发了《城镇市政公用基础设施灾后恢复重建工程技术指导意见》以及城镇供排水、燃气、道路桥梁、市容环卫等专项恢复重建技术指导意见,用以指导全省市政公用基础设施灾后恢复重建工作。

三是落实恢复重建项目。按照"恢复重建与发展提升相结合"原则,指导由国家确定的39个极重灾和重灾县(市、区)共落实灾后恢复重建市政公用基础设施建设项目1107个,投入资金807亿元。按照实施方案,2008年已启动项目603个,计划完成投资140.12亿元,其余项目及投资将在2009年底基本完成。

【城乡环境综合整治试点】 深入调查研究,制定工作措施,结合灾后重建开展城乡环境综合整治,在全省农村启动了300个村庄人居环境治理试点工作,在成都等11个城市启动了城乡环境综合整治试点工作。

编制了《四川省城乡环境综合整治规划(2008～2012年)》、制定了《四川省城乡环境综合整治"清洁化、秩序化、优美化、制度化"评价指标体系》及《"四化"达标考核办法》等指导性文件。同时切实加大对试点城市城乡环境综合整治工作的指导力度。

一是指导和协助试点市(县)联系当地实际,分析自身特点,确定整治重点、拟定工作措施、找准工作切入点和突破口,科学制定整治规划及整治方案;二是指导试点城市工作机构细化工作方案、量化整治标准,建立工作制度;三是现场指导试点城市确定整治目标、拟定工作措施、建立工作机制和保障机制。各试点城市和省直有关部门目标明确、责任落实,城乡人居环境和容貌、秩序、试点工作取得了阶段性成效。

【环境保护民生工程】 加强城镇市政基础设施建设,推进治污减排和环境建设,全年完成投资380亿元,比上年增长20%。坚持政府主导的原则,引导各地完善投融资机制,搭建融资平台,多渠道筹措资金,加快城市生活污水和垃圾处理设施建设,列入城市污水处理厂限期整治的64个污水厂全部完成年度目标任务,城市生活垃圾处理建设也全面完成全年投资目标任务。2008年,全省城市生活污水处理率达到60%,生活垃圾无害化处理率达到75%。

开展了"中国人居环境范例奖"创建工作,完成了成都市双流县城镇综合整治工程、遂宁市涪江城区水环境综合整治过程的审查评价。邻水、内江、均莲、大英等市(县)荣获省级卫生城市称号,遂宁市创建国家卫生城市已通过省级初检。

【城市公共交通】 一是严格执行相关法律法规,加强城市公共交通和出租车行业管理,开展"城市无车日"活动,强化了全社会"公交优先就是人民群众优先"的意识;加强公共车、出租车运营监管,确保行车安全,全年未出现重大安全事故。二是严格执行国家和省关于加强出租车行业管理有关规定,严把"不得新出台经营权转让政策"关,争取国家补贴,维护行业稳定。

【城镇燃气】 一是搞好燃气区域规定,维护企业利益和行业安全;二是加强对乡镇燃气的监管,引导乡镇燃气规范化、规模化有序发展;三是开展燃气专业标准培训,提高从业人员素质。2008年全省新增燃气用户20多万户,城镇燃气普及率达80%。

【城市供排水】 一是认真开展排水立法工作,认真落实运行监管办法,实施供水排水企业运行考核评价工作,确保供排水行业的健康有序发展;二是以科学技术专业委员会为主导,编制行业发展规划,推进全省城市供排水行业的发展。

三、村镇建设

【抗震救灾工作】 "5·12"汶川特大地震后,

全省各级村镇建设部门全力以赴投入到抗震救灾工作中。一是为灾区人民解决喝水问题，以最快的速度联系组织净水设备，先后接收调运了美、日、德、新加坡、加拿大等国和国内部分厂家援助的净水设备共4898套，瓶装纯净水50.85吨，迅速发送到灾区，在较短时间内及时让灾区群众喝上干净水。二是迅速组织人员深入灾区，调查收集灾具体受损情况，努力克服通讯不便等困难，及时准确收集上报数据，为抗震抢险、及时安置受灾群众和灾后恢复重建等工作提供了科学依据。三是迅速组织工程技术人员，开展农村建筑应急安全评估。成都市建委在几天时间内组织240名志愿者，调集140名村镇建设工匠对都江堰市20万户农村建筑进行了应急安全评估，指导14郊区(市)县完成了城乡建筑安全应急评估工作。遂宁市在灾后第一时间就组织人员对灾区危房进行览定评估。四是开展过渡房建设大会战，在8月8日北京奥运会开幕前，提前完成了地震灾区受灾群众过渡安置房建设任务，保证了受灾群众顺利入住。在入冬前又开展了加强农村自建过渡房保暖措施的专项整治的攻坚月活动，六个重灾市(州)深入发动群众，采取措施，逐村逐户抓落实，到11月底，灾区53万户农村自建过渡安置房全部采取了防寒保暖措施，确保了受灾农户安全过冬。

【重建规划编制】 完成了汶川地震灾后恢复重建的《农村建设规划》、《城镇体系规划》、《城乡住房建设规划》三项专项规划的编制工作。组织全省和援建单位的规划技术力量，开展了灾后重建城乡规划编制"大会战"。完成了39个重灾县(市、区)的村镇体系规划编制或修编以及631个镇乡、2043个村庄的重建规划编制。组织了2000多名规划设计技术人员开展农房重建规划大会战，完成了500多个村庄(农村居民点)的重建规划，举办了农房重建规划展，为全省灾区农房重建规划编制起到了示范推动作用。

【重建规划的科学选址】 一是切实抓好农房居民点选址。省建设厅组织专家调查研究，形成了《四川汶川地震灾后农村房屋恢复重建选址技术导则》，并由省政府办公厅批转下发。二是抓好灾后农村房屋恢复重建规划选址。省建设厅会同省发改委、省国土资源厅、省民政厅、省地震局等5个部门，组织有关专家，按照《汶川地震灾后重建条例》对26个受灾镇乡的迁建选址进行了实地踏勘论证，确定了12个镇乡原地异址重建和14个镇乡原地原址重建的选址。

【严格建设标准和施工质量】 按照住房和城乡建设部下发的《汶川地震灾后农房恢复重建技术导则》和四川省抗震救灾指挥部印发的《关于汶川地震灾后农房重建技术指导工作的实施意见》(川指[2008]193号)要求，组织工程技术人员，深入灾区开展调查研究，迅速开展农房重建方案设计工作，编印了《四川省地震灾区农房重建设计方案图集》(分为平坝丘陵地区、山区和民族地区三册)、《四川省农村居住建筑抗震设计技术导则》(2008修订版)、《四川省地震灾区农村住宅施工技术导则》、《灾区农房重建设计方案和施工图集》、《四川省农村居住建筑抗震构造图集》、《四川省地震灾区农村居住建筑抗震施工质量安全技术指导手册》等指导性文件和技术规范。与法国开发署合作，编印了《农村抗震节能住宅建设实用指南》，向灾区农村房屋重建提供技术帮助。灾区各级建设行政主管部门也根据各自的实际，因地制宜制定了农房重建标准和规范，设计了大量的建筑设计图纸，免费发放到灾区供农民选用，为地震灾后农房恢复重建提供了技术保障。绵阳市建设局、规划局由局党委成员带队，组成农房技术指导服务组，采取一个小组负责一片的办法，把质量技术监督服务工作覆盖到每一个有重建任务的乡镇，并建立了市、县、乡镇三级质量服务体系，市覆盖到镇乡，县覆盖到村庄，镇乡覆盖到每一户建房农户。攀枝花市强化施工现场技术服务，下派专业技术人员深入农户家中进行指导，并向受灾农户发放服务联系卡，使重建户能随时就重建过程中遇到的问题向有关技术指导人员联系。南充市推行了质量承包制，采取由建设部门与各受灾农户签订《质量担保责任书》等办法，确保在建农房工程质量，全市灾后重建农房质量合格率达到90%以上。

【技术服务指导】 各级建设部门动员社会各方面力量参与重建，鼓励和允许有资质的建造师、建筑师、结构师、监理工程师以个人名义参与农房重建技术服务指导工作。各地采取将技术人员派驻到村、或分片派技术人员等方式，实行包干负责、责任到户，把农房重建技术服务指导工作落到实处。根据各地农房修建中建筑工匠严重不足的情况，建设厅委托四川省建筑职业技术学院编写了《建筑工匠培训教材》，要求各地抓紧培训农村建筑工匠，结合全省村庄人居环境综合整治工作实际，把培训领域范围扩大到村组基层干部，举办了有350多人参加的《村庄整治技术规范》培训班。德阳市组织专家到全市各区县巡回办培训班25期，免费培训农房建管人员和农村建筑工匠300余人。广元市连续两个月在全市范围内开展灾后农房重建技术专项培训活动，重点培训各乡镇干部、村镇建设管理人员及农村建筑工匠。乐山市、眉山市加强农村建筑工匠培训和管理，建立农村建筑工匠资格认证制度。2008年全省建设各级部门组织技术人员下乡服务735213户、65128人次；培训农村建筑工匠4.7374万人，完成目标任务的157.91％，提高了农民建房的质量和水平。

【城乡环境综合治理】一是按照省"5·12"抗震救灾指挥部《关于灾后恢复重建工作中迅速启动城乡环境综合整治的紧急通知》的要求，灾区各地把城乡环境综合整治纳入到灾后重建的工作体系中，注重把供排水、道路等基础设施纳入重建规划、同步组织实施，为灾区的城乡环境综合治理奠定了基础。都江堰市积极实施农村清洁行动，及时清理因灾产生的建筑垃圾，推动了灾区农村环境整治工作有序推进。二是按照省委办公厅、省政府办公厅下发的《四川省城乡环境综合整治试点工作方案》要求，省建设厅在全省开展了城乡环境综合整治试点，在农民聚居点配置垃圾集中收集设施，开展对生活垃圾实施"户收集、村保洁、镇（乡）清运、县处理"的四级运作模式。三是制定村庄人居环境治理工作方案，研究草拟了村庄人居环境治理评价体系和标准，明确了推荐上报试点村的原则和条件。出台了《关于推荐上报新农村村庄人居环境治理试点村的通知》（川建〔2008〕29号），落实了试点资金，列入了省政府2008年全省重点工程。各地结合本地实情，制定了实施方案，明确了村庄人居环境治理试点的项目、目标、投入、责任和进度等，并与村庄签订了目标责任书和财政配套资金书面承诺书，将目标任务纳入各级政府目标考核。宜宾市完成了60个村庄的建设规划编制及整治计划，启动了132个村庄人居环境治理工作。自贡市投入资金2360多万元用于村庄基础设施改造。绵阳市把灾后农房重建和人居环境治理有机结合，在规划村庄农房建设的同时紧密结合人畜饮水、污水排放治理、垃圾环卫设施的配置等同步建设。至年底，全省300人省级村庄人居环境治理试点村，已全部完成了人居环境治理工作任务，新建垃圾收集池1200个、垃圾收集库105个、购置垃圾收集桶2600个、垃圾收集人力车62辆、修建了一批污水收集和处理设施，完成投资8000多万元。

【百姓安居工程】一是把实施"百姓安居工程"的目标任务进行了分解，落实到各市州；二是制定了《四川省建设厅关于实施"百姓安居工程"的督查方案》，明确了督察的内容、方式和人员；三是制定了《四川省建设厅关于实施"百姓安居工程"的工作方案》；四是各市、州建设部门，密切配合，切实抓紧工作计划安排、制定工作措施等工作。制定工作计划和目标，将责任分解落实到具体部门和人员，纳入目标考核，建立相应的工作平台。全年全省共为6.3582万户农户进行了规划选址，完成目标任务的127.16％；为6.1337万户建房农户进行了现场指导（其中：完成农村特困无房户和受灾群众住房33056户，农牧民住房22380户，完成地质灾害避险搬迁工程5901户），完成目标任务的122.67％，保障了"百姓安居工程"的顺利推进。广安市政府下发了《关于加强村镇规划建设管理工作的意见》，将农村散户建房统一由乡镇村建环卫服务中心派专人到区市县行政服务窗口办理手续，严把农民建房规划选址的安全关。

【实施启动帐篷新生活行动】按照省委、省政府实施"帐篷生活行动"的总体部署安排，解决两州一县藏区牧区11.25万户、53.3万牧民野外生活，建设厅制定了工作实施方案，召集设计单位和生产企业在藏区现场开展帐篷新生活帐篷及篷内设施设计方案调研和研发工作。

【启动牧民定居点行动计划前期工作】出台技术政策和规范。制定下发了《牧民定居点建设规划编制技术导则》、《牧民定居点总体规划编制技术导则》、《牧民定居点选址技术导则》和《牧民定居点建筑设计技术导则》4个技术导则。提出了对口支援、试点示范、技术人员培训、规划成果评优及展览等方面的具体措施，启动牧民定居点建筑设计工作，征集了牧民定居点住宅建筑和公共建筑设计方案近100人，组织协调全省各地开展对口支援，推进了牧民定居点规划设计工作。

【历史文化名镇名村保护】开展第四批全国历史文化名镇名村的推荐上报工作，全省有6个镇、1个村被评为第四批中国历史文化名镇、名村，占第四批全国历史文化名镇、名村总数的8.3％，推动了全省的历史文化名镇、名村保护工作。成都市组织开展了"天府古镇魅力展示活动"，对全市历史文化名镇开展集中宣传推广，展示了成都"天府古镇"的魅力。泸州市以申报国家级历史文化名镇（村）为契机，利用电视、报纸、网络等多种形式，宣传历史文化资源的地位和作用，引导群众提高名镇（村）保护的重大意义。采取措施保护历史文化遗产，做到机构、人员、措施、经费"四落实"。在财政较为困难的情况下，想方设法筹措资金，编制了尧坝镇、太平镇、福宝镇、立石镇的历史文化名镇保护规划。

合江县尧坝镇投入200余万元，整修改造了中国美学奠基人王朝闻故居、武进士府、周举人公馆和融合道、佛文化的明代古庙东岳寺等。全省还开展了国家和省级历史文化名镇名村灾后恢复重建项目的调查和推荐上报工作，成都市安仁镇和甘孜州莫洛村，列入了国家名镇名村专项资金补助项目名单。

四、勘察设计

【勘察设计行业管理和改革】 加快推进勘察设计行业体制改革，加强对勘察设计单位改企建制工作的指导。2008年一批市、州、县勘察设计单位完成了改制任务。其中有德阳市建筑规划勘察设计院、自贡市建筑勘察设计研究院、攀枝花市建筑规划设计院、乐山市规划建筑设计院、宜宾市城乡规划勘察设计院、阆中市名城建筑勘察设计院、彭山县城乡建筑设计室、合江县建筑勘察设计室等。四川省古典建筑园林设计院、四川省城镇设计院等单位正抓紧推进改制工作。全省勘察设计单位改企面已超过80%。通过改制和机制创新，企业活动、竞争力激增，效益明显提高。

调整和优化企业结构，整合资源，大力发展有自主知识产权和技术优势的大型勘察设计集团和中小型专业公司。2008年，中国成达、铁二院、电子十一院三家企业已进入了国家"工程设计综合甲级资质"的行列，使全省勘察设计行业的整体水平和市场竞争力得到提升。

加强全省勘察设计管理，促进行业发展和技术创新，增强勘察设计企业的综合实力和核心竞争力。组织召开了"四川省工程勘察设计工作表彰大会暨改革发展论坛"，表彰了第二批四川省勘察设计大师、2006～2007年度全省勘察设计管理先进个人、2007年度"四优"获奖单位、四川省获全国诚信先进单位。围绕科学发展、技术创新、工程总承包、企业信息化和企业文化进行了研讨和交流。

完成了2008年全省勘察设计行业优秀QC小组评选，评选出优秀QC小组一等奖励个，二等奖4个，三等奖4个，并将5个一等奖获奖单位推荐到中国勘察设计协会参加全国优秀QC小组评选。

【市场监管机制的建立和完善】 改进和创新资质审批和管理方式，建立企业资质申报相关证书原件核查、注册人员和技术人员到位情况核查制度，做到公平、公正、遏制钱权交易和腐败，严格资质审批中的"收、审分离"、"审查与咨询分离"。明确主审人员的责任，建立相应的复核和监督机制，推进企业资质网上申报工作，已初步实现了网上申报。

改革和完善行政管理体系，合理设置监管环节、界定监管职责、创新政府管理方式，建立健全符合市场需求的勘察设计市场和质量监管体制机制，对20多起在资质申报中涉嫌弄虚作假单位进行了通报或不予许可的处罚。

建立诚信激励和失信惩戒机制，营造良好的市场诚信环境，推进了建筑市场信用体系建设。在建设厅网站上建立了勘察设计、施工图审查机构资信情况及不良行为记录公示平台。

【抗震救灾和灾后重建】 5·12汶川特大地震发生后，成立"四川省建设厅5·12抗震应急指挥部"，并组建专家组、秘书组、联络组、物资组、后勤组等。

组织、协调省内外部分大专院校、科研单位、工程勘察设计企业的房屋结构评估专家近2000人于5月14日抵达灾区，进行灾后房屋建筑和市政设施受损应急评估，评估鉴定房屋建筑19833.04万平方米、市政设施347个。收集、整理灾区房屋受损、破坏情况，形成了《房屋建筑和市政基础设施震后安全性应急评估工作专题报告》34篇。

加快推进灾后重建，帮助和指导农民建房，省建设厅组织修订下发了《四川省农村居住建筑抗震设计技术导则》（2008版）；组织编制了《四川省农村居住建筑选址技术导则》、《四川省农村居住建筑施工技术导则》、《地震灾区农房重建方案图集》、《地震灾区农房施工图图集》等。

参加了相关政策文件的起草工作。省建设厅参与起草了四川省人民政府令（第226号）《汶川地震灾区城镇受损房屋建筑安全鉴定及修复加固拆除实施意见》，和省财政厅、物价局联合下发《关于贯彻执行省人民政府令第226号〈汶川地震灾区城镇受损房屋建筑安全鉴定及修复、加固拆除实施意见〉的通知》，参与起草了四川省人民政府《关于加强地震灾后恢复重建建筑市场监管工作的通知》，和省物价局联合下发了《关于四川省地震灾区受损房屋建筑安全修复、加固设计收费标准的通知》等文件。

五、建筑业

【行业发展情况】 2008年全省新批准企业570家，企业增项252项；企业升级265项。截止到2008年底，全省总承包一级139家，二级1262家，三级1514家，专业承包118家，二级1158家，三级2001家，劳务企业1162家，共计7483家，比2007年净增140家。专业承包一级增加15家，一级总承包增加28家。前三季度，全省施工总承包和专业承包企业完成建筑业总产值1644亿元，比2007年同期增长24.5%。全年完成建筑业总产值2000亿与上年基本持平。省外完成建筑业产值增幅较大，前三季度已完成498.1亿元，接近2007年全年省外产值。

改善企业经营环境，2月26日省建设厅组织召开了部分大型施工企业负责人座谈会，分析形势、共谋发展。2月29日召开市州建筑业管理部门负责人会，共同讨论促进全省建筑业发展的良策。3月中旬，由厅领导带队赴江苏的南通市和浙江的绍兴市学经验、找差距。3月24日在成都召开了全省建筑业管理工作会，明确了2008年全省建筑业的工作目标和任务。

服务企业，完成了项目经理资格向建造师执业注册制度的过渡。按照建设部要求，2008年2月27日之后，注册建造师将取缔原项目经理，作为施工管理和企业资质许可的条件。针对四川省发生特大地震灾害的特殊情况，经建设部同意，将项目经理有效期延续到2008年8月。至年底，全省已完成注册一级建造师7692人，二级建造师16070人，二级临时建造师27124人，建造员16974人。无论是项目施工管理还是企业增项升级均未受到影响。

【抗震救灾】 汶川"5·12"特大地震发生后，省建设厅组织华西集团、成都建工、中铁二局、中冶成工、四川路桥等大中型企业组成抢险队和调集工程机械及时进入都江堰、德阳绵竹、绵阳北川等重灾区施救抢险，以后又陆续在全省施工企业中抽调400名组织能力强、懂结构的项目经理赴灾区参加抢险。救灾期间，承担了抗震救灾应急指挥部中的物资保障工作，组织施工大型机具和负责对全国建设系统对口支援四川的救灾物质的组织和发放。共调集和发放装载机166台、平板抢险车123辆、吊车98台、挖掘机173台、推土机37台、切割机600台、发电机56台等各类大型机械设备的2000台（套），各类机具、器材20543件（套）。

【市场监管】 在2007年推行建筑市场责任主体不良行为记录基础上，2008年建立了施工企业良好信用记录，充实和完善了建筑施工企业的诚信档案。到2008年底，全省共有不良记录87件，并在建设厅门户网站向社会公布，对规范市场行为发挥了较大作用。

及时通报市场行为不规范的企业。2月21日全省通报了34家单位，有的是工程款拖欠，有的是农民工工资拖欠，还有的是恶意聚众讨薪等。2008年6月对158家未取得安全许可证的施工企业资质给予了注销。10月16日，在成都召开了外省入川施工企业负责人会议，对浙江五洋集团、中国十四冶金建设公司、重庆申立机械公司等多家单位给予了通报及市场禁入处理。

针对地震灾后恢复重建特点，省政府下发了《四川省关于加强灾后恢复重建建筑市场监管的通知》，进一步明确了灾后恢复重建建筑市场监管的指导思想，各部门和地方建设行政主管部门的监管职责。

继续抓好重点监督企业的监督复查。2008年全省共有830家建筑施工企业被列为年度重点监督复查企业。经复查，9家企业被注销资质，544家企业复查为不合格，自动列入2009年重点监控对象。对重点监督企业，将全面对企业条件进行复查，达不到标准要求的将注销其资质许可。

完善信息系统。2008年底已完成全省建筑施工企业资质管理系统、建造师注册管理系统和项目管理三大系统。

【服务协调】 受地震灾害和房地产市场影响，建设项目垫资施工和拖欠工程款、拖欠农民工资现象有所增加，拖欠投诉上访增多。全省共接待处理工程款和民工工资投诉上访案件860余件，涉及金额8000万元。

六、住宅与房地产业

【灾后重建】 组织灾后受损房屋应急评估。"5·12"地震发生后，省建设厅及时组织省内外危房鉴定人员，开展受抽房屋的应急评估排查。在抗震救灾的前3个月内，共组织了省内外18批、640余人次的应急评估，鉴定房屋面积850多万平方米。应急评估排除了670多万平方米房屋的安全隐患，使这些房屋的受灾群众能够安心入住。

抓好过渡安置房建设统计报告。配合建设部组织的活动板房建设，做好全省过渡安置住房建设的相关统计、分析和情况报告。完成过渡安置房建设统计表150多份，形成各类报告、通稿、请示、汇报等20多个重要文稿，为省委、省政府准确掌握安置房建设情况，科学决策提供了重要依据。

制订灾后恢复重建城镇住房建设专项规划。做好灾后恢复重建城镇住房建设规划的数据收集、重建规模测算、配套政策制订、建设部专家组联络等工作，完成了汶川地震灾后恢复重建城镇住房专项规划（初稿）。配合住房和城乡建设部组织的专项规划评审，成为国家《汶川地震灾后恢复重建城乡住房建设专项规划》主要编制成员。

制订灾后城镇住房重建工作方案。地震发生后，及时进行灾后城镇住房重建政策的调研,起草重建工作草案。进入灾后重建阶段后,认真完善重建政策,30多次易稿。建设部等国家三部门下发指导意见后,及时进行修改完善,经省政府常务会议审定,并报建设部备案认可。参与了《四川省汶川地震灾后城镇住房重建工作方案》的制定,并由车轮战稍息人民政府以"川府发〔2008〕35号"文下发。

【住房保障】 2008年,省委、省政府把住房保障列入重要民生工程,纳入目标管理。至年底,全年廉租住房新开工131.2万平方米,占目标任务的130%,新增租赁补贴户数6.8万户,占170%,经济适用住房新开工121.6万平方米,占202.6%。全省纳入廉租住房保障户可达19万户,占全省符合保障条件总数的53.8%,比上年增加16个百分点。其中,租赁补贴决户数城市住房困难的低家庭16.8万户,实现应保尽保。

争取中央廉租住房专项补助资金。2008年中央共安排廉租住房专项补助资金133亿元(含第四季度扩大内需中央追加的75亿元),经过努力,全省共获得12.5亿元左右,位居全国前列。

制订2009～2011年廉租住房保障规划。根据建设部的统一安排,组织各市(州)编制完成2009～2011年廉租住房保障规划,明确了到2011年全部解决城市低收入家庭住房困难的目标以及实物配租的目标。

初步摸清地震灾害对住房保障对象的影响。据统计,地震使已纳入城市廉租住房保障的受灾家庭7819户需要重新实施保障,其中,低保家庭4696户。地震还造成全省新增加保障对象2.87万户,其中,住房困难的低保家1.39家万户。

做好培训,提高业务素质。2008年年初,组织了对全省住房保障的统计培训。3月,又分两批对各市(州)、县(市、区)住房保障管理部门从业人员进行了轮训,参训人数超过300人。通过培训,全省住房保障从业人员素质普遍得到提高。

【行业建设管理】 2008年,全省有3个市、县房地产管理局获得国家建设部"全国房屋产权产籍先进管理单位"称号,7家企业荣获国家房地产开发一级资质,4家企业获得国家物业管理乙级资质,4个项目获得"物业管理全国示范"。

由于受"5·12"汶川特大地震等因素的影响,全省房地产市场遇到较大困难。房地产开发投资增速大幅下滑,至年底,全年完成房产开投资1400亿元,增幅降至10%以内,是10年来的第一次。其中,住宅投资完成930亿元以上,完成目标任务的169%;商品房施工面积增长13%;商品房销售下降30%。

认真贯彻国家行业监管政策,加大监管力度。至2008年底,已注销423家不合格开发企业,采取罚款、警告、通报等形式查处了60家违规开发企业和物业服务企业;会同省监察厅查处了南充市高坪区违法印制、发放房屋所有权证行为;做好拆迁信访遗留问题。

【房地产市场】 认真贯彻中央关于扩大内需,促进经济较快增长的决策部署,省政府下发了《关于促进房地产市场平稳健康发展的若干意见》的通知。

各地进一步加强房地产开发项目管理,坚持房地产开发资质准入制度。凡未取得房地产开发资质证书的,一律不得办理房地产项目报建审批手续。加强项目审批管理,严格实行房地产开发项目资本金制度,完善对房地产开发项目建设全过程的跟踪管理并建立健全住宅小区等群体房地产开发项目竣工综合验收制度。严格规范房地产开发项目转让行为,房地产开发企业转让房地产开发项目必须达到土地出让合同约定的开发条件,依法办理土地使用权变理手续并向房地产开发主管部门备案,转让取得商品房预售许可证的开发项目,按规定到房地产管理部门办理商品房预售登记变更手续;已批准的房地产开发项目,确需变更用地性质和规划指标的,必须按规定程序重新报批。

七、风景园林

【园林城市创建】 2008年,按照住房和城乡建设部和省政府关于开展创建园林城市的要求,省建设厅认真组织开展创建园林城市和园林式单位活动,推进全省城市园林绿化建设,改善了全省人居环境质量。完成了南充国家园林城市的验收工作,南充市已获得"国家园林城市"称号,完成了射洪县、武胜县、大邑县省级园林县城验收考核评定,进行大邑、新津、武胜、大英等城市的绿地系统规划编制与评审工作,已启动省级园林城镇的创建与评选,评选了花园镇、平乐镇、黄龙溪镇、安仁镇等10个城镇成为"省级园林小城镇"。进行了德阳、眉山等省级园林城市的复查工作。

【国家级风景名胜区综合整治】 全省各市、州建设行政主管部门和各风景名胜区管理机构利用网络、电视、广播等媒体开展多种形式的活动,加强风景名胜区的保护、利用和管理工作。同时,按照住房和城乡建设部对国家级风景名胜区综合整治工作的要求,完善了全省风景名胜区综合整治工作。

【风景名胜区规划和重点项目建设的监督管理】 2008年，省建设厅切实搞好风景名胜区规划建设工作，把发挥风景名胜区规划的综合调控作用作为实施对风景名胜区保护和利用的重要手段，高起点组织规划编制，严格审批程序，加强监督管理，为有效实施对风景名胜区的保护、利用和管理提供依据。同时，对三州民族地区、边远地区风景名胜区的规划编制工作予以扶持和指导，在规划经费资金划拨上，对受地震灾害较重的风景名胜区和民族地区给予优先政策。

2008年共完成了石海洞乡、西岭雪山、剑门蜀道等国家级风景名胜区总体规划及泸州九狮、大渡河—美女峰、小相岭—阴平古道等省级风景名胜区总体规划编制工作8项，超额完成目标任务。"5·12"汶川大地震后，唐家山（禹里）国家级风景名胜区总体规划已征求地方和省级相关部门意见，正在申报中。鸡冠山—九龙沟省级风景名胜区灾后重建规划和剑门蜀道风景名胜剑门关景区灾后恢复重建相继通过专家评审；完成了《蜀南竹海风景名胜区规划及建筑方案》、《锦屏—苏南等电力通道对邛海—螺髻山风景名胜区影响论证》、《剑阁县关于红军血战剑门关遗址基础设施建设项目规划方案和关前修建性详规》、《九寨沟诺日朗旅游服务中心扩建工程方案》、《九寨沟景区站点和树正寨人行通道建设方案》、《青城山—都江堰风景名胜区天府一条街、玉垒阁设计方案》、《成绵乐城际铁路经李白故里风景名胜区专题论证》、《成兰铁路穿越黄龙风景名胜区论证》、《改建铁路达州至成都线扩能改造工程对云顶石城风景名胜区影响论证》、《燕子沟水电规划对贡嘎山风景名胜区影响专题论证》、《乐山凌云寺第二期维修方案设计和乐山大佛景区离堆山景云亭危岩治理方案》等20多项方案的审查、审批工作。

【法规体系建设】 按照国务院《风景名胜区条例》的相关规定，结合四川实际，省建设厅启动了《四川省风景名胜区管理条例》修订工作，开展了《四川省园林小城镇评选标准》等课题的研究，对全省风景名胜区和城市园林相关法规进行修订和完善，加强了对风景名胜区和城市园林绿化的保护与利用的监管力度。

【抗震救灾和灾后恢复重建】 "5·12"大地震发生后，省建设厅迅速组织开展全省受灾风景名胜区和城市园林绿化的灾损统计工作。加强房屋安全性应急评估和活动板房的选址与建设指导。配合住房和城乡建设部开展全省受灾地区风景名胜区灾后恢复重建规划的调研与编制，建设部批复了该规划（建城[2008]139号）并将规划成果纳入全省灾后恢复重建规划（城镇体系规划）。配合住房和城乡建设部开展全省受灾地区城市园林绿地系统防灾避险功能建设调研，建设部出台了关于加强城市绿地建设提高防灾避险能力的意见（建城[2008]171号）据此以启动全省国家级园林城市绿地系统修编工作。进行了全省各受灾地区风景名胜区灾后恢复重建规划编制，已完成两处风景名胜区的灾后重建规划编制与评审工作，为开展全省风景名胜区灾后恢复重建提供依据。为我省成兰铁路、成青铁路灾后恢复重建大型基础设施建设做了相关协调工作。

八、建设科技

"5·12"地震发生后，省政府下发了《关于汶川地震灾后建筑废弃物综合利用的实施意见》等相关文件，现已印发实施。省建设厅启动政府办公建筑和大型公共建筑节能运行与管理工作，进行了国家机关和大型公共建筑能耗分析（20栋机关办公楼、5栋学院教学楼）。完成了《混凝土结构加固设计规范》、《木结构设计规范》等3项国家标准修编；编制发布了《四川省建筑抗震鉴定与加固技术规程》、《四川省超限高层建筑工程鉴定标准》等13项工程建设地方标准；修订了《四川省居住建筑节能设计标准》1项；评审了《煤矸石自保温烧结空心砖》等企业标准31项。

推进科技成果的转化。2008年，省建设厅组织科技成果鉴定14项；完成"四川省科技进步奖"的组织申报工作。其中一等奖一项，二等奖一项，三等奖四项。召开建设科技成果推广会3次，召开由200多家企业参加的"2008城市建设科技博览会"

推进可再生能源在建设领域的应用，组织6个新项目的申报。

按照国务院办公厅《关于进一步推进墙体材料革新和推广节能建筑的通知》和国家发改委、国土资源部等四部委《关于公布第二批限时禁止使用实心黏土砖城市名单的通知》精神，广元市、雅安市、资阳市、德阳市、江油市、西昌市、达州市、什邡市已按要求并超额完成年初申报的6个城市的"禁实"目标。实现了新型墙体材料在墙体材料中的比例达到45%的目标。

完成荷兰赠款"中国西部小城镇环境基础设施经济适用技术及示范项目"，康定、彰扎、泸沽湖污水处理厂和马尔康、彭州垃圾处理厂已经投入营运。

九、省政府投资项目代建管理

【制度建设】 2008年，省政府代建办与纪检部门签订了党风廉政建设责任书。制定了《四川省政府投资非经营性项目代建中心党风廉政建设目标任务》，《四川省政府投资非经营性项目代建中心制止党政干部公款出国（境）旅游专项工作方案》，《四川省政府投资非经营性项目代建中心党支部关于建立健全惩治和预防腐败体系2008~2012年工作规划的实施方案》，从思想上、制度上筑牢了廉政建设防线，预防腐败发生，促进了全省代建制健康发展。

【政府投资项目代建】 按照《国务院关于投资体制改革的决定》、《四川省人民政府投资非经营性项目实行代建管理的暂行办法》、《四川省人民政府关于2007年经济体制改革的工作意见》（川府发〔2007〕6号）、《省政府关于2008年经济体制改革的工作意见》（川府发〔2008〕25号）蒋巨峰省长在四川省第十一届人大会第一次会议上的政府工作报告的要求，2008年在全省全面推行政府投资非经营性项目代建制。省代建办已对省雅安、自贡等市、州考察、调研，加大实行代建管理的指导力度，要求全省各市、州建设行政主管部门统一思想、提高认识，加强领导、健全机构，因地制宜、完善制度，总结经验、全面推行代建制。各地建设行政主管部门认真贯彻落实省政府代建管理办法，结合本地实际，推进政府投资项目代建工作。至年底，成都、绵阳、广元、宜宾、自贡、泸州、乐山、雅安、南充、达州、广安等地采用投资公司的形式，推行政府投资工程代建管理，巴中市成立了代建管理局。加强政府投资工程的管理和建设，南充、宜宾等市、州正筹备成立代建管理机构。

【制度建设】 按照《四川省政府投资非经营性项目实行代建管理的暂行办法》和《省政府经济体制改革工作意见》要求，省代建办草拟了《四川省政府投资非经营性项目代建管理实施细则》及7个配套文件，并以省代建办（川代建〔2007〕19文和川代建〔2008〕2号文）两次上报省政府办公厅待批准实施。草拟了《四川省建设工程项目管理企业管理暂行办法》、《项目管理标准合同文本》，目前正在征求意见中。

在内部制度建设上，省代建办制定了《四川省政府投资非经营性项目代建中心印章管理规定》、《四川省政府投资非经营性项目代建中心公文处理管理办法》、《四川省政府投资非经营性项目代建中心人员带薪休假制度》。

"5·12"汶川特大地震发生后，省代建办积极参加对各个受灾区房屋的安全评估工作和安全质量大检查，了解到房屋受损情况非常严重，损毁数量最多的是学校、医院、政府机关办公楼等公共建筑，北川等县城几乎夷为平地。为确保工程质量和投资控制，省代建办积极开展调研，代省政府草拟了《四川省人民政府关于地震灾后恢复重建政府投资非经营性项目实行代建管理的通知》，建议在灾后重建中推行政府投资非经营性项目代建制，采用专业化的项目管理公司实施专业化的管理，从可研、设计、施工、验收等各个环节严格把关，坚持按基建程序办事，严格"投资、质量、工期"三个控制，以最短的时间、合理的投资，修建高质量的房屋，确保工程项目质量，确保人民群众的生命财产安全。加强对灾后重建代建工作的服务和指导，全面推动工程项目建设管理模式的改革，保质、保量、按期全面完成灾后重建任务。

【代建市场管理】 2008年8月28日，成立了四川省建筑业协会代建工程项目管理分会。省代建办认真探索和引导发挥分会作用，改革政府投资项目管理模式，培育健康规范的代建市场，通过协会的组织、桥梁和纽带作用，指导和规范省内项目管理公司的管理行为，指导他们以高效的管理、优质的服务和公平公正的价格进入省政府投资非经营性项目代建市场或其他工程项目代建市场参与代建工作。

为强化政府投资工程项目管理，提高建设工程项目管理从业人员的专业技术水平，2008年5月22日，省建设厅下发了《四川省建设厅关于在全省实行建设工程项目管理从业人员培训考核制度的通知》（川建人教发〔2008〕220号）。2008年11月3日，特邀全国代建制知名专家、教授，举办了全省建设工程项目管理从业人员培训，提高了项目管理公司从业人员的专业管理能力和水平，对代建管理市场的培育、延续和大力推进我省代建制起到了积极作用。

2007年，经省政府投资项目代建领导小组批准，省代建办承接了四川博物馆、四川省广电中心、四川省委党校综合教学楼和四川省妇幼保健院四个项目的代建管理工作。四个项目总建筑规模为20.18万平方米，总投资为10.37亿元。

四川博物馆工程建设规模为32026平方米，计划总投资为30000万元。截至2008年底，该工程基本完成。文物库房已全部完成交付使用。省博30万件文物已安全进入新馆库房。该工程的质量和投资均在计划控制范围内。2008年12月中旬移交使用单位全面布展工作。

四川广电中心工程于2006年8月经省政府投资项目代建领导小组批准，由省代建办承接其代建管理工作。该项目建设规模为133896平方米，计划总投资为66950万元。截至2008年底，省广电中心工程主楼主体结构已封项，裙楼结构封项，辅楼结构封项，工程进展顺利。该工程投资、质量均在计划控制范围内，无一起安全事故发生，并经受住地震的考验。

四川省委党校综合教学楼工程经省政府投资项目代建领导小组批准，由省代建办承接其代建管理工作。该项目建设规模为16760平方米，计划总投资3994万元。因物价上涨和地震等因素，已将工程预算和工程投资概算控制问题上报省财政厅和省发改委，待批准后，可立即组织招标开工建设，争取2009年1月开工。

（四川省住房和城乡建设厅　苟正中）

贵 州 省

一、城乡规划

【概况】　贵州省级补助各地城乡规划编制经费1455万元。贵州省政府批准实施都匀、赤水、松桃、荔波、玉屏、威宁、石阡7个市县总体规划。评审通过凯里、榕江、正安、普定4个市县总体规划修编和《贵阳城镇密集区城镇协调发展规划》、《贵州省城镇体系发展战略研究》。评审通过贵阳、遵义、安顺、仁怀4个市总体规划修编纲要和织金、赤水绿地系统规划。贵州省政府批准实施习水土城古镇保护规划，评审通过西秀区旧州镇、黎平县德凤镇历史文化名镇保护规划及镇远县城沿河城市风貌整治规划。

【城乡规划相关制度和规定《贵州省建设工程竣工规划核实管理办法》等制度出台】　《贵州省建设工程竣工规划核实管理办法》、《贵州省建设项目规划选址报告编制导则》、《贵州省城市规划管理技术规定编制导引》出台，遵义、六盘水等地城市规划管理技术规定修改完善，贵州省级核发规划项目选址意见书106份。

【城乡规划效能监察】　根据《建设部、监察部城乡规划效能监察2008年工作计划要点》，贵州省建设厅、贵州省监察厅成立城乡规划效能监察领导小组及其办公室，印发《贵州省建设厅、贵州省监察厅城乡规划效能监察工作计划要点》，开展全省城乡规划效能监察监督检查。

二、城市建设·市政公用事业

【概况】　贵州省城市市政基础设施国家和省级总投入13.46亿元。贵州省政府办公厅印发《"十一五"后三年全省城镇污水和垃圾处理工程建设方案》。出台《贵州省小城镇市政公用事业市场化监督管理办法》、《贵州省小城镇市政公用事业市场化进程中最低收入家庭扶持办法》、《关于城镇污水处理项目建设指导性意见》。出台《贵州省城市公共交通企业经营资格证核发规定》、《贵州省城市出租汽车安全行车服务质量和车容车貌标准（试行）》等规定，贵州省城市公共交通行政执法文书格式逐步完善，对贵阳中心区、遵义中心区、福泉、仁怀等26个市县城市公共交通经营权问题进行核准，下拨城市公共交通行业燃油补贴2.48亿元。

【城市设施水平（含暂住人口）】　贵州省城市（县城）人口密度平均每平方公里2379人，人均日生活用水量127.72升，每万人拥有公共交通车辆4.9标台，人均拥有道路面积5.99平方米，人均公园绿地4.44平方米，建成区绿化覆盖率21.55%。

【城市公共供水】　贵州省城市（县城）含暂住人口用水普及率83.20%，城市自来水综合生产能力329.72万立方米/日，年供水总量56267.21万立方米（其中生产运营用水7097.34万立方米，公共服务用水4520.96万立方米，居民家庭用水30985.78万立方米，其他用水2532.6万立方米，免费供水量3726.65万立方米，漏损水量7403.88万立方米），用水户数1419741户，供水管道长度7210.44公里。

【城市公共交通】　贵州省城市（县城）公共汽车运营线路长度1527公里，车辆5134辆，折合标准营运车数4715标台，客运总量103383万人次；出租汽车13768辆，客运总量49144万人次；运营船数133艘，客运总量79万人次。

【城市供气】　贵州省城市（县城）天然气储气能力49.58万立方米，供气管道85.05公里，供气总量1378万立方米，用气户数18655户，用气人口8.78万人，天然气汽车加气站4座。液化石油气储气能力14667.47吨，供气管道146.16公里，供气总量

86863.19 吨，用气户数 873230 户，用气人口 355.35 万人。人工煤气生产能力 191.8 万立方米/日，储气能力 631.5 万立方米，供气管道 2693.86 公里，供气总量 26613 万立方米，用气户数 436136 户，用气人口 156.15 万人。

【市政设施和园林绿化】 贵州省城市（县城）道路长度 3836.5 千米，道路面积 5759 万平方米，人行道面积 1637 万平方米，桥梁 715 座，立交桥 41 座；道路照明灯 260 千盏，安装路灯的道路长度 2109 公里；防洪堤长度 374 公里；排水管道长度 4796 公里，污水管道 1415 公里，污水处理厂 18 座，处理能力 66 万立方米/日，污水年排放量 41223 万立方米，污水处理总量 12853 万立方米；绿化覆盖面积 55809 公顷（其中建成区绿化覆盖面积 17708 公顷），园林绿地面积 41841 公顷（其中建成区园林绿地面积 13815 公顷）；公园个数 121 个，公园面积 3773 公顷，公园绿地面积 4271 公顷。

【市容环境卫生】 贵州省城市（县城）道路清扫保洁面积 4916 万平方米（其中机械化清扫保洁面积为 808 万平方米）。生活垃圾清运量为 413.83 万吨，生活垃圾处理量 242.55 万吨，无害化处理能力 2935 吨/日，无害化处理量 147.23 万吨；粪便清运量 16.79 万吨，市容环卫专用车辆 1216 辆。公厕 2055 座（其中三级以上 1284 座）。

【城市人口和建设用地】 贵州省城市（县城）总人口 863.93 万人，建成区面积 821.59 平方千米，建设用地面积 952.04 平方千米。

【城市生活污水垃圾处理设施建设】 国家预算内下达污水、垃圾处理设施建设资金 5.57 亿元，中央污水处理收集系统以奖代补资金 1.82 亿元，贵州省级污水垃圾处理设施建设专项补助资金 3.3 亿元。建成白云、金阳、开阳等 8 个污水处理厂，新增污水处理能力 34.6 万吨/日，开工建设修文、息烽等 15 个污水处理项目；截至 2008 年底，贵州省建成 24 座污水处理厂，年末污水日处理率达 40.3%。建成赤水、仁怀、安顺、习水 4 个垃圾卫生填埋场，新增垃圾处理能力 690 吨/日，开工建设遵义市二期、息烽等 8 个垃圾处理项目；截至 2008 年底，贵州省建成垃圾卫生填埋场 13 个，年末垃圾日处理率达 41.3%。

【贵阳小河污水处理厂获全国"十佳运营单位"称号】 中国城镇供水排水协会排水专业委员会组织 2008 年度全国城镇污水处理厂绩效评比，贵阳小河污水处理厂获全国"十佳运营单位"称号，并获奖牌、奖杯和证书。

三、小城镇建设·村庄整治

【概况】 贵州省级安排小城镇基础设施建设补助资金 1156 万元。编制完成小城镇总体规划、控制性详细规划及修建性详细规划 60 个。贵州省各级投入小城镇建设资金 6.7 亿元，新建、改（扩）建小城镇道路 200 余公里，新建排污沟（管道）150 余公里。贵州省级安排村庄整治资金 1685 万元，选择贵遵、遵崇高速公路等交通要道沿线及风景名胜区周边 91 个村庄开展整治。

贵州省共有建制镇 615 个（不含县城所在城关镇），建成区面积 694 平方公里，建成区人口 337 万人，建成区暂住人口 30.42 万人；设有村镇建设管理机构的建制镇 425 个，有总体规划的建制镇 448 个；建制镇本年度建设投资 27 亿元，其中：住宅 12.9 亿元，公共建筑 4.75 亿元，生产性建筑 3.27 亿元，公用设施 6.1 亿元；建制镇用水普及率 92.76%，供水管道长度 5725 公里，供水生产能力 57.95 万立方米/日，用水人口 312 万人，人均日生活用水量 84.73 升；燃气普及率 19.02%，用气人口 64 万人；排水管道 746 公里，有 22 个建制镇的污水进行处理，占全省建制镇的 14.97%；镇区道路长度 3196 公里，人均道路面积 7.4 平方米；镇区共有道路照明灯 37730 盏，桥梁 1038 座，防洪堤 519 公里，公共厕所 9307 座；环卫专用车辆 713 辆，生活垃圾年清运量 92 万吨，生活垃圾年处理量 65 万吨；绿化覆盖面积 6882 万平方米，绿化覆盖率 9.92%，其中，绿地面积 3096 万平方米，绿地率 4.46%，公园绿地面积 161 万平米，人均公园绿地面积 0.48 平方米；年末实有住宅建筑面积 7805.58 万平方米，本年竣工建筑面积 221.79 万平方米，人均住宅建筑面积 23.16 平方米；公共建筑年末实有建筑面积 1987.99 万平方米，本年竣工 73.89 万平方米；生产性建筑年末实有建筑面积 949.73 万平方米，本年竣工建筑面积 58.42 万平方米。

【两镇四村获"中国历史文化名镇（村）"称号】 西秀区旧州镇、平坝县天龙镇 2 个镇获第四批中国历史文化名镇，赤水市丙安乡丙安村、从江县往洞乡增冲村、开阳县禾丰乡马头村、石阡县国荣乡楼上村 4 个村获第四批中国历史文化名村称号。

【社会主义新农村建设村庄整治推进】 贵州省级安排村庄整治资金 1685 万元，选择贵遵、遵崇高速公路等交通要道沿线及风景名胜区周边 91 个村庄开展整治。各市（州、地）财政筹资 5000 余万元，县级筹资 1.9 亿元，农民自筹 6.5 亿元，完成 450 个村庄整治规划编制，对 500 多个行政村或村民组进行综合整治。

【农村危房改造"万户试点"完成】 贵州省委、贵州省政府审定出台《贵州省农村危房评定暂行标准》，贵州省建设厅会同贵州省民政厅培训全省调查摸底人员 64056 人次。出台《贵州省农村危房改造工程建设管理暂行办法》、《贵州省农村危房改造工程建设技术导则》、《贵州省农村危房改造工程建设验收暂行办法》等文件，农村危房改造"万户试点"10869 户完成。

四、建筑业

【概况】 开展建筑监理行业自律年活动，加强省外建筑业企业入黔监管，开展其在建项目检查。建筑工程人身意外伤害险和农民工工伤险投保工作推进。印发《贵州省建设工程担保实施办法》（试行），推行项目资本金制度，加强对新竣工工程款支付情况监管，预防拖欠工程款长效机制落实。《贵州省建设工程勘察设计质量市场管理办法》出台，清理省外勘察设计企业入黔设立分支机构，修订完善分支机构设立条件和程序。省代建中心代建的贵州省人大常委会和贵州省政府办公楼交付使用。全省收取建安劳保费 5.59 亿元，比上年增收 2.79 亿元。

【《贵州省房屋建筑和市政工程施工招标项目评审规则》等制度出台】 《贵州省房屋建筑和市政工程施工招标项目评审规则（试行）》、《贵州省房屋建筑和市政工程施工资格预审文件和招标文件格式文本》出台。全省房屋建筑和市政工程招标备案 1915 个，招标金额 93.97 亿元，节约投资约 4 亿元。全省进入有形建筑市场交易项目 2029 个，交易金额 96.23 亿元。

【《贵州省建设领域科技示范工程管理办法》等制度出台】 《贵州省建设领域科技示范工程管理办法》、《贵州省建筑业新技术应用示范工程管理办法》、《贵州省建设领域新技术推广应用管理办法》出台，贵州开磷磷业有限公司"高强耐水石膏砖"等一批项目通过专家鉴定。

【发布三项地方标准和三项地方设计】 《贵州省工程建设地方标准管理办法》出台，批准发布《贵州省居住建筑节能设计标准》、《贵州省高速公路机制砂高强混凝土技术规程》、《城镇山体公园化绿地规划与设计规范》3 项地方标准和《贵州省农村村级卫生室通用图集》、《贵州省"十一五"乡镇综合文化站设计通用图集》、《贵州省基层公安责任区刑警队办公用房通用图集》3 项标准设计。

【新建建筑节能 11 万吨标准煤目标实现】 从规划、设计、施工图审查、施工、监理、验收备案等方面加强墙体材料革新与建筑节能控制。评审认定新型墙材产品 80 个，授予六盘水恒远新型建材公司等 3 家企业"贵州省新型墙体材料革新示范企业"称号。第一批、第二批"禁实"城市中心城区基本完成"禁实"任务，"禁实"工作引入农村，全省新型墙材使用比例比上年提高 10 个百分点。贵州省、市、县三级征收墙革基金 7500 万元，墙革基金返还结算工作逐步展开，墙革基金扶持企业生产新型墙材推动作用显现。开展国家机关办公建筑和大型公共建筑节能监管体系建设，完成 128 栋建筑能耗调查、分析，并在媒体上公示。评审认定节能技术产品 49 项。全省新建建筑节能 11 万吨标准煤目标完成。

五、工程质量与安全

【概况】 全省监督房屋及市政工程 3574 个，建筑面积 2487 万平方米，监督覆盖率 100%，工程竣工备案率 100%。全面检查和通报廉租住房等工程建设质量安全，全省未发生重大质量事故。出台《建筑施工企业安全生产管理机构设置及专职安全生产管理人员配备办法》、《贵州省建筑施工特种作业人员监督管理实施细则》、《贵州省〈建筑起重机械备案登记办法〉实施意见》等规定，强化事故源头和关键工种监管。房屋建筑和市政工程发生生产安全事故 25 起，死亡 27 人，未发生较大安全事故，实现"双降"目标。

【乌江洪家渡水电站获"鲁班奖"（国家优质工程）】 洪家渡水电站位于乌江北源六冲河下游织金县境内，是"西电东送"工程之一，也是乌江流域龙头电站。该电站由混凝土面板堆石坝、洞式溢洪道、泄洪洞、三洞三机单元供水引水系统、地面厂房、开关站、防渗帷幕、消能防冲等建筑物组成，其中大坝高 179.5 米，洪家渡电站厂房首次采用钢结构。

【安全生产监管加强】 开展建筑安全生产隐患排查治理及"安全生产月"、安全生产百日督查等专项行动，强化安全生产许可动态监管，新核发安全生产许可证 51 家，办理安全生产许可证延期 401 家，重新核查安全生产许可证 11 家，告知省外建设行政主管部门重新核查安全生产许可证 5 家。

【"贵州省优秀工程勘察设计奖"评选】 通过贵州省工程勘察设计协会初审、专家评审、专家小组初评、评委会评选推荐和领导小组审核以及网上公示和领导小组确认等评审程序，"贵州省优秀工程勘察设计奖"评选出获奖项目 100 项，其中一等奖 17

项、二等奖44项、三等奖39项。

【"建筑安全文明施工样板工地"评选】 经资料审查、工地复查、评审和公示等程序，都匀文峰家园二期B组团文景苑2、3号楼工程等18个工地被评为"2008年度贵州省建筑安全文明施工样板工地"，安全文明施工做得较好的贵州省委办公业务大楼等3个工地获得表扬。

六、房地产业

【概况】 贵州省房地产开发投资307.84亿元，同比增长23.3%，其中住宅投资194.05亿元，同比增长24.3%；全省房屋施工面积5104.18万平方米，同比增长19.3%，其中住宅4120.96万平方米，同比增长22.3%；全省房屋竣工面积605.81万平方米，其中住宅493.38万平方米。全省商品房销售面积859.09万平方米，销售额206.22亿元。全省房地产开发投资307.84亿元，占全省固定资产投资1800亿元的17.1%，占全省GDP（3350亿元）的比重为9.2%。

【廉租住房出售制度推行】 《贵州省城市低收入家庭廉租住房管理办法（试行）》于4月10日颁布实施，提出"在保障对象有一定经济承受能力时，地方人民政府根据经济发展状况以成本价或略低于成本的价格将公有住房出售给保障对象"。为规范廉租住房销售、售后管理及产权界定等问题，贵州省建设厅出台《关于廉租住房出售的指导意见》等配套文件。11月20日，全省廉租住房出售现场会在安顺召开，廉租住房出售大力推行。

【住房公积金保障水平增强】 截至2008年底，贵州省住房公积金实际缴存职工人数130.92万人，覆盖率达63.08%；累计归集183.26亿元，缴存余额124.13亿元；累计向12.05万户职工发放个人住房公积金贷款106.78亿元，个人贷款余额80.55亿元，个人住房贷款逾期率控制在0.4‰以内。

七、风景名胜区建设和世界遗产申报管理

【概况】 贵州省级补助风景名胜区规划建设资金630万元，补助黄果树等7个风景名胜区基础设施建设贷款贴息资金370万元。国家新增1000亿投资中，补助黄果树和荔波7000万元。开展潕阳河、织金洞国家级风景名胜区总体规划修编。指导编制并评审批准一批风景名胜区详细规划。开展荔波樟江国家级风景名胜区鸳鸯湖、水上森林两个景点详细规划编制试点。荔波世界自然遗产展示中心基本完成整改，世界自然遗产保护、利用、管理工作有序开展，综合效益明显。

【赤水纳入"中国丹霞地貌"申报世界自然遗产捆绑项目】 经国务院同意，中国联合国教科文全委会、住房和城乡建设部将赤水纳入"中国丹霞地貌"申报世界自然遗产捆绑项目，报联合国教科文组织世界自然遗产中心，该中心已正式受理。

【施秉云台山等5地作为"中国南方喀斯特"世界自然遗产第二批提名预选地】 施秉云台山、绥阳双河洞、兴义万峰林、织金洞和紫云格凸河作为"中国南方喀斯特"世界自然遗产第二批提名预选地，按申报世界自然遗产标准开展工作。

【两国家级风景名胜区限期整改完成】 针对2007年建设部对贵州国家级风景名胜区综合整治工作检查，赤水和铜仁九龙洞因管理机构不健全、管理职责不到位、管理缺位等因素被亮黄牌、限期整改。九龙洞、赤水国家级风景名胜区完成限期整改并达标。

【风景名胜区和主要城市公园黄金周门票收入】 2008年，贵州省级以上风景名胜区"春节"、"十一"两个黄金周共接待游客239.8万人次，门票收入3894.7万元。其中，13个国家级风景名胜区共接待游客110.8万人次，门票收入2648.8万元；59个省级风景名胜区共接待游客129万人次，门票收入1245.9万元。全省主要城市公园接待游客147万人次，门票收入168.6万元。

八、非国有制经济

【非国有制城市公共交通企业】 贵州省13个建制市共有非国有制双层公共汽车1辆、大型公共汽车12辆、中型公共汽车358辆、小型公共汽车500辆、微型公共汽车181辆、出租汽车7828辆、从业人数约22570人。

【非国有制工程监理企业】 2008年底，通过年检监理企业共有61家，监理范围包括房屋建筑、水利、电力、道路、桥梁、化工、冶金、煤炭、设备、岩土等工程。其中，非国有监理企业45家。

【非国有制房地产开发企业】 2008年底，贵州省共有非国有制房地产开发企业1364家。其中，一级资质3家，二级资质48家，三级资质239家，四级资质669家，暂定级资质405家。

【非国有制房地产中介企业】 2008年底，贵州省共有非国有房地产评估企业68家，其中，一级资质2家，二级资质17家，三级资质31家，临时资质18家。全省共有非国有房地产经纪企业65家，其中，二级资质6家，三级资质59家。

（贵州省住房和城乡建设厅）

西藏自治区

2008年，是中华人民共和国成立60周年、西藏民主改革50周年，是全面实施"十一五"规划项目的重要一年，全区各级建设系统在各级党委、政府的正确领导和城乡建设部的指导下，紧紧围绕区党委、政府的中心工作，深入学习实践科学发展观，进一步解放思想、开拓创新，各项事业取得了新的成绩，较好地完成各项工作任务。

【建筑企业队伍不断壮大，动态监管力度不断加大】 2008年底，全区共有建筑施工企业365家、工程勘察设计企业68家、工程监理企业35家、工程造价咨询企业14家；区外备案建筑施工企业134家、工程勘察设计企业40家、工程监理企业30家、工程造价咨询企业10家。

【招投标市场监管得到加强，市场环境逐步改善】 2008年以来，进一步加强了评标专家动态管理，积极推进工程量清单计价改革，规范和完善招投标计价依据，进一步加强了招投标市场管理。加强对全区房屋和市政工程项目的招标公告和招标结果在西藏建设网等媒体上公开发布力度，招投标活动基本上已进入自治区和各地区工程交易中心或由建设和纪检监察部门指定的场所进行承发包交易，封锁工程招标信息、场外私下规避招标、暗箱操作等现象在客观上得到一定遏制，建设工程招投标市场秩序趋于改善。加强了建筑业企业的动态管理，对存在恶意拖欠、严重违规的企业依法严肃处理，建筑市场秩序得到逐步改善。

【施工图审查工作力度加大，工程质量有所提升】 区审图办共审查建筑工程项目84项，市政工程项目3项，合计建筑面积63.2万平方米，涉及工程投资9.44亿元。审查中提出违反《工程建设标准强制性条文》内容321条，提出违反设计规范和达不到设计深度的意见5286条，提出建议性意见360条，阿里、昌都等地区相继开展施工图审查工作，从源头上减少和消除质量隐患。全区各级工程质量监督部门通过完善检测方式，加强质量监督，提高工程质监覆盖面，确保了质量安全，仅区质监总站受监工程116项、面积21.35万平方米。

【安全生产措施得力，安全形势有所好转】 进一步加强建筑业安全生产监督管理工作，及时安排部署和组织开展了建筑安全生产隐患排查治理工作，组织开展"安全生产月"活动和"百日安全生产"专项督查活动，及时消除了发现的安全隐患。2008年全区建设领域共发生安全事故10起，死亡11人，同比分别下降了50%和45%，死亡指标仅占控制指标61.1%。

【双清欠力度加大，长效机制成果明显】 2008年，全区各级清欠办接待上访587批次，涉及民工5180人，涉及工程项目208个，涉及拖欠民工工资总金额近4000万元，其中：自治区清欠办接待上访109批次，涉及民工2049人，涉及工程项目84个，涉及拖欠工资和工程款总金额858.36万元，协调解决民工工资544.27万元。随着我区"双清欠"工作力度的加大、管理手段的加强，切实维护了农牧民合法权益，农牧民工集体上访案件在数量上有所下降。

【城乡规划管理得到重视和加强】 全区城镇体系规划的编制工作基本完成，已通过建设部专家审查；《拉萨市城市总体规划》修编成果已经自治区人民政府审查通过上报国务院；《日喀则市城市总体规划》已经自治区人民政府审查通过实施；狮泉河镇和昌都镇城市总体规划修编工作正在开展并取得阶段性成果。至此，全区七地市所在地城镇总体规划新一轮修编工作均已开展或完成。拉萨市人民政府、那曲地区行署分别组织编制了拉萨市中心片区和那曲镇城区等控制性详细规划，以及拉萨市城市管线综合规划、那曲镇城市道路系统规划等专项规划，进一步实现了控规、修规、专项规划指导城镇建设的工作目标。"唐古拉山—怒江源"、"土林—古格"、"纳木措—念青唐古拉山"3处国家级风景名胜区申报材料已基本通过国务院相关部门；积极开展全区历史文化名城（名镇）保护工作，自治区人大听取并批准了相关的专题报告；日喀则地区萨迦县申报并被批准为第四批中国历史文化名镇。

【城镇建设步伐加快，城镇管理不断加强】 全区城镇建成区总面积约190平方公里，城镇化水平达22%。据不完全统计，全区县城以上道路总长达508公里，城镇道路骨架初具雏形；全区县城以上城镇共有水厂77座,年供水总量达1.4亿立方米,管网长度1590公里,供水普及率达86%。排水管道长470公里,排水管网覆盖率达35%。在城镇市政基础设施得到较快完善的同时,城镇公共服务设施也得到了较快发展,先后建成了一批教育文化、体育休闲设施。《关于创建自治区园林城市(县城)的实施意见》已经自治区政府批准实施。全区创建自治区级园林城市工作有序开展。拉萨市加快城市绿化建设步伐,城市绿地面积达1905.69公顷,建成区绿化覆盖率达35%,绿地率达32.41%,人均公共绿地面积达8.01平方米,初步形成了点线面结合、平面与立体结合、城乡一体、绿量丰富、类型多样、布局合理的城市园林绿地系统。山南地区泽当镇也积极开展创建园林城镇活动,大力实施城镇亮化与城镇道路、社区、住宅小区、庭院绿化工程,重点开展"花园小区"与夜景亮化工程建设。林芝地区八一镇在荣获全国园林绿化城镇、中国人居环境范例奖等荣誉称号后,进一步完善城镇绿地系统,继续巩固城镇绿化成果,不断提高城镇人居环境质量。各级建设部门结合"迎奥运、树新风"活动的开展,按照"建管并重,重在管理"和"方便群众、服务群众"的原则,坚持高效管理城镇,严把设置户外广告、开办洗车场等审批关,尽可能减少城镇内乱挖、乱占等现象的发生,加大对城镇乱搭、乱建、"城市牛皮癣"和渣土污染的治理力度,加大对城镇卫生死角的清理工作,努力营造良好的城镇环境。

【进一步加强农牧民建筑技能培训,切实加强对农牧民安居工程的指导服务】 2008年,全区各级建设部门共培训农牧民工1700多名。为方便经过培训、掌握了一定建筑技能的农牧民工进入建设领域务工执业,在自治区劳动社会保障厅的大力支持帮助下,成立了建设行业职业技能鉴定站,为农牧民工取得职业资格证书、参与建筑施工,实现长期增收创造了条件。通过帮扶引导,鼓励各县乡组建以农牧民为主体的劳务施工组织,努力提高农牧民工进入施工领域的组织化程度。各级建设部门积极配合有关部门编制、审核农房改造项目计划,做了大量基础调研和配合工作,组织编制了民房改造图集和村委会建设图集,并深入村庄指导规划选址、做好施工技术指导,加强质量安全管理,有力地保障了民房改造工程的顺利实施。

【住房制度改革进入收尾阶段,"两房"建设稳步推进】 区机关事业单位住房补贴审核兑现工作已基本结束,共审核兑现13.35万人的住房补贴;已兑现全区国有企业2.5万职工的房改政府激励资金。住房公积金归集管理工作进一步加强,全区共14.5万人建立住房公积金账户,全区机关事业单位住房公积金覆盖面达100%,国有企业覆盖面达60%以上(区直国企已达93%)。全区累计发放住房公积金贷款1.6万户、16.8亿元。住房公积金监管工作得到加强,资金风险控制良好,没有出现挤占、挪用住房公积金的现象,住房公积金在提高广大干部职工住房消费能力、改善群众居住条件等方面发挥了重要作用。区廉租住房从2007年开始相继动工建设,截至2008年底,拉萨市、山南地区、林芝地区、日喀则地区、那曲地区和阿里地区首期廉租住房已竣工验收,并安排第一批最低收入住房困难家庭1056户、3832人入住,使他们亲身感受到了党和政府的亲切关怀和社会主义大家庭的温暖,充分享受到了改革开放和经济社会发展的丰硕成果。第二批入住正在审核公示之中。"十一五"期间全区共安排15亿元建设干部职工周转房1.4万套,总建筑面积110.4万平方米。截至2008年底,地(市)周转房已建设完成4200余套,完成投资约4亿元,占工程量的85%;县乡周转房建设已基本完成,共建设周转房6000余套,建筑面积约40万平方米,总投资约4.8亿元。广大基层干部职工周转住房紧张的问题明显得到缓解。先后拟定出台了《西藏自治区城镇廉租住房保障管理暂行办法》、《西藏自治区行政事业单位公有住房租金管理暂行办法》、《关于加强我区干部职工周转房建设和管理的意见》、《关于切实解决城镇低收入家庭住房困难的实施意见》和《西藏自治区城镇低收入家庭住房租赁补贴管理办法》等政策性文件,为推进我区"两房"建设管理工作提供了政策保障。

【房地产业有序发展,房地产市场调控不断加强】 房地产市场在国内市场低迷和国际金融危机的影响下,仍保持了较为平稳的发展。2008年,区房地产市场受拉萨"3·14"事件、国内房地产市场低迷以及全球金融危机的影响,也出现商品房降价、滞销等现象,但房地产投资总额与2007年基本持平,发展较为平稳。全年在建房地产开发投资达10.8亿元,房屋施工面积达135.2万平方米。

【提高应急处理能力,努力消除"3·14"事件和地震对自治区建设事业的影响】 "3·14"打砸抢烧严重暴力事件造成拉萨市区120间民房被烧毁、908家商铺遭焚烧砸抢、7所学校和5所医院被砸被抢、25个区域的市政设施、市政工程不同程度破坏,城市面貌受损严重。事件发生后,区建设厅抽调10余名工程技术人员,义务为"3·14"事件中被暴徒纵火烧过的拉萨市第二中学教学楼、"以纯"服装店等房屋进行安全鉴定，鉴定房屋总建筑面积达2.34万平方米，为有关单位开展修缮重建提供了技术支持。拉萨市积极筹措资金，在最短时间内完成了受损市政设施的修缮重建工作，维护了拉萨市城市良好形象。同时，各级建设部门在切实做好单位内部安全防范工作的基础上，抽调人员，加大对城镇自来水水厂、水源地、液化气充装站和储罐站等涉及公共安全设施的保护力度，加强了对自来水水质的抽检工作，及时通过广播、电视、报刊等新闻媒体对拉萨市自来水被投毒的谣言进行辟谣，切实避免引发恐慌情绪，为维护城市安全和社会稳定做出了积极贡献。2008年相继发生了"8·25"仲巴地震、"10·6"当雄地震和"11·18"谢通门地震。"10·6"当雄地震波及拉萨市、日喀则地区、山南地区11个县（区），21921户农牧民房屋受到不同程度损坏，其中：205户房屋倒塌，2793户房屋严重受损。当雄地震发生后，区建设厅立即启动建设系统破坏性地震应急预案，成立应急专家组。10月7日，专家组赶赴地震受灾最严重的乡镇对学校校舍和农牧民住房进行检查和安全评估，同时对拉萨市区内人员较为密集、涉及公共安全的部分学校建筑、液化气站进行抗震防灾专项检查。从10月中旬开始，区建设厅组织80多名专业技术人员，分10个组在短时间内对十县一区地震受损房屋进行"拉网式"安全鉴定，消除了地震受损房屋住户的顾虑，还收集了大量基础数据资料，为区党委、政府决策提供依据。为贯彻落实胡锦涛总书记重要批示，11月中旬自治区建设厅会同住房和城乡建设部灾后重建考察指导专家组赴尼木、当雄两县，就地震灾区农牧民房屋受损情况、灾后房屋重建技术措施等工作开展实地调研，完成《关于住房和城乡建设部灾后重建考察指导专家组进藏检查指导工作情况的报告》，提出进一步做好灾后恢复重建工作的有关意见和建议。同时，自治区建筑勘察设计院组织专业技术人员编制了《当雄地震灾后农牧民居住建筑恢复重建技术导则》、《自治区建设厅震后恢复重建工作计划》和具有针对性、实用性的图集和培训资料等，为切实提高地震灾区民房抗震性能，指导灾区农牧民房屋恢复重建以及今后农牧民安居工程建设工作提供技术支持。

【深入开展主题教育活动，切实筑牢反对分裂、维护稳定的思想堡垒】全区建设战线广大干部职工认真贯彻党中央和区党委的重大决策部署，进一步增强政治敏锐性和政治鉴别力，切实在思想上筑牢反对分裂、维护稳定的铜墙铁壁。在"3·14"事件中，全区建设系统广大党员干部在各种严峻的挑战面前，经受了锻炼和考验，表现是好的，是靠得住的，做到了旗帜鲜明、步调一致、针锋相对，坚决回击分裂主义势力、坚决维护祖国统一、坚决维护民族团结。通过深入开展主题教育活动，我区建设系统党员群众的思想进一步统一，国家观念、法制观念、大局观念、群众意识和服务意识进一步增强。在"3·14"事件和四川汶川强烈地震发生后，全区建设系统广大干部职工踊跃捐款捐物、广大党员积极交纳特殊党费，充分发扬"一方有难，八方支援"的传统美德。

重要纪事

1月4～5日，全区建设工作会议在拉萨召开，会议总结回顾了2007年全区建设工作成绩，提出了2008年建设工作思路。西藏自治区副主席宫蒲光出席会议并作重要讲话。

1月8日，自治区副主席宫蒲光主持召开全区省级房改领导小组办公室第二次会议，研究部署省级干部房改有关工作。

1月10日，林芝地区八一镇第二大桥工程通过初步验收。

1月31日，自治区副主席孟德利赴自治区建设厅进行调研，听取了建设厅机构人员编制情况及近年工作情况汇报，要求有计划、有目标地扎实做好各项工作。

1月31日～2月1日，区建设厅党组书记、副厅长王亚蔺和区建设厅党组副书记、厅长陈锦同志代表厅党组，对厅系统离退休老同志进行走访和慰问。

2月4日，区建设厅干部职工踊跃为南方冰雪凝冻灾区捐款16700元。

2月27～28日，自治区副主席孟德利就城市建设和住房保障等问题在拉萨市进行调研。

3月14日，在达赖分裂集团的策划煽动下，在拉萨市发生打、砸、抢、烧严重暴力犯罪事件，造成拉萨市区120间民房被烧毁、908家商铺遭焚烧砸抢、7所学校和5所医院被砸被抢、25个区域的市政设施、市政工程不同程度破坏，城市面貌受损严重。

3月15～30日，区建设厅组成专家组为有关单位开展修缮重建提供了技术支持，拉萨市积极筹措资金，在最短时间内完全了受损市政设施的修缮重建工作，维护了拉萨市城市良好形象。

3月27日，自治区政府常委会研究通过《关于加强我区干部职工周转房建设和管理的意见》，提出干部职工周转房"统一规划、统一建设、统一分配、统一管理"的原则，并对周转房建设、租住和管理等进行规范。

4月5日，那曲地区尼玛县建设局荣获由全国总工会、中宣部、中央文明办、国家发改委、国务院纠风办联合颁发的"第十届职工职业道德建设先进单位"荣誉称号。

4月10日，区建设厅动员部署在厅系统开展"反对分裂、维护稳定、促进发展"主题教育活动。

4月12日，区建设厅干部职工踊跃为"3·14"事件受损群众捐款21450元。

4月20日，拉萨市按照"修旧如旧"的原则，对老城区普章萨巴、平康、波达仓三座藏式大宅院进行修缮。

5月6～10日，区建设厅党组成员、副巡视员王维杰带领督察组，赴那曲地区对该地区干部职工周转房和廉租房建设情况进行督查。

5月14～20日，自治区建设厅广大党员干部踊跃交纳特殊党费80350元，以实际行动支援四川汶川地震灾区抗震救灾。区建设厅还倡议建设系统广大干部职工、各类企业和从业人员踊跃向四川汶川地震灾区捐款献爱心。

5月19日，自治区建设厅干部职工举行默哀仪式，深切悼念四川汶川大地震中的遇难同胞。

6月1日，区建设厅组织召开在建项目管理工作会议，要求各在建工地进一步加强管理，确保各项工程工期和质量。

6月15日，区建设厅厅长陈锦召集区地震局、区质检总站、区审图办、区设计院等单位有关人员主持召开专题会议，研究部署进一步加强我区房屋建筑工程抗震设防工作。

6月18日，西藏首期廉租房住宅小区——"阳光家园"建成后迎来首批国有企业困难职工入住，144户国有企业住房困难职工家庭领到钥匙，将陆续搬迁入住。

6月20日，由中国城市规划设计研究员援助开展的昌都城镇总体规划修编工作正式启动。

6月25日，林芝地区廉租房一期工程232户住房完成分户验收。

6月25日，山南地区首批122户低收入家庭入住赞堂苑廉租住房小区。

6月28日～7月1日，区建设厅组织调研组分赴各地市开展廉租住房建设与管理工作情况调研。

6月30日～7月1日，全区建设系统采取重温入党誓词、观看教育片、上党课等多种形式热烈庆祝建党87周年。

7月12日，自治区政府常务会研究通过《西藏自治区行政事业单位公有住房租金管理暂行办法》，提出按建筑面积收取租金。

7月14日，区建设厅开展党政主要负责人大接访活动，在首个接访日，区建设厅党组书记、副厅长王亚蔺和党组副书记、厅长陈锦共接待来访群众4批10人，帮助群众解决涉及住宅质量、商品房买卖纠纷和拖欠民工工资四个方面的问题。

7月18日，区建设厅在拉萨组织召开城镇低收入家庭租赁住房补贴听证会。

8月4日，区建设厅厅长陈锦带领检查组对拉萨市城关区廉租住房建设工作进行实地检查指导，督促在确保工程质量的前提下，进一步加快廉租房建设。

8月7日，自治区建设厅党组书记、副厅长王亚蔺带领规划处、建管处、房地产处、区招标办、区质监总站、区住房资金管理中心等部门负责人，参加西藏人民广播电台《阳光热线》节目直播，与全区听众进行互动交流，倾听群众的心声，为群众解疑答惑、排忧解难。

8月10日，拉萨市城市污水处理厂可行性研究报告通过国家发改委审查。

8月12日，林芝地区第一批廉租24户住房保障家庭入住新居。

8月12日，拉萨市动员部署开展创建国家卫生城市工作，努力提升城市发展内涵和品位，力争到2012年创建为国家卫生城市。自治区副主席出席动员大会并作重要讲话。

9月，阿里地区首批108户低收入住房困难家庭入住廉租住房。

9月4日，住房和城乡建设部部长姜伟新、住房和城乡建设部副部长黄卫分别作出批示，肯定西藏建设厅在应对日喀则地区仲巴"8·25"地震所做的大量工作，并对地震灾区人民致以慰问。

9月9～13日，住房城乡建设部专门派出以住房保障司副巡视员张学勤为组长的赴藏调研组，就落实进藏干部住房政策、妥善解决进藏干部住房问题进行调研。

9月10～25日，由区建设厅党组书记、副厅长王亚蔺，区建设厅厅长陈锦和区建设厅纪检组长王瑞田分别带队的联合检查组，分赴各地市对廉租住房、干部职工周转房、农牧民安居工程和村委会建设情况进行全面检查。

9月25日，自治区人民政府批准实施《日喀则市城市总体规划（2005～2020年）》。

10月8日，区建设厅部署动员在厅系统开展深入学习实践科学发展观活动。

10月11日，自治区建设厅抽调房屋结构方面的专业人员组成 7 个工作组，分赴拉萨市、日喀则地区和山南地区三地市 11 县市开展当雄"10·6"地震受损房屋检查鉴定工作。

10 月 13 日，中国地震局派出袁一凡、张敏郑、孟庆利三名房屋结构和抗震专家，帮助我区开展当雄"10·6"地震受损房屋检查鉴定工作。

10 月 27 日，区建设厅选举产生厅直属机关第二届委员，厅党组成员、纪检组长王瑞田兼任厅直属机关党委书记，帕巴公秋担任机关党委专职副书记，向东、李健康、李新昌、刘国林、次旦玉珍、盛日杰、李进忠七位同志为厅直属机关党委第二届委员。

11 月 5 日，西藏自治区国家职业技能鉴定九所（建设行业职业技能鉴定站）挂牌成立，区建设厅党组书记、副厅长王亚蔺出席仪式、作了重要讲话，并为鉴定站揭牌；区建设厅副厅长梅高原、区建设厅副厅长岗杰出席揭牌仪式。

11 月 10 日，日喀则市首批 220 户城镇低收入家庭入住廉租房，区人大副主任、日喀则地委书记格桑次仁和区建设厅党组书记、副厅长王亚蔺出席入住仪式。

11 月 11~17 日，住房和城乡建设部专家组对当雄"10·6"地震灾后重建工作进行指导。

11 月 21 日，自治区政府常务会通过《拉萨市城市总体规划（2007~2020 年）》，将修改完善后上报国务院批准实施。

11 月 24 日，区建设厅组成由副厅长石振明带队，教育、地震、民宗等部门领导及房屋结构、地震等方面的专家组赴日喀则地区谢通门县，就"11·18"谢通门地震灾区受损情况进行实地查看，对受损房屋进行核实和鉴定。

12 月 2 日，区建设厅厅长陈锦主持召开专题会议，研究部署做好那曲物流中心和那曲镇协调发展专项工作，提出下一步工作思路和建议。

12 月 13 日，自治区人民政府办公厅转发建设厅、财政厅、民政厅联合起草的《西藏自治区城镇低收入家庭租赁补贴管理办法》，明确我区租赁住房补贴坚持"租房自主化、补贴货币化、运作规范化"和"公开、公平、公正"的原则进行，明确了申请廉租房、租赁补贴的程序和标准。

12 月 15 日，区建设厅邀请部分自治区人大代表、政协委员召开专题会议，听取代表和委员就我区建设行业工作及党性党风党纪等方面存在的突出问题及解决问题的对策建议。

12 月 19 日，自治区建设厅组织召开党组扩大会，深入贯彻区党委书记张庆黎同志"突出重点、加强规划、强化监管"的重要批示精神要求，分析建设工作存在的突出矛盾和问题及面临的发展机遇，进一步凝聚意志、振奋精神，解放思想、扩大开放，着力解决影响和制约建设系统各项事业科学发展和社会关注、群众反映的突出问题，探索构建促进建设事业全面协调可持续发展的体制机制。

（西藏自治区住房和城乡建设厅　王世玉）

陕　西　省

一、综述

2008 年，陕西城乡建设在科学发展观的指导下，克服 5·12 汶川特大地震带来的巨大困难和国际金融危机的负面影响，各项工作保持了良好的发展势头。年末，陕西省住房和城乡建设厅被陕西省委省政府评为 2008 年度全省目标责任考核优秀单位、"创佳评差"最佳厅局、关中地区城镇建设工作和全省城镇廉租住房建设先进单位。

（一）住房供应体系

以住房保障为重点的住房供应体系初步建立。扎实推进住房保障体系建设，完成经济适用住房和廉租住房投资计划。住房公积金缴存职工新增 22 万人，年度归集额达 103 亿元，突破百亿元大关，136 万名职工利用住房公积金改善了住房条件。房地产开发投资完成 749 亿元，同比增长 40%。积极化解拆迁安置纠纷，开展全省房地产市场专项整治，查处违规房地产开发。

（二）城乡规划

城乡规划工作取得重大进展。编制完成了《关中城市群建设规划》、《陕南地区城镇体系规划》和《西咸一体化建设规划》。指导延安、咸阳、榆林等城市新一轮总体规划修编工作。加快推进关中百镇建设规划编制，加强城乡规划管理，进一步规范规划编制资质管理和项目选址意见书的审批。

（三）关中百镇、村庄道路建设

关中百镇、村庄道路建设进展顺利。省政府成立了以省委常委、洪峰副省长为组长的省关中百镇建设工作领导小组，关中5市1区政府也成立了相应的领导机构。按照省政府《关于加快关中地区小城镇建设的意见》，制定了百镇建设专项资金管理、项目申报指南、验收等管理办法，在关中地区建制镇收取城市基础设施配套费，建立定期通报项目进展制度，对项目实行跟踪管理。以县城为核心、以中心镇为重点、以产业为支撑的小城镇组团基本形成。一批建制镇提前筹划、自行筹资开展镇区基础设施建设，拉动了关中地区小城镇房屋及基础设施建设。

（四）建筑业

做大做强建筑业取得新成效。扎实开展建筑强县试点工作。10个试点县实现建筑业总产值86.9亿元，增加值33亿元，利润6亿元，逐步成为县域经济发展的财源产业和富民产业。大力开展创建优质工程和文明工地活动、全省工程质量安全和建筑施工管理水平不断提高。全省勘察设计业完成营业收入200亿元。创建农民工业余学校570个，完成各类农民工培训2万余人。

（五）城乡人居环境改善

城乡人居环境进一步改善。以留水、增绿、畅通、洁净为重点的城市环境综合整治工作，有力地改善了城镇基础设施条件和城镇容貌。汉中市、太白县、汉阴县、陇县被省政府命名为省级园林城市，宝鸡市被命名为中国人居环境奖和国家节水型城市。西安地铁二号线进展顺利，一号线建设正式启动，三环路全线贯通，宝鸡、安康、汉中、商洛等一批市政重点工程相继建成，进一步提升了城市形象。

（六）建筑节能

建筑节能工作成效显著。全省节能建筑占新建建筑的比例从69%提高到90%，建成节能建筑1200万平方米，每年节约标准煤17万吨。省级机关和西安市开展了国家机关办公建筑和大型公共建筑节能监管体系建设，完成89栋建筑的能耗统计和1栋建筑的能耗在线监测系统建设。确定既有居住建筑供热计量和节能改造项目40个、200万平方米，全省组织实施农村建筑建材节能示范项目12个，国家级可再生能源应用示范项目8个，省级可再生能源应用示范项目3个。制定下发了《陕西省新型墙体材料专项基金征收使用管理实施细则》，组织实施新墙材生产示范项目17个，新墙材占到墙材总量的51%。城镇规划区新型墙体材料推广应用比例达到90%，节约土地9000亩，节约标煤35万吨，综合利用工业废渣150万吨，减排废气8750吨。组织建设职业技能培训培训64108人，评审陕西省建设新技术示范工程39项，推荐并获2008年度陕西省科学技术二等奖1项，推广应用建设新技术51项，禁止使用落后技术与产品19项。

（七）建设法规体系

建设法规体系建设深入推进。按照科学发展观的要求，对县域城镇化、房地产业和建筑业市场状况、住房保障及二手房交易进行了专题调研，为省委、省政府决策和加快推进全省建设事业提供了科学依据。着力推进建设法制建设，《物业管理条例》、《风景名胜区管理条例》、《城乡供水用水条例》等3部地方性法规已经省人大常委会审议通过，立法数量位居省政府各厅局之首。强化执法监督，深化执法责任制，积极推进制度创新，全省建设系统依法行政水平和能力明显提高。认真落实党风廉政建设责任制，以惩防体系建设为重点，不断加大教育、制度、监督、改革、纠风、惩处力度，全系统信访举报和各类案件明显减少，建设行业形象进一步改善。

二、建筑业

2008年，陕西建筑行业坚持依法行政，强化监管力度，做大做强建筑业取得了新成效。全年完成建筑业总产值2170亿元，比上年增长30.4%；完成建筑业增加值695亿元，占全省GDP6340亿元的10.95%。建筑业从业人员146万人，其中建筑业农民工118万人，占全省农村转移劳动力的26.2%；从事建筑业农民工收入占全省农民工纯收入的23.52%。全省社会固定资产投资的68.56%依靠建筑业来完成；建筑业利税总额占地方财政收入的25.51%。建筑业已成为仅次于能源化工的第二大支柱产业，成为农村剩余劳动力转移就业、农民增收的富民产业和县域经济发展的财源产业。年末全省具有施工总承包、专业承包及劳务资质的建筑业企业4220家，各类工程监理、工程造价、招标代理、工程质量检测等中介机构793家。全年收取劳保统筹基金费用5.96亿元，拨付4.78亿元，累计收取劳保费用58亿元，向企业职工支付养老保险金、离休金、生活困难补贴总计41亿元，推动了全省建筑业改革与发展。

1. 行业改革深入进行

围绕贯彻落实省政府陕政发〔2007〕49号文件

《关于加快建筑业改革与发展的若干意见》，进一步推进建筑行业改革，促进全省建筑业做大做强。

2. 建筑业强县试点启动

4月14日，召开了全省建筑业强县试点工作座谈会，来自各设区市建设行政主管部门的负责人及全省十个试点县（区）分管副县长和有关部门负责人参加了座谈会。7月1日下发了《关于开展建筑业强县试点工作的通知》（陕建发〔2008〕151号），确定在阎良区、陈仓区、武功县、耀州区、韩城市、旬阳县、汉台区、商州区、宝塔区和神木县10个县（市、区）开展建筑强县试点工作，并制定了相应的9条扶持政策。11月上旬，组织部分十强试点县的建设主管部门及企业有关人员到江苏、浙江两省就建筑业改革发展进行考察学习。为推进全省建筑业强县试点工作顺利开展，11月25日~12月5日组织对10个建筑业试点强县（区）进行了检查考核。12月31日陕西省建设厅以陕建发〔2008〕326号文件发出《关于表彰建筑业强县试点工作先进单位的通报》，对阎良区建设局、神木县城乡建设局、旬阳县城乡建设局、耀州区城乡建设局、汉台区建设局和陈仓区建设局6个建筑业试点强县进行了通报表彰。

3. 深入开展专题调研

7~9月，在国家统计局陕西调查总队的指导下，向276家建筑企业发放抽样调查表，对企业的营业额、利润、税金、建筑业总产值、增加值、企业人数等进行抽样分析，获得了全省建筑业现状的第一手资料。在此基础上，形成了《进一步强化建筑业支柱产业地位，促进全省经济社会又好又快发展》和关于呈报〈陕西省人民政府关于进一步促进建筑发展的意见〉（代拟稿）的请示》（陕建字〔2008〕153号）。11月，结合开展学习实践科学发展观活动，省建设厅就全省建筑业改革发展及工程建设招投标情况组织厅级领导开展调研活动，形成了《做大做强陕西建筑业调研报告》和《工程建设招投标情况调研报告》两份材料，为进一步做大做强陕西建筑业，推进全省建设事业发展提供了政策指导。

4. 强化工程质量安全

年初与各市（区）建设行政主管部门签订了安全生产目标责任书，层层落实质量安全生产目标责任制。4月下旬~5月底，开展了建筑施工安全生产百日督查专项行动以及春季建筑施工安全质量大检查。6月开展了以"治理隐患，防范事故"为主题的建筑施工行业"安全生产月"活动，9月开展以"质量安全是社会和谐的基础"为主题的"质量月"活动，并于9月12日在全省县以上城市开展了"质量咨询宣传日"活动。及时下发和转发了《关于认真做好2008年春节和"两会"期间安全生产工作的通知》、《转发关于切实做好抗震救灾中安全生产工作的紧急通知》、《关于加强国庆期间建筑施工安全管理工作的通知》、《关于开展国庆期间安全生产大检查和迎接建设部安全生产督查的紧急通知》等文件。9月26~27日，全国建设系统质量安全督察组、检查组来陕检查，对陕西建设系统质量安全工作给予了充分的肯定。10月28日至11月14日开展了全省秋季建筑施工安全及工程质量监督执法检查，下发安全整改通知书29份，对13家建筑施工企业和7名责任人进行了行政处罚，对4家施工安全严重不达标的工地相关单位和个人进行了通报批评，对1家外省进陕施工企业清除出陕西建筑市场。全年共评选省优质工程"长安杯"奖39个，获国家优质工程"鲁班奖"3个，通过省级工法57项，其中推荐国家级工法17项。全省工程质量整体水平稳步提升，交付使用的工程合格率达到100%。全年共发生建筑施工安全生产事故14起，死亡20人，分别比2007年下降7%和10%，安全生产事故保持下降态势。

5. 促进文明工地建设

2008年，全省开展创建文明工地活动进入第12个年头。年初，提出了"以人为本、科学管理，以质量为核心、以安全为重点，努力打造绿色、节约型文明工地"为主题的创建思路，不断提高工程质量和安全生产水平。10月7日以陕建发〔2008〕246号文件下发了《关于建立创建优质工程和文明工地激励机制的通知》，对于取得省级文明工地、长安杯、鲁班奖的项目经理在建设工程招投标中给予一次性加分奖励，提高了企业创建优质工程和文明工地的积极性，增强了企业的品牌意识。10月9日，全省第12次创建文明工地现场会在西安召开，来自全省质监总站、各地市主管建设的领导、数百名项目经理参加了会议。省建设厅李子青厅长出席会议并发表了以《深化文明工地创建活动，推动全省建筑业持续健康发展》为主题的重要讲话，深入总结了创建文明工地取得的主要成效和经验。年末全省创建省级文明工地191个、市级文明工地710个。

6. 建筑市场管理成效显著

建筑市场监管主要突出规范招标投标市场行为、强化资质资格管理、开展工程款支付调查等，全省建筑市场行为呈现良好局面。

6.1 进一步规范招投标行为。修订《房屋建筑和市政基础设施工程施工招标投标管理办法》，起草《建设工程招标投标代理机构管理办法》、《建设工招标投标违法违规行为公告管理办法》、《建设工程承发包交易有形市场管理细则》、《建设工程招标投标评标专家管理办法》和《建筑工程招标投标档案管理办法》等5个配套办法。西安市编制了《城市住宅建筑工程造价测算案例》。宝鸡市制定了《建设工程项目串通投标行为认定办法》和《建设工程项目废标及无效标认定办法》。开展全省建设工程招标投标执法检查。对各地建设工程招标投标管理机构、有形建筑市场逐一进行了检查,对部分招标代理机构进行代理业务督查。承办西北五省招标办、交易中心主任首次联席会议,印发了《西北五省(区)建设工程招标投标论文汇编》,对促进建筑市场健康发展提供了理论支撑。全年实行招标监管的房建和市政工程项目3043个、建筑面积3141.95万平方米、中标金额402.96亿元,为国家和社会节约资金17.60亿元,平均节资率为4.18%。

6.2 加强对外省进陕施工队伍的管理。年初发文取消了省外进陕建筑业企业单项登记备案,全部实行企业年度备案制度,并从3月1日起,全面启用一级建造师注册证书。对《省外进陕建筑业企业登记证书》实行年度考核,10月15日以陕建发[2008]248号文件下发了《关于对外省进陕建筑业企业开展专项检查的通知》,要求各设区市建设行政主管部门对省外企业在建工程进行检查。共检查外省进陕建筑施工企业262家,建筑工地327个。12月23日以陕建函[2008]606号文件下发《关于对省外进陕建筑业企业进行延期审核的通知》,共审核合格省外进陕建筑业企业217家。

6.3 协调处理工程造价争议问题。对法门寺合十舍利塔工程造价争议问题进行多次协调,组织专家在认真调查、翻阅资料的基础上,依法协调、以合同为基础、确定协调工程造价争议的原则、方法,通过专题协调会缩小争议,形成了共识,并向省政府办公厅上报了《关于报送法门寺合十舍利塔工程造价协调工作情况的函》。

6.4 强化资质资格管理。根据建设部令第159号《建筑业企业资质管理规定》的要求,从年初开始,建筑业施工总承包、专业承包三级和劳务企业的资质下放由各设区市建设行政主管部门审批、发证。全年省建设厅审批通过各类建筑业企业资质957家,其中审批通过专业承包一级企业17家,上报建设部审批通过施工总承包一级企业29家、工程造价咨询单位甲级4家、工程建设项目招标代理机构甲级7家、工程监理甲级企业6家。按照行政许可程序审查、公示,全年审批发放建筑施工企业安全生产许可证书117家,审批发放建筑施工企业"三类人员"安全生产合格证书2223人;对443家建筑施工企业安全生产许可证书、7168人建筑施工企业"三类人员"安全生产合格证书的延期申请进行了审查通过。开展二级建造师临时执业资格认定工作,年末全省共有一级建造师注册执业(含临时建造师)人员5433人,二级注册建造师注册执业人员(含临时建造师)12466人。

6.5 开展工程款支付和农民工工资情况调查。按照《陕西省建设厅关于组织开展建设领域竣工工程工程款支付情况调查工作的通知》及《陕西省建设厅关于开展建设领域竣工工程工程款支付情况调查工作补充通知的函》的要求,全年组织两次竣工支付工程款情况调查,并与省劳动和社会保障厅、省总工会联合开展农民工工资支付情况专项检查。宝鸡市及时召开了清理和预防拖欠农民工工资动员大会,督促建筑施工企业克服困难,本着农民工资支付优先的态度,积极协调,先期垫资筹集拖欠款,解决好农民工工资,共清理拖欠农民工工资394.76万元。11月20,陕西省建设厅以陕建函[2008]541号文件转发表彰全国解决建设领域拖欠工程款工作先进单位和先进个人的决定,其中陕西建设系统共有4个单位和12名个人获得了表彰。

7. 勘察设计有序发展

2008年,全省共有勘察设计企业630家,从业人员67368人;完成勘察设计产值102.24亿元,营业收入217.71亿元,利润总额17.82亿元,上交所得税2.79亿元,人均营业收入32.32万元;资产总计237.05亿元。

以创建企业品牌,加强人才培养,提高勘察设计行业核心竞争力为目标,不断深化行业管理。组织全省勘察设计单位相关人员参加第六批全国勘察设计大师申报工作,陕西有4人获得全国勘察设计大师称号,全省共计获得勘察设计大师称号人数22人。召开"全省工程建设标准化工作会议",总结标准化工作经验,安排部署今后工程建设标准化工作的任务和方向;成立陕西省工程建设标准专家委员会,建立了首批180名地方工程建设标准专家库;加强地方标准修订与编制工作,对颁布实施五年以上的地方标准进行了全面清理,废止8项,重新修订5项,完成了《09系列建筑标准设计图集》技术大纲,全年完成地方标准16项,标准设计5项。其中《陕西省农村基础设施建设技术导则》、《陕西省农村住宅建设通用图集》、《陕西省村庄规划技术规范》、《建筑节能施工验收规程》、《节能型铝合金门窗(一)(二)》等标准设计的颁布实施，走在了全国地方标准的前列。

根据《勘察设计资质管理规定》及《工程勘察、工程设计资质标准》，全年共审核、审批195家勘察设计企业的资质申请。会同省人事厅组织了2008年全省注册建筑师和勘察设计注册工程师考试4892人；受理全省勘察设计注册人员初始注册、变更注册、延续注册、更改补办事项886项；举办3期继续教育培训班，培训勘察设计注册人员519人。会同建设部执业注册中心及香港建筑师学会在西安举办了第五届中港建筑师互认会议，陕西7名建筑师取得互认资格。依据《省外勘察设计企业进陕登记备案管理规定》，进一步加强了对省外勘察设计企业的监督管理，对15家外省进陕长期备案企业进行了动态考核，受理本省勘察设计单位出省业务150项，外省勘察设计单位进省业务85项。进一步推进城市和建筑物无障碍设施建设工作，转发了建设部等4部委《关于开展创建全国无障碍建设城市工作的通知》（陕建发〔2008〕28号）和建设部《关于贯彻落实〈中共中央国务院关于促进残疾人事业发展的意见〉的通知》（陕建发〔2008〕159号），组织有关单位和专家编制《无障碍设施施工质量验收规程》，指导全省无障碍设施建设和管理工作。

推行施工图审查工作的信息化和规范化管理，组织编制了"陕西省施工图审查管理信息系统"。全年完成施工图审查项目2334项，审查面积2075万平方米，纠正勘察设计单位违反强制性条文3900条，一般性条文12000条。推行勘察设计责任保险制度，印发《关于积极推行建设工程勘察设计责任保险制度的通知》，制订了《陕西省建设工程勘察设计责任保险实施细则》及合同条款，举办4期"勘察设计责任保险知识"培训班，全年办理单项保险24项、年度保险15家。落实建设部文件精神，印发了《陕西省建设厅关于进一步加强廉租住房勘察设计质量管理的通知》。印发《陕西省建设厅关于开展施工图审查工作检查及建筑抗震标准宣贯的通知》，审查工程建设项目101项，表彰通报了3家勘察设计单位及3家施工图审查机构；对抗震设防新标准进行宣传贯彻，培训人员1500人。以节能减排、技术创新为导向，组织完成了全省第十四次优秀工程设计（工业类）和第九届工程建设优秀标准设计及工程设计计算机优秀软件评选活动，共评出优秀工程设计（工业类）一等奖25项，二等奖19项，三等奖14项，表扬奖5项；评出优秀标准设计一等奖1项，二等奖1项；评出工程设计计算机优秀软件一等奖5项，二等奖6项，三等奖2项。

三、城乡规划

2008年，陕西编制完成关中、陕南、陕北地区区域规划和《汶川地震灾后陕西城镇体系规划》以及汉中、宝鸡等5个设区市灾后重建城镇体系规划，西安、铜川、榆林、咸阳、汉中、延安城市总体规划修编工作进展顺利。年末，全省80个县城的总体规划、102个县区的县域村庄布局规划已全面完成；907个县以下建制镇的80%编制了规划；27494个村庄的47%完成了建设规划编制任务。

（一）规划编制

规划编制取得重大成效。全年编制完成《关中城市群建设规划》、《陕南地区城镇体系规划》和《西咸一体化建设规划》，为省委省政府提出的"关中率先发展、陕南突破发展、陕北跨越发展"的战略思想提供了有力保障。8月4日，省长袁纯清主持召开省政府第22次常务会议，研究审议并原则通过了省建设厅组织编制的《关中城市群建设规划》、《西咸一体化建设规划》、《陕南地区城镇体系规划》。

1. 城市总体规划

城市总体规划修编工作及时开展。《西安市城市总体规划（2008~2020年）》第四轮修编工作已完成，国务院于2008年5月6日正式批复。《规划》对西安今后发展的城市性质定位、空间布局、发展规模和城市特色等都做了明确的规定。《榆林市城市总体规划（2006~2020年）》第三轮修编工作已完成，省政府于2008年12月8日正式批复。该《规划》提出，到2020年榆林将成为陕北国家能源化工基地的管理服务中心、陕甘宁蒙晋接壤区的中心城市、国家历史文化名城、沙漠绿洲宜居城市。咸阳、延安等市以科学发展观为指导，全面推行深入调研、公众参与、民主评议、专家论证的科学规划机制，统筹经济、生态、环境，合理确定城市人口和建设用地规模、实施时序，正确处理局部与整体、近期与长远、经济建设与社会发展、城市建设与环境保护、现代化建设与优秀历史文化遗存的关系，做好城市总体规划修编工作。《咸阳市城市总体规划》经咸阳市政府和人大审查通过，现已上报省政府审查。《杨凌城乡总体规划》已通过省城乡规划委员会专家组技术审查。另外，宝鸡、渭南、汉中、安康等城市新一轮市城市总体规划的修编工作正在开展，并对上一轮规划执行情况进行了评估。

2. 城市控制性规划

城市控制性规划覆盖率不断提高。西安市结合区域经济发展实际,完成了城市9个功能区分区规划。组织编制了纺织城地区振兴规划、大明宫地区改造规划、唐皇城复兴规划、汉唐新城规划、航空航天基地规划;完成了东大街、解放路等地区改造规划等一些控制性详细规划。铜川市北市区(老城区)控制性详细规划方案已编制完成,将向社会公示,并按程序上报批准。新区和耀洲区的控制性详细规划编制工作也已由区政府安排组织编制。咸阳、渭南市控制性规划覆盖率达95%以上。安康、汉中市中心城区详细规划的覆盖率已经达到90%以上。西安、渭南、汉中、榆林等城市的规划编制经费投入不断加大,并建立了城市规划展览馆,展示规划成果。

3. 乡村规划

乡村规划力度进一步加大。按照《城乡规划法》和《陕西省农村村庄规划建设条例》的要求,各级政府和城乡规划建设部门精心组织,使全省村镇规划编制工作取得了显著成效。全省102个县区的县域村庄布局规划全面编制完成,规划对县域村庄的生产力发展、产业结构、公共服务设施、基础设施、人居环境等方面进行了总体部署,确保了县域内村庄合理布局、土地集约利用、基础设施和资源共享。编制完成1272个乡镇总体规划,占乡镇总数80%。规划合理确定乡镇性质、发展目标和规模、空间布局和功能分区,统筹基础设施建设和公共服务设施,为提升小城镇建设水平,推进全省县域城镇化快速稳步发展提供有力保障。对需要改造的村庄结合当地自然环境、资源条件和社会经济条件,按照整治型、扩建型、新建型、保护型等不同类型,编制完成12981个行政村建设规划,占全省行政村总数的47%。通过合理配置各类资源,有效利用农村建设用地,使村庄建设的规模、速度同当地经济发展、人口增减相适应,实现可持续发展。

(二)规划管理

举办规划发展论坛。11月25～26日,陕西省城乡规划发展论坛在汉中市举办,来自全省11个设区市(区)主管城市规划建设的领导参加了本次论坛。论坛邀请省委常委、副省长洪峰及省建设厅厅长李子青、清华大学规划设计院所长马强、同济大学规划学院教授杨贵庆、西安市城中村改造办公室孙浩等分别就城乡规划管理和发展等内容作了精彩的演讲。论坛对城乡规划建设发展中的前沿问题作了深入有益地探讨,为促进城乡规划水平的不断提高提供了智力支持。陕西省电视台、陕西电台、《陕西日报》、《华商报》等媒体对这次论坛进行了报道。12月4日,由省建设厅和安康市政府共同主办的安康城市发展战略论坛在安康市成功举行,来自北京、上海、西安等地规划届权威专家学者对安康城市发展和总规修编把脉献言。论坛对做好新一轮安康城市总体规划修编以及谋划安康今后城市建设发展具有较强现实意义和深远历史意义。

强化规划法制建设。制定下发了《城乡规划编制单位管理办法》、《陕西省城市规划管理技术规定》、《城乡规划督查管理办法》、《建设项目选址意见书管理办法》和《陕西省村庄规划技术规范》,为实现城乡规划编制和标准化管理提供了依据。西安、咸阳、宝鸡、延安、汉中等城市出台了城乡规划工作规程、行政许可规程、政务督察规定、规划管理技术规定等管理规定。省建设厅结合学习贯彻落实《城乡规划法》,在榆林市举办了《城乡规划法》培训班,邀请参与起草该法的住房和城乡建设部专家对全省建设系统承担法规、规划的业务主管进行了法律法规知识培训。制定的《陕西省城乡规划条例》,已经陕西省第十一届人大常务委员会第七次会议审议通过。

加强规划实施监督。积极开展城乡执法督查,严肃查处违反城乡规划案件。西安市开展了严查违法建设专项整治活动,共查处违法建设386处,面积93万平方米,拆除187处,面积50.7万平方米,拆墙透绿26000延米。商洛市全年立案查处违法违章建筑228起,查结率为96.9%。其他各市区也都采取有效措施,不断加大监察的力度,对查出的问题,发现一处,查处一处,有效遏止了违章乱建的蔓延势头。陕西省城乡规划委会督查办于11月对全省11个设区市和杨凌示范区城乡规划执法情况进行全面检查,共抽查111个规划项目的审批资料,对其中58个项目进行了现场复核,进一步规范了城乡规划建设行为。及时处理领导批示和群众上访的违法建设案件29起,有效维护了规划的权威性和严肃性。

搞好规划编制资质管理和项目选址意见书的审批。按照建设部《关于开展城市规划编制资质核定及换证工作的通知》的要求,对全省规划编制单位的资质重新进行了核定。4月11日,陕西省建设厅以陕建字[2008]25号文件向建设部上报3家甲级规划编制单位的申报材料及初审意见,同年5月30日建设部核定了这3家甲级规划编制单位合格并予以换证。7月18日陕西省建设厅以陕建发[2008]170号文件公布了全省乙、丙级规划编制单位资质核定结果,共核定乙、丙级规划编制合格单位并予以换证的单位57家，不予换证的单位12家。做好新成立规划编制单位的资质审核工作，新批准5家规划编制单位。年末全省共有规划编制单位65家，其中甲级3家、乙级41家、丙级21家。按照《建设项目选址意见书管理办法》的要求，加强重大项目选址工作。全年审批重大项目选址107个，确保了生产力和重大基础设施项目的合理布局。

做好城乡规划调研工作。积极参与省委、省政府领导的有关调研工作，参与《统筹城乡规划，加快农村小城镇建设》和《加快陕西县域城镇化的调研报告》的起草与修定。配合在陕部分全国人大代表对全省国家级、省级历史文化名城保护规划情况进行调研，为科学决策提供了准确依据。

开展行业评优表彰。开展了2006~2007年度全省优秀城乡规划设计评选活动。8月29日陕西省建设厅以陕建发〔2008〕221号文件公布了评选结果，共评出优秀城乡规划设计一等奖5项、二等奖7项、三等奖8项、表扬奖11项。其中西安市总体规划（2008~2020年）、陕北能源化工基地城镇体系规划、西安市主城区河湖系统规划、西安高新区一、二期用地改造与更新规划、宝鸡市渭河南部台塬区生态建设规划获一等奖。

四、城市建设

2008年，陕西城市建设以改善城乡人居环境为目标，以环境综合整治和创建园林城市活动为载体，加快城市污水垃圾处理等市政基础设施建设，积极推进市政公用事业市场化进程，城市建设各项工作取得了显著成效。年末全省共有设市城市13个，建成区面积659.74平方公里，城区人口720.51万人，城区暂住人口36.44万人。当年全省完成城市市政公用设施建设固定资产投资2051007万元，其中县城市政公用设施建设固定资产投资393983万元。

（一）市政设施建设

市政设施建设进展良好。全省13个设市城市用于市政设施建设道路桥梁投资710056万元，排水投资133474万元，污水处理及其再生利用投资53688万元。完成了一批重要的市政设施项目，人均城市道路面积12.67平方米，排水管道密度3.28公里/平方公里。

1. 加强对市政重点项目的跟踪督导。西安市地铁二号线全线开工，一号线正式获批开建，三环路全线贯通，铁路沿线改造取得突破性进展，建成曲江池遗址等3大遗址公园，全年完成城市基础设施投资204.84亿元。新增城市道路面积380万平方米，新建10座人行天桥，建成82个城市小绿地广场、200座公厕、10座垃圾压缩站。完成93条街巷路灯改造、65条街巷路面改造、84条道路破损整治和100个公交港湾的改造。宝鸡市形成"四横十纵"的交通网络，全年建成城市道路长度450.70公里，人均拥有道路面积16.06平方米。城市公交运营线路34条，年客运量超过1.30亿人次。咸阳市统一广场、安康市安康大道和香溪大道、汉中市南郑大道东段、拜将坛扩建、商洛市丹江公园二期等一批特色城市亮点工程相继建成，大大提升了城市的形象和品位。

2. 推进城市污水和垃圾处理设施建设。为落实《省政府2008年城市环境综合整治目标管理责任书》确定的城市生活垃圾、污水处理设施建设任务，加强对已建成设施的监管，省建设厅于5月上旬至7月下旬，组织力量对目标责任书确定的年内开工及建成的14个垃圾处理场、9个污水处理厂以及已建成的16个垃圾处理场和16个污水处理厂的运行管理情况进行了督查，并以陕建发〔2008〕244号文件下发了《关于全省城市垃圾和污水处理设施建设及运行管理督察情况的通报》。根据建设部有关文件和省政府的要求，下发了《关于加强全省城镇污水处理厂运行监管的通知》，要求各市认真组织查找问题，限期整改，并对全省污水处理设施的建设管理提出了具体要求。按照建设部办公厅《关于开展生活垃圾处理填埋无害化等级评定复核的通知》，组织专家于8月份对省内5个垃圾处理填埋场进行了等级评定，达到Ⅰ级无害化标准的垃圾处理填埋场2个，达到Ⅱ级无害化标准的垃圾处理填埋场3个，并将评定结果上报建设部。年末全省新开工城镇污水处理项目24个，建成污水处理和中水回用项目10个，全省城镇污水处理设施累计达到25座，日处理能力143.2万吨。新开工垃圾处理场20座，已建成14座，垃圾处理能力达到8500吨/日，设市城市生活垃圾无害化处理率达到60%，同比提高8个百分点；县城生活垃圾无害化处理率达到15%，同比提高7个百分点。

（二）环境综合整治

环境综合整治深入开展。以年初省、市两级政府签订的《2008年城市环境综合整治工作目标责任书》为依据，推动城市人居环境的进一步改善。制定和下发《关于进一步做好城市环境综合整治及城市建设管理有关工作的通知》，对全省城市环境综合整治及建设工作进行安排部署。将污水和垃圾处理设施建设纳入城市环境综合整治考核内容，以治

"脏"为突破口，突出抓好城市建成区，特别是中心区主干大道、居住区及背街小巷、城市出入口和城乡结合部的环境综合整治，塑造干净、畅通、明亮、美化、整齐的城市形象。宝鸡市城市环境综合整治坚持"高水平、前瞻性设计规划，高质量、快节奏开发建设，高品质、精细化管理"的理念，集中开展以"市区户外广告道路标牌及门头牌匾整治、城市绿化整治、市区人行道修复整治、市区交通秩序整治"为主要内容的城市环境大整治，进一步提升了宝鸡城市建设和管理水平。延安市按照"整治重点、突破难点、联合执法、综合治理"工作思路，坚持不懈地狠抓城市环境综合整治，大力提升城市品位，为延安实施大气污染治理，创建全国双拥模范城、中国优秀旅游城市、省级卫生城市、省级文明城市的成功，起到了牵头带动作用，连续8年蝉联"陕西省城市环境综合整治工作先进市"。省建设厅于11月底～12月初组成4个检查组，对全省11个设区市和部分县城环境综合整治、污水、垃圾处理设施建设进行考核检查，并提出建议表彰名单。年末，西安市、宝鸡市、延安市3市被授予第四批"全国创建文明城市工作先进城市（区）"的光荣称号。吴起县被全国爱卫会正式命名为"全国卫生县城"。咸阳市第五次被省政府评为城市环境综合整治先进城市。西安市市容园林局等12个单位被评为2008年度全省建设系统"创佳评差"竞赛活动最佳组织单位，西安市房屋产权产籍管理中心等23个单位被评为全省建设系统"创佳评差"竞赛活动最佳单位。

（三）园林城市建设

创建园林城市有新突破。2008年，全省设市城市共完成园林绿化建设投资210098万元，绿化覆盖面积29637公顷，园林绿地面积22230公顷，公园绿地面积6590公顷。共计建成公园104个，公园面积2474公顷。根据省委省政府目标考核确定的本年度要完成3个创建省级园林城市的目标任务，8月12日省建设厅以陕建发〔2008〕200号文件下发了《关于深入开展创建园林城市（县城）活动的通知》和《关于做好省级园林式单位、园林式居住区评比的通知》等文件，组织专家对旬阳、汉阴、陇县等县城绿地系统规划进行了评审，对太白、汉阴、陇县和汉中市的创建园林城市工作进行了督导，并于9～11月对太白县、陇县、汉阴县、汉中市创建园林城市工作进行了验收。支持和总结西安开展创建国家园林城市活动经验，争创国家级园林城市。11月对各市上报的园林式居住区和园林式单位进行抽查验收。加强对创建园林城市工作的调研，形成了《陕西省创建园林城市工作调研报告》。12月24日省政府以陕政函〔2008〕209号文件发出《陕西省人民政府关于表彰省级园林城市（县城）的通报》，决定命名汉中市为"省级园林城市"并奖励人民币20万元；命名太白县、汉阴县、陇县为"省级园林县城"并各奖励人民币10万元。到年末，全省已建成17个省级园林城市、1个国家级园林城市、1个中国人居环境奖。

（四）风景名胜区管理

风景名胜区管理迈上新台阶。2008年，全省有国家级风景名胜区6处，即华山、骊山、天台山、冶川、壶口、黄帝陵，总面积728平方公里，其中可游览面积245平方公里。省级风景名胜区29处，总面积达2053.7平方公里。

加强风景名胜区立法工作。配合省人大对《陕西省风景名胜区管理条例》进行调研、讨论和修改，并于5月29日经陕西省第十一届人民代表大会常务委员会第二次会议修订，同年8月1日起施行。搞好风景名胜区规划。在征求省级相关部门意见的基础上，向省政府上报了《关于上报〈陕西省人民政府关于佳县白云山风景名胜区总体规划的批复〉（代拟稿）的请示》和《关于上报〈华山风景名胜区总体规划〉的请示》。《华山风景名胜区总体规划》、《白云山风景名胜区总体规划》已经省政府第22次常务会议研究审议并原则通过，其中《华山风景名胜区总体规划》由省政府上报国务院批准。组织专家对黄帝陵风景名胜区总体规划进行了评审；审查了福地湖总体规划并提出了重新编制的意见。

加强对风景名胜区的监管。8月26日，省建设厅以陕建发〔2008〕218号文件下发了《关于加强骊山风景名胜区建设项目选址审批工作的通知》、《关于做好南宫山风景名胜区有关工作的通知》、《关于做好月亮洞风景名胜区有关工作的通知》，并按照建设部对风景名胜区综合整治的要求，督促指导骊山、黄帝陵、壶口3个风景名胜区制定具体办法和措施，限期进行了整改。12月份召开了全省风景名胜区工作会议，总结本年度工作，部署来年景区任务。对华山风景名胜区、骊山风景名胜区等5个先进单位和12个风景名胜区工作先进个人进行了表彰。加快华山申遗步伐，在征求省级有关部门意见的基础上，向省政府上报了《关于成立陕西省申报华山世界自然和文化遗产工作领导小组的请示》，已得到批复同意。12月12日，全省风景名胜区工作会议在西安召开。会上，省建设厅对全省风景名胜区管理工作先进单位和先进个人进行了通报表彰，华山风景名胜区管理委员会等5个单位被授予"风景名胜区管理工作先进单位"称号，授予吕根文等12人被授予"风景名胜区管理工作先进个人"称号。

(五) 公用事业

公用事业改革深入推进。2008年，全省设市城市用于城市供水投资17001万元，城市燃气投资28630万元，城市集中供热投资31583万元。

积极推进全省城镇供热计量改革。组织召开了全省采暖区居住建筑供热计量和节能改造工作座谈会，安排部署全省的热计量改造工作。与财政厅一起转发了财政部《北方采暖地区有居住建筑供热计量及节能改造奖励资金暂行办法》，并提出了全省实施意见。继续推进供热体制改革，下发了2期供热体制改革信息交流，推广各地经验。

加强供热体制改革调研。召开了部分地市供热体制改革工作座谈会，形成了《陕西省城镇供热体制改革调研报告》。根据《陕西省燃气管理条例》，制定了《陕西省燃气管理条例实施办法》，对全省燃气管理部门和燃气企业举办了7期培训班，培训人员1200多人。依照《陕西省燃气管理条例》，继续加强对新建、改建燃气技术的评议。按程序组织专家对志丹、吴起县两家天然气汽车加气站、镇巴县液化气站改建方案、延安市黄陵县、渭南市合阳县汽车加气站工程进行了技术评议。指导各市加强燃气安全运行管理，开展燃气安全大检查，确保用气安全。

加强城市供水水质安全。配合省人大制定《陕西省城乡供水用水条例》，并经7月30日陕西省第十一届人民代表大会常务委员会第三次会议通过，同年10月1日起施行。加强对城镇污水处理设施运营的指导监督，规定各市定期报送城市污水处理设施运营的数据信息，及时掌握运行情况。举办了1期城镇污水处理信息系统应用培训班，对全省城市污水处理企业负责人及统计人员187人进行了培训。开展城市节水宣传周活动。根据建设部要求，对全省城市节水宣传活动进行安排，并在宝鸡举办了全省的集中宣传活动。规范用水器材市场管理。在全面核查的基础上，公布了陕西省用水器材确认登记产品名单。开展了两次全省城镇供水水质检查工作。对设市城市供水企业的供水水质、处理工艺、水质检测机构和人员、水质检测保障体系进行了检查。11月份在延安召开了全省城市供水安全水质管理座谈会，通报全省城市供水水质检测情况，总结工作、研究问题、并安排部署了下一年度的城市供水工作。

(六) 城市管理新亮点

抓好数字化城市管理试点。2007年，宝鸡市被国家建设部列为全国第三批数字化城管试点城市，也是陕西惟一一家数字化试点城市。2008年初，宝鸡市数字化城管系统开始试运行，所有的城市管理部件进行了准确定位并编码。监督中心通过数据收集系统自动对信息进行甄别、立案，并按照编码和属性，将部件或事件通过网络系统直接传送给相应的69个职能部门，职能部门对反映的问题立即解决。系统运行以来，处置问题已由初期的每天几十件增加到400多件，处置时间也由过去的一周甚至几十天缩短到12个小时左右，初步形成了精细、敏捷、高效、全方位的"大城管"数字化城管格局。省建设厅加强对宝鸡市数字化城市建设试点工作的指导，下发了《陕西省建设厅关于印发宝鸡市数字化城市管理基本情况的通知》，总结推广先进典型。年末，宝鸡市"数字化城市管理信息系统"、创建国家节水型城市和申报"中国人居环境奖"通过了省级考核及国家住房和城乡建设部的验收，并被国家住房和城乡建设部、国家发改委命名为国家节水型城市。在中国人居环境奖领导小组办公室批准公布的2008年中国人居环境奖获奖城市（项目）名单中，宝鸡市被授予"中国人居环境奖"。

加强城市安全。在汛期到来之前下发了城市防汛通知，要求各级行政主管部门做好防范工作，确保城市安全度汛。按照上级要求，为确保奥运安保工作，分4个组对全省市政公用设施行业进行了大检查。"十一黄金周"前夕，下发了《关于做好"十一"期间市政公用行业和风景名胜区安全工作的通知》，督促各地做好自查整改，并配合建设部对西安市市政公用设施进行安全检查。

努力做好"扫黄打非"工作。人大、政协"两会"召开前夕，下发了《关于作好当前"扫黄打非"工作的通知》。奥运会火炬在陕西传递前夕，下发了《关于做好迎奥运深入开展"扫黄打非"工作的紧急通知》。积极参加省"扫黄打非"办组织的"扫黄打非"专项检查和全国"扫黄打非"集中销毁专项行动暨全省"扫黄打非"集中销毁专项行动启动仪式。2008年年末省建设厅被省"扫黄打非"办评为2008年度全省"扫黄打非"先进集体。

加强和规范城建监察执法行为。进行城建监察和建筑垃圾管理工作调研，形成了《关于对城建执法、建筑垃圾管理的调研报告》。11月份在西安市举办了全省城建监察交流培训会，115人参加了培训。

规范城市公共交通行业管理。编印下发《陕西省城市公共交通服务规范(试行)》,针对媒体曝光西安市火车站出租车违规营运行为,对出租汽车企业和司机进行了公开处理。组织开展调研活动。省建设厅撰写的《关于全省优先发展城市公共交通的调研报告》获得了省级部门优秀调研成果一等奖,并受到了省政府的通报表彰。年末,全省每万人拥有公交车辆12.13标台,西安市公共交通总公司等36个单位、50名个人被省住房和城乡建设厅分别授予为"全省城市公共交通系统先进集体"荣誉称号和"全省城市公共交通系统先进个人"荣誉称号。

五、村镇建设

2008年,陕西村镇建设按照"规划先行、分类指导、试点示范、基础突破"的方针,全面实施《陕西省农村村庄规划建设条例》,狠抓"千村百镇"建设整治、关中百镇建设、村庄道路建设和灾后恢复重建等工作,全省村镇建设迈上了新的台阶。全年关中百镇建设完成投资4.2亿元,启动项目106个,完成91个。周至哑柏、眉县齐镇、旬邑太村、白水林皋等106个"一轴一环三走廊"沿线建制镇基础设施明显改善。凤翔、眉县等以县城为核心、以中心镇为重点、以产业为支撑的小城镇组团基本形成。百镇建设示范效应显现,临潼区代王镇、蒲城县孙镇等一批建制镇提前筹划、自行筹资开展镇区基础设施建设,拉动关中地区小城镇房屋及基础设施建设投入达22.3亿元,比上一年提高32%。省级安排2144万元引导资金,调动和发挥村民的主体作用,完成村庄道路建设1.14亿元、428.5公里。

(一)关中百镇建设初见成效

2008年是实施百镇建设的第一年。3月24日省政府第6次常务会议批准了省建设厅提交的《关于实施关中地区百镇建设的请示》,决定建立小城镇建设专项资金,由省财政连续三年每年拿出1亿元,用于关中地区300个建制镇的基础设施建设。4月7日,省政府以陕政字[2008]37号文件下发《陕西省人民政府关于成立陕西省关中地区百镇建设工作领导小组的通知》,成立了以省委常委、洪峰副省长为组长的陕西省关中地区百镇建设工作领导小组,成员单位有:省建设厅、省财政厅、省发改委、省国土资源厅、省交通厅、省水利厅、省环保局和关中地区5个设区市政府及杨凌示范区管委会。关中地区5市1区政府也成立了相应的领导机构。4月20日省建设厅召开关中地区百镇建设工作座谈会,传达省政府常务会议关于关中地区百镇建设工作的部署要求,征求《关于加快关中地区小城镇建设的实施意见》修改意见。7月10日省财政厅、省建设厅以陕财办建[2008]82文件印发《陕西省关中地区小城镇建设专项资金管理暂行办法》,7月17日省政府办公厅以陕政办发[200]77号下发《陕西省人民政府办公厅关于加快关中地区小城镇建设的意见》。省建设厅还会同省财政厅等有关部门制定了《关中地区小城镇建设专项资金管理暂行办法》、《关中地区农村村庄道路建设专项资金管理暂行办法》和《关于加强关中地区农村道路建设项目验收核准工作的通知》等配套文件。对各市申报的138个项目进行现场审查,当年安排106个,并分批下达了关中百镇建设1亿元补助资金。8月18~27日,陕西省关中地区百镇建设工作领导小组办公室组织5个检查组,通过听汇报、查资料、实地检查等方式,对关中地区5市1区的百镇建设工作进行检查,共检查30个县区、66个项目。省委常委、洪峰副省长带领省建设厅、省财政厅、省中小企业局负责同志对渭南市关中百镇建设工作进行督察,并实地对蒲城、白水、华县的关中百镇建设项目进行了检查。11月中旬省建设厅组织对2008年度全省小城暨新农村建设工作进行检查,其中包括列入2008年度关中百镇建设计划项目进展及完成情况。组织10多名专业技术人员蹲点支持百镇基础设施项目建设,积极筹备全省百镇建设工作现场会,推广先进典型。西安市以关中百镇建设为契机,推进西安小城镇建设发展。年底全市区域内的关中百镇建设已完成项目投资8500余万元,列入计划的25个项目全部进入施工阶段,周至县哑柏镇北正街改造、二曲镇道路建设工程、阎良区武屯镇排水及道路整治工程等8个项目已经基本完工,另有12个项目完成投资已经达到80%以上。蓝田县汤峪镇、高陵县通远镇、临潼区新丰镇等一批小城镇已超额完成基础设施建设计划投资量。渭南市紧紧抓住省委省政府实施关中百镇建设的机遇,积极推进重点镇建设。全年27个关中百镇项目完成投资1.39亿元,其中澄城县南新街拓宽改造、合阳县凤凰路、白水县东风路建设等12个项目已完工,累计完成投资7000万元,占年计划投资51%。年末全省关中百镇建设完成投资4.2亿元,项目91个,占项目计划的86%;完成道路工程205公里、排水工程218公里、新增绿化面积14.45万平方米、人行道铺装工程140万平方米、安装各类道路照明灯2456盏。在召开的全省县域经济工作会议城镇化分会上,省政府通报表彰了在2008年关中地区城镇建设工作中作出突出贡献的陕西省住房和城乡建设厅、蓝田县汤峪镇人民政府等16个部门和单位为关中地区城镇建设工作先进单位。

(二)"千村百镇"建设整治有新发展

2008年是全省开展"千村百镇"建设整治活动的第三年。年初与11个市、区签订了"千村百镇"建设整治目标责任书,对建设整治122个镇、1140个村的任务进行分解落实,分阶段总结分析,有针对性地跟踪指导,并制定了《"千村百镇"建设整治内容及量化考核指标》。抓好村庄规划编制重点是灾后农村建设规划编制。6月3日,省建设厅制定《陕西省地震灾后重建农村建设规划工作方案》,并于7月10日前完成了《汶川地震灾后陕西农村建设规划》。年末全省已完成102个县的县域村庄布局规划、1003个村庄总体规划、11823个村庄建设规划。建立省、市、县三级抓试点示范村制度,在抓好旬邑、洛川、千阳、平利4个整体推进县的基础上,指导石泉、西乡、黄陵、子长、吴起、紫阳等县开展千村百镇建设整治活动。全年安排村镇建设整治资金1538万元,共建设规划建新、拆旧建新、治旧图新和特色村建设4种类型的示范村1347个。指导帮助千阳县按照"户分类、村收集、乡转运、县处理"模式处理农村生活垃圾。3月3日,在千阳县召开"贯彻十七大精神,建设美丽和谐新家园——千阳行"宣传活动,省广播电台进行现场直播,近千人参加了此项活动。11月11日在千阳县召开了全省农村垃圾处理试点现场会,进一步宣传和推广千阳县农村垃圾收集工作经验。加强对农民建房和公共基础设施建设的指导。完成《陕西省农村住宅建设通用图集》和《陕西省农村村庄基础设施实用技术导则(试行)》的编制;拍摄指导农民建房的宣传片,已在国家广电总局正式立项。根据省委领导关于搞好农村改革与发展专题调研的安排,于9月19日完成了《关于改善农村人居环境和卫生条件的调研报告》。12月31日省建设厅以陕建发〔2008〕325号文件下发《关于表彰2008年度全省村镇建设工作先进单位和个人暨示范村镇的通报》,对在省级重点村镇建设工作中组织措施得力,工作成效突出的单位和个人给予了表彰。授予周至县哑柏镇等21个镇为全省规划建设示范镇,户县大王镇卓南村等59个村为全省规划建设示范村;西安市城乡建设委员会等15个单位为全省"千村百镇"建设整治活动先进单位;西安市城乡建设委员会骆险峰等36名同志为全省"千村百镇"建设整治活动先进个人。被授予省级规划建设示范村镇的示范镇、村,省建设厅分别给予8万元、5万元的奖励,主要用于村镇规划编制和基础设施建设补助。在中央精神文明建设指导委员会组织的第二届全国文明村镇评选活动中,户县甘亭镇东韩村等28个村镇被评为全国文明村镇,并在全国精神文明建设工作表彰大会上受到了表彰。在省委省政府命名表彰的"2008年度社会主义精神文明建设先进集体的决定"中,柞水县乾佑镇、蓝田县汤峪镇塘子村等50个行政村、镇被命名表彰为省级文明村镇。

(三)村庄建设进展顺利

全省现有100730个村庄,其中行政村27494个,居住着704.3万户,2776万人。部分村庄村容村貌落后,人居环境较差。有58.3%的人口用不上干净卫生的饮用水,有生活污水处理设施的行政村仅占0.5%,能够进行垃圾处理的仅占行政村数的3.66%,约有50%的村庄内部道路(简称村庄道路)还没有硬化。在深入学习实践科学发展观活动中,省建设厅采取多项整改措施,逐步改变农村生产、生活环境落后的面貌。2008年初,对关中5市1区,43个县区、212个行政村下达了村庄道路建设项目建设计划。按照每公里补助5万元,省级财政资金共计2144万元,其中专项资金2000万元,城建资金144万元。6月17日会同省财政厅印发《关中地区农村村庄道路建设专项资金管理暂行办法》和《关于加强关中地区农村道路建设项目验收核准工作的通知》,突出抓好村庄道路等基础设施建设。年末全省实际完成村庄道路建设482.5公里,占年计划任务的112.5%,完成投资1.14亿元。

(四)小城镇建设项目完成较好

年初户县草堂镇等13个小城镇基础设施建设项目被列入全省民生八大工程范围。为了督促13个镇基础设施建设项目的顺利实施,8月6日省建设厅、省发改委印发《关于检查2008年中央预算内投资重点小城镇基础设施建设项目的通知》(陕建函〔2008〕342号)。8月25日~9月10日组织两个检查组分赴全省各市对13个项目逐一进行检查,主要检查4个方面:即项目是否符合基本建设程序,是否符合所在镇总体规划;项目实行招投标、监理和质量监督等情况;工程组织实施进展情况;中央及地方各级配套资金到位情况。年末,陈仓区县功镇镇区街道硬化及排水工程项目和旬邑县张洪镇基础设施建设项目顺利完成,其余11个建设项目均已开工在建,完成工程量40%以上,建设投资达3092.7万元。

(五)农村危房改造起步较好

11月10日省建设厅以陕建函〔2008〕525号文件下发《关于开展全省农村危旧房调查工作的紧急

通知》，要求各设区市、杨凌示范区建设规划部门以县区为统计单位对农村危旧房状况进行调查统计。截至2008年底，全省农村无房户及居住在茅草房、危房和危险地带的困难群众共24.2万户、81.6万人（含贫困人口68万人），其中无房户10979户、33831人，居住在茅草房8173户、27573人，居住在地质灾害区223106户、754987人。另外，因汶川地震，全省农村增加农房倒塌、严重损毁户11多万户，31万多间，需要重建11.44万户，31.19万多间。根据建设部《关于落实"扩大农村危房改造试点工程项目的紧急通知》（建村综函[2008]050号）的要求，12月下旬，省建设厅在对全省农村危旧房调查摸底的基础上，制定了农村危房改造方案，拟定了周至、户县等17县为全省农村危房改造试点县，分别制定了项目计划和工作方案，并以陕建函[2008]614号文件《关于申报扩大农村危房改造试点工程项目的函》上报建设部进行审查。计划从2008年开始，用5年时间，基本解决全省619849户农村贫困群众和受灾群众的住房问题，2009年、2010两年，重点推进全省17个农村危房改造试点县工作，恢复重建汶川地震灾损民房。年底全省5.7万户农民安居住房开工建设，3.8万户入住新居。

六、房地产业

2008年，陕西房地产市场呈现投资持续增长，商品房销售量增幅下降，房价趋稳、涨幅回落的发展态势。全年房地产开发完成投资749.23亿元，同比增长40％，占全省城镇固定资产投资比例达到16.61％。其中住宅建设完成投资586.64亿元，占房地产开发投资的78.3％；商品房竣工面积698.7万平方米，同比下降21.7％。商品房施工面积5564.93万平方米，同比增长25.2％，新开工面积1859.01万平方米，同比增长28.5％。商品房屋销售面积1416.5万平方米，同比下降3％。商品房屋销售均价为2980元/平方米，其中西安市为4320元/平方米，对比周边省会城市尚处在中下位置。全省城镇人均住宅建筑面积达27平方米。到2008年底，全省共有房地产开发企业3220家，其中一级16家，二级233家，三级927家，四级及暂定2044家。

（一）市场调控取得新成效 建设部2月28日发布《关于做好住房建设规划与住房建设年度计划制定工作的指导意见》后，省建设厅进一步明确了各地新建住房结构比例，即凡新审批、新开工的商品住房，套型建筑面积90平方米以下住房（含经济适用住房）面积所占比重，必须达到开发建设总面积的70％以上。各城市在3月底前制定并公布2008年住房建设计划，6月底前制定并公布2008～2012年住房建设规划。7月1日《房屋登记办法》开始实施，坚持"登记为民"原则，确立和细化了登记簿制度，明确了登记机关的审查职责，细化了《物权法》规定的登记类型，对集体土地范围内的房屋所有权登记纳入了登记范围。9月西安市政府出台了《关于恢复房地产业发展的若干意见》，对市民购买商品住房按购房款总额，分1.5％、1％、0.5％三个等级给予一定比例的财政补贴，同时加大了对房产开发企业承建费用支持力度。12月国务院办公厅下发《关于促进房地产市场健康发展的若干意见》（国办发[2008]131号）后，省建设厅进一步加大保障性住房建设力度、鼓励普通商品住房消费、支持房地产开发企业积极应对市场变化、强化了地方政府在稳定房地产市场中的职责与作用。

（二）行业管理深入推进。根据省建设厅、国土资源厅、财政厅等10部门《关于开展房地产市场秩序专项整治的通知》，4月对全省房地产市场专项整治工作进行检查，赴西安市、延安市进行项目抽查。根据《行政许可法》和《房地产开发企业资质管理规定》和《陕西省房地产开发企业资质管理办法》等文件精神，注销了西安东兴置业有限公司等305家房地产企业开发资质证书，对个别违法违规售房行为按法定程序予以处罚，规范房地产管理部门预售许可、产权交易行为，使全省房地产业市场得到更好的发展。按照住房和城乡建设部《关于扩大房地产市场信息系统建设重点城市范围的通知》和《关于做好房地产市场信息系统技术规范实施工作的通知》要求，下发了《陕西省建设厅关于加快房地产市场信息系统建设的通知》，9月对宝鸡、铜川、延安房地产市场信息系统建设情况进行了中期检查，并于年底进行了验收考核。宝鸡、铜川已基本建成房地产市场信息系统，延安完成了前期准备工作。成功举办了陕西省第七届住宅产业博览会。省内外200多家房地产及相关企业赴会参展，展出面积1万余平方米，成交额2亿元左右。展会期间首次设立了住房保障展区，集中宣传展示近年来各城市在解决中低收入家庭住房困难建设所取得的成就。全年已备案的拆迁项目333个、725万平方米。实际完成城镇房屋拆迁228.6万平方米、63个项目、22190户。为从源头上化解城市房屋拆迁方面的不稳定隐患，省建设厅及时下发了《关于进一步做好城市房屋拆迁管理工作的通知》和《关于认真排查处理城镇房屋拆迁引发的不稳定问题的通知》，接待有关拆迁的来信来访及政策咨询100余人次，及时处理了18件比较严重的城镇房屋拆迁上访问题。为便于各级房地产管理部门、房屋登记机构正确理解房屋登记各项制度的原理和依据，准确掌握房屋登记程序和要求，分别于4月和12月组织举办了2期全省性的《房屋登记办法》培训班，近800人参加了培训，推动了新的《房屋登记办法》的实施。

（三）物业管理向纵深发展。省建设厅、省法制办、省人大召开了多次修订《陕西省物业管理条例》研讨会，举办了立法听证会，12月12日陕西省第十一届人民代表大会常务委员会第五次会议通过了《陕西省物业管理条例》，自2009年5月1日起施行。组织召开了全省住宅专项维修资金工作座谈会，交流城市住宅专项维修资金交存、使用、管理的做法及经验，讨论制定《全省住宅专项维修资金管理办法实施细则》，全年全省住宅专项维修金归集达9亿元。组织开展陕西省物业管理优秀住宅小区（大厦、工业区）考评验收工作，评出14个项目获得全省物业管理示范住宅小区（大厦），另有6个项目通过了全国物业管理示范住宅小区（大厦）考评。年末全省注册登记并取得资质证书的物业服务企业917家，其中一级5家、二级90家、三级及临时822家，管理项目2995个，建筑面积9350万平方米，全省物业覆盖面达36%。

（四）住房保障有新的发展。廉租住房目标任务超额完成。作为"民生八大工程"重点建设项目之一，省政府将廉租住房制度建设纳入年度市县政府目标责任管理。全年召开了两次全省住房保障工作座谈会，会同省发改委、省财政厅共同研究加强住房保障工作措施。全省完成建设或收购廉租住房71.244万平方米、15146套，占年度目标任务的151.58%和151.46%；对104479户符合住房困难条件申请租金补贴的城镇低保家庭基本实现了应保尽保。年末在省政府关于表彰2008年城镇廉租住房建设先进单位的通报中，宝鸡市政府等3个设区市政府、西安市新城区政府等12个县区政府、省建设厅等4个省级部门、安康市房产管理局等6个建设管理单位被表彰为2008年全省城镇廉租住房建设先进单位。

（五）规范做好与廉租住房保障对象的衔接。在改进和规范经济适用住房建设的过程中，严格按照国务院2007年24号文件的要求，逐步做好与廉租住房保障对象的衔接，全年完成投资63.7亿元，建设433.59万平方米，竣工221.09万平方米，竣工面积占年度目标任务的105%，解决了3.7万户中低收入家庭住房困难。

（六）住房公积金管理逐步规范。配合省纪委"三项检查"，组织公积金专项检查，召开两次全省住房公积金管理工作座谈会，研究规范管理、提高使用率、住房公积金支持保障性住房建设政策措施。全年缴存职工新增22万人，年度归集额达103亿元，首次突破百亿元大关，累计归集额达403亿元，累计发放个人贷款101亿元，累计支取141亿元，136万名职工利用住房公积金改善了住房条件。累计提取廉租住房建设补充资金3885万元，住房公积金的住房保障作用得到较好发挥。

（七）住房二级市场健康发展。认真落实《陕西省人民政府关于进一步加快发展住房二级市场的通知》（陕政发〔2007〕52号），清除制约二级市场发展的政策性障碍。全年累计出售公有住房12775.61万平方米，142.91万套，占应出售的97.4%，全省公有住房产权私有化比例为90%以上；累计办证面积7869.2万平方米，累计二级市场交易面积1481.79万平方米，16.49万套，累计交易面积和套数比去年同期分别增长了31.07%和37.42%。

（八）农村房屋权属登记进展顺利。会同有关部门深入延安、安康调研农村房屋权属登记，印发《陕西省建设厅关于农村房屋权属登记有关问题的通知》（陕建发〔2008〕90号），转发建设部《房屋登记办法》（陕建发〔2008〕203号），会同有关部门深入延安、安康调研农村房屋权属登记。到年底，全省农村房屋权属登记16415户，351.11万平方米。

七、"5·12"陕西抗震救灾

"5·12"汶川特大地震，使陕西10个市、92个县都不同程度受灾，直接经济损失245亿元。全省城镇居民住宅累计震灾受损225.75万平方米，直接经济损失17.13亿元，其中倒塌和严重受损房屋59.08万平方米。教育、卫生系统城镇非住宅用房受损419.25万平方米，农村住房受损933万平方米。市政基础设施中的城市桥梁、供水管网、污水和垃圾处理、供气、供热、城市照明等设施损失共计3.37亿元，风景名胜区损失6826万元。地震还造成建筑工地62台塔吊发生倒塌、塔头和塔臂折断等事故。灾情发生后，陕西省建设厅迅速组织力量投入抗震救灾和灾后恢复重建工作。

（一）实行抗震救灾工作责任制。由主持工作的张阳副厅长为第一责任人，其余分管领导打破原有分工，分片包干核查灾情。5·12以来，6名厅级领导、5个协调小组分赴抗灾一线核查灾情。厅机关形成了领导包片、处室包行业、监察室督办的工作格局。全省各级建设行政主管部门实行分级负责,以市县当地技术力量为主进行普查,以省上专家组为主进行复杂工程的应急评价。对通过观察可确定不影响使用的,及时告知业主可以正常使用,对于有疑点、凭一般观察难以确定的,则辅以必要技术手段,以最快速度对受损建筑进行甄别。

(二)组织抢险救助准备队。5月16日,按照住房和城乡建设部要求,省建设厅确定了陕西建工集团总公司、中铁一局、西安市市政建设(集团)公司3家大型施工企业为抢险救灾准备队,共预备各种大型机械设备62台,随时可赴灾区进行救助。为预防余震对基础设施造成新的破坏,根据省政府的要求,5月28日,省建设厅立即组织了165人的市政基础设施应急抢险分队,并明确了负责人,配备了车辆、仪器和有关设备,随时处于应急状态。其中:自来水应急抢险分队49人,天然气应急抢险分队49人,道路、桥涵应急抢险分队59人,水质监测应急分队8人

(三)积极筹措救灾资金和开展捐赠活动。针对灾情,省建设厅立即向汉中、安康、宝鸡紧急拨付抗震应急评价工作补助金35万元,其中汉中15万元,安康、宝鸡各10万元。5月15日和21日,组织厅机关及直属单位党员、干部、职工开展献爱心捐赠和缴纳特殊党费活动,共计人民币10.9万元。为完成建设部下达的支援四川灾区的环卫设备任务,省建设厅在短短的一周之内筹措56万元,为灾区捐赠了1台洒水车、1台垃圾车、1台吸粪车、4座移动公厕等,并安排专人负责送达到了成都。

(四)开展震损房屋应急评价和危房鉴定。省建设厅先后组织10个专家组分赴省内受灾较重的市县和教育、卫生、司法系统指导帮助开展应急评价工作。对全省城镇受损房屋全部进行梳理,做出了破坏等级应急评价,其中重度受损7.20%,中度受损7.05%,轻度受损85.75%;对全省2454个在建工程进行了应急安全质量检查。完成了陕西理工学院、省政府直属各部门和学校、医院、城市市政工程等204项房屋建筑项目、29座受损严重城市桥梁、1处综合管沟、192处供水管网、1615座照明设施、2处生活垃圾处理场等工程项目的应急评价工作。

6月5日至9月20日,省建设厅共组成70个受损房屋鉴定工作组,414名专业人员,对申请鉴定的城市震灾受损房屋878.05万平方米进行了鉴定:其中城镇居民住宅410万平方米,教育系统262.16万平方米,医疗系统43.64万平方米,其他酒店、办公楼等受损房屋162.25万平方米。按照省政府常务会议要求和省政府办公厅陕政发明电[2008]46号文件的部署,省建设厅又组织专家对教育系统提供的5市1区2586个D级危房项目(总面积119.7万平方米)进行了审核确认,其中631个项目(28.56万平方米)达到D级危房标准,占总项目的24%;339个项目(13.56万平方米)在确认前已拆除,占总项目的13.1%;396个项目(16.15万平方米)年久失修,无抗震构造措施,不适宜作为教学用房,占总项目的15.3%。省建设厅组织专家对卫生系统提供的卫生机构30个D级危房项目(4.17万平方米)和民政系统提供的12个D级危房项目(1.09万平方米)进行了审核确认,确认卫生系统22个项目(2.69万平方米)、民政系统12个项目(1.09万平方米)达到D级危房标准。

(五)全力以赴搞好安置房建设。5月27日,建设部安排陕西22万平方米过渡安置房建设任务。省政府指示主要用于宁强、略阳、汉中、宝鸡等地震灾区受灾严重的中小学、医院等公共基础设施和相对集中的受灾群众的安置,省建设厅负责过渡安置房的生产、运输和安装,市县负责过渡性安置房建设的规划、选址、勘察、场地平整和水、电、路、消防等基础设施配套。省建设厅迅速成立了过渡安置房建设领导小组,由一名厅级领导主抓落实,抽调专门人员,设立了生产督导组、质量监督组、运输保障组、现场安装组,督促企业加紧生产,确保质量。在40个小时内生产3000平方米安置房,于5月30日首批运往宁强、略阳进行安装,6月2日再次起运4200平方米,到6月4日共安装完成7200平方米、124间安置房,确保了这两个重灾县的高考用房。此后省建设厅又多方组织和协调,于8月8前全面完成了1.1万套、22万平方米的过渡安置房建设任务,保障了汉中、宝鸡等地震灾区465所学校的高考、中考及复课用房,保障了193个县、乡(镇)医疗机构的诊疗用房,解决了1250户受灾群众的临时住房问题。

(六)积极做好灾后恢复重建工作。编制完成《陕西省灾后城乡住房建设规划》、《重建城镇体系规划》、《震损学校医疗卫生机构和农村灾民建房工作规划》、《城镇住房重建实施方案》、重建技术标准以及宁强县、略阳县13个村重建规划,编制6套民宅重建设计图集。

指导灾区市县加固农房22.1万户、新建10万户,绝大多数群众在新房中过冬。建立农村民居抗震设防试点示范村103个、示范户930户。汶川地震

时，4个重灾县区按照建设部门图集建设的734户住房无一倒塌和严重受损。新增灾后廉租住房和经济适用房项目55个、1.8万套、建筑面积99.11万平方米，总投资16.27亿元。灾区城镇住房已重建1142套、7.3万平方米，已加固14627套、105.66万平方米。

（七）建立和完善灾后重建工程质量管理法律法规体系。为保证灾后重建工作有序推进，加强地震灾后恢复重建工程质量监督管理，7月30日陕西省人民政府办公厅转发省建设厅《陕西省地震灾后恢复重建工程质量管理办法》的通知（陕政办发〔2008〕82号），规定省级建设行政主管部门对全省灾后恢复重建工程质量实行统一监督管理，灾区市、县（区）建设行政主管部门及其他有关行业主管部门负责本行政区域内、本行业灾后恢复重建工程质量的具体管理，明确了管理体系，确保了整个重建工作井然有序，质量优而进度快，达到了预期的目的。

（陕西省住房和城乡建设厅 倪平）

甘 肃 省

一、综述

2008年是极不平凡的一年，面对历史罕见的自然灾害和复杂严峻的经济形势，全省建设工作在省委、省政府的正确领导下，坚持以科学发展观统揽全局，紧紧围绕促进城镇化进程、加快重点项目建设、解决民生问题、推进节能减排等重点工作，创新思路、强化措施，周密安排、狠抓落实，积极处理好改革发展稳定的关系，各项工作进展顺利，成效明显。

（一）全面完成抗震救灾和灾后重建任务

"5·12"汶川特大地震，使甘肃省陇南、甘南、天水等地受灾严重，尤其是城乡基础设施和房屋建筑遭到极大破坏。

灾情发生后，省建设厅按照省委、省政府的决策部署，迅速启动《甘肃省建设厅建设系统破坏性地震应急预案》，周密安排，积极行动，集全厅人力物力、组织全省建设系统力量，全面投入抗震救灾和灾后恢复重建。迅速组织房屋建筑应急鉴定及安全评估工作，共鉴定建（构）筑物3941项，建筑面积566万平方米；厅机关和直属单位干部职工发扬"一方有难、八方支援"的精神，积极开展向灾区献爱心捐助活动，累计捐款91.8617万元，交纳"特殊党费"35万元，捐赠价值30余万元的救灾物资；协调各援建省市并组织本省建设过渡安置房4.9万套、98万平方米，确保了灾区学生高考和秋季按时开学；编制完成灾后重建城镇体系规划、农村建设规划和城乡住房建设规划，为地震灾区恢复重建提供了科学指导；编制完成抗震农宅设计图集并印制3000册无偿赠送灾区，为灾后农民建设过冬房提供技术支撑；研究制定了《汶川地震甘肃灾区农村居民住房重建维修管理办法》和《甘肃省地震灾区城镇居民住房恢复重建实施意见》，对灾区城乡居民住房恢复重建提供了政策支持；推进农民过冬房建设，到年底完成受损房屋70%的重建任务。

省建设厅规划处处长任春峰同志被中共中央、国务院和中央军委授予抗震救灾模范，省城乡规划设计研究院等7个单位和李慧等15人分别被住房和城乡建设部评为抗震救灾先进集体和先进个人。

（二）全省重点项目建设进展顺利

2008年，全省重点建设项目48项，计划总投资1640.5亿元，年度计划投资376.4亿元。全年共完成投资433.57亿元，占计划的115.2%，其中续建项目计划投资203亿元，实际完成投资209.2亿元，占计划的103.02%；新开工项目计划投资173.4亿元，实际完成投资224.37亿元，占计划的129.43%；14个重点投产项目计划投资65.84亿元，实际完成投资72.34亿元，占计划的109.86%。九甸峡水利枢纽3号机组等14个计划投产或部分投产项目全部完成年度计划；兰渝铁路等16个新开工项目克服重重困难，紧紧抓住保增长、促内需、调结构的机遇，全部如期开工建设；18个续建项目建设进展顺利，部分项目超额完成工程形象进度计划；16个重点预备项目前期工作不断加快，其中5个当年即转为正式项目，另有部分项目列入了2009年的建设计划。

（三）城乡规划管理工作得到进一步加强

积极督促兰州市做好城市总体规划的修编，总结评估现行第三版城市总体规划实施情况；审查完成天水市城市总体规划；组织专家对现行《金昌市城市总体规划》的实施情况进行全面评估；督促陇南市完成城市总体规划报批的基础工作。

结合贯彻落实《城乡规划法》，有序推进城乡规划管理工作。起草了《甘肃省城乡规划条例》和《甘肃省建设项目规划许可管理办法》，其中《甘肃省建设项目规划许可办法》由省政府发布实施。指导完成了临泽县、景泰县、宁县3个试点县的县域村镇体系规划编制工作；积极推进全省100个重点镇和100个重点村的规划编制工作。

起草了《甘肃省城乡规划督察试行办法》，公布了第一批"甘肃省城乡规划督察员名单"，开展了城乡规划效能督察。

公布兰州市为省级历史文化名城。公布渭源县渭河源风景区、肃南-临泽丹霞地貌风景区、两当县云屏风景区、积石山县石海风景区4处为省级风景名胜区。至此，全省省级风景名胜区共达到20处。

（四）城乡建设管理水平不断提高

各城市人民政府采取多元化方式，积极筹措建设资金，除加大地方财政投入、用好国家专项补助资金外，采取利用国有土地收益、商业银行贷款及BOT等方式，进行城市基础设施项目建设。兰州市的城市管理工作有了显著进步，管理水平不断提高；酒泉、平凉等城市建设发展较快，城市面貌变化很大。城市供排水、供热、公交、燃气等行业企业继续克服油料、燃煤价格上涨等因素造成的经营困难，保证了城市居民的正常生产生活秩序。

村镇建设完成投资156.2亿元，同比增长47.36%。继续抓紧抓好全省100个重点镇基础设施和公共服务设施建设；全面推进全省100个新农村试点村的基础设施和农宅建设；召开了村镇建设定西现场会，推广了定西市村镇建设经验；组织完成了第四批中国历史文化名镇申报工作，秦安县陇城镇、临潭县新城镇获批为第四批中国历史文化名镇。

（五）超计划完成廉租住房建设任务

2008年，完成廉租住房保障11.05万户、35.36万人，保障户数比年初任务增长了2.7倍；已开工建设廉租住房1.26万套、64.25万平方米，总投资额6亿元。全年落实国家廉租住房专项资金6.5458亿元，比2007年增长了5.2倍。

（六）住房公积金运行平稳

全年归集总额277.57亿元，归集余额189.32亿元，增值收益1.7026亿元，划转廉租住房补充资金0.2426亿元，廉租住房补充资金总额达1.6913亿元，廉租住房补充资金余额1.3681亿元。当年贷款总额达86.94亿元，个人贷款余额43.67亿元，累计向22.16万户职工发放了个人贷款。全省个贷余额占归集余额的平均比例为23.06%，同比增加0.42个百分点。住房公积金专项治理取得显著成绩，收回多年拖欠的项目贷款813.6万元，进一步减少了资金风险。

（七）房地产业平稳发展

全省房地产业全年完成投资207.98亿元，占全社会固定资产完成投资的11.3%。其中房地产开发完成投资170.69亿元，同比增长27.31%。在房地产开发完成投资中，住宅完成投资95.48亿元，占75.35%。房地产开发施工面积1914.52万平方米，同比增长3.26%；房地产开发竣工面积349.09万平方米，同比减少19.3%；商品房实际销售面积471.32万平方米，同比减少20.42%。

当年底，全省商品房空置面积130万平方米，其中空置3年以上的面积19.64万平方米。全省城镇人均住房面积达到26平方米。

全年计划拆迁项目138个、156.28万平方米，实际拆迁73.26万平方米。

全省共有物业服务企业769家，从业人员约35815人；服务项目3924个，管理面积8233.23万平方米。

（八）建筑市场管理进一步规范

全省建筑业完成总产值1020亿元，比上年增长28.31%，约占全省全社会固定资产投资完成的58.8%。其中，省内等级以上施工企业完成建筑业总产值约560亿元，同比增长20.5%，占全省全社会建筑业总产值的54.5%，实现增加值约245亿元，同比增长15%，占全省GDP近8%，占第二产业增加值的17%。

全省建筑企业有335家（次）到全国15个省、市、自治区参与工程投标，外出施工企业参加投标次数逐年增长，企业竞争力逐步增强。各级有形建筑市场运行健康，为工程建设提供了良好的服务。各级建设主管部门加大执法监督力度，严肃查处违法违规建设工程，对市场主体的违法违规行为起到了震慑和教育作用。

（九）建筑节能工作取得新进展

《甘肃省民用建筑节能管理规定》经省政府第11次常务会议讨论通过，并于9月20起施行。全省新开工项目实行民用建筑节能质量监督专项备案制度，新建项目的建筑节能从规划、设计、施工、验收各环节均纳入了法定的建设程序管理。

按照财政部、住房和城乡建设部关于《北方采暖地区既有居住建筑供热计量及节能改造奖励资金暂行办法》，下达甘肃350万平方米既有居住建筑节能改造任务，全省共审定改造项目305项，当年完成改造面积143万平方米，主要集中在兰州、天水、白银三个城市。

二、抗震救灾及灾后重建

甘肃是受"5·12"汶川特大地震的波及破坏仅次于四川的第二大灾区。受灾范围之广、破坏之大、损失之重、重建之难历史罕见。

据初步统计，全省受灾10个市州、70个县市区，受灾乡镇941个，受灾行政村10946个，受灾户数1298034个，遇难人数365人，受伤10158人，紧急转移安置179.7万人，倒塌房屋293953户、1322170间，损坏房屋2438014间（孔）。据甘肃省地震局评估，地震造成的直接经济损失为442.8亿元。地震烈度在Ⅵ度以上的有陇南、甘南、天水、庆阳、平凉、定西、白银、临夏8个市州的44个县市区、693个乡镇、123.71万户，受灾人数达500.01万人，紧急转移安置164.11万人。

这次地震灾害的特点是：一是距离震中近，受害严重、范围广；二是地形对地震破坏的放大作用导致山区受灾严重，次生灾害频发加重了受灾程度；三是房屋抗震设防能力差，造成大量房屋倒塌或严重损毁；四是交通、电力、通信、水利等生命线工程遭受严重破坏；五是工农业生产受灾严重；六是救灾难度大。

（一）抗震救灾工作

灾情发生后，省建设厅迅速启动了《甘肃省建设厅建设系统破坏性地震应急预案》，建立了24小时地震应急值班制度，省建设厅抗震救灾应急指挥小组及办公室成员、专家工作组成员进入应急状态，保持联络畅通。18时，省建设厅抗震救灾应急指挥小组副组长、总工程师梁文钊带领省抗震办主任随同省政府抗震工作组赶赴受灾较重的陇南市。

13日，省建设厅下发了《关于做好全省建设系统应对地震灾害安全防范工作的紧急通知》，要求各地结合实际，认真研究，确定防范重点，查找薄弱环节，密切关注灾害情况，建立健全防范应对工作机制。13时，李慧厅长随同徐守盛省长赶赴陇南，深入灾区指导救灾。

根据省政府领导的批示要求，省建设厅从各施工企业紧急落实挖掘机17台，装载机16台，推土机12台，工程翻斗车40台，吊车2台，装载车1台，拖运车6台，操作人员约300人，准备就绪，报请省上统一安排调度。另外，向住房和城乡建设部求援，从外省企业调度40台大型施工设备支援甘肃。

（二）房屋建筑安全应急性评估和鉴定

从5月13日开始，省建设厅陆续组织由抗震结构等方面的5批共17位专家组成的工作组，分赴武都、文县、宕昌、康县、徽县、成县、两当、西和、迭部、舟曲、天水等地，指导帮助当地建设行政主管部门开展房屋建筑和市政基础设施的抢险、排险、应急加固、房屋评估和工程修复等工作。15日，下发了《省建设厅关于做好"5·12汶川地震"后我省灾区受损房屋建筑应急安全评估和鉴定工作的紧急通知》，向受灾市州提出了灾区受损房屋建筑应急性安全评估和鉴定工作要求。此次安全应急性评估工作，共评估203个单位、382幢建筑物，其中学校建筑194幢、医院建筑54幢、其他建筑134幢。

根据省抗震救灾指挥部的安排部署，5月26日，省建设厅成立了房屋和市政基础设施安全性应急鉴定专项工作组。5月29日，省政府办公厅下发了《甘肃地震重灾区受损建（构）筑物安全性应急鉴定工作实施方案》和《甘肃地震重灾区受损建筑物及城市基础设施安全性应急鉴定工作计划》。按照《实施方案》和《工作计划》的要求，省建设厅在全省抽调了31家设计、鉴定检测单位的305名专业技术和资料统计及保障人员，组成10个安全应急性鉴定小组，奔赴陇南市和甘南州的11个县区开展现场鉴定。经过全体专家和工作人员的连续奋战，共完成鉴定建（构）筑物3941项（其中：学校建筑1122项，医疗建筑348项，通信建筑63项，电力建筑79项，政府办公建筑920项，生命线建筑61项，住宅建筑937项，其他建筑383项，城市基础设施28项），建筑面积5657622.34平方米。从鉴定分析结果看，有471项房屋建筑地震之后成为危房，建筑面积499346.19平方米；629项严重破坏，建筑面积773883.5平方米；789项中等破坏，建筑面积1125355.16平方米；1297项轻微破坏，建筑面积1917844.25平方米；基本完好的为755项，建筑面积1341194.9平方米。鉴定的28处城市基础设施，有4处严重破坏，9处中等破坏，13处轻微破坏，2处基本完好。

陇南、甘南11个重灾县区以外的其他受灾市州也根据《实施方案》有关要求，分别组织力量完成了房屋建筑物安全性应急评估鉴定工作。

（三）灾后重建规划编制

6月5日，省灾后重建工作领导小组下发了关于灾后恢复重建规划编制工作的分工意见，安排省建设厅负责编制《汶川地震甘肃省灾后重建城镇体系规划》。6月6日，省建设厅成立了规划编制专项工作组，制定了规划编制工作方案，要求4天完成规划纲要，7天进行现场调研并与灾区地方政府座谈，8天编制完成规划成果。6月24日，省建设厅组织厅有关处室和专家对《汶川地震甘肃省灾后重建城镇体系规划（2008～2015）》进行了审定，与会专家给予了充分肯定；27日，住房和城乡建设部、深圳市支援陇南规划专家组在与该省规划专家工作交流中，对该《规划》的编制给予了高度评价。

5月28日，省小城镇规划评审委员会召开会议，就受灾地村庄规划编制工作进行了专题研究，对灾后村庄选址、测量和规划工作分别提出建设性意见。6月初，省建设厅下发了《关于组织开展陇南甘南受灾地村庄建设规划编制工作的通知》和《关于认真做好陇南甘南受灾重点县区试点村庄规划和建设工作的紧急通知》，成立专项工作组，启动了陇南市文县、康县、武都区及甘南州舟曲县等4个重灾县区村庄建设规划和11个重点县33个试点村的规划编制工作，组织全省29家规划编制单位和7家设计单位无偿编制180个重灾区村庄建设规划。各市州建设、规划行政主管部门和规划编制单位高度重视，积极响应，快速行动。7月10日，《汶川地震甘肃省灾后重建农村建设规划》编制工作全面完成。

（四）受损房屋、基础设施灾害损失评估

根据省灾后重建领导小组的安排，6月9日，省建设厅成立"5·12"地震灾害损失评估工作指挥部，全面负责有关居民住宅与非居民住宅以及基础设施损失统计评估工作，要求有关市州、省直部门及时报送有关统计报表和评估报告，负责对本行政区域及本行业的灾情受损核实工作。

据统计，全省8个市州51个县市区（不含建制镇）城市道路损毁420千米，城市桥梁损毁83座，受损水厂供水能力104万立方米/日，供水管道受损1980千米，受损污水处理厂处理污水能力23.65万立方米/日、排水管道损毁251千米，城市供气储配灌装厂站损毁14座、供气管道损毁38千米，城市生活垃圾处理场站损毁44座，公厕损毁53座，城市公共交通设施损毁86处，城市公共绿地损毁13公顷，合计经济损失117216万元。

（五）过渡安置房建设

5月24日"成都会议"以后，省建设厅成立过渡安置房建设前线指挥部，制定了《抗震救灾过渡安置房前线指挥部工作实施方案》，并派驻有活动板房建设任务的3个市州总协调工作组和10个重灾县区现场工作组，全面投入工作。北京、天津、上海、宁夏、深圳等省市区高度重视，积极行动，抓紧向企业落实活动板房生产任务，同时主动沟通联系，组织先遣组赶赴灾区了解察看具体情况，并抓紧落实过渡安置房建设任务。省财政紧急安排5000万元前期启动生产费用，中央财政划拨8200万元过渡安置房建设专项资金，落实自建过渡安置房任务。

截至9月10日，圆满完成了49000套（学校36859套、医院2876套、住房及其他公共设施9265套）建设任务。其中，本省自建11482套，外省市援建37518套。陇南市完成31383套，甘南州完成7151套，天水市完成6883套，平凉、庆阳、定西、临夏、白银、兰州等市州共完成3583套。解决了368户农民和4437户城市居民的临时安置问题，使1499所学校、49.5万名学生复课，156所城乡医院恢复正常运行，灾区人民基本生活秩序得到保障。

（六）农房恢复重建

为指导全省地震灾区农宅有序、科学建设，保证灾后重建农宅的抗震性能达到国家标准规定的抗震设防能力，根据省抗震救灾总指挥部和省灾后重建领导小组的要求，省建设厅成立了灾后重建农宅设计方案专项工作小组，负责组织震后农民住房的设计方案编制，并对编制工作的具体进度、质量等提出了要求。参与此项工作的甘肃省建筑设计研究院、兰州市城市建设设计院、兰州理工大学建筑勘察设计院等单位组织设计人员夜以继日辛勤工作，于6月11日完成初步方案，经厅专项工作小组组织专家反复审议，提出深化修改意见，设计单位不断调整、优化、完善。19日，上报住房和城乡建设部。23日，《甘肃省村镇抗震农宅设计图集》全面完成。

新疆、云南、深圳等省市建设行政主管部门大力发扬中华民族"一方有难、八方支援"的精神，按照住房和城乡建设部的要求，抽调了16位专家支援我省灾区农民过冬房建设工作。专家们克服生活上的不便和困难，冒着一次又一次的余震危险，与甘肃省内抽调的170名专家一起深入文县、康县、武都、舟曲4个重灾县区编制灾区重建的村庄建设规划，指导帮助当地政府和有关部门完成农民过冬房建设。

为加快灾区农村居民住房重建维修管理工作，省建设厅与省民政厅等4部门研究起草了《汶川地震甘肃灾区农村居民住房重建维修管理办法》，经省政府同意后，下发各地执行。6月14日，省建设厅下发了《关于做好灾后村庄建设规划和农民过冬房建设工作的紧急通知》，要求各受灾市州、县区加强组织领导，落实责任，积极主动配合专家组开展工作，确保入冬前倒塌和受损严重农户至少有一间过冬房的目标如期实现。

按照住房和城乡建设部关于动员国有大型建筑企业积极参与过冬房建设的要求，积极动员甘肃省建筑工程总公司对口援建陇南市部分农房重建任务。同时，为加强重灾区农房建设指导，下发了《甘肃省地震重灾区农房重建技术指导方案》，并向4个重灾县区派出了27名技术人员现场指导农房建设并开展个体工匠培训。

台湾大学援建了600套轻钢结构永久性住房，沙特政府捐赠了1460套板房支援甘肃灾区。

三、建设成就

（一）重点项目

【建成投产和部分投产项目】 共14个，分别为：九甸峡水利枢纽3号机组，黄河炳灵水电站2号、5号机组，兰铝自备电厂1号、2号、3号机组，兰州电机公司1.5兆瓦风力发电机，兰州柴家峡水电站2号、3号机组，黄河乌金峡水电站1号机组，金川公司富氧顶吹镍熔炼，兰州中川机场扩建工程6万平方米站坪扩建，天水军民合用机场，西固热电厂上大压小改扩建，洮河莲麓一、二级水电站1号机组，白龙江麒麟寺水电站，兰郑长成品油管道（甘肃段），兰青铁路二线。

【新开工建设项目】 共16个，分别为：兰渝铁路（甘肃段，含兰州枢纽）、民勤红沙岗煤矿二号井、西气东输二线、GZ45线宝天高速公路天水过境段、兰州中川机场站坪工程、中石油庆阳石化300万吨搬迁改造、中石油兰州石化公司异地改建550万吨/年常减压装置项目、兰州连铝25万吨高精度板带箔用铝合金扁锭及工业交通用铝合金圆锭项目、甘肃社会主义学院搬迁项目、黄河河口水电站、甘肃会展中心建筑群、天平铁路、西平铁路、平凉电厂二期工程、崇信电厂、大唐景泰电厂。

【续建项目】 共18个，分别为：引洮供水一期工程、石羊河流域重点治理工程、GZ45线宝鸡至天水、GZ45天水至定西、罗汉洞至定西高速公路、康家崖至临夏高速公路、西峰至长庆桥至凤翔路口高速公路、G212线临罐路武都至罐子沟、永昌电厂"以大代小"2×300兆瓦工程、白龙江苗家坝水电站、华亭煤业公司大柳矿井、华亭中煦煤化工公司60万吨甲醇、酒钢150万吨碳钢冷轧项目、金川公司20万吨/年离子膜烧碱、中铝20万吨/年铝板带箔材、国际太阳能技术促进转让中心、省地质博物馆、省人民医院住院部大楼。

【预备项目】 共11个，其中酒泉热电厂、安西至星星峡高速公路、嘉峪关至阿拉山口铁路电气化、金昌至酒泉至瓜州750千伏送变电工程等项目，抓紧办理国家对项目核准、报批的各项工作，有望在2009年上半年开工建设。已开工建设的天平铁路、西平铁路、平凉电厂二期、景泰电厂、崇信电厂5个项目及时由重点预备项目转为正式重点项目。

（二）城乡规划

【宣传贯彻《城乡规划法》】 年初，在向各市州城乡规划主管部门书面征求意见的基础上，经反复研究、讨论、协调，形成了《甘肃省实施城乡规划法办法》（报审稿）。在学习实践科学发展观活动中，按照省委创新城乡规划体制机制的要求，及时转变观念，将实施办法调整为《甘肃省城乡规划条例》（报审稿），上报省政府。

制定下发了《甘肃省建设项目规划许可办法》及相关规划许可的配套文件与格式；起草了《甘肃省城乡规划审批备案管理办法》（初稿）和《甘肃省城乡规划效能考核办法》（初稿）。

【城镇化及区域规划研究】 完成了全省城镇化工作会议前期准备工作，对"甘肃城镇化特色问题"进行了认真研究；初步形成了《兰州都市圈规划》；组织开展了《兰州市北拓空间发展战略规划研究》和酒泉——嘉峪关城镇空间发展研究。

【城市规划管理】 组织有关部门及专家对敦煌市和天水市城市总体规划、金昌市城市总体规划大纲进行了技术审查。督促兰州市、酒泉市、陇南市开展总体规划修编工作；联合住房和城乡建设部同济大学培训中心举办了第二期"城市规划干部培训班"，对全省各市州和县市区的城市规划分管领导和管理干部进行了培训；对全省11个市州实施了城乡规划效能监察。

【风景名胜区管理】 公布了渭源县渭河源风景区、肃南-临泽丹霞地貌风景区、两当县云屏风景区、积石山县石海风景区为省级风景名胜区；组织有关部门和专家对鸣沙山月牙泉、徽县三滩、两当县云屏风景名胜区总体规划进行了技术审查。

【重大项目规划选址】 参与了省内部分330千伏及以上变电站的拟选场址的现场踏勘和规划选址工作；完成了涩宁兰输气管道复线工程甘肃段、750千伏白银-黄河-银川东Ⅱ回输变电工程甘肃段、酒钢嘉酒煤电基地2×600兆瓦电厂工程、常乐电厂2×1000兆瓦电厂工程等22个重大建设项目的选址批复。

（三）城市建设

【城市基础设施建设】 全省城市基础设施建设完成投资51.65亿元，占全社会投资的2.98%；国债资金安排项目85个，计划总投资9亿元，利用国债资金3.4亿元。全省城市（县城）已形成日供水能力398.44万立方米，年供水总量达65032.84万立方米，人均日生活用水量156.05升，用水普及率87.85%。城市污水日处理能力152万立方米，污水处理率59.97%；全省公交、供热、燃气等市政公用行业运行良好。城市、县城公共交通运营车辆为4291辆，万人拥有公共交通车辆8.11标台，客运总量达74647万人次。城市集中供热面积8882.8万平方米。燃气普及率65.32%，用气人口345.7万人，用气户数1016420户。人均公共绿地面积7.87平方米，建成区绿化覆盖率25.88%。生活垃圾无害化处理率32.28%。城市道路总长度3101.7公里，城市道路总面积5490万平方米，人均道路面积10.37平方米。

当年向国家申请中央财政预算内投资的城镇污水处理项目25项，总投资14.06亿元；城镇垃圾无害化处理项目52项，总投资6.37亿元；列入中央财政预算内投资的城镇污水处理项目14项，城镇垃圾无害化处理项目27项，总投资3.11亿元，其中中央预算内投资1.51亿元。

【城市管理】 城市环境综合整治向纵深发展。各城市进一步加大城市环境综合整治力度，促进城市环境改善，积极采取各种方式，广泛开展城市环境卫生综合整治活动，注重管理体制的创新，建立长效管理机制，有效解决了城市环境卫生管理中的问题，进一步推进城市环境综合整治工作向纵深发展。

创建省级园林城市活动深入开展。将2008年确定为省级园林城市申报评选年，各城市结合旧城改造，进一步加强城市中心区绿化和居住区绿化建设，努力增加城市绿量、改善城市生态环境，进一步提高了城市绿化覆盖率和城市园林绿化水平，改善了人居环境，推动了城市绿化工作。新命名酒泉市、平凉市、敦煌市为甘肃园林城市，泾川县、崇信县、两当县、景泰县、金塔县为甘肃园林县城，白银市白银区为甘肃园林城区。

实行数字化城市管理试点工作。按照住房和城乡建设部关于加快数字化城市管理试点工作的通知要求，指导兰州市城关区、安宁区等修改完善了数字化城市管理系统建设方案。白银市白银区被住房和城乡建设部批准为全国第三批数字化管理试点城市以来，全面加强数字化城市管理系统建设，并实现稳定运行。天水市等城市积极创造条件，开展数字化城市管理。

加大城市供水水质安全督察工作。以贯彻新的《生活饮用水卫生标准》为抓手，以确保城镇供水安全为目标，加大对城市供水水质安全的监管力度。以国家城市水质监测网兰州站为技术依托，组织开展全省城市供水水质督察活动，对供水出厂水和管网水水质进行检查，取得一定的成效。

落实了城市防洪抗旱工作。为做好城市防汛工作，各级建设行政主管部门及时组织对防汛抗旱责任制落实、应急预案、应急措施准备、落实情况进行了检查。兰州市重点对水库、城防、险工险段、山洪灾害防御等城市防汛内容进行了检查。白银、酒泉等城市以解决防洪问题为目标，重点检查了城区河洪道。天水、平凉、临夏、武都等重点防汛城市也落实了城市防洪抗旱工作内容。

【节能减排】 为完成"十一五"期间污染物减排任务，下发了《关于促进全省城市污水处理项目建设及产业化运营的意见》。全省在建的4个城市污水处理工程进度加快，竣工的17个的城市污水处理项目运行稳定。针对部分城市污水处理设施运行负荷率不高，处理能力浪费，生活COD削减及城市污水处理管理实际，将重点放在兰州市七里河污水处理厂、金昌市污水处理厂、酒泉市污水处理厂等企业的有效监管上。

贯彻落实省政府关于进一步推进城市生活污水垃圾产业化工作的意见精神，继续指导各城市编制和实施城镇环境卫生"十一五"规划及污水处理和垃圾处理收费管理办法和实施意见，合理确定、调整污水处理和垃圾处理收费标准，提高城市生活污水和垃圾处理费收缴力度，增强群众的付费意识；推动垃圾分类收集，提高生活垃圾减量化和资源化水平；开展城市生活垃圾填埋场的等级评定和整改工作。安排城市维护建设税专项补助资金2805万元，各市县自筹资金2331万元，共建成了74个县区生活垃圾简易填埋场。全省有14个设市城市和65个县城共计79座生活垃圾卫生填埋场列入国债资金补助计划；省建设厅为65个县城配发垃圾车和洒水车的计划全部得到落实。

（四）村镇建设

全省有建制镇378个，集镇760个，村庄96105个，村镇住宅建筑面积56477.22万平方米，人均住宅建筑面积25.3平方米；村镇供水设施1099个，供水综合能力35.88万吨/日；排水管道总长度1682.62公里；村镇道路总长度10963.23公里；农村总人口2175.11万人。

【村镇规划编制】 一是重点抓了全省100个重点镇和100个重点村规划编制。二是开展了县域村镇体系规划编制试点工作（景泰县、临泽县县域村镇体系规划编制已完成）。三是开展了地震灾区村庄建设规划编制工作。"5·12"汶川地震之后，根据省政府主要领导的指示精神，组织全省仅有的29家有资质的规划编制单位140多人立即奔赴灾区，克服了重重困难，开展了规划编制工作，于6月底完成了陇南市文县、武都区、康县、宕昌县、两当县、徽县、成县、礼县、西和县和甘南州舟曲县、迭部县等11个县区的180个村庄和省政府确定的33个试点村庄建设规划编制。四是完成了《汶川地震恢复重建甘肃省农村建设规划》编制工作。为灾区村庄、农宅建设和农村建设规划及时提供了蓝图。

【村镇建设时序】 继续指导小城镇按照"一路二水三市场四通讯"、村庄建设按照"一水二路三气四厕"的建设时序搞好建设。在指导全省村镇建设工作方面重点抓了三项工作：一是全省100个重点镇基础设施和公共服务设施建设；二是全省100个新农村试点村的基础设施和农宅建设；三是地震灾区农宅和村镇基础设施建设。

为总结推广村镇建设经验和成功做法，探索社会主义新农村建设中村镇建设的有效途径，进一步加快农村城镇化进程，9月8～10日，省建设厅在定西市召开了全省村镇建设现场会议。定西市和安定区等7个地方政府在大会上作了经验交流，与会代表实地观摩了安定区的村镇建设，并以展板的方式向大会展示了各市州近几年村镇建设的面貌。

【村镇建设研究课题】 住房和城乡建设部下达《县域村庄整治实施方案》和《甘肃农房节能技术研究》两个科研课题后，省建设厅委托兰州大学城市规划设计研究和中国市政工程西北设计研究院有限公司、兰州交通大学分别开展研究。初步成果完成后，省小城镇规划评审委员会于4月20日、9月25日分别召开评审会议，对两个科研课题提出了修改意见和建议。

（五）建筑业

【企业资质管理】 建筑施工企业：全省共有等级企业2214家，从业人员85.4万人。施工总承包企业813家，其中特级1家、一级46家、二级283家、三级483家；专业承包企业1150家，其中一级53家、二级341家、三级756家；劳务分包企业251家。

工程监理企业：全省共有160家，从业人数10935人。监理企业完成监理收入36516万元，实施监理工程项目3815个，完成投资额892.6亿元。

劳务分包企业：全省共有251家，其中：一级68家、二级73家、无级120家。当年新成立劳务分包企业78家（一级13家、二级28家、无级37家）。通过各种渠道，大力宣传劳务人员培训和发展劳务企业的重要意义，加快劳务人员培训步伐；省建设厅举办劳务人员培训班，对14个工种的1000名劳务人员进行了培训。

【建设工程招标投标管理】 工程招投标情况：全省累计发包各类房屋建筑和市政基础设施工程2254个，工程总造价177.5亿元。其中，应招标工程2254个，实际招标工程2192个，招标率为97.25%。依法应当公开招标工程2192个，实际公开招标工程2192个，占100%；招标工程标底总价179.76亿元，中标总价177.48亿元，中标总价与标底总价相比，节约2.28亿元，平均降低1.27%。直接发包工程31个（主要是施工企业自建自用、保密工程），占报告期发包工程总数的1.36%，直接发包工程总造价9036.19万元，占报告期发包工程总造价的0.51%。

法规制度建设情况：针对建筑材料和人工费用等价格上涨突出的实际情况，对《甘肃省房屋建筑和市政基础设施工程招标投标综合记分评标定标办法》（甘建建[2006]230号）商务报价评审条款进行了修订和解释，有效遏制了招投标人任意压价的行为，进一步规范了房屋建筑和市政基础设施工程招标投标活动。

为规范建设工程招标投标秩序，制定下发了《甘肃省建设工程招标代理机构及从业人员管理办法》（甘建建[2008]70号）、《关于对〈我省招投标市场监管现状及对策〉的几点意见》（甘建招[2008]438号）、《甘肃省房屋建筑和市政基础设施工程施工招标投标资格审查管理办法（征求意见稿）》、《甘肃省建设工程材料、设备采购招标投标管理规定（征求意见稿）》、《甘肃省建筑工程方案设计招标投标管理办法（征求意见稿）》，起草了《甘肃省房屋建筑和市政基础设施工程工程量清单招标投标综合记分评标定标办法（征求意见稿）》、《甘肃省建设工程项目监理招标评标定标办法（征求意见稿）》并面向社会征求意见。

为提高招投标监管实效，有效杜绝人为因素造成的招标投标评标过程中的不公平、不公正的现象，以建立长效运行机制为切入点，在多年实践的基础上进一步完善了"三个依法"、"三个不准"、"一站式服务"、"四个公开"、"一公示"制度。"三个依法"即：招标人（或者招标代理人）依法全面组织、负责招标活动；评标委员会依法按照招标文件和评标办法进行独立、客观、公正地评标；招投标监督管理部门对招投标活动全过程进行监督管理；"三个不准"即：招投标监督管理部门和有形建筑市场工作人员不准向招标人推荐投标人；不准非法干预评标定标活动；不准参与评标定标活动；"一站式服务"即：招投标监督管理部门及有关职能部门在有形建筑市场设立窗口，同时为市场主体各方提供一站式服务；"四个公开"即：所有进入有形建筑市场招标的工程实行办事程序公开，工程各类信息公开，评标办法事先公开，办理时限公开；"一公示"即：中标候选人要在网上公示并接受社会监督。

同时，强化对招标人、投标人、招标代理人资格的审查，加强对招标工程条件、招标公告、资格审查、招标文件的备案及对评标定标过程的监督，有效遏制了招标文件要求投标人"带资"、"垫资"投标等不公平竞争行为。

招标代理市场监管：审核办理了8家新申请工程招标代理机构暂定级资格。对19家有效期届满的乙级招标代理机构进行了资格延续审查，注销了3家不合格的招标代理资格。对4家甲级资格延续、1家乙级升甲级招标代理机构进行了核查。

【建设工程安全质量监管】 建筑安全生产：全年共发生建筑施工安全死亡事故11起，死亡人数13人，事故起数同比下降45.5%，死亡人数同比下降46.2%，伤亡人数连续5年保持下降。

市政安全 一是贯彻落实甘肃省建设系统各项应急预案，制订了相应培训教材，督促各市州建立完善了应急救援体系；二是组织实施了甘肃省城市燃气和城市供水安全管理办法，进一步规范了全省城市燃气和城市供水系统安全保证体系的建立及正常运行；三是开展了全省城市基础设施安全隐患排查工作，对各市州及部分县市区的燃气、供水、供热、道路桥梁等基础设施项目进行了重点抽查，对查实的安全隐患进行了整改落实。

质量监督 全省共受理工程质量投诉27件（其中住宅工程24件，公共建筑1件，其他2件，住宅质量问题的投诉占质量投诉88.9%），办结26件，结案率为96.3%；受理设计质量鉴定7项28个单位工程，当年完成鉴定工作4项25个单位工程；全年共监督工程54项，竣工验收10项；检测机构资质认可6家，资质增项15家。

印发了《关于认真落实工程建设安全质量行为记录、安全质量投诉报表制度的通知》（甘建设［2007］113号），落实《甘肃省建设安全生产不良行为记录管理暂行办法》（甘建工［2004］63号）、《甘肃省工程建设质量行为管理暂行办法》（甘建工［2003］380号）和《甘肃省建设工程质量投诉管理办法》（甘建建［2001］408号），印发了《关于进一步加强全省建设工程质量检测监督管理工作的通知》。

推行工程质量监督管理模式改革。实现政府监督从责任主体向管理主体、执法主体的转变；监督内容从原来的实体质量监督向实体质量监督和各方责任主体的质量行为监督并举的转变；监督方式从原来全过程核验向阶段验收监督与不定期巡查监督相结合的转变；监督手段从原来以看、问、量为主向使用仪器抽测为主的转变；监督资源由均匀分配向差异化管理的转变。监督程序更加科学合理。

工程质量评优 中国酒泉卫星发射中心神舟友谊大桥和兰武二线乌鞘岭特长隧道2项工程被评为"2008年度鲁班奖"（国家优质工程）；中国酒泉卫星发射中心神舟友谊大桥和靖远电厂三期（2×300兆瓦）燃煤发电机组扩建2项工程为"2008年甘肃省建设工程飞天金奖"；天水博爱居1号住宅楼等63项工程为"飞天奖"。

【工程建设造价监督管理】 完成《甘肃省建设工程费用标准证书》年检换证工作，共年检企业600余家。其中验证企业556家；新办、升类企业44家；工程造价咨询企业资质年检51家；举办培训班9期，参加人数1940多人；组织4271人参加全省造价员考试。

进一步完善甘肃工程造价信息网，按时采集发布工程造价信息，为全省建设各方提供了人工、材料、机械设备、各类房屋建筑工程的价格信息及工程造价管理政策法规信息；按季度采集发布了建设工程材料市场价格信息；完成《甘肃省建设工程造价指标指数管理系统》建设方案编制和系统开发；完成网上材料价格信息采集系统的设计与开发；完成14个市州指导价格的录入并及时向社会公布；编辑出版发行《甘肃省工程造价管理》及《甘肃省工程造价信息》。

（六）住房保障

【廉租住房】 省政府继续把廉租住房保障作为为民所办的14件实事之一，全省实施廉租住房保障11.05万户（35.36万人），分别完成省政府年度计划29992户、国家调整计划110200户的368.4%和100.3%。较2007年同比增加4.9倍。其中：发放租赁补贴9.76万户、31.23万人、380万平方米，补贴资金15616万元；实物配租1.04万户、49.92万平方米；租金核减0.25万户、7.76万平方米。

当年全省开工建设廉租房50.295万平方米、10059套、投资额4.9993亿元。占年计划15万平方米、3000套的335.3%和335.3%，占国家调整计划49.14万平方米、9740套的102.4%和103.3%。

【经济适用住房】 经对经济适用房申报项目的严格审查，省建设厅、省发改委、省国土资源厅联合下发了《关于下达2008年全省第一批、第二批经济适用住房建设投资计划的通知》，计划施工面积135.56万平方米，投资152902万元。当年全省经济适用住房实际施工面积293.65万平方米，完成投资39.4721亿元。当年竣工1.4803套、121.69万平方米，销售3.0893套、249.64万平方米。全省申请登记经济适用住房25.34万户，已经提供经济适用住房22.86万户，占90.22%。

【住房制度改革】 为进一步深化住房制度改革，推进住房货币化分配进程，省政府印发了《甘肃省人民政府关于印发2008年房改有关价格标准的通知》（甘政发〔2008〕78号）和《关于执行省人民政府印发2008年度房改相关价格标准中需要把握好几个具体问题的通知》。4月18日，由冯健身副省长召开了省房改及住房公积金监管领导小组会议，会议决定省房改及住房公积金监管领导小组更名为省住房保障及住房公积金监管领导小组，保留省房改及住房公积金监管领导小组的牌子，增加省委、省人大、省政协办公厅和省民政厅为领导小组成员单位。当年底，全省累计出售公有住房90.77万套，5923.18万平方米，约占可售公房的92%。兰州、金昌、嘉峪关、张掖、白银、天水、酒泉、平凉、陇南、庆阳、临夏11个市州行政事业单位已开始发放住房补贴。全省行政事业单位发放住房补贴29692人，补贴180.31万平方米，补贴金额15242.79万元。共有325家企业开始发放住房补贴，发放补贴66306人，补贴面积230.89万平方米，发放金额34879.41万元。

【住房公积金管理】 全面开展住房公积金专项治理工作，对梳理出的73个问题进行了认真整改；按期完成对兰州、武威中心违规使用售房款问题的核查，归还欠款1638万元。

根据住房和城乡建设部《关于灾区住房公积金系统关键岗位人员跨地区培训工作方案》（建办保函〔2008〕551号）通知，组织10个市州管理中心主任、副主任、会计科长、核算科长等21名公积金管理骨干，分赴上海、天津、南京、常州、青岛、大连、湖州等省市对口住房公积金管理中心，进行为期20天的培训学习。

（七）房地产业

【房地产市场】 根据建设部等八部门《关于开展房地产市场秩序专项整治的通知》（建稽〔2007〕87号）以及住房和城乡建设部、监察部《关于加强房地产调控政策执行情况监督检查的通知》（建住房〔2008〕127号）要求，基本完成了房地产市场秩序专项整治工作，违规开发建设的行为得到了有效遏制，房地产市场秩序进一步好转，专项整治工作取得了显著成效。

全省共成立专项整治机构130个，配备专职工作人员479人。全省共发现并查处违法违规的房地产开发项目51项、违法违规的房地产开发企业45个、违法违规的房地产中介机构7个、违法违规的其他房地产相关机构2个；共吊销、注销87家房地产开发企业资质。结合房地产市场专项整治工作，纠正并堵塞制度上存在的漏洞25个，修订、完善房地产市场相关规章制度38个，建立规章、制度等长效机制41个。

如期完成了2008年、2009年住房建设计划及2008～2012年规划，得到了住房和城乡建设部的充分肯定和通报表扬。

针对全球金融危机形势下房地产市场情况的急剧变化，省政府办公厅出台了《甘肃省人民政府办公厅关于促进房地产业平稳健康发展若干政策措施的通知》（甘政办发〔2008〕161号），明确了鼓励和支持房地产业平稳较快发展的8项政策措施。

【房屋拆迁管理】 认真贯彻落实国务院办公厅《关于控制城镇房屋拆迁规模严格拆迁管理的通知》，对14个市州上报的拆迁计划进行了严格审核，结合拆迁信访处理情况，编制下达了《甘肃省二〇〇八年城镇房屋拆迁计划》。继续加大工作力度，采取实地检查、平时抽查、向来访人员了解等多种方法及时掌握拆迁动向，加大监督指导工作；在转发住房和城乡建设部《关于进一步做好城市房屋拆迁管理工作的通知》中提出了要求。各地按照"属地管理"、"谁主管、谁负责"的原则和"一把手"责任追究制，依法规范房屋拆迁管理部门的职能，做到严格依法行政；正确履行拆迁管理职责，依法规范拆迁行为。

【物业管理】 围绕《物权法》和《物业管理办法》的贯彻实施，进一步加强对全省物业管理的指导，妥善处理物业管理矛盾纠纷、群众举报和业主投诉。在依法受理业主投诉中，着力规范服务行为，落实各项规范和标准，促进物业服务行业规范化发展。

针对物业管理从业人员大多来自"转制、转岗、转业"人员及农村剩余劳动力，整体专业素质偏低的实际，分别在兰州、天水、白银等地举办物业管理培训班，并针对物业管理中存在的主要矛盾和热点、难点问题进行座谈，交流经验，研讨破解物业服务中存在的难题。通过培训交流，提高了从业人员整体素质，规范了服务行为。

（八）勘察设计业

【资质管理】 全省共有勘察设计单位308家，其中甲级单位35个、乙级单位78个、丙级单位114个、专项设计单位81个。勘察设计从业人员总数18523人（其中高级技术职称4082人，中级技术职称6361人，初级技术职称4139人），技术人员总数为14885人。

【初设审批、施工图审查备案】 省建设厅审批初步设计192项，工程总投资173亿元，总建筑面积939.5万平方米。

完成施工图审查备案310项，工程概算总投资230亿元，施工图总建筑面积1100万平方米（其中：住宅工程160项、总投资120亿元、总建筑面积700万平方米）。

【抗震设防】 严格执行超限高层建筑抗震设防专项审查，完成超限高层建筑抗震设防专项审查12项（包括省重点工程甘肃会展中心——展览中心和大剧院兼会议中心）；积极组织抗震技术标准编制，努力推动抗震新技术应用。颁布了《甘肃省陇南、甘南灾区震后恢复重建建筑抗震技术规程》，推动基础隔震技术工程应用。

【评先创优】 49项工程勘察设计项目获奖，其中，一等奖5项、二等奖17项。

（九）建设科技与培训

【建设科技】 新上科技攻关项目46项，科技示范项目18项。积极协调产学研的结合，多方筹措科技经费（省科学院太阳能研究所可再生能源示范工程项目申请国家资金70万元，分户计量标准化研究申请重大科研项目经费40万元，共计110万元），抓好新上和接转科研项目的实施工作。组织专家对科技示范工程给予全程指导，协调解决项目实施中的有关技术问题，对已完成的6项科技示范工程验收合格后进行了公布，推动了技术创新与新技术的实施。组织全省建设科技进步奖的项目申报和评审，共评审出35项建设科技进步奖，推荐其中5项获得省科技进步奖。

【建筑节能】 由省建设厅起草的《甘肃省民用建筑节能管理规定》经8月19日甘肃省人民政府第11次常务会议讨论通过，以甘肃省人民政府省长令第49号发布，从9月20起施行。同时，下发了《甘肃省既有居住建筑供热计量及节能改造工作的实施方案》、《甘肃省建立节约型校园工作实施方案》等，这些文件的制定和实施，进一步完善了建筑节能的法规体系，明确了建设各方主体在建筑节能工作中的责任，有效推动了建筑节能工作。

全省新开工项目实行民用建筑节能质量监督专项备案制度，对新建项目的建筑节能从规划、设计、施工、验收各环节纳入了法定的建设管理程序。根据财政部、住房和城乡建设部关于《北方采暖地区既有居住建筑供热计量及节能改造奖励资金暂行办法》，下达甘肃省350万平方米既有居住建筑节能改造任务，当年完成改造面积143万平方米。根据财政部、住房和城乡建设部《关于组织申报可再生能源建筑应用示范项目的通知》（财建办[2008]64号）精神，推荐"甘肃省会展中心"等9个项目申报财政部、住房和城乡建设部可再生能源在建筑应用示范项目专项资金，其中5个项目获得国家可再生能源专家资金的支持。

【教育培训】 草拟了《甘肃省建设系统职工教育培训管理规定》，继续加强职工教育培训工作，共培训26076人。

继续加大农民工业余学校的创建工作，截至年底，全省农民工业余学校已达到85所，培训近6万人。

（十）建设法制

【立法工作】 申报颁布了《甘肃省民用建筑节能管理规定》、《甘肃省建设项目规划许可办法》，完成了《甘肃城乡规划管理条例》的起草、报审工作。

【执法工作】 完成了第三轮行政执法培训、考试、换证工作；申领省建设厅及直属单位行政执法主体资格；受理行政复议8件，其中撤销1件，维持3件，变更1件，调解3件。

【普法工作】 举办行政执法培训班3期、10150人；编印、发送法制宣传资料2000册。

【提案办理】 当年办理省人大代表建议和省政协委员提案27件，其中现场办理1件。

四、2008 年甘肃建设大事记

1. 5月12日14时28分，四川省汶川县发生了8.0级特大地震，甘肃大部分地区有震感，陇南、甘南、天水受灾严重。

2. 6月11～13日，住房和城乡建设部副部长齐骥带领工作组深入甘肃康县等地调研，了解灾情，听取农村恢复重建工作意见。在兰州召开了灾后重建农民过冬房建设座谈会，安排部署受灾农民过冬房建设。并从新疆、云南、深圳等省市抽调了16位专家支援甘肃灾区，会同省内抽调的170名专家深入文县、康县、武都、舟曲4个重灾县区，指导帮助当地政府和有关部门实施农民过冬房建设。

3. 7月8～11日，住房和城乡建设部总工程师王铁宏带领稽查办、村镇办、质量司有关人员到甘肃康县检查灾后农民过冬房建设情况。

4. 8月26～28日，住房和城乡建设部在天水召开"全国地震灾区住房公积金中心业务培训工作会议"。来自全国10个省（市）的重点城市住房公积金中心及甘肃省14个市（州）和甘肃矿区中心的58名代表参加了会议。会议确定，受灾地区住房公积金管理中心恢复重建从抓业务培训开始，由四川、陕西、甘肃分别选派部分灾区公积金中心业务骨干到全国先进的城市公积金中心接受为期20天的上岗培训。

（甘肃省住房和城乡建设厅　赵亚平　郭元乐）

青　海　省

一、概述

截至2008年底，青海省共有各类城镇140座。除西宁、格尔木、德令哈三座设市城市外，共有建制镇137座。全省城镇人口226.50万人，人口城市化水平40.9%。2008年，青海省建安施工企业为677家，从业人员约27万人，完成建筑业增加值86亿元，比上年增长17.4%。工程监理企业52家，其中甲级5家、乙级31家、丙级16家。勘察设计单位112家，其中甲级12家、乙级32家、丙级65家、丁级3家，工程勘察设计从业人员5456人，其中专业技术人员共有4319人。注册建筑师98人（一级注册建筑师17人，二级注册建筑师81人），勘察设计注册工程师98人（一级注册结构工程师31人，二级注册结构工程师28人，注册土木工程师39人）。全省有房地产开发企业458家，其中一级3家、二级81家、三级132家、四级90家、暂定152家；物业服务企业175家，其中二级100家、三级71家、临时级4家；中介服务企业41家，其中评估机构29家、置换代理策划企业12家。城镇人均住房建筑面积超过25平方米。

（一）城镇规划

进一步加快规划编制步伐。完成城镇控制性详细规划22平方公里，完成11个城镇总体规划和15个乡集镇建设规划编制任务。重点开展了区域城乡发展研究和规划编制工作，编制了《沿黄河城镇体系规划》和《青海东部城镇体系规划》及部分县市域规划。完成了《青海湖风景名胜区总体规划》和《坎布拉风景名胜区总体规划》及一批旅游小城镇总体规划的修编工作。在深入学习贯彻《城乡规划法》的基础上，加大了城乡规划的监督执法检查力度，开展了全省城乡规划效能监察工作，在西宁、格尔木市建立了规划监察特派员制度。

（二）村庄规划和整治

扎实开展了新农村村级规划和村庄整治工作。确定了600个以奖代补村庄，完成100个村级规划及大通县毛合湾村和陈家庄村两个试点村规划编制工作。开展了村镇集体活动室和农牧民住房设计方案评选活动。配合有关部门开展了三江源地区生态移民规划建设项目审查工作。

（三）住宅与房地产业

改善供应结构，加强市场整治。认真落实国家宏观调控政策的要求，进一步加强对房地产市场宏观调控力度，确定了与经济发展、市场需求相适应的房地产开发建设规模。积极引导住房消费与开发建设，起草了《关于促进房地产业平稳健康发展的若干政策意见》。编制完成《青海省城乡住房建设规划（2008年～2012年）》，指导督促各地完成了规划的编制和备案工作。加强对房地产市场的监管，建立了每月市场运行情况分析报告和房地产企业"红

黄牌"记录制度，及时排查和依法处理了城镇拆迁方面的突出问题。房地产市场专项整治工作取得了明显成效，得到住房和城乡建设部的高度评价。在各地的共同努力下，全年完成住宅与房地产开发投资63.2亿元，其中房地产开发完成投资50亿元。全省城镇人均住宅建筑面积由2007年的23平方米提高到25平方米。物业管理工作进一步得到加强。物业服务市场化程度普遍增强，物业服务的覆盖面达到50%。

（四）住房保障

加快建立以廉租住房为重点的住房保障制度建设。编制完成《青海省廉租住房保障规划（2009～2011年）》及年度实施计划，制定了《青海省经济适用住房管理办法》、《青海省廉租住房质量监督管理办法》，编印了《青海省廉租住房建筑设计方案图集》，建立了廉租住房建设工程进度月报制度。督促各地明确目标，狠抓落实，加快廉租住房和经济适用住房建设进度，确保工程质量安全。全年开工建设廉租住房5380套，建筑面积27万平方米，建成2600套，建筑面积11.5万平方米；经济适用住房开工建设项目22个，建筑面积39.6万平方米。开展了城镇危房改造前期调查工作，编制了《青海省城市棚户区改造、旧住宅区整治规划（2008～2012年）》。

会同省财政厅加强住房租赁补贴资金管理，进一步规范住房租赁补贴发放工作。截至2008年12月，各地已向2.7万户城镇低保住房困难家庭累计发放住房租赁补贴近6000万元，基本做到了应保尽保。

（五）住房公积金监管

加强了住房公积金管理专项治理工作，会同省政府纠风办等部门督促西宁市、海东地区、海南州等地对国家审计署检查出的问题进行了认真整改。截至2008年底，全省累计归集住房公积金121亿元，归集余额90亿元，发放个人住房贷款67亿元，贷款余额35亿元。

（六）城镇基础设施建设

城镇市政公用基础设施建设力度明显加强。完成城镇市政公用基础设施投资18亿元，西宁市海湖新区建设顺利推进，县级以上城镇道路、供热、供水水源和管网、污水处理、生活垃圾处理及环境卫生设施项目建设力度进一步加大，城镇市政公用基础设施得到进一步完善。城镇污水和垃圾处理水平得到较大提高，全省累计建成投入运行污水处理厂3座，日污水处理能力17.75万吨，日实际平均污水处理量为12.76万吨，全省县级以上城镇污水集中处理率达到36.6%，设市城市污水集中处理率和生活垃圾无害化处理率分别达到48.7%和87.5%。全省县级以上城镇已基本建成生活垃圾填埋场。沿湟水河流域主要城镇污水处理厂已相继开工建设。

（七）城市管理

强化城镇容貌和环境卫生整治工作。制定并报省政府批转了《关于加强我省城镇容貌特色建设的意见》，制定了《青海省县城容貌标准》和《青海省建制镇容貌标准》。总结推广了循化县小城镇建设工作经验。深入推进市政公用行业改革。努力探索城镇市政公用基础设施建设投融资渠道，完成城镇基础设施建设投融资调研报告。西宁市第一污水处理厂以BOT方式成功实现了特许经营管理。积极推进城镇供热体制改革及供热计量试点工作，西宁市研究制定出台了热计量"两部制"热价收费标准，已在具备热计量收费条件的23.2万平米建筑中试点实施。全省年内共完成4.6万平方米的既有住宅节能改造工程。

（八）风景名胜区及历史文化名城管理

积极开展园林城市、卫生城市创建活动，西宁市被命名为国家园林城市，格尔木市和循化、平安县城分别被命名为我省首批省级园林城市和园林县城。坎布拉风景区和贵德黄河风景区被省政府批准设立为第二批省级风景名胜区。

（九）建筑业及结构调整

全年完成建筑业增加值86.5亿元，同比增长了17.4%。积极扶持优势企业做强做大。开展了全省建筑优势企业评选活动。制定了《青海省优势建筑企业评选办法》，25家企业被评选为我省首批优势建筑企业。加强建筑业发展政策研究和指导，深入百余家企业开展了调研活动。指导两家企业申报施工总承包和专业承包一级资质，帮助企业努力提高市场竞争力，扩大经营范围。会同有关部门进一步加强建筑劳务管理工作，并积极为建筑劳务企业解决有关政策障碍，促进建筑劳务企业的发展。

（十）建筑业监管

继续强化建筑市场管理。进一步规范招投标行为，完善建筑市场信用体系建设。开展了全省建筑市场执法检查，共检查项目72个，下发《停工令》、《责令整改通知书》54份，与21家建设、施工单位和监理企业负责人进行了约谈。对全省建筑企业、监理企业、招标代理机构和省外进青队伍进行了业绩考核，对31家施工企业进行了通报批评，吊销了17家施工企业资质，15家省外队伍被清出我省建筑市场。

（十一）工程质量和安全生产

进一步加大工程质量安全监管力度。全面推行住宅工程质量分户验收制度，工程质量一次交验合格率达到90.05%。推行建筑工程安全标准化管理，深入开展了建筑施工安全隐患排查治理工作和百日督查专项行动，共督查建筑施工企业248家，工程项目770个，排查隐患1081项，其中重大隐患45项，整改率达到100%。继续保持了全省工程质量和安全生产管理水平逐年提高的良好势头。全省房屋建筑和市政工程共发生伤亡事故10起，死亡14人，重伤3人，与上年相比事故起数减少2起，下降17%。继续开展了清理拖欠工程款工作，积极探索防欠长效机制，认真落实竣工工程拖欠工程款支付情况登记制度，共清理拖欠工程款1260万元，清理拖欠农民工工资705.4万元。

（十二）建筑节能减排

节能减排实施力度进一步加强。制定了《青海省2008年度建设行业节能减排目标考核实施办法》，明确并分解了建设领域节能减排工作的任务和目标。重点加大了设计、施工、验收环节的标准实施力度，全省城镇新建民用建筑执行建筑节能50%设计标准比例达到80%以上，验收合格率达到90%以上。西宁、格尔木、德令哈市率先执行了节能65%的标准。新开工项目施工图建筑节能设计审查率达到100%。

"禁黏限实"工作稳步推进。全省新型墙材产量由"十五"末的6.5亿块标砖增加到目前的13亿块标砖，所占比重由2005年的34%上升到60%；建筑领域推广应用新技术、新工艺、新材料由22类150种增加到30类230种，分别增长36%和53%。西宁市城市规划区内全面禁止使用黏土砖，关闭市区内所有黏土砖生产企业，提前完成省会城市"禁实"任务。

散装水泥推广应用成效显著。全省建设工程散装水泥推广应用水平稳步提升，全年完成散装水泥发送量107万吨，发散率达到24%，与上年相比增长6.42%。

（十三）可再生能源利用

出台了《青海省可再生能源建筑应用示范项目管理办法》、《青海省民用建筑太阳能热水系统应用技术规程》等规范性文件。太阳能建筑应用示范项目进展顺利。组织编制了《青海省太阳能建筑应用标准图集》、《藏区生态移民太阳能住宅设计方案》，开展了"阳光暖房"的设计和样板房建设。2008年，全省累计投入3199万元，支持太阳能建筑示范项目。西宁市经济适用房、刚察县沙柳河镇民族寄宿小学、格尔木市17个村委会办公用房等15个项目被列为国家或省级太阳能建筑应用示范项目，其中两个项目已建成投入使用。省科技馆、香格里拉和绿色家园——庄廓院3个项目被列为2009年国家可再生能源示范工程，争取国家补助资金1092万元。

（十四）重点项目服务

强化重点建设项目协调服务工作。进一步完善重点建设项目跟踪协调服务机制，确定了28个全省重点跟踪协调服务项目。对西宁火车站广场改建及站房设计、青藏铁路二线建设、海湖新区道路、省科技馆等重点项目在规划、项目勘察、设计等方面进行了协调服务，及时解决了项目建设中存在的问题，提高了建设质量，确保了重点建设项目的顺利实施。

（十五）勘查设计管理

认真抓好建设项目设计审查工作。完成了盐湖钾肥百万吨综合利用项目、西宁市刘家沟生活垃圾处理场二期工程以及廉租住房等一批重点工程建设项目的初步设计审查工作，特别是认真落实新增中央投资建设项目，打破常规，主动进位，及时进行项目审查和批复，为项目建设奠定了良好的基础。全年共完成138项建设工程项目初步设计审查，完成施工图审查1173项，投资总额112.7亿元，施工图一次性审查合格率达到69%。

进一步加大了勘察设计质量管理力度。在多家设计单位组织开展了ISO 9000系列贯标认证工作，其中3家设计单位完成了质量认证工作。建立了勘察设计队伍业绩、质量、信用档案数据库信息系统，全面推行及强化勘察设计行业质量信用管理和社会监督，建立健全质量信用监督和失信惩戒制度。继续加大执法力度，组织开展了工程勘察、设计企业年度业绩考核工作，加大了对勘察设计队伍的业绩、质量考核力度。

（十六）依法行政

继续加强依法行政工作。起草上报的《青海省市政公用事业特许经营管理条例》已经省政府常务会议通过。制定《青海省廉租住房质量管理暂行办法》等9个规范性文件。开展了行政审批项目的清理调整工作，下放行政审批项目25项。修订完善了行政执法责任、行政执法过错和错案责任追究、行政执法督察等制度。

（十七）抗震救灾

四川汶川大地震发生后，根据省委、省政府的安排部署，青海省建设厅迅速组织了一支由157名队员、46台大型机械组成的青海省工程救援队，紧急赶赴灾区实施救援。工程救援队发扬不怕牺牲、顽强拼搏的精神，连续奋战在打通重灾区茂县境内213国道及部分通乡、通村道路救灾第一线，先后打通各类道路136.5公里，清挖土石方15万立方，为抗震救灾作出了突出贡献。同时，为茂县土门中学、凤仪小学援建了25栋95套、4915平方米的活动教学用房，为北川、都江堰等地建设了39000平方米的活动板房。工程救援队被中共中央、国务院、中央军委授予了"全国抗震救灾英雄集体"荣誉称号，被青海省委、省政府授予"抗震救灾集体贡献奖"荣誉称号。

二、2008年青海省建设大事记

一月

16日，印发《关于加快发放城镇廉租住房租赁住房补贴工作的通知》。对城镇低保家庭无房和人均居住在8平方米以下的实施住房保障政策，发放租赁补贴。

18日，印发《青海省2007年度建筑施工安全生产形势分析报告》。

22日，下发《关于对荣获2007年度中国建筑工程鲁班奖（国家优质工程）的单位嘉奖的决定》，决定对中国水利水电第四工程局、中铁二十局集团有限公司等7家承建单位奖励人民币10万元，对2家参建单位分别奖励人民币8万元。

22日，对荣获2007年度青海省建筑工程"江河源"杯奖（省级优质工程）的青海华电大通2×30兆瓦机组工程等16项工程的各承建单位授予"江河源"杯及荣誉证书，并分别奖励人民币5万元；对主要参建单位给予通报表彰。

25日，召开全省建设工作会议，省委常委、副省长马建堂到会讲话。

28日，印发《关于申报青海省2008年度可再生能源建筑应用示范项目的通知》。

29日，发布《青海省县城容貌标准》和《青海省建制镇容貌标准》，自2008年3月1日起实施。

31日，向建设部上报《青海省城镇住房建设计划（规划）》。

二月

2日，向建设部住房保障司报送《关于同意报送西宁市廉租住房发展规划的函》。

19日上午，召开省建设厅新任领导履职大会。党委书记于从乐、厅长匡涌到位，王西明同志表态发言。省委组织部副部长马伟大会讲话。

25日，印发关于报送《2008年廉租住房保障计划》和《"十一五"住房保障发展规划》的紧急通知。

28日，制定下发了《2008年度全省建设系统普法依法治理工作安排意见》，就2008年全省建设系统普法依法治理工作主指导思想、主要任务、目标措施提出了明确要求。

28日，要求各地申报青海省2008年度可再生能源建筑应用示范项目。

三月

3日，下放西宁地区房地产开发企业、物业服务企业资质部分管理权限。

12日，向省政府上报《关于批准公布第二批省级风景名胜区的请示》。

18日，省散装水泥办公室召开由全省水泥生产企业参加的散装水泥生产供应情况座谈会。建设厅总工程师王涛等领导参加了会议。

24日，发出《关于规范报送廉租住房和经济适用住房统计报表的通知》。

24日，下发《青海省建设工程质量监督机构和人员考核实施细则》。

25日，省政府以青政[2008]26号文批准同意坎布拉风景区和贵德黄河风景区为我省第二批省级风景名胜区。

26日，制定下发了《2008年全省建筑工程质量和建筑施工安全生产工作要点》。

26日，公布2007年度省外进青建设队伍业绩考核结果。中国建筑技术集团有限公司等14家企业为优良，中国建筑第五工程局第一建筑安装公司等159家为合格，中国有色金属工业第六冶金建设公司等24家企业不合格。

26日，依据2007年度省外进青建设队伍业绩考核结果，决定将2007年度省外进青建设队伍业绩考核不合格的浙江长宏建设有限公司等十五家企业清出我省建筑市场。

27日，公布2007年度全省招标代理机构业绩考核结果。对1家基本合格的招标代理机构限期半年整改。

31日，向建设部上报《青海省2009年城镇住房建设计划（规划）》。

四月

3日，建立了建筑施工安全生产隐患排查治理信息统计和报送制度。

4日，向西宁市规划建设局下达关于青海师范大学教职工3号住宅楼与明都大厦工程质量问题的《督办通知》。

7日，会同省发改委、财政厅、民政厅、国土资源厅联合下发了《关于下达2008年度住房保障建设任务的通知》，要求各地全力完成《省政府工作报告》提出的"2008年建设完成2000套、10万平方米廉租房，开工建设经济适用房20万平方米"的住房保障目标。

7日，公布2007年度全省工程监理企业业绩考核结果。青海省智鑫电力监理有限公司等7家企业考核为优良，青海工程监理有限公司等31家企业考核为合格，青海省人防工程监理中心等14家企业考核为基本合格。

8～9日，在湟中县举办全省建设工程质量安全监督机构人员学习研讨班，并召开全省建筑工程质量安全监督暨第四次质量安全联络员工作会议。

11日，公布2006年度全省建筑业企业业绩考核工作。中国水利水电第四工程局等64家企业为优良，青海一建建筑工程有限责任公司等473家为合格，青海金安建设工程有限公司等12家为基本合格。

11日，依据2006年度我青海建筑业业绩考核结果，对2006年度未参加业绩考核的青海东辉建筑工程有限公司等23家建筑业企业给予通报批评，对2005、2006年度连续两年未参加业绩考核或营业执照已注销的青海宏基建设工程有限公司等17家吊销其建筑业企业资质。

28日，下发《关于加强建筑施工安全生产工作的紧急通知》。

同日，下发《青海省关于开展建筑安全生产百日督查专项行动实施方案》，决定自5月至7月底开展专项行动。

本月，陪同省人大财经委、法工委和省政府法制办有关人员就《青海省市政公用事业特许经营管理条例》的出台赴山西、内蒙等省市进行调研。

五月

5日，印发《关于开展2008年度全省建设领域节能减排和工程建设强制性标准专项检查的通知》。

8日，印发《关于开展"抓作风建设、促工作落实、建服务型机关"主题实践活动的安排意见》。

8～9日，召开深入开展建筑施工安全生产隐患排查专项治理会议。省建设厅副厅长杨峰林、省安监局副局长范士伟出席会议并作讲话。

13日，下发《青海省廉租住房质量管理暂行办法》。

14日，印发《青海省2008年建设行业节能减排目标任务考核实施办法》。

15日，印发《青海省2008年建设行业节能减排目标考核实施办法》。

18日，印发《青海省建设厅党委、行政工作规则（试行）》。

20日下午，召开"抓作风建设、促工作落实、建设服务型机关"主题实践活动动员大会。

20日下午，省政府在新宁广场为青海省赴四川灾区工程救援队举行了隆重出征仪式。省委副书记、省长宋秀岩出席出征仪式并向救援队授旗。出征仪式结束后，救援队奔赴四川省阿坝州地震灾区。

3月26日～5月15日，据省政府安排部署，省厅会同省财政厅、省发改委、省民政厅、省审计厅、省监察厅对全省廉租住房保障工作实施情况进行了专项检查。

26日上午，省委副书记、省长宋秀岩向青海省赴四川灾区工程救援队打电话，代表省委、省政府及全省各族人民向奋战在抢险救灾第一线的全体队员表示深切的慰问。

28日，下发《关于开展2008年全省建设系统"安全生产月"活动的通知》，决定在6月份开展以"治理隐患、防范事故"为主题的"安全生产月"活动。

30日，下发《关于我省项目经理资质管理制度向建造师执业资格制度过渡有关问题的紧急通知》，自2月28日起，停止使用建筑企业项目经理资质证书。

六月

1日，根据省政府64号令，转发了《省政府决定省建设厅下放管理层级行政审批项目目录》，下放管理层级的行政审批项目25项。

5日，组织相关部门和12家建筑节能产品生产企业在西宁市举办了节能宣传周活动。

5日，青海省工程救援队全面完成赴四川地震灾区各项抢险救灾任务，即将踏上回程之际，省政府给救援队发去慰问电，向所有参加工程抢险工作的队员表示了最诚挚的问候和最崇高的敬意！慰问电中，省政府希望青海工程救援队抓紧搞好扫尾工程，圆满完成抢险施工任务，努力为灾区抗震救灾、恢复重建做出更大的贡献。并深切表示"全省人民期待你们平安归来！"

9日下午，省委、省政府在西宁经济技术开发区广场组织了隆重的欢迎仪式，迎接青海赴四川灾区工程救援队凯旋。省委书记强卫，省委副书记、省长宋秀岩，省委常委、省委秘书长沈何及有关厅局负责人参加了欢迎仪式。省委书记强卫发表重要讲话。省委副书记、省长宋秀岩向工程救援队颁授"抗震救灾，高原铁军"的锦旗。省委常委、副省长马建堂主持欢迎仪式。

12日，由于建筑材料涨价因素，根据廉租住房建安成本加大的实际情况，向省政府上报了《关于建议调整廉租住房建设补助资金计算基数的请示》。

13日，下发了《青海省廉租住房建设情况月报表》的通知，各地建设局根据要求，建立了项目工程进度月报制度。

16日，印发《青海省节能建筑评价认定管理办法》。

19日，印发《关于申报2008年度财政部、建设部可再生能源建筑应用示范项目的通知》。

19日，青海省赴四川地震灾区工程救援队等14家单位荣获全国总工会授予的抗震救灾重建家园"全国工人先锋号"称号。

20日，在西宁举办2008年全省建筑安全生产事故单位相关责任人专题学习班。

25日，印发了《青海省建设厅行政执法职责分解表》，我厅直接实施的行政许可事项17项，备案3项，行政确认1项，行政处罚依据条款334项。

本月，组织开展了2008年全省建设系统"安全生产月"活动。

本月，中共中央、中央军委、国务院授予工程救援队"全国抗震救灾英雄集体"称号。

七月

1日，省建设厅召开厅机关党员大会，庆祝中国共产党成立87周年。厅党委委员、纪委书记郝俊文主持会议。厅机关6名新党员和省工程救援队火线入党的6名新党员进行了入党宣誓，省赴四川工程救援队副总指挥薛长福为厅机关全体党员讲授了党课。同时还举办了工程救援队先进事迹图片展览。

1日，下发《青海省建筑深基坑工程管理规定》。

3日，印发《青海省可再生能源建筑应用示范项目管理办法》的通知。

6日，下发《关于加强建设工程质量检测管理的通知》。

7日，下发《青海省建筑劳务分包工程计价管理暂行办法》。

8日，下发《关于开展2008年质量月活动的通知》。

14日下午，在青海会议中心千人厅举行抗震救灾事迹报告会。

16日，省财政厅、建设厅向财政部、建设部申报青藏铁路西宁火车站站房太阳能采暖工程等7个项目为青海省2008年可再生能源建筑应用示范项目。

17日，印发《青海省建筑工程工法管理办法》。

24日，下发《青海省房屋建筑和市政基础设施工程监理招标投标管理办法》。

28日，根据省政府7月22日专题会议纪要（青阅[2008]48号）精神，上调廉租住房建设补助资金基数。会同省财政对廉租住房建设按1300元/平方米标准，向各地追加省级补助资金2173.2万元。

29日，全省建设行业解放思想大讨论动员大会在西宁召开。省建设厅党委书记于丛乐做动员讲话，厅长匡湧主持会议。

7月30日～8月1日，"伟业杯"青海省建设系统职工运动会在西宁体育场举办。来自全省建设系统21支代表队的600余名选手参加了此次运动会。

八月

4日，省建设厅、省劳动和社会保障厅、省地方税务局联合发出《关于进一步加强我省建筑劳务管理工作的通知》。

6～14日，根据省依法治理办公室和建设部的要求，对厅属13家单位的普法和依法治理工作情况进行了考核。

18日，下发《青海省建设工程质量监督机构考核标准》。

20日至9月25日，开展了全省建设工程质量安全监督执法检查。

22日至9月23日，对全省廉租住房工程质量、安全生产进行了抽查。

25日，下发《关于进一步加强建设工程质量管理的通知》。

26日，省政府办公厅转发省建设厅《关于加强我省城镇容貌特色建设的意见》。

28～29日，住房和城乡建设部"五五"普法中期检查组一行六人来青，对青海省建设系统的"五五"普法工作进行中期检查。

本月，青海厅组织廉租住房建设专项检查组，对全省各地廉租住房建设进度、施工质量等情况进行了督促检查。

8～9月，根据国务院纠风办等部门的要求，省厅会同省纠风办、审计厅、财政厅等七部门在全省开展了住房公积金专项治理工作。

九月

1日，下发了《青海省建设厅政务公开责任追究制度》、《青海省建设厅政务公开内部监督检查制度》、《青海省建设厅政务公开评议制度》。

2日，下发了《青海省建设行业"法律进企业"实施意见》。

4日、5日，协助建设部在西宁组织召开了"全国建筑安全生产联络员第九次会议"。

11日，下发《青海省建筑业企业业绩考核暂行规定》。

11日，会同省发改委、财政厅召开《青海省廉租房保障规划（2009~2011）》审定会。各地政府主管领导和建设局的负责同志参加了会议。

11日，召开建设系统抗震救灾总结表彰大会。建设厅党委对在此次抗震救灾中表现突出的有关单位和个人予以表彰奖励。授予青海路桥建设集团有限公司等单位"抗震救灾先进集体"荣誉称号，授予张景荣等29名同志记"抗震救灾特别贡献奖"，授予余德强等53名同志"抗震救灾贡献奖"荣誉称号。

18日，印发《关于转发北方采暖地区既有居住建筑供热计量及节能改造技术导则（试行）的通知》。

18日，将验收合格后的茂县土门中学、凤仪小学活动板房移交给茂县教育局，并为两校捐款10万元。

26日，组织全省建设系统全体人员参加建设部廉政建设工作电视电话会议，各州、地、市共设八个分会场。

27日，在循化成功召开全省小城镇建设现场会。会议主要任务是突出特色建设和城镇容貌整治这个主题，认真总结交流全省小城镇建设经验，努力推动全省城镇建设和管理再上新台阶。

十月

8日，召开省建设厅新任领导履职大会。厅党委书记杜捷到位，原厅党委书记于丛乐调任省水利厅。

8日，印发《青海省建设厅贯彻〈青海省建立健全惩治和预防腐败体系2008~2012年实施办法〉任务分工方案》。

10日，成立开展学习实践科学发展观活动领导小组。厅党委书记杜捷担任组长，厅党委委员、副厅长李群、杨峰林、郝俊文为副组长。

13日，印发《青海省住房和城乡建设厅开展深入学习实践科学发展观活动实施方案》。

14日，省建设厅在青海会议中心国际厅召开深入学习实践科学发展观活动动员大会。

17日，印发《青海省办公建筑和大型公共建筑用能计量设计规定（暂行）》，从11月1日执行。

24日，省建设厅、省质量技术监督局发布《青海省民用建筑太阳能热水系统应用技术规程》DB 63/743—2008和《建筑节能工程施工质量验收规范青海省实施细则》DR 63/744—2008两项地方标准，自12月1日起实施。

27日，召开了中英艾滋病协作项目会议，组织开展了4万农民工同上一堂课工作。

31日，向省政府报送了《青海省建设工程建设工程造价管理办法》（送审稿）。

31日，由青海省劳动和社会保障厅、省总工会、团省委、省建设厅主办的青海省第二届农民工建筑业职业技能大赛于在西宁夏都1号工地启动，来自全省86名选手参加大赛。

本月，西宁市被住房和城乡建设部命名为国家园林城市荣誉称号。

本月，全省建设系统正式启用建设事业服务热线"12319"专用电话号码，格尔木市成为我省第一个开通建设事业服务热线的城市。

十一月

5日，发文要求各地做好《建筑工程抗震设防分类标准》和《建筑抗震设计规范》实施工作。

8~11日，完成全省重点城镇供水水质监督检查和有关供水水质检测技术培训工作。

17日，制定下发《青海省建筑施工企业安全生产许可证动态监管实施细则》。

20日，召开省建设厅学习实践科学发展观活动第二阶段动员大会，党委书记杜捷作动员讲话。

21日，向住房城乡建设部申报西宁市既有建筑供热计量及节能项目等13个建筑节能项目为青海省建筑节能项目。

24日，组织召开了全省《民用建筑节能条例》宣传贯彻电视电话会议，邀请住房和城乡建设部科学技术司的专家就《民用建筑节能条例》进行了释疑。

本月，组织开展了深入开展打击安全生产非法违法行为专项行动、重点建设项目安全生产专项督查和建筑起重机械和模板支持系统安全专项治理工作。

本月，住房和城乡建设部陈大伟副部长带队来青海省对藏区经济社会发展建设事业进行专题调研。

本月，组织开展了2008年度建筑施工"安全标准化示范工地"评价工作。

十二月

4日，下发《关于开展全省房屋建筑及市政设施工程施工安全专项督查工作的紧急通知》。

8日，命名格尔木市、循化县城、平安县为"省级园林城市"和"省级园林县城"称号。

23日，省政府办公厅转发省建设厅《关于青海省机关办公建筑和大型公共建筑节能监管体系建设方案》。

29日，下发《青海省建筑业企业资质管理实施细则》。

30日，下发《青海省工程监理企业业绩考核暂行规定》。

31日，公布首批青海省优势建筑企业名单。中国水利水电第四工程局有限公司、青海省水利水电工程局有限责任公司、青海路桥建设股份有限公司等25家建筑企业被授予首批青海省优势建筑企业称号，并享受有关优惠政策。

31日，印发《关于表彰2008年度青海省建筑工程"江河源"杯奖（省级优质工程）获奖单位的决定》，13项工程未获奖。

本月，省建设厅、发改委、省监察厅、省财政厅、省国土资源厅、人民银行西宁中心支行、省国税局、省地税局八部门联合下发了《青海省经济适用住房管理办法》（青建房[2008]501号），进一步完善了管理制度。

本月，国家发改委、住房和城乡建设部为青海省追加12万平方米廉租住房建设计划，主要安排在西宁市和海西州。建设项目共11个，总建筑面积12.04万平方米，2528套。其中，西宁市3个项目，5.9万平方米，1300套；海西州廉租住房8个项目，6.14万平方米，1228套。

本月，会同国土资源厅、发改委、财政厅、地税局、人民银行西宁中心支行向省政府办公厅报送了《关于促进房地产业平稳健康发展的若干政策意见》。

（青海省住房和城乡建设厅）

宁夏回族自治区

一、概况

2008年，宁夏建设行业以邓小平理论和"三个代表"重要思想为指导，牢固树立和贯彻落实科学发展观，认真贯彻落实党的十七大、十七届三中全会精神，按照自治区党委、政府的决策部署，解放思想，抢抓机遇，顽强拼搏，开拓进取，大力实施城镇化战略，坚持高起点规划，高标准设计，高质量建设，高水平管理，积极推进城乡统筹发展，不断完善城市服务功能，全面完成了城乡建设各项目标任务。城乡规划监督管理工作再上新台阶，在全国率先实现村庄规划全覆盖；城市基础设施建设投资继续加大，城市环境综合整治取得显著成效，城市服务功能不断完善，承载力和辐射力明显增强；"塞上农民新居"建设和村庄环境综合整治工作全面推进，农村人居环境明显改观；廉租住房建设和经济适用住房建设等民生工程取得实质性进展，低收入家庭住房困难得到有效解决；建筑市场秩序治理整顿规范工作全面开展，建设工程质量和安全生产管理水平有了新的提升；房地产宏观调控和市场秩序监管工作取得了明显成效，住宅与房地产业持续健康发展；建筑节能工作扎实推进，资源节约利用水平进一步提高；积极开展抗震救灾和援建灾区过渡安置房工作，建设工程抗震设防能力和建设行业应对突发事件能力进一步增强；全面推进依法行政，深化行政审批制度改革，效能建设取得新的成绩，党风廉政建设和行业精神文明建设成果卓著，行业形象和干部职工队伍素质明显提高。在自治区政府组织的效能建设目标责任考核中，自治区建设厅荣获政府组成部门组一等奖。

二、城市建设

【城市化进程加快推进】 围绕自治区党委、政府打造"黄河金岸，塞上明珠"的战略目标，按照规划编制、基础设施、产业发展、区域市场、生态建设和公共服务"六个一体化"要求，组织开展了沿黄城市带发展专题调研和理论研讨工作，高起点、高标准编制完成了沿黄城市带发展规划，为推进宁夏城镇化进程提供了科学依据。编制完成了《"塞上农民新居"建设五年规划》和全区村庄布局规划、建设规划，在全国率先实现了村庄规划全覆盖。完成了银川市总体规划的修编和同心、海原新区总体规划和详细规划的编制。大力实施中心城市带动战略，全区城市化率达到45.5%，城市承载力和辐射力进一步提高。

【城市基础设施建设步伐加快】 全年完成城市建设投资45亿元，建成了一批道路、供排水、城市污水、垃圾处理、绿化等市政工程，城市服务功能不断完善，承载力、吸引力进一步增强。全区城市建成区绿化覆盖率和绿地率分别达到33.2%和29.3%，同比提高了1.2和1.05个百分点，人均公共绿地面积由2007年的9.37平方米达到10.47平方米，增加了1.1平方米。

【继续开展"明珠杯"竞赛活动】 以"明珠杯"城市规划建设管理竞赛活动为抓手，指导各地大力开展国家级、自治区级园林城市、卫生城市、节水型城市和中国人居环境奖创建活动，城市的品位和形象显著提升。银川市全面开展中国人居环境奖创建活动，围绕建设西北地区最适宜居住、最适宜创业城市目标，重点实施了城乡增绿、绿色惠民、景观提升、花卉美化、环境整治、亲绿爱绿6项工程，安排城市基础设施建设项目55项，在打造城市特色、突出建筑风格、营造大庆氛围取得了突出成绩；石嘴山市大力实施生态建设、城乡环境综合治理大会战，组织实施了星海湖湿地综合整治、北武当生态旅游景区等一大批生态建设工程，全市生态环境明显改善，山水园林城市特色更加明显；吴忠市开展了城乡环境综合整治和绿化美化"两大工程"，高起点规划建设新区，大力改造旧城，全市城乡面貌焕然一新，滨河水韵城市特色日渐突出；中卫市充分利用黄河水系优势，深入实施新区建设及香山公园、景观水道等工程，拉开了城市框架，加快以"浪漫沙都"为特色的城市环境建设，优化了投资置业和旅游环境；固原市坚持规划、建设、管理并重，突出丝路古城特色，强力推进市区、县城和小城镇建设，投资2.6亿元，完成市区重点基础设施建设18项，宁南中心城市的辐射带动作用进一步增强。2008年，石嘴山市、吴忠市、灵武市、盐池县和隆德县被命名为自治区园林城市(县城)。

【深入开展城市环境综合整治】 以迎接自治区成立50周年为契机，全面实施绿化、美化、亮化、净化和特色化"五化"工程，为自治区50大庆创造了优美的环境。各地精心组织，全民动员，以实施城市重点建设工程为突破口，抓规模、促品位，抓特色、树形象，大力实施环境综合整治，清理乱堆乱放，拆除违章建筑，取缔占道经营，粉刷清洁老旧建筑，城乡环境有了很大改善。贺兰县巩固"国家园林县城"、"国家卫生县城"创建成果，集中精力做大城市、做美环境、做强功能，全力打造宜居县城；灵武市完善城市规划，努力打造集"历史文化、生态园林、民族风情"为一体的滨河城市；盐池县对县城五个出入口进行了彻底改造，营造了"城在林中、林在城中"的宁夏东大门生态文明县城形象；同心县紧紧围绕清水河综合治理工程，采取生态效益与经济效益相结合、园林绿化与城市文化相结合的办法，提升了县城整体品位；西吉县以规划、建设、管理、经营"四轮驱动"，实施城镇建设"八大工程"，城镇基础设施水平和服务功能进一步提高；隆德县按照"绿化三山、治理两河、净化一湖"的建设思路，全力打造"青山围城、碧水绕城、绿树映城"的城市新景观。

三、村镇建设

【"塞上农民新居"建设实现新突破】 采取规划建新、治旧图新、拆旧建新、特色创新四种模式，全年建设新村示范点40个，新建农宅6638户；整治旧村235个，改造农村旧房1.25万户，硬化乡村道路233公里，超额完成了自治区人民政府年初确定的目标任务。新建和改造完成了以砖瓦房、坡屋顶、水泥路、绿化带、垃圾池、健身场、太阳能热水器、自来水、沼气池为标志的一大批示范村，成为新农村建设的一大亮点。农村基础设施得到加强，人居环境和生产条件有了很大改善，促进了农村经济发展。"塞上农民新居"建设被国家住房和城乡建设部列为全国农村住房改造示范地区。

【为村镇建设提供技术支持】 组织编印了《农村建筑工程预算定额》、《村庄建设整治工作导则》和《农宅屋面工程技术控制要点》等技术规范，开展了村庄建设规划竞赛和农宅设计方案评选活动，评选出48套优秀农宅设计方案，印制成册赠送给各地农民无偿使用，为各市、县(区)高标准、高质量完成建设任务提高了强有力的技术支持。

【积极开展村庄环境综合整治】 结合自治区开展"整治城乡环境迎接五十大庆"专项行动，在全区各市、县(区)积极开展旧村庄的改造整治工作。把国道、省道、高速公路出入口两侧的村庄做为整治重点，整修、粉刷农房、围墙，整治农房、院落乱堆乱放等脏乱差情况，不断改善村容村貌。全区共拆除违章建筑及圈棚173.35万平方米；清运垃圾28.08万方；清理乱堆、乱放，拆除卫生死角"脏乱差"等共计54874处；新增绿化面积2.8万亩；植各类绿化树木及经果林共计1.1亿株；修建垃圾池3500多座。

【加快小城镇建设】 根据各地申报和小城镇人口、规模、资源、经济发展情况以及基础设施、服务设施配套等方面的具体情况，筛选了一批具有发展潜力和资源优势的小城镇，进行重点扶持，下达了2008年小城镇建设基础设施项目建设计划，将950万元小城镇建设资金拨付给确定的13个重点小城镇，全年完成重点小城镇投资9000多万元，计划建设的小城镇基础设施建设项目全部完成，重点小城镇的市政公用设施进一步完善，综合服务水平进一步提高。

四、住房建设与房地产业

【住房保障工作取得明显成效】 编制完成了2008年～2010年廉租住房建设规划和2008年度、2009年度建设计划，编制速度快、质量好，受到了住房和城乡建设部的通报表扬。提请自治区人民政府出台了《宁夏回族自治区廉租住房和经济适用住房保障办法》，进一步健全完善了住房保障体系和工作机制。全年共争取到国家廉租住房补贴专项资金1.169亿元、建设补助资金2.3728亿元，新建、购买和改建廉租住房6121套，开工建设经济适用住房143万平方米，对19911户城市低收入住房困难家庭实施了保障，超额完成了自治区人民政府年初下达的12300户低保家庭住房保障任务。银川市建立了城市低收入家庭住房动态管理制度，出台了《银川市新建小区配套建设廉租住房暂行规定》，有效地推动了廉租住房、经济适用住房建设。同时，积极探索解决外来务工人员住房困难问题，建成外来务工人员廉租公寓312套。

【整顿规范房地产市场秩序】 认真贯彻落实国家和自治区宏观调控政策，大力整顿规范房地产市场秩序，通过年检，注销了32家企业的开发资质，限制了44家企业的开发经营活动，降低了4家企业的资质等级。积极应对国际金融危机带来的冲击，组织人员对房地产市场运行情况进行了深入调研，提出了促进宁夏房地产业健康发展的若干意见；上调了住房公积金贷款额度，延长了贷款期限。

【加强房地产宏观调控】 建设厅、监察厅、国土资源厅、统计局、物价局联合印发了《关于进一步加强房地产市场宏观调控的通知》，要求各市、县严格落实房地产市场宏观调控政策，依法加强房地产市场治理整顿，健全完善房地产市场预警预报机制，科学引导住房建设和消费，稳定住房价格，推动房地产市场健康稳定发展。

【房地产业平稳健康发展】 扩大中低价位、中小套型普通商品住房和经济适用住房的比例，促使房地产市场总量基本平衡、结构基本合理、价格基本稳定，促进了房地产市场平稳健康发展。全年完成房地产开发投资117.4亿元，同比增长26.1%，增幅比上年同期高5.1个百分点，占全区固定资产投资的13.4%，房地产投资对经济增长贡献率达10.9%。

【开展房地产开发项目综合检查】 对区内所有在建和已经进入预售环节的房地产开发项目的土地、资金、建设、销售、产权登记、物业管理、税收等各个环节进行了拉网式检查，共查处违法违规行为297件，下发限期整改通知书79份，通报批评25家企业，罚款462.92万元，查补税款8726.68万元，加收缴税滞纳金179.32万元，为消费者挽回直接经济损失300余万元。

【住房公积金持续发展】 全区住房公积金归集总额达109.2亿元，归集余额为67亿元，分别比上年同期增加31.8%和30.2%。公积金贷款总额达57.8亿元，余额31.5亿元，分别比上年同期增加33.4%和27.5%，个贷率达49.8%，比上年同期增加3个百分点，累计贷款户数87560户。

五、建筑业与建筑市场管理

【规范建设工程招投标管理】 制定出台了《宁夏房屋建筑和市政基础设施工程招投标管理办法》、《宁夏建设工程交易中心管理办法》，加大对建设工程招投标代理机构违法违规行为的处罚力度，严格执行进场交易。2008年全区房屋建筑和市政基础设施工程招投标进场率达到98%以上，做到了公开、公正、透明。

【开展建设工程招标投标专项检查】 按照《国家发展改革委办公厅、监察部办公厅关于对政府投资工程招投标情况开展专项检查工作的通知》要求，自治区发改委、监察厅、建设厅组成联合检查组，对银川至古窑子高速公路、中宁县城市污水处理厂、宁夏育才学校一期工程、宁夏图书馆工程项目的招投标情况进行了专项检查。

【加强建筑市场监督管理】 加强建筑市场整顿，清理了一批市场信誉差、质量和安全生产保证体系不健全的建筑施工企业，初步构建起以大型骨干企业为龙头、特色专业分包企业为支撑、劳务企业为基础的建筑生产新格局。全年完成建筑业产值183亿元，占全区GDP总量的17.1%，同比增长40%。

【强化建设质量安全监管】 加强规划设计施工管理，严格执行抗震设防标准，强化工程质量监管、工程竣工验收备案和施工图审查制度，开展安全质量标准化工地创建活动，工程验收合格率达到了100%。严格落实安全生产责任制，开展安全生产专项整治和隐患排查活动，建筑施工事故起数和死亡人数分别比2007年下降56%和47%，实现了"双下降"。

【建筑劳保基金收缴力度加大】 全区共收缴劳保基金1.3亿元，比上年多征收3000万元。其中，自治区劳保基金办缴收4500万元，为43个企业拨付、调剂劳保基金3236万元，为11586名职工解决了养老保险问题。

【建筑节能工作进一步加强】 对全区新建建筑严格执行50%的节能标准，积极推进65%节能示范工程，建成节能建筑850多万平方米，累计达到2919万平方米。启动实施了200万平方米既有建筑供热计量和供暖改造工程，全年完成节能改造面积达到89万平方米。加大新技术、新材料的应用，大力推广ASA保温板、石膏内墙板、粉煤灰烧碱砖等新型墙体材料，禁止使用实心黏土砖，年节约土地2500多亩，利用工业废渣150余万吨，新型墙体材料产量达到15亿块标准砖，实现了年节能22.36万吨标准煤的目标。石嘴山市、吴忠市和中卫市全面完成了"禁实"任务。

六、汶川特大地震抗震救灾

【积极支持灾区抗震救灾】 汶川特大地震发生后，积极响应中央和自治区党委、政府的号召，发扬一方有难、八方支援的精神，组织厅系统广大干部职工捐款18万元，全体党员交纳特殊党费20多万元，动员企业捐赠环卫车辆、救灾物资和资金260万元，组建抗震救灾小分队，昼夜兼程运往灾区，全力支援灾区抗震救灾。宁夏房地产业协会发挥桥梁纽带作用，动员和发动广大房地产企业踊跃捐款捐物，各房地产开发企业积极响应，累计捐赠款物合计1532万元，受到了有关部门的肯定与表扬。

【全面部署全区城乡建设抗震工作】 认真吸取汶川地震灾害教训，深刻反思我区城乡建设抗震设防工作，制定下发了《关于切实做好建设系统防震防灾工作的通知》、《宁夏回族自治区城乡抗震防灾规划和建筑设计管理办法》等一系列文件，加强规划和设计管理，严格执行抗震设防标准，强化在建工程质量监管，严禁在地震断裂带、山体滑坡带、水库下游、滞洪区内规划建设居民小区、幼儿园、学校、医院、商业建筑和大型公共活动设施，未雨绸缪，防患未然。组织对各市县现有建筑工程进行了普查，针对存在的隐患提出加固改造的措施。

【组织开展建筑物抗震结构质量安全检查】 受5·12汶川大地震波及影响，宁夏南部山区部分地区遭受地震灾害，自治区建设厅党组积极应对，迅速反应，于5月13日组织建设工程质量专家赶赴泾源县，对当地10所学校教学楼、3所清真寺、1所办公楼进行抗震结构质量安全检查，对存在结构问题的3所教学楼作出了停止使用的决定，对固原市的教育工程项目、农民自建房屋、公共建筑进行了结构安全检查。

5月17~19日，为及时掌握全区建筑工程震后质量状况，建设厅组织工程技术人员对全区的在建工程和既有建筑进行了抽查。共检查在建工程1828项，既有建筑751项（其中学校371所、幼儿院68所、医院67家）。

【全力做好援建灾区过渡安置房建设】 按照国家的统一部署，自治区承担了援建甘肃天水市过渡安置房的建设任务，在自治区抗震救灾指挥部的统一指挥下，银川、石嘴山、吴忠、中卫四市和自治区电力公司、神华宁煤集团以及宁夏军区、武警宁夏总队高度重视，精心组织，克服了点多面广、山大沟深、异地施工、高温酷暑、时间紧、任务重等种种困难，经过50天的艰苦奋战，高标准、高质量地完成了5000套过渡安置房援建任务，体现了宁夏小省区也能办大事的精神。2008年9月，住房和城乡建设部在北京隆重召开全国住房和城乡建设系统抗震救灾表彰大会，宁夏回族自治区建设厅、宁夏建筑安装劳动定额管理站、宁夏电力建设工程公司和神华宁煤集团建设工程公司被授予全国抗震救灾先进集体称号，宁夏建设厅何晓勇、纳新平、岳国荣、崔奇鹏等9名同志被授予抗震救灾先进个人称号。

【建设抗震示范工程】 汶川地震发生后，自治区党委、政府高度重视城乡抗震防灾工作，从关注民生的高度要求建设抗震示范工程。按照自治区党委、政府的要求，自治区建设厅组织专业人员研究开发了抗震新技术、新材料和新结构体系，并建成了宁夏第一所轻钢结构轻型复合保温墙体材料的抗震示范学校和三种不同材料及结构体系的示范农居，达到了抗震安全、节能保温、经济适用的目标，为全区推广建设新型结构抗震农居提供了示范。

七、效能建设与行业作风

【效能建设取得新进展】 坚持以提高执行力为突破口，紧紧抓住依法行政、行政审批、行政问责和队伍建设等关键环节，全面加强效能建设，改进了工作作风，提高了行政效率，提升了服务质量。提请自治区人大常委会、自治区人民政府出台了《宁夏回族自治区城市房地产经营管理条例》（修订）、《宁夏回族自治区廉租房和经济适用住房管理办法》，制定并实施了《建设行政执法依据、职责及规程》，对全区建设、规划、城管、房管、园林等部门执法人员进行集中培训，普遍推行了行政执法责任制，规范了行政执法行为，提高了依法行政水平。

【深化行政审批制度改革】 坚持以提高执行力为突破口，紧紧抓住行政审批、依法行政、行政问责和队伍建设等关键环节，全面加强机关效能建设。结合实际，制定了《建设厅效能目标考核管理办法》、《行政审批限时办结制度》和《行政审批办公室督察制度》等14项规章制度，建立公务提示牌、政务公开栏，加强干部队伍建设和党风廉政建设，使各项管理走上了科学、规范、高效的轨道，形成了团结、务实、高效、清廉的机关作风。创新工作机制，强化行政审批。组建了行政审批办公室，把原属于机关7个处室、4个厅属单位的20项行政审批和12项非行政审批项目实行集中办理，使各项行政审批公开、公正、高效、透明运行。

【加强行风政风建设】 在全区建设行业继续开展了"树行业新风，让人民满意"活动，各市、县（区）建设、规划、城管、园林、住房保障等部门针对2007年行风评议中存在的问题，认真制定整改措施，规范工作行为，千方百计克服困难，为人民群众提供优质服务。通过召开行风建设座谈会、走访了人大、政府、政协等部门，汇报工作，听取意见，改进作风。为了加强政风行风建设，厅里专门召开了行风评议约谈会、城管工作座谈会，对行风建设提出了具体要求。厅主要领导两次走进自治区《政风行风在线》直播间，现场解答了群众关心的城市拆迁、住房、供暖等热点难点问题，并按照群众提出的意见进行了整改。2008年建设行业行风评议位次前移，群众的满意度明显提高。

【加强党风廉政建设】 全面贯彻落实中央有关精神和自治区《建立健全惩治和预防腐败体系2008～2010年工作规划》及实施办法，制定了《建设系统2008～2012年惩治和预防腐败体系工作规划》，建立健全了反腐倡廉长效机制。严格执行中央和自治区关于党风廉政建设和反腐败斗争的各项规定，加强对干部的教育和管理，开展了廉政文化进机关和读书思廉活动，增强党员干部的廉政意识，努力做到工作优良，干部优秀。深入开展建设领域商业贿赂专项治理活动，严肃查处违规违纪案件，全面完成了牵头的三项反腐败工作任务。

【学习实践科学发展观活动扎实推进】 按照自治区党委的总体部署，建设厅党组厅高度重视，精心组织，充分准备，广泛动员，扎实推进学习实践科学发展观活动。自治区深入学习实践科学发展观活动动员大会结束后，建设厅立即召开党组会议，传达学习自治区党委的决策部署，研究安排建设厅学习实践活动。结合城乡建设工作实际，制定了学习实践活动的实施方案，成立了领导机构和工作机构。提出了"重点开展好三项活动，抓好'四个一'载体，解决好6个突出问题，搞好7个专题调研，在8个方面实现新突破"的活动思路；厅属各单位层层动员部署，广泛开展学教活动。厅机关和厅系统各单位按照厅党组要求，创新形式，扎实学习，学用结合，积极探索，深入调查研究，加强整改落实，尽力解决关系群众切身利益的实际问题，为基层和人民群众办实事、办好事，建立健全推动各项城乡建设事业科学发展、持续发展、健康发展的长效机制，取得了显著成效。

【全面推进依法行政】 制定完善了建设行业依法行政工作方案，明确领导责任、工作责任和监督责任。建立健全建设行业法制宣传、法制教育制度，将建设行政法律法规教育列入干部职工继续教育、岗位培训的重要内容，在全区建设系统全面开展行政执法培训。

【认真做好建议提案办理工作和领导批示的督查落实工作】 2008年，由自治区建设厅承办的人大代表建议、政协委员提案共32件，其中人大代表建议10件，政协委员提案22件，内容涉及城乡规划管理、城市建设、村镇建设、住宅与房地产业、住房保障制度建设、建筑节能等领域，大部分建议、提案属于社会关注、人民群众关心的热点、难点、焦点问题，涉及建设部门的重点工作，充分反映了人大代表、政协委员和社会各界对建设事业的关心和支持。在提案、建议办理中，厅主要领导亲自抓，分管领导具体负责，各处室各司其职、分工合作，做到件件有落实，保证了办理工作的质量，做到了建议、提案按时办复率100%，代表、委员满意率为100%。认真贯彻落实自治区党委、政府领导同志有关建设工作的指示、批示，认真完成自治区党委、政府下达的督办事项，全年共收到自治区党委、政府办公厅批转的督办件68件，全部在规定的时间内办结。

八、2008年获得的主要奖项

2008年宁夏住房和城乡建设多项工作在全国、全区处于领先地位，获得自治区人民政府及住房和城乡建设部的表彰奖励。

1. 宁夏住房和城乡建设厅被住房和城乡建设部授予"全国建设系统抗震救灾先进集体"称号；
2. 宁夏住房和城乡建设厅荣获自治区人民政府2008年度效能目标管理考核政府组成部门组一等奖。
3. 宁夏羊场湾矿井工程荣获全国建筑工程质量最高奖——鲁班奖；
4. 宁夏银川海宝福星苑住宅区荣获全国住宅与房地产业最高奖——广厦奖；
5. 宁夏中卫市香山乡南长滩村获中国历史文化名镇（村）称号；
6. 宁夏大武口区北武当山生态建设项目获得中国人居范例奖。
7. 自治区建设厅驻自治区人民政府政务中心窗口在政务中心全年综合考评中荣获第一名。
8. 自治区建设厅城市建设处处长陈维华（女）荣获全区"人民满意的公务员"荣誉称号。

九、2008年宁夏回族自治区建设大事记

1月24日，宁夏建设厅与自治区物价局联合制定出台了《宁夏回族自治区新建商品房交易价格行为管理暂行规定》，在重申商品房价格管理各项规定的同时，要求全区坚决制止和查处商品房价外收费现象，有效地平抑了商品住房价格。

1月28日，宁夏建设（规划）工作会议在银川召开。会议传达贯彻落实自治区经济工作会议和全国住房和城乡建设工作会议精神，总结2007年建设工作，安排部署2008年建设系统的工作任务，表彰了2007年度"明珠杯"城市规划建设管理竞赛活动先进单位和先进个人。自治区副主席李锐到会并作了重要讲话。会后，举行了全区城市环卫车授车仪式。

2月3日，建设部发布通报，对圆满完成住房建设计划制定工作任务的宁夏等七省区进行了通报表彰。

2月14日，宁夏建设厅召开2008年效能目标管理考核责任书签订大会，厅党组书记、厅长刘慧芳与厅机关各处室、厅属各单位签订了效能目标管理考核责任书，并作了题为《抓效能、促工作、谋发展奋力开创城乡建设工作跨越式发展新局面》的讲话。

2月29日，宁夏回族自治区党委书记陈建国在《自治区建设厅2008年工作要点》上做出了重要批示：建设厅2008年"突出一个思路"、"做好两个规划"、"确保五个重点"、"抓好八项工作"的安排很好，符合党的十七大精神，符合我区实际。请认真抓好落实，把我区的住房和城乡规划建设提高到一个新的水平。

3月24日，宁夏建筑管理工作会议在银川召开。会议总结了2007年全区建筑管理工作，安排部署了2008年建筑管理工作任务，通报了2007年建筑安全生产事故，表彰了荣获2007年度自治区7项"西夏杯"金奖工程、13项"西夏杯"优质工程、1项"西夏杯"装饰优质工程和2007年度建设工程质量管理工作先进单位和先进个人。

4月8日，宁夏建筑业农民工安全生产教育培训月启动仪式在银川举行，五个市分别设立分会场同时举行了启动仪式。宁夏建设厅决定从2008年开始，每年4月份集中1个月的时间开展"全区建筑业农民工安全生产教育培训月"活动。

4月9日，宁夏城市低收入家庭住房保障工作会议在银川召开，会议安排部署了2008年及今后一个时期廉租住房保障的工作任务。自治区副主席李锐出席会议并作了重要讲话。

4月13日，宁夏回族自治区主席王正伟在建设厅"塞上农民新居"简报上作出重要批示：塞上农民新居建工作是为自治区大庆献礼的民生工程之一，也是建设厅的一项重要工作，近期工作力度加大，速度加快，应予以肯定。但要继续注意督察，正面引导、保证质量、一抓到底，确保全面完成任务。

4月30日，宁夏建设厅在中卫市举行全区"房地产企业心系新农村建设"活动启动仪式，宁夏住宅建设集团公司、银川众一集团房地产开发公司和宁夏正丰房地产开发有限公司出资100万元支持中卫市新农村建设，并发出倡议，号召广大房地产开发企业积极履行社会责任，资助新农村建设。截至年底，全区房地产开发企业资助新农村建设资金达

300多万元。

5月14日，宁夏建设厅积极响应自治区党委、政府的号召，组织开展了"情系地震灾区"捐款活动，全体机关干部和厅属各单位1273人捐款180230元。

5月17日至19日，宁夏建设厅组织工程技术人员对全区的在建工程和既有建筑进行了抽查。共检查在建工程1828项，既有建筑751项（其中学校371所、幼儿园68所、医院67家）。

5月18日，宁夏建设厅举行捐赠环卫车辆和救灾急需物资仪式，再次组织动员全区建设系统广大干部职工进行捐赠，向地震灾区捐赠了总价值63万余元的急需环卫车辆和救灾物资。

5月20日，宁夏建设厅组织开展了交纳"特殊党费"活动，厅系统504名党员共缴纳"特殊党费"186999元，支援灾区抗震救灾。

5月22日，宁夏回族自治区主席王正伟在全区城乡环境综合整治工作汇报上做出重要批示：城乡环境整治是自治区党委、政府确定的五十大庆的一项重点工作。半年来，各地在拆除违章建筑、清理卫生死角、清运垃圾、旧村改造绿化和道路硬化等方面取得了阶段性明显成果。当前城乡环境整治进入关键阶段，既要重视面上整治，更要重视点上管理，以城乡结合部整治为突破口，以建立长效机制为重点，集中力量，加大工作力度，加快工作进度，对城市出入口、城乡结合部、排水沟、城中村、旧村改造以及背街小巷重点整治。对城市户外广告、牌匾及城市亮化，要高起点设计、高标准整治，彰显个性化、艺术化和地方民族特色，干干净净迎接自治区五十大庆。

6月1日，按照中纪委十七届二次全会和全国纠风办工作部署，宁夏建设厅在全区开展了加强住房公积金管理专项治理工作，严肃查处违纪违规问题，清理收回2006年前的违规挪用资金、单位和项目借款以及个人违规贷款4500余万元，受到了国家检查组的充分肯定。

6月15日，住房和城乡建设部向宁夏下达了援建甘肃省天水市过渡安置房1万套的任务（后调整为5000套套），自治区党委书记陈建国、政府主席王正伟在第一时间作出重要批示，明确要求自治区各有关部门要坚决按照党中央、国务院的部署，从讲政治、讲大局、讲责任的高度，采取切实可行的措施，千方百计、保质保量、又好又快地完成过渡安置房建设任务，把党中央、国务院对灾区人民的关怀和宁夏610万回汉群众对灾区人民的爱心尽快送到灾区一线，让受灾的群众有房住，让灾区的孩子有学上。

6月16日，按照宁夏回族自治区党委、政府关于加强城乡建设抗震设防工作，建设抗震示范工程的要求，宁夏建设厅在银川湖畔嘉苑住宅区开工建设轻钢结构轻型复合保温墙体材料抗震示范小学。

6月23日，宁夏"塞上农民新居"建设现场观摩会在永宁县召开。自治区领导王正伟、于革胜、刘天贵、李锐、陶源及各有关部门和市、县（区）领导干部参加了会议并观摩了高速公路沿线各市县的"塞上农民新居"建设示范点。

6月24日，宁夏回族自治区副主席、抗震救灾指挥部总指挥李锐带领自治区建设厅、民政厅负责人到甘肃省进行过渡安置房任务对接，共商做好过渡安置房建设工作。

6月25日，宁夏回族自治区人民政府召开专题会议，对全区援建甘肃省过渡安置房工作进行了全面安排部署。在自治区抗震救灾指挥部下设了由自治区各有关部门、各承建单位、企业和部队组成的援建过渡安置房工作办公室，办公室设在建设厅。

6月28日，宁夏回族自治区人民政府第八次常务会议审查通过了《宁夏回族自治区"塞上农民新居"建设五年规划（2008～2012年）》。9月28日，自治区人民政府印发执行。

7月2日，宁夏建设厅成立了宁夏援建甘肃过渡安置房前线指挥部，派出工作人员赶赴甘肃省天水市，并与受援地天水市两区五县分别进行了对接，进一步明确了援建任务和援建地点。

7月10日，宁夏回族自治区党委书记陈建国、政府主席王正伟和副主席李锐视察了宁夏过渡安置房生产企业，要求企业保证产品质量，加快生产进度，争取提前完成生产任务，让甘肃灾区的群众早日住进过渡安置房，恢复正常的生产生活秩序。

7月10日，自治区党委书记陈建国在自治区党委常委、秘书长刘晓滨、自治区副主席李锐及自治区有关部门负责人的陪同下，视察了抗震示范小学工程，对抗震工程精心设计、精心施工、严格管理和进度快、质量好、安全性高、具有推广价值予以充分肯定，对建设厅组织得力、行动迅速的工作作风给予了高度评价，并对进一步优化设计方案做出了明确指示。

7月31日，宁夏回族自治区副主席、抗震救灾指挥部总指挥李锐带领区直有关部门负责同志，专程到甘肃省天水市视察我区援建过渡安置房建设情况，代表自治区党委、政府向我区建设系统奋战在灾区施工一线的全体人员进行亲切慰问，并就过渡安置房建设中的有关问题与天水市政府进行沟通协调。

8月5日，宁夏回族自治区主席王正伟在自治区政府秘书长左军、建设厅厅长刘慧芳、银川市市长王儒贵等陪同下，视察了抗震示范工程——湖畔小学。王正伟主席对建设厅在一个月的时间内建成湖畔小学抗震示范工程给予了充分肯定和高度评价，并要求做好示范推广工作。

8月14日，宁夏抗震示范工程现场观摩会在银川召开。全区各市、县（区）分管建设、教育的负责人，教育局长、建设局长实地观摩了抗震示范工程。自治区副主席李锐、自治区政协副主席谢孟林出席会议，李锐副主席做了重要讲话。会议介绍了抗震示范工程建设情况，示范推广抗震新技术、新材料和新工艺，要求全区每个县、市（区）都要建一所示范学校，建一户示范农居。

8月15日，宁夏援建甘肃省天水市地震灾区的5000套、近10万平方米过渡安置房建设任务圆满完成。

9月4日，宁夏建设厅党组书记、厅长刘慧芳带领有关处室负责人专程赶赴北京向住房和城乡建设部汇报了宁夏建设系统贯彻落实《国务院关于进一步促进宁夏经济社会发展的若干意见》工作情况。住房和城乡建设部副部长齐骥代表部党组专门听取了汇报，有关司局负责人参加了会议，并就宁夏请求给予工作支持的有关问题形成了《会议纪要》。

9月4日，宁夏建设厅印发了《建设厅落实〈建立健全惩治和预防腐败体系2008～2012年工作规划〉实施办法》，提出了今后五年党风廉政建设的工作目标。

9月17日，宁夏建设厅、监察厅、国土资源厅、统计局、物价局联合印发了《关于进一步加强房地产市场宏观调控的通知》，要求各市、县严格落实房地产市场宏观调控政策，依法加强房地产市场治理整顿，健全完善房地产市场预警预报机制，科学引导住房建设和消费，稳定住房价格，推动房地产市场健康稳定发展。

9月19日，宁夏建设厅组织有关市县成立了全区城市供水安全应急救援总队和分队，同时在银川举行全区城市供水安全应急演练。自治区副主席李锐观摩了演练。

10月17日，宁夏沿黄城市带发展战略研讨会暨规划审查论证会在银川召开。会议研究讨论了宁夏沿黄城市带对促进区域经济社会发展的战略意义和目标定位、发展的动力机制和关键问题、特色培育和地位提升、区域一体化和同城化发展思路、具体实施意见、措施等内容，审查论证了《宁夏沿黄城市带发展规划》。

10月22日，国家住房和城乡建设部印发了《关于贯彻落实〈国务院关于进一步促进宁夏经济社会发展的若干意见〉的工作意见》，从支持宁夏加强住房保障制度建设、指导支持城乡规划和村镇建设工作、加大对宁夏建设工程企业的扶持力度、指导支持城镇市政公用设施建设和城市管理工作、支持推进建筑节能工作、支持人员培训和建设科技工作等六个方面提出了21条支持宁夏建设事业发展的政策、措施。

11月3日，宁夏回族自治区人民政府第18次常务会议审查通过了《宁夏沿黄城市带发展规划》和《宁夏回族自治区廉租住房和经济适用住房保障办法》。

11月4日，自治区人民政府第9号政府令颁布了《宁夏回族自治区廉租住房和经济适用住房保障办法》，从2009年1月1日起施行。

11月20日，宁夏回族自治区副主席李锐在厅党组书记、厅长刘慧芳的陪同下，到住房和城乡建设部进行对接，争取支持。齐骥副部长充分肯定了宁夏近年来城乡建设工作取得成就，对请求支持的事项一一进行了答复，并同意对宁夏廉租住房建设资金给予支持。

11月28日，宁夏回族自治区第十届人民代表大会常务委员会第六次会议通过了《关于修改〈宁夏回族自治区城市房地产开发经营条例〉的决定》，对2002年颁发的《宁夏回族自治区城市房地产开发经营条例》中相关条款进行修订，提高了宁夏房地产开发企业准入门槛。

12月4日至5日，住房和城乡建设部、国土资源部、财政部、审计署、监察部、税务总局、国家发展改革委、工商总局联合检查组对宁夏房地产市场秩序专项整治工作进行了检查。

12月5日，住房和城乡建设部安排宁夏扩大内需廉租住房项目建设8125套，补助建设资金1.7728亿元。

12月27日，宁夏廉租住房规划保障工作座谈会在银川召开。按照国家要求，宁夏建设厅对2009～2011年廉租住房保障规划作了重大调整，确定三年实施租赁补贴68860户，新增廉租住房54010套。并将规划目标任务分解到各市、县。

（宁夏回族自治区住房和城乡建设厅　张沁元）

新疆维吾尔自治区

一、综述

2008年,在新疆维吾尔自治区党委、人民政府的正确领导下,在住房和城乡建设部等有关部门的指导支持下,全区建设系统干部职工认真学习实践科学发展观,团结进取、真抓实干,建设事业发展取得了新成绩,为自治区经济社会发展作出了新贡献。

(一)城市住房保障工作取得新进展,城镇居民住房条件得到改善

2008年,全区完成廉租住房建设投资13.3亿元,通过实物配租方式保障低收入家庭1.83万户;累计为3.79万户城市低收入家庭发放了廉租住房租赁补贴;新增经济适用住房122万平方米以上,可保障2万户低收入住房困难家庭;开工建设解危解困房16.9万平方米,可解决2408户职工家庭的住房问题。住房公积金专项治理工作扎实推进,公积金管理水平不断提高。全区累计归集公积金390.76亿元,发放个人贷款145.8亿元,为廉租住房建设提供补充资金1.42亿元,有力地支持了职工住房消费和住房保障制度建设。住房制度改革不断深化,集资建房管理逐步规范。

房地产业发展取得新成绩,全年完成房地产开发投资228.63亿元,同比增长34.65%。房地产市场宏观调控力度加大,90平方米以下住房占新建住房的比例超过50%,住房供应结构调整初见成效。房地产市场专项整治活动深入开展,自治区公开曝光了15起典型案例,引起社会强烈反响。

(二)城乡规划体系进一步完善,城乡规划实施管理得到加强

城乡协调发展取得新进展,区域中心城市的辐射带动作用明显增强,乌(乌鲁木齐)昌(昌吉)一体化稳步推进;《新疆沿边境城镇发展带战略规划》、《新疆风景名胜区体系规划》等4个区域规划方案初稿编制完成,自治区城镇体系规划进一步深化;乌鲁木齐市城市总体规划修编有序进行,克拉玛依市等16个城市(口岸、工业园区)总体规划审查工作顺利完成,城市(口岸、工业园区)总体规划编制(修编)工作力度加大;控制性详细规划备案审查制度逐步建立,全区设市城市控制性详细规划覆盖率达到80%以上,县城达到60%以上。所有独立建制镇都编制了总体规划,乡(集镇)总体规划编制率达到80%以上,行政村建设规划编制率达到40%以上。建设厅会同扶贫部门,帮助自治区30个小康社会示范村编制了村庄建设规划,重点指导鄯善县编制了《村庄整治实施方案》,促进了村庄整治活动有序开展。历史文化名城(镇、村)保护工作得到加强,全区现有国家历史文化名城3个、名镇2个、名村2个,自治区历史文化名城2个。

学习贯彻《城乡规划法》活动深入开展,城乡规划效能监察工作圆满完成,首批城乡规划督察员已进驻喀什地区、昌吉州、伊犁州开展工作,强化了城乡规划监督管理。积极推行"阳光规划",建立完善了规划公示制度、听证制度和公众参与、专家评审、政府决策的规划审批制度,城市规划管理委员会及专家委员会决策、监管职能得到加强。建立了城乡规划行政执法责任追究制度,对地方政府及有关部门不执行规划、超越法定权限擅自调整规划的案件,依法移送监察机关追究行政责任,维护了城乡规划的严肃性。

(三)建设领域节能减排工作力度加大,城乡环境综合整治成效明显

新建建筑节能50%强制性标准全面实施,阿克苏地区、克拉玛依、库尔勒和乌鲁木齐市新建居住建筑节能65%试点进展顺利,全区建成节能建筑约7000万平方米。既有居住建筑节能改造稳步推进,各地完成建筑围护结构改造125.34万平方米,室内热计量改造101.9万平方米,管网平衡改造176.44万平方米。乌鲁木齐市等6个示范城市供热计量价格体系初步建立,城镇供热体制改革不断深化。全区已建立可再生能源建筑应用项目约300万平方米,组织建立低能耗、绿色建筑等示范项目30余项,其中16项被列为国家级示范项目。设市城市和县城污水处理率分别达到72.78%和48.86%,垃圾无害化处理能力达5210吨/日,城镇治污减排能力有所增强。城镇供水水质安全督察制度初步建立,乌鲁木

齐、吐鲁番市积极争创节水型城市，促进了城市节水工作开展。

城乡基础设施建设步伐加快，全年各地可完成城镇基础设施投资82.93亿元。全区建设行业共有利用外资建设项目5个，利用外资工作进展顺利。自治区城市建设"天山杯"竞赛活动检查考核工作圆满完成，创建"园林城市"活动深入开展，全区城市绿化覆盖率和绿地率分别达到31%和27%，人均公共绿地面积8平方米。制定了《新疆高山湖泊申报世界自然遗产工作实施方案》，完成了天山天池和赛里木湖风景名胜区申报国家自然遗产预备名录工作。乌鲁木齐市完成了数字化城市管理试点系统建设，进入系统试运行阶段；克拉玛依市通过国家专家组验收，为全区数字化城市管理工作积累了经验。

（四）建筑业保持健康发展，工程质量安全管理水平不断提高

建筑业产值和效益稳步增长，全年建筑业完成总产值629.26亿元，实现增加值134.94亿元，同比增长39%和42%。建筑企业队伍结构和产权结构不断优化，市场竞争力有所增强。建筑市场综合整治力度加大，招投标管理得到加强，全区应招标工程招标率和应公开招标工程公开招标率均达到99.9%。建设厅出台了《关于建筑材料价格风险费用计取的指导意见》，为解决因建材价格大幅波动引发的施工合同纠纷，保证建设工程质量发挥了积极作用。勘察设计单位改企建制稳步推进，整顿规范勘察设计市场秩序年活动效果明显。工程质量总体水平稳步提升，建筑安全生产形势总体平稳。

（五）建设行业法制建设成绩突出，行政服务效能进一步提升

《自治区实施〈城乡规划法〉办法》经自治区人大常委会审议通过，自治区人民政府发布了《自治区派驻城乡规划督察员办法》，《自治区城市房屋权属登记测绘成果鉴定管理暂行办法》等7个规范性文件颁布实施。建设行政执法工作力度加大，建设厅直接立案调查案件30件，下达行政处罚决定书17份，行政执法责任追究制度得到落实。

工程建设标准体系建设取得新进展，自治区组织编制和批准发布了《EPS板薄抹灰外墙外保温系统施工规程》等地方标准，为规范建设事业发展提供了技术法规依据。成立了自治区建设厅行政许可服务中心，统一受理资质、资格类行政许可申请，进一步规范了行政许可工作。政务公开、电子政务建设取得新成绩，建设信用信息管理系统启动实施，提高了市场监管效率。

（六）坚持以人为本，为民办实事工作取得新成绩

城乡抗震安居工程实施成效显著，2004以来，全区累计投入建设资金412亿元，新建和改造抗震安居房189.5万户，共有836万人入住抗震房。城乡重要建（构）筑物抗震防灾工程启动实施，各地已完成学校、医院等建（构）筑物自查任务，抗震鉴定和加固改造工作有序开展。喀什市老城区危旧房改造综合治理项目方案正式上报国家审批。建筑劳保费用统筹管理工作得到加强，缓解了困难建筑企业缴纳基本养老保险费的困难。全区建设系统农村劳动力转移培训力度加大，为农村富余劳动力向建设领域各类企业转移就业创造了条件。各级建设主管部门认真接待群众来信来访，积极开展矛盾纠纷排查化解工作，妥善解决了一批群众反映强烈的城镇房屋拆迁、城乡规划、拖欠工程款等问题，维护了社会和谐稳定。自治区建设厅被评为"全国清理解决建设领域拖欠工程款和农民工工资工作先进单位"。

建设行业党风廉政建设、精神文明建设等工作取得了新的成绩。5·12四川汶川地震灾害发生后，全区建设系统干部职工踊跃捐款捐物；组织乌鲁木齐、克拉玛依、库尔勒市向灾区捐赠了价值80余万的3辆环卫特种车辆；按照住房和城乡建设部的要求，分3批选派27名建筑施工专家赴甘肃支援灾后重建工作，树立了良好的行业形象。自治区建设厅被评为"全国住房城乡建设系统抗震救灾先进单位"。

二、建设成就

（一）城市规划

【总体规划实施】 2008年，喀什地区的卡拉苏口岸总体规划、玛纳斯县城总体规划、克拉玛依石油化工工业园区总体规划、阿拉尔口工业园区总体规划、乌鲁木齐市米东区高新技术产业园总体规划、生产建设兵团温州工业园区总体规划、鄯善石材工业园区总体规划、阿拉山口工业园区总体规划经自治区人民政府正式批准。自治区人民政府批准同意库尔勒高新技术工业园升格为高新技术产业开发区，同意昌吉高新技术产业开发区扩区，同意调整库尔勒市城市总体规划中的部分绿化用地和阿克苏市城市总体规划中的部分地块用地性质。截至年底，新疆有3个地州的城镇体系规划和21个城市、67个县城的总体规划经自治区人民政府正式批准实施。全区城镇化率39%。乌（乌鲁木齐）昌（昌吉）一体化稳步实施，乌鲁木齐、克拉玛依、库尔勒、伊宁、喀

什、石河子市等区域中心城市的辐射带动作用明显增强。

【规划督察员工作】 2008年3月14日，自治区人民政府聘任首批3名城乡规划督察员。在自治区派驻城乡规划督察员动员会议上，自治区建设厅厅长李建新代表自治区人民政府为首批派驻城乡规划督察员余道虎、陆易农、万启璇颁发聘书。2008年8月18日，3名城乡规划督察员在昌吉、喀什、伊犁3地州正式开展工作，督察派驻地城乡规划的制定、实施、修改。3名城乡规划督察员具有高级以上专业技术职务或注册规划师资格，具有较丰富的城乡规划工作经验。每届任期3年，可以连任。重点督察有关城市总体规划、历史文化名城（镇、村）保护规划、风景名胜区总体规划，以及相关部门是否依法受理违反城乡规划行为的举报投诉，并及时予以处理。2008年，督察员完成两次规划巡查工作，下发6份监察建议书，并就试点地州开发区（工业园区）规划管理情况和霍尔果斯口岸规划建设管理有关问题向有关部门写了专题报告。

【首个地州成立规划局】 2008年1月29日，昌吉州在新疆率先成立了规划局，负责昌吉州各县市城乡规划的监督、协调和服务。新成立的昌吉州规划局暂时在昌吉州建设局办公，共设置了13个编制。来统一规划部署，合理配置资源，避免重复建设。2008年全区有城市规划编制单位74家，其中甲级编制单位5家，乙级编制单位21家，丙级编制单位48家。

【城乡规划效能监察】 2008年8月28日至9月26日，新疆城乡规划效能监察领导小组组成南北疆两个评估验收组，赴12个地州和19个设市城市开展城乡规划效能监察第二次绩效考核和执法监督检查工作，考核认定将重大违法建设案件查办作为城乡规划效能建设工作突破重点，加大对侵占绿地、无证开工等违法建设的查处力度，对擅自调整总体规划、改变用地性质等行为及时下发行政执法监督书。对存在村镇规划编制与管理工作相对滞后、旧城区控制性详细规划覆盖率偏低，那拉提、喀纳斯、魔鬼城等风景名胜区尚未编制风景名胜区总体规划和详细规划等问题提出了工作要求。2008年，依法查处城乡规划领域违法违规案件990起，拆除违法建筑面积83万平方米，处罚金额1031万元，通报了27个违规项目。

【乌鲁木齐数字化城市管理系统规划建设方案评审】 2008年2月2日，乌鲁木齐市数字化城市管理工作领导小组邀请国家建设部数字化城市管理专家及新疆地区政务信息、GIS方面专家在乌鲁木齐市召开乌鲁木齐市数字化城市管理系统规划建设方案评审会。自治区建设厅和乌鲁木齐市纪委（监察局）、财政、信息办及市属城市管理单位及各区县领导50多人参加会议。

乌鲁木齐市数字化城市管理系统建设的第一阶段截至2008年6月，在沙依巴克区试点，完成数字化城市管理系统的设施、设备、基础数据和软硬件系统建设。第二阶段截至2008年12月，进一步完善乌鲁木齐市数字化城市管理信息系统设施、设备、基础数据和软硬件系统，完成乌鲁木齐全市范围的数字化城市管理信息系统平台建设。专家评审组从项目背景、管理体制建设、应用系统建设、基础数据建设、运行环境建设、关键技术、实施计划、投资估算等8个部分24项进行评审。专家认为乌鲁木齐市数字化城市管理系统规划建设方案，目标明确，技术合理，并就进一步完善方案提出了建议和意见。

（二）城市建设

【城建固定资产投资】 2008年，新疆21个设市城市、66个县城市政公用设施建设完成固定资产投资829250万元，比上年增长8.64%，其中设市城市完成643673万元，增长10.18%。

按投资行业分：供水完成55966万元，公共交通37983万元，集中供热138588万元，燃气74648万元，道路桥梁274469万元，排水35509万元，防洪1745万元，园林绿化97859万元，环境卫生15269万元，其他97214万元。2008年新增固定资产605558万元。

【市政公用行业安全生产管理】 2008年，下发了《关于加强市政公用行业春季安全生产管理的通知》，组织相关人员对供热、燃气、供排水、城市桥梁、公园游乐设施等安全运行情况进行抽查，查处严重事故隐患36起，一般事故隐患12起，均下发整了改通知书，整改工作基本完成。

【老城区改造】 2008年3月26日，自治区人民政府向住房和城乡建设部报送了《喀什市老城区抗震加固及部分基础设施改造项目中期评估报告》（新政函[2008]45号）。4月14～17日，住房和城乡建设部组织专家对喀什市老城区抗震加固及部分基础设施改造项目实施情况进行了评估。2008年8月11～15日，住房城乡建设部会同国家发展改革委、财政部、国土资源部、环境保护部等部门对喀什老城区改造工作进行专题调研。联合调研组听取喀什地区汇报，实地考察了喀什市老城区并与自治区领导努尔兰·阿不都满金常委、自治区发展改革、财政、建设、国土、环保、卫生等部门领导和相关处室负责人座谈。2008年，喀什老城区改造纳入国家计划。

【数字化城市管理】 2008年2月2日，乌鲁木齐市正式启动数字化城市管理系统建设工作。建设中结合乌鲁木齐城市管理特点，独创了冰雪清除子系统，年底，经过场地的选择、软件的开发和数据的采集等工作，完成数字化城市管理试点系统建设，进入系统试运行阶段。9月，布尔津县县城监控数字化管理系统开通运行。该系统运用数字化、网格化对县城主要街道、路口、建筑工地等管理进行精准、敏捷、高效和全方位覆盖，利用监控录像机有效地监视和摄取现场场景图像，各个角落发生的事情，市政管理部门都能及时掌握，前往事发地进行维修。一旦发生违反市容市貌、市政设施、园林绿化、环境卫生等相关规定的行为，城管执法人员可立即赶到现场，及时处理。

【"天山杯"竞赛活动】 2008年7月30日，自治区人民政府在库尔勒市召开2008年自治区城市建设"天山杯"竞赛活动现场会，各地州市城市建设"天山杯"竞赛活动主管领导、竞赛活动领导小组办公室主任、建设局（建委）分管领导、自治区城市建设"天山杯"竞赛活动检查团成员共150多人参加会议。会议总结2007～2008年度自治区城市建设"天山杯"竞赛活动开展的基本情况，学习交流和现场观摩了巴音郭楞州、库尔勒市、尉犁县、沙湾县等地在开展城市建设"天山杯"竞赛活动中的主要经验和做法，安排2008年自治区城市建设"天山杯"竞赛活动检查考核工作任务。

【城建档案管理】 2008年，新疆各地将建设工程档案管理纳入规划许可、施工许可和备案管理程序，全面推行建设工程档案管理"两书一证"制度，城建档案进馆率95%以上，对新建地下管线工程档案和重要建筑物档案基本接收进馆。全年共接收城建档案4万多卷，全区馆藏53万卷。

16个城市建立城建档案信息管理系统，辅助城建档案收集、整理、保管、鉴定、统计和利用等业务工作，建立健全馆藏目录数据库，实现检索计算机化，提高了管理水平和利用效率。7个城市建立城建档案馆局域网，10个城市设立了城建档案馆网站（网页），实现了法规标准宣传、业务咨询和城建档案信息（目录）上网查询。5个城市开展馆藏实体档案数字化工作，建有专题信息数据库和多媒体数据库。

截至2008年底，新疆共有27个县建有城建档案馆，共有馆房面积3000平方米，城建档案19.6万卷，底图6600张，照片1.36万张。

【无障碍城市建设检查】 2008年10月，自治区建设厅会同民政厅、残联、老龄委等部门及专家赴克拉玛依、石河子、乌鲁木齐等城市，开展无障碍建设城市创建工作检查。实地检查城市主要道路人行道，交叉路口、街坊路口、单位出入口及人行横道等处盲道及缘石坡道的设置情况，新建、改建的办公建筑、商业服务建筑、文化纪念建筑、医疗建筑、室外公共厕所等各类公共建筑物障碍设施建设情况，并将检查结果及时反馈。

【城市供水】 2008年，新疆设市城市、县城新增自来水供水能力17.38万立方米/日，新增自来水管道525.7千米。综合生产能力442.93万立方米/日，供水管道总长9505.75千米，年供水总量84757.55万立方米，用水人口791.5万人，用水普及率91.61%，人均日生活用水146.72升。其中设市城市综合生产能力340.18万立方米/日，供水管道长5696.17千米，年供水总量70481.04万立方米，用水人口547.7万人，用水普及率92.82%，人均日生活用水169.93升。县城综合生产能力102.75万立方米/日，供水管道3809.58千米，年供水总量14276.51万立方米，用水人口243.8万人，用水普及率89.02%，人均日生活用水94.57升。

【乌鲁木齐被确定为全国节水型社会试点城市】 2008年，乌鲁木齐市被确定为全国第三批节水型社会试点城市。在全国确定的16个试点地区中，乌鲁木齐是新疆惟一入选的城市，试点期为3年。在3年内，初步建立节水型社会框架体系，为全面推进节水型社会建设奠定基础。

乌鲁木齐已关停自备井110多家，全市计划用水管理户1500家，年节约用水近4500万立方米。全面开展创建节水型企业（单位）、居民小区活动，2006～2008年共考核验收430家，节水型单位覆盖率25%以上，其中市级节水型单位、居民小区32家。

【抗旱井投入使用】 2008年8月18日，乌鲁木齐市20眼应急抗旱井工程基本完工，应急抗旱井的水将通过输水管网被引流到首府各自来水厂，经过水厂严格处理后，由城市自来水管网进入居民家中。每天为城市增加供给地下水8～10万立方米。乌鲁木齐市每天用水需求量约60万立方米左右，目前全市共有11个水厂，每天供水能力约74万立方米。阿瓦提县2008年投资20余万元，打4眼机井，铺设安装管道13.85千米，使城区4.4公顷新增绿地全部实现地下水浇灌、养护。此项工程，既能满足城市绿地用水需要，达到节灌蓄补、涵养生态水的目的，又能有效缓解生活用水压力。

【水厂使用新水处理工艺】 2008年5月23日，乌鲁木齐水务集团投资6600余万元，在乌鲁木齐市三甬碑水厂新建水处理工艺正式运行，该工艺采用时为国际最先进的V型滤池过滤方式，日最高处理水能力可达10万立方米，能满足赛马场路到中环路幸福花园附近居民的生活用水，还有一部分水进入城市供水管网，天山区、沙区、新市区、水区、东山区沿线30多万市民用上干净自来水。

水厂彻底改造后，完全属于自动化控制，通过电脑设置等自动化平台，让整个水处理自动化进行，工作人员只需轻轻点击鼠标，源水流量、浊度、出厂水浊度、流量等数据都显示在电脑屏上了。如果源水的浊度超过了15度，自动化系统便会发出报警声提醒工作人员。

【城市集中供热】 2008年，新疆设市城市、县城新增集中供热能力蒸汽113吨/小时，热水259.5兆瓦。累计供热能力蒸汽1244吨/小时，热水18651兆瓦，集中供热管道6360千米。年供热总量蒸汽23202万吉焦，热水25683万吉焦。集中供热面积18789.2万平方米，其中住宅13003.4万平方米。设市城市累计供热能力蒸汽1208吨/小时，热水14552兆瓦，年供热总量蒸汽969万吉焦，热水14570万吉焦，集中供热管道4890千米，集中供热面积15843.2万平方米，其中住宅11087.9万平方米。县城供热能力蒸汽36吨/小时，热水4099兆瓦，年供热总量蒸汽22233万吉焦，热水11113万吉焦，集中供热管道1470千米，集中供热面积2946万平方米，其中住宅1915.5万平方米。

【热计量改造】 2008年10月10日，新疆城镇供热协会四届四次会员代表大会上确定了乌鲁木齐、阿克苏、石河子、库尔勒、昌吉、伊宁6城市为供热计量改革试点城市。乌鲁木齐市实施了供热计量收费的试点工作，首先确定了自治区电力设计院等3家单位的住宅楼作为试点小区。实施按用热计量分户收费，外墙、门窗、屋顶应符合墙体改造建筑节能保温标准，采暖系统具备分户热计量条件或热计量产品满足分户热计量要求。

为了提高供热质量和采暖费收缴率，新疆首府乌鲁木齐市44家集中供热站有一半以上逐步对小区住户进行分户改造，并投入大量资金补贴工程费用。

【城市燃气】 2008年，新疆设市城市、县城新增天然气管道641.03千米，新增天然气储气能力442.25万立方米，新增液化石油气储气能力22吨。全区累计天然气管道6259.19千米，年天然气供气总量100120万立方米，用气人口410.54万人。人工煤气管道132.3千米，人工煤气生产能力2556.02万立方米/日，储气能力29万立方米，年供气总量932940万立方米，用气人口6万人。液化石油气储气能力18861.05吨，供气管道74.06千米，年供气总量129272.2吨，用气人口298.72万人。全区燃气普及率82.79%。拥有天然气汽车加气站100座、液化气汽车加气站62座。其中设市城市天然气储气能力110.04万立方米，供气管道5207.47千米，供气总量86592万立方米，用气人口350.05万人；人工煤气生产供应全在设市城市内，液化石油气储气能力9811.25吨，供气管道74.06千米，年供气总量97102吨，用气人口166.80万人，设市城市燃气普及率88.61%。县城天然气供气管道1051.72千米，天然气储气624.56万立方米，供气总量13528万立方米，用气人口60.49万人；液化石油气储气能力9049.8吨，年供气总量32170.2吨，用气人口131.92万人，燃气普及率70.25%。

【城市公共交通】 2008年，新疆21个设市城市和26个县城拥有公交车，共有公共交通车辆8993辆，计8626标台，每万人拥有公共交通车辆9.98标台；运营线路网3085千米；公共汽车年客运总量133968万人次；出租汽车总量38164辆。其中设市城市有公共交通车辆8043标台，每万人拥有公共交通车辆13.23标台；运营线路网2311千米；公共汽车年客运总量123554万人次；拥有出租汽车24614辆。县城有公共交通车辆950标台，每万人拥有公共交通车辆2.99标台，运营线路网774千米，公共汽车年客运总量10414万人次，拥有出租汽车13550辆。

【多功能城市公交运营信息化系统】 2008年7月10日，乌市公交集团公司在1路、101路、102路、103路、111路、309路公交车上安装红外线客流量检测仪，每条线路安装1部，共安装6部。该检测仪是公交GPS系统中的一部分，安装在公交车的前、后门上方。通过终端显示，公交部门掌握线路客流变化，合理安排运力。缩短候车时间，增加发车班次，应对个别时段的客流高峰。此外，也为不同时段投入不同车型，节约能源提供依据。

客流检测仪安装在车前门、后门上方，乘客上下车时，检测仪会自动计数，信息传至公交指挥中心，终端就会显示公交车在某个站点、某个时段的客流信息。每天乘坐公交车的人到底有多少，借助于客流检测仪，公交部门很快就能有个准确的答案。

2008年11月27日，乌鲁木齐8条公交线路290

多辆车装上了GPS公交智能调度系统。2008年年初，首府试点在1路、101路、102路、103路、111路、309路、7路、910路全都实现智能化调度。

【出租车安装GPS】 2008年3月5日，乌鲁木齐市统管办第一批20辆出租车的GPS系统安装完毕运行，至11月，首府安装GPS的出租车达4000辆。

2008年8月16日起，昌吉市780辆出租车将全部安装GPS卫星定位系统。该系统包括GPS主机、车顶显示屏、摄像头、带免提功能的通话手柄、监听器及一个隐蔽的报警装置。

【依法查处"黑车"】 2008年10月31日，乌鲁木齐市城市客运统管办依法对长期不来接收处理，且到报废年限的105辆非法营运车辆公开销毁，至此，统管办销毁"黑车"已达251辆。从2008年3月中旬起，乌市客运统管办开始全面整治净化客运市场环境，对无证驾驶、使用报废车辆运营等因素的扰乱客运市场秩序行为进行专项打击，在火车站、山西巷、解放南路等地查扣黑车14辆。

【城市公交、出租汽车行业燃油补贴】 2008年6月30日，新疆维吾尔自治区建设厅下发《关于做好2008年自治区城市公交、出租汽车行业燃油补贴发放工作的通知》，2008年9月完成了区内由建设部门主管的18个市县7518辆公交车共计1599.42万元和23个市县20234辆出租车共计9951.55万元的燃油补贴发放工作。

【城市道路桥梁】 2008年，新疆设市城市、县城新建扩建道路239.93千米，新建扩建道路面积303.94万平方米，新增桥梁8座。全区累计道路长7406.8千米，道路面积11515万平方米，人均拥有道路面积13.33平方米；拥有桥梁713座，其中立交桥34座，路灯479861盏。其中设市城市道路4687千米，道路面积7359万平方米，人均拥有道路面积12.47平方米，桥梁358座，其中立交桥33座，路灯336159盏。县城道路2719.8千米，道路面积4156万平方米，人均拥有道路面积15.17平方米，桥梁355座，路灯143702盏。

【日元贷款及亚行贷款项目】 2008年12月8～17日，亚洲开发银行项目经理劳山先生一行4人在哈密市、吐鲁番市、奎屯市、阿勒泰市、昌吉市进行项目贷款评估。期间，亚行评估考察团与自治区项目办、各项目单位就项目工程技术、投资、进度、实施等方面进行交流和项目框架的最终确认。2008年，总投资12.63亿元的城市环境综合治理利用日元贷款一期项目（由哈密、吐鲁番、乌苏、奎屯市项目打捆组成）开工建设，实际到位外资29亿日元（折合人民币2.15亿元）；总投资3.97亿元的二期项目（由阿勒泰和阿图什市项目打捆组成）贷款协议生效；总投资14.22亿元的城市基础设施建设和环境改善利用亚行贷款一期项目（由伊宁市、阿拉山口口岸、喀纳斯景区项目打捆组成）贷款协议已经生效。总投资11.77亿元的二期项目（由哈密、吐鲁番、奎屯、阿勒泰、昌吉市道路和环卫项目打捆组成）亚行赠款技术援助工作贷款评估，进入亚行审批阶段。

【城市排水及防洪】 2008年，新疆设市城市、县城新增排水管道252.69千米，新增污水处理能力9万立方米/日，污水排放量53394万立方米，共有排水管道5547千米，排水管道密度2.55千米/平方千米。有污水处理厂49座，达到二、三级处理的37座，污水处理能力231.4万立方米/日，年污水处理总量36630万立方米，污水处理率68.6%。防洪堤498千米，达到百年一遇标准的49千米，达到50年一遇标准的191千米。其中设市城市污水排放量44064万立方米，共有排水管道3706千米，排水管道密度3.13千米/平方千米；有污水处理厂27座，达到二、三级处理的22座，总污水处理能力160.80万立方米/日，年污水处理总量32071万立方米，污水处理率72.78%，防洪堤257千米。县城污水排放量9330万立方米，共有排水管道1841千米，排水管道密度1.85千米/平方千米；有污水处理厂22座，达到二、三级处理的15座，总污水处理能力70.6万立方米/日，年污水处理总量4559万立方米，污水处理率48.86%。

【八钢生活区建污水处理厂】 2008年10月6日，乌鲁木齐投资两千余万元的头屯河区八钢生活区污水处理厂动工建设。该污水处理厂位于乌市头区农场，工程建成后，日处理量达3万立方米，总建筑面积为2764.48平方米，污水处理厂工程服务范围为八钢生活居住及配套区域，总服务面积约5100平方米。

乌鲁木齐头屯河区距离河道300米之内的各类企业有7家，年排入头屯河的污水总量在1232万立方米左右。建设八钢生活区污水处理厂，从根本上解决头屯河片区污水污染问题，保护头屯河及下游地表水、地下水源不再被污染，同时缓解头屯河区水资源短缺矛盾，保证绿化、农业灌溉等用水的需要。

【首个中水深度处理工程】 2008年9月9日，乌鲁木齐市水务局在七道湾开工建设的中水回用工程，是全疆首个中水深度处理工程。工程投资达1.19亿元，投产后，日处理中水5万立方米，远期日处理规模10万立方米。工程首先修建的是两个容积为1000立方米的清水池，主要用于蓄积经过深度处理的中水。此外，管径为1000毫米，长约6千米的引水管线，可将河东污水处理厂处理过的主要为米东工业园区神华新疆煤矸石热电厂、中泰化学自备热电厂等用户供应工业循环冷却补充水，代替使用的自来水。

【城市园林绿化】 2008年，新疆设市城市、县城新增园林绿地面积1032.25公顷。设市城市、县城绿化覆盖面积56237公顷，建成区绿化覆盖面积37364公顷；绿地面积46930公顷，建成区绿地面积32522公顷；公园绿地面积7294公顷；拥有公园214个，公园面积4113公顷，人均公园绿地8.44平方米，比上年增长4.33%；建成区绿化覆盖率31.1%，建成区绿地率27.07%。其中设市城市建成区绿化覆盖面积40999公顷，建成区绿化覆盖面积23928公顷；绿地面积34239公顷，建成区绿地面积21316公顷；公园绿地面积4666公顷；拥有公园124个，公园面积3087公顷，人均公园绿地7.91平方米；建成区绿化覆盖率31.86%，建成区绿地率28.39%。县城绿化覆盖面积15238公顷，建成区绿化覆盖面积13436公顷；绿地面积12691公顷，建成区绿地面积11206公顷；公园绿地面积2628公顷，拥有公园90个，公园面积1026公顷，人均公园绿地9.6平方米，建成区绿化覆盖率29.82%，建成区绿地率24.87%。

【申报世界自然遗产】 2008年7月22日，自治区人民政府调整自治区申报世界自然遗产领导小组成员，领导小组办公室设在自治区建设厅，负责日常工作。

2008年初，向博尔塔拉、昌吉、阿勒泰3地州下发《关于认真做好新疆高山湖泊申报世界自然遗产工作的通知》，5月，自治区申报世界自然遗产工作领导小组办公室邀请了住房和城乡建设部以及部分国内世界自然遗产专家，对全区的申遗工作进行指导。专家们就申报工作的机遇、存在的主要问题、申报主题的确定和申报地范围的划定等进行了研讨，制定了新疆高山湖泊申报世界自然遗产工作实施方案，加快了天池和赛里木湖风景名胜区申报中国国家自然遗产预备名录的工作。

【北庭西寺遗址博物馆建成】 2008年，吉木萨尔县北庭西寺遗址博物馆建成，它是继西安秦兵马俑博物馆之后，西北地区的第二个文物保护大棚。它由首尾相连的三层梯状保护隔离墙构成，顶棚南北跨度约97.5米，东西长65.3米，高24米，游客可以站在保护隔离墙的三层平台上观赏西大寺全貌。

【新疆首座仿清建筑群建成】 2008年9月27日，新疆首座仿清建筑群在阜康市中心团结西路西段建成，这是新疆建成的首个仿清步行街。

步行街定名为康乾街，仿清街是在阜康市特纳格尔古城的基础上开建的。特纳格尔古城始建于公元1772年，原建筑大部分被毁，仅残留20多米城墙。特纳格尔仿清街全长274米，平均宽度35米，占地约1平方千米，是新疆首个由完整的古街巷、店铺、牌坊、雕梁等组成的古建筑群，共建成65套门面房，建筑面积1.4万平方米。

【高昌故城遗址保护二期工程】 2008年8月12日，高昌故城遗址保护二期工程进入收尾阶段。高昌故城遗址保护工程二期工程总投资额1394万元。抢险加固与保护工程主要有高昌故城西门南、北段城墙各200米，东北排房、东南小佛寺及东北排房游览木栈道铺设。

【国家园林城市、园林县城】 2008年2月1日，住房和城乡建设部命名石家庄市等34个城市为国家园林城市，新疆的克拉玛依市、昌吉市、奎屯市名列其中。命名北京市密云县等20个县城为国家园林县城，新疆的且末县榜上有名。

【两项目获中国人居环境范例奖】 2008年，住房和城乡建设部批准授予北京市奥林匹克公园环境建设项目等32个项目为2008年中国人居环境范例奖。其中新疆的伊宁市南市区历史文化遗产保护项目和布尔津县生态保护与城区绿化建设项目榜上有名。

【城市环境卫生】 2008年，新疆设市城市、县城道路清扫保洁面积10038万平方米，市容环卫专用车辆设备总数1756辆，实现机械化道路清扫保洁面积2396万平方米，机械清扫率23.87%；生活垃圾年清运量555.93万吨，生活垃圾处理量419.11万吨，处理率75.39%；拥有无害化垃圾处理厂12座，无害化处理能力5210吨/日，无害化处理总量152.13万吨；粪便清运量14.96万吨，处理量7.57万吨，处理率50.6%；有公共厕所3606座，达到三级以上2090座。其中设市城市道路清扫保洁面积6476万平方米，市容环卫专用车辆设备总数1314辆，实现机械化道路清扫保洁面积1901万平方米，机械清扫率29.35%；生活垃圾年清运量292.58万吨，生活垃圾处理量275.49万吨，处理率94.16%；拥有无害化垃圾处理厂12座，日无害化处理能力5210吨，无害化处理总量152.13万吨；粪便清运量7.37万吨，有公共厕所2552座，达到三级以上1769座。县城道路清扫保洁面积3562万平方米，市容环卫专用车辆设备总数442辆，实现机械化道路清扫保洁面积495万平方米，机械清扫率13.9%；生活垃圾年清运量263.35万吨，生活垃圾处理量143.62万吨，处理率54.53%；粪便清运量7.59万吨，有公共厕所1054座，达到三级以上321座。

（三）村镇建设

【村镇规划】 2008年，新疆有县城（区）以外的独立建制镇162个（列入统计范围154个，石河子市北泉镇，米东区古牧地镇、铁厂沟镇、长山子镇、羊毛工镇、三道坝镇，吐鲁番市大河沿镇，疏附县托克扎克镇不在村镇统计范围内），乡（乡政府所在地）603个，行政村8786个，农场76个。全区村镇总人口1231.47万人。其中独立建制镇建成区人口74.04万人，乡人口166.14万人，村庄人口980.05万人，农场人口11.24万人。建制镇建成区面积23366.37公顷，乡建成区面积61155.35公顷，村庄现状用地面积345260.12公顷，农场现状用地面积4209.42公顷。全区累计编制建制镇总体规划135个，编制乡（集镇）总体规划411个，编制行政村建设规划3043个，编制农场总体规划38个。全区乡镇建立村镇建设管理机构475个，配备村镇建设管理人员1450人，其中专职管理人员721人。

【村庄整治现场会】 2008年8月24～25日，自治区小城镇建设暨村庄整治现场会在布尔津县和哈巴河县召开。自治区交通厅、农业厅和环保局有关领导，自治区建设厅村镇建设指导委员会成员单位领导，各地州市建设局（规划局）分管领导及村镇建设处（科）负责人，自治区重点示范镇、全国历史文化名镇、国家建设部科技示范镇领导，各地州市政府分管领导共150多人参加会议。参会代表观摩了哈巴河和布尔津县在村镇建设与村庄整治方面取得的成果。

【农村基础设施建设情况调研】 2008年10月24～29日，自治区主席助理王世江、原自治区副主席熊辉银、建设厅、农机局、电力公司等13人先后赴喀什、克州、阿克苏等三地州，就农业农村基础设施建设情况进行了调研。通过实地调研、走访、听取汇报和反馈，全区83个县（市）中有13个县完成了县域村镇体系规划编制工作，完成率为15.7%。40.8%的集镇和70%的行政村尚未编制乡镇总体规划和建设规划。主要原因是：县财政较为困难，农村基础设施不完善、不配套，生活不方便。

【村镇建设投资】 2008年，新疆村镇建设投资总额102.97亿元。其中住宅建设投资60.12亿元，占投资总额的58.38%；公共建筑投资12.18亿元，占投资总额的11.83%；生产性建筑投资15.99亿元，占投资总额的15.53%；市政公用设施投资14.68亿元，占投资总额的14.26%。在市政公用设施投资中，供水投资2.53亿元，道路桥梁投资7.96亿元，排水投资0.41亿元，园林绿化投资0.61亿元，环境卫生投资0.37亿元。

【村镇房屋建设】 2008年，新疆村镇竣工住宅建筑面积1338.44万平方米，其中混合结构以上的住宅建筑面积690.67万平方米，占竣工住宅建筑面积的51.6%。年末实有村镇住宅总建筑面积20385.64万平方米，其中混合结构以上的6964.55万平方米。2008年竣工公共建筑面积142.41万平方米，其中混合结构以上的有120.67万平方米；年末实有公共建筑面积2762.48平方米，其中混合结构以上的有1797.97万平方米。2008年竣工生产性建筑面积165.89万平方米，其中混合结构以上的有137.01万平方米；年末实有生产性建筑面积2367.15万平方米，其中混合结构以上的有1307.55万平方米。建制镇、集镇、村庄和农场人均住宅建筑面积分别为19.82平方米、14.44平方米、16.61平方米和18.95平方米。

【村镇市政公用设施】 截至2008年底，新疆村镇有公共供水设施977个，其中建制镇207个，乡（集镇）701个，农场69个；独立建制镇、集镇、村庄和农场用水普及率分别为79.19%、70.4%、71.45%和66.7%。全区新增铺装道路长度3793.64千米。独立建制镇实有绿地面积2613.76公顷，其中公园绿地面积204.76公顷，人均公园绿地面积2.77平方米。全区独立建制镇有污水处理厂9个，排水管道241.55千米，排水管道密度1.03千米/平方千米，年污水处理总量120.59万立方米；乡（集镇）有排水管道85.56千米，排水管道密度0.14千米/平方千米，年排污水总量38.62万立方米。独立建制镇有环卫专用车辆127辆，年清运垃圾23.63万吨，有公共厕所710座；乡有环卫专用车辆130辆，年清运垃圾43.57万吨，有公共厕所2642座；村庄有排水管道150.27千米，集中供热的行政村6062个；有垃圾集中堆放点的行政村1211个。独立建制镇、乡和农场用气人口分别为11.49万人、8.36万人和2.21万人，燃气普及率分别为15.53%、5.34%和20.82%；独立建制镇、乡和农场集中供热面积分别为177.62万平方米、10538万平方米和117.35万平方米。

（四）房地产业

【城镇房屋建设】 2008年，新疆城镇实有房屋建筑面积31379.95万平方米，比上年增加2938.259

万平方米。其中住宅建筑面积19396.93万平方米，增加1957.71万平方米。非住宅建筑面积11983.02万平方米，增加980.26万平方米。成套住宅建筑面积15454.13万平方米，成套率79.68%。人均住宅建筑面积24.01平方米，增加0.52平方米。

2008年，新疆城镇房屋中，钢、钢混结构3215.17万平方米，混合、砖混结构23122.49万平方米，砖木、土木结构5042.29万平方米；多层房屋18990.2万平方米，高层楼房2067.79万平方米，单层平房10321.99万平方米。

【房地产开发经营】 2008年，新疆列入统计部门统计范围的房地产开发企业有1130家，商品房屋开发投资完成228.63亿元，比上年增加58.83亿元，增长34.65%。商品房屋施工面积2639.06万平方米，增加577.56万平方米，其中新开工面积1703.86万平方米，增加327.46万平方米。商品房屋竣工面积1049.29万平方米，增加274.79万平方米，其中住宅竣工面积943.4万平方米，增加252.3万平方米。实现商品房屋销售面积954.35万平方米，减少147.25万平方米，其中销售住宅面积886.35万平方米，减少151.85万平方米。截至年底，全区商品房屋空置面积389.7万平方米，增加96.3万平方米，其中住宅空置面积245.81万平方米，增加138.61万平方米。

【城市住房保障】 2008年1月14～20日，自治区建设厅会同监察厅、发改委、财政厅、国土资源厅、民政厅组成7个督查组，对12个地州(除乌鲁木齐市、克拉玛依市、石河子市)的12个城市、18个县城的住房保障工作，尤其是城市住房困难家庭住房状况调查和建档工作的进展情况进行督促、检查和指导。

【中小学危房改造】 2008年，乌鲁木齐市对10所中小学的危房进行改造，10所中小学危房改造将投资约8000万元。其中，水磨沟区91中危房改造将投资1175万元，建设规模达到9403平方米。学校危房改造将完全按照城市中小学生校舍建设标准进行。

【鄯善新楼兰街区规划】 2008年10月8日，鄯善县新楼兰街区规划设计方案获中国建筑学会、中国城市规划学会、中国风景园林学会联合举办的2008年全国人居经典方案竞赛规划设计金奖及建筑设计金奖。

【城镇房屋拆迁】 2008年，新疆房屋实际拆迁建筑面积182.52万平方米，比上年减少41.17万平方米，其中住宅面积149.23万平方米，减少10.17万平方米。行政裁决拆迁85件，减少109件；行政裁决面积4.78万平方米，减少0.52万平方米，行政裁决下降43.81%。强制拆迁面积0.61万平方米，比上年增加0.26万平方米，强制拆迁案件略有下降。

【住房公积金管理】 2008年，新疆住房公积金覆盖率87.56%。全区归集住房公积金75.57亿元，累计归集总额390.76亿元，比年初增长23.98%。累计为职工购建房等原因支取住房公积金137.22亿元，住房公积金归集余额253.54亿元，比年初增加43.6亿元。

全区累计为23.08万户职工发放个人住房公积金贷款145.8亿元，比年初增加33.66亿元，增长30%；个人住房公积金贷款余额90.8亿元，个人贷款余额占缴存余额的比例35.81%。

累计归集住房资金27.95亿元，其中住房资金25.03亿元、住房维修基金2.92亿元。审批使用住房资金17.72亿元(新建住房13.38亿元，住房维修1.61万元，退房2.73万元)。到2008年底，住房资金余额4.52亿元(维修资金1.58亿元，售房及集资款2.94亿元)。

【住房公积金专项治理】 2008年1月至10月，自治区建设厅、纠风办、监察厅、财政厅、人民银行乌鲁木齐中心支行、审计厅、新疆银监督局等部门制定下发了《自治区开展加强住房公积金管理专项治理工作方案》，成立了自治区加强住房公积金管理专项治理工作领导小组，围绕住房公积金决策、缴存、管理使用等环节等重点环节重点对昌吉州、克拉玛依市、独山子进行监督检查。通过住房公积金专项治理工作，全区发现问题291件，金额9289.48万元，已纠正256件，金额5011.91万元；发现挤占挪用的案件15件，金额8474.65万元，纠正案件9件，金额4472.44万元；发现违规审批贷款的案件3件，金额12243.4万元，纠正金额6640.53万元；纠正不建不缴住房公积金人数15805人，金额1265.95万元；纠正超标准缴存的住房公积金11583人，金额118.87万元；纠正骗贷住房公积金人数4人，金额22万元；纠正未足额提取贷款风险准备金的中心1个，金额26.35万元；纠正计结利息不规范的中心1个，金额131.18万元。已提取廉租住房建设补充资金的中心12个，金额14236.96万元，已上交财政部9695.6万元。全区新增缴存单位401个，催缴补缴单位242个单位，补缴金额2641.7万元。截至2008年底，全区原有5.29亿元项目贷款全部清收完毕。

【城镇房屋权属登记管理】 2008年，新疆城镇房屋权属登记总建筑面积29871.89万平方米,比上年增加1710.59万平方米。其中初始登记2021.93万平方米,转移登记1793.97万平方米,变更登记488.11万平方米,他项权利登记2220.47万平方米,注销登记404.2万平方米。发放房屋权属证书32.17万本,其中所有权证23.01万本、共有权证2.01万本、他项权证7.15万本。

【物业管理】 2008年,新疆有物业管理企业645家,比上年增加3家;物业管理从业人员37624人,增加4174人;接受委托的物业管理项目3029个,增加181个,其中住宅项目1872个,减少25个(因物业管理小区合并)。物业管理房屋总建筑面积12555.82万平方米,增加351.37万平方米,占房屋总建筑面积的43.02%,上升0.11个百分点。其中物业服务住宅总建筑面积9622.42万平方米,下降2.85%,占住宅建筑面积的49.61%,降低7.14个百分点(有业主自管、收费偏低原因)。物业管理企业注册资本136.65亿元,资产总计44.95亿元,营业收入12.4亿元,营业成本11.73亿元,营业税金及附加7190.97万元,营业损亏427.01万元,增加亏损75.95万元。

(五)建筑业

【建筑企业经营概况】 2008年,新疆列入统计部门统计范围的998家等级建筑施工企业完成建筑业总产值629.26亿元,完成建筑业增加值134.94亿元。全年房屋建筑施工面积4234.71万平方米,其中本年新开工面积2862.31万平方米。房屋建筑竣工面积2155.98万平方米,其中住宅1424.29万平方米、厂房157.19万平方米、办公用房175.62万平方米、商业居民服务业用房111.44万平方米、文化教育业用房160.46万平方米、医疗用房32.03平方米、科研用房10.87万平方米、其他84.08万平方米。企业期末从业人数19.75万人,计算劳动生产率的平均人数41.18万人,按建筑业总产值和建筑业增加值计算的劳动生产率分别为152795元/人和32767元/人。2008年,建筑企业总收入638.25亿元,其中工程结算收入622.51亿元,实现利税总额32.85亿元(其中利润总额12.01亿元)。有亏损企业329家,亏损额33086万元。

【建筑业管理】 2008年,新疆共有11家企业19项建筑工法被评为自治区级工法。有79家勘察设计企业通过贯标认证,149家建立质量管理体系,勘察设计行业3个QC小组获全国优秀QC小组称号。编制、批准发布标准设计图6项。

2008年,全区共检查工程建设项目2800项,下发整改通知书538份、停工整改通知书96份、行政处罚决定书61份。检查施工图审查机构11家,抽查勘察设计项目160多项,下发整改通知书24份。全区共办理工程承发包备案手续2467项,应招标工程招标率和应公开招标工程公开招标率均达到99.9%。

施工图审查机构审查施工图7680项,建筑面积3562万平方米,其中重大修改13项,一般性修改6473条,有1家勘察设计企业被评为自治区质量管理活动优秀企业。全区46家建筑业企业参与施工的27个建设项目被评为2008年度新疆建筑工程天山奖(自治区优质工程奖)。

自治区城乡重要建(构)筑物抗震防灾工程实施以来,配合有关部门完成了教育、卫生、城镇生命线等系统重要建(构)筑物抗震排查工作,共排查建筑面积3385.48万平方米,完成抗震鉴定建筑面积1525.07万平方米。

全区共清理拖欠工程款53.94亿元,清偿率99.19%。解决拖欠农民工工资12.38亿元,清偿率100%,按时完成了国家和自治区确定的3年清欠目标任务。全年共受理拖欠问题上访案件133件,已解决129件,清理解决拖欠工程款885万元、拖欠农民工工资435万元。

【六单位被清出建筑市场】 2008年3月29日,乌鲁木齐市对17家违法违规单位因建设行为不规范、拖欠农民工工资等行为进行通报批评,受通报的单位有:新疆天牧实业有限责任公司、新疆西星实业投资有限公司、新疆新大全建筑装饰有限公司、新疆鼎利鑫建筑工程有限公司、新疆胜利建筑工程有限公司、新疆惠隆消防工程有限公司、温州市华昌建筑安装工程有限公司、新疆新世纪钢结构公司、新疆众仁汇建筑安装工程有限公司、乌鲁木齐旭锦劳务有限公司等。其中6家外地建筑企业被清除出乌鲁木齐建筑市场。这6家单位是:深圳建艺装饰设计工程有限公司、玛纳斯盛源建筑安装工程有限公司、广元市中区第一建筑工程有限公司、四川省南充宏城建筑工程有限责任公司、广东中人集团建设有限公司、徐州市第六建筑安装工程公司。还有3家单位两年内不得再承包工程:分别是新疆新大全建筑装饰有限公司、新疆鼎利鑫建筑工程有限公司、新疆胜利建筑工程有限公司。

【建设工程招标投标】 2008年,新疆共办理工程承发包备案手续2467项,造价近171.5亿元。其中应招标工程2453项,实行招标的2451项,招标率99.9%。在实行招标的工程中,公开招标的2035项,应公开招标工程的99.9%。自治区办理建设工程招投标手续102项，造价35.05亿元，应招标工程招标率100%，应公开招标率100%。

对评标专家实行动态管理，严格评标专家准入和清除制度。全区共清除不合格评标专家44名，吸纳符合条件的专家213名，全区评标专家库人数增加到3413人。

全区招投标监督管理机构共受理招投标投诉和检查案件19起，其中纠正不规范行为7起、查处3起、核销8起、正在查处1起。自治区招标办受理投诉举报7起、纠正2起、核销4起、查处1起，对存在违法违规行为的5家招标代理机构发出整改通知书。

对全区126家招标代理机构进行清理，共清理出违反规定的代理机构14家，并在网上公示。

【赴赤道几内亚施工】 2008年12月10日，新疆建工集团三建赴赤道几内亚负责12座变电站及国调中心土建施工任务，土建合同金额1.26亿元人民币。

新疆三建是自治区骨干建筑施工企业之一，从20世纪60、70年代承建坦赞铁路、中巴公路，到90年代承建苏丹喀土穆电厂，积累了丰富的国外工程施工经验。2008年6月，新疆三建中标赤道几内亚吉布劳水电站输变电工程项目二标段工程。

【赴阿尔及利亚施工】 截至2008年11月，兵团建工集团路桥总公司在阿尔及利亚的东西国际高速公路W1分部年施工产值达3亿元。路桥总公司W1分部承建的公路全长30.476千米，蜿蜒穿行在丘陵谷地间，途经水库淹没区、洪泛区、潮湿区等特殊地段。W1分部完成的大部分工程，受到了阿方好评。

【新疆建筑工程天山奖】 2008年，经新疆建筑工程天山奖评审委员会评审，新疆建工集团第一建筑工程有限责任公司承建的武警新疆边防总队经济适用房高层住宅楼等27项工程获2008年度新疆建筑工程天山奖。

【建设工程安全生产】 2008年9月19日，组织召开了自治区建筑安全生产工作电视电话会议。会议通报了1~8月全区建筑施工安全事故情况，要求各地各单位要认真汲取1月2日乌鲁木齐德汇国际广场火灾事故和3月24日吐鲁番烟花爆竹爆炸事故的教训，加大建设领域安全生产隐患排查专项治理工作。制定出台了《自治区建筑工程安全生产监督管理规程》、《自治区建筑工程重大安全与质量事故应急预案》等一系列文件，将建筑劳务分包企业纳入建筑施工企业安全生产许可管理范围。

【建筑工人持平安卡进入工地】 2008年4月1日，凡在乌鲁木齐市建筑工地进行一线作业和现场管理的人员，需取得"平安卡"进入建筑工地。建筑业企业、监理企业不得在建筑工地雇用未取得"平安卡"的人员。

【建筑施工安全生产督查】 2008年，自治区建设厅成立了自治区建设系统严查彻改火灾隐患专项行动领导小组、建筑安全隐患排查治理领导小组和安全生产百日督察专项行动领导小组，下发了《关于印发自治区建设系统严查彻改火灾隐患专项行动工作方案的通知》、《关于进一步开展自治区建设领域安全生产隐患排查治理工作的通知》、《关于开展自治区建筑安全生产百日督察专项行动的通知》等文件，针对城乡规划、勘察设计、施工管理、工程质量、验收备案以及市政公用设施管理中存在的薄弱环节，提出了《严查彻改火灾隐患》工作基本要求和部门联动规定，在全区大力开展火灾隐患排查治理工作，共排查施工安全隐患7493条，其中重大隐患264条，都已整改完毕。

【建设系统安全生产事故分析】 2008年，新疆共发生建筑施工伤亡事故13起，死亡13人，事故起数比2007年下降18.15%，死亡人数比2007年下降27.8%。建筑施工事故分别发生在乌鲁木齐市、巴州、伊犁、喀什地区、昌吉、克拉玛依等地区。在全区建设规模不断扩大的情况下，建筑安全生产形势总体平稳，2008年，全区建筑施工伤亡事故类别主要是高处坠落、起重伤害、物体打击。

【建筑工程安全生产文明工地】 2008年，经新疆自治区建筑工程安全生产文明工地评选领导小组核验，新疆第三建筑工程有限责任公司的自治区产品质量监督检验研究院科研楼等132项工程，被评为2008年度自治区级建筑工程安全生产文明工地。

【建设工程质量监督管理】 2008年5月20日，自治区建设厅在阿克苏地区体育馆和时代风尚项目工地上召开工程质量安全现场会，300多人参会。2008年6月中下旬检查阿勒泰地区、塔城地区及博尔塔拉州部分县市共51个乡的村镇工程和抗震安居工程，并调研和指导。7~9月，分别对巴音郭楞、吐鲁番、哈密、昌吉、阿勒泰、伊犁州直、塔城、博尔塔拉等地的24个工程质量监督机构、21个检测机构、28项工程进行督察、落实工作。

【建设系统应急管理】 2008年，自治区建设厅成立应急管理工作领导小组，编制《新疆维吾尔自治区建筑工程重大安全与质量事故应急预案》、《新疆维吾尔自治区城市供水、供气系统突发重大事故应急预案》、《自治区建设系统破坏性地震应急预案》、《建设系统奥运安保和反恐工作应急预案》、《建设系统突发公共事件应急预案》等5个应急预案。

【建筑行业劳保统筹】 2008年，新疆共收取建筑劳保统筹5.88亿元，比上年增加0.65亿元，增长12.4%。全区31个劳保统筹站中有30个站全面完成年初确定的工作目标。超计划任务达到300%以上的有：乌鲁木齐高新技术产业开发区、乌鲁木齐经济技术开发区、和田地区、昌吉市、阿克苏市5个站；超计划任务达到200%以上的有：克拉玛依市、石河子市、昌吉州、阿克苏地区、阿勒泰地区、哈密地区、博尔塔拉州、克孜勒苏州、伊宁市、阿图什市、和田市11个站；超计划任务接近200%的有：喀什地区、塔城地区、库尔勒市、博乐市4个站。

2008年，向新疆建设系统建筑施工企业拨付劳保费3.21亿元，拨付外省建筑企业1355万元，拨付给生产建设兵团和专业厅局企业8447万元。自治区建设厅对全区缴纳基本养老保险费困难的建筑企业调剂安排补贴资金4042万元，给20世纪60年代精简下放人员发放生活补助费129.3万元，慰问施工企业困难职工专项资金45万元。

【标准服务工作】 2008年，建设厅标准服务工作完成了《新疆维吾尔自治区建筑抗震排查鉴定指导手册》的编辑、出版了8000册下发各地、州、市，为抗震排查鉴定工作规范有序开展提供了依据。向全疆53家标准设计编制基金的建筑设计会员单位赠送《聚苯乙烯板外保温建筑构造》等8项标准设计图集1242册，价值65688元。完成了《EPS板薄抹灰外墙外保温系统施工规程》等3项自治区工程建设标准的编制工作和《卫生间模块化排水节水装置》等6项自治区工程建设标准设计的编制工作。完善了自治区工程建设标准档案信息库，收集工程建设标准1744项，其中国家、行业及自治区工程建设标准1562项，各省市地方标准182项，收集工程建设标准设计997项，其中国家及自治区标准设计512项，各省市地方标准设计485项。

【伊宁火车站工程】 2008年10月28日，精伊霍铁路工程建设指挥部建设的新疆功能设施最先进的火车站——伊宁火车站主体基本完工。

伊宁火车站是精伊霍铁路线上最大的火车站，火车站站房总面积1.16万平方米，全封闭站台，采用无柱风雨棚，是新疆首个无柱风雨棚主体结构，建设面积2.7万平方米，总高度27米，长400多米。无柱风雨棚也称为无站台风雨棚，整体结构由混凝土基础、边侧钢柱、主次桁架等组成，施工工艺主要以焊接为主。该车站总投资2.13亿元，2007年8月20日开工，车站设计具有鲜明的民族特色与现代气息。

【科技馆崭新亮相】 2008年7月29日，新疆科技馆新馆正式落成。新疆科技馆工程于2005年4月开工，是在原址不动、房屋基础加固、主楼结构不变的基础上采用了多项新技术、新工艺，确保了原有建筑的充分利用和工程质量进行改扩建。建筑面积26602平方米，其中展厅面积11117平方米，投资12195万元。是集科普展览、学术交流和科技培训于一体的综合性、多功能、现代化科技场馆，建筑17层，地上1~4层为展厅，占总面积的42%。

【抗震安居工程】 2008年，新疆城乡抗震安居工程计划任务35万户，实际完成37.3万户。投入工程建设资金91亿元，其中城乡居民自筹78.96亿元、国家支持2.38亿元、自治区投入3亿元、银行贷款4.31亿元、地县筹集1.95亿元、社会帮扶0.4亿元。2004~2008年，新疆新建和改造抗震安居房189.5万户，有836万人住上抗震房。其中农村151.6万户、城市37.9万户，南疆三地州农村有74.23万户贫困农牧民搬进新居。抗震安居工程累计投入建设资金412亿元，其中城乡居民自筹356亿元、国家支持12亿元、自治区配套11.1亿元、地县筹集12.3亿元、银行贷款15.9亿元、社会帮扶4.7亿元。

【自治区抗震安居工程督查】 2008年4月27日至6月18日，自治区抗震安居办公室组成督查组，对南疆四地州各县市、阿勒泰地区六县一市和塔城地区的抗震安居工程情况进行督查。内容包括回访检查工作开展情况、工程质量达标年活动开展情况、任务落实情况、工程进度及工程进展情况等。

【奉献爱心，抗震救灾】 2008年5月12日，四川省汶川地区发生了8级特大地震，给四川人民带来了巨大的生命财产损失。5月16日，自治区建设厅根据灾区急需所求，在各地建设系统的大力支持下，调集了一批物资和资金支援灾区。环卫行业调集了一辆3吨医疗垃圾封闭式运输车，一辆20吨高压喷头两用式的洒水车，一辆5吨生活垃圾封闭式压缩运输车，5月26日，印有："一方有难，八方支援，众志成城，重建家园"的三辆特种车辆开往四川灾区。建设系统踊跃捐款为灾区人民送去温暖，其中城市公共交通行业捐款96.4万元，城市燃气行业捐款148.89万元；城市出租汽车行业捐款28万元，帮助灾区的公交企业恢复生产经营。

2008年5月25日，新疆建设厅下发通知，要求新疆各地建设行政主管部门、各建筑企业要主动了解四川籍农民工遇到的具体困难，关心他们的生活，继续保持农民工工资按时发放工作，尤其是建筑企业不得以任何理由拖欠四川籍农民工工资，以实际行动支援抗震救灾工作。2008年6月10日，建设厅制定了支援地震灾区重建工作实施方案。精心选派27名施工专家分3批赴甘肃省康县支援灾区灾后重建工作，在没有交通工具情况下，采取徒步或租车的方式，每日上山下乡奔波在乡村的道路上，对倒塌较多、破损严重的15个重灾村进行了实地调研，同时对危房都进行了挨家挨户的察看和询问，拍摄了大量的破损房屋照片，并对这些资料进行了整理，提出抗震加固方案，进行抗震加固、维修的技术指导。同时，选派三名专家参加国务院组织的《汶川地震灾区中小学校舍评估调研》。不仅解决了灾区重建工作中的施工技术难题，还参与编制了《灾后农民建房信息调查》和《农房施工质量控制要点》。2008年建设厅被住房和城乡建设部评为"全国住房和城乡建设系统抗震救灾先进单位"，有5名同志被评为全国抗震救灾先进个人。

【重点项目完成情况】 2008年，15个项目建成投产，其中察汗乌苏水电站、玛纳斯电厂三期扩建工程、阜康火电厂一期工程投产发电；哈密机场复航改扩建工程竣工试航；准噶尔盆地油气输送环网及伴行公路、准东地区煤电煤化工产业带公路建成通车；国道217线阿勒泰至布尔津段公路、国道218线清水河至伊宁段高速公路、国道217线库如力至库车段公路全部完工；新疆八钢120万吨煤焦化项目进入生产阶段；罗布泊钾肥基地年产120万吨钾肥项目进入试生产阶段；西新工程第四期第一阶段等项目建成投入使用。

单项或部分项目投产的有：四大油田勘探开发项目、国道312线赛里木湖至霍尔果斯口岸高速公路、新疆大型国产化风电工程、自治区城乡抗震安居工程等项目提前完成年度计划投产目标。塔里木河流域近期综合治理工程完成渠道914千米，高新节水改造2万亩，机井411眼；"十一五"农村饮水安全工程完成水厂56座，铺设管道4955千米，解决52.5万人饮水安全问题；"十一五"优质棉基地建设除进口设备外，其他集中采购设备已到货；新疆节水灌溉工程完成渠道防渗180千米，节水灌溉面积10万亩；无电地区电力建设工程完成1.1万户无电户通电；阿克苏城市基础设施建设及生态环境改善工程道路全部完工，天然气庭院入户2.35万户。

其他续建项目：叶河中游渠首工程、库车县铜场水库、北疆铁路乌鲁木齐至精河复线、奎屯至克拉玛依至北屯铁路、南疆铁路吐鲁番至库尔勒二线、乌准铁路小黄山至五彩湾段、乌鲁木齐国际机场三期改扩建工程、国道312线哈密至星星峡公路、冲乎尔水电站、和田波波娜水电站、特克斯山口水电站、独山子1000万吨炼油100万吨乙烯项目、塔里木化肥厂等项目进展顺利。

2008年新开工项目32个，其中开工建设了喀什至和田铁路、兰新线嘉峪关至阿拉山口段电气化改造、库尔勒至阿克苏铁路复线、库车至俄霍布拉克铁路、乌准铁路五彩湾至将军庙段、阿克苏机场扩建工程、独山子—乔尔玛—那拉提段公路、国道315线改扩建墨玉至叶城段、奇台县中葛根水库、乌鲁木齐大西沟水库、"500"东延供水工程、轮台五一水库、苇湖梁发电厂三期扩建热电联产工程、全疆电网延伸补强工程、温泉水电站、吉林台二级引水发电系统、柳树沟水电站、红雁池"以大代小"热电联产工程、神华新疆米东煤矸石热电联产项目、特变电工年产1500吨多晶硅项目、众和股份电子材料产业化项目、八钢120万吨煤焦化项目、中泰化学年产36万吨聚氯乙烯30万吨离子膜烧碱项目、新疆硝石钾肥有限责任公司年产120万吨硝酸钾项目、巴州富丽达20万吨粘胶纤维项目、阿克苏新天果业有限责任公司6万吨果品深加工项目、2008年农产品批发市场、全疆农村初中校舍改造工程、农村基层计划生育服务体系建设项目、全疆乡镇综合文化站建设、新疆城市环境综合治理工程利用日本协力银行贷款项目等项目。

2008年，新疆安排重点项目141项，累计完成投资700亿元，创历史新高，比上年增加190亿元，占全区固定资产投资的30.3%。

【天山越岭铁路隧道】 2008年12月28日，新疆天山第一条越岭铁路隧道——国家重点建设工程新疆精伊霍铁路（精河—伊宁—霍尔果斯口岸）北天山隧道，经过施工人员连续4年不断掘进，终于全隧贯通，隧道全长13.6千米，穿越北天山主岭，是天山的第一条越岭隧道，也是新疆最长的隧道，居全国第五。

精伊霍铁路是国家重点建设工程，起于乌鲁木齐至阿拉山口铁路的精河站，穿过北天山主岭，经伊犁到达终点霍尔果斯口岸，全长285千米，是连接中亚地区又一条交通大动脉，对新疆经济发展、能源运输、国防建设都有着十分重要的作用。

（六）勘察设计

【勘察设计】 2008年，新疆共有249家勘察设计单位。其中甲级52家，占20.9%；乙级132家，占53%；丙级58家，占23.3%，丁级7家，占2.8%。纳入2008年度统计报表报送范围的勘察设计企业243家，占总数的97.6%。其中国有企业104家，集体企业1家。股份合作企业1家，有限责任公司95家，私营企业17家，股份有限公司18家，其他企业2家。

全区勘察设计企业从业人员18548人，其中高级专业技术职务4588人、中级5964人。具有各类注册执业资格的人员2645人。

2008年，全区勘察设计企业完成工程勘察设计合同金额24.25亿元，比上年增长22%。完成施工图设计投资额540.6亿元，增长28%。全区勘察设计企业营业收入36.16亿元，增长26%。其中工程勘察收入5.54亿元，增长15%，工程设计收入15.4亿元，增长26%。勘察设计人均产值20万元，增长25%。利润总额3.57亿元，增长34%，营业成本27.33亿元，增长32%。

在184家甲、乙级勘察和设计单位中，已改制的126家。79家勘察设计企业完成贯标认证工作，149家企业按照《基本标准》建立了质量管理体系。

2008年，批准标准设计图6项。新疆各施工图审查机构共审查施工图7680项，建筑面积3562万平方米。勘察设计行业评出优秀QC小组13个，其中有3个QC小组获全国优秀QC小组称号。1家勘察设计企业被评为自治区质量管理活动优秀企业，18家勘察设计企业获自治区勘察设计行业诚信单位称号。

【勘察设计单位体制改革】 2008年12月16日，自治区勘察设计单位体制改革工作领导小组召开了自治区勘察设计单位体制改革会议。自治区建设厅、自治区劳动和社会保障厅、自治区财政厅、自治区国资委、自治区发改委、自治区国土资源厅、自治区工商局有关人员参加了会议。会议听取了乌鲁木齐有色冶金设计院介绍了该院总体情况及体制改革基本情况，对乌鲁木齐有色冶金设计研究院改制方案进行了审查。

【勘察设计市场整顿】 2008年8月，自治区建设厅调研了部分地州市开展整顿规范勘察设计市场秩序年活动情况。9月下旬和11月上旬，专项检查了11个地州市的127家勘察设计企业（包括外省进疆勘察设计企业19家），检查了11家施工图审查机构，抽查建筑工程项目160多项，下发整改通知书24份，对检查中发现的问题和违规企业要求限期整改并进行了通报。11月4日至18日，自治区建设厅检查组检查了阿勒泰、塔城、伊犁州直、石河子、昌吉、巴音郭楞、阿克苏、喀什和吐鲁番等地州市开展整顿规范勘察设计市场秩序年活动情况，检查项目60项，涉及勘察设计企业70家。对检查中发现存在工程勘察报告的资质印章与备案印章不符、聘用人员未签订劳动合同，涉嫌挂靠行为、超资质等级承接工程勘察项目及出卖图签和合同欺诈行为等问题，对勘察设计图纸中存在的质量安全隐患问题下发整改通知书17份，责令整改的项目18项。

【通报申报工程勘察资质中弄虚作假行为】 2008年8月27日，自治区建设厅对依据《建设工程勘察设计资质管理规定》（住房和城乡建设部第160号令），对五家渠农六师勘测设计研究院有限责任公司弄虚作假的行为给予警告，1年内不允许再次申请该项资质。

五家渠农六师勘测设计研究院有限责任公司于2008年7月31日，向全厅申请核发工程勘察专业类岩土工程（勘察、设计）乙级资质许可，在其提供的资质材料中，伪造工程技术人员工作经历、业绩等申报材料。

（七）建设科技

【建设科技成果推广】 2008年，经自治区建设科学技术专家委员会优选论证，自治区建设厅公布47个技术依托单位41种技术为新疆建设行业2008年科技成果推广项目。

【路灯改换节能灯】 2008年7月21日，昌吉市市政养护管理处在昌吉市延安北路街头安装了84基新型节能环保路灯，代替了使用十多年的钠灯。这种节能路灯由24盏23瓦的节能灯和紫色霓虹灯组成。一基路灯的年总耗电量从原来的600多瓦减至500多瓦。延安路路灯改造前，一基灯每小时耗电量是0.66千瓦时，更换节能灯后，每一基灯比以前节约0.15千瓦时。延安路共有84基路灯（2000多盏），每小时可节电12.6千瓦时。按照每天10小时的照明时间计算，延安路的节能灯每年节约4万多千瓦时电。2008年，昌吉市在新建的滨湖河河道也使用了节能灯作为景观灯。全市城区路灯总数1.2万盏，节能灯就有3470盏。

【丹麦援助节能减排项目】 2008年2月16日，丹麦"PFP合作伙伴计划"援助昌吉回族自治州节能减排项目正式签约。该项目由丹麦国际开发署委托方——丹麦格兰富管理集团、宇时和泰北京（科技）发展有限公司和西部热力集团共同实施。项目分三个阶段，即对西部热力集团热源厂和换热站设备进行检测，综合分析后设计节能改造方案；由丹麦无偿提供价值 500 万克郎的设备，对西部热力集团供热系统进行一期改造；在丹麦培训西部热力集团的项目管理和技术骨干，掌握北欧先进供热技术。

【新疆建成节能建筑约 7000 万平方米】 2008 年，新疆既有居住建筑节能改造完成建筑围护结构改造 125.34 万平方米，室内热计量改造 101.9 万平方米，管网平衡改造 176.44 万平方米。至 2008 年底，全疆已建成节能建筑约 7000 万平方米，所有城市及县城新建建筑全面执行节能 50% 强制性标准。新疆阿克苏地区、克拉玛依市、库尔勒市和乌鲁木齐市 4 地新建居住建筑节能 65% 试点进展顺利，新建建筑节能 50% 强制性标准正在新疆全面实施，乌鲁木齐市等 6 个示范城市供热计量价格体系初步建立。

【民用建筑节能试点】 2008 年，乌鲁木齐市、阿克苏地区开展新建民用建筑节能 65% 试点。乌鲁木齐市冬季大气污染的重要原因是建筑耗能居高不下、冬季燃煤供暖过多，乌鲁木齐市人均年耗煤量约 3.96 吨，接近全国人均耗煤量的 4 倍。2008 年 4 月 27 日，新疆华源实业（集团）有限公司投资兴建的新疆首个大规模"绿色建筑示范工程"项目——华源·博瑞新村在乌鲁木齐市米东区开工建设。项目建筑面积 31 万平方米，住宅围护全面执行建筑节能 65% 的标准。按照《绿色建筑评价标准》二星级标准设计建造，在节地与室外环境、节能与能源利用、节水与水资源利用、节材与材料资源利用、室内环境质量、物业运营管理 6 大体系上，集成当代最先进的绿色节能技术和可再生能源技术。

【节能建筑奖励】 2008 年，新疆对既有建筑进行全面节能改造，将获得国家财政部的奖励资金。奖励资金的使用范围为建筑围护结构节能改造、室内供热系统计量及温度调控改造、热源及供热管网热平衡改造 3 项内容，奖励资金的基准每平方米 55 元，3 项改造内容对应的奖励系数分别为 60%、30%、10%。不同的地区奖励不一样，气候区奖励基准分为严寒地区和寒冷地区两类，严寒地区每平方米 55 元，寒冷地区每平方米 45 元。

【建筑业新技术应用示范工程】 2008 年，自治区建设厅建立 13 项新技术应用示范工程。其中绿色建筑示范工程 2 项、低能耗（节能 70%）建筑示范工程 2 项、既有建筑节能改造示范工程 1 项、居住建筑热计量收费示范工程 3 项、新型围护体系试点示范工程 1 项、城市数字化示范工程 1 项、可再生能源建筑应用示范项目 3 项。13 项示范工程中，11 项被批准为国家级示范工程。新疆电力建设公司承建的全国建筑业新技术应用示范工程——玛纳斯电厂三期扩建工程，经国家住房和城乡建设部验收，应用新技术水平达到国内先进水平。

【建设科技计划项目】 2008 年，经国家住房和城乡建设部审定批准，新疆有 11 个项目被列为建设部 2008 年科技计划项目。分别是新疆建工（集团）有限责任公司承担的"超强连锁型预制混凝土道坪砖生产技术及在机场道坪中的应用研究"项目，乌鲁木齐市建委承担的"乌鲁木齐市热价研究"项目、"乌鲁木齐市 4 个中心城区既有居住基本情况调查"项目和"乌鲁木齐市操场巷小区节能改造示范工程"项目，新疆华源实业（集团）有限公司承担的"乌鲁木齐华源博瑞新村住宅小区"、"乌鲁木齐华源国秀家园住宅小区"和"乌鲁木齐华源博雅馨园住宅小区" 3 项热计量收费示范工程项目，新疆西部明珠房地产开发有限公司承担的"西部明珠时代城绿色建筑示范工程"项目，新疆华源实业（集团）有限公司承担的"乌鲁木齐华源博瑞新村住宅小区绿色建筑示范工程"项目，阿克苏信诚城建房地产开发有限公司承担的"阿克苏市信诚·水韵明珠住宅小区低能耗示范工程"项目，阿克苏怡和房地产开发有限公司承担的"阿克苏市怡和·浪琴阳光住宅小区低能耗示范工程"项目。

【西北最大混凝土生产基地】 2008 年 5 月 1 日，新疆西部建设股份有限公司生产销售商品混凝土达 10161.5 立方米，首次日产销量突破万立方米大关，也是区内混凝土企业首次突破这一大关。

（八）法制建设和精神文明建设

【法制建设】 2008 年，新疆在建设立法方面，完成地方性法规《自治区实施〈城乡规划法〉办法》的起草、论证工作。2008 年 11 月 30 日自治区人大常委会会议二审通过《自治区实施〈城乡规划法〉办法》；提请自治区人民政府发布了《自治区派驻城乡规划督察员办法》，在全区推行规划督察员制度。2008 年自治区建设厅发布了《自治区建设厅行政许可服务中心工作规程》、《自治区实施〈建筑业企业资质管理规定〉细则》、《自治区城市房屋权属登记测绘成果鉴定管理暂行办法》、《自治区建设工程质量监督行为考核办法》、《自治区建设工程项目经理质量行为监督办法》、《自治区建设工程安全生产监督工作规程》等规范性文件 6 件。在建设行政执法方面，依法追究高新区管委会超越法定权限擅自调整控制性详细规划。城市规划和园林管理部门超越职权调整规划，擅自批准儿童公园锦绣山河酒店和植物园经济适用房的工程建设，侵占规划绿化用地、改变绿化用地性质的行政责任。依法查处了新疆电力公司在工程招标活动中，与投标人串通弄虚作假案件。对高新区建设工程招标办应当公开招标的案件采取邀请招标和河子市房产局不依法履行行政复议决定的行为进行通报批评。2008年建设行政执法受理举报投诉40余件，立案30件，已结案15件，行政处罚案件下达行政处罚决定书17件，其中违法销售5件、违法工程转包3件、违法招标3件、其他案件6件。办理行政复议案件1件，下达执法建议书、执法监督书4件。

【**精神文明建设**】 2008年2月25日，自治区建设系统党风廉政建设暨精神文明建设工作会议在乌鲁木齐市召开。会议总结2007年建设系统党风廉政建设、精神文明建设工作，交流12319服务热线工作经验，表彰建设系统精神文明先进集体和先进个人，安排部署2008年建设系统党风廉政建设、精神文明建设工作任务。2008年6月28日，建设厅召开党组扩大会议，传达学习了王乐泉同志在动员大会上的重要讲话精神和《自治区第十个党风廉政教育月活动安排意见》，研究确定了建设厅开展第十个党风廉政教育月活动的方案。7月2日，召开了全厅党员干部大会，厅党组书记徐国华同志作了动员报告，厅长李建新同志主持会议并对建设厅第十个党风廉政教育月活动作了安排。厅长李建新要求各处室、单位领导在教育月期间，要精心组织好各项学习活动，确保教育月活动深入、扎实、有序开展。要注重学习效果，紧密联系本行业、本部门和自身思想工作实际开展对照检查，重点是认真梳理在反腐倡廉建设中存在的突出问题，特别是贯彻落实中央和自治区有关抗震救灾工作的重要指示，发扬艰苦奋斗、勤俭节约优良传统，遵守廉洁自律各项规定，在配车、住房、出国、公务接待、办公用房等方面存在的突出问题，以及群众反映强烈的热点难点问题，对梳理出的突出问题要采取有力措施进行整改，把学习教育、检查整改和推进工作结合起来，及时发现、研究和解决苗头性、倾向性问题，建章立制，加强监督，确保教育月活动取得实效。2008年11月27日，建设厅召开了正处级领导干部集体廉政谈话会议。厅党组成员、机关和事业单位全体干部共230余人参加了会议。在听取3名新任、2名转任正级领导干部代表发言后，自治区纪委监察厅驻建设厅纪检组组长张永坤同志代表建设厅党组向10名新任、8名转任新的领导岗位的同志进行了廉政谈话。

【**4家供热企业受到通报批评**】 2008年12月11日，乌鲁木齐市供热行办公布了12月1日至12月7日首府乌鲁木齐供暖工作情况，有4家供热企业受到通报批评。

经抽查，公交热力公司、恒源通热力公司值班电话长时间无人接听；因为储煤量低，天源热力公司、兴锂热力公司储煤低于规定要求，受到通报批评，限期整改。

【**房地产行业诚信承诺表彰大会**】 2008年1月22日，新疆房地产业协会在乌鲁木齐市建设大厦召开新疆房地产行业第三次诚信承诺活动表彰大会。

会议表彰自治区第三批房地产开发、物业、房地产经济企业"AAA级"、"AA级"、"A级"诚信承诺单位，启动开展第四批次房地产业开发企业诚信承诺活动；同时与房地产开发企业、物业企业、经济机构共同座谈、讨论、分析预测2008年度房地产业行业发展趋势；加强对房地产市场的引导和监督，促进全区房地产业持续健康发展。

【**"雷锋车队"成立**】 2008年，石河子市出租车行业"雷锋车队""共产党员车队"成立。"雷锋车队"共有34名司机，"共产党员车队"共有16名司机。出租车将行使在石河子市的大街小巷，把雷锋精神融入到工作中去，让出租车真正成为石城最美丽的流动风景。

【**自治区出租车行业评"十佳"**】 2008年10月11，自治区城市出租车行业迎奥运、强素质、规范服务添光彩活动总结表彰大会在伊宁市召开。来自全疆各地150余名会员单位代表参加了会议。会上，对伊宁、昌吉、哈密、库尔勒、和田市城市客管处(办)，新疆旅游出租汽车(集团)有限公司雷锋车队、吐鲁番市旅游出租车公司、奎屯市绿城出租汽车有限公司、阿克苏市五星出租汽车有限公司、乌鲁木齐众惠运输出租车有限公司10个优胜单位给予通报表彰。

【**建设系统全国青年文明号**】 2008年6月19日，塔城地区建设工程质量监督站、阿克苏地区温宿县建设局城建管理监察大队、吐鲁番市城市管理执法监察大队、生产建设兵团第四建筑安装工程公司设备租赁公司塔机机组4个集体被国家住房和城乡建设部、共青团中央授予2006～2007年度全国青年文明号集体荣誉称号。乌鲁木齐市公交珍宝巴士有限公司营运管理二部2708-15车组、石河子市市容环境卫生管理处清运队、哈密市城建管理监察大队、昌吉市公共交通(集团)有限责任公司1路线、新疆建工集团一建高层分公司刘元章青年项目部、新疆建工集团三建七分公司冯雷青年项目部、新疆建工集团四建黄河分公司黎明青年项目部、奎屯市房地产管理事业局产权交易中心、新疆西部建设股份有限公司预拌混凝土分公司中心车间、库尔勒市城市管理综合执法监察大队、伊宁市公共交通有限责任公司62号车组、塔里木建筑安装工程(集团)有限责任公司205项目部、石河子天筑建筑(集团)有限责任公司中天项目经理部13个集体被住房和城乡建设部、共青团中央继续认定为全国青年文明号集体。

【建设教育培训】 2008年，新疆共完成建设行业职业技能培训37920人，职业技能考核12210人。其中，建筑辅助工264人，职业技能岗位初级工378人，中级工10529人，高级工628人，技师229人，高级技师182人。

2008年，自治区建设厅在浙江举办新疆城乡规划与建设东西部公务员对口培训班，39名分管建设工作县市长和地州建设局领导参加培训，培训为期20天。举办了自治区建设行业专业技术人才知识更新高级研修班，即"653"工程研修班，培训学员400多人。

【新疆6000人成工地"防艾"指导】 2008年11月20日，新疆6000名建筑业农民工管理人员将接受艾滋病防治培训，费用由"第四轮中国全球基金项目"经费统一拨付。

三、2008年大事记

2008年1月1日，王小东当选中国工程院院士，成为继新疆农科院瓜类育种专家吴明珠、"细羊毛之父"刘守仁、中石化西部新区勘探指挥部专家组副组长、教授级高工康玉柱之后，新疆第四位中国工程院院士。

2008年1月9日，自治区建设工作电视电话会议在乌鲁木齐市召开。会上，自治区建设厅厅长李建新做了全面落实科学发展观、推动自治区建设事业又好又快发展的工作报告，报告总结了近五年来新疆建设工作的成绩与经验，并对2008年建设工作做了安排与部署；自治区党委常委、自治区副主席努尔兰·阿不都满金在会上要求各地深入贯彻执行城乡规划法，引导城乡建设健康有序发展，在改善城乡居民住房条件的同时，加强城乡基础设施建设，积极开展节能减排，切实提高城乡人居环境质量。

会议强调全疆各地将加强新建民用节能建筑的监管，确保达到50%节能效果，新建建筑必须安装热计量装置。凡未安装的，一律不予竣工验收，不得投入使用。乌鲁木齐市、阿克苏地区年内必须要率先开展新建民用建筑节能65%试点。

2008年2月3日，建设厅印发了《新疆维吾尔自治区建设厅行政许可服务中心工作规程》，进一步规范建设行政许可行为，做好行政许可集中受理工作。

2007年经自治区编委269号《关于自治区建设厅办公室加挂行政许可服务中心牌子的批复》，建设厅成立了行政许可服务中心，决定对资质资格类行政许可事项实行统一集中受理。

2008年2月4日，乌鲁木齐市规划房产综合执法大队在市规划局门前举行了揭牌仪式。规划房产综合执法大队将发挥许可监管执法和依法处罚执法的合力，着重强化查处在房地产开发过程中的违规开发建设及违法销售的行为，依法对房产的规划批后、施工过程、预售许可、广告发布等行为进行监察和管理，对违法违规行为严管重罚，切实维护城市规划房产法律法规的尊严。

2008年2月20日，自治区建设厅、自治区发展和改革委员会、自治区财政厅联合发出《关于推进自治区供热计量工作的通知》。对推进供热计量的目标任务、实施供热计量的技术措施和推进供热计量的工作要求作出部署，推进自治区供热计量工作进一步开展。

2008年3月27日，乌鲁木齐计划投资近1.8亿元的六道湾塌陷区引用南湖人工湖排放水工程开工建设。该工程管线铺设沿着南湖市民广场草坪至南湖东侧人行道一直向北，整个工程总长2.01千米。六道湾塌陷区引用南湖人工湖排放水工程完工后，将把南湖市民广场人工湖的死水变成活水，湖水先从和平渠引入人工湖，通过处理后，将湖中符合绿化标准的水供给南湖市民广场以及六道湾塌陷区的绿化和灌溉，使人工湖中的水可以得到不断更新。

2008年4月10日，自治区建设厅召开了自治区城市规划工作会议。会议要求，各地抓紧完善配套法规制度，为《城乡规划法》实施打好基础。在规划中重点安排面向中低收入家庭的住房建设、危旧房改造和城市生活污水、垃圾处理等必要的市政基础设施建设以及公共服务设施建设，提高城乡居民综合防灾减灾能力。

2008年5月7日，自治区工程建设管理工作会议在乌鲁木齐市召开。会议指出，要创新工程招投标监管机制，加强国有投资建设项目招投标全过程监管，严格招投标人资格预审管理，解决好招标人通过资格预审排斥潜在投标人问题；进一步完善评标管理办法，遏制恶意竞标行为；继续抓好招标代理机构专项治理，规范招标代理机构行为；落实评标专家准入清出制度,坚决清理违反评标纪律的专家,提高评标专家素质。

2008年5月12日,自治区人民政府在乌鲁木齐市召开自治区房地产市场秩序专项整治工作电视电话会议。参加会议的有自治区建设厅、财政厅、审计厅、监察厅、国税局、地税局、工商局、国土资源厅、发展改革委相关部门及各地、州、市参加会议的有建设、房产等相关部门负责人。会议的主要任务是:深入贯彻落实自治区建设工作会议和自治区党风廉政建设工作会议精神,总结前一阶段全区开展房地产市场秩序专项整治工作情况,通报违法违规典型案件,安排部署今后一个时期房地产市场秩序专项整治的主要任务。

2008年7月24日,印发《新疆维吾尔自治区实施〈建筑业企业资质管理规定〉细则》的通知。

2008年8月1日,自治区重要建(构)筑物工程抗震防灾工程工作领导小组办公室举办了抗震排查鉴定学习班。全疆建设、教育、卫生系统负责组织抗震排查和鉴定工作人员112人参加了培训。

2008年8月21日,乌鲁木齐水务集团在乌鲁木齐一级水源地的燕儿窝风景区新建下水主管网5千米,使景区内的生活污水通过下水管网最终进入河滩路上的市政污水管网,结束了景区长期以来生活用水乱排放的历史。

燕儿窝地区是乌鲁木齐一级水源地,也是惟一的古树保护区,但整个水源保护区没有下水设施及垃圾中转站,长此以往必将污染水源。

2008年10月底,住房和城乡建设部对全区进行了工程质量、安全执法检查,共抽查乌鲁木齐市、克拉玛依市的5项工程。

2008年11月29日新疆维吾尔自治区第十一届人民代表大会常务委员会第六次会议通过《自治区实施〈城乡规划法〉办法》颁布实施。对城乡规划的制定、修改、实施、监督检查、法律责任等项作出规定。《实施办法》结合自治区实际,明确了地州市域城镇体系规划、跨区域专项规划、独立工矿区和边境口岸规划的编制和审批程序。

2008年11月底,喀什地区已有10万余户居民用上天然气。天然气在喀什、泽普、疏勒、疏附、叶城等五市县城区的覆盖率已经达70%以上。

2008年12月25日,自治区建设厅依据《建设工程勘察设计管理条例》、《建设工程勘察设计资质管理规定》,结合自治区勘察设计行业实际,制定于印发了《自治区建设工程勘察设计企业和执业人员监督检查办法》,进一步加强对建设工程勘察设计企业和执业人员的监督管理,规范勘察设计市场秩序和从业人员行为。

(新疆维吾尔自治区住房和城乡建设厅)

新疆生产建设兵团

一、建筑业

(一)建筑业概况

1. 建筑业企业基本情况

1.1 企业情况

2008年末,兵团等级以上建筑业施工企业共有116家,按企业资质等级分组:总承包企业94家(其中:一级资质企业11家,二级资质企业23家,三级资质企业60家),专业承包企业22家(二级资质企业3家,三级资质企业19家);按国民经济行业分组:房屋建筑工程71家,水利水电工程8家,公路工程8家,建筑安装工程6家,装饰装修工程4家,市政公用工程4家,钢结构2家,其他建筑业4家。

1.2 人员情况

计算劳动生产率的平均人数106499人,期末从业人员72200人,其中:管理人员12490人,其中:工程技术人员8627人,其中:持有一级注册建造师证书的项目经理351人,其中:现场施工工人47665人,其中:持证上岗人员37593人,其中:中级以上技工9354人。

2. 建筑业企业生产经营情况

2.1 签定合同额

2008年,等级以上建筑施工企业共签定合同额295.8亿元,比上年同期增长41%。其中,上年结转105.4亿元,本期新签190.4亿元。

2.2 建筑业总产值

2008年,等级以上建筑施工企业共完成建筑业总产值157亿元，比上年同期增长26.6%。按工程类别完成产值情况分：建筑工程完成产值151亿元，安装工程完成产值3.5亿元，其他产值完成3.1亿元。

2.3 房屋建筑施工面积

2008年，等级以上建筑施工企业房屋建筑施工面积1014万平方米，比上年增长25.2%；本年新开工面积651万平方米，比上年增长22.8%；房屋建筑竣工面积589万平方米。

3. 建筑业企业主要财务指标

3.1 建筑企业资产、负债及所有者权益

2008年末，等级以上建筑施工企业资产合计92.8亿元，负债合计68亿元，所有者权益合计23.4亿元，企业资产负债率73.4%。其中，流动资金70.5亿元，流动资金利用率44.9%。

3.2 工程竣工产值和利润

2008年度，等级以上建筑施工企业完成竣工产值95.4亿元，实现利润2.9亿元，产值利润率1.85%。（杨旭、刘华）

（二）工程安全监督管理

1. 周密部署，认真开展"安全隐患治理年"工作。按照住房和城乡建设部《关于进一步开展安全生产隐患排查治理工作的实施意见》的要求及《关于开展建筑安全生产百日督查专项行动的通知》（建办质〔2008〕27号）要求，相继制定印发了《兵团建筑施工安全隐患治理年工作方案》、《兵团建筑安全生产百日督查专项行动实施方案》，成立了工作领导小组，制定了工作方案，全面安排部署了建筑施工安全生产隐患治理年工作，认真开展了隐患排查治理和百日督查专项行动。

实行差别化管理，加大了对重点师、重点企业、重点工程以及安全隐患多且整改不力单位的安全检查力度，及时发现和治理安全生产隐患，确保安全生产。截止到2008年10月底，各施工单位共查出安全隐患共9680项，其中已整改9196项，整改率为95%；排查治理重大隐患6项，整改率为100%。

2. 分解指标，严格落实安全责任。2008年年初，兵团建设局与各师建设局签订了安全生产管理工作目标责任书，层层分解控制指标，实行安全管理目标考核制度，将安全管理纳入政绩考核指标体系。各师建设局也结合各自实际情况制定了本师安全生产控制指标，建立安全生产层级监督管理体制，形成一级抓一级、逐级负责的安全生产责任制。

3. 突出重点，开展安全专项整治工作。按照"安全隐患治理年"工作要求，坚持标本兼治和综合治理，把专项整治与安全生产隐患排查治理工作结合起来；与建立健全安全生产管理制度、加强安全教育、加大安全生产投入、开展安全质量标准化活动、落实安全责任等有机结合起来，积极采取有效措施，巩固整治成果，不断把安全生产专项整治工作推向深入。2008年继续把以预防高处坠落、起重机械伤害事故作为专项整治工作的重点，认真分析不同阶段建筑施工安全生产特点，查找薄弱环节，落实整改措施，有针对性地开展安全监督工作。严格检查预防高处坠落专项整治措施的落实和进一步规范建筑机械设备的管理工作，确保了专项整治工作收到实效。

4. 组织检查，发现和解决安全工作中的突出问题。2008年，兵团建设局大力开展了安全生产隐患排查和专项检查工作，严肃查处各方主体安全生产中的违法违规行为，规范企业的安全生产管理。全年组织了三次兵团建筑安全生产大检查，按照安全生产隐患排查治理、百日督查专项行动、专项整治、安全质量标准化工作和创建文明工地活动及起重机械和模板支撑系统安全专项整治活动的具体要求，对14个师的建筑工程安全生产工作进行了检查。共检查了60余家施工企业，23家工程监理企业，检查工程项目100余项，工程合格率83%。下发停工、整改通知单59份，其中，停工项目19个，整改项目40个，并进行了通报批评。

5. 创优先行，安全质量标准化活动初见成效。以创建"文明工地"为载体，典型示范，积极引导，激励建筑施工企业增加安全生产投入，积极改善职工的生活和作业环境，努力提高建筑施工现场安全防护水平和综合管理能力。通过开展"文明工地"创建活动，极大地改变了过去施工现场"脏、乱、差"的面貌，有效防止和杜绝了重大事故的发生。各师也积极鼓励"文明工地"创建活动，出台了一些奖励措施，使企业创建文明工地的积极性明显提高。2008年，各师共申报兵团"文明工地"70余项，较往年增加了近50%。最终，通过评审有42项工程取得了兵团"文明工地"称号。

按照住房和城乡建设部的要求，在兵团建设系统继续开展了安全质量标准化活动。随着施工现场安全达标活动的不断深入开展，促使兵团建筑安全工作逐步由过去传统的经验管理模式，向规范化、标准化和制度管理的模式转变。据年度安全达标验收结果分析看，等级内企业施工现场安全合格率基

本达到100%。其中，一、二级企业施工现场优良率达40%以上，三级企业施工现场优良率达30%以上。

6. 围绕主题，认真开展2008年"安全生产月"活动。根据住房和城乡建设部《关于开展2008年"安全生产月"活动的通知》要求，下发了《关于进一步做好兵团建设系统2008年"安全生产月"活动的通知》，紧紧围绕"治理隐患，防范事故"的主题，结合4、5月份开展的建设工程质量安全生产大检查等工作，开展了安全咨询、知识竞赛、讲座、展览、演讲及悬挂安全横幅、张贴宣传标语、安全检查等一系列内容丰富、形式多样的活动，扩大"安全生产月"活动的影响，营造出了关爱生命，关注安全的社会氛围，收到了安全到工地，人人知安全的实效，进一步增强从业人员的安全生产意识。

7. 加强管理，进一步落实监理企业安全责任。对照住房和城乡建设部《关于落实建设工程安全生产监理责任的若干意见》的要求，结合兵团监理企业安全工作实际，制定印发了《兵团建筑施工安全监理考核管理办法》，督促监理企业完善内部安全监管体系，建立健全安全管理制度，严格履行和落实安全监理责任。同时，加强对监理企业的监督检查，关心、指导安全监理工作，积极支持其履行安全监理职责，提高安全监理工作水平。

8. 深化培训，增强从业人员安全生产意识。2008年度先后举办了事故单位、安全生产管理较差单位安全知识强化培训班、施工企业管理人员安全再教育班和安全员取证培训班等，学习人数近千人。规范三级安全教育，强化了持证上岗制度，有力地促进了安全生产。

同时，推动"农民工夜校"工作在施工现场的全面深入开展，解决农民工初次上岗教育培训和日常安全教育培训等难题，促进建筑工人自觉遵章守法，提高自我保护能力，不断提高建筑工人整体素质，增强安全生产意识，努力将素质较低的农民工逐步转变成真正掌握安全知识、具备较强自我保护能力的建筑业产业工人。（旦云超）

（三）工程质量监督管理

1. 明确责任，加强监管，开展质量检查。根据住房和城乡建设部《关于开展2008年"质量月"活动的通知》（建质函[2008]197号）等文件精神，兵团建设局于2008年9月1日对"质量月"活动进行传达、部署。同时，大力宣传了"质量安全是社会和谐的基础"这一活动主题；安排落实了"进一步落实工程建设标准强制性条文及抗震规范的要求"、"进一步推动住宅工程质量分户验收工作"、"进一步强化建筑节能施工质量管理工作"等方面的主要任务。

2. 坚持以人为本，加强住宅工程质量监督。随着国家"廉租住房"和"解危解困住房"制度的推行，兵团住宅工程建设规模不断扩大，住宅工程质量成为监督管理工作的重点。为加强兵团住宅工程质量管理，保障住宅工程结构安全和使用功能，切实维护百姓的利益，在兵团范围内全面推广实施了"住宅工程质量分户验收制度"，继续深入推行《兵团住宅工程质量通病治理措施》和《建筑节能工程施工质量验收规范》，以强化工程建设各方主体质量责任行为，强化工程施工过程质量的控制和管理，有效的发挥责任主体各方质量保证体系的作用。通过开展治理住宅工程质量通病，推广住宅工程质量分户验收制度，让职工群众参与到工程建设过程中，真正了解工程实体质量，让职工群众住上放心房。

3. 把握重点，加强团场城镇化基础设施及廉租住房建设工程质量监管。兵团团场城镇化建设和廉租住房建设是国家和兵团党委惠及兵团职工的一件实事。为把实事办好，好事办实，保证团场城镇化建设和廉租住房建设工程质量，制定出台了《兵团团场建设工程质量、安全代监员制度（试行办法）》，要求每个团场必须配备1～2名有资格的工程质量、安全生产代监员，以团场建设行政主管部门为主体对团场城镇化建设和廉租住房建设工程质量实施全过程质量监管，切实保证工程质量。并对团场工程质量、安全监督代监人员进行了上岗培与考核，135人取得了"代监员"上岗证。

4. 树立精品意识，组织开展创优评优活动。2008年兵团各师共申报兵团优质工程28项，其中工民建工程24项，建筑面积225176平方米；水利水电构筑物工程2项，1座淋水面积7500平方米的冷却塔，1座高难度180的烟囱；公路及市政工程各一项，长度分别为22.1千米、3.8千米。最终评选出20项兵团级"昆仑杯"优质工程。（宗媛彬）

（四）建筑节能与科技

2008年出台了《兵团既有居住建筑供热计量及节能改造资金管理办法》，组织开展了建筑节能基本信息调查和建筑节能调研工作；结合抗震加固、房屋维修、功能改造等项目实施节能改造。2008年完成既有公共建筑维护结构改造6.9万平方米，既有居住建筑外维护结构改造10.7万平方米，供热系统热平衡改造50万平方米，供热分户控制改造1.26万平方米。

新建建筑全面推行节能50%的设计标准。通过加强对规划、设计、施工图审查、施工、监理、质量监督、验收备案等环节的管理，促进建筑节能强制性标准的贯彻执行。组织开展了建筑节能专项督查，共抽查41个新建项目，施工阶段执行建筑节能强制性标准比率增长显著。2008年兵团新建节能建筑437万平方米。

组织对兵团太阳能供热建筑应用技术进行了广泛的调研。积极宣传推广节能、节材、节水、节地的绿色建筑和低能耗建筑。组织农一师、农九师申报5个可再生能源示范项目，获批4个，总示范面积20万平方米。组织实施了农一师阿拉尔纪念馆、阿拉尔监狱、一团光明小区等3个可再生能源建筑应用示范项目，完成示范面积7万平方米。此外，兵团还在农八师石河子市天富康城小区选择小区内静园一号住宅楼进行了低能耗建筑试点，该试点项目建筑节能标准在65%以上。

积极推广先进、适用的建筑节能新技术和新产品，在各类示范工程申报中禁止使用落后技术与产品。在农八师石河子市大力开展禁止使用黏土实心砖的试点，积极开展和推广适合本地应用的新型墙体材料，年产1亿块粉煤灰蒸压砖的新疆天业粉煤灰砖厂生产的粉煤灰砖已大量投入使用。2008年10月份，联合技术监督部门，组织开展了建筑节能材料和产品质量的检查。（杜志坚）

（五）整顿和规范建筑市场秩序

2008年，兵团整顿和规范建筑市场秩序工作，主要以完善建筑市场监管手段为重点，进一步规范建筑市场各方主体行为，不断加强对招投标关键环节的监管。开展了建筑施工及招标代理委托合同备案工作，结合工程竣工验收及质量检查开展合同履约执行加查活动，对"阴阳合同"等现象进行了查处。严格的市场准入清出制度有效限制了信用不良企业进入和扰乱兵团市场。针对招投标监管中发现的问题，不断修订补充完善招投标管理办法，大力推广工程量清单计价招标投标方式，加强招标文件及评标办法的审查，加强程序性监管，重点纠正了招标市场准入、招标公告发布、招标方式备案与审批、资格预审程序、评标办法制定、招标文件发售中标备案等环节的违规行为，保证了工程交易的公开公平公正。（杜志坚）

（六）工程监理

认真贯彻执行《建设工程监理规范》，要求监理人员持证上岗，严格实行旁站监理、关键部位和关键工序现场跟踪监理制度，切实履行监理职责，对监理企业监理项目管理人员实行登记制，并要求监理企业对总监履行职责及巡视检查记录情况进行考核。组织开展了对在监工程的检查，加强了对项目监理机构人员专业配套、人员数量配备、人员到岗到位情况，以及项目监理机构执行国家工程建设强制性标准、工程监理规范等情况的检查。（杜志坚）

二、城镇建设

（一）城镇规划建设

2008年，兵团党委五届六次全委扩大会议和第六次党代会进一步明确了兵团城镇化发展的方向，印发了《关于进一步加快城镇化发展的意见》，出台了相关政策措施，极大地调动了各方面参与城镇建设的积极性。按照兵团党委的要求，各级加强了城镇规划建设管理工作，有力地推动了城乡统筹发展，兵团城镇化发展质量不断提高。兵团各级体系规划全面展开，兵团城镇体系规划修编初稿完成；要求编制师域规划的11个师当中，已有9个师完成并通过了评审，剩余2个师已完成初稿；一半左右的团场编制了团域规划。兵团四个城市、176个团场城镇全部编制了城市（镇）总体规划；500多个连队居住区编制了建设规划，"百连示范、千连整治"活动稳步推进。为指导廉租住房建设和完善小区配套基础设施，专门下发通知，对居住小区修建性详细规划提出要求，结合城镇建设，提高建设标准，提升管理水平，推动集中连片开发建设，改善了职工居住环境。工业园区规划进展顺利，各类项目陆续在园区建成投产，工业化与城镇化相互协调、相互促进的局面正在形成。（李林毓、孙斌）

（二）城镇基础设施建设工作

2008年兵团团场城镇基础设施建设投资力度进一步加大，南疆31个团场的121项城镇基础设施项目全部建成，完成投资5.8亿元，新建改建自来水厂27座，供水管网235公里，新增日供水能力4万吨；新建污水处理厂30座，排污管网193公里，新增污水处理能力2.6万吨；新建扩建集中供热锅炉房28座，锅炉供热能力270吨/小时，供热管网165公里，新增供热面积120万平方米左右；建成城镇道路46公里。另外，还有一大批城镇供水、排水、供热、道路、环卫、绿化等基础设施建成使用，进一步完善了城镇功能，提高了综合承载能力。通过有关部门的积极配合争取，获得国家财政部对兵团城镇污水系统节能减排以奖代补资金3456万元；在年底中央新增1000亿元投资中，争取国家把石河子污水总排干管、北屯垃圾填埋场等4个项目列入投资计划，落实补助资金 4000 万元。在完成上述工作的同时，积极开展规划效能监察，确保规划落实；加强城镇管理，完善各项制度，加强对市政公用设施运行状况巡视检查，提高安全运行管理水平和保障能力。（李林毓、孙斌）

（三）"百连示范、千连整治"活动

2008 年根据兵团党委五届六次全委扩大会议工作部署，"百连示范、千连整治"活动全面开展。通过深入开展连队居民点环境综合整治工作，改善生态环境质量，以"三清（清洁杂物、清洁水源、清洁庭院）、四改（改房、改厕、改灶、改圈）、五化（优化、净化、绿化、硬化、美化）"为突破口，解决居民点环境"脏、乱、差"现象。通过新建、扩建、改建、改造等方式，完善城镇基础设施和公共服务设施，加强服务和运行管理，逐步将基础设施和公共服务向连队居民点延伸。三团四连、十团八连、二二二团冰湖水管所等 30 个示范连队居民点初步建成，人居环境和生产环境有了较大改善，职工群众的生活质量大幅提高。（李林毓、孙斌）

三、房地产业

（一）廉租住房建设

2008 年是兵团推进廉租住房工作关键的一年。兵团党委把廉租住房工作作为重要的民生问题和政治任务，摆上重要议事日程。兵团在国家的大力支持下，充分调动兵师团及职工群众的积极性，廉租住房各项工作取得积极进展。

2008 年兵团廉租住房建设成效显著，全年开工建设廉租住房 4 万户，建筑面积 283 万平方米，竣工 3.2 万户，完成投资 27 亿元；发放租赁补贴 12470 余户、补贴资金 2312 万元。（芦伟）

（二）驻城镇国有企业职工解危解困住房建设

按照《贯彻落实国务院关于解决城市低收入家庭住房困难若干意见的实施意见》（新兵发［2007］92 号文）的要求，力争在"十一五"末基本解决兵团、师驻城镇国有困难企业职工中"双困户"职工家庭的住房困难问题。2008 年城镇国有企业解危解困住房建设工程完成建筑面积 31.58 万平方米、完成总投资 5.03 亿元，建设住宅 4468 套。这项工程为兵团驻城镇单位，尤其是兵直驻乌单位职工改善住房条件起到了积极作用，兵团四运司、二钢等 5 个兵团困难企业将全部解决困难职工的住房问题。（芦伟）

（三）房屋拆迁

2008 年兵团全面推行拆迁工作规范化管理，严格执行房屋拆迁管理各项制度，完善房屋拆迁管理配套政策，规范师（市）、团房屋拆迁管理机构及职责。严格拆迁计划管理，合理控制拆迁规模，从源头控制和预防拆迁矛盾。兵团 2008 年房屋拆迁规模计划实施 82.8 万平方米，实际拆迁约 70 万平方米，在控制规模以内。

在拆迁管理工作中，加强对损害群众利益问题重点案件的督查力度，依法严肃查处房屋拆迁中的违法违规行为，切实维护群众利益。2008 年共接待群众来信来访来访 77 批（次），182 人次。（芦伟）

（四）经济适用住房建设

2008 兵团进一步规范经济适用住房建设和管理，合理确定建设规模，确保各项政策落到实处，继续加大经济适用住房建设力度。2008 年兵团经济适用住房开发建设（含单位职工集资建房）新建住房 11790 套，完成建筑面积 84 万平方米，完成总投资 12.55 亿元，进一步改善了驻城镇职工中低收入家庭的住房条件。截至 2008 年底，经济适用住房开发建设（含单位职工集资建房）累计完成建筑面积近 1000 万平方米，完成总投资 80 多亿元，竣工住房 12.8 万套。（芦伟）

（五）团场解危解困住房建设

2008 年解危解困住房建设工程和集体所有制单位农户危房改造工程被列为 2008 年兵团为职工群众办"十件实事"建设方案之首。"十件实事"工作关系到广大职工的切身利益，是兵团党委惠民政策的具体实施，是建设屯垦戍边新型团场的具体措施。在兵团党委的高度重视和正确领导下，经各级相关部门积极努力，2008 年全面完成了年初下达的 1.2 万户解危解困住房建设和 0.4 万户集体所有制单位农户危房改造计划，新建职工住房 16132 户，完成计划的 100.83%，完成总投资 98353 万元，竣工 132.79 万平方米。

截至 2008 年底，危旧房改造工程及解危解困住房工程共建设住房 25.6 万套，完成投资 90 多亿元，竣工面积 1700 多万平方米，改善了 80 多万人的住房条件，进一步有力推动了兵团的住房建设。（芦伟）

（六）兵团住房公积金管理

2008 年度，全兵团共归集住房公积金 5.48 亿元，比 2007 年度 4.02 亿元增长 36.32%，累计归集住房公积金 27.25 亿元，归集余额 18.46 亿元。累计支取住房公积金 8.79 亿元，2008 年度支取 1.67 亿元。其中购买、建造、大修自住住房支取 0.72 亿元；离退休支取 0.49 亿元；完全丧失劳动能力并与单位终止劳动关系支取 0.16 亿元；户口迁出所在市、县或出境定居支取 0.09 亿元，偿还购房贷款本息支取0.17亿元，其他支取0.04亿元。2008年度，发放住房公积金贷款1.60亿元，比2007年度的1.38亿元增长了15.94%。截至2008年底，累计发放个人住房公积金委托贷款8.02亿元，贷款余额4.00亿元，占归集余额的21.66%，支持了14025户职工家庭购建住房。（许锋、薛卫东）

四、防震减灾

（一）防震减灾工作

2008年，兵团建设局紧紧围绕震害预防、地震应急等防震减灾工作体系，不断加强制度建设，抓好防震减灾规划建设、地震应急预案建设，组织地震应急救援、开展地震灾害损失调查与评估以及开展兵团地震工作联络员制度建设与培训、防震减灾知识宣传与普及，广大职工群众的防震减灾意识和抗御地震灾害的能力不断增强。

2008年，兵团建设局按照兵团党委、兵团的要求，积极配合国家、自治区开展了处于南北天山地震带的和田、裕民、和静、乌恰等涉及兵团所辖范围内的5.0级以上强烈地震的现场应急救援、灾害评估工作。积极帮助指导灾区职工群众开展抗灾自救，并会同有关部门向国家及兵团积极争取救灾补助资金，灾后重建工作成效显著。

2008年，全国"十五"数字地震观测网络项目兵团地震政务信息系统分项工程建设进展顺利，初步实现了对中国地震局政务信息和公文的接收和处理。在建设项目实施过程中，我局要求建设、勘察设计、施工、监理等单位严格执行国家关于建设工程抗震设防要求管理规定，尤其是学校、医院等人员密集场所和地震重点监视防御区内的建设工程抗震设防规范化管理，切实提高兵团各类建设工程的抗震防灾能力。（魏海忠）

（二）建设项目管理

2008年，兵团建设局按照国家关于扩大内需，促进经济平稳较快发展以及兵团党委保增长、扩内需、调结构的战略部署，进一步加大各类建设项目，尤其是民生工程、城镇基础设施工程的管理力度。积极深化行政审批制度改革，不断建立和完善建设项目管理规章制度，推进兵团建设项目管理程序化、标准化和制度化建设，为项目管理工作有序开展提供保障基础，推动了建设项目管理的健康发展。

2008年，兵团建设局采取有效措施，积极提高建设项目申报审查工作质量，加快建设项目审批速度，提高审批工作效率，认真组织专家严格按照国家关于建设项目初步设计深度要求，对建设项目初步设计进行充分论证，提出合理化建议。通过组织专家审查，明确了工程建设目的，优化了设计方案，有效控制和节约了投资。2008年，兵团建设局共组织审查各类建设项目初步设计文件160余项，下发批复文件200余项，批复总建筑面积82.3万平方米，管网338.6公里，输电线路39.7公里，道路42公里，批复总投资51.15亿元。

2008年，兵团建设局积极组织对在建的建设项目进行跟踪检查，因地制宜，积极开展现场调研，协助有关建设主管部门和建设单位解决项目的选址、规划等有关问题。及时掌握项目的实施情况和建设动态，对项目建设存在主要问题提出整改意见，坚决杜绝违规建设的情况，促进了建设项目的顺利实施。

2008，兵团建设局会同发改、财务、审计及其他相关部门，对兵团各师及直属单位"十五"期间数十余项城镇基础设施、文教卫生、公检法司建设项目以及部分工业项目进行了重点验收，并完成了有关竣工验收备案工作。通过检查验收，对项目的建设情况有了基本的了解和结论，为项目投资形成固定资产和正式投入使用提供了依据。（魏海忠）

五、纪检监察

2008年，兵团建设局党组、纪检组以党的十七大精神和科学发展观为统领，按照《兵团党委贯彻落实〈建立健全惩治和预防腐败体系2008年～2012年工作规划〉实施办法分工方案》要求，围绕兵团党委工作中心，结合兵团住房和城乡建设系统工作实际，通过开展学习实践科学发展观、推进反腐倡廉学习教育、认真落实党风廉政建设责任制，解决损害群众利益的不正之风等工作，有力地推动了建设事业与反腐倡廉建设的协调发展。兵团各级建设主管部门围绕中心积极开展住房公积金专项整治、城镇规划效能监察、建筑节能专项检查等活动，对《分工方案》中"住房保障体系建设、节能减排、住房公积金监管"等牵头和协办任务，抓好责任分解和贯彻落实，较好地完成了既定工作任务。同时，在建设系统开展治理商业贿赂，加强"人、财、物"管理，认真执行"三重一大"制度，对"三审、两交易、一服务"等关键岗位和关键环节加强监督，着重提高教育预防的有效性、增强制度措施的针对性、保持惩治查处的威慑性，加强兵团建设系统惩治和预防腐败体系建设，保证了建设事业的健康发展和建设干部队伍的健康成长。（刘振）

（新疆生产建设兵团建设局）

大 连 市

一、建筑业

【概况】 2008年,大连市有建筑业企业1868家,其中主项总承包企业558家,专业承包企业963家,劳务分包企业347家。在1521家总承包和专业承包企业中,特级企业5家,一级企业72家、二级企业294家、三级及不分等级企业1150家。年内新增建筑业企业169家,其中总承包企业18家,专业承包企业57家,劳务分包企业94家。新升一级企业4家;吊销建筑业企业资质52家。建筑业平均从业人员约44万人,其中农民工约31万人,本地农民工约10万人;建筑业完成总产值704亿元,比上年增长15.8%;实现地税收入32.4亿元,比上年增长24.6%,约占全市地税收入的12.7%。大连东软国际软件园(河口园区)Ⅰ期A组团、大连期货广场配套建筑工程6号楼等30个建设项目获2008年度辽宁省建设工程世纪杯(省优质工程);大连国际航运大厦、大连软件园腾飞园二期6号楼等64项工程被评为2008年度辽宁省优质主体结构工程。大连阿尔滨集团有限公司、大连海川建设集团有限公司、大连华禹建设集团有限公司3家企业被评为2008年度辽宁省工程建设质量管理优秀企业。

【工程招投标管理】 2008年,大连市依托大连市招投标网,完善大连市建设工程招投标网上办公系统,招标项目备案、招标公告、招标文件备案、评标专家远程抽取、中标公示和项目经理锁定、投诉处理等主要业务全部实现网上办理。全年发布招标公告1495条,中标公示1971条,项目负责人网上锁定1786人次,累计抽取各类专家270项、1087人次。招投标活动全面实行智能IC卡管理,全年发放企业加密锁1036把,预审并办理各类企业IC卡549家,预审并办理各类人员IC卡9632张。全年完成工程招标1948项,招标总额310.30亿元,比上年增长18.9%。年内新增招标代理机构5家,全市招标代理机构总数达58家,其中甲级资质11家,乙级23家,暂定级24家;各类注册人员及中级以上工程技术人员900余人。对全市招标代理机构进行资格评价,4家被吊销招标代理资格。

【建筑科技工作取得新进展】 2008年,大连市建筑科技工作取得新进展,申报16个国家和省级科技示范(研究)项目,并全部通过国家、省级认定。其中"绿色的旅顺口"项目通过国家住房和城乡建设部人居环境范例奖审核,大跨度空间结构风致干扰效应理论实验与研究等7个项目获建设部立项,大连期货大厦B座等4个项目被辽宁省建设厅评为建筑业新技术应用示范工程,预应力混凝土管桩等2个示范项目获省标准委员会批准。2008年内,大连市城乡建设委员会组织全市范围的建设科技论坛12次,承办建筑节能与科技创新等学术会议5次,承办了建设科技新技术展会,展示本市建设科技产品126类,新技术项目200项。大连三垒机器股份有限公司被建设部确定为循环经济示范基地。

【建筑节能管理】 2008年,大连市以节能、节地、节水、节材和环境保护为重点,加强建筑节能管理。新建民用节能建筑510万平方米,全市累计建成民用节能建筑3200余万平方米,每年可节约标煤近42万吨,减排二氧化碳18万吨、二氧化硫5.5万吨、粉尘5.5万吨、灰渣9.3万吨。严格落实技术标准,加强考核评价,全市所有工程建筑设计均按建筑节能设计标准和《大连市建筑节能设计深度规定》设计,居住建筑和公共建筑设计标准执行率100%。加强对既有建筑的节能改造,全年完成主城区房屋透寒维修及保温改造638栋,维修面积73.98万平方米,累计投资1779万元。积极推行既有居住建筑供热计量试点工作,完成12万平方米供热计量试点,通过在室内安装温控阀,采用户表或热分配表计量方式,实施供热计量模拟收费。推广可再生能源在建筑中的规模化应用,全市规划建设水源热泵项目13个区域,涉及供热供冷面积1100万平方米,至2008年末已开工7项,完工4项,实现供热供冷面积91.5万平方米。星海湾商务区海水源热泵一期工程、大连热电集团北海热电厂再生水利用一期工程、大窑湾港区海水源热泵一期工程、獐子岛长海县第四中学和旧区住宅改造项目一期工程已投入运行;普兰店市立安花园小区、国宝聚鑫小区、嘉合苑小区地能热泵项目被确定为大连市可再生能源示范项目；幸福 E 家项目小高层建筑应用太阳能热水器的示范工程完成，全市新建建筑设计中包含太阳能热水器应用内容的已达 65.2%。推广粉煤灰的综合利用，全市电厂、企业自备电厂和集中供热锅炉房粉煤灰产出总量 306 万吨，利用总量 256 万吨，粉煤灰综合利用率 83.6%。其中，大连泰山热电有限公司等 12 家电厂粉煤灰产出量 256 万吨，利用量 206 万吨，利用率 80.94%。推广散装水泥的应用，全年散装水泥生产量 575.6 万吨，比上年增长 18%，占水泥生产总量的 69.1%；散装水泥使用量 549.9 万吨，使用率 66%。

【住宅产业化进程加快】 2008 年，大连市住宅产业化进程进一步加快。环境友好型住宅示范工程建设力度加大，新推出"颐和香榭"、"红星海世界观"、"圣岛旅游度假区 A 区 E、F、G 组团"、"悦泰福里" 4 个项目为全市环境友好型住宅示范工程，总建筑面积 105.7 万平方米。成品住宅建设市场日趋成熟，"宅语园"等 10 个项目、近 9000 套住宅被市政府列为成品住宅示范工程，全市开工建设的成品住宅（含示范工程）累计近 1.5 万套。住宅智能化示范工程建设有新进展，幸福 e 家 6 区等 8 个项目被列为 2008 年住宅智能化示范工程，总建筑面积 135 万平方米。

【建筑勘察设计管理】 2008 年，大连市建筑勘察设计管理进一步加强。强化施工图审查，办理施工图审查备案 572 项，完成初步设计审批 45 项；开展建筑节能设计和勘察成果质量检查，共抽查设计成果 51 份、勘察成果 34 份；组织市优秀工程勘察设计师评选活动，评选出市优秀工程勘察设计师 24 名、市工程勘察设计资深专家 18 名。在辽宁省首届建筑勘察设计大师评选活动中，乔松年、王立长、邱昭光、程岩、井孝安等 5 人获"勘察设计大师"称号，张哲获"勘察设计荣誉大师"称号。

【工程质量监督管理】 2008 年，大连市工程质量监督站共监督建设工程 1232 项，建筑面积 1493 万平方米；竣工验收单位工程 274 项，建筑面积 385.78 万平方米；住宅工程分户验收单位工程 245 项，建筑面积 322.15 万平方米。完成工程竣工验收备案 191 项，建筑面积 252 万平方米。组织冬期施工质量、抗震结构安全、质量通病、钢结构等专项检查 6 次。共检查单位工程 3982 项，建筑面积 3314.79 万平方米，下达整改通知书 480 份。监督抽查钢筋 1029 批，合格 924 批，合格率 89.8%，比上年提高 8.7 个百分点。清退不合格钢筋 1310 吨，下发责令整改通知书 46 份，下发督办整改通知书 22 份，对 8 家企业做不良行为记录。对住宅质量通病进行专项治理，全年新投入使用的住宅实现质量零投诉。对约 1500 名质检员和近 2000 名监理工程师进行现场实际技能考核，强制性提高质量监督工作水平。该做法得到省建设厅的肯定，并在全省推广。组织开展优质主体结构评选活动，评选金奖工程 2 项、银奖工程 7 项。全年共受理建设工程质量投诉 152 件，办结 149 件，办结率 98%。

【建筑业安全生产管理】 2008 年，大连市进一步健全区市县安全机构，建立安全监督、检查、处理、预防机制，建筑业安全生产与管理得到加强。全年进行建筑施工安全检查 7 次、隐患排查和专项整治 6 次，检查在建工地 516 个，责令停工整改项目 26 个。年内，建筑施工每百亿元产值死亡控制在 2.9 人以内，施工现场安全达标合格率 100%，施工企业基本合格率 100%。在全省建筑业安全生产大检查中，大连市受检项目全部优秀，总成绩列全省第一。在大连、长春、哈尔滨三市安全联检中，大连市 16 项工程获金牌，10 项工程获银牌。

【大连仲裁委员会建设经济仲裁中心成立】 2008 年 7 月 9 日，经大连仲裁委员会批准，大连仲裁委员会建设经济仲裁中心成立。该中心为大连仲裁委员会在大连市城乡建设系统内设立的分支机构，接受大连仲裁委员会业务指导和监管。其主要职能包括：负责对建设工程各方主体开展仲裁法律知识宣传活动和培训工作；指导、协助建设工程各方当事人达成解决纠纷的仲裁协议或补充仲裁协议，并将纠纷提交大连仲裁委员会仲裁；办理仲裁案件受理、仲裁文书送达、档案管理、代收仲裁费用与管理等事务；依法对当事人提请的各类建设工程合同纠纷进行调解；协助当事人做好仲裁案件的财产保全、证据保全以及仲裁裁决执行等工作；为建设工程各方主体订立合同时提供仲裁咨询等相关法律服务及 ID-IC 等国际合同文本的咨询服务等。至 2008 年末，该中心协调处理建设经济纠纷 70 余件，完成施工合同备案 724 项，合同额 150 亿元；办理合同担保 280 项，担保合同额 104 亿元；完成施工企业规费计取标准 530 家。建设经济仲裁中心的成立，促使本市的工程标准造价管理进一步完善。

【大连市建设执法监察支队成立】 2008 年 1 月 24 日，大连市建设执法监察支队正式成立。该支队主要负责全市建筑市场行政执法和施工现场执法管理。年内，支队新修订《建筑市场管理条例》，起草

《施工现场文明施工管理办法》，重新审核建设行业行政执法主体资格，制定执法监察工作规范和流程，进行执法培训，建立市内四区在建项目、液化石油储罐站、在建燃气工程等管理台账。全年检查建设工程项目290个、石油气储罐站27个、燃气工程项目35个、燃气具生产厂家及经销商82家、石油液化气运输车辆275台次，对157个单位给予行政处罚。

【建筑业劳保统筹和劳保费管理】 建筑业劳保统筹和劳保费管理进一步规范，建筑业农民工得到行业和社会的关爱2008年，大连市建筑业劳保统筹和劳保费管理规范运行，农民工工作全面加强。全年收缴劳保费5亿元，拨付劳保费3.75亿元，解决建工集团所属企业改制遗留问题，促使4万名建筑业农民工参加养老保险，支付33.2万人次农民工"两险"费用，组织3万名农民工进行技能培训。收缴工资保证金2.3亿元，使用保证金为农民工垫付被拖欠工资1496万元。受理工程款拖欠问题7件，签发清欠回执单3500余份，清欠工程款7860万元。组织医疗人员到建筑工地为6000名农民工进行免费健康体检，并建立健康档案；筹集资金20万元，为患传染病的农民工提供免费治疗；向全市建筑施工现场发放蚊帐、灭蚊灯。"5·12"汶川大地震发生后，市建委、市慈善总会筹款包机送95名灾区农民工返乡，组织建筑施工企业为家乡受灾的396名在连农民工捐款39.6万元。

二、城市建设与管理

【概况】 2008年，大连市安排城建项目135项，完成投资383.60亿元，比上年增长21.8%。城市基础设施建设加快推进。进出市区第二条快速路等交通基础设施建设全面实施，完成了香炉礁立交桥、鲁迅路、五一路等拓宽改造工程，进出市区和部分路段交通拥堵问题得到缓解。城市地铁前期工作就绪，开发区至金州九里快轨建成运营。红沿河核电站一期工程建设加快，哈大客运专线大连段、滨海公路、大伙房水库输水入连、三道沟净水厂改造、大连国际会议中心等工程相继开工建设。供水、供气、供热改造力度加大。

实施了西郊国家森林公园、前关城市中央湿地公园、劳动公园改造、滨海路人行栈道等项目建设。大连冰峪国家地质公园开园。改造了疏港路、迎客路、中山西路和中南路等景观道路，实施了主干道绿化美化工程，新增绿地175万平方米，城市绿化覆盖率达到44%，人均公共绿地面积增至11.6平方米。城市总体规划和土地利用总体规划修编工作全面启动，加强城市管理和执法综合考核，城市管理实现了向微观、向街巷路延伸的精细化管理，城市面貌发生了较大变化。

夏家河等7座城市污水处理厂建成投产，市区污水处理率达到90%。关停50个造纸企业和23个烟花爆竹企业，淘汰了黏土实心砖生产。华能、庄河等8座燃煤电厂脱硫项目全面启动，其中4座投入运行。全面完成了国家和省下达的减排任务。完成南部海域三期清理任务。

【城市供热行业管理日益深化】 2008年，大连市制定《大连市供热运行标准》，开展供热质量监管年活动，供热质量进一步提高，群众投诉持续下降，群众满意率达99%。完成供热设施改造，投入资金3.05亿元，更新改造管网206公里，解决前一个采暖期遗留的全部问题29个；完成新增供热面积438万平方米，解决旧城区居民无暖气设施10.9万平方米；在"颐和香榭"、"幸福e家五期"两个住宅小区供热实施按表计量收费试点。供热运行期间，全市设立固定测温点2956个。2007～2008年度采暖期，用户室温合格率达到98.6%，用户报修处理及时率达到98.8%；2008～2009年度采暖期，在煤炭资源匮乏、价格上涨，运力紧张的情况下，供热工作运行早、落实快，开始供热首日，储煤率达到52.3%，收费率达到75.8%，开栓供热率达到100%，均创历史最好水平。

【燃气行业管理进一步加强】 2008年，大连市强化燃气企业资质审查，加强行业管理，做好奥运期间燃气行业安全稳定。市建委为158家企业重新颁发资质证书，对全市130家液化石油气储灌站、10家LPG加气站和18家液化石油气瓶组站建立电子档案。制定《燃气行业奥保工作实施方案》和《燃气行业开展矛盾纠纷排查调处和安全隐患大排查工作实施方案》，组织召开6次专题会议，编制奥运火炬在传递期间的燃气突发事件应急预案，举办2次应急预案演习活动，组织燃气行业安全检查。全年发展居民煤气用户2.5万户，解决煤气配套历史遗留问题1万户，改造旧煤气管网20.5公里。

【联合收费更加便民】 2008年，大连市公用事业联合收费处积极拓展收费项目，扩大缴费用户，完善缴费服务功能。新扩展水费用户2.9万户、电费用户2.3万户、煤气费用户1.3万户，代收水费、电费、煤气费用户分别达到76万户、82万户和53万户。在保证水电煤气等传统的代收费项目稳定增长的基础上，不断巩固近年新开发的采暖费代收区域，并争取在物业费、陈欠水费的代收方面有所突破。与5家物业公司签订了物业费代收协议，全年合计代收物业费623万元。采暖费实现联合代收的企业达到24家，其中14家供暖公司代收率达90%以上。2008年，全年代收各项费用总金额达15.1亿元，比2007年增加3.1亿元；其中水电煤气等费用的代收总金额比2007年增加1.2亿元，水电煤气费的实收率继续保持在98%以上，采暖费比2007年增加了1.9亿元。开通了16家银行卡通过短信缴费和银行卡异地转账缴费功能，方便群众缴费。截至2008年底，全市通过手机短信以银行卡转账方式缴费共5400笔，金额116万元。

【抗震救灾工作】 "5·12"汶川特大地震发生后，市建委快速反应，成立了指挥部，抽掉43名干部，组成7个专门工作组，在第一时间向灾区派遣援建队伍，在较短时间落实过渡安置房生产厂家和制作合同。两个多月时间里，先后向灾区派出10批1200人次的援建队伍，组织专列19批次、766节车皮，运送过渡房及工程机械设备。经过68天的紧张工作，共为地震灾区援建过渡安置房13256套，提前24天完成任务。创造了"进入灾区最早、建设速度最快、工程质量最好"的记录，受到住房和城乡建设部、辽宁省政府、四川当地政府的称赞，被住房和城乡建设部评为抗震救灾先进单位。住房和城乡建设部姜伟新部长专门致信张成寅书记、夏德仁市长，对大连市为四川灾区建设过渡安置房做出的突出贡献表示感谢。

（大连市城乡建设委员会　杨晓军）

青 岛 市

一、城乡建设

【概况】 2008年，青岛市建设系统深入落实科学发展观，坚持"以人为本、关注民生、执法为民、服务群众"的工作理念，紧紧围绕"迎办绿色奥运、建设生态城市"的中心目标，恪尽职守，干事创业，全面完成各项工作任务，城市建设工作取得突出成效，被中共中央、国务院授予"北京奥运会残奥会先进集体"荣誉称号，被建设部表彰为"抗震救灾英雄群体"。

【圆满完成奥帆赛城市运行基础设施保障任务】 市建委牵头陆域清苔工作，采取大企业分片包干、大机械提高效率、大运量日产日清的措施，清理35万吨、清运45万吨；组织做好防鲨网、围油栏布设，完成沙滩、道路、绿化等城市设施恢复工作；完成城市道路、城市防汛、绿化、亮化、户外广告、奥运圣火传递硬隔离、建筑工地扬尘管理等20余项保障工作，为奥帆赛的顺利举行做出了突出贡献。

【出色完成抗震救灾任务】 汶川大地震发生后，市建委系统广大职工及有关企业积极捐款2994万余元。成立了前后方指挥协调机构，全力组织生产、运输、安装和后勤保障工作，建成板房4375套，使万余名羌族百姓告别了帐篷，3600名中小学生返回了教室。中组部、省委、省政府领导前往考察并给予充分肯定，中央电视台《新闻联播》对青岛市板房建设中为灾区人民节约和保护耕地、确保可持续发展的经验予以全国推广。

【积极推动扩大内需促发展】 根据中央、省、市关于"扩内需、促发展、保稳定"的一系列部署，市建委成立了扩大内需办公室，着力实施产业发展、基础设施、建筑节能、行业稳定、服务环境"五个推进"，有效促进了工作开展。制定了支持居民购房优惠政策，商品住房交易市场逐渐回暖；积极推进重点住房建设项目投资，"两改"项目完成投资277亿元；积极组织房地产开发企业和建筑业企业参加市重点项目推介暨银行授信签约仪式，签约贷款额度53.5亿元。

【重点工程项目进展顺利】 2008年，市建委负责组织实施的重点工程项目主要有海底隧道青岛端接线、快速路三期跨铁路部分、奥运场馆和火车站周边道路改造、长沙路打通及市区河道综合治理等工程，年度工作目标全面完成；胶州湾高速公路改造、东西快速路三期、跨海大桥接线、重庆路快速路、308国道快速公交项目等项目前期有关工作提前完成年度目标；世博园招商引资工作全面完成，并积极筹办2009年山东省园林花卉博览会，为申办世界级世园会奠定基础。

【积极推进旧住宅区改造整治】 2007年开始实

施的18个"两改"项目积极推进，1.3万户居民即将回迁；2008年实施的21个"两改"项目拆迁居民1.6万余户，已全部开工建设。市内四区已完成整治改造筒子楼149栋（6490户），提前超额完成整治改造120栋的市办实事年度目标。市内四区完成市南区劈柴院、市北区上海路周边、四方区等5片旧住宅区综合整治，受益居民9081户，超额完成了年度目标任务。

【城市环境综合整治成效显著】 一是实施"绿化"迎奥工程，组织开展了太平角精品公园建设、奥帆中心周边道路绿化、银川西路山水绿化景观、山宁和福宁立交桥垂直绿化及迎奥鲜花扮靓岛城等建设项目。二是实施"亮化"迎奥工程，完成了浮山湾畔高层建筑动态亮化、五四广场中轴线亮化和奥帆赛场馆周边重要视点亮化。三是实施"美化"迎奥工程，完成了燕儿岛路等四条道路建筑立面观感整治和江西路等12条道路沿线的统一门头字号、广告牌匾美化治理；建筑运输车辆撒漏、垃圾死角、乱贴乱画、违法设置广告等影响市容环境的突出问题得到有效遏制；拆除各类违法建筑21.79万平方米；奥帆中心周边及市区1000多个建筑工地扬尘得到有效控制；奥帆中心"连接奥运"主题雕塑按期竣工，展现了青岛奥运形象。

【扎实推进村镇建设】 完成村镇建设总投入47.03亿元。全市新增建筑面积372.31万平方米，其中住宅146.39万平方米、公共建筑49.08万平方米、生产建筑176.84万平方米；市政公用设施投入5.19亿元，17个重点镇道路、供排水、污水处理、垃圾处理等基础设施建设投资近4亿元。

全市79个建制镇按照五化（亮化、净化、绿化、美化、硬化）要求，完成村庄整治1000个；新增道路面积80.99万平方米、新安装路灯1900盏、新增绿化面积137公顷；农村垃圾处理系统建设，在2007年完成49个镇试点工作基础上，进一步提高村庄覆盖面，生活垃圾处理率达到88.49%；农村污水处理率24.33%，当年污水处理试点的20个试点村庄，全部完成主体工程建设。

二、建筑业

2008年，青岛市建筑业稳步发展，新开工面积2300万平方米，竣工面积1322万平方米，分别比上年增长5.3%、5.4%；完成建筑业产值435.8亿元，比上年增长3.1%。

【工程质量管理】 对开发、施工、监理、检测等各方主体质量行为进行全过程监管，实施住房质量分户验收；做好奥运场馆、大剧院、市体育馆等市重点工程和重点项目的质量监管，推行竣工工程外墙（窗）淋水试验制度和企业质量管理制度；各区市实现预拌混凝土生产企业全覆盖，执行节能质量验收规范，查处擅自改变节能设计形式等违法违规行为。组织开展全市在建工程质量大检查，对在建校舍工程质量进行专项检查；开展精品工程创建活动，获鲁班奖2项、国家优质工程奖3项、获国家建筑工程装饰奖10项。

【监理行业管理】 研制并开发了"监理工作动态监控管理信息平台"，健全监理行业"三级动态监管体系"，实现对监理企业、项目监理机构工作情况的适时动态监控；制定青岛市《建设工程施工阶段监理工作质量验收标准》和《建设工程施工阶段监理工作质量评价标准》，推进了全市监理工作规范化、标准化建设；扶持培育大型监理企业集团，有1家监理企业晋升综合资质。全年全市监理工程项目1800多个，工程造价189.7亿元，实收监理费约6亿元。

【建筑市场管理】 完善"建筑市场行政执法信息系统"功能，实现工程监管数字化、行政处罚流程化和查询统计自动化。组织开展全市建筑市场综合执法检查、巡回检查和专项督察，检查工程382项，查出违法违规行为工程97项，下达停止违法行为通知书和隐患整改通知书161份。加强对违法分包、转包、非法用工等违法违规行为的查处，给予60家建筑业企业通报批评、3家企业吊销资质、16家外地入青企业清出的处罚。

【招标投标管理】 制定各类《房屋建筑和市政基础设施招标公告》范本，修订《评标定标办法》和《资格预审办法》，规范招投标行为。出台《投标保证金监督管理办法》，并推行保证金上限化和集中监管制度，防止围标串标行为的发生。实现网上招标申报、审批、报名、资格预审、电子评标和项目经理网上押证。建立招标代理季度检查和从业人员继续教育制度。全年全市完成建设工程招投标2552项，累计交易额266.7亿元。

【标准造价管理】 完善标准化工地评审和复查机制，建立标准化管理月报和差异化管理制度，开展评前初审和评后暗访，全年全市申报标准化示范工地252个，评审244个，通过235个，通过率达96.3%，比上年提高11%。研发出工程预算控制价备案网上审核系统，加强工程造价计价行为监管。推行房屋建筑工程竣工结算登记管理制度，规范工程价款结算行为。完成援川建设项目工程结算工作，审减额达481万元，审减率7.1%。加强对违法违规造价咨询企业和个人的处罚，注销2家造价咨询企业资质。

【清欠工作】 一是实施"网上月报"制度，实现清欠工作从"被动等"到"主动找"、从"后治理"到"先预防"的转变。主管部门通过双报系统，坚持每月月报制度，视情召开调度会，责令拖欠企业限期整改，并将验收备案与决算和清欠挂钩。全年解决列入拖欠预警项目的问题557项，金额8.69亿元，解欠比例97.53%；解决历史遗留拖欠项目105个，金额2.7亿元，解欠比例70.5%。二是对农民工实施"双卡"管理。在全市推进建筑农民工实名制"建管亲情卡"和"爱心工资卡"管理，全年全市建筑工地及劳务分包企业发放"建管亲情卡"63419张、"爱心工资卡"37843张，安装掌形仪200台，防范拖欠工程款和农民工工资现象的发生。全年共受理建筑业农民工工资投诉上访302起，涉及施工企业89家、农民工2575人、工资1976.22万元，分别比上年下降49%、62%、32%、31%。国务院办公厅、省委和省政府办公厅先后对青岛市推行"双卡"工作的做法予以肯定和表扬。

【安全生产】 加强安全生产许可证管理，开发了安全生产许可动态考核体系，将安全生产条件逐一细化、量化、标准化、模块化，实现全程管理与重点环节管理相结合；继续推进施工现场远程监控系统管理，有145个建筑施工现场安装使用了远程监控系统；开展安全事故隐患排查和安全生产百日督查行动，消除23起重大安全隐患；培育和发展安全管理中介组织，完善深基坑工程安全评审机制，市内四区40余个深基坑工程一次评审通过率90%，安全保障率100%；实行黄牌警示、重大事故隐患源标示与点控管理制度，对存在重大安全隐患被责令停工整改的24个工程予以黄牌警示。（徐伟勤）

三、房地产业

【加强调控，房地产业发展总体平稳】 面对复杂的形势和金融危机的影响，市开发局科学筹划，积极应对，房地产业发展总体平稳。一是科学编制、严格执行住房年度建设计划，严格控制住房套型结构比例，使住房供应结构得到进一步合理调整。二是进一步规范开发企业资质管理，组织开展了全市房地产资质等级核定工作。三是根据"样板领路、示范先导、创优争先"的原则，组织企业参加了广厦奖和山东省优秀住宅小区评选活动，三个项目获奖。四是加大对重点项目、重点企业和重点区域的调控力度，加大了房地产数据统计和分析的密度，为市领导的正确决策提供了有力支持。五是组织开展检查调研活动，及时掌握房地产开发企业的经营状况和遇到的困难，积极为企业排忧解难。2008年，全市房地产开发完成投资373.1亿元，其中住宅完成投资271.8亿元，比上年分别增长15.8%、15.9%；房屋施工面积3704.7万平方米，比上年增长14.9%，其中新开工1143.5万平方米，比上年减少10.6%；商品住宅施工面积2740.4万平方米，比上年增长11.2%；其中新开工867.7万平方米，比上年下降8.7%。

【突出重点，房屋拆迁管理工作水平不断提升】 积极协调各部门和区政府开通绿色通道，强化督查力度，狠抓2008年项目拆迁率、招拍挂完成率、单体方案完成率、开工率，狠抓2007年项目竣工率和回迁率，确保各项目按计划快速推进。一是建立了拆迁成本测算预审制度，提前介入市重点"两改"项目拆迁成本预审，作为办理相关手续的初步依据，加快了"两改"项目的拆迁速度；二是加强对各区拆迁许可、拆迁补偿方案制定、政策宣传等工作的指导，解决了以往补偿标准不一，造成群众攀比、项目难以推进的问题；三是强化对拆迁评估工作的管理，促进了拆迁评估工作的顺利开展；四是推广和谐拆迁、阳光拆迁等操作模式，推动了拆迁工作的平稳开展。2008年，市内四区实际启动"两改"拆迁项目21个，共拆迁居民1.64万户，非住宅700余处，拆迁房屋建筑面积约199万平方米，已搬迁居民1.33万户，动迁工作进展顺利。

【积极协调，旧城区和城中村改造取得突破性进展】 继续发扬"5+2"、"白+黑"的奉献精神，积极协调各部门和区政府开通绿色通道，大力推进旧城区和城中村改造进程；2008年24个"两改"项目，除3个项目实施困难、经市政府同意暂停实施外，其他21个项目已全部开工建设。加大筒子楼改造工作力度，建立了科学的整治改造模式、合理的投资管理模式、规范的项目运作模式，高质量完成了149筒子楼的改造任务，拆除违章建筑1.2万平方米，新增房屋面积6.3万平方米，惠及居民6490户。积极推进旧住宅区改造，借鉴以往经验完善整治模式，协调区政府充分发挥区建管部门、街道办事处和社区居委会作用，完成了对市南区劈柴院、市北区上海路周边、四方区水清沟三小区、李沧区西山二小区和四方区小村庄的整治改造任务，市民居住环境得到极大改善，受益居民9081户。

四、建设科技与建筑节能

【建设科技推广取得突出成果】 "生态城市评估指标体系差异化及其案例研究"等8个项目被批准列入住房和城乡建设部科技项目计划,《青岛市绿色建筑评价细则》编制完成;举办了首届智能建筑"优智杯"评选活动;开工建设卓越蔚蓝群岛土壤源热泵等7个可再生能源建筑应用项目,建筑面积117万平方米;对市级机关办公楼和大型公共建筑进行能耗统计工作,完成5万平方米的既有建筑节能改造试点工作;竣工节能建筑745万平方米,占民用建筑竣工量的99%,节约8.7万吨标准煤;使用新型墙材17.8亿标块,新型墙材使用率达100%,实现了"禁止使用各类黏土制品"的目标,节约土地196公顷,节能11万吨标准煤。

五、勘察设计

2008年,青岛市勘察设计咨询业继续保持稳健发展的良好态势,共完成合同额26.62亿元,其中勘察合同额2.35亿元,工程设计合同额9.7亿元,其他项目(包括工程监理和总承包)合同额14.55亿元,均比上年有明显增长。积极参与抗震救灾工作,市勘察设计协会及47家会员单位被青岛市红十字会授予"红十字博爱银奖"称号。

【勘察设计专项检查】 对全市100余家勘察设计单位的资信场所、技术实力、市场行为和业绩质量等方面进行检查,检查覆盖率约80%,抽检各类勘察设计项目200余项,对6家勘察设计单位作出限期整顿的决定,依法注销6家单位的资质。完成建筑工程施工图设计审查工程项目665项,建筑面积1231.8万平方米,有力地维护了建设工程的结构安全。

六、园林绿化

2008年,全市建成区新增绿地面积189公顷,绿化覆盖率41.5%,绿地率36.6%,人均公园绿地面积13平方米;完成道路绿化2.69万米,占全年计划的179%;完成垂直绿化长度5.69万米,占全年计划的237%;完成市内四区山头绿化建设12.39万平方米,占全年计划的813%;完成庭院绿化栽植观赏亚乔木63.13万平方米,占全年计划的631%,城市绿化水平大幅提升,胶州市被评为"国家园林城市"。

【园林绿化特色明显】 市南区以优化美化奥帆赛环境为重点,对绿地进行改造更新,为奥帆赛增添了新的亮点;市北区重视特色路建设,结合海泊河整治,提升海泊河两岸绿化美化档次;李沧区从"点、线、面"三个层次入手,重点绿化改造了沧口广场和西山二小区,收到较好的社会效益和生态效益;城阳区设置立体奥运花卉组摆3组,共栽植花卉208万株,形成了以"花海迎宾、绚丽城阳、共庆奥运"的氛围;崂山区以"突出崂山自然景观特色、建设园林生态城区"为目标,着力提高城区绿化覆盖率。

【迎奥运亮点突出】 通过高标准设计,高质量施工,狠抓质监,打造品牌,突出亮点,有力提升了园林绿化工程品质。投资1300多万元,建成了太平角精品公园;按照"点线面、树灌花草"相结合的原则,对奥帆赛场馆周边的五条道路及香港路、东海路的15处节点进行增绿、置景等园林美化绿化建设;完成五四广场和汇泉广场大型花卉组摆,并在奥帆赛场周边组摆了具有欧美风情的花船一条街,为国内大型花卉组摆首创;在福宁立交桥进行垂直绿化,栽植常绿小灌木和时令花卉,有效改善了桥体景观,为今后推广立体绿化工作提供了宝贵经验。

【绿化管理不断加强】 一是进一步完善绿化管理法规体系。市政府颁布了《青岛市绿化补偿费征收管理办法》,修订完成了《青岛市绿线管理办法》和《青岛市浮山绿化保护管理规定》,修编了《青岛市城市绿地系统规划》,绿化管理法规体系进一步完善。二是加强绿地清理清查工作。以浮山线为重点,在全市展开绿地清理清查工作,全年拆除各类侵占绿地的违章建筑恢复绿地37万余平方米,查处各种违法侵占绿地行为100余起。三是坚持依法行政。加强区市联动,规范行政审批行为,落实行政执法目标责任和工作制度,加强城区改变绿地性质、滥占绿地、树木迁移采伐、"绿线"、园林绿化企业资质等方面的管理;加强与各区市及城管执法、广告联审办等部门的沟通联动,提高审核审批质量,加强审批后督查,查处20余起破坏绿化资源的行为,完成122家园林绿化三级企业的资质就位工作。四是做好病虫害防治工作。针对美国白蛾虫害蔓延的严峻形势,全市园林系统遵循"预防为主、综合治理"的防治方针,制定具体查防措施,按照属地化管理原则,对辖区范围内绿地病虫害防治工作统筹兼顾,全力消灭,做到早预测、早预防、早扑杀。

(青岛市建设委员会 徐伟勤)

宁 波 市

一、建设综述

2008年，全市完成城市市政公用设施建设固定资产投资97.2亿元，其中中心城区完成63.58亿元。完成房地产开发投资308亿元，同比下降7.6%；商品房新开工764万平方米，同比下降22.5%；商品房竣工778万平方米，同比增长22.7%；人均住宅建筑面积达到42.18平方米。全市建筑业总产值904.6亿元，比上年增长13.6%；完成省外产值294.2亿元，同比增长22.3%；实现利税总额58.4亿元，增长13.6%。全市共办理招投标及交易项目2699项，工程造价448.65亿元，建筑面积2063万平方米，应招标项目招标率100%，应公开招标项目公开招标率100%。截止到2008年底，全市共有建筑业企业998家，其中特级6家，一级58家；招标代理机构53家，其中甲级8家，乙级12家；勘察设计企业84家，其中甲级21家，乙级38家；工程监理企业52家，其中甲级18家，乙级18家。

二、地区概况

（一）统筹发展步伐进一步加快

2008年是实施"中提升"战略会战攻坚的第一年，"中提升"战略十大区块、八大系统大部分项目加快推进。全年共有月湖盛园、外滩大桥、机场快速干道、绕城高速连接线等20多个重大项目开工建设，已有国际航运服务中心、庆丰桥、长丰桥、姚江工业水厂、岩东污水处理厂等30多个重大项目建成投用。自"中提升"战略实施以来，累计已有70多个重大项目先后开工建设，有50多个重大项目相继建成投用。这些区块和系统项目的建设，对保增促调、推动宁波经济平稳较快增长具有现实意义，对宁波打造长三角南翼经济中心和现代化国际港口城市具有深远影响。同时，统筹余慈工作深入开展，余慈地区规划体系已基本构建，区域间快速交通路网建设有序推进，慈溪西三环至余姚东外环等断头路项目取得突破性进展，跨区域重点区块开发前期研究有效开展，相关政策对接调研取得初步成果。此外，城乡统筹步伐进一步加快，各地以宁波市综合配套改革试点为契机，积极推进体制改革创新，加大城乡统筹力度，加快基础设施和公共服务向农村延伸，努力推动城乡联动发展。2008年共安排以奖代补资金1000万元，对部分中心镇给予了重点补助。

（二）城市重大基础设施建设加快推进

中心城区全年共建成北外环东段、永达路等主次干道10条，建设民通街、双东路等支路卡口10个，新增道路里程17.3公里（面积56.7万平方米），新增社会公共停车泊位800多个。一批在建或新开工的重大路桥工程加快推进，"五路四桥"项目全面开工建设，其中湾头大桥、青林湾大桥基本完成主体结构施工，机场路-北外环立交主线建成；庆丰桥和长丰桥及连接线工程主线已完工；机场快速干道去年11月份正式开工建设；11条绕城高速连接线全部完成建设用地报批，其中2条获批、9条通过国土资源部审核并上报国务院，通途路北仑段、江南路东延、大庆南路北延3条连接线已正式开工；甬台温7座公铁立交主框架全面开工建设，其中3座已完工；中兴路公交专用车道基本建成。同时，副中心城市道桥基础设施建设全面加速，余姚市实施市政道路桥梁工程31项，改造道路面积22万平方米，城市道路承载能力进一步增强；慈溪市建设完成金轮大道等一批道路改造工程，加快推进三北大街等一批城市骨干道路建设，城市发展空间进一步拓展；奉化市以重点实事工程项目建设为抓手，以建设海内外著名旅游城市为目标，着力实施"硬化、净化、绿化、亮化"工程，城市品味进一步提升；宁海县合力突破征地、拆迁难题，启动建设基础设施项目27个；象山县投资5400余万元用于市政道路新建和改建。此外，城镇生态基础设施建设有序推进，北仑岩东污水处理厂二期和10万吨中水回用工程建成投用，宁波北区污水处理厂配套总管通过验收，江南污水处理厂正在开展土建招标工作，慈溪东部和北部污水处理厂具备通水条件，溪口、梁弄等镇污水管网工程基本建成，春晓、西周污水处理厂和泗门、马渚等地污水管网启动建设，奉化张家岙生活垃圾填埋场扩建工程开工，全市污水日处理能力达到97万吨。

（三）住房保障工作有力实施

一是住房保障政策体系和管理体制得到完善。市政府相继制订出台了廉租住房、经济适用住房管理指导意见等配套文件，各地及时成立住房保障工作领导小组，健全工作网络，基本形成了属地为主、各方配合的住房保障组织管理体制和工作推进机制。二是廉租住房扩面工作顺利实施。启动实施全市廉租住房扩面工作，保障范围扩大到城镇居民人均可支配收入30%以下、人均住房建筑面积18m^{2}以下的低收入住房困难家庭。截至2008年底，全市廉租住房累计享受家庭8296户，在保家庭5561户，新增保障家庭3477户。三是保障性住房建设全面推进。全市新开工建设经济适用住房38万平方米、建成58万平方米，超额完成年初确定的新开工30万平方米、建成40万平方米目标；推出销售经济适用住房3600多套；开工建设农民工公寓和人才公寓约44万平方米；通过增配改善方式完成非成套房改造8240平方米。四是老小区整治工作深入开展。市三区全面启动第二轮老小区整治，计划再用5年时间，对中心城区剩余的113个老小区实施整治，建筑面积790余万平方米。2008年已完成老小区整治22个、建筑面积138万平方米，涉及居民1.7万余户。其他各县（市）、区也大力推进老小区整治工作，慈溪市全面启动中心城区120万平方米老小区改造和110条背街小巷改善四年行动计划；余姚、奉化、镇海等地分别完成整治面积22万平方米、18.4万平方米、17万平方米。五是小区物业管理行业指导力度加大。制定出台了加强老小区物业管理工作若干意见及补贴考核办法，《宁波市住宅小区物业管理条例》修订草案已进入市人大常委会审议阶段。六是住房公积金对住房消费支持作用明显。市县（区）两级住房公积金管理中心不断规范内部管理，增强风险防范能力，为居民改善住房条件提供有力支持。2008年，全市共归集住房公积金53.75亿元，提取27.82亿元，发放个人贷款23.43亿元，帮助1万多户居民解决了购房资金不足困难。七是房地产市场管理不断加强。"数字房产"完成一期全部15万卷档案的清理录入工作，软硬件系统通过专家组评审验收。在密切跟踪监测房地产市场、建立定期分析制度的基础上，加强检查，强化监管，全市共查处违规行为69件，取消房地产中介机构备案12家。去年底，市政府又制订出台了《关于加强住房保障促进房地产市场稳定健康发展的若干意见》，从深化住房保障、降低购房成本、优化投资环境、提高服务水平等方面提出了26条意见，将对强化保障力度、增强市场信心、促进住房消费起到积极作用。

（四）建筑市场监管进一步强化

一是市场监管机制不断健全。建筑业行政管理信息系统IC卡在全市范围内推广实施，建筑施工现场关键岗位及外地进甬机构管理人员指纹考勤在市区和慈溪开展试点，提高了监管效率，遏制了资质挂靠、转包行为。二是市场信用体系不断完善。以市区建筑业企业为试点，建立建筑业企业信用档案，实施企业信用评级，严格不良行为记录和公示制度。在全省率先建立评标结果后评估和跟踪管理制度，完善评标专家动态管理机制，进一步强化建设工程招投标管理。三是质量安全意识进一步增强。严格落实安全生产责任制，完善安全生产形势分析预警和事故约谈制度，逐步推行住宅工程分户验收制度，大力开展建筑施工安全生产隐患排查治理和"百日安全督查专项行动"，全市质量安全形势稳中趋好，全年未发生较大生产安全事故，全市有1项工程获得国家鲁班奖，13项工程获得钱奖杯优质工程奖。四是市场监察执法进一步加强。2008年，市区共检查在建工程项目380个，总建筑面积989万平方米，总造价221亿元，共查处违法违规工程57个，违规行为64起，有效遏制了违法建设行为蔓延的势头。五是建筑节能水平进一步提升。研发了建筑节能设计软件、建筑节能施工图审查系统和建筑节能政府监管系统，稳步推进国家机关办公建筑和大型公共建筑能耗监测体系建设，加强可再生能源推广应用，积极推进节能示范工程建设。全年实施建筑节能项目122个、建筑面积643万平方米，其中建筑节能示范项目9个、建筑面积76万平方米。

（五）建设领域和谐稳定局面得到维护

一是民工工资清欠长效机制不断健全。进一步健全民工工资纠纷快速处理应急机制，通过开展专项检查和定期督查，规范企业各项工资发放制度，及时调处解决民工工资拖欠纠纷。二是房屋安全使用管理力度不断加大。在贯彻实施新修订的《宁波市城市房屋使用安全管理条例》基础上，研究制订具体实施意见，进一步建立健全房屋使用安全监管机制；在全市范围内开展了城镇和农村危旧房屋排查，并按照属地原则落实危房纠偏解危措施，共解除危房401处，建筑面积18.5万平方米。三是房屋拆迁管理不断规范。积极开展拆迁政策调研修订工作，制订出台了城市拆迁工作若干意见、拆迁补偿安置若干规定等政策意见，进一步完善拆迁安置补偿办法，严格拆迁许可证核发，切实规范拆迁裁决行为，较好把握了加快拆迁进度与维护社会和谐稳定之间的关系，东部新城、长丰区块、"五路四桥"等一批重点项目拆迁取得实质性突破。四是接访调处工作不断强化。2008年，全市建设系统共受理各类信访件4100多件，与上年基本持平，其中集体上访比上年有较大幅度下降。各地建设部门创新工作方法，加强维稳工作，海曙区建设局建立了信访不稳定因素月排月报制度，镇海区建交局通过创办"民生快报"周刊，有效预防和化解当地不稳定因素。五是建议提案办理继续保持优质高效。全年共办理建议提案主办件96件、协办件67件，为历年来办理数量最多、办理难度最大。通过强化组织领导，坚持分类办理、领导面商、涉案项目优先落实等制度，克服紧急援建任务重、在家领导少等各种困难，领导面商率达到96%，办理工作满意率达到100%，办理结果满意率达到97%，得到了市人大、政协的一致肯定。六是党风廉政建设深入开展。紧密联系建设系统实际，制订出台了惩治和预防腐败体系2008~2012年实施方案，形成了具有建设系统特色的拒腐防变工作机制。主动邀请和配合纪检、审计部门对广元安置房援建项目、洪塘限价房销售、机场快速干道等重大项目进行监督，切实加大"三重一大"保廉监督力度，系统廉政勤政、干净干事的工作氛围进一步浓厚。

（六）提前超额完成援建广元灾区过渡安置房任务

宁波市承担了占浙江省总量近25%的过渡安置房援建任务，援建任务最重、安置点最散、条件最艰苦。在市委市政府的强有力指挥下，宁波市先后组织派遣援建现场指挥部人员近百名、援建企业19家、现场施工人员1500多名，在短短两个半月的时间里，共为四川广元灾区建造过渡安置房12652套，其中居民住宅8272套、学校和医院70所，总面积达29万平方米，提前超额完成任务，先后受到住房和城乡建设部、省建设厅、宁波市政府通报表彰的集体70个次、个人228人次。中央电视台、人民日报、中央人民广播电台、新华社等国家级媒体就宁波市援建先进事迹共播发新闻20余篇(条)。

三、城市基础设施建设与住房建设

【郁家巷历史文化街区项目开工建设】 4月28日，宁波市"中提升"战略重点项目、市区现存为数不多的传统历史街区之一，位于宁波老城中心的郁家巷历史街区·月湖盛园项目正式动工，成为宁波紫线规划八大历史文化街区最先动工的保护性开发项目。该项目总占地面积约3.9万平方米，总建筑面积约5万平方米，计划2009年底竣工。项目建成后，将成为集商业、办公、休闲娱乐、文化展示等于一体的城市综合街区。该街区聚集了5处市、区级文保单位（文保点）和15处历史建筑，地块内的老房子将采取三种保护措施：一是完全保护，即在原址保护，如杨坊故居、盛氏花厅；二是适当保护，即基本上原址保护，根据历史记录和现状进行整体保护，适当引入新功能；三是迁建保护，即迁建一些重要院落，如从冷静街地块迁来陈鱼门故居、林宅等。

【外滩大桥开工建设】 6月6日，地处宁波核心滨水区、连接我市江东与江北、跨越甬江的特大型桥梁——外滩大桥正式开工建设。大桥总长1396米，其中主桥337米，采用独塔四索面异型斜拉结构，跨径布置自西向东为主跨225米，边跨82米和30米。主桥桥面宽42.8米，设计车速为每小时50公里，按机动车双向六车道加非机动车道、人行道标准建设。工程造价约4.7亿元，建设工期28个月。

【全国特大城市建设发展协作会第24次会议在我市召开】 10月7日至10日，全国特大城市建设发展协作会第24次会议在我市顺利召开，全国24个副省级以上城市的近50名代表参加了会议，住房和城乡建设部城建司副司长陈蓁蓁应邀出席会议。

【机场快速干道通途路立交工程开工建设】 11月26日上午，机场快速干道通途路立交工程举行开工典礼。规划机场快速北起绕城高速宁波北出口，南接绕城高速朝阳立交，全长22.5公里，分两期实施。一期工程（青林湾大桥南引桥至机场专用线-34省道立交）长11.2公里，投资约33亿元人民币，按城市快速路标准建设，线路走向与现状机场公路一致，采用"高架快速路＋地面辅道"的建设方案。该项目的建设，对于充分发挥宁波空港整体功能、疏解中心城市交通压力、完善城市交通功能、提升城市交通整体服务水平具有十分重要的现实意义和长远战略作用。

四、住宅建设与住房保障工作

【住房分配货币化在全市实施】 1月11日，奉化、宁海、象山三县（市）住房分配货币化方案经省批准后相继出台实施，至此，全市11个县（市、区）全部实行了住房分配货币化。2008年，全市发放老职工住房补贴9238人，计发补贴金额4.00亿元；发放新职工住房公积金补贴4519人，计发金额9995.23万元。截至2008年底，全市累计发放老职工住房补贴105727人，计发补贴金额41.21亿元；累计发放新职工住房公积金补贴23843人，计发金额3.10亿元。

【市区公有住房出售成本价和公房租金标准调整】 从2008年1月1日起，市区公有住房出售成本价和公房租金标准作了调整，砖混二等公有住房出售成本价从每平方米建筑面积900元调整为950元，砖混二等公房租金从每平方米使用面积2.80元调整为3.08元。公有住房出售审批主要集中在市本级和海曙、江东、江北三区，全市全年审批出售公有住房829套，面积4.10万平方米，售房金额2323.33万元；房改以来，累计审批出售公有住房面积1324.54万平方米，售房金额43.60亿元。

【新修订的《宁波市城市房屋使用安全管理条例》发布实施】 2月1日，新修订的《宁波市城市房屋使用安全管理条例》正式公布实施，首次明确了安全生产监督部门、街道办事处、镇人民政府在房屋使用安全管理工作中的职责；同时，对非住宅房屋装修和住宅房屋进行拆改、变动非承重结构等装修行为作了强制性规定，要求在装修前必须向房屋所在地房屋使用安全管理部门或者其委托的物业服务企业备案。

【中国物业管理协会会长、秘书长会议在宁波召开】 3月5日，2008年中国物业管理协会会长、秘书长会议在宁波华侨豪生大酒店成功召开，建设部总经济师、中国物业管理协会会长谢家瑾主持会议，中国物业管理协会秘书长陈伟作工作汇报，中国物业管理协会白蚁防治、房屋安全两个专委会作了专题汇报。

【全市住房公积金管理中心实现专线联网】 2008年6月，市住房公积金管理中心正式启动与下属8家分中心的监管系统联网工作。经过一个多月的努力，市本级与各分中心全面实现了专线互联互通。从8月开始，各分中心摒弃了原来的Email方式报送数据，全部改由通过专线上报监管数据，保证了数据传输的稳定性、及时性和安全性。

【慈溪等五县市调整住房公积金缴存比例和基数】 继去年市六区住房公积金缴存比例提高到12%后，慈溪、余姚、奉化、宁海和象山相继提出申报，经市审核，报省人民政府批准，从2008年7月1日起，五县(市)单位和职工的住房公积金缴存比例均提高到12%。

【第13届住博会成功举办】 10月31日～11月3日，第13届中国宁波国际住宅产品博览会在宁波国际会议展览中心举行。展会以"地产与金融"为主题，设房产、金融、家装、建材等十二大展区，展出品种4000余种，总面积5.5万平方米，设展位3300个，金融企业首次参展。期间举办了"中提升"战略展示、2008宁波市住宅产业开发项目"人居环境奖"评选、城市土地推介暨招拍挂出让活动、建筑节能环保和国家康居工程推广、博鳌·21世纪房地产论坛2008宁波高峰会、2008年全国室内设计大赛获奖作品展示、中国名盘景观全国摄影大奖赛、明清古典红木家具艺术展、第五届家装无忧活动、网上住博会等十余项活动。本届住博会由宁波市人民政府、建设部住宅产业化促进中心主办，宁波市建设委员会、宁波市科技园区管委会承办，宁波市城之新展览有限公司具体执行承办。

【首次举办2008宁波物业管理高峰论坛】 12月11日，由宁波市物业管理协会主办的2008宁波物业管理高峰论坛(新物业·新视角)在富邦大酒店拉开帷幕，宁波市近400名相关从业人员参加会议，这是我市自1994年物业管理工作开展以来层次较高、参与程度较广的一大盛会。本次论坛邀请了中国物业管理协会副会长翁国强、中国物业管理协会秘书长陈伟、广东省物业管理协会副会长罗小钢等嘉宾出席作主旨演讲，并进行对话研讨。

【调整住房公积金贷款政策】 为充分发挥住房公积金对住房消费的支持作用、提高资金运作效率，经征求市住房公积金管委会各位委员意见，从2008年12月25日起，市区住房公积金贷款最高限额由原来的25万元提高到40万元；同时，取消市区职工第二次住房公积金贷款不得超过最高贷款限额与首次贷款额度的差额的限制，参照首次住房公积金贷款的政策发放贷款。

【洪塘经济适用房二期工程正式开工建设】 12月30日上午，洪塘经济适用房二期工程举行开工典礼。该工程总用地面积10.73公顷，分2号、4号地块，总建筑面积约21万平方米，总户数2240套(70平方米以下户型为主)，总投资约7.8亿元，建设工期28个月。其中：2号地块建筑面积约为11.3万平方米，高层住宅11幢，中高层住宅7幢，1220套，工程总投资约4.1亿元；4号地块建筑面积约为9.8万平方米，高层住宅5幢，中高层住宅9幢，1020套，工程总投资3.7亿元。

【制定出台了加强住房保障促进房地产市场稳定健康发展若干意见》】 12月31日，为认真落实党中央、国务院"保增促调"工作部署和"快、重、准、实"工作要求,市政府制订出台了《关于加强住房保障促进房地产市场稳定健康发展的若干意见》,从深化住房保障、降低购房成本、优化投资环境、提高服务水平等方面提出了26条意见,加大住房保障力度,适度扩大住房保障范围,鼓励改善型购房,引导合理住房消费,促进房地产市场稳定健康发展。

【9个新竣工住宅项目获2008年度"人居环境奖"】 经综合考评,全市有9个新竣工住宅项目获得2008年度宁波市住宅开发项目"人居环境奖",分别是:宁波联合建设开发有限公司开发建设的"天合家园"一期;宁波新纪元置业有限公司开发的"格兰春天";宁波雅戈尔置业有限公司开发的"都市森林";宁波市兴普房地产有限公司开发的"江南一品"一期;宁波市镇海新城开发建设投资有限公司开发的"金邑水岸";慈溪市住房发展投资有限公司开发的"人和家园";余姚市舜泉房地产开发有限公司开发的"姚江怡景";宁波金峰房地产开发有限公司开发的"上林华庭";宁波得力房地产有限公司开发的"天景园"。

【市中心城区第二轮老小区整治全面启动】 2008年,是中心城区实施第二轮老小区整治的第一年。根据整治规划,第二轮老小区整治范围为:一是中心城区1996年以前建成的1万平方米以下的零星成套住宅小区;二是城乡接合部镇改街道后已纳入中心城区的1万平方米以上的原镇、村建设的成套住宅小区;三是中心城区1998年底前建设并已实施物业管理的住宅小区,共计面积790万平方米,计划分五年实施。全年共完成整治老小区22个,面积138万平方米,涉及居民1.7万余户。

【物业管理工作稳步推进】 截至2008年底,宁波市共有物业管理企业224家,其中一级资质企业14家,二级资质企业13家。全年新增全国物业管理示范大厦2个,省级物业管理示范小区4个,宁波市物业管理示范小区(大厦)称号11个。经评审,11个小区(大厦)获得2008年度宁波市物业管理优秀小区称号。

【宁波市新增2个全国物业管理示范住宅大厦】 在建设部公布的"2008年度全国物业管理示范住宅小区(大厦、工业园区)"名单中,宁波市亚太酒店物业管理有限公司服务的中信银行大厦和永成物业管理有限公司服务的汇金大厦被评为全国物业管理示范大厦。浙江省有8个项目被评为全国物业管理示范住宅小区(大厦),宁波市占了四分之一。至此,宁波市已有全国物业管理优秀示范住宅小区(大厦、别墅区)22个。

五、建筑业

【宁波市编制完成建筑节能发展规划】 1月19日,由宁波市城市科学研究会、同济大学建筑与城市规划学院、宁波大学建筑工程与环境学院承担的宁波市建筑节能发展规划通过了专家组的评审。该规划体现宁波地方特色,特点突出,创新性和指导性强。作为发展规划子项的"可再生能源应用发展策略"研究,对宁波市应用可再生能源所具备的自然资源条件、特点,分析客观实际,符合宁波地区规律,对"十一五"期间宁波市可再生能源建筑应用具有指导意义。

【建筑节能新技术新产品新材料推介会召开】 3月6日,宁波市建筑节能新技术新产品新材料推介会在宁波嘉和大酒店隆重召开。本次推介会由宁波市建委和市经委联合主办,宁波市勘察设计协会具体承办,宁波市房地产业协会和宁波市建筑业协会联合支持,并由宁波荣山新型材料有限公司等单位共同协办。大会以"开展建筑节能、建设节约型社会"为主题,旨在共同交流建筑节能的最新成果、发展趋势,研讨建筑节能技术标准、政策措施,分享建筑节能工作新经验;展示建筑节能的新技术、新产品、新材料和应用实例,进一步推动宁波市建筑节能科技成果的推广应用,提高宁波市建筑节能的科技水平和竞争力。来自市内外的近30家企业参加了展示推介活动。

【7月1日起禁止现场搅拌砂浆】 商务部、公安部、建设部、交通部、国家质量监督检验检疫总局、国家环境保护总局等六部委《关于在部分城市限期禁止现场搅拌砂浆工作的通知》规定,宁波市列入第二批限期禁止现场搅拌砂浆的城市,自2008年7月1日起,禁止现场搅拌砂浆。

【建筑节能示范工程取得成效】 2008年列入省级建筑节能示范工程共有9项,分别为宁波第一医院原地扩建暨国际医疗保健中心、宁波书城、宁波段塘公交停车场候车楼、东部新城中央商务区B-4和B-2地块商务楼、江北湾头安置房、宁波商会国贸大厦、慈溪市环境监测监控中心、华润慈溪中央公园南地块等项目,总建筑面积77万平方米。

【建委培训中心实施建筑节能改造】 2008年,市建委培训中心改建项目被列为建筑节能改造内容,在3000平方米建筑面积中,投入近500万元,对所有外墙均加上聚合物保温砂浆,加层部分墙体材料采用陶粒加气混凝土砌块,屋面加上挤塑板保温板,所有外窗采用无框Low-E中空玻璃，屋顶安装了太阳能发电硅板和太阳能热水器。

【政府机关办公建筑和大型公共建筑能耗监测体系建设工作全面启动】 完成了125栋国家办公建筑和109栋大型公共建筑的调查工作，初步建立了能耗基础数据库，并实行电子化管理。慈溪市行政办公中心、宁波工程学院行政中心、宁波工程学院1、2号教学楼、宁波大学包玉刚图书馆4、6号楼、宁波大学研究生楼、宁波市建委培训中心、宁波市郎官大厦、宁波大学安中大楼、甬江街道办事处办公楼、浙江纺织技术学院等10个项目列入我市国家机关办公建筑和大型公共建筑能耗监测示范项目，宁波市政府、慈溪市行政中心等10栋国家机关办公建筑和第三医院、宁波市工程学院等10栋大型公共建筑列为能源审计试点项目。

【率先建立评标结果后评估制度】 2008年10月，下发了《宁波市房屋建筑和市政基础设施工程项目评标结果后评估的实施意见》。该制度的建立，进一步规范了评标专家和评标委员会的评标行为，强化了评标专家的法制观念和责任意识，提高了评标工作质量，维护了工程招投标活动的公开、公平、公正原则。

【基于无线射频识别的白蚁危害监测系统通过专家验收】 10月31日，由宁波市白蚁防治所研发的"基于无线射频识别的白蚁危害监测系统"项目通过专家组验收。该系统在白蚁监测装置中应用了最新的嵌入式单片无线技术，将白蚁危害监测传感器（TAG）信号通过无线芯片方式传送出来，通过数据采集器读取埋于土壤中的传感器数据，数据可直接在采集器的LCD（液晶显示器）上显示，还可以通过电脑连接口将数据传送给电脑做进一步处理，图形化软件接受采集器数据后可显示各诱捕器的节点状态信息，并生成统计报表，对白蚁危害程度进行科学分析。该系统已获得国家实用新型专利（专利号为ZL200720113354.2），已申报的国家发明专利正在审批阶段。

【建筑业行政管理信息系统进一步发挥作用】 到2008年底，通过系统审查的企业达1415家，录入项目累计3345个，市政工程项目也已纳入信息系统。

【IC卡配套管理全面实施】 2008年，在全市范围推广使用企业、人员、管理IC卡，全市共发放企业卡1163张，人员卡3840张，管理卡198张。通过使用IC卡，节约了行政管理成本，提高了工作效率。

【指纹考勤子系统试点】 从2008年开始，在市区和慈溪市试点，对建筑施工现场关键岗位人员和外地进甬企业机构管理人员等推行指纹考勤。通过指纹考核，提高项目管理人员的到位率，强化标后监管，从而达到遏制资质挂靠等违法违规行为的目的。

【建筑市场不良行为记录公示进一步完善】 根据修订后的《宁波市建设市场不良行为记录和公示办法》，将不良行为责任主体覆盖到施工图审查机构、招标代理机构和建设工程质量检测机构等社会中介机构。2008年，宁波工程建设网不良行为记录公示系统共记录公示82条，涉及业主、施工、监理等77家企业和5名个人。

【加强建筑业农民工工资管理】 针对国际金融危机对建筑业的影响，全市建设行政主管部门及早开展了农民工工资调研、摸底、应急预案制订完善等工作，并与市劳动部门、市总工会紧密配合，加强专项检查、督查，快速处置民工工资投诉纠纷。2008年，全市各级建设行政主管部门共接到投诉及情况反映560起，与上年同比增加24.7%。其中，经建设行政主管部门联系后交由企业自行解决的投诉、反映282起，比上年增加115起，同比上升68.9%；由建设行政主管部门受理并调处的纠纷278起，比上年减少4起，同比下降1.4%。

【14项工程获国家、省优质工程奖】 2008年度，宁波市共有16项工程获得省级以上奖项，其中获国家鲁班奖（国家优质）工程1项；获浙江省钱江杯（优质工程）奖13项；获浙江省表扬工程奖2项。

六、房地产业

【完成2007年度限价房申购工作】 从2007年11月至2008年4月底，在市三区范围内开展了限价房申购工作。据统计，市三区申请购买限价房的居民家庭共16655户，经审核符合申购条件的7565户，经电脑统一划定准购分数线（同分数摇号）确定的准购户共2501户，选房定位的家庭共1876户，最终签订购房合同的1681套（户）。

【廉租住房扩面工作取得初步成果】 制订、修改了《宁波市市区廉租住房管理实施指导意见》、《关于公布廉租住房实物配租条件的通知》、《宁波市城镇居民住房保障家庭收入认定办法》等政策措施，形成了严格、规范的审批制度、监管制度和公示制度，建立了廉租住房每月数据统计上报制度。全市各县（市）、区廉租住房扩面工作全面实施，享受对象由过去持"三证"之一的最低收入家庭扩大到人均年收入在城镇居民人均可支配收入30%以下的低收入住房困难家庭。截至2008年底,全市廉租住房累计享受家庭8296户,在保家庭5561户,新增保障家庭3477户。

【房产交易权籍管理工作迈上新台阶】 截至2008年底,市三区共办理各类房产交易业务95728件,其中存量房交10161件,商品房交易18938件,初始登记24606件,抵押30314件,拆迁调产等其他登记7333件。经建设部考评,宁波市房地产交易与权属管理中心被评为"全国房地产交易与权属登记规范化管理先进单位。"

【房地产市场秩序进一步规范】 在全市范围内组织开展了两次房地产中介行业专项检查,重点对房地产中介机构备案、资金运作和门店经营情况进行了全面检查,共查处违规行为69件,取消房地产中介机构备案资格12家。

【"数字房产"建设步伐加快】 截至2008年底,"数字房产"一期应用软件9大系统模块完成初步研发,进入三方联合测试阶段,15万卷档案的清理、扫描、录入和关联工作完成;此外,还完成了164个项目共2013幢房屋的楼盘表建立及图形整理,并建立了与GIS图形的关联,数字机房改造工程已通过验收。

(宁波市建设委员会)

厦 门 市

2008年,厦门市建设与管理局(以下简称市建设局)围绕加快建设海峡西岸经济区中心城市、扎实推进新一轮跨越式发展、实现社会经济又好又快发展的中心大局,深入开展"援川赈灾、住房保障、建筑规范、新村建设、服务创新、城管提升、队伍建设"等七大工程,狠抓工作落实,取得了援川抗震救灾工作的阶段性成果,实现各项工作平稳较快开展。

一、援川赈灾

"5·12"汶川特大地震发生后,市建设局(包括局机关、局属各单位、各社团组织)发起爱心捐献和缴纳特殊党费活动,募得善款3658.26万元,其中机关和系统各事业单位的特殊党费8.29万元。5月15日接到住房和城乡建设部指令,市建设局迅速组织了16名从事岩土和结构的专业人员组成房屋应急评估专家组飞赴四川灾区参与震后房屋评估工作,经过12天的努力奋战,出色地完成了灾区493栋各类震害房屋的应急评估,提出了系统全面的震后房屋加固处理建议,并结对资助16名北川中学学生初中至高中阶段的学习。与此同时,根据国务院抗震救灾总指挥部第11次会议精神,以及住房和城乡建设部、福建省委省政府的工作部署,安排厦门市承担四川省彭州市17070套过渡安置房的建设任务。5月20日接到任务后,全市上下紧急行动起来,全力以赴,争分夺秒,攻坚克难,在以市建设局为主负责的情况下,各级各部门共同投入到材料采购、生产制作、运输和安装工作中去,克服材料紧张、时间紧张、运力紧张、用地紧张等诸多困难,经过60个昼夜的艰苦作战,于7月18日比住房和城乡建设部要求提前23天、比成都市委市政府和福建省建设厅要求提前7天全面完成分布在彭州市的通济镇、丹景山镇、敖平镇、桂花镇、丽春镇、天彭镇等6个乡镇35个安置点17070套过渡安置房建设任务,总计占地面积925383平方米,建筑面积350788平方米,可安置灾民13000多户,近40000人。此外还与成都市龙泉驿区、金牛区配合完成项目基础设施建设,总计建成居住小区围墙18.76公里,小区道路28.78公里,铺设自来水管道30.67公里,地下排水(污)管道17.08公里。经彭州市建设主管部门和厦门市援建前方工作小组联合验收,认为厦门市援建的过渡安置房平面布置合理,符合设计和导则要求,满足使用功能,消防、防雷设施合格,全部通过验收,其中的思文社区"鹭龙苑"小区成为四川灾区过渡安置房样板工程。7月21日,福建省政府、厦门市政府和彭州市共同举行了过渡安置房交付仪式,将全部过渡安置房交付当地政府。

二、重点工程、房地产、建筑业

(一)2008年,厦门市大力推进重点项目建设进度。集美大桥、杏林大桥、环岛干道、长庚医院门诊、会展中心二期、中国乒乓球训练基地暨厦门福隆体育馆、厦门职业教育中心校及华夏职业学院、社会保障性住房万景公寓、BRT高架桥等重点项目竣工投入使用；全市重大片区环东海域综合整治、五缘湾、湖边水库、杏林湾、新站片区开发、火炬（翔安）产业区建设等项目顺利推进。此外，对会展中心二期、海峡交流中心（国际会议中心）、华侨大学厦门校区（二期）、中科院城市环境研究所（一期）、保障性住房（万景公寓、高林居住区）等重要项目实施重点协调督办。

（二）积极稳定房地产市场发展。举办"第五届厦门人居环境展示会"。走访房地产开发企业，开展房地产市场的动态调查分析，对全市房地产开发企业进行一次有关资金链、资金使用情况、工程进展情况的调查，分析存在问题并起草调研报告报市领导参阅。完成商品房一次装修到位图集征集、评议及编辑出版工作，起草《厦门市商品房装修一次到位的实施办法》。积极协调部分项目群体退房乃至上访问题，同时深入企业、消费者中间，了解情况，把问题解决于萌芽状态。

（三）完善规范建筑业市场管理。出台《厦门市建设工程担保实施办法（试行）》和《关于改进和完善我市建设工程招标投标活动的补充规定》，进一步完善工程担保制度，对经审核合理低价随机抽取法实施过程中出现的具体问题做出进一步明确界定；发布《厦门市建筑市场信用监管系统评价报告》，进一步提高财政或国有投融资项目的招投标质量。完善"在厦建筑业企业备案信息系统"，利用该系统对建筑业企业项目管理班子人员进行规范化管理。积极支持引导本地建筑企业赴外地开展业务，做大做强；发挥建筑行业协会的纽带和服务职能；组织本市企业申报省级房建工程施工总承包预选承包商名录，有13家企业入选。积极推进企业改制，完成省四建和厦门市第二建筑工程公司的改制工作，厦门市政二公司与特水集团公司的资产整合进展顺利。

三、民生民心工程

（一）加快推进保障性住房与安置房建设。全年厦门市社会保障性住房项目完成投资21亿元（累计完成投资39亿元）。竣工安置房7588套，建筑面积78.76万平方米；在建安置房29383套，建筑面积388.07万平方米。完成岛内首批保障性经济适用房的配售工作，首批经济适用房1056户申请户中有959户办理购房手续。进一步完善社会保障性住房政策，配合完成《厦门市社会保障性住房管理条例》的起草工作。修订、出台《厦门市安置房建设管理规定》，做好全市安置房需求供应计划编制与实施工作。

（二）开展旧村改造、新村建设和家园清洁行动。安排重点村建设项目市、区两级财政补助1.4亿元，主要用于村庄建设规划、村内道路建设、排水排污沟（管）、垃圾收集点等十类项目建设，完成全市旧村改造和新村建设23个重点村的村庄建设规划编制工作，首批补助资金（11982.266万元）下达到位。开展节能减排技术在新农村建设中的应用，制定《厦门市镇、村环境卫生管理考评办法和考评标准》，并初步在部分试点村开展考评工作，把村镇卫生纳入常态化管理范围。

（三）提升城市管理水平，深化节水创建工作。完成成功大道北段两侧、集美大桥、杏林大桥两端市容景观美化亮化工作，拆除违章搭盖6182平方米和不规范广告130块，完成立面涂装51126平方米，砌筑围墙7126平方米；组织完成BRT沿线景观整治规划设计方案；开展市容专项整治，做好重大活动的市容保障工作。加强户外广告管理，参与会审户外广告2800件，协调拆除违章设置的广告58900平方米。完成第五期LED夜景工程的实施，"九八"前全部亮灯；开展交通秩序综合整治工作，在高架桥、车辆违章较多的路段、交通事故易发频发点共设置69个交通视频信息采集点，在进出岛主要路口设置9套交通诱导屏，完成全市各主干道的所有路口标志牌更新任务，以及环岛干道周边道路交通标志牌建设工作；开展创建全国无障碍建设城市的前期工作。组织全国节水型城市的创建工作，加强水平衡测试和计划用水指标的管理工作，创新节水宣传方式，年内顺利通过全国节水型城市考核验收。

四、维稳工作

（一）加大工程质量安全监管力度

召开全市建设工程质量安全生产工作会议，部署工程质量安全和文明施工工作；经常性地开展"两超一大"（超高、超重、超大跨度）模板、工程施工质量和施工安全等专项整治检查活动，有效提高参建各方质量安全意识；组织编制建筑施工安全和建筑工地文明施工图集，进一步规范监理行业管理；成立建筑施工安全督导队，组织开展质量安全培训再教育、"千万农民工同上一堂课"和形式多样的安全生产月、质量月活动，严肃查处出现质量安全事故的责任单位和责任人，使安全生产意识深入民工；

完成工程质量检测数据自动采集与联网工作。

（二）深入开展工程款清欠工作

接听建设领域施工企业、项目部、工人的电话咨询、投诉1500多次，受理信访件、转办件、投诉件141件。接待来访咨询并组织参与协调处理解决各项工程纠纷1613人次，处理解决96件，清理解决被拖欠工程款5950多万元。

（三）进一步规范物业管理工作

全年处理来信来电投诉127份，办结127份，办结率达100%。出台实施《厦门市住宅物业服务等级标准及收费指导价》和《厦门市住宅物业服务等级标准及收费指导价起草说明》，认真配合市公安局及消防部门做好物业管理区域内"三合一"场所综合整治工作，继续完善我市物业管理专项执法检查的后续工作，调查取证，完善执法程序和文件资料。

（四）加大信访投诉处理力度

全年受理各类信访件1585件，其中市长专线办、市信访局、市人大、市政协和上级领导批示的各类信访、督办件778件，市建管局投诉中心及质量投诉分中心接待受理的来访、来电、来信、来邮807件，办结1529件，办结率达96.47%。"两会"期间共受理5件，办结率达100%。

（五）加强应急预案修订与实施

确保常备应急救灾物资及时到位，修订完善《厦门市建设工程重大事故灾难应急预案》、《厦门市建设系统破坏性地震应急预案》、《厦门市建设与管理局系统防洪防台风工作预案》、《厦门市建设与管理局信访工作应急预案》、《厦门市建设与管理局处置建设领域拖欠工程款及工资突发事件应急预案》和《厦门市建设与管理局物业管理防突发事件应急预案》等6个应急预案，并汇编成册。其中《厦门市建设工程重大事故灾难应急预案》、《厦门市建设系统破坏性地震应急预案》属市级应急预案。

（六）重视计生和综治工作

认真落实计生和综治工作的目标责任制，重点在物业小区、在建工地开展计生工作，在质量安全、企业改制、清欠工作等方面开展综治工作，取得较好的工作成效，得到省市检查组的好评。

五、协调服务管理

2008年，市建设管理服务中心收件20223件，办结19425件，提前办结率60%，连续六年实现零逾期，退件率、补件率连续四年控制在2.7%、8%以下的水平。通过规范办件管理、主动服务项目、加强审批改革、完善审批服务、加快电子政务、增强业主沟通、加强文明建设等，进一步提升中心的管理与服务水平。进一步梳理办事指南，完成"建设工程规划许可证"、"验收备案申请表"等41项的填报范本并正式对外公布使用，积极探索试行消防审查技术委托制。加快电子政务建设，增强审批服务功能，充分体现便民原则。对友达光电、环东海域综合整治等28家建设单位进行建设项目前期手续办理业务培训，提高送办件效率。

完善行政审批集中办理制度。建立补退件登记台账、逾期件调查台账、特殊件调查台账，对不合理合法的补退件提出建议，要求做到形式合法、内容合法。全年总收件5216件，办结5082件，补件322件，退件232件，其中提前办结4425件，提前办结率87.1%，接待咨询约10340人次。年内，市建设与管理局行政许可统一受理窗口建设经验得到市政府办公厅通报表扬。

科学合理地安排城市维护费计划。会同市财政局相关处室按照侧重公益民生项目的原则分别编制下达三批城市维护建设计划，同时积极抓好督促检查工作，完成情况良好，调整项目较少。主要安排的项目有市政公用工程设施维护、城市园林绿化、公共卫生环境建设、公共消防设施的维护、城市交通标志设施的维护建设、村镇建设补助、建设专项等。上述项目较好地解决了道路畅通、防洪排涝、城市"三化"、城市节能、可再生能源项目补助和新农村建设开展的"家园清洁行动"等方面的突出问题，确保城市市政各项公益事业的正常运行，为厦门市迎接全国文明城市复查打下较好的基础。

加强勘察设计管理与防震抗震工作。完善设计招标工作，在评标专家管理、评标办法、评标过程等方面积极开展调研工作，参加省建设厅设计招投标办法的讨论。组织各建筑设计单位开展抗震设计自查，各建筑工程项目都能按国家规范进行设计。要求各勘察设计单位及时执行新的建筑抗震标准。针对全市尚存316栋抗震性能差的预制板房屋，从技术、政策方面，提出处理意见上报市里作为决策参考。

六、节能减排

可再生能源建筑应用力度加大。推进"瑞景公园"和"联发五缘湾1号花园"2个国家可再生能源建筑应用示范项目实施。组织申报2008年度国家可再生能源建筑应用示范项目2项，跟踪落实全市节能示范项目的完成情况。落实市财政补助150万元，完成3个新农村建设采用太阳能路灯建设。配合市发改委推广应用节能灯具，完成国家发改委下达的指标任务。举办《民用建筑电气设计规范》、透水技术规程等宣贯培训班。

建筑节能工作扎实推进。提前完成全市民用建筑能耗统计工作，录入国家机关办公建筑和大型公共建筑264栋，建筑面积768.6万平米，六区七街道的民用建筑15077栋，建筑面积558.2万平米。健全法规制度，制定《厦门市节约能源条例》"建筑节能"专章。做好建筑节能材料认定推广工作，编辑宣传画册《厦门市建筑节能》。成功举办2008厦门建筑节能博览会。编制《厦门市2008～2012年预拌混凝土行业发展规划》、《厦门市预拌混凝土质量管理实施细则》，组织对预拌混凝土企业进行监督检查，进一步提高企业生产管理水平。（陶相木 许海溪）

七、重点工程建设

【概况】 2008年全市重点项目完成投资381.5亿元，完成年度计划80.1%，高于2007年同期5个百分点，占2008年全社会固定资产投资完成的41.1%。其中，119项（146个）重点建设项目，完成投资377.8亿元，占年度计划投资的79.4%，高于去年同期4个百分点，5个重点前期项目提前开工建设，完成投资3.7亿元。

20个重大片区和重大项目全年完成投资262.7亿元，占全市重点项目投资完成量的77.5%，占2008年全社会固定资产投资完成量的28.3%。其中，7个重大片区项目全年累计完成投资137.6亿元：汽车出口基地（二期）3.2亿元，火炬（翔安）产业区13.8亿元，环东海域综合整治45.4亿元，湖边水库综合整治8.8亿元，五缘湾片区37.4亿元，杏林湾片区（基础设施）19亿元，厦门（新）站片区10亿元。其中火炬（翔安）产业区完成197.6%；五缘湾片区完成127.1%，超额完成年度投资计划。13个重大项目全年累计完成投资114.3亿元：湖里高新技术园12.4亿元、东部燃气电厂11.2亿元、通士达节能光源制造基地3.7亿元、友达光电9.2亿元、翔安隧道6.4亿元、110千伏及以上输变电11亿元、快速公交系统（BRT）一期22.6亿元、成功大道8.7亿元、集美大桥完成14.7亿元、杏林大桥10.8亿元、会展中心（二期）5.2亿元、现代物流园区4.3亿元、观音山国际商务营运中心5.1亿元。

除因方案重大调整和涉及投资体制影响的3个项目外，2008年32个计划竣工重点建设项目中有29个完成主体竣工。全年完成投资91.5亿元，完成年度投资计划的91.7%。除因项目停建、缓建以及国家有关政策方面影响的10个项目外，35个计划新开工重点建设项目2008年开工25个，全年完成投资21.9亿元，完成年度投资计划的41.5%。10个未按计划开工的主要情况是：停建项目3个、市政府调整建设方案3个、国家调整土地整体规划影响推迟办理土地预审手续项目1个、市政府与铁道部商谈股比未确定项目2个、原邮电部方案未批复项目1个。79个续建重点建设项目全年完成投资264.3亿元，完成年度投资计划的69.8%。

2008年超额完成投资计划的项目29个，超额完成36.8亿元。其中，超额完成投资计划3000万元以上的项目18个，超额完成35.6亿元。

【两条进出岛通道建成通车】 7月1日上午9时，集美大桥正式通车。大桥于2006年12月20日开工，2008年5月5日全桥合龙贯通，创下世界同型桥梁建设速度的2～3倍。大桥全长8.438公里，跨海主桥长3.82公里，下穿机场跑道的隧道1.4公里。

8月4日，杏林公铁大桥全桥合龙。9月1日，杏林大桥公路桥正式通车，与杏林大桥相连的疏港高架桥同时全线通车。杏林大桥公路桥部分分为双向六车道，分左右两幅建设。大桥东连高崎立交，通过高崎立交与岛内的成功大道和东渡路两条快速路连接；西接杏林互通，通过杏林互通与319国道和高速公路连接，全长8.53公里，其中，主线桥长7.48公里，海上桥长5.034公里，引道路基1.050公里，采用双向六车道一级公路标准，全桥宽32米，设计行车速度为80公里/小时，桥下通航净空36.6米。项目总体分三大部分，杏林互通立交，互通匝道桥梁总长3.419公里；项目主体跨海大桥部分，采用公铁同层合建（公路在进岛铁路右侧）；高崎互通及成功大道连接线，桥梁总长2.082公里。下穿嘉禾路、鹰厦铁路隧道单线长806米，采用浅埋暗挖施工，隧道顶面至铁路轨面最小埋深只有2.5米。

【快速公交系统开通】 8月31日，厦门快速公交系统（BRT）一期正式开通，分别为一号线（第一码头至厦门新站）、联络线（农科所至会展中心）和二号线（机场至西柯）。快速公交线网与普通公交线网构成全市公交运输网络，缓解了城市的交通拥堵，方便广大市民出行，拓展厦门市城市发展空间，对岛内外整体协调发展起到积极的推动作用。

【厦门工人体育馆建成】 9月28日，厦门市综合性群众体育健身活动场馆——工人体育馆正式揭牌。体育馆拥有综合馆、游泳馆、羽毛球馆、乒乓球馆、网球馆5个场馆。该馆地上总建筑面积为3.5万平方米，其中综合馆面积约1.3万平方米，拥有观众座位4608个，可满足篮球、排球、羽毛球、乒乓球等国内单项体育比赛需求，同时也可以作为大型文艺演出、会议展览等场所。游泳馆建筑面积7830平方米，设有50米×21米八泳道常年恒温的标准训练游泳池。羽毛球馆建筑面积6630平方米，设有18片羽毛球场。网球馆建筑面积2080平方米，设有4块18.97米×36.57米室内、外标准场地。乒乓球馆建筑面积1184平方米，设有20张乒乓球台。体育馆地下拥有3万平方米大型商场及1055个车位的停车场的配套设施，与文化艺术中心一道成为厦门市集文化、体育、休闲、娱乐、购物、旅游、集会为一体的文体精品片区。厦门工人体育馆的建成进一步完善厦门市城市体育设施，丰富职工群众文体活动。

【五缘学村】 8月31日，五缘片区最重要的教育配套项目五缘学村正式揭牌并投入使用，该项目工期历时两年多。"五缘学村"位于五缘湾北端，环岛路南侧，西临城市主干道五石路，周边为大片规划居住用地和高尚商住用地。学村由五缘实验学校、厦门二中高中部和中央音乐学院鼓浪屿钢琴学校3所学校组成，是厦门市为开发厦门岛东北部实施的一项重大教育资源配套项目，总占地面积18.9万平方米，建筑面积8.7万平方米，总投资达2.25亿。

【厦门国际会展中心（二期）工程投用】 厦门国际会展中心（二期）工程于8月31日起交予各布展单位进场布展，"九八"期间顺利投用。会展中心（二期）位于会展中心北侧，占地近5万平方米，由面积2.7万多平方米的5个展厅组成。二期工程建筑风格与一期相仿，但设计上更加国际化，两个工程通过廊道相连，整座会展中心形成一个L型。二期工程是福建省大型公共建筑屋面系统首次采用钢结构张悬梁体系的工程，最大跨径81米，是国内较大跨径的张悬梁屋面系统，展厅净高12米，不仅钢材使用量大幅减少，而且车辆可以直接开进展厅，方便客商布展。二期展馆建设的如期投用改善厦门市举办大型展览的硬件条件，提高会展中心市场竞争力的需要。第十二届投洽会的展览面积扩大到6万多平方米，展位数增加到2500个，展览规模创历届之最。（洪德源）

八、勘察设计

【概况】 2008年，在厦门市承接业务的勘察设计企业有159家，其中，勘察企业34家（本地甲级3家，本地乙级4家，外地甲级27家）；工程设计企业125家（本地甲级20家，本地乙级15家，外地甲级90家）。全年完成工程勘察项目607项，合同金额9160.6万元；完成工程设计项目500项，合同金额74671万元；两者合计实现产值83831.6万元，比上年度减少30357.4万元。年内，市建设局勘察设计处依法办理有关设计招标事宜的批复和意见征求22项，配合市招标办处理相关设计招标投诉。召开会议研讨招标制度的修改和完善，参加省建设厅有关制度制定的研讨，开展省建设工程设计招标投标管理规定的宣贯工作。规范设计招标市场。

【勘察设计资质管理】 根据建设部新的资质管理标准和规定，做好资质申报变更等服务和审查共48家次；根据省建设厅的统一安排，开展164家勘察设计单位的资质检查工作；根据建设部和省建设厅的相关文件，开展113家专项设计资质的换证工作。

【施工图审查工作】 年内，厦门市继续开展施工图设计和审查质量的检查，建立审查机构内部质量管理体系，保证施工图审查工作有序进行，完善施工图审查质量的监管制度。全年开展2次施工图质量抽检，抽检项目20项，其中，勘察报告20项，合格率95％。建筑工程施工图设计文件10项，合格率90％。采取新举措，委托中国建筑科学研究院抗震所组织全国超限高层建筑工程抗震设防专家委员会对厦门市2007、2008年部分超限高层建筑工程施工图质量进行检查，抽检2个超限高层建筑工程，总建筑面积16.5万平方米，专家委员会的检查结论为质量总体良好。

厦门市施工图审查机构、审查分会积极发挥作用，在汶川地震期间，派结构专家参与灾区房屋应急评估工作。组织审查师审查灾区过渡安置房施工图设计文件，确保工程审查质量和审查进度。主动提前介入厦门支援灾区重建的规划、建筑方案设计、施工图设计的研讨等前期工作。面对全球经济危机和建筑市场不景气的情况，各审查分会多次召开会员单位座谈会，重申分会行为公约，强调行业自律，不越级、不压价、发现重大问题及时报告制度，共同维护施工图审查市场秩序，共渡难关；审查分会及时组织相关专业的专家归类汇总和分析施工图审查及质量检查中发现的问题，并召开各专业设计、审查人员参加讲座，加强对规范的学习理解和对存在问题的剖析，避免类似问题的再次出现，已开展建筑、结构（结合四川地震建筑物震害情况分析）、电气、岩土等专业。对审查和检查中发现存在违反《工程建设标准强制性条文》的项目，配合勘察设计市场管理，提交法规处处理。

厦门市建设局与施工图审查所参加《无障碍建设指南》编制工作。征求市民政局、市残联、市特殊教育学校对无障碍建设的意见和要求。并多次组织施工图审查师、设计单位的建筑师、施工质量监督站专家共同讨论《无障碍建设指南》具体条款编写的意见和建议。完成该指南住宅建筑、教育建筑无障碍设施设计、施工专篇的编写任务。

厦门市建设与管理局施工图审查窗口落实行政审批与技术审查相分离的原则，主动与委托施工图审查的市政园林局、市民防办、市气象局就委托审查的技术问题、相关事宜进行沟通协调，共同编制审查要点、表格，明确审查内容和审查依据，做到审查报告规范化、格式化、简单明了。组织审查师与相关职能部门交流、沟通，及时妥善解决委托审查中发现的问题。如与省市人防办共同召开与审查师的座谈会，回顾几年来防空地下室施工图委托审查的工作情况，分析存在的问题，商讨解决办法，共同把好审查质量关。全年施工图审查窗口完成施工图审查收办结件485项，其中：勘察报告229项、施工图256项（含市政、基坑等）。所有项目达零投诉、零逾期。

施工图审查窗口不断改进工作方法，提高效率适应厦门改革开放和新一轮跨越式经济建设发展需要。配合建设管理服务中心，对国家、省、市重点建设项目，请审查机构提前介入，主动跟踪服务。在初步设计阶段进行初审，对设计提出注意事项与要求。在送审资料（非技术审查必需的资料）不齐全情况时，允许先受理后补件，但审查合格书必须待资料补齐才能发，确保施工图审查的顺利通过。为提高工作效率，缩短审查时限，对重大建设工程采取基础和上部主体分段审查，为工程建设赢得时间。（陈惠霞）

【初步设计技术论证】 为深化对财政投融资建设项目的工程管理，根据国家有关政策规定和市领导指示，厦门市建设与管理局负责组织国家财政投融资建设项目初步设计技术论证。2008年组织初步设计技术论证39项，其中建筑工程8项，道路工程22项，桥梁隧道工程4项，市政工程4项，综合整治工程1项，为建设、设计单位解决技术难题提供支持和帮助，保障各项工程尤其是重点工程的顺利实施。（耿家强）

【抗震防灾工作】

1. 厦门市建设与管理局组织编制的《厦门市城市建设综合防灾规划》于6月11日经厦门市人民政府批准实施。并被建设部列为城市抗震防灾规划实施试点。

2. 加强建筑工程抗震设防的监管。厦门市进一步加强建筑工程抗震设防的监管，新建、改建、扩建的建筑工程项目都必须达到国家抗震设防标准要求。施工图都必须经施工图审查机构审查合格后方可实施。对于结构复杂的工程，召开专家技术论证会，研究解决技术难题。全年完成以下几项工作：（1）开展全市中小学建筑抗震性能普查工作，摸清全市中小学建筑抗震情况，为提高加强全市中小学建筑抗震能力奠定基础提供科学数据。（2）各建筑设计单位开展抗震设计自查工作。自查结果表明，各建筑工程项目都能按当时国家规范要求进行设计。（3）7月30日起，各勘察设计单位严格执行新的建筑抗震标准。对于尚未开工，但没按《建筑工程抗震设防分类标准》GB 50223—2008（即新分类标准）进行施工图审查的学校、医院、大型公共建筑、防火救灾建筑、基础设施建筑项目，必须重新送施工图审查机构审查，审查合格后方可施工，以避免刚投入使用即成为不达标建筑。

3. 加强超限高层建筑抗震设防监管。参加省建设厅组织的厦门港国际旅游客运码头配套地产（2006G01）地块、住宅楼星海湾高层区1、2号楼、厦门西站客运站房锋尚大道办公楼和2~4号杏林湾营运中心等4个超限高层建筑项目的抗震设防专项审查。按超限高层建筑抗震设防专项审查专家意见进行施工图设计后，还必须经施工图审查机构审查合格方可实施。

4. 鼓励采用先进的加固技术对老旧建筑结构抗震进行加固，并严格按国家的加固技术标准要求把关。如厦门经济特区纪念馆结构加固。该纪念馆由厦门经济特区综合楼（即原湖里区行政中心）改造而成。该楼由6个一至六层的结构单体组成，均为砖混结构，于1982年设计，后于1998年局部改扩建成框架。因建筑使用功能改变，导致活荷载增加，同时部分承重砖墙需拆除，存在着一定的结构安全隐患。采用多种先进的加固技术，如高分子聚合物砂浆高强钢绞线加固柱、梁、楼板，设反梁加固附楼屋顶以扩大房屋开间，设槽钢加固走廊挑梁，设角钢加固房屋楼板与承重墙交接处以增加预制板的搁置长度等，做到精心设计、精心施工。经专家论证，可作为预制板房加固改造的示范。

5. 汲取汶川地震的经验教训，及时修编市建设

系统破坏性地震应急预案,以加强地震应急管理,并报市府办和省建设厅备案。(黄建南)

九、房地产开发

【概况】 2008年厦门市坚决贯彻落实国家房地产市场宏观调控政策,加强房地产调控政策执行情况监督检查。深入房地产企业调研,了解企业存在的问题和遇到的困难,切实帮助企业渡过难关,进一步掌握厦门市房地产宏观形势的变化情况。开展房地产市场动态调查分析,调查全市房地产企业资金链、资金使用情况、工程进展情况解决企业遇到的各类纠纷。开展房地产市场研究,分析全市房地产市场现状及土地市场存在问题,提出对策和措施,活跃商品房销售、稳定房地产业发展。做好全市住房建设计划工作。圆满完成厦门市抗震救灾过渡安置房的运输组织工作。做好厦门市商品房全装修前期准备工作。成功举办第五届厦门人居环境展示会暨2008厦门建筑节能博览会。

1. 全市房地产企业257家,与上年同比减少11.99%。房地产开发总投资完成323.96亿元同比减少6.32%,比全年房地产计划开发投资额288亿元超额完成35.96亿元,超额12.49%。国内企业完成投资283.85亿元占总投资的87.62%,外资企业完成投资40.11亿元占总投资的12.38%。土地购置费130.34亿元同比减少27.11%,占总投资的40.23%。商品房建设投资175.01亿元,比上年增加18.09%。

2. 商品房在建面积2748.88万平方米比增10.06%。其中,商品房住宅在建面积1721.75万平方米比增0.79%,占总在建面积的62.63%;商品房办公楼157.63万平方米同比减少1.04%,占总在建面积的5.73%;商品房商业营业用房164.24万平方米同比减少6.86%,占总在建面积的5.97%;其他用房705.26万平方米比增55.46%,占总在建面积的25.67%。

3. 商品房新开工面积421.57万平方米同比减少58.52%。其中,商品房住宅新开工面积282.66万平方米同比减少63.16%,占总新开工面积的67.05%;商品房办公楼18.69万平方米同比减少0.16%,占总新开工面积4.43%;商品房商业营业用房11.80万平方米同比减少80.75%,占总新开工面积的2.80%;其他用房108.42万平方米同比减少35.88%,占总新开工面积的25.72%。

4. 商品房竣工面积618.38万平方米比增60.57%。其中,商品房住宅竣工面积374.10万平方米比增52.33%,占总竣工面积的60.50%;商品房办公楼66.04万平方米比增42.91%,占总竣工面积的10.68%;商品房商业营业用房竣工面积56.36万平方米比增67.54%,占总竣工面积的9.11%;其他用房121.88万平方米比增104.22%,占总竣工面积的19.71%。

5. 商品房空置面积为63.57万平方米比增67.11%,其中,商品房住宅空置面积17.30万平方米占总空置面积的27.21%;办公楼空置面积25.10万平方米占总空置面积的39.48%;商业营业用房空置面积10.88万平方米占总空置面积的17.11%;其他用房空置面积10.29万平方米占总空置面积的16.20%。(吴晓琦)

【商品房一次装修到位图集征集评议及编辑出版工作】 12月,由厦门市建设与管理局主办,厦门市建筑装饰协会承办的商品房一次装修到位设计图征集、评议及编辑出版工作完成。这项活动自2007年11月8日开展以来,得到全市装饰企业、设计单位和个人的积极响应,按户型面积100平方米以下、100~150平方米、150平方米以上分类,截至2007年12月31日,征集各类设计作品201件,经过厦门市建设与管理局组织专家评审,有60件设计作品入围,其中30件作品获奖。入围作品风格各异,大都采用自然光源,色彩较丰富,基本满足经济实用、舒适美观、节能环保的要求,较好地体现目前厦门市家庭装修的设计水平。年内,入围作品编辑出版工作完成。(洪德源)

【住房保障范围实现全覆盖】 2008年,厦门市委、市政府提出意在强化政府住房保障职能,以真正实现全体市民"居者有其屋"的新思路。市建设局围绕完善住房保障政策体系这一目标,加强政策调研,初步建立起分层次、多元化的住房保障体系,实现对全市住房困难家庭住房保障的全覆盖。出台《厦门市保障性商品房配售管理办法(试行)》,对于具有厦门户籍、非低收入群体中的无房户给予适度住房保障,即政府为他们提供在供应量、价格、面积、使用、处置权等方面均有一定限制的保障性商品房,进一步扩大政策覆盖面。出台《厦门市公务人员申请社会保障性住房实施意见》。具有厦门户籍且无住房的公务人员可购买保障性商品房或承租社会保障性租赁房。其中已组建家庭的可申请购买保障性商品房;单身的可申请承租社会保障性租赁房,按市场租金标准计租,并可通过其所在单位给予60%的租金补贴,补贴年限不超过3年。出台《厦门市企事业单位人才住房管理暂行办法》。通过对无住房的人才提供租赁住房和保障性商品房的办法帮助解决人才的住房问题，并按业绩能力等条件制定评分办法，根据分数高低和房源情况确定购（租）人选。通过立法将社会保障性住房纳入政府的长期工作，使其更加有法可依。

【社会保障性住房建设】 2008年，厦门市加快房源信息系统的建设，积极探索社会保障性住房房源信息共享渠道，建立房源调配管理、计划进度管理等监管工作新机制，为社会保障性住房建设进度的跟踪管理打下良好的基础。建立房源供给制度，按照"以需定建"的原则，合理布局一房型、二房型、三房型房源结构。根据各个项目的实际情况，要求各代建单位分轻重缓急编制项目建设计划，责任细化到人，并根据年度计划倒排工期，督促各参建单位做到人员到位、资金到位、管理到位。强化协调机制，与市住宅办等单位密切配合，专人负责项目的日常巡查，确保项目建设按计划进度执行。市保障住房办、市住宅办、市重点办等部门加强督查力量，对于急需交房的高林居住区、观音山公寓等项目专门派员驻点督促，加快配套项目的建设进度，确保与主体工程同步交付使用。加快推进厦门市最大的保障性住房小区——高林居住区的配套道路建设和供水供电供气等管线铺设，幼儿园、小学、超市等生活配套已开工建设。

全年新开工BRT嘉庚、西柯、前埔枢纽站以及湖边花园C区、虎仔山庄等一批项目，全市20个保障性住房建设项目开工18个项目，在建工程总建筑面积达372万平方米、累计完成投资40多亿元，目前高林居住区一期、观音山公寓等项目通过竣工预验收，可提供住宅约4000套。

【社会保障性住房申请审核分配工作】 2008年厦门市新增社会保障性住房申请户3810户，其中，申请社会保障性租赁房有3116户，申请经济适用住房有256户，申请保障性商品房有209户，公务人员申请229户。完成首批社会保障性租赁房申请户7639户的复核、约谈及公示工作，取消不符合申请条件的有367户，申请人因自身原因主动撤销申请的有134户。扎实推进经济适用房的配售工作，首批1056户申请户有959户办理购房手续，收购房款约1.18亿元。同时，开展厦门市公务人员、人才以及省部署驻厦单位申请社会保障性住房工作的。实行申请户协查资料每周一交换的工作机制，协助各区之间交换、督办协查材料348份，向各区发放申请表5000份、入户调查表6000份、各类档案袋1.5万个；处理信访18件，并认真协调解决各区协查审核中存在的问题。探索建立社会保障性住房户籍、资产的调查审核机制。认真制定培训计划，牵头市国土房产局、市建设与管理局等部门针对政策的调整和出台，对区、街、社区一线工作人员广泛开展培训工作，全年组织社会保障性租赁房、经济适用房、保障性商品房相关政策及操作办法等各类培训十余场，培训人数达到上千人次；组织5场大型社会保障性住房政策宣传咨询活动。

【《厦门市社会保障性住房使用管理办法》】 2008年，《厦门市社会保障性住房使用管理办法》出台，将住户入住办理、规范使用、退出等问题作相应的规定，发挥基层组织管理的优势，进一步规范社会保障性住房的物业管理，有效监督社会保障性住房的使用，体现政府对社会保障性住房的监管与服务的职能。通过实行入住备案制度、防止转租、转借、转让、出租等行为的发生；明确违规使用情形和规范退出机制，便于物业服务企业发现住户有骗取社会保障性住房、空置、转让、出租、转租、转借、调换以及未主动申报家庭收入、资产、住房情况发生变化等行为；提出住户入住后家庭收入、人口变化的处理办法；明确有关房屋装修事项和维修的责任，严格限制住户的二次装修行为；建立房屋管理档案，统一规范社会保障性住房的管理。自严格执行退出机制后，市国土房产局清退5户违规的社会保障性住房住户，取消12户因申请社会保障性租赁房后未按规定时间签订房屋租赁合同的申请户的本批次申请资格、作废申请轮候号，取消4户因选房配租后未按规定时间入住的申请户的承租资格，其申请轮候号作废，已分配的社会保障性住房被收回。《办法》的出台，进一步完善监管体系，规范社会保障性住房使用管理。

【社会保障性住房宣传工作】 厦门市社会保障性住房工作得到中央、省、市媒体的高度关注，先后在报纸、电视及有关刊物刊登2000多篇新闻报道，宣传厦门市社会保障性住房政策。通过建设社会保障性住房网站，推动住房保障信息公开、透明、便民。组织厦门市社会保障性住房网站建设，整合利用现有数据资源、软件资源、硬件资源、网络资源，为市民提供社会保障性住房统一的咨询平台。评选社会保障性住房好新闻，激励广大新闻工作者在社会保障性住房宣传报道上采写出更多、更好的优秀新闻作品，为社会保障性住房建设与管理工作顺利开展营造良好的舆论氛围。加强同中央级媒体的沟通联系，推广厦门市住房保障政策。厦门建立的分层次、多元化住房保障体系得到中央相关媒体的密切关注，中央电视台新闻频道3次报道厦门市社会保障性住房工作,《人民日报》《中国经济时报》《中国房地产报》《经济观察报》等媒体记者全面深入报道厦门市社会保障性住房建设与管理工作以及取得的显著成效,厦门市社会保障性住房工作被有关媒体称为"住房保障的厦门蓝本"。(邹梦林)

十、建筑业

【概况】 2008年,在厦建筑业企业完成建筑业产值504.57亿元(含本市建筑业企业在外地完成产值106.22亿元),比上年同期的430.32亿元增长17.25%,其中本市建筑业企业345家完成产值296.61亿元(含本市建筑业企业在外地完成的产值106.22亿元),比上年同期225.94亿元增长31.28%,占建筑业总产值58.78%;非本市注册建筑业企业309家(其中省外建筑业企业183家)完成产值207.96亿元,比上年同期118.78亿元增31.97%,占建筑业总产值41.22%。拓展省外建筑市场取得新进展,有55家企业到省外拓展业务,省外产值为48.66亿元,比上年同期33.99亿元增长43.16%。

房屋建筑施工面积5378.18万平米,比上年同期5175.44万平米增长3.92%。各类房屋新开工面积1433.90万平米,比上年同期2291.59万平米减少37.43%。已报房屋建筑竣工面积1481.73万平米,比上年同期1365.79万平米增长8.49%。

年内,全市新设立建筑业企业62家,其中总承包19家,专业承包15家,劳务分包5家,设计施工一体化8家。资质升级15家,其中暂定级转正1家,三级升二级的10家,二级升一级的4家。全年有建筑业企业511家,其中施工总承包127家,专业承包285家,设计施工一体化10家,劳务分包99家。非本市注册在厦备案的企业337家,其中总承包278家,专业承包59家。

【工程担保制度进一步完善】 6月,市建设局在总结全市两年来工程担保试点情况和经过调研、广泛征求意见的基础上,印发《厦门市建设工程担保实施办法(试行)》及配套文件,对工程担保制度做进一步完善。

【强化服务意识帮助企业发展】 2008年市建设局参考省建设厅的做法启用"厦门市建设与管理局企业管理专用章",用于办理全市建筑业企业外出承接业务的介绍信、备案登记和建筑市场诚信证明等,以方便企业外出承接业务。发挥建筑行业协会的纽带和服务职能,重要文件出台前均通过协会征求企业意见。组织本市企业申报省级房建工程施工总承包预选承包商名录,13家企业入选。同时积极推进企业改制。集体企业厦门市第二建筑工程公司进入市产权交易中心挂牌竞价,向社会公开引入投资者,通过两轮的挂牌,由两名自然人联合竞得,改制工作基本完成。集体企业厦门市政二公司与特水集团公司进行资产整合。

【建筑市场信用体系建设取得新进展】 4月首次正式发布《厦门市建筑市场信用监管系统评价报告(施工总承包企业)》、《厦门市建筑市场信用监管系统评价报告(专业承包企业)》,22家施工总承包企业和3家专业承包企业被评为A级以上信用等级。根据信用评价结果对不同信用等级的企业实施差别化对待,如全部使用国有资金或者国有资金投资占控股主导地位并采用合理低价随机抽取法的房屋建筑工程、市政公用工程、地基与基础工程建设工程的招标项目,只有信用监管评价等级为BB+及以上级别的企业方可参加投标。

【工资保证金制度】 6月1日,厦门市开始在建筑企业中施行工资保证金挂管制度。截至2008年12月31日,105家施工企业办理工资保证金,工程项目153个,缴存金额到账3.54千元。市造价站核查出人工费比例过低的工程项目103个,对计算出现重大误差的13个项目发出《合同备案监督意见书》,并责令其按要求落实整改到位,确保工资保证金正常缴交。施行工资保证金制度对有效预防和减少建筑领域拖欠工资的发生。

【建筑业企业项目管理班子人员规范化管理】 "在厦建筑业企业备案信息系统"主要是为适应非本市注册建筑业企业资质备案管理的需要而开发的。该信息系统已将非本市注册建筑业企业拟在本市担任项目管理班子人员的名单纳入管理,并向社会公开,招投标资格审查时通过该系统进行人员核对。而对本市企业,仅要求在该系统填报企业基本信息,对项目管理班子人员未硬性要求一定得填报,招投标资格审查时也未通过该系统进行人员核对。为加强对所有在本市从事建筑活动的建筑业企业的管理,确保项目管理班子人员到位,2008年4月份以来,厦门市建设管理局建筑业处着手将该管理制度延伸到厦门市建筑业企业,利用"在厦建筑业企业备案信息系统"对项目管理班子人员进行规范化管理。

【建筑人才队伍建设持续推进】 全市取得建造师资格证书6868人,其中一级1521人,二级5347人。开展项目经理申报临时建造师工作,385人申领一级建造师临时执业证书,3487人申领二级建造师临时执业证书。全市执业建造师6919人，其中取得建造师注册证书3127人（一级907人，二级2220人），取得临时建造师执业证书3792人（一级383人，二级3409人）。完成建筑生产操作人员职能技能培训鉴定1052人并领取岗位证书。全市创建农民工业余学校12所，培训7738人。

【清欠工作继续深入开展】 受世界金融危机等因素影响，2008年清理拖欠工程款和农民工工资面临严峻考验。厦门市建设管理局努力做到早动员、早布置、早安排、早行动，从10月底开始启动清欠工作，采取三项措施：一是统一思想认识。通过召开"四个专场"会议（房地产、劳务企业、业主单位及代建单位、施工企业）和下达文件，进一步提高建设行业对清欠工作重要性的认识，许多业主和企业领导高度重视，及时落实资金，确保工程款及时支付，农民工工资基本能够按时足额发放。二是加强清欠办工作力量。将市造价站一楼作为市清欠办的固定办公场所，进一步完善工作机制，抽调精干力量，设立三个调解室，配备9名专职人员，明确工作职责，开通3部投诉电话，配置专用车辆，方便投诉人，清欠办领导和工作人员尽职尽责，认真受理并查处举报投诉件，及时协调解决问题，化解矛盾，有效维护社会的稳定。全年，市清欠办接听电话咨询、投诉1500多次，接待来人来访1613人次。受理信访件、转办件、投诉件共141件，处理解决96件，清理解决被拖欠工程款5950多万元。三是开展排查、约谈工作。由市清欠办牵头组织相关部门对全市房地产企业、施工企业、代建单位进行全面摸底调查。对工程款支付不按时或拖欠农民工工资的单位约谈其企业负责人要求限时支付，并进行逐项跟踪落实。要求各施工企业对农民工工资发放要以班组为单位，建立公示制度，实名签字领取。要求代建单位和施工企业必须准备足够的预备资金用于支付工程款及时解决农民工工资。2009年春节前全市未发生大规模的民工讨要工资过激行为，确保社会稳定。（黄依柱）

【建设工程质量安全生产与文明施工】 2008年市建设局认真贯彻落实国家和省市建设工程质量安全文明施工的一系列工作部署。坚持季度总结分析，严格责任追究，重视质量安全培训再教育，成立安全生产督导队和教育队，实现工程质量检测数据自动采集与联网，有序推进分户验收制度，创建优质工程与文明工地。开展工程监督和监理岗位技能练兵，质量安全文明施工行为考评、安全生产治理与督查、文明施工百日整治和创建、质量安全生产月、工程质量检测抽查、监理行为专项检查等一系列质量安全文明施工监督执法检查和专项整治活动等工作。较好地促进各项工作的落实，工程质量安全管理工作取得一定成效。

全年在建筑业产值比去年同期增长的情况下，全市建筑施工安全生产形势持续平稳，未发生较大等级及以上安全事故，发生的各类一般安全事故起数、死伤人数与去年相比均全面下降，较好地实现安全生产责任目标。全市工程质量处于受控状态，未发生等级质量事故，建设品质不断提高，13个单位工程被评为"省优工程"，1个单位工程评为"鲁班奖工程"，53个单位工程被评为"市优工程"。文明施工工作得到进一步推进，文明工地创建成效显著，年内60个工地被评为省级文明工地。

【建设工程质量安全生产与文明施工工作三大存在问题】 2008年全市建设工程质量安全生产与文明施工工作存在的主要问题及原因分析：

1. 工程质量及管理方面：一是蜂窝、主筋外露等工程质量实体通病未得到根本消除。二是工程质量有待提高。三是一些影响使用功能的住宅通病时有发生，个别建筑外墙保温层出现裂缝，由于房地产不景气等原因，房价下跌幅度较大，出现多个项目购房业主利用开发商所交房屋存在质量缺陷或瑕疵的理由拒绝收房或投诉，甚至通过过激行为要求退房，造成不良的影响。主要原因在于：(1)部分责任单位对分户验收的重要性认识或理解不够，住宅分户验收工作落实不够细致，未按分户验收要求的检查项目认真执行，分户验收工作走过场甚至未按要求分户验收要求组织验收，分户验收工作流于形式。(2)部分工程项目的建设（代建）单位质量管理体系不够健全，职责不够明确。(3)部分施工企业质量保证体系不健全，质量责任落实不到位；对项目疏于管理，检查制度未落实等。(4)部分监理单位监理人员没有认真履行职责，对发现的隐患没有跟踪落实整改，对发现的质量问题迟迟得不到整改的情况下没有及时报告监督机构。

2. 安全生产方面：2008年，本市建筑施工未发生较大及以上安全事故，发生的建筑工地各类安全事故共10起、死亡9人、受伤人数为0，与去年（事故17起、死亡16人、受伤4人）相比分别下降了41.2%、43.75%、100%。其中，认定6起属建筑施工安全生产责任事故，死亡5人（含未最终认定结案的2起事故，死亡2人），低于市政府下达的死亡人数控制在12人以内的指标以及省建设厅下达的死亡人数控制在9人以内的指标。

从全年施工生产死亡事故来看,事故发生的主要原因:一是个别单位对安全生产意识不强、重视不够,存在显见性安全隐患,如安全投入不足、安全防护不到位、员工安全意识和自我防范意识不强、危险源识别能力差、安全管理制度缺乏、现场安全监管不到位等问题;二是部分企业隐患自查工作不到位、不深入,流于形式;三是个别监理企业及项目监理班子未认真履行安全生产监理职责,对技术方案实施把关不严,对施工现场安全隐患查纠不力。

3. 文明施工方面:从日常巡查、文明城市创建检查和专项考评情况看来,建设工地文明施工管理仍有少数施工项目存在问题,建筑工地施工噪音扰民、未净车上路、夜间超时超标排放噪声行为仍时有投诉,夜间土方车辆超载、未封闭进行运输,造成运输路线沿线扬尘污染,突出表现在工业园区和城乡结合部的在建项目和土石方工程时有发生。原因在于:一是城乡结合部周边建设环境相对较差,文明施工管理,容易被忽视,其建设单位、监理单位和施工单位对文明施工管理往往较松懈。二是个别项目现场管理人员法律意识淡薄,不遵守文明施工管理的相关法律、法规及规章,盲目地抢赶工期,对周边环境造成不良影响。三是受经济利益驱使,土方工程作业不按要求设置冲洗设施,不对驶出工地的车辆进行冲洗,污染城市道路。

【安全生产执法检查活动】 市建设局鉴于第四季度国内连续发生多起较大建筑施工生产安全事故的教训,认真部署安全生产工作,及时印发《关于开展第四季度建筑施工安全生产专项整治的通知》、《关于进一步加强学校及周边建筑安全管理的通知》、《关于立即开展全市建筑施工安全生产大检查的紧急通知》、《关于加强防范建筑工地火灾事故的紧急通知》、《关于开展在建重点建设项目安全生产专项督查的紧急通知》,开展安全生产大检查工作,在各施工、监理、建设等责任单位开展自查自纠。在市建设工程质量安全监督站、各区建设局分别组织开展大检查的基础上,市建设局组织六个督查小组,分两个阶段于11月和12月对全市建设系统各单位开展建筑施工安全生产大检查情况进行督查。随机督查56个建设项目,检查内容包括施工电梯、塔吊、施工机具、高大模板、深基坑、脚手架等易引发群死群伤事故相关环节的安全状况。根据具体情况,对施工电梯存在违规行为和安全隐患的33个工程项目发出责令限期整改通知,对10个工程项目发出责令局部停工整改通知,对问题较多的3个工程项目发出责令全面停工整改通知。

【"安全生产月"活动】 市建设局确定2008年为全市建设工程质量安全生产文明施工"隐患整治年"和"巩固提高年",并结合"安全生产月"活动,协同各区建设局、各级监督站、相关协会精心组织系列活动。

开展全市建设系统安全生产知识竞赛活动。此外还在施工现场张挂横幅、张贴生动活泼、通俗易懂的警示标语等2000多套(条),发放安全生产DVD宣传教育1000片。组织部分专家利用晚上时间到15个施工现场进行工人知识有奖问答,并发放价值20万元奖品和宣传教育材料。在中山路开展"安全生产宣传咨询日"活动现场咨询,为建筑企业和本市群众提供施工安全方面答疑和服务,现场发放各类建筑安全知识资料、挂图、标语等100余本(套、条)。邀请消防官兵在工地现场开展安全生产消防演练及"抗台防汛"应急救援演练。

【成立建筑施工安全督导队和安全教育队】 厦门市建设工程质量安全管理协会及其市管工程建筑意外伤害保险服务中心成立安全督导队和安全教育队。这项措施有利于强化厦门市施工企业建设工程安全工作,提高事故预防和控制能力,规范建筑意外伤害保险保后服务行为,充分发挥厦门市建筑意外伤害保险改革成果对安全生产的督促、引导作用。两个工作队全年免费培养工人6000人次,督导133项工程,发出安全生产建议书133份,提出安全生产督导建议262条。此外,全面实行建筑意外险浮动费率与施工企业安全生产业绩、安全生产管理状况等因素挂钩。通过利用各种资源和手段,加强安全生产和文明施工管理。

【质量安全培训再教育工作】 2008年市建设局依托相关协会,积极组织开展质量安全培训再教育工作。全年举办94期培训教育,培训总人数达11744人。培训内容包括:建筑施工企业三类人员和各类工程管理人员安全生产再教育、建筑施工特种作业人员和三机工安全生产再教育等各种安全生产教育。专门对外地进厦施工企业管理人员开展安全生产培训教育,内容为厦门市有关建设工程质量、安全生产、文明施工管理规定,以及人文、建材设备、地质、气象、海洋等与工程建设有关的信息。全面提高外地进厦施工企业管理人员的安全生产管理水平。

11月起,市建设局贯彻落实城乡与住房建设部《关于开展建筑业"千万农民工同上一堂课"安全培训的通知》精神,在全市建设系统内开展"千万农民工同上一堂课"安全培训活动。通过开展"千万农民工同上一堂课"安全培训活动，切实提高建筑业农民工的安全生产、自我防护的意识和能力，落实各项安全生产制度措施，防范和遏制建筑施工安全生产事故发生，确保厦门市建设系统安全生产形势持续稳定。

【质量监督和工程监理岗位技能练兵】 2008年，市建设局派出7名工程监督执法人员参加全省建设系统工程监督岗位技能竞赛，并取得团队第一名、个人第一名，4人进入前10名并荣获十大技术标兵称号，另有两人获得优胜奖、厦门市建设局荣获"优胜单位"的优异成绩。组织全市6家监理企业组成参赛代表队，代表厦门市参加福建省工程监理"港湾杯"岗位技能竞赛。厦门市参赛选手3人包揽二等奖，2人获得三等奖，5人进入前10名，市建设局获得"优胜单位"，象屿、协诚2家本市监理企业获"优胜企业"。这两项竞赛受到省建设厅通报表彰，为厦门市建设系统增添风采。（邓建龙）

【招投标业务基本情况】 2008年，办理工程项目报建765项，比2007年减少20.40%，工程总投资476.3亿元。施工揭标594项，比2007年减少了23.35%，总预算价177.25亿元，总中标价161.27亿元，造价降低率9.02%。材料设备揭标79项，比2007年减少了43.57%，总预算价3.14亿元，总中标价2.85亿元，造价降低率9.24%。设计揭标82项，比2007年减少了41.01%，总投资概算225.61亿元，总中标价4.42亿元。监理揭标110项，比2007年减少了51.33%，总投资概算234.95亿元，总中标价2.13亿元。抽选招标代理机构136项，比2007年增加16.24%，总投资额58.47亿元。全年收到招标备案文件833项，其中，施工586项，材料设备67项，设计76项，监理104项。发出行政监督意见书85份，其中，施工、材料设备63份，设计10份，监理12份。受理招投标投诉365件，办结297件，办结率81.4%。

【评标专家队伍建设和管理】 2008年市建设局继续加强评标专家队伍建设和管理，提高评标专家素质。组织对现有的厦门市1103名建设工程评标专家进行年度登记考核，取消3名违法违规被纪检监察部门立案查处的评标专家的评标资格。不再续聘和暂停超过年龄、有不良行为记录达三次及不符合要求的部分评标专家资格计203人，同时对以上情况进行通报。对市交易中心移交过来的专家数据库与专家档案、专家资格证书等材料内容进行逐一核对，补充完善评标专家档案。开展对经济类评标专家的培训。做好新入选评标专家及增加专业评标专家的审查工作，对通过初步审查的经济类评标专家进行培训。经审查拟予通过的新入选的评标专家计187人。其中，施工经济类31人次，设计类64人次，监理类43人次，施工技术类51人次，材料设备类27人。30名专家增加专业。对评标专家实行动态管理，按季度通报评标专家违反招标文件规定的评标标准和方法进行评标等不良行为情况。配合纪检监察部门做好评标专家的整改教育工作。建立特邀专家队伍，考察选拔80名房屋建筑、市政基础设施和园林绿化工程特邀专家。

【进一步完善施工招标经评审最低投标价法】 2008年，市建设局出台《厦门市建设与管理局关于改进和完善我市建设工程施工招标投标活动的补充规定》，对采用经审核合理低价随机抽取办法进行招标的工程项目金额作了修正。对招标人发布招标公告前估算的合理低价或工程价格与招标过程中最终确定的合理低价或最高控制价存在差额时，如何使用评标定标办法进行了明确规定。调整经审核合理低价随机抽取法的适用标准和招投标程序，将后置公示调整为前置公示（即由原来的在对投标文件评审完成后立即随机抽取中标候选人并按规定进行评审结果公示，调整为对投标文件评审完成后先按规定进行中标公示，尔后再进入随机抽取程序）。要求参加随机抽取法的投标人必须具备BB+及以上级别的企业信用监管评价等级（园林绿化工程除外）。颁布并施行《关于改进经评审最低投标价中标办法有关事项的通知》，设置成本预警价。在公示内容中增加电子投标计价文件。要求中标人在领取中标通知书前采用银行转账的方式将低价风险金从企业基本账户转入招标文件之指定的账户内，中标人凭低价风险金缴交凭证，领取中标通知书。起草《关于严格项目管理班子资格审查等有关事项的通知》（厦建招[2008113]号），对投标人项目管理班子主要人员网上备案核查和资格审查时对项目管理班子配备的评审作了明确规定。对理解有差异、评标办法未十分明确的条款进一步明确，如明确因投标人清单子项目的人工、材料、机械单价或消耗量降低而少计的企业管理费、利润、风险费、其他措施费、不可竞争费（含"两贴"）等，依据评标定标标准方法规定不再列入不合理报价的计取范畴。针对材料低价证明存在的问题，取消材料的低价证明（即取消招标文件中有关提交生产厂家出具的材料设备单价承诺证明的内容）。（刘碧松）

【优质工程】 年内，厦门检验检疫综合实验楼经评审获2008年度"中国建筑鲁班奖"光荣称号。"鲁班奖"是中国建筑工程质量最高级别的奖项，由住房和城乡建设部颁发。该工程为23层建筑，业主是厦门出入境检验检疫局，由厦门中联建设工程有限公司施工，郑州中兴工程监理有限公司监理，总造价6794.75万元，建筑面积24043平方米。

厦门国际会展二期工程钢构工程被评为2008年度"中国建筑工程钢结构金奖"。该奖项是中国建筑钢结构行业工程质量的最高荣誉奖。此工程由厦门国际会展集团有限公司投资建设，上海宝冶建设有限公司施工总承包，厦门象屿工程咨询监理有限公司监理。

全年，厦门市有13个达到省级优质水平的工程项目，被省工程建设质量管理协会授予"闽江杯"奖。60个工程被评为省级文明工地，占全省总量的47%。

【建设工程质量检测数据信息联网系统正式开通】 8月14日，厦门市建设工程质量检测数据信息联网系统经过一年筹备和半年试运行后正式开通。通过自动采集系统，全市4家建设工程质量检测机构（14个分支检测点）、24预拌混凝土企业试验室、9施工企业试验室的建设工程质量检测数据可以实时传输至监督机构信息终端。全年传输检测报告42.61万份，其中不合格报告3351份。市、区质监机构通过检测报告及时掌握在建工程质量，对存在不合格建筑材料现象的，督查整改或勒令退场，进一步保障本市建筑工程质量。建设工程质量检测自动采集系统以创新发挥监督成效。（林尧清）

【建筑材料供应】 2008年新建工程项目483个，征收新型墙体材料专项基金7950.2万元，返退592个工程的新型墙体材料专项基金10177.5万元，使用预拌混凝土949.6万立方米，消耗水泥269万吨、碎石770.1万立方米、砂385.5万立方米、粉煤灰70.9万吨、矿粉38.7万吨。办理居住建筑节能备案561项，628.1万平方米，办理公共建筑节能备案605项，430.8万平方米。完成421个工程项目的建筑门窗、幕墙监督检查登记，其中门窗工程128.99万平方米，幕墙工程48.40万平方米，造价约8.14亿。2008年幕墙工程增长迅速，塑钢门窗的工程量减少到总量的10%左右。办理2种钢材、14种水泥、11种涂料、3种外加剂、21种防水材料、13种墙体材料、10种硅酮结构胶、55种铝合金型材、4种塑料异型材、6种塑料管材管件、1种建筑节能材料等材料备案。完成对2种钢材、33种水泥、5种涂料、46种外加剂、4种防水材料、10种墙体材料、15种硅酮结构胶、51种铝合金型材、9种塑料异型材等材料备案的监督检查。办理1件现场搅拌混凝土许可。（邱圣安）

【开展"禁黏"工作先行论证】 2005年市建设局编制《厦门市新型墙体材料2005～2009发展规划》，明确到2009年全市实现新型墙体材料使用率超过95%（不包括黏土制品），并基本实现禁止黏土烧结制品的使用。2008年，市建设局开展"禁黏"工作先行论证。经过各方面的共同努力，厦门市的禁黏工作条件已经成熟。主要表现在：（1）广泛开展"禁黏"宣传工作，利用公交车广告、电视、报刊等媒体大力宣传"发展新型墙材，禁止毁田烧砖"，在全社会形成良好"禁黏"氛围。（2）负责全市墙改工作的专门机构墙改办从2003年"禁实"工作完成后，完成大量"禁黏"工作。墙改办能够保证对"禁黏"范围内的所有建设工程实行跟踪监督和不定期进行检查，确保全市建设工程达到"禁黏"要求，建立完善的"禁黏"保障机制。（3）新型墙材品种和产量能满足全市建设工程"禁黏"需求。价格方面，新型墙材与黏土砖比较价格相差无几。每立方米新型墙体材料与黏土砖相比差价在30元以内，差价与单价之比在10%左右，但是使用新型墙体材料能较好地降低建设工程成本，提高建筑工程质量和建筑节能效果。

【扎实推进建筑节能工作】 2007年8月建设部印发《民用建筑能耗统计报表制度》，在全国23个城市开展民用建筑能耗统计工作，统计调查民用建筑在使用过程中各类能源的消耗量。全面掌握我国建筑能耗的实际状况，加强能源领域的宏观管理和科学决策，促进建筑节能工作的发展。厦门市作为全国首批23个开展民用建筑能耗统计的城市之一，市建设局自接到开展建筑节能监管体系建设任务后，组织相关单位共同编制《厦门市国家机关办公建筑和大型公共建筑节能监管体系建设实施方案》，并上报建设部获得批准。按照实施方案，向市政府申请成立建筑节能监管体系领导小组同时组织专家开展能耗统计、能源审计培训十余次，培训业主、物业、政府相关职能部门和审计专业人员700多人。向市财政申请节能监管体系一期建设资金565.85万，其中中央财政配套130万元。

3月，提前完成全市民用建筑能耗统计工作，录入国家机关办公建筑和大型公共建筑264栋，建筑面积768.6万平米；录入六区七街道的民用建筑15077栋，建筑面积558.2万平米。建设部科技司的《民用建筑能耗统计工作简报》2008年第2期全文刊发市建设局材料设备处起草的《厦门市民用建筑能耗统计工作先进经验总结》，简报表彰厦门等4个民用建筑能耗统计工作表现突出城市。建设部将厦门列入首批能耗监测平台建设扩大试点城市。（张杰）

【2008厦门建筑节能博览会】 6月6～8日，第五届厦门人居环境展示会暨2008厦门建筑节能博览会在厦门国际会议展览中心举行。博览会以"节能，绿色，科技"为主题，展会设有绿色节能模型屋、中心展区、技术与产品区。其中，技术与产品区按专业划分为新材展区、门窗钢构展区、可再生能源展区、建筑空调展区、电气智能化展区、建筑节水展区、涂料隔热膜展区、绿色科技展区八大展区。有100多家国内外知名企业参展，展位总数超过300个，展示面积达7000平方米。本届博览会是厦门市历年来规模最大、参与面最广、档次最高的以建筑节能减排为主题的专业展会。

"绿色节能模型屋"成为此次盛会一大亮点。"模型屋"综合应用建筑电气与智能化、中水回用、节水器具、节能空调、墙体、太阳能等可再生能源等70余种绿色节能技术。

在展览会期间同时举办高规格、高水平的"厦门市建筑节能与绿色生态建筑发展论坛"及优秀节能绿色地产集中展示，蓝湾国际、联发五缘湾1号、瑞景公园、水晶森林等绿色节能地产首度以节能示范住宅名义与公众见面，并广泛宣传其使用的各种节能技术。（黄诗斌）

【建筑科技计划项目】 2008年厦门市发布19项科技计划项目，总投资486.4万元、其中财政补贴128万元。建设局科技处检查督促历年科技计划完成情况，组织评审或鉴定5项科技计划项目；组织申报省建设厅2008年科技计划项目、省级工法等；2008年建设系统科技计划项目获厦门市科技进步奖一等奖1项、二等奖3项、三等奖4项。组织推荐申报福建省科技进步奖。组织相关企业申报华夏科技进步奖。完成科技计划项目10项，分别达到国际先进和国内领先水平。

【建筑新技术推广应用】 2008年厦门市建设管理局科技处根据《厦门市建设领域推广应用新技术管理办法》开展花岗岩改进锚栓、风管节能空调、保温砂浆、TSC桩、透水砖、诱导风机、HFRP环保化粪池等多项"五新"技术推广应用工作；推广应用蒸压加气砌块，组织召开技术座谈会、组织实施"蒸压加气混凝土砌块应用示范项目"工作。召开软基处理研讨会、保温与装饰一体化技术研讨会、美国木材协会木结构应用推广会等。结合6·18省建设厅年度推广计划，服务相关技术依托单位，办理参展企业推广应用新技术证书。通过学会或其他中介机构帮助企业发布推广新技术10多项。

【学术交流活动】 厦门市建设管理局科技处与土木建筑学会联合举办台湾建筑师陈迈、张枢、詹添全建筑与结构学术报告会，赵西安建筑幕墙学术报告会，王亚勇、林树枝、赵跃平汶川地震相关学术报告会，江欢成院士结构优化设计学术报告会，马武定、戴志坚规划与建筑学术报告会；召开制冷空调节能技术研讨会、软基处理研讨会、保温与装饰一体化技术研讨会等；开展科技人才活动周科普活动；组织厦门市建设系统专家赴台湾作学术交流；与台湾省结构技师公会代表团在厦交流研讨；举办岩土工程学术座谈会4次、结构工程学术座谈会2次、市政工程学术座谈会1次；参加厦门大学节能讲座、城市污水排放讲座等。

【可再生能源建筑应用项目】 厦门市继续推进"瑞景公园"和"联发五缘湾1号花园"2个国家可再生能源建筑应用示范项目实施。组织申报2008年度国家可再生能源建筑应用示范项目2项，其中1项已公示。完成全市节能示范项目。结合新农村建设经费，市建设管理局科技处与村镇处共同完成3个新农村建设采用太阳能路灯建设，市财政补助总计150万元。完成国家发改委下达的推广应用节能灯具指标任务。（李建龙）

【厦门市创建节水型城市工作通过验收】 9月1～2日，由住房和城乡建设部城市建设司副司长张悦、国家发展和改革委员会有关负责人组成的国家节水型城市考核组，依据住宅和城乡建设部、国家发展和改革委员会颁布的《节水型城市申报与考核办法》、《节水型城市考核标准》，对厦门市申报节水型城市工作进行现场考核验收。

考核组观看厦门市创建工作的相关影像资料，听取政府和有关部门领导创建节水型城市的工作报告，分组对厦门古龙罐头食品有限公司、厦门东纶实业有限公司、厦门大学等14个企业（单位）的节水工作进行现场实地考察。现场考核专家组，对节水型城市标准中的基本条件、基础指标、技术指标、鼓励性指标四部分，通过查阅核实资料、询问等方式，对相关数据及计算方式进行核实。考核组认为厦门市城市节水工作有以下特点：(1)各级领导城市节水理念超前，忧患意识强；(2)节水法规规格高，依法管水力度大；(3)城市节水机构长期稳定，服务意识强；(4)节约用水专业规划有深度，可操作性强；(5)节水宣传形式新颖，有着良好的全民节水意识;(6)节水基础工作扎实,管理手段科学规范;(7)能够综合利用,优化水资源配置;(8)执行节水"三同时"(同时设计、同时施工、同时使用)力度大,效果显著;(9)创建准备工作充分,为考核提供良好基础;(10)城市节水各项技术成效显著。近年来,全市平均每年节水量约 5000 万立方米,计划用水率 100%,工业用水重复利用率 90%,城市污水处理率 83%,节水型企业(单位)覆盖率 18%,万元地区生产总值取水量 19 立方米,万元工业产值增加值取水量 15 立方米,节水器具普及率 100%,城市再生水利用率 14%,城市供水管网漏损率 12%,城市居民生活用水量 132 升。各项节水指标先进,为全市经济建设的可持续发展和建设节水型城市做出贡献。

考核组认为,依据《节水型城市考核标准》的有关规定,厦门市创建节水型城市工作的基础条件、技术考核项目等指标均达到国家标准要求。12 月 22 日国家住房和城乡建设部网公示厦门市创建节水型城市工作通过验收,厦门市圆满完成创建申报国家节水型城市工作任务。

【计划用水指标管理】 根据《中华人民共和国水法》、《厦门市城市供水节水条例》(以下简称《条例》)要求和厦门市的实际情况,全市月用水量 600 吨以上非居民生活用水单位全部纳入用水计划指标管理。管理采取下达年度指标和中间调整的方式。凡申请调整用水指标超过 30% 的单位,市建设局节水办及时派人到实地考核,侧重检查用水单位的用水管理制度、用水设施、设备、器具使用情况等,特别是循环水回用和水平衡测试效果。严格执行超计划指标用水收取累进加价水费制度。2008 年度管理计划用水户 3146(表),指标 1.6222 亿吨。

【水平衡测试成效显著】 2008 年度市建设局节水办完成水平衡测试验收 116 家,通过查堵漏水取得日节水 4038 吨,采取节水改造措施取得日节水 2948 吨,合计日均节水 6984 吨,以此计算年可新增节水 254 万吨。全年新增节水比 2007 年的 200 万吨提高 27%。年内,市建设局节水办加大水平衡测试工作进度,加强用水计划指标管理的针对性,本着管理就是服务的宗旨深入用水单位调研,指导节水工作,累计走访超过 100 家(次),注重建立完善节水档案管理工作。(李泉水)

十一、村镇建设

【概况】 2008 年厦门市村镇建设主要围绕 23 个重点村的旧村改造和新村建设、49 个重点村的家园清洁行动两项中心任务展开工作。通过市、区两级新村办、家园办和村镇建设管理部门的密切配合,全市各试点村建设进展顺利,旧村改造和新村建设专项资金补助项目落实到位,家园清洁行动建设项目全面启动,项目建设有序进行,村镇建设管理水平进一步提高,有力地推动全市村镇建设发展,为确保完成政府为民办实事项目如期完成奠定良好基础。

【旧村改造和新村建设新进展】 2008 年,市建设局根据市委、市政府《关于加快旧村改造和新村建设的若干意见》,推进 23 个旧村改造和新村建设重点村建设,引导村民自主投工投劳,改善生产、生活环境,全年重点村建设项目安排市、区两级财政补助 1.4 亿元,主要用于村庄建设规划、村内道路建设、排水排污沟(管)、垃圾收集点等十类项目建设。完成全市旧村改造和新村建设 23 个重点村的村庄建设规划编制工作,首批补助资金 11982.266 万元计划到位,主要用于村内道路建设、排水排污沟(管)、垃圾收集点等项目建设,建设项目包括 23 个重点村村内道路 145.80 公里、排水排污沟(管)238.49 公里、砌筑挡土墙 86.86 千立方、路灯 2300 套、垃圾收集点 531 个、垃圾转运车辆 244 辆、篮球场 67 个、健身器材 82 套,并对村庄实施环境整治、房前屋后硬化、绿化、美化。对 2007 年试点村建设项目进一步完善,新增建设村内道路 6.93 公里、排水排污沟(管)3.95 公里、砌筑挡土墙 7.27 千立方、完善 7 个村内小公园的建设。截至年底,已建设村内道路 58.61 公里,完成计划的 40.2%;排水排污管 108.99 公里,完成计划的 45.7%;挡土墙 4.76 万立方,完成计划的 55%。

【多项举措加快旧村改造和新村建设】 2008 年,市建设局采取多项举措加快旧村改造和新村建设。召开全市挂钩帮扶工作会议,会同组织部门,落实 2008 年 23 个试点村的帮扶单位和驻村干部,积极对接,落实帮扶措施,与挂钩村共谋发展。7 月份组织对 2007 年 25 个试点村的建设项目完成情况和资金使用情况进行验收,规范重点村建设项目验收工作。其中委托厦门市长实监理有限公司对建设项目完成情况进行验收,形成全市项目验收总报告和各村验收报告,上报市委、市政府。分别组织在同安区窑市村、翔安区小嶝村召开现场点评会,参观先进村,对重点村的建设情况进行点评和通报,表扬进度快的村,督促落后村庄加快建设进度,在各区形成比先赶超的态势。结合新村建设和旧村改造项目实施过程,积极组织村镇建设系统的管理干部和技术人员培训，召开现场点评会两次，组织集中培训2次，培训380人次，并会同市委农办、市委组织部门召开驻村干部经验交流会，进一步提高村镇建设管理水平，推动新农村建设工作。

【农村"家园清洁行动"】 4月中旬，经市家园办研究并报省家园办同意，将厦门市新店、内厝、汀溪、后溪、东孚等5个镇及龙西等49个行政村，列为家园清洁行动试点镇（村），其中新村建设和旧村改造23个村，老区山区建设14个村。下达市、区两级财政补助专项资金1953万元，用于试点镇（村）的清洁楼、临时垃圾转运站、垃圾收集点的建设及垃圾转运车、人力保洁车、垃圾容器的配置，部署开展农村环境卫生专项整治行动。

结合新村建设和旧村改造项目的推动，家园清洁行动全年安排建设清洁楼15座1155万元、临时垃圾转运站30座300万元、垃圾收集点21.2万元，投入34万元购置人力保洁车、198万元购置垃圾运输车、12.4万元购置垃圾容器，投入196万元组织开展环境整治。完成15座清洁楼立项办理、规划用地、规划等前期工作；30座临时垃圾转运站投入使用3座、开工建设15座、办理前期12座；垃圾收集点全部开工建设；垃圾运输车、人力保洁车、垃圾容器等完成招标采购，环境整治按计划全部进行。

厦门市家园办把市容考评机制引入农村，联合市委农办、市政园林局、市容考评委制定实施《厦门市镇、村环境卫生管理考评方案》和《厦门市镇、村环境卫生管理考评办法和考评标准》，将市容考评机制延伸至所有已整治完成的重点村。6月开始，市容考证委每月组织一次明查、一次暗访，并形成考评结果定期在《厦门日报》、厦门电视台等媒体进行公布，有力地促进各区进一步加强村庄环境的保洁、设施维护等长效管理工作，保证新农村建设走上"建成一批、成效一批、巩固一批"的良性发展轨道。

十二、城市管理

【概况】 2008年，厦门市城市管理办公室（简称市城管办）围绕厦门市第二轮创建全国文明城市，贯彻落实市委、市政府"四个加强"、"四个破解"的实施意见，着重开展新开通的成功大道两侧以及集美大桥、杏林大桥两端市容景观美化亮化工作。做好全市节假日、重要接待和重大活动的市容保障和城市气氛布置。实施城区交通综合改善工程，解决市民群众反映的热点问题。

【一道两桥及BRT两侧景观美化亮化】 年内，厦门市对成功大道北段两侧、集美大桥、杏林大桥两端市容景观进行美化亮化。拆除违章搭盖6182平方米，拆除不规范广告130块，立面涂装51126平方米，砌筑围墙7126平方米。组织完成BRT沿线景观整治规划设计方案，由思明区、湖里区具体实施。

【加强户外广告设置管理】 市城管办会同有关部门制定《厦门市户外广告设置导则》，促进厦门市户外广告有序管理；参与会审户外广告2800件，协调拆除违章设置的广告58900平方米。结合"两桥一道"两侧和两端市容美化工程在成功大道、集灌路两侧新建公益广告宣传牌面5处1314平方米；新建一座140平方米的大型双面广告牌，对联检大楼公益广告实施迁移。

【第五期LED夜景工程建设】 年内，厦门市实施第五期LED夜景工程建设，建设范围包括：成功大道两侧建筑；连接集美大桥、杏林大桥两端的主干道和建筑；集美大学、诚毅学院沿高速连接线一侧的建筑夜景，于"九八"前全部亮灯。对于市建项目，采用维修包干的方式通过招标确定维护维修服务单位。适时组织协调市、区两级夜景建设管理部门对已建成的夜景工程、霓虹灯全面检修，提高亮灯效果。

【实施交通改善工程破解交通难】 增设交通监控设施：在高架桥、车辆违章较多的路段、交通事故易发频发点共设置69个交通视频信息采集点，扩展对主、次干道交通状况实时监管的覆盖面，进一步提高对路面交通的即时监控、即时反应能力。在厦门海沧大桥、马青路、东渡一期南、福厦联检、同集孙坂、集美大道、田厝高速下、滨海西大道、内茂桥等进出岛主要路口设置9套交通诱导屏，适时发布周边的交通路况，特别是堵车、交通事故等交通信息，分散交通流。对全市所有主干道的所有路口标志牌进行更新。新的指路牌不仅版面设置合理、美观，同时依据厦门交通组织管理方案，有目的地对交通进行分流，从而减少中心城区的交通压力，增强驾驶员通过指路标志到达目的地的效果。实施道路零星交通改善，消除25个交通"盲点"，包括贯通西堤支路，完善禁左，主干道右转弯车道拓宽，公交港湾式车站建设，增设掉头区等道路改善工程。

【规范机动车停车场管理】 开展湖里区道路停车位、地下停车场（库）清查摸底工作。清查湖里区486家小区，总车位52459个。其中，地下车位

22499个，使用率94.04%；地面车位26510个，使用率100%；独立车库3450个，使用率56%。针对地下车位或车库存在挪作他用的现象，联合相关部门发出限期整改通知书，并做好跟踪回访工作。

【实施综合执法维护交通秩序】 2008年内，市交通秩序综合执法大队坚持依法行政、文明执法，整治机动车乱停车行为。主要加大对市区13条主干道、4条商业街、10个主要路口、6个主要交通枢纽的机动车辆不按规定乱停放行为的整治，共纠正机动车辆不按规定乱停放行为6万余起、开出违章停车处罚通知单47668张并加强汽车尾气路查。配合总环保局在厦大白城、和平码头、鹭江道、镇海路、同安路、仙岳路、东渡路等路段对2200余部车进行尾气检测，处罚尾气排放不合格车辆1167余部，其中，本地车959辆，外地车38辆。

【开展创建全国无障碍建设城市的前期工作】 建设部、民政部、中国残疾人联合会、全国老龄工作委员会联合下发的《关于开展创建全国无障碍建设城市工作的通知》，决定组织包括厦门市在内的100个城市开展创建全国无障碍建设城市活动，并于2010年底组织创建工作验收。厦门市城市管理办公室一方面按照创建要求落实创建组织机构工作，由市政府成立以分管副市长为组长的"创建全国无障碍建设城市领导小组"，领导小组下设办公室，负责协调处理日常工作。另一方面，结合迎接全国文明城市复查工作，于6月份组织全市有关单位对所属或管理的无障碍设施的养护和管理开展自查自纠，并联合市容考评办对城市道路、公共建筑、新建住宅的无障碍设施进行检查，发现问题及时责成有关部门整改。（邹振冈）

十三、物业管理

【概况】 2008年厦门市建设局继续完善全市物业管理专项执法检查后续工作，在调查取证的基础上完善执法程序和文件资料。做好公共设施专项维修资金移交（缴交）工作；督促开发建设单位及时牵头成立业主委员会。

截至2008年底，全市取得物业管理资质企业295家，其中，一级资质企业8家，二级资质企业18家，三级资质企业210家，暂定资质企业59家。管理6828万平方米各类物业，1309个物业管理小区，约78271栋，40.2万户，人口约130万人。全市住宅小区物业管理覆盖率65.6%。被评为国家、省级、市级示范或优秀项目住宅区143个，其中国家示范项目28个，省级示范项目37个，市级示范78个。全市物业服务企业营业收入总额11.82亿元，上缴税收总额0.71亿元，企业利润总额0.19亿元。市建设局归集公共设施专用基金余额7.3亿元。

年内，住总物业、海投物业、华菲物业、友朋四方物业、都市景象物业公司5家物业取得国家一级资质。厦煌物业、嘉成物业、佰仕达物业和万家合物业公司4家物业取得国家二级资质。厦煌物业、联发集团物业通过市建设局一级资质材料初审。全年新办物业服务企业34家，10家临时三级资质的服务企业转为正式三级。

截至2008年12月31日，公共设施专用基金总额达73054.71万元（其中，总户中余额为72342.82万元），全年新增公维金总额达19228.04万元，新增利息达1692.88万元；划拨使用公维金163.13万元。

【《厦门市住宅物业服务等级标准及收费指导价》】 12月1日，市建设局与市物价局共同制定的《厦门市住宅物业服务等级标准及收费指导价》（以下简称《标准》）历经数年调研和制定，通过市政府常委会审查后正式试行。据《标准》，厦门市住宅物业服务分成5个等级，小区业主有权选择物业服务等级。纳入物业等级服务的主要内容有5项（详见表），具体项目成本由人员费用、设施设备维护费、绿化养护费、秩序维护费、办公费、企业管理费分摊、利润和税费等构成。除了设备维护服务标准分成3个等级之外，其他四项物业服务都分成5个等级，不同的等级设置不同的服务及收费标准。

【房屋维修基金卡】 2008年，厦门市完成房屋维修基金卡（即业主身份识别卡）制作和网站建设工作，选择绿家园、仙岳山庄、海晟棕蓝海、南洋大厦4个具有代表性且具备发卡条件的小区做为第一批试点，多个小区业主委员会要求列入第二批试点小区。截至年底，发放房屋维修基金卡1156张，发卡率达69.60%，其中仙岳山庄的发卡率高达94.66%。10月厦门市房屋维修资金及业主网上投票系统首次在仙岳山庄启用，效果很好，建筑面积和户数的投票率分别达到69%和65%，审议通过业主大会议事规则等文件，选举产生新一届业主委员会成员。房维卡的使用被省建设厅作为全省物业服务行业专题调研课题：《运用现代信息技术破解业主大会的运作难题——厦门市建设与管理局应用房屋专项维修资金业主专用卡的专题调研》。（吴雪琳）

（厦门市建设与管理局）

深 圳 市

一、概况

2008年,深圳市建筑行业实现又好又快发展。全年完成建筑业总产值941.02亿元,同比增长10.0%;建筑施工面积6478.55万平方米,同比增长10.6%,其中本年新开工面积2280.37万平方米,竣工面积1695.13万平方米;全员人均劳动生产率27.55万元,同比增长5.48万元。共有4项工程获得鲁班奖,获奖数占全省的57%。

二、建筑节能和绿色建筑工作

2008年,深圳市建筑节能和绿色建筑工作取得新突破,自2006年底《深圳经济特区建筑节能条例》实施以来,全市累计建筑节能总量已达到61.7万吨标准煤,相当于节省用电16.2亿千瓦时,减排二氧化碳164.1万吨。2008年全年实现减少建筑能耗总量达到40.8万吨标准煤,节能量占全市节能目标的49%。制定了《关于打造绿色建筑之都的实施方案》,并以市政府名义发布实施,在全国第一个提出打造"绿色建筑之都"奋斗目标;市政府与住房和城乡建设部签署了关于共建光明新区绿色建筑示范区的合作框架协议,这是全国第一个国家级绿色建筑示范区,也是迄今为止面积最大的一个国家级生态城区;加强新建建筑节能监管,对不符合节能标准的145项施工图设计文件、62项节能专项验收项目以及执法检查中的226个项目,一律责令整改,对9个违反强制性条文的单位和个人进行严厉处罚。新建建筑符合节能标准率从2004年不到10%,提高到现在的100%,比全国平均水平高出29个百分点;以招商三洋厂房和建设集团办公楼等建筑为试点,推进既有建筑节能改造;完成大型公建节能监测数据中心一期建设,同时完成738栋建筑的能耗统计,360栋大型公建的能源审计,并在50栋大型公建安装了能耗实时监测系统;推进太阳能在建筑中的规模化应用,采用太阳能热水的新建建筑面积达到65万平方米;积极推进塘朗山填埋场及地铁3号线、深惠路建筑垃圾综合利用项目建设,塘朗山项目一期已投入试运行,年产标砖50万立方米,消化建筑垃圾80万吨;组团参加第四届国际绿色建筑大会,与美国能源基金会签署了将深圳建设成为绿色建筑示范城市的合作备忘录。

三、质量安全和文明施工

2008年,深圳市建设工程质量安全与文明施工取得新进展。年内,先后召开全市建设工程质量振兴大会和安全生产大会,提出了提高质量水平的40条指导意见和提高安全生产水平的45条指导意见;建立专家管理机制、信息报送与反馈制度、安全生产联席会议制度、约谈警示制度和监管主体层级监督责任制,层层构建质量安全保障体系;先后制定了深基坑、高大模板、施工起重机械、重大危险源等管理办法,初步形成了质量安全管理的长效机制;强化现场监管力度,在年初和年末开展了两次百日安全隐患排查整治行动。在质量检查中,共签发各类监督文书7422份,同比增长42.6%。其中监督检查意见书5366份,同比增长29.4%;责令整改通知书1199份,同比增长106.4%;停工整改通知书25份,同比增长25%;不良行为记录认定书832份,同比增长92.6%;开展各类监督抽检共10160样次,与上年同比增加了近一倍。在施工安全方面,共检查工地12341项次,同比增长了22%;发出整改通知书1686份,同比增长了52%;发出停工通知书291份,同比增长了135%,录入深圳市不良行为管理系统2636份,同比增长了519%。加大宣传教育投入,全力推行"平安卡",市政府专门拨出200万元经费予以补贴,建筑从业人员"平安卡"持卡总数达到14万人;加强文明施工管理,出台《关于加强建筑工地文明施工管理的紧急通知》,开展泥头车专项整治,下发《关于加强建筑工地泥头车雇佣管理的通知》,对违法超载被处罚的泥头车,给予不良行为记录。全年有4个项目获得鲁班奖,3项工程获国家优质工程奖,6项工程获省优良样板工程,3项工程获金牛奖,50项工程获市优质工程奖,27项工程通过了省安全与文明施工"双优"样板工地检查,57项工程获得了市安全与文明施工"双优"样板工程称号。

四、重大项目建设

2008年,深圳市建设局积极推进重大项目建设管理和项目管理模式创新探索。制定《深圳地铁5号线BT项目施工图设计及审查办法》等规章制度,起草《关于我市轨道交通工程实施设计施工总承包模式改革的试点方案》,全国最大的BT项目——地铁5号线进入全面施工阶段,地铁5号线全线69个工点已开工67个,累计完成投资30亿元(不含征地拆迁费用),为年度计划的144%。市建设局重大项目、享受便利直通车服务大企业的建设项目等绿色通道项目审批(备案)业务即到即办率达100%,重大项目审批服务绩效考核27个月排名全市第一。

五、有形建筑市场管理

2008年,深圳市继续加强有形建筑市场管理。年内,制定《关于加强建设工程招标投标管理的若干规定》,以市政府86号文件发布实施;推进建筑市场公开、公平、公正、择优原则的实现,全年施工招标中标价相对标底平均下浮约13.5%,与上年同比回升了3个百分点,恶性低价竞争态势得到有效遏制,市场价格竞争回归理性;加快有形建筑市场建设,有形建筑市场交易范围扩大至勘察、设计、项目代建、咨询服务、重要设备和材料采购以及环境影响评价、地质灾害等所有建设工程以及与工程密切相关的服务、货物,形成了全市统一交易平台、统一政策措施、统一监督管理的招标投标管理体制;引入计算机辅助评标系统,实现了商务标自动评审、技术标辅助评审、资信标自动(或辅助)评审,使信息技术在招标投标工作中得到充分应用,最大限度减少评定标工作中的人为因素;加大对围标串标等违法行为的打击力度,及时制止和有效打破了涉及50亿元的观光路等5项市政、交通工程的围标串标行为;全年完成工程发包3594项,工程总造价826.11亿元,其中施工招标项目2357项,涉及中标价712.04亿元,同比增长19.32%。

六、工程造价管理

2008年,深圳市加强建设工程造价管理。研究编制估算、概算计价依据,填补建设项目前期造价管理真空。完善建设工程价格信息发布平台,构建价格预警机制。发布"四节"产品价格信息300余项,构建符合发展绿色建筑需要的计价标准体系。强化建设工程合同管理,依法办理各类合同备案1081份。出台工料机调差办法,为合同履行过程中工料机价格调整提供政策依据。全年开展3项标底抽查,49项国有建设资金造价审定,涉及造价金额45亿元,核减工程造价3亿元,核减率为7%。

七、建筑行业管理与和谐行业建设

2008年,深圳市大力加强建筑行业管理及和谐行业建设工作,取得明显成效。鼓励大型建筑企业将总部落户深圳,制定《关于扶持建筑业总部企业发展的若干措施》,成功引进了中建钢构在深圳设立总部;大力扶持优势产业和新兴产业发展,成功举办"建筑装饰创意设计展览",在"国优"装饰工程中,深圳45项名列其中,占总数的18.5%;实施"走出去"战略,16家深圳装饰企业参与北京奥运场馆建设;市属企业在省外建筑产值约233.45亿元,同比增长11.8%,占总产值的24.81%;积极发展建筑劳务分包,制定了《深圳市建筑劳务分包管理暂行办法》,全年新批建筑劳务企业27家,全市建筑劳务分包企业超过80家,是全省劳务企业数量最多的城市;修订《政府投资工程预选承包商名录管理办法》,将政府投资工程预选承包商由2大类12个组别扩大到3大类15个组别。

加强和谐行业建设。推进建设工地配备一个大食堂、一个医疗室、一个洗浴室、一个阅览室、一个娱乐室等"五个一工程",有15个工地开展了创建活动,形成了以深圳市光明污水处理厂工程、万科中心等多个工地为代表的和谐工地。继续推进清欠维稳工作,共受理拖欠工程款投诉102宗,清理拖欠工程款1.42亿元;受理拖欠农民工工资投诉303宗,清理拖欠工资7600万元,涉及农民工8724人。

八、科技创新工作

2008年,深圳市大力推进建设科技工作。成立深圳市建设科技促进中心,进一步加强建设科技组织领导;与发改部门合作,制定固定资产投资项目建筑领域循环经济产品(技术)推广目录,有78个产品(技术)通过了专家评审。完善建设科技标准规范体系,组织编制了《深圳地区建筑深基坑支护技术规范》、《建筑基桩检测规程》等5个标准规范;加快推进预拌混凝土和预拌砂浆工作,完成《预拌混凝土(湿拌砂浆)生产企业试验室验收指南》等5个标准规范的编写工作;启动"金建工程"建设,开展数字化工地建设和数字化燃气管理;推进建筑工业化试点,起草了《日本建筑工业化考察报告》。推广应用预拌混凝土和散装水泥,散装水泥使用率达55%以上,预拌混凝土使用率达95%以上。

九、燃气行业管理

2008年，深圳市进一步强化燃气管理。开展燃气安全隐患大排查，全市共出动1649人次，检查燃气场站957站次，下发整改通知书170份，关停存在严重安全隐患的供应站和便民点20个；加强地下燃气管网保护，施工挖坏燃气管网数下降35%；开展燃气入户安全检查，一氧化碳中毒事故死亡人数从2004年的180余人，下降到2008年的20余人；积极推进西气东输二线工程，发布了《深圳市天然气高压输配系统规划建设指导意见》；推进液化石油气仓储区规划建设和搬迁整治工作，完成全市液化石油气仓储基地规划建设和搬迁整治工作方案，编制樟坑径燃气基地总体布局规划以及东角头、清水河气库搬迁整治实施意见；加强全市燃气供应预警，在今年冰雪灾害期间，及时启动供应应急预警监测，保证了我市气源储备充足和物价平稳。

十、天然气转换

2008年，深圳市全力推进天然气转换工作。5月提前半年全面完成管道天然气转换任务，共计转换80.5万民用户、2060户工商户，转换过程中未发生一起安全责任事故，标志着深圳市全面进入清洁、安全、价廉的天然气时代。为解决老龄楼宇燃气管道及设施转换改造问题，市政府落实改造资金2900万元。在广东省质量协会开展的第三方测评中，市民对天然气转换服务质量的整体满意率达到97.1%。除完成管道天然气转换外，还将锅炉"油改气"列入此次转换工作的重点，完成赛格三星、金威啤酒厂、香格里拉大酒店、市中医院等工厂、酒店和医院的"油改气"工作。

十一、法制建设和依法行政工作

2008年，深圳市加快建设行业立法进程，规范行政执法。加强立法工作，《深圳市建筑废弃物减排和利用条例》(草案)已报省人大议审，完成建设工程质量投诉处理办法等30多项规范性文件的起草工作。加大执法力度，共作出行政处罚决定73份，罚款600多万元，较上年增加2倍多。对17家企业、14名个人作出暂停在本市承接工程或执业的处罚。加强建筑市场主体信用管理，共记录并公示建筑市场主体不良行为信息4000多条，较上年增加近一倍。

十二、抗震救灾对口援建工作

"5·12"特大地震发生以后，市建设局承担了深圳市援建四川什邡和甘肃陇南两地2.9万套活动板房的建设任务。先后有7家施工单位，5家板房安装单位，以及多家勘察、设计、监理等单位，4000多名现场工作人员参与建设。6月20日提前5天完成在什邡10245套过渡安置房的建设任务，在全国各省市中第一个完成了四川灾区首期过渡安置房的建设任务，第一个将1万多套的过渡安置房大规模移交给当地政府和群众。之后转战甘肃陇南，完成活动板房19837万套(其中自建活动板房6437套，永久性住房折合4400套，委托甘肃代建9000套)。

同时，市建设局承担了对口支援甘肃"一区三县"项目建设工作，深圳市直接援建的25个项目已开工建设15个，建筑面积14万平方米，完成计划2.3亿元，其中已完工交付使用项目4个，共安排入住受灾群众337户、1348人。

在抗震救灾行动中，涌现了一批先进集体和先进个人。深圳市有6个单位被住房和城乡建设部授予抗震救灾先进集体，16位同志被授予先进个人，分别占到全省先进总数的50%和57%。市建设局2名同志分别被广东省委授予"抗震救灾一线优秀共产党员"、广东省抗震救灾"先进个人"称号。(吴涛)

(深圳市建设局)

第三篇

法规政策文件

一、法律、法规和国务院有关文件

国务院办公厅转发环保总局等部门关于加强农村环境保护工作意见的通知

国办发〔2007〕63号

各省、自治区、直辖市人民政府，国务院各部委、各直属机构：

环保总局、发展改革委、农业部、建设部、卫生部、水利部、国土资源部、林业局《关于加强农村环境保护工作的意见》已经国务院同意，现转发给你们，请认真贯彻执行。

国务院办公厅
二〇〇七年十一月十三日

关于加强农村环境保护工作的意见

为贯彻落实《中共中央国务院关于推进社会主义新农村建设的若干意见》（中发〔2006〕1号）、《国务院关于落实科学发展观加强环境保护的决定》（国发〔2005〕39号），保护和改善农村环境，提高农民生活质量和健康水平，促进社会主义新农村建设，现就加强农村环境保护工作提出如下意见：

一、充分认识加强农村环境保护的紧迫性和重要性

（一）农村环境形势严峻。党中央、国务院高度重视农村环境保护工作，经过多年努力，农村环境保护工作取得了较大进展。但是，我国农村环境形势仍然十分严峻，点源污染与面源污染共存，生活污染和工业污染叠加，各种新旧污染相互交织；工业及城市污染向农村转移，危及农村饮水安全和农产品安全；农村环境保护的政策、法规、标准体系不健全；一些农村环境问题已经成为危害农民身体健康和财产安全的重要因素，制约了农村经济社会的可持续发展。

（二）加强农村环境保护意义重大。加强农村环境保护是落实科学发展观、构建和谐社会的必然要求；是促进农村经济社会可持续发展、建设社会主义新农村的重大任务；是建设资源节约型、环境友好型社会的重要内容；是全面实现小康社会宏伟目标的必然选择。各地区、各部门要从全局和战略的高度，提高对农村环境保护工作重要性和紧迫性的认识，统筹城乡环境保护，把农村环境保护工作摆上更加重要和突出的位置，下更大的气力，做更大的努力，切实解决农村环境问题。

二、明确农村环境保护的指导思想、基本原则和主要目标

（三）指导思想。以科学发展观为指导，按照建设资源节约型和环境友好型社会的要求，坚持以人为本和城乡统筹，把农村环境保护与改善农村人居环境、促进农业可持续发展、提高农民生活质量和健康水平以及保障农产品质量安全结合起来，切实抓好源头控制、过程管理、废弃物资源化利用，着力推进环境友好型的农村生产生活方式，促进社会主义新农村建设，为构建社会主义和谐社会提供环境安全保障。

（四）基本原则。统筹规划，突出重点。农村环境保护工作是一项系统工程，涉及农村生产和生活的各个方面，要统筹规划，分步实施。重点抓好农村饮用水水源地环境保护和饮用水水质卫生安全、农村改厕和粪便管理、生活污水和垃圾治理、农村环境卫生综合整治、农村地区工业污染防治、规模化畜禽养殖污染防治、土壤污染治理、农村自然生态保护。

因地制宜，分类指导。结合各地实际，按照东中西部自然生态环境条件和经济社会发展水平，采取不同的农村环境保护对策和措施。

依靠科技，创新机制。加强农村环保适用技术研究、开发和推广，充分发挥科技支撑作用，以技术创新促进农村环境问题的解决。积极创新农村环境管理政策，优化整合各类资金，建立政府、企业、社会多元化投入机制。

政府主导，公众参与。发挥各级政府主导作用，落实政府保护农村环境的责任。维护农民环境权益，加强农民环境教育，建立和完善公众参与机制，鼓励和引导农民及社会力量参与、支持农村环境保护。

（五）主要目标。到2010年，农村环境污染加剧的趋势有所控制，农村饮用水水源地环境质量有所改善；摸清全国土壤污染与农业污染源状况，农业面源污染防治取得一定进展，测土配方施肥技术覆盖率与高效、低毒、低残留农药使用率提高10%以上，农村畜禽粪便、农作物秸秆的资源化利用率以及生活垃圾和污水的处理率均提高10%以上；农村改水、改厕工作顺利推进，农村卫生厕所普及率达到65%，严重的农村环境健康危害得到有效控制；农村地区工业污染和生活污染防治取得初步成效，生态示范创建活动深入开展，农村环境监管能力得到加强，公众环保意识提高，农民生活与生产环境有所改善。

到2015年，农村人居环境和生态状况明显改善，农业和农村面源污染加剧的势头得到遏制，农村环境监管能力和公众环保意识明显提高，农村环境与经济、社会协调发展。

三、着力解决突出的农村环境问题

（六）切实加强农村饮用水水源地环境保护和水质改善。把保障饮用水水质作为农村环境保护工作的首要任务。配合《全国农村饮水安全工程"十一五"规划》的实施，重点抓好农村饮用水水源的环境保护和水质监测与管理，根据农村不同的供水方式采取不同的饮用水水源保护措施。集中饮用水水源地应建立水源保护区，加强监测和监管，坚决依法取缔保护区内的排污口，禁止有毒有害物质进入保护区。要把水源保护区与各级各类自然保护区和生态功能保护区建设结合起来，明确保护目标和管理责任，切实保障农村饮水安全。加强分散供水水源周边环境保护和监测，及时掌握农村饮用水水源环境状况，防止水源污染事故发生。制订饮用水水源保护区应急预案，强化水污染事故的预防和应急处理。大力加强农村地下水资源保护工作，开展地下水污染调查和监测，开展地下水水功能区划，制定保护规划，合理开发利用地下水资源。加强农村饮用水水质卫生监测、评估，掌握水质状况，采取有效措施，保障农村生活饮用水达到卫生标准。

（七）大力推进农村生活污染治理。因地制宜开展农村污水、垃圾污染治理。逐步推进县域污水和垃圾处理设施的统一规划、统一建设、统一管理。有条件的小城镇和规模较大村庄应建设污水处理设施，城市周边村镇的污水可纳入城市污水收集管网，对居住比较分散、经济条件较差村庄的生活污水，可采取分散式、低成本、易管理的方式进行处理。逐步推广户分类、村收集、乡运输、县处理的方式，提高垃圾无害化处理水平。加强粪便的无害化处理，按照国家农村户厕卫生标准，推广无害化卫生厕所。把农村污染治理和废弃物资源化利用同发展清洁能源结合起来，大力发展农村户用沼气，综合利用作物秸秆，推广"猪—沼—果"、"四位（沼气池、畜禽舍、厕所、日光温室）一体"等能源生态模式，推行秸秆机械化还田、秸秆气化、秸秆发电等措施，逐步改善农村能源结构。

（八）严格控制农村地区工业污染。加强对农村工业企业的监督管理，严格执行企业污染物达标排放和污染物排放总量控制制度，防治农村地区工业污染。采取有效措施，防止城市污染向农村地区转移、污染严重的企业向西部和落后农村地区转移。严格执行国家产业政策和环保标准，淘汰污染严重和落后的生产项目、工艺、设备，防止"十五小"和"新五小"等企业在农村地区死灰复燃。

（九）加强畜禽、水产养殖污染防治。大力推进健康养殖，强化养殖业污染防治。科学划定畜禽饲养区域，改变人畜混居现象，改善农民生活环境。鼓励建设生态养殖场和养殖小区，通过发展沼气、生产有机肥和无害化畜禽粪便还田等综合利用方式，重点治理规模化畜禽养殖污染，实现养殖废弃物的减量化、资源化、无害化。对不能达标排放的规模化畜禽养殖场实行限期治理等措施。开展水产养殖污染调查，根据水体承载能力，确定水产养殖方式，控制水库、湖泊网箱养殖规模。加强水产养殖污染的监管，禁止在一级饮用水水源保护区内从事网箱、围栏养殖；禁止向库区及其支流水体投放化肥和动物性饲料。

（十）控制农业面源污染。综合采取技术、工程措施，控制农业面源污染。在做好农业污染源普查工作的基础上，着力提高农业面源污染的监测能力。大力推广测土配方施肥技术，积极引导农民科学施肥，在粮食主产区和重点流域要尽快普及。积极引导和鼓励农民使用生物农药或高效、低毒、低残留农药，推广病虫草害综合防治、生物防治和精准施药等技术。进行种植业结构调整与布局优化，在高污染风险区优先种植需肥量低、环境效益突出的农作物。推行田间合理灌排，发展节水农业。

（十一）积极防治农村土壤污染。做好全国土壤污染状况调查，查清土壤污染现状，开展污染土壤修复试点，研究建立适合我国国情的土壤环境质量监管体系。加强对主要农产品产地、污灌区、工矿废弃地等区域的土壤污染监测和修复示范。积极发展生态农业、有机农业，严格控制主要粮食产地和蔬菜基地的污水灌溉，确保农产品质量安全。

（十二）加强农村自然生态保护。以保护和恢复生态系统功能为重点，营造人与自然和谐的农村生态环境。坚持生态保护与治理并重，加强对矿产、水力、旅游等资源开发活动的监管，努力遏制新的人为生态破坏。重视自然恢复，保护天然植被，加强村庄绿化、庭院绿化、通道绿化、农田防护林建设和林业重点工程建设。加快水土保持生态建设，严格控制土地退化和沙化。加强海洋和内陆水域生态系统的保护，逐步恢复农村地区水体的生态功能。采取有效措施，加强对外来有害入侵物种、转基因生物和病原微生物的环境安全管理，严格控制外来物种在农村的引进与推广，保护农村地区生物多样性。

四、强化农村环境保护工作措施

（十三）完善农村环境保护的政策、法规、标准体系。抓紧研究、完善有关土壤污染防治、畜禽养殖污染防治等农村环境保护方面的法律制度。按照地域特点，研究制定村镇污水、垃圾处理及设施建设的政策、标准和规范，逐步建立农村生活污水和垃圾处理的投入和运行机制。对北方农业高度集约化地区、重要饮用水水源地、南水北调东中线沿线、重要湖泊水域和南方河网地区等水环境敏感地区，制定并颁布污染物排放及治理技术标准。加快制定农村环境质量、人体健康危害和突发污染事故相关监测、评价标准和方法。

（十四）建立健全农村环境保护管理制度。各级政府要把农村环境保护工作纳入重要日程，研究部署农村环境保护工作，组织编制和实施农村环境保护相关规划，制订工作方案，检查落实情况，及时解决问题。各级环保、发展改革、农业、建设、卫生、水利、国土、林业等部门要加强协调配合，进一步增强服务意识，提高管理效率，形成工作合力。加强农村环境保护能力建设，加大农村环境监管力度，逐步实现城乡环境保护一体化。建立村规民约，积极探索加强农村环境保护工作的自我管理方式，组织村民参与农村环境保护，深入开展农村爱国卫生工作。

（十五）加大农村环境保护投入。逐步建立政府、企业、社会多元化投入机制。中央集中的排污费等专项资金应安排一定比例用于农村环境保护。地方各级政府应在本级预算中安排一定资金用于农村环境保护，重点支持饮用水水源地保护、水质改善和卫生监测、农村改厕和粪便管理、生活污水和垃圾处理、畜禽和水产养殖污染治理、土壤污染治理、有机食品基地建设、农村环境健康危害控制、外来有害入侵物种防控及生态示范创建的开展。加大对重要流域和水源地的区域污染治理的投入力度。加强投入资金的制度安排，研究制定乡镇和村庄两级投入制度。引导和鼓励社会资金参与农村环境保护。

（十六）增强科技支撑作用。在充分整合和利用现有科技资源的基础上，尽快建立和完善农村环保科技支撑体系。推动农村环境保护科技创新，大力研究、开发和推广农村生活污水和垃圾处理、农业面源污染防治、农业废弃物综合利用以及农村健康危害评价等方面的环保实用技术。建立农村环保适用技术发布制度，加快科研成果转化，通过试点示范、教育培训等方式，促进农村环保适用技术的应用。

（十七）加强农村环境监测和监管。建立和完善农村环境监测体系，定期公布全国和区域农村环境状况。加强农村饮用水水源地、自然保护区和基本农田等重点区域的环境监测。严格建设项目环境管理，依法执行环境影响评价和"三同时"等环境管理制度。禁止不符合区域功能定位和发展方向、不符合国家产业政策的项目在农村地区立项。加大环境监督执法力度，严肃查处违法行为。研究建立农村环境健康危害监测网络，开展污染物与健康危害风险评价工作，提高污染事故鉴定和处置能力。

（十八）加大宣传、教育与培训力度。开展多层次、多形式的农村环境保护知识宣传教育，树立生态文明理念，提高农民的环境意识，调动农民参与农村环境保护的积极性和主动性，推广健康文明的生产、生活和消费方式。开展环境保护知识和技能培训活动，培养农民参与农村环境保护的能力。广泛听取农民对涉及自身环境权益的发展规划和建设项目的意见，尊重农民的环境知情权、参与权和监督权，维护农民的环境权益。

国务院办公厅关于加强和规范新开工项目管理的通知

国办发〔2007〕64号

各省、自治区、直辖市人民政府，国务院各部委、各直属机构：

新开工项目管理是投资管理的重要环节，也是宏观调控的重要手段。近年来，新开工项目过多，特别是一些项目开工建设有法不依、执法不严、监管不力，加剧了投资增长过快、投资规模过大、低水平重复建设等矛盾，扰乱了投资建设秩序，成为影响经济稳定运行的突出问题。为深入贯彻落实科学发展观，加强和改善宏观调控，各地区、各有关部门要根据《国务院关于投资体制改革的决定》（国发〔2004〕20号）和国家法律法规有关规定，进一步深化投资体制改革，依法加强和规范新开工项目管理，切实从源头上把好项目开工建设关，维护投资建设秩序，以促进国民经济又好又快发展。经国务院同意，现就有关事项通知如下：

一、严格规范投资项目新开工条件

各类投资项目开工建设必须符合下列条件：

（一）符合国家产业政策、发展建设规划、土地供应政策和市场准入标准。

（二）已经完成审批、核准或备案手续。实行审批制的政府投资项目已经批准可行性研究报告，其中需审批初步设计及概算的项目已经批准初步设计及概算；实行核准制的企业投资项目，已经核准项目申请报告；实行备案制的企业投资项目，已经完成备案手续。

（三）规划区内的项目选址和布局必须符合城乡规划，并依照城乡规划法的有关规定办理相关规划许可手续。

（四）需要申请使用土地的项目必须依法取得用地批准手续，并已经签订国有土地有偿使用合同或取得国有土地划拨决定书。其中，工业、商业、旅游、娱乐和商品住宅等经营性投资项目，应当依法以招标、拍卖或挂牌出让方式取得土地。

（五）已经按照建设项目环境影响评价分类管理、分级审批的规定完成环境影响评价审批。

（六）已经按照规定完成固定资产投资项目节能评估和审查。

（七）建筑工程开工前，建设单位依照建筑法的有关规定，已经取得施工许可证或者开工报告，并采取保证建设项目工程质量安全的具体措施。

（八）符合国家法律法规的其他相关要求。

二、建立新开工项目管理联动机制

各级发展改革、城乡规划、国土资源、环境保护、建设和统计等部门要加强沟通，密切配合，明确工作程序和责任，建立新开工项目管理联动机制。

实行审批制的政府投资项目，项目单位应首先向发展改革等项目审批部门报送项目建议书，依据项目建议书批复文件分别向城乡规划、国土资源和环境保护部门申请办理规划选址、用地预审和环境影响评价审批手续。完成相关手续后，项目单位根据项目论证情况向发展改革等项目审批部门报送可行性研究报告，并附规划选址、用地预审和环评审批文件。项目单位依据可行性研究报告批复文件向城乡规划部门申请办理规划许可手续，向国土资源部门申请办理正式用地手续。

实行核准制的企业投资项目，项目单位分别向城乡规划、国土资源和环境保护部门申请办理规划选址、用地预审和环评审批手续。完成相关手续后，项目单位向发展改革等项目核准部门报送项目申请报告，并附规划选址、用地预审和环评审批文件。项目单位依据项目核准文件向城乡规划部门申请办理规划许可手续，向国土资源部门申请办理正式用地手续。

实行备案制的企业投资项目，项目单位必须首先向发展改革等备案管理部门办理备案手续，备案后，分别向城乡规划、国土资源和环境保护部门申请办理规划选址、用地和环评审批手续。

各级发展改革等项目审批（核准、备案）部门和城乡规划、国土资源、环境保护、建设等部门都要严格遵守上述程序和规定，加强相互衔接，确保各个工作环节按规定程序进行。对未取得规划选址、用地预审和环评审批文件的项目，发展改革等部门不得予以审批或核准。对于未履行备案手续或者未予备案的项目，城乡规划、国土资源、环境保护等部门不得办理相关手续。对应以招标、拍卖或挂牌出让方式取得土地的项目，国土资源管理部门要会同发展改革、城乡规划、环境保护等部门将有关要求纳入土地出让方案。对未按规定取得项目审批（核准、备案）、规划许可、环评审批、用地管理等相关文件的建筑工程项目，建设行政主管部门不得发放施工许可证。对于未按程序和规定办理审批和许可手续的，要撤消有关审批和许可文件，并依法追究相关人员的责任。

三、加强新开工项目统计和信息管理

各级发展改革、城乡规划、国土资源、环境保护、建设等部门要加快完善本部门的信息系统，并建立信息互通制度，将各自办理的项目审批、核准、备案和城乡规划、土地利用、环境影响评价等文件相互送达，同时抄送同级统计部门。统计部门要依据相关信息加强对新开工项目的统计检查，及时将统计的新开工项目信息抄送同级发展改革、城乡规划、国土资源、环境保护、建设等部门。部门之间要充分利用网络信息技术，逐步建立新开工项目信息共享平台，及时交换项目信息，实现资源共享。有关部门应制定实施细则，明确信息交流的内容、时间和具体方式等。

各级统计部门要坚持依法统计，以现行规定的标准为依据，切实做好新开工项目统计工作。要加强培训工作，不断提高基层统计人员的业务素质，保证新开工项目统计数据的质量。地方各级政府要树立科学发展观和正确的政绩观，不得干预统计工作。

各级发展改革部门应在信息互通制度的基础上，为总投资5000万元以上的拟建项目建立管理档案，包括项目基本情况、有关手续办理情况（文件名称和文号）等内容，定期向上级发展改革部门报送项目信息。在项目完成各项审批和许可手续后，各省级发展改革部门应将项目名称、主要建设内容和规模、各项审批和许可文件的名称和文号等情况，通过本单位的门户网站及其他方式，从2008年1月起按月向社会公告。

四、强化新开工项目的监督检查

各级发展改革、城乡规划、国土资源、环境保护、建设、统计等部门要切实负起责任，严格管理，强化对新开工项目事中、事后的监督检查。要建立部门联席会议制度等协调机制，对新开工项目管理及有关制度、规定执行情况进行交流和检查，不断完善管理办法。

各类投资主体要严格执行国家法律、法规、政策规定和投资建设程序。项目开工前，必须履行完各项建设程序，并自觉接受监督。对于以化整为零、提供虚假材料等不正当手段取得审批、核准或备案文件的项目，发展改革等项目审批（核准、备案）部门要依法撤消该项目的审批、核准或备案文件，并责令其停止建设。对于违反城乡规划、土地管理、环境保护、施工许可等法律法规和国家相关规定擅自开工建设的项目，一经发现，即应停止建设，并由城乡规划、国土资源、环境保护、建设部门依法予以处罚，由此造成的损失均由项目投资者承担。对于在建设过程中不遵守城乡规划、土地管理、环境保护和施工许可要求的项目，城乡规划、国土资源、环境保护、建设部门要依法予以处罚，责令其停止建设或停止生产，并追究有关单位和人员的责任。对于篡改、编造虚假数据和虚报、瞒报、拒报统计资料等行为，要依法追究有关单位和个人的责任。对于存在上述问题且情节严重、性质恶劣的项目单位和个人，除依法惩处外，还应将相关情况通过新闻媒体向社会公布。

上级发展改革、城乡规划、国土资源、环境保护、建设等部门要对下级部门加强指导和监督。对项目建设程序的政策规定执行不力并已造成严重影响的地区，要及时予以通报批评。

五、提高服务意识和工作效率

各级发展改革、城乡规划、国土资源、环境保

护、建设等部门要严格执行国家法律法规和政策规定，努力提高工作效率，不断增强服务意识。对于符合国家产业政策、发展建设规划、市场准入标准和土地供应政策、环境保护政策，符合城乡规划、土地利用总体规划且纳入年度土地利用计划的项目，要积极给予指导和支持，尽快办理各项手续，主动帮助解决项目建设过程中遇到的问题和困难。要坚决贯彻有保有压、分类指导的宏观调控方针，引导投资向国家鼓励的产业和地区倾斜，加大对重点建设项目的扶持力度，推动投资结构优化升级，提高投资质量和效益。要切实加强投资建设法律法规的宣传培训工作，引导各类投资主体依法投资建设，营造和维护正常的投资建设秩序。

各地区、各有关部门要高度重视新开工项目管理工作，认真贯彻执行上述规定，抓紧制定相关配套措施和实施细则，不断提高投资管理水平。

国务院办公厅
二〇〇七年十一月十七日

国务院办公厅关于切实做好当前农民工工作的通知

国办发〔2008〕130号

各省、自治区、直辖市人民政府，国务院各部委、各直属机构：

农民工是我国改革开放和工业化、城镇化进程中涌现的一支新型劳动大军，已成为我国产业工人的重要组成部分，对我国现代化建设做出了重大贡献。农民工工作直接关系农村经济发展和农民增收，关系经济社会发展全局，必须予以高度重视。当前，国际金融危机的影响不断加深，国内部分企业生产经营遇到困难，就业压力明显增加，加上元旦、春节临近，相当数量的农民工开始集中返乡，给城乡经济和社会发展带来了新情况和新问题。根据党中央、国务院关于应对当前经济形势的工作部署，经国务院同意，现就做好当前农民工工作有关事宜通知如下：

一、采取多种措施促进农民工就业

采取更加积极的就业政策，广开农民工就业门路。落实中央关于扩大内需、减轻企业负担、促进经济增长的政策措施，帮助企业解困，在加快发展方式转变和结构调整中创造更多的就业机会。积极扶持中小企业、劳动密集型产业和服务业，增强吸纳农民工就业的能力。发挥政府投资和国有企事业单位对稳定就业的导向作用，尽可能提供较多的就业岗位。对生产经营遇到暂时困难的企业，要引导其与农民工开展集体协商，采取灵活用工、弹性工时、组织培训等办法，尽量不裁员或少裁员，稳定现有就业岗位。引导企业履行社会责任，防止出现大规模集中裁员现象；对可能出现的大规模裁员，要采取有效措施进行调控。对符合享受失业保险待遇条件的农民工，要按规定及时核发一次性生活补助。公共就业服务机构要加强对农民工的就业指导、职业介绍和就业信息服务，收集适合农民工的岗位信息，通过多种渠道及时发布。大力发展劳务经济，加强输出地和输入地的相互协作，开展有组织的培训就业和劳务输出；在有关部门指导下，依托市场机制发展各类培训就业服务组织，多渠道推动农民工就业；积极培育劳务品牌，建设劳务基地，形成示范效应，带动农村劳动力转移就业；积极开展国际合作与交流，促进农民工劳务输出。灾后重建、农田水利、交通能源等重大基础设施建设项目，要尽量多招用因企业关停或减产裁员而失去工作的农民工。

二、加强农民工技能培训和职业教育

加大对农民工培训的投入，改进培训方式，扩大培训效果。各有关部门和教育培训机构要继续做好农村劳动力技能就业计划、阳光工程、农村劳动力转移培训计划、星火科技培训、雨露计划等培训项目的实施工作。要围绕市场需求开展订单培训和定向培训，提高农民工择业竞争能力；围绕产业结构调整和企业技术改造新开工项目开展职业技能培训，提高农民工就业的适应能力；围绕回乡创业组织开展创业培训，提高农民工的自主创业能力；围绕农业现代化、产业化开展农村实用技术培训，提高返乡农民工的农业技能；对青年农民工开展劳动预备制培训，适当延长培训期限，强化职业技能实训，使其至少熟练掌握一项职业技能。在中等职业学校开展面向返乡农民工的职业教育培训，根据返乡农民工的特点开设专业和课程，采取灵活多样的学习方式，突出培训的针对性和实用性。

三、大力支持农民工返乡创业和投身新农村建设

按照国家有关规定，抓紧制定扶持农民工返乡创业的具体政策措施，引导掌握了一定技能、积累了一定资金的农民工创业，以创业带动就业。地方人民政府要在用地、收费、信息、工商登记、纳税服务等方面，降低创业门槛，给予农民工返乡创业更大的支持。推行联合审批、"一站式"服务、限时办结和承诺服务等。开辟农民工创业"绿色通道"。鼓励农民工发展农产品加工业、农村二三产业、生态农业和县域中小企业。做好农民工返乡创业的金融服务工作，鼓励和引导金融机构加大信贷产品支持力度，提供符合农民工返乡创业特点的金融产品，继续加大农民工银行卡特色服务推广力度。农民工返乡创业属于政府贴息的项目要按照规定给予财政贴息，帮助其解决创业资金困难。

结合推进新农村建设，创新农村小型基础设施建设体制机制，采取以工代赈、以奖代补等多种形式，组织引导返乡农民工积极参与农村危房改造、农村中小学和职业学校、乡镇公共卫生院、计划生育生殖健康服务机构、文化设施等建设。利用当前农民工提前返乡、农村劳动力增加的有利时机，将加强农村基础设施建设和促进返乡农民工就业有机结合起来，加快解决农村供水、用电、修路、求学、就医等突出问题，提升农村基础设施水平和公共服务能力。利用冬春农闲时期大规模开展农田水利建设。大力发展县域经济，调整农业产业结构，大力扶持农产品精深加工，支持农村中小企业发展，最大限度吸纳农民就地就近转移就业。

四、确保农民工工资按时足额发放

努力创造有利于农民工稳定就业的良好环境，维护农民工的劳动保障权益。完善工资保证金制度，加强工资保证金账户管理，强化工资支付监控，确保农民工工资发放。制定应急预案，避免和及时处理因欠薪问题导致的各种突发事件。建立劳动保障、建设、公安、工商、金融、工会等有关部门对企业拖欠农民工工资行为的联动防控机制，及时掌握企业拖欠工资的情况。企业关闭破产必须严格依法进行，对恶意欠薪逃匿的业主要依法予以严肃查处。劳动争议调解仲裁机构要妥善处理农民工与用人单位的劳动争议，本着"快立、快办、快结、办好"的原则，对事实清楚、权利义务关系明确的农民工劳动争议案件，尽可能采取简易程序处理，对小额劳动报酬争议案件实行终局裁决。凡符合先予执行条件的案件要依法先予执行。

五、做好农民工社会保障和公共服务

按照国家政策认真做好返乡农民工的社会保障和公共服务。对在输入地受工伤的农民工，农民工输出地劳动保障部门要主动与农民工输入地劳动保障部门进行协调，保障返乡农民工工伤保险权益。抓紧制定农民工社会保险关系异地转移与接续办法。建立健全农民工公共服务体系，做好对农民工的各项公共服务。及时妥善安排返乡农民工子女入学，属于义务教育阶段的要按照就近入学的原则安排，并享受当地义务教育阶段学生的有关待遇，学校不得以任何借口拒绝接收返乡农民工子女入学。教育督导部门要将返乡农民工子女入学情况列入当地教育督导、评估的重要内容。积极引导返乡农民工参加新型农村合作医疗，解决其看病就医问题。加强返乡农民工的疾病预防控制工作，及时做好适龄儿童预防接种的衔接。按照属地化管理的原则，农民工输入地和输出地计划生育管理服务机构要加强协调配合，做好返乡农民工及其随返家属的计划生育服务工作。

做好农民工返乡的管理服务工作。农民工输入地和输出地人民政府要加强相互衔接和协调，及时沟通情况，组织返乡农民工有序流动，帮助他们解决返乡中的实际问题，对困难人员给予适当救助，使农民工顺利回家过节。交通运输部门要针对春运高峰提前的情况，及早制订相应的疏导预案，安排组织好运力，保障交通运输安全。各地区特别是交通枢纽地区要积极做好返乡和回城农民工的交通服务工作，切实维护好车站、码头和客运车船的公共秩序，避免农民工滞留，有效防范、坚决打击侵害农民工人身财产权益的各类违法犯罪活动。

六、切实保障返乡农民工土地承包权益

农民工是流动在城乡之间的特殊群体，耕地仍然是他们的基本保障。违法流转的农民工承包地，农民工要求退还的要坚决退还；因长期占用不能退

还的，要负责安排返乡农民工就业。对依据口头协议等方式进行短期流转且农民工要求收回土地承包经营权的，原则上应退还农民工。长期流转又有流转合同的，可依法由双方协商解决；双方有纠纷的，可通过法律程序解决。加强对土地承包经营权流转的管理和服务，农村土地流转要坚持依法、自愿、有偿的原则，任何组织和个人不得强制或限制，也不得截留、扣缴或以其他方式侵占返乡农民工的土地流转收益。积极推进土地承包纠纷调解仲裁工作，切实保障农民工的合法权益。

各地区、各部门要加强组织领导，把做好当前农民工工作作为一项紧迫而重要的任务抓紧抓好。各有关部门要研究制定本部门涉及农民工管理服务的政策措施，各司其职，分工负责，形成合力，共同做好农民工工作。要建立健全农民工统计监测网络，深入调查研究，全面掌握情况。切实做好农民工宣传教育工作，引导农民工正确看待当前的经济形势和企业的经营困难。加强农村地区社会治安和公共秩序管理，维护社会的和谐与稳定。充分发挥农村基层党组织的战斗堡垒作用，帮助农民工解决生产生活中面临的困难和问题。各地农民工工作协调机构要加强组织协调，积极研究解决农民工工作遇到的新情况、新问题，重要情况及时报告国务院农民工工作联席会议办公室。

国务院办公厅
二〇〇八年十二月二十日

国务院办公厅关于促进房地产市场健康发展的若干意见

国办发〔2008〕131号

各省、自治区、直辖市人民政府，国务院各部委、各直属机构：

为贯彻落实党中央、国务院关于进一步扩大内需、促进经济平稳较快增长的决策部署，加入保障性住房建设力度，进一步改善人民群众的居住条件，促进房地产市场健康发展，经国务院同意，现提出以下意见：

一、加大保障性住房建设力度

（一）争取用3年时间基本解决城市低收入住房困难家庭住房及棚户区改造问题。一是通过加大廉租住房建设力度和实施城市棚户区（危旧房、筒子楼）改造等方式，解决城市低收入住房困难家庭的住房问题。二是加快实施国有林区、垦区、中西部地区中央下放地方煤矿的棚户区和采煤沉陷区民房搬迁维修改造工程，解决棚户区住房困难家庭的住房问题。三是加强经济适用住房建设，各地从实际情况出发，增加经济适用住房供给。

2009年是加快保障性住房建设的关键一年。主要以实物方式，结合发放租赁补贴，解决260万户城市低收入住房困难家庭的住房问题；解决80万户林区、垦区、煤矿等棚户区居民住房的搬迁维修改造问题。在此基础上再用两年时间，解决487万户城市低收入住房困难家庭和160万户林区、垦区、煤矿等棚户区居民的住房问题。到2011年年底，基本解决747万户现有城市低收入住房困难家庭的住房问题，基本解决240万户现有林区、垦区、煤矿等棚户区居民住房的搬迁维修改造问题。2009年到2011年，全国平均每年新增130万套经济适用住房。

在加大保障性住房建设力度的同时，积极推进农村危房改造，国家加大支持力度。住房城乡建设部等有关部门要抓紧制定规划。

（二）多渠道筹集建设资金。中央加大对廉租住房建设和棚户区改造的投资支持力度，对中西部地区适当提高补助标准。地方各级人民政府也要相应加大投入力度，按照国家的有关规定，多渠道筹集建设资金，增加保障性住房供给。对符合贷款条件的保障性住房建设项目，商业银行要加大信贷支持力度。同时，地方各级人民政府要确保保障性住房建设用地供应。

（三）开展住房公积金用于住房建设的试点。为拓宽保障性住房建设资金来源，充分发挥住房公积金的使用效益，选择部分有条件的地区进行试点，在确保资金安全的前提下，将本地区部分住房公积金闲置资金补充用于经济适用住房等住房建设。住房城乡建设部要会同有关部门抓紧制定试点方案。

二、进一步鼓励普通商品住房消费

（四）加大对自住型和改善型住房消费的信贷支持力度。在落实居民首次贷款购买普通自住房，享受贷款利率和首付款比例优惠政策的同时，对已贷款购买一套住房，但人均住房面积低于当地平均水平，再申请贷款购买第二套用于改善居住条件的普通自住房的居民，可比照执行首次贷款购买普通自住房的优惠政策。对其他贷款购买第二套及以上住房的，贷款利率等由商业银行在基准利率基础上按风险合理确定。

（五）对住房转让环节营业税暂定一年实行减免政策。将现行个人购买普通住房超过5年（含5年）转让免征营业税，改为超过2年（含2年）转让免征营业税；将个人购买普通住房不足2年转让的，由按其转让收入全额征收营业税，改为按其转让收入减去购买住房原价的差额征收营业税。

将现行个人购买非普通住房超过5年（含5年）转让按其转让收入减去购买住房原价的差额征收营业税，改为超过2年（含2年）转让按其转让收入减去购买住房原价的差额征收营业税；个人购买非普通住房不足2年转让的，仍按其转让收入全额征收营业税。

以上政策暂定执行至2009年12月31日。

三、支持房地产开发企业积极应对市场变化

（六）引导房地产开发企业积极应对市场变化。房地产开发企业要根据市场变化和需求，主动采取措施，以合理的价格促进商品住房销售。地方各级人民政府要做好2008年年底前房地产项目工程款结算、农民工工资发放等工作的监督检查。对于房地产开发企业调整住房销售价格过程中出现的纠纷，要努力做好化解工作，引导当事人依据合同约定通过法律途径解决。

（七）支持房地产开发企业合理的融资需求。商业银行要根据信贷原则和监管要求，加大对中低价位、中小套型普通商品住房建设特别是在建项目的信贷支持力度；对有实力有信誉的房地产开发企业兼并重组有关企业或项目，提供融资支持和相关金融服务。支持资信条件较好的企业经批准发行企业债券，开展房地产投资信托基金试点，拓宽直接融资渠道。

（八）取消城市房地产税。为进一步公平税负，完善房地产税收制度，按照法定程序取消城市房地产税，内外资企业和个人统一适用《中华人民共和国房产税暂行条例》。

四、强化地方人民政府稳定房地产市场的职责

（九）落实地方人民政府稳定房地产市场的职责。稳定房地产市场实行由省级人民政府负总责，市、县人民政府抓落实的工作责任制。各地区在执行中央统一政策的前提下，可以结合当地实际，进一步采取加大保障性住房建设力度、鼓励住房合理消费、促进房地产市场健康发展的政策措施。廉租住房建设以配建为主。要科学合理地确定土地供应总量、结构、布局和时序，保证房地产开发用地供应的持续和稳定。依法做好拆迁管理工作。严格建设程序管理，确保工程质量。

（十）因地制宜解决其他住房困难群体住房问题。在坚持住房市场化和对低收入住房困难家庭实行住房保障的同时，对不符合廉租住房和经济适用住房供应条件，又无力购买普通商品住房的家庭，要从当地实际出发，采取发展租赁住房等多种方式，因地制宜解决其住房问题。

五、加强房地产市场监测

（十一）继续加强房地产市场监测分析。各地区、各有关部门要建立健全房地产市场信息系统和统计制度，完善市场监测分析机制，准确把握房地产市场走势，及时发现市场运行中的新情况、新问题，提高调控措施的预见性、针对性和有效性。房地产市场各地情况不同、差异较大，要加强分类指导，并注意总结和推广各地好的经验和做法。

（十二）加强监督检查。国务院有关部门要按照各自职责，抓好加快保障性住房建设和促进房地产市场健康发展有关政策措施的落实和监督检查工作。住房城乡建设部要会同有关部门，加强对国家补助资金使用和建设工程质量的监督检查，特别要加强对棚户区改造工作的监督指导，确保改造工作顺利进行。

六、积极营造良好的舆论氛围

（十三）坚持正确的舆论导向。要以加快保障性住房建设，鼓励住房合理消费，促进房地产市场健康发展为基调，大力宣传中央出台的各项政策措施及其成效，着力稳定市场信心。对各种散布虚假信息、扰乱市场秩序的行为要严肃查处。同时，要加强市场经济条件下风险意识的宣传和教育工作。

国务院办公厅
二〇〇八年十二月二十日

历史文化名城名镇名村保护条例

国务院令第 524 号

《历史文化名城名镇名村保护条例》已经 2008 年 4 月 2 日国务院第 3 次常务会议通过，现予公布，自 2008 年 7 月 1 日起施行。

总理　温家宝

二〇〇八年四月二十二日

历史文化名城名镇名村保护条例

第一章　总　　则

第一条　为了加强历史文化名城、名镇、名村的保护与管理，继承中华民族优秀历史文化遗产，制定本条例。

第二条　历史文化名城、名镇、名村的申报、批准、规划、保护，适用本条例。

第三条　历史文化名城、名镇、名村的保护应当遵循科学规划、严格保护的原则，保持和延续其传统格局和历史风貌，维护历史文化遗产的真实性和完整性，继承和弘扬中华民族优秀传统文化，正确处理经济社会发展和历史文化遗产保护的关系。

第四条　国家对历史文化名城、名镇、名村的保护给予必要的资金支持。

历史文化名城、名镇、名村所在地的县级以上地方人民政府，根据本地实际情况安排保护资金，列入本级财政预算。

国家鼓励企业、事业单位、社会团体和个人参与历史文化名城、名镇、名村的保护。

第五条　国务院建设主管部门会同国务院文物主管部门负责全国历史文化名城、名镇、名村的保护和监督管理工作。

地方各级人民政府负责本行政区域历史文化名城、名镇、名村的保护和监督管理工作。

第六条　县级以上人民政府及其有关部门对在历史文化名城、名镇、名村保护工作中做出突出贡献的单位和个人，按照国家有关规定给予表彰和奖励。

第二章　申报与批准

第七条　具备下列条件的城市、镇、村庄，可以申报历史文化名城、名镇、名村：

（一）保存文物特别丰富；

（二）历史建筑集中成片；

（三）保留着传统格局和历史风貌；

（四）历史上曾经作为政治、经济、文化、交通中心或者军事要地，或者发生过重要历史事件，或者其传统产业、历史上建设的重大工程对本地区的发展产生过重要影响，或者能够集中反映本地区建筑的文化特色、民族特色。

申报历史文化名城的，在所申报的历史文化名城保护范围内还应当有 2 个以上的历史文化街区。

第八条　申报历史文化名城、名镇、名村，应当提交所申报的历史文化名城、名镇、名村的下列材料：

（一）历史沿革、地方特色和历史文化价值的说明；

（二）传统格局和历史风貌的现状；

（三）保护范围；

（四）不可移动文物、历史建筑、历史文化街区的清单；

（五）保护工作情况、保护目标和保护要求。

第九条　申报历史文化名城，由省、自治区、直辖市人民政府提出申请，经国务院建设主管部门会同国务院文物主管部门组织有关部门、专家进行论证，提出审查意见，报国务院批准公布。

申报历史文化名镇、名村，由所在地县级人民政府提出申请，经省、自治区、直辖市人民政府确定的保护主管部门会同同级文物主管部门组织有关部门、专家进行论证，提出审查意见，报省、自治区、直辖市人民政府批准公布。

第十条 对符合本条例第七条规定的条件而没有申报历史文化名城的城市，国务院建设主管部门会同国务院文物主管部门可以向该城市所在地的省、自治区人民政府提出申报建议；仍不申报的，可以直接向国务院提出确定该城市为历史文化名城的建议。

对符合本条例第七条规定的条件而没有申报历史文化名镇、名村的镇、村庄，省、自治区、直辖市人民政府确定的保护主管部门会同同级文物主管部门可以向该镇、村庄所在地的县级人民政府提出申报建议；仍不申报的，可以直接向省、自治区、直辖市人民政府提出确定该镇、村庄为历史文化名镇、名村的建议。

第十一条 国务院建设主管部门会同国务院文物主管部门可以在已批准公布的历史文化名镇、名村中，严格按照国家有关评价标准，选择具有重大历史、艺术、科学价值的历史文化名镇、名村，经专家论证，确定为中国历史文化名镇、名村。

第十二条 已批准公布的历史文化名城、名镇、名村，因保护不力使其历史文化价值受到严重影响的，批准机关应当将其列入濒危名单，予以公布，并责成所在地城市、县人民政府限期采取补救措施，防止情况继续恶化，并完善保护制度，加强保护工作。

第三章 保护规划

第十三条 历史文化名城批准公布后，历史文化名城人民政府应当组织编制历史文化名城保护规划。

历史文化名镇、名村批准公布后，所在地县级人民政府应当组织编制历史文化名镇、名村保护规划。

保护规划应当自历史文化名城、名镇、名村批准公布之日起1年内编制完成。

第十四条 保护规划应当包括下列内容：

（一）保护原则、保护内容和保护范围；
（二）保护措施、开发强度和建设控制要求；
（三）传统格局和历史风貌保护要求；
（四）历史文化街区、名镇、名村的核心保护范围和建设控制地带；
（五）保护规划分期实施方案。

第十五条 历史文化名城、名镇保护规划的规划期限应当与城市、镇总体规划的规划期限相一致；历史文化名村保护规划的规划期限应当与村庄规划的规划期限相一致。

第十六条 保护规划报送审批前，保护规划的组织编制机关应当广泛征求有关部门、专家和公众的意见；必要时，可以举行听证。

保护规划报送审批文件中应当附具意见采纳情况及理由；经听证的，还应当附具听证笔录。

第十七条 保护规划由省、自治区、直辖市人民政府审批。

保护规划的组织编制机关应当将经依法批准的历史文化名城保护规划和中国历史文化名镇、名村保护规划，报国务院建设主管部门和国务院文物主管部门备案。

第十八条 保护规划的组织编制机关应当及时公布经依法批准的保护规划。

第十九条 经依法批准的保护规划，不得擅自修改；确需修改的，保护规划的组织编制机关应当向原审批机关提出专题报告，经同意后，方可编制修改方案。修改后的保护规划，应当按照原审批程序报送审批。

第二十条 国务院建设主管部门会同国务院文物主管部门应当加强对保护规划实施情况的监督检查。

县级以上地方人民政府应当加强对本行政区域保护规划实施情况的监督检查，并对历史文化名城、名镇、名村保护状况进行评估；对发现的问题，应当及时纠正、处理。

第四章 保护措施

第二十一条 历史文化名城、名镇、名村应当整体保护，保持传统格局、历史风貌和空间尺度，不得改变与其相互依存的自然景观和环境。

第二十二条 历史文化名城、名镇、名村所在地县级以上地方人民政府应当根据当地经济社会发展水平，按照保护规划，控制历史文化名城、名镇、名村的人口数量，改善历史文化名城、名镇、名村的基础设施、公共服务设施和居住环境。

第二十三条 在历史文化名城、名镇、名村保护范围内从事建设活动，应当符合保护规划的要求，不得损害历史文化遗产的真实性和完整性，不得对其传统格局和历史风貌构成破坏性影响。

第二十四条 在历史文化名城、名镇、名村保护范围内禁止进行下列活动：

（一）开山、采石、开矿等破坏传统格局和历史风貌的活动；

（二）占用保护规划确定保留的园林绿地、河湖水系、道路等；

（三）修建生产、储存爆炸性、易燃性、放射性、毒害性、腐蚀性物品的工厂、仓库等；

（四）在历史建筑上刻划、涂污。

第二十五条 在历史文化名城、名镇、名村保护范围内进行下列活动，应当保护其传统格局、历史风貌和历史建筑；制订保护方案，经城市、县人民政府城乡规划主管部门会同同级文物主管部门批准，并依照有关法律、法规的规定办理相关手续：

（一）改变园林绿地、河湖水系等自然状态的活动；

（二）在核心保护范围内进行影视摄制、举办大型群众性活动；

（三）其他影响传统格局、历史风貌或者历史建筑的活动。

第二十六条 历史文化街区、名镇、名村建设控制地带内的新建建筑物、构筑物，应当符合保护规划确定的建设控制要求。

第二十七条 对历史文化街区、名镇、名村核心保护范围内的建筑物、构筑物，应当区分不同情况，采取相应措施，实行分类保护。

历史文化街区、名镇、名村核心保护范围内的历史建筑，应当保持原有的高度、体量、外观形象及色彩等。

第二十八条 在历史文化街区、名镇、名村核心保护范围内，不得进行新建、扩建活动。但是，新建、扩建必要的基础设施和公共服务设施除外。

在历史文化街区、名镇、名村核心保护范围内，新建、扩建必要的基础设施和公共服务设施的，城市、县人民政府城乡规划主管部门核发建设工程规划许可证、乡村建设规划许可证前，应当征求同级文物主管部门的意见。

在历史文化街区、名镇、名村核心保护范围内，拆除历史建筑以外的建筑物、构筑物或者其他设施的，应当经城市、县人民政府城乡规划主管部门会同同级文物主管部门批准。

第二十九条 审批本条例第二十八条规定的建设活动，审批机关应当组织专家论证，并将审批事项予以公示，征求公众意见，告知利害关系人有要求举行听证的权利。公示时间不得少于20日。

利害关系人要求听证的，应当在公示期间提出，审批机关应当在公示期满后及时举行听证。

第三十条 城市、县人民政府应当在历史文化街区、名镇、名村核心保护范围的主要出入口设置标志牌。

任何单位和个人不得擅自设置、移动、涂改或者损毁标志牌。

第三十一条 历史文化街区、名镇、名村核心保护范围内的消防设施、消防通道，应当按照有关的消防技术标准和规范设置。确因历史文化街区、名镇、名村的保护需要，无法按照标准和规范设置的，由城市、县人民政府公安机关消防机构会同同级城乡规划主管部门制订相应的防火安全保障方案。

第三十二条 城市、县人民政府应当对历史建筑设置保护标志，建立历史建筑档案。

历史建筑档案应当包括下列内容：

（一）建筑艺术特征、历史特征、建设年代及稀有程度；

（二）建筑的有关技术资料；

（三）建筑的使用现状和权属变化情况；

（四）建筑的修缮、装饰装修过程中形成的文字、图纸、图片、影像等资料；

（五）建筑的测绘信息记录和相关资料。

第三十三条 历史建筑的所有权人应当按照保护规划的要求，负责历史建筑的维护和修缮。

县级以上地方人民政府可以从保护资金中对历史建筑的维护和修缮给予补助。

历史建筑有损毁危险，所有权人不具备维护和修缮能力的，当地人民政府应当采取措施进行保护。

任何单位或者个人不得损坏或者擅自迁移、拆除历史建筑。

第三十四条 建设工程选址，应当尽可能避开历史建筑；因特殊情况不能避开的，应当尽可能实施原址保护。

对历史建筑实施原址保护的，建设单位应当事先确定保护措施，报城市、县人民政府城乡规划主管部门会同同级文物主管部门批准。

因公共利益需要进行建设活动，对历史建筑无法实施原址保护、必须迁移异地保护或者拆除的，应当由城市、县人民政府城乡规划主管部门会同同级文物主管部门，报省、自治区、直辖市人民政府确定的保护主管部门会同同级文物主管部门批准。

本条规定的历史建筑原址保护、迁移、拆除所需费用，由建设单位列入建设工程预算。

第三十五条 对历史建筑进行外部修缮装饰、添加设施以及改变历史建筑的结构或者使用性质的，应当经城市、县人民政府城乡规划主管部门会同同级文物主管部门批准,并依照有关法律、法规的规定办理相关手续。

第三十六条 在历史文化名城、名镇、名村保护范围内涉及文物保护的,应当执行文物保护法律、法规的规定。

第五章 法律责任

第三十七条 违反本条例规定,国务院建设主管部门、国务院文物主管部门和县级以上地方人民政府及其有关主管部门的工作人员,不履行监督管理职责,发现违法行为不予查处或者有其他滥用职权、玩忽职守、徇私舞弊行为,构成犯罪的,依法追究刑事责任;尚不构成犯罪的,依法给予处分。

第三十八条 违反本条例规定,地方人民政府有下列行为之一的,由上级人民政府责令改正,对直接负责的主管人员和其他直接责任人员,依法给予处分:

(一)未组织编制保护规划的;
(二)未按照法定程序组织编制保护规划的;
(三)擅自修改保护规划的;
(四)未将批准的保护规划予以公布的。

第三十九条 违反本条例规定,省、自治区、直辖市人民政府确定的保护主管部门或者城市、县人民政府城乡规划主管部门,未按照保护规划的要求或者未按照法定程序履行本条例第二十五条、第二十八条、第三十四条、第三十五条规定的审批职责的,由本级人民政府或者上级人民政府有关部门责令改正,通报批评;对直接负责的主管人员和其他直接责任人员,依法给予处分。

第四十条 违反本条例规定,城市、县人民政府因保护不力,导致已批准公布的历史文化名城、名镇、名村被列入濒危名单的,由上级人民政府通报批评;对直接负责的主管人员和其他直接责任人员,依法给予处分。

第四十一条 违反本条例规定,在历史文化名城、名镇、名村保护范围内有下列行为之一的,由城市、县人民政府城乡规划主管部门责令停止违法行为、限期恢复原状或者采取其他补救措施;有违法所得的,没收违法所得;逾期不恢复原状或者不采取其他补救措施的,城乡规划主管部门可以指定有能力的单位代为恢复原状或者采取其他补救措施,所需费用由违法者承担;造成严重后果的,对单位并处50万元以上100万元以下的罚款,对个人并处5万元以上10万元以下的罚款;造成损失的,依法承担赔偿责任:

(一)开山、采石、开矿等破坏传统格局和历史风貌的;
(二)占用保护规划确定保留的园林绿地、河湖水系、道路等的;
(三)修建生产、储存爆炸性、易燃性、放射性、毒害性、腐蚀性物品的工厂、仓库等的。

第四十二条 违反本条例规定,在历史建筑上刻划、涂污的,由城市、县人民政府城乡规划主管部门责令恢复原状或者采取其他补救措施,处50元的罚款。

第四十三条 违反本条例规定,未经城乡规划主管部门会同同级文物主管部门批准,有下列行为之一的,由城市、县人民政府城乡规划主管部门责令停止违法行为、限期恢复原状或者采取其他补救措施;有违法所得的,没收违法所得;逾期不恢复原状或者不采取其他补救措施的,城乡规划主管部门可以指定有能力的单位代为恢复原状或者采取其他补救措施,所需费用由违法者承担;造成严重后果的,对单位并处5万元以上10万元以下的罚款,对个人并处1万元以上5万元以下的罚款;造成损失的,依法承担赔偿责任:

(一)改变园林绿地、河湖水系等自然状态的;
(二)进行影视摄制、举办大型群众性活动的;
(三)拆除历史建筑以外的建筑物、构筑物或者其他设施的;
(四)对历史建筑进行外部修缮装饰、添加设施以及改变历史建筑的结构或者使用性质的;
(五)其他影响传统格局、历史风貌或者历史建筑的。

有关单位或者个人经批准进行上述活动,但是在活动过程中对传统格局、历史风貌或者历史建筑构成破坏性影响的,依照本条第一款规定予以处罚。

第四十四条 违反本条例规定,损坏或者擅自迁移、拆除历史建筑的,由城市、县人民政府城乡规划主管部门责令停止违法行为、限期恢复原状或者采取其他补救措施;有违法所得的,没收违法所得;逾期不恢复原状或者不采取其他补救措施的,城乡规划主管部门可以指定有能力的单位代为恢复原状或者采取其他补救措施,所需费用由违法者承担;造成严重后果的,对单位并处20万元以上50万元以下的罚款,对个人并处10万元以上20万元以下的罚款;造成损失的,依法承担赔偿责任。

第四十五条 违反本条例规定,擅自设置、移动、涂改或者损毁历史文化街区、名镇、名村标志牌的，由城市、县人民政府城乡规划主管部门责令限期改正；逾期不改正的，对单位处1万元以上5万元以下的罚款，对个人处1000元以上1万元以下的罚款。

第四十六条 违反本条例规定，对历史文化名城、名镇、名村中的文物造成损毁的，依照文物保护法律、法规的规定给予处罚；构成犯罪的，依法追究刑事责任。

第六章 附 则

第四十七条 本条例下列用语的含义：

（一）历史建筑，是指经城市、县人民政府确定公布的具有一定保护价值，能够反映历史风貌和地方特色，未公布为文物保护单位，也未登记为不可移动文物的建筑物、构筑物。

（二）历史文化街区，是指经省、自治区、直辖市人民政府核定公布的保存文物特别丰富、历史建筑集中成片、能够较完整和真实地体现传统格局和历史风貌，并具有一定规模的区域。

历史文化街区保护的具体实施办法，由国务院建设主管部门会同国务院文物主管部门制定。

第四十八条 本条例自2008年7月1日起施行。

汶川地震灾后恢复重建条例

国务院令第526号

《汶川地震灾后恢复重建条例》已经2008年6月4日国务院第11次常务会议通过，现予公布，自公布之日起施行。

总理 温家宝

二〇〇八年六月八日

汶川地震灾后恢复重建条例

第一章 总 则

第一条 为了保障汶川地震灾后恢复重建工作有力、有序、有效地开展，积极、稳妥恢复灾区群众正常的生活、生产、学习、工作条件，促进灾区经济社会的恢复和发展，根据《中华人民共和国突发事件应对法》和《中华人民共和国防震减灾法》，制定本条例。

第二条 地震灾后恢复重建应当坚持以人为本、科学规划、统筹兼顾、分步实施、自力更生、国家支持、社会帮扶的方针。

第三条 地震灾后恢复重建应当遵循以下原则：

（一）受灾地区自力更生、生产自救与国家支持、对口支援相结合；

（二）政府主导与社会参与相结合；

（三）就地恢复重建与异地新建相结合；

（四）确保质量与注重效率相结合；

（五）立足当前与兼顾长远相结合；

（六）经济社会发展与生态环境资源保护相结合。

第四条 各级人民政府应当加强对地震灾后恢复重建工作的领导、组织和协调，必要时成立地震灾后恢复重建协调机构，组织协调地震灾后恢复重建工作。

县级以上人民政府有关部门应当在本级人民政府的统一领导下，按照职责分工，密切配合，采取有效措施，共同做好地震灾后恢复重建工作。

第五条 地震灾区的各级人民政府应当自力更生、艰苦奋斗、勤俭节约，多种渠道筹集资金、物资，开展地震灾后恢复重建。

国家对地震灾后恢复重建给予财政支持、税收优惠和金融扶持，并积极提供物资、技术和人力等方面的支持。

国家鼓励公民、法人和其他组织积极参与地震灾后恢复重建工作，支持在地震灾后恢复重建中采用先进的技术、设备和材料。

国家接受外国政府和国际组织提供的符合地震

灾后恢复重建需要的援助。

第六条 对在地震灾后恢复重建工作中做出突出贡献的单位和个人，按照国家有关规定给予表彰和奖励。

第二章 过渡性安置

第七条 对地震灾区的受灾群众进行过渡性安置，应当根据地震灾区的实际情况，采取就地安置与异地安置，集中安置与分散安置，政府安置与投亲靠友、自行安置相结合的方式。

政府对投亲靠友和采取其他方式自行安置的受灾群众给予适当补助。具体办法由省级人民政府制定。

第八条 过渡性安置地点应当选在交通条件便利、方便受灾群众恢复生产和生活的区域，并避开地震活动断层和可能发生洪灾、山体滑坡和崩塌、泥石流、地面塌陷、雷击等灾害的区域以及生产、储存易燃易爆危险品的工厂、仓库。

实施过渡性安置应当占用废弃地、空旷地，尽量不占用或者少占用农田，并避免对自然保护区、饮用水水源保护区以及生态脆弱区域造成破坏。

第九条 地震灾区的各级人民政府根据实际条件，因地制宜，为灾区群众安排临时住所。临时住所可以采用帐篷、篷布房，有条件的也可以采用简易住房、活动板房。安排临时住所确实存在困难的，可以将学校操场和经安全鉴定的体育场馆等作为临时避难场所。

国家鼓励地震灾区农村居民自行筹建符合安全要求的临时住所，并予以补助。具体办法由省级人民政府制定。

第十条 用于过渡性安置的物资应当保证质量安全。生产单位应当确保帐篷、篷布房的产品质量。建设单位、生产单位应当采用质量合格的建筑材料，确保简易住房、活动板房的安全质量和抗震性能。

第十一条 过渡性安置地点应当配套建设水、电、道路等基础设施，并按比例配备学校、医疗点、集中供水点、公共卫生间、垃圾收集点、日常用品供应点、少数民族特需品供应点以及必要的文化宣传设施等配套公共服务设施，确保受灾群众的基本生活需要。

过渡性安置地点的规模应当适度，并安装必要的防雷设施和预留必要的消防应急通道，配备相应的消防设施，防范火灾和雷击灾害发生。

第十二条 临时住所应当具备防火、防风、防雨等功能。

第十三条 活动板房应当优先用于重灾区和需要异地安置的受灾群众，倒塌房屋在短期内难以恢复重建的重灾户特别是遇难者家庭、孕妇、婴幼儿、孤儿、孤老、残疾人员以及学校、医疗点等公共服务设施。

第十四条 临时住所、过渡性安置资金和物资的分配和使用，应当公开透明，定期公布，接受有关部门和社会监督。具体办法由省级人民政府制定。

第十五条 过渡性安置用地按临时用地安排，可以先行使用，事后再依法办理有关用地手续；到期未转为永久性用地的，应当复垦后交还原土地使用者。

第十六条 过渡性安置地点所在地的县级人民政府，应当组织有关部门加强次生灾害、饮用水水质、食品卫生、疫情的监测和流行病学调查以及环境卫生整治。使用的消毒剂、清洗剂应当符合环境保护要求，避免对土壤、水资源、环境等造成污染。

过渡性安置地点所在地的公安机关，应当加强治安管理，及时惩处违法行为，维护正常的社会秩序。

受灾群众应当在过渡性安置地点所在地的县、乡（镇）人民政府组织下，建立治安、消防联队，开展治安、消防巡查等自防自救工作。

第十七条 地震灾区的各级人民政府，应当组织受灾群众和企业开展生产自救，积极恢复生产，并做好受灾群众的心理援助工作。

第十八条 地震灾区的各级人民政府及政府农业行政主管部门应当及时组织修复毁损的农业生产设施，开展抢种抢收，提供农业生产技术指导，保障农业投入品和农业机械设备的供应。

第十九条 地震灾区的各级人民政府及政府有关部门应当优先组织供电、供水、供气等企业恢复生产，并对大型骨干企业恢复生产提供支持，为全面恢复工业、服务业生产经营提供条件。

第三章 调查评估

第二十条 国务院有关部门应当组织开展地震灾害调查评估工作，为编制地震灾后恢复重建规划提供依据。

第二十一条 地震灾害调查评估应当包括下列事项：

（一）城镇和乡村受损程度和数量；

（二）人员伤亡情况，房屋破坏程度和数量，基础设施、公共服务设施、工农业生产设施与商贸流通设施受损程度和数量，农用地毁损程度和数量等；

（三）需要安置人口的数量，需要救助的伤残人员数量，需要帮助的孤寡老人及未成年人的数量，需要提供的房屋数量，需要恢复重建的基础设施和公共服务设施，需要恢复重建的生产设施，需要整理和复垦的农用地等；

（四）环境污染、生态损害以及自然和历史文化遗产毁损等情况；

（五）资源环境承载能力以及地质灾害、地震次生灾害和隐患等情况；

（六）水文地质、工程地质、环境地质、地形地貌以及河势和水文情势、重大水利水电工程的受影响情况；

（七）突发公共卫生事件及其隐患；

（八）编制地震灾后恢复重建规划需要调查评估的其他事项。

第二十二条　县级以上人民政府应当依据各自职责分工组织有关部门和专家，对毁损严重的水利、道路、电力等基础设施，学校等公共服务设施以及其他建设工程进行工程质量和抗震性能鉴定，保存有关资料和样本，并开展地震活动对相关建设工程破坏机理的调查评估，为改进建设工程抗震设计规范和工程建设标准，采取抗震设防措施提供科学依据。

第二十三条　地震灾害调查评估应当采用全面调查评估、实地调查评估、综合评估的方法，确保数据资料的真实性、准确性、及时性和评估结论的可靠性。

地震部门、地震监测台网应当收集、保存地震前、地震中、地震后的所有资料和信息，并建立完整的档案。

开展地震灾害调查评估工作，应当遵守国家法律、法规以及有关技术标准和要求。

第二十四条　地震灾害调查评估报告应当及时上报国务院。

第四章　恢复重建规划

第二十五条　国务院发展改革部门会同国务院有关部门与地震灾区的省级人民政府共同组织编制地震灾后恢复重建规划，报国务院批准后组织实施。

地震灾后恢复重建规划应当包括地震灾后恢复重建总体规划和城镇体系规划、农村建设规划、城乡住房建设规划、基础设施建设规划、公共服务设施建设规划、生产力布局和产业调整规划、市场服务体系规划、防灾减灾和生态修复规划、土地利用规划等专项规划。

第二十六条　地震灾区的市、县人民政府应当在省级人民政府的指导下，组织编制本行政区域的地震灾后恢复重建实施规划。

第二十七条　编制地震灾后恢复重建规划，应当全面贯彻落实科学发展观，坚持以人为本，优先恢复重建受灾群众基本生活和公共服务设施；尊重科学、尊重自然，充分考虑资源环境承载能力；统筹兼顾，与推进工业化、城镇化、新农村建设、主体功能区建设、产业结构优化升级相结合，并坚持统一部署、分工负责，区分缓急、突出重点，相互衔接、上下协调，规范有序、依法推进的原则。

编制地震灾后恢复重建规划，应当遵守法律、法规和国家有关标准。

第二十八条　地震灾后调查评估获得的地质、勘察、测绘、水文、环境等基础资料，应当作为编制地震灾后恢复重建规划的依据。

地震工作主管部门应当根据地震地质、地震活动特性的研究成果和地震烈度分布情况，对地震动参数区划图进行复核，为编制地震灾后恢复重建规划和进行建设工程抗震设防提供依据。

第二十九条　地震灾后恢复重建规划应当包括地震灾害状况和区域分析，恢复重建原则和目标，恢复重建区域范围，恢复重建空间布局，恢复重建任务和政策措施，有科学价值的地震遗址、遗迹保护，受损文物和具有历史价值与少数民族特色的建筑物、构筑物的修复，实施步骤和阶段等主要内容。

地震灾后恢复重建规划应当重点对城镇和乡村的布局、住房建设、基础设施建设、公共服务设施建设、农业生产设施建设、工业生产设施建设、防灾减灾和生态环境以及自然资源和历史文化遗产保护、土地整理和复垦等做出安排。

第三十条　地震灾区的中央所属企业生产、生活等设施的恢复重建，纳入地震灾后恢复重建规划统筹安排。

第三十一条　编制地震灾后恢复重建规划，应当吸收有关部门、专家参加，并充分听取地震灾区受灾群众的意见；重大事项应当组织有关方面专家进行专题论证。

第三十二条　地震灾区内的城镇和乡村完全毁损，存在重大安全隐患或者人口规模超出环境承载能力，需要异地新建的，重新选址时，应当避开地震活动断层或者生态脆弱和可能发生洪灾、山体滑坡、崩塌、泥石流、地面塌陷等灾害的区域以及传染病自然疫源地。

地震灾区的县级以上地方人民政府应当组织有

关部门、专家对新址进行论证，听取公众意见，并报上一级人民政府批准。

第三十三条 国务院批准的地震灾后恢复重建规划，是地震灾后恢复重建的基本依据，应当及时公布。任何单位和个人都应当遵守经依法批准公布的地震灾后恢复重建规划，服从规划管理。

地震灾后恢复重建规划所依据的基础资料修改、其他客观条件发生变化需要修改的，或者因恢复重建工作需要修改的，由规划组织编制机关提出修改意见，报国务院批准。

第五章 恢复重建的实施

第三十四条 地震灾区的省级人民政府，应当根据地震灾后恢复重建规划和当地经济社会发展水平，有计划、分步骤地组织实施地震灾后恢复重建。

国务院有关部门应当支持、协助、指导地震灾区的恢复重建工作。

城镇恢复重建应当充分考虑原有城市、镇总体规划，注重体现原有少数民族建筑风格，合理确定城镇的建设规模和标准，并达到抗震设防要求。

第三十五条 发展改革部门具体负责灾后恢复重建的统筹规划、政策建议、投资计划、组织协调和重大建设项目的安排。

财政部门会同有关部门负责提出资金安排和政策建议，并具体负责灾后恢复重建财政资金的拨付和管理。

交通运输、水利、铁路、电力、通信、广播影视等部门按照职责分工，具体组织实施有关基础设施的灾后恢复重建。

建设部门具体组织实施房屋和市政公用设施的灾后恢复重建。

民政部门具体组织实施受灾群众的临时基本生活保障、生活困难救助、农村毁损房屋恢复重建补助、社会福利设施恢复重建以及对孤儿、孤老、残疾人员的安置、补助、心理援助和伤残康复。

教育、科技、文化、卫生、广播影视、体育、人力资源社会保障、商务、工商等部门按照职责分工，具体组织实施公共服务设施的灾后恢复重建、卫生防疫和医疗救治、就业服务和社会保障、重要生活必需品供应以及维护市场秩序。高等学校、科学技术研究开发机构应当加强对有关问题的专题研究，为地震灾后恢复重建提供科学技术支撑。

农业、林业、水利、国土资源、商务、工业等部门按照职责分工，具体组织实施动物疫情监测、农业生产设施恢复重建和农业生产条件恢复，地震灾后恢复重建用地安排、土地整理和复垦、地质灾害防治，商贸流通、工业生产设施等恢复重建。

环保、林业、民政、水利、科技、安全生产、地震、气象、测绘等部门按照职责分工，具体负责生态环境保护和防灾减灾、安全生产的技术保障及公共服务设施恢复重建。

中国人民银行和银行、证券、保险监督管理机构按照职责分工，具体负责地震灾后恢复重建金融支持和服务政策的制定与落实。

公安部门具体负责维护和稳定地震灾区社会秩序。

海关、出入境检验检疫部门按照职责分工，依法组织实施进口恢复重建物资、境外捐赠物资的验放、检验检疫。

外交部会同有关部门按照职责分工，协调开展地震灾后恢复重建的涉外工作。

第三十六条 国务院地震工作主管部门应当会同文物等有关部门组织专家对地震废墟进行现场调查，对具有典型性、代表性、科学价值和纪念意义的地震遗址、遗迹划定范围，建立地震遗址博物馆。

第三十七条 地震灾区的省级人民政府应当组织民族事务、建设、环保、地震、文物等部门和专家，根据地震灾害调查评估结果，制定清理保护方案，明确地震遗址、遗迹和文物保护单位以及具有历史价值与少数民族特色的建筑物、构筑物等保护对象及其区域范围，报国务院批准后实施。

第三十八条 地震灾害现场的清理保护，应当在确定无人类生命迹象和无重大疫情的情况下，按照统一组织、科学规划、统筹兼顾、注重保护的原则实施。发现地震灾害现场有人类生命迹象的，应当立即实施救援。

第三十九条 对清理保护方案确定的地震遗址、遗迹应当在保护范围内采取有效措施进行保护，抢救、收集具有科学研究价值的技术资料和实物资料，并在不影响整体风貌的情况下，对有倒塌危险的建筑物、构筑物进行必要的加固，对废墟中有毒、有害的废弃物、残留物进行必要的清理。

对文物保护单位应当实施原址保护。对尚可保留的不可移动文物和具有历史价值与少数民族特色的建筑物、构筑物以及历史建筑，应当采取加固等保护措施；对无法保留但将来可能恢复重建的，应当收集整理影像资料。

对馆藏文物、民间收藏文物等可移动文物和非物质文化遗产的物质载体，应当及时抢救、整理、登记，并将清理出的可移动文物和非物质文化遗产的物质载体，运送到安全地点妥善保管。

第四十条 对地震灾害现场的清理，应当按照清理保护方案分区、分类进行。清理出的遇难者遗体处理，应当尊重当地少数民族传统习惯；清理出的财物，应当对其种类、特征、数量、清理时间、地点等情况详细登记造册，妥善保存。有条件的，可以通知遇难者家属和所有权人到场。

对清理出的废弃危险化学品和其他废弃物、残留物，应当实行分类处理，并遵守国家有关规定。

第四十一条 地震灾区的各级人民政府应当做好地震灾区的动物疫情防控工作。对清理出的动物尸体，应当采取消毒、销毁等无害化处理措施，防止重大动物疫情的发生。

第四十二条 对现场清理过程中拆除或者拆解的废旧建筑材料以及过渡安置期结束后不再使用的活动板房等，能回收利用的，应当回收利用。

第四十三条 地震灾后恢复重建，应当统筹安排交通、铁路、通信、供水、供电、住房、学校、医院、社会福利、文化、广播电视、金融等基础设施和公共服务设施建设。

城镇的地震灾后恢复重建，应当统筹安排市政公用设施、公共服务设施和其他设施，合理确定建设规模和时序。

乡村的地震灾后恢复重建，应当尊重农民意愿，发挥村民自治组织的作用，以群众自建为主，政府补助、社会帮扶、对口支援，因地制宜，节约和集约利用土地，保护耕地。

地震灾区的县级人民政府应当组织有关部门对村民住宅建设的选址予以指导，并提供能够符合当地实际的多种村民住宅设计图，供村民选择。村民住宅应当达到抗震设防要求，体现原有地方特色、民族特色和传统风貌。

第四十四条 经批准的地震灾后恢复重建项目可以根据土地利用总体规划，先行安排使用土地，实行边建设边报批，并按照有关规定办理用地手续。对因地震灾害毁损的耕地、农田道路、抢险救灾应急用地、过渡性安置用地、废弃的城镇、村庄和工矿旧址，应当依法进行土地整理和复垦，并治理地质灾害。

第四十五条 国务院有关部门应当组织对地震灾区地震动参数、抗震设防要求、工程建设标准进行复审；确有必要修订的，应当及时组织修订。

地震灾区的抗震设防要求和有关工程建设标准应当根据修订后的地震灾区地震动参数，进行相应修订。

第四十六条 对地震灾区尚可使用的建筑物、构筑物和设施，应当按照地震灾区的抗震设防要求进行抗震性能鉴定，并根据鉴定结果采取加固、改造等措施。

第四十七条 地震灾后重建工程的选址，应当符合地震灾后恢复重建规划和抗震设防、防灾减灾要求，避开地震活动断层、生态脆弱地区、可能发生重大灾害的区域和传染病自然疫源地。

第四十八条 设计单位应当严格按照抗震设防要求和工程建设强制性标准进行抗震设计，并对抗震设计的质量以及出具的施工图的准确性负责。

施工单位应当按照施工图设计文件和工程建设强制性标准进行施工，并对施工质量负责。

建设单位、施工单位应当选用施工图设计文件和国家有关标准规定的材料、构配件和设备。

工程监理单位应当依照施工图设计文件和工程建设强制性标准实施监理，并对施工质量承担监理责任。

第四十九条 按照国家有关规定对地震灾后恢复重建工程进行竣工验收时，应当重点对工程是否符合抗震设防要求进行查验；对不符合抗震设防要求的，不得出具竣工验收报告。

第五十条 对学校、医院、体育场馆、博物馆、文化馆、图书馆、影剧院、商场、交通枢纽等人员密集的公共服务设施，应当按照高于当地房屋建筑的抗震设防要求进行设计，增强抗震设防能力。

第五十一条 地震灾后恢复重建中涉及文物保护、自然保护区、野生动植物保护和地震遗址、遗迹保护的，依照国家有关法律、法规的规定执行。

第五十二条 地震灾后恢复重建中，货物、工程和服务的政府采购活动，应当严格依照《中华人民共和国政府采购法》的有关规定执行。

第六章 资金筹集与政策扶持

第五十三条 县级以上人民政府应当通过政府投入、对口支援、社会募集、市场运作等方式筹集地震灾后恢复重建资金。

第五十四条 国家根据地震的强度和损失的实际情况等因素建立地震灾后恢复重建基金，专项用于地震灾后恢复重建。

地震灾后恢复重建基金由预算资金以及其他财政资金构成。

地震灾后恢复重建基金筹集使用管理办法，由国务院财政部门制定。

第五十五条 国家鼓励公民、法人和其他组织为地震灾后恢复重建捐赠款物。捐赠款物的使用应当尊重捐赠人的意愿，并纳入地震灾后恢复重建规划。

县级以上人民政府及其部门作为受赠人的，应当将捐赠款物用于地震灾后恢复重建。公益性社会团体、公益性非营利的事业单位作为受赠人的，应当公开接受捐赠的情况和受赠财产的使用、管理情况，接受政府有关部门、捐赠人和社会的监督。

县级以上人民政府及其部门、公益性社会团体、公益性非营利的事业单位接受捐赠的，应当向捐赠人出具由省级以上财政部门统一印制的捐赠票据。

外国政府和国际组织提供的地震灾后恢复重建资金、物资和人员服务以及安排实施的多双边地震灾后恢复重建项目等，依照国家有关规定执行。

第五十六条　国家鼓励公民、法人和其他组织依法投资地震灾区基础设施和公共服务设施的恢复重建。

第五十七条　国家对地震灾后恢复重建依法实行税收优惠。具体办法由国务院财政部门、国务院税务部门制定。

地震灾区灾后恢复重建期间，县级以上地方人民政府依法实施地方税收优惠措施。

第五十八条　地震灾区的各项行政事业性收费可以适当减免。具体办法由有关主管部门制定。

第五十九条　国家向地震灾区的房屋贷款和公共服务设施恢复重建贷款、工业和服务业恢复生产经营贷款、农业恢复生产贷款等提供财政贴息。具体办法由国务院财政部门会同其他有关部门制定。

第六十条　国家在安排建设资金时，应当优先考虑地震灾区的交通、铁路、能源、农业、水利、通信、金融、市政公用、教育、卫生、文化、广播电视、防灾减灾、环境保护等基础设施和公共服务设施以及关系国家安全的重点工程设施建设。

测绘、气象、地震、水文等设施因地震遭受破坏的，地震灾区的人民政府应当采取紧急措施，组织力量修复，确保正常运行。

第六十一条　各级人民政府及政府有关部门应当加强对受灾群众的职业技能培训、就业服务和就业援助，鼓励企业、事业单位优先吸纳符合条件的受灾群众就业；可以采取以工代赈的方式组织受灾群众参加地震灾后恢复重建。

第六十二条　地震灾区接受义务教育的学生，其监护人因地震灾害死亡或者丧失劳动能力或者因地震灾害导致家庭经济困难的，由国家给予生活费补贴；地震灾区的其他学生，其父母因地震灾害死亡或者丧失劳动能力或者因地震灾害导致家庭经济困难的，在同等情况下其所在的学校可以优先将其纳入国家资助政策体系予以资助。

第六十三条　非地震灾区的县级以上地方人民政府及其有关部门应当按照国家和当地人民政府的安排，采取对口支援等多种形式支持地震灾区恢复重建。

国家鼓励非地震灾区的企业、事业单位通过援建等多种形式支持地震灾区恢复重建。

第六十四条　对地震灾后恢复重建中需要办理行政审批手续的事项，有审批权的人民政府及有关部门应当按照方便群众、简化手续、提高效率的原则，依法及时予以办理。

第七章　监督管理

第六十五条　县级以上人民政府应当加强对下级人民政府地震灾后恢复重建工作的监督检查。

县级以上人民政府有关部门应当加强对地震灾后恢复重建建设工程质量和安全以及产品质量的监督。

第六十六条　地震灾区的各级人民政府在确定地震灾后恢复重建资金和物资分配方案、房屋分配方案前，应当先行调查，经民主评议后予以公布。

第六十七条　地震灾区的各级人民政府应当定期公布地震灾后恢复重建资金和物资的来源、数量、发放和使用情况，接受社会监督。

第六十八条　财政部门应当加强对地震灾后恢复重建资金的拨付和使用的监督管理。

发展改革、建设、交通运输、水利、电力、铁路、工业和信息化等部门按照职责分工，组织开展对地震灾后恢复重建项目的监督检查。国务院发展改革部门组织开展对地震灾后恢复重建的重大建设项目的稽察。

第六十九条　审计机关应当加强对地震灾后恢复重建资金和物资的筹集、分配、拨付、使用和效果的全过程跟踪审计，定期公布地震灾后恢复重建资金和物资使用情况，并在审计结束后公布最终的审计结果。

第七十条　地震灾区的各级人民政府及有关部门和单位，应当对建设项目以及地震灾后恢复重建资金和物资的筹集、分配、拨付、使用情况登记造册，建立、健全档案，并在建设工程竣工验收和地震灾后恢复重建结束后，及时向建设主管部门或者其他有关部门移交档案。

第七十一条　监察机关应当加强对参与地震灾后恢复重建工作的国家机关和法律、法规授权的具有管理公共事务职能的组织及其工作人员的监察。

第七十二条　任何单位和个人对地震灾后恢复重建中的违法违纪行为，都有权进行举报。

接到举报的人民政府或者有关部门应当立即调查，依法处理，并为举报人保密。实名举报的，应当将处理结果反馈举报人。社会影响较大的违法违纪行为，处理结果应当向社会公布。

第八章 法律责任

第七十三条 有关地方人民政府及政府部门侵占、截留、挪用地震灾后恢复重建资金或者物资的，由财政部门、审计机关在各自职责范围内，责令改正，追回被侵占、截留、挪用的地震灾后恢复重建资金或者物资，没收违法所得，对单位给予警告或者通报批评；对直接负责的主管人员和其他直接责任人员，由任免机关或者监察机关按照人事管理权限依法给予降级、撤职直至开除的处分；构成犯罪的，依法追究刑事责任。

第七十四条 在地震灾后恢复重建中，有关地方人民政府及政府有关部门拖欠施工单位工程款，或者明示、暗示设计单位、施工单位违反抗震设防要求和工程建设强制性标准，降低建设工程质量，造成重大安全事故，构成犯罪的，依法追究刑事责任；尚不构成犯罪的，对直接负责的主管人员和其他直接责任人员，由任免机关或者监察机关按照人事管理权限依法给予降级、撤职直至开除的处分。

第七十五条 在地震灾后恢复重建中，建设单位、勘察单位、设计单位、施工单位或者工程监理单位，降低建设工程质量，造成重大安全事故，构成犯罪的，依法追究刑事责任；尚不构成犯罪的，由县级以上地方人民政府建设主管部门或者其他有关部门依照《建设工程质量管理条例》的有关规定给予处罚。

第七十六条 对毁损严重的基础设施、公共服务设施和其他建设工程，在调查评估中经鉴定确认工程质量存在重大问题，构成犯罪的，对负有责任的建设单位、设计单位、施工单位、工程监理单位的直接责任人员，依法追究刑事责任；尚不构成犯罪的，由县级以上地方人民政府建设主管部门或者其他有关部门依照《建设工程质量管理条例》的有关规定给予处罚。涉嫌行贿、受贿的，依法追究刑事责任。

第七十七条 在地震灾后恢复重建中，扰乱社会公共秩序，构成违反治安管理行为的，由公安机关依法给予处罚。

第七十八条 国家工作人员在地震灾后恢复重建工作中滥用职权、玩忽职守、徇私舞弊的，依法给予处分；构成犯罪的，依法追究刑事责任。

第九章 附 则

第七十九条 地震灾后恢复重建中的其他有关法律的适用和有关政策，由国务院依法另行制定，或者由国务院有关部门、省级人民政府在各自职权范围内做出规定。

第八十条 本条例自公布之日起施行。

对外承包工程管理条例

国务院令第 527 号

《对外承包工程管理条例》已经 2008 年 5 月 7 日国务院第 8 次常务会议通过，现予公布，自 2008 年 9 月 1 日起施行。

总理 温家宝
二〇〇八年七月二十一日

对外承包工程管理条例

第一章 总 则

第一条 为了规范对外承包工程，促进对外承包工程健康发展，制定本条例。

第二条 本条例所称对外承包工程，是指中国的企业或者其他单位（以下统称单位）承包境外建设工程项目（以下简称工程项目）的活动。

第三条 国家鼓励和支持开展对外承包工程，

提高对外承包工程的质量和水平。

国务院有关部门制定和完善促进对外承包工程的政策措施，建立、健全对外承包工程服务体系和风险保障机制。

第四条 开展对外承包工程，应当维护国家利益和社会公共利益，保障外派人员的合法权益。

开展对外承包工程，应当遵守工程项目所在国家或者地区的法律，信守合同，尊重当地的风俗习惯，注重生态环境保护，促进当地经济社会发展。

第五条 国务院商务主管部门负责全国对外承包工程的监督管理，国务院有关部门在各自的职责范围内负责与对外承包工程有关的管理工作。

国务院建设主管部门组织协调建设企业参与对外承包工程。

省、自治区、直辖市人民政府商务主管部门负责本行政区域内对外承包工程的监督管理。

第六条 有关对外承包工程的协会、商会按照章程为其成员提供与对外承包工程有关的信息、培训等方面的服务，依法制定行业规范，发挥协调和自律作用，维护公平竞争和成员利益。

第二章 对外承包工程资格

第七条 对外承包工程的单位应当依照本条例的规定，取得对外承包工程资格。

第八条 申请对外承包工程资格，应当具备下列条件：

（一）有法人资格，工程建设类单位还应当依法取得建设主管部门或者其他有关部门颁发的特级或者一级（甲级）资质证书；

（二）有与开展对外承包工程相适应的资金和专业技术人员，管理人员中至少2人具有2年以上从事对外承包工程的经历；

（三）有与开展对外承包工程相适应的安全防范能力；

（四）有保障工程质量和安全生产的规章制度，最近2年内没有发生重大工程质量问题和较大事故以上的生产安全事故；

（五）有良好的商业信誉，最近3年内没有重大违约行为和重大违法经营记录。

第九条 申请对外承包工程资格，中央企业和中央管理的其他单位（以下称中央单位）应当向国务院商务主管部门提出申请，中央单位以外的单位应当向所在地省、自治区、直辖市人民政府商务主管部门提出申请；申请时应当提交申请书和符合本条例第八条规定条件的证明材料。国务院商务主管部门或者省、自治区、直辖市人民政府商务主管部门应当自收到申请书和证明材料之日起30日内，会同同级建设主管部门进行审查，作出批准或者不予批准的决定。予以批准的，由受理申请的国务院商务主管部门或者省、自治区、直辖市人民政府商务主管部门颁发对外承包工程资格证书；不予批准的，书面通知申请单位并说明理由。

省、自治区、直辖市人民政府商务主管部门应当将其颁发对外承包工程资格证书的情况报国务院商务主管部门备案。

第十条 国务院商务主管部门和省、自治区、直辖市人民政府商务主管部门在监督检查中，发现对外承包工程的单位不再具备本条例规定条件的，应当责令其限期整改；逾期仍达不到本条例规定条件的，吊销其对外承包工程资格证书。

第三章 对外承包工程活动

第十一条 国务院商务主管部门应当会同国务院有关部门建立对外承包工程安全风险评估机制，定期发布有关国家和地区安全状况的评估结果，及时提供预警信息，指导对外承包工程的单位做好安全风险防范。

第十二条 对外承包工程的单位不得以不正当的低价承揽工程项目、串通投标，不得进行商业贿赂。

第十三条 对外承包工程的单位应当与境外工程项目发包人订立书面合同，明确双方的权利和义务，并按照合同约定履行义务。

第十四条 对外承包工程的单位应当加强对工程质量和安全生产的管理，建立、健全并严格执行工程质量和安全生产管理的规章制度。

对外承包工程的单位将工程项目分包的，应当与分包单位订立专门的工程质量和安全生产管理协议，或者在分包合同中约定各自的工程质量和安全生产管理责任，并对分包单位的工程质量和安全生产工作统一协调、管理。

对外承包工程的单位不得将工程项目分包给不具备国家规定的相应资质的单位；工程项目的建筑施工部分不得分包给未依法取得安全生产许可证的境内建筑施工企业。

分包单位不得将工程项目转包或者再分包。对外承包工程的单位应当在分包合同中明确约定分包单位不得将工程项目转包或者再分包，并负责监督。

第十五条 从事对外承包工程外派人员中介服务的机构应当取得国务院商务主管部门的许可，并按照国务院商务主管部门的规定从事对外承包工程外派人员中介服务。

对外承包工程的单位通过中介机构招用外派人员的，应当选择依法取得许可并合法经营的中介机构，不得通过未依法取得许可或者有重大违法行为的中介机构招用外派人员。

第十六条 对外承包工程的单位应当依法与其招用的外派人员订立劳动合同，按照合同约定向外派人员提供工作条件和支付报酬，履行用人单位义务。

第十七条 对外承包工程的单位应当有专门的安全管理机构和人员，负责保护外派人员的人身和财产安全，并根据所承包工程项目的具体情况，制定保护外派人员人身和财产安全的方案，落实所需经费。

对外承包工程的单位应当根据工程项目所在国家或者地区的安全状况，有针对性地对外派人员进行安全防范教育和应急知识培训，增强外派人员的安全防范意识和自我保护能力。

第十八条 对外承包工程的单位应当为外派人员购买境外人身意外伤害保险。

第十九条 对外承包工程的单位应当按照国务院商务主管部门和国务院财政部门的规定，及时存缴备用金。

前款规定的备用金，用于支付对外承包工程的单位拒绝承担或者无力承担的下列费用：

（一）外派人员的报酬；

（二）因发生突发事件，外派人员回国或者接受其他紧急救助所需费用；

（三）依法应当对外派人员的损失进行赔偿所需费用。

第二十条 对外承包工程的单位与境外工程项目发包人订立合同后，应当及时向中国驻该工程项目所在国使馆（领馆）报告。

对外承包工程的单位应当接受中国驻该工程项目所在国使馆（领馆）在突发事件防范、工程质量、安全生产及外派人员保护等方面的指导。

第二十一条 对外承包工程的单位应当制定突发事件应急预案；在境外发生突发事件时，应当及时、妥善处理，并立即向中国驻该工程项目所在国使馆（领馆）和国内有关主管部门报告。

国务院商务主管部门应当会同国务院有关部门，按照预防和处置并重的原则，建立、健全对外承包工程突发事件预警、防范和应急处置机制，制定对外承包工程突发事件应急预案。

第二十二条 对外承包工程的单位应当定期向商务主管部门报告其开展对外承包工程的情况，并按照国务院商务主管部门和国务院统计部门的规定，向有关部门报送业务统计资料。

第二十三条 国务院商务主管部门应当会同国务院有关部门建立对外承包工程信息收集、通报制度，向对外承包工程的单位无偿提供信息服务。

有关部门应当在货物通关、人员出入境等方面，依法为对外承包工程的单位提供快捷、便利的服务。

第四章　法律责任

第二十四条 未取得对外承包工程资格，擅自开展对外承包工程的，由商务主管部门责令改正，处50万元以上100万元以下的罚款；有违法所得的，没收违法所得；对其主要负责人处5万元以上10万元以下的罚款。

第二十五条 对外承包工程的单位有下列情形之一的，由商务主管部门责令改正，处10万元以上20万元以下的罚款，对其主要负责人处1万元以上2万元以下的罚款；拒不改正的，商务主管部门可以禁止其在1年以上3年以下的期限内对外承包新的工程项目；造成重大工程质量问题、发生较大事故以上生产安全事故或者造成其他严重后果的，商务主管部门可以吊销其对外承包工程资格证书；对工程建设类单位，建设主管部门或者其他有关主管部门可以降低其资质等级或者吊销其资质证书：

（一）未建立并严格执行工程质量和安全生产管理的规章制度的；

（二）没有专门的安全管理机构和人员负责保护外派人员的人身和财产安全，或者未根据所承包工程项目的具体情况制定保护外派人员人身和财产安全的方案并落实所需经费的；

（三）未对外派人员进行安全防范教育和应急知识培训的；

（四）未制定突发事件应急预案，或者在境外发生突发事件，未及时、妥善处理的。

第二十六条 对外承包工程的单位有下列情形之一的，由商务主管部门责令改正，处15万元以上30万元以下的罚款，对其主要负责人处2万元以上5万元以下的罚款；拒不改正的，商务主管部门可以禁止其在2年以上5年以下的期限内对外承包新的工程项目；造成重大工程质量问题、发生较大事故以上生产安全事故或者造成其他严重后果的，商务主管部门可以吊销其对外承包工程资格证书；对工程建设类单位，建设主管部门或者其他有关主管部门可以降低其资质等级或者吊销其资质证书：

（一）以不正当的低价承揽工程项目、串通投标或者进行商业贿赂的；

（二）未与分包单位订立专门的工程质量和安全生产管理协议，或者未在分包合同中约定各自的工程质量和安全生产管理责任，或者未对分包单位的工程质量和安全生产工作统一协调、管理的；

（三）将工程项目分包给不具备国家规定的相应资质的单位，或者将工程项目的建筑施工部分分包给未依法取得安全生产许可证的境内建筑施工企业的；

（四）未在分包合同中明确约定分包单位不得将工程项目转包或者再分包的。

分包单位将其承包的工程项目转包或者再分包的，由建设主管部门责令改正，依照前款规定的数额对分包单位及其主要负责人处以罚款；造成重大工程质量问题，或者发生较大事故以上生产安全事故的，建设主管部门或者其他有关主管部门可以降低其资质等级或者吊销其资质证书。

第二十七条 对外承包工程的单位有下列情形之一的，由商务主管部门责令改正，处2万元以上5万元以下的罚款；拒不改正的，对其主要负责人处5000元以上1万元以下的罚款：

（一）与境外工程项目发包人订立合同后，未及时向中国驻该工程项目所在国使馆（领馆）报告的；

（二）在境外发生突发事件，未立即向中国驻该工程项目所在国使馆（领馆）和国内有关主管部门报告的；

（三）未定期向商务主管部门报告其开展对外承包工程的情况，或者未按照规定向有关部门报送业务统计资料的。

第二十八条 对外承包工程的单位通过未依法取得许可或者有重大违法行为的中介机构招用外派人员，或者不依照本条例规定为外派人员购买境外人身意外伤害保险，或者未按照规定存缴备用金的，由商务主管部门责令限期改正，处5万元以上10万元以下的罚款，对其主要负责人处5000元以上1万元以下的罚款；逾期不改正的，商务主管部门可以禁止其在1年以上3年以下的期限内对外承包新的工程项目。

未取得国务院商务主管部门的许可，擅自从事对外承包工程外派人员中介服务的，由国务院商务主管部门责令改正，处10万元以上20万元以下的罚款；有违法所得的，没收违法所得；对其主要负责人处5万元以上10万元以下的罚款。

第二十九条 商务主管部门、建设主管部门和其他有关部门的工作人员在对外承包工程监督管理工作中滥用职权、玩忽职守、徇私舞弊，构成犯罪的，依法追究刑事责任；尚不构成犯罪的，依法给予处分。

第五章 附 则

第三十条 对外承包工程涉及的货物进出口、技术进出口、人员出入境、海关以及税收、外汇等事项，依照有关法律、行政法规和国家有关规定办理。

第三十一条 对外承包工程的单位以投标、议标方式参与报价金额在国务院商务主管部门和国务院财政部门等有关部门规定标准以上的工程项目的，其银行保函的出具等事项，依照国务院商务主管部门和国务院财政部门等有关部门的规定办理。

第三十二条 对外承包工程的单位承包特定工程项目，或者在国务院商务主管部门会同外交部等有关部门确定的特定国家或者地区承包工程项目的，应当经国务院商务主管部门会同国务院有关部门批准。

第三十三条 中国内地的单位在香港特别行政区、澳门特别行政区、台湾地区承包工程项目，参照本条例的规定执行。

第三十四条 中国政府对外援建的工程项目的实施及其管理，依照国家有关规定执行。

第三十五条 本条例自2008年9月1日起施行。

民用建筑节能条例

国务院令第530号

《民用建筑节能条例》已经2008年7月23日国务院第18次常务会议通过，现予公布，自2008年10月1日起施行。

总理 温家宝

二〇〇八年八月一日

民用建筑节能条例

第一章 总 则

第一条 为了加强民用建筑节能管理，降低民用建筑使用过程中的能源消耗，提高能源利用效率，制定本条例。

第二条 本条例所称民用建筑节能，是指在保证民用建筑使用功能和室内热环境质量的前提下，降低其使用过程中能源消耗的活动。

本条例所称民用建筑，是指居住建筑、国家机关办公建筑和商业、服务业、教育、卫生等其他公共建筑。

第三条 各级人民政府应当加强对民用建筑节能工作的领导，积极培育民用建筑节能服务市场，健全民用建筑节能服务体系，推动民用建筑节能技术的开发应用，做好民用建筑节能知识的宣传教育工作。

第四条 国家鼓励和扶持在新建建筑和既有建筑节能改造中采用太阳能、地热能等可再生能源。

在具备太阳能利用条件的地区，有关地方人民政府及其部门应当采取有效措施，鼓励和扶持单位、个人安装使用太阳能热水系统、照明系统、供热系统、采暖制冷系统等太阳能利用系统。

第五条 国务院建设主管部门负责全国民用建筑节能的监督管理工作。县级以上地方人民政府建设主管部门负责本行政区域民用建筑节能的监督管理工作。

县级以上人民政府有关部门应当依照本条例的规定以及本级人民政府规定的职责分工，负责民用建筑节能的有关工作。

第六条 国务院建设主管部门应当在国家节能中长期专项规划指导下，编制全国民用建筑节能规划，并与相关规划相衔接。

县级以上地方人民政府建设主管部门应当组织编制本行政区域的民用建筑节能规划，报本级人民政府批准后实施。

第七条 国家建立健全民用建筑节能标准体系。国家民用建筑节能标准由国务院建设主管部门负责组织制定，并依照法定程序发布。

国家鼓励制定、采用优于国家民用建筑节能标准的地方民用建筑节能标准。

第八条 县级以上人民政府应当安排民用建筑节能资金，用于支持民用建筑节能的科学技术研究和标准制定、既有建筑围护结构和供热系统的节能改造、可再生能源的应用，以及民用建筑节能示范工程、节能项目的推广。

政府引导金融机构对既有建筑节能改造、可再生能源的应用，以及民用建筑节能示范工程等项目提供支持。

民用建筑节能项目依法享受税收优惠。

第九条 国家积极推进供热体制改革，完善供热价格形成机制，鼓励发展集中供热，逐步实行按照用热量收费制度。

第十条 对在民用建筑节能工作中做出显著成绩的单位和个人，按照国家有关规定给予表彰和奖励。

第二章 新建建筑节能

第十一条 国家推广使用民用建筑节能的新技术、新工艺、新材料和新设备，限制使用或者禁止使用能源消耗高的技术、工艺、材料和设备。国务院节能工作主管部门、建设主管部门应当制定、公布并及时更新推广使用、限制使用、禁止使用目录。

国家限制进口或者禁止进口能源消耗高的技术、材料和设备。

建设单位、设计单位、施工单位不得在建筑活动中使用列入禁止使用目录的技术、工艺、材料和设备。

第十二条 编制城市详细规划、镇详细规划，应当按照民用建筑节能的要求，确定建筑的布局、形状和朝向。

城乡规划主管部门依法对民用建筑进行规划审查，应当就设计方案是否符合民用建筑节能强制性标准征求同级建设主管部门的意见；建设主管部门应当自收到征求意见材料之日起10日内提出意见。征求意见时间不计算在规划许可的期限内。

对不符合民用建筑节能强制性标准的，不得颁发建设工程规划许可证。

第十三条 施工图设计文件审查机构应当按照民用建筑节能强制性标准对施工图设计文件进行审查；经审查不符合民用建筑节能强制性标准的，县级以上地方人民政府建设主管部门不得颁发施工许可证。

第十四条 建设单位不得明示或者暗示设计单位、施工单位违反民用建筑节能强制性标准进行设计、施工，不得明示或者暗示施工单位使用不符合施工图设计文件要求的墙体材料、保温材料、门窗、采暖制冷系统和照明设备。

按照合同约定由建设单位采购墙体材料、保温材料、门窗、采暖制冷系统和照明设备的，建设单位应当保证其符合施工图设计文件要求。

第十五条 设计单位、施工单位、工程监理单位及其注册执业人员，应当按照民用建筑节能强制性标准进行设计、施工、监理。

第十六条 施工单位应当对进入施工现场的墙体材料、保温材料、门窗、采暖制冷系统和照明设备进行查验；不符合施工图设计文件要求的，不得使用。

工程监理单位发现施工单位不按照民用建筑节能强制性标准施工的，应当要求施工单位改正；施工单位拒不改正的，工程监理单位应当及时报告建设单位，并向有关主管部门报告。

墙体、屋面的保温工程施工时，监理工程师应当按照工程监理规范的要求，采取旁站、巡视和平行检验等形式实施监理。

未经监理工程师签字，墙体材料、保温材料、门窗、采暖制冷系统和照明设备不得在建筑上使用或者安装，施工单位不得进行下一道工序的施工。

第十七条 建设单位组织竣工验收，应当对民用建筑是否符合民用建筑节能强制性标准进行查验；对不符合民用建筑节能强制性标准的，不得出具竣工验收合格报告。

第十八条 实行集中供热的建筑应当安装供热系统调控装置、用热计量装置和室内温度调控装置；公共建筑还应当安装用电分项计量装置。居住建筑安装的用热计量装置应当满足分户计量的要求。

计量装置应当依法检定合格。

第十九条 建筑的公共走廊、楼梯等部位，应当安装、使用节能灯具和电气控制装置。

第二十条 对具备可再生能源利用条件的建筑，建设单位应当选择合适的可再生能源，用于采暖、制冷、照明和热水供应等；设计单位应当按照有关可再生能源利用的标准进行设计。

建设可再生能源利用设施，应当与建筑主体工程同步设计、同步施工、同步验收。

第二十一条 国家机关办公建筑和大型公共建筑的所有权人应当对建筑的能源利用效率进行测评和标识，并按照国家有关规定将测评结果予以公示，接受社会监督。

国家机关办公建筑应当安装、使用节能设备。

本条例所称大型公共建筑，是指单体建筑面积2万平方米以上的公共建筑。

第二十二条 房地产开发企业销售商品房，应当向购买人明示所售商品房的能源消耗指标、节能措施和保护要求、保温工程保修期等信息，并在商品房买卖合同和住宅质量保证书、住宅使用说明书中载明。

第二十三条 在正常使用条件下，保温工程的最低保修期限为5年。保温工程的保修期，自竣工验收合格之日起计算。

保温工程在保修范围和保修期内发生质量问题的，施工单位应当履行保修义务，并对造成的损失依法承担赔偿责任。

第三章 既有建筑节能

第二十四条 既有建筑节能改造应当根据当地经济、社会发展水平和地理气候条件等实际情况，有计划、分步骤地实施分类改造。

本条例所称既有建筑节能改造，是指对不符合民用建筑节能强制性标准的既有建筑的围护结构、供热系统、采暖制冷系统、照明设备和热水供应设施等实施节能改造的活动。

第二十五条 县级以上地方人民政府建设主管部门应当对本行政区域内既有建筑的建设年代、结构形式、用能系统、能源消耗指标、寿命周期等组织调查统计和分析，制定既有建筑节能改造计划，明确节能改造的目标、范围和要求，报本级人民政府批准后组织实施。

中央国家机关既有建筑的节能改造，由有关管理机关事务工作的机构制定节能改造计划，并组织实施。

第二十六条 国家机关办公建筑、政府投资和以政府投资为主的公共建筑的节能改造，应当制定节能改造方案，经充分论证，并按照国家有关规定办理相关审批手续方可进行。

各级人民政府及其有关部门、单位不得违反国家有关规定和标准，以节能改造的名义对前款规定的既有建筑进行扩建、改建。

第二十七条 居住建筑和本条例第二十六条规定以外的其他公共建筑不符合民用建筑节能强制性标准的，在尊重建筑所有权人意愿的基础上，可以结合扩建、改建，逐步实施节能改造。

第二十八条 实施既有建筑节能改造，应当符合民用建筑节能强制性标准，优先采用遮阳、改善通风等低成本改造措施。

既有建筑围护结构的改造和供热系统的改造，应当同步进行。

第二十九条 对实行集中供热的建筑进行节能改造，应当安装供热系统调控装置和用热计量装置；对公共建筑进行节能改造，还应当安装室内温度调控装置和用电分项计量装置。

第三十条 国家机关办公建筑的节能改造费用，由县级以上人民政府纳入本级财政预算。

居住建筑和教育、科学、文化、卫生、体育等公益事业使用的公共建筑节能改造费用，由政府、建筑所有权人共同负担。

国家鼓励社会资金投资既有建筑节能改造。

第四章 建筑用能系统运行节能

第三十一条 建筑所有权人或者使用权人应当保证建筑用能系统的正常运行，不得人为损坏建筑围护结构和用能系统。

国家机关办公建筑和大型公共建筑的所有权人或者使用权人应当建立健全民用建筑节能管理制度和操作规程，对建筑用能系统进行监测、维护，并定期将分项用电量报县级以上地方人民政府建设主管部门。

第三十二条 县级以上地方人民政府节能工作主管部门应当会同同级建设主管部门确定本行政区域内公共建筑重点用电单位及其年度用电限额。

县级以上地方人民政府建设主管部门应当对本行政区域内国家机关办公建筑和公共建筑用电情况进行调查统计和评价分析。国家机关办公建筑和大型公共建筑采暖、制冷、照明的能源消耗情况应当依照法律、行政法规和国家其他有关规定向社会公布。

国家机关办公建筑和公共建筑的所有权人或者使用权人应当对县级以上地方人民政府建设主管部门的调查统计工作予以配合。

第三十三条 供热单位应当建立健全相关制度，加强对专业技术人员的教育和培训。

供热单位应当改进技术装备，实施计量管理，并对供热系统进行监测、维护，提高供热系统的效率，保证供热系统的运行符合民用建筑节能强制性标准。

第三十四条 县级以上地方人民政府建设主管部门应当对本行政区域内供热单位的能源消耗情况进行调查统计和分析，并制定供热单位能源消耗指标；对超过能源消耗指标的，应当要求供热单位制定相应的改进措施，并监督实施。

第五章 法律责任

第三十五条 违反本条例规定，县级以上人民政府有关部门有下列行为之一的，对负有责任的主管人员和其他直接责任人员依法给予处分；构成犯罪的，依法追究刑事责任：

（一）对设计方案不符合民用建筑节能强制性标准的民用建筑项目颁发建设工程规划许可证的；

（二）对不符合民用建筑节能强制性标准的设计方案出具合格意见的；

（三）对施工图设计文件不符合民用建筑节能强制性标准的民用建筑项目颁发施工许可证的；

（四）不依法履行监督管理职责的其他行为。

第三十六条 违反本条例规定，各级人民政府及其有关部门、单位违反国家有关规定和标准，以节能改造的名义对既有建筑进行扩建、改建的，对负有责任的主管人员和其他直接责任人员，依法给予处分。

第三十七条 违反本条例规定，建设单位有下列行为之一的，由县级以上地方人民政府建设主管部门责令改正，处20万元以上50万元以下的罚款：

（一）明示或者暗示设计单位、施工单位违反民用建筑节能强制性标准进行设计、施工的；

（二）明示或者暗示施工单位使用不符合施工图设计文件要求的墙体材料、保温材料、门窗、采暖制冷系统和照明设备的；

（三）采购不符合施工图设计文件要求的墙体材料、保温材料、门窗、采暖制冷系统和照明设备的；

（四）使用列入禁止使用目录的技术、工艺、材料和设备的。

第三十八条 违反本条例规定，建设单位对不符合民用建筑节能强制性标准的民用建筑项目出具竣工验收合格报告的，由县级以上地方人民政府建设主管部门责令改正，处民用建筑项目合同价款2%以上4%以下的罚款；造成损失的，依法承担赔偿责任。

第三十九条 违反本条例规定，设计单位未按照民用建筑节能强制性标准进行设计，或者使用列入禁止使用目录的技术、工艺、材料和设备的，由县级以上地方人民政府建设主管部门责令改正，处10万元以上30万元以下的罚款；情节严重的，由颁发资质证书的部门责令停业整顿，降低资质等级或者吊销资质证书；造成损失的，依法承担赔偿责任。

第四十条 违反本条例规定,施工单位未按照民用建筑节能强制性标准进行施工的,由县级以上地方人民政府建设主管部门责令改正,处民用建筑项目合同价款2%以上4%以下的罚款;情节严重的,由颁发资质证书的部门责令停业整顿,降低资质等级或者吊销资质证书;造成损失的,依法承担赔偿责任。

第四十一条 违反本条例规定,施工单位有下列行为之一的,由县级以上地方人民政府建设主管部门责令改正,处10万元以上20万元以下的罚款;情节严重的,由颁发资质证书的部门责令停业整顿,降低资质等级或者吊销资质证书;造成损失的,依法承担赔偿责任:

(一)未对进入施工现场的墙体材料、保温材料、门窗、采暖制冷系统和照明设备进行查验的;

(二)使用不符合施工图设计文件要求的墙体材料、保温材料、门窗、采暖制冷系统和照明设备的;

(三)使用列入禁止使用目录的技术、工艺、材料和设备的。

第四十二条 违反本条例规定,工程监理单位有下列行为之一的,由县级以上地方人民政府建设主管部门责令限期改正;逾期未改正的,处10万元以上30万元以下的罚款;情节严重的,由颁发资质证书的部门责令停业整顿,降低资质等级或者吊销资质证书;造成损失的,依法承担赔偿责任:

(一)未按照民用建筑节能强制性标准实施监理的;

(二)墙体、屋面的保温工程施工时,未采取旁站、巡视和平行检验等形式实施监理的。

对不符合施工图设计文件要求的墙体材料、保温材料、门窗、采暖制冷系统和照明设备,按照符合施工图设计文件要求签字的,依照《建设工程质量管理条例》第六十七条的规定处罚。

第四十三条 违反本条例规定,房地产开发企业销售商品房,未向购买人明示所售商品房的能源消耗指标、节能措施和保护要求、保温工程保修期等信息,或者向购买人明示的所售商品房能源消耗指标与实际能源消耗不符的,依法承担民事责任;由县级以上地方人民政府建设主管部门责令限期改正;逾期未改正的,处交付使用的房屋销售总额2%以下的罚款;情节严重的,由颁发资质证书的部门降低资质等级或者吊销资质证书。

第四十四条 违反本条例规定,注册执业人员未执行民用建筑节能强制性标准的,由县级以上人民政府建设主管部门责令停止执业3个月以上1年以下;情节严重的,由颁发资格证书的部门吊销执业资格证书,5年内不予注册。

第六章 附　则

第四十五条 本条例自2008年10月1日起施行。

公共机构节能条例

国务院令第531号

《公共机构节能条例》已经2008年7月23日国务院第18次常务会议通过,现予公布,自2008年10月1日起施行。

总理　温家宝
二〇〇八年八月一日

公共机构节能条例

第一章 总　则

第一条 为了推动公共机构节能,提高公共机构能源利用效率,发挥公共机构在全社会节能中的表率作用,根据《中华人民共和国节约能源法》,制定本条例。

第二条 本条例所称公共机构，是指全部或者部分使用财政性资金的国家机关、事业单位和团体组织。

第三条 公共机构应当加强用能管理，采取技术上可行、经济上合理的措施，降低能源消耗，减少、制止能源浪费，有效、合理地利用能源。

第四条 国务院管理节能工作的部门主管全国的公共机构节能监督管理工作。国务院管理机关事务工作的机构在国务院管理节能工作的部门指导下，负责推进、指导、协调、监督全国的公共机构节能工作。

国务院和县级以上地方各级人民政府管理机关事务工作的机构在同级管理节能工作的部门指导下，负责本级公共机构节能监督管理工作。

教育、科技、文化、卫生、体育等系统各级主管部门在同级管理机关事务工作的机构指导下，开展本级系统内公共机构节能工作。

第五条 国务院和县级以上地方各级人民政府管理机关事务工作的机构应当会同同级有关部门开展公共机构节能宣传、教育和培训，普及节能科学知识。

第六条 公共机构负责人对本单位节能工作全面负责。

公共机构的节能工作实行目标责任制和考核评价制度，节能目标完成情况应当作为对公共机构负责人考核评价的内容。

第七条 公共机构应当建立、健全本单位节能管理的规章制度，开展节能宣传教育和岗位培训，增强工作人员的节能意识，培养节能习惯，提高节能管理水平。

第八条 公共机构的节能工作应当接受社会监督。任何单位和个人都有权举报公共机构浪费能源的行为，有关部门对举报应当及时调查处理。

第九条 对在公共机构节能工作中做出显著成绩的单位和个人，按照国家规定予以表彰和奖励。

第二章 节能规划

第十条 国务院和县级以上地方各级人民政府管理机关事务工作的机构应当会同同级有关部门，根据本级人民政府节能中长期专项规划，制定本级公共机构节能规划。

县级公共机构节能规划应当包括所辖乡（镇）公共机构节能的内容。

第十一条 公共机构节能规划应当包括指导思想和原则、用能现状和问题、节能目标和指标、节能重点环节、实施主体、保障措施等方面的内容。

第十二条 国务院和县级以上地方各级人民政府管理机关事务工作的机构应当将公共机构节能规划确定的节能目标和指标，按年度分解落实到本级公共机构。

第十三条 公共机构应当结合本单位用能特点和上一年度用能状况，制定年度节能目标和实施方案，有针对性地采取节能管理或者节能改造措施，保证节能目标的完成。

公共机构应当将年度节能目标和实施方案报本级人民政府管理机关事务工作的机构备案。

第三章 节能管理

第十四条 公共机构应当实行能源消费计量制度，区分用能种类、用能系统实行能源消费分户、分类、分项计量，并对能源消耗状况进行实时监测，及时发现、纠正用能浪费现象。

第十五条 公共机构应当指定专人负责能源消费统计，如实记录能源消费计量原始数据，建立统计台账。

公共机构应当于每年3月31日前，向本级人民政府管理机关事务工作的机构报送上一年度能源消费状况报告。

第十六条 国务院和县级以上地方各级人民政府管理机关事务工作的机构应当会同同级有关部门按照管理权限，根据不同行业、不同系统公共机构能源消耗综合水平和特点，制定能源消耗定额，财政部门根据能源消耗定额制定能源消耗支出标准。

第十七条 公共机构应当在能源消耗定额范围内使用能源，加强能源消耗支出管理；超过能源消耗定额使用能源的，应当向本级人民政府管理机关事务工作的机构作出说明。

第十八条 公共机构应当按照国家有关强制采购或者优先采购的规定，采购列入节能产品、设备政府采购名录和环境标志产品政府采购名录中的产品、设备，不得采购国家明令淘汰的用能产品、设备。

第十九条 国务院和省级人民政府的政府采购监督管理部门应当会同同级有关部门完善节能产品、设备政府采购名录，优先将取得节能产品认证证书的产品、设备列入政府采购名录。

国务院和省级人民政府应当将节能产品、设备政府采购名录中的产品、设备纳入政府集中采购目录。

第二十条 公共机构新建建筑和既有建筑维修改造应当严格执行国家有关建筑节能设计、施工、调试、竣工验收等方面的规定和标准，国务院和县级以上地方人民政府建设主管部门对执行国家有关规定和标准的情况应当加强监督检查。

国务院和县级以上地方各级人民政府负责审批或者核准固定资产投资项目的部门，应当严格控制公共机构建设项目的建设规模和标准，统筹兼顾节能投资和效益，对建设项目进行节能评估和审查；未通过节能评估和审查的项目，不得批准或者核准建设。

第二十一条　国务院和县级以上地方各级人民政府管理机关事务工作的机构会同有关部门制定本级公共机构既有建筑节能改造计划，并组织实施。

第二十二条　公共机构应当按照规定进行能源审计，对本单位用能系统、设备的运行及使用能源情况进行技术和经济性评价，根据审计结果采取提高能源利用效率的措施。具体办法由国务院管理节能工作的部门会同国务院有关部门制定。

第二十三条　能源审计的内容包括：

（一）查阅建筑物竣工验收资料和用能系统、设备台账资料，检查节能设计标准的执行情况；

（二）核对电、气、煤、油、市政热力等能源消耗计量记录和财务账单，评估分类与分项的总能耗、人均能耗和单位建筑面积能耗；

（三）检查用能系统、设备的运行状况，审查节能管理制度执行情况；

（四）检查前一次能源审计合理使用能源建议的落实情况；

（五）查找存在节能潜力的用能环节或者部位，提出合理使用能源的建议；

（六）审查年度节能计划、能源消耗定额执行情况，核实公共机构超过能源消耗定额使用能源的说明；

（七）审查能源计量器具的运行情况，检查能耗统计数据的真实性、准确性。

第四章　节能措施

第二十四条　公共机构应当建立、健全本单位节能运行管理制度和用能系统操作规程，加强用能系统和设备运行调节、维护保养、巡视检查，推行低成本、无成本节能措施。

第二十五条　公共机构应当设置能源管理岗位，实行能源管理岗位责任制。重点用能系统、设备的操作岗位应当配备专业技术人员。

第二十六条　公共机构可以采用合同能源管理方式，委托节能服务机构进行节能诊断、设计、融资、改造和运行管理。

第二十七条　公共机构选择物业服务企业，应当考虑其节能管理能力。公共机构与物业服务企业订立物业服务合同，应当载明节能管理的目标和要求。

第二十八条　公共机构实施节能改造，应当进行能源审计和投资收益分析，明确节能指标，并在节能改造后采用计量方式对节能指标进行考核和综合评价。

第二十九条　公共机构应当减少空调、计算机、复印机等用电设备的待机能耗，及时关闭用电设备。

第三十条　公共机构应当严格执行国家有关空调室内温度控制的规定，充分利用自然通风，改进空调运行管理。

第三十一条　公共机构电梯系统应当实行智能化控制，合理设置电梯开启数量和时间，加强运行调节和维护保养。

第三十二条　公共机构办公建筑应当充分利用自然采光，使用高效节能照明灯具，优化照明系统设计，改进电路控制方式，推广应用智能调控装置，严格控制建筑物外部泛光照明以及外部装饰用照明。

第三十三条　公共机构应当对网络机房、食堂、开水间、锅炉房等部位的用能情况实行重点监测，采取有效措施降低能耗。

第三十四条　公共机构的公务用车应当按照标准配备，优先选用低能耗、低污染、使用清洁能源的车辆，并严格执行车辆报废制度。

公共机构应当按照规定用途使用公务用车，制定节能驾驶规范，推行单车能耗核算制度。

公共机构应当积极推进公务用车服务社会化，鼓励工作人员利用公共交通工具、非机动交通工具出行。

第五章　监督和保障

第三十五条　国务院和县级以上地方各级人民政府管理机关事务工作的机构应当会同有关部门加强对本级公共机构节能的监督检查。监督检查的内容包括：

（一）年度节能目标和实施方案的制定、落实情况；

（二）能源消费计量、监测和统计情况；

（三）能源消耗定额执行情况；

（四）节能管理规章制度建立情况；

（五）能源管理岗位设置以及能源管理岗位责任制落实情况；

（六）用能系统、设备节能运行情况；

（七）开展能源审计情况；

（八）公务用车配备、使用情况。

对于节能规章制度不健全、超过能源消耗定额使用能源情况严重的公共机构，应当进行重点监督检查。

第三十六条　公共机构应当配合节能监督检查，如实说明有关情况，提供相关资料和数据，不得拒绝、阻碍。

第三十七条 公共机构有下列行为之一的,由本级人民政府管理机关事务工作的机构会同有关部门责令限期改正;逾期不改正的,予以通报,并由有关机关对公共机构负责人依法给予处分:

(一)未制定年度节能目标和实施方案,或者未按照规定将年度节能目标和实施方案备案的;

(二)未实行能源消费计量制度,或者未区分用能种类、用能系统实行能源消费分户、分类、分项计量,并对能源消耗状况进行实时监测的;

(三)未指定专人负责能源消费统计,或者未如实记录能源消费计量原始数据,建立统计台账的;

(四)未按照要求报送上一年度能源消费状况报告的;

(五)超过能源消耗定额使用能源,未向本级人民政府管理机关事务工作的机构作出说明的;

(六)未设立能源管理岗位,或者未在重点用能系统、设备操作岗位配备专业技术人员的;

(七)未按照规定进行能源审计,或者未根据审计结果采取提高能源利用效率的措施的;

(八)拒绝、阻碍节能监督检查的。

第三十八条 公共机构不执行节能产品、设备政府采购名录,未按照国家有关强制采购或者优先采购的规定采购列入节能产品、设备政府采购名录中的产品、设备,或者采购国家明令淘汰的用能产品、设备的,由政府采购监督管理部门给予警告,可以并处罚款;对直接负责的主管人员和其他直接责任人员依法给予处分,并予通报。

第三十九条 负责审批或者核准固定资产投资项目的部门对未通过节能评估和审查的公共机构建设项目予以批准或者核准的,对直接负责的主管人员和其他直接责任人员依法给予处分。

公共机构开工建设未通过节能评估和审查的建设项目的,由有关机关依法责令限期整改;对直接负责的主管人员和其他直接责任人员依法给予处分。

第四十条 公共机构违反规定超标准、超编制购置公务用车或者拒不报废高耗能、高污染车辆的,对直接负责的主管人员和其他直接责任人员依法给予处分,并由本级人民政府管理机关事务工作的机构依照有关规定,对车辆采取收回、拍卖、责令退还等方式处理。

第四十一条 公共机构违反规定用能造成能源浪费的,由本级人民政府管理机关事务工作的机构会同有关部门下达节能整改意见书,公共机构应当及时予以落实。

第四十二条 管理机关事务工作的机构的工作人员在公共机构节能监督管理中滥用职权、玩忽职守、徇私舞弊,构成犯罪的,依法追究刑事责任;尚不构成犯罪的,依法给予处分。

第六章 附 则

第四十三条 本条例自 2008 年 10 月 1 日起施行。

二、部 令

住宅专项维修资金管理办法

建设部 财政部令第 165 号

《住宅专项维修资金管理办法》已经 2007 年 10 月 30 日建设部第 142 次常务会议讨论通过,经财政部联合签署,现予发布,自 2008 年 2 月 1 日起施行。

建设部部长 汪光焘
财政部部长 谢旭人
二〇〇七年十二月四日

住宅专项维修资金管理办法

第一章 总 则

第一条 为了加强对住宅专项维修资金的管理，保障住宅共用部位、共用设施设备的维修和正常使用，维护住宅专项维修资金所有者的合法权益，根据《物权法》、《物业管理条例》等法律、行政法规，制定本办法。

第二条 商品住宅、售后公有住房住宅专项维修资金的交存、使用、管理和监督，适用本办法。

本办法所称住宅专项维修资金，是指专项用于住宅共用部位、共用设施设备保修期满后的维修和更新、改造的资金。

第三条 本办法所称住宅共用部位，是指根据法律、法规和房屋买卖合同，由单幢住宅内业主或者单幢住宅内业主及与之结构相连的非住宅业主共有的部位，一般包括：住宅的基础、承重墙体、柱、梁、楼板、屋顶以及户外的墙面、门厅、楼梯间、走廊通道等。

本办法所称共用设施设备，是指根据法律、法规和房屋买卖合同，由住宅业主或者住宅业主及有关非住宅业主共有的附属设施设备，一般包括电梯、天线、照明、消防设施、绿地、道路、路灯、沟渠、池、井、非经营性车场车库、公益性文体设施和共用设施设备使用的房屋等。

第四条 住宅专项维修资金管理实行专户存储、专款专用、所有权人决策、政府监督的原则。

第五条 国务院建设主管部门会同国务院财政部门负责全国住宅专项维修资金的指导和监督工作。

县级以上地方人民政府建设（房地产）主管部门会同同级财政部门负责本行政区域内住宅专项维修资金的指导和监督工作。

第二章 交 存

第六条 下列物业的业主应当按照本办法的规定交存住宅专项维修资金：

（一）住宅，但一个业主所有且与其他物业不具有共用部位、共用设施设备的除外；

（二）住宅小区内的非住宅或者住宅小区外与单幢住宅结构相连的非住宅。

前款所列物业属于出售公有住房的，售房单位应当按照本办法的规定交存住宅专项维修资金。

第七条 商品住宅的业主、非住宅的业主按照所拥有物业的建筑面积交存住宅专项维修资金，每平方米建筑面积交存首期住宅专项维修资金的数额为当地住宅建筑安装工程每平方米造价的5%至8%。

直辖市、市、县人民政府建设（房地产）主管部门应当根据本地区情况，合理确定、公布每平方米建筑面积交存首期住宅专项维修资金的数额，并适时调整。

第八条 出售公有住房的，按照下列规定交存住宅专项维修资金：

（一）业主按照所拥有物业的建筑面积交存住宅专项维修资金，每平方米建筑面积交存首期住宅专项维修资金的数额为当地房改成本价的2%。

（二）售房单位按照多层住宅不低于售房款的20%、高层住宅不低于售房款的30%，从售房款中一次性提取住宅专项维修资金。

第九条 业主交存的住宅专项维修资金属于业主所有。

从公有住房售房款中提取的住宅专项维修资金属于公有住房售房单位所有。

第十条 业主大会成立前，商品住宅业主、非住宅业主交存的住宅专项维修资金，由物业所在地直辖市、市、县人民政府建设（房地产）主管部门代管。

直辖市、市、县人民政府建设（房地产）主管部门应当委托所在地一家商业银行，作为本行政区域内住宅专项维修资金的专户管理银行，并在专户管理银行开立住宅专项维修资金专户。

开立住宅专项维修资金专户，应当以物业管理区域为单位设账，按房屋户门号设分户账；未划定物业管理区域的，以幢为单位设账，按房屋户门号设分户账。

第十一条 业主大会成立前，已售公有住房住宅专项维修资金，由物业所在地直辖市、市、县人民政府财政部门或者建设（房地产）主管部门负责管理。

负责管理公有住房住宅专项维修资金的部门应当委托所在地一家商业银行，作为本行政区域内公有住房住宅专项维修资金的专户管理银行，并在专户管理银行开立公有住房住宅专项维修资金专户。

开立公有住房住宅专项维修资金专户，应当按照售房单位设账,按幢设分账;其中,业主交存的住宅专项维修资金,按房屋户门号设分户账。

第十二条 商品住宅的业主应当在办理房屋入住手续前,将首期住宅专项维修资金存入住宅专项维修资金专户。

已售公有住房的业主应当在办理房屋入住手续前,将首期住宅专项维修资金存入公有住房住宅专项维修资金专户或者交由售房单位存入公有住房住宅专项维修资金专户。

公有住房售房单位应当在收到售房款之日起30日内,将提取的住宅专项维修资金存入公有住房住宅专项维修资金专户。

第十三条 未按本办法规定交存首期住宅专项维修资金的,开发建设单位或者公有住房售房单位不得将房屋交付购买人。

第十四条 专户管理银行、代收住宅专项维修资金的售房单位应当出具由财政部或者省、自治区、直辖市人民政府财政部门统一监制的住宅专项维修资金专用票据。

第十五条 业主大会成立后,应当按照下列规定划转业主交存的住宅专项维修资金:

(一)业主大会应当委托所在地一家商业银行作为本物业管理区域内住宅专项维修资金的专户管理银行,并在专户管理银行开立住宅专项维修资金专户。

开立住宅专项维修资金专户,应当以物业管理区域为单位设账,按房屋户门号设分户账。

(二)业主委员会应当通知所在地直辖市、市、县人民政府建设(房地产)主管部门;涉及已售公有住房的,应当通知负责管理公有住房住宅专项维修资金的部门。

(三)直辖市、市、县人民政府建设(房地产)主管部门或者负责管理公有住房住宅专项维修资金的部门应当在收到通知之日起30日内,通知专户管理银行将该物业管理区域内业主交存的住宅专项维修资金账面余额划转至业主大会开立的住宅专项维修资金账户,并将有关账目等移交业主委员会。

第十六条 住宅专项维修资金划转后的账目管理单位,由业主大会决定。业主大会应当建立住宅专项维修资金管理制度。

业主大会开立的住宅专项维修资金账户,应当接受所在地直辖市、市、县人民政府建设(房地产)主管部门的监督。

第十七条 业主分户账面住宅专项维修资金余额不足首期交存额30%的,应当及时续交。

成立业主大会的,续交方案由业主大会决定。

未成立业主大会的,续交的具体管理办法由直辖市、市、县人民政府建设(房地产)主管部门会同同级财政部门制定。

第三章 使 用

第十八条 住宅专项维修资金应当专项用于住宅共用部位、共用设施设备保修期满后的维修和更新、改造,不得挪作他用。

第十九条 住宅专项维修资金的使用,应当遵循方便快捷、公开透明、受益人和负担人相一致的原则。

第二十条 住宅共用部位、共用设施设备的维修和更新、改造费用,按照下列规定分摊:

(一)商品住宅之间或者商品住宅与非住宅之间共用部位、共用设施设备的维修和更新、改造费用,由相关业主按照各自拥有物业建筑面积的比例分摊。

(二)售后公有住房之间共用部位、共用设施设备的维修和更新、改造费用,由相关业主和公有住房售房单位按照所交存住宅专项维修资金的比例分摊;其中,应由业主承担的,再由相关业主按照各自拥有物业建筑面积的比例分摊。

(三)售后公有住房与商品住宅或者非住宅之间共用部位、共用设施设备的维修和更新、改造费用,先按照建筑面积比例分摊到各相关物业。其中,售后公有住房应分摊的费用,再由相关业主和公有住房售房单位按照所交存住宅专项维修资金的比例分摊。

第二十一条 住宅共用部位、共用设施设备维修和更新、改造,涉及尚未售出的商品住宅、非住宅或者公有住房的,开发建设单位或者公有住房单位应当按照尚未售出商品住宅或者公有住房的建筑面积,分摊维修和更新、改造费用。

第二十二条 住宅专项维修资金划转业主大会管理前,需要使用住宅专项维修资金的,按照以下程序办理:

(一)物业服务企业根据维修和更新、改造项目提出使用建议;没有物业服务企业的,由相关业主提出使用建议;

(二)住宅专项维修资金列支范围内专有部分占建筑物总面积三分之二以上的业主且占总人数三分之二以上的业主讨论通过使用建议;

(三)物业服务企业或者相关业主组织实施使用方案;

(四)物业服务企业或者相关业主持有关材料,

向所在地直辖市、市、县人民政府建设(房地产)主管部门申请列支;其中,动用公有住房住宅专项维修资金的,向负责管理公有住房住宅专项维修资金的部门申请列支;

(五)直辖市、市、县人民政府建设(房地产)主管部门或者负责管理公有住房住宅专项维修资金的部门审核同意后,向专户管理银行发出划转住宅专项维修资金的通知;

(六)专户管理银行将所需住宅专项维修资金划转至维修单位。

第二十三条 住宅专项维修资金划转业主大会管理后,需要使用住宅专项维修资金的,按照以下程序办理:

(一)物业服务企业提出使用方案,使用方案应当包括拟维修和更新、改造的项目、费用预算、列支范围、发生危及房屋安全等紧急情况以及其他需临时使用住宅专项维修资金的情况的处置办法等;

(二)业主大会依法通过使用方案;

(三)物业服务企业组织实施使用方案;

(四)物业服务企业持有关材料向业主委员会提出列支住宅专项维修资金;其中,动用公有住房住宅专项维修资金的,向负责管理公有住房住宅专项维修资金的部门申请列支;

(五)业主委员会依据使用方案审核同意,并报直辖市、市、县人民政府建设(房地产)主管部门备案;动用公有住房住宅专项维修资金的,经负责管理公有住房住宅专项维修资金的部门审核同意;直辖市、市、县人民政府建设(房地产)主管部门或者负责管理公有住房住宅专项维修资金的部门发现不符合有关法律、法规、规章和使用方案的,应当责令改正;

(六)业主委员会、负责管理公有住房住宅专项维修资金的部门向专户管理银行发出划转住宅专项维修资金的通知;

(七)专户管理银行将所需住宅专项维修资金划转至维修单位。

第二十四条 发生危及房屋安全等紧急情况,需要立即对住宅共用部位、共用设施设备进行维修和更新、改造的,按照以下规定列支住宅专项维修资金:

(一)住宅专项维修资金划转业主大会管理前,按照本办法第二十二条第四项、第五项、第六项的规定办理;

(二)住宅专项维修资金划转业主大会管理后,按照本办法第二十三条第四项、第五项、第六项和第七项的规定办理。

发生前款情况后,未按规定实施维修和更新、改造的,直辖市、市、县人民政府建设(房地产)主管部门可以组织代修,维修费用从相关业主住宅专项维修资金分户账中列支;其中,涉及已售公有住房的,还应当从公有住房住宅专项维修资金中列支。

第二十五条 下列费用不得从住宅专项维修资金中列支:

(一)依法应当由建设单位或者施工单位承担的住宅共用部位、共用设施设备维修、更新和改造费用;

(二)依法应当由相关单位承担的供水、供电、供气、供热、通讯、有线电视等管线和设施设备的维修、养护费用;

(三)应当由当事人承担的因人为损坏住宅共用部位、共用设施设备所需的修复费用;

(四)根据物业服务合同约定,应当由物业服务企业承担的住宅共用部位、共用设施设备的维修和养护费用。

第二十六条 在保证住宅专项维修资金正常使用的前提下,可以按照国家有关规定将住宅专项维修资金用于购买国债。

利用住宅专项维修资金购买国债,应当在银行间债券市场或者商业银行柜台市场购买一级市场新发行的国债,并持有到期。

利用业主交存的住宅专项维修资金购买国债的,应当经业主大会同意;未成立业主大会的,应当经专有部分占建筑物总面积三分之二以上的业主且占总人数三分之二以上业主同意。

利用从公有住房售房款中提取的住宅专项维修资金购买国债的,应当根据售房单位的财政隶属关系,报经同级财政部门同意。

禁止利用住宅专项维修资金从事国债回购、委托理财业务或者将购买的国债用于质押、抵押等担保行为。

第二十七条 下列资金应当转入住宅专项维修资金滚存使用:

(一)住宅专项维修资金的存储利息;

(二)利用住宅专项维修资金购买国债的增值收益;

(三)利用住宅共用部位、共用设施设备进行经营的,业主所得收益,但业主大会另有决定的除外;

(四)住宅共用设施设备报废后回收的残值。

第四章 监督管理

第二十八条 房屋所有权转让时,业主应当向受让人说明住宅专项维修资金交存和结余情况并出具有效证明,该房屋分户账中结余的住宅专项维修资金随房屋所有权同时过户。

受让人应当持住宅专项维修资金过户的协议、房屋权属证书、身份证等到专户管理银行办理分户账更名手续。

第二十九条 房屋灭失的,按照以下规定返还住宅专项维修资金:

(一)房屋分户账中结余的住宅专项维修资金返还业主;

(二)售房单位交存的住宅专项维修资金账面余额返还售房单位;售房单位不存在的,按照售房单位财务隶属关系,收缴同级国库。

第三十条 直辖市、市、县人民政府建设(房地产)主管部门,负责管理公有住房住宅专项维修资金的部门及业主委员会,应当每年至少一次与专户管理银行核对住宅专项维修资金账目,并向业主、公有住房售房单位公布下列情况:

(一)住宅专项维修资金交存、使用、增值收益和结存的总额;

(二)发生列支的项目、费用和分摊情况;

(三)业主、公有住房售房单位分户账中住宅专项维修资金交存、使用、增值收益和结存的金额;

(四)其他有关住宅专项维修资金使用和管理的情况。

业主、公有住房售房单位对公布的情况有异议的,可以要求复核。

第三十一条 专户管理银行应当每年至少一次向直辖市、市、县人民政府建设(房地产)主管部门,负责管理公有住房住宅专项维修资金的部门及业主委员会发送住宅专项维修资金对账单。

直辖市、市、县建设(房地产)主管部门,负责管理公有住房住宅专项维修资金的部门及业主委员会对资金账户变化情况有异议的,可以要求专户管理银行进行复核。

专户管理银行应当建立住宅专项维修资金查询制度,接受业主、公有住房售房单位对其分户账中住宅专项维修资金使用、增值收益和账面余额的查询。

第三十二条 住宅专项维修资金的管理和使用,应当依法接受审计部门的审计监督。

第三十三条 住宅专项维修资金的财务管理和会计核算应当执行财政部有关规定。

财政部门应当加强对住宅专项维修资金收支财务管理和会计核算制度执行情况的监督。

第三十四条 住宅专项维修资金专用票据的购领、使用、保存、核销管理,应当按照财政部以及省、自治区、直辖市人民政府财政部门的有关规定执行,并接受财政部门的监督检查。

第五章 法律责任

第三十五条 公有住房售房单位有下列行为之一的,由县级以上地方人民政府财政部门会同同级建设(房地产)主管部门责令限期改正:

(一)未按本办法第八条、第十二条第三款规定交存住宅专项维修资金的;

(二)违反本办法第十三条规定将房屋交付买受人的;

(三)未按本办法第二十一条规定分摊维修、更新和改造费用的。

第三十六条 开发建设单位违反本办法第十三条规定将房屋交付买受人的,由县级以上地方人民政府建设(房地产)主管部门责令限期改正;逾期不改正的,处以3万元以下的罚款。

开发建设单位未按本办法第二十一条规定分摊维修、更新和改造费用的,由县级以上地方人民政府建设(房地产)主管部门责令限期改正;逾期不改正的,处以1万元以下的罚款。

第三十七条 违反本办法规定,挪用住宅专项维修资金的,由县级以上地方人民政府建设(房地产)主管部门追回挪用的住宅专项维修资金,没收违法所得,可以并处挪用金额2倍以下的罚款;构成犯罪的,依法追究直接负责的主管人员和其他直接责任人员的刑事责任。

物业服务企业挪用住宅专项维修资金,情节严重的,除按前款规定予以处罚外,还应由颁发资质证书的部门吊销资质证书。

直辖市、市、县人民政府建设(房地产)主管部门挪用住宅专项维修资金的,由上一级人民政府建设(房地产)主管部门追回挪用的住宅专项维修资金,对直接负责的主管人员和其他直接责任人员依法给予处分;构成犯罪的,依法追究刑事责任。

直辖市、市、县人民政府财政部门挪用住宅专项维修资金的,由上一级人民政府财政部门追回挪用的住宅专项维修资金,对直接负责的主管人员和其他直接责任人员依法给予处分;构成犯罪的,依法追究刑事责任。

第三十八条 直辖市、市、县人民政府建设(房地产)主管部门违反本办法第二十六条规定的,由上一级人民政府建设(房地产)主管部门责令限期改正,对直接负责的主管人员和其他直接责任人员依法给予处分；造成损失的，依法赔偿；构成犯罪的，依法追究刑事责任。

直辖市、市、县人民政府财政部门违反本办法第二十六条规定的，由上一级人民政府财政部门责令限期改正，对直接负责的主管人员和其他直接责任人员依法给予处分；造成损失的，依法赔偿；构成犯罪的，依法追究刑事责任。

业主大会违反本办法第二十六条规定的，由直辖市、市、县人民政府建设（房地产）主管部门责令改正。

第三十九条 对违反住宅专项维修资金专用票据管理规定的行为，按照《财政违法行为处罚处分条例》的有关规定追究法律责任。

第四十条 县级以上人民政府建设（房地产）主管部门、财政部门及其工作人员利用职务上的便利，收受他人财物或者其他好处，不依法履行监督管理职责，或者发现违法行为不予查处的，依法给予处分；构成犯罪的，依法追究刑事责任。

第六章 附 则

第四十一条 省、自治区、直辖市人民政府建设（房地产）主管部门会同同级财政部门可以依据本办法，制定实施细则。

第四十二条 本办法实施前，商品住宅、公有住房已经出售但未建立住宅专项维修资金的，应当补建。具体办法由省、自治区、直辖市人民政府建设（房地产）主管部门会同同级财政部门依据本办法制定。

第四十三条 本办法由国务院建设主管部门、财政部门共同解释。

第四十四条 本办法自2008年2月1日起施行，1998年12月16日建设部、财政部发布的《住宅共用部位共用设施设备维修基金管理办法》（建住房[1998]213号）同时废止。

建筑起重机械安全监督管理规定

建设部令第166号

《建筑起重机械安全监督管理规定》已于2008年1月8日经建设部第145次常务会议讨论通过，现予发布，自2008年6月1日起施行。

建设部部长 汪光焘
二〇〇八年一月二十八日

建筑起重机械安全监督管理规定

第一条 为了加强建筑起重机械的安全监督管理，防止和减少生产安全事故，保障人民群众生命和财产安全，依据《建设工程安全生产管理条例》、《特种设备安全监察条例》、《安全生产许可证条例》，制定本规定。

第二条 建筑起重机械的租赁、安装、拆卸、使用及其监督管理，适用本规定。

本规定所称建筑起重机械，是指纳入特种设备目录，在房屋建筑工地和市政工程工地安装、拆卸、使用的起重机械。

第三条 国务院建设主管部门对全国建筑起重机械的租赁、安装、拆卸、使用实施监督管理。

县级以上地方人民政府建设主管部门对本行政区域内的建筑起重机械的租赁、安装、拆卸、使用实施监督管理。

第四条 出租单位出租的建筑起重机械和使用单位购置、租赁、使用的建筑起重机械应当具有特种设备制造许可证、产品合格证、制造监督检验证明。

第五条 出租单位在建筑起重机械首次出租前，自购建筑起重机械的使用单位在建筑起重机械首次安装前，应当持建筑起重机械特种设备制造许可证、产品合格证和制造监督检验证明到本单位工商注册所在地县级以上地方人民政府建设主管部门办理备案。

第六条 出租单位应当在签订的建筑起重机械租赁合同中，明确租赁双方的安全责任，并出具建筑起重机械特种设备制造许可证、产品合格证、制造监督检验证明、备案证明和自检合格证明，提交安装使用说明书。

第七条 有下列情形之一的建筑起重机械，不得出租、使用：

（一）属国家明令淘汰或者禁止使用的；

（二）超过安全技术标准或者制造厂家规定的使用年限的；

（三）经检验达不到安全技术标准规定的；

（四）没有完整安全技术档案的；

（五）没有齐全有效的安全保护装置的。

第八条 建筑起重机械有本规定第七条第（一）、（二）、（三）项情形之一的，出租单位或者自购建筑起重机械的使用单位应当予以报废，并向原备案机关办理注销手续。

第九条 出租单位、自购建筑起重机械的使用单位，应当建立建筑起重机械安全技术档案。

建筑起重机械安全技术档案应当包括以下资料：

（一）购销合同、制造许可证、产品合格证、制造监督检验证明、安装使用说明书、备案证明等原始资料；

（二）定期检验报告、定期自行检查记录、定期维护保养记录、维修和技术改造记录、运行故障和生产安全事故记录、累计运转记录等运行资料；

（三）历次安装验收资料。

第十条 从事建筑起重机械安装、拆卸活动的单位（以下简称安装单位）应当依法取得建设主管部门颁发的相应资质和建筑施工企业安全生产许可证，并在其资质许可范围内承揽建筑起重机械安装、拆卸工程。

第十一条 建筑起重机械使用单位和安装单位应当在签订的建筑起重机械安装、拆卸合同中明确双方的安全生产责任。

实行施工总承包的，施工总承包单位应当与安装单位签订建筑起重机械安装、拆卸工程安全协议书。

第十二条 安装单位应当履行下列安全职责：

（一）按照安全技术标准及建筑起重机械性能要求，编制建筑起重机械安装、拆卸工程专项施工方案，并由本单位技术负责人签字；

（二）按照安全技术标准及安装使用说明书等检查建筑起重机械及现场施工条件；

（三）组织安全施工技术交底并签字确认；

（四）制定建筑起重机械安装、拆卸工程生产安全事故应急救援预案；

（五）将建筑起重机械安装、拆卸工程专项施工方案，安装、拆卸人员名单，安装、拆卸时间等材料报施工总承包单位和监理单位审核后，告知工程所在地县级以上地方人民政府建设主管部门。

第十三条 安装单位应当按照建筑起重机械安装、拆卸工程专项施工方案及安全操作规程组织安装、拆卸作业。

安装单位的专业技术人员、专职安全生产管理人员应当进行现场监督，技术负责人应当定期巡查。

第十四条 建筑起重机械安装完毕后，安装单位应当按照安全技术标准及安装使用说明书的有关要求对建筑起重机械进行自检、调试和试运转。自检合格的，应当出具自检合格证明，并向使用单位进行安全使用说明。

第十五条 安装单位应当建立建筑起重机械安装、拆卸工程档案。

建筑起重机械安装、拆卸工程档案应当包括以下资料：

（一）安装、拆卸合同及安全协议书；

（二）安装、拆卸工程专项施工方案；

（三）安全施工技术交底的有关资料；

（四）安装工程验收资料；

（五）安装、拆卸工程生产安全事故应急救援预案。

第十六条 建筑起重机械安装完毕后，使用单位应当组织出租、安装、监理等有关单位进行验收，或者委托具有相应资质的检验检测机构进行验收。建筑起重机械经验收合格后方可投入使用，未经验收或者验收不合格的不得使用。

实行施工总承包的，由施工总承包单位组织验收。

建筑起重机械在验收前应当经有相应资质的检验检测机构监督检验合格。

检验检测机构和检验检测人员对检验检测结果、鉴定结论依法承担法律责任。

第十七条 使用单位应当自建筑起重机械安装验收合格之日起30日内，将建筑起重机械安装验收资料、建筑起重机械安全管理制度、特种作业人员名单等，向工程所在地县级以上地方人民政府建设主管部门办理建筑起重机械使用登记。登记标志置于或者附着于该设备的显著位置。

第十八条 使用单位应当履行下列安全职责：

（一）根据不同施工阶段、周围环境以及季节、气候的变化，对建筑起重机械采取相应的安全防护措施；

（二）制定建筑起重机械生产安全事故应急救援预案；

（三）在建筑起重机械活动范围内设置明显的安全警示标志，对集中作业区做好安全防护；

（四）设置相应的设备管理机构或者配备专职的设备管理人员；

（五）指定专职设备管理人员、专职安全生产管理人员进行现场监督检查；

（六）建筑起重机械出现故障或者发生异常情况的，立即停止使用，消除故障和事故隐患后，方可重新投入使用。

第十九条 使用单位应当对在用的建筑起重机械及其安全保护装置、吊具、索具等进行经常性和定期的检查、维护和保养，并做好记录。

使用单位在建筑起重机械租期结束后，应当将定期检查、维护和保养记录移交出租单位。

建筑起重机械租赁合同对建筑起重机械的检查、维护、保养另有约定的，从其约定。

第二十条 建筑起重机械在使用过程中需要附着的，使用单位应当委托原安装单位或者具有相应资质的安装单位按照专项施工方案实施，并按照本规定第十六条规定组织验收。验收合格后方可投入使用。

建筑起重机械在使用过程中需要顶升的，使用单位委托原安装单位或者具有相应资质的安装单位按照专项施工方案实施后，即可投入使用。

禁止擅自在建筑起重机械上安装非原制造厂制造的标准节和附着装置。

第二十一条 施工总承包单位应当履行下列安全职责：

（一）向安装单位提供拟安装设备位置的基础施工资料，确保建筑起重机械进场安装、拆卸所需的施工条件；

（二）审核建筑起重机械的特种设备制造许可证、产品合格证、制造监督检验证明、备案证明等文件；

（三）审核安装单位、使用单位的资质证书、安全生产许可证和特种作业人员的特种作业操作资格证书；

（四）审核安装单位制定的建筑起重机械安装、拆卸工程专项施工方案和生产安全事故应急救援预案；

（五）审核使用单位制定的建筑起重机械生产安全事故应急救援预案；

（六）指定专职安全生产管理人员监督检查建筑起重机械安装、拆卸、使用情况；

（七）施工现场有多台塔式起重机作业时，应当组织制定并实施防止塔式起重机相互碰撞的安全措施。

第二十二条 监理单位应当履行下列安全职责：

（一）审核建筑起重机械特种设备制造许可证、产品合格证、制造监督检验证明、备案证明等文件；

（二）审核建筑起重机械安装单位、使用单位的资质证书、安全生产许可证和特种作业人员的特种作业操作资格证书；

（三）审核建筑起重机械安装、拆卸工程专项施工方案；

（四）监督安装单位执行建筑起重机械安装、拆卸工程专项施工方案情况；

（五）监督检查建筑起重机械的使用情况；

（六）发现存在生产安全事故隐患的，应当要求安装单位、使用单位限期整改，对安装单位、使用单位拒不整改的，及时向建设单位报告。

第二十三条 依法发包给两个及两个以上施工单位的工程，不同施工单位在同一施工现场使用多台塔式起重机作业时，建设单位应当协调组织制定防止塔式起重机相互碰撞的安全措施。

安装单位、使用单位拒不整改生产安全事故隐患的，建设单位接到监理单位报告后，应当责令安装单位、使用单位立即停工整改。

第二十四条 建筑起重机械特种作业人员应当遵守建筑起重机械安全操作规程和安全管理制度，在作业中有权拒绝违章指挥和强令冒险作业，有权在发生危及人身安全的紧急情况时立即停止作业或者采取必要的应急措施后撤离危险区域。

第二十五条 建筑起重机械安装拆卸工、起重信号工、起重司机、司索工等特种作业人员应当经建设主管部门考核合格，并取得特种作业操作资格证书后，方可上岗作业。

省、自治区、直辖市人民政府建设主管部门负责组织实施建筑施工企业特种作业人员的考核。

特种作业人员的特种作业操作资格证书由国务院建设主管部门规定统一的样式。

第二十六条 建设主管部门履行安全监督检查职责时，有权采取下列措施：

（一）要求被检查的单位提供有关建筑起重机械

的文件和资料；

（二）进入被检查单位和被检查单位的施工现场进行检查；

（三）对检查中发现的建筑起重机械生产安全事故隐患，责令立即排除；重大生产安全事故隐患排除前或者排除过程中无法保证安全的，责令从危险区域撤出作业人员或者暂时停止施工。

第二十七条 负责办理备案或者登记的建设主管部门应当建立本行政区域内的建筑起重机械档案，按照有关规定对建筑起重机械进行统一编号，并定期向社会公布建筑起重机械的安全状况。

第二十八条 违反本规定，出租单位、自购建筑起重机械的使用单位，有下列行为之一的，由县级以上地方人民政府建设主管部门责令限期改正，予以警告，并处以 5000 元以上 1 万元以下罚款：

（一）未按照规定办理备案的；

（二）未按照规定办理注销手续的；

（三）未按照规定建立建筑起重机械安全技术档案的。

第二十九条 违反本规定，安装单位有下列行为之一的，由县级以上地方人民政府建设主管部门责令限期改正，予以警告，并处以 5000 元以上 3 万元以下罚款：

（一）未履行第十二条第（二）、（四）、（五）项安全职责的；

（二）未按照规定建立建筑起重机械安装、拆卸工程档案的；

（三）未按照建筑起重机械安装、拆卸工程专项施工方案及安全操作规程组织安装、拆卸作业的。

第三十条 违反本规定，使用单位有下列行为之一的，由县级以上地方人民政府建设主管部门责令限期改正，予以警告，并处以 5000 元以上 3 万元以下罚款：

（一）未履行第十八条第（一）、（二）、（四）、（六）项安全职责的；

（二）未指定专职设备管理人员进行现场监督检查的；

（三）擅自在建筑起重机械上安装非原制造厂制造的标准节和附着装置的。

第三十一条 违反本规定，施工总承包单位未履行第二十一条第（一）、（三）、（四）、（五）、（七）项安全职责的，由县级以上地方人民政府建设主管部门责令限期改正，予以警告，并处以 5000 元以上 3 万元以下罚款。

第三十二条 违反本规定，监理单位未履行第二十二条第（一）、（二）、（四）、（五）项安全职责的，由县级以上地方人民政府建设主管部门责令限期改正，予以警告，并处以 5000 元以上 3 万元以下罚款。

第三十三条 违反本规定，建设单位有下列行为之一的，由县级以上地方人民政府建设主管部门责令限期改正，予以警告，并处以 5000 元以上 3 万元以下罚款；逾期未改的，责令停止施工：

（一）未按照规定协调组织制定防止多台塔式起重机相互碰撞的安全措施的；

（二）接到监理单位报告后，未责令安装单位、使用单位立即停工整改的。

第三十四条 违反本规定，建设主管部门的工作人员有下列行为之一的，依法给予处分；构成犯罪的，依法追究刑事责任：

（一）发现违反本规定的违法行为不依法查处的；

（二）发现在用的建筑起重机械存在严重生产安全事故隐患不依法处理的；

（三）不依法履行监督管理职责的其他行为。

第三十五条 本规定自 2008 年 6 月 1 日起施行。

中华人民共和国注册建筑师条例实施细则

建设部令第 167 号

《中华人民共和国注册建筑师条例实施细则》已于 2008 年 1 月 8 日经建设部第 145 次常务会议讨论通过，现予发布，自 2008 年 3 月 15 日起施行。

建设部部长 汪光焘

二〇〇八年一月二十九日

中华人民共和国注册建筑师条例实施细则

第一章 总 则

第一条 根据《中华人民共和国行政许可法》和《中华人民共和国注册建筑师条例》(以下简称《条例》),制定本细则。

第二条 中华人民共和国境内注册建筑师的考试、注册、执业、继续教育和监督管理,适用本细则。

第三条 注册建筑师,是指经考试、特许、考核认定取得中华人民共和国注册建筑师执业资格证书(以下简称执业资格证书),或者经资格互认方式取得建筑师互认资格证书(以下简称互认资格证书),并按照本细则注册,取得中华人民共和国注册建筑师注册证书(以下简称注册证书)和中华人民共和国注册建筑师执业印章(以下简称执业印章),从事建筑设计及相关业务活动的专业技术人员。

未取得注册证书和执业印章的人员,不得以注册建筑师的名义从事建筑设计及相关业务活动。

第四条 国务院建设主管部门、人事主管部门按职责分工对全国注册建筑师考试、注册、执业和继续教育实施指导和监督。

省、自治区、直辖市人民政府建设主管部门、人事主管部门按职责分工对本行政区域内注册建筑师考试、注册、执业和继续教育实施指导和监督。

第五条 全国注册建筑师管理委员会负责注册建筑师考试、一级注册建筑师注册、制定颁布注册建筑师有关标准以及相关国际交流等具体工作。

省、自治区、直辖市注册建筑师管理委员会负责本行政区域内注册建筑师考试、注册以及协助全国注册建筑师管理委员会选派专家等具体工作。

第六条 全国注册建筑师管理委员会委员由国务院建设主管部门商人事主管部门聘任。

全国注册建筑师管理委员会由国务院建设主管部门、人事主管部门、其他有关主管部门的代表和建筑设计专家组成,设主任委员一名、副主任委员若干名。全国注册建筑师管理委员会秘书处设在建设部执业资格注册中心。全国注册建筑师管理委员会秘书处承担全国注册建筑师管理委员会的日常工作职责,并承担相应的法律责任。

省、自治区、直辖市注册建筑师管理委员会由省、自治区、直辖市人民政府建设主管部门商同级人事主管部门参照本条第一款、第二款规定成立。

第二章 考 试

第七条 注册建筑师考试分为一级注册建筑师考试和二级注册建筑师考试。注册建筑师考试实行全国统一考试,每年进行一次。遇特殊情况,经国务院建设主管部门和人事主管部门同意,可调整该年度考试次数。

注册建筑师考试由全国注册建筑师管理委员会统一部署,省、自治区、直辖市注册建筑师管理委员会组织实施。

第八条 一级注册建筑师考试内容包括:建筑设计前期工作、场地设计、建筑设计与表达、建筑结构、环境控制、建筑设备、建筑材料与构造、建筑经济、施工与设计业务管理、建筑法规等。上述内容分成若干科目进行考试。科目考试合格有效期为八年。

二级注册建筑师考试内容包括:场地设计、建筑设计与表达、建筑结构与设备、建筑法规、建筑经济与施工等。上述内容分成若干科目进行考试。科目考试合格有效期为四年。

第九条 《条例》第八条第(一)、(二)、(三)项,第九条第(一)项中所称相近专业,是指大学本科及以上建筑学的相近专业,包括城市规划、建筑工程和环境艺术等专业。

《条例》第九条第(二)项所称相近专业,是指大学专科建筑设计的相近专业,包括城乡规划、房屋建筑工程、风景园林、建筑装饰技术和环境艺术等专业。

《条例》第九条第(四)项所称相近专业,是指中等专科学校建筑设计技术的相近专业,包括工业与民用建筑、建筑装饰、城镇规划和村镇建设等专业。

《条例》第八条第(五)项所称设计成绩突出,是指获得国家或省部级优秀工程设计铜质或二等奖(建筑)及以上奖励。

第十条 申请参加注册建筑师考试者,可向省、自治区、直辖市注册建筑师管理委员会报名,经省、自治区、直辖市注册建筑师管理委员会审查,符合《条例》第八条或者第九条规定的,方可参加考试。

第十一条 经一级注册建筑师考试,在有效期内全部科目考试合格的,由全国注册建筑师管理委员会核发国务院建设主管部门和人事主管部门共同用印的一级注册建筑师执业资格证书。

经二级注册建筑师考试，在有效期内全部科目考试合格的，由省、自治区、直辖市注册建筑师管理委员会核发国务院建设主管部门和人事主管部门共同用印的二级注册建筑师执业资格证书。

自考试之日起，九十日内公布考试成绩；自考试成绩公布之日起，三十日内颁发执业资格证书。

第十二条 申请参加注册建筑师考试者，应当按规定向省、自治区、直辖市注册建筑师管理委员会交纳考务费和报名费。

第三章 注 册

第十三条 注册建筑师实行注册执业管理制度。取得执业资格证书或者互认资格证书的人员，必须经过注册方可以注册建筑师的名义执业。

第十四条 取得一级注册建筑师资格证书并受聘于一个相关单位的人员，应当通过聘用单位向单位工商注册所在地的省、自治区、直辖市注册建筑师管理委员会提出申请；省、自治区、直辖市注册建筑师管理委员会受理后提出初审意见，并将初审意见和申请材料报全国注册建筑师管理委员会审批；符合条件的，由全国注册建筑师管理委员会颁发一级注册建筑师注册证书和执业印章。

第十五条 省、自治区、直辖市注册建筑师管理委员会在收到申请人申请一级注册建筑师注册的材料后，应当即时作出是否受理的决定，并向申请人出具书面凭证；申请材料不齐全或者不符合法定形式的，应当在五日内一次性告知申请人需要补正的全部内容。逾期不告知的，自收到申请材料之日起即为受理。

对申请初始注册的，省、自治区、直辖市注册建筑师管理委员会应当自受理申请之日起二十日内审查完毕，并将申请材料和初审意见报全国注册建筑师管理委员会。全国注册建筑师管理委员会应当自收到省、自治区、直辖市注册建筑师管理委员会上报材料之日起，二十日内审批完毕并作出书面决定。

审查结果由全国注册建筑师管理委员会予以公示，公示时间为十日，公示时间不计算在审批时间内。

全国注册建筑师管理委员会自作出审批决定之日起十日内，在公众媒体上公布审批结果。

对申请变更注册、延续注册的，省、自治区、直辖市注册建筑师管理委员会应当自受理申请之日起十日内审查完毕。全国注册建筑师管理委员会应当自收到省、自治区、直辖市注册建筑师管理委员会上报材料之日起，十五日内审批完毕并作出书面决定。

二级注册建筑师的注册办法由省、自治区、直辖市注册建筑师管理委员会依法制定。

第十六条 注册证书和执业印章是注册建筑师的执业凭证，由注册建筑师本人保管、使用。

注册建筑师由于办理延续注册、变更注册等原因，在领取新执业印章时，应当将原执业印章交回。

禁止涂改、倒卖、出租、出借或者以其他形式非法转让执业资格证书、互认资格证书、注册证书和执业印章。

第十七条 申请注册建筑师初始注册，应当具备以下条件：

（一）依法取得执业资格证书或者互认资格证书；

（二）只受聘于中华人民共和国境内的一个建设工程勘察、设计、施工、监理、招标代理、造价咨询、施工图审查、城乡规划编制等单位（以下简称聘用单位）；

（三）近三年内在中华人民共和国境内从事建筑设计及相关业务一年以上；

（四）达到继续教育要求；

（五）没有本细则第二十一条所列的情形。

第十八条 初始注册者可以自执业资格证书签发之日起三年内提出申请。逾期未申请者，须符合继续教育的要求后方可申请初始注册。

初始注册需要提交下列材料：

（一）初始注册申请表；

（二）资格证书复印件；

（三）身份证明复印件；

（四）聘用单位资质证书副本复印件；

（五）与聘用单位签订的聘用劳动合同复印件；

（六）相应的业绩证明；

（七）逾期初始注册的，应当提交达到继续教育要求的证明材料。

第十九条 注册建筑师每一注册有效期为二年。注册建筑师注册有效期满需继续执业的，应在注册有效期届满三十日前，按照本细则第十五条规定的程序申请延续注册。延续注册有效期为二年。

延续注册需要提交下列材料：

（一）延续注册申请表；

（二）与聘用单位签订的聘用劳动合同复印件；

（三）注册期内达到继续教育要求的证明材料。

第二十条 注册建筑师变更执业单位，应当与原聘用单位解除劳动关系，并按照本细则第十五条规定的程序办理变更注册手续。变更注册后，仍延续原注册有效期。

原注册有效期届满在半年以内的，可以同时提出延续注册申请。准予延续的，注册有效期重新计算。

变更注册需要提交下列材料：

（一）变更注册申请表；

（二）新聘用单位资质证书副本的复印件；

（三）与新聘用单位签订的聘用劳动合同复印件；

（四）工作调动证明或者与原聘用单位解除聘用劳动合同的证明文件、劳动仲裁机构出具的解除劳动关系的仲裁文件、退休人员的退休证明复印件；

（五）在办理变更注册时提出延续注册申请的，还应当提交在本注册有效期内达到继续教育要求的证明材料。

第二十一条　申请人有下列情形之一的，不予注册：

（一）不具有完全民事行为能力的；

（二）申请在两个或者两个以上单位注册的；

（三）未达到注册建筑师继续教育要求的；

（四）因受刑事处罚，自刑事处罚执行完毕之日起至申请注册之日止不满五年的；

（五）因在建筑设计或者相关业务中犯有错误受行政处罚或者撤职以上行政处分，自处罚、处分决定之日起至申请之日止不满二年的；

（六）受吊销注册建筑师证书的行政处罚，自处罚决定之日起至申请注册之日止不满五年的；

（七）申请人的聘用单位不符合注册单位要求的；

（八）法律、法规规定不予注册的其他情形。

第二十二条　注册建筑师有下列情形之一的，其注册证书和执业印章失效：

（一）聘用单位破产的；

（二）聘用单位被吊销营业执照的；

（三）聘用单位相应资质证书被吊销或者撤回的；

（四）已与聘用单位解除聘用劳动关系的；

（五）注册有效期满且未延续注册的；

（六）死亡或者丧失民事行为能力的；

（七）其他导致注册失效的情形。

第二十三条　注册建筑师有下列情形之一的，由注册机关办理注销手续，收回注册证书和执业印章或公告注册证书和执业印章作废：

（一）有本细则第二十二条所列情形发生的；

（二）依法被撤销注册的；

（三）依法被吊销注册证书的；

（四）受刑事处罚的；

（五）法律、法规规定应当注销注册的其他情形。

注册建筑师有前款所列情形之一的，注册建筑师本人和聘用单位应当及时向注册机关提出注销注册申请；有关单位和个人有权向注册机关举报；县级以上地方人民政府建设主管部门或者有关部门应当及时告知注册机关。

第二十四条　被注销注册者或者不予注册者，重新具备注册条件的，可以按照本细则第十五条规定的程序重新申请注册。

第二十五条　高等学校（院）从事教学、科研并具有注册建筑师资格的人员，只能受聘于本校（院）所属建筑设计单位从事建筑设计，不得受聘于其他建筑设计单位。在受聘于本校（院）所属建筑设计单位工作期间，允许申请注册。获准注册的人员，在本校（院）所属建筑设计单位连续工作不得少于二年。具体办法由国务院建设主管部门商教育主管部门规定。

第二十六条　注册建筑师因遗失、污损注册证书或者执业印章，需要补办的，应当持在公众媒体上刊登的遗失声明的证明，或者污损的原注册证书和执业印章，向原注册机关申请补办。原注册机关应当在十日内办理完毕。

第四章　执　业

第二十七条　取得资格证书的人员，应当受聘于中华人民共和国境内的一个建设工程勘察、设计、施工、监理、招标代理、造价咨询、施工图审查、城乡规划编制等单位，经注册后方可从事相应的执业活动。

从事建筑工程设计执业活动的，应当受聘并注册于中华人民共和国境内一个具有工程设计资质的单位。

第二十八条　注册建筑师的执业范围具体为：

（一）建筑设计；

（二）建筑设计技术咨询；

（三）建筑物调查与鉴定；

（四）对本人主持设计的项目进行施工指导和监督；

（五）国务院建设主管部门规定的其他业务。

本条第一款所称建筑设计技术咨询包括建筑工程技术咨询，建筑工程招标、采购咨询，建筑工程项目管理，建筑工程设计文件及施工图审查，工程质量评估，以及国务院建设主管部门规定的其他建筑技术咨询业务。

第二十九条 一级注册建筑师的执业范围不受工程项目规模和工程复杂程度的限制。二级注册建筑师的执业范围只限于承担工程设计资质标准中建设项目设计规模划分表中规定的小型规模的项目。

注册建筑师的执业范围不得超越其聘用单位的业务范围。注册建筑师的执业范围与其聘用单位的业务范围不符时,个人执业范围服从聘用单位的业务范围。

第三十条 注册建筑师所在单位承担民用建筑设计项目,应当由注册建筑师任工程项目设计主持人或设计总负责人;工业建筑设计项目,须由注册建筑师任工程项目建筑专业负责人。

第三十一条 凡属工程设计资质标准中建筑工程建设项目设计规模划分表规定的工程项目,在建筑工程设计的主要文件(图纸)中,须由主持该项设计的注册建筑师签字并加盖其执业印章,方为有效。否则设计审查部门不予审查,建设单位不得报建,施工单位不准施工。

第三十二条 修改经注册建筑师签字盖章的设计文件,应当由原注册建筑师进行;因特殊情况,原注册建筑师不能进行修改的,可以由设计单位的法人代表书面委托其他符合条件的注册建筑师修改,并签字、加盖执业印章,对修改部分承担责任。

第三十三条 注册建筑师从事执业活动,由聘用单位接受委托并统一收费。

第五章 继续教育

第三十四条 注册建筑师在每一注册有效期内应当达到全国注册建筑师管理委员会制定的继续教育标准。继续教育作为注册建筑师逾期初始注册、延续注册、重新申请注册的条件之一。

第三十五条 继续教育分为必修课和选修课,在每一注册有效期内各为四十学时。

第六章 监督检查

第三十六条 国务院建设主管部门对注册建筑师注册执业活动实施统一的监督管理。县级以上地方人民政府建设主管部门负责对本行政区域内的注册建筑师注册执业活动实施监督管理。

第三十七条 建设主管部门履行监督检查职责时,有权采取下列措施:

(一)要求被检查的注册建筑师提供资格证书、注册证书、执业印章、设计文件(图纸);

(二)进入注册建筑师聘用单位进行检查,查阅相关资料;

(三)纠正违反有关法律、法规和本细则及有关规范和标准的行为。

建设主管部门依法对注册建筑师进行监督检查时,应当将监督检查情况和处理结果予以记录,由监督检查人员签字后归档。

第三十八条 建设主管部门在实施监督检查时,应当有两名以上监督检查人员参加,并出示执法证件,不得妨碍注册建筑师正常的执业活动,不得谋取非法利益。

注册建筑师和其聘用单位对依法进行的监督检查应当协助与配合,不得拒绝或者阻挠。

第三十九条 注册建筑师及其聘用单位应当按照要求,向注册机关提供真实、准确、完整的注册建筑师信用档案信息。

注册建筑师信用档案应当包括注册建筑师的基本情况、业绩、良好行为、不良行为等内容。违法违规行为、被投诉举报处理、行政处罚等情况应当作为注册建筑师的不良行为记入其信用档案。

注册建筑师信用档案信息按照有关规定向社会公示。

第七章 法律责任

第四十条 隐瞒有关情况或者提供虚假材料申请注册的,注册机关不予受理,并由建设主管部门给予警告,申请人一年之内不得再次申请注册。

第四十一条 以欺骗、贿赂等不正当手段取得注册证书和执业印章的,由全国注册建筑师管理委员会或省、自治区、直辖市注册建筑师管理委员会撤销注册证书并收回执业印章,三年内不得再次申请注册,并由县级以上人民政府建设主管部门处以罚款。其中没有违法所得的,处以1万元以下罚款;有违法所得的处以违法所得3倍以下且不超过3万元的罚款。

第四十二条 违反本细则,未受聘并注册于中华人民共和国境内一个具有工程设计资质的单位,从事建筑工程设计执业活动的,由县级以上人民政府建设主管部门给予警告,责令停止违法活动,并可处以1万元以上3万元以下的罚款。

第四十三条 违反本细则,未办理变更注册而继续执业的,由县级以上人民政府建设主管部门责令限期改正;逾期未改正的,可处以5000元以下的罚款。

第四十四条 违反本细则,涂改、倒卖、出租、出借或者以其他形式非法转让执业资格证书、互认资格证书、注册证书和执业印章的,由县级以上人民政府建设主管部门责令改正,其中没有违法所得的,处以1万元以下罚款;有违法所得的处以违法所得3倍以下且不超过3万元的罚款。

第四十五条 违反本细则，注册建筑师或者其聘用单位未按照要求提供注册建筑师信用档案信息的，由县级以上人民政府建设主管部门责令限期改正；逾期未改正的，可处以1000元以上1万元以下的罚款。

第四十六条 聘用单位为申请人提供虚假注册材料的，由县级以上人民政府建设主管部门给予警告，责令限期改正；逾期未改正的，可处以1万元以上3万元以下的罚款。

第四十七条 有下列情形之一的，全国注册建筑师管理委员会或者省、自治区、直辖市注册建筑师管理委员可以撤销其注册：

（一）全国注册建筑师管理委员会或者省、自治区、直辖市注册建筑师管理委员的工作人员滥用职权、玩忽职守颁发注册证书和执业印章的；

（二）超越法定职权颁发注册证书和执业印章的；

（三）违反法定程序颁发注册证书和执业印章的；

（四）对不符合法定条件的申请人颁发注册证书和执业印章的；

（五）依法可以撤销注册的其他情形。

第四十八条 县级以上人民政府建设主管部门、人事主管部门及全国注册建筑师管理委员会或者省、自治区、直辖市注册建筑师管理委员的工作人员，在注册建筑师管理工作中，有下列情形之一的，依法给予处分；构成犯罪的，依法追究刑事责任：

（一）对不符合法定条件的申请人颁发执业资格证书、注册证书和执业印章的；

（二）对符合法定条件的申请人不予颁发执业资格证书、注册证书和执业印章的；

（三）对符合法定条件的申请不予受理或者未在法定期限内初审完毕的；

（四）利用职务上的便利，收受他人财物或者其他好处的；

（五）不依法履行监督管理职责，或者发现违法行为不予查处的。

第八章 附 则

第四十九条 注册建筑师执业资格证书由国务院人事主管部门统一制作；一级注册建筑师注册证书、执业印章和互认资格证书由全国注册建筑师管理委员会统一制作；二级注册建筑师注册证书和执业印章由省、自治区、直辖市注册建筑师管理委员会统一制作。

第五十条 香港特别行政区、澳门特别行政区、台湾地区的专业技术人员按照国家有关规定和有关协议，报名参加全国统一考试和申请注册。

外籍专业技术人员参加全国统一考试按照对等原则办理；申请建筑师注册的，其所在国应当已与中华人民共和国签署双方建筑师对等注册协议。

第五十一条 本细则自2008年3月15日起施行。1996年7月1日建设部颁布的《中华人民共和国注册建筑师条例实施细则》（建设部令第52号）同时废止。

房屋登记办法

建设部令第168号

《房屋登记办法》已于2008年1月22日经建设部第147次常务会议讨论通过，现予发布，自2008年7月1日起施行。

建设部部长　汪光焘
二○○八年二月十五日

房屋登记办法

第一章 总 则

第一条 为了规范房屋登记行为，维护房地产交易安全，保护权利人的合法权益，依据《中华人民共和国物权法》、《中华人民共和国城市房地产管理法》、《村庄和集镇规划建设管理条例》等法律、行政法规，制定本办法。

第二条　本办法所称房屋登记，是指房屋登记机构依法将房屋权利和其他应当记载的事项在房屋登记簿上予以记载的行为。

第三条　国务院建设主管部门负责指导、监督全国的房屋登记工作。

省、自治区、直辖市人民政府建设（房地产）主管部门负责指导、监督本行政区域内的房屋登记工作。

第四条　房屋登记，由房屋所在地的房屋登记机构办理。

本办法所称房屋登记机构，是指直辖市、市、县人民政府建设（房地产）主管部门或者其设置的负责房屋登记工作的机构。

第五条　房屋登记机构应当建立本行政区域内统一的房屋登记簿。

房屋登记簿是房屋权利归属和内容的根据，由房屋登记机构管理。

第六条　房屋登记人员应当具备与其岗位相适应的专业知识。

从事房屋登记审核工作的人员，应当取得国务院建设主管部门颁发的房屋登记上岗证书，持证上岗。

第二章　一般规定

第七条　办理房屋登记，一般依照下列程序进行：

（一）申请；

（二）受理；

（三）审核；

（四）记载于登记簿；

（五）发证。

房屋登记机构认为必要时，可以就登记事项进行公告。

第八条　办理房屋登记，应当遵循房屋所有权和房屋占用范围内的土地使用权权利主体一致的原则。

第九条　房屋登记机构应当依照法律、法规和本办法规定，确定申请房屋登记需要提交的材料，并将申请登记材料目录公示。

第十条　房屋应当按照基本单元进行登记。房屋基本单元是指有固定界限、可以独立使用并且有明确、惟一的编号（幢号、室号等）的房屋或者特定空间。

国有土地范围内成套住房，以套为基本单元进行登记；非成套住房，以房屋的幢、层、间等有固定界限的部分为基本单元进行登记。集体土地范围内村民住房，以宅基地上独立建筑为基本单元进行登记；在共有宅基地上建造的村民住房，以套、间等有固定界限的部分为基本单元进行登记。

非住房以房屋的幢、层、套、间等有固定界限的部分为基本单元进行登记。

第十一条　申请房屋登记，申请人应当向房屋所在地的房屋登记机构提出申请，并提交申请登记材料。

申请登记材料应当提供原件。不能提供原件的，应当提交经有关机关确认与原件一致的复印件。

申请人应当对申请登记材料的真实性、合法性、有效性负责，不得隐瞒真实情况或者提供虚假材料申请房屋登记。

第十二条　申请房屋登记，应当由有关当事人双方共同申请，但本办法另有规定的除外。

有下列情形之一，申请房屋登记的，可以由当事人单方申请：

（一）因合法建造房屋取得房屋权利；

（二）因人民法院、仲裁委员会的生效法律文书取得房屋权利；

（三）因继承、受遗赠取得房屋权利；

（四）有本办法所列变更登记情形之一；

（五）房屋灭失；

（六）权利人放弃房屋权利；

（七）法律、法规规定的其他情形。

第十三条　共有房屋，应当由共有人共同申请登记。

共有房屋所有权变更登记，可以由相关的共有人申请，但因共有性质或者共有人份额变更申请房屋登记的，应当由共有人共同申请。

第十四条　未成年人的房屋，应当由其监护人代为申请登记。监护人代为申请未成年人房屋登记的，应当提交证明监护人身份的材料；因处分未成年人房屋申请登记的，还应当提供为未成年人利益的书面保证。

第十五条　申请房屋登记的，申请人应当使用中文名称或者姓名。申请人提交的证明文件原件是外文的，应当提供中文译本。

委托代理人申请房屋登记的，代理人应当提交授权委托书和身份证明。境外申请人委托代理人申请房屋登记的，其授权委托书应当按照国家有关规定办理公证或者认证。

第十六条　申请房屋登记的，申请人应当按照国家有关规定缴纳登记费。

第十七条 申请人提交的申请登记材料齐全且符合法定形式的,应当予以受理,并出具书面凭证。

申请人提交的申请登记材料不齐全或者不符合法定形式的,应当不予受理,并告知申请人需要补正的内容。

第十八条 房屋登记机构应当查验申请登记材料,并根据不同登记申请就申请登记事项是否是申请人的真实意思表示、申请登记房屋是否为共有房屋、房屋登记簿记载的权利人是否同意更正,以及申请登记材料中需进一步明确的其他有关事项询问申请人。询问结果应当经申请人签字确认,并归档保留。

房屋登记机构认为申请登记房屋的有关情况需要进一步证明的,可以要求申请人补充材料。

第十九条 办理下列房屋登记,房屋登记机构应当实地查看:

(一)房屋所有权初始登记;

(二)在建工程抵押权登记;

(三)因房屋灭失导致的房屋所有权注销登记;

(四)法律、法规规定的应当实地查看的其他房屋登记。

房屋登记机构实地查看时,申请人应当予以配合。

第二十条 登记申请符合下列条件的,房屋登记机构应当予以登记,将申请登记事项记载于房屋登记簿:

(一)申请人与依法提交的材料记载的主体一致;

(二)申请初始登记的房屋与申请人提交的规划证明材料记载一致,申请其他登记的房屋与房屋登记簿记载一致;

(三)申请登记的内容与有关材料证明的事实一致;

(四)申请登记的事项与房屋登记簿记载的房屋权利不冲突;

(五)不存在本办法规定的不予登记的情形。

登记申请不符合前款所列条件的,房屋登记机构应当不予登记,并书面告知申请人不予登记的原因。

第二十一条 房屋登记机构将申请登记事项记载于房屋登记簿之前,申请人可以撤回登记申请。

第二十二条 有下列情形之一的,房屋登记机构应当不予登记:

(一)未依法取得规划许可、施工许可或者未按照规划许可的面积等内容建造的建筑申请登记的;

(二)申请人不能提供合法、有效的权利来源证明文件或者申请登记的房屋权利与权利来源证明文件不一致的;

(三)申请登记事项与房屋登记簿记载冲突的;

(四)申请登记房屋不能特定或者不具有独立利用价值的;

(五)房屋已被依法征收、没收,原权利人申请登记的;

(六)房屋被依法查封期间,权利人申请登记的;

(七)法律、法规和本办法规定的其他不予登记的情形。

第二十三条 自受理登记申请之日起,房屋登记机构应当于下列时限内,将申请登记事项记载于房屋登记簿或者作出不予登记的决定:

(一)国有土地范围内房屋所有权登记,30个工作日,集体土地范围内房屋所有权登记,60个工作日;

(二)抵押权、地役权登记,10个工作日;

(三)预告登记、更正登记,10个工作日;

(四)异议登记,1个工作日。

公告时间不计入前款规定时限。因特殊原因需要延长登记时限的,经房屋登记机构负责人批准可以延长,但最长不得超过原时限的一倍。

法律、法规对登记时限另有规定的,从其规定。

第二十四条 房屋登记簿应当记载房屋自然状况、权利状况以及其他依法应当登记的事项。

房屋登记簿可以采用纸介质,也可以采用电子介质。采用电子介质的,应当有惟一、确定的纸介质转化形式,并应当定期异地备份。

第二十五条 房屋登记机构应当根据房屋登记簿的记载,缮写并向权利人发放房屋权属证书。

房屋权属证书是权利人享有房屋权利的证明,包括《房屋所有权证》、《房屋他项权证》等。申请登记房屋为共有房屋的,房屋登记机构应当在房屋所有权证上注明"共有"字样。

预告登记、在建工程抵押权登记以及法律、法规规定的其他事项在房屋登记簿上予以记载后,由房屋登记机构发放登记证明。

第二十六条 房屋权属证书、登记证明与房屋登记簿记载不一致的,除有证据证明房屋登记簿确有错误外,以房屋登记簿为准。

第二十七条 房屋权属证书、登记证明破损的,权利人可以向房屋登记机构申请换发。房屋登记机构换发前,应当收回原房屋权属证书、登记证明,并将有关事项记载于房屋登记簿。

房屋权属证书、登记证明遗失、灭失的，权利人在当地公开发行的报刊上刊登遗失声明后，可以申请补发。房屋登记机构予以补发的，应当将有关事项在房屋登记簿上予以记载。补发的房屋权属证书、登记证明上应当注明"补发"字样。

在补发集体土地范围内村民住房的房屋权属证书、登记证明前，房屋登记机构应当就补发事项在房屋所在地农村集体经济组织内公告。

第二十八条　房屋登记机构应当将房屋登记资料及时归档并妥善管理。

申请查询、复制房屋登记资料的，应当按照规定的权限和程序办理。

第二十九条　县级以上人民政府建设（房地产）主管部门应当加强房屋登记信息系统建设，逐步实现全国房屋登记簿信息共享和异地查询。

第三章　国有土地范围内房屋登记

第一节　所有权登记

第三十条　因合法建造房屋申请房屋所有权初始登记的，应当提交下列材料：

（一）登记申请书；
（二）申请人身份证明；
（三）建设用地使用权证明；
（四）建设工程符合规划的证明；
（五）房屋已竣工的证明；
（六）房屋测绘报告；
（七）其他必要材料。

第三十一条　房地产开发企业申请房屋所有权初始登记时，应当对建筑区划内依法属于全体业主共有的公共场所、公用设施和物业服务用房等房屋一并申请登记，由房屋登记机构在房屋登记簿上予以记载，不颁发房屋权属证书。

第三十二条　发生下列情形之一的，当事人应当在有关法律文件生效或者事实发生后申请房屋所有权转移登记：

（一）买卖；
（二）互换；
（三）赠与；
（四）继承、受遗赠；
（五）房屋分割、合并，导致所有权发生转移的；
（六）以房屋出资入股；
（七）法人或者其他组织分立、合并，导致房屋所有权发生转移的；
（八）法律、法规规定的其他情形。

第三十三条　申请房屋所有权转移登记，应当提交下列材料：

（一）登记申请书；
（二）申请人身份证明；
（三）房屋所有权证书或者房地产权证书；
（四）证明房屋所有权发生转移的材料；
（五）其他必要材料。

前款第（四）项材料，可以是买卖合同、互换合同、赠与合同、受遗赠证明、继承证明、分割协议、合并协议、人民法院或者仲裁委员会生效的法律文书，或者其他证明房屋所有权发生转移的材料。

第三十四条　抵押期间，抵押人转让抵押房屋的所有权，申请房屋所有权转移登记的，除提供本办法第三十三条规定材料外，还应当提交抵押权人的身份证明、抵押权人同意抵押房屋转让的书面文件、他项权利证书。

第三十五条　因人民法院或者仲裁委员会生效的法律文书、合法建造房屋、继承或者受遗赠取得房屋所有权，权利人转让该房屋所有权或者以该房屋设定抵押权时，应当将房屋登记到权利人名下后，再办理房屋所有权转移登记或者房屋抵押权设立登记。

因人民法院或者仲裁委员会生效的法律文书取得房屋所有权，人民法院协助执行通知书要求房屋登记机构予以登记的，房屋登记机构应当予以办理。房屋登记机构予以登记的，应当在房屋登记簿上记载基于人民法院或者仲裁委员会生效的法律文书予以登记的事实。

第三十六条　发生下列情形之一的，权利人应当在有关法律文件生效或者事实发生后申请房屋所有权变更登记：

（一）房屋所有权人的姓名或者名称变更的；
（二）房屋坐落的街道、门牌号或者房屋名称变更的；
（三）房屋面积增加或者减少的；
（四）同一所有权人分割、合并房屋的；
（五）法律、法规规定的其他情形。

第三十七条　申请房屋所有权变更登记，应当提交下列材料：

（一）登记申请书；
（二）申请人身份证明；
（三）房屋所有权证书或者房地产权证书；
（四）证明发生变更事实的材料；
（五）其他必要材料。

第三十八条　经依法登记的房屋发生下列情形之一的，房屋登记簿记载的所有权人应当自事实发生后申请房屋所有权注销登记：

（一）房屋灭失的；

（二）放弃所有权的；

（三）法律、法规规定的其他情形。

第三十九条 申请房屋所有权注销登记的，应当提交下列材料：

（一）登记申请书；

（二）申请人身份证明；

（三）房屋所有权证书或者房地产权证书；

（四）证明房屋所有权消灭的材料；

（五）其他必要材料。

第四十条 经依法登记的房屋上存在他项权利时，所有权人放弃房屋所有权申请注销登记的，应当提供他项权利人的书面同意文件。

第四十一条 经登记的房屋所有权消灭后，原权利人未申请注销登记的，房屋登记机构可以依据人民法院、仲裁委员会的生效法律文书或者人民政府的生效征收决定办理注销登记，将注销事项记载于房屋登记簿，原房屋所有权证收回或者公告作废。

第二节 抵押权登记

第四十二条 以房屋设定抵押的，当事人应当申请抵押权登记。

第四十三条 申请抵押权登记，应当提交下列文件：

（一）登记申请书；

（二）申请人的身份证明；

（三）房屋所有权证书或者房地产权证书；

（四）抵押合同；

（五）主债权合同；

（六）其他必要材料。

第四十四条 对符合规定条件的抵押权设立登记，房屋登记机构应当将下列事项记载于房屋登记簿：

（一）抵押当事人、债务人的姓名或者名称；

（二）被担保债权的数额；

（三）登记时间。

第四十五条 本办法第四十四条所列事项发生变化或者发生法律、法规规定变更抵押权的其他情形的，当事人应当申请抵押权变更登记。

第四十六条 申请抵押权变更登记，应当提交下列材料：

（一）登记申请书；

（二）申请人的身份证明；

（三）房屋他项权证书；

（四）抵押人与抵押权人变更抵押权的书面协议；

（五）其他必要材料。

因抵押当事人姓名或者名称发生变更，或者抵押房屋坐落的街道、门牌号发生变更申请变更登记的，无需提交前款第（四）项材料。

因被担保债权的数额发生变更申请抵押权变更登记的，还应当提交其他抵押权人的书面同意文件。

第四十七条 经依法登记的房屋抵押权因主债权转让而转让，申请抵押权转移登记的，主债权的转让人和受让人应当提交下列材料：

（一）登记申请书；

（二）申请人的身份证明；

（三）房屋他项权证书；

（四）房屋抵押权发生转移的证明材料；

（五）其他必要材料。

第四十八条 经依法登记的房屋抵押权发生下列情形之一的，权利人应当申请抵押权注销登记：

（一）主债权消灭；

（二）抵押权已经实现；

（三）抵押权人放弃抵押权；

（四）法律、法规规定抵押权消灭的其他情形。

第四十九条 申请抵押权注销登记的，应当提交下列材料：

（一）登记申请书；

（二）申请人的身份证明；

（三）房屋他项权证书；

（四）证明房屋抵押权消灭的材料；

（五）其他必要材料。

第五十条 以房屋设定最高额抵押的，当事人应当申请最高额抵押权设立登记。

第五十一条 申请最高额抵押权设立登记，应当提交下列材料：

（一）登记申请书；

（二）申请人的身份证明；

（三）房屋所有权证书或房地产权证书；

（四）最高额抵押合同；

（五）一定期间内将要连续发生的债权的合同或者其他登记原因证明材料；

（六）其他必要材料。

第五十二条 当事人将最高额抵押权设立前已存在债权转入最高额抵押担保的债权范围，申请登记的，应当提交下列材料：

（一）已存在债权的合同或者其他登记原因证明材料；

（二）抵押人与抵押权人同意将该债权纳入最高额抵押权担保范围的书面材料。

第五十三条 对符合规定条件的最高额抵押权设立登记,除本办法第四十四条所列事项外,登记机构还应当将最高债权额、债权确定的期间记载于房屋登记簿,并明确记载其为最高额抵押权。

第五十四条 变更最高额抵押权登记事项或者发生法律、法规规定变更最高额抵押权的其他情形,当事人应当申请最高额抵押权变更登记。

第五十五条 申请最高额抵押权变更登记,应当提交下列材料:
(一)登记申请书;
(二)申请人的身份证明;
(三)房屋他项权证书;
(四)最高额抵押权担保的债权尚未确定的证明材料;
(五)最高额抵押权发生变更的证明材料;
(六)其他必要材料。

因最高债权额、债权确定的期间发生变更而申请变更登记的,还应当提交其他抵押权人的书面同意文件。

第五十六条 最高额抵押权担保的债权确定前,最高额抵押权发生转移,申请最高额抵押权转移登记的,转让人和受让人应当提交下列材料:
(一)登记申请书;
(二)申请人的身份证明;
(三)房屋他项权证书;
(四)最高额抵押权担保的债权尚未确定的证明材料;
(五)最高额抵押权发生转移的证明材料;
(六)其他必要材料。

最高额抵押权担保的债权确定前,债权人转让部分债权的,除当事人另有约定外,房屋登记机构不得办理最高额抵押权转移登记。当事人约定最高额抵押权随同部分债权的转让而转移的,应当在办理最高额抵押权确定登记之后,依据本办法第四十七条的规定办理抵押权转移登记。

第五十七条 经依法登记的最高额抵押权担保的债权确定,申请最高额抵押权确定登记的,应当提交下列材料:
(一)登记申请书;
(二)申请人的身份证明;
(三)房屋他项权证书;
(四)最高额抵押权担保的债权已确定的证明材料;
(五)其他必要材料。

第五十八条 对符合规定条件的最高额抵押权确定登记,登记机构应当将最高额抵押权担保的债权已经确定的事实记载于房屋登记簿。

当事人协议确定或者人民法院、仲裁委员会生效的法律文书确定了债权数额的,房屋登记机构可以依照当事人一方的申请将债权数额确定的事实记载于房屋登记簿。

第五十九条 以在建工程设定抵押的,当事人应当申请在建工程抵押权设立登记。

第六十条 申请在建工程抵押权设立登记的,应当提交下列材料:
(一)登记申请书;
(二)申请人的身份证明;
(三)抵押合同;
(四)主债权合同;
(五)建设用地使用权证书或者记载土地使用权状况的房地产权证书;
(六)建设工程规划许可证;
(七)其他必要材料。

第六十一条 已经登记在建工程抵押权变更、转让或者消灭的,当事人应当提交下列材料,申请变更登记、转移登记、注销登记:
(一)登记申请书;
(二)申请人的身份证明;
(三)登记证明;
(四)证明在建工程抵押权发生变更、转移或者消灭的材料;
(五)其他必要材料。

第六十二条 在建工程竣工并经房屋所有权初始登记后,当事人应当申请将在建工程抵押权登记转为房屋抵押权登记。

第三节 地役权登记

第六十三条 在房屋上设立地役权的,当事人可以申请地役权设立登记。

第六十四条 申请地役权设立登记,应当提交下列材料:
(一)登记申请书;
(二)申请人的身份证明;
(三)地役权合同;
(四)房屋所有权证书或者房地产权证书;
(五)其他必要材料。

第六十五条 对符合规定条件的地役权设立登记,房屋登记机构应当将有关事项记载于需役地和供役地房屋登记簿,并可将地役权合同附于供役地和需役地房屋登记簿。

第六十六条 已经登记的地役权变更、转让或者消灭的，当事人应当提交下列材料，申请变更登记、转移登记、注销登记：

（一）登记申请书；

（二）申请人的身份证明；

（三）登记证明；

（四）证明地役权发生变更、转移或者消灭的材料；

（五）其他必要材料。

第四节 预告登记

第六十七条 有下列情形之一的，当事人可以申请预告登记：

（一）预购商品房；

（二）以预购商品房设定抵押；

（三）房屋所有权转让、抵押；

（四）法律、法规规定的其他情形。

第六十八条 预告登记后，未经预告登记的权利人书面同意，处分该房屋申请登记的，房屋登记机构应当不予办理。

预告登记后，债权消灭或者自能够进行相应的房屋登记之日起三个月内，当事人申请房屋登记的，房屋登记机构应当按照预告登记事项办理相应的登记。

第六十九条 预售人和预购人订立商品房买卖合同后，预售人未按照约定与预购人申请预告登记，预购人可以单方申请预告登记。

第七十条 申请预购商品房预告登记，应当提交下列材料：

（一）登记申请书；

（二）申请人的身份证明；

（三）已登记备案的商品房预售合同；

（四）当事人关于预告登记的约定；

（五）其他必要材料。

预购人单方申请预购商品房预告登记，预售人与预购人在商品房预售合同中对预告登记附有条件和期限的，预购人应当提交相应的证明材料。

第七十一条 申请预购商品房抵押权预告登记，应当提交下列材料：

（一）登记申请书；

（二）申请人的身份证明；

（三）抵押合同；

（四）主债权合同；

（五）预购商品房预告登记证明；

（六）当事人关于预告登记的约定；

（七）其他必要材料。

第七十二条 申请房屋所有权转移预告登记，应当提交下列材料：

（一）登记申请书；

（二）申请人的身份证明；

（三）房屋所有权转让合同；

（四）转让方的房屋所有权证书或者房地产权证书；

（五）当事人关于预告登记的约定；

（六）其他必要材料。

第七十三条 申请房屋抵押权预告登记的，应当提交下列材料：

（一）登记申请书；

（二）申请人的身份证明；

（三）抵押合同；

（四）主债权合同；

（五）房屋所有权证书或房地产权证书，或者房屋所有权转移登记的预告证明；

（六）当事人关于预告登记的约定；

（七）其他必要材料。

第五节 其他登记

第七十四条 权利人、利害关系人认为房屋登记簿记载的事项有错误的，可以提交下列材料，申请更正登记：

（一）登记申请书；

（二）申请人的身份证明；

（三）证明房屋登记簿记载错误的材料。

利害关系人申请更正登记的，还应当提供权利人同意更正的证明材料。

房屋登记簿记载确有错误的，应当予以更正；需要更正房屋权属证书内容的，应当书面通知权利人换领房屋权属证书；房屋登记簿记载无误的，应当不予更正，并书面通知申请人。

第七十五条 房屋登记机构发现房屋登记簿的记载错误，不涉及房屋权利归属和内容的，应当书面通知有关权利人在规定期限内办理更正登记；当事人无正当理由逾期不办理更正登记的，房屋登记机构可以依据申请登记材料或者有效的法律文件对房屋登记簿的记载予以更正，并书面通知当事人。

对于涉及房屋权利归属和内容的房屋登记簿的记载错误，房屋登记机构应当书面通知有关权利人在规定期限内办理更正登记；办理更正登记期间，权利人因处分其房屋权利申请登记的，房屋登记机构应当暂缓办理。

第七十六条 利害关系人认为房屋登记簿记载的事项错误，而权利人不同意更正的，利害关系人可以持登记申请书、申请人的身份证明、房屋登记簿记载错误的证明文件等材料申请异议登记。

第七十七条 房屋登记机构受理异议登记的,应当将异议事项记载于房屋登记簿。

第七十八条 异议登记期间,房屋登记簿记载的权利人处分房屋申请登记的,房屋登记机构应当暂缓办理。

权利人处分房屋申请登记,房屋登记机构受理登记申请但尚未将申请登记事项记载于房屋登记簿之前,第三人申请异议登记的,房屋登记机构应当中止办理原登记申请,并书面通知申请人。

第七十九条 异议登记期间,异议登记申请人起诉,人民法院不予受理或者驳回其诉讼请求的,异议登记申请人或者房屋登记簿记载的权利人可以持登记申请书、申请人的身份证明、相应的证明文件等材料申请注销异议登记。

第八十条 人民法院、仲裁委员会的生效法律文书确定的房屋权利归属或者权利内容与房屋登记簿记载的权利状况不一致的,房屋登记机构应当按照当事人的申请或者有关法律文书,办理相应的登记。

第八十一条 司法机关、行政机关、仲裁委员会发生法律效力的文件证明当事人以隐瞒真实情况、提交虚假材料等非法手段获取房屋登记的,房屋登记机构可以撤销原房屋登记,收回房屋权属证书、登记证明或者公告作废,但房屋权利为他人善意取得的除外。

第四章 集体土地范围内房屋登记

第八十二条 依法利用宅基地建造的村民住房和依法利用其他集体所有建设用地建造的房屋,可以依照本办法的规定申请房屋登记。

法律、法规对集体土地范围内房屋登记另有规定的,从其规定。

第八十三条 因合法建造房屋申请房屋所有权初始登记的,应当提交下列材料:

(一)登记申请书;
(二)申请人的身份证明;
(三)宅基地使用权证明或者集体所有建设用地使用权证明;
(四)申请登记房屋符合城乡规划的证明;
(五)房屋测绘报告或者村民住房平面图;
(六)其他必要材料。

申请村民住房所有权初始登记的,还应当提交申请人属于房屋所在地农村集体经济组织成员的证明。

农村集体经济组织申请房屋所有权初始登记的,还应当提交经村民会议同意或者由村民会议授权经村民代表会议同意的证明材料。

第八十四条 办理村民住房所有权初始登记、农村集体经济组织所有房屋所有权初始登记,房屋登记机构受理登记申请后,应当将申请登记事项在房屋所在地农村集体经济组织内进行公告。经公告无异议或者异议不成立的,方可予以登记。

第八十五条 发生下列情形之一的,权利人应当在有关法律文件生效或者事实发生后申请房屋所有权变更登记:

(一)房屋所有权人的姓名或者名称变更的;
(二)房屋坐落变更的;
(三)房屋面积增加或者减少的;
(四)同一所有权人分割、合并房屋的;
(五)法律、法规规定的其他情形。

第八十六条 房屋所有权依法发生转移,申请房屋所有权转移登记的,应当提交下列材料:

(一)登记申请书;
(二)申请人的身份证明;
(三)房屋所有权证书;
(四)宅基地使用权证明或者集体所有建设用地使用权证明;
(五)证明房屋所有权发生转移的材料;
(六)其他必要材料。

申请村民住房所有权转移登记的,还应当提交农村集体经济组织同意转移的证明材料。

农村集体经济组织申请房屋所有权转移登记的,还应当提交经村民会议同意或者由村民会议授权经村民代表会议同意的证明材料。

第八十七条 申请农村村民住房所有权转移登记,受让人不属于房屋所在地农村集体经济组织成员的,除法律、法规另有规定外,房屋登记机构应当不予办理。

第八十八条 依法以乡镇、村企业的厂房等建筑物设立抵押,申请抵押权登记的,应当提交下列材料:

(一)登记申请书;
(二)申请人的身份证明;
(三)房屋所有权证书;
(四)集体所有建设用地使用权证明;
(五)主债权合同和抵押合同;
(六)其他必要材料。

第八十九条 房屋登记机构对集体土地范围内的房屋予以登记的,应当在房屋登记簿和房屋权属证书上注明"集体土地"字样。

第九十条 办理集体土地范围内房屋的地役权登记、预告登记、更正登记、异议登记等房屋登记，可以参照适用国有土地范围内房屋登记的有关规定。

第五章 法律责任

第九十一条 非法印制、伪造、变造房屋权属证书或者登记证明，或者使用非法印制、伪造、变造的房屋权属证书或者登记证明的，由房屋登记机构予以收缴；构成犯罪的，依法追究刑事责任。

第九十二条 申请人提交错误、虚假的材料申请房屋登记，给他人造成损害的，应当承担相应的法律责任。

房屋登记机构及其工作人员违反本办法规定办理房屋登记，给他人造成损害的，由房屋登记机构承担相应的法律责任。房屋登记机构承担赔偿责任后，对故意或者重大过失造成登记错误的工作人员，有权追偿。

第九十三条 房屋登记机构工作人员有下列行为之一的，依法给予处分；构成犯罪的，依法追究刑事责任：

（一）擅自涂改、毁损、伪造房屋登记簿；

（二）对不符合登记条件的登记申请予以登记，或者对符合登记条件的登记申请不予登记；

（三）玩忽职守、滥用职权、徇私舞弊。

第六章 附则

第九十四条 房屋登记簿的内容和管理规范，由国务院建设主管部门另行制定。

第九十五条 房屋权属证书、登记证明，由国务院建设主管部门统一制定式样，统一监制，统一编号规则。

县级以上地方人民政府由一个部门统一负责房屋和土地登记工作的，可以制作、颁发统一的房地产权证书。房地产权证书的式样应当报国务院建设主管部门备案。

第九十六条 具有独立利用价值的特定空间以及码头、油库等其他建筑物、构筑物的登记，可以参照本办法执行。

第九十七条 省、自治区、直辖市人民政府建设（房地产）主管部门可以根据法律、法规和本办法的规定，结合本地实际情况，制定房屋登记实施细则。

第九十八条 本办法自2008年7月1日起施行。《城市房屋权属登记管理办法》（建设部令第57号）、《建设部关于修改〈城市房屋权属登记管理办法〉的决定》（建设部令第99号）同时废止。

市政公用设施抗灾设防管理规定

住房和城乡建设部令第1号

《市政公用设施抗灾设防管理规定》已于2008年9月18日经住房和城乡建设部第20次常务会议审议通过，现予发布，自2008年12月1日起施行。

住房和城乡建设部部长　姜伟新
二〇〇八年十月七日

市政公用设施抗灾设防管理规定

第一条 为了加强对市政公用设施抗灾设防的监督管理，提高市政公用设施的抗灾能力，保障市政公用设施的运行安全，保护人民生命财产安全，根据《中华人民共和国城乡规划法》、《中华人民共和国防震减灾法》、《中华人民共和国突发事件应对法》、《建设工程质量管理条例》等法律、行政法规，制定本规定。

第二条 市政公用设施的抗灾设防，适用本规定。

本规定所称市政公用设施，是指规划区内的城市道路（含桥梁）、城市轨道交通、供水、排水、燃气、热力、园林绿化、环境卫生、道路照明等设施及附属设施。

本规定所称抗灾设防是指针对地震、台风、雨雪冰冻、暴雨、地质灾害等自然灾害所采取的工程和非工程措施。

第三条 市政公用设施抗灾设防实行预防为主、平灾结合的方针。

第四条 国务院住房和城乡建设主管部门（以下简称国务院住房城乡建设主管部门）依法负责全国市政公用设施抗灾设防的监督管理工作。

县级以上地方人民政府建设主管部门依法负责本行政区域内市政公用设施抗灾设防的具体管理工作。

第五条 国务院住房城乡建设主管部门和省、自治区、直辖市人民政府建设主管部门应当根据实际防灾要求，制定、修订有关工程建设标准，将市政公用设施的抗灾设防要求和先进、适用、成熟的技术措施纳入工程建设标准。

第六条 国家鼓励采用符合工程建设标准的先进技术方法和材料设备，进行市政公用设施的抗灾设计与施工。在工程设计和施工中采用可能影响市政公用设施抗灾能力，且无相应工程建设标准的新技术、新材料的，应当按照国家有关规定申请核准。

第七条 市政公用设施的建设单位、勘察单位、设计单位、施工单位、工程监理单位，市政公用设施的运营、养护单位以及从事市政公用设施抗灾抗震鉴定、工程检测活动的单位，应当遵守有关建设工程抗灾设防的法律、法规和技术标准，依法承担相应责任。

第八条 城乡规划中的防灾专项规划应当包括以下内容：

（一）在对规划区进行地质灾害危险性评估的基础上，对重大市政公用设施和可能发生严重次生灾害的市政公用设施，进行灾害及次生灾害风险、抗灾性能、功能失效影响和灾时保障能力评估，并制定相应的对策；

（二）根据各类灾害的发生概率、城镇规模以及市政公用设施的重要性、使用功能、修复难易程度、发生次生灾害的可能性等，提出市政公用设施布局、建设和改造的抗灾设防要求和主要措施；

（三）避开可能产生滑坡、塌陷、水淹危险或者周边有危险源的地带，充分考虑人们及时、就近避难的要求，利用广场、停车场、公园绿地等设立避难场所，配备应急供水、排水、供电、消防、通讯、交通等设施。

第九条 城乡规划中的市政公用设施专项规划应当满足下列要求：

（一）快速路、主干道以及对抗灾救灾有重要影响的道路应当与周边建筑和设施设置足够的间距，广场、停车场、公园绿地、城市轨道交通应当符合发生灾害时能尽快疏散人群和救灾的要求；

（二）水源、气源和热源设置，供水、燃气、热力干线的设计以及相应厂站的布置，应当满足抗灾和灾后迅速恢复供应的要求，符合防止和控制爆炸、火灾等次生灾害的要求，重要厂站应当配有自备电源和必要的应急储备；

（三）排水设施应当充分考虑下沉式立交桥下、地下工程和其他低洼地段的排水要求，防止次生洪涝灾害；

（四）生活垃圾集中处理和污水处理设施应当符合灾后恢复运营和预防二次污染的要求，环境卫生设施配置应当满足灾后垃圾清运的要求；

（五）法律、法规、规章规定的其他要求。

第十条 市政公用设施的选址和建设应当符合城乡规划以及防灾专项规划、市政公用设施各项专业规划和有关工程建设标准的要求。

位于抗震设防区、洪涝易发区或者地质灾害易发区内的市政公用设施的选址和建设还应当分别符合城市抗震防灾、洪涝防治和地质灾害防治等专项规划的要求。

第十一条 新建、改建和扩建市政公用设施应当按照有关工程建设标准进行抗灾设防。任何单位和个人不得擅自降低抗灾设防标准。

第十二条 新建、改建和扩建市政公用设施应当按照国家有关标准设置安全监测、健康监测、应急自动处置和防灾设施，并与主体工程同时设计、同时施工、同时投入使用。安全监测、健康监测、应急自动处置和防灾设施投资应当纳入建设项目预算。

第十三条 对重大市政公用设施和可能发生严重次生灾害的市政公用设施进行可行性研究时，建设单位应当组织专家对工程选址和设计方案进行抗灾设防专项论证。

第十四条 对抗震设防区的下列市政公用设施，建设单位应当在初步设计阶段组织专家进行抗震专项论证：

（一）属于《建筑工程抗震设防分类标准》中特殊设防类、重点设防类的市政公用设施；

（二）结构复杂或者采用隔震减震措施的大型城镇桥梁和城市轨道交通桥梁，直接作为地面建筑或者桥梁基础以及处于可能液化或者软黏土层的隧道；

（三）超过一万平方米的地下停车场等地下工程设施；

（四）震后可能发生严重次生灾害的共同沟工程、污水集中处理设施和生活垃圾集中处理设施；

（五）超出现行工程建设标准适用范围的市政公用设施。

国家或者地方对抗震设防区的市政公用设施还有其他规定的，还应当符合其规定。

第十五条 市政公用设施抗震专项论证的内容包括：市政公用设施的抗震设防类别、抗震设防烈度及设计地震动参数的采用、场地类型和场地抗震性能、抗震概念设计、抗震计算、抗震及防止次生灾害措施、基础抗震性能等。对有特殊要求的工程，还应当论证其地震应急处置方案和健康监测方案设计。

第十六条 建设单位组织抗震专项论证时，应当有三名以上国家或者工程所在地的省、自治区、直辖市市政公用设施抗震专项论证专家库成员参加。

国家或者省、自治区、直辖市的市政公用设施抗震专项论证专家库成员分别由国务院住房城乡建设主管部门和省、自治区、直辖市人民政府建设主管部门公布。

第十七条 对风荷载起控制作用的城镇桥梁和城市轨道交通桥梁等市政公用设施，建设单位应当在初步设计阶段组织专家进行抗风专项论证。

第十八条 施工图审查机构在进行施工图审查时，应当审查市政公用设施抗灾设防内容。

对应当进行抗灾设防专项论证、抗震专项论证、抗风专项论证的市政公用设施，建设单位应当在提交施工图的同时将专项论证意见送施工图审查机构。

对应当进行而未进行抗灾设防专项论证、抗震专项论证、抗风专项论证的市政公用设施，或者进行了抗灾设防专项论证、抗震专项论证、抗风专项论证的市政公用设施，其设计图纸未执行专项论证意见的，施工图审查结论为不合格。

第十九条 建设单位应当针对市政公用设施建设期间的防灾薄弱环节，组织制定技术措施和应急预案，并组织实施。

第二十条 市政公用设施的运营、养护单位应当定期对市政公用设施进行维护、检查和更新，确保市政公用设施的抗灾能力。

市政公用设施的运营、养护单位应当加强对重大市政公用设施、可能发生严重次生灾害的市政公用设施的关键部位和关键设备的安全监测、健康监测工作，定期对土建工程和运营设施的抗灾性能进行评价，并制定相应的技术措施。

市政公用设施的运营、养护单位应当保存有关市政公用设施抗灾设防资料和维护、检查、监测、评价、鉴定、修复、加固、更新、拆除等记录，建立信息系统，实行动态管理，并及时将有关资料报城建档案管理机构备案。

第二十一条 任何单位和个人不得擅自变动或者破坏市政公用设施的防灾设施、抗震抗风构件、隔震或者振动控制装置、安全监测系统、健康监测系统、应急自动处置系统以及地震反应观测系统等设施。

第二十二条 市政公用设施的运营、养护单位应当按照工程建设标准和应急措施，设置安全报警、监控电视、漏电报警、燃气等易燃易爆气体和有毒有害气体报警、防汛、消防、逃生、紧急疏散照明、应急发电、应急通讯、救援等器材和设备，定期维护、检查、更新，并保持正常运行。

第二十三条 市政公用设施超出合理使用年限，或者在合理使用年限内，但因环境、人为等各种因素抗灾能力受损的，市政公用设施的运营、养护单位应当委托具有相应资质的单位进行检测评估，需要进行修复或者加固的，应当委托具有相应资质的单位进行修复或者加固。

第二十四条 抗震设防区内已建成的下列市政公用设施，原设计未采取抗震设防措施且未列入近期改造、改建、拆除计划的，市政公用设施的产权单位应当委托具有相应设计资质的单位按照抗震鉴定标准进行抗震鉴定：

（一）属于《建筑工程抗震设防分类标准》中特殊设防类、重点设防类的城镇桥梁，城市轨道交通，燃气、供水、排水、热力设施；

（二）第（一）项之外的其他重大市政公用设施和可能发生严重次生灾害的市政公用设施；

（三）有重大文物价值和纪念意义的市政公用设施；

（四）地震重点监视防御区内的市政公用设施。

经鉴定不符合抗震要求的市政公用设施应当进

行改造、改建，或者由具有相应资质的设计、施工单位按照有关工程建设标准依法进行抗震加固设计与施工；未进行改造、改建或者加固前，应当限制使用。

第二十五条 县级以上地方人民政府建设主管部门应当根据当地实际情况，制定自然灾害应急预案并组织实施。

市政公用设施的运营、养护单位应当根据市政公用设施的具体情况，制定自然灾害应急预案，建立应急抢险和救援队伍，配备抢险、救援器材设备，并定期组织演练。定期演练每年不得少于一次。

第二十六条 灾害发生时，县级以上地方人民政府建设主管部门以及市政公用设施的运营、养护单位应当按照相应的应急预案及时组织应对响应。

第二十七条 灾害发生后，县级以上地方人民政府建设主管部门应当组织工程技术人员对受灾的市政公用设施进行应急评估，并及时将市政公用设施因灾直接经济损失情况报上级建设主管部门以及同级人民政府民政主管部门。

经应急评估需进行抗灾鉴定的市政公用设施，其运营、养护单位应当委托具有相应资质的单位，按照国家有关工程建设标准进行鉴定。经鉴定需修复、加固或者重建的，应当按照工程建设标准进行修复、加固或者重建。

经应急评估可继续使用的市政公用设施，其运营、养护单位应当进行安全性检查，经检查合格后，方可恢复运营、使用。

第二十八条 自然灾害发生后，县级以上地方人民政府建设主管部门应当组织专家，对破坏程度超出工程建设标准允许范围的市政公用设施进行调查分析，对因违反工程建设强制性标准造成破坏的，依法追究有关责任人的责任。

第二十九条 灾区人民政府建设主管部门进行恢复重建时，应当坚持基础设施先行的原则。

需易地重建的市政公用设施，应当按照国家有关法律、法规的规定进行规划和建设。

地震后修复或者建设市政公用设施，应当以国家地震部门审定、发布的地震动参数复核结果，作为抗震设防的依据。

当发生超过当地设防标准的其他自然灾害时，灾后修复或者建设的市政公用设施，应当以国家相关灾害预测、预报部门公布的灾害发生概率，作为抗灾设防的依据。

第三十条 县级以上地方人民政府建设主管部门应当加强对市政公用设施抗灾设防质量的监督管理，并对本行政区域内市政公用设施执行抗灾设防的法律、法规和工程建设强制性标准情况，定期进行监督检查，并可以采取下列措施：

（一）要求被检查的单位提供有关市政公用设施抗灾设防的文件和资料；

（二）发现有影响市政公用设施抗灾设防质量的问题时，责令相关责任人委托具有资质的专业机构进行必要的检测、鉴定，并提出整改措施。

第三十一条 违反本规定，擅自采用没有工程建设标准又未经核准的新技术、新材料的，由县级以上地方人民政府建设主管部门责令限期改正，并处以1万元以上3万元以下罚款。

第三十二条 违反本规定，擅自变动或者破坏市政公用设施的防灾设施、抗震抗风构件、隔震或者振动控制装置、安全监测系统、健康监测系统、应急自动处置系统以及地震反应观测系统等设施的，由县级以上地方人民政府建设主管部门责令限期改正，并对个人处以1000元以下罚款，对单位处以1万元以上3万元以下罚款。

第三十三条 违反本规定，未对经鉴定不符合抗震要求的市政公用设施进行改造、改建或者抗震加固，又未限制使用的，由县级以上地方人民政府建设主管部门责令限期改正，逾期不改的，处以1万元以上3万元以下罚款。

第三十四条 本规定所称重大市政公用设施，包括快速路、主干道、对抗灾救灾有重要影响的城镇道路上的大型桥梁（含大型高架桥、立交桥）、隧道工程、城市广场、防灾公园绿地，公共地下停车场工程、城市轨道交通工程、城镇水源工程、水厂、供水排水主干管、高压和次高压城镇燃气热力枢纽工程、城镇燃气热力管道主干管、城镇排水工程、大型污水处理中心、大型垃圾处理设施等。

本规定所称可能发生严重次生灾害的市政公用设施，是指遭受破坏后可能引发强烈爆炸或者大面积的火灾、污染、水淹等情况的市政公用设施。

本规定所称抗震设防区，是指地震基本烈度六度及六度以上地区（地震动峰值加速度≥0.05g的地区）。

第三十五条 本规定自2008年12月1日起施行，建设部1994年11月10日发布的《建设工程抗御地震灾害管理规定》（建设部令第38号）同时废止。

三、部门法规、规范性文件

关于加强廉租住房质量管理的通知

建保〔2008〕62号

各省、自治区建设厅,直辖市建委(房地局)新疆生产建设兵团建设局:

廉租住房制度是解决城市低收入家庭住房困难的主要途径。廉租住房建设质量关系困难家庭居住条件的改善和生命财产安全,关系党和政府改善民生战略部署的落实。党中央、国务院领导同志高度重视廉租住房的质量问题。廉租住房建设既要重视数量,更要重视质量。去年以来,各地加快廉租住房建设,对解决城市低收入家庭住房困难起到了积极作用。但有个别地区对廉租住房质量工作重视不够。为确保廉租住房质量,切实把好事办好,现就有关事项通知如下:

一、严格建设程序,加强建设管理

各地建设主管部门要严格基本建设程序,严格按工程招投标、施工图审查、施工许可、质量监督、竣工验收备案等程序执行,并强化对各环节的监督管理。要落实建设主体执行建设程序的责任,对未按规定履行基本建设程序的项目及单位,要严肃查处。

质量监督机构要根据廉租住房的建设特点,制定专门的质量监督方案,调整充实监督力量,强化对工程建设过程中参建各方质量行为和工程质量的监督检查。对存在违法违规行为或工程质量不符合强制性标准要求的,要责成有关各方及时改正;情节严重的,要报请建设主管部门严肃查处。

二、落实有关方面责任,确保工程质量

规划部门要充分考虑低收入家庭生活和就业方面的实际情况,廉租住房项目应采取配套建设与集中建设相结合的办法进行,尽可能安排在近期重点发展区域、产业集中区域和公共交通便利的区域。要严格执行《城市居住区规划设计规范》要求,加强基础设施和公共服务设施建设。

建设单位要对廉租住房质量全面负责。要依法加强对设计、施工质量的过程控制,保证住房建设的合理工期和造价,不得任意压缩合理工期,明示或暗示设计单位和施工单位违反工程建设强制性标准。

勘察单位要按照工程建设强制性标准进行勘察,确保勘察文件真实可靠。设计单位要根据廉租住房特点,精心设计,在较小的套型内实现基本的使用功能,满足住宅对采光、隔声、节能。通风和公共卫生要求。施工单位要严格执行施工图设计文件和技术标准,强化质量控制,严格材料进场检验、工序检查和验收制度,不得偷工减料,不得使用不合格的建筑材料,确保施工质量。

监理单位要严格执行《建设工程监理规范》,切实履行监理责任。要按照《房屋建筑工程施工旁站监理管理办法(试行)》要求,对廉租住房建设实施旁站式监理。重要部位和关键工序未经监理人员签字认可,不得进入下一道工序施工。对玩忽职守和弄虚作假的要进行查处。

施工图审查机构要落实审查责任,重点审查地基基础、主体结构体系的安全性和建筑节能,以及设计是否符合工程建设强制性标准。工程质量检测机构要确保各项检测数据、检测报告的真实性和准确性。

三、强化竣工验收工作,保证使用功能

竣工验收是对廉租住房质量的全面检查,也是确保住房质量的最后关口。各地建设主管部门要加强交付验收工作的管理，对廉租住房全面实施质量分户验收，确保每套住房都达到入住即可使用的条件。建设单位要按照有关规定，组织设计、施工、监理等有关单位进行验收，验收合格后，方可交付使用；未经验收或验收不合格的，不得交付使用。质量监督机构应加强对工程竣工验收的监督检查，对竣工验收程序不符合有关规定，或工程实体质量和使用功能存在明显缺陷的，要责令整改，并停止竣工验收；整改合格后，重新组织竣工验收。住房交付时，要确保供水、供电、供暖、燃气、电信等设施达到使用要求。

四、加强监督检查工作，建立长效机制

各地建设主管部门要建立廉租住房质量安全投诉举报制度，认真做好廉租住房质量安全投诉处理工作，建立健全廉租住房工程质量信用档案和不良记录公示制度。近期，各地建设（住房保障）主管部门要会同有关部门对在建和已竣工的廉租住房组织一次专项检查。对建设、设计、施工、工程监理等单位违反国家规定，致使房屋出现质量安全问题的要按照《建筑法》和《建设工程质量管理条例》等有关规定，予以相应处罚，对直接责任人要严肃查处。检查情况请于4月30日前报我部住房保障与公积金监督管理司。

我部将对各地进行抽查，对工作不力、问题突出的地方进行通报批评。同时，在总结各地经验的基础上，研究制定廉租住房规划设计标准和规范，确保廉租住房选址科学，设计合理，配套完善，质量可靠。

各地要按照本通知的精神，加强经济适用住房、解危解困房、棚户区改造项目等保障性住房建设的质量管理。

住房和城乡建设部
（建设部代章）
二〇〇八年三月二十一日
中华人民共和国住房和城乡建设部
国务院纠正行业不正之风办公室
中华人民共和国监察部
中华人民共和国财政部
中国人民银行
中华人民共和国审计署
中国银行业监督管理委员会

关于印发《关于开展加强住房公积金管理专项治理工作的实施意见》的通知

建保〔2008〕93号

各省、自治区、直辖市建设厅（建委）、纠风办、监察厅（局）、财政厅（局）、审计厅（局），中国人民银行各分支机构，银监会各监管局，直辖市、新疆生产建设兵团住房公积金管理委员会、住房公积金管理中心：

根据第十七届中央纪委第二次全会的总体部署和《国务院办公厅转发国务院纠正行业不正之风办公室关于2008年纠风工作的实施意见的通知》（国办发〔2008〕13号）的要求，住房和城乡建设部、国务院纠风办、监察部、财政部、中国人民银行、审计署、银监会制定了《关于开展加强住房公积金管理专项治理工作的实施意见》，现印发给你们，请认真贯彻执行。

中华人民共和国住房和城乡建设部
国务院纠正行业不正之风办公室
中华人民共和国监察部
中华人民共和国财政部
中国人民银行
中华人民共和国审计署
中国银行业监督管理委员会
二〇〇八年五月二十日

附件：

关于开展加强住房公积金管理专项治理工作的实施意见

根据第十七届中央纪委第二次全会的总体部署和《国务院办公厅转发国务院纠正行业不正之风办公室关于2008年纠风工作的实施意见的通知》（国办发〔2008〕13号）的要求，2008年在全国集中开展加强住房公积金管理专项治理工作（以下简称"专项治理工作"），现提出如下实施意见：

一、指导思想

开展专项治理工作要以党的十七大和第十七届中央纪委第二次全会精神为指导，深入贯彻落实科学发展观，按照《住房公积金管理条例》（以下简称《条例》）、《国务院关于进一步加强住房公积金管理工作的通知》（国发〔2002〕12号），及国家审计署出具的审计报告和下达的审计决定的要求，坚持积极稳妥、依法治理、标本兼治、突出重点的原则，以落实审计整改工作，健全监管制度，加强内部管理，完善缴存使用政策，查处违纪违规行为为重点，堵塞监管漏洞，维护资金安全，改进工作作风，提高办事效率，为解决广大职工住房困难、促进社会主义和谐社会建设发挥积极作用。

二、工作目标和任务

通过开展专项治理工作，要实现的目标是：住房公积金监管力度明显增强，及时发现、纠正和查处违纪违规行为；内部管理和风险防范能力明显加强，资金运作风险得到有效控制；"控高保低"的缴存政策严格执行，缴存职工人数全面增长；服务质量和工作效率明显提高，群众反应强烈的办事程序复杂、工作效率低下等问题得到有效解决，社会满意度显著提高。

重点做好以下几方面工作：

（一）加强对住房公积金决策、管理制度执行情况的监督检查。督促对2006年全国住房公积金审计调查、2007年全国住房公积金审计后出具的审计调查报告、审计报告和下达的审计决定的执行和落实，检查其整改情况。加强对住房公积金管理委员会（以下简称"公积金管委会"）履行决策职责情况；住房公积金管理中心（以下简称"公积金中心"）内部管理制度建立和执行情况；执行财政、财务会计制度情况；依法提取风险准备金情况，管理费用和廉租住房建设补充资金实行"收支两条线"情况；廉租住房建设补充资金用于廉租住房建设情况；各监督部门履行监督职责情况；公积金监管信息系统建立和运行情况的监督检查。对违反《条例》规定的，坚决予以纠正。

（二）认真排查和处置住房公积金管理中存在的资金风险。对违规发放和逾期个人住房贷款情况进行全面排查分析，查找住房公积金存放和管理中的薄弱环节和管理漏洞，采取有效措施改进管理，防范资金风险；对发现的项目贷款、挤占挪用资金、逾期个人住房贷款及使用住房公积金购买国债出现风险的资金等坚决予以回收和妥善处置。

（三）切实纠正损害国家和职工利益的突出问题。严格清理和纠正不建不缴、少缴漏缴、超标缴纳以及骗提、骗贷住房公积金等损害职工权益、危害资金安全的行为；严格执行"控高保低"的缴存政策；进一步完善提取和贷款办法，优化业务流程，简化办事手续，解决职工提取难、贷款难等突出问题，畅通群众投诉渠道。

（四）严肃查处各类违纪违法行为。对违规发放贷款、挤占挪用资金等违纪违法问题，要认真整改。对拒不纠正、掩盖问题或造成资金严重损失的，要依纪依法实行责任追究；对涉嫌违法犯罪的，要移送司法机关处理。

三、工作方法和步骤

（一）第一阶段（2008年5~6月）：部署安排、宣传发动

1. 成立专项治理工作机构。由住房和城乡建设部、国务院纠风办、监察部、财政部、中国人民银行、审计署、银监会等七部门组成全国加强住房公积金管理专项治理工作领导小组（以下简称"全国专项治理领导小组"），负责协调研究专项治理工作的重大问题和制度建设。住房和城乡建设部分管副部长任组长，其他相关部门分管领导任副组长，领导小组成员单位各委派一名司局级干部作为联络员。领导小组办公室设在住房和城乡建设部住房保障与公积金监督管理司（以下简称"全国专项治理办公室"），负责协调联络、分析汇总、检查指导等专项治理日常工作。

各省、自治区成立相应工作机构，具体负责本

地区专项治理工作；各设区城市专项治理工作由城市人民政府负责，市住房公积金管委会要协助当地政府做好专项治理工作。

2. 全面部署专项治理工作，制定工作方案。各地区专项治理工作机构要按照本实施意见的要求，结合本地区实际，及时制定具体工作方案，并认真组织实施。

3. 加强宣传，自觉接受社会监督。各地区要广泛开展宣传活动，设立专门的举报投诉电话或信箱（包括电子信箱），自觉接受社会和群众的监督。

（二）第二阶段（2008年7~8月）：自查自纠、边查边改

各级住房公积金监管机构、设区城市公积金管委会和公积金中心等单位，要根据国家政策法规和本方案要求，制定自查自纠工作方案，明确工作任务、要求和措施。要认真查找问题，深入分析原因，边查边改。对普遍存在的政策性问题及其他重大问题要向上级监管部门报告；对查处的严重违纪违法案件要及时向全国专项治理办公室报告。

9月15日前，各省、自治区、直辖市要将本辖区自查自纠情况报送全国专项治理办公室。

（三）第三阶段（2008年9~10月）：监督检查、推进整改

各省、自治区、直辖市专项治理工作机构，要针对各地自查自纠情况和群众举报投诉反映的问题进行明察暗访，加强监督检查，帮助各地完善相关制度，堵塞管理漏洞；对存在的问题，要及时下达整改意见书，责令限期整改；对整改仍不合格的，要予以通报批评；对拒不整改或问题严重的，要追究相关责任人的责任。全国专项治理办公室将组织对各地区专项治理工作情况进行重点抽查。

10月底前，各省级专项治理工作领导小组要将督促检查情况和专项治理工作总结报送全国专项治理办公室。

（四）第四阶段（2008年11~12月）：总结分析、巩固成果

全国专项治理工作领导小组对专项治理总体情况进行汇总分析，于年底前将专项治理工作情况上报国务院。

各地区要通过专项治理工作，注意总结、推广住房公积金管理中好的做法和经验；针对查找出的问题，进一步健全、完善制度，逐步建立起加强住房公积金管理的长效机制。

四、几点要求

（一）统一思想，提高认识。建立和完善住房公积金制度是实现党的十七大提出的"住有所居"目标的一项重要举措，关系到广大职工的切身利益，各级政府相关部门和单位要深刻领会国务院关于开展专项治理工作的重要性和必要性，提高认识、统一思想、增强做好工作的自觉性，切实把专项治理工作的各项措施落到实处。

（二）加强领导，精心组织。按照第十七届中央纪委第二次全会和全国纠风工作会议的部署，住房公积金专项治理工作已纳入2008年党风廉政建设和反腐败的重点工作，各省、自治区、直辖市及其他设区城市也将其纳入当年政府议事日程和督办事项。各级相关主管部门主要领导要亲自挂帅，加强组织领导，落实工作责任制。各级专项治理工作机构要精心组织，认真谋划，周密安排，把握进程，及时处理工作中出现的问题。

（三）协调配合，有序推进。专项治理各相关部门要明确责任，各负其责，加强沟通，协调配合，齐抓共管，形成合力。住房和城乡建设部门要切实负起牵头和主管部门的责任，全面组织落实专项治理工作各项措施，研究和完善相关政策规定；监察和纠风部门要协调、督促相关部门落实各自职责，并加强对专项治理工作的监督检查；财政部门要加强对执行财政、财务会计核算制度情况的监督；人民银行要加强对住房公积金账户设立及利率政策执行情况的监管；审计部门要依法针对住房公积金突出问题进行审计，注意发现资金安全方面的问题；银监部门要强化对住房公积金受委托银行的监管，规范受委托银行的行为。

（四）加强研究，推动源头治理。要在查处问题、分析原因的同时，针对住房公积金管理中存在的漏洞和薄弱环节，深入研究，进一步完善住房公积金缴存、使用、管理以及增值收益分配等制度，从源头上推动住房公积金制度持续健康发展。

（五）定期通报、推广经验。各地区要通过工作简报、信息专报和定期报告的方式，及时向上级专项治理办公室报送工作进展情况；发现重大问题和查处的违纪违法案件要及时上报，不得瞒报、漏报、压报。全国专项治理办公室将编发《全国住房公积金专项治理工作简报》，刊发专项治理工作进展情况和各地经验，供全国交流借鉴。

关于印发《房屋登记簿管理试行办法》的通知

建住房[2008] 84号

各省、自治区建设厅，直辖市房地局(建委)，新疆生产建设兵团建设局：

为了规范房屋登记簿管理，保障房屋交易安全，保护房屋权利人及相关当事人的合法权益，我部制定了《房屋登记簿管理试行办法》，现印发给你们，请贯彻执行。执行中的重要情况，请及时告我部住宅与房地产业司。

中华人民共和国住房和城乡建设部
二〇〇八年五月六日

房屋登记簿管理试行办法

第一条 为规范房屋登记簿管理，保障房屋交易安全，保护房屋权利人及相关当事人的合法权益，根据《中华人民共和国物权法》、建设部颁布的《房屋登记办法》(建设部令第168号)，制定本办法。

第二条 房屋登记簿(以下简称"登记簿")是房屋权利归属和内容的根据，是房屋登记机构(以下简称"登记机构")制作和管理的，用于记载房屋基本状况、房屋权利状况以及其他依法应当登记事项的特定簿册。

第三条 登记簿可以采用电子介质，也可以采用纸介质。鼓励有条件的地方建立电子介质的登记簿。

登记簿采用电子介质的，应能够转化为惟一、确定的纸介质形式；采用纸介质的，应采用活页等方便增页和编订的方式编制，注明目录和页码。

第四条 登记簿有关内容发生改变的，应通过增加新的页面、界面和内容体现，不得直接在原内容上删改。

第五条 房屋登记簿应按照房屋基本单元建立。房屋基本单元应有惟一的编号。房屋分割、合并时应重新编号。

第六条 建筑区划内依法属于业主共有的公共场所、公用设施和物业服务用房，应在房屋初始登记时单独记载，建立登记簿，并与建筑区划内房屋基本单元的登记簿形成关联。

第七条 登记簿的内容应包括房屋基本状况、房屋权利状况以及其他状况部分。各地可以在本办法规定内容的基础上增加登记簿的内容。

第八条 登记簿的房屋基本状况部分，记载房屋编号、房屋坐落、所在建筑物总层数、建筑面积、规划用途、房屋结构、土地权属性质、国有土地使用权取得方式、集体土地使用权类型、地号、土地证号、土地使用年限房地产平面图等。

第九条 登记簿的房屋权利状况部分，记载房屋所有权、他项权利等有关情况。

房屋所有权的内容，记载房屋所有权人、身份证明号码、户籍所在地、共有情况、房屋所有权取得方式、房屋所有权证书号、补换证情况、房屋性质、《房屋登记办法》第四十一条规定的注销事项等。

房屋他项权利的内容，记载抵押权人、抵押人和债务人、被担保主债权的数额、担保范围、债务履行期限、房屋他项权利证书号、补换证情况；最高额抵押权人、抵押人和债务人、最高债权额、担保范围、债务履行期限、债权确定的期间、最高债权额已经确定的事实和数额；在建工程抵押权人、抵押人和债务人、被担保主债权的数额或最高债权额、担保范围、债务履行期限、在建工程抵押登记证明号；地役权人、地役权设立情况、地役权利用期限等。

第十条 登记簿的其他状况部分，记载预告登记权利人和义务人、身份证明号码、预告登记证明号、补换证情况；异议登记申请人、异议事项；查封机关、查封文件及文号、查封时间、查封期限、解除查封文件及文号、解除查封的时间等。

第十一条 登记机构每次办理第九条、第十条中涉及的各项房屋登记,都应在登记簿上记载登记时间和登记最终审核人员。

第十二条 登记机构应建立严格的录入、审查和管理制度,明确登录人员,保证登记簿的记载信息与登记最终审核结果一致。

未经合法程序,不得对登记簿记载的内容进行更改。

第十三条 登记簿应永久保存并妥善保管。纸质登记簿应配备必要的安全保护设施并可以制作副本,电子登记簿应定期备份。

登记簿有毁损的,登记机构应及时补造。

第十四条 个人和单位提供身份证明材料,可以查询登记簿中房屋的基本状况及查封、抵押等权利限制状况;权利人提供身份证明材料、利害关系人提供身份证明材料和证明其属于利害关系人的材料等,可以查询、复制该房屋登记簿上的相关信息。

有关查询的程序和办法,按《房屋登记信息查询暂行办法》(建住房〔2006〕244号)的有关规定执行。

第十五条 登记簿记载相关信息后,申请登记的原始资料以及登记机构的内部审核文件应作为登记档案归档。

登记机构应结合房地产交易与登记规范化管理要求,逐步实现房屋权属档案数字化。条件具备的地方,应通过数字化档案显示房地产交易的历史情况。

第十六条 住房和城乡建设部将逐步建立全国统一的房屋登记信息系统,实现全国登记簿基本信息共享和异地查询。

登记机构应参照有关信息系统技术规范加强房屋登记信息系统建设,为全国房屋登记信息系统预留接口。

附件:房屋登记簿记载内容说明

附件:

房屋登记簿记载内容说明

【房屋编号】 记载房屋登记机构编制的房屋代号。每一个房屋登记基本单元应当有惟一的房屋编号。房屋合并或分割的,应当重新编号,不得沿用原有编号。

【房屋坐落】 记载房屋的具体地理位置,具体指有关部门依法确定的房屋坐落,一般包括街道名称、门牌号、幢号、楼层号、房(室)号等。

【所在建筑物总层数】 记载房屋所在建筑物的总自然层数。有地下层或半地下层的,计入总层数,但应加以注明。

【建筑面积】 记载按照《房产测量规范》(GB/T 17986.1—2000)测量的房屋建筑面积,分别注明房屋专有部分建筑面积和分摊的共有部分建筑面积。

建筑物为多个所有人区分所有的,专有部分建筑面积为套内建筑面积;建筑物不属于多个所有权人区分所有的,专有部分建筑面积即为建筑面积。

【规划用途】 记载建设工程规划许可文件及其所附图件上确定的房屋用途。

【房屋结构】 分为钢结构、钢和钢筋混凝土结构、钢筋混凝土结构、混合结构、砖木结构、其他结构等六类。

【土地权属性质】 记载房屋占用范围内土地的所有权性质,分别为"国有"或"集体所有"。

【国有土地使用权取得方式】 记载房屋所占用土地的国有土地使用权取得的方式,包括划拨、出让、出租、作价入股等。

【集体土地使用权类型】 记载房屋所占用土地的集体土地使用权的具体类型,包括集体建设用地使用权、宅基地使用权等。

【地号】 记载土地使用权证上注记的宗地地号。

【土地证号】 记载依法向土地使用权人颁发的土地使用权证的证号。

【土地使用年限】 记载房屋占用范围内的土地使用权的起始日期和终止日期。国有土地使用权为出让的填写《国有土地使用权证》记载的土地使用年限;国有土地使用权为划拨的不填;集体土地使用权填写《集体土地使用证》上记载的土地使用年限。

【房地产平面图】 是指按照《房产测量规范》(GB/T 17986.1—2000)要求完成的,用于房屋权属证书附图的房屋分户图等。

【房屋所有权人】 房屋所有权人为法人、其他组织的,记载身份证明上的法定名称;房屋所有权为自然人的,记载身份证明上的姓名。

法人或其他组织的身份证明为《组织机构代码证》,没有《组织机构代码证》的,可以为《营业执照》、《事业单位法人证书》、《社会团体法人登记证书》等。

境内自然人的身份证明为《居民身份证》,无《居民身份证》的可以为《户口簿》、《护照》、有效军人身份证件等(《军官证》、《文职干部证》、《士兵证》、《学员证》、《离休证》、《退休证》等）；港澳同胞的身份证明为《港澳居民来往内地通行证》或《港澳同胞回乡证》、《居民身份证》；台湾同胞的身份证明为《台湾居民来往大陆通行证》或其他有效旅行证件，在台湾地区居住的有效身份证件或经确认的身份证明；外国人的身份证明为《护照》和中国政府主管机关签发的居留证件。

【身份证明号码】 记载身份证明上记载的号码。

【户籍所在地】 记载房屋所有权人为自然人时，其户籍登记管理机关所在地。一般填写身份证明的填发机关。

【共有情况】 记载按份共有或共同共有。不属共有情况的，填写单独所有；属于共有情况的，填写按份共有或共同共有。在附记栏中注明共有人及共有份额。

【房屋所有权取得方式】 记载房屋所有权人取得该房屋所有权的方式，包括自建、买卖、互换、赠与、以房屋出资入股、分割或合并共有房屋、法人或者其他组织分立或合并、继承、遗赠、因生效法律文书取得、征收等。

【房屋所有权证书号】 记载登记机构向房屋权利人颁发的房屋所有权证书的证号。

【补换证情况】 房屋权属证书、登记证明因遗失、灭失、破损等原因补发或换证的，在房屋权属证书号后或附记栏中注明。

【房屋性质】 分别记载经济适用住房、廉租住房、集资合作建房等由政府提供相关政策支持建设，对购买、租赁对象以及转让有限制的房屋；其他类型房屋不填此项。

【抵押权人】 记载抵押合同中的抵押权人。

【抵押人】 记载抵押合同中的抵押人。

【债务人】 记载主债权合同中的债务人。

【被担保主债权的数额】 记载被担保的主债权金额。

【担保范围】 记载抵押合同中约定的担保范围，可以是主债权及其利息、违约金、损害赔偿金、保管担保财产和实现担保物权的费用等；抵押合同未约定的，记载未约定的事实。

【债务履行期限】 记载主债权合同中约定的债务人履行债务的期限。

【房屋他项权利证书号】 记载登记机构向当事人颁发的房屋他项权利证书的证号。

【最高额抵押权人】 记载最高额抵押合同中记载的抵押权人。

【最高债权额】 记载最高额抵押合同中双方当事人约定的最高债权金额。

【债权确定的期间】 记载最高额抵押合同中双方当事人约定的债权确定的期间。

【最高债权额已经确定的事实和数额】 因《物权法》第206条规定的情形导致最高额抵押权所担保的债权确定时，记载债权确定的原因及事实，同时注明所确定的债权金额。

【在建工程抵押权人】 记载在建工程抵押合同中的抵押权人，通常为在建工程的贷款人。

【在建工程抵押人】 记载在建工程抵押合同中的抵押人，通常为对在建工程享有财产权的权利人。

【在建工程抵押登记证明号】 记载登记机构向当事人颁发的在建工程抵押登记证明的证号。

【地役权人】 记载地役权合同中的地役权人，一般为需役地权利人。

【地役权设立情况】 需役地登记簿记载供役地（房屋）坐落、供役地房屋所有权人、地役权主要内容（地役权合同中约定的供役地房屋利用目的和方法）等；供役地登记簿记载需役地（房屋）坐落、地役权人、地役权主要内容（地役权合同中约定的供役地房屋利用目的和方法）等。

粘附地役权合同的，本栏可以略写。

【地役权利用期限】 地役权合同中约定的利用期限。

【预告登记权利人】 记载房屋买卖合同中的购房人或者抵押合同中的抵押权人。

【预告登记义务人】 记载房屋买卖合同中的售房人或者抵押合同中的抵押人。

【预告登记证明号】 记载登记机构向房屋权利人颁发的预告登记证明的证号。

【异议登记申请人】 记载申请异议登记的利害关系人。

【异议事项】 记载利害关系人提出异议的具体内容。

【查封机关】 记载依法对土地使用权、房屋所有权实施财产保全、查封等限制措施的国家机关，如人民法院、人民检察院、公安机关等。

【查封文件及文号】 记载查封机关依法作出财产保全、查封等限制措施的文件及其文号。

【查封时间】 记载查封事实记载于登记簿的时间。

【查封期限】 记载查封文件上记载的限制措施的起始日期和结束日期。查封文件记载的限制措施的起始日期一般与查封时间一致。

【解除查封文件及文号】 记载查封机关依法解

除限制措施的文件及其文号。

【解除查封时间】 记载查封机关解除限制措施的日期，一般是查封机关解除限制措施的文件送达登记机构的日期。

【登记时间】 记载登记事项记载于登记簿上的时间。

【登记最终审核人员】 记载登记机构做出最终审核决定的人员。

关于贯彻实施《城乡规划法》的指导意见

建规〔2008〕21号

各省、自治区建设厅，直辖市建委、规划局（委）及有关部门，新疆生产建设兵团建设局：

十届全国人民代表大会常务委员会第三十次会议审议通过的《中华人民共和国城乡规划法》（以下简称《城乡规划法》）于2008年1月1日起施行。为贯彻实施《城乡规划法》，现提出如下意见。

一、充分认识《城乡规划法》的重要意义

《城乡规划法》是在总结十几年来《城市规划法》和《村庄和集镇规划建设管理条例》施行的基础上，及在总结改革开放以来、特别是近十年来我国城乡规划管理工作经验的基础上，以科学发展观为指导所制定的法律。《城乡规划法》的施行，将进一步强化城乡规划的综合调控作用，在城乡经济发展与建设中，加强对自然资源和文化遗产的保护与合理利用，加强对环境的保护，坚持社会的平衡发展，从而促进城乡经济社会全面协调可持续发展，实现全面建设小康社会的目标。《城乡规划法》的施行，还将加强对国家机关工作人员和政府及所属各有关部门行政行为的监督检查，提高国家机关工作人员依法行政的自觉性。要从加强依法执政能力建设、构建和谐社会的高度，充分认识实施《城乡规划法》的重大意义，增强做好城乡规划工作的责任感和使命感，把城乡规划工作做得更好。

二、坚持遵循《城乡规划法》的基本原则

1. 坚持城乡统筹。《城乡规划法》体现了党的十七大提出的"城乡、区域协调互动发展机制基本形成"的目标要求。各地在制定城乡规划的过程中应统筹考虑城市、镇、乡和村庄发展，根据各类规划的内容要求和特点，编制好相关规划。实施城乡规划时，要根据城乡特点，强化对乡村规划建设的管理，完善乡村规划许可制度，坚持便民利民和以人为本。

2. 节约资源、保护环境，坚持可持续发展。必须充分认识我国人口众多、人均资源短缺和环境容量压力大的基本国情。在制定城乡规划时，认真分析城乡建设发展的资源环境条件，明确为保护环境、资源需要严格控制的区域，合理确定发展规模、建设步骤和建设标准，推进城乡建设发展方式从粗放型向集约型转变，增强可持续发展能力。

3. 关注民生。要按照《城乡规划法》的有关要求，落实党的十七大提出的加快推进以改善民生为重点的社会建设的重要战略部署，在制定和实施城乡规划时进一步重视社会公正和改善民生。要有效配置公共资源，合理安排城市基础设施和公共服务设施，改善人居环境，方便群众生活。要关注中低收入阶层的住房问题，做好住房建设规划。要加强对公共安全的研究，提高城乡居民点的综合防灾减灾能力。

4. 提高规划的科学性和规划实施的依法行政。要进一步改进规划编制方法，充实规划内容，落实规划"四线"等强制性内容。要坚持"政府组织、专家领衔、部门合作、公众参与、科学决策"的规划编制组织方式。严格执行规划编制、审批、修改、备案的程序性要求。要按照《城乡规划法》的规定和要求，建立完善规划公开和公众参与的程序和制度。要依法作好城乡规划实施效果的评估和总结。规划的实施要严格按法定程序要求进行，保证规划许可内容和程序的合法性。

5. 先规划后建设。要按照《城乡规划法》的要求，依法编制城乡规划，包括近期建设规划、控制性详细规划、乡和村庄规划。坚持以经依法批准的上位规划为依据，编制下位规划不得违背上位规划的要求，编制城乡规划不得违背国家有关的技术标准、规范。各地及城乡规划主管部门必须依据经法

定程序批准的规划实施规划管理。县级以上人民政府及其城乡规划主管部门应当按照《城乡规划法》规定的事权进行监督检查，查处、纠正违法行为。

三、落实《城乡规划法》当前要做好的工作

（一）制定和修订《城乡规划法》配套法规、规章。要按《城乡规划法》的要求，充分考虑各地的实际情况，出台针对性强、切实有效的法规或规章。进一步深化、细化落实《城乡规划法》的各项规定和要求。

1. 抓紧制定或修订有关实施《城乡规划法》的行政法规、部门规章。

2. 积极推进地方规划条例或实施办法的制定和修订工作，修改与《城乡规划法》不相适应的配套制度和规定。

（二）建立和完善城乡规划技术标准体系。结合当前城乡规划制定和实施管理的需要，及时修订现行标准，加快在编标准的工作进度，抓紧其他标准的前期研究和开题立项工作，保证城乡规划标准体系制定工作高质量、高效率地推进。

1. 大力推动目前在编的11项国家标准的编制与审查工作。

2. 对于现有的城乡规划技术标准体系进行研究，补充完善有关内容。

3. 要将具备甲级资质的规划设计单位完成技术标准编制任务的情况，作为其资质考核与后续评估的主要内容。

（三）加强和完善城镇体系规划工作。突出国家和省（自治区）在城乡建设与发展中的管理要求，明确必须严格管制的内容，使经批准的规划可以作为省（自治区）政府城乡规划行政审批的依据。

抓紧修订《城镇体系规划编制审批办法》。

（四）加强控制性详细规划制定工作。重点解决规划成果要兼顾在近、远期建设用地的管理上都有针对性、可操作性。保证控制性详细规划能够成为国有土地有偿出让与转让的基本前提条件和对各类建设工程进行规划许可的直接依据。

1. 根据当前实际情况，规定控制性详细规划编制过程中的工作深度要求。制定相应的控制性详细规划编制、审批、备案办法。

2. 规范国有土地出让合同中"规划条件"的内容。

（五）完善规划编制单位资质和注册规划师执业制度。强化对规划编制单位和人员的责任要求。

1. 结合规划资质换证工作，摸清规划编制单位基本情况，对已不再符合相应资质条件的，根据法律要求，给予相应处罚。

2. 修订《城市规划编制单位资质管理规定》和《外商投资城市规划服务企业管理规定》。

3. 会同有关部门研究制定《注册规划师执业资格管理办法》。

（六）加强规划制定的公众参与。保障广泛组织社会各方面人士参与和了解规划。

1. 在有关配套法规和规定中细化规划制定过程中公众参与的程序办法。

2. 针对不同的规划，制定公开公示的具体方法和要求。

3. 明确规划编制成果报送上级人民政府审批时，附具的专家和公众意见及处理情况的材料要求。

（七）完善规划选址和城市、镇规划区内规划行政许可制度。明确与项目立项、土地划拨出让等审批环节的协同办法。

1. 推动省域城镇体系规划实施的地方立法，加强并规范省级规划行政主管部门参与规划选址工作。

2. 确定建设用地规划许可、建设工程规划许可等规划许可发放的范围、程序和基本条件。

3. 抓紧制定临时建设和临时用地规划管理的具体办法。

4. 在地方配套法规中，针对不同类型的建设活动，明确规划核实的具体内容要求。

（八）建立乡村建设规划许可证制度。充分体现农村特点，体现便民利民和以人为本，满足农民生产和生活需要，遏制农村无序建设和浪费土地。

1. 地方配套法规要进一步细化乡村建设规划许可证核发的具体内容、程序、条件要求。

2. 各地在实施《城乡规划法》办法或条例中，要认真研究、明确可以核发建设工程规划许可证的镇的范围。

3. 各省、自治区、直辖市要抓紧制定在乡、村庄规划区内使用原有宅基地进行农村村民住宅建设的规划管理办法。

（九）建立对规划的评估制度，完善城乡规划修改的审批制度和备案制度。防止违反法定程序，随意干预和变更规划。

1. 制定省域城镇体系规划、城市和镇总体规划评估的具体办法，明确评估的周期、评估参与的部门、评估的方法、评估的主要内容和评估报告上报的程序等。

2. 制定城乡规划修改审批、备案的操作办法。

3. 制定有关配套法规、依法界定"利害关系人"，作为修改详细规划时征求意见的对象。并明确征求利害关系人意见的方式、方法，以及处理意见

的具体办法。

（十）强化监督检查措施。突出监督检查对处理、纠正违法行为的力度。

1. 给合城乡规划效能监察，会同监察部门、组织部门共同研究执行法律有关规定过程中具体的协同方式，起草案件移送及查处办法。

2. 继续推进规划督察员制度的建立完善。

3. 建立上级城乡规划主管部门对下级违反《城乡规划法》规定作出规划许可的纠正办法以及违法者相应的赔偿措施。

（十一）完善对违法建设的处理机制，用好行政强制权。区分不同违法建设情况，作出相应处罚规定，增强针对性和可操作性。

1. 地方人民政府要制定配套法规，明确对"可采取改正措施消除对规划实施的影响的"认定程序。

2. 地方人民政府在制定配套法规中，要明确有关行政强制措施的具体操作办法。

四、认真抓好《城乡规划法》的学习和培训工作

1. 学习好《城乡规划法》是贯彻《城乡规划法》的基础。建设部将大力开展《城乡规划法》的学习培训工作。要与全国人大和国务院法制办的有关单位共同起草解说，要组织专门的培训师资队伍，对地级市政府分管领导和省、市城乡规划主管部门的主要工作人员进行培训和组织学习研讨。建设部所属干部培训机构也要按照统一安排，积极开展《城乡规划法》的培训工作。

2. 各省（自治区）建设厅要尽快制定学习培训《城乡规划法》的工作计划。组织县级市、县和镇乡政府的领导学习《城乡规划法》，学习城乡规划知识。各级城乡规划主管部门和工作人员要搞好自身的学习与培训。把学习好《城乡规划法》作为从事城乡规划管理和城乡规划编制工作人员上岗的条件，注册城乡规划师资格考试与在职培训，也应把《城乡规划法》作为重要内容。

3. 各地在贯彻落实《城乡规划法》的过程中，要研究贯彻执行《城乡规划法》遇到的新情况、新问题，结合本地区的实际，完善相应的办法和措施。建设部将区分不同层次、地区适时组织研讨和经验交流。

五、有效开展《城乡规划法》执法检查

1. 2008年，建设部、监察部城乡规划效能监察领导小组办公室将以《城乡规划法》贯彻实施为重点，依法开展规划效能监察，并针对存在的问题开展专项整治。各地城乡规划效能监察领导小组办公室也要将贯彻实施《城乡规划法》作为效能监察工作的重点工作，着力推进城乡规划依法行政。

2. 将贯彻实施《城乡规划法》的情况与城乡规划效能监察绩效考核结合起来。完善绩效考核指标体系，将贯彻实施的有关具体要求纳入指标体系，定量、定性分析执行情况。各地要按照要求，认真做好城乡规划效能监察绩效考核工作。

3. 在《城乡规划法》实施一年左右时，与全国人大联合开展《城乡规划法》执法检查。同时，地方人民政府也要开展《城乡规划法》执法检查。重点了解规划法实施以来的执法现状；掌握执法过程中存在的主要问题并分析原因；总结经验教训，提出有效整改措施。从而进一步宣传《城乡规划法》，推进《城乡规划法》的贯彻实施。

贯彻实施《城乡规划法》是一项长期的工作，各地要加强组织协调、调查研究和检查落实工作。要根据文件要求，提出本地区贯彻实施《城乡规划法》的具体意见，并将实施情况及时报送我部。

中华人民共和国建设部
二○○八年一月三十日

关于做好住房建设规划与住房建设年度计划制定工作的指导意见

建规〔2008〕46号

各省、自治区、直辖市人民政府，新疆生产建设兵团，国务院有关部门：

制定和实施住房建设规划与住房建设年度计划，是国务院做出的重要部署，是改善人民群众生活，

提高住房保障水平的重点工作,是落实科学发展观、引导建立符合国情的住房建设和消费模式的重要措施,是完善住房供应政策和调整住房供应结构、推进住房保障体系建设的重要手段。通过各地区、各有关部门的努力,住房建设规划工作已经取得了阶段性成效。为了贯彻落实《国务院关于解决城市低收入家庭住房困难的若干意见》(国发〔2007〕24号)精神,经国务院同意,现就进一步做好2009年住房建设计划、2008年至2012年住房建设规划的制定工作提出以下指导意见:

一、加强领导,认真制定住房建设规划与住房建设年度计划

住房建设规划是对未来几年住房建设进行调控和指导的主要依据,做好住房建设规划以及住房建设年度计划的制定和实施工作是城市(包括县城,下同)人民政府的重要职责。地方各级人民政府要采取有力措施,加强对住房建设规划制定工作的指导和监督。城市人民政府要加强对住房建设规划工作的组织领导,抓紧落实部门分工,建立健全工作机制,形成工作合力,切实提高编制工作质量和效率。要按照"政府组织、专家领衔、部门合作、公众参与、科学决策"的原则,做好前期调研、专题研究、规划编制等工作。

制定住房建设规划与住房建设年度计划,一是要以国家关于调整住房供应结构、稳定住房价格、切实解决城市低收入家庭住房困难以及促进房地产市场健康发展的相关政策文件为依据,深入贯彻科学发展观,落实全面建设小康社会和构建社会主义和谐社会的目标要求。二是要立足我国人多地少的基本国情,根据本地区社会经济发展水平、资源和环境承载能力,重点发展面向广大中低收入家庭的中低价位、中小套型普通商品住房和各类保障性住房;采取多种渠道和方式,妥善解决进城务工人员的居住问题。三是要与国民经济与社会发展规划、城市总体规划、土地利用总体规划、城市近期建设规划相衔接。

住房建设规划与住房建设年度计划应在征求社会意见的基础上,经城市人民政府批准后向社会公布。城市人民政府要在进一步总结2008年住房建设计划制定和公布工作经验的基础上,在3月底前制定并公布2009年住房建设计划,在6月底前制定并公布2008年至2012年住房建设规划,并认真组织实施。各直辖市、计划单列市和省会(首府)城市的住房建设规划(计划)报建设部备案,其他城市的住房建设规划(计划)报省、自治区建设主管部门备案。

二、深入调查,科学确定住房建设发展目标

制定和实施住房建设规划与住房建设年度计划,政策性强、涉及面广、统计与分析任务重。做好这项工作,要加强全面调查,建立城市居民住房现状及动态管理档案,加强科学分析和预测。各地要充分利用住房现状调查的既有成果,参考城市住宅的保有量、成套情况、空间分布、产权状况、户均人口、户籍家庭数、流动人口居住情况、居民收入、居住需求意愿等情况,结合本地资源与环境等约束条件,人口和住房需求结构变化趋势,以及旧住宅改造、城市拆迁、市场需求和政策因素等,统筹研究确定住房结构、居住用地空间布局、设施配套和建设规模。

三、突出重点,落实保障性住房建设标准及要求

制定住房建设规划和住房建设年度计划,要根据本地住宅需求情况,落实逐步解决城市中低收入家庭住房困难的目标,合理确定居住用地供应规模、土地开发强度和住宅供应规模。要把普通住房供应作为主要内容,突出强调以廉租住房制度为重点、多渠道解决城市低收入家庭住房困难。要按照《国务院办公厅转发建设部等部门关于调整住房供应结构稳定住房价格意见的通知》(国办发〔2006〕37号)要求,明确新建住房结构比例,即凡新审批、新开工的商品住房,套型建筑面积90平方米以下住房(含经济适用住房)面积所占比重,必须达到开发建设总面积的70%以上。要明确提出廉租住房、经济适用住房、限价普通商品住房及其他中低价位、中小套型普通商品住房等的建设目标、建设项目、住房结构比例、土地供应保障措施等,并提出包括新建、存量住房利用等多种渠道的综合解决方案。

住房建设规划的成果由规划文本、图册与附件组成。规划文本应包括总则、住房发展目标、住房用地供应目标与空间布局、住房政策、规划实施保障措施等内容。附件应包括规划说明、研究报告与基础资料。

四、加强监督,明确住房建设规划实施的保障措施

各地要结合城乡规划效能监察工作,把住房建设规划的编制与实施过程,近期建设规划中落实项目用地、建设时序和进度安排情况,以及住房建设规划与年度计划及时向社会公布情况等作为规划效能监察重点。要引入社会监督机制,形成有效的信息反馈机制,及时发现新情况、解决新问题,确保住房建设规划落实到位。建设部将会同有关部门,加强对城市住房建设规划编制工作的指导、督促。对规划编制工作重视不够，工作不力、进度达不到要求的城市，将予以通报批评，责令及时整改，确保其按要求及时完成编制及报备工作，并向社会公布。

中华人民共和国建设部
二〇〇八年二月二十五日

关于印发《建设部、监察部城乡规划效能监察领导小组办公室 2008 年度工作计划要点》的通知

建办规〔2008〕19 号

各省、自治区、直辖市建设厅（规划局、规划委）、监察厅（局），新疆生产建设兵团建设局、监察局：

建设部、监察部城乡规划效能监察领导小组第四次工作会议决定，城乡规划效能监察工作继续开展一年，到 2008 年底做好全面工作总结。为统一思想，突出重点，提高各地城乡规划部门工作效能，强化城乡规划的综合调控作用，现将《建设部、监察部城乡规划效能监察 2008 年工作计划要点》印发给你们，请结合本地区实际贯彻落实。

中华人民共和国建设部办公厅
中华人民共和国监察部办公厅
二〇〇八年三月七日

建设部、监察部城乡规划效能监察 2008 年工作计划要点

2008 年城乡规划效能监察工作，要全面贯彻建设部、监察部城乡规划效能监察领导小组第四次工作会议精神，确保城乡规划效能监察工作取得实效。

一、工作目标

根据建设部、监察部城乡规划效能监察领导小组第四次工作会议精神，2008 年度城乡规划效能监察工作目标是：

1. 宣传贯彻《城乡规划法》，推进相关配套制度建设，保障《城乡规划法》的实施；

2. 建立健全规划依法行政与监督检查等制度，将建设部派驻规划督察员的范围扩大至全部省会城市；推进城乡规划公开制度；

3. 继续加强对各地城乡规划工作的指导与监督，使各地规划管理工作的制度化与规范化建设整体取得明显成效；

4. 加大案件查处力度，使城乡规划领域的违纪违法行为得到有效遏制。

二、工作重点及要求

（一）宣传和监督检查各地贯彻实施《城乡规划法》的情况。

1. 以《城乡规划法》的贯彻实施为重点，重点督促检查各地贯彻《建设部关于贯彻实施〈城乡规划法〉的指导意见》（建规〔2008〕21 号）的情况。

2. 针对贯彻实施中存在的突出问题开展专项督导与检查，推动各地贯彻实施《城乡规划法》。

（二）进一步健全和完善制度，推进城乡规划效能建设。

1. 按照《城乡规划法》要求，针对贯彻实施《城乡规划法》的关键环节，督促各地加强与《城乡规划法》相配套的法规制度建设。

2. 着力推进城乡规划依法行政与监督检查制度的建立，重点解决运行不规范、制度不健全以及对违法违规行为责任追究不力等问题。在总结各地经验的基础上，建设部与监察部联合适时出台城乡规划领域违纪违法案件线索移送办法等相关的配套制度。

3. 继续推进规划督察员制度的建立完善。将建设部派驻规划督察员范围扩大至全部省会城市，同时督促各地抓紧建立完善规划督察员制度。

4. 督促各地在开展"阳光规划"工作的基础上，

按照《城乡规划法》的要求,抓紧建立与完善规划公开公示和公众参与的程序和办法,落实公众参与和监督规划的制定与实施。

(三)督促检查各地落实住房建设规划与年度计划情况。

1. 把各地制订和落实住房建设规划与年度计划情况作为规划效能监察的一项重点工作。

2. 督促各地按照国务院相关政策文件和建设部的要求,按时完成住房建设规划和年度计划的制订、公布工作。

(四)加大规划案件查处力度。

1. 通过监督检查和受理群众举报,拓宽案件线索来源,严肃查办严重违反城乡规划和规划建设中以权谋私、权钱交易的典型案件。

2. 认真查处风景名胜区保护管理中的违法违规建设的案件。

3. 指导各地建立城乡规划案件查处和移送制度。

(五)完善城乡规划效能监察的绩效考核。

1. 完善绩效考核指标体系,将贯彻实施《城乡规划法》的有关具体要求纳入指标体系,定量、定性分析执行情况。督促各地按照要求,认真做好城乡规划效能监察绩效考核工作。

2. 通过绩效考核,综合测评各地规划绩效状况,客观评价各地开展城乡规划效能监察工作的情况,探索总结效能监察评价方法,推进规划效能监察长效机制建设。

三、具体工作内容与进度安排

根据城乡规划效能监察工作的总体要求,在巩固已有工作成果的基础上,以规范规划管理行政行为、建立长效机制为重点,大胆探索,积极创新,把规划效能监察工作继续推向深入。

1. 工作部署。3月底前,召集5～6个省市有关部门在重庆召开一次研讨会,重点讨论如何结合效能监察工作贯彻落实《城乡规划法》,建立规划监督检查的有关制度;印发《城乡规划效能监察2008年度工作要点》,督促各地继续做好城乡规划效能监察工作。

2. 做好《城乡规划法》的宣传贯彻工作。1～6月,配合《城乡规划法》的颁布实施,做好宣传教育工作;督促检查各地自《城乡规划法》实施后的配套制度建设情况,利用效能简报等形式宣传各地落实《城乡规划规划法》的情况;引导各地创新规划理念,完善制度建设,继续加强规划队伍素质与能力的提高;完善并巩固城乡规划效能监察工作长效机制建设。

3. 经验交流。4月份,召开一次全国城乡规划效能监察联系点工作会议,就联系点工作经验进行交流座谈,了解各联系点城乡规划效能监察工作开展情况;交流各地开展城乡规划效能监察的好经验、好做法;进一步统一思想、提高认识、明确要求,提出改进建议。

4. 绩效考核与总结评价。4～5月,对各地效能监察工作开展情况进行第二次评估;7～9月,结合两次绩效考核情况,选择6～8个省、市进行调研检查,对绩效考核工作进行全面客观的总结评价。

5. 根据实际情况,选择不同的时间段,赴各地督促检查住房建设规划与年度计划的落实情况。

6. 查办、督办违法案件。根据工作需要,继续加大对违反规划进行建设和规划建设中以权谋私、权钱交易等两类案件的查处力度;有重点地赴各地调研案件的查处情况、制度建设情况;10月份召开一次案件查处通报会,将开展规划效能监察工作以来查处的典型案件向社会通报。

7. 工作总结。督促各地对本地区开展城乡规划效能监察工作中发现的问题进行分析,对经验进行总结。11月～12月,建设部、监察部城乡规划效能监察领导小组在各省、自治区、直辖市总结的基础上对城乡规划效能监察工作进行全面总结,并予以通报;12月份召开全国城乡规划效能监察工作总结大会。

关于发布《注册建造师执业管理办法》(试行)的通知

建市〔2008〕48号

各省、自治区建设厅,直辖市建委,江苏、山东省建管局,国务院有关部门建设司,新疆生产建设兵团建设局,解放军总后基建营房部:

为规范注册建造师执业行为，加强注册建造师监督管理，根据《注册建造师管理规定》（建设部令第153号），我们组织起草了《注册建造师执业管理办法》（试行），现印发给你们，请遵照执行。

附件：注册建造师执业管理办法（试行）

中华人民共和国建设部
二○○八年二月二十六日

注册建造师执业管理办法（试行）

第一条 为规范注册建造师执业行为，提高工程项目管理水平，保证工程质量和安全，依据《中华人民共和国建筑法》、《建设工程质量管理条例》、《建设工程安全生产管理条例》、《注册建造师管理规定》及相关法律、法规，制订本办法。

第二条 中华人民共和国境内注册建造师从事建设工程施工管理活动的监督管理，适用本办法。

第三条 国务院建设主管部门对全国注册建造师的执业活动实施统一监督管理；国务院铁路、交通、水利、信息产业、民航等有关部门按照国务院规定的职责分工，对全国相关专业注册建造师执业活动实施监督管理。

县级以上地方人民政府建设主管部门对本行政区域内注册建造师执业活动实施监督管理；县级以上地方人民政府交通、水利、通信等有关部门在各自职责范围内，对本行政区域内相关专业注册建造师执业活动实施监督管理。

第四条 注册建造师应当在其注册证书所注明的专业范围内从事建设工程施工管理活动，具体执业按照本办法附件《注册建造师执业工程范围》执行。未列入或新增工程范围由国务院建设主管部门会同国务院有关部门另行规定。

第五条 大中型工程施工项目负责人必须由本专业注册建造师担任。一级注册建造师可担任大、中、小型工程施工项目负责人，二级注册建造师可以承担中、小型工程施工项目负责人。

各专业大、中、小型工程分类标准按《关于印发〈注册建造师执业工程规模标准〉（试行）的通知》（建市[2007]171号）执行。

第六条 一级注册建造师可在全国范围内以一级注册建造师名义执业。

通过二级建造师资格考核认定，或参加全国统考取得二级建造师资格证书并经注册人员，可在全国范围内以二级注册建造师名义执业。

工程所在地各级建设主管部门和有关部门不得增设或者变相设置跨地区承揽工程项目执业准入条件。

第七条 担任施工项目负责人的注册建造师应当按照国家法律法规、工程建设强制性标准组织施工，保证工程施工符合国家有关质量、安全、环保、节能等有关规定。

第八条 担任施工项目负责人的注册建造师，应当按照国家劳动用工有关规定，规范项目劳动用工管理，切实保障劳务人员合法权益。

第九条 注册建造师不得同时担任两个及以上建设工程施工项目负责人。发生下列情形之一的除外：

（一）同一工程相邻分段发包或分期施工的；

（二）合同约定的工程验收合格的；

（三）因非承包方原因致使工程项目停工超过120天（含），经建设单位同意的。

第十条 注册建造师担任施工项目负责人期间原则上不得更换。如发生下列情形之一的，应当办理书面交接手续后更换施工项目负责人：

（一）发包方与注册建造师受聘企业已解除承包合同的；

（二）发包方同意更换项目负责人的；

（三）因不可抗力等特殊情况必须更换项目负责人的。

建设工程合同履行期间变更项目负责人的，企业应当于项目负责人变更5个工作日内报建设行政主管部门和有关部门及时进行网上变更。

第十一条 注册建造师担任施工项目负责人，在其承建的建设工程项目竣工验收或移交项目手续办结前，除第十条规定的情形外，不得变更注册至另一企业。

第十二条 担任建设工程施工项目负责人的注册建造师应当按《关于印发〈注册建造师施工管理签章文件目录〉（试行）的通知》（建市[2008]42号）和配套表格要求，在建设工程施工管理相关文件上签字并加盖执业印章，签章文件作为工程竣工备案的依据。

省级人民政府建设行政主管部门可根据本地实际情况，制定担任施工项目负责人的注册建造师签章文件补充目录。

第十三条 担任建设工程施工项目负责人的注册建造师对其签署的工程管理文件承担相应责任。注册建造师签章完整的工程施工管理文件方为有效。

注册建造师有权拒绝在不合格或者有弄虚作假内容的建设工程施工管理文件上签字并加盖执业印章。

第十四条 担任建设工程施工项目负责人的注册建造师在执业过程中，应当及时、独立完成建设工程施工管理文件签章，无正当理由不得拒绝在文件上签字并加盖执业印章。

担任工程项目技术、质量、安全等岗位的注册建造师，是否在有关文件上签章，由企业根据实际情况自行规定。

第十五条 建设工程合同包含多个专业工程的，担任施工项目负责人的注册建造师，负责该工程施工管理文件签章。

专业工程独立发包时，注册建造师执业范围涵盖该专业工程的，可担任该专业工程施工项目负责人。

分包工程施工管理文件应当由分包企业注册建造师签章。分包企业签署质量合格的文件上，必须由担任总包项目负责人的注册建造师签章。

第十六条 因续期注册、企业名称变更或印章污损遗失不能及时盖章的，经注册建造师聘用企业出具书面证明后，可先在规定文件上签字后补盖执业印章，完成签章手续。

第十七条 修改注册建造师签字并加盖执业印章的工程施工管理文件，应当征得所在企业同意后，由注册建造师本人进行修改；注册建造师本人不能进行修改的，应当由企业指定同等资格条件的注册建造师修改，并由其签字并加盖执业印章。

第十八条 注册建造师应当通过企业按规定及时申请办理变更注册、续期注册等相关手续。多专业注册的注册建造师，其中一个专业注册期满仍需以该专业继续执业和以其他专业执业的，应及时办理续期注册。

注册建造师变更聘用企业的，应当在与新聘用企业签订聘用合同后的1个月内，通过新聘用企业申请办理变更手续。

因变更注册申报不及时影响注册建造师执业、导致工程项目出现损失的，由注册建造师所在聘用企业承担责任，并作为不良行为记入企业信用档案。

第十九条 聘用企业与注册建造师解除劳动关系的，应当及时申请办理注销注册或变更注册。聘用企业与注册建造师解除劳动合同关系后无故不办理注销注册或变更注册的，注册建造师可向省级建设主管部门申请注销注册证书和执业印章。

注册建造师要求注销注册或变更注册的，应当提供与原聘用企业解除劳动关系的有效证明材料。建设主管部门经向原聘用企业核实，聘用企业在7日内没有提供书面反对意见和相关证明材料的，应予办理注销注册或变更注册。

第二十条 监督管理部门履行监督检查职责时，有权采取下列措施：

（一）要求被检查人员出示注册证书和执业印章；

（二）要求被检查人员所在聘用企业提供有关人员签署的文件及相关业务文档；

（三）就有关问题询问签署文件的人员；

（四）纠正违反有关法律、法规、本规定及工程标准规范的行为；

（五）提出依法处理的意见和建议。

第二十一条 监督管理部门在对注册建造师执业活动进行监督检查时，不得妨碍被检查单位的正常生产经营活动，不得索取或者收受财物，谋取任何利益。

有关单位和个人对依法进行的监督检查应当协助与配合，不得拒绝或者阻挠。

注册建造师注册证书和执业印章由本人保管，任何单位（发证机关除外）和个人不得扣押注册建造师注册证书或执业印章。

第二十二条 注册建造师不得有下列行为：

（一）不按设计图纸施工；

（二）使用不合格建筑材料；

（三）使用不合格设备、建筑构配件；

（四）违反工程质量、安全、环保和用工方面的规定；

（五）在执业过程中，索贿、行贿、受贿或者谋取合同约定费用外的其他不法利益；

（六）签署弄虚作假或在不合格文件上签章的；

（七）以他人名义或允许他人以自己的名义从事执业活动；

（八）同时在两个或者两个以上企业受聘并执业；

（九）超出执业范围和聘用企业业务范围从事执业活动；

（十）未变更注册单位，而在另一家企业从事执业活动；

（十一）所负责工程未办理竣工验收或移交手续

前,变更注册到另一企业;

(十二)伪造、涂改、倒卖、出租、出借或以其他形式非法转让资格证书、注册证书和执业印章;

(十三)不履行注册建造师义务和法律、法规、规章禁止的其他行为。

第二十三条 建设工程发生质量、安全、环境事故时,担任该施工项目负责人的注册建造师应当按照有关法律法规规定的事故处理程序及时向企业报告,并保护事故现场,不得隐瞒。

第二十四条 任何单位和个人可向注册建造师注册所在地或项目所在地县级以上地方人民政府建设主管部门和有关部门投诉、举报注册建造师的违法、违规行为,并提交相应材料。

第二十五条 注册建造师违法从事相关活动的,违法行为发生地县级以上地方人民政府建设主管部门或有关部门应当依法查处,并将违法事实、处理结果告知注册机关;依法应当撤销注册的,应当将违法事实、处理建议及有关材料报注册机关,注册机关或有关部门应当在7个工作日内作出处理,并告知行为发生地人民政府建设行政主管部门或有关部门。

注册建造师异地执业的,工程所在地省级人民政府建设主管部门应当将处理建议转交注册建造师注册所在地省级人民政府建设主管部门,注册所在地省级人民政府建设主管部门应当在14个工作日内作出处理,并告知工程所在地省级人民政府建设行政主管部门。

对注册建造师违法行为的处理结果通过中国建造师网(www.coc.gov.cn)向社会公告。不良行为处罚、信息登录、使用、保管、时效和撤消权限等另行规定。

第二十六条 国务院建设主管部门负责建立并完善全国网络信息平台,省级人民政府建设行政主管部门负责注册建造师本地执业状态信息收集、整理,通过中国建造师网(www.coc.gov.cn)向社会实时发布。

注册建造师执业状态信息包括工程基本情况、良好行为、不良行为等内容。注册建造师应当在开工前、竣工验收、工程款结算后3日内按照《注册建造师信用档案管理办法》要求,通过中国建造师网向注册机关提供真实、准确、完整的注册建造师信用档案信息。信息报送应当及时、全面和真实,并作为延续注册的依据。

县级以上地方人民政府建设主管部门和有关部门应当按照统一的诚信标准和管理办法,负责对本地区、本部门担任工程项目负责人的注册建造师诚信行为进行检查、记录,同时将不良行为记录信息按照管理权限及时采集信息并报送上级建设主管部门。

第二十七条 注册建造师有下列行为之一,经有关监督部门确认后由工程所在地建设主管部门或有关部门记入注册建造师执业信用档案:

(一)第二十二条所列行为;

(二)未履行注册建造师职责造成质量、安全、环境事故的;

(三)泄露商业秘密的;

(四)无正当理由拒绝或未及时签字盖章的;

(五)未按要求提供注册建造师信用档案信息的;

(六)未履行注册建造师职责造成不良社会影响的;

(七)未履行注册建造师职责导致项目未能及时交付使用的;

(八)不配合办理交接手续的;

(九)不积极配合有关部门监督检查的。

第二十八条 小型工程施工项目负责人任职条件和小型工程管理办法由各省、自治区、直辖市人民政府建设行政主管部门会同有关部门根据本地实际情况规定。

第二十九条 本办法自发布之日起施行。

注册建造师执业工程范围

序号	注册专业	工程范围
1	建筑工程	房屋建筑、装饰装修,地基与基础、土石方、建筑装修装饰、建筑幕墙、预拌商品混凝土、混凝土预制构件、园林古建筑、钢结构、高耸建筑物、电梯安装、消防设施、建筑防水、防腐保温、附着升降脚手架、金属门窗、预应力、爆破与拆除、建筑智能化、特种专业
2	公路工程	公路,地基与基础、土石方、预拌商品混凝土、混凝土预制构件、钢结构、消防设施、建筑防水、防腐保温、预应力、爆破与拆除、公路路面、公路路基、公路交通、桥梁、隧道、附着升降脚手架、起重设备安装、特种专业
3	铁路工程	铁路,土石方、地基与基础、预拌商品混凝土、混凝土预制构件、钢结构、附着升降脚手架、预应力、爆破与拆除、铁路铺轨架梁、铁路电气化、铁路桥梁、铁路隧道、城市轨道交通、铁路电务、特种专业
4	民航机场工程	民航机场,土石方、预拌商品混凝土、混凝土预制构件、钢结构、高耸构筑物、电梯安装、消防设施、建筑防水、防腐保温、附着升降脚手架、金属门窗、预应力、爆破与拆除、建筑智能化、桥梁、机场场道、机场空管、航站楼弱电系统、机场目视助航、航油储运、暖通、空调、给排水、特种专业

序号	注册专业	工程范围
5	港口与航道工程	港口与航道，土石方、地基与基础、预拌商品混凝土、混凝土预制构件、消防设施、建筑防水、防腐保温、附着升降脚手架、爆破与拆除、港口及海岸、港口装卸设备安装、航道、航运梯级、通航设备安装、水上交通管制、水工建筑物基础处理、水工金属结构制作与安装、船台、船坞、滑道、航标、灯塔、栈桥、人工岛、筒仓、堆场道路及陆域构筑物、围堤、护岸、特种专业
6	水利水电工程	水利水电，土石方、地基与基础、预拌商品混凝土、混凝土预制构件、钢结构、建筑防水、消防设施、起重设备安装、爆破与拆除、水工建筑物基础处理、水利水电金属结构制作与安装、水利水电机电设备安装、河湖整治、堤防、水工大坝、水工隧洞、送变电、管道、无损检测、特种专业
7	矿业工程	矿山，地基与基础、土石方、高耸构筑物、消防设施、防腐保温、环保、起重设备安装、管道、预拌商品混凝土、混凝土预制构件、钢结构、建筑防水、爆破与拆除、隧道、窑炉、特种专业

序号	注册专业	工程范围
8	市政公用工程	市政公用，土石方、地基与基础、预拌商品混凝土、混凝土预制构件、预应力、爆破与拆除、环保、桥梁、隧道、道路路面、道路路基、道路交通、城市轨道交通、城市及道路照明、体育场地设施、给排水、燃气、供热、垃圾处理、园林绿化、管道、特种专业
9	通信与广电工程	通信与广电，通信线路、微波通信、传输设备、交换、卫星地球站、移动通信基站、数据通信及计算机网络、本地网、接入网、通信管道、通信电源、综合布线、信息化工程、铁路信号、特种专业
10	机电工程	机电、石油化工、电力、冶炼、钢结构、电梯安装、消防设施、防腐保温、起重设备安装、机电设备安装、建筑智能化、环保、电子、仪表安装、火电设备安装、送变电、核工业、炉窑、冶炼机电设备安装、化工石油设备、管道安装、管道、无损检测、海洋石油、体育场地设施、净化、旅游设施、特种专业

关于印发《建筑工程方案设计招标投标管理办法》的通知

建市〔2008〕63号

各省、自治区建设厅，直辖市建委，北京市规划委，江苏省、山东省建管局，国务院有关部门建设司，新疆生产建设兵团建设局，总后基建营房部工程局，国资委管理的有关企业，有关行业协会：

为进一步规范建筑工程方案设计招标投标活动，确保建筑工程方案设计质量，体现公平有序竞争，节约社会资源。我部制定了《建筑工程方案设计招标投标管理办法》，现印发给你们，请遵照执行。执行中有何问题，请与我部建筑市场管理司联系。

附件：《建筑工程方案设计招标投标管理办法》

住房和城乡建设部（建设部代章）
二〇〇八年三月二十一日

建筑工程方案设计招标投标管理办法

第一章 总 则

第一条 为规范建筑工程方案设计招标投标活动，提高建筑工程方案设计质量，体现公平有序竞争，根据《中华人民共和国建筑法》、《中华人民共和国招标投标法》及相关法律、法规和规章，制定本办法。

第二条 在中华人民共和国境内从事建筑工程方案设计招标投标及其管理活动的，适用本办法。

学术性的项目方案设计竞赛或不对某工程项目

下一步设计工作的承接具有直接因果关系的"创意征集"等活动，不适用本办法。

第三条 本办法所称建筑工程方案设计招标投标，是指在建筑工程方案设计阶段，按照有关招标投标法律、法规和规章等规定进行的方案设计招标投标活动。

第四条 按照国家规定需要政府审批的建筑工程项目，有下列情形之一的，经有关部门批准，可以不进行招标：

（一）涉及国家安全、国家秘密的；

（二）涉及抢险救灾的；

（三）主要工艺、技术采用特定专利、专有技术，或者建筑艺术造型有特殊要求的；

（四）技术复杂或专业性强，能够满足条件的设计机构少于三家，不能形成有效竞争的；

（五）项目的改、扩建或者技术改造，由其他设计机构设计影响项目功能配套性的；

（六）法律、法规规定可以不进行设计招标的其他情形。

第五条 国务院建设主管部门负责全国建筑工程方案设计招标投标活动统一监督管理。县级以上人民政府建设主管部门依法对本行政区域内建筑工程方案设计招标投标活动实施监督管理。

建筑工程方案设计招标投标管理流程图详见附件一。

第六条 建筑工程方案设计应按照科学发展观，全面贯彻适用、经济，在可能条件下注意美观的原则。建筑工程设计方案要与当地经济发展水平相适应，积极鼓励采用节能、节地、节水、节材、环保技术的建筑工程设计方案。

第七条 建筑工程方案设计招标投标活动应遵循公开、公平、公正、择优和诚实信用的原则。

第八条 建筑工程方案设计应严格执行《建设工程质量管理条例》、《建设工程勘察设计管理条例》和国家强制性标准条文；满足现行的建筑工程建设标准、设计规范（规程）和本办法规定的相应设计文件编制深度要求。

第二章 招 标

第九条 建筑工程方案设计招标方式分为公开招标和邀请招标。

全部使用国有资金投资或者国有资金投资占控股或者主导地位的建筑工程项目，以及国务院发展和改革部门确定的国家重点项目和省、自治区、直辖市人民政府确定的地方重点项目，除符合本办法第四条及第十条规定条件并依法获得批准外，应当公开招标。

第十条 依法必须进行公开招标的建筑工程项目，在下列情形下可以进行邀请招标：

（一）项目的技术性、专业性强，或者环境资源条件特殊，符合条件的潜在投标人数量有限的；

（二）如采用公开招标，所需费用占建筑工程项目总投资额比例过大的；

（三）受自然因素限制，如采用公开招标，影响建筑工程项目实施时机的；

（四）法律、法规规定不宜公开招标的。

招标人采用邀请招标的方式，应保证有三个以上具备承担招标项目设计能力，并具有相应资质的机构参加投标。

第十一条 根据设计条件及设计深度，建筑工程方案设计招标类型分为建筑工程概念性方案设计招标和建筑工程实施性方案设计招标两种类型。

招标人应在招标公告或者投标邀请函中明示采用何种招标类型。

第十二条 建筑工程方案设计招标时应当具备下列条件：

（一）按照国家有关规定需要履行项目审批手续的，已履行审批手续，取得批准；

（二）设计所需要资金已经落实；

（三）设计基础资料已经收集完成；

（四）符合相关法律、法规规定的其他条件。

建筑工程概念性方案设计招标和建筑工程实施性方案设计招标的招标条件详见本办法附件二。

第十三条 公开招标的项目，招标人应当在指定的媒介发布招标公告。大型公共建筑工程的招标公告应当按照有关规定在指定的全国性媒介发布。

第十四条 招标人填写的招标公告或投标邀请函应当内容真实、准确和完整。

招标公告或投标邀请函的主要内容应当包括：工程概况、招标方式、招标类型、招标内容及范围、投标人承担设计任务范围、对投标人资质、经验及业绩的要求、投标人报名要求、招标文件工本费收费标准、投标报名时间、提交资格预审申请文件的截止时间、投标截止时间等。

建筑工程方案设计招标公告和投标邀请函样本详见本办法附件三。

第十五条 招标人应当按招标公告或者投标邀请函规定的时间、地点发出招标文件或者资格预审文件。自招标文件或者资格预审文件发出之日起至停止发出之日止，不得少于5个工作日。

第十六条 大型公共建筑工程项目或投标人报名数量较多的建筑工程项目招标可以实行资格预审。采用资格预审的，招标人应在招标公告中明示，并发出资格预审文件。招标人不得通过资格预审排斥潜在投标人。

对于投标人数量过多，招标人实行资格预审的情形，招标人应在招标公告中明确进行资格预审所需达到的投标人报名数量。招标人未在招标公告中明确或实际投标人报名数量未达到招标公告中规定的数量时，招标人不得进行资格预审。

资格预审必须由专业人员评审。资格预审不采用打分的方式评审，只有"通过"和"未通过"之分。如果通过资格预审投标人的数量不足三家，招标人应修订并公布新的资格预审条件，重新进行资格预审，直至三家或三家以上投标人通过资格预审为止。特殊情况下，招标人不能重新制定新的资格预审条件的，必须依据国家相关法律、法规规定执行。

建筑工程方案设计招标资格预审文件样本详见本办法附件四。

第十七条 招标人应当根据建筑工程特点和需要编制招标文件。招标文件包括以下方面内容：

（一）投标须知；

（二）投标技术文件要求；

（三）投标商务文件要求；

（四）评标、定标标准及方法说明；

（五）设计合同授予及投标补偿费用说明。

招标人应在招标文件中明确执行国家规定的设计收费标准或提供投标人设计收费的统一计算基价。

对政府或国有资金投资的大型公共建筑工程项目，招标人应当在招标文件中明确参与投标的设计方案必须包括有关使用功能、建筑节能、工程造价、运营成本等方面的专题报告。

设计招标文件中的投标须知样本、招标技术文件编写内容及深度要求、投标商务文件内容等分别详见本办法附件五、附件六和附件七。

第十八条 招标人和招标代理机构应将加盖单位公章的招标公告或投标邀请函及招标文件，报项目所在地建设主管部门备案。各级建设主管部门对招标投标活动实施监督。

第十九条 概念性方案设计招标或者实施性方案设计招标的中标人应按招标文件要求承担方案及后续阶段的设计和服务工作。但中标人为中华人民共和国境外企业的，若承担后续阶段的设计和服务工作应按照《关于外国企业在中华人民共和国境内从事建设工程设计活动的管理暂行规定》（建市[2004] 78号）执行。

如果招标人只要求中标人承担方案阶段设计，而不再委托中标人承接或参加后续阶段工程设计业务的，应在招标公告或投标邀请函中明示，并说明支付中标人的设计费用。采用建筑工程实施性方案设计招标的，招标人应按照国家规定方案阶段设计付费标准支付中标人。采用建筑工程概念性方案设计招标的，招标人应按照国家规定方案阶段设计付费标准的80%支付中标人。

第三章 投 标

第二十条 参加建筑工程项目方案设计的投标人应具备下列主体资格：

（一）在中华人民共和国境内注册的企业，应当具有建设主管部门颁发的建筑工程设计资质证书或建筑专业事务所资质证书，并按规定的等级和范围参加建筑工程项目方案设计投标活动。

（二）注册在中华人民共和国境外的企业，应当是其所在国或者所在地区的建筑设计行业协会或组织推荐的会员。其行业协会或组织的推荐名单应由建设单位确认。

（三）各种形式的投标联合体各方应符合上述要求。招标人不得强制投标人组成联合体共同投标，不得限制投标人组成联合体参与投标。

招标人可以根据工程项目实际情况，在招标公告或投标邀请函中明确投标人其他资格条件。

第二十一条 采用国际招标的，不应人为设置条件排斥境内投标人。

第二十二条 投标人应按照招标文件确定的内容和深度提交投标文件。

第二十三条 招标人要求投标人提交备选方案的，应当在招标文件中明确相应的评审和比选办法。

凡招标文件中未明确规定允许提交备选方案的，投标人不得提交备选方案。如投标人擅自提交备选方案的，招标人应当拒绝该投标人提交的所有方案。

第二十四条 建筑工程概念性方案设计投标文件编制一般不少于二十日，其中大型公共建筑工程概念性方案设计投标文件编制一般不少于四十日；建筑工程实施性方案设计投标文件编制一般不少于四十五日。招标文件中规定的编制时间不符合上述要求的，建设主管部门对招标文件不予备案。

第四章 开标、评标、定标

第二十五条 开标应在招标文件规定提交投标

文件截止时间的同一时间公开进行；除不可抗力外，招标人不得以任何理由拖延开标，或者拒绝开标。

建筑工程方案设计招标开标程序详见本办法附件八。

第二十六条 投标文件出现下列情形之一的，其投标文件作为无效标处理，招标人不予受理：

（一）逾期送达的或者未送达指定地点的；

（二）投标文件未按招标文件要求予以密封的；

（三）违反有关规定的其他情形。

第二十七条 招标人或招标代理机构根据招标建筑工程项目特点和需要组建评标委员会，其组成应当符合有关法律、法规和本办法的规定：

（一）评标委员会的组成应包括招标人以及与建筑工程项目方案设计有关的建筑、规划、结构、经济、设备等专业专家。大型公共建筑工程项目应增加环境保护、节能、消防专家。评委应以建筑专业专家为主，其中技术、经济专家人数应占评委总数的三分之二以上；

（二）评标委员会人数为5人以上单数组成，其中大型公共建筑工程项目评标委员会人数不应少于9人；

（三）大型公共建筑工程或具有一定社会影响的建筑工程，以及技术特别复杂、专业性要求特别高的建筑工程，采取随机抽取确定的专家难以胜任的，经主管部门批准，招标人可以从设计类资深专家库中直接确定，必要时可以邀请外地或境外资深专家参加评标。

第二十八条 评标委员会必须严格按照招标文件确定的评标标准和评标办法进行评审。评委应遵循公平、公正、客观、科学、独立、实事求是的评标原则。

评审标准主要包括以下方面：

（一）对方案设计符合有关技术规范及标准规定的要求进行分析、评价；

（二）对方案设计水平、设计质量高低、对招标目标的响应度进行综合评审；

（三）对方案社会效益、经济效益及环境效益的高低进行分析、评价；

（四）对方案结构设计的安全性、合理性进行分析、评价；

（五）对方案投资估算的合理性进行分析、评价；

（六）对方案规划及经济技术指标的准确度进行比较、分析；

（七）对保证设计质量、配合工程实施，提供优质服务的措施进行分析、评价；

（八）对招标文件规定废标或被否决的投标文件进行评判。

评标方法主要包括记名投票法、排序法和百分制综合评估法等，招标人可根据项目实际情况确定评标方法。评标方法及实施步骤详见本办法附件九。

第二十九条 设计招标投标评审活动应当符合以下规定：

（一）招标人应确保评标专家有足够时间审阅投标文件，评审时间安排应与工程的复杂程度、设计深度、提交有效标的投标人数量和投标人提交设计方案的数量相适应。

（二）评审应由评标委员会负责人主持，负责人应从评标委员会中确定一名资深技术专家担任，并从技术评委中推荐一名评标会议纪要人。

（三）评标应严格按照招标文件中规定的评标标准和办法进行，除了有关法律、法规以及国家标准中规定的强制性条文外，不得引用招标文件规定以外的标准和办法进行评审。

（四）在评标过程中，当评标委员会对投标文件有疑问，需要向投标人质疑时，投标人可以到场解释或澄清投标文件有关内容。

（五）在评标过程中，一旦发现投标人有对招标人、评标委员会成员或其他有关人员施加不正当影响的行为，评标委员会有权拒绝该投标人的投标。

（六）投标人不得以任何形式干扰评标活动，否则评标委员会有权拒绝该投标人的投标。

（七）对于国有资金投资或国家融资的有重大社会影响的标志性建筑，招标人可以邀请人大代表、政协委员和社会公众代表列席，接受社会监督。但列席人员不发表评审意见，也不得以任何方式干涉评标委员会独立开展评标工作。

第三十条 大型公共建筑工程项目如有下列情况之一的，招标人可以在评标过程中对其中有关规划、安全、技术、经济、结构、环保、节能等方面进行专项技术论证：

（一）对于重要地区主要景观道路沿线，设计方案是否适合周边地区环境条件兴建的；

（二）设计方案中出现的安全、技术、经济、结构、材料、环保、节能等有重大不确定因素的；

（三）有特殊要求，需要进行设计方案技术论证的。

一般建筑工程项目，必要时，招标人也可进行涉及安全、技术、经济、结构、材料、环保、节能中的一个或多个方面的专项技术论证，以确保建筑方案的安全性和合理性。

第三十一条 投标文件有下列情形之一的，经评标委员会评审后按废标处理或被否决：

（一）投标文件中的投标函无投标人公章（有效签署）、投标人的法定代表人有效签章及未有相应资格的注册建筑师有效签章的；或者投标人的法定代表人授权委托人没有经有效签章的合法、有效授权委托书原件的；

（二）以联合体形式投标，未向招标人提交共同签署的联合体协议书的；

（三）投标联合体通过资格预审后在组成上发生变化的；

（四）投标文件中标明的投标人与资格预审的申请人在名称和组织结构上存在实质性差别的；

（五）未按招标文件规定的格式填写，内容不全，未响应招标文件的实质性要求和条件的，经评标委员会评审未通过的；

（六）违反编制投标文件的相关规定，可能对评标工作产生实质性影响的；

（七）与其他投标人串通投标，或者与招标人串通投标的；

（八）以他人名义投标，或者以其他方式弄虚作假的；

（九）未按招标文件的要求提交投标保证金的；

（十）投标文件中承诺的投标有效期短于招标文件规定的；

（十一）在投标过程中有商业贿赂行为的；

（十二）其他违反招标文件规定实质性条款要求的。

评标委员会对投标文件确认为废标的，应当由三分之二以上评委签字确认。

第三十二条 有下列情形之一的，招标人应当依法重新招标：

（一）所有投标均做废标处理或被否决的；

（二）评标委员会界定为不合格标或废标后，因有效投标人不足3个使得投标明显缺乏竞争，评标委员会决定否决全部投标的；

（三）同意延长投标有效期的投标人少于3个的。

符合前款第一种情形的，评标委员会应在评标纪要上详细说明所有投标均做废标处理或被否决的理由。

招标人依法重新招标的，应对有串标、欺诈、行贿、压价或弄虚作假等违法或严重违规行为的投标人取消其重新投标的资格。

第三十三条 评标委员会按如下规定向招标人推荐合格的中标候选人：

（一）采取公开和邀请招标方式的，推荐1至3名；

（二）招标人也可以委托评标委员会直接确定中标人；

（三）经评标委员会评审，认为各投标文件未最大程度响应招标文件要求，重新招标时间又不允许的，经评标委员会同意，评委可以以记名投票方式，按自然多数票产生3名或3名以上投标人进行方案优化设计。评标委员会重新对优化设计方案评审后，推荐合格的中标候选人。

第三十四条 各级建设主管部门应在评标结束后15天内在指定媒介上公开排名顺序，并对推荐中标方案、评标专家名单及各位专家评审意见进行公示，公示期为5个工作日。

第三十五条 推荐中标方案在公示期间没有异议、异议不成立、没有投诉或投诉处理后没有发现问题的，招标人应当根据招标文件中规定的定标方法从评标委员会推荐的中标候选方案中确定中标人。定标方法主要包括：

（一）招标人委托评标委员会直接确定中标人；

（二）招标人确定评标委员会推荐的排名第一的中标候选人为中标人。排名第一的中标候选人放弃中标、因不可抗力提出不能履行合同、招标文件规定应当提交履约保证金而在规定的期限内未提交的，或者存在违法行为被有关部门依法查处，且其违法行为影响中标结果的，招标人可以确定排名第二的中标候选人为中标人。如排名第二的中标候选人也发生上述问题，依次可确定排名第三的中标候选人为中标人；

（三）招标人根据评标委员会的书面评标报告，组织审查评标委员会推荐的中标候选方案后，确定中标人。

第三十六条 依法必须进行设计招标的项目，招标人应当在确定中标人之日起15日内，向有关建设主管部门提交招标投标情况的书面报告。

建筑工程方案设计招标投标情况书面报告的主要内容详见本办法附件十。

第五章 其 他

第三十七条 招标人和中标人应当自中标通知书发出之日起30日内，依据《中华人民共和国合同法》及有关工程设计合同管理规定的要求，按照不违背招标文件和中标人的投标文件内容签订设计委托合同，并履行合同约定的各项内容。合同中确定的建设标准、建设内容应当控制在经审批的可行性报告规定范围内。

国家制定的设计收费标准上下浮动20%是签订建筑工程设计合同的依据。招标人不得以压低设计费、增加工作量、缩短设计周期等作为发出中标通知书的条件，也不得与中标人再订立背离合同实质性内容的其他协议。如招标人违反上述规定，其签订的合同效力按《中华人民共和国合同法》有关规定执行，同时建设主管部门对设计合同不予备案，并依法予以处理。

招标人应在签订设计合同起7个工作日内，将设计合同报项目所在地建设或规划主管部门备案。

第三十八条 对于达到设计招标文件要求但未中标的设计方案，招标人应给予不同程度的补偿。

（一）采用公开招标，招标人应在招标文件中明确其补偿标准。若投标人数量过多，招标人可在招标文件中明确对一定数量的投标人进行补偿。

（二）采用邀请招标，招标人应给予每个未中标的投标人经济补偿，并在投标邀请函中明确补偿标准。

招标人可根据情况设置不同档次的补偿标准，以便对评标委员会评选出的优秀设计方案给予适当鼓励。

第三十九条 境内外设计企业在中华人民共和国境内参加建筑工程设计招标的设计收费，应按照同等国民待遇原则，严格执行中华人民共和国的设计收费标准。

工程设计中采用投标人自有专利或者专有技术的，其专利和专有技术收费由招标人和投标人协商确定。

第四十条 招标人应保护投标人的知识产权。投标人拥有设计方案的著作权（版权）。未经投标人书面同意，招标人不得将交付的设计方案向第三方转让或用于本招标范围以外的其他建设项目。

招标人与中标人签署设计合同后，招标人在该建设项目中拥有中标方案的使用权。中标人应保护招标人一旦使用其设计方案不能受到来自第三方的侵权诉讼或索赔，否则中标人应承担由此而产生的一切责任。

招标人或者中标人使用其他未中标人投标文件中的技术成果或技术方案的，应当事先征得该投标人的书面同意，并按规定支付使用费。未经相关投标人书面许可，招标人或者中标人不得擅自使用其他投标人投标文件中的技术成果或技术方案。

联合体投标人合作完成的设计方案，其知识产权由联合体成员共同所有。

第四十一条 设计单位应对其提供的方案设计的安全性、可行性、经济性、合理性、真实性及合同履行承担相应的法律责任。

由于设计原因造成工程项目总投资超出预算的，建设单位有权依法对设计单位追究责任。但设计单位根据建设单位要求，仅承担方案设计，不承担后续阶段工程设计业务的情形除外。

第四十二条 各级建设主管部门应加强对建设单位、招标代理机构、设计单位及取得执业资格注册人员的诚信管理。在设计招标投标活动中对招标代理机构、设计单位及取得执业资格注册人员的各种失信行为和违法违规行为记录在案，并建立招标代理机构、设计单位及取得执业资格注册人员的诚信档案。

第四十三条 各级政府部门不得干预正常的招标投标活动和无故否决依法按规定程序评出的中标方案。

各级政府相关部门应加强监督国家和地方建设方针、政策、标准、规范的落实情况，查处不正当竞争行为。

在建筑工程方案设计招标投标活动中，对违反《中华人民共和国招标投标法》、《工程建设项目勘察设计招标投标办法》和本办法规定的，建设主管部门应当依法予以处理。

第六章 附 则

第四十四条 本办法所称大型公共建筑工程一般指建筑面积2万平方米以上的办公建筑、商业建筑、旅游建筑、科教文卫建筑、通信建筑以及交通运输用房等。

第四十五条 使用国际组织或者外国政府贷款、援助资金的建筑工程进行设计招标时，贷款方、资金提供方对招标投标的条件和程序另有规定的，可以适用其规定，但违背中华人民共和国社会公共利益的除外。

第四十六条 各省、自治区、直辖市建设主管部门可依据本办法制定实施细则。

第四十七条 本办法自2008年5月1日起施行。

附件一：建筑工程方案设计招标管理流程图（略）

附件二：建筑工程方案设计招标条件（略）

附件三：建筑工程方案设计公开招标公告样本和建筑工程方案设计投标邀请函样本（略）

附件四：建筑工程方案设计招标资格预审文件样本（略）

附件五：建筑工程方案设计投标须知内容（略）

附件六：建筑工程方案设计招标技术文件编制内容及深度要求（略）

附件七：建筑工程方案设计投标商务示范文件（略）

附件八：建筑工程方案设计招标开标程序（略）

附件九：建筑工程方案设计招标评标方法（略）

附件十：建筑工程方案设计投标评审结果公示样本（略）

附件十一：建筑工程方案设计招标投标情况书面报告（略）

关于征求《关于推进大型工程监理单位创建工程项目管理企业的指导意见》（征求意见稿）意见的函

建市监函［2008］35号

国务院有关部门建设司，各省、自治区建设厅，直辖市建委，新疆生产建设兵团建设局，总后基建营房部工程局，国资委管理的有关企业，有关行业协会：

为了指导有条件的大型工程监理单位创建成为工程项目管理企业，我司组织起草了《关于推进大型工程监理单位创建工程项目管理企业的指导意见》（征求意见稿），现印发给你们。请组织有关单位认真讨论，提出书面修改意见，并请于2008年4月30日前将修改意见送我司建设咨询监理处。

附件：《关于推进大型工程监理单位创建工程项目管理企业的指导意见》（征求意见稿）

住房和城乡建设部建筑市场管理司
（建设部建筑市场管理司代）
二〇〇八年四月十五日

关于推进大型工程监理单位创建工程项目管理企业的指导意见

（征求意见稿）

为了贯彻落实《国务院关于加快发展服务业的若干意见》和《国务院关于投资体制改革的决定》的精神，推进有条件的大型工程监理单位创建工程项目管理企业，适应我国投资体制改革和建设项目组织实施方式改革的需要，提高工程建设管理水平，增强工程监理企业的综合实力及国际竞争力，提出以下指导意见。

一、工程项目管理企业的基本特征

工程项目管理企业是以工程项目管理技术为基础，以工程项目管理服务为主业，具有与工程项目管理相适应的组织机构、项目管理体系、项目管理专业人员和项目管理技术，通过提供项目管理服务，创造价值并获取利润的企业。工程项目管理企业应具备以下基本特征：

（一）能够在工程项目决策阶段为业主编制项目建议书、可行性研究报告，在工程项目实施阶段为业主提供招标管理、勘察设计管理、采购管理、施工管理和试运行管理等服务，代表业主对工程项目的质量、安全、进度、费用、合同、信息、环境、风险等方面进行管理。根据合同约定，可以为业主提供全过程或分阶段项目管理服务。

（二）具有与工程项目管理服务相适应的组织机构和管理体系，在企业的组织结构、专业设置、资质资格、管理制度等方面满足开展工程项目管理服务的需要。

（三）掌握先进、科学的项目管理技术和方法，拥有先进的工程项目管理软件，具有完善的项目管理程序、作业指导文件和基础数据库，能够实现工程项目的科学化、信息化和程序化管理。

（四）拥有配备齐全的技术人员和复合型管理人员构成的高素质人才队伍。配备与开展工程项目管理服务相适应的注册监理工程师、注册造价工程师、注册建造师、注册建筑师、勘察设计注册工程师等执业人员和专业工程技术人员。

（五）具有良好的职业道德和社会责任感，遵守国家法律法规、标准规范，科学、诚信地开展项目管理服务。

二、创建工程项目管理企业的基本原则和措施

创建工程项目管理企业的大型工程监理单位（以下简称创建单位）要按照科学发展观的要求，适应社会主义市场经济和与国际惯例接轨的需要，因地制宜、实事求是地开展创建工程项目管理企业的工作。应以工程项目管理企业的基本特征为目标，制定企业发展战略，分步实施。

（一）提高认识，明确目标

创建单位要充分认识到工程项目管理服务是服务业的重要组成部分，是国际通行的项目管理组织模式；创建工程项目管理企业是适应国务院关于深化投资体制改革和加快发展服务业的要求，也是工程监理单位拓展业务领域、提升竞争实力的有效途径。创建单位应结合自身的实际情况，明确目标，制订出符合自身特点的发展战略，制定创建工程项目管理企业的实施计划。

（二）完善组织机构，健全运行机制

创建单位应根据工程项目管理服务的需求，设置相应的企业组织机构，建立健全项目管理制度，逐步完善工程项目管理服务的运行机制。应按照工程项目管理服务的特点，组建项目管理机构，制定项目管理人员岗位职责，配备满足项目需要的专业技术管理人员，选派具有相应执业资格的专业人员担任项目经理。

（三）完善项目管理体系文件，应用项目管理软件

创建单位应逐步建立完善项目管理程序文件、作业指导书和基础数据库，应用先进、科学的项目管理技术和方法，改善和充实工程项目管理技术装备，建立工程项目管理计算机网络系统，引进或开发项目管理应用软件，形成工程项目管理综合数据库，在工程项目管理过程中实现计算机网络化管理。

（四）实施人才战略，培养高素质的项目管理团队

创建单位应制定人才战略，落实人才培养计划，通过多种渠道、多种方式，有计划、有目的地培养和引进工程项目管理专业人才，特别是具有相应执业资格和丰富项目管理实践经验的高素质人才，可通过绩效管理提高全员的业务水平和管理能力，培养具有协作和敬业精神的项目管理团队。

（五）树立良好的职业道德，诚信开展项目管理服务

创建单位应通过交流、学习等方式不断强化职业道德教育，制定项目管理职业操守及行为准则，严格遵守国家法律法规，执行标准规范，信守合同，科学地开展项目管理服务。

三、加强组织领导

创建工程项目管理企业是一项系统工程，各地建设主管部门要加强对此项工作组织领导。

（一）各地建设主管部门要从本地实际出发，选择有条件的大型工程监理单位，加以组织和引导，促使其积极参与创建工程项目管理企业。要在深入动员的基础上，制定周密的计划，并组织其实施，帮助创建单位落实规定的条件，使其能顺利开展项目管理业务。

（二）各地建设主管部门要加大对业主的引导力度，加大对创建单位的扶持力度，支持创建单位在政府投资建设项目开展项目管理服务业务。同时，还要引导非政府投资项目的业主优先委托创建单位进行项目管理服务。

（三）各级建设主管部门要在项目实施过程中加强督促、检查和领导。要组织总结和交流以推动项目管理健康发展、规范化操作和普及推广。

（四）鼓励创建单位与国际著名的工程咨询、管理企业合作与交流，提高业务水平，参与国际竞争。

（五）中国建设监理协会及有关行业协会要积极协助政府部门落实创建工作，加强工程项目管理的理论研究，深入调查了解工程监理单位在创建工程项目管理企业过程中遇到的实际问题；发挥企业与政府之间的桥梁和纽带作用，积极做好项目管理工作的总结、交流、宣传、推广和专业技术人员的培训；还要加强行业自律，建立完善诚信体系，规范企业行为。

中华人民共和国国家发展和改革委员会
中华人民共和国工业和信息化部
中华人民共和国监察部
中华人民共和国财政部
中华人民共和国住房和城乡建设部
中华人民共和国交通运输部
中华人民共和国铁道部
中华人民共和国水利部
中华人民共和国商务部
国务院法制办公室

关于印发《招标投标违法行为记录公告暂行办法》的通知

发改法规〔2008〕1531号

各省、自治区、直辖市发展改革委、经贸委(经委)、监察厅、财政厅、建设厅、铁路局、交通厅、通信管理局、信息产业厅、水利厅、商务厅、民航局、法制办：

为贯彻《国务院办公厅关于进一步规范招投标活动的若干意见》(国办发〔2004〕56号)，促进招标投标信用体系建设，健全招标投标失信惩戒机制，规范招标投标当事人行为，招标投标部际协调机制各成员单位决定建立招标投标违法行为公告制度，并共同制定《招标投标违法行为记录公告暂行办法》(以下简称《暂行办法》)，现予印发。为切实做好《暂行办法》贯彻落实工作，现将有关事项和要求通知如下：

一、认真做好《暂行办法》实施的各项准备工作。建立招标投标违法行为记录公告制度，是建立招标投标市场诚信机制的重要措施和有效办法。各地要抓紧按照《暂行办法》要求建立本行政区域招标投标违法行为记录公告平台；已经建立的，应按照《暂行办法》规定进一步规范完善。

二、严格执行《暂行办法》各项规定。各省级行政主管部门应按照《暂行办法》规定的公告类别、公告内容、公告期限及相关程序要求发布公告，确保公告行为的准确、及时和客观。省级有关行政主管部门公告的招标投标违法行为行政处理决定，应按要求抄报相应国务院行政主管部门。

三、各省级行政主管部门在公告工作中遇到的问题，应及时向相应国务院行政主管部门反映。

附件：招标投标违法行为记录公告暂行办法

招标投标违法行为记录公告暂行办法

第一章 总 则

第一条 为贯彻《国务院办公厅关于进一步规范招投标活动的若干意见》(国办发〔2004〕56号)，促进招标投标信用体系建设，健全招标投标失信惩戒机制，规范招标投标当事人行为，根据《招标投标法》等相关法律规定，制定本办法。

第二条 对招标投标活动当事人的招标投标违法行为记录进行公告，适用本办法。

本办法所称招标投标活动当事人是指招标人、投标人、招标代理机构以及评标委员会成员。

本办法所称招标投标违法行为记录，是指有关行政主管部门在依法履行职责过程中，对招标投标当事人违法行为所作行政处理决定的记录。

第三条 国务院有关行政主管部门按照规定的职责分工，建立各自的招标投标违法行为记录公告平台，并负责公告平台的日常维护。

国家发展改革委会同国务院其他有关行政主管部门制定公告平台管理方面的综合性政策和相关规定。

省级人民政府有关行政主管部门按照规定的职责分工，建立招标投标违法行为记录公告平台，并负责公告平台的日常维护。

第四条 招标投标违法行为记录的公告应坚持准确、及时、客观的原则。

第五条 招标投标违法行为记录公告不得公开涉及国家秘密、商业秘密、个人隐私的记录。但是，经权利人同意公开或者行政机关认为不公开可能对公共利益造成重大影响的涉及商业秘密、个人隐私的违法行为记录，可以公开。

第二章 违法行为记录的公告

第六条 国务院有关行政主管部门和省级人民政府有关行政主管部门(以下简称"公告部门")应自

招标投标违法行为行政处理决定作出之日起20个工作日内对外进行记录公告。

省级人民政府有关行政主管部门公告的招标投标违法行为行政处理决定应同时抄报相应国务院行政主管部门。

第七条 对招标投标违法行为所作出的以下行政处理决定应给予公告：

（一）警告；

（二）罚款；

（三）没收违法所得；

（四）暂停或者取消招标代理资格；

（五）取消在一定时期内参加依法必须进行招标的项目的投标资格；

（六）取消担任评标委员会成员的资格；

（七）暂停项目执行或追回已拨付资金；

（八）暂停安排国家建设资金；

（九）暂停建设项目的审查批准；

（十）行政主管部门依法作出的其他行政处理决定。

第八条 违法行为记录公告的基本内容为：被处理的招标投标当事人名称（或姓名）、违法行为、处理依据、处理决定、处理时间和处理机关等。

公告部门可将招标投标违法行为行政处理决定书直接进行公告。

第九条 违法行为记录公告期限为6个月。公告期满后，转入后台保存。

依法限制招标投标当事人资质（资格）等方面的行政处理决定，所认定的限制期限长于6个月的，公告期限从其决定。

第十条 公告部门负责建立公告平台信息系统，对记录信息数据进行追加、修改、更新，并保证公告的违法行为记录与行政处理决定的相关内容一致。

公告平台信息系统应具备历史公告记录查询功能。

第十一条 公告部门应对公告记录所依据的招标投标违法行为行政处理决定书等材料妥善保管、留档备查。

第十二条 被公告的招标投标当事人认为公告记录与行政处理决定的相关内容不符的，可向公告部门提出书面更正申请，并提供相关证据。

公告部门接到书面申请后，应在5个工作日内进行核对。公告的记录与行政处理决定的相关内容不一致的，应当给予更正并告知申请人；公告的记录与行政处理决定的相关内容一致的，应当告知申请人。

公告部门在作出答复前不停止对违法行为记录的公告。

第十三条 行政处理决定在被行政复议或行政诉讼期间，公告部门依法不停止对违法行为记录的公告，但行政处理决定被依法停止执行的除外。

第十四条 原行政处理决定被依法变更或撤销的，公告部门应当及时对公告记录予以变更或撤销，并在公告平台上予以声明。

第三章 监督管理

第十五条 有关行政主管部门应依法加强对招标投标违法行为记录被公告当事人的监督管理。

第十六条 招标投标违法行为记录公告应逐步实现互联互通、互认共用，条件成熟时建立统一的招标投标违法行为记录公告平台。

第十七条 公告的招标投标违法行为记录应当作为招标代理机构资格认定，依法必须招标项目资质审查、招标代理机构选择、中标人推荐和确定、评标委员会成员确定和评标专家考核等活动的重要参考。

第十八条 有关行政主管部门及其工作人员在违法行为记录的提供、收集和公告等工作中有玩忽职守、弄虚作假或者徇私舞弊等行为的，由其所在单位或者上级主管机关予以通报批评，并依纪依法追究直接责任人和有关领导的责任；构成犯罪的，移送司法机关依法追究刑事责任。

第四章 附 则

第十九条 各省、自治区、直辖市发展改革部门可会同有关部门根据本办法制定具体实施办法。

第二十条 本办法由国家发展改革委会同国务院有关部门负责解释。

第二十一条 本办法自2009年1月1日起施行。

中华人民共和国国家发展和改革委员会

中华人民共和国工业和信息化部

中华人民共和国监察部

中华人民共和国财政部

中华人民共和国住房和城乡建设部

中华人民共和国交通运输部

中华人民共和国铁道部

中华人民共和国水利部

中华人民共和国商务部

国务院法制办公室

二〇〇八年六月十八日

关于《房屋建筑和市政工程施工招标投标资格审查办法》（征求意见稿）征求意见的函

建市招函〔2008〕77号

各省、自治区建设厅，直辖市建委及有关部门，新疆建设兵团建设局，解放军总后基建营房部，各副省级城市，计划单列市建委：

为进一步加强建筑市场监管，规范房屋建筑和市政工程施工招投标资格审查管理，我们组织起草了《房屋建筑和市政工程施工招投标资格审查办法》（征求意见稿）。现印发给你们，请组织有关单位认真讨论，并于2008年10月31日前将书面建议或意见邮寄至住房和城乡建设部建筑市场监管司招投标监管处。

同时，《房屋建筑和市政工程施工招投标资格审查办法》（征求意见稿）全文上网公布，广泛征求社会各界意见。有关单位和各界人士如有修改意见，请于2008年10月31日前，通过邮寄或者电子邮件方式将建议和意见反馈住房和城乡建设部建筑市场监管司。

住房和城乡建设部建筑市场监管司
二〇〇八年十月十七日

房屋建筑和市政工程施工招标投标资格审查办法

（征求意见稿）

第一章 总 则

第一条〔目的与依据〕 为了规范房屋建筑和市政工程项目施工招标投标资格审查活动，依据《中华人民共和国招标投标法》、《房屋建筑和市政基础设施工程施工招标投标管理办法》等法律法规，制定本办法。

第二条〔适用范围〕 全部使用国有资金投资或者国有资金投资占控股或者主导地位的，以及其他依法应当公开招标的各类房屋建筑和市政工程（以下简称工程），应当依照本办法进行施工招标的资格审查活动。

第三条〔资格审查方式〕 资格审查分为资格预审和资格后审。

资格预审是指在投标前对获取资格预审文件并提交资格预审申请文件的潜在投标人进行的资格审查，只有通过资格预审的潜在投标人才是合格的投标人。

资格后审是指开标后对投标人进行的资格审查。

第四条〔资格审查的方式适用〕 深基坑建筑、超高层建筑、城市轨道交通、大型桥梁、污水处理、地下公共设施等复杂工程和大型工程项目可进行资格预审，其他项目一般进行资格后审。

第五条〔资格审查原则〕 资格审查活动应当遵循公平、公正、科学、择优的原则。任何单位和个人不得以不合理的条件限制、排斥潜在投标人或者投标人，不得对潜在投标人或者投标人实行歧视待遇。

第六条〔负责规定〕 资格审查活动依法由招标人负责。

资格审查活动及其当事人应当接受建设行政主管部门依法实施的监督。

任何单位和个人不得非法干预或者影响依法进行的资格审查活动。

第七条〔监督管理〕 国务院建设行政主管部门负责全国工程招标投标资格审查活动的监督管理。

县级以上地方人民政府建设行政主管部门负责对本行政区域内工程施工招标投标资格审查活动实

施监督管理。具体的监督管理工作，可以委托工程招标投标监督管理机构负责实施。

第八条［资格审查活动地点］ 本办法第二条规定的工程施工招标资格审查活动，应当在有形建筑市场（即建设工程交易中心）进行；其他工程施工招标资格审查活动也可以在建设工程交易中心进行。

第二章 资格审查程序和要求

第九条［资格审查活动程序］ 资格审查按照以下程序进行：

（一）资格预审

1. 编制资格预审文件；
2. 发布资格预审公告（代招标公告，下同）；
3. 获取资格预审文件；
4. 编制和递交资格预审申请文件；
5. 对资格预审申请文件进行评审；
6. 编写资格评审报告；
7. 向通过资格预审的潜在投标人发出投标邀请书，并向未通过资格预审的潜在投标人发出书面通知。

（二）资格后审

1. 编制招标文件；
2. 发布招标公告；
3. 发售招标文件；
4. 编制和递交投标文件；
5. 对投标人的资格进行审查。

第十条［资格审查文件编制依据和要求］ 招标人应当根据有关法律、法规和规章的规定，结合工程项目情况和需要编制资格预审文件，并按照项目管理权限报建设行政主管部门备案。

采取资格后审的，招标人应根据招标工程项目的内容和特点，在招标文件中明确合格投标人的资格条件以及资格评审方法、标准。

第十一条［资格审查内容规定］ 招标人编制资格预审文件或者招标文件不得含有以下内容：

（一）提出与工程项目规模不相适应或者过高的企业资质、拟派项目经理的执业资格等级要求；

（二）以垫资承包作为通过资格审查的条件；

（三）规定必须在工程所在地有工程施工业绩或者以获得本地区、本部门奖项等作为通过资格审查的条件；

（四）针对不同所有制企业提出歧视性条件；

（五）针对不同潜在投标人或者投标人采取不同的审查标准；

（六）其他违反法律、法规、规章的内容。

第十二条［资格预审公告发布］ 招标人必须在依法指定的媒介发布资格预审公告，同时在建设工程交易中心发布。招标人在发布资格预审公告后或者发放资格预审文件后不得擅自终止招标。

在不同媒介上发布的资格预审公告的内容应一致。

资格预审公告的发布时间不得少于5个工作日。

第十三条［获取资格预审文件时间、方式和原则］ 潜在投标人应当按照资格预审公告规定的时间、地点获取资格预审文件。

资格预审文件应当自资格预审公告发布之日起开始发售，自开始发售之日起至截止发售之日止，最短不得少于5个工作日。

资格预审文件的售价应当合理，不得以营利为目的。具备条件的，可以通过信息网络发放资格预审文件。

第十四条［编制资格预审申请文件时间］ 招标人应当根据工程的具体情况，确定潜在投标人编制资格预审申请文件所需要的合理时间，但自资格预审文件发放截止之日起至潜在投标人提交资格预审申请文件截止之日止，最短不得少于3个工作日。

第十五条［补充、修改、澄清规定］ 招标人对已发出的资格预审文件进行必要的澄清、修改或者补充的，应当在递交资格预审申请文件截止之日3个工作日前，以书面形式通知到所有资格预审文件收受人。澄清、修改及补充的内容为资格预审文件的组成部分。

购买资格预审文件或者递交资格预审申请文件的潜在投标人少于三家的，招标人应重新组织资格预审或者采用资格后审方式重新招标。

第三章 资格预审申请

第十六条［资格条件］ 潜在投标人应当具备资格预审公告规定的条件。

第十七条［编制要求］ 潜在投标人应当按照资格预审文件的要求，编制资格预审申请文件，对资格预审文件提出的要求和条件做出实质性响应。

资格预审申请函应加盖潜在投标人的单位公章，或者由其法定代表人或者其授权代理人签字。

潜在投标人应当对其编制的资格预审申请文件的真实性和有效性负责。

第十八条［联合体规定］ 两个或者两个以上法人以联合体形式申请资格预审的，应遵守以下规定：

（一）提交联合体各成员单位共同签订的联合体协议，明确牵头人及其他成员单位各自的权利和义务以及应当承担的责任，同时载明联合体各成员单位的具体工作分工以及各自分工所占合同工作量的比例；

（二）联合体各成员单位应具备与联合体协议中约定的分工相适应的施工资质和施工能力；

（三）联合体各方签订联合体协议后，不得再以自己名义单独或者以其他联合体成员的名义申请同一标段的资格预审。

第十九条［资格预审申请文件送达要求］ 潜在投标人应当将密封好的资格预审申请文件，按照资格预审文件规定的时间、地点和方式送达招标人。

招标人应对按时送达的资格预审申请文件的密封进行检查，符合密封要求的，向潜在投标人出具签收凭证，并妥善保管，在审查前不得开启密封，招标人应对其签收的资格预审申请文件密封的完好性负责。

在资格预审文件要求的截止时间后送达的资格预审申请文件，为无效申请文件，招标人应当拒收。

第二十条［补充、修改、替代或者撤回规定］ 潜在投标人在规定的递交截止时间前，可以书面方式补充、修改、替代或者撤回已提交的资格预审申请文件，补充、修改、替代的内容为资格预审申请文件的组成部分，招标人应按照第十九条的规定予以签收和保管。

第四章 资格审查

第二十一条［资格审查组织］ 资格预审的评审工作由招标人依法组建的资格审查委员会负责。

采取资格后审的，资格评审由该招标项目的评标委员会负责。

第二十二条［资格审查委员会组成］ 资格审查委员会由招标人的代表和有关技术、经济等方面的专家组成，人数为五人以上单数，其中技术、经济等方面的专家人数不得少于成员总数的三分之二。

政府投资的工程项目，前款专家应当从国务院建设行政主管部门或者省级建设行政主管部门设立的评标专家名册中随机抽取。

资格审查委员会成员名单在评审工作结束前应当保密。

第二十三条［资格审查委员会专家禁止规定］ 有下列情形之一的，不得进入资格审查委员会：

（一）与潜在投标人的主要负责人或者授权代理人有近亲属关系的人员；

（二）当地建设行政主管部门或者行政监督部门的人员；

（三）与潜在投标人有利害关系，可能影响公正评审的人员；

（四）法律、法规和规章规定的其他情形。

资格审查委员会成员有前款规定情形之一的，应当主动提出回避。

第二十四条［资格评审人员应遵守的基本准则和责任］ 资格审查委员会成员应当客观、公正地履行职责，遵守国家相关法律、法规和职业道德，对所提出的审查意见承担相应的个人责任。

资格评审专家应当相互独立完成评审工作。

第二十五条［审查依据］ 对潜在投标人的资格审查，应当严格按照资格预审文件或者招标文件中规定的审查标准和办法进行。资格预审文件或者招标文件中没有载明的审查标准和办法不得作为评审依据。

资格审查委员会应当采用资格预审文件规定的合格制审查法或者有限数量制审查法对潜在投标人进行资格预审。

评标委员会应当采用招标文件规定的合格制审查办法对投标人进行资格后审。

第二十六条［资格评审工作程序］ 资格预审的评审工作应当按照下列程序进行：

（一）初步审查；

（二）详细审查；

（三）澄清与核实。

采取资格后审的，资格评审按照招标文件规定的评标程序进行。

第二十七条［初步审查］ 有下列情形之一的，不能通过初步审查：

（一）资格预审申请函未加盖潜在投标人单位公章，且无法定代表人或者其授权的代理人签字的；

（二）潜在投标人名称与营业执照、资质证书或者安全生产许可证不一致的；

（三）联合体申请人未提交符合本办法第十八条规定的联合体协议书或者虽提交了联合体协议书但未明确联合体牵头人的；

（四）资格预审申请文件格式不符合资格预审文件要求的；

（五）有资格预审文件规定的其他不能通过初步审查的情形的。

第二十八条［详细审查］ 详细审查的因素一般有：营业执照、施工资质、安全生产许可证、项目经理资格、工程业绩、财务能力、施工能力和履约信誉等。

招标人应根据工程项目的具体要求，确定详细审查的具体标准。

有下列情形之一的,不能通过详细审查:

(一)没有法定代表人身份证明和授权书委托书(如果有),或者虽有但被审查委员会认定为无效的;

(二)潜在投标人的法人营业执照或者安全生产许可证无效;

(三)潜在投标人的施工资质、拟派项目经理的执业资格或者有在建工程未满足资格预审文件的要求;

(四)潜在投标人处于被责令停产、停业,或者投标资格被取消,或者财务被接管、冻结、破产状态;

(五)潜在投标人不符合本办法第十八条的规定;

(六)最近三年内有骗取中标或者严重违约或者重大工程质量问题;

(七)有资格预审文件规定的其他不能通过详细审查的情形的。

第二十九条[确定通过的潜在投标人] 采用合格制审查办法审查的,通过初步审查、详细审查的潜在投标人均应确定为通过资格预审的潜在投标人。

有限数量制审查采用量化打分的,资格审查委员会按照资格预审文件规定的评审办法,对通过初步审查和详细审查的资格预审申请文件进行量化打分,按照得分由高到低的顺序确定通过资格预审的潜在投标人。

第三十条[数量限制] 采用有限数量制,通过初步审查和详细审查的潜在投标人多于7家的,应选择不少于7家通过资格预审的潜在投标人。通过初步审查和详细审查的潜在投标人不少于3家且没有超过招标人预先规定的数量的,均应确定为通过资格预审的潜在投标人。

第三十一条[澄清] 资格审查委员会对资格预审申请文件中不明确的内容或者缺乏证明材料的,可要求潜在投标人进行澄清、补正。澄清和补正应当采用书面形式,并不得改变资格预审申请文件的实质性内容。

潜在投标人澄清和补正的内容属于资格预审申请文件的组成部分。

招标人不得接受潜在投标人主动提出的澄清或者补正。

第三十二条[信用记录、人员情况等查询方式]

资格审查委员会在审查潜在投标人的业绩、信誉、主要人员情况等内容时,可以通过省级以上建设行政主管部门设立的信息平台进行查询。

若潜在投标人提供的信息与信息平台上的相关内容不符,经核实存在虚假、夸大的内容,不予通过资格审查。

第三十三条[资格预审审查报告递交及内容]

资格预审的评审工作结束后,由资格审查委员会编制资格评审报告,其内容包括:

(一)资格审查工作简介;

(二)潜在投标人未通过资格预审的主要理由及相关证明;

(三)采用合格制的,提供通过资格预审的潜在投标人名单;采用有限数量制的,提供通过资格预审的潜在投标人排序表名单;

(四)资格审查记录表等附件。

采用资格后审的,评标报告中应当增加对投标人进行资格审查的内容。

第三十四条[结果公布] 资格预审结束后,招标人应向通过资格预审的潜在投标人发出投标邀请书;向未通过资格预审的潜在投标人告知资格预审结果,并写明具体原因或者理由。

第三十五条[资格审查备案] 招标人应在资格预审的评审工作结束后5个工作日内,按项目管理权限,将资格评审报告报送建设行政主管部门备案。

第三十六条[重新评审] 资格预审活动中出现下列情况之一的,招标人应当按照相关规定重新组织资格审查委员会进行评审:

(一)使用资格预审文件没有确定的评审标准和方法的;

(二)应当回避担任资格审查委员会成员的人参与评审的;

(三)资格审查委员会的组建及人员组成不符合法定要求的;

(四)资格审查委员会及其成员在评审过程中有违法行为,且影响评审结果的。

第三十七条[质疑与投诉处理] 递交了资格申请文件的潜在投标人有权了解本单位的资格预审情况,向招标人提出质疑,招标人应在3个工作日内对潜在投标人提出的疑问给予答复。

潜在投标人如认为其权益受到侵害的,可以书面形式向建设行政主管部门投诉。建设行政主管部门接到投诉后,应按照《工程建设项目招标投标活动投诉处理办法》(国家发改委等七部委11号令)进行处理。

第三十八条[潜在投标人情况发生变化] 已通过资格预审的潜在投标人在提交投标文件截止时间前,若其相关情况发生变化,涉及到资格预审条件的应征得招标人同意,并须对资格预审申请书中的相关内容进行更新,以证明其仍能满足其通过资格预审的条件，若达不到相应的条件，其投标将被拒绝。

第五章 附 则

第三十九条 除本办法第二条规定外，其他依法必须招标的房屋建筑和市政工程施工招标的投标人资格审查，参照本办法执行。

第四十条 本办法第十一条、第十八条、第三十二条对资格预审的规定，适用于资格后审。

第四十一条［处罚］ 资格审查活动是招标投标活动的重要组成部分，有违反法律、法规、规章行为的，由县级以上人民政府建设行政主管部门依照现行法律、法规、规章中有关招标投标活动的规定进行处罚。

在资格预审活动中，潜在投标人弄虚作假的，不能通过资格预审。

第四十二条［参照规定］ 按照建设-转让（BT）、建设-经营-转让（BOT）、建设-拥有-经营（BOO）、建设-拥有-经营-转让（BOOT）等方式组织工程建设的，投标资格审查活动参照本办法执行。

第四十三条［特别规定和除外规定］ 使用国际组织或者外国政府贷款、援助资金的工程进行施工招标投标资格审查，贷款方、资金提供方对投标资格审查有不同规定的，可以适用其规定，但违背中华人民共和国的社会公共利益的除外。

第四十四条［解释权］ 本办法由国务院建设行政主管部门负责解释。

第四十五条［实施日期］ 本办法自 年 月 日起施行。

关于印发《关于大型工程监理单位创建工程项目管理企业的指导意见》的通知

建市［2008］226号

各省、自治区建设厅，直辖市建委，新疆生产建设兵团建设局，国务院有关部门，总后基建营房部，国资委管理的有关企业，有关行业协会：

为了贯彻落实《国务院关于加快发展服务业的若干意见》和《国务院关于投资体制改革的决定》的精神，推进有条件的大型工程监理单位创建工程项目管理企业，我部组织制定了《关于大型工程监理单位创建工程项目管理企业的指导意见》，现印发给你们，请遵照执行。执行中有何问题，请与我部建筑市场监管司联系。

中华人民共和国住房和城乡建设部
二〇〇八年十一月十二日

关于大型工程监理单位创建工程项目管理企业的指导意见

为了贯彻落实《国务院关于加快发展服务业的若干意见》和《国务院关于投资体制改革的决定》的精神，推进有条件的大型工程监理单位创建工程项目管理企业，适应我国投资体制改革和建设项目组织实施方式改革的需要，提高工程建设管理水平，增强工程监理单位的综合实力及国际竞争力，提出以下指导意见。

一、工程项目管理企业的基本特征

工程项目管理企业是以工程项目管理专业人员为基础，以工程项目管理技术为手段，以工程项目管理服务为主业，具有与提供专业化工程项目管理服务相适应的组织机构、项目管理体系、项目管理专业人员和项目管理技术，通过提供项目管理服务，创造价值并获取利润的企业。工程项目管理企业应具备以下基本特征：

（一）具有工程项目投资咨询、勘察设计管理、施工管理、工程监理、造价咨询和招标代理等方面能力，能够在工程项目决策阶段为业主编制项目建议书、可行性研究报告，在工程项目实施阶段为业主提供招标管理、勘察设计管理、采购管理、施工管理和试运行管理等服务，代表业主对工程项目的质量、安全、进度、费用、合同、信息、环境、风险等方面进行管理。根据合同约定，可以为业主提供全过程或分阶段项目管理服务。

（二）具有与工程项目管理服务相适应的组织机构和管理体系，在企业的组织结构、专业设置、资质资格、管理制度和运行机制等方面满足开展工程项目管理服务的需要。

（三）掌握先进、科学的项目管理技术和方法，拥有先进的工程项目管理软件，具有完善的项目管理程序、作业指导文件和基础数据库，能够实现工程项目的科学化、信息化和程序化管理。

（四）拥有配备齐全的专业技术人员和复合型管理人员构成的高素质人才队伍。配备与开展全过程工程项目管理服务相适应的注册监理工程师、注册造价工程师、一级注册建造师、一级注册建筑师、勘察设计注册工程师等各类执业人员和专业工程技术人员。

（五）具有良好的职业道德和社会责任感，遵守国家法律法规、标准规范，科学、诚信地开展项目管理服务。

二、创建工程项目管理企业的基本原则和措施

创建工程项目管理企业的大型工程监理单位（以下简称创建单位）要按照科学发展观的要求，适应社会主义市场经济和与国际惯例接轨的需要，因地制宜、实事求是地开展创建工程项目管理企业的工作。在创建过程中，应以工程项目管理企业的基本特征为目标，制定企业发展战略，分步实施。

（一）提高认识，明确目标

创建单位要充分认识到工程项目管理服务是服务业的重要组成部分，是国际通行的工程项目管理组织模式；创建工程项目管理企业是适应国务院关于深化投资体制改革和加快发展服务业的政策要求，是工程建设领域工程项目管理专业化、社会化、科学化发展的市场需要，也是工程监理单位拓展业务领域、提升竞争实力的有效途径。创建单位应结合自身的实际情况，制订创建工程项目管理企业的发展战略和实施计划。

（二）完善组织机构，健全运行机制

创建单位应根据工程项目管理服务的需求，设置相应的企业组织机构，建立健全项目管理制度，逐步完善工程项目管理服务的运行机制。应按照工程项目管理服务的特点，组建项目管理机构，制定项目管理人员岗位职责，配备满足项目需要的专业技术管理人员，选派具有相应执业能力和执业资格的专业人员担任项目经理。

（三）完善项目管理体系文件，应用项目管理软件

创建单位应逐步建立完善项目管理程序文件、作业指导书和基础数据库，应用先进、科学的项目管理技术和方法，改善和充实工程项目管理技术装备，建立工程项目管理计算机网络系统，引进或开发项目管理应用软件，形成工程项目管理综合数据库，在工程项目管理过程中实现计算机网络化管理，档案管理制度健全完善。

（四）实施人才战略，培养高素质的项目管理团队

创建单位应制定人才发展战略，落实人才培养计划，通过多种渠道、多种方式，有计划、有目的地培养和引进工程项目管理专业人才，特别是具有相应执业资格和丰富项目管理实践经验的高素质人才，并通过绩效管理提高全员的业务水平和管理能力，培养具有协作和敬业精神的项目管理团队。

（五）树立良好的职业道德，诚信开展项目管理服务

创建单位应通过交流、学习等方式不断强化职业道德教育，制定项目管理职业操守及行为准则，严格遵守国家法律法规，执行标准规范，信守合同，能够与业主利益共享、风险同当地开展项目管理服务活动。

三、加强组织领导

创建工程项目管理企业是一项系统工程，各地建设主管部门要加强对此项工作的组织领导。

（一）各地建设主管部门要从本地实际出发，优先选择具有综合工程监理企业资质或具有甲级工程监理企业资质、甲级工程造价咨询企业资质、甲级工程招标代理机构资格等一项或多项资质的大型工程监理单位，加以组织和引导，促使其积极参与创建工程项目管理企业。要在深入动员的基础上，制定周密的计划，并组织其实施，帮助创建单位落实规定的条件，使其能顺利开展项目管理业务。

（二）各地建设主管部门要加大对社会化、专业化工程项目管理服务市场的培育和引导，加大对创建单位的扶持力度，支持创建单位在政府投资建设项目开展项目管理服务业务。同时，还要引导非政府投资项目的业主优先委托创建单位进行项目管理服务。鼓励创建单位在同一工程建设项目上为业主

提供集工程监理、造价咨询、招标代理为一体的项目管理服务。

（三）鼓励创建单位与国际著名的工程咨询、管理企业合作与交流，提高业务水平，形成核心竞争力，创建自主品牌，参与国际竞争。

（四）中国建设监理协会及有关行业协会要积极协助政府部门落实创建工作，加强工程项目管理的理论研究，深入调查了解工程监理单位在创建工程项目管理企业过程中遇到的实际问题；要发挥企业与政府之间的桥梁和纽带作用，积极做好项目管理工作的总结、交流、宣传、推广和专业培训工作；要加强行业自律建设，建立完善诚信体系，规范企业市场行为。

（五）各地建设行政主管部门可结合本地实际情况，制定大型工程监理单位创建工程项目管理企业的具体实施细则。

关于加快推进数字化城市管理试点工作的通知

建城容函〔2008〕70号

各省、自治区建设厅，北京市、重庆市市政管委，上海市建设交通委，天津市市容委，新疆生产建设兵团建设局，各试点城市人民政府：

2005年以来，建设部在全国分三批共51个城市（城区）进行数字化城市管理新模式试点工作。目前，大部分城市（城区）已完成了系统建设，部分城市已通过部级验收。2008年是试点工作最后一年，根据全国建设工作会议要求和数字化城市管理试点工作安排，现就加快完成数字化城市管理试点工作提出如下要求：

一、加快进度，确保今年内完成试点城市系统建设并通过验收

各试点城市要加强领导，精心组织，周密部署，查找影响工作进度的原因和问题，加快进度，确保质量，圆满完成试点工作。各试点城市（城区）须在2008年6月30日前完成系统建设方案专家评审，在2008年10月31日前完成数字化城市管理系统建设，并实现稳定运行，在2008年12月31日前通过住房和城乡建设部组织的专家验收。

二、组织评估，不能按期完成试点工作城市将被取消试点资格

据了解，在试点城市中有部分城市重视不够，方案不落实，工作进展缓慢。因此，住房和城乡建设部将在今年5月至6月组织各省级建设行政主管部门（或相关行政主管部门）对未通过验收的试点城市进行专项评估。评估的重点为试点方案、组织设置、资金保障、工作进度等。对经评估确实无法按时完成系统建设和通过专家验收的试点城市（城区），取消其试点资格，并将取消理由及相关情况向省（区、市）人民政府、省级建设行政主管部门（或相关行政主管部门）及试点城市（城区）人民政府通报。

三、结合实际，鼓励数字化城市管理新模式的推广

数字化城市管理新模式的积极作用正在被广大城市管理者所认识，有些不是试点的城市也按照建设部的标准完成了系统建设，且运行良好；一些省份还开展了省级试点推广工作。为鼓励各城市推广数字化城市管理新模式，试点工作领导小组办公室决定，在自愿的基础上，经省级建设行政主管部门（或相关行政主管部门）审查同意和统一申请，由部里组织专家对这些城市进行系统验收。这些城市的经验作法将作为试点工作成果。

四、认真总结工作经验，形成数字化城市管理理论基础

数字化城市管理模式是现代信息技术在城市管理工作中的应用，是一种管理理念提升、手段改进、技术革命和体制创新。加强试点工作经验总结，形成系统的数字化城市管理理论是试点工作的重要内容。

各试点城市（城区）要认真总结数字化城市管理新模式的建设和运行情况，系统分析其运行给城市管理工作效率和管理机制带来的深刻变化和积极影响，提出对策建议，完善数字化城市管理工作制度、

规范、标准，形成系统的数字化城市管理理论。

已通过验收的试点城市在今年8月底前要完成一份总结报告和两篇理论文章；未通过验收的城市也要认真总结，形成思路。部里将组织数字化城市管理论文征集和理论研讨。

五、强化领导，保证试点工作健康发展

各省（区、市）建设行政主管部门要加强数字化城市管理试点工作的组织、协调和督导工作，对本省（区、市）内试点工作情况进行全面调研，提出督导方案和保障措施；对已通过验收的城市（城区）要加强指导，促进其不断改进，完善机制，提高运行效率；对未完成系统建设的试点城市（城区），要严格督导，在5月31日前完成试点城市系统建设评估工作，并将评估情况上报住房和城乡建设部城建司。各省（区、市）要积极研究数字化城市管理的全面推广工作，探索建设省级平台，逐步实现同各市联网运行；同时要制定（编制）推广计划（规划），组织好本行政区域内的推广工作。

住房和城乡建设部城建司
（原建设部城建司代章）
二〇〇八年五月六日

关于规范城市园林绿化企业资质管理的通知

建城〔2008〕85号

各省、自治区建设厅，直辖市园林绿化局（建委），新疆生产建设兵团建设局：

为进一步规范城市园林绿化企业资质申报核准工作，提高工作效率，现将我部关于城市园林绿化一级企业资质受理、审批的工作程序与要求通知如下：

一、资质申报与受理

凡申请升级为城市园林绿化一级企业资质的企业及其工商注册所在地的省级建设（园林绿化）主管部门，需首先按照附件1的要求和程序获取系统身份认证锁；并按我部2008年2月1日网上发布的《关于园林绿化企业资质就位与升级申报的通知》（建城园函〔2008〕26号）要求及时完成网上申报信息录入和初审工作。

初审完成后由企业所在地的省级建设（园林绿化）主管部门负责将纸质材料报送住房和城乡建设部行政审批集中受理办公室（以下简称"受理办"）。

二、资质审查

城市园林绿化一级企业资质审查严格遵守公平、公开、公正的原则。住房和城乡建设部城市建设司收到受理办转办的纸质申报材料后，从专家库中随机抽取专家对申报企业进行审核，每个企业至少由两位专家交叉评审；评审结果由受理办在住房和城乡建设部网站（www.mohurd.gov.cn）向全社会公示，公示期为10天。公示期间如有异议，任何单位或个人都可以书面形式（以邮戳日期为准）向我部城市建设司或受理办反映具体情况。单位反映情况需留单位地址、联系人姓名和电话，并加盖公章；个人反映情况需签署本人真实姓名，并留下联系电话、地址和邮编。无论单位或个人，都需对所反映情况的真实性负责，凡有关联络信息不准确的，将视为无效举报。公示期间企业可对评审结果进行陈述或申诉。

最终核准结果将在住房和城乡建设部网站（www.mohurd.gov.cn）上公告。

三、资质证书的发放

城市园林绿化一级企业资质升级核准公告发布两个工作日后，合格企业即可到我部受理办领取城市园林绿化一级企业资质证书。城市园林绿化一级企业资质证书共六本，一正五副，有效期为3年。

凡资质升级核准通过的企业，须在领取新的资质证书同时，将原有的二级企业资质证书交由我部受理办统一收回。资质就位企业的证书管理按《关于城市园林绿化一级企业资质就位有关问题的通知》（建城园函〔2008〕50号）要求执行。

四、资质证书遗失补办

资质证书遗失者，在申请补办之前需在公众媒体上刊登遗失声明，然后向我部受理办提交以下材料申请证书补办：

1. 资质证书遗失情况说明及补办申请；
2. 企业在公众媒体上刊登的遗失声明；
3. 企业工商注册所在地省级建设（园林绿化）主管部门审核意见。

我部城市建设司在收到受理办转办文件后3个工作日内予以办理，补办证书签发2个工作日内在住房和城乡建设部网站上发布遗失证书作废公告。

五、资质变更

凡在证书有效期内企业名称、地址、注册资金、法定代表人等证书信息发生变化的，企业应在工商行政管理部门办理变更手续之后的30日内，向我部受理办提交以下材料办理企业资质证书变更手续：

1. 企业资质证书变更申请及说明；
2. 企业工商注册所在地省级建设（园林绿化）主管部门审核意见；
3. 变更后《企业法人营业执照》副本复印件；
4. 城市园林绿化一级企业资质证书全部正、副本原件。

企业改制所致资质证书变更，还须提交企业职工代表大会或股东大会关于企业改制或者股权变更的决议、企业上级主管部门关于企业申请改制的批复文件及一级企业标准所涉及的各类人员的相关证明材料；企业股权发生重大变化所致资质证书变更，须提交企业股权变更相关文件及一级企业标准所涉及的各类人员的相关证明材料。

我部城市建设司在收到受理办转办文件后3个工作日内予以办理。

城市园林绿化企业资质核准工作程序一律公开，不向申报企业收取任何费用。如发现有违规行为，请及时向我部相关部门反映。

附件：城市园林绿化企业资质核准信息系统使用说明（略）

中华人民共和国住房和城乡建设部
二〇〇八年五月六日

关于印发《民用建筑供热计量管理办法》的通知

建城〔2008〕106号

北京市建委、市政管委，天津市建委，河北省、山西省、内蒙古自治区、辽宁省、吉林省、黑龙江省、山东省、河南省、陕西省、甘肃省、青海省、宁夏回族自治区、新疆维吾尔自治区建设厅，新疆生产建设兵团建设局：

为推进供热计量改革，加强民用建筑供热计量管理，我部制定了《民用建筑供热计量管理办法》。现印发你们，请结合本地实际贯彻执行。

附件：《民用建筑供热计量管理办法》

中华人民共和国住房和城乡建设部
二〇〇八年六月十日

附件：

民用建筑供热计量管理办法

第一章 总 则

第一条 为加强民用建筑供热计量管理，提高能源利用效率，降低建筑物供热能源消耗，推进供热计量收费，根据《中华人民共和国节约能源法》、《国务院关于印发节能减排综合性工作方案的通知》等法律法规和文件，制定本办法。

第二条 本办法所称供热计量是指采用集中供热方式的热计量，包括热源、热力站供热量以及建筑物（热力入口）、用户用热量的计量。

第三条 从事民用建筑的规划、建设、设计、施工、监理单位、供热单位、热用户和房地产开发企业销售采用集中供热的房屋，应当遵守本办法。

第四条 国务院建设主管部门负责全国民用建筑实施供热计量的监督管理工作。县级以上地方人民政府建设和供热主管部门，负责本行政区域内民用建筑实施供热计量的监督管理工作。

第五条 各级建设主管部门应当根据国家节能减排的要求，在编制本行政区域建筑节能规划中对新建建筑实施供热计量和既有建筑及其供热系统供热计量改造提出工作目标，计划安排和保障措施，并报本级人民政府批准后实施。

第六条 新建建筑和进行节能改造的既有建筑必须按照规定安装供热计量装置、室内温度调控装置和供热系统调控装置，实行按用热量收费的制度。用于热费结算的热能表，应当依法取得制造计量器具许可证并通过安装前的首次检定；进口的用于热费结算的热能表应当取得国家质检总局颁发的《中华人民共和国进口计量器具型式批准证书》，并通过进口计量器具检定。用于热量分摊的装置应当符合国家有关标准。

第七条 供热单位是供热计量收费的责任主体，应按照供热计量的工作目标积极推进供热计量工作。

第八条 国家鼓励充分发挥行业协会和社会中介组织的作用，大力推进供热计量工作。在行业统计、技术服务、信息咨询等方面为企业提供服务，为政府提供决策咨询。

第九条 国家鼓励加快建立供热计量服务体系，大力推进合同能源管理，重点支持专业化节能服务企业，充分发挥节能服务企业在节能诊断、设计、融资、改造、计量收费等方面的优势，推动供热计量技术开发和应用。

第十条 各级供热主管部门应加强供热计量节能的宣传和培训，提高供热行业的节能技术水平。对在供热计量工作中做出显著成绩的单位和个人予以奖励。

第二章 新建建筑供热计量

第十一条 设计单位应当严格按照国家有关工程建设标准进行供热计量工程的设计，并对其设计质量全面负责。

第十二条 施工图设计文件审查机构在进行施工图设计文件审查时，应当按照工程建设强制性标准对供热计量设计文件进行审查，不符合工程建设强制性标准的不得出具施工图设计文件审查合格证明。

第十三条 建设单位申请施工许可证时，应当提交包含供热计量内容的施工图设计文件审查合格证明，否则建设主管部门不予颁发施工许可证。

第十四条 建设单位应当与供热单位签订合同。合同中应包含建筑物热力入口，供热计量装置和室内温度调控装置的技术指标、质量标准，明确建设单位建筑节能质量责任和供热单位供热计量装置、温度调控装置的采购、管理责任以及违约责任等内容。建筑物热力入口和用户的供热计量装置、室内温度调控装置的购置及安装费用应纳入房屋建造成本。

供热单位应当采购符合国家相关标准的供热计量装置和室内温度调控装置。建设单位不得明示或暗示供热单位采购不符合国家相关标准的供热计量装置和室内温度调控装置。

供热单位应当与供热计量装置和室内温度调控装置的生产销售单位签订合同，双方就产品质量、售后服务、保修内容、保修年限、保修费用以及因产品质量造成损失的赔偿责任等事项在合同中约定。

第十五条 施工单位应当按照供热计量工程设计图纸和施工技术标准施工，不得擅自修改工程设计，不得使用不合格的供热计量材料、配件和设备。

第十六条 监理单位应当按照工程建设标准对供热计量工程实施监理。对施工单位不按照工程建设强制性标准施工的，应当要求施工单位限期改正，并及时报告建设单位。

第十七条 建设工程质量监督机构应当加强对供热计量工程施工质量的监督，对违反供热计量强制性标准，未按施工图设计文件进行施工的，应责令改正。

第十八条 建设单位组织竣工验收时，应包括供热计量工程内容。建设单位组织验收供热计量工程时应当遵守工程建设强制性标准，不得将没有安装或没有正确安装供热计量装置和室内温度调控装置的建筑工程按照合格工程验收。

建设主管部门对建设单位有违反国家有关建设工程质量管理规定行为的，应当在收讫竣工验收备案文件15日内，责令建设单位停止使用，重新组织竣工验收。

第十九条 房地产开发企业在销售采用集中供热的房屋时，应当向购买人明示所售房屋供热计量措施等有关信息，在房屋买卖合同、质量保证书和使用说明书中载明，并对其真实性、准确性负责。

第三章 既有建筑供热计量

第二十条 建设和供热主管部门会同有关部门，

应根据当地民用建筑和供热设施建设年代、寿命周期、能源利用效率、供热能耗以及节能改造成效，选定既有供热计量改造项目，并制定改造方案，经技术经济论证后实施。

第二十一条 在建筑围护结构进行节能改造时，必须同步进行供热计量改造。对于围护结构符合国家建筑节能标准的应进行供热系统热计量改造。热源、热网、热力站等设施供热计量改造也应同步进行。

第二十二条 既有建筑供热计量及节能改造包括：建筑围护结构节能改造；室内供热计量及温度调控改造；热源及供热管网节能、平衡及热计量改造。供热计量和温度调控装置的选型、购置、维护管理等事项按照本办法第十四条规定执行。

第二十三条 供热主管部门应当加强对供热计量改造工程的监督管理，严格执行基本建设程序，并组织有关专家及国家承认的检测机构对改造后的节能效果进行评价。

第二十四条 供热单位应当加大供热系统节能改造力度。对供热管网、热力站等按照供热计量的要求进行系统节能和供热计量改造，具备供热计量收费的条件，达到供热系统节能效果。

第二十五条 各地应当采用多种渠道筹措供热计量改造资金，按照财政部、住房和城乡建设部及当地政府有关规定进行既有建筑供热计量改造工作。

第四章 供热系统运行与计量收费

第二十六条 供热单位应当按照供热计量的要求，对供热系统进行技术改造并实施供热计量管理。供热单位应依法做好能源消耗统计工作，并确保统计数据真实、完整。

第二十七条 供热主管部门应当根据城市建筑的建设年代、结构形式、设计能耗指标以及供热系统的能源利用率，对各单位能源消耗进行监管，对供热单位负责人进行考核。

第二十八条 供热主管部门应当按国家发展和改革委员会、建设部印发的《城市供热价格管理暂行办法》的要求，结合当地实际，会同有关部门制定供热计量收费管理实施办法。建立健全城市供热计量监管体系，维护供、用热双方的合法权益。

第二十九条 供热主管部门应当指导供热单位逐步建立健全供热计量户籍热费管理系统，建立包括用户热费、职工补贴、房屋建筑等基本信息的用户个人账户档案，实现个人账户热费网络化管理。

第三十条 供热单位应与用户签订供用热合同，约定双方的权利和义务，合同中应包含供热计量装置管理、维护、更换及供热价格、收费方式、纠纷处理等内容。

第五章 监督管理与处罚

第三十一条 建设单位不执行本办法第六条、第十四条第二款、第十八条第一款规定，违反建筑节能标准的，依据《中华人民共和国节约能源法》第七十九条第一款规定予以处罚。

第三十二条 设计单位不执行本办法第六条、第十一条规定，施工单位不执行本办法第六条、第十五条规定，监理单位不执行本办法第六条、第十六条规定，违反建筑节能标准的，依据《中华人民共和国节约能源法》第七十九条第二款规定予以处罚。

第三十三条 房地产开发企业不执行本办法第十九条规定，在销售采用集中供热的房屋时未向购买人明示所售房屋供热计量措施的，依据《中华人民共和国节约能源法》第八十条规定予以处罚。

第三十四条 供热单位不执行本办法第六条、第十四条第二款、第三款规定，具有选用不符合国家相关标准的供热计量装置和温度调控装置等行为的，由建设或供热部门责令改正，造成损失的，依法承担赔偿责任。

第六章 附 则

第三十五条 本办法自发布之日起施行。

关于加强城市公共厕所建设和管理的意见

建城〔2008〕170号

各省、自治区建设厅，直辖市建委（规委、市政管委、市容委），新疆生产建设兵团建设局：

随着经济社会的发展，近年来，各地普遍重视城市公共厕所（以下简称"城市公厕"）的建设和管理,设施和卫生状况有了明显改善,但仍存在着规划不落实、布局不合理、数量不足、设施不完善、管理水平不高等问题。为切实加强城市公厕的建设和管理,进一步提高城市公厕的管理水平,现提出以下意见:

一、提高加强城市公厕建设和管理重要性的认识

(一)环卫事业是重要的社会公益事业,城市公厕是城市重要的环卫基础设施,体现城市的管理水平和文明程度。加强公厕的建设和管理是坚持以人为本、改善民生的迫切要求,是落实科学发展观的具体体现,是政府提供公共服务的重要组成部分。各级政府和城乡建设行政主管部门应把加强公厕建设和管理作为改善人居环境,促进社会和谐的重要工作切实抓紧抓好。

二、明确城市公厕建设和管理目标

(二)全面落实《全国城镇环境卫生"十一五"规划》,利用5年时间,基本实现一般城市建成区每平方公里保有3~5座公厕,二类以上公厕达到65%;直辖市和省会城市建成区每平方公里保有4~7座公厕,二类以上公厕达到75%。逐步建立起以固定式公厕为主,活动式公厕为辅,沿街公共建筑内厕所对外开放的网络格局;形成布局合理、数量充足、设施完善、环境协调、管理规范的城市公厕服务体系;逐步实现城市公厕全部免费使用,有效服务社会公众。

三、完善城市公厕建设规划

(三)城市人民政府应高度重视环卫专业规划的编制,组织有关部门尽快开展城市公厕的现状调查和评估,依据《城市公共厕所管理办法》、《城市环境卫生设施规划规范》(GB 50337—2003)、《城镇环境卫生设施设置标准》(CJJ 27—2005)等规章、技术标准,编制和完善环卫专业规划;城市环卫专业规划中有关公厕的主要内容应纳入各层次的城市规划,并严格按规划实施;要对城市公厕的布局和数量、建设标准、实施计划、投资等做出统筹安排,落到实处,使规划具有可操作性。公厕的具体选址方案要予以公示,接受社会监督,确保公厕建设用地。

四、加快城市公厕配套建设

(四)公厕的建设要严格执行工程报建、施工监管、竣工验收、投资决算、备案归档等建设程序,确保公厕建设质量和标准。

(五)居住小区、商业设施、文化娱乐设施、体育设施、医疗卫生设施、道路广场设施(广场、社会停车场等)、交通设施、公园绿地等建设项目要明确配建公共厕所的数量和建筑面积,所需建设资金要纳入建设项目投资计划;大型金融网点在保证安全的前提下,应在公共活动空间设置公厕。公厕要与项目主体同步规划、同步设计、同步建设、同步验收,项目竣工验收须有环境卫生主管部门参与,对没有按设计配套建设的,不得通过验收。

(六)要按照规划布局和城市建设进程,及时新建和逐步改造城市公厕。因旧城改造、道路拓宽等原因拆除公厕的,须报经环境卫生主管部门审批,应坚持先建后拆,特殊情况要落实重建资金还建措施,确保公厕的重建。在拆迁和重建过程中,应设立临时公厕,明确公厕还建日期,并向社会公示。

(七)公厕的设计要严格执行《城市公共厕所设计标准》(CJJ 14—2005),做到识别性强,与城市整体环境协调,内部设施完善、功能实用,充分考虑男女比例和不同人群的需求,不得盲目追求公厕建筑和设施的豪华。

(八)要加大省地、节能、节水等粪便无害化、资源化等技术的推广力度,鼓励使用"生态、环保、省地、节能、节水"新技术、新设备、新材料,使公厕成为绿色公共建筑。

(九)加强应急设施公厕建设,在大型广场、减灾避险等场所预留应急公厕供水、排污管道接口。做好移动公厕等设备材料储备,遇有突发事件,能及时提供公厕服务。

五、提高城市公厕管理水平

(十)城市环卫主管部门要督促公厕产权部门加强公厕的维修维护,确保水电管线畅通,保证设备设施齐全有效。

(十一)公厕管理要制定日常管理制度和保洁标准,完善公厕导向系统,明确开放时间、投诉单位和电话等,实现管理规范化,在公厕管理上逐步引入质量认证体系;通过招标等方式选择专业服务公司提供服务。

(十二)强化对公厕管理和服务的考核监督。社会公厕的服务应纳入城市公厕统一考核体系,提高城市公厕整体服务水平。

六、加大城市公厕建设管理投入

(十三)各地要完善以公共财政为主导的环境卫生基础设施建设投融资机制,对公厕建设和管理的

投入给予倾斜。按照市政公用事业改革的总体要求，充分发挥政府投资的引导和鼓励作用，开拓多元化投资渠道，鼓励社会资金和社会力量参与公厕建设和管理。

（十四）城市政府可通过财政补助和奖励等形式整合社会资源，鼓励沿街单位、商业服务窗口单位、加油站、宾馆饭店的内部厕所对社会免费开放。除特殊情况外，沿街公共建筑内厕所原则上必须对外开放。

七、切实加强对城市公厕建设和管理的领导

（十五）城市人民政府要从城市建设的全局出发，把公厕建设和管理真正列入议事日程，切实加强领导，结合本地实际，明确各部门责任，组织有关部门制定公厕选址、建设的配套政策和措施，为城市公厕的建设和管理创造良好的政策环境。

（十六）各地建设（环卫）主管部门要增强紧迫感和责任感，认真履行责任，在城市人民政府的领导下，严格建设项目的审批，明确责任主体，抓好各项政策和措施的落实，确保公厕建设和管理目标的实现。

（十七）要把宣传教育作为加强公厕建设和管理的一项重要内容。充分发挥各类文化宣传媒体的教育作用，结合社会公共道德建设和社会主义荣辱观教育，组织以支持公厕建设为内容的宣传教育活动，努力营造广大市民关注公厕建设和管理、支持公厕建设的良好氛围。

中华人民共和国住房和城乡建设部
二〇〇八年九月十六日

关于加强城市绿地系统建设提高城市防灾避险能力的意见

建城〔2008〕171号

各省、自治区建设厅，直辖市园林（绿化）局，新疆生产建设兵团建设局，解放军总后营房部：

为进一步加强城市绿地系统建设，完善城市绿地系统的防灾避险功能，提高城市综合防灾避险能力，现提出如下意见：

一、充分认识城市绿地系统在城市防灾避险中的重要作用

城市绿地系统是城市惟一有生命力的基础设施，是改善和维护城市生态安全的重要载体。城市绿地作为城市开敞空间，在地震、火灾等重大灾害发生时，能够作为人民群众紧急避险、疏散转移或临时安置的重要场所，是城市防灾减灾体系的重要组成部分。

我国是世界上遭受自然灾害较为严重的国家之一，随着城市化水平不断提高，城市建筑和人口密度高度集中，一旦发生重大灾害，人民群众的生命财产安全将受到严重威胁。国内外的诸多案例证明，完善的城市绿地系统可有效地缓解灾害损失。目前在我国城市建设中，城市绿地建设普遍存在总量不足，分布不均，城市绿地的防灾避险功能不完善等问题，不适应保障城市安全的需要。

加强城市绿地系统建设，提高城市防灾避险能力，不仅是提高城市防灾减灾应急能力的迫切需要，也是贯彻落实科学发展观、关注民生、构建和谐社会、促进城市可持续发展的必然要求。各地要从保证人民群众生命财产安全和促进城市可持续发展的高度，充分认识加强城市绿地系统建设的重要意义，增强责任感和紧迫感，把完善城市绿地系统防灾避险功能列入重要议事日程，切实抓好落实。

二、加快编制城市绿地系统防灾避险规划

（一）做好前期调查评估。各地要组织力量对城市现有绿地系统防灾避险功能情况进行全面摸底调查和评估。要准确掌握现有绿地的总量与分布状况；能够发挥防灾避险功能的绿地实际面积、容量、分布以及防灾避险设施的配套建设情况；要根据当地易发生的灾害类型、地理环境、气候条件、城市规模、人口密度及分布、城市建（构）筑物抗震等级、密度、高度及其分布特点等，对城市现有绿地系统防灾避险功能进行评估，找出薄弱环节和存在问题。

（二）按时报送调查评估结果。城市园林绿化主

管部门要会同规划、建设等有关部门，尽快组织落实城市绿地现状调查和绿地系统防灾避险能力评估分析，并及时将调查评估结果报所在省、自治区建设厅备案。2009年4月底，各省、自治区建设厅应将各城市的调查评估报告报住房和城乡建设部。直辖市园林（绿化）局直接报送住房和城乡建设部。

（三）尽快编制防灾避险规划。在现状调查及其防灾避险能力评估分析的基础上，城市园林绿化主管部门要会同规划、建设等有关部门依据经批准的城市总体规划尽快编制城市绿地系统防灾避险规划。城市绿地系统防灾避险规划既是城市绿地系统规划的重要组成部分，也是城市防灾减灾体系规划的深入落实。主要内容应作为城市控制性详细规划的强制性内容进行实施。

（四）确定合理的规划目标。编制城市绿地系统防灾避险规划应充分考虑经济、社会、自然、城市建设等实际情况，依据城市防灾减灾总体要求，确定相应的规划建设指标。要按照以人为本、因地制宜、合理布局、平灾结合的原则，科学设置防灾公园、临时避险绿地、紧急避险绿地、隔离缓冲绿带、绿色疏散通道，形成一个防灾避险综合能力强、各项功能完备的城市绿地系统。

（五）科学设置各类避险绿地。在城市中心区、老城区等人口稠密地区，要结合城市改造，按照绿地服务半径等要求，规划出紧急避险绿地和绿色疏散通道。要在城市外围、城市功能分区、城区之间、易发火源或加油站、化工厂等危险设施周围设置隔离缓冲绿带。不具备安全性和防灾避险基本条件的城市绿地，以及需要特别保护的动物园、文物古迹密集区和历史名园等不应纳入城市绿地防灾避险体系。

三、尽快完善城市绿地系统防灾避险能力建设

（一）统筹安排加快组织实施。要按照城市绿地系统防灾避险规划，根据本地区经济、社会发展状况、自然条件、防灾避险的需要，统筹安排，分步实施，尽快实现城市绿地系统防灾避险能力建设目标。

（二）科学配备应急避险设施。防灾公园的设计和建设要按照"平灾结合"的原则，兼顾生态、游憩、观赏、科普和防灾避险功能的要求。按照相关标准、规范，配备应急供水、供电、排污、厕所等必要的应急避险设施。临时防灾避险绿地、紧急避险绿地、隔离缓冲绿带和绿色疏散通道，则应根据实际情况和要求，配备必要的应急避险设施。对现有绿地的改造方案必须经过专家论证后实施，防止对现有绿化成果的破坏。

（三）抓好防灾避险通道建设。要结合城市道路绿地的改造和建设，建设绿色疏散通道。防灾公园、临时避险绿地、紧急避险绿地、隔离缓冲绿带、绿色疏散通道的周边要留出开敞空间，控制建筑高度，保证绿地防灾避险功能的实现。

四、努力做好城市绿地保护和防灾避险设施维护

（一）严格保护城市绿地。城市各类绿地必须纳入城市总体规划，建立严格的城市绿化"绿线"管制制度，将防灾公园等各类绿地列入绿线范围，严格保护。要依法查处破坏绿地和防灾避险设施的行为。

（二）加强应急设施的维护和管理。要加强防灾公园和绿地应急设施的维护和管理，使城市绿地应急设施时刻处于完好状态，确保灾时能够正常发挥作用。城市园林、建设、规划等部门要密切配合，分工负责，加强对城市绿地防灾避险工作的监督检查。对新建或改建的防灾公园，不符合防灾避险基本要求的不予验收，责令整改。要对防灾公园等绿地应急设施的维护管理进行定期检查，对于不符合要求的应急设施要尽快更换和完善。

（三）开展科普教育。要大力开展城市绿地系统防灾避险的科普教育，向城市居民积极宣传城市绿地系统的应急避险功能，广泛告知防灾公园、紧急避险绿地等避难场所和防灾避险应急设施的具体位置、功能及使用方法等，要利用防灾公园进行广泛的科普教育，增强居民的应急救援避难意识和行为能力。

五、切实加强对城市绿地防灾避险工作的组织领导

（一）强化组织领导。各地要高度重视城市绿地防灾避险工作，把城市绿地防灾避险工作列入重要议程。各项费用要列入政府公共财政预算。要加强城市园林绿化管理机构建设，稳定专业技术队伍，建立部门协调机制，保证城市绿地系统防灾避险规划、建设和管理工作顺利进行。

（二）完善规章和技术标准。要尽快完善城市绿地系统防灾避险的配套规章与技术标准，使城市绿地系统防灾避险工作科学、规范、有序进行。

（三）加强监督检查。各地要在2009年底前编制完成城市绿地系统防灾避险规划，并按规定组织专家评审和报批。批准后的城市绿地系统防灾避险规划要向社会公布。各级园林主管部门要在当地政府

领导下，认真履行职责，要把城市绿地防灾避险工作，作为城市园林绿化工作的重要内容，把加强城市绿地系统建设，完善防灾避险功能的各项工作落到实处。各省、自治区建设厅，直辖市园林（绿化）局，每年组织一次检查，督促落实，检查落实情况要及时上报住房和城乡建设部。

中华人民共和国住房和城乡建设部
二〇〇八年九月十六日

关于印发《北方采暖地区既有居住建筑供热计量改造工程验收办法》的通知

建城［2008］211号

北京市建委、市政管委，天津市建委，河北省、山西省、内蒙古自治区、辽宁省、吉林省、黑龙江省、山东省、河南省、陕西省、甘肃省、青海省、宁夏回族自治区、新疆维吾尔自治区建设厅，新疆生产建设兵团建设局：

为落实《国务院关于印发节能减排综合性工作方案的通知》（国发［2007］15号）以及住房和城乡建设部、财政部《关于推进北方采暖地区既有居住建筑供热计量及节能改造工作的实施意见》（建科［2008］95号）的要求，指导北方采暖地区既有居住建筑供热计量改造工作，我部制定了《北方采暖地区既有居住建筑供热计量改造工程验收办法》，现印发给你们，请贯彻执行。

中华人民共和国住房和城乡建设部
二〇〇八年十一月六日

北方采暖地区既有居住建筑供热计量改造工程验收办法

第一章 总 则

第一条 为落实《国务院关于印发节能减排综合性工作方案的通知》提出的工作任务，推进北方采暖地区居住建筑供热计量改造工作，根据《供热计量技术导则》、《建筑节能工程施工质量验收规范》等有关技术标准，制定本办法。

第二条 本办法所称既有居住建筑供热计量改造是指对既有居住建筑中不符合国家节能标准的供热系统按照供热计量收费的要求进行改造。包括户内采暖系统改造和管网、热源的改造。

第三条 既有居住建筑供热计量改造工程竣工后必须实行按照用热量收取热费，否则工程不予验收。

第四条 本办法适用于列入国家"十一五"1.5亿平方米改造计划的既有居住建筑供热计量改造工程。

第二章 验收依据

第五条 验收工作的主要依据：

（一）住房和城乡建设部、财政部《关于推进北方采暖地区既有居住建筑供热计量及节能改造工作的实施意见》（建科［2008］95号）、《民用建筑供热计量管理办法》（建城［2008］106号）；

（二）《建筑节能工程施工质量验收规范》（GB 50411—2007）、《北方采暖地区既有居住建筑供热计量及节能改造技术导则》（建科［2008］126号）；

（三）财政部《北方采暖地区既有居住建筑供热计量及节能改造奖励资金管理暂行办法》（财建［2007］957号）；

（四）经城市建设（供热）等有关部门批准的既有居住建筑供热计量改造规划、年度实施计划、项目可行性研究报告、初步设计（或实施方案）及经城市建设（供热）等有关部门批准的项目年度投资计划文件。

第三章 验收内容

第六条 验收内容包括：

（一）供热计量改造工程完成情况；

(二)改造工程资料(包括:项目计划、设计施工方案以及热计量装置、温控装置等产品说明书、合同等文件资料);

(三)技术方案和节能效益评估情况;

(四)财务决算资料(包括:投资计划、融资方案和自筹资金到位情况);

(五)运行管理情况(包括:供热运行管理单位、责任人和计量管理制度方面的情况)。

第四章 验收组织

第七条 城市建设(供热)行政主管部门组织有关部门组成验收工作组,负责供热计量改造工程验收工作。

第八条 验收工作组应组织专家或委托具备条件的建筑能效测评机构,对改造项目设计、施工资料、改造工作量、节能效果等进行评价,提交评价报告。

第九条 工程项目法人(项目实施单位)及设计、施工、监理、运行管理单位人员列席验收工作组会议,负责解答验收工作组成员的质疑。

第五章 验收准备与程序

第十条 工程项目法人(项目实施单位)准备供热计量改造项目工程建设管理工作报告。报告内容包括:

(一)供热计量改造项目概况;

(二)改造项目设计(技术方案)要点;

(三)项目实施方案;

(四)工程质量;

(五)完工决算;

(六)施工图纸及有关附件;

(七)建设监理工作报告。

第十一条 由项目法人(项目实施单位)向城市建设(供热)行政主管部门报送"验收申请报告"。验收申请报告内容包括:

(一)供热计量改造项目完成情况;

(二)建议组织验收参加单位、人员;

(三)项目建设管理工作报告。

第十二条 城市建设(供热)行政主管部门收到"验收申请报告"后,组成验收工作组,根据建筑能效测评机构或专家组的评价报告确定验收日期、地点及参加单位等有关事宜。

第十三条 验收按下列程序进行:

(一)听取项目法人(项目实施单位)"项目建设管理工作报告";

(二)听取监理单位"项目监理工作报告";

(三)检查工程:改造工程必须符合分户计量、实行按照用热量收取热费的要求。并对工程质量进行验收,对工程量、节能效果系数、进度系数进行核定;

(四)检查项目建设资料和财务决算资料;

(五)听取专家组或节能测评机构评价报告;

(六)验收工作组讨论并拟定"验收意见书";

(七)宣读"验收意见书"。

第六章 验收备案

第十四条 验收合格的项目,城市建设(供热)行政主管部门应将"验收意见书"及有关资料分别报省级建设(供热)行政主管部门备案。

第七章 附 则

第十五条 本办法由住房和城乡建设部城市建设司负责解释。

第十六条 本办法自颁布之日起执行。

关于印发《供水、供气、供热等公用事业单位信息公开实施办法》的通知

建城〔2008〕213号

各省、自治区建设厅,直辖市建委、市政管委,海南省、北京市、上海市水务局,重庆市经委、商委,新疆生产建设兵团建设局:

为落实《中华人民共和国政府信息公开条例》和《国务院办公厅关于施行〈中华人民共和国政府信息公开

条例〉若干问题的意见》(国办发[2008]36号)的要求,指导供水、供气、供热等公用事业单位信息公开工作,我部制定了《供水、供气、供热等公用事业单位信息公开实施办法》,现印发给你们,请结合本地实际贯彻执行。

中华人民共和国住房和城乡建设部
二〇〇八年十一月十二日

供水、供气、供热等公用事业单位信息公开实施办法

第一条 为了规范供水、供气、供热等公用事业单位(企业)信息公开(以下简称信息公开)工作,保障公民、法人和其他组织依法获取与自身利益密切相关的信息,根据《中华人民共和国政府信息公开条例》等规定,结合供水、供气、供热等行业特点,制订本办法。

第二条 本办法所称信息,是指供水、供气、供热等公用事业单位(企业)在提供社会公共服务过程中制作、获取的,以一定形式记录、保存的信息。

第三条 住房和城乡建设部负责全国供水、供气、供热等公用事业单位(企业)信息公开的监督管理工作。

县级以上地方各级人民政府供水、供气、供热等主管部门负责本行政区域内的供水、供气、供热等公用事业单位(企业)信息公开的监督管理工作。

第四条 供水、供气、供热等公用事业单位(企业)(以下简称公用事业单位)是信息公开的实施主体,承办本单位具体的信息公开工作。

第五条 信息公开工作应当遵循准确、及时、公正、公平和便民的原则。

除涉及国家秘密以及依法受到保护的商业秘密、个人隐私等事项外,凡在提供社会公共服务过程中与人民群众利益密切相关信息,均应当予以公开。

第六条 信息公开依照国家有关规定需要批准的,未经批准不得发布。

公用事业单位公开信息不得危及国家安全、公共安全、经济安全和社会稳定。

第七条 公用事业单位对符合下列基本要求之一的信息应主动公开:

(一)涉及用水、用气、用热等群众切身利益的;
(二)需要社会公众广泛知晓或者参加的;
(三)反映公用事业单位机构设置、职能、办事程序等情况的;
(四)其他依照法律、法规、规章和有关规定应当主动公开的。

第八条 公用事业单位应当依照本办法第七条的规定,在各自职责范围内确定主动公开的信息目录、信息公开指南和信息公开具体内容,并重点公开下列信息:

(一)企业概况:

主要包括:企业简介,企业领导简介,企业组织机构设置及职能等。

(二)服务信息:

1. 供水行业

(1)供水销售价格,维修及相关服务价格标准,有关收费依据;
(2)供水申请报装工作程序;
(3)供水缴费、维修及相关服务办理程序、时间、网点设置、服务标准及承诺;
(4)停水及恢复供水信息、巡检及查表信息;
(5)供水水质信息及供水设施安全使用常识和安全提示;
(6)咨询服务电话、报修和救援电话、监督投诉电话。

2. 供气行业

(1)燃气销售价格,维修及相关服务价格标准,有关收费依据;
(2)供气申请报装工作程序;
(3)燃气缴费、维修及相关服务办理程序、时间、网点设置、服务标准及承诺;
(4)停气及恢复供气信息、巡检及查表信息;
(5)燃气及燃气设施安全使用规定、常识和安全提示;
(6)咨询服务电话、报修和救援电话、监督投诉电话。

3. 供热行业

(1)热力销售价格,维修及相关服务价格标准,有关收费依据;
(2)供热申请报装工作程序;
(3)法定供热时间,供热收费的起止日期;
(4)供热缴费、维修及相关服务办理程序、时间、网点设置、服务标准及承诺;
(5)停热及恢复供热信息、巡检及查表信息;
(6)供热及供热设施安全使用规定、常识和安全

提示；

（7）咨询服务电话、报修和救援电话、监督投诉电话。

（三）与供水、供气、供热服务有关的规定、标准。

第九条 除本办法第七条、第八条规定的公用事业单位主动公开的信息外，公民、法人或者其他组织还可以根据与自身利益直接相关的生产、生活、科研等特殊需要，向公用事业单位申请获取相关信息，公用事业单位应当依据有关规定确定是否提供相关信息并给予答复，并可以要求申请人提供有关证明其特殊需要的材料。

第十条 公用事业单位应当建立健全信息发布保密审查机制，明确审查的程序和责任，应当依照《中华人民共和国保守国家秘密法》以及有关规定对拟公开的信息进行保密审查和管理。

公用事业单位不得公开涉及国家秘密、商业秘密、个人隐私及有可能影响公共安全和利益的信息。对非涉密或非公共安全等敏感信息，经权利人同意公开或者不公开可能对公共利益造成重大影响的，可以予以公开。

第十一条 公用事业单位应当将主动公开的信息，通过企业网站、公开栏、办事大厅、电子显示屏、便民资料、新闻媒体、信息发布会、咨询会、论证会等一种或多种便于公众知晓的形式公开。

发生停水、停气、停热等紧急情况时，应当将有关信息及时在用户所在地公开。

第十二条 属于主动公开范围的信息，应当自该信息形成或者变更之日起20个工作日内予以公开。紧急信息应当即时公开，法律、法规和有关规定对信息公开的期限另有规定的，从其规定。

第十三条 公用事业行政主管部门应当加强对公用事业单位信息公开的指导，规范信息公开行为。对信息公开情况开展评议考核和监督检查。

第十四条 公民、法人或者其他组织认为公用事业单位不依法履行信息公开义务的，可以向其行业主管部门举报。收到举报的机关应当予以调查处理。

第十五条 公民、法人或者其他组织认为公用事业单位在信息公开工作中的行为侵犯其合法权益的，可以依法投诉、控告和检举，或依法向人民法院提起诉讼。

第十六条 公用事业单位违反本办法的规定，未建立健全信息发布保密审查机制的，由其行业行政主管部门责令改正；情节严重的，对单位主要负责人依法给予处罚。

第十七条 公用事业单位违反本办法的规定，有下列情形之一的，由行业行政主管部门责令改正；情节严重的，对单位直接负责的主管人员和其他直接责任人员依法给予处罚；构成犯罪的，依法追究刑事责任：

（一）不依法履行信息公开义务的；

（二）不及时更新公开的信息内容的；

（三）违反规定收取费用的；

（四）公开不应当公开的信息的；

（五）违反本办法规定的其他行为。

关于推进北方采暖地区既有居住建筑供热计量及节能改造工作的实施意见

建科［2008］95号

北京市建委、市政管委、财政局，天津市建委、财政局，河北省、山西省、内蒙古自治区、辽宁省、吉林省、黑龙江省、山东省、河南省、陕西省、甘肃省、青海省、宁夏自治区、新疆自治区建设厅、财政厅，新疆生产建设兵团建设局、财务局：

《国务院关于印发节能减排综合性工作方案的通知》（国发［2007］15号）明确提出了"十一五"期间推动北方采暖区既有居住建筑供热计量及节能改造1.5亿平方米的工作任务。财政部印发了《北方采暖区既有居住建筑供热计量及节能改造奖励资金管理暂行办法》（财建［2007］957号），并预拨了部分奖励资金。为进一步推进北方采暖区既有居住建筑供热计量及节能改造工作，发挥财政资金使用效益，现提出以下实施意见。

一、充分认识北方采暖地区既有居住建筑供热计量及节能改造工作的重要意义

（一）北方采暖地区既有居住建筑供热计量及节

能改造是落实"十一五"节能减排任务的重要内容。北方地区既有居住建筑采暖能耗占当地全社会能耗的25%左右，是建筑节能工作的重点。开展北方采暖地区既有居住建筑供热计量及节能改造，推进按用热量计量收费，可以有效降低采暖能耗，提高能源使用效率，改善室内热环境质量，促进居民行为节能，实现建筑节能目标，并可以大量减少由于燃煤取暖产生的CO_2和污染物排放，对于实现"十一五"节能减排目标具有重要的作用。

（二）北方采暖地区既有居住建筑供热计量及节能改造是构建社会主义和谐社会的重要举措。北方采暖地区既有居住建筑除了冬季采暖普遍能耗高外，还存在室内热舒适度较差、居民热费支出相对较高等问题。通过实施供热计量及节能改造，实行按用热量计量收费，可以节约能源，提高生活质量，减轻居民热费支出的负担，实现经济社会和谐发展。

（三）北方采暖地区既有居住建筑供热计量及节能改造是政府履行社会公共管理职能的重要方面。北方采暖地区既有居住建筑供热计量及节能改造涉及居民、供热单位、房屋产权单位等多方利益，只有充分发挥政府的引导作用，统筹规划、周密部署、稳步实施，方可达到预期目标。各级建设、财政主管部门，应把开展供热计量及节能改造作为为人民群众办实事、办好事的重要任务抓紧抓好。

二、指导思想、工作原则及目标

（四）指导思想。贯彻党的十七大精神，全面树立科学发展观，认真落实《国务院关于印发节能减排综合性工作方案的通知》（国发［2007］15号），有效发挥中央财政的引导和调控作用，以地方政府为主体，充分调动相关主体积极性，创新节能改造模式和融资方式，积极推进供热体制改革，切实降低北方采暖地区既有居住建筑能耗，确保完成建筑节能"十一五"工作任务，为实现国家"十一五"节能减排总体目标打下坚实基础。

（五）工作原则。在推进北方采暖地区既有居住建筑供热计量及节能改造工作中，应遵循以下原则：坚持节约能源与节省热费支出并举的原则，改造应与实行按热量计量收费同步推进，降低采暖能耗的同时，节省居民热费支出；坚持兼顾各方面利益的原则，改造要尊重居民意愿，保障群众权益，兼顾供热单位利益，确保社会和谐稳定；坚持技术经济合理性原则，应分析改造投入及产生的效益，优先选择投入少、效益明显的项目进行改造；坚持整体、同步改造的原则，应以热源或热力站为单元，对其所覆盖区域内的供热系统、建筑围护结构为整体，进行统一规划和设计，同步实施改造；坚持实事求是、综合推进的原则，改造应根据本地实际情况与房屋修缮维护工作相结合，切实防止借改造名义进行大拆大建。

（六）工作目标。"十一五"期间，启动和实施北方采暖地区既有居住建筑供热计量及节能改造面积1.5亿平方米，其中，北京2500万平方米（含中央国家机关在京单位既有居住建筑）、天津1300万平方米、辽宁2400万平方米（其中大连500万平方米）、山东1900万平方米（其中青岛300万平方米）、黑龙江1500万平方米、吉林1100万平方米、河北1300万平方米、河南360万平方米、山西460万平方米、陕西200万平方米、甘肃350万平方米、内蒙古600万平方米、新疆700万平方米、宁夏200万平方米、青海30万平方米、新疆生产建设兵团100万平方米。全面推进供热计量收费，实现节约1600万吨标准煤。

三、认真做好改造各项工作

（七）做好建筑现状调查和能耗统计。各地建设主管部门要组织对本辖区内既有居住建筑的建成年代、结构形式、供热系统状况等基本信息进行调查、统计，摸清既有居住建筑的采暖能耗，确定重点改造区域及项目。建立不同地区、不同建筑形式、不同供热方式的单位面积建筑能耗基线数据库，确定建筑单位面积能耗基线，为既有居住建筑的供热计量及节能改造提供依据。

（八）编制改造实施方案。省级建设主管部门按照国家确定的改造目标，将改造任务逐级分解并落实。指导本辖区内市（区、县）建设主管部门根据节能改造任务，编制改造实施方案。实施方案应包括改造规划和年度计划、改造项目的技术方案和融资模式、改造效益分析、相应保障措施等内容。实施方案应报同级人民政府批准后组织实施。

（九）组织实施节能改造。各地建设主管部门应在尊重建筑所有权人意愿的基础上实施改造。按照公开、公平、公正的原则，采用招投标的方式优选施工单位。建筑主体结构节能改造实施过程应纳入基本建设程序管理。供热计量改造时，供热管理部门应配合建设质量监管部门对施工过程进行全过程全方面监管，确保节能改造工程的质量。

（十）建立完善的评估机制。各地建设、财政主管部门应建立完善节能改造评估体系，对改造的任务完成情况、节能改造项目设计、施工资料进行验收，应委托具备条件的建筑能效测评机构，对改造工作量、节能效果、居民热舒适度改善及热费支出降低等情况进行评价,达不到预期指标的,应分析原因,提出限期整改要求,并监督落实。

(十一)总结经验、积极宣传推广。各级建设、财政主管部门要大力宣传既有居住建筑供热计量及节能改造的重大意义,动员相关部门、供热企业、居民等积极参与既有居住建筑供热计量及节能改造工作。要对实施改造的成功范例及时总结并推广,不断扩大社会影响,努力营造有利于改造工作的舆论环境。

四、完善配套措施,保障改造任务的落实

(十二)积极推进城镇供热体制改革。各地要认真贯彻建设部等八部委《关于进一步推进城镇供热体制改革的意见》及有关文件要求,北方采暖地区要完成采暖费补贴"暗补"变"明补"改革,并同步建立个人热费帐户。认真落实国家发展改革委、建设部印发的《城市供热价格管理暂行办法》,完善供热价格形成机制,实行按用热量计量收费制度。各级建设主管部门应会同有关部门,研究制定按用热量计量收费的实施办法。

(十三)多渠道筹措改造资金。北方采暖地区既有居住建筑供热计量及节能改造所需资金主要靠企业自筹、社会资金投入、受益居民投入等方式予以解决。中央财政设立专项资金,支持北方采暖地区既有居住建筑供热计量及节能改造工作。按照国发[2007]15号文件精神,地方财政应安排必要的引导资金予以支持。应充分利用市场机制,鼓励采用合同能源管理等建筑节能服务模式,创新资金投入方式,落实改造费用。

(十四)完善组织体系。各地建设、财政主管部门应根据本地区实际情况,建立健全有效的供热计量及节能改造工作协作机制,统一协调、部署工作中的重大问题,要充分发挥墙改节能、供热管理等现有机构的作用,做好节能改造的组织、实施工作。

(十五)建立完善技术标准支撑体系。各地建设主管部门应结合当地实际编制节能改造相关技术规程、图集、工法等,指导和规范节能改造项目的实施。应充分发挥有关大专院校、建筑科研等机构的作用,为改造项目提供技术支持。

(十六)健全监督考核机制。住房和城乡建设部、财政部将视情况,组织对各地供热计量及节能改造工作进展情况,以及中央财政奖励资金的使用情况等进行监督检查。各地建设主管部门应建立责任考核机制,将节能改造目标及任务落实情况作为责任部门领导及相关人员的绩效考核内容。有关检查考核结果将作为财政部清算中央财政节能改造奖励资金的主要依据之一。

附件:北方采暖地区既有居住建筑供热计量及节能改造实施方案(略)

中华人民共和国住房和城乡建设部
中华人民共和国财政部
二〇〇八年五月二十一日

关于印发《民用建筑节能信息公示办法》的通知

建科〔2008〕116号

各省、自治区建设厅,直辖市建委,计划单列市建委(建设局),新疆生产建设兵团建设局:

为贯彻落实《中华人民共和国节约能源法》,我部制定了《民用建筑节能信息公示办法》,现印发给你们,请结合实际贯彻执行。

中华人民共和国住房和城乡建设部
二〇〇八年六月二十六日

民用建筑节能信息公示办法

为了发挥社会公众监督作用,加强民用建筑节能监督管理,根据《中华人民共和国节约能源法》的有关规定,制定本办法。

第一条 民用建筑节能信息公示,是指建设单位在房屋施工、销售现场，按照建筑类型及其所处气候区域的建筑节能标准，根据审核通过的施工图设计文件，把民用建筑的节能性能、节能措施、保护要求以张贴、载明等方式予以明示的活动。

第二条　新建（改建、扩建）和进行节能改造的民用建筑应当公示建筑节能信息。

第三条　建筑节能信息公示内容包括节能性能、节能措施、保护要求。

节能性能指：建筑节能率，并比对建筑节能标准规定的指标。

节能措施指：围护结构、供热采暖、空调制冷、照明、热水供应等系统的节能措施及可再生能源的利用。

具体内容见附件一、附件二。

第四条　建设单位应在施工、销售现场张贴民用建筑节能信息，并在房屋买卖合同、住宅质量保证书和使用说明书中载明，并对民用建筑节能信息公示内容的真实性承担责任。

第五条　施工现场公示时限是：获得建筑工程施工许可证后30日内至工程竣工验收合格。

销售现场公示时限是：销售之日起至销售结束。

第六条　建设单位公示的节能性能和节能措施应与审查通过的施工图设计文件相一致。

房屋买卖合同应包括建筑节能专项内容，由当事人双方对节能性能、节能措施作出承诺性约定。

住宅质量保证书应对节能措施的保修期作出明确规定。

住宅使用说明书应对围护结构保温工程的保护要求，门窗、采暖空调、通风照明等设施设备的使用注意事项作出明确规定。

建筑节能信息公示内容必须客观真实，不得弄虚作假。

第七条　建筑工程施工过程中变更建筑节能性能和节能措施的，建设单位应在节能措施实施变更前办妥设计变更手续，并将设计单位出具的设计变更报经原施工图审查机构审查同意后于15日之内予以公示。

第八条　建设单位未按本办法规定公示建筑节能信息的，根据《节约能源法》的相关规定予以处罚。

第九条　建筑能效测评标识按《关于试行民用建筑能效测评标识制度的通知》（建科［2008］80号）执行，绿色建筑标识按《关于印发〈绿色建筑评价标识管理办法〉（试行）的通知》（建科［2007］206号）执行。

第十条　本办法自2008年7月15日起实施。

附件一、附件二（略）

关于做好2008年建设领域节能减排工作的实施意见

建科［2008］160号

各省、自治区建设厅，直辖市建委，计划单列市建委（建设局），新疆生产建设兵团建设局：

为贯彻落实《民用建筑节能条例》和《国务院关于进一步加强节油节电工作的通知》（国发［2008］23号）、《国务院办公厅关于印发2008年节能减排工作安排的通知》（国办发［2008］80号）、《国务院办公厅关于深入开展全民节能行动的通知》（国办发［2008］106号）文件精神，确保实现"十一五"节能减排规划目标，现就做好2008年建设领域节能减排工作，提出以下实施意见。

一、工作目标和总体要求

（一）节能目标。到2008年年底，建设领域实现节约1600万吨标准煤目标，其中：新建建筑执行节能强制性标准，实现节能800万吨标准煤；深化供热体制改革，对北方采暖地区既有建筑实施热计量及节能改造，实现节能300万吨标准煤；加强国家机关办公建筑和大型公共建筑节能运行管理与改造，实现节能200万吨标准煤。发展太阳能、浅层地能、生物质能等可再生能源应用在建筑中应用，实现替代常规能源300万吨标准煤。

（二）减排目标。到2008年年底，新增城市污水处理能力1200万吨/日，力争用两年时间在36个大中城市率先实现污水的全部收集和处理。加强城镇垃圾处理场建设运行的监管。

（三）总体要求。认真贯彻《民用建筑节能条例》

和《国务院关于进一步加强节油节电工作的通知》（国发〔2008〕23号）、《国务院办公厅关于印发2008年节能减排工作安排的通知》（国办发〔2008〕80号）、《国务院办公厅关于深入开展全民节能行动的通知》（国办发〔2008〕106号）文件精神，以科学发展观为指导，把节能减排作为转变建设领域增长方式的重要抓手，强化责任考核，完善体制机制，突出重点工作，搞好宣传教育，充分发挥市场机制作用，使节能减排综合性工作方案提出的各项任务落到实处。

二、抓好重点领域节能减排工作

（一）坚决遏制高耗能、高排放行业过快增长。在城市规划编制中应体现符合当地可持续发展要求，将资源和环境保护要求作为强制性内容。对不符合民用建筑节能强制性标准的工程建设项目，不予发放建设工程规划许可证和通过施工图审查，不得发放施工许可证。继续督促和指导地方切实调整住房供应结构，增加中小套型普通商品住房的供应比重。

（二）全力抓好新建建筑节能工作，提高节能水平。各地住房和城乡建设主管部门要继续强化新建建筑执行节能标准的监管，把做好有关建筑节能的设计、施工、质量验收标准、《建筑节能施工监督导则》、《绿色施工导则》的贯彻落实作为质量检查、节能专项检查工作的重点，力争2008年底全国新建建筑施工阶段执行节能强制性标准的比例达到80%以上。要积极推广节能省地环保型建筑和绿色建筑。有条件地区要研究制定新建建筑节能65%的强制性标准，并颁布实施。认真贯彻《民用建筑节能信息公示办法》，对新建（改建、扩建）和进行节能改造的民用建筑，要对其节能性能、节能措施、保护要求等进行公示。要按照《民用建筑能效测评标识管理暂行办法》，选择一批建筑开展能效测评标识试点。

（三）继续推动可再生能源在建筑中规模化应用工作。各地住房和城乡建设主管部门应把应用可再生能源作为转变建筑用能结构的重要抓手，组织对本地区可再生能源资源条件和应用潜力进行调查评估，通过组织示范项目等方式进行推广应用，要积极研究强制性推广政策和鼓励推广的经济政策。承担财政部、住房和城乡建设部可再生能源建筑应用示范项目的地区，要加强示范项目的管理，确保实现预期节能环保效益。要加快制定可再生能源建筑应用的标准规范和技术文件。

（四）深化供热体制改革，推动北方采暖地区既有建筑供热计量及节能改造。各地要继续推动采暖费补贴"暗补"变"明补"改革，并同步建立个人热费帐户。认真落实国家发展改革委、建设部印发的《城市供热价格管理暂行办法》和我部印发的《民用建筑供热计量管理办法》、《北方采暖地区既有居住建筑供热计量及节能改造技术导则》等文件精神，完善供热价格形成机制，实行按用热量计量收费制度。各级住房和城乡建设主管部门应会同有关部门，研究制定按用热量计量收费的实施办法。我部确定的12个供热计量示范城市，要加大工作力度，确保完成今年的供热计量示范任务。要贯彻《关于推进北方采暖地区既有居住建筑供热计量及节能改造工作的实施意见》、《北方采暖地区既有居住建筑供热计量及节能改造专项资金管理暂行办法》等文件精神，尽快落实第一批改造项目，确保在2008年采暖季前完成。

（五）做好国家机关办公建筑和大型公共建筑节能监管体系建设工作。我部和财政部确定的24个示范省市住房和城乡建设主管部门要继续按照《国家机关办公建筑和大型公共建筑节能监管体系建设实施方案》要求，完成国家机关办公建筑和大型公共建筑能耗统计、能源审计、能效公示任务。北京、天津、深圳要加快推动动态能耗监测平台建设任务，完成分项计量装置安装任务。各地住房和城乡建设主管部门要会同教育主管部门做好《关于进一步推进高等学校节约型校园建设加强节能节水工作的意见》的贯彻落实工作，尽快确定第一批高等学校开展节约型校园示范。

（六）强化公共建筑空调节电管理。新建公共建筑使用中央空调系统的，应对空调系统进行优化设计，空调系统建成后应进行能效测评。投入运行的公共建筑，应建立空调系统运行管理制度，优化空调运行模式。鼓励并扶持专业节能服务机构采用合同能源管理方式，对中央空调系统实施节能改造。各地住房和城乡建设主管部门要贯彻落实《公共建筑室内温度控制办法》，积极推广使用变频、变风量、流量可调系统、太阳能采暖制冷、地源热泵、余热源热泵、高效冷却塔和高效换热器等节能新技术、新设备，提高空调运行效率。

（七）做好墙体材料革新工作。各级住房和城乡建设主管部门应切实履行职责，抓好新型墙体材料推广与禁止使用实心粘土砖工作。推广应用保温隔热性能好、轻质、利废、环保的新型墙体材料。大力推广高强钢、高性能混凝土等新型建筑材料。确保 2008 年底前第二批 256 个城市完成禁止使用实心粘土砖目标。认真贯彻《关于加强建筑节能材料和产品质量监督管理的通知》（建科［2008］147 号），会同同级工商、质检部门认真做好建筑节能材料生产、流通、使用环节的质量监督管理。

（八）加大轨道交通的规划建设力度。科学规范轨道交通线网规划、建设规划的编制，完善并落实轨道交通与步行、自行车交通的衔接规划，建立安全、连续、舒适、畅通的轨道交通与行人、非机动车通行系统，充分发挥轨道交通网络效益。

（九）加强城市照明节约用电管理。各地要科学制定城市照明规划，合理划分城市照明等级，确保以道路照明为主的功能照明，严格控制装饰性景观照明。功能照明建设项目要严格按照照明设计标准及照明能耗密度标准进行设计和建设。

（十）加强城镇污水处理设施建设运行的指导和监管。我部将按照《全国城镇污水处理及再生利用设施建设"十一五"规划》要求，组织和指导各地加快城镇污水处理设施建设，争取今、明两年在 36 个重点城市实现全部污水的收集和处理。建立并完善城镇污水处理信息报告、核查督察和评估通报制度。按照《全国城镇污水处理信息报告、核查和评估办法》，建立并完善运行项目每月一报，在建项目每季度一报；每季度一次信息通报，每半年、全年一次评估报告制度；建立和完善国家、省、市三级城镇污水处理核查督察体系。建立全国城镇污水处理信息管理系统及城镇排水和污水处理厂在线监测系统，完善"全国城镇污水处理管理信息系统"，加强对 36 个重点城市，以及重点流域城镇污水处理设施建设运行的监督管理。

三、加快推进建设领域循环经济发展

（一）推进节水型城市创建工作。我部将按照《节水型城市申报与考核办法》和《节水型城市考核标准》，组织开展对 2008 年节水型城市申报、评审、现场考核、公示和审定工作。开展节水先进县（区）考核指标和办法研究工作。各地要以创建节水型城市为载体，加强对城市节水工作的指导、监督，要明确城市节水的目标、任务和重点。缺水城市及南水北调工程受水城市在"十一五"期间要努力建设节水型城市。

（二）大力提倡水资源节约项目实施。各地要加强再生水的科学开发和利用，引导工业、农业、城市绿化、市政环卫、生态景观及公共建筑等加大使用再生水力度。沿海和缺水地区应因地制宜地推进海水、雨水等非常规水源的利用。各地要加快技术改造，依法淘汰耗水量大、技术落后的生产工艺和设备，限期更换公共建筑中使用的不符合节水标准的用水器具。新建（改建、扩建）建筑工程的用水器具应符合《节水型生活用水器具》标准。

（三）加强城镇垃圾处理场建设运行的监管。县级以上城市要建立健全垃圾收集系统，逐步配套实施分类运输和分类处理。全面推进城市生活垃圾分类体系建设，充分回收垃圾中废旧资源，实现垃圾减量化。鼓励有条件地区利用生活垃圾焚烧发电和供热。2008 年前，在全国 372 个垃圾填埋场，选择一批开展建设生活垃圾填埋气体发电利用项目，实现垃圾资源化。积极推进城市生活垃圾无害化处理设施建设，新建城市垃圾无害化处理场要统筹考虑周边乡村的生活垃圾处理，实现垃圾无害化，对于未达到无害化标准的生活垃圾填埋场，在 2008 年底前要全部整改达标。

四、积极推动建设领域节能减排体制机制建设

（一）认真贯彻《民用建筑节能条例》。《民用建筑节能条例》将于 10 月 1 日开始实施。各地住房和城乡建设部门要充分认识贯彻《民用建筑节能条例》的重大意义，加强学习、宣传、贯彻工作的组织领导，充分利用各种媒体，加大宣传力度，为条例实施创造良好的社会氛围。各地要结合本地实际，制定切实可行的《条例》贯彻实施方案，加快推进建筑节能各项工作。

（二）健全建设领域节能减排法规制度和政策措施。各地要认真贯彻落实《节约能源法》、《水污染防治法》、《民用建筑节能条例》确立的法律制度，并结合本地实际，研究制定配套的地方法规和规范文件。各地区要继续完善建筑节能技术标准体系，抓紧制定本地区大型公共建筑能耗限额标准。探索政府引导和市场机制推动相结合的方法和机制，研究制定推进节能省地型建筑和绿色建筑、既有建筑节能改造、可再生能源建筑应用的经济激励政策。研究完善促进城市节水的水价管理办法和污水、垃圾处理费用征管机制。加快北方地区供热计量收费制度的建立和实施。加快推行合同能源管理，鼓励和扶持建筑节能服务公司发展。在既有建筑节能改造等方面推行清洁生产机制。

（三）加快建设领域节能减排技术开发和推广。全面启动水体污染治理与控制重大科技专项。组织实施建设领域节能减排有关重大科技攻关项目。广泛开展节能减排国际合作，引进国外先进技术和管

理经验。

（四）强化节能减排目标责任评价考核。各省级住房和城乡建设主管部门要研究建立建设领域节能减排统计、监测和考核体系，严格落实节能减排目标责任制和问责制，组织开展节能减排专项检查督察，对本地区住房和城乡建设部门落实国务院节能减排综合性工作方案的情况进行督察，及时向住房和城乡建设部报告。住房和城乡建设部下半年将组织开展建筑节能、供热体制改革、污水处理厂和生活垃圾处理设施运行管理的专项检查行动，严肃查处各类违法违规行为和事件。

（五）加强宣传，营造良好节能减排社会氛围。各地住房和城乡建设主管部门要配合有关部门做好"节能减排全民行动"，组织开展系列宣传活动，制定专门宣传方案，广泛宣传建设领域节能减排的重要性。做好每年一度的全国节能宣传周、全国城市节水宣传周、中国城市公共交通周及无车日等宣传活动。各级住房和城乡建设主管部门对在节能降耗和污染减排工作中做出突出贡献的单位和个人予以表扬和奖励。

中华人民共和国住房和城乡建设部
二〇〇八年九月五日

关于开展建设领域节能减排监督检查工作的通知

建办科函〔2008〕781号

各省、自治区建设厅，直辖市建委及有关部门，计划单列市建委（建设局），山东、江苏省建管局，新疆生产建设兵团建设局：

为贯彻落实《民用建筑节能条例》和《国务院办公厅关于印发2008年节能减排工作安排的通知》（国办发〔2008〕80号）要求，进一步推进建设领域节能减排工作，定于今年12月中下旬组织开展建设领域节能减排专项监督检查。现将有关事项通知如下：

一、检查目的

（一）进一步增强各地对建设领域节能减排工作重要性和紧迫性的认识；

（二）督促各地贯彻落实《民用建筑节能条例》及国家建筑节能有关规定；

（三）督促各地认真完成"十一五"期间建设领域节能减排工作的部署和要求；

（四）总结推广各地在推进节能减排工作中的经验和做法，及时发现存在的问题并提出改进措施。

二、检查内容

根据国务院节能减排的工作任务，建设领域节能减排专项监督检查主要包括建筑节能、供热计量改革及城镇污水处理、生活垃圾处理设施建设运行管理等方面内容。

（一）建筑节能检查内容

1. 省级和地级以上城市建设主管部门贯彻落实国家建筑节能有关政策法规、技术标准及结合本地实际推进建筑节能工作的情况。

2.《民用建筑节能条例》贯彻实施情况，抽查2008年10月1日以后的在建工程和在售建设项目。

3. 2007年以来完成的民用建筑施工图设计文件，抽查在建工程。

4.《建筑节能施工质量验收规范》贯彻实施情况。

5.《公共建筑室内温度控制办法》和《民用建筑节能信息公示办法》、《民用建筑能效测评标识管理暂行办法》的贯彻实施情况，抽查相应办法生效之后在建和在售工程。

6. 对2007年检查中发现的问题和下发执法告知书的工程的整改情况进行复查。

（二）供热计量改革检查内容

1. 北方地区省级和地级以上城市建设（供热）主管部门贯彻落实国家供热计量改革有关政策、法规、技术标准以及推进供热计量改革的总体情况。

2. 2007年以来新建建筑按标准安装热计量装置以及按用热量收费工作情况。抽查今年新建并已供热的住宅房屋工程。

3. 既有居住建筑供热计量改造进展情况，"十一五"计划安排和财政部奖励资金、地方财政配套资金落实情况。

4. 政府机关办公楼和公共建筑实行供热计量收费的进展情况。

5. 供热计量改革示范城市建立和完善供热计量收费机制，实施热计量收费情况。

6. 供热"两部制"热价制定和执行情况。

7. 供热收费制度改革，实行"暗补"变"明补"的完成情况。

8. 低收入困难群体采暖保障情况。

9. 2008年供热采暖基本情况、供热设施安全情况及建立的城市供热保障体系(具体措施、突发事件的应急预案等)情况。

（三）城镇污水处理检查内容

地方各级建设（城市排水）行政主管部门落实《国务院关于印发节能减排综合性工作方案的通知》、《全国城镇污水处理及再生利用设施建设"十一五"规划》的具体措施，核实设市城市(重点是36个大城市)和县城所在镇的污水处理设施建设和运行进展情况。核查的主要内容：

1. 项目进展情况：2008年1~11月份，新增污水处理厂数、新增处理能力、新增管网长度、新增COD削减能力、新增再生水处理能力等情况；预计本年度新增污水处理厂数、新增处理能力、新增管网长度、新增COD削减能力、新增再生水处理能力等。

2. 项目运行情况：2008年1~11月已建成污水处理厂的数量、处理能力、实际处理水量、COD削减量；预计本年度将建成污水处理厂的数量、处理能力、实际处理水量、COD削减量。

3. 污水处理收费情况和污水处理厂在线监测情况。包括设市城市和县城所在镇的污水处理收费和使用情况；污水处理厂进出水水质和水量自动监控系统安装情况。

4. 36个大城市，即直辖市、省会城市和计划单列市有关"污水全收集和处理"的规划制定和落实情况。

（四）生活垃圾处理设施运行管理检查内容

1. 各地建设和环境卫生主管部门贯彻落实《全国城镇环境卫生"十一五"规划》、《城市生活垃圾管理办法》等规章、政策、技术标准，制定生活垃圾处理专项规划，加强生活垃圾无害化处理和生活垃圾资源化工作的情况。

2. 生活垃圾处理设施基本情况和实际运行情况，各地2008年以来生活垃圾处理设施建设进展情况。

三、检查时间及组织方式

（一）检查时间：2008年12月中下旬。

（二）检查范围：除受5·12汶川地震影响的四川省、甘肃省、陕西省以及西藏自治区之外，其他省、自治区、直辖市均在检查范围内。受检城市共计55个，包括4个直辖市、5个计划单列市、各省会(自治区首府)城市、以及抽查的各省、自治区的1个地级市。

（三）组织方式：检查共分9个组，每个组检查3~4个地区。

检查的具体安排另行通知。

四、有关要求

（一）建筑节能专项检查

1. 检查组确定各省、自治区接受检查的地级城市，并于12月10日前通知相关省、自治区建设主管部门。

2. 省级建设主管部门认真填写《建筑节能基本情况统计表》并请于12月15日前报我部建筑节能与科技司。

3. 受检省(自治区)和城市的建设主管部门向检查组汇报本地区贯彻落实国家建筑节能有关政策法规及推进建筑节能工作的情况，以及贯彻执行建筑节能标准的情况，并提供相关资料。

4. 对于实际工程，检查每个城市6个项目(其中：4个公共建筑项目，2个居住建筑项目)的施工图设计文件和6个项目(其中：4个公共建筑项目，2个居住建筑项目)的施工现场。请各受检城市提供属于检查范围的全部项目清单，由检查组随机抽查。

（二）供热计量改革专项检查

1. 供热计量改革总体情况。请受检省(自治区)和城市的建设主管部门(供热主管部门)向检查组汇报本地区供热计量改革进展情况。包括新建建筑安装计量装置和室内温控装置、既有建筑供热计量改造安装计量装置和室内温控装置执行情况；供热系统节能改造情况；"两部制"热价制定及执行情况；采用正确的供热计量技术路线情况；政府办公楼等公共建筑及居民住宅热计量收费情况，请受检城市提供书面汇报材料。

2. 采暖费"暗补"变"明补"改革进展情况。2008年尚未实行热费制度改革的城市要写出专题报告说明情况，省(自治区)的建设(供热)主管部门负责汇总并向检查组汇报。

3. 低收入困难群体采暖保障情况。请受检城市提供制定并完善财政补贴政策及低收入困难群体采暖保障情况的有关汇报材料。

4. 请受检省（自治区）、地级以上城市分别提供供热保障体系、措施、应急预案书面材料。

5. 供热计量改革示范城市情况。受检的示范城市重点汇报贯彻执行《关于组织开展供热计量改革示范城市工作的通知》（建城函〔2008〕58号）情况。

6. 请受检省（自治区）、地级以上城市分别填写表7-1至4，并保证填写数据真实可靠。

（三）城镇污水处理专项检查

1. 各地建设主管部门贯彻落实城镇污染物减排工作采取的主要措施，存在的问题和下一步主要工作。

2. 各省（直辖市、自治区）应根据《国务院关于印发节能减排综合性工作方案的通知》的要求，并结合《全国城镇污水处理及再生利用设施建设"十一五"规划》确定的建设规模，将城镇污水处理及再生利用设施的年度建设计划分解到设市城市和县城所在镇，并以地级市为单位上报分解情况。

3. 各地建设（城市排水）行政主管部门要严格按照本通知要求认真组织自查，填写《2008年1～11月城镇污水处理设施建设运行情况表》，由省级建设主管部门汇总上报。

（四）生活垃圾处理设施运行管理专项检查

各地应按检查内容要求，形成汇报材料。因正在开展生活垃圾填埋场复核、评定，不再安排现场检查。

五、检查结果处理方式

（一）建筑节能专项检查

1. 建设主管部门。本次针对建设主管部门的检查评分按不同气候区、不同重点专项工作由高到低排序。

2. 工程项目。对检查中发现违反《民用建筑节能条例》及有关标准中强制性条文的工程项目，下发执法告知书。

（二）供热计量改革专项检查

对建设（供热）主管部门的检查评分按不同重点专项工作由高到低排序。

（三）城镇污水处理专项检查

此次检查的结果汇总后将进行通报，各省（区）建设主管部门和城市排水主管部门要本着实事求是的原则，全面、客观、准确的反映被核查城市和项目情况，并对核查结果负责；严禁再出现项目落实不真实、不全面，甚至不上报的情况。对重点抽查中发现的没有客观真实反映情况的单位，将视情况予以通报批评。

（四）生活垃圾处理设施运行管理专项检查

此次检查以掌握情况为主。

附表：1. 建筑节能基本情况统计表

2-1. 各省、自治区建设主管部门建筑节能检查评分表

2-2. 地级以上城市建设主管部门建筑节能检查评分表

3. 受检工程一览表

4. 受检工程基本情况表

5-1. 公共建筑节能设计文件检查表

5-2. 居住建筑节能设计受检项目检查表（严寒及寒冷地区）

5-3. 居住建筑节能设计受检项目检查表（夏热冬冷地区）

5-4. 居住建筑节能设计受检项目检查表（夏热冬暖地区）

5-5. 北京市居住建筑节能设计文件检查表

5-6. 天津市居住建筑节能设计文件检查表

6. 建筑节能工程施工质量检查表

7-1. 省、自治区供热计量改革专项检查评分表

7-2. 直辖市、省会及地级以上城市供热计量改革专项检查评分表

7-3. 省、自治区供热计量改革专项检查表

7-4. 直辖市、省会及地级以上城市供热计量改革专项检查表

8. 2008年1～11月城镇污水处理建设运行情况表

以上表格请从住房和城乡建设部网站（http://www.mohurd.gov.cn）下载。

中华人民共和国住房和城乡建设部办公厅

二〇〇八年十二月八日

中华人民共和国住房和城乡建设部

中华人民共和国国家发展和改革委员会

中华人民共和国财政部

国务院法制办公室

关于贯彻实施《民用建筑节能条例》的通知

建科[2008] 221号

各省、自治区、直辖市、计划单列市建设厅（建委、建设局）、发展改革委、经贸委（经委）、财政厅（局）、法制办：

《民用建筑节能条例》（以下简称《条例》）已于2008年10月1日开始施行。为切实做好《条例》的贯彻实施工作，现就有关事项通知如下。

一、充分认识贯彻《条例》的重要意义，认真组织宣传学习

《条例》是在总结多年来民用建筑节能工作实践及国内外相关立法经验基础上制定的专门性行政法规，是《节约能源法》的重要配套法规。各地建设主管部门要把宣传贯彻、实施《条例》作为加快建设资源节约型、环境友好型社会和促进经济社会可持续发展的一项重要工作，会同有关部门把《条例》规定的各项制度、措施和要求落到实处。要在2009年2月份开展《条例》专题宣传月活动，充分利用电视、网络、报纸、杂志等媒介，对《条例》进行全面报道，为《条例》执行营造浓厚社会氛围和良好舆论环境。要有计划对民用建筑节能相关人员进行系统培训，提升节能管理水平。

二、抓紧完善《条例》配套政策和制度

各地要依据《条例》规定，结合本地实际，及时制定（修订）地方性民用建筑节能法规（规章），细化和落实《条例》的各项规定和要求。各地建设主管部门要会同有关部门，抓紧制定配套政策措施。鼓励结合地区实际，制定优于国家标准的地方民用建筑节能标准。各地人民政府应按照《条例》要求，安排民用建筑节能资金支持民用建筑节能工作。

三、认真做好《条例》的贯彻落实

（一）重点抓好新建建筑节能。各地建设主管部门要会同有关部门把新建建筑执行民用建筑节能强制性标准纳入建筑工程全过程监管。对不符合民用建筑节能强制性标准的，有关部门不得颁发建设工程规划许可证，不得颁发施工许可证，不得出具竣工验收合格报告。要重点监督新建的实行集中供热的建筑安装供热系统调控装置、用热计量装置、室内温度调控装置及公共建筑安装用电分项计量装置情况。要监督新建国家机关办公建筑和大型公共建筑所有权人对建筑能源利用效率进行测评和标识。要监督房地产开发企业明示所售商品房的节能信息。要结合地区实际，研究新建建筑应用可再生能源的政策措施。

（二）积极稳妥推进既有建筑节能改造。各地建设主管部门要会同有关部门，认真做好本行政区域内既有建筑调查统计和分析工作，制定既有建筑节能改造计划，报本级人民政府批准后组织实施。北方采暖地区要结合供热体制改革工作，推动既有建筑供热计量及节能改造，确保完成国务院提出的改造任务。夏热冬冷地区及夏热冬暖地区应结合地区实际，稳妥推动既有建筑节能改造，并在改造中优先采取遮阳、改善通风等措施。既有建筑节能改造时要同步考虑太阳能、浅层地能等可再生能源的应用。公共建筑实施节能改造，应当安装室内温度调控装置和用电分项计量装置。严禁以节能改造的名义对国家机关办公建筑、政府投资和以政府投资为主的公共建筑进行扩建、改建。

（三）切实做好建筑用能系统运行节能。各地建设主管部门要建立建筑能耗的统计、监测及考核体系，督促国家机关办公建筑和大型公共建筑所有权人或者使用权人建立健全节能管理制度和操作规程，对用能系统进行监测、维护，并定期上报分项用电量。要制定供热单位的能源消耗指标，对超过能源消耗指标的，应当要求供热单位制定相应的改进措施。要配合同级节能工作主管部门确定本行政区域内公共建筑重点用电单位及其年度用电限额。国务院确定的24个示范省市要继续按照要求，完成国家机关办公建筑和大型公共建筑能耗统计、能源审计、能效公示并启动节能改造示范，鼓励并扶持专业节能服务机构采用合同能源管理方式，对建筑用能系统实施节能运行与改造。要会同有关部门或机构，在每年空调系统正常运行期间，对公共建筑使用单位执行室内温度控制情况进行监督和检查，并定期将检查结果进行公布。

四、切实做好《条例》贯彻落实情况的监督检查

各地建设主管部门要切实履行民用建筑节能监督管理职责，加大监管力度、严肃查处违反《条例》的行为，重点查处违规颁发建设工程规划许可证、颁发施工许可证、以节能改造的名义对既有建筑进行扩建、改建、违反民用建筑节能强制性标准进行建设、设计、施工、监理、使用国家明令禁止的节能技术、工艺、材料及设备等行为，依法对违法行为进行处罚，对有关责任人进行责任追究。要充分发挥人民群众社会监督和新闻媒体舆论监督作用。各地建设主管部门要开设民用建筑节能违法行为举报电话和网站，方便群众举报。

五、加强《条例》贯彻实施工作的组织领导

各级建设主管部门要认真履行《条例》赋予的职责，加强本行政区域内民用建筑节能监督管理工作。要加强对贯彻施行《条例》的组织领导，建立民用建筑节能工作管理体系和协调机制，明确工作重点，制定工作计划。各省（区、市）建设主管部门要对《条例》贯彻实施情况进行检查，并将有关情况报住房和城乡建设部。住房和城乡建设部将在年底对各地贯彻实施《条例》情况进行检查，检查结果将作为民用建筑节能评价考核的重要内容。

中华人民共和国住房和城乡建设部
中华人民共和国国家发展和改革委员会
中华人民共和国财政部
国务院法制办公室
二〇〇八年十二月四日
中华人民共和国建设部办公厅
中华人民共和国民政部办公厅
中国残疾人联合会办公厅
全国老龄工作委员会办公室

关于印发《2008年创建全国无障碍建设城市工作要点》的通知

建办标〔2008〕7号

各省、自治区建设厅、民政厅、残联、老龄办，直辖市建委（规委、市政管委）、民政局、残联、老龄办，黑龙江农垦总局残联：

根据国务院批转的《中国残疾人事业"十一五"发展纲要》和建设部、民政部、中国残疾人联合会、全国老龄工作委员会办公室《关于开展创建全国无障碍建设城市工作的通知》的要求，为保障创建工作的顺利进行，现将《2008年创建全国无障碍建设城市工作要点》印发给你们，请结合本地区的实际情况进一步安排好今年的无障碍建设工作。

附件：2008年创建全国无障碍建设城市工作要点

中华人民共和国建设部办公厅
中华人民共和国民政部办公厅
中国残疾人联合会办公厅
全国老龄工作委员会办公室
二〇〇八年二月三日

附件：

2008年创建全国无障碍建设城市工作要点

2008年的无障碍建设工作的具体要求是：全面贯彻党的十七大精神，落实国务院批转的《中国残疾人事业"十一五"发展纲要》及建设部、中国残联等部门和单位联合印发的《无障碍建设"十一五"

实施方案》的规定,以科学发展观为统领,建立健全政府主导、社会参与的工作机制,加大改革创新力度,不断完善管理制度,增强公共服务能力,积极开展创建全国无障碍建设城市工作,推进无障碍建设,促进社会进步、经济发展和城市建设,为包括残疾人、老年人、儿童、伤病人等社会特殊群体在内的所有社会成员创造更加美好的社会环境和条件,为构建社会主义和谐社会贡献力量。

一、积极营造全社会关注无障碍建设的良好氛围

(一)切实采取措施,多形式、多渠道进行无障碍建设的宣传,组织100个创建全国无障碍建设城市的宣传,把集中宣传与日常宣传结合起来,提高全社会无障碍意识,形成有利于无障碍建设的良好社会氛围。

(二)加强"全国无障碍建设城市工作情况通报"的编辑工作,传达党和国家无障碍建设有关方针、政策文件和领导同志重要讲话精神,及时总结、交流各个城市开展创建无障碍建设城市的先进经验。

二、系统科学规范推进无障碍建设

(三)《创建全国无障碍建设城市工作标准》是开展创建工作的依据。积极推动各省特别是各创建城市学习、掌握标准,分解落实年度任务,切实依据标准开展创建工作。指导未参加创建的城市,参照工作标准,推进无障碍建设。

(四)健全相关法规、标准、规范,编制《无障碍设计施工技术指南》,进一步提高无障碍建设规划、设计、施工和验收质量水平。

(五)举办培训班,组织编写无障碍建设培训教材,分期分批对各省、自治区、直辖市建设、民政、残联、老龄等相关部门和单位工作人员和100个创建城市工作人员进行相关培训。

三、加强无障碍建设的监督检查

(六)研究加强无障碍建设和管理的措施,密切结合工程建设和城市管理有关制度,组织专家对创建城市给予技术指导,推动残疾人、老年人等有关方面代表参与无障碍监督检查,建立信息反馈制度,形成无障碍专项监督检查机制。

四、召开创建无障碍建设城市经验交流会议

(七)适时组织召开创建全国无障碍建设城市经验交流会议。总结创建工作成绩和经验,分析存在问题,提出进一步加强创建工作的任务和要求。

五、为奥运会、残奥会成功举办提供无障碍建设保障

(八)进一步配合北京等相关城市、北京奥组委及有关部门,依据国际残奥委会和我国无障碍规范、标准有关要求,积极支持奥运会、残奥会无障碍建设和改造。

六、启动制定《无障碍建设条例》

(九)开展调研,启动制定《无障碍建设条例》,加强无障碍建设相关法规、规章、制度建设,推动无障碍建设和管理工作持续健康开展。

七、推进信息无障碍建设

(十)与信息产业部编制完善信息无障碍建设的相关技术标准,促进标准实施,切实推进我国信息无障碍建设。

八、开展残疾人家庭和残疾人综合服务设施无障碍建设和改造工作

(十一)认真开展残疾人家庭和残疾人综合服务设施无障碍建设和改造工作,推动各地纳入经济社会发展规划,制定计划,争取资金支持。

关于2007年全国建设工程质量安全监督执法检查情况的通报

建质〔2008〕16号

各省、自治区建设厅,直辖市建委(规划委),山东、江苏省建管局,新疆生产建设兵团建设局:

为进一步贯彻落实《建筑法》、《建设工程质量管理条例》、《建设工程安全生产管理条例》，促进各地建设行政主管部门强化工程质量安全监管，落实质量安全责任，确保建设工程质量和建筑生产安全，按照国务院有关要求，2007年9月和11月，建设部对30个省、自治区、直辖市（除西藏外）进行了建设工程质量安全监督执法检查。现将检查情况通报如下：

一、检查的基本情况

2007年检查工作，重点对住宅、公共建筑、市政桥梁工程执行工程建设强制性标准、建筑工程节能质量、施工现场安全生产和各地安全隐患排查工作情况进行检查。同时，对各地建设主管部门贯彻落实国家有关法律法规情况进行了层级监督。

本次检查共计抽查了90个城市的300项在建工程，其中住宅工程164项，公共建筑工程107项，总建筑面积930多万平方米；市政桥梁工程29项，工程投资额达270多亿元。检查期间，黄卫副部长以及工程质量安全监督与行业发展司领导对部分省市检查工作进行了督察指导。按照建设部统一要求，各地先期开展了自检自查。据统计，各地建设部门共对58836项工程的质量安全情况进行了检查，对其中17854个项目下发了整改通知，对2125个违规项目的责任单位实施了行政处罚，有力地推动了质量安全工作。

从检查情况看，大多数项目能够较好地执行国家法律法规和工程建设强制性技术标准，工程实体质量符合或基本符合要求。在23508项检查内容中，符合、基本符合、不符合项分别为16689、6370、449项，占总检查项的71%、27.1%、1.9%，与2005年全国检查的情况基本持平。其中，上海、北京、浙江、重庆、吉林等省市受检工程检查项的符合率达到85%以上。

近年来，各地认真贯彻落实国家建设工程质量安全的有关法律法规和技术标准，高度重视技术进步和人才培养，不断创新监管方式，强化监管力度，各方责任主体质量安全意识有所提高，质量行为日趋规范，工程质量安全整体受控，质量水平稳中有升，安全形势基本平稳。

（一）不断完善法规和技术标准体系，监管水平进一步提高

各地针对质量安全管理工作实际，制定、完善了一批法规和技术标准，在勘察、设计、施工等环节发挥了较好的作用。据不完全统计，自2005年10月以来，各地共颁布涉及工程质量的法规62个，规范性文件794个，规范标准742项，技术导则84个。同时，各地在工作中注重不断改进监管方法和手段，监管效能得到有效提升。北京市全面实施质量安全责任网络化管理，进一步细化、落实区、县建设主管部门的监管责任；上海市聚焦大型重点工程、重大危险源监管，通过狠抓预控，引入行政效能监察、专项治理方案或预案，体现了强势检查监督，保持了较好的质量安全形势；江苏省积极探索抓住重点环节和薄弱环节，逐步实现分类监督的新模式；贵州省出台《贵州省建筑市场管理条例》，不仅明确了各项质量安全制度，还率先以法规形式规定了室内环境质量检测和住宅工程分户验收制度；黑龙江省专门制定了《黑龙江省建设工程质量管理条例》。

（二）积极开展专项整治，质量安全监督执法工作得到加强

各地针对质量安全薄弱环节和重点问题开展深基坑、边坡防护、预防高处坠落、预防大型机械事故、建筑节能等一系列专项整治，对既有市政桥梁、建筑幕墙等安全维护进行隐患排查，加强了工程质量以及建筑安全生产和建筑节能等工作。辽宁省每年都不定期组织全省工程质量检查，2005年10月以来，全省在各类工程质量监督执法检查中，共下发整改通知单9537份，停工通知单942份，罚款1179万元，有效遏制了违规行为的发生。对于本次全国检查中发现的问题以及下发了执法建议书的工程项目，各地也按要求进行了整改，并及时将整改情况反馈建设部。广东省专门将各方整改情况装订成册，贵州省制作了现场整改光盘，云南省的反馈材料还附上了整改前后的照片。

（三）注重人才培养等基础工作，质量技术总体水平不断提升

各地注重人才队伍建设，强化对企业采用"四新"技术和开展技术创新的引导。通过加强人才队伍建设，完善人员资质管理制度，加强人员培训，特别是对农民工的技能培训，提高了一线人员的质量安全意识和操作水平。北京市开展了建设系统"安全教育月"活动，对从业人员进行全面培训，建立了3497所"农民工夜校"，全面开展农民工安全教育培训，推广农民工"平安卡"。昆明市不仅强化了对技术人员的培训工作，还对辖区内所有建筑施工、监理单位的法人代表举办了安全法制学习班。

（四）积极开展企业不良记录管理工作，市场约束机制逐步形成

不少省市注重通过建立质量诚信评价机制、公

示不良记录等手段,强化市场约束,规范企业质量安全行为。湖南省建立健全市场责任主体激励机制,将不良记录与招投标加分、扣分及工程质量评优等方面挂钩。山西省制定了《建筑市场主体不良行为记录公示管理办法》,对落实不良记录管理提出了具体的操作办法,建立了相应的惩戒手段。上海、浙江、福建、河南等地发挥现场监管和市场监管的各自优势,有效实施联动监管,进一步强化质量责任落实。

(五)高度重视建筑安全生产,较大以上安全事故得到有效遏制

近年来,各地不断完善建筑安全生产制度措施,加大各类建筑安全专项整治和隐患排查工作力度,有力地推动了建筑安全生产工作。重庆市组织建筑安全专家技术骨干参加全市安全生产月咨询宣传活动,举办建筑安全知识竞赛,深入宣传和普及了安全知识,营造全社会"关注安全、关爱生命"的良好氛围。四川省对未按规定取得《安全生产许可证》的建筑施工企业进行全面清理,分两批吊销了1500家企业资质证书。江苏省在今年8月份以来开展全省建筑施工塔吊安全生产检查中,共检查7363个工地11381台塔吊,查出不合格塔吊1607台,拆除或禁用其中的280台,共计432个工地被停工整改。

(六)严格建筑工程节能质量监管,节能减排工作效果显著

各地认真贯彻落实《民用建筑工程节能质量管理办法》,进一步加强建筑节能方面的政策法规和技术标准的宣传培训等工作,特别是强化施工图设计文件的节能审查,建筑节能设计质量取得明显效果。上海市提出新建筑执行节能标准100%达标,既有建筑每年分批100%达标的节能目标,并建立了"企业自控、中介把关、专家评估、专项监督、能效测评"监管模式,重点落实设计、材料、监理、检查、评估"五到位",积极推行"首席节能设计建筑师"的做法。重庆市在夏热冬冷地区率先研究起草了建筑节能65%标准的工作方案。

(七)认真处理工程质量投诉,维护了人民群众利益

各地逐步建立健全解决质量投诉和纠纷机制,加大工程质量投诉的处理力度,切实维护了人民群众利益。据本次统计,自2005年10月以来,各地省级建设主管部门共处理工程质量投诉12500起,对建筑质量问题的投诉及时调查处理,在政策和时限范围内给予处理和答复。黑龙江省充分发挥建设系统"12319"服务热线,完善工程质量事故及投诉处理维权保障体系。辽宁省制定了《辽宁省建设工程质量投诉处理暂行规定》,明确了投诉处理工作的职责、程序和责任追究制度,每半年对全省工程质量投诉处理情况进行通报。2005年以来,共受理各类工程质量投诉1733件,处理完成1664件,工程质量投诉处理完结率一直稳定在96%以上。为有效解决房屋质量缺陷引发的经济纠纷,北京市出台了《北京市房屋质量缺陷损失评估规程》。

二、存在的主要问题及原因分析

2007年全国检查,共对32个违反工程建设强制性标准和存在质量安全隐患的工程项目下发了《建设工程质量安全监督执法建议书》(项目清单见附件)。从检查统计看,勘察、设计、施工环节工程建设强制性标准检查项的符合率分别为72.29%、80.65%、55.96%;各方主体质量行为检查项的符合率分别为:建设单位93.01%、勘察设计单位75.03%、施工单位58.90%、监理单位59.91%、工程质量检测机构94.80%、施工图审查机构97.21%。建设、勘察、设计、施工、监理等各方责任主体均不同程度存在质量安全问题,个别工程执行工程建设强制性技术标准的情况不容乐观。其主要原因:

一是质量安全监管制度和措施尚需完善。特别是建设单位质量安全责任不明确,建设单位违反法定建设程序,不依法办理质量监督和施工许可、不按规定进行竣工验收备案等现象屡有发生。个别工业园区、开发区处于无监管或监管薄弱状态。

二是部分企业质量安全管理体系不健全。多年存在的质量安全通病仍没有得到根治,如勘察野外作业不足,工程现场资料管理混乱,执行强制性标准不严格;施工安全防护措施不到位,部分工程隐患多,临边、洞口、临电、脚手架搭设中的违规情况较集中;个别企业关键专业工种操作上岗及配备不到位。

三是部分从业人员技术能力仍有欠缺。在不同地区、不同企业间技术人才资源分布不平衡,经济欠发达地区以及资质较低企业技术人员对标准规范掌握不准确、概念模糊的情况还比较突出。

四是质量安全监督执法力度仍需加强。一些受检项目在质量控制和生产安全方面存在着显而易见的问题,却没有被指出过,而有些工程在各地自查阶段已经发现问题并被责令整改,在全国检查中仍未得到落实,这些都暴露了部分地区监督执法工作还比较薄弱。

五是建筑市场秩序尚不规范。以包代管、压级

压价、层层转包、违法分包等违法行仍没有得到有效的控制，部分高资质企业对分支机构管理较为混乱。

三、关于加强建设工程质量安全管理工作的意见

各级建设主管部门要进一步提高对质量安全工作重要性的认识，坚持科学发展观，深入贯彻落实党的十七大精神，把建设工程质量安全管理工作放在更加突出的位置，抓好抓实。

（一）完善质量安全监管制度和措施

要按照构建社会主义和谐社会、建设资源节约型社会等重大发展战略的要求，在继续抓好地基基础和主体结构质量安全的同时，强化建筑节能、环境保护、使用功能等质量安全监管，切实加强法律法规和技术标准支撑体系建设。要进一步落实建设工程各方主体的安全生产责任，不断完善建筑施工企业安全生产责任制度，促进企业加大安全投入，提高施工现场安全防护水平。要针对本次质量安全监督执法检查发现的问题，抓住薄弱环节和关键环节，采取有效措施，进一步落实好工程建设参与各方和相关责任人的质量安全责任，强化建设单位和执业资格人员个人责任。要继续加强监管制度改革探索，推进机制创新和管理创新，不断完善市场与现场联动的监管机制、差别化监管机制、质量诚信评价机制、工程质量保险机制，积极推进住宅工程质量分户验收工作。

（二）强化企业质量安全保证和人才培养工作

要在严格监管的同时，积极引导企业建立健全质量保证体系，要做好《建设工程勘察企业质量管理规范》、《建设工程设计企业质量管理规范》、《建设工程施工企业质量管理规范》的宣贯工作，推进企业质量安全管理自律机制建设。要继续加强对农民工的质量安全培训教育工作，不断提高农民工的操作技能和安全防范能力。要对施工图审查、质量监督以及各类质量检查工作中发现的常见问题进行分析、整理，针对性地开展培训活动，提高从业人员准确应用工程建设标准的能力，特别是人才资源相对紧缺、技术水平相对薄弱地区，要重点扶持，强化交流。要鼓励骨干企业加强专有技术和先进工法的研发工作，提高企业技术创新能力和技术水平，推动工程质量安全工作水平的进一步提升。

（三）推进质量安全诚信评价及惩戒体系建设

要切实做好工程质量责任主体和有关机构不良记录管理工作，加强对从业单位和人员的质量安全不良记录管理，通过通告、公示进行信用惩戒，通过市场约束增强工程建设有关各方的质量安全责任意识，作为政府监管的有效补充。要探索用市场化的手段，建立解决质量投诉和纠纷机制，完善工程质量保修机制。要进一步加强宣传教育工作，发挥新闻媒体对工程质量安全的监督作用，引导全社会特别是广大消费者关心工程质量、重视工程质量。

（四）加大质量安全监督执法检查力度

要严密监控重点地区、重点企业和重点环节，及时消除施工现场各类安全隐患，建立健全重大危险源和重大隐患辨识、监控、排查治理机制，有效遏制建筑施工高处坠落、各类坍塌等重、特大事故的发生，促进安全生产形势的进一步稳定好转。在继续抓好建筑工程节能设计质量监管的同时，近期要重点强化对建筑工程节能施工质量的监管，抓好《建筑工程节能施工验收规范》的贯彻落实，推动建筑工程节能质量监管工作深入开展。各地要促进执法检查的制度化、常态化，持续开展各类专项整治和综合检查工作，对于检查发现的问题要依法进行处罚并加强督促整改和跟踪检查。同时，要针对检查中发现的问题，举一反三，找准突破口，从制度和管理上加以解决，避免类似问题再次发生，切实提高检查效能。

附件：发放执法建议书项目汇总表（略）

中华人民共和国建设部
二〇〇八年一月二十八日

关于做好建设系统灾后恢复重建安全生产工作的通知

建质〔2008〕45号

各省、自治区建设厅，直辖市、计划单列市建委（局），新疆生产建设兵团建设局：

按照国务院的总体部署与安排，抗击雨雪冰冻灾害工作已转入全面恢复重建阶段。为切实做好春季特别是灾区恢复重建过程中安全生产工作，现将有关事项通知如下：

一、高度重视恢复重建过程防治次生灾害工作

各地特别是灾区建设主管部门要充分认识冰雪融化导致次生灾害的危险性，按照建设部《关于做好建设系统雨雪冰冻次生灾害防治工作的紧急通知》（建办质电〔2008〕14号）的要求，对可能发生的次生灾害，制订应急预案，实行专业监测与群测群防相结合，切实做好重点工程和部位的安全隐患排查工作。妥善处理好恢复重建工期紧、任务重和保证工程质量安全的关系，加强领导，统筹规划，在做好恢复重建的同时，加强安全生产监管，认真组织开展隐患排查，做好次生灾害防范工作，坚决遏制生产安全事故的发生。

二、强化在建工程施工安全监管

各地建设主管部门要认真落实安全监管责任，督促施工单位根据天气特点组织编制有针对性的施工方案，加强对施工现场的临时建筑、工棚、围墙和工程的基础围护结构、土体的检查维护工作。要认真组织做好工程复工前的安全检查工作，对施工现场的脚手架、井架、用电线路和塔吊等重点部位和环节进行认真排查，及时消除隐患，确保重新施工的安全。

三、确保市政公用事业运行安全

要注重原水、制水和输配水等各个环节的管理和监督，重点加强对原水环节的监控。要特别注意积雪融化造成的水污染对城市供水安全的影响。加强巡查和检修，采取必要措施防止由于气温剧烈变化导致供水、排水、供热、燃气管网破裂事故。受灾地区要加强城市供水、污水处理、供气、道路桥梁、垃圾处理场地等市政公用事业恢复重建过程中的安全监管，加强对容易发生有毒有害、易燃易爆气体事故的排水管网、泵站和污水污泥处理区域的监测和安全防范，防止恢复重建、维修过程中发生中毒、爆炸等安全事故。

四、认真开展危旧房屋隐患排查

受灾地区建设主管部门要采取巡查和群测群防相结合的方式，组织力量加强对危旧房屋的隐患排查，同时加强对房屋产权单位或个人的宣传和指导，指导和督促业主开展自查。对受损严重或存在较大安全隐患的房屋建筑，及时组织安全性鉴定，制定加固或重建方案。

五、做好城市道路桥梁检查、检修工作

城市道路桥梁（包括高架道路以及轻轨高架部分）养护维修等有关单位在做好除（融）雪（冰）工作的同时，要注意检查城市道路、桥梁的受损情况，重点对融雪剂中化学成分对桥梁结构的影响进行检查和检测，一旦发现隐患苗头，要及时组织专业人员进行结构强度检测和鉴定，同时制定应急方案和维修方案，充实抢修力量，做好必要的加固、维修和重建工作。

六、防范建筑边坡工程安全事故

受灾地区建设主管部门要组织开展建筑边坡工程安全隐患排查，特别是加强对建筑高边坡以及靠近城乡居住密集区、中小学校等重点区域建筑边坡的监督检查。要加强对在建工程周边建筑边坡和在施建筑边坡工程的安全监管，防止因施工诱发建筑边坡工程的坍塌事故，特别是施工人员的临时工棚要避开地质危险地段。督促房屋建筑产权人或市政基础设施管理单位对其周边建筑边坡进行巡查，一旦发现建筑边坡下陷、裂缝、护面松脱、泥土冲蚀、泥石垮塌或大面积渗水等异常情况，及时报告并妥善处置。

七、保障风景名胜区和城市园林绿化安全

各风景名胜区管理部门要组织景区灾后隐患排查，重点做好地质隐患排查工作，发现隐患要及时设置警告标识并组织排险处置，防止发生人身伤亡事故。要加强对公园景点和园林绿化施工的安全监管，加强公园景点巡查，做好游乐设施、冰面、路面的安全防范及公园防火工作。

八、进一步加强应急管理工作

各地建设主管部门要进一步建立和完善有关应急预案，加强预警预测，做好抢险队伍、抢险机械、疏散措施等各项应急准备，一旦发生安全事故或次生灾害，要立即启动应急预案，及时疏散受灾人群，并按职责组织抢险抢修。要加强应急值班工作，按照《关于做好灾后恢复重建工作报告的紧急通知》（建办城电〔2008〕17号）的有关要求，及时报送相关信息。

中华人民共和国建设部
二〇〇八年二月二十二日

关于进一步开展建筑安全生产隐患排查治理工作的实施意见

建质〔2008〕47号

各省、自治区建设厅、直辖市建委，江苏省、山东省建管局，新疆生产建设兵团建设局，中央管理的建筑企业：

为深入贯彻落实党的十七大精神，进一步加强建筑安全生产工作，最大限度地减少建筑施工安全生产事故。根据《国务院办公厅关于进一步开展安全生产隐患排查治理工作的通知》（国办发明电〔2008〕15号）要求，为做好建筑安全生产隐患排查治理工作，现提出如下实施意见：

一、工作目标

全面贯彻落实科学发展观，坚持"安全第一，预防为主，综合治理"工作方针，在2007年开展的建筑安全隐患排查治理专项行动的基础上，通过全面排查治理各类隐患，狠抓隐患整改工作，推动安全生产责任制和责任追究制的落实，建立健全隐患排查治理长效机制，提高建筑安全管理水平，有效防范和遏制建筑安全生产事故，为促进建筑安全生产形势持续稳定好转奠定坚实基础。

二、范围、内容和方式

（一）排查治理范围：城乡房屋建筑和市政基础设施建设工程。

（二）排查治理内容：在2007年开展的预防各类坍塌和高处坠落隐患排查治理专项行动的基础上，继续全面开展建筑安全生产隐患排查治理工作。具体包括：

1. 建筑施工安全法规、标准规范和规章制度的贯彻执行；

2. 建设工程各方主体特别是建设单位、施工单位和工程监理单位的安全生产责任制建立和落实；

3. 安全生产费用的提取和使用；

4. 危险性较大工程安全方案的制定、论证和执行落实；

5. 安全教育培训，特别是"三类人员"、特种作业人员持证上岗和生产一线职工（包括农民工）的教育培训；

6. 应急救援预案的制定、演练及有关物资、设备配备和维护；

7. 建筑施工企业、项目和班组的安全检查和整改落实；

8. 事故报告和处理，对有关责任单位和责任人的追究和处理等。

（三）排查治理方式：建筑安全隐患排查治理工作要做到"三个结合"：

1. 坚持把隐患排查治理工作与建筑安全治理重点结合起来，解决影响建筑安全生产的突出矛盾和问题；

2. 坚持与日常建筑安全生产监督管理结合起来，严格建筑安全生产许可，加大监督检查力度；

3. 坚持与加强建筑企业安全管理和技术进步结合起来，提高建筑施工安全质量标准化管理水平，加大安全投入，推进安全技术改造，夯实安全管理基础。

三、治理重点

以防范脚手架、建筑起重机械事故和规范安全防护用品的使用为重点，主要内容为：

（一）脚手架工程的搭设方案的编制、审批、交底、验收及使用等情况；模板支撑系统的施工方案的编制、审批、专家论证、交底、验收等情况；

（二）建筑起重机械的备案登记、安装、拆卸、检测、验收、使用、维修保养等情况；

（三）安全帽、安全带和安全网等安全防护用品的采购、查验、使用情况。

依据《建筑起重机械安全监督管理规定》（建设部令第166号）、《危险性较大工程安全专项施工方案编制及专家论证审查办法》（建质〔2004〕213号）、《建筑施工个人劳动保护用品使用管理暂行规定》（建质〔2007〕255号）和《建筑施工安全检查标准》（JGJ 59—99）等相关法规和技术标准进行检查和整改。

四、重点时段

第一时段（2008年2月至4月）：要围绕确保全国"两会"期间建筑安全生产，做好隐患排查治理和监督检查工作。各地建设主管部门及中央管理的建筑企业要结合本地区、本企业建筑安全生产的特点，研究制定隐患排查治理的具体实施方案，并做好部署和落实工作。

第二时段(5月至9月)：要围绕汛期安全和北京"奥运会"安全，做好隐患排查治理工作。建筑企业要认真开展自查自纠工作，在6月份的"安全生产月"活动中，要集中组织好宣传教育活动，突出"隐患治理，防范事故"的主题，开展多种形式的安全培训教育和自查整改工作。各地区建设主管部门及中央管理的建筑企业要加强监督和指导。

第三时段(10月至12月)：要针对第四季度赶工期、抢任务现象增多和进入冬季的建筑施工特点，深入推进隐患排查治理工作，积极防范遏制建筑安全生产事故。要在企业自查的基础上，对辖区内重点地区(城市)或直属企业、重点工程组织开展督查、抽查。对发现的突出问题和重大事故隐患要及时消除、处理。

11月下旬，各地建设主管部门及中央管理的建筑企业要对本地区、本企业开展建筑安全生产隐患排查治理工作进行全面总结，形成总结报告，报建设部工程质量安全监督与行业发展司。

五、工作要求

(一)提高认识，加强领导。各级建设主管部门要深刻认识做好隐患排查治理工作对保障全国"两会"、北京"奥运会"等活动的重要意义，从思想和行动上高度重视起来，要结合本地实际，加强领导，精心组织、周密部署，制定具体实施方案，明确工作目标，切实把工作做深、做细。

(二)制定措施，落实责任。各级建设行政主管部门和各有关单位主要负责人要切实履行安全生产第一责任人的责任，将工作方案部署和落实到实处，确保责任到位、工作到位。对逾期不整改或整改不合格的，要果断采取处罚措施。对由于隐患排查治理工作不认真疏漏重大安全隐患造成严重后果的，要依法严肃追究有关人员的责任。

(三)加强沟通，形成合力。各地建设主管部门要在当地政府的统一领导下，加强与有关部门的沟通与配合，共同做好安全生产监管工作，及时消除隐患。注意发挥专家、学者等专业人士的作用，充分利用社会资源，积极防范和遏制各类事故发生。

(四)完善制度，巩固成果。各地建设主管部门要通过开展隐患排查治理工作，积极探索建立隐患排查治理工作长效机制。建筑企业和有关单位对隐患排查治理工作，要坚持进行回头看，反复抓，抓反复，使隐患排查治理工作制度化、经常化，巩固治理成果。

(五)突出重点，强化监督。各地建设行政主管部门要加强对重点地区、重点企业、重点部位和重点环节的监督检查。督促和引导企业将隐患排查治理工作与日常安全生产管理工作相结合，发现问题及时下达整改通知，对重大隐患要实行挂牌督办、跟踪治理。要坚持抓典型，用典型经验指导工作，充分利用广播、电视、报纸杂志等各种媒体广泛进行安全生产宣传。要建立隐患举报奖励制度，强化舆论和群众监督。

(六)建立完善信息报送制度。各地建设主管部门和有关单位要建立隐患排查治理信息报送制度，按时报送有关信息、数据和资料，以利于了解和掌握隐患排查治理活动的进展情况，分析和掌握形势，指导和推动建筑安全生产隐患排查治理工作的开展。

为了更好地督促指导各地做好建筑安全生产监管和隐患排查治理工作，在各地开展监督检查的基础上，建设部将组织开展全国建筑安全监督检查。监督检查的具体时间，将另行通知。

请省级建设主管部门及中央管理的建筑企业，明确1名同志作为建筑安全生产隐患排查治理工作暨全国建筑安全监督检查工作的联络员(建筑安全联络员可兼任)。于2008年3月6日前将联络员的姓名、职务和联系方式等报建设部工程质量安全监督与行业发展司。

中华人民共和国建设部
二〇〇八年二月二十六日

关于开展建筑安全生产百日督查专项行动的通知

建办质[2008]27号

各省、自治区建设厅，直辖市建委，江苏省、山东省建管局，新疆生产建设兵团建设局，中央管理的建筑企业：

为认真贯彻党中央、国务院关于加强安全生产的一系列部署，积极推进"隐患治理年"的各项工作，根据《国务院办公厅关于开展安全生产百日督查专项行动的通知》（国办发明电［2008］22号）和《国务院安委会办公室关于在重点行业（领域）开展安全生产百日督查专项行动的意见》（安委办［2008］8号）要求，现对开展建筑安全生产百日督查专项行动（以下简称督查行动）有关事宜通知如下：

一、督查目的

通过开展督查行动，进一步推动建筑行业切实将党中央、国务院关于加强安全生产工作的方针政策、法律法规落到实处，促进工程建设各方责任单位安全生产主体责任和各级建设主管部门监管主体责任的落实；努力构建建筑安全生产长效机制，有效遏制建筑安全生产事故的发生，促进全国建筑行业安全生产形势的持续稳定好转。

二、督查时间和形式

督查行动时间从2008年4月下旬至7月底。

各地区建设主管部门要按照《国务院办公厅关于进一步开展安全生产隐患排查治理工作的通知》（国办发明电［2008］15号）和《关于进一步开展建筑安全生产隐患排查治理工作的实施意见》（建质［2008］47号）的要求，在督促指导工程建设责任单位全面深入开展自查的基础上，根据本地区建筑安全生产实际，确定督查的重点地区、重点企业和重点工程，组织开展督查行动。省级建设主管部门应督查不少于1/3的市（地），市级应督查不少于1/3的县（区），县级应督查不少于1/3的乡镇。期间，我部将对部分地区进行督查，督查具体安排另行通知。

三、督查重点

（一）建筑安全生产法律法规、标准规范及规章制度的贯彻执行情况；

（二）工程建设各方主体，特别是工程建设单位、施工企业和工程监理单位的安全生产责任制建立和落实情况；

（三）安全生产费用的提取和使用情况；

（四）安全生产管理机构设置和人员配备情况；

（五）安全教育培训，特别是"三类人员"、特种作业人员持证上岗和生产一线职工（包括农民工）的教育培训情况；

（六）施工企业及在建工程项目的安全隐患排查工作布置、安全隐患整改情况；

（七）工程中涉及到的建筑幕墙、脚手架、深基坑、高大模板等危险性较大工程安全方案的制定、论证和执行落实情况；

（八）建筑工程使用的爆炸物等危险物品的管理情况；

（九）建筑起重机械的备案登记、安装、拆卸、检测、验收、使用、维修保养等情况；

（十）安全帽、安全带和安全网等安全防护用品的采购、查验、使用情况；

（十一）建筑安全生产突发事件应急管理工作体系的建立情况；应急救援预案的制定、演练及有关物资、设备配备和维护情况；

（十二）按照"四不放过"原则查处事故和责任追究情况。

四、督查方法

（一）听取汇报，查阅资料。听取所在地区建设主管部门和相关企业关于隐患排查工作开展情况的汇报；检查建设主管部门及相关企业贯彻落实隐患排查及百日督查专项行动要求的情况。

（二）突出重点，实地抽查。要对重点地区、重点企业、重点工程，事故多发地区、事故多发企业和项目以及隐患整改不力单位进行重点督查和抽查。

（三）专家参与，科学评议。要充分依靠和发挥专家作用，对查出的问题、隐患及整改方法及时进行评议，提出科学合理的整改建议，提高督查工作效能。

（四）发现问题，及时反馈。对督查发现的问题要及时向被督查的地方建设主管部门和有关企业反馈，有关责任方要明确责任人，限期整改，消除事故隐患。

（五）认真总结，找出对策。督查结束后，要认真对发现的问题、好的经验进行总结，提出下一步工作的对策措施及建议。

五、工作要求

（一）切实加强组织领导。各地建设主管部门要充分认识开展督查行动的重要意义，切实加强组织领导，把督查行动作为当前安全生产的重要任务，作为减少隐患、遏制事故发生的重要举措，切实抓紧抓好。要成立以分管负责同志为组长的督查行动领导小组，精心组织、周密部署，层层落实工作责任，切实推动督查行动扎实有效的开展。

（二）精心制定实施方案。各地建设主管部门要根据本地区实际，制定内容具体、重点突出、可操作性强的督查行动实施方案，明确督查的内容、要求和责任，确保督查行动取得实效。

（三）突出重点治理环节。各地建设主管部门要按照《关于进一步开展建筑安全生产隐患排查治理工作的实施意见》（建质〔2008〕47号）的要求，在全面排查治理的基础上，重点加强对脚手架、建筑起重机械和安全防护用品的检查力度。对于存在的问题和隐患，要坚持边查边改，确保督查行动不走过场。

（四）大力开展宣传活动。各地建设主管部门要加大宣传力度，充分发挥新闻媒体的作用，使施工企业全面、准确理解和把握督查行动的目的、要求和内容。对督查行动业绩突出的先进典型要大力宣传，对存在问题较多或存在重大隐患的企业要予以曝光。

（五）加强信息报送工作。根据国务院安委会办公室关于督查行动信息报送的要求，为更好的反映建筑行业督查行动的开展情况，各省级建设主管部门要按照以下时段要求及时将督查行动有关情况上报我部工程质量安全监督与行业发展司：

1. 2008年4月30日前报送实施方案及领导小组名单；

2. 2008年6月5日、7月5日前报送5月、6月份的督查行动进展情况；

3. 2008年7月25日前报送本地区的督查行动工作总结。

中华人民共和国住房和城乡建设部办公厅
二〇〇八年四月二十三日

关于住房和城乡建设系统进一步加强安全生产工作的紧急通知

建质电〔2008〕29号

各省、自治区建设厅，北京市建委、市政管委、水务局、交通委，上海市建设交通委，天津市建委，重庆市建委、市政管委，山东、江苏省建管局，新疆生产建设兵团建设局，中央管理的建筑施工企业（集团公司、总公司）：

2008年4月28日4时41分，北京开往青岛的T195次旅客列车发生脱轨并与另一列车相撞事故。至4月29日15时，事故已造成70人死亡，416人受伤。"4·28"特大事故发生后，党中央、国务院领导同志高度重视并作出了重要批示。现结合住房和城乡建设系统的实际情况，就有关事项紧急通知如下：

一、突出重点，认真开展安全隐患排查和治理工作

近年来，住房和城乡建设系统安全生产形势总体趋于好转，从2003年到2007年，在工程建设规模和城市规模不断扩大的情况下，全国房屋建筑与市政工程事故起数和死亡人数分别下降了33.5%和33.6%，建筑施工百亿元产值死亡率也由6.60下降到了2.02；市政公用设施运营安全保持总体稳定的态势。但在建筑施工安全方面一次死亡3人以上的较大事故乃至一次死亡10人以上的重大事故仍时有发生，部分地区建筑安全生产形势仍然比较严峻；市政公用设施的建设和运营安全事故也时有发生，安全工作亟需加强。各地住房和城乡建设主管部门和有关单位要按照《关于进一步开展建筑安全生产隐患排查治理工作的实施意见》（建质〔2008〕47号）和《关于进一步开展市政公用设施安全隐患排查治理工作的实施意见》（建城〔2008〕49号）的要求，切实加强建筑施工安全生产和市政公用设施安全的隐患排查和治理工作。隐患排查和治理工作的重点是：

（一）在建筑施工安全生产方面，以防范脚手架、建筑起重机械事故和规范安全防护用品的使用为重点，主要内容为：

1. 脚手架工程和模板支撑系统安全专项施工方案的编制、审批、交底和验收等情况；

2. 建筑起重机械的备案登记、安装、拆卸、检测、验收、使用、维护保养等情况；

3. 安全帽、安全带和安全网等安全防护用品和采购、查验、使用等情况。

（二）在市政公用设施安全方面，排查治理重点是：

1. 城市供水。各供水企业水厂净水工艺系统、供水输配系统等构筑物和设备的日常管理维护以及安全状况；供水管网运行管理和维护工作情况；供水管网改造计划的制定和实施情况；供水安全生产管理制度和安全管理组织体系的建立和落实情况。

2. 城市供气。燃气气质、加臭量等情况；燃气储配、灌装厂站安全状况，主要包括防火间距、压力容器检验、安全保护设施、消防设施、防雷设施、安全监控装置设置及运行；燃气管网情况；液化石油气灌瓶、槽车装卸等执行有关法规和标准等情况。

3. 城市供热。热源、热力站安全情况，包括燃料存放、运输情况；锅炉情况；热源、热力站水处理、设备等辅助设备情况；热源、热力站阀门、仪表、报警器、电气等系统情况。供热管网情况。包括阀门、绝热层、补偿器、疏水器、喷射泵、仪表、固定支架、卡板、滑动支架、井室爬梯等设施安全情况以及排查井及地沟安全情况。

4. 城市桥梁。桥梁养护管理单位和监管单位责任落实情况。桥梁日常、定期及特殊检测制度落实和建立完整的管理档案资料以及信息数据库情况。专职桥梁养护管理人员落实并按技术规范要求进行桥梁养护维修情况。重车过桥办理相关手续及实施监控情况。对于检查中处于不合格状态的桥梁，及时采取的禁止通行、限载、监测、加固等管制及监测措施情况及其列入改建、维修计划情况。

5. 城市轨道交通。建设和运营单位开展安全生产自查整改、设置安全与应急管理机构、落实安全责任、贯彻执行国家有关法规和标准、保障安全和应急投入、组织开展应急演练等工作情况。车辆、设施、设备和场站安全状况及有关检测检验情况。

二、落实责任，完善措施，全面加强安全监管工作

各地住房和城乡建设主管部门及有关单位要认真贯彻党中央和国务院领导关于安全生产工作的指示精神，严格按照《建筑法》、《安全生产法》、《建设工程安全生产管理条例》、《建设工程质量管理条例》、《安全生产事故报告和调查处理条例》等法律法规的要求，深刻吸取"4.28"特大事故教训，进一步提高认识，加强领导，落实责任，完善措施，切实防范和遏制安全生产事故的发生，推动住房和城乡建设系统安全生产形势的持续稳定好转。

（一）提高认识，加强领导。各地住房和城乡建设主管部门要深刻认识做好隐患排查治理工作对确保北京"奥运会"等重大活动顺利举行的重要意义，从思想和行动上高度重视，要结合本地实际，加强领导，精心组织，周密部署，制定具体实施方案，明确工作目标，切实把工作做深、做细。

（二）制定措施，落实责任。各地住房和城乡建设行政主管部门及有关单位主要负责人要切实履行安全生产第一责任人的责任，将工作方案部署和落实到实处，确保责任到位、工作到位。对逾期不整改或整改不合格的，要依法果断采取处罚措施。对由于隐患排查治理工作不认真、疏漏重大安全隐患造成严重后果的，要依法严肃追究有关人员的责任。

（三）加强沟通，形成合力。各地住房和城乡建设主管部门要在当地政府的统一领导下，加强与有关部门的沟通与配合，共同做好安全生产监管工作，及时消除隐患。注意发挥专家、学者等专业人士的作用，充分利用社会资源，积极防范和遏制各类事故发生。

（四）完善制度，巩固成果。各地住房和城乡建设主管部门要通过开展隐患排查治理工作，积极探索建立隐患排查治理工作长效机制。建筑企业和有关单位对隐患排查治理工作，要坚持进行回头看，反复抓，抓反复，使隐患排查治理工作制度化、经常化，巩固治理成果。

（五）突出重点，强化监督。各地住房和城乡建设主管部门要加强对重点地区、重点企业、重点部位和重点环节的监督检查。督促和引导企业将隐患排查治理工作与日常安全生产管理工作相结合，发现问题及时下达整改通知，对重大隐患要实行挂牌督办、跟踪治理。要坚持抓典型，用典型经验指导工作，充分利用广播、电视、报纸杂志等各种媒体广泛进行安全生产宣传。要建立隐患举报奖励制度，强化舆论和群众监督。

（六）建立完善信息报送制度。各地住房和城乡建设主管部门及有关单位要建立隐患排查治理信息报送制度，按时报送有关信息、数据和资料，以利于了解和掌握隐患排查治理活动的进展情况，分析和掌握形势，指导和推动建筑安全生产隐患排查治理工作的开展。加强值班工作，遇有情况，请按规定及时报告。

住房和城乡建设部
二〇〇八年四月二十九日

关于做好住房城乡建设系统抗震救灾和防范次生灾害工作的紧急通知

建办质电〔2008〕34号

各省、自治区建设厅，北京市建委、市政管委、水务局、交通委，上海市建设交通委，天津市建委，重庆市建委、市政管委，山东、江苏省建管局，新疆生产建设兵团建设局，中央管理的建筑施工企业：

四川省汶川县发生的里氏7.8级强烈地震，已造成重大人员伤亡，大量房屋和市政公用设施受损。我部已启动了建设系统破坏性地震应急预案Ⅰ级响应，成立了抢险救灾工作指挥部，由姜伟新部长担任指挥长，黄卫副部长担任副指挥长；成立了由部相关司局主要负责同志组成的工作小组；组织专家组赶赴灾区协助和指导抗震救灾工作。为进一步做好抗震救灾和防范次生灾害工作，根据党中央、国务院的统一部署，结合住房城乡建设系统的实际，现就有关事项紧急通知如下：

一、迅速开展市政公用设施的抢险抢修，确保供水、供气和城市道路畅通，特别要确保灾区群众喝上干净的饮用水。受灾地区住房城乡建设主管部门要迅速组织力量对重要市政公用设施进行巡查，对损坏的设施要立即组织抢险、抢修，尽快恢复运行。一时难以恢复的，要采取适当的应急措施。城市道路桥梁养护维修单位要加强对重点道路、桥梁的巡查，及时检查城市道路桥梁在地震灾害中的受损情况，尽快进行抢修，必要时可采取限制交通的措施。

二、各地各单位要大力协助灾区抢险救灾工作。各省、自治区、直辖市特别是灾区周边省份住房城乡建设主管部门，各行业协会和中央建筑施工企业要发扬"一方有难、八方支援"的精神，积极行动起来，从人力、物力、财力等方面大力支援灾区抢险救灾工作。根据四川省反映，目前急需大型抢险机具设备，希望各地各单位给予大力支持。灾区周边省份住房城乡建设主管部门要组织大型建筑业企业做好赴灾区抢险救灾的准备。

三、迅速开展应急评估和震害调查，尽快排除险情。受灾地区住房城乡建设主管部门要尽快组织力量开展应急评估和震害调查，对受损建筑物和构筑物进行初步鉴定，评估震害程度，并划定基本安全、危险、需要进一步鉴定的建筑物。对基本安全的建筑可允许继续使用；对危险建筑物和构筑物，要立即设置警示标志，并及时组织排险。

四、切实防范次生灾害。受灾地区住房城乡建设主管部门要督促在建工程施工单位有针对性地制定完善地震灾害下的施工方案和应急预案，做好高空作业、塔机作业和建筑边坡工程的安全防范工作，并根据受灾情况，需要停止施工的坚决停止施工，待灾情过后再复工。同时要对工地现场及农民工居住区的工棚进行受灾情况检查，采取有效措施，防止灾后坍塌造成人员伤害。城市园林和风景名胜区管理单位要加强景区的安全管理，在受灾景区要引导或限制游客活动，防止发生意外事故。

五、妥善做好应急处置和信息报送工作。受灾地区住房城乡建设主管部门要根据灾情发展情况，及时启动应急预案，妥善采取响应措施。要加强领导，落实责任，强化督导，确保各项抢险救灾措施落实到位。要完善工作机制，强化应急值守，并按照"建办办电〔2008〕33号"的要求做好信息报送工作，确保信息畅通。

住房和城乡建设部办公厅
二〇〇八年五月十三日

关于印发《建筑施工企业安全生产管理机构设置及专职安全生产管理人员配备办法》的通知

建质〔2008〕91号

各省、自治区建设厅，直辖市建委，江苏、山东省建管局，新疆生产建设兵团建设局，中央管理的建筑企业：

为进一步规范建筑施工企业安全生产管理机构设置及专职安全生产管理人员配备，全面落实建筑施工企业安全生产主体责任，我们组织修订了《建筑施工企业安全生产管理机构设置及专职安全生产管理人员配备办法》，现印发给你们，请遵照执行。原《关于印发〈建筑施工企业安全生产管理机构设置及专职安全生产管理人员配备办法〉和〈危险性较大工程安全专项施工方案编制及专家论证审查办法〉的通知》（建质〔2004〕213号）中的《建筑施工企业安全生产管理机构设置及专职安全生产管理人员配备办法》同时废止。

中华人民共和国住房和城乡建设部
二〇〇八年五月十三日

建筑施工企业安全生产管理机构设置及专职安全生产管理人员配备办法

第一条 为规范建筑施工企业安全生产管理机构的设置，明确建筑施工企业和项目专职安全生产管理人员的配备标准，根据《中华人民共和国安全生产法》、《建设工程安全生产管理条例》、《安全生产许可证条例》及《建筑施工企业安全生产许可证管理规定》，制定本办法。

第二条 从事土木工程、建筑工程、线路管道和设备安装工程及装修工程的新建、改建、扩建和拆除等活动的建筑施工企业安全生产管理机构的设置及其专职安全生产管理人员的配备，适用本办法。

第三条 本办法所称安全生产管理机构是指建筑施工企业设置的负责安全生产管理工作的独立职能部门。

第四条 本办法所称专职安全生产管理人员是指经建设主管部门或者其他有关部门安全生产考核合格取得安全生产考核合格证书，并在建筑施工企业及其项目从事安全生产管理工作的专职人员。

第五条 建筑施工企业应当依法设置安全生产管理机构，在企业主要负责人的领导下开展本企业的安全生产管理工作。

第六条 建筑施工企业安全生产管理机构具有以下职责：

（一）宣传和贯彻国家有关安全生产法律法规和标准；

（二）编制并适时更新安全生产管理制度并监督实施；

（三）组织或参与企业生产安全事故应急救援预案的编制及演练；

（四）组织开展安全教育培训与交流；

（五）协调配备项目专职安全生产管理人员；

（六）制订企业安全生产检查计划并组织实施；

（七）监督在建项目安全生产费用的使用；

（八）参与危险性较大工程安全专项施工方案专家论证会；

（九）通报在建项目违规违章查处情况；

（十）组织开展安全生产评优评先表彰工作；

（十一）建立企业在建项目安全生产管理档案；

（十二）考核评价分包企业安全生产业绩及项目安全生产管理情况；

（十三）参加生产安全事故的调查和处理工作；

（十四）企业明确的其他安全生产管理职责。

第七条 建筑施工企业安全生产管理机构专职安全生产管理人员在施工现场检查过程中具有以下

职责：

（一）查阅在建项目安全生产有关资料、核实有关情况；

（二）检查危险性较大工程安全专项施工方案落实情况；

（三）监督项目专职安全生产管理人员履责情况；

（四）监督作业人员安全防护用品的配备及使用情况；

（五）对发现的安全生产违章违规行为或安全隐患，有权当场予以纠正或作出处理决定；

（六）对不符合安全生产条件的设施、设备、器材，有权当场作出查封的处理决定；

（七）对施工现场存在的重大安全隐患有权越级报告或直接向建设主管部门报告。

（八）企业明确的其他安全生产管理职责。

第八条 建筑施工企业安全生产管理机构专职安全生产管理人员的配备应满足下列要求，并应根据企业经营规模、设备管理和生产需要予以增加：

（一）建筑施工总承包资质序列企业：特级资质不少于6人；一级资质不少于4人；二级和二级以下资质企业不少于3人。

（二）建筑施工专业承包资质序列企业：一级资质不少于3人；二级和二级以下资质企业不少于2人。

（三）建筑施工劳务分包资质序列企业：不少于2人。

（四）建筑施工企业的分公司、区域公司等较大的分支机构（以下简称分支机构）应依据实际生产情况配备不少于2人的专职安全生产管理人员。

第九条 建筑施工企业应当实行建设工程项目专职安全生产管理人员委派制度。建设工程项目的专职安全生产管理人员应当定期将项目安全生产管理情况报告企业安全生产管理机构。

第十条 建筑施工企业应当在建设工程项目组建安全生产领导小组。建设工程实行施工总承包的，安全生产领导小组由总承包企业、专业承包企业和劳务分包企业项目经理、技术负责人和专职安全生产管理人员组成。

第十一条 安全生产领导小组的主要职责：

（一）贯彻落实国家有关安全生产法律法规和标准；

（二）组织制定项目安全生产管理制度并监督实施；

（三）编制项目生产安全事故应急救援预案并组织演练；

（四）保证项目安全生产费用的有效使用；

（五）组织编制危险性较大工程安全专项施工方案；

（六）开展项目安全教育培训；

（七）组织实施项目安全检查和隐患排查；

（八）建立项目安全生产管理档案；

（九）及时、如实报告安全生产事故。

第十二条 项目专职安全生产管理人员具有以下主要职责：

（一）负责施工现场安全生产日常检查并做好检查记录；

（二）现场监督危险性较大工程安全专项施工方案实施情况；

（三）对作业人员违规违章行为有权予以纠正或查处；

（四）对施工现场存在的安全隐患有权责令立即整改；

（五）对于发现的重大安全隐患，有权向企业安全生产管理机构报告；

（六）依法报告生产安全事故情况。

第十三条 总承包单位配备项目专职安全生产管理人员应当满足下列要求：

（一）建筑工程、装修工程按照建筑面积配备：

1. 1万平方米以下的工程不少于1人；

2. 1万～5万平方米的工程不少于2人；

3. 5万平方米及以上的工程不少于3人，且按专业配备专职安全生产管理人员。

（二）土木工程、线路管道、设备安装工程按照工程合同价配备：

1. 5000万元以下的工程不少于1人；

2. 5000万～1亿元的工程不少于2人；

3. 1亿元及以上的工程不少于3人，且按专业配备专职安全生产管理人员。

第十四条 分包单位配备项目专职安全生产管理人员应当满足下列要求：

（一）专业承包单位应当配置至少1人，并根据所承担的分部分项工程的工程量和施工危险程度增加。

（二）劳务分包单位施工人员在50人以下的，应当配备1名专职安全生产管理人员；50人～200人的，应当配备2名专职安全生产管理人员；200人及以上的，应当配备3名及以上专职安全生产管理人员，并根据所承担的分部分项工程施工危险实际情况增加，不得少于工程施工人员总人数的5‰。

第十五条 采用新技术、新工艺、新材料或致害因素多、施工作业难度大的工程项目，项目专职安全生产管理人员的数量应当根据施工实际情况，在第十三条、第十四条规定的配备标准上增加。

第十六条 施工作业班组可以设置兼职安全巡查员，对本班组的作业场所进行安全监督检查。

建筑施工企业应当定期对兼职安全巡查员进行安全教育培训。

第十七条 安全生产许可证颁发管理机关颁发安全生产许可证时，应当审查建筑施工企业安全生产管理机构设置及其专职安全生产管理人员的配备情况。

第十八条 建设主管部门核发施工许可证或者核准开工报告时，应当审查该工程项目专职安全生产管理人员的配备情况。

第十九条 建设主管部门应当监督检查建筑施工企业安全生产管理机构及其专职安全生产管理人员履责情况。

第二十条 本办法自颁发之日起实施，原《关于印发〈建筑施工企业安全生产管理机构设置及专职安全生产管理人员配备办法〉和〈危险性较大工程安全专项施工方案编制及专家论证审查办法〉的通知》（建质〔2004〕213号）中的《建筑施工企业安全生产管理机构设置及专职安全生产管理人员配备办法》废止。

关于印发《建筑施工企业安全生产许可证动态监管暂行办法》的通知

建质〔2008〕121号

各省、自治区建设厅，直辖市建委：

为强化建筑施工企业安全生产许可证动态监管，促进施工企业保持和改善安全生产条件，控制和减少生产安全事故，我部制定了《建筑施工企业安全生产许可证动态监管暂行办法》。现印发给你们，请结合本地区实际执行。

中华人民共和国住房和城乡建设部
二〇〇八年六月三十日

建筑施工企业安全生产许可证动态监管暂行办法

第一条 为加强建筑施工企业安全生产许可证的动态监管，促进建筑施工企业保持和改善安全生产条件，控制和减少生产安全事故，根据《安全生产许可证条例》、《建设工程安全生产管理条例》和《建筑施工企业安全生产许可证管理规定》等法规规章，制定本办法。

第二条 建设单位或其委托的工程招标代理机构在编制资格预审文件和招标文件时，应当明确要求建筑施工企业提供安全生产许可证，以及企业主要负责人、拟担任该项目负责人和专职安全生产管理人员（以下简称"三类人员"）相应的安全生产考核合格证书。

第三条 建设主管部门在审核发放施工许可证时，应当对已经确定的建筑施工企业是否具有安全生产许可证以及安全生产许可证是否处于暂扣期内进行审查，对未取得安全生产许可证及安全生产许可证处于暂扣期内的，不得颁发施工许可证。

第四条 建设工程实行施工总承包的，建筑施工总承包企业应当依法将工程分包给具有安全生产许可证的专业承包企业或劳务分包企业，并加强对分包企业安全生产条件的监督检查。

第五条 工程监理单位应当查验承建工程的施工企业安全生产许可证和有关"三类人员"安全生产考核合格证书持证情况，发现其持证情况不符合规定的或施工现场降低安全生产条件的，应当要求其立即整改。施工企业拒不整改的，工程监理单位应当向建设单位报告。建设单位接到工程监理单位报告后，应当责令施工企业立即整改。

第六条 建筑施工企业应当加强对本企业和承建工程安全生产条件的日常动态检查，发现不符合法定安全生产条件的，应当立即进行整改，并做好自查和整改记录。

第七条 建筑施工企业在"三类人员"配备、安全生产管理机构设置及其他法定安全生产条件发生变化以及因施工资质升级、增项而使得安全生产条件发生变化时，应当向安全生产许可证颁发管理机关（以下简称颁发管理机关）和当地建设主管部门报告。

第八条 颁发管理机关应当建立建筑施工企业安全生产条件的动态监督检查制度，并将安全生产管理薄弱、事故频发的企业作为监督检查的重点。

颁发管理机关根据监管情况、群众举报投诉和企业安全生产条件变化报告，对相关建筑施工企业及其承建工程项目的安全生产条件进行核查，发现企业降低安全生产条件的，应当视其安全生产条件降低情况对其依法实施暂扣或吊销安全生产许可证的处罚。

第九条 市、县级人民政府建设主管部门或其委托的建筑安全监督机构在日常安全生产监督检查中，应当查验承建工程施工企业的安全生产许可证。发现企业降低施工现场安全生产条件的或存在事故隐患的，应立即提出整改要求；情节严重的，应责令工程项目停止施工并限期整改。

第十条 依据本办法第九条责令停止施工符合下列情形之一的，市、县级人民政府建设主管部门应当于作出最后一次停止施工决定之日起15日内以书面形式向颁发管理机关（县级人民政府建设主管部门同时抄报设区市级人民政府建设主管部门；工程承建企业跨省施工的，通过省级人民政府建设主管部门抄告）提出暂扣企业安全生产许可证的建议，并附具企业及有关工程项目违法违规事实和证明安全生产条件降低的相关询问笔录或其他证据材料。

（一）在12个月内，同一企业同一项目被两次责令停止施工的。

（二）在12个月内，同一企业在同一市、县内三个项目被责令停止施工的。

（三）施工企业承建工程经责令停止施工后，整改仍达不到要求或拒不停工整改的。

第十一条 颁发管理机关接到本办法第十条规定的暂扣安全生产许可证建议后，应当于5个工作日内立案，并根据情节轻重依法给予企业暂扣安全生产许可证30日至60日的处罚。

第十二条 工程项目发生一般及以上生产安全事故的，工程所在地市、县级人民政府建设主管部门应当立即按照事故报告要求向本地区颁发管理机关报告。

工程承建企业跨省施工的，工程所在地省级建设主管部门应当在事故发生之日起15日内将事故基本情况书面通报颁发管理机关，同时附具企业及有关项目违法违规事实和证明安全生产条件降低的相关询问笔录或其他证据材料。

第十三条 颁发管理机关接到本办法第十二条规定的报告或通报后，应立即组织对相关建筑施工企业（含施工总承包企业和与发生事故直接相关的分包企业）安全生产条件进行复核，并于接到报告或通报之日起20日内复核完毕。

颁发管理机关复核施工企业及其工程项目安全生产条件，可以直接复核或委托工程所在地建设主管部门复核。被委托的建设主管部门应严格按照法规规章和相关标准进行复核，并及时向颁发管理机关反馈复核结果。

第十四条 依据本办法第十三条进行复核，对企业降低安全生产条件的，颁发管理机关应当依法给予企业暂扣安全生产许可证的处罚；属情节特别严重的或者发生特别重大事故的，依法吊销安全生产许可证。

暂扣安全生产许可证处罚视事故发生级别和安全生产条件降低情况，按下列标准执行：

（一）发生一般事故的，暂扣安全生产许可证30至60日。

（二）发生较大事故的，暂扣安全生产许可证60至90日。

（三）发生重大事故的，暂扣安全生产许可证90至120日。

第十五条 建筑施工企业在12个月内第二次发生生产安全事故的，视事故级别和安全生产条件降低情况，分别按下列标准进行处罚：

（一）发生一般事故的，暂扣时限为在上一次暂扣时限的基础上再增加30日。

（二）发生较大事故的，暂扣时限为在上一次暂扣时限的基础上再增加60日。

（三）发生重大事故的，或按本条（一）、（二）处罚暂扣时限超过120日的，吊销安全生产许可证。

12个月内同一企业连续发生三次生产安全事故的，吊销安全生产许可证。

第十六条 建筑施工企业瞒报、谎报、迟报或漏报事故的,在本办法第十四条、第十五条处罚的基础上,再处延长暂扣期 30 日至 60 日的处罚。暂扣时限超过 120 日的,吊销安全生产许可证。

第十七条 建筑施工企业在安全生产许可证暂扣期内,拒不整改的,吊销其安全生产许可证。

第十八条 建筑施工企业安全生产许可证被暂扣期间,企业在全国范围内不得承揽新的工程项目。发生问题或事故的工程项目停工整改,经工程所在地有关建设主管部门核查合格后方可继续施工。

第十九条 建筑施工企业安全生产许可证被吊销后,自吊销决定作出之日起一年内不得重新申请安全生产许可证。

第二十条 建筑施工企业安全生产许可证暂扣期满前 10 个工作日,企业需向颁发管理机关提出发还安全生产许可证申请。颁发管理机关接到申请后,应当对被暂扣企业安全生产条件进行复查,复查合格的,应当在暂扣期满时发还安全生产许可证;复查不合格的,增加暂扣期限直至吊销安全生产许可证。

第二十一条 颁发管理机关应建立建筑施工企业安全生产许可动态监管激励制度。对于安全生产工作成效显著、连续三年及以上未被暂扣安全生产许可证的企业,在评选各级各类安全生产先进集体和个人、文明工地、优质工程等时可以优先考虑,并可根据本地实际情况在监督管理时采取有关优惠政策措施。

第二十二条 颁发管理机关应将建筑施工企业安全生产许可证审批、延期、暂扣、吊销情况,于做出有关行政决定之日起 5 个工作日内录入全国建筑施工企业安全生产许可证管理信息系统,并对录入信息的真实性和准确性负责。

第二十三条 在建筑施工企业安全生产许可证动态监管中,涉及有关专业建设工程主管部门的,依照有关职责分工实施。

各省、自治区、直辖市人民政府建设主管部门可根据本办法,制定本地区的实施细则。

关于进一步加强住宅装饰装修管理的通知

建质〔2008〕133 号

各省、自治区建设厅,直辖市建委(房管局):

近年来,随着我国经济快速发展和人民生活水平的提高,住宅装饰装修市场规模不断扩大,在增加就业、带动经济发展、改善人居条件等方面发挥了重要作用。但是,在住宅装饰装修过程中,一些用户违反国家法律法规,擅自改变房屋使用功能、损坏房屋结构等情况时有发生,给人民生命和财产安全带来很大隐患。为进一步加强住宅装饰装修管理,切实保障住宅质量安全和使用寿命,现将有关事项通知如下:

一、提高思想认识,加强组织领导

住宅装饰装修与人民群众的生活和安全息息相关,由装饰装修引发的结构安全问题时有发生,特别是在汶川地震遭受破坏的建筑中尤为突出,这直接关系到人民生命财产安全,也关系到社会稳定和社会主义和谐社会的构建。各级建设主管部门要从落实科学发展观的高度,进一步转变思想,提高认识,增强做好装饰装修管理工作的责任感和紧迫感,切实把这项工作摆到重要议事日程上来。要根据本地区实际,以治理野蛮装修、防止破坏房屋结构为重点,不断健全工作机制,创新工作方法,改进工作作风,加强领导,明确责任,狠抓落实,着力把好住宅装饰装修安全关。

二、严格管理制度,落实相关责任

各级建设主管部门要根据国务院《建设工程质量管理条例》和《住宅室内装饰装修管理办法》(建设部令第 110 号)等有关规定,进一步完善本地区住宅装饰装修管理制度,落实装修人、装修企业和物业服务企业等住宅管理单位的责任。要加快建立装修企业信用管理制度,严格对装修人和装修企业违法违规行为的处罚。要坚持完善装修开工申报制度,装饰装修企业要严格执行《住宅装饰装修工程施工规范》(GB 5037—2001),确保装修质量。要采取切实有效措施,充分调动物业服务企业等住宅管理单位、居委会和住宅使用者参与监督的积极性,逐步形成各方力量共同参与、相互配合的联合监督机制。

三、切实加强监管，确保质量安全

各级建设主管部门要会同有关部门，切实加强住宅装饰装修过程中的监督巡查，发现未经批准擅自开工、不按装修方案施工或破坏房屋结构行为的，责令立即整改。物业服务企业等住宅管理单位应按照装饰装修管理服务协议进行现场检查，进一步强化竣工验收环节的管理，发现影响结构质量安全的问题，应要求装修人和装修企业改正，并报政府主管部门处理。建设主管部门要健全装修投诉举报机制，对住宅装饰装修中出现的影响公众利益的质量事故和质量缺陷，必须依法认真调查，立即责令纠正，严肃处理。

四、完善扶持政策，推广全装修房

各地要继续贯彻落实《关于推进住宅产业现代化提高住宅质量若干意见》（国办发[1999]72号）和《商品住宅装修一次到位实施导则》（建住房[2002]190号），制定出台相关扶持政策，引导和鼓励新建商品住宅一次装修到位或菜单式装修模式。要根据本地实际，科学规划，分步实施，逐步达到取消毛坯房，直接向消费者提供全装修成品房的目标。

五、强化宣传培训，营造良好环境

各地要充分发挥宣传舆论的导向作用，利用网络、电视、广播、报纸和杂志等宣传手段，采用板报标语、宣传图册等群众喜闻乐见、易于接受的宣传形式，大力宣传装修过程中私拆滥改的危害，普及住宅装饰装修基本知识，增强广大业主维护自身权益的法律意识和质量安全意识，树立文明装修、合理使用的思想。要针对物业服务企业等住宅管理单位和装修企业，有组织地开展相关培训，提高他们的质量意识和技术水平。要在建筑装饰装修行业积极开展创优评先活动，加强行业自律，建设诚信体系，营造人人重视安全、人人保障安全的良好执、守法环境。

中华人民共和国住房和城乡建设部
二〇〇八年七月二十九日

关于推进县域村庄整治联系点工作的指导意见

建村[2008]141号

各省、自治区建设厅，直辖市建委（农委），新疆生产建设兵团建设局，计划单列市建委（建设局）：

为深入贯彻落实中共中央关于社会主义新农村建设的部署和要求，2006年我部确定了46个县域村庄整治联系点，要求联系点各县结合当地实际，积极探索推进村庄整治的有效途径，切实搞好村庄规划建设管理，逐步改善农村人居生态环境。两年来，各地以配建基础设施和公共服务设施，改造危旧的农村住房，整治公共环境，治理垃圾、污水等为重点，开展了各具特色的村庄整治工作，村庄面貌发生了可喜变化。为进一步推进县域村庄整治联系点工作，增强示范带动能力，及时总结推广好的经验和做法，现提出以下指导意见：

一、充分认识做好县域村庄整治联系点工作的重要意义

县域村庄整治联系点是以县域为单位，有序推进村庄整治、有效改善农村人居环境和实现"村容整洁"的一项重要基础性工作。做好县域村庄整治联系点工作，是践行科学发展观和强化政府改善农村民生责任的具体举措；是促进城乡基本公共服务均等化，全面构建和谐社会的重要内容；是服务现代农业发展、促进农民增收，形成城乡协调发展局面的重要途径；是推动村庄整治规范化和制度化建设，持续改善农村人居生态环境的积极探索。各有关单位要进一步统一思想、提高认识，在建立健全村庄整治有序推进、防偏纠偏、长效维护、经费保障的体制机制方面大胆探索，将县域村庄整治联系点工作深入下去。

二、深入推进县域村庄整治联系点工作的基本要求

县域村庄整治联系点工作要按照城乡统筹、以城带乡，政府引导、农民主体，社会参与，科学规划、分步实施，分类指导、务求实效的原则，充分依托县域小城镇的经济社会发展优势，改善农民最基本的生产生活条件，逐步提高农村人居环境质量，促进县域城乡经济社会文化和谐发展。

（一）科学制定县域村庄整治规划

各县要立足县域实际，充分认识农村人居生态环境治理的长期性和艰巨性，结合县域村庄现状特征及未来十至二十年内村庄空间变化趋势，科学编制县域村庄整治布点规划，提出分期分批予以整治的村庄，纳入县（市）域村镇体系规划中组织实施。对于具备一定规模、有较强发展潜力、将长期保留的村庄，须确定为村庄整治候选对象；对于传统农业地区、生态环境保护地区和城郊地区规模较大的、村民整治意愿较统一的村庄，应列为优先整治对象；对于确实需要撤并的、人口持续减少的村庄，也要妥善解决留守村民的基本公共服务需求。

（二）深入指导实施方案编制

村庄整治实施方案是推进村庄人居环境改善的基本依据。各联系点要指导拟整治的村庄，依据现有经济实力、发展水平及村民的实际需要，合理编制村庄整治实施方案；在尊重村庄现状格局的基础上，充分利用已有建筑、设施和自然人文环境，完善和改造村庄的基础设施，逐步改善村庄公共环境；立足当地实际，统筹考虑村域及居民点范围邻近的山、水、林、田、路等生产生活要素，反映村庄规划的综合性和地域性、民族性、乡土性；合理规范农民建房行为，防止农民住房依河靠路蔓延建设、无序发展，制止违法占用耕地建房、违反规划随意建房行为；积极指导整治村庄开展废弃宅基地和房屋的复垦、整理工作，推进农村建设用地的集约节约利用。要指导拟整治的村庄，正确把握村庄整治的工作方向和重点，按照公益性、急需性和可承受性的原则，科学确定村庄整治的项目和时序；按照2008年8月1日起实施的《村庄整治技术规范》（GB 50445—2008）要求，确定整治项目，提高整治资金使用效率。

（三）有序推进重点项目整治

持续改善农村人居公共环境。要在村内道路、村庄供水建设和沟渠池塘、人畜分离治理的基础上，重点推进农村生活污水和垃圾的治理。推行"户分类、村收集、乡运输、县处理"的农村生活垃圾处理方式，实施生活垃圾的分类收集和就地回收利用，减少转运量和集中处理量。要做好粪便无害化处理，发达地区规模较大的村庄可因地制宜推行集中收集与处理。位于重要流域和水资源保护区的整治村庄，要建设符合要求的污水处理设施。

提高村庄的安全与防灾水平。村庄整治要高度关注农民住房的质量安全，加强农民住房建设安全选址，避开地震活动断层和可能发生洪灾、山体滑坡和崩塌、泥石流、地面塌陷、雷击等灾害的区域。对存在安全隐患的现状农民住宅和公共建筑，要在尊重相关利益主体意愿的基础上组织加固、拆除和迁建。完善村内消防设施，确保整治村庄有消防水源和必要的消防设施。

保护村庄的乡土、地域和民族特色。村庄房屋和公共环境的整治，基础设施和公共服务设施的配置，要突出地方特色，体现农村风貌。要尊重传统村落的规划布局特点和历史文化风貌，兼顾当代农村生活生产方式和建造方式的改变，使整治后的村庄特色鲜明、总体协调。防止随意填埋村内池塘河流、盲目取直和拓宽村内道路。

（四）切实维护农民合法权益

要完善农民自主参与的决策制度、投工投劳制度、账目公开制度、监督检查制度、项目验收制度等，保障农民群众的知情权、参与权和监督权，防止包办代替和盲目决策。严格保护农民的合法宅基地权利，保障农民的基本住房需求。坚决防止以新农村建设名义，在村庄整治中搞违背农民意愿的大拆大建、随意拆迁农民住房。各县要在尊重农民权益、征得农民同意的基础上，适度有序合理开展对严重影响村庄交通、安全、环境的个别农户的宅基地、房屋的整治。村集体组织制定村庄整治实施方案凡涉及农宅拆迁的，必须征得相关农户的书面同意；拆迁农宅必须坚持公开、公正、公平的原则，科学评估、合理补偿、签订协议，及时公示拆迁补偿标准与安置方案；凡未经农户同意，未落实新建择址和未得到妥善安置的"五保户"、特困户，一律不得拆除其房屋。

（五）充分发挥社会力量的积极作用

村庄整治必须坚持发挥各方面积极性。要畅通社会参与村庄整治的渠道，鼓励社会各界以多种形式参与和支持农村人居环境治理。要积极开展县直单位挂钩帮扶和驻县企事业结对帮扶活动，广泛动员社会参与，引导各方面社会力量支持村庄整治。积极开展骨干人员培训，帮助他们掌握村庄整治的有关知识、标准和方法。充分利用广播、电视、报刊、网络等媒体宣传村庄整治工作，向农民普及村庄整治相关知识与适用技术。

（六）努力构建多部门协调的工作机制

建设部门要在当地政府统一领导下，主动联系和协调发改、财政、农业等部门，建立村庄整治的部门协调工作机制。村庄建设规划和村庄整治实施方案的编制，要注重与土地利用规划、产业发展规划相衔接。要通过部门协调机制对村庄整治推进情况进行定期或不定期会商与联合督察，及时纠正基层工作的偏差，解决出现的问题。

三、深化县域村庄整治工作的体制机制改革与创新

深化村镇规划管理机制改革。要按照《城乡规划法》的基本要求，根据社会主义新农村建设的实际进展，科学编制县（市）域村镇体系规划、镇总体规划、乡规划、村庄建设规划，在实践中不断深化和完善村镇规划编制内容。要不断完善村镇规划管理制度，规范乡村建设规划许可证发放，方便农民办事。要通过村庄建设规划，有序引导有条件地区农民相对集中建房，逐步解决农民建房占地过多问题，推进宅基地的集约节约利用。加强旧村改造、空心村治理、城中村改造的政策引导与利益协调。

积极完善县乡镇建设管理体制。根据社会主义新农村建设需要，改革农村建设管理和服务机制，探索建立村庄建设管理派出机构，完善乡村建设管理员制度，真正做到"有钱办事、有章理事、有人做事"。积极发展为农村服务的县级设计单位、有执业资格的从业者和为农房建设服务的个体工匠。依托现有县、乡质检站、安监站的组织体系，建立农房建设服务与监管的组织机构。按照城乡有别、依法自愿的原则稳步推进农民住房登记发证工作，在"一户一宅"的政策框架下，研究建立相对集中建设公寓的农民住房财产权益保护模式。要采取多种措施有步骤、有区别地逐步解决农村困难群众的安全住房，研究国家住房制度框架下长期稳定的农民住房发展政策。

完善村庄整治的资金筹措和投入机制。要按照社会主义市场经济条件下公共财政的原则和要求，加大公共财政对村庄整治的支持力度，在年度预算中安排专项资金用于农村人居环境治理。明确县乡两级政府、村集体组织及村民在村内基础设施和公共服务设施建设中的责任，建立资金筹措与分摊机制，防止产生新的乡村债务和加重农民负担。要多渠道协调筹集扶持资金，整合现有的交通、土地、农业、水利、林业、扶贫等专项资金，充分发挥政府性资金的引导作用。有条件的地区，可按照"谁投资、谁受益、谁建设、谁管理"的原则，鼓励国有资本、集体资本和民营资本参与村庄整治，切实保护其产权利益。积极探索建立垃圾、污水处理收费制度。按照城乡统筹思路，县城及中心镇应逐步将周边村庄纳入城镇市政配建及管护系统。探索引入市场运作方式，建立村内基础设施和公共服务设施投入和管护的长效机制。

不断创新多种形式的农民参与机制。要坚持农民自愿、注重实效、民主决策的原则，按照"一事一议"的方式，引导农民群众参与村庄整治。可采取特许经营和奖励、补助等形式，鼓励农民通过投工投劳、入股合作、自建自营等多种形式参与村庄公共设施的建设和管理。逐步建立农民自愿参与、集体经济组织自主管理、政府协调服务的组织形式，保护农民参与的积极性。对于农户自用为主的项目，应遵循"自建、自有、自管、自用"原则，政府以"民办公助"的方式给予补助；并允许按照平等协商、互利互惠、有偿服务的原则，向其他农户延伸服务，保障经营者的合法收益。

四、加强组织领导、确保试点工作落到实处

县域村庄整治联系点工作，涉及面广、政策性强，任务十分艰巨和紧迫。各联系点必须从全局出发充分认识推进县域村庄整治工作的意义，周密部署、统筹安排，把各项工作落实到位。

（一）明确各级责任。省级建设部门要加强对本地区联系点工作的组织领导，指导开展工作，组织督查。县级人民政府要切实履行村镇建设职能，制定县域村庄整治实施方案，把改善农村人居环境的工作纳入政府工作考核体系中，加强对基层的督促检查。镇、乡政府负责组织辖域内村庄整治实施方案的编制，并经县级人民政府核准后实施。村集体经济组织负责整治项目实施。

（二）抓好落实工作。要建立技术支持、驻村指导、骨干培训、以奖代补等政府帮扶制度，逐步形成村庄整治有序推进、防偏纠偏和持续改善的长效工作机制。各县要在深入调查研究、广泛听取各方面意见的基础上，按照本意见要求，抓紧落实县域村庄整治工作方案。制定的方案要经省级建设部门审查后报送我部。各县要力争经过5至8年的艰苦努力，全面完成县域内选定村庄的整治任务。

（三）强化监督检查。要严格执行村庄整治实施方案分级审查制度和农宅拆迁管理制度。村庄整治方案经村民会议讨论同意并公示后，经县级有关部门审查后方可实施。各级村镇建设行政主管部门要加强对县域村庄整治联系点的指导和督促，及时发现和解决工作中遇到的新情况、新问题。我部将对县域村庄整治联系点实行动态管理，组织开展不定期检查，凡工作不力的将取消联系点资格；对于工作成效显著的将给予表彰和补助。

各省、市的村庄整治联系点、示范点可参照本

意见开展工作。省级建设部门可结合本地实际制定实施细则，并注意保持政策的连续性。要及时总结工作中的经验与教训，有关典型材料要及时报我部，以便推广借鉴。

中华人民共和国住房和城乡建设部
二〇〇八年八月十五日

关于加强汶川地震灾后农房重建指导工作的通知

建村〔2008〕109号

四川省、甘肃省、陕西省建设厅：

当前汶川地震受灾地区正在积极开展灾后农房重建，但是由于长期以来农房建设管理体制不健全，管理和服务力量薄弱，重建农房的质量安全引起了各方面的高度关注。为了加强对农房重建的指导，提高农房质量和抗震性能，现通知如下：

一、加强村镇规划对农房重建的指导

各地建设部门要组织力量科学编制镇、乡、村庄规划，保障农房选址安全。农房选址应避开地震活动断层或者生态脆弱和可能发生洪灾、山体滑坡、崩塌、泥石流、地面塌陷等灾害的区域以及传染病自然疫源地。农房用地布局要符合消防安全要求，保证对外疏散道路通畅。

按照《城乡规划法》的要求，根据各地灾后重建的具体情况，落实乡村建设规划许可制度，制定对农房选址安全、建筑抗震性能等进行许可审查的实施细则，充分发挥乡村建设规划许可在保障农房建筑质量安全方面的作用。

二、加强农房设计服务

各地建设部门要结合本地实际情况，组织编制、修订本行政区域内农房通用设计图或标准设计图集，供建房农民推荐选择使用。农房通用设计图或标准设计图集要符合《镇（乡）村建筑抗震技术规程》（JGJ 161—2008，住房和城乡建设部第49号公告）、《汶川地震灾后农房恢复重建技术导则》（建村函〔2008〕175号）和《农村民宅抗震构造详图》（国家建筑标准设计图集 SG 618—1~4，建质〔2008〕112号）的规定。

各地要充分考虑当地的建材供应、习惯做法以及运输的实际情况，传统的砖结构、木结构、生土结构、石结构等做法在满足国家建筑标准和抗震设防要求的前提下，均可使用。各地不得限制或禁止农民自主选择房屋结构类型。

三、开展农村建筑工匠培训

各级建设主管部门要重视推进农村建筑工匠的培训和管理工作，抓紧开展。农村建筑工匠资格可承包农村两层以下（含两层）住房及设施的建设、修缮和维护工程，可组建工匠劳务队伍，参与农村基础设施和公共设施以及乡镇企业的建设、修缮和维护工程。

省级建设主管部门应制定农村建筑工匠管理办法。农村建筑工匠的资格认定，由建筑工匠向当地有关部门提出申请，县级建设行政主管部门组织审查或考核，对审查或考核通过的颁发农村建筑工匠资格证书。农村建筑工匠资格证书可由省级建设主管部门统一印制。

县级以上建设行政主管部门应灵活采取多种方式，对农村建筑工匠进行集中培训或现场培训。灾区每一个行政村要保证在今年11月底前拥有二名以上农村建筑工匠。同时要加强宣传，引导农户优先选择有资格的农村建筑工匠承包农房建设工程。

四、组织建设系统对口支援

四川、甘肃、陕西三省建设厅要组织本省内未受灾地区的设计、施工、监理单位和工程质量检测机构、建筑工匠等对口支援灾区的农房重建，开展多种形式的设计、施工、监理咨询、验收指导等工作。

国务院确定对口支援的19个省、市的建设厅（建委、规划委）等部门要成立农房重建支援专家小组，赴灾区开展调查，提出建议，巡查指导。要组织本省规划、设计、施工、监理、工程质量检测等单位开展多种形式的农房重建支援工作。组织、鼓

励本省农村建筑工匠和劳务队赴灾区承揽农房建设工程。

五、建立咨询窗口和巡查服务

各县(市、区)建设部门要结合本地情况开设农房建设咨询服务中心等窗口,组织系统内人员、社会建设专业的志愿者,为自建住房的农民提供抗震设计咨询、建材咨询、工匠介绍和设计单位介绍等服务。要通过电视和报纸等手段,及时将咨询服务窗口的联系方式告知农村居民。

县级建设部门要建立巡查服务制度,加强农房重建的质量指导与服务。要组织县级建设部门人员以及乡镇农房建设管理人员,赴农房施工现场巡查,帮助农民做好基础、结构、施工及建材等农房建设工作。

六、协助农户做好农房质量验收

农房重建工程竣工后,凡政府组织集中建设的,由业主负责验收,凡农民自建的,由农户自行验收。农民可向县级建设部门提出协助安排竣工验收的申请要求,县级建设部门或委托的乡镇农房建设管理站应做好协助竣工验收的工作,对符合规划、符合农房设计导则和抗震规程、建材合格、施工质量合格的农房,按有关规定办理有关备案手续。不合格的农房应提示农户及时整修,使其符合相关标准。各地可设专款支持农房质量检测工作。

七、推进农房登记

对依法利用宅基地建造的村民住房和依法利用其他集体所有建设用地建造的房屋,农民自愿提出申请房屋登记的,各地要依据《房屋登记办法》的规定进行登记。

八、加强组织领导

做好灾后农房重建工作时间紧、任务重,要按照国务院要求,制定农房重建规划,千方百计推进农房重建。县级建设部门按照《汶川地震灾后恢复重建条例》的规定,具体负责组织实施农房重建,要成立农房重建的专门领导机构,完善工作机制,配备专业人员,落实责任。要加强村镇建设、规划、住房、工程质量监督、培训等部门和机构的协调和配合,明确各方责任。有条件的地方,可在乡镇设立农房建设管理站等,负责农房重建的管理、指导和登记业务等。

中华人民共和国住房和城乡建设部
二○○八年十月十五日

四、部分部门法规、规范性文件、部公告索引

(一)综 合 类

1. 建设综合

建设部 共青团中央关于评选表彰2006~2007年并考核认定现有建设系统全国青年文明号的通知
  (建精[2007]278号)
建设部关于表彰全国建设系统精神文明建设先进单位和先进工作者的通报
  (建精[2007]291号)
建设部关于印发《城乡规划监督检查证件管理规定》的通知
  (建稽[2007]281号)
中共建设部党组关于2008年建设系统精神文明建设工作的意见
  (建党[2008]4号)
中共建设部党组关于在全国建设系统开展向王忠平同志学习活动的决定
  (建党[2008]8号)

建设部办公厅关于印发《2008年城乡建设档案工作要点》的通知
　　（建办档函〔2008〕71号）
中共住房和城乡建设部党组关于启用"中国共产党住房和城乡建设部党组"印章的通知
　　（建党〔2008〕13号）
住房和城乡建设部关于启用"中华人民共和国住房和城乡建设部"印章的通知
　　（建办函〔2008〕77号）
住房和城乡建设部办公厅关于启用"中华人民共和国住房和城乡建设部办公厅"印章的通知
　　（建办办〔2008〕21号）
中共住房和城乡建设部党组关于印发《中共住房和城乡建设部党组2008年党风廉政建设工作要点》的通知
　　（建党〔2008〕17号）
住房和城乡建设部关于开展"五五"普法中期检查的通知
　　（建法函〔2008〕129号）
住房和城乡建设部办公厅关于认真贯彻实施《档案馆建设标准》的通知
　　（建办档函〔2008〕240号）
住房和城乡建设部关于印发《住房和城乡建设部城乡规划督察员管理暂行办法》的通知
　　（建稽〔2008〕92号）
住房和城乡建设部办公厅关于地震灾区过渡安置房（活动板房）建设有关问题的通知
　　（建办办电〔2008〕52号）
住房和城乡建设部办公厅关于地震灾区过渡安置房（活动板房）建设有关问题的补充通知
　　（建办办电〔2008〕56号）
住房和城乡建设部办公厅关于加强地震灾区过渡安置房雷电防护的通知
　　（建办办电〔2008〕61号）
住房和城乡建设部办公厅关于调整城乡规划监督检查证件有关内容的通知
　　（建办稽〔2008〕34号）
住房和城乡建设部　共青团中央关于命名和认定住房和城乡建设系统2006~2007年全国青年文明号的通报
　　（建精〔2008〕111号）
住房和城乡建设部办公厅关于积极防御地震等自然灾害充分发挥城建档案作用的通知
　　（建办档〔2008〕39号）
住房和城乡建设部关于印发《关于加强对抗震救灾资金物资监督检查工作的意见》的通知
　　（建办〔2008〕131号）
住房和城乡建设部关于印发《关于进一步做好住房和城乡建设系统纠风工作的意见》的通知
　　（建办〔2008〕137号）
住房和城乡建设部关于开展第三批派出城乡规划督察员工作的通知
　　（建稽〔2008〕146号）
住房和城乡建设部关于表彰全国住房城乡建设系统抗震救灾先进集体和先进个人的决定
　　（建精〔2008〕166号）
住房和城乡建设部办公厅关于印发住房和城乡建设部发文代字的通知
　　（建办厅〔2008〕49号）
住房和城乡建设部党组关于印发《中共住房和城乡建设部党组贯彻落实
　　〈建立健全惩治和预防腐败体系2008~2012年工作规划〉的实施意见》的通知
　　（建党〔2008〕41号）
住房和城乡建设部办公厅关于启用住房和城乡建设部有关内设机构印章的通知
　　（建办厅〔2008〕53号）

2. 计划财务

住房和城乡建设部等关于印发《北方地区城市集中供热管网改造规划》的通知

（建综〔2008〕96号）

住房和城乡建设部等关于印发《全国城市燃气管网改造规划》的通知
（建综〔2008〕98号）

住房和城乡建设部关于落实国务院批准的《〈内地与香港关于建立更紧密经贸关系的安排〉补充协议五》和《〈内地与澳门关于建立更紧密经贸关系的安排〉补充协议五》有关事项的通知
（建综函〔2008〕246号）

3. 建筑节能与建设科技

建设部关于印发《国家机关办公建筑和大型公共建筑能源审计导则》的通知
（建科〔2007〕249号）

建设部关于2007年建设领域节能减排监督检查中工程项目整改情况的通报
（建科〔2008〕61号）

住房和城乡建设部关于印发《2007年全国建设领域节能减排专项
监督检查建筑节能工作检查报告》的通知
（建科〔2008〕73号）

住房和城乡建设部关于试行民用建筑能效测评标识制度的通知
（建科〔2008〕80号）

住房和城乡建设部　教育部关于高等学校节约型校园建设管理与技术导则（试行）
（建科〔2008〕89号）

住房和城乡建设部　教育部关于推进高等学校节约型校园建设
进一步加强高等学校节能节水工作的意见
（建科〔2008〕90号）

住房和城乡建设部关于印发《地震灾区过渡安置房建设技术导则》（试行）的通知
（建科〔2008〕94号）

住房和城乡建设部关于印发《地震灾区建筑垃圾处理技术导则》（试行）的通知
（建科〔2008〕99号）

住房和城乡建设部关于印发《住房和城乡建设部2008年科学技术项目计划》的通知
（建科〔2008〕100号）

住房和城乡建设部关于印发《绿色建筑评价技术细则补充说明（规划设计部分）》的通知
（建科〔2008〕113号）

住房和城乡建设部关于印发国家机关办公建筑和大型公共建筑能耗监测
系统建设相关技术导则的通知
（建科〔2008〕114号）

住房和城乡建设部关于印发《公共建筑室内温度控制管理办法》的通知
（建科〔2008〕115号）

住房和城乡建设部关于印发《民用建筑能效测评标识技术导则》（试行）的通知
（建科〔2008〕118号）

住房和城乡建设部关于印发《北方采暖地区既有居住建筑供热计量及
节能改造技术导则》（试行）的通知
（建科〔2008〕126号）

住房和城乡建设部等关于加强建筑节能材料和产品质量监督管理的通知
（建科〔2008〕147号）

4. 人事教育

住房和城乡建设部办公厅关于通报2007年全国建设职业技能培训与鉴定

工作情况和安排 2008 年工作任务的通知
(建办人〔2008〕20 号)
住房和城乡建设部 人力资源和社会保障部关于印发建筑业农民工技能
　培训示范工程实施意见的通知
(建人〔2008〕109 号)
住房和城乡建设部办公厅关于开展建筑业"千万农民工同上一堂课"安全培训活动的通知
(建办人函〔2008〕601 号)

(二) 建筑市场监管类

建设部办公厅关于建筑业企业项目经理资质管理制度向建造师执业资格
　制度过渡有关问题的补充通知
(建办市〔2007〕54 号)
建设部关于做好解决建设领域拖欠工程款和农民工工资"回头看"工作的通知
(建市〔2007〕271 号)
建设部关于对济南盛顺装饰有限责任公司等 5 家企业在资质申报中弄虚作假的通报
(建市〔2007〕280 号)
建设部办公厅关于 2008 年度全国二级建造师执业资格考试时间安排的通知
(建办市函〔2008〕85 号)
建设部关于印发《注册建造师施工管理签章文件目录》(试行)的通知
(建市〔2008〕42 号)
住房和城乡建设部关于报送 2008 年工程招标代理机构统计报表的通知
(建市函〔2008〕273 号)
住房和城乡建设部办公厅关于 2007 年 7 至 12 月建设工程企业资质受理审查情况的通报
(建办市函〔2008〕600 号)
住房和城乡建设部办公厅关于 2008 年度二级建造师执业资格考试
　指导合格标准有关问题的通知
(建办市函〔2008〕606 号)
住房和城乡建设部关于表彰全国解决建设领域拖欠工程款工作先进
　单位和先进个人的决定
(建市〔2008〕194 号)

(三) 工程质量安全监管类

建设部关于印发《地铁及地下工程建设风险管理指南》(试行)的通知
(建质〔2007〕254 号)
建设部关于印发《建筑施工人员个人劳动保护用品使用管理暂行规定》的通知
(建质〔2007〕255 号)
建设部关于印发《关于进一步规范房屋建筑和市政工程生产安全事故报告
　和调查处理工作的若干意见》的通知
(建质〔2007〕257 号)
建设部关于进一步加强建设系统暴风雪应对准备工作并报送有关情况的紧急通知
(建办质电〔2007〕95 号)
建设部办公厅关于切实做好今冬明春建设系统安全生产、防灾减灾和
　应急管理工作的通知

（建办质〔2007〕63号）
建设部关于2007年度中国建筑工程鲁班奖（国家优质工程）获奖单位的通报
　　（建质〔2007〕272号）
建设部关于印发建设工程质量监督机构考核证书和监督人员资格证书式样的通知
　　（建质函〔2007〕379号）
建设部关于学习和贯彻《中华人民共和国突发事件应对法》的意见
　　（建质〔2008〕17号）
建设部关于批准《建筑隔声与吸声构造》等六项国家建筑标准设计的通知
　　（建质〔2008〕18号）
建设部关于印发《民用建筑节能工程质量监督工作导则》的通知
　　（建质〔2008〕19号）
建设部关于公布2005～2006年度国家级工法的通知
　　（建质〔2008〕22号）
建设部办公厅关于印发《建设部防灾减灾与抗震工作2007年工作总结
　　和2008年工作要点》的通知
　　（建办质〔2008〕4号）
建设部关于进一步开展建筑安全生产隐患排查治理工作的实施意见
　　（建质〔2008〕47号）
建设部关于印发《南方农村房屋灾后重建技术指导要点》的通知
　　（建质函〔2008〕48号）
建设部　国家人民防空办公室关于批准《防空地下室固定柴油电站》
　　等两项国家建筑标准设计的通知
　　（建质〔2008〕54号）
住房和城乡建设部关于印发《2008年国家建筑标准设计编制工作计划》的通知
　　（建质函〔2008〕83号）
住房和城乡建设部关于批准《建筑防腐蚀构造》等十六项国家建筑标准设计的通知
　　（建质〔2008〕70号）
住房和城乡建设部关于印发《建筑施工特种作业人员管理规定》的通知
　　（建质〔2008〕75号
住房和城乡建设部关于印发《建筑起重机械备案登记办法》的通知
　　（建质〔2008〕76号）
住房和城乡建设部办公厅关于做好防范暴雨洪涝灾害工作的紧急通知
　　（建办质电〔2008〕63号）
住房和城乡建设部关于批准《农村民宅抗震构造详图》国家建筑标准设计的通知
　　（建质〔2008〕112号）
住房和城乡建设部关于开展2008年"质量月"活动的通知
　　（建质函〔2008〕197号）
住房和城乡建设部办公厅关于电梯安装企业是否申领安全生产许可证的意见
　　（建办质〔2008〕38号）
住房和城乡建设部关于批准《压型钢板、夹芯板屋面及墙体建筑构造（三）》
　　等十三项国家建筑标准设计的通知
　　（建质〔2008〕125号）
住房和城乡建设部关于开展第六批全国工程勘察设计大师评选工作的通知
　　（建质函〔2008〕230号）
住房和城乡建设部办公厅关于建筑施工特种作业人员考核工作的实施意见

（建办质〔2008〕41号）

住房和城乡建设部办公厅关于公布第五批通过评审的"全国建筑业
新技术应用示范工程"名单的通知
（建办质〔2008〕43号）

住房和城乡建设部关于加强汶川地震灾后恢复重建房屋建筑工程质量安全管理的通知
（建质〔2008〕136号）

住房和城乡建设部关于批准《洁净厂房建筑构造》等八项国家建筑标准设计的通知
（建质〔2008〕189号）

住房和城乡建设部关于近期一些地区发生重大建筑施工安全事故的情况通报
（建质电〔2008〕112号）

（四）城乡规划与村镇建设类

建设部 国家文物局关于组织申报第四批中国历史文化名镇名村的通知
（建规函〔2007〕360号）

建设部办公厅关于请督促做好住房建设计划和住房建设规划制定和公布工作的函
（建办规函〔2007〕740号）

建设部关于印发新版城乡规划许可证书样本的通知
（建规〔2007〕289号）

建设部关于建立住房建设计划（规划）编制公布工作督办制度的通知
（建规函〔2007〕380号）

建设部办公厅关于印发《关于贯彻落实城市总体规划指标体系的指导意见》的通知
（建办规〔2007〕65号）

建设部关于加强城中村整治改造工作的指导意见
（建规〔2008〕15号）

建设部关于做好损毁倒塌农房灾后恢复重建工作的指导意见
（建村〔2008〕44号）

建设部关于开展城市规划编制资质核定及换证工作的通知
（建规函〔2008〕17号）

建设部关于表扬高质量完成2008年住房建设计划制定公布工作的地区和城市的通报
（建规函〔2008〕40号）

建设部关于印发《南方雨雪冰冻灾害地区建制镇供水设施灾后恢复重建技术指导要点》的通知
（建村〔2008〕58号）

住房和城乡建设部关于印发《汶川地震灾后农房恢复重建技术导则（试行）》的通知
（建村函〔2008〕175号）

住房和城乡建设部关于推进县域村庄整治联系点工作的指导意见
（建村〔2008〕141号）

住房和城乡建设部关于派遣技术人员指导汶川地震灾后农房重建的通知
（建村函〔2008〕290号）

住房和城乡建设部 国家文物局关于公布第四批中国历史文化名镇（村）的通知
（建规〔2008〕192号）

（五）城市建设类

建设部关于印发《国家级风景名胜区监管信息系统建设管理办法（试行）》的通知

（建城〔2007〕247号）
建设部关于燃气燃烧器具安装、维修企业资质管理有关事项的通知
　　（建城〔2007〕250号）
建设部办公厅关于做好城镇污水处理信息报送工作的通知
　　（建办城函〔2007〕805号）
建设部关于国家级风景名胜区综合整治工作的通报
　　（建城〔2007〕270号）
建设部关于印发《全国城镇污水处理信息报告、核查和评估办法》的通知
　　（建城〔2007〕277号）
建设部关于配合财政部门做好城镇污水处理设施配套管网建设以奖代补工作的通知
　　（建城〔2007〕290号）
建设部关于做好城镇市政公用设施灾后恢复重建工作的指导意见
　　（建城〔2008〕43号）
建设部关于加快国家级风景名胜区总体规划编制报批工作的通知
　　（建城函〔2008〕13号）
建设部关于认真学习贯彻胡锦涛总书记在广西南宁慰问环卫工人时重要讲话的通知
　　（建城〔2008〕34号）
建设部关于进一步开展市政公用设施安全隐患排查治理工作的实施意见
　　（建城〔2008〕49号）
建设部关于组织开展供热计量改革示范城市工作的通知
　　（建城函〔2008〕58号）
建设部办公厅关于转发《江西省落实优先发展城市公共交通考核办法》的通知
　　（建办城〔2008〕8号）
建设部办公厅关于做好2008年国家级风景名胜区监管信息系统
　　建设暨推进数字化景区试点工作的通知
　　（建办城函〔2008〕116号）
住房和城乡建设部办公厅关于开展2008年"全国城市节约用水宣传周"工作的通知
　　（建办城函〔2008〕192号）
住房和城乡建设部关于表扬第六届中国国际园林花卉博览会组织工作单位和个人的通报
　　（建城〔2008〕68号）
住房和城乡建设部关于全国城镇污水处理设施建设和运行情况的通报
　　（建城〔2008〕86号）
住房和城乡建设部关于设立第五批国家城市湿地公园的通知
　　（建城〔2008〕117号）
住房和城乡建设部关于2008年第二季度全国城镇污水处理建设和运行情况的通报
　　（建城函〔2008〕235号）
住房和城乡建设部关于印发《汶川地震灾区市政公用基础设施灾后重建指导意见》和
　　《汶川地震灾区风景名胜区灾后重建指导意见》的通知
　　（建城〔2008〕139号）
住房和城乡建设部办公厅关于开展国家园林城市复查工作的通知
　　（建办城函〔2008〕556号）
住房和城乡建设部关于命名国家园林城市的通报
　　（建城〔2008〕163号）
住房和城乡建设部关于公布第二批国家重点公园的通知
　　（建城〔2008〕168号）

住房和城乡建设部关于印发《供热计量技术导则》的通知
（建城〔2008〕183号）
住房和城乡建设部关于进一步推进供热计量改革的若干意见
（建城〔2008〕195号）
住房和城乡建设部办公厅关于开展2008年城市供水水质监督检查工作的通知
（建办城函〔2008〕627号）

（六）住宅与房地产类

建设部　国家发改委等关于印发《经济适用住房管理办法》的通知
（建住房〔2007〕258号）
建设部办公厅关于公布2007年度全国房地产估价师房地产经纪人执业资格考试合格人员名单及注册等有关问题的通知
（建办住房函〔2007〕798号）
建设部关于进一步加强房地产经纪管理的紧急通知
（建住房〔2007〕274号）
建设部等关于印发《关于改善农民工居住条件的指导意见》的通知
（建住房〔2007〕276号）
建设部关于在商业性房地产信贷过程中依托房屋登记信息系统查询家庭住房总面积情况有关问题的通知
（建住房〔2007〕284号）
建设部关于调整个人住房公积金存贷款利率的通知
（建金管〔2007〕285号）
建设部关于2007年度全国物业管理示范住宅小区（大厦、工业区）的通报
（建住房〔2008〕4号）
建设部　质监总局关于在住房公积金管理中使用组织机构代码的通知
（建保〔2008〕33号）
建设部办公厅关于转发《上海市人民政府关于批转市房地资源局关于本市新建住宅节能省地发展指导意见的通知》的通知
（建办住房〔2008〕14号）
建设部办公厅关于按月报备住房公积金存贷款情况表有关事宜的通知
（建办保〔2008〕15号）
住房和城乡建设部等关于印发《城市低收入家庭住房保障统计报表制度》的通知
（建保〔2008〕79号）
住房和城乡建设部办公厅关于扩大房地产市场信息系统建设重点城市范围的通知
（建办住房〔2008〕25号）
住房和城乡建设部办公厅关于贯彻实施《房屋登记办法》的通知
（建办住房函〔2008〕249号）
住房和城乡建设部关于公布2007～2008年度省地节能环保型住宅国家康居示范工程的通报
（建住房函〔2008〕138号）
住房和城乡建设部办公厅关于抗震救灾中做好住房公积金工作的紧急通知
（建办保〔2008〕33号）
住房和城乡建设部办公厅关于印发房屋权属证书、登记证明填写说明的通知
（建办住房〔2008〕36号）
住房和城乡建设部等关于加强房地产调控政策执行情况监督检查的通知

（建住房［2008］127号）

住房和城乡建设部关于调整个人住房公积金贷款利率的通知
（建金［2008］169号）

住房和城乡建设部办公厅关于对部分地区加强住房公积金管理专项治理
工作情况进行检查的通知
（建办保函［2008］552号）

住房和城乡建设部关于调整个人住房公积金存贷款利率的通知
（建金［2008］184号）

住房和城乡建设部关于调整个人住房公积金存贷款利率等有关问题的通知
（建金［2008］207号）

（七）标 准 定 额 类

建设部　民政部等关于开展创建全国无障碍建设城市工作的通知
（建标［2007］261号）

建设部办公厅关于申报2008年度工程建设标准制订、修订项目计划的通知
（建办标函［2007］718号）

建设部关于发布《工程建设标准体系（有色金属工程部分）》的通知
（建标［2008］2号）

建设部　国家发改委关于批准发布《拘留所建设标准》的通知
（建标［2008］50号）

建设部　国家发改委关于批准发布《档案馆建设标准》的通知
（建标［2008］51号）

建设部　国家发展改革委关于批准发布《城市轨道交通工程项目建设标准》的通知
（建标［2008］57号）

建设部　国家发展改革委关于批准发布《民用机场工程项目建设标准》的通知
（建标［2008］60号）

住房和城乡建设部　国土资源部　文化部关于批准发布《公共图书馆建设用地指标》的通知
（建标［2008］74号）

住房和城乡建设部关于贯彻落实《中共中央　国务院关于促进残疾人事业发展的意见》的通知
（建标［2008］77号）

住房和城乡建设部　国家发改委关于批准发布《中医医院建设标准》的通知
（建标［2008］97号）

住房和城乡建设部关于印发《2008年工程建设标准规范制订、修订计划（第一批）》的通知
（建标［2008］102号）

住房和城乡建设部关于印发《2008年住房和城乡建设部归口工业产品行业标准制订、修订计划》的通知
（建标［2008］103号）

住房和城乡建设部关于发布工程建设标准复审结果的通知
（建标［2008］104号）

住房和城乡建设部关于印发《2008年工程建设标准规范制订、修订计划（第二批）》的通知
（建标［2008］105号）

住房和城乡建设部关于印发《城镇市容环境卫生劳动定额》的通知
（建标［2008］110号）

住房和城乡建设部关于印发《工程建设标准翻译出版工作管理办法》的通知
（建标［2008］123号）

住房和城乡建设部等关于批准发布《文化馆建设用地指标》的通知
（建标［2008］128号）
住房和城乡建设部关于印发《地震灾后建筑鉴定与加固技术指南》的通知
（建标［2008］132号）
住房和城乡建设部关于做好《建筑工程抗震设防分类标准》和《建筑抗震设计规范》实施工作的通知
（建标函［2008］225号）
住房和城乡建设部等关于批准发布《乡镇卫生院建设标准》的通知
（建标［2008］142号）
住房和城乡建设部等关于批准发布《公共图书馆建设标准》的通知
（建标［2008］150号）
住房和城乡建设部关于发布《工程建设标准体系（化工部分）》的通知
（建标［2008］157号）
住房和城乡建设部关于发布《工程建设标准体系（石油化工部分）》的通知
（建标［2008］158号）
住房和城乡建设部等关于批准发布《农村普通中小学校建设标准》的通知
（建标［2008］159号）
住房和城乡建设部　国家发展改革委员会关于批准发布《综合医院建设标准》的通知
（建标［2008］164号）
住房和城乡建设部　国家发展改革委员会关于批准发布《流浪未成年人救助保护中心建设标准》的通知
（建标［2008］174号）
住房和城乡建设部　国家发展改革委员会关于批准发布《城镇供热厂工程项目建设标准》的通知
（建标［2008］175号）
住房和城乡建设部关于印发《城市轨道交通工程投资估算指标》的通知
（建标［2008］177号）
住房和城乡建设部关于印发《工程建设标准编写规定》的通知
（建标［2008］182号）
住房和城乡建设部关于印发《城市轨道交通工程预算定额》的通知
（建标［2008］193号）

（八）部　公　告

建设部关于发布行业标准《体育场馆照明设计及检测标准》的公告
（第675号）
建设部关于发布行业标准《民用建筑能耗数据采集标准》的公告
（第676号）
建设部关于发布行业产品标准《潜水搅拌机》的公告
（第680号）
建设部关于发布行业产品标准《旋转式滗水器》的公告
（第681号）
建设部关于发布行业产品标准《钢丝网骨架塑料（聚乙烯）复合管材及管件》的公告
（第682号）
建设部关于发布行业产品标准《实验室变风量排风柜》的公告
（第683号）
建设部关于发布行业产品标准《聚羧酸系高性能减水剂》的公告
（第684号）

建设部关于发布行业产品标准《给水排水用蝶阀》的公告
　　（第 685 号）
建设部关于发布行业产品标准《给水排水用直埋式闸阀》的公告
　　（第 686 号）
建设部关于发布行业产品标准《水处理用刚玉微孔曝气器》的公告
　　（第 687 号）
建设部关于发布行业产品标准《水处理用橡胶膜微孔曝气器》的公告
　　（第 688 号）
建设部关于发布行业产品标准《城镇燃气用二甲醚》的公告
　　（第 691 号）
建设部关于发布行业产品标准《建筑用钢结构防腐涂料》的公告
　　（第 692 号）
建设部关于发布行业产品标准《建筑幕墙用瓷板》的公告
　　（第 693 号）
建设部关于发布行业产品标准《建筑外窗气密、水密、抗风压性能现场检测方法》的公告
　　（第 694 号）
建设部关于发布行业产品标准《工程管道用聚氨脂、蛭石绝热材料支吊架》的公告
　　（第 695 号）
建设部关于发布行业产品标准《住宅厨房家具及厨房设备模数系列》的公告
　　（第 696 号）
建设部关于发布行业产品标准《预拌砂浆》的公告
　　（第 697 号）
建设部关于发布行业标准《城市工程地球物理探测规范》的公告
　　（第 706 号）
建设部关于发布行业产品标准《车库门电动开门机》的公告
　　（第 707 号）
建设部关于发布行业标准《建筑变形测量规范》的公告
　　（第 710 号）
建设部关于发布行业产品标准《预应力混凝土用金属波纹管》的公告
　　（第 711 号）
建设部关于发布行业标准《建设电子文件与电子档案管理规范》的公告
　　（第 712 号）
建设部关于公布 2007 年第三批城市园林绿化一级企业资质审查结果的公告
　　（第 720 号）
建设部关于发布行业产品标准《热量表》的公告
　　（第 721 号）
建设部关于发布行业产品标准《蒸发式热分配表》的公告
　　（第 722 号）
建设部关于发布国家标准《工程建设施工企业质量管理规范》的公告
　　（第 725 号）
建设部关于发布国家标准《铝合金结构设计规范》的公告
　　（第 726 号）
建设部关于发布国家标准《自动化仪表工程施工质量验收规范》的公告
　　（第 727 号）
建设部关于发布国家标准《城市消防远程监控系统技术规范》的公告

四、部分部门法规、规范性文件、部公告索引

（第 728 号）
建设部关于发布国家标准《石油化工设计能耗计算标准》的公告
（第 729 号）
建设部关于发布国家标准《油气输送管道穿越工程施工规范》的公告
（第 730 号）
建设部关于发布国家标准《钢铁工业环境保护设计规范》的公告
（第 731 号）
建设部关于发布国家标准《电力工程电缆设计规范》的公告
（第 732 号）
建设部关于发布国家标准《火灾自动报警系统施工及验收规范》的公告
（第 733 号）
建设部关于发布国家标准《线材轧钢工艺设计规范》的公告
（第 734 号）
建设部关于发布国家标准《油田采出水处理设计规范》的公告
（第 735 号）
建设部关于发布国家标准《油气输送管道穿越工程设计规范》的公告
（第 736 号）
建设部关于发布国家标准《工业炉砌筑工程质量验收规范》的公告
（第 737 号）
建设部关于发布国家标准《水泥工厂节能设计规范》的公告
（第 739 号）
建设部关于发布国家标准《平板玻璃工厂设计规范》的公告
（第 741 号）
建设部关于发布国家标准《工业循环冷却水处理设计规范》的公告
（第 742 号）
建设部关于发布国家标准《地铁运营安全评价标准》的公告
（第 743 号）
建设部关于发布国家标准《工程测量规范》的公告
（第 744 号）
建设部关于发布国家标准《炼焦工艺设计规范》的公告
（第 745 号）
建设部关于发布国家标准《城镇老年人设施规划规范》的公告
（第 746 号）
建设部关于发布行业产品标准《外墙外保温柔性耐水腻子》的公告
（第 758 号）
建设部关于发布行业产品标准《混合动力电动城市客车》的公告
（第 763 号）
建设部关于发布行业产品标准《城市客车燃油加热器》的公告
（第 764 号）
建设部关于发布行业产品标准《无负压给水设备》的公告
（第 765 号）
建设部关于发布行业产品标准《小单元建筑幕墙》的公告
（第 766 号）
建设部关于发布行业产品标准《城市客车乘客门装置用电控换向阀》的公告
（第 767 号）

建设部关于发布行业产品标准《聚乙烯塑钢缠绕排水管》的公告
　（第769号）

建设部关于发布行业产品标准《建筑玻璃采光顶》的公告
　（第770号）

建设部关于发布国家标准《煤矿巷道断面和交岔点设计规范》的公告
　（第771号）

建设部关于发布国家标准《土的工程分类标准》的公告
　（第772号）

建设部关于发布行业产品标准《现浇混凝土复合膨胀聚苯板外墙外保温技术要求》的公告
　（第773号）

建设部关于发布行业产品标准《给水用抗冲改性聚氯乙烯(PVC-M)管材及管件》的公告
　（第779号）

建设部关于发布行业产品标准《饮用水冷水水表安全规则》的公告
　（第780号）

建设部关于发布国家标准《炼钢工艺设计规范》的公告
　（第784号）

建设部关于发布国家标准《高炉炼铁工艺设计规范》的公告
　（第785号）

建设部关于发布国家标准《开发建设项目水土流失防治标准》的公告
　（第786号）

建设部关于发布国家标准《开发建设项目水土保持技术规范》的公告
　（第787号）

建设部关于发布国家标准《钢质石油储罐防腐蚀工程技术规范》的公告
　（第788号）

建设部关于发布国家标准《工业金属管道设计规范》局部修订的公告
　（第796号）

建设部关于发布行业产品标准《混凝土结构用成型钢筋》的公告
　（第797号）

建设部关于发布行业标准《擦窗机安装工程质量验收规程》的公告
　（第798号）

建设部关于发布行业标准《民用建筑电气设计规范》的公告
　（第800号）

建设部关于发布国家标准《锅炉房设计规范》的公告
　（第803号）

建设部关于发布国家标准《城市公共设施规划规范》的公告
　（第804号）

建设部关于公布2006年度全国优秀工程勘察设计奖的公告
　（第807号）

建设部关于发布行业标准《建设领域应用软件测评通用规范》的公告
　（第808号）

建设部关于发布行业标准《聚乙烯燃气管道工程技术规程》的公告
　（第809号）

建设部关于发布行业标准《城镇排水系统电气与自动化工程技术规程》的公告
　（第810号）

建设部关于发布行业产品标准《卫浴型散热器》的公告

（第814号）

建设部关于发布行业产品标准《城镇燃气调压箱》的公告
（第815号）

建设部关于发布行业产品标准《城镇燃气调压器》的公告
（第816号）

建设部关于发布行业标准《城市公共交通工程术语标准》的公告
（第817号）

建设部关于发布行业产品标准《瓶装液化石油气调压器》的公告
（第818号）

建设部关于发布行业标准《早期推定混凝土强度试验方法标准》的公告
（第819号）

建设部关于发布行业标准《电影院建筑设计规范》的公告
（第820号）

建设部关于发布行业标准《建筑轻质条板隔墙技术规程》的公告
（第821号）

建设部关于发布行业标准《建筑工程饰面砖粘结强度检验标准》的公告
（第826号）

建设部关于发布国家标准《工业建筑防腐蚀设计规范》的公告
（第827号）

建设部关于发布国家标准《城市轨道交通工程测量规范》的公告
（第828号）

建设部关于发布国家标准《工业设备及管道绝热工程施工规范》的公告
（第829号）

住房和城乡建设部关于发布国家标准《村庄整治技术规范》的公告
（第6号）

住房和城乡建设部关于发布国家标准《水泥基灌浆材料应用技术规范》的公告
（第7号）

住房和城乡建设部关于发布国家标准《盾构法隧道施工与验收规范》的公告
（第8号）

住房和城乡建设部关于发布行业标准《城镇道路工程施工与质量验收规范》的公告
（第11号）

住房和城乡建设部关于发布行业产品标准《聚丙烯静音排水管材及管件》的公告
（第12号）

住房和城乡建设部关于发布行业标准《建筑桩基技术规范》的公告
（第18号）

住房和城乡建设部关于发布行业标准《混凝土中钢筋检测技术规程》的公告
（第20号）

住房和城乡建设部关于发布国家标准《电力装置的电测量仪表装置设计规范》的公告
（第30号）

住房和城乡建设部关于发布行业产品标准《建筑门窗用通风器》的公告
（第36号）

住房和城乡建设部关于发布行业产品标准《建筑装饰用搪瓷钢板》的公告
（第37号）

住房和城乡建设部关于发布行业产品标准《垃圾填埋场用线性低密度聚乙烯土工膜》的公告
（第38号）

住房和城乡建设部关于发布行业产品标准《生活垃圾渗滤液碟管式反渗透处理设备》的公告
　　(第 39 号)
住房和城乡建设部关于发布行业产品标准《塑料垃圾桶通用技术条件》的公告
　　(第 40 号)
住房和城乡建设部关于发布行业产品标准《建筑排水用聚丙烯(PP)管材和管件》的公告
　　(第 41 号)
住房和城乡建设部关于发布行业产品标准《蝶形缓闭止回阀》的公告
　　(第 42 号)
住房和城乡建设部关于发布行业产品标准《偏心半球阀》的公告
　　(第 43 号)
住房和城乡建设部关于发布行业产品标准《给水涂塑复合钢管》的公告
　　(第 44 号)
住房和城乡建设部关于发布行业产品标准《给水衬塑可锻铸铁管件》的公告
　　(第 46 号)
住房和城乡建设部关于发布行业标准《镇(乡)村给水工程技术规程》的公告
　　(第 48 号)
住房和城乡建设部关于发布行业标准《镇(乡)村建筑抗震技术规程》的公告
　　(第 49 号)
住房和城乡建设部关于发布行业标准《镇(乡)村文化中心建筑设计规范》的公告
　　(第 50 号)
住房和城乡建设部关于发布行业标准《镇(乡)村排水工程技术规程》的公告
　　(第 51 号)
住房和城乡建设部关于发布国家标准《带式输送机工程设计规范》的公告
　　(第 52 号)
住房和城乡建设部关于发布国家标准《建设工程工程量清单计价规范》的公告
　　(第 63 号)
住房和城乡建设部关于公布 2008 年度第一批"绿色建筑设计评价标识"项目名单的公告
　　(第 67 号)
住房和城乡建设部关于发布国家标准《建筑工程抗震设防分类标准》的公告
　　(第 70 号)
住房和城乡建设部关于发布国家标准《建筑抗震设计规范》局部修订的公告
　　(第 71 号)
住房和城乡建设部关于发布行业标准《古建筑修建工程施工与质量验收规范》的公告
　　(第 72 号)
住房和城乡建设部关于发布行业标准《塑料门窗工程技术规程》的公告
　　(第 73 号)
住房和城乡建设部关于发布行业标准《蓄冷空调工程技术规程》的公告
　　(第 74 号)
住房和城乡建设部关于发布行业标准《建筑施工模板安全技术规范》的公告
　　(第 79 号)
住房和城乡建设部关于发布行业标准《建筑施工木脚手架安全技术规范》的公告
　　(第 80 号)
住房和城乡建设部关于发布行业标准《风景名胜区分类标准》的公告
　　(第 83 号)
住房和城乡建设部关于发布行业标准《施工现场机械设备检查技术规程》的公告

（第 84 号）

住房和城乡建设部关于发布行业产品标准《城镇污水处理厂污泥处置土地改良用泥质》的公告
（第 86 号）

住房和城乡建设部关于发布行业产品标准《转碟曝气机》的公告
（第 87 号）

住房和城乡建设部关于发布行业产品标准《餐饮废水隔油器》的公告
（第 88 号）

住房和城乡建设部关于发布行业产品标准《城市市政综合监管信息系统监管数据无线采集设备》的公告
（第 89 号）

住房和城乡建设部关于发布行业产品标准《城市市政综合监管信息系统绩效评价》的公告
（第 90 号）

住房和城乡建设部关于发布行业产品标准《跨座式单轨交通车辆通用技术条件》的公告
（第 91 号）

住房和城乡建设部关于发布行业产品标准《城市轨道交通轨道橡胶减振器》的公告
（第 92 号）

住房和城乡建设部关于发布行业产品标准《城市轨道交通浮置板橡胶隔振器》的公告
（第 93 号）

住房和城乡建设部关于发布行业产品标准《$\phi 5.5m \sim \phi 7m$ 土压平衡盾构机（软土）》的公告
（第 94 号）

住房和城乡建设部关于发布行业产品标准《城镇污水处理厂污泥处置制砖用泥质》的公告
（第 95 号）

住房和城乡建设部关于发布国家标准《实验动物设施建筑技术规范》的公告
（第 96 号）

住房和城乡建设部关于发布国家标准《建筑灭火器配置验收及检查规范》的公告
（第 97 号）

（九）国务院有关部门文件

国家发展改革委办公厅　建设部办公厅关于请编报 2008 年新建
　廉租住房投资建议计划的通知
　　发改办投资〔2008〕681 号
民政部　住房和城乡建设部关于四川汶川大地震灾民临时住所安排工作指导意见
　　民电〔2008〕97 号
民政部　财政部　住房和城乡建设部关于做好汶川地震房屋倒损农户住房重建工作的指导意见
　　民电〔2008〕107 号
环境保护部等关于继续深入开展整治违法排污企业保障群众健康环保专项行动的通知
　　环发〔2008〕45 号
国家发展和改革委员会等关于做好冬季供热采暖工作有关问题的指导意见的通知
　　发改价格〔2008〕2415 号
国家发展和改革委员会等关于贯彻实施《中华人民共和国节约能源法》的通知
　　发改环资〔2008〕2306 号
监察部　住房和城乡建设部等关于监察机关和有关行政监督部门在查处
　工程建设招标投标违法违纪案件工作中加强协作配合的通知
　　监发〔2008〕8 号
财政部　国家税务总局关于调整房地产交易环节税收政策的通知

财税〔2008〕137号

（十）地方有关文件

北京市建委关于印发《北京市二级建造师注册实施办法》的通知
 京建科教〔2007〕1208号
安徽省建设厅关于进一步加强施工图设计文件审查机构管理工作的通知
 建设〔2008〕208号

第四篇

重要文献

制定镇规划编制办法是当前迫切任务

汪光焘

(2008年2月19日)

中国特色城镇化道路，从根本上要求必须适应劳动力转移就业和安居乐业的产业布局、人口分布，体现我国时代特征和发展阶段。发展镇是实施中国特色城镇化战略的集中体现。

本文根据《城乡规划法》，将小城镇的提法统一规范为镇。

一、发展镇是中国特色城镇化道路的必然选择

中国现代化要坚持稳妥推进城镇化和扎实推动新农村建设两轮驱动。镇是城市和农村不可分离的结节点，是两轮驱动的重要结合点，必须高度重视和正确把握镇的发展定位问题。

1. 充分认识我国城镇化是工业化、信息化、市场化、国际化背景下的城镇化

要适应走新型工业化道路的要求。我国的城镇化与国外的城镇化不同，既不是资本主义工业化初期劳动密集加工型的城镇化，也不是破产农民进城的城镇化，我国的国情决定了我们必须走新型工业化的道路，富裕农民和富余劳动力进城的城镇化。中国走低资源消耗、低污染、高技术为主导和人力资源合理分布、配置的新型工业化道路，必须发挥好镇优势，走低成本的城镇化发展道路，解决人口现状素质的劳动力转移。

要遵循市场经济规律。我国实行社会主义市场经济体制，城镇化发展必须充分发挥市场机制的作用。中国的农民是最能遵循市场经济法则的。近年来，一些发达地区出现"民工荒"，正是农民比较了外出打工和就地转移就业的劳动收入、生活成本、回家成本后做出的理性选择。现在，许多地方的农民卖粮食，在网上查询价格决定卖给谁，这与过去有天壤之别，这就是信息时代的影响。

要面对两个市场、两种资源。中国城镇化是在经济全球化背景下快速发展的，我们面对着国际国内两个市场、两种资源。随着基础设施建设等的完善，改善了镇的区位条件，镇相对较低的土地和劳动力成本开始发挥出吸引外商投资的优势。调研结果显示，2005年，东部地区项目中由外资及港澳台投资的占67%，中部地区占42%。特别是随着镇交通、通讯等对外联系便捷度的提高，一些镇的资金、原料、产品等要素流通已延伸到国外，有些产品可以直接接收海外投资并拥有海外市场。

要发挥镇接纳人口转移的作用。中国是一个发展中人口大国，走中国特色城镇化道路不能简单地提出将农村富余人口都转移到城市。我国有8亿农民，即使城镇化率达到60%，仍然有相当一部分农民生活在农村和镇，必须正视这个问题。在产业结构升级换代、城镇布局不断完善过程中，镇作为联系城市和农村的关键环节，对解决1.3亿农村富余劳动力中多数人就地转移就业，以及有条件地为1500万城市新增劳动力，500万大学生安置提供就业岗位，具有战略地位。

2. 发挥镇的作用是中国特色城镇化题中应有之义

农业农村农民问题是全党全国工作的重中之重。农业历来是中国生存与发展的基础，决不能动摇。只有农业基础稳固了，才能为富余劳动力向城市和镇转移提供物质和社会基础。目前，我国农民在搞好承包经营的同时，相当数量的农村劳动力尚不具备离开土地进入大中城市稳定生存发展的能力。同时，支持农民致富、增加农民消费，是扩大国内需求，促进经济社会又好又快发展的重要措施。镇在服务农村经济社会健康发展中起着重要作用。

镇是巩固农业基础地位的重要环节。中央强调，"要加强农业基础地位，走中国特色农业现代化道路，建立以工促农、以城带乡长效机制，形成城乡经济社会发展一体化新格局"，发展镇是重要环节，既反映社会发展的客观规律，又着眼于解决中国的特殊性问题。目前，城市发展依靠城乡"剪刀差"的格局尚未从根本上改变。镇的发展，对形成以工促农、以城带乡的长效机制，具有特殊意义。

镇是实现农业现代化和推动农业规模经营、产业化发展的关键支撑点。镇介于城乡之间，与农业、农村和农民的联系更为直接，能够带动县域经济发展。推进农业的规模经营，发展农业产业化，为现代农业发展提供更直接的服务，支持农民致富，镇是一个好的支撑点。据现状调查，1.3亿流动人口的60%生活、工作在镇，根据这些基点来思考镇的发展，我们就会发现，发展镇是解决好农业农村农民问题的重要方面。

3. 发展镇有利于促进社会公平公正和谐发展

要让农民分享改革开放成果。中央提出，要让更多地群众共享改革开放和发展的成果。农民为改革开放和现代化建设做出重要贡献，让农民享受改革开放的成果，不是简单地让农民为经济社会发展提供劳务，而是要在全面落实中央近年来采取的一系列支农惠农政策的基础上，千方百计为农民创造创业原始积累所需的条件，为农民提供社会服务。

农民致富的长期积累主要是住房和投资。农民建房有多种选择，或者在原来的村庄里建，或者在城镇里建，有的农民往县城转移，有的往小镇转移，是农民自发的愿望和要求。虽然一部分人有可能留在乡里，但更多的人带着下一代转移，或者为下一代转移创造条件。关于农民投资，据最新调查，农民在城里务工取得原始积累以后，有一小部分直接返回家乡投资农业，大部分在城镇里投资第三产业或与提供与农业有关的服务。农民大多是小本经营，赚的钱不多，在大城市里可能只够维持生活，如果到镇里，则有了创业的启动资金。要维护社会稳定，实现社会公平，就要为农民的财产积累创造条件。

重点扶持镇公共服务和社会事业。要树立城乡统筹的发展理念，促进城市基础设施和公共服务设施的延伸，重点扶持镇基础设施和公共服务设施建设，镇发展能够促进合理的城镇体系和现代服务体系的建立，让城市文明向农村地区延伸。要为农民创造条件，解决农民教育、医疗、就业等各方面的民生问题，特别是提高人口素质的义务教育问题。要落实中央关于整合教育资源的政策，有条件的地方要逐步推行在镇建寄宿制学校。

4. 发展镇是进一步完善社会主义市场经济体制的客观结果

劳动成本逐步提高是农村劳动力价值逐步体现的结果。加工业在地区间转移，有生产成本和劳动力成本的因素。目前，劳动力成本逐步提高，有利于促进加工业按市场经济规律形成合理的区域布局。我们要坚持社会主义市场经济体制改革的方向不动摇，研究市场规律，充分发挥市场对物质和人力资源配置的作用，加强政府宏观调控和政策引导，不断完善镇发展的体制机制。

服务农业的工业和第三产业面临新形势。建设资源节约、环境友好型社会理念的推广，使面向农村的产业有了发展空间。服务于农业的工业，特别是粮食加工业和其他服务于农业的产业、第三产业的发展，要求经营者处理好以较低的成本获得较高的收益、环境污染等外部成本转化为企业内部成本的问题。政府要借助农村金融服务，扶持二、三产业健康发展，不断将镇做大作强。

适应我国农村劳动力素质的现实要求。人力资源市场是我国社会主义市场体系的重要组成部分，要正视中国劳动力素质总体上较低的现状。比如，北京目前来京劳动力市场中，大专以上学历的仅占9%，其他地区的劳动力受教育程度也不高，这是劳动力市场的基本情况。劳动力素质的提高有个过程，劳动力的转移是遵循劳动力价值取向的，在这个过程中政府要出台相关的政策，加强引导和指导，以利于镇的产业发展吸纳更多劳动力。

二、我国镇的发展已经进入历史最好时期

中央明确提出，要重视发展小城镇。镇发展已经在中国特色城镇化过程中发挥着独特的、十分重要的作用。

1. 镇的发展现状

镇积聚和吸纳人口的优势增强。镇人口增长的速度超过了城市人口增长速度。1990年，建制镇人口占全国城镇人口的20%。2006年，这一比例达到了26%，如果包括县城关镇，则比重为44%。镇人口中，从事非农业生产的人口规模从20世纪90年代初的平均6000人，到2006年的8352人，增加了2000多人，进入了内涵式加速发展阶段。

镇的产业结构发生了显著变化。随着经济快速发展，镇开始具备较合理的产业结构，社会服务功能逐渐增强，镇已发展成为跨国或跨区域投资的重要目的地。第三产业发展较快。镇里直接从事农业生产的人口比例在下降，从事第三产业和第二产业人口在增加。据调查，从1985年到2005年，镇从事第一产业的人口比例由62%下降到38%，而为农业生产服务的人口由12%提高到24%。

镇的管理和技术指导力量得到加强。近年来，镇的人力资源质量有了显著提高。建制镇领导干部知识化、年轻化步伐加快。调查显示，镇级领导干部大学以上学历的比例和30岁~45岁的干部比例，

分别由20世纪90年代末的30.3%和44.8%,提高到2006年的49.0%和52.3%。镇里出现了一批眼界开阔的企业家,农村劳动力从事二、三产业的职业技能有了很大提高,为镇的产业发展提供了必不可少的支撑。

2. 镇对促进农业发展的产业积聚效应已经有新的体现

镇作为农业和农村区域服务中心而存在。农业发展是镇发展的基础,产业化是镇发展的动力。生产要素(产品、资本、劳动力)向镇的空间转移,带来人口的积聚化、规模化,促进了镇的发展。镇里建立了许多现代农业的科研服务站,加速了科研成果向现实生产力的转化,促进了与农业生产有较高关联度的农产品深加工和第三产业在镇落户,为农业产前、产中、产后提供各方面的规范化服务,促进了小型企业参与农业技术研究和推广,为小型企业的发展创造了宽松的环境。

不同动因推动形成了镇的不同发展模式。镇的发展模式主要有四种。第一类是加工业型城镇。随着规模性经营等影响而发生变化,在日益加剧的竞争下,有一部分发展壮大为龙头企业,有一部分则被淘汰,镇的发展也随之变化。第二类是商贸型城镇。主要为周边地区或一定区域提供服务。第三类是农业产业化带动型城镇。像内蒙古的鄂尔多斯,是由龙头企业带动农村发展起来的,现已成为有较大影响力的城市了。第四类是利用当地人文和自然景观等资源发展的镇。如历史文化名镇名村带来的社会效应,推动了当地的旅游发展,增加了农民的收入。另外,风景名胜资源对地区发展的推动也不容忽视,这种推动力随着市场经济的发展不断增强。如黑龙江省的五大连池,近年来,当地利用五大连池风景名胜资源,带动周围地区很快发展,原五大连池风景名胜区办事处所在地,现在称五大连池市。

3. 镇接纳农业富余劳动力成为基本趋势

镇已成为接纳农业富余劳动力的主要载体。镇劳动密集型为主的产业结构创造了大量就业机会,不仅吸纳了大量当地农村富余劳动力,而且还吸纳了大量跨区域流动的农村富余劳动力。目前,镇成为农村富余劳动力跨区域流动的重要落脚点。据统计,我国镇(含县城关镇)吸纳了39%的跨省域流动的农村富余劳动力。调研显示,镇区总人口中,来自镇外的流动人口占16.2%,而在东部地区的镇,这一比例更是高达为23%。

镇吸纳农民就近就地就业能力增强。镇的发展促成了58%的农村劳动力在本镇域范围内实现非农产业转移。有三种形式。一是农民进镇落户定居转为非农业人口。1995年~2005年10年间,全国建制镇镇区总人口从9296万增加到14805万,其中大部分由农村人口转移构成。仅此一项,镇每年新增540万城镇人口。二是白天进镇务工经商、晚上返村居住成为农民的一种就业与生活方式。调研显示,这类人口占镇域农村劳动力的11%,东部地区则高达18%。三是镇建设为农民在家庭或村里从事与镇区第二、三产业相关生产活动创造了条件。这部分人口占到了镇域农村劳动力的18%。

4. 镇为提高农民特别是农民下一代素质已经并将继续起到重要作用。

镇的发展培养和造就了一批眼界开阔的农民企业家和一大批具有熟练技能的农民工。镇的一些企业家,逐步摆脱家族式经营的模式,建立起现代企业制度,使得扎根镇的乡镇企业化焕发新的活力。同时,随着二、三产业的发展,大批转移就业农民经过培训和多年的实践,学到了许多科学和生产技术知识,已成为具有熟练技能和现代文化的劳动者。

镇社会服务文化的繁荣对农民素质的提高起着潜移默化作用。镇历来是农民进行商业活动、文化娱乐、社会往来的主要场所。镇的文化商业服务功能日益完善,人居环境日益改善,为农民获取信息、接受城市文明提供了重要渠道。同时,镇的发展提供了大量的商机,有助于增强农民的创业欲望,促生一批具有初步创业资本和创业精神的农民。

镇教育设施不断改善对农民下一代素质的提高发挥着不可估量的作用。近年来为提高农村教育质量,许多地区撤并村庄小学,将小学及中学等教育设施向镇集中,并增加投入、加以改善,使农民子女接受教育的设施条件和师资力量等有了根本性的保障。一些发达地区的镇为方便农村孩子通勤,还提供中小学生公车接送服务,覆盖全部村庄。越来越重视教育的农民也十分愿意将他们的下一代送到镇上质量较高的学校接受教育。由于镇的发展,一些原来外出打工的农民,在镇里就能找到就业的机会,他们选择留在当地,这样就能有时间和精力照顾下一代,孩子的教育能得到更多关注。

5. 镇发展的动力机制正在逐步形成

镇发展的内在规律决定的动力机制是发展的主要原因。发展动力机制的基本要素是基本一致,都来自资源、区位和政策三大要素的作用发挥及相互协调。各地镇的发展呈现出多样化、特色化特征,审势度时,抓住机遇,正确定位,持续发展。近年来,对外交通条件的明显改善成为镇发展的主要动力之一。据统计，我国镇至特大城市的平均车程由20世纪90年代的4.5小时，缩短到现在的2.5小时，到高速公路出入口的平均车程由1.5小时缩短到0.6小时，为镇的加速发展创造了重要条件。

各种自然、人文资源的保有、组合及开发利用是镇健康发展的基础。对所拥有资源的合理开发和科学利用，促进了镇的快速发展。内蒙古达赉诺尔、平庄镇，河南省米河镇、湖南省梅田镇以及山西、陕西等资源富集地区的镇，依托矿产资源开发及加工产业发展，加快了基础设施建设，聚集了大量人口，推动了当地经济社会发展。内蒙古三河镇、陕西省相桥镇、河南省香花镇、宁夏宣和城镇地处内陆传统农区，拥有丰富的农林牧资源，农牧产品在镇域加工、集散，推动这些建制镇逐渐发展为具有特色的农牧业镇。此外，各地旅游业蓬勃发展，成为城郊、边远民族地区镇经济发展的重要支撑。

良好的区位条件是镇经济社会全面发展的基础条件。大中城市周边、边境陆路口岸、沿海沿江地区，物质流、能源流和信息流非常畅通、商贸活动比较频繁，更有利于镇的发展和集聚。由于有得天独厚的地缘优势，长江三角洲地区涌现出了大量具有特色的专业镇，如以纺织业为主导的张家港市塘桥镇，"中国水泵之乡"温岭市大溪镇，"中国家纺布第一镇"的海宁市许村镇等。位于珠江三角洲地区的广东省新塘镇，在广州、深圳等中心城市辐射和带动下，充分发挥区位、交通、产业集聚等优势，成功走出了一条"大工业、大商贸、大房产"的富民强镇之路，2005年全镇实现工农业总产值339.58亿元，城乡居民储蓄余额达220亿元，农民人均纯收入6739元。

政策安排对于镇经济社会发展速度及模式选择有着十分明显的影响。政策安排对镇发展的影响，可分为直接驱动与间接驱动两种，直接驱动包含有与镇发展紧密相关的国家政策，间接驱动政策包含内容非常广泛，国家颁布的很多并不专门针对镇的经济政策事实上都会对镇经济社会发展起到间接驱动作用。比如，内蒙古额尔古纳市莫尔道嘎镇、黑山头镇，新疆阿勒泰市红墩镇、塔城地区的和什托洛盖镇、阿勒泰地区的布尔津镇的兴起和发展，就与国家实施西部大开发战略密切相关。

镇的产业发展是资源、区位和政策因素综合作用的结果。良好的区位是镇发展的条件，资源禀赋为镇发展提供潜在可能，只有与适宜的政策环境整合协调，才能够形成推动镇持续健康发展的真正动力。有两种情况，第一种是内在的发展要求。改革开放以来，浙江义乌人从手摇"拨浪鼓"，走村串巷做"鸡毛换糖"小生意发展到建立现代化全功能的国际商贸城，走出了一条由一个农村小镇发展成为国际化"小商品之都"的道路。第二种是外在的刺激。区域中心的经济辐射作用使镇自动"卷入"到区域经济体系中来，并按照区域经济体系分工的要求进行相关资源的开发，从而带动镇经济的全面发展。上海市金融、贸易、研发等现代服务业和总部经济的不断发展，促进了周边地区与之相配套的生产加工等功能的分布和发展，如IT产品生产集中于太湖周边地区，一般加工工业集中于杭州湾沿岸等。但在中西部地区，多数镇发展的关键仍在于繁荣镇的经济，要努力把引导企业合理集聚、完善农村市场体系、发展农业产业化经营和社会化服务体系与镇的规划建设有机结合起来。

三、《城乡规划法》对镇的要求是历史的、客观的、战略的

《城乡规划法》不同于以往的《城市规划法》的重要一点，是对镇给予了明确的法律定位和有关法定的具体要求。这是历史发展的必然成果，也是针对中国城镇化发展提出的战略要求。

1.《城乡规划法》对镇的发展提出了明确要求

1989年公布的《城市规划法》，将镇纳入了城市的范畴。改革开放初期，全国共有近2000个建制镇，主要是县行政中心所在地，另外还有一些是因国家工业建设需要而形成的独立工矿镇、居民点。当时的"镇"的与周围的乡村地区有很大的区别，有的虽只有一路之隔，但城乡分割明显。原《城市规划法》中，镇是作为城市的一种形式，镇规划和城市规划适用同样的规则。

随着改革开放的深化、经济社会的发展和行政管理体制的变化，镇的内涵发生了根本的变化。城乡之间的界限已经打破，农民也能经商，城乡之间的交融已经成为客观的现实。特别是，随着市管县体制的推行、撤乡建镇的改革等，目前全国建制镇有2万多个，形态较为复杂，既有像江苏、浙江、广东等东部沿海城镇密集地区的镇，也有以农业生产和为农业服务的中部地区的镇，以及以农业生产为主的西部地区的镇；人口众寡不一，小的镇不到2000人，大的镇多达几十万人。目前，城镇化进程日益加快，以建制镇为基础的"小城镇"发挥着越来越重要的作用，事实上成为具有中国特色的城镇化的重要组成部分。镇作为城市和农村的连接点，既是未来城市的增长点，又是为农村村民提供生产、生活服务的重要场所，在地区发展中发挥了很重要的作用。镇的特殊地位和作用是一般意义上的城市或者农村所无法替代的。将镇单独列出来，是历史发展的客观需要。

《城乡规划法》对镇的发展提出了明确要求，将规划层次确定为城市、镇、乡和村庄。在镇规划的制定和实施方面，突出镇的特点，既体现了其具有的城市的某些特征，又强调了其对于农村的辐射和带动作用以及为农业生产服务的功能。一是将镇规划作为一个重要环节纳入了城乡规划体系。二是要求镇在进行各项建设时必须编制详细规划，包括控制性详细规划和修建性详细规划。三是增加了对除县级人民政府所在地以外其他镇编制规划的规定。同时，对镇规划建设的主要内容，镇规划编制、审批、实施和程序环节都进行了明确的界定。要特别注意的是，镇的发展既要完善内部功能，又要注意到镇的土地有的是属集体所有这一特点。这是正确认识我国经济和社会发展现阶段和推动镇发展的客观要求，是实施中国特色城镇化道路的战略要求。

2. 规划要用适应时代要求的创新理念来制定

坚持以公共政策的要求编制镇规划。镇规划是对镇行政区内的土地利用、空间布局以及各项建设的综合部署，是指导镇的科学建设、有序发展、和谐发展的重要政策手段，必须以促进资源节约和环境保护，维护公共利益，服务"三农"、促进社会主义新农村建设为基本目标。

坚持有区别的编制镇规划。考虑我们国家东、中、西部差异大，大的镇人口接近百万人，小的镇只有一两千人，每个省所辖的镇都因经济社会发展水平也存在着较大差异，同样是建制镇，也有县人民政府所在地的镇和其他建制镇之分。因此，镇的规划要在《城乡规划法》规定的框架下，根据实际地域和经济发展水平来确定它的内容和方法。

坚持依靠省级政府做好镇规划的制定与实施。《城乡规划法》确定的法定城乡规划体系，有一个突出的特点，即一级政府、一级规划、一级事权，下位规划不得违反上位规划的原则。镇规划组织编制的主体在地方，审批的主体是上一级城市政府或省人民政府。镇的发展所涉及的落实上层次规划要求，处理好与周边城镇各项设施和用地的衔接，促进区域协调以及合理利用土地资源等都离不开省级政府和城市政府的支持。要落实省级政府和地方各级政府的责任。

坚持城乡统筹原则。《城乡规划法》体现了党的十七大提出的"城乡、区域协调互动发展机制基本形成"的目标要求。制定城乡规划的过程中，应统筹考虑城市、镇、乡和村庄发展，根据各类规划的内容要求和特点，编制好相关规划。编制镇规划，要落实上位规划对镇发展的战略要求，统筹考虑镇在市（县）域产业发展、功能配置、城镇空间中的地位与作用，明确发展方向与目标，要依据自身区位、资源与特点，突出优势，发挥镇的辐射能力，完善并提高农村地区的设施建设与服务水平，促进镇的经济社会与人口资源环境协调发展。

四、对制定镇规划编制办法的建议和要求

重视镇的研究和制定与《城乡规划法》相适应的编制办法是城乡规划工作者的历史责任。尽早颁发镇规划编制办法，必须以科学发展观为统领，依据《城乡规划法》的规定，适应时代特征，符合发展阶段要求。

1. 必须区别城市、镇和村庄来制定规划编制办法和标准

简单套用城市规划模式编制镇规划的做法必须改变。目前，镇规划普遍技术水平低，对规划理论、技术标准等，都还缺乏专门性、针对性研究，实践经验不足，一些镇编制规划时，简单模仿和照搬城市规划的编制方法和内容，必须改变。不能用城市规划的方法编镇规划。这是实施《城乡规划法》要解决的突出问题。

要依法将镇和村庄分别对待。镇原则上都要求编规划，要坚持城乡统筹、协调发展，关注和服务"三农"，注重资源节约、环境保护。对于乡村，则要根据当地情况确定是否编。乡和村庄的重点是搞村庄整治，改善环境，因此就必须有所区别，因地制宜，分类指导，总结出符合当前实际的编制办法和标准。这符合我国国情和发展阶段的要求，是实事求是的思想作风的现实要求。

要考虑适用技术的研发和推广。适用技术是规划理念、规划方法、技术水平的综合。新疆就是典型例子，地震以后村庄房屋大面积倒塌，如果恢复成城市普遍采用的抗震的砖瓦墙，农民盖不起，但是农民居住房屋的抗震安全必须保证，生活又必须改善，最后采用了木板加芯墙技术，解决了问题。所以，对广大的农村地区，推广适用技术十分重要。要下大力气开发推广适合镇，也包括适合村庄实际的污水处理、供水安全保障及垃圾处理等适宜技术。这是当前需求大、基础差的薄弱环节，亟待改变。

2. 要进一步统一思想、提高认识，加快镇规划编制办法制定工作进度

统一对发展镇的重要性的认识是制定好的关键。中央对镇的发展做出了战略决策。党的十七大要求

以科学发展观为统领，走中国特色城镇化道路，按照统筹城乡、布局合理、节约土地、功能完善、以大带小的原则，促进大中小城市和小城镇协调发展。以增强综合承载能力为重点，以特大城市为依托，形成辐射作用大的城镇群，培育新的经济增长极。中央对解决"三农"问题做出了一系列指示，今年中央1号文件明确要求发展小城镇，为农业产业化服务。我们要按照符合中央决策和现实发展的要求，开展调查研究，要研究大中小城市和小城镇协调发展，特别要研究重点地区小城镇的发展，如城镇密集地区小城镇的发展、大城市郊区小城镇的发展、内陆传统地区小城镇的发展、西部边缘地区小城镇的发展等，尽快分类总结，提出一套有效的编制办法。

做好城市和农村的衔接是制定好的出发点。镇作为农村和城市的衔接点，不仅是地域上的衔接，更是内涵上的衔接。要研究镇的区域地位和功能定位，要坚持有重点发展镇的基本要求，因地制宜、区别对待，工作才能有成效。规划要适应实际，要认真研究比如镇的马路宽度等一系列规划指标。要防止简单扩大镇的规模，不要简单用镇的建设规模作为镇发展水平的标志，要防止不符合实际的超前建设，避免镇建设的财务负担成为镇发展的障碍。

落实资源节约和环境友好型发展是制定好的主要内容。镇规划编制必须考虑资源节约和环境保护。要认识到镇的建设对环境的影响很大。水资源的供应和污染问题已经是当前的突出矛盾。要科学合理地规划镇的布局和人口及产业规模。要根据地区的环境、资源和承载力，采取更加有效的措施促进乡镇企业向工业园区集中，禁止在规划建设用地以外新建乡镇企业。镇发展过程中，要严格保护天然的林地、草地、湖泊、河流。大力推进镇建筑节能及可再生能源的开发利用。研究制定镇的污水处理、供水安全保障的标准规范。要考虑提高镇的承载能力和服务水平。承载能力就是这个地区对周围的影响，服务水平是以有效的形式对解决"三农"问题发挥作用。

有限期的阶段性目标是客观要求。要立足当前，兼顾长远。对镇规划问题的研究要立足现实，依据《城乡规划法》的规定，制定的编制办法要有区别、分阶段，适应时代特点。对发展阶段的适应性可以拉长一点，包括市场经济发育程度，区位优势的形成和改善等，不同地区、不同阶段要有不同要求，要为将来的发展留有余地。编制镇的规划要抓住纲目，立足于解决当前的问题，不要企图一步到位。今后还可以通过实践，不断修正编制办法，这样才能取得最终的成功。

（汪光焘为原建设部部长）

建立和完善中国住房体系的思考
——姜伟新同志在中国发展高层论坛 2008年会上的发言

（2008年3月23日）

各位来宾，女士们、先生们：

很高兴参加这次论坛。我代表住房和城乡建设部，对论坛的举办表示衷心的祝贺！下面，我就建立和完善中国住房政策体系问题，作一简要介绍。

大家知道，在20世纪90年代中期，随着社会主义市场经济体制的确立，我们对城镇住房制度进行了根本性改革，即取消实物分配，推进住房商品化。最近几年，在总结改革经验的基础上，借鉴其他国家好的做法，我们对城镇低收入家庭实行了住房保障政策。应当说，经过多年探索，中国已经初步建立了比较适合中国国情的城镇住房政策框架。

但从总体上看，我国住房政策体系和住房保障体系还不健全，中低收入家庭住房支付能力相对不足的问题比较突出；房地产市场机制还不完善，商品住房价格上涨过快，住房供应结构不合理；住宅建设还不适应人口资源环境状况，科技贡献率低，资源消耗高。为了从根本上解决这些问题，必须进一步深化改革，建立和完善符合中国国情的住房政策体系。对此，我们有以下三点思考：

第一，坚持从我国人多地少的基本国情出发，建立科学合理的住房建设和消费模式。目前，中国正处于城镇化快速发展时期，面临世界历史上最大规模的城乡人口迁移，城镇住房需求大，但资源承载力相对不足。因此，制定住房政策必须坚决贯彻节约资源、保护环境的原则，减少住宅发展的资源环境代价。一要合理规划，主要建设中小套型住房。按照节约用地的要求，确定适当的住房建设套型面积、建筑形态和建筑容积率。优化空间布局，充分利用每一寸土地、每一寸空间。在精细设计、保证功能基础上，尽可能增加中小套型住房供应。二要科学建设，提高住房的节能环保水平和住房品质。加快住房科技创新，推广应用节能、节水、节材与环境保护技术。三要引导居民适度消费。既要支持和保护居民住房消费的积极性，改善居住条件。同时也要加强国情教育和政策引导，反对超前消费，树立经济适用、理性适度的住房观念，形成节约资源、健康文明的消费理念。

第二，坚持正确发挥政府和市场的作用，建立和完善市场调节和政府保障相结合的住房政策体系。随着住房市场化改革的深入，目前中国城镇80%左右的住房交易，已经通过市场进行配置。国内外经验表明，市场机制可以较好地适应不同家庭的多样化住房需求，提高资源配置的效率，在解决居民住房问题中处于基础性地位，必须毫不动摇地坚持市场化改革的基本方向。同时，要继续强化政府对困难群众的住房保障职责，建立住房保障体系，加强对房地产市场的调控。一要合理确定廉租住房保障范围和保障水平。中国在相当长一段时期仍然是发展中国家，财政能力总体有限，要坚持适度保障的原则。随着经济发展，逐步扩大覆盖范围，提高保障水平。二要从中国未来一段时期的实际情况出发，增加中低价位、中小套型普通住房供应，帮助那些既不属于廉租住房保障对象又没有能力进入市场的家庭。考虑到地区之间发展程度有较大差异，要更多地发挥地方政府的积极性。中央政府确定大的原则、大的政策，具体做法允许各地区因地制宜。例如发展政策性租赁住房，发展限价商品住房等。三要多种途径改善困难群体的住房条件。建立多渠道的投融资机制。进一步完善住房公积金制度，逐步向中低收入家庭倾斜。加快棚户区改造步伐。积极推进旧住宅区环境整治。

第三，坚持城乡统筹原则，加强对农民住房的政策研究和引导。要根据农村人口向城镇迁移的情况和严格保护耕地的要求，按照统筹城乡建设的原则，深入研究进城定居农民享受城市住房政策和农村宅基地政策的衔接。积极探索改善农民工居住条件的措施。要强化规划管理，治理农村人居环境，按照集约和节约使用农村建设用地的要求，加强对旧村改造的规划指导。要加强对农村住房建设的设计、施工、材料等技术服务，提高建筑质量。重视解决农村困难群众的住房安全问题。

女士们、先生们：

住有所居、安居乐业，是中国人民的美好愿望，也是世界各国人民共同追求的目标。我们愿意继续加强与世界各国、各地区的交流与合作，与大家分享住房发展和住房政策的经验教训，共同为实现"人人享有适当的住房"作出不懈的努力。

谢谢大家！

（姜伟新为住房和城乡建设部部长）

姜伟新同志在"第四届国际智能、绿色建筑和建筑节能大会暨新技术与产品博览会"上的致辞

（2008年4月10日）

随着世界人口增长和经济发展，建筑及其运行的资源消耗和环境效应，对全球资源环境的影响日益显著。减少建筑能耗和污染排放，节约资源、保护环境，实现建筑与自然和谐共存，是全球面临的共同课题。中国政府高度重视资源节约和环境保护，把推进建筑节能减排，作为转变经济增长方式，建设资源节约型、环境友好型社会的一项重要举措。在中央政府的正确领导下，各部门密切配合，各地

区和各有关单位认真落实，大力推进建筑节能减排工作，取得了积极成效，为全球资源节约和环境保护作出了贡献。

作为一个发展中的人口大国，中国面临着发展经济、改善民生的繁重任务，也面临着资源环境制约的严峻挑战。建筑节能减排是一项长期而艰巨的历史任务，也是一项重要而紧迫的现实工作。中国国民经济和社会发展第十一个五年规划，确定了节能减排的目标和任务，推进建筑节能减排是完成这个目标和任务的重要内容之一。我们将着力抓好四个方面的工作：

第一，完善建筑节能减排的法律和政策。我们将认真贯彻落实《节约能源法》、《可再生能源法》、《环境保护法》等法律，并抓紧制定《民用建筑节能条例》等配套法规，把建筑节能减排的制度保障工作作为首要任务认真抓好。同时，要与各有关部门配合，加强建筑节能减排重大政策的研究制定，建立反映资源稀缺程度和市场供求关系的资源价格形成机制，健全激励建筑节能减排的财税政策，抑制浪费和不合理消费。

第二，完善建筑节能减排的技术标准。加快工程建设节能减排技术标准的制定和修订，不断扩大标准的覆盖范围。直接涉及能源资源节约、生态环境保护、建筑技术进步的内容，将作为强制性条文。充分发挥节能减排标准的技术保障和引导约束作用。

第三，大力推进技术创新。与有关部门一起，组织推动重大技术研究攻关，不断增强自主创新能力。组织实施水体污染与治理、北方地区供热改造等节能减排重点示范项目和重大专项。在加强成熟、适用新技术的成果转化和推广应用的同时，要充分挖掘本土化的建筑节能环保传统技术和工艺。

第四，加强执法监督。要严格执行建筑节能减排的法律制度和技术规范，建立建筑节能监管服务体系，实施建筑能耗统计、能源审计和公示等制度，落实建筑节能减排目标责任制，严肃查处违法行为。

建筑节能减排涉及每一个家庭、每一个公民、每一个从事建筑活动的企业。我们要广泛宣传建筑节能减排的重要性、紧迫性，宣传政府的政策措施，提高全社会的建筑节能环保意识。要充分调动政府组织、非政府组织、私营部门的积极性和创造性，推动全社会广泛参与，共同促进建筑节能减排各项措施的落实。

节约资源和保护环境是全人类的共同事业。我们十分重视学习和借鉴国际上好的技术和理念，也愿意与国际同行们分享我们的经验。我们已经与联合国开发计划署、世界银行、德国政府、荷兰政府等国际组织和外国政府开展了建筑节能、供热体制改革、绿色建筑推广等方面的科技合作，取得了良好的成效。我们将继续加强与各国政府、国际组织在建筑节能减排领域的经济技术交流与合作。热忱欢迎各国朋友投资我国建筑节能减排事业，创业发展，互利共赢。

推进建筑节能减排，建设资源节约型、环境友好型社会，是中国政府的战略决策，也是各国人民共同追求的目标。本次会议为加强世界范围内的交流与合作提供了一个很好的平台。我相信，通过我们的不懈努力，我们一定能够实现建筑节能减排的战略目标，推动中国经济持续健康发展，为全球资源节约和环境保护作出新的贡献。

（姜伟新为住房和城乡建设部部长）

住房和城乡建设部部长姜伟新在国务院新闻办新闻发布会上的讲话

（2008年5月16日）

女士们、先生们：

大家下午好！

根据国务院新闻办的安排，今天我想先向大家通报一下住房城乡建设系统抗震救灾工作的有关情况。

一、房屋建筑和市政设施受损情况

（一）大量房屋建筑倒塌或遭到破坏。据初步了解，四川省成都、德阳、绵延、广元、雅安和其他15个市州倒塌和损坏房屋约440多万间，部分城镇几乎夷为平地。甘肃省倒塌裂损房屋45万多间。陕西省倒塌裂损房屋30万多间。

（二）市政供水设施等毁损严重。据初步统计，四川省共有近20个市县供水等设施因灾受损。特别是许多县城的供水设施受灾严重。都江堰等市因电网停电和管网损坏，至今只少量水量供水。

（三）城镇道桥、环卫、照明、供气等市政设施普遍受损。

二、住房城乡建设系统抗震救灾工作进展情况

地震灾害发生后，根据党中央、国务院的统一部署，我部迅速启动了《建设系统破坏性地震应急预案》Ⅰ级响应，并成立了住房城乡建设部抗震救灾工作指挥部，由部长任指挥长，分管副部长任副指挥长。全国住房城乡建设系统各级主管部门、各行业协会和企事业单位发扬"一方有难、八方支援"的优良传统，迅速行动起来，积极展开抗震救灾工作。

一是迅速组织建筑企业入川抢险救灾，解决灾区大型施救机具缺乏等难题。

根据四川省建设厅的请求，我部迅速从中央建筑业企业和四川附近省市建筑企业中，落实两批共16家企业，组织机械设备和技术人员赶赴灾区支援抢险救灾。截止今天上午，14家企业1398名工程技术人员携带305台机械设备已赶到灾区投入抢险救灾，另2家共24台机械设备和46名工程人员集结出发。

二是迅速调运应急供水等物资。

为解决灾区饮用水问题，我部在全国范围内组织了48台移动制水设备，目前已有8台运抵或起运在途。组织了80万片饮用水消毒药剂，其中50万片已于15日早上空运抵达成都，每片药可处理约50升水。另组织1000套单兵用净水器，已启运700套，每套净水器每天可制水20~30升，可用于无电力情况下制水。

同时，我部还紧急调运便捷燃气设备和移动公厕，解决灾区人民生活难题。计划调度3000套液化石油气钢瓶和灶具，用于灾民安置临时用气点。截至今天上午，首批200套已经运抵灾区。另外，我部还从北京、上海、重庆落实了40套移动公厕设备，有10套已经到达。

三是迅速开展灾区房屋应急评估，保障灾后房屋使用安全。

为解决大量灾区群众不敢进屋而露宿街头的问题，我们与省厅组织了专业技术人员，对因灾受损房屋的安全性进行评估。对基本安全的房屋，允许继续使用；对危险房屋，设立警示标志，防止发生房屋倒塌造成二次人员伤亡事故。14日，我部组织的第一批房屋应急评估专家12人到达灾区，开始工作；15日，第二批房屋安全鉴定专家31人到达灾区，开始工作。截至15日，已对近50万平米的受损建筑进行了评估。通过评估，稳定了灾区群众的情绪，减轻了灾区的压力。

四加强对四川籍建筑业农民工的帮助和疏导，妥善做好稳定工作。

目前，全国各省市有约124万川籍农民工，主要分布在北京、陕西、重庆等地。家乡受灾、亲人蒙难，对灾区籍农民工兄弟心理和情绪造成了很大影响。各级建设部门积极安抚灾区籍农民工，努力说服他们安心工作，尽可能地帮助他们及时了解灾情和联系亲友。北京市建委已向四川驻京建管处拨付20万元，用于灾区来京务工人员安抚和服务保障工作。上海市建设交通委将安抚责任落实到每个工地，向在沪6万名川籍农民工及时提供最新震区信息，并给予物质和精神上的帮助。天津市建委向灾区农民工进行资助，对来自重灾区的农民工每人补助1000元。各地建设部门还采取了多项措施，确保受灾地区企业和农民工的劳务费和工资足额按时支付。

三、下一步的抗震救灾工作安排

这次地震灾害影响范围广，人员伤亡多，抢救难度大，抗震救灾工作和随后的灾后重建任务都面临严峻挑战和困难。我部将认真贯彻落实党中央、国务院的指示和部署，全力以赴，进一步做好有关工作。

一是继续组织建筑业企业支援灾区抢险。

二是加大应急供水等物资的调度和保障力度。

三是加强灾后房屋应急评估工作。已组织第三批房屋应急评估专家142人，今日从江苏、云南等地向灾区集结。同时，加强培训当地技术人员，以扩大评估覆盖面。

四是做好恢复重建规划指导工作。随着抢险工作的推进，灾区恢复重建将逐步展开。我们已着手研究灾区群众临时性住房的保障问题，以尽快帮助灾区人民稳定生活。我部将根据国务院的总体部署，在选址规划、建设标准、工程质量等方面加强工作，与有关地区、部门和全国人民一起，帮助灾区人民建设更加美好的新家园。

5·12地震后灾区重建的若干建议

仇保兴

总体上说，大地震之后，抢险救灾要追求速度和激情，实施大范围动员。但灾后重建工作更需要科学、理性和精细组织，特别是要充分吸收国内外的经验教训为我所用。我们正在组织有关专家编制的《灾后重建规划指导手册》分国内外经验与教训、灾后重建技术资料、灾后重建规划指引等三部分，并采用网上公开修订的办法，以最大限度地吸取国内外专家学者的意见用于指导灾区重建。

为了增强《灾后重建规划指导手册》的可操作性和针对性，特择写此文。本文汇集众多实践者的意见和对灾区重建历史经验的归纳，提出以下12个方面的建议。这些建议也可供重建家园的决策者们参考。

一、城乡规划人员应该尽快地介入，抢救规划图纸和城建档案，并主动组织地震、建筑、生态、给排水等方面的专家开展综合性的研究，拟订出控制性规划、土地安全控制性规划。及时抢救受灾城镇的规划图纸和城建档案的意义在于：一方面可通过对规划图纸和城建档案的分析来发现地震灾区现有各类城镇规划存在的缺陷，并及时进行有针对性的规划修编，以利于尽快用于指导救灾工作。另一方面，可直接用于指导城市基础设施的抢修。例如城市桥梁、涵洞、自来水主支干管、排水管网及燃气管网等的修复，都必须依据规划和城建档案。

二、尽快地编制临时安置区的规划。由100多万套活动板房构成的临时安置区要十分注重防震、防火、防疫，注意垃圾、污水的收集处理和基本生活设施配套。临时安置区选址应成为城镇重建规划的有机组成部分，应在城镇绿化带、近郊农田中就近安置，以有利于城镇灾后重建的整体安排。当前还要避让上游堰塞湖（1933年8月发生在四川叠溪的大地震，山体滑坡后形成四个堰塞湖。据记载，地震时只死亡500余人，而两个月后由于坝体垮塌，导致2万余人在洪水中丧生）。

临时安置区的主要建筑物由二层或单层临时活动板房构成，应以40~50户为一组团，组团之间适度分离，以利于交通、消防、防疫和安全管理。因为临时安置区内混有燃气具和帐篷等易燃物，特别要防止"火烧连营"式的火灾。此外，城镇灾后重建的时间一般为3~8年（根据城市大小）。临时安置区内的各类设施要满足这一时段的基本需求。其能源、食品等日常用品的提供应采取市场+受灾者政府补贴的办法来解决，以提高安置房及其他设施供给的效能。

三、综合各方面专家包括地震专家的意见，尽快地重新研究川西地区的城镇分布体系规划，统筹该地区山区、丘陵与平原的人口、产业和城镇的布局，确定哪些城镇需要移址新建，哪些城镇是部分迁建，哪些是就地重建。要多学科协同，认真计算安全、经济、社会和资源利用等几笔账，慎重决策，以避免国家灾后重建投资的浪费。

要重新进行地震区划，该地区原六级设防是远远不够的。地震部门应尽可能提高对地震带烈度测绘的准确性。对于地处高危活动地裂带、山体滑坡区的小城镇和村庄应异地重建。但居民上千年的生活习惯、风土人情很难改变，居民远距离迁移十分困难。应积极疏导居民在安全的临近地区重建家园。当前尤为重要的是要防止单纯从情感出发，草率作出远距离移址重建城市的决策。

四、尽快编制城镇重建规划。设市城市迁移重建难度极大，如果真的有一条地震活动带在城市中心，市民也只能是部分搬迁或采取避让措施（例如，美国斯坦福大学附近有一断裂带，但高能物理建筑只离其200米~300米远）。哪怕现在的重建规划做出来了，即使最后决定这个城市要迁建，也无非是损失少许重建规划编制的人工费。如果决定城市就地重建，规划已编好，重建家园的时间就抢回来了。可抽调全国规划院所的力量，帮助那些已确定就地重建的城镇修编重建规划。当前要防止片面追求"高标准"重建对原有的规划全盘推翻，造成城镇基础设施浪费与重建时间的拖延。

五、各相关部委和四川省都要抽调人员设立临时安置房、建筑材料、灾后重建器材、技术等等服务的联络中心组，并公开电话、传真和网站，24小时值班，使得国内外的信息上通下达，把灾后重建工作的需求和供给各方衔接起来。积极地开放性地利用国内外的抗震救灾技术、材料、设备和智力资源，支援四川重建家园。四川灾区各城市应设立建材市场，专供重建家园的建材、设备、工具和技术交易。这一方面可以降低灾后重建急需建材的交易成本，另一方面也有利于建筑垃圾的回收利用。

六、农村和城市的灾后重建应该是有所区别。特别是羌族、藏族等少数民族居住地的建筑，有着上百年的历史，实际上是经历了无数次的地震等灾害后幸存下来的，灾后重建要保留其历史风貌，也有利于群众参与重建和灾后增加经济收益等。丽江灾后重建的经验很值得借鉴。如像川西地区少数民族的穿斗架式的传统民居，只要供给木料，当地工匠就能修复，这比住在活动安置房里面舒服得多。国家只要给予农民个人财政和材料补助（每户预计2～3万元，只比临时板房成本多一点），同时派遣技术人员加以指导，以提高修复农房的抗震性能。或采用分两步走的办法，第一步先由农民为主修复传统建筑（户均补助1万元）；第二步由省市组织技术人员提出抗震加固方案，并指导实施（每户再补助1～2万元）。另一方面以村庄为单位组织自救重建，灾民也可以充分利用田野里的庄稼蔬菜改善生活，并不误农时，及时恢复农业生产活动（1996年云南丽江地震后仅四个月百姓就将传统民居修复）。

对于那些确实需要搬迁的村庄和集镇，包括有条件的地方（指交通便利和土地富裕的地区），可以采用政府部门编制相对集中的村庄规划，并定制高质量的农民住宅防震框架，分配给农户，其外墙与附属性建筑由农民自行按图纸逐步修建。

特别重要的是：村庄和小城镇的快速重建能大大缓解对城市和县城重建和暂时安置的压力。当前，除了伤员之外，不宜将村庄和集镇的农民迁往城市临时安置。这不仅会削弱农村地区灾后重建的力量，也意味着巨额财政资金和一系列难以预计的社会问题。历史证明，让人们最大限度地参与重建家园是治疗灾后心理问题的主渠道。而且，只要农民尽快恢复生产，当地城镇的生活必需品供给就有了保障。

七、重建城市要留足避难场所，绿地、公园、开敞空间等。对规划区内的断裂带、滑坡等要逐一登记，活动性断裂带要避开（唐山市有一裂带，已改为绿化带）。注重城镇、村庄自然历史文化风貌的保护、重建建筑外形的本地化和节能减排性能，以符合新颁布的节能标准和绿色建筑规范。更为重要的是川西地震区处于黄龙九寨、卧龙、四姑娘山、青城山等风景区的中心地带，重建中保留和传承历史风貌，尊重和利用自然地形，可以为当地居民保护和创造长期、可持续发展的资源。当前要防止因急于上马重建工程，盲目套用毫无当地特色的建筑图纸，造成对灾区城镇经济可持续发展能力的破坏。

八、尽快调整并完善各类的抗震设防标准和技术规范。例如从实际出发提高中小学抗震设防能力。（日本中小学的建筑因设防能力高，各地老百姓都将其作为地震避难场所）。以前我国的抗震规范中只是将医院、消防、工矿、疾病控制、小学、幼儿园、低层教学楼划为乙类（普通建筑为丙类，如同一地震危险性区域，普通建筑设防标准为6度，乙类建筑就必须为7度）。特别要强调的是，因川西地区城市属山地城市，其有效建设用地偏紧，不可能安排大量的城镇绿地作为避难场所，只能利用高抗震标准的中小学、医院等设施来进行灾难避险。从结构上来看，钢结构是最便捷、最轻，也是最安全的，应推广应用。7度以上的抗震区公共建筑一般不能应用预制板（空心板）。

新建筑应力求做到"大震不倒、中震可修、小震不坏"。重要建筑抗震设计要比区域设防标准高一级。从建筑成本来看，抗震标准提高一级只增加5%～10%左右的工程造价。我国建筑抗震技术规范总体上是可以的，但执行差，重建中应严格抗震规范的检查落实，防止重设计、轻施工。

九、充分利用建筑垃圾，循环使用建筑废墟的废料。这不仅有利于减少传染病流行，也有利于尽快清空场地，恢复家园，减少次生灾害的危难（唐山地震时的建筑基本上是砖混结构，群众可以参与重建）。川西地区城市建筑基本上是多层建筑，一般老百姓难以自建，应采用机械加工粉碎建筑废料后重新利用。此项工作要结合墙体材料革新的经济激励制度来进行。

清理地震废墟时，应有选择地原貌保留少数有代表性的破损构筑物，加固后结合城市绿地作为遗产保留，成为今后凭吊和安全教育的场所。但不宜将整个城镇划为地震博物区，国际上无此先例，也实属浪费。

十、由于考虑到川西地区今后可能处于地震的活跃期，城镇重建规划中要特别重视城镇生命线工程的规划安排。应在城市基础设施中选择少量的供电、供水、通讯、广播、消防、医疗、交通（直升机停机坪）等方面的应急期生命线工程。在设防标准上进一步提高，以保证灾后幸存者的基本生存需要。当前，要尽快修复建筑物和城镇上下水系统，防止上下水互串对供水和地下水源造成污染，影响饮水安全。日本研发的"SRF 技法"能对震后建筑进行加固，即采用聚脂纤维带缠绕建筑物柱子，或用玻璃纤维布加环氧树脂加固墙壁，可推广应用。

当前尤为重要的应优先安排震毁区城乡公路、山区道路和供电系统的抢修，以利于灾后重建建筑材料的运输和解决施工机械的动力问题。

十一、重建规划宜采取分步走的方案。日本 1995 年阪神大地震之后，日本政府成立首相咨询机构"阪神淡路复兴委员会"，派遣调查团奔赴地震现场，调查汇集灾区的交通、住宅、城乡基础设施的受损情况，汇总成《阪神淡路大震调查报告》，对住宅、城市规划、产业复兴等提出对策，并在广泛征集社会各界的基础上，首先制定了对灾区住房、交通、能源及基础设施建设的《紧急复兴三年计划》。第二步，由阪神地震发生地兵库县（相当于我国省级）牵头，编制了《兵库不死鸟计划》，目标是用 10 年时间，不仅将灾区社会经济恢复到受灾前的状态，而且能应对即将到来的老龄化社会的各种社会问题。到 2005 年也就是阪神大地震 10 周年之际，计划基本完成（共计投入经费 10 万亿日元，以 30 万灾民计，平均每人达 3000 万日元）。由此可见，我国应以灾区原城镇规划和区域基础设施规划为依据，快速调查反思，修编出具可操作性的重建规划，三年为期，抓紧全面修复灾区"硬件"。然后再以更长的时域和更宽的空域来编制"川西经济社会灾后振兴规划"，以十年为期来全面复兴和改善该地区的居民生活质量、社会和谐、经济竞争力和可持续发展能力。

十二、重建的组织方式应以当地党委政府统一领导下的对口城市包干的办法来进行。可采用以大城市带中小城市，由对口城市建设部门包干，并与精通当地情况的规划设计人员密切配合的办法来进行重建。对口城市既从组织管理、规划设计、施工安排、建材组织等方面提供全方位的支持性包干，又可以与对口城市委派领导干部挂职制度相结合，以加强重建家园协调性和有序程度。建立省部联合现场指挥部。其主要的职能是评价灾后重建的进度与质量，协调后勤保障等。唐山地震后的 30 多年，正是我国城镇化和经济发展最快的时期，各城市政府已经积累了丰富的城市建设的经验，采用规划、建设、管理、施工和建筑材料组织等全方位对口包干重建的时机已经成熟。需要强调指出的是，川西地区绝大多数城镇都属山地城镇，又由于资源禀赋的限制，应选择高效农业、农副产品加工以及旅游业作为近期解决就业的主导产业，故必须注重城镇形态和功能的精心规划设计，防止对口包干城市照搬平原地区的经验和做法。

此外，在此制度安排之下，再将需要重建的公用事业建筑（特别是学校、医院、敬老院、图书馆等）列出待建清单，公之于众，以开放的途径供国内外企业、社会团体和私人"认建"，并利用现代网络技术让社会公众和受益方全程监管"认建工程"，更为重要的是可以促进认建团体之间的竞争和相互学习。国内外实践证明，这样做可以确保重建工程的高质量和进度。

综上所述，川西地震后的重建工作，从空间方面来看，要针对不同损坏程度，因地制宜地采取相应的重建策略。例如对震毁地区，在地质条件许可的情况下，要依据原有的城镇总体规划，尽快制订出重建规划，并对现存的建筑安全性和可修复性作出评估，适时布置重建工作；对于震损地区，除了上述工作之外，应尽快进行重建工作，并重点对生命线工程提高设防标准、抗震加固；对农村集镇、村庄，应在当地党政组织的领导下，给予充分的财政、材料和技术人员的支持下，组织发动群众自力更生重建家园。

从重建时序上来看，要先规划修编，后展开重建工作；要先修复城乡生命线工程，再开展一般性建筑重建；要先安排临时安置区，再展开城镇重建工作；要先农村和外围城市重建，疏解震毁区城镇的重建压力，后安排震毁城镇的重建。重建完成时间，一般来说，宜以村庄半年、小城镇 1~2 年、县城 2~5 年、大中城市 5~8 年基本完成重建的进度来安排财政支持。

从组织方式来看，宜采用对口城市包干，中央政府和省部协调支持的方案，以确保重建工作有条不紊地展开。

（仇保兴为住房和城乡建设部副部长）

灾后重建生态城镇纲要

仇保兴

一、引子

汶川地震以后的重建与生态城镇建设这两个课题，一个令人感到责任的沉重，另一个使人充满创新的激动。总结国内外灾后重建的历史经验教训，川西地区震后重建工作应认真履行科学的发展观，以创新的精神和科学的思路来进行"创造性"的重建。这意味着要在充分认识灾区生态地理条件、地质地貌现状和原有经济社会发展特征等方面的前提下，从长远发展的角度来谋划城乡重建规划。这不仅仅意味着高效率的恢复，更重要的是在原有的基础上赋予该地新的发展理念和增添新地区价值。我们所要求的目标，就是震后所建设的城镇应该成为生态城镇，把地震灾后的城镇建设得更加安全、舒适，更有活力，更具发展可持续性。

此次5·12大地震灾区死亡的人数已近7万人（实际上已经超过了7万人），大多数死亡事件发生在城镇。以北川县为例，县城人口22300人，死亡8100人，再加上失踪4402人中的一部分，几乎近一半县城人口在这次地震中失去生命。而北川县农村人口有12.7万人，死亡2000多人，农村地区人口死亡率约为1.5%。为什么在同样的灾害来临时，农村比城镇的人员死亡率低很多？这说明城镇既是人类历史上最宏伟的人工构造物，也是灾害最集中的场所。城镇是"人工与自然复合的复杂结构"，这种复杂结构是人类最富想象力、最雄伟的创造，同时城镇也是人类自我创造最危险的家园，如地震、冰雪、SARS和洪涝灾害等都会夺取城镇人民的生命，但这阻挡不了人们从农村移向城镇。人类历史证明，城市化的浪潮不可阻挡。

2007年，世界有关组织宣布，人类社会已经正式步入城市化的时代，全球有一半人口已经居住在城市。但是，人类的居住方式从分散化转向集中的同时，也伴生着环境、安全、能源、社会、水资源等等方面的危机。我国由于贯彻了保护耕地、保护资源的原则，所有城市每平方公里建成区的人口控制在一万人左右，学术界将其称之为紧凑型城市（Compact City）。常识表明，以紧凑型城市为主的城镇化模式，更容易放大各类灾害的效应，这就要求我国的城镇化策略更要注重城市生态和安全的建设。生态城市是继20世纪初提出"田园城市"、"新城"之后的又一个里程碑。尽管"生态城市"的概念尚处于不断拓展的阶段，但相关专家学者和城市实践者们对"生态城市"作如下定义：经济、社会、环境、文化和谐统一的城市，是自然、城市与人有机融合、整体互惠的共生结构。它着眼于对内使城市居住环境更加安全、和谐和舒适，对外把城市所消耗的自然资源、能源、二氧化碳气体排放以及对生态环境的干扰减少到最低限度。这也是人类应对气候变化最强有力的武器之一。

二、灾后重建生态城的模式选择——明确的目标

灾后重建的目标是建设生态城镇。

（一）生态城的分类

1. 技术创新型的生态城市

城市不仅仅是生产、消费的场所，还是现代技术创新萌发、集合和应用的主要场所。进入工业化时代以来，世界上几乎所有的技术创新成果，或者绝大多数现代科学知识的涌现，基本上都产生于城市。从应对灾难来说，城市不仅仅是"接纳"或者自我创造的各种各样的灾难，更重要的城市始终是应对这些灾害的主战场。灾难发生于城市里，但人们也确实从这些灾难中接受了教训，掌握了应对的技巧，学到了防灾的知识。城市化就是在不断地克服各种各样的城市灾难中推进的，城市本身也是从各种灾难的应对过程中成长进化的。创新城市的结构和成长机理，不仅能够挽救城市本身，也许是整个地球。因为全球80%以上的污染物由城市产生，80%的二氧化碳气体排放来自于城市，80%的资源、能源为城市所消耗。城市是应对气候变化的关键，也是解决此类问题的总枢纽。

阿联酋的阿布扎布"零排放"生态城，是Masdar计划组成部分，由诺曼·福斯特设计，已于2008年5月动工，建设期为8年。该生态城提出了零碳、零排放的高端目标，耗资220亿美元，建成后将有5万人口居住，有1500个商铺；城内所有的建筑物基本上都覆盖太阳能薄膜电池；城里没有私人小轿车，采用无人驾驶的轨道电动车，同时使用太阳能空调；此类生态城的设计理念，是将多种高端技术在这里集合，使之成为可再生能源应用的"集合性"创新基地。但是，我们也要看到，这一类的生态城不具有可复制性，也不具有可推广性。没有哪一个发展中国家可轻易拿出200多亿美元来建造一个5万人的生态城，也没有多少居民有足够富裕的资本在这样昂贵的城市里生活。

2. 适用宜居型生态城市

人类5000年的文明史，始终没有停止过对乌托邦的追求，整部城市史其实就是对乌托邦思想实践、扬弃和修正的历史。但是，应对气候变化这样空前的大敌，人类不仅需要乌托邦式的梦想，更需要具有可操作性、多样化、大众化的实践活动。城市的拯救不能仅仅依托于未来的技术，更要注重那些现在就可以用来应对气候变化的"实用武器"。所以，在推进中国城镇化的进程中，我们选择了英国、新加坡、意大利等国家合作建设生态城，如中英崇明岛生态城、中新天津生态城等。

生态城的人居环境比一般城市更好，二氧化碳排放更低，消耗的能源更少，更适宜人居住。这类生态城，一般来说，人口规模控制在30万，建成期只有8年到10年；以实用技术而不是高端技术作为技术主体，如太阳能与建筑一体化、水循环利用、风力和生物质发电等等；以绿色建筑为建筑主体；以服务业为城市产业主体，可谓是后工业化时代的城市；以步行、自行车、公交等绿色交通为交通主体；以TOD为导向的土地利用开发模式。TOD即把大运量的公共交通与土地的密集型使用密切组合起来，以获得社会、生态和经济三个效益的均衡；以可复制、可持续和可改进为目标主体。也就是说，适用宜居型的生态城市是低成本的，可复制的，城市自身发展是可持续的。同时这类城市也是可以改进的，因为所采用的技术的适用性不是一定终身的。

3. 逐渐演进型的生态城市

城市是社会、经济、文化、自然和生态、资源等各种各样的基本元素在一个有限的地理空间内相互交织的网络体系。因此，城市就成了具有自动组织、自动演进的复杂有机体。正如罗伯特·蒙代尔教授所演示的意大利中世纪的城市到现代化城市进程那样，城市是一步一步自动演化过来的。生态城市的战略能够促使这些"古老的城市"向可持续发展的方向演进，使人们可以把握住城市发展的正确方向，而不让它偏移可持续发展的轨道。

我国正面临城镇化、机动化和市场化相重合的特殊时期，机动化和市场化大大扩大了个人居住点的选择权。先行国家的实践表明，此时城市低密度的蔓延几乎是难以制止的。实施生态城市战略的一项重要功能，就是在我国面临机动化、市场化和城镇化重合时期，防止出现美国式的过度郊区化。

资源、环境的严峻挑战要求我国所有城镇都要朝着生态城镇的方向去努力，首先要在条件比较好的城镇中实行生态城镇的战略。对于那些已经具有良好基础的城市，如已经获得国家园林城市、国家环保模范城市，或者获得中国人居环境奖等等称号的城市，他们有能力，也有责任主动地向生态城镇演进。

这类城市，应要求其产业转型与生态化改造同步进行。从发展阶段上看，这些城市应着眼于产业结构转型，力争率先步入后工业时代；城市的领导和市民群众有较好的生态意识，因为他们始终是生态城镇建设的主体；城市生态化改造的目标和措施明确而扎实；能够及时安排生态城项目建设来有效地解决城市本身面临的污染、缺水、耗能和地质灾害等问题。

4. 灾后重建改造型的生态城市（镇）

实现城镇的可持续发展要非常注重把握重建的机遇和发展的机遇。"危机"意味着危难本身也是机遇。所以，温家宝总理说"多难兴邦"。多难就是危难，每一个城镇领导人都要学会在克服这些危难中来把握发展机遇。生态化重建规划能够使受灾城镇改变原先的演进轨道，跳跃性地获得抗灾害能力、系统的自主适应性和发展的可持续性。城镇始终是人类的创造物，人类的任何关于居住地的美好梦想都必须经历城镇的检验和改正。有生态观的人们，可以创造出适应未来发展生态良好的城镇，而不会等待上帝或上级的恩赐。所以，思路因循守旧就会丧失重大的发展机遇。

从四川的实际情况来看，灾后重建生态城，城镇规模以中小型为主，2~10万人，而且这些城镇从诞生的时刻起，都与自然环境有较好的融合。从震后的汶川航拍图中可以看到，这些城镇在漫长的演进过程中，形成了多组团、分割式的空间格局，与自然山水联系较为密切。

灾后重建要与原来的"三线"工业企业搬迁相

结合，城镇产业结构转型与城镇灾后重建同步进行。从某种意义上来说，大灾之后这些城镇的环境生态足迹是减少的。虽然有一些人口死亡、一些企业迁移了，但并不是说城镇要搬迁。国内外地震以后城镇重建的历史经验教训表明，在原址重建的，一般都可以利用原有的基础设施、保留当地文化习俗，可以延续原有的文脉，人民群众对当地的地理特征比较熟悉，重建工作就较为成功。所以，只有极个别的城镇，由于面临现代工程技术无法克服的地质灾难，需做局部的迁移以外，一般来说，不应该做长距离、大规模的异地重建。

灾后重建对城镇基础设施的优化升级，是不可多得的机遇。一旦把这些基础设施确定为生态型的基础设施、抗震型的生命线工程，那这个城镇的抗灾保障能力就可以有飞跃性的提高；国家财政与对口支援城市的投资力度也非常大，每一个城镇几乎都可以得到相当于原来投资的历史总和的外部投资，能够短时间内完成整个城镇基础设施的升级改造式重建，从而有条件实现城镇服务功能质的飞跃。与此同时，灾后重建可以快速地推广应用国内外先进、适用的生态和抗震的技术。

（二）明确的目标体系

1. 总体目标

安全、舒适、活力、生态友好之城应成为本次灾后重建的基本目标。重建后的城镇，抵抗环境灾害的自适应能力明显提升；城镇服务功能的可靠性显著改进；捕获外部发展机遇的能动性有所改进；居住者与观光者的舒适度感受进一步改善。

2. 分项目标

灾毁建筑重建后要达到节能建筑和绿色建筑的标准，污水的处理率达到90%以上，地表水的水质持续优化；可再生能源使用率在20%以上；绿色交通使用率达到25%以上，而且要求持续不断地提高；绿化率在原有基础上再提高30%到40%；所有建筑都应该达到高标准抗震的要求；中小学校舍和城镇生命线设防标准比一般建筑还要高一些；城镇风貌特征更具地方性，更具特色化；生物多样性进一步优化和提高等等。

三、灾后城市（镇）重建的实用技术——明确的项目

哪些项目适应于在这些灾后重建的城镇里扎根落户？

1. 扩建与节能生态和应急避难场所相结合的绿地系统。通过绿化、扩幅、联网等方面的治理，将道路、河川、公园等建设成为可达性良好的城镇防灾生态图。再加上小型公共绿地、体育场、学校、露天停车场、河滨等开阔的空间构成防灾避灾据点。重建后的城镇使人们从住宅楼出来就可以快捷地到达避难场所。此外，城镇绿化与建筑节能、停车场和道路遮阳相结合，就能达到美化和节能双赢的效果。

2. 可步行的城镇。城镇道路系统中非机动车道、自行车道与机动车道相隔离或脱离，并单独成线联网，再配合完善的公共交通系统，使城镇绿色交通更畅通便捷，促使居民减少小汽车出行的愿望，交通能耗也可以下降很多。

3. 积极推广低冲击开发模式的雨水吸收系统和建设与公园绿地系统相结合的雨水储蓄池，大面积应用可渗透地面，至少要达到30%~40%的比例。也就是说生态城镇是将人工系统"轻轻地"安放在自然环境之中，对原来自然的地表雨水泾流量和生态系统干扰比较小。低冲击开发模式也使得经建筑、小区、环境接纳的雨水成为可再生利用的水资源。

4. 雨污分离管道系统和污水再生利用。灾区许多县城和集镇原先没有污水处理系统，这次重建要求污水处理和再生利用达到90%以上，就要在设计阶段推广雨污分流的管网系统。集装箱式的污水处理系统，占地少、效率高，经处理后排出水还可以循环利用。如果城镇规模扩大，可以用数个集装箱式污水处理系统并联运行。农村住宅和城镇边缘的散户可充分利用沼气池进行生活污水净化变成肥料，以减少对环境的污染。对村庄可采用微动力或无动力的污水处理装置。

5. 有地方风格的绿色建筑和节能建筑应成为建筑的主体。大量采用本地建材、可循环利用材料，并结合本地特殊小气候和传统民居进行精心设计的抗震节能楼宇。提高建筑的使用寿命也等于节能节材环保，正如日本近期提出让住宅使用寿命延长至200年计划。这些都可以在灾区推广应用。

6. 太阳能利用。如太阳能热水器建筑一体化，太阳能路灯及半导体照明相结合的系统（LED），公共建筑物屋顶太阳能的电池系统等等都可在灾区推广应用。

7. 建筑垃圾的循环利用工程。对地震灾区产生的大量建筑垃圾进行分类清理回用，对废砖石、混凝土废渣等粉碎加固后压制成轻型砖，或作为路面铺垫的骨料。

8. 与地质灾害危险区相结合的生态公园计划。如果城镇规划区内存在泥石流易发的地段、地质断层的活动带，都应该把它们建设成为城镇的公园。

9. 地震遗址的保护项目，除了北川以外，地震

遗址的保护要典型化，具有教育意义，力求小型化、节地化。在北川不仅由于地震垂直波和摇晃波导致建筑损害，还有地面液化造成的建筑倾斜，也有泥石流对建筑整体的覆盖，同时山上的滚石对建筑的摧残，各种各样的地震灾害后果在北川这个小城里都具有。把震后北川县城作为地震遗址保护下来，为后人研究城镇怎样规划建设才能更安全留下了一个实物教材。

10. 新建小区的"绿色能源综合工程"。即在一个中等规模新居住小区范围之内把太阳能、风能、沼气发电包括电梯下行所产生的能源等，通过综合控制系统全部汇集利用起来，白天可以向公共电网输电，晚上从电网补充电力供应，从而使小区的整体能耗大大下降。而且系统设计要让居民能够随时看到用了这些绿色能源技术以后本小区二氧化碳的排放减少的数量，以鼓励居民进一步努力为地球的可持续发展多作贡献。

11. 生活垃圾的分类收集和源头处理。所有的可再生垃圾都可以得到回用，那些有机的垃圾都可经小型家用垃圾处理器直接变成肥料而得到循环利用。

四、灾后重建的基本策略——明确实施的步骤

前节所述的这些项目和实用技术，不仅是灾后重建的城镇可以用，其他"古老的城市"都可以运用这些项目或技术进行改造。这些项目投资比较少，而且是可持续的。从灾后重建的策略上来讲：

1. 近期目标和远期目标相结合

灾后重建哪些事先做，什么事后做；哪些项目改善可在城镇重建规划中明确，什么工程技术可以随机增添；哪些生态工程必须在城镇基础设施重建时就要合并进行落实，什么项目可以推迟进行建设等等。就目前灾区的情况而言，应先落实市民过冬安置房，后展开重建工作；先对原有城镇总体规划进行反思修订，后安排项目建设；先恢复生命线工程，后一般性建筑和项目；先修复加固轻损建筑，后重建震毁建筑；先恢复农村，后进行城镇重建；先展开轻毁城镇修复，后重毁城镇重建；先进行城镇功能的恢复性重建，后进行生态化改造提高。这样的次序安排，可使灾后重建工作有序进行，逐步缩小重建的重点范围，减少对灾区资金、人力、建材等方面的需求压力。

2. 专家参谋与市民参与相结合

作为城市规划学的专家和生态学的专家，他们拥有国内外灾后重建的经验，有生态城镇关键项目实施的技能，有应对灾后重建和加固建筑、修复基础设施的专业知识。

从民众优势来讲，他们了解当地的需求，对地方的风土人情和历史建筑的认同，更重要的他们自己是拥有财产和社会关系的主人，更关心自己的房产在重建过程中的质量和性能，以及动员亲戚朋友的集合力量来推进私人房屋和社区的重建。尤其是生态社区建设更需要全体居民的创新和互助精神，从下而上持续性地进行社区魅力创造和生态化改造，这是生态城镇成功的重要基础。这些是政府所取代不了的。

3. 政府主导、企业主体和群众主人相结合

从政府来讲，政府要管市场做不了的，做起来不合算的事情，如重建的规划、基础设施的修复、公共建筑、生命线工程包括建筑质量的监督等。

从企业来讲，受业主委托进行建筑的设计、加固、建设。5·12灾后，有人在网上说，重建让企业家离开。但是现代企业制度所造就的企业，由于企业规模、集约、技术经验等原因，在重建过程中企业为主体，有利于提高建筑风格的多样性与居住的舒适度；有利于重建成本和风险控制；有利于建筑质量责任追究；有利于提高主人的自主选择性。

从民众来讲，可以根据自身的财力、原有建材的利用和金融部门的贷款，自主决定设计、建设、施工者，充分发挥重建家园的积极性和创造性。

4. 城镇生命线恢复和生态城镇建设相结合

重建城镇的基础设施都应该成为具有抗震抗灾能力的生命线。灾后重建的城镇，如果说几十年或几百年以后同样的灾害再次降临，这些生命线工程在大灾害中不会中断服务功能，最大限度地减少居民生命和财产的损失。城镇重建规划修订要一步落实到位生态工程项目；生态城镇基础项目应该有机地切入城镇空间和可持续的优化；要结合城乡基础设施的建设逐步实施生态工程项目。

生态城镇经济结构应是与自然资源复合共生的，是多种相关产业的高效互补集成的系统，其中首先的课题是城镇原有产业的生态化升级改造。川西灾区可耕地和建设用地稀缺，环境容量较小，必须在重建过程中选择那些能充分利用本地资源、占地耗能和排污小、劳动密集型的产业加以扶持发展。与此同时，在城乡规划方面，更要强调推进"产业集聚、企业集群和土地集约"的新型工业化道路。在农业恢复方面，更要强调扶植农民充分开展"一村一品"的特色农产品培育和"农家乐"附加农村体验性旅游业的复苏。总之，在这两个方面进行优化组合，逐步形成当地朝阳主导产业，且与自然资源环境保持有机联系、循环利用和复合平衡，并具有自我创新优化能力。

5. 城镇硬件重建与精神家园重构相结合

城镇硬件的重建，也就是城镇生命线的恢复、公用设施重建、生态项目优化，要与当地群众自力更生、重建家园、创新创业精神的培育同步。人们只有积极投身于重建的过程中，其精神才能升华，才能萌发出积极、顽强的创造能力。同时，规划师们要注重城镇特色的重构，指导人民群众创建可持续发展、永远增值的资源。丽江大地震，由于坚持了正确的建设目标和建设方针，才使得这座城市焕发出强大的崭新的生命力。

总结国内外地震灾后重建的经验与教训，一项非常重要但又常被人们忽视的成功因素是：重建城镇的社会资本（Social Capital）（包括当地居民间达成的共识、政府在民众心目中的公信力、关系网络的集合、社会道德文化风俗及组织成本）应与重建城镇目标及进程相适应。只有这样才能使以市场机制为配置资源的基础作用顺利发挥，交易成本下降、社会秩序和重建积极性的协调程度得以持续改良。研究表明：与有形的物质资本和无形的人力资本一样，无形的社会资本也能在灾后重建过程中发挥不可替代的作用，这属于社会生态。这就提醒我们必须通过对灾后合法私人产权的保全确认，原有法律制度功能的恢复，社会诚信的修复与加强，各种参与重建的组织与市场主体的普遍诚信和责任感的培育以及传统优秀文化的弘扬等等，来促进重建主体的积极性和创造性。这也可解读为什么那些被强制异地重建的城镇长期不繁荣，其原因之一，就在于破坏了当地居民与自然的认知以及社会资本的衰退。

总之，灾后重建，我们不仅需要怜悯、关切，需要激情，更重要的是需要冷静、科学的态度和理性的思考：要以更加开放的胸怀，更具创新性的理念，更广泛地调动各种各样的积极因素来帮助重建；要更加尊重生态自然环境，尊重普通民众的根本利益，尊重本地的传统文化和社会资本；要更加明确重建的目标、项目、步骤，不仅要为灾后的幸存者建造更安全、舒适的生态城，同时也要着眼于他们的子孙后代的生活更美好；重建后的城镇不仅仅具有生态城市的典范影响，而且具有可复制、可改进、可推广的深远意义。

要永远记住城镇是灾区人民唯一的家园。回顾一个城镇重建后的形态和功能，就可以读出这个城镇的主人们的胸怀、理念、对未来的态度和对地球负责的精神。

（住房和城乡建设部网站　2008年8月20日）

全面贯彻落实科学发展观 切实搞好城市园林绿化建设
——仇保兴同志在城市园林绿化工作座谈会上的讲话
（2008年10月28日）

同志们：

今天我们聚在这里，共同讨论如何在快速城市化过程中更好地推进城市园林绿化工作。首先，我代表住房和城乡建设部，对获得国家园林城市（区）、县城、城镇的单位表示衷心的祝贺。

在我国高速城市化过程中，每年进城的人口在1500万左右；每年新建成的城镇建筑总量（包括乡镇）约20亿平方米，比全世界所有发达国家的新建建筑总和还要多；每年所消耗的水泥量占世界水泥总量的42%；每年消耗的钢材量占世界钢材总量的35%，我国城市化发展速度由此可见一斑。在这一过程中，我们要持续地改善人居环境，就必须始终坚持科学发展观，持续进行节能减排，就必须切切实实地搞好城市园林绿化建设。如何全面贯彻落实科学发展观，把城市园林绿化建设工作搞得更好，总结大家的经验，我想有三点是值得探讨的：

一、我国的城市绿化必须走节约型发展之路

节约型园林绿化，核心在于两个原则、三节、四减。

所谓两个原则，第一个就是要因地制宜。我国地域辽阔，自然气候以及水、土壤等自然资源都存在着很大的地域差异，各地的社会、经济、历史和文化发展水平也存在着显著的差异，所以建设节约型园林绿化必须要从当地实际出发、从本地小气候特点出发，实事求是地制定切合当地实际、适合自身条件的城市园林绿化工作方案。其中最重要的一点就是"适地适树"，就是要多用本地土生土长的树木花草，以此来突出每一个城市绿化的地方特色。城市园林绿化是一个城市敞开的名片，绿化有了特色，城市就有特色。第二个原则就是绿化要与城市的建筑物、构筑物等密切结合，相得益彰。正如温家宝总理所说的"城市园林绿化是城市所有的基础设施中唯一具有生命力的基础设施"，必须跟那些没有生命力的基础设施进行有机结合，形成一个和谐的整体。打个比方来说，城市基础设施就像一个人嘴巴里的牙齿，城市建筑物、构筑物等就是牙齿，是硬件，绿化则是牙床，是软件。城市的建筑物、构筑物等必须通过绿化，将树木花草有机地结合在一起，才能使城市的综合功能充分发挥，才能保障城市可持续发展。因此，我们必须见缝插绿、合理增绿，使城市无处不绿、生机勃勃。

所谓三节，就是节地、节水、节材。节地，就是要在保证城市绿化用地的前提下，提高土地的利用率，如立体绿化；墙体、屋顶、桥体等垂直绿化；坚持土方就地平衡原则的地形改造；城市中的自然山坡林地、河湖水系、湿地等自然资源的保护利用；家庭阳台绿化，使城市的每一个角落、每一个元素都被绿化，使城市绿量最大化。在这方面许多地方做得还不够。因为按照我们国家的标准，所有的城市都是密集型城市，密集城市居住用地占40%，交通用地占10%，公共用地占20%，剩下给绿化的绿化用地只有10%左右。我们要在10%里边建设园林式的城市是非常不容易的，必须厉行节约。有些城市盲目崇洋媚外，学习西方国家的城市，动辄搞大广场、宽马路、人工喷泉等，这些在中国是极不适宜的，是违背中国国情、违背当地实情的不科学作为。说到节水，我国绝大多数城市是缺水的，包括水质型缺水。所以，城市绿化每种一棵树，每开辟一个花坛都得考虑到如何循环用水、如何利用再生水等节水问题。节材就是节约原材料，其中最关键的就是因地制宜，适地适树。在城市绿化中要尽可能用本地的乡土植物，做到乔灌花草合理搭配，既能节省绿化建设成本、养护管理成本，还能因此呈现出城市独特的景观风貌，彰显这个城市的地方特色。有些城市简单地将园林绿化当作是"政绩"和"形象"工程，脱离城市自身实际，盲目追求所谓的"异域风情"，大量引进种植洋花洋草，有的则片面追求珍稀品种以提高绿化"档次"，还有些北方城市种着南方的树种来营造"南国风光"，温带的城市种亚热带的树，结果造成植物"水土不服"而死亡，造成了巨大浪费。

所谓四减，第一是通过树木花草的合理搭配，减少城市的热岛效应。我国的城市建成区人口密度平均是每平方公里10000人左右，城市中心区域人口密度、建筑物密度更高，影响城市人居环境的首要因素就是热岛效应。城市绿化的根本目的就是为市民服务，要坚持人本主义第一，通过乔灌花草的合理搭配来有效地减少城市特别是城市中心区的热岛效应。第二，通过园林绿化减少城市空气和水的污染，尤其是空气污染。城市的空气污染主要通过园林植物，尤其是成年的大树、行道树等来吸附减少的。城市绿化要讲究树种搭配、要有一定的树叶量，而且要大量提倡立体绿化，就是为了有效地最大程度地吸附粉尘、尘土、吸收有毒气体，减少空气污染。从植物配植来讲，越是立体分布的绿化配植，其吸尘、降噪、吸收有害气体的功能越强。在河道、池沼里面种养一些有益水生植物，可以有效地净化水质、优化水体，降低水体COD指标和脱磷除氮、修复水体生态。因此，城市绿化还是最廉价的节能减排方式。第三，减少城市建筑和基础设施的能耗。众所周知，全球最大的温室气体来源在于城市的能源消耗，一吨煤燃烧可产生两吨二氧化碳气体。我国大多数城市冬季需要取暖、夏季需要空调降温。据测试，朝阳面的立体绿化或者栽上几棵大树遮挡太阳，能降低温度10~15℃，可见其节能效果了。因此，我们要把建筑墙面、屋顶、阳台等的立体绿化、垂直绿化广泛推广开来，就有可能节约30%的建筑夏季能耗。第四，减少城市交通和其他方面的耗能。在这方面很多园林城市做得很好，在机动车与人行道绿化隔离带上种树种花种草，北京好几条街道都是这样，特别受老百姓欢迎。我们要建设可步行城市，首先就得栽种行道树。因为行道树就是"老百姓"树，夏天为步行、骑自行车的老百姓遮阳降温，冬季为老百姓挡风防尘。如果所有的步行道都变成林荫道，所有的自行车道都变成林荫道，步行、骑自行车的人数就大大增加，那样既锻炼了身体，又能够节能减排，减少了污染，减少了汽油的消耗。如果在停车场地上适当种上大树，就会大大降低汽车车身温度，减少夏天汽车制冷所需的油耗,还能吸收汽车尾气减少污染。

二、城市绿化必须是多功能的

城市的绿化用地非常有限,非常宝贵,因此城市园林绿化必须首先进行绿地系统规划,必须合理配置各种绿地类型,合理完备绿地系统功能。首先,要考虑到城市的防灾安全,因为城市的绿地系统是城市主要的避灾避险场所。许多城市缺乏避灾的场所和绿地,人们从楼上走到楼下就很难找到安全的立足地方,这是十分可怕的现状。5·12汶川特大地震使许多小城镇毁于一旦,这个教训是非常惨痛非常深刻的,我们要警醒,要从保证人民群众生命财产安全和促进城市可持续发展的高度,认识完善城市绿地系统防灾避险功能的重要性,要从规划开始充分考虑绿地系统综合功能的完备性。城市的绿地必须连点成网,必须和交通要道合理配置,并且要均匀分布,使每一个街区都有自己的避灾绿地,这样才能给市民提供最大的安全保障。第二,城市绿化不是简单的植树造林,还是一个城市历史、文化、美学等人文景观的载体,因此绿化需要和建筑相衬托,就像绿叶与红花相衬托一样,鲜花的衬托、绿树的环绕才能使城市建筑的艺术性、观赏性大大提升。第三,城市绿化具有节能减排功效,是减少城市热岛效应的最有效途径。第四,减少污染。许多园林绿化植物都能够吸收各种各样的有害气体,尤其是冠大荫浓的行道树,这种效应非常好。第五,城市绿化作为唯一具有生命的城市基础设施,又是其他基础设施的绿色载体。城市绿地的下面大多是可利用的地下空间,有许多基础设施都是安排在绿地下面的。因此,绿地功能是综合的,其上下能够配套利用,使其利用率最大化、功能最大化。第六,城市绿化除了最基本的生态功能之外,还可以提供休闲游憩、文化传承、科普教育等功能,是城市生态文明建设的核心内容之一,又是实现城市生态文明的重要手段。第七,城市绿化是城市特色的载体,有特色的绿化,有特色的园林,才能铸造有特色的城市。有的城市因为湖泊而知名,有的城市因为湿地而闻名,有的城市则因为公园而得名,正说明了这一点。到过纽约曼哈顿的人都知道其中央公园已成为曼哈顿的主要标志。第八,生物多样性的基础。

总之,城市绿化是城市现代化建设的重要内容,是改善生态环境和提高广大人民群众生活质量的公益事业,必须始终坚持以人为本,在充分考虑老百姓切身利益、考虑城市可持续发展需要的基础上,通过合理的规划、设计,科学的建设、管养,实现其功能的多样化和最大化。

三、我国城市绿化必须是园林式的

城市本身就是一个人类创造的最大的人工构筑物群落,人类有史以来创造的构筑物还没有超过城市的。在城市这个人工构筑物的海洋中,我们必须采取园林式的绿化建设来保持和创造人与其周围自然世界的和谐关系,按照中国古典园林的建造艺术叫做"师法自然",达到"虽由人工,宛自天开"的境界。也就是通过乔灌花草各类植物的立体布局,合理搭配,并通过山、水、树木花草、亭、台、楼、阁、池、雕塑等元素来创造意境,表达思想和情感,体现一个城市历史、文化、艺术、人文、地理等内涵,使得整个城市呈现出特色美、舒适美,给市民以美的享受和自然情操的陶冶。这就要求城市园林绿化必须要从严格管理上下功夫,而不能"飞机播种"式的粗放经营。

首先,要依据《城乡规划法》和国务院文件编制好城市绿地系统规划。按照点、线、网的绿地布局与城市基础设施紧密结合。更为重要的是要依据《绿线管制办法》,在城市总体规划、分区规划和控制性详规各个环节,认真落实原有城市公园、湖滨和河滨绿化岸线、湿地、山丘高地、水源保护地以及国家风景名胜区等的保护范围的划定。充分利用这些宝贵的"自然斑痕"作为城市绿地的基点,使城市园林引入自然的元素。

其次,要尽快建立科学严格的城市绿化管理办法。有条件的地方要报请省市人大批准为地方条例。在这方面,我国与西方发达国家相比差距较大。在那些国家,城市规划区范围内任何树木(不论其生长在私人宅院或其他地方),都必须要经过城市园林部门审批之后才能砍伐或移栽,而且还必须向专门的砍伐机构支付几百至几万美元的砍伐费。这种被称之为"砍不起树"的复杂、昂贵的审批管理程序挽救了城市中大多数老树、大树。而我国许多城市在拓宽道路时,只是简单地将原行道树"一砍了之",使得新栽的树苗迟迟不能发挥遮阳、吸附污染和美化的功能。正确的办法应采用将行道树保留在道路中间,而将人行道拓宽成车行道之后,再开拓绿树成荫的人行道,这样的道路绿化效果才会较完善。

再次,必须保证城市园林绿化管理机构、人员和编制的稳定。正是因为城市园林绿化工作要从加强管理和规划上下功夫,这就必须强化行政管理职能和给予必要的编制、经费等保障。我国正处在城镇化的高潮期,在每年住宅和其他构筑物建设量巨大并不断增长的特殊时期，必须强化对城市园林绿化的保护与规划建设，否则就会造成城乡人居生态环境恶化、严重阻滞城市可持续发展的后果。

总而言之，新时代的中国园林绿化必须是平面绿化与立体绿化相结合，必须在遵守因地制宜、适地适树的原则下合理配植花草树木，必须在增强城市防灾功能的同时又讲究生态、美学、艺术多功能的完备，必须要走师法自然、突出体现中国文化特色的园林绿化道路。必须要在加强规划管理上下功夫。只有这样，我们才能不愧对时代发展的要求，才能适应快速城市化发展的要求，走有中国特色的园林绿化发展道路。

尊重科学、尊重自然、尊重市民的切实利益，提高认识、加强管理，切实搞好城市园林绿化建设，是新一届政府"三定"方案赋予我们的职责，也是时代赋予我们在座每位同志义不容辞的责任，我们所作的一切都将刻写在城市这一不朽的丰碑上，做好了就可流芳百世，做错了则就遗臭万年。评上国家园林城市，只能说明过去的成就和应肩负起更重大的责任。住房和城乡建设部将强化日常的监督管理，至少每两年复查一遍，对那些因为管理机构不落实而造成毁绿、减绿事件的城市，经批评曝光后仍不改正者，要坚决从国家园林城市名单上除名。我们一定要振奋精神，团结协作，坚持以科学发展观为指导，把改善人居环境、建设宜居城市、着实为城市居民谋福利、为子孙后代谋福祉作为我们不懈的追求，下更大的决心，以更大的投入，更加广泛地动员全社会力量，更加严格地科学管理，努力开创城市园林绿化建设新局面，努力使我们的天更蓝、地更绿、水更清、空气更清新，人与自然的关系更和谐。

我在这里作一个开场白，以此抛砖引玉。同时，也借这个机会，对在座各位长期以来的辛勤付出表示衷心地感谢。

最后，祝各位代表身体健康、工作顺利！
谢谢大家！

仇保兴同志在第四批中国历史文化名镇名村授牌仪式暨历史文化资源保护研讨会上的讲话

（2008年12月23日）

同志们：

今天，我们在这里举行第四批中国历史文化名镇名村授牌仪式。首先，我对获得此项称号的94个中国历史文化名镇名村表示祝贺！至此，住房和城乡建设部和国家文物局已公布251个中国历史文化名镇名村，覆盖了全国31个省份，充分反映了我国不同地域历史村镇的传统风貌和建筑艺术，它们的保护与发展将对传承我国优秀文化，延续历史文脉，促进当地经济社会的发展起到重要作用。下面，我结合近年来历史文化名镇名村的保护情况，就做好今后一个时期历史文化名镇名村保护工作，讲三点意见，供大家参考。

一、五年来历史文化名镇名村保护工作的回顾

2003年，建设部和国家文物局联合公布了第一批22个中国历史文化名镇名村。五年来，历史文化名镇名村保护工作得到了各级政府的高度重视，社会各界也给予了极大的关注和支持，取得了令人可喜的成绩，主要表现在以下四个方面：

（一）历史文化名镇名村保护体系日臻完善。截至目前，住房和城乡建设部和国家文物局已公布四批共251个中国历史文化名镇名村，各省、自治区、直辖市人民政府公布的省级历史文化名镇名村已达529个，基本形成了我国历史文化名镇名村的保护体系。在这些历史文化名镇名村内，依然保持着较为完整的空间格局、古建筑群和历史环境，而传统民居和古老街巷，都真实记载和延续了不同地域和民族的历史文化，历史文化名镇名村已经成为我国文化遗产保护领域的重要组成部分。

（二）历史文化名镇名村保护法制化和规范化工作不断加强。2003年，我部和国家文物局在联合制定《中国历史文化名镇（村）评选办法》前提下，为进一步细化评选标准,增加定量可比性,充分反映出名镇(村)的典型代表性和建筑文化价值,又正式颁布了《中国历史文化名镇名村评价指标体系》,形成了历史文化名镇名村申报评选和实施动态监管的有效依据。2008年4月国务院颁布了《历史文化名城名镇名村保护条例》,第一次在国家法规上提出了名城名镇名村的保护,为进一步规范历史文化名城名镇名村的申报、批准、规划和保护工作奠定了法制的基础,这是我国文化遗产保护的里程碑式的文件。

(三)历史文化名镇名村保护日益受到地方政府的高度重视。近年来,随着历史文化名镇名村申报命名工作的开展,各地纷纷出台政策措施,促进历史文化名镇名村保护的健康发展。截至目前,全国已有60%的省、市、自治区积极开展了省级历史文化名镇名村的命名工作,极大地推动了地方乡村文化遗产的保护工作。《江苏省历史文化名城和名镇保护条例》、《云南省历史文化名城名镇名村名街保护条例》、《湘西土家族苗族自治州里耶历史文化名镇保护条例》等一批地方法规的出台,使地方历史文化名镇名村保护有法可依。山西省人民政府下发了《关于加强历史文化名镇(村)保护的意见》,省建设厅制定了《历史文化名镇名村保护规划编制和实施办法》;江西省制定了《历史文化名村名镇保护规划编制与实施暂行办法》,分别从政策和技术层面对历史文化名镇名村的工作提出了明确要求。河北、山西、北京、福建等省市还开展了历史文化村镇的普查工作,并结合全国第三次文物普查,对有价值的古镇、古村落以及乡土建筑进行抢救性的挖掘和保护。

(四)历史文化名镇名村保护措施的力度不断加大。"十一五"期间,发改委与建设部、国家文物局共同完成了《全国"十一五"历史文化名城名镇名村保护设施建设规划》,争取中央财政9.8亿元的补助资金,专项用于103个历史文化名城、80个历史文化名镇名村的基础设施改造和环境整治工作。从目前已开展的项目来看,地方政府积极进行保护资金的配套,一些历史街区和历史文化名镇名村内的基础设施水平已明显提高,居民生活居住环境得到逐步改善,有价值的历史环境得到了保护和整治,通过保护资金的补助和项目的实施,为地方带来了较好的社会和经济效益。不少省、市还以历史文化名镇名村申报和命名为契机,采取了许多卓有成效的措施,极大地促进了历史文化名镇名村建筑遗产及其环境的改善。这项工作可以说是从无到有,从少到多,从不重视到重视,从社会不关注到全面的关注,真是来之不易。我记得,2003年SARS流行期间百业消停,我部发起并会同国家文物局研究怎样开展历史文化名镇名村保护工作,正是那段时间我们做了详细地调查和研究,此项工作才逐步开展起来。

二、历史文化名镇名村保护工作中存在的问题

在看到成绩的同时,我们还要看到历史文化名镇名村保护仍然存在一些问题,成绩不说跑不了,问题不说不得了。所以我要说说这些问题,这些问题可以分为五类:

一是对历史文化名镇名村保护的认识不到位。一些历史文化名镇名村在当前城镇化发展和新农村建设过程中,由于一些领导的保护意识不强,有的历史文化名镇名村的传统风貌仍在遭受不同程度的破坏。究其原因,主要是由于对历史文化资源稀缺价值和不可再生性认识不够。有的地方把历史建筑拆毁,使古村落的历史风貌遭到破坏;也有的地方重申报、轻管理,重建设、轻保护,没有处理好保护与发展的关系;有的地方片面理解农民迫切需要改善居住条件和生活环境的愿望,采取"拆旧建新"、"弃旧建新"的做法,对原有传统格局和历史风貌造成破坏;有些古村落仍保留着原有空间格局,但是村里面插建了一些现代建筑,与历史形成的村容村貌很不协调,破坏了历史文脉的延续,破坏了与自然和谐相处的传统景观。

二是历史文化名镇名村保护规划严重滞后。一些历史文化名镇名村由于经费所限,没有及时编制保护规划,在保护整治和建设发展中缺少必要的依据,随意性大;虽然有的历史文化村镇编制了保护规划,但内容深度不够,往往只注重"点"的保护,而忽视"线"和"面"的整个空间结构的保护;另外,一些历史文化名镇名村在保护规划的实施过程中,由于管理不到位,保护措施难以落实,以致部分村民随意进行建设,建设性破坏时有发生。

三是历史文化名镇名村的历史环境亟待改善。从目前全国的历史文化名镇名村来看,大多分布在中西部和少数民族地区,经济发展相对落后。随着时间的推移,很多传统建筑年久失修,随时都有倒塌的可能,为保存其完整性带来了困难;有些历史文化名镇名村给排水、供电等基础设施陈旧简陋,远不能满足人们日常生活的需要,给改善和整治环境带来了困难,同时也存在一些安全隐患。对这些问题,有些地方改善的方式简单化,仅考虑满足专业部门的要求而忽视了历史文化名镇名村保护的一

些基本规定，拆除了一些非常宝贵的历史建筑，造成的损失是不可挽回的。

四是历史文化资源信息档案亟待建立。不少历史文化村镇对自身拥有的历史文化资源底数不清，对资源的种类、数量、年代、工艺、材料等基本信息没有建立档案，导致在保护管理中缺乏科学的安排，影响了历史建筑的挂牌保护和宣传展示工作的开展，不利于公众参与和社会监督，妨碍了历史文化资源的合理利用。许多历史建筑的建造年代、工艺、结构和建筑材料本身就是一个精彩的故事，通过对这些精湛技艺的展示，可以直观地宣传古代民间的传统工艺，激发人们的探究好奇心和观赏的兴趣，增强人们的保护意识，如果对这些不清楚，不但影响历史文化资源的保护，也不利于历史文化资源的合理开发利用。

五是旅游开发性破坏时有发生。一些历史文化名镇名村在旅游开发过程中，过于强调商业利益而对历史建筑及其环境进行改变，严重破坏了名镇名村的历史原真性。有一次我到云南，该省第一批公布的一个历史文化名镇的镇长对我讲："我们想请著名电影导演拍武打片，将这些历史建筑全部打通，里面建走廊，让武打高手飞来飞去，这样我们镇就出名了。"我说，"如果这样，你还没开始建，你就会因犯破坏罪而进监狱，你会成为历史的罪人。"他听后恍然大悟地说："还有这样的事情，我以为这些古建筑我想怎么动就怎么动呢"。这些人缺乏基本的保护知识和法制观念。某些领导和开发企业，也想把这些古建筑推倒，然后搞一批仿古建筑，这好比拿一幅祖传的古代名画去换了一张非常精美的现代印刷品一样愚蠢。所以，现代的仿古建筑与具有艺术价值、文化价值和历史价值很高的原真古建筑是无法相比的。一些地方将十分珍贵和脆弱的文化遗产作为普通的旅游资源开发，有的干脆将古村落整体出让给旅游企业经营，将原住民迁出，结果使整个村的内涵完全变了，把历史的信息、历史文化和生活的延续性都破坏了。当地群众无法享受历史文化资源产生的增值，而历史文化资源被少数企业垄断，往往容易造成严重的开发性破坏，或者说建设性破坏，这种建设性破坏可能比因时间推移而产生的自然损坏来得更快，造成的后果更严重。

我们不反对利用历史文化名镇名村来开发旅游，但要防止以发展旅游为名对历史文化名镇名村的破坏。旅游业的发展是一个历史的趋势，发展旅游可以使人们认识到历史文化资源是值得珍惜的，促使村民们注重保护古建筑和古村落的格局。没有旅游业，在深山坳里宝贵的历史建筑就会被误认为是祖宗留下来的破烂，价值得不到公众的肯定，就会以新村建设或以低级开发的方式将其破坏。但是，搞旅游也常被误认为是赚快钱的行业，赚快钱那只是满足目前一批"上车睡觉，到点拍照"的低素质游客的市场需求。一些同志认为历史建筑的维修困难，不如把老房子推倒，建一批仿古建筑。历史建筑是古人结合当地的材料、以充裕的时间精心雕琢出来的东西，而现代的建筑几天时间就拔地而起，用的材料都是现代的、速成的，完全没有文化价值，是个假古董。现在有些旅游企业就干这个傻事，把真宝贝毁了，去搞赚快钱、造那些投入少产出快的假古董。

不少地方政府希望获得历史文化名镇名村的称号，其用意并不是想要保护宝贵的历史资源，而是急于圆发财梦。所以，我们必须强调，如果造成了对历史文化资源的破坏，那将成为历史的罪人。这一点一定要引起高度重视。当然也不能否认，这些历史文化遗产一旦得到了很好的保护将成为源源不断的自动增值的旅游资源。例如，安徽省黟县宏村，2000年列为世界文化遗产后，加强了保护整治工作，为旅游业发展奠定了基础，极大地促进了当地农民生活水平的提高；旅游门票收入由2000年的170万元增至2007年的3811万元；人均收入水平由2500元提高到5600元。北京市门头沟区爨底下村，2003年被命名为第一批中国历史文化名村后，旅游产业也得到了极大发展，2003年旅游总收入320万元，2007年发展到865万元；农民人均收入由6900元提高到1万多元。所以只要保护好历史文化资源，它是可以世世代代不断增值的，世世代代可用下去，还不消耗能源和原材料。但在这一点上，很多人没有深刻的认识，所以我们谈了保护方面存在的问题，找准问题，就为问题的解决奠定了基础。

三、今后一个时期历史文化名镇名村保护的主要任务和措施

针对历史文化名镇名村保护工作面临的机遇和形势，以及存在的严重问题，我们要进一步增强历史文化名镇名村保护的信心和责任感，要理清思路要求，明确任务措施。总的要求是，要在科学发展观的指引下，坚持科学规划、严格保护、合理利用、加强监管，保持和延续其传统格局和历史风貌，继承和弘扬中华民族优秀传统文化。有以下几个方面的措施：

（一）继续加强历史文化名镇名村的普查，加大保护经费的投入。一要摸清历史资源，二要加大保

护经费的投入。"十一五"期间，国家财政计划投入9.8亿元，用于历史文化名城名镇名村的保护，这9.8亿元虽然数量不多，但是，省市县各级政府都要配套，再加上居民个人的投入，投资总额就可以翻好几番。这对于当前在新农村建设中，抢救性地保护不可再生的历史文化资源，启动内需，发展当地的经济都具有重要的促进作用。启动内需有三类项目，一类是对历史文化保护的可持续性，第二类是对资源保护的可持续性，第三类就是经济社会发展的可持续性。历史文化名镇名村的保护符合以上三个要求。首先，它符合历史文化的可持续性，传承了中华民族的优秀文化；第二，它是绿色资源，是节能减排的，只要把这些资源保护好，只需很少的保护性投入就可以不断增值，世世代代用下去，不仅满足了当代的需要，还能满足子子孙孙的需要；第三，它满足了当代人快速致富的需求，能创造许多就业岗位，是最好的启动内需项目。在当前保增长、扩内需、调结构的形势下，一定要抓住机会，加大历史文化名镇名村保护的投入。

（二）完善历史文化名镇名村保护的法规体系。各地都要在国务院颁布的《历史文化名城名镇名村保护条例》基础上，进一步细化深化有关保护规划与管理的规定。制定本地的《历史文化名镇名村保护规划编制办法》，对保护规划的编制要求、编制内容、编制成果做出明确规定，因为历史文化名镇名村的范围大，种类多，地域广，各地在制定保护办法时，要因地制宜，体现地方的实际和特点。

（三）加强历史文化名镇名村保护规划的编制、实施和备案管理。保护规划要全面覆盖国家和省级历史文化名镇名村，各省要加大对保护规划的审查力度，确保规划编制的质量水平，更要实事求是地组织好实施。要动员当地民众实施好《历史文化名城名镇名村保护条例》，把规划实施与当地的乡规民约结合起来，成为当地百姓的共同行动。这一点非常重要，从我们了解的情况看，凡是保护好的，都是将保护开发工作与当地的乡规民约能够紧密结合的。历史文化名镇名村保护规划首先要摸清家底，明确历史文化名镇名村内历史建筑、历史环境要素、历史街巷的基本信息，把这些内容在整个村镇空间层次上都列为保护的内容，建立历史建筑档案，在此基础上提出不同保护范围、不同类型建筑的保护整治措施。同时，要明确保护范围内基础设施的规划建设内容，切不可只重视历史建筑遗产的保护，而忽略居住生活环境的改善。从2009年开始，住房城乡建设部和国家文物局将组织专家，陆续对中国历史文化名镇名村的保护规划成果进行备案审查，凡不合格的规划要重新编制。

（四）建立历史文化名镇名村动态监管信息系统。开展名镇名村历史文化资源的调查建档工作，对构成历史文化名镇名村主要要素的历史文化遗存状况进行摸底调查。要明确文化遗存的类型、保护等级、各类遗存的数量、遗存的保护状况、现存的遗存与名镇名村申报时的情况对比等。通过调查，发现问题，掌握情况，提出措施。在此基础上，以《中国历史文化名镇名村评价指标体系》和《中国历史文化名镇名村基础数据》为基本单元，建立历史文化名镇名村动态监管信息系统，对历史文化资源的保存状况和保护规划实施进行跟踪监测。建立和完善历史文化名镇名村保护的统计制度，定期反馈历史文化名镇名村保护的各项数据指标变化情况。

（五）加强对历史文化名镇名村的监督检查。为落实《全国"十一五"历史文化名城名镇名村保护设施建设规划》，住房城乡建设部将加强对于专项资金的监督管理，出台相关的管理办法，切实发挥专项资金对于名镇名村保护的作用。各地要对已命名的中国历史文化名镇名村保护状况进行自查，在地方自查的基础上，住房和城乡建设部将组织专家和相关部门组成检查组进行抽查，对保护不力的要提出整改要求，对整改不力的取消其称号。同时，要结合城乡规划效能监察工作，逐步建立历史文化名镇名村保护监督员制度，加强对历史文化名镇名村保护的监督管理，保护脆弱的历史文化资源，确保名镇名村的可持续发展。

（六）建立历史文化名镇名村保护的技术支撑和服务体系。历史文化名镇名村应当坚持整体保护的原则，保持传统格局、历史和自然风貌以及空间尺度，不改变与其相互依存的自然景观和环境。这是一项技术性很强的工作，要依靠有关高校和科研单位，建立历史文化名镇名村的技术支撑体系和服务体系，为各地开展系统的研究和技术服务提供帮助。在此基础上，加强对不同地域、不同保护对象的政策研究，结合名镇名村保护实际，突出重点，分层次制定保护对策。

（七）开展历史文化名镇名村保护的培训工作。要加强对中国历史文化名镇名村单位主管领导和基层专业技术人员的培训，尤其要增强主管市长、县长、乡镇长等领导对历史文化遗产保护的意识，提高他们保护历史文化名镇名村的自觉性，避免在保护与发展的决策过程中造成偏差。要加强历史文化名镇名村基层单位专业技术人员的培养，避免在保护性修缮建设和利用中造成新的破坏，这事关名镇名村保护工作的成败。

同志们，历史文化名镇名村的保护，事关中华民族优秀历史文化的延续和传承，事关经济社会的协调发展，意义重大、影响深远。我们要树立强烈的责任感和事业心，积极探索，勇于进取，努力做好历史文化名镇名村的保护工作，为我国文化遗产保护事业和经济的可持续发展作出更大贡献。

黄卫同志在建设部安全生产管理委员会2008年第一次会议上的讲话

（2008年1月3日）

同志们：

党的十七大报告提出，坚持安全发展，强化安全生产管理和监督，有效遏制重特大安全事故，完善突发事件应急管理机制。不久前结束的中央经济工作会议把着力改善民生、促进社会和谐作为2008年经济工作的主要任务之一。这表明，党中央、国务院已经将安全监管和应急管理工作纳入了以改善民生为重点的社会建设的总体布局，进一步强调和突出了安全生产和应急管理工作的重要性和紧迫性。新年伊始，我们要更加深入地学习贯彻十七大和中央经济工作会议精神，更加全面地落实中央关于安全工作的各项决策，按照刚刚召开的全国建设工作会议和部党组的统一部署，进一步做好建设系统安全生产、防灾减灾和应急管理工作。

一、2007年安全管理工作取得了明显成效

2007年，在党中央、国务院的正确领导下，建设系统各级主管部门和有关单位、企业在安全生产、防灾减灾以及应急管理方面做了大量扎实的工作，取得了显著的成效。

（一）坚决遏制重特大事故发生，安全事故继续保持稳中有降的态势。据初步统计，截至2007年12月25日，全国共发生房屋建筑与市政工程施工安全事故789起，死亡956人，同比保持下降。在工程建设规模不断扩大，建设速度持续高位的情况下，我们自2004年以来连续四年保持下降，实属不易。在市政公用设施运行安全方面，全国共发生市政公用企业安全生产事故8起，死亡15人，同比有较大幅度的下降，特别是在供水、排水等重点行业，事故易发势头得到有效遏制，同时，全国没有发生重大市政公用设施运行供应中断事故，有效地保障了群众正常生产生活秩序和社会稳定。

（二）深入开展安全检查，排查和整改了大量安全隐患。从2007年5月起，根据国务院安委会部署，部里开展了建筑施工行业隐患排查治理专项行动。8月以来，按照国务院办公厅的部署和我部年初工作计划，有关司局组织开展了城市桥梁、轨道交通、供水、供气、集中供热等城市基础设施以及民航非专业工程的安全隐患排查，并对全国部分重点地区和城市进行了督查。8月和11月，部里还分两阶段开展了全国工程质量安全执法检查，对30个省（区、市）的在建工程项目进行了抽查。

总的来看，2007年的检查工作有几个特点：一是规模较大，各地组织大量人力、物力认真开展了自查，在此基础上，部里各有关司局联合组织了30个专家组200多人次，对重点地区和城市进行了督查。二是范围较广，检查对象既包括房屋建筑工程，又包括城市基础设施；检查内容既针对工程设施的实体隐患，又注重建设施工、养护管理等各有关单位的安全工作状况。在全国工程质量监督执法检查工作中，对30个省份的90个市县进行了检查，随机抽查了300个在建项目，其中公共建筑107项、住宅164项，建筑面积共计930多万平方米，市政桥梁29座，总投资270亿元。三是效果比较显著，通过检查，不仅掌握了大量隐患信息，整改了许多突出隐患，而且进一步提高了有关方面的安全意识，争取了政府部门和社会各界的支持和投入，为安全工作创造了良好的氛围。

（三）完善工作机制，安全管理体系更加健全。一是进一步完善部内各司局的协调配合机制。按照年初制定的部安全工作措施分工意见和安委会会议部署，有关司局紧密配合，形成合力，顺利完成了

各项工作任务。二是加强与地方建设主管部门间的沟通协调。在加强对省级建设主管部门工作指导的基础上，有针对性地强化了对城市安全管理工作的指导和督促。在2007年的安全检查工作中，将城市作为督查重点，把安全工作重心放低，关口前移，起到了较好的效果。

虽然2007年的安全工作取得了较大进展，成效也比较显著，但我们仍要清醒地认识到，当前建设系统所面临的安全形势仍然比较严峻。

一是建筑施工安全形势不容乐观。随着建设规模的不断扩大和在建项目的不断增多，出现施工安全事故的概率随之增加，保持事故下降态势的难度随之加大。2007年建设系统虽然没有发生特别重大的安全事故，但一次死亡3人以上的较大事故还是时有发生，而且还发生了死亡11人的无锡"11·14"重大安全事故。从事故类型看，高处坠落和施工坍塌仍然占了事故的较大比例，薄弱环节仍然比较突出。个别地区事故数量有所上升。

二是城市基础设施存在不少安全隐患。随着城镇化进程的不断加快，市政基础设施得到了快速的发展，但一些地区存在重建设轻维护、重地上轻地下的倾向，部分市政基础设施老化失修，不同程度地存在安全隐患。近期以来全国发生了数起城市道路路面塌陷事故，幸未造成人员伤亡，但是对正常社会秩序和公众心理造成了不良影响。

三是防灾抗灾的任务更加艰巨。受全球气候变暖影响，极端天气气候事件频率和强度明显上升，引发了一些自然灾害和事故灾难。例如，2007年3月，受温带风暴潮影响，东北地区遭遇几十年未遇的暴风雪袭击，城市道路积雪中断，部分城市基础设施瘫痪，群众生产生活受到严重影响。2007年7月，重庆、济南等城市遭受暴雨洪水袭击，造成人员伤亡，凸现出对此类事件的防范和应对能力仍显薄弱。

四是非职业性一氧化碳中毒防范工作仍需加强。入冬以来，非职业性一氧化碳中毒事件频繁发生，据卫生部门统计，中毒人数已超过500人，死亡24人。2007年12月29日，河南舞阳还发生了一起死亡6人的煤气中毒事故。为此，必须进一步落实防范措施，巩固防范工作取得的成果。

二、坚定不移地做好2008年安全生产、防灾减灾和应急管理工作

做好2008年安全管理工作，要认真学习贯彻党的十七大和中央经济工作会议精神，落实全国建设工作会议部署，进一步明确指导思想、健全体制机制、完善监管手段、落实监管责任，以防范和减少建设系统安全事故为核心，全面推进安全生产、防灾减灾和应急管理工作。关于2008年的工作设想，刚才大家讲得都很好，我都赞成。请部安办在综合大家意见的基础上，尽快提出落实方案。下面，我着重强调三点意见，供大家参考。

（一）以民生问题为出发点和落脚点，不断增强安全工作责任感和紧迫感。长期以来，我们一直强调，必须带着责任、带着感情抓安全。安全工作直接关系民生问题，难度大、责任重，对每一个从事安全管理工作的同志都提出了很高的要求。从事安全管理工作的同志既是监管者，应当依法行使监管职能，又是被监督者，需要面对法律、纪律、舆论等各方监督，并承担相应的责任。从近来一些案例看，党中央、国务院对于在安全监管工作中失职失察问题的处理，态度坚决，措施严厉，警示作用十分明显。在这里，我想再次强调，安全工作离不开责任和感情，只有真正把对人民群众高度负责的精神和感情融入到工作之中，我们才能履行好法律赋予的职责，才能切实做好安全工作。

（二）加快制定和完善安全经济政策，在安全工作上多做实事。做好安全工作，投入是关键，也是根本，投入的落实需要相关政策予以保障。经济政策的保障作用主要有三个方面，一是督促，即明确投入责任，并督促相关责任主体落实安全投入。重点是研究以经济政策促进工程建设各参建主体，特别是业主和总承包商的主体责任的落实。二是激励，即以相关政策促使企业深化安全生产与长远发展的认识，从而更为自觉、积极地加大安全投入。三是支持，理顺投入机制，明确政府部门的财政支持依据，帮助有关企业获得必要的经济支持。从这次城市基础设施隐患排查的情况来看，各地在养护维修以及更新改造工作中，普遍面临着资金缺乏、投入不足的问题，这也反映出在相关政策上仍是一个薄弱的环节，下一步要加强这方面的研究，力争出台兼具针对性和可操作性的政策。

（三）切实加强安全监管队伍建设，不断创新工作机制。安全法律法规和政策措施的贯彻落实，需要有一支政治素质强、法律水平高、业务能力精的监管队伍。从目前来看，随着在建工程和既有设施规模的不断扩大，我们的监管任务越来越重，同时，各种新问题、新情况的出现，使我们的监管力量更显薄弱。加强监管队伍建设，是新形势下做好安全工作的组织保障。一是要积极创造条件，充实机构和人员，强化监管力量。二是要深入挖掘和激发现有队伍的潜力，加强人才培养，提高监管效能。同时要充分发挥资质许可、招投标监管、施工许可等手段在安全监管方面的综合效能。三是要创新工作理念，讲究工作方法。要明确工作方向，突出工作重点，形成工作特色，注重宏观指导与具体操作的有机结合，不断提高工作效率。四是要统筹质量与安全工作，以质量保安全，以安全促质量，及时消除由于质量问题带来的安全隐患，切实防范质量问题造成的安全事故。五是要突出安全监管重点，充分发挥大型骨干企业特别是中央企业、特级企业的表率作用，推动安全形势整体好转。

同志们，2008年，是全面贯彻落实党的十七大精神的开局之年，同时北京奥运会、上海世博会的筹备也将进入关键时期，对建设系统安全管理工作提出了更高的要求。同时，随着经济社会的快速发展，安全工作的任务和形势也在不断发生变化，安全工作更显任重道远。眼下，春节即将来临，"两会"不久也将召开，我们要更加努力地抓好建设系统的安全工作，为人民群众过好欢乐祥和的春节和"两会"的顺利召开，创造良好的安全环境。

（黄卫为原建设部副部长）

陈大卫同志在中国建设监理创新发展20周年总结表彰大会上的讲话

（2008年12月12日）

各位来宾，女士们、先生们：

下午好！中国建设监理创新发展20周年总结表彰大会今天成功召开，我谨代表住房和城乡建设部表示祝贺！对获得表彰奖励的先进监理企业和优秀个人表示祝贺！

当前，为应对国际金融危机对我国经济的冲击，国家正在实施一系列扩大内需、促进经济增长的措施，包括加快民生工程和基础设施建设。温家宝总理做出重要批示，为工程监理发展指明了方向，对监理工作提出了明确要求。借此机会，我讲五点意见供参考。

第一，提高认识，把思想统一到扩大内需战略部署上来。保障民生工程、基础设施建设工程质量和效益，关系到广大群众切身利益和国家发展长远大计，也是落实好中央扩大内需政策、促进我国经济平稳增长的关键。全国监理企业要深刻领会总理批示精神，认真学习、全面理解和准确把握当前中央扩大内需的精神实质，把思想和行动统一到中央决策部署上来。20年的实践证明，作为我国工程建设基本制度之一的工程监理制度，在工程建设中发挥了重要作用，取得了明显成效。在新形势下，监理企业还要再接再厉，充分发挥工程监理在控制投资、保障质量和安全生产方面的重要作用，保障民生工程、基础设施等建设工程质量和效益，在实践中深入贯彻落实科学发展观。

第二，认真履行监理职责，确保工程质量。监理企业要履行好职责，必须严格依照法律、法规、合同以及技术标准、设计文件实施监理，要严格执行监理制度，按照规定的监理程序开展监理工作，保证工程项目监理人员专业配套、人员到位，为扩大内需工程以及其他各类监理工程真正担当起职业卫士，确保工程质量和效益。

第三，严格执行监理制度，强化工程建设的监督管理。当前，全国工程质量水平还有待进一步提高，个别重大工程建设质量安全事故还时有发生，造成人员重大伤亡和经济损失。在一些工程事故中，也反映了该监理的工程没有实施监理，工程监理的监督管理作用没有体现出来。民生工程和基础设施工程属于依法必须实行监理的建设项目，建设单位必须委托具有相应资质条件的监理单位进行监理。在建设过程中，未经监理工程师签字，建筑材料、构配件和设备一律不得在工程上使用或安装，不得进入下一道工序施工；未经总监理工程师签字，建设单位不得拨付工程进度款，不得进行竣工验收。

第四，进一步完善工程监理制度。我部将建立健全法规体系和制度体系，为监理行业发展提供制度保障。我们将以起草、论证《建设工程监理管理条例》为重点，研究制定监理招标投标管理办法，加快建立监理行业信用体系，修订出台新的监理规范和监理合同，逐步完善工程监理制度，指导和规范监理行为，推动监理事业健康发展。各级建设主管部门也要加强对工程监理市场的监督管理，加强对工程监理行业发展的政策指导，积极营造良好的市场环境，创新监管方式，健全现场和市场联动机制，引导监理企业建立健全质量保证体系，指导监理企业贯彻落实各项监理制度，促进监理工作水平全面提高。

第五，加快行业协会发展。建设监理制度实施以来，中国建设监理协会以及各地、各专业监理协会积极服务监理行业，配合政府部门认真调查研究，反映行业和市场情况，在制订行业政策、规范、规章制度和培训人才等方面发挥了应有作用。按照党的十七大要求，当前，政府正在加快职能转变，逐渐会将微观管理职能、具体性事务交给行业协会承担。各级监理协会一定要坚持服务理念，增强服务能力，加强自身建设，建立自律约束机制，规范会员行为，维护公平竞争市场环境，不断推动监理行业科学发展。

同志们！20年来，我国建设监理走过了一条不平凡的发展道路。广大监理工作者一定要牢记使命，继续发扬创业精神，全面贯彻党的十七大和十七届三中全会精神，深入学习实践科学发展观，改革创新，开拓进取，坚定信心，奋发有为，努力开创建设监理事业新局面！

谢谢大家！

（陈大卫为住房和城乡建设部副部长）

理清思路　切实推进住房建设计划（规划）制定和公布工作
——齐骥同志在全国住房建设计划（规划）工作会议上的讲话

（2008年1月15日）

同志们：

在今天的全国住房建设计划（规划）工作会上，大家都充分发表了自己的意见，交流了各自在住房建设计划（规划）制定和公布工作中的经验，探讨了进一步开展这项工作的思路和方法。我认为大家对这项工作都是高度重视的，为我们推动这项工作奠定了很好的基础。下面，就今后如何深入开展住房建设计划（规划）制定和公布工作，我讲几点意见：

一、正确认识住房建设计划（规划）工作的重要性

党的十七大报告提出，要"加快推进以改善民生为重点的社会建设"，其中"住有所居"是社会建设的重要目标之一。报告提出，加快建立覆盖城乡居民的社会保障体系，保障人民基本生活；健全廉租住房制度，加快解决城市低收入家庭住房困难。据统计，目前全国约1000万户城市低收入家庭，人均居住面积不足10平方米，这部分群众的住房问题的解决直接关系到社会建设目标的实现。按照《国务院关于解决城市低收入家庭住房困难的若干意见》（国发〔2007〕24号）要求，2007年底前，所有设区的城市要对符合规定住房困难条件、申请廉租住房租赁补贴的城市低保家庭基本做到应保尽保；2008年底前，所有县城要基本做到应保尽保。"十一五"期末，全国廉租住房制度保障范围要由城市最低收入住房困难家庭扩大到低收入住房困难家庭；2008年底前，东部地区和其他有条件的地区要将保障范围扩大到低收入住房困难家庭。2008年1月1日正式实施的《城乡规划法》第三十四条规定，中低收入居民住房建设是城市近期建设规划的重点内容，需要在近期建设规划中明确时序、发展方向和空间布局。

制定和实施住房建设规划，是国务院作出的重要部署，是建设和谐社会、落实科学发展观、引导建立符合国情的住房建设和消费模式的重要措施。该项工作不仅能够促进经济社会全面、协调、可持续发展，而且有利于建设资源节约型社会。住房建设规划（计划）既是引导和调控城市近期住房建设的专项规划，也是推进我国住房保障体系建设的重要工具。只有系统、科学地编制和实施住房建设规划，才能将健全以廉租住房制度为重点、多渠道解决城市低收入家庭住房困难的政策体系的措施落到实处，才能引导住房市场健康发展，使低收家庭能够共享改革和发展的成果，为全面建设小康社会奋斗目标的实现奠定基础。

二、要正视目前住房建设计划（规划）制定公布工作的难点

自2007年11月始，各城市按照建设部要求已经开展了这项工作，并取得了阶段性成果。有的城市如杭州市已经编制完成了住房建设规划，一些城市正在抓紧编制。有些城市在住房建设规划工作中存在一些问题，工作进度和编制的内容与建设部的要求还有一定差距。主要表现在以下几个方面：

（一）部分城市工作进展缓慢

部分城市对住房建设规划工作的重要性认识不足，未确立负责部门与参与部门，缺乏有效的工作机制，导致工作进展缓慢。这些城市在2008年1月底前完成2008年住房建设计划制定与公布工作的难度较大。

（二）住房现状情况调查不清楚，缺乏科学性依据

建设部740号文明确要求各城市要在弄清楚本地区居住房状况基础上来编制规划。但是在实际编制过程中，部分城市对现状调查得不清楚或不全面，一些城市仅提供了住房需求总量，未统计各类保障性住房的实际需求量。缺乏准确的基础数据，难以保证规划编制的可操作性。

（三）住房建设规划编制内容不全面

部分城市住房建设规划编制内容不全表现在两个方面：一是未按照740号文件要求分别编制2008年、2009年住房建设计划与2008年～2012年住房规划，无法分期公布。例如有的城市编制了2008年～2009年的整体计划，未做分解。二是保障性住房的计划不够明确，仅提出了总量控制或者是总体的房型配比，而未将其分解到具体项目。

（四）规划实施的保障措施不明确

部分城市编制的住房建设规划缺乏有效的实施政策性保障措施，包括土地、信贷、财政、税收等方面的配套政策等。同时，也未按照要求制定公众参与的相关措施，包括加强社会监督、定期向社会公布住房建设计划等。

三、住房建设计划（规划）制定公布工作的要点

为认真贯彻落实国务院关于住房建设工作的总体部署，落实城市保障性住房建设的政策措施，进一步满足广大群众的基本住房消费需求，建设部分别于2007年11月23日发布《关于请督促做好住房建设计划和住房建设规划制定和公布工作的函》（建办规函[2007]740号），于2007年12月发布《关于建立住房建设计划（规划）编制公布工作督办制度的通知》（建规函[2007]380号），对开展住房建设计划（规划）工作提出了具体要求，对规划制定、发展目标、公布时间、监督措施等内容都有明确确定。

住房建设计划内容较多，并涉及到发展改革、土地等各个方面，其核心是在弄清楚本地区居住状况，有计划解决本地区居民住房需求，兼顾改善流动人口居住条件的基础上，切实体现稳定住房价格、解决中低收入家庭住房困难。在后续的工作中要注意以下六点：

（一）加强领导、明确分工

住房建设规划是推进住房保障体系建设的重要手段，是政府对未来几年住房建设进行控制和指导的法定依据。因此，城市人民政府应在认真学习国家相关政策基础上，充分认识到该项工作的重要性与紧迫性，加强对住房建设规划工作的组织领导，将该项任务做为政府近期的重要工作之一。

住房建设计划（规划）的编制关系到城市用地布局、产业布局、基础设施和公共服务设施配套等方面；其编制过程涉及规划、土地、交通、文教体卫、市政设施等多部门协作。因此，在规划的编制与公布过程中，必须明确住房建设规划编制工作的牵头和参与部门，各部门要建立健全工作机制，形成工作合力，按照"政府组织、专家领衔、部门合作、公众参与、科学决策"的原则，认真做好制定与公布工作，切实提高编制工作质量和效率。

（二）强化规划调控，合理把握规划深度和内容

住房建设规划的期限为2008年～2012年，按照国家有关政策的要求，应当与国民经济和社会发展规划、城市总体规划、土地利用总体规划、近期建设规划等相衔接。住房建设规划的范围应与城市总体规划的规划区范围一致，住房建设规划的内容应限定在规划城市建设用地范围内。各地要根据本地住宅需求情况，在符合城市总体规划、近期建设规划、土地利用总体规划等的前提下，根据当地政府确定的廉租住房、经济适用住房、两限普通商品用房以及中低价位、中小套型普通商品住房的建设需求，合理确定居住用地供应规模、土地开发强度和住宅供应规模等。加快工作进度，尽快明确今明两年以及今后五年的住房建设计划（规划）。

2008年、2009年住房建设计划是2008年～2012

年住房建设规划的重要组成部分。规划编制中需要结合当地实际，对年度住房的建设做出明确安排，准确把握各年度的居民住房需求、住房供应量以及土地与资金配套供给；保障性住房必须明确落实到具体项目、地块与空间布局，争取有步骤地解决困难家庭的住房问题。住房建设计划相较住房建设规划应该更加细致、全面、具体，更具有操作性，并将有关保障性住房的内容作为刚性内容予以明确。

（三）深入调查现状，科学确定住房需求

住房现状调查是住房建设规划编制工作的基础与依据。住房建设计划（规划）应根据城市国民经济和社会发展状况及资源、环境、人口等约束条件和城市住房保障政策等，综合提出住房发展的各项计划（规划）目标，以及人均居住建筑面积、环境标准、住房保障、市场调控等方面的阶段惟目标。在2006~2007年住房建设规划工作的基础上，应对城市住宅的保有量（不含未销售面积）、成套情况、套均面积、空间分布、建设年代、建筑质量、产权状况、居住配套设施状况（包括生活服务设施和交通设施）、户均人口、户籍家庭数、流动人口居住情况、居民收入、居住需求意愿等内容开展深入调查分析。根据住房发展目标、人口变化趋势、旧住宅改造、城市拆迁、市场需求和政策因素等，采用科学合理的方法对住房需求结构、居住用地空间布局、设施配套、住宅建筑面积、套数、住宅类型等进行预测。

（四）重点落实保障性住房

根据国务院部署，重点解决中低收入家庭住房困难。保障性住房的具体落实，应结合本地区实际，综合安排廉租住房、经济适用住房、两限普通商品住房以及中低价位、中小套型商品住房等住房的结构比例。突出强调建立以廉租住房制度为重点、多渠道解决城市低收入家庭住房困难的住房供应政策体系。在住房建设规划中，根据以上指导思路合理安排保障性住房，各地的规划部门要做好新建住房审批建设的各项工作，保证住房的供应满足居民需求。根据低收入居民的住房需求，合理确定保障性住房的总建筑面积、总套数，各类保障性住房的分解建筑面积与套数，以及占所有住房的比重等。各类保障性住房必须具体分解到新建与在建项目中，其所占比例必须符合相关文件要求。其中，廉租房的分解是重中之重，必须能够满足本地区低收入居民的需求。各类保障性住房针对不同收入阶层，其套型面积、环境质量、设施水平等建设标准要符合相关文件要求。既要保证满足居民需求，又要有利于建设资源节约型社会。在住房的空间布局中，优先考虑中低收入家庭的生活需求，选择公共交通、就业、教育、医疗、公共服务等设施充足、便利的地点安排保障性住房，并提出不同类型住房适当混合的要求等。有条件的城市，可以在城市居住区域内，根据各地区流动人口需求，建设部分公寓解决农民工、技术交流人员等的住房问题。

（五）重视住房建设计划（规划）的公布工作

目前工作中布置的住房建设计划（规划）事关今后几年城市住房保障和居民居住条件的有效改善，也是城市政府和建设行政主管部门工作的重点之一。各地要根据自身的条件，选择适当的方式向社会公布，让城市居民了解城市政府未来几年解决居民住房问题的计划和决心，稳定城市居民对住宅需求的"心理预期"。这将对稳定房地产市场发展有重要作用。

（六）加强住房建设规划实施的保障性措施

住房建设规划的顺利实施需要多方面的努力，必须建立健全保障性措施。

为确保住房保障和房地产市场宏观调控工作的顺利实施，各地应结合住房政策和城市发展特点，合理确定各类住房的建设时序和空间布局，加强对住房建设投入的经济分析，提出有关土地、信贷、财政、税收等方面的配套政策，科学论证住房建设规划（计划）实施的可行性，并制定住房建设规划（计划）落实的行动计划。

各地应加强对住房建设计划（规划）制定和公布的监督，特别是把住房建设计划中落实项目用地、建设时序和进度安排，以及住房建设规划与计划是否及时公布作为监督重点。建设部将派出工作组定期对各地编制和公布住房建设计划（规划）情况进行调研和督导。省、自治区建设主管部门要会同有关部门，加强对城市住房建设计划（规划）实施情况的监督检查。

同时要加强社会监督，各地应按照建设部要求定期公布住房建设计划，提高信息透明度，稳定市场预期。规划编制中政策与标准的确定应征求公众意见，并将公众意见与采纳情况作为附件一并报送备案。

同志们，住房建设计划（规划）编制与公布工作量大、任务紧。各地各部门要深刻准确领会十七大精神，坚定贯彻落实科学发展观的信念和决心，求真务实，勇于创新，积极探索更多更好的经验和做法，确保住房建设规划工作的顺利开展。

谢谢大家。

（齐骥为住房和城乡建设部副部长）

第五篇

专题与研究报告

一、专　　题

· 住房和城乡建设部组建 ·

国务院办公厅关于印发住房和城乡建设部主要职责　内设机构和人员编制规定的通知

国办发〔2008〕74号

各省、自治区、直辖市人民政府，国务院各部委、各直属机构：

《住房和城乡建设部主要职责内设机构和人员编制规定》已经国务院批准，现予印发。

中华人民共和国国务院办公厅
二〇〇八年七月十日

住房和城乡建设部主要职责内设机构和人员编制规定

根据第十一届全国人民代表大会第一次会议批准的国务院机构改革方案和《国务院关于机构设置的通知》（国发〔2008〕11号），设立住房和城乡建设部，为国务院组成部门。

一、职责调整

（一）将原建设部的职责划入住房和城乡建设部。

（二）取消已由国务院公布取消的行政审批事项。

（三）取消住房和城乡建设领域个人执业资格行政审批的审查事项。

（四）将指导城市客运的职责划给交通运输部。

（五）将城市管理的具体职责交给城市人民政府，并由城市人民政府确定市政公用事业、绿化、供水、节水、排水、污水处理、城市客运、市政设施、园林、市容、环卫和建设档案等方面的管理体制。

（六）加快建立住房保障体系，完善廉租住房制度，着力解决低收入家庭住房困难问题。

（七）加强城乡规划管理，推进建筑节能，改善人居生态环境，促进城镇化健康发展。

二、主要职责

（一）承担保障城镇低收入家庭住房的责任。拟订住房保障相关政策并指导实施。拟订廉租住房规划及政策，会同有关部门做好中央有关廉租住房资金安排，监督地方组织实施。编制住房保障发展规划和年度计划并监督实施。

（二）承担推进住房制度改革的责任。拟订适合国情的住房政策，指导住房建设和住房制度改革，拟订全国住房建设规划并指导实施，研究提出住房和城乡建设重大问题的政策建议。

（三）承担规范住房和城乡建设管理秩序的责任。起草住房和城乡建设的法律法规草案，制定部门规章。依法组织编制和实施城乡规划，拟订城乡规划的政策和规章制度，会同有关部门组织编制全国城镇体系规划，负责国务院交办的城市总体规划、省域城镇体系规划的审查报批和监督实施，参与土地利用总体规划纲要的审查，拟订住房和城乡建设的科技发展规划和经济政策。

（四）承担建立科学规范的工程建设标准体系的责任。组织制定工程建设实施阶段的国家标准，制定和发布工程建设全国统一定额和行业标准，拟订建设项目可行性研究评价方法、经济参数、建设标准和工程造价的管理制度，拟订公共服务设施（不含通信设施）建设标准并监督执行，指导监督各类工程建设标准定额的实施和工程造价计价，组织发布工程造价信息。

（五）承担规范房地产市场秩序、监督管理房地产市场的责任。会同或配合有关部门组织拟订房地产市场监管政策并监督执行，指导城镇土地使用权有偿转让和开发利用工作，提出房地产业的行业发展规划和产业政策，制定房地产开发、房屋权属管理、房屋租赁、房屋面积管理、房地产估价与经纪管理、物业管理、房屋征收拆迁的规章制度并监督执行。

（六）监督管理建筑市场、规范市场各方主体行为。指导全国建筑活动，组织实施房屋和市政工程项目招投标活动的监督执法，拟订勘察设计、施工、建设监理的法规和规章并监督和指导实施，拟订工程建设、建筑业、勘察设计的行业发展战略、中长期规划、改革方案、产业政策、规章制度并监督执行，拟订规范建筑市场各方主体行为的规章制度并监督执行，组织协调建筑企业参与国际工程承包、建筑劳务合作。

（七）研究拟订城市建设的政策、规划并指导实施，指导城市市政公用设施建设、安全和应急管理，拟订全国风景名胜区的发展规划、政策并指导实施，负责国家级风景名胜区的审查报批和监督管理，组织审核世界自然遗产的申报，会同文物等有关主管部门审核世界自然与文化双重遗产的申报，会同文物主管部门负责历史文化名城（镇、村）的保护和监督管理工作。

（八）承担规范村镇建设、指导全国村镇建设的责任。拟订村庄和小城镇建设政策并指导实施，指导村镇规划编制、农村住房建设和安全及危房改造，指导小城镇和村庄人居生态环境的改善工作，指导全国重点镇的建设。

（九）承担建筑工程质量安全监管的责任。拟订建筑工程质量、建筑安全生产和竣工验收备案的政策、规章制度并监督执行，组织或参与工程重大质量、安全事故的调查处理，拟订建筑业、工程勘察设计咨询业的技术政策并指导实施。

（十）承担推进建筑节能、城镇减排的责任。会同有关部门拟订建筑节能的政策、规划并监督实施，组织实施重大建筑节能项目，推进城镇减排。

（十一）负责住房公积金监督管理，确保公积金的有效使用和安全。会同有关部门拟订住房公积金政策、发展规划并组织实施，制定住房公积金缴存、使用、管理和监督制度，监督全国住房公积金和其他住房资金的管理、使用和安全，管理住房公积金信息系统。

（十二）开展住房和城乡建设方面的国际交流与合作。

（十三）承办国务院交办的其他事项。

三、内设机构

根据上述职责，住房和城乡建设部设15个内设机构：

（一）办公厅。

负责文电、会务、机要等机关日常运转工作；承担信息、安全、保密、新闻宣传、政务公开和信访等工作；按照国家档案行政主管部门的要求，指导城市建设档案工作。

（二）法规司。

组织起草法律法规草案和部门规章；承担有关规范性文件的合法性审核工作；指导住房和城乡建设普法、行政执法、行政执法监督、行政复议和行政应诉。

（三）住房改革与发展司（研究室）。

拟订适合国情的住房政策；指导住房建设和住房制度改革；组织编制全国住房建设规划和年度计划并指导实施；研究分析住房和城乡建设的重大问题；起草综合性文稿。

（四）住房保障司。

拟订住房保障政策并指导实施；承办中央廉租住房资金安排的有关事项；组织编制住房保障发展规划和年度计划并监督实施。

（五）城乡规划司。

拟订城乡规划的政策和规章制度；组织编制和监督实施全国城镇体系规划；指导城乡规划编制并监督实施；指导城市勘察、市政工程测量、城市地下空间开发利用和城市雕塑工作；承担国务院交办的城市总体规划、省域城镇体系规划的审查报批和监督实施；承担历史文化名城（镇、村）保护和监督管理的有关工作；制定城乡规划编制单位资质标准并监督实施。

（六）标准定额司。

组织拟订工程建设国家标准、全国统一定额、建设项目评价方法、经济参数和建设标准、建设工期定额、公共服务设施（不含通信设施）建设标准；拟订工程造价管理的规章制度；拟订部管行业工程标准、经济定额和产品标准，指导产品质量认证工作；指导监督各类工程建设标准定额的实施；拟订工程造价咨询单位的资质标准并监督执行。

（七）房地产市场监管司。

承担房地产市场的监督管理；拟订房地产市场监管和稳定住房价格的政策、措施并监督执行；指导城镇土地使用权有偿转让和开发利用工作；提出房地产业的发展规划、产业政策和规章制度；拟订房地产开发企业、物业服务企业、房屋中介的资质标准并监督执行；组织建设并管理全国房屋权属信息系统。

（八）建筑市场监管司。

拟订规范建筑市场各方主体行为、房屋和市政工程项目招标投标、施工许可、建设监理、合同管理、工程风险管理的规章制度并监督执行；拟订工程建设、建筑业、勘察设计的行业发展政策、规章制度并监督执行；拟订建筑施工企业、建筑安装企业、建筑装饰装修企业、建筑制品企业、建设监理单位、勘察设计咨询单位资质标准并监督执行；认定从事各类工程建设项目招标代理业务的招标代理机构的资格。

（九）城市建设司。

拟订城市建设和市政公用事业的发展战略、中长期规划、改革措施、规章；指导城市供水、节水、燃气、热力、市政设施、园林、市容环境治理、城建监察等工作；指导城镇污水处理设施和管网配套建设；指导城市规划区的绿化工作；承担国家级风景名胜区、世界自然遗产项目和世界自然与文化双重遗产项目的有关工作。

（十）村镇建设司。

拟订村庄和小城镇建设政策并指导实施；指导镇、乡、村庄规划的编制和实施；指导农村住房建设、农村住房安全和危房改造；提出进城定居农民的住房政策建议；指导小城镇和村庄人居生态环境的改善工作；组织村镇建设试点工作，指导全国重点镇的建设。

（十一）工程质量安全监管司。

拟订建筑工程质量、建筑安全生产和建筑工程竣工验收备案的政策、规章制度并监督执行；组织或参与工程重大质量、安全事故的调查处理；组织拟订建筑业、工程勘察设计咨询业技术政策并监督执行；组织工程建设标准设计的编制、审定和推广；组织编制城乡建设防灾减灾规划并监督实施；拟订各类房屋建筑及其附属设施和城市市政设施的建设工程抗震设计规范。

（十二）建筑节能与科技司。

拟订建筑节能的政策和发展规划并监督实施；组织实施重大建筑节能项目。指导房屋墙体材料革新工作；组织拟订住房和城乡建设的科技发展规划和经济政策；组织重大科技项目研究开发；组织国际科技合作项目的实施及引进项目的创新工作，指导科技成果的转化推广。

（十三）住房公积金监管司。

拟订住房公积金政策和发展规划并组织实施；制定住房公积金缴存、使用、管理和监督制度；监督全国住房公积金和其他住房资金的管理、使用和安全；管理住房公积金信息系统。

（十四）计划财务与外事司。

组织编制住房和城乡建设的行业发展规划；参与研究建设领域财税价格政策；管理部信息统计工作；负责机关各项资金和国有资产的管理和使用；监督直属单位、部管社会团体的财务和国有资产的管理；承担住房和城乡建设行业的国际交流合作和外事工作。

（十五）人事司。

承担机关和直属单位的人事及机构编制管理事项；组织制定行业职业标准、执业资格标准、专业技术职称标准；按规定承担组织拟订高等院校建设类专业的教育标准和评估标准。

机关党委　负责机关和在京直属单位的党群工作。

离退休干部局　负责机关离退休干部工作，指导直属单位的离退休干部工作。

四、人员编制

住房和城乡建设部机关行政编制为345名（含两委人员编制10名、援派机动编制4名、离退休干部工作人员编制37名）。其中：部长1名、副部长4名，司局级领导职数57名（含总规划师1名、总工程师1名、总经济师1名、机关党委专职副书记2名、离退休干部局领导职数3名）。

五、其他事项

（一）城市地铁、轨道交通方面的职责分工。住房和城乡建设部指导城市地铁、轨道交通的规划和建设，交通运输部指导城市地铁、轨道交通的运营。

（二）工程建设国家标准由国务院标准化行政主管部门统一编号并会同住房和城乡建设部联合发布。

（三）所属事业单位的设置、职责和编制事项另行规定。

六、附则

本规定由中央机构编制委员会办公室负责解释，其调整由中央机构编制委员会办公室按规定程序办理。

部　领　导

住房和城乡建设部部长、部党组书记：姜伟新
住房和城乡建设部副部长、部党组成员：仇保兴
住房和城乡建设部副部长、部党组成员：陈大卫
住房和城乡建设部副部长、部党组成员：黄　卫
住房和城乡建设部副部长、部党组成员：齐　骥
中央纪委驻住房和城乡建设部纪检组组长、部党组成员：郭允冲
住房和城乡建设部党组成员：姚　兵

派 驻 机 构

（一）中央纪委监察部驻部纪检组监察局
（二）审计署建设审计局

审计署建设审计局是审计署的派出机构，办公地点设在住房和城乡建设部。其主要职责：（一）负责对住房和城乡建设部、全国妇联、共青团中央、中华全国总工会、国家机关工委及其在京下属单位的财政财务收支的真实、合法和效益进行审计监督。（二）根据审计署确定的工作计划，按照审计署编制的中央预算执行和其他财政收支审计工作总体方案，制定审计工作实施方案，组织实施对上述部门的预算执行审计，起草审计报告，草拟审计意见书和审计决定；对上述部门下属单位的财务收支审计制定审计方案，下达审计通知书、审计报告、审计意见书和审计决定。（三）参加审计署统一组织的专项审计和审计调查。（四）监督、检查被审计单位对其管辖系统的内部控制制度情况，推动部门及其所属单位内部审计监督工作的开展。（五）及时向审计署报告审计发现的重大问题，以及被审计单位在财政财务、经济管理工作的新情况和新问题。（六）完成审计署交办的其他事项。

其 他 机 构

住房和城乡建设部稽查办公室

1. 组织对住房保障、城乡规划、标准定额、房地产市场、建筑市场、城市建设、村镇建设、工程质量安全、建筑节能、住房公积金、历史文化名城和风景名胜区等方面违法违规行为的专案稽查，提出处理意见；

2. 组织或参与对住房保障、城乡规划、标准定额、房地产市场、建筑市场、城市建设、村镇建设、工程质量安全、建筑节能、住房公积金、历史文化名城和风景名胜区等方面违法违规行为的专项稽查，提出改进工作意见；

3. 会同有关司局负责城乡规划督察员制度实施，组织住房和城乡建设部派驻城乡规划督察员监督检查国务院审批的城市总体规划、历史文化名城保护规划、省域城镇体系规划和国家级风景名胜区规划实施情况；

4. 拟订住房和城乡建设部派驻城乡规划督察员管理制度，负责住房和城乡建设部派驻城乡规划督察员的日常管理工作，指导地方住房和城乡建设行政部门派出城乡规划督察员工作；

5. 建立并管理建设稽查监督举报系统，受理举报投诉；

6. 建立建设稽查统计系统，定期公布建设稽查工作情况；

7. 拟订建设稽查规则和稽查特派员管理制度，负责稽查特派员的日常管理工作；

8. 指导地方住房和城乡建设行政部门的稽查工作；

9. 承办住房和城乡建设部交办的其他事项。

· 汶川特大地震抗震救灾先进表彰 ·

关于表彰全国住房和城乡建设系统抗震救灾先进集体和先进个人的决定

各省、自治区建设厅，直辖市建委及有关部门，新疆生产建设兵团建设局，深圳市建设局，部机关各单位、直属各单位，部管社团：

5·12汶川大地震后，在党中央、国务院的坚强领导下，全国各族人民全力投入抗震救灾工作。住房城乡建设系统和广大建设工作者，以灾情为命令，视时间如生命，发扬特别能吃苦、特别能战斗、特别能奉献的精神，奋不顾身、夜以继日地奋战在抗震救灾第一线，为抢险救灾，特别是活动板房建设做出了重要贡献，同时也涌现出一大批先进集体和个人。

为表彰先进，鼓舞斗志，激励广大建设工作者在工作中大力弘扬抗震救灾伟大精神，住房和城乡建设部决定，授予北京市建设委员会等245个单位"全国住房城乡建设系统抗震救灾先进集体"荣誉称号，授予北京市建设委员会建设市场处处长郝小兵等512位同志"全国住房城乡建设系统抗震救灾先进个人"荣誉称号，追授山西省忻州市援川建房突击队队员戎金亮同志"全国住房城乡建设系统抗震救灾先进个人"荣誉称号。希望受表彰的先进集体和个人，珍惜荣誉，谦虚谨慎，再接再厉，在今后的工作中再创佳绩。

当前，灾后恢复重建任务十分艰巨，建设事业各项工作也十分繁重，全国住房城乡建设系统广大干部职工要以受表彰的先进集体和个人为榜样，紧密团结在以胡锦涛同志为总书记的党中央周围，坚决贯彻党中央、国务院的决策部署和要求，坚持一手抓抗震救灾，做好灾后恢复重建工作；一手坚定不移地抓好建设事业各项工作，克服一切困难，排除一切险阻，为夺取抗震救灾全面胜利，推动建设事业又好又快发展做出新的更大贡献。

附件：
1. 全国住房城乡建设系统抗震救灾先进集体名单
2. 全国住房城乡建设系统抗震救灾先进个人名单

住房和城乡建设部
二〇〇八年九月十一日

附件1
全国住房城乡建设系统抗震救灾先进集体名单
（共245个）

北京市建设委员会
中国建筑一局（集团）有限公司
中国建筑第二工程局有限公司
北京城建五建设工程有限公司
北京住总集团有限责任公司
北京市政路桥建设控股集团有限公司
北京城乡建设集团有限责任公司
中国新兴建设开发总公司
北京建工集团有限责任公司
北京雅致集成活动房有限公司
大本营彩钢制品（北京）有限公司
北京铁路局货运处
天津市建设管理委员会
天津市建工集团（控股）有限公司
天津城建集团过渡安置房建设前线指挥部
天津住宅建设集团有限公司
天津市建筑材料集团（控股）有限公司
天津市政建设集团有限公司
中铁十八局集团有限公司
天津建筑设计院援建灾区专家设计组
中国建筑第六工程局有限公司
天津振津工程集团有限公司
中铁建工集团有限公司

一、专　题

河北省建设厅	江苏省建设厅
河北省石家庄市建设局	江苏省南京市建筑工程局
河北省邢台市建设局	江苏省苏州市建设局
河北省唐山市建设局	江苏省海门市建筑工程管理局
河北省秦皇岛市建设局	江苏省淮安市建设局
河北省保定市建设局	江苏省扬州市建设局
河北省沧州市建设局	江苏省泰州市建筑工程局
河北省承德市建设局	江苏省宿迁市建设局
中煤建筑安装工程公司赴川援建青年突击队	江苏省建筑工程管理局
山西省建设厅	江苏省南京市房产管理局
山西省晋中市建设局	浙江省建设厅
山西省晋城市建设局	浙江省杭州市建设委员会
山西省运城市建设局	浙江省宁波市建设委员会
山西省临汾市建设局	浙江省温州市建设局
山西省长治市建设局	浙江省绍兴市建筑业管理局
山西省城乡规划设计研究院	浙江省台州市建设规划局
山西省工程建设标准定额站	浙江省建设投资集团
山西省建筑设计研究院	浙江中元建设股份有限公司
内蒙古自治区建设厅	浙江大东吴集团建设有限公司
辽宁省建设厅	浙江省东阳第三建筑工程有限公司
辽宁省沈阳市城乡建设委员会	中天建设集团有限公司
东北金城建筑总公司	浙江省杭州市房产管理局
辽宁省大连市城乡建设委员会	安徽省建设厅
辽宁省大连市建设工程质量监督站	安徽省合肥市建设委员会
辽宁省城乡建设规划设计院	安徽省巢湖市建设委员会
盼盼安居股份有限公司	安徽省宣城市建设委员会
辽宁天和重工有限公司	安徽省六安市建设委员会
吉林省建设厅	安徽省蚌埠市建设委员会
中铁十三局集团有限公司	雅致集成房屋股份有限公司福州分公司
黑龙江省住房和城乡建设厅	福建省厦门市建设与管理局
黑龙江省哈尔滨市市容环境卫生管理办公室	厦门厦工宇威重工有限公司
上海市建设和交通委员会	中联建设工程有限公司
上海建工(集团)总公司	福建省闽南建筑工程有限公司
上海绿地建设(集团)有限公司	福建省九龙建设集团有限公司
上海城建(集团)公司	福建省建工集团总公司
中国建筑第八工程局有限公司总承包公司	福建省建设厅
中交第三航务工程局有限公司	福建省泷澄建设有限公司
中铁二十四局集团有限公司上海铁建工程有限公司	江西省建设厅
上海现代建筑设计(集团)有限公司	江西省南昌市城乡建设委员会
上海市政工程设计研究总院援建地震灾区过渡安置房设计部	江西省上饶市建设局
	中国瑞林工程技术有限公司
	江西省建筑设计研究总院
上海市建筑科学研究院(集团)有限公司援建地震灾区过渡安置房工程管理部	江西建工集团公司赴川灾后援建现场指挥部
	江西中恒建设集团公司
宝山钢铁股份有限公司销售部	江西昌南建设工程集团公司

江西雄基钢构建材有限公司
山东省建设厅
山东省济南市建设委员会
山东省青岛市建设委员会
山东省淄博市建设委员会
山东省潍坊市建设委员会
山东省临沂市建设局
山东省枣庄市建设委员会
山东省烟台市建设局
中国建筑第八工程局有限公司
中铁十四局集团有限公司
山东省济南市供排水监测中心
河南省建设厅
河南省郑州市建设委员会
河南省洛阳市建设委员会
河南省安阳市建设委员会
河南省焦作市建设委员会
河南省信阳市建设委员会
河南省新乡市天丰钢板开发有限公司
河南六建建筑集团有限公司
湖北省建设厅
湖北省武汉市建设委员会
中国建筑第三工程局有限公司
中国一冶汉源县抗震救灾现场指挥部
湖北省武汉市汉阳市政集团公司
湖北省建设工程质量安全监督总站
湖北省工业建筑集团有限公司
湖北省武汉市公路运输管理处
湖南省建设厅
湖南省建设工程造价管理总站
湖南省长沙市建设委员会
湖南省建工集团
中国建筑第五工程局有限公司
湖南省第六工程有限公司
湖南省沙坪建筑有限公司
广东省建设厅
广东省广州市建设委员会
广东省佛山市建设局
广东省东莞市建设局
广东省深圳市建设局
广东省深圳市金众(集团)股份有限公司
广东省城乡规划设计研究院
广东省建设工程质量安全监督监测总站
中铁二局股份有限公司深圳分公司
广东省深圳市第一建筑工程有限公司

广东省深圳市建筑设计研究总院有限公司
广东省深圳市建明达建设监理有限公司
海南省建筑工程总公司
海南省建设厅
中国建筑股份有限公司海南分公司
广西壮族自治区建设厅
广西建工集团第二建筑工程有限公司
重庆市建设委员会
重庆市南岸区建设委员会
重庆市建设工程造价管理总站
重庆建工集团有限责任公司
中交二航局第二工程有限公司
重庆市抗震救灾指挥部市政设施组
四川省成都市建设委员会
四川省成都市彭州市建设局
四川省成都市崇州市建设局
四川省德阳市规划和建设局
四川省绵竹市建设局
四川省什邡市规划和建设局
中国共产党四川省绵阳市建设工作委员会
四川省江油市规划和建设局
四川省北川羌族自治县规划建设和环境保护局
四川省广元市规划和建设局
四川省青川县规划和建设局
四川省剑阁县规划和建设局
四川省雅安市规划和建设局
四川省阿坝州规划建设局
四川省茂县规划建设局
四川省汶川县规划建设局
四川省场道工程有限公司
四川省建设厅
四川省建设工程造价管理总站
四川省建设监察总队
四川省成都市住房委员会办公室
贵州省建设厅
贵州省建筑科学研究检测中心
贵州省贵阳市房屋安全鉴定办公室
云南省建设厅
云南省建工集团总公司承包部
云南建工安装股份有限公司
云南省玉溪市建设局
云南省工程质量监督管理站
陕西省建设厅
陕西省建设工程安全质量监督总站

陕西省汉中市城乡建设规划局
陕西省汉中市略阳县城乡规划建设管理局
陕西省宝鸡市陈仓区建设局
甘肃省建设厅
甘肃省建筑工程总公司
甘肃省城乡规划设计研究院
甘肃省建筑设计研究院
甘肃省天水市建设局
甘肃省甘南州建设局
甘肃省陇南市建设局
青海省建设厅
青海省路桥集团公司
青海正平路桥工程集团公司
青海省水利水电工程局有限责任公司
宁夏回族自治区建设厅
宁夏回族自治区建筑安装劳动定额管理站
宁夏电力建设工程公司
神华宁夏煤业集团有限责任公司建设工程公司
新疆维吾尔自治区建设厅
新疆生产建设兵团建设局

中国建筑股份有限公司
中冶建工有限公司
中国石油集团川庆钻探工程有限公司
二十三冶建设集团有限公司
中铁一局集团有限公司
中国建筑第四工程局有限公司
中国建筑第七工程局有限公司
中铁二十二局集团有限公司
中铁二十三局集团有限公司
中国水利水电集团公司
重庆大学城市建设与环境工程学院
广东省深圳市建筑科学研究院有限公司
中国建筑标准设计研究院
云南省设计院结构设计研究分院
中国建筑科学研究院
中国建筑设计研究院
北京清华城市规划设计研究院
同济大学建筑与城市规划学院
国家城市供水水质监测网佛山站
国家城市供水水质监测网深圳站
辽宁省沈阳市自来水总公司
河南省郑州自来水公司
北京天地人环保科技有限公司
四川省建筑科学研究院

北京住房公积金管理中心
四川省德阳市住房公积金管理中心

附件2
全国住房城乡建设系统抗震救灾先进个人名单
（共513人）

郝小兵　北京市建设委员会建设市场处处长
孙德明　中国建筑一局（集团）有限公司副总经理
李　轶　中国建筑第二工程局有限公司三公司工程部经理
陈　鹏　北京城建集团有限责任公司总经理助理
柳志强　北京市住宅建设设备物资公司副经理
石银峰　北京市政路桥建设控股（集团）有限公司工程部长
李迎春　北京通成达水务建设有限公司副总经理
魏　军　中国新兴建设开发总公司副总经理
丁传波　北京建工集团有限责任公司副总经理
吴善东　泛华多氏钢结构有限公司副总经理
赵军勇　北京诚栋房屋制造有限公司董事长
国卫建　多维公司部门经理
王维东　北京赛瑞斯国际工程咨询有限公司工程部副经理
吴　巍　北京市市政工程设计研究总院三所党支部书记、副所长
朱向宏　北京市水利科学研究所副总工程师
朱小地　北京市建筑设计研究院党委书记、院长、总建筑师
马康丁　北京市市政管理委员会副调研员
路　林　北京市城市规划设计研究院总体规划所副所长
齐　心　北京市建筑业管理服务中心主任
冀　岩　北京市建设委员会副主任
刘肖群　北京市建筑节能与建材管理办公室主任
王与中　北京市房屋安全鉴定和设备检测中心副主任
隋振江　北京市建设委员会党组书记、主任
宛　春　北京市建设委员会科教处副主任科员
邵建中　北京市建筑节能与建材管理办公室科员
张连选　天津市建设管理委员会副主任

张顺民　天津市建设管理委员会副主任
王文贵　天津市建设管理委员会办公室主任
吴　海　天津市建设工程招标监督管理站站长
赵　敏　天津市建委建筑业管理办公室主任
尹庆利　天津市建委质量安全处副处长
李红忠　天津市建材业协会秘书长
李立勇　天津市建工集团（控股）有限公司副总经理
方可祝　天津城建集团有限公司五公司项目经理
康　庄　天津住宅建设发展集团有限公司副总经理
陈　震　天津市宁发龙祥建设有限公司副总经理
董玉铭　天津市市政建设开发有限责任公司党委书记、董事长
贾振功　中铁十八局集团有限公司副总经理
邹积新　天津市城市规划设计研究院副院长
刘　联　中国建筑第六工程局有限公司副总经理
娄永忠　天津市大港油田总医院副院长
孙洪武　天津市市容环境管理委员会主任科员
宋素东　中国建筑第八工程局有限公司项目经理
刘秋水　天津市自来水集团有限公司常务副总经理
李全喜　天津市建委管理委员会主任
全　雷　天津市建委管理委员会人事室主任、专职副书记
施航华　天津城市建设基础设施配套办公室副主任
梁　军　河北省建设厅副巡视员
田留双　河北省邢台市建设局局长
毕学斌　河北省唐山市建设局副局长
王增喜　河北省石家庄市建设局副局长
宋润泉　河北省张家口市建设局副局长
刘柏林　河北省廊坊市建设局副局长
张玉涛　河北省沧州市建设局副局长
王红梅　河北省秦皇岛市建筑市场稽查大队党支部书记
胡双全　河北省保定市建设工程招标投标办公室主任
孙芳俊　河北省邯郸市建管办质量监督站站长
李桂平　河北省衡水市建设局建筑业科科长
于希龙　河北省承德市建设局建管科科长
李万勤　河北省张家口市第一建筑工程有限公司经理
胡卫东　河北中太建设集团股份有限公司企业管理部部长
杜永河　河北建工集团有限责任公司劳务分公司副经理
李贤明　河北省建设工程招投标管理办公室主任
王光达　河北省建设监察办公室主任科员
朱忠帅　河北省建设厅质量安全与行业发展处调研员
郝培亮　山西省建设厅党组成员、总工程师
李锦生　山西省建设厅党组成员、总规划师
温学良　山西省临汾市建设局副局长
王世斌　山西省运城市建设局总工程师
张晓平　山西省晋中市建设局副局长
王贵平　山西省阳泉市建设局总工程师
姜　波　山西省太原市建管委副主任
李晋元　山西省晋城市建设局总工程师
韩卫民　山西省忻州市建设局副局长
郭俊卿　山西省长治市建设局副局长
宋江儒　山西省大同市建委纪检组长
兰成国　山西省朔州市建设局副局长
郭明水　山西省吕梁市建设局副局长
刘跃生　山西省建设厅稽查办公室主任
王恩茂　山西省建设厅勘察设计处副处长
张成喜　山西省建设厅规划处副处长
郝增元　山西省建设厅科技发展处处长
戎金亮　山西省忻州市援川建房突击队队员
吴　龙　内蒙古自治区建设厅副厅长
辛海平　内蒙古自治区建设工程质量监督总站
何　存　内蒙古呼和浩特市建设工程质量监督站
秦文军　辽宁省沈阳市建委主任
陈工业　辽宁省建筑保险办主任
富　饶　辽宁省沈阳市节水办主任
张志明　辽宁省大连市城乡建设委员会总经济师
李长斌　辽宁省大连市建筑节能管理处处长
李凡璘　辽宁省大连市建筑设计研究院有限公司副院长
何永良　辽宁省建设厅办公室主任
胡林涛　辽宁省建设厅房地产业处副处长
王　斌　辽宁省建设厅科技处副处长

一、专　题

董　阳　辽宁省建设厅人教处副处长
盖凌洋　辽宁省建设厅城建处副处长
柴光宇　辽宁省建设工程安全监督总站总工程师
杨振凯　辽宁省建筑设计研究院副院长
王宏旭　辽宁省建设科学研究院院长
高宇航　辽宁省沈阳市建都工程建设监理有限公司理部部长
聂春荣　辽宁省本溪市振兴工程建设监理有限责任公司董事长
范越林　辽宁省建设厅党组成员、副厅长
秦福义　吉林省建设厅副厅长
范　强　吉林省建设厅副厅长
解国风　吉林省建设厅建管处处长
韩雪华　吉林省建设工程造价管理站副站长
尉永军　吉林省长春市建委建工处处长
王明臣　吉林省吉林市建委主任
尹中白　吉林省城乡规划设计研究院党委书记
刘　双　黑龙江省住房和城乡建设厅建筑管理处副处长
邵曙海　黑龙江省住房和城乡建设厅城市建设处副处长
高起生　黑龙江省住房和城乡建设厅勘察设计处副处长
赵增凯　黑龙江省哈尔滨市房产住宅局住宅工程管理处科员
蒋曙杰　上海建工(集团)总公司总经理助理
颜克明　上海建工(集团)总公司总承包部项目经理
许建强　上海市第一建筑有限公司副总经理
邬耀东　上海市安装工程有限公司项目经理
张　伟　上海绿地建设(集团)有限公司副总经理
贺盛全　上海绿地建设(集团)有限公司第三分公司党支部书记
吴　杰　上海城建(集团)公司工程总承包部经理
陈世民　上海城建(集团)公司设备安装分公司经理
高　波　中国建筑第八工程局有限公司副总经理
谢　军　中国建筑第八工程局有限公司中石油项目部工程部经理
顾　巍　中交第三航务工程局有限公司副总经理

吴鹤敏　中铁二十四局集团公司上海铁建工程公司董事长、党委书记
徐国锋　上海市政工程设计研究总院第三设计院副院长
李　军　上海现代建筑设计(集团)有限公司都市设计院总工程师
郁　勇　上海建科建设监理咨询有限责任公司副总经理
张方超　上海市房屋科学研究院检测中心助理工程师
陈国光　上海市供水调度检测中心副主任
张天福　上海市建设和交通委员会运输协调处副调研员
朱晓峰　上海市建设和交通委员会工程建设处主任科员
胡　杰　上海市建筑建材业受理服务中心职员
吴仕民　上海交运(集团)公司运输部部长
姚毅健　上海市教育技术装备部副主任
黄　融　上海市建设和交通委员会主任
顾小平　江苏省建设厅副厅长
李爱国　江苏省建管局质量安全处副处长
杜文浩　江苏省南京市市政工程建设处科长
杨俊卿　江苏省无锡市建筑安装管理处副处长
王善龙　江苏省徐州市建设局村镇建设处处长
袁卫兴　江苏省苏州市建设工程质量监督站副站长
潘企强　江苏省常州市建设局副局长
张建辉　江苏省南通市工程质量安全监督站副站长
王学明　江苏省连云港市建设局副局长
王守祥　江苏省淮安市建设局副局长
姜　华　江苏省盐城市建设局局长、党委书记
顾勇军　江苏省扬州市建筑安全监察站副站长
滕道远　江苏省镇江市建设局副局长
陈小平　江苏省泰州市援川抗震救灾建设大队大队长
史玉清　江苏省宿迁市市政公用事业管理处副主任
汪　杰　江苏省南京市民用建筑设计研究院有限公司董事长、院长
仓慧勤　江苏省建筑设计院院长
周友根　江苏省南京市建设工程施工图设计审查管理中心总工程师
裴友法　江苏省防震抗震领导小组抗震办公室副主任

樊剑平　浙江省建设厅副厅长
谢永明　浙江省建设厅机关党委副书记
曹跃进　浙江省建筑设计研究院副院长
柴林奎　浙江省建筑业管理局副局长
徐海根　浙江省绍兴市水务集团制水有限公司副总经理
陆光中　浙江省温州市建设局局长
陈高鲁　浙江省温州市建设局副局长
管秉阳　浙江省台州市建设规划局党组成员
黄诚土　浙江省温岭市建筑工程管理局局长
陆锦法　浙江省嘉兴市规划与建设局副总工程师
樊仕宏　浙江鸿翔建设集团有限公司党委书记、常务副总裁
朱汉峰　浙江省湖州市规划与建设局建筑业处副处长
张　煜　浙江省绍兴市建筑业管理局副局长
王杰中　浙江省湖州市建工集团有限公司副总裁
张东鑫　浙江省上虞市建筑业管理局副局长
袁建进　浙江省杭州市建设委员会党委委员、副主任
顾大飞　浙江省杭州市萧山区建设局局长
史济权　浙江省宁波市建设委员会党工委副书记
谭朝光　浙江省宁波市建设集团股份有限公司党委书记、副董事长
俞　宏　浙江省一建建设集团有限公司副总经理
罗　晞　浙江省建工集团有限责任公司工会主席
姚栓柱　浙江省金华市建设局副局长
蒋立天　浙江省东阳第三建筑工程有限公司副总经理
倪　虹　安徽省建设厅党组书记、厅长
李　建　安徽省建设厅副厅长
汪恭文　安徽省建设厅综合计划处副调研员
李长青　安徽省建设厅城市建设处主任科员
陈幼年　安徽省建设厅建筑安全办公室主任
杨建辉　安徽省城乡规划设计研究员副总工程师
阮学锋　安徽省合肥市新站综合实验区规划建筑设计研究院主任工程师
章　斌　安徽省合肥市建设委员会副书记、副主任
陶小云　安徽省巢湖市建设委员会招投标办公室主任
王　宏　安徽省蚌埠市建设委员会党委书记、主任
吴维志　安徽省六安市建设工程质量安全监督总站工程师
沈宗顺　安徽省宣城市建设委员会副主任
商晓波　安徽鸿路钢结构（集团）股份有限公司董事长
林宝钧　福建省福州市建筑工程质量监督站站长
余昌斌　中建七局第三建筑有限公司工程科科长
林振标　福建二建建设集团公司第三分公司项目经理
阮跃国　福建省厦门市建设与管理局局长
洪国川　福建省厦门市建设与管理局建筑业处处长
周兴寿　福建省厦门市建设与管理局工程处副处长
黄诗斌　福建省厦门市建设与管理局建筑材料设备处科员
黄　胜　福建省厦门市建设工程质量安全监督站六科副科长
肖　伟　福建省厦门合道工程设计集团有限公司技术总监、总工程师
苏庆福　福建省泉州市建设局副局长
李建强　福建省泉州市建设工程质量监督站工程师
陈文和　福建省漳州市建设局副局长
陶　青　福建省南平市市政管理处主任
梁章旋　福建省建筑设计研究院高级工程师
吴　捷　福建省工业设备安装有限公司工程总承包事业部经理
周武进　福建省建设厅总工程师
王　海　福建省建设厅勘察设计处处长
林华强　福建省建设工程质量安全监督总站高级工程师
叶德传　福建省建设厅工程建设管理处处长
钟昌辉　福建省建设工程交易中心主任
林树枝　福建省厦门市建设与管理局副局长、总工程师
吴昌平　江西省建设厅党组成员、副厅长
孟范荣　江西省吉安市规划建设局副局长
张　伟　江西省九江市建设局副局长

詹远耀　江西省上饶市建设局副局长
江　涛　江西省南昌市城乡建设委员会副主任
熊建华　江西省宜春市建设局副局长
陈建蓉　江西省建设厅住房公积金监督管理处处长
罗祯云　江西省建设工程造价管理站书记、站长
楼　彬　江西省住房公积金管理中心主任
曾宝芽　江西省建设厅办公室干部
蔡　勇　江西省建设厅住宅与房地产业处副处长
刘卫国　江西省建设厅建筑管理处副处长
邹　群　江西省建设厅抗震工作办公室副主任
兰九元　江西省第一建筑工程有限责任公司总工程师
许秋华　江西省建筑设计研究总院副院长
熊友春　江西雄宇集团有限公司董事长
胡亦君　江西省住房公积金管理中心信贷员
彭国禄　中大建设有限公司董事长
陈志刚　江西建设职业技术学校学工处处长
宋守军　山东省建设厅副厅长
宋培杰　山东省建设厅总工程师
毕可敏　山东省建筑技术开发培训中心副主任
田　庄　山东省济南市建设委员会党委书记、主任
孙维珉　山东省青岛市建筑工程管理局副局长
李玉彬　山东省东营市12319热线管理中心主任
高庆波　山东省烟台市建设局党委书记、局长
孙德化　山东省济宁市燃气安全检查监督站站长
李际山　山东省泰安市建设局党委书记、局长
岳初建　山东省威海市建设委员会副主任
焦自民　山东省日照市建设工程质量监督站站长
田兆勇　山东省莱芜市规划建筑设计院副院长
高振卫　山东省德州市建筑规划勘察设计研究院副院长
蒋玉尚　山东省聊城市建设委员会党委书记、主任
刘来河　山东省滨州市建设局党委书记、局长
王乃光　山东省菏泽市建设局党委书记、局长
宋锡庆　山东省建设厅工程处处长
谭少军　山东省济南市建设委员会副主任
张德成　河南省建设厅副厅长
王　艺　河南省建设厅副调研员
李增亮　河南省建筑工程质量监督总站副科长
李嵩峰　河南省鹤壁市建设局局长
马宜品　河南省濮阳市建设委员会主任
赵轶西　河南省郑州市建设委员会科长
白会民　河南三建建设集团有限公司副经理
原建国　河南省新乡市建设委员会主任
廖玉安　河南省南阳市建设委员会副主任
黄建民　河南省漯河市建设委员会党委委员、副调研员
翟振河　河南省平顶山市建设委员会副主任
李利塔　河南省开封市建设委员会主任
吴志明　河南省三门峡市质量监督站站长
高亚辉　河南省驻马店市建设委员会科长
包长修　河南省商丘市建设委员会党组书记、主任
王晓惠（女）河南省建设工程质量监督总站书记、副站长
杨世元　湖北省建设厅副厅长
王　立　湖北省武汉市建设委员会党组书记、主任
张　斐　湖北省武汉市建设委员会设计处处长
解裕民　湖北省武汉市装饰行业管理办公室主任
周维楚　湖北省武汉市建筑节能办调研员
李景成　湖北省武汉市建筑质量监督站监督一科科长
彭　波　湖北省武汉市商品混凝土管理站检测中心主任
罗保平　湖北省武汉市市政集团机械化施工公司工会主席、纪委书记
邵　雄　武汉建工股份有限公司第一项目管理公司工程师
梁晓群　湖北省建设厅勘察设计与科技处处长
张晓曦　湖北省建筑工程管理局副局长
毕德立　湖北省建设厅机关后勤服务中心主任
石中林　湖北省建筑工程质量安全监督总站副站长
潘立宏　湖北省工业建筑集团第三公司经理
邱　明　中国市政工程中南设计研究院高级工程师
胡朝忠　湖北省建设厅规划处主任科员
田　涛　湖北省城市规划设计研究院规划师
袁湘江　湖南省建设厅副厅长
胡再祥　湖南省建设工程造价管理总站科长

谈　毅　湖南省第六工程有限公司党委书记
陈　浩　湖南省建筑工程集团总公司副总经理
彭国安　湖南省建设厅建管处副处长
石灿琪　湖南省建设工程质量安全监督管理总站副站长
单建国　湖南省建设工程造价管理总站副站长
周玉明　湖南省建筑工程集团总公司工程部部长
黄　猛　中国建筑第五工程局有限公司副总工程师
周云祥　二十三冶建设集团有限公司工程部部长
陈超建　湖南望新建设集团股份有限公司项目经理
贺立冬　湖南长大建设集团股份有限公司项目经理
黄宇军　湖南省沙坪建筑有限公司副总经理
李忠根　湖南省长沙市建筑工程有限责任公司董事长
房庆方　广东省建设厅党组书记、厅长
陈英松　广东省建设厅党组成员、副厅长
李新建　广东省建设厅党组成员、副巡视员
吕洪清　广东省建设厅办公室主任
雷凤英（女）广东省广州市建设委员会副主任
林灼杰　广东省佛山市建设局党组书记、局长
傅晓炜　广东省东莞市建设局调研员
陈星耀　广东工程建设监理有限公司监理员
卢　凯　广东省工业设备安装公司重庆、四川分公司经理、党支部书记
吴　松　广东省建设工程造价管理总站站长
孙　波　广东省建设厅办公室副主任科员
肖毅强　广东省第一建筑工程有限公司助理工程师
李荣强　广东省深圳市建设局党组书记、局长
邝龙桂　广东省深圳市建设局办公室主任
李承宗　广东省深圳市建设局科技教育处副处长
张　玮　广东省深圳市建设工程造价管理站站长
李伟波　广东省深圳市施工安全监督站副科长
申新亚　广东省深圳市建设工程交易服务中心副主任
何　文　广东省深圳市建设工程交易服务中心部长
罗成涛　广东省深圳市建设工程交易服务中心副部长
张道修　广东省深圳市建设工程质量检测中心部长
张文华　广东省深圳市勘察测绘院有限公司总工程师
姜桂启　广东省深圳市市政工程总公司副总经理
朱陶园　广东省深圳市建筑工程股份有限公司项目经理
曹有良　深圳京圳建设监理公司副总工程师
王建林　广东省深圳市海德伦工程咨询有限公司副总经理
吴长松　广东省深圳市建设局办公室主任科员
王志明　广东省深圳市建明达建设监理有限公司监理员
朱亚光　海南住房公积金管理中心主任
田光明　海南省建设标准定额站站长
吴亚春　海南省建设培训与执业资格注册中心主任
曹书明　海南省建筑工程总公司党委书记、总经理
王　俊　中国建筑股份有限公司海南分公司副总经理
张壮海　海南省建筑工程总公司总经理助理、工程处处长
周家斌　广西壮族自治区建设厅党组成员、副厅长
罗　涛　广西建工集团总公司副总经理
马　冀　广西建设工程质量安全监督总站站长
程志毅　重庆市建设委员会党组书记、主任
丛　钢　重庆市建设委员会党组成员、副主任
邹晓波　重庆市建设委员会办公室主任
刘朝煜　重庆市建设委员会科教处处长
周　刚　重庆市建设委员会建管处副处长
付晓华　重庆市建设工程质量监督总站副站长
向渝春　重庆市建设工程安全管理总站副站长
杨治洪　重庆市南岸区建设委员会党委书记、主任
杨镜璞　重庆建工集团有限责任公司党委书记、董事长
苏建林　重庆建工集团有限责任公司副总经理
庄　涛　重庆建工集团第二建设公司总经理助理
胡伟全　重庆建工集团第三建设公司项目经理
孙　明（女）四川省成都市建设委员会副主任

一、专　题

万小鹏　四川省成都市规划管理局规划处处长
郭晓鸣　四川省成都市城市管理局局长
袁忠祥　四川省成都市房屋安全鉴定办公室主任
刘　李　四川省成都市水务局副局长
冯运华　四川省攀枝花市规划和建设局安全科技处副处长
沈悦时　四川省泸州市建设工程质量监督站站长
王学军　四川省德阳市规划和建设局局长
王　锐　四川省绵竹市建设局局长
阳　明　四川省什邡市规划和建设局副局长
方第杰　四川省绵阳市建设局党组副书记
王勇军　四川省安县规划和建设局局长
何辉勇　四川省平武县规划建设和环境保护局副局长
何　庆　四川省广元市规划和建设局局长
杜玖泉　四川省青川县规划和建设局局长
张永强　四川省广元市朝天区环境卫生管理所副所长
文　勇　四川省遂宁市规划和建设局建管科科长
刘水源　四川省内江市建设工程质量安全监督站高级工程师
张桂兴　四川省乐山市规划和建设局副调研员、工会主席
罗加福　四川省南充市规划和建设局局长
黄　宾　四川省宜宾市建设工程质量安全监督站副站长
余良明　四川省广安市规划和建设局机关党委书记
白保恩　四川省巴中市勘察设计咨询服务部主任
康高原　四川省雅安市雨城区规划和建设局建管科科长
王　凭　四川省汉源县规划和建设局纪检书记
伍明辉　四川省眉山市规划和建设局副局长、总工程师
马福寿　四川省阿坝州规划建设局局长
孙　根　四川省理县规划建设局局长
李洪富　四川省小金县规划建设局工程质量监督站工程师
周建兵　四川省第七建筑工程公司项目经理
杨洪波　四川省建设厅厅长
卯　辉　四川省建设厅规划处处长

文技军　四川省建设厅村镇处处长
郑友才　四川省建设厅城建处处长
殷时奎　四川省建设厅建管处处长
樊　晟　四川省城乡规划设计研究院院长
何华荣　四川省建设厅住宅与房地产业处处长
李长斌　四川省广元市建设局村镇科科长
邓定平　四川省绵阳市安县黄土镇村管所所长
田　涌　贵州省建筑科学研究检测中心结构所所长
于　泉　贵州省贵阳市住房保障和房产管理局总工程师
叶建成　云南省建设厅党组书记
陈云丰　云南省城乡建设培训中心主任
吴　磊　云南省红河州建设局质量监督管理站站长
李　斌　云南省楚雄州建设局房地产业管理科科长
陈　志　云南省建工集团总公司总承包部副经理
朱映辉　云南省玉溪市建设局局长
王永生　云南省曲靖市建筑工程勘察设计站副站长
刘　建　昆明恒基建设工程项目施工图设计文件审查有限公司副经理
杨　涛　云南省建工集团总公司总经理助理
顾若刚　云南省建设厅副巡视员
韩忠庆　云南省抗震防震办公室主任
马　军　云南省工程质量监督管理站监督科科长
许龙发　陕西省建设厅副厅长
张　蓓（女）陕西省建设厅科技教育处处长
王光荣　陕西省建设厅建筑业管理处副处长
韦宏利　陕西省建设厅科技教育处副处长
侯全仓　陕西省建设厅城市建设处副调研员
贾安乐　陕西省建设工程安全质量监督总站总工程师
崔建明　陕西省建设工程安全质量监督总站质量科副科长
郭军平　西北综合勘察设计研究院干部
张友振　西北综合勘察设计研究院干部
常　斌　陕西省建筑设计研究院干部
蒋　卫　陕西省建设厅勘察设计处副调研员
戴丰年　陕西省建设厅村镇建设处副处长
李　慧　甘肃省建设厅厅长
孙学龙　甘肃省建设厅办公室主任

王世新　甘肃建筑工程总承包公司总经理
韩进汇　甘肃省建筑工程安全质量监督管理局副局长
刘拥宪　甘肃省建筑市场管理办公室副主任
张飞彪　甘肃省建设工程安全质量监督管理局副总工程师
史军宏　甘肃省建设执法稽查大队大队长
王保定　甘肃省建筑市场管理办公室主任
秦绍伯　甘肃省建设工程造价管理总站副站长
冯　雷　甘肃省建设工程造价管理总站副科长
刘滨湘　甘肃省建设工会工作委员会副主任
王春好　甘肃省城乡规划设计研究院副院长
曹　庆　甘肃省建筑设计研究院一所所长
徐化民　甘肃省嘉峪关市建筑管理站副站长
石春芳　甘肃省建设厅村镇建设处处长
于丛乐　青海省建设厅党委书记
岳　宏　青海省建设厅办公室主任
薛长福　青海省建设厅办公室副主任
衣　敏　青海省建设厅建管处副处长
胡　军　青海省建设工程质量监督总站站长
何晓勇　宁夏回族自治区建设厅建筑管理处处长
纳新平　宁夏回族自治区建设厅标准定额和政策法规处处长
张晓东　宁夏回族自治区银川市建设局建设发展处副处长
孙中宁　宁夏回族自治区石嘴山市建设工程质量监督站站长
马洪海　宁夏回族自治区吴忠市建设局局长
张国泰　宁夏回族自治区中卫市建设工程质量监督站站长
崔奇鹏　宁夏回族自治区建设厅房地产处副主任科员
杨国忠　宁夏回族自治区建设工程质量监督总站监督室主任工程师
岳国荣　宁夏建筑安装劳动定额管理站站长
梁新体　新疆维吾尔自治区乌鲁木齐市工程质量监督站监督员
杨　毅　新疆建工集团第二建筑工程有限责任公司技术部副部长
艾明超　新疆维吾尔自治区克拉玛依市建设局质量监督站副站长
火　珑　新疆建设工程质量监督总站副站长
贾亚利　新疆维吾尔自治区建设厅建管处处长
黄心海　新疆大道新型材料有限公司董事长
张　超　新疆大道新型材料有限公司总工程师
吴　军　中国建筑股份有限公司商品混凝土有限公司成都分站铲车司机
吴文瑜　中国建筑股份有限公司技师
马　俊　中冶建工有限公司交通公司经理助理
程昌莉　中冶建工有限公司钢构公司安全员
朱钢坚　中国石油集团川庆钻探工程公司工程师
郑建国　中国石油集团川庆钻探工程公司工程师
宁和球　二十三冶建设集团有限公司总裁
黄金平　二十三冶建设集团有限公司第二工程公司项目经理
余　宏　中铁一局集团有限公司第四工程公司项目经理
胡殿居　中铁一局集团建筑安装有限公司工会主席
何万军　中国建筑第四工程局有限公司四川分公司副经理
杨　锐　中国建筑第四工程局有限公司四川分公司项目副经理
刘　毅　中国建筑第七工程局有限公司第四建筑有限公司党委副书记、纪委书记、工会主席
曹传国　中国建筑第七工程局有限公司第四建筑有限公司项目经理
刘国志　中铁二十二局集团有限公司董事长
周志文　中铁二十二局集团有限公司副总经理
王长留　中铁二十三局集团有限公司董事长
李洪奇　中铁二十三局集团有限公司总经理
丁巍泳　中国电子设计院团委书记
竺礼海　上海建科监理公司副主任工程师
张智成　上海市建设工程监理有限公司副总工程师
张　维　中国兵器第五设计院职员
王志超　中铁十六局集团有限公司工程师
朱保山　北京塞瑞斯国际工程咨询有限公司工程部副经理
陈新豫　北京希达建设监理有限责任公司工程师
张　岩　北京五环建设监理公司副总经理
戴朝晖　北京方圆项目管理有限公司副总经理
赵向阳　河北建设集团有限公司科长
黄　岳　北京国勤防腐公司职员
田洪义　信源建设公司职员
杨然然　中国航空工业规划设计院职员
方东祥　中交桥梁技术有限公司北京分公司总经理
郭劲光　北京双圆工程咨询监理有限公司副经理
朱红伟（女）北新集团建材股份有限公司科长

庞德虎　北京京精大房建设监理公司总监理工程师
贾　伟　中国建筑第二工程局保华建筑有限公司物业管理部主任
林海燕　中国建筑科学研究院副院长
郭向勇　中国建筑科学研究院建筑材料研究所博士研究生
史　毅（女）中国建筑科学研究院高级工程师
乔振勇　广西大学机械工程学院硕士研究生
柴宏祥　重庆大学城市建设与环境工程学院博士研究生
胡国剑　同济大学建筑与城市规划学院博士研究生
吕石磊　天津大学环境科学与工程学院教师
张　军　中国建筑设计研究院副院长
王文艳（女）中国建筑标准设计研究院院长
丁　杰　中国建筑标准设计研究院工程设计事业部工程师
刘燕辉　中国建筑设计研究院国家住宅与居住环境工程研究中心主任
苗启松　北京市建筑设计研究院所长
陈　贵　江苏省建科院监理公司董事长
廖文彬　福建省厦门中福元建筑设计研究院副院长
赵基达　中国建筑科学研究院建筑结构研究所所长
陈　琦　中国建筑科学研究院建筑设计院副主任
邸小坛　中国建筑科学研究院建筑工程检测中心总工程师
赵　伟　中国建筑科学研究院中国建筑技术集团有限公司总裁助理
李英民　重庆大学土木工程学院副院长
吕西林　同济大学结构工程与防灾研究所、土木工程防灾国家重点实验室所长、副主任
王成军　陕西省西安建筑科技大学科技处处长
申　林　中国建筑设计研究院标准设计研究院工程设计事业部副部长
叶耀先　中国建筑设计研究院顾问总工程师
尹　稚　北京清华城市规划设计研究院院长
吴志强　同济大学建筑与城市规划学院院长
方　明　中国建筑设计研究院城镇规划设计研究院院长
赵　辉　中国建筑设计研究院城镇规划设计研究院规划所副总工程师
程志军　中国建筑科学研究院副处长
戴国莹　中国建筑科学研究院抗震所总工程师
黄小坤　中国建筑科学研究院结构所室主任

关于表彰住房和城乡建设部机关和部属单位抗震救灾先进集体和先进个人的决定

部机关各单位、直属各单位，部管社团：

5·12汶川大地震发生后，在党中央、国务院的坚强领导下，全国各族人民全力投入抗震救灾工作。部机关和部属各单位迅速行动，密切配合，全力以赴，攻坚克难。广大干部职工关键时刻不畏艰险，顽强奋战，恪尽职守，勇挑重担，发挥了重要作用，涌现出了一批先进集体和先进个人。

为表彰先进，鼓舞斗志，进一步激励部机关和部属各单位广大干部职工继续大力弘扬抗震救灾伟大精神，做好各项工作，住房和城乡建设部决定，授予办公厅综合处等27个单位"抗震救灾先进集体"荣誉称号，授予办公厅副巡视员田国民等131位同志"抗震救灾先进个人"荣誉称号。希望受表彰的先进集体和个人，珍惜荣誉，谦虚谨慎，再接再厉，在今后的工作中再创佳绩。

当前，抗震救灾工作进入恢复重建阶段，任务依然很艰巨。希望各单位和广大干部职工继续坚决贯彻部党组的部署，以先进典型为榜样，大力弘扬抗震救灾的伟大精神，继续做好灾后恢复重建工作，落实科学发展观，为实现抗震救灾斗争的全面胜利和经济建设的又好又快发展作出新的更大贡献。

附件：

1. 住房和城乡建设部机关和部属单位抗震救灾

先进集体名单
2. 住房和城乡建设部机关和部属单位抗震救灾先进个人名单

住房和城乡建设部
二○○八年九月二十五日

附件1
住房和城乡建设部机关和部属单位抗震救灾先进集体名单
（共27个）

办公厅综合处
办公厅宣传信息处
综合财务司
政策法规司
科学技术司建筑节能与新材料处
科学技术司综合与信息处
标准定额司标准规范处
建筑市场管理司
工程质量安全监管与行业发展司
城乡规划司
城市建设司
住宅与房地产业司
村镇建设办公室
稽查办公室
机关食堂
机关车队
中国城市规划设计研究院
中国建筑工业出版社
中国建设报社
人力资源开发中心
建设部城市供水水质监测中心
中国城市公共交通协会
中国城市燃气协会
中国城镇供排水协会
中国城市环境卫生协会
中国土木工程学会
中国建筑业协会

附件2
住房和城乡建设部机关和部属单位抗震救灾先进个人名单
（共131人）

田国民　办公厅副巡视员
杜久才　办公厅秘书
任晓影（女）办公厅秘书处副调研员
张军伟（女）办公厅综合处副调研员
李　剑　办公厅宣传信息处主任科员
江小群　综合财务司副司长
郑立均　综合财务司巡视员
赵惠珍（女）综合财务司统计处处长
冯　俊　政策法规司司长
刘　昕　政策法规司综合处处长
宋长明　政策法规司政策体改处处长
王胜军　政策法规司法规处副处长
刘精华　政策法规司执法监督处科员
武　涌　科学技术司巡视员
王建清　科学技术司综合与信息处处长
陈　新（女）科学技术司科研开发处副调研员
梁俊强　科学技术司建筑节能与新材料处处长
宵小龙　科学技术司建筑节能与新材料处主任科员
张福麟　科学技术司科研开发处调研员
何任飞　科学技术司科研开发处处长
杨　榕　标准定额司副司长
卫　明　标准定额司综合处处长
吴路阳　标准定额司标准规范处副调研员
王果英（女）标准定额司标准规范处副处长
王素卿（女）建筑市场管理司司长
刘宇昕　建筑市场管理司副司长
王早生　建筑市场管理司副司长
刘　哲　建筑市场管理司副巡视员
刘晓艳（女）建筑市场管理司综合处处长
江　华（女）建筑市场管理司招投标监管处处长
陈　波　建筑市场管理司勘察设计处处长
商丽萍（女）建筑市场管理司施工监管处处长
逄宗展　建筑市场管理司建设咨询监理处处长
缪长江　建筑市场管理司建设咨询监理处调研员
姚天玮　建筑市场管理司资质受理审查处处长
李雪飞　建筑市场管理司资质受理审查处科员
陈　重　工程质量安全监管与行业发展司司长
吴慧娟（女）工程质量安全监管与行业发展司副司长
贾　抒　工程质量安全监管与行业发展司防灾与抗震处处长
张　鹏　工程质量安全监管与行业发展司工程质量监管处调研员
索　欢　工程质量安全监管与行业发展司行业发展处副主任科员

一、专　题

曲　琦　工程质量安全监管与行业发展司综合处处长
朱长喜　工程质量安全监管与行业发展司工程质量监管处处长
赵宏彦　工程质量安全监管与行业发展司工程技术发展处处长
唐　凯　城乡规划司司长
孙安军　城乡规划司副司长
付殿起　城乡规划司村镇规划处处长
李　枫　城乡规划司区域规划处处长
王晓东　城乡规划司城市规划处主任科员
李东序　城市建设司司长
张　悦　城市建设司副司长
刘贺明　城市建设司副巡视员
冯忠华　城市建设司综合处处长
王　欢　城市建设司水务处副调研员
严盛虎　城市建设司市政处主任科员
姜万荣　住宅与房地产业司副司长
张小宏　住宅与房地产业司副司长
王玉平　住宅与房地产业司物业管理处处长
杨佳燕(女)住宅与房地产业司房地产权属与市场管理处处长
金一平(女)住房保障与公积金监管司副司长
朱　华(女)住房保障与公积金监管司公积金监管处处长
李兵弟　村镇建设办公室主任
赵　晖　村镇建设办公室副主任
顾宇新　村镇建设办公室综合协调处处长
白正盛　村镇建设办公室建设指导处副处长
盛宏伟　村镇建设办公室干部
周　韬　人事教育司综合处处长
王柏峰　人事教育司教育培训处副主任科员
崔　勇　人事教育司劳职处副主任科员
宋志军(女)机关党委副巡视员
戴玉珍　机关党委组织部部长
郭剑飞　机关党委办公室主任
何　军　机关党委党风处主任科员
王　宁　稽查办公室副主任
刘春生　稽查办公室副主任
谢晓帆　稽查办公室副主任
焦占拴　稽查办公室巡视员
董红梅(女)稽查办公室一处处长
韩　煜　稽查办公室综合处处长
朱宇玉(女)稽查办公室一处副主任科员
程嘉音　稽查办公室治理商业贿赂处主任科员
马骏驰　稽查办公室一处主任科员
南　楠(女)稽查办公室综合处副主任科员
姚志成　稽查办公室综合处调研员
李雪立　稽查办公室二处副主任科员
李晓江　中国城市规划设计研究院院长
尹　强　中国城市规划设计研究院规划所所长
朱　波　中国城市规划设计研究院区域所所长
卢华翔　中国城市规划设计研究院科技处副处长
孙　彤　中国城市规划设计研究院研究二室高级规划师
易　翔　中国城市规划设计研究院环境所所长
张　莉(女)中国城市规划设计研究院规划所高级规划师
杨明松　中国城市规划设计研究院副总工程师
张高攀　中国城市规划设计研究院信息中心规划师
束晨阳　中国城市规划设计研究院风景所主任规划师
朱思诚　中国城市规划设计研究院规划所规划师
顾永涛　中国城市规划设计研究院工程所主任工程师
刘继华　中国城市规划设计研究院规划所规划师
殷会良　中国城市规划设计研究院工程所助理规划师
姜立晖　中国城市规划设计研究院水规所高级工程师
李　琳(女)中国城市规划设计研究院水规所高级工程师
高　捷(女)中国城市规划设计研究院城乡所助理规划师
张　全　中国城市规划设计研究院城建所所长
张　兵　中国城市规划设计研究院名城所所长
贾建中　中国城市规划设计研究院风景所所长
何晓君　中国城市规划设计研究院建筑所主任工程师
李哨民　中国城市规划设计研究院综合办主任
詹雪红(女)中国城市规划设计研究院科技处长
李克鲁　中国城市规划设计研究院信息中心高级工程师
李　钧　中国城市规划设计研究院服务中心司机
宋兰合　中国城市规划设计研究院水规所所长

谢映霞(女) 中国城市规划设计研究院市政工程所所长

彭维平(女) 机关服务中心卫生处处长、门诊部主任

李双亮　机关服务中心机关食堂主任

任同力　机关服务中心机关车队队长

黎林烽　建设部信息中心编辑部编辑

李　迎(女) 中国建设报社新闻中心主任

马晓丽(女) 中国建设报社记者部主任

殷敫佗　中国建设报社住房编辑部主任

林俞先　城乡规划管理中心工程师

沈元勤　中国建筑工业出版社总编辑

石枫华　中国建筑工业出版社编辑

赵梦梅(女) 中国建筑工业出版社第二图书中心副主任

刘李峰　政策研究中心干部

孙克放　住宅产业化促进中心副总工程师

邵益生　中国城市规划设计研究院副院长、中国城镇供水协会秘书长

石　楠　中国城市规划学会办公室主任

迟国敬　中国城市燃气协会秘书长

张　雁　中国土木工程学会秘书长

李振东　中国城镇供排水协会会长

陶　华　中国环境卫生协会秘书长

二、研 究 报 告

2008年全国建筑节能工作综述

2008年是"十一五"承上启下的关键之年，各地围绕国务院明确的建筑节能工作目标和重点，突出思路创新、机制创新和管理创新，建筑节能各项工作取得明显成效。

一、建筑节能工作情况及成效

（一）控制增量，新建建筑执行节能强制性标准成效显著。2008年全国城镇新建建筑在设计阶段执行节能标准的比例达到98%，施工阶段执行节能标准的比例为82%，分别比2007年提高了1个百分点和11个百分点，圆满完成国务院提出的"新建建筑施工阶段执行节能强制性标准的比例达到80%以上"的工作目标。据此估算，2008年1～10月份新建的节能建筑可形成900万吨标准煤的节能能力。目前全国城镇已累计建成节能建筑面积28.5亿m^2，占城镇既有建筑总量的16.1%，节能建筑比重逐年提高。北京、天津、河北、河南、辽宁、吉林、黑龙江、青海、新疆等省（区，市）率先在辖区内全部或部分实施65%节能标准，新建建筑节能潜力得到进一步发挥。

（二）调整存量，北方采暖地区既有居住建筑供热计量及节能改造稳步推进。国务院要求督促各地将1.5亿平方米既有居住建筑供热计量及节能改造任务进一步落实到具体项目并组织实施。按照国务院要求，住房和城乡建设部会同财政部印发《关于推进北方采暖地区既有居住建筑供热计量及节能改造工作的实施意见》，提出开展改造的工作思路和要求。目前北方采暖区15个省、自治区、直辖市均已将承担的任务落实到所辖市（区），并积极制定改造计划，落实改造项目，筹措改造资金，创新改造模式，改造工作已经全面启动。截止2008年底，北方15省市已完成改造的面积为3965万平方米，初步估计，每年至少可实现节约标准煤27万吨，减排$CO_2$70万吨。

（三）节能监管，国家机关办公建筑和大型公共建筑节能运行与改造服务体系初步建立。按照国务院的要求，住房和城乡建设部、财政部确定的第一批24个示范省市均开展了国家机关办公建筑和大型公共建筑能耗统计、能源审计、能效公示工作，共对11607栋建筑的基本情况和能耗状况进行了调查

摸底，对768栋建筑及59所高等学校进行了能源审计，对827栋建筑的能耗情况进行了公示。北京、天津、深圳对324栋重点建筑安装了分项计量装置，开始建立能耗动态监测系统。通过以上工作，摸清了国家机关办公建筑和大型公共建筑能耗状况和耗能特点，为下一步开展节能运行与改造及制定用能限额标准，提供了有力的数据支持。

（四）优化结构，可再生能源建筑一体化规模化应用取得突破。住房和城乡建设部、财政部认真落实国务院"抓好可再生能源建筑应用示范项目的组织实施，加大示范推动力度"要求，积极组织可再生能源在建筑中应用示范项目，共利用中央财政资金支持了359个示范项目，圆满完成国务院要求的工作任务。部分省市制定了可再生能源"十一五"规划，编制了应用的标准规范，研发和集成了技术产品，出台了经济激励政策，有效带动了可再生能源在建筑中应用规模。据各地上报的数据汇总，2008年底，各地太阳能光热应用面积达10.3亿平方米，浅层地能应用面积超过1亿平方米，分别比2007年增长31%和25%，可再生能源在建筑中规模化应用趋势逐步显现。

（五）模式转变，推广节能省地环保型建筑和绿色建筑逐步深入。按照国务院要求，一些省市把推广绿色建筑作为促进建筑节能模式转变的主要措施，积极响应住房和城乡建设部组织的"低能耗建筑和绿色建筑双百工程"和"绿色建筑评价标识"工作，认真组织申报和实施工作，同时结合地区实际，通过编制绿色建筑评价标准、组织绿色建筑示范工程等方式，不断加大绿色建筑的推广力度。大连市大力发展环境友好型住宅，每年推广100万平方米，占全市竣工面积的20%，实现了新建建筑在节能水平和节能模式上的双跨越。深圳市提出创建"绿色建筑之都"，力争以最少的能源投入、最低的资源消耗和最少的环境干扰，营造安全、健康、舒适的建筑环境。

（六）质量控制，建筑节能材料和产品应用水平不断提高。住房和城乡建设部、国家工商行政管理总局、国家质量技术监督检验检疫总局联合下发《关于加强建筑节能材料和产品质量监督管理的通知》，要求各地强化对建筑节能材料和产品的生产、流通和使用过程的质量监管。各地通过采取市场抽查、巡查和专项检查、建立材料产品备案、登记、公示制度、发布推广、限制和淘汰目录、建立舆论监督和考核评价机制等方式，初步建立起建筑节能材料和产品质量监管的长效机制，建筑节能材料和产品在生产、流通、使用环节存在的问题初步得到纠正，有效保证了建筑节能工程质量。

二、主要做法和经验

（一）制度完善，促进建筑节能。在法律法规方面，《节约能源法》修订后颁布，国务院《民用建筑节能条例》于2008年10月1日开始实施。各地积极制定本地区的行政法规，目前已有14个省（区、市）出台了建筑节能条例或资源节约及墙体材料革新等相关法规，24个省（区、市）出台了相关政府令，以《节约能源法》为上位法，国务院《民用建筑节能条例》为专门法规，各地方行政法规相配套的建筑节能法律体系初步建立。在经济政策方面，按照国务院要求，财政部、住房和城乡建设部先后在可再生能源建筑应用、国家机关办公建筑和大型公共建筑节能监管体系建设、北方采暖地区既有居住建筑供热计量及节能改造等方面制定了财政支持政策，2008年中央财政共安排补助资金13.7亿元。各地按照国家的要求，纷纷加大了对建筑节能的经济支持力度，2008年各地共安排10.2亿元支持建筑节能工作，形成了财政支持建筑节能的良好工作局面。在目标责任方面，目前，全国各省（区，市）均制定了建筑节能"十一五"专项规划，提出了建筑节能具体节约目标，总计1.39亿吨标准煤，并按重点领域进行了分解，其中有20个省（区、市）明确了建筑节能承担本地区单位GDP能耗下降的任务，部分省市采取逐级签订责任书的方式，将建筑节能目标及任务层层落实。

（二）组织健全，保证建筑节能。一是建立了建筑节能协调议事机制。建筑节能是一项涉及各方面的系统工程，需要各部门形成合力共同推进，全国各省（区，市）建设主管部门均成立了主要领导或分管领导任组长的建筑节能领导小组，其中有12个省（区、市）更成立了政府分管领导任组长，建设、发改（经贸）、财政等相关部门参加的建筑节能工作协调领导小组，各城市也成立了相应机构，形成了各部门联动、齐抓共管的局面。二是建筑节能管理机构能力进一步加强。随着建筑节能工作的深入，各地相继成立建筑节能专门管理机构，充实管理力量，山西省从省级到市级都建立了建筑节能监管机构，建筑节能专职管理人员111人。上海市19个区（县）全部设立了建筑节能管理办公室，管理人员共101人。全国有17个省（区、市）将墙体材料革新工作和建筑节能工作统一交由建设部门负责，以墙改为抓手推进建筑节能，效果明显。

(三) 监管闭合，落实建筑节能。新建建筑执行节能强制性标准一直是建筑节能工作的重点。各地充分利用现有法律法规确定的许可和制度，逐步建立起从设计、施工图审查、施工、竣工验收备案到销售、使用等环节的监管机制，效果明显。设计环节，建立了建筑节能设计审查质量的专项调审制度；施工图审查环节，对建筑节能进行专项审查；施工环节，全面执行《建筑节能工程施工质量验收规范》，制定专项的建筑节能施工方案、建筑节能监理工作导则及工程质量监督要点，规定了严格的节能审查监管工作程序和要求，确保节能工程质量；竣工验收环节，部分省市实施了建筑节能专项验收。部分地区已开始实施民用建筑能效测评标识制度，哈尔滨市对460余万平方米的建筑进行了检测认定，对达标的节能建筑颁发了认定证书和标识牌；商品房销售环节，部分省市实施了建筑节能信息公示制度。同时，各省市都组织开展了建筑节能专项检查，通过采取对违规工程停工整顿、违章企业通报批评、违法行为依法处罚等手段，加大了执法力度，2008年，各省（区，市）共检查 个项目，下发 份执法通知书，在社会上掀起了"节能风暴"。

(四) 科技支撑，引导建筑节能。一是在技术标准方面，各地非常重视建筑节能标准体系建设工作，结合地区实际，及时把一些先进成熟的技术产品编入工程技术标准和标准图，通过技术规范的形式强制推广新技术，新产品，既为建设科技和建筑节能工作提供了有力的技术支撑，又加速了科技成果的转化。深圳、太原等地制定了绿色建筑有关标准，具有前瞻性、地域性和经济性特点，凸显标准的引导和规范作用。二是在科研开发方面，各地比较注重发挥科技先导和支撑作用，围绕建筑节能重点工作，结合地区实际，积极筹措资金，安排科研项目，为建筑节能深入发展做好科技储备。沈阳市积极组织开展"地源热泵系统运行节能性、经济性比较分析"、"沈阳城区地下水地源热泵取水回灌技术研究"等多项科研课题的研究，为大规模使用地下水源热泵提供了有力的技术保障。三是在示范推广方面，各地以建筑节能示范工程为载体，一方面积极申报国家级的示范项目，另一方面结合本地实际，不断丰富示范类型，提高示范水平，不仅通过示范推广了建筑节能技术和产品，还通过示范引导地区建筑节能的发展方向。

(五) 突出重点，拓展建筑节能。一是从单体建筑节能向小区、区域乃至城市整体节能拓展。深圳市提出要以绿色建筑为基础，将总面积为156平方公里的光明新区建设成为建筑与人、城市与环境和谐发展的绿色建筑示范区。太原市把占地2.54平方公里的"长风文化商务区"打造成绿色建筑示范园区，成为单体建筑节能向小区和区域节能跨越的又一亮点。长沙市把大河西区作为"两型社会"建设示范先导区，注重区域整体实现资源节约、环境友好，效果显著。二是从新建建筑节能向既有建筑节能拓展。北方采暖地区15省市全力推动既有居住建筑供热计量及节能改造，唐山市把既有居住建筑节能改造作为实现城市"三年大变样"的重要举措，制定了完成2200万平方米改造的规划和实施计划。过渡及南方地区部分省市也开展了既有建筑改造工作，上海市2008年就完成了既有建筑节能改造804万平方米，南京市每年从城建资金中安排1000万元用于既有居住建筑旧钢窗节能改造。全国24个省市开展国家机关办公建筑和大型公共建筑节能监管体系建设，通过能耗统计、能源审计、能效公示、动态能耗监测平台等工作，初步形成了有利于节能运行与改造的监管体系。三是从使用常规能源向强制推广可再生能源拓展。江苏、广西、海南、河北、山东、深圳等省市已开始在12层以下新建建筑中强制性推广使用太阳能热水系统，替代常规能源，成效明显。沈阳市以科学开发、合理应用地源热泵技术为重点，有计划、有步骤的组织开展可再生能源建筑应用工作，至2008年10月底，全市地源热泵技术应用面积累计3458.49万平方米，取得显著效益。四是从城市节能向农村节能拓展。北京市加强可再生能源在新农村建设中应用，建成200余座农村太阳能集中浴室，解决京郊10万农民冬季洗浴问题。建成大中型沼气工程22座、2000户用沼气、秸秆气化52座，约1.4万户农村居民可以使用上清洁廉价的管道燃气。哈尔滨市结合农村泥草房改造，积极推广新墙材与建筑节能，引导农户采用新墙材建造节能房，已累计建成11.3万平方米的节能农房。

(六) 国际合作，提升建筑节能。一是充分利用"国际智能、绿色建筑与建筑节能大会暨新技术与产品博览会"这一国际交流平台，学习、借鉴发达国家推进绿色建筑和建筑节能的经验和做法，探讨适合中国国情的绿色建筑和建筑节能发展模式，有力地促进了国内外推进绿色建筑和建筑节能的交流与合作。二是以国际合作项目为载体，促进建筑节能实现跨越式发展。通过实施"中国供热改革与建筑节能"项目、"中国既有建筑节能改造项目"、中荷可持续建筑示范项目、"中国终端能效项目"、中法"住宅领域提高能效与可持续发展项目"等，所取得的经验对我国建筑节能工作提供了有力支撑，起到了明显的促进和推动作用。

（七）全民参与，宣传建筑节能。各地以节能宣传周、无车日、节能减排全民行动等活动为载体，充分利用各种媒体，采取组织专题节目、设置专栏以及宣贯会、推介会、现场展示、发放宣传册等方式，开展形式多样、内容丰富的建筑节能公共宣传活动，广泛宣传建筑节能的重要意义和推进建筑节能的相关政策、管理措施、知识普及等内容，提高了全社会的节能意识。特别是在《民用建筑节能条例》颁布实施后，各级建设主管部门结合《条例》的宣传贯彻，组织相关单位的管理和技术人员进行了多轮次的《条例》宣贯会，对《条例》规定的法律制度进行培训和讲解，培养了一大批熟悉建筑节能政策、技术标准的管理和技术人员，提高了建筑节能的工作能力。

（住房和城乡建设部建筑节能与科技司）

"第五届国际智能、绿色建筑与建筑节能大会暨新技术与产品博览会"综述

"第五届国际智能、绿色建筑与建筑节能大会暨新技术与产品博览会"于2009年3月27日至29日在北京国际会议中心召开。

一、会议组织

会议的中方主办单位是住房和城乡建设部、科学技术部、国家发展和改革委员会、财政部、环境保护部、工业和信息化部；会议的外方主办单位是全球环境基金（GEF）、欧盟委员会企业与工业总司（EIEC）、英国贸易投资总署（UKTI）、美国能源部（DOE）、德国交通、建设和城市规划部（BMVBS）、法国生态、能源、可持续发展及国土整治部（MEEDDAT）、加拿大联邦住房署（CMHC）、新加坡国家发展部建设局（BCA）、印度建筑业发展委员会（CIDC）。

中华人民共和国国家外国专家局、法国驻华大使馆是大会的支持单位。

协办单位有住房和城乡建设部科技发展促进中心、住房和城乡建设部住宅产业化促进中心、中国城市科学研究会、中国建筑学会、中国土木工程学会、中国城市规划学会、中国风景园林学会、中国城市规划协会、中国房地产业协会、中国勘察设计协会、中国建筑业协会、中国建筑金属结构协会、中国建设监理协会、中国建筑装饰协会、中国城市环境卫生协会、中国城市燃气协会、中国城镇供热协会、中国城镇供水排水协会、中国工程建设标准化协会、中国建筑材料联合会、世界绿色建筑协会（WGBC）、英国注册工程师协会（CIBSE）、英国工程技术协会（IET）、英国卓越智能建筑中心（ibexcellence）、美国绿色建筑协会（USGBC）、加拿大绿色建筑协会（CGBC）、法国全球环境基金（FFEM）、法国环境及能源控制署（ADEME）、法国开发署（AFD）、法国建筑科学技术中心（CSTB）等。

二、会议内容

本届大会是在第十一届全国人大二次会议提出的"毫不松懈地加强节能减排和生态环境保护工作"，突出抓好建筑领域节能的战略决策下，在住房和城乡建设领域深入贯彻落实科学发展观，"扩内需、保增长、调结构、上水平、抓改革、增活力、重民生、促和谐"的背景下，在已经成功举办四届"国际智能、绿色建筑与建筑节能大会暨新技术与产品博览会"的基础上，以"贯彻落实科学发展观，加快推进建筑节能"为主题召开的又一次国际智能、绿色建筑与建筑节能盛会。

大会开幕上全国人大副委员长、中国科协主席韩启德、住房和城乡建设部部长姜伟新在开幕式上致辞。科技部党组成员、科技日报社社长张景安，国家发展和改革委员会秘书长韩永文，环境保护部副部长吴晓青，工业和信息化部副部长奚国华出席了大会开幕式并分别致辞。美国能源部能源效率和再生能源办公室资深理事Mark Ginsberg代表美国能源部，德国联邦交通、建设与城市规划部建筑、建筑经济和联邦建筑物司司长Michael Halstenberg代表德国联邦交通、建设与城市规划部致辞；英国驻华使馆商务副参赞Gareth Hoar先生宣读了英国贸易投资总署（UKTI）部长Lord Davies（戴维斯勋爵）的贺

信；联合技术国际公司中国区总裁 Jim Gradoville(关德辉)、英格索兰全球董事长兼首席执行官 Herbert L. Henkel 也分别做了致辞。

本届大会分为研讨和展览两部分。

（一）研讨会

根据国内外建筑节能与绿色建筑工作实际，围绕绿色建筑设计与评价标识、既有建筑节能改造、可再生能源建筑应用、大型公共建筑节能运行监管与节能服务市场、供热体制改革、住宅房地产业健康发展、应对气候变化等重大问题，研讨会设 1 个综合论坛和 14 个分论坛。

1. 综合论坛。住房和城乡建设部副部长仇保兴，世界银行驻中国首席代表杜大伟博士，世界绿色建筑协会主席 Tony Arnel 等 8 位来自国内外的政府官员、专家学者等在大会综合论坛上发表主题演讲。

2. 分论坛。分别是："绿色建筑设计理论、方法和实践"、"绿色建筑与智能化"、"绿色建筑与住宅房地产业健康发展"、"既有建筑节能改造的工程实践"、"可再生能源在建筑中的利用与工程实践"、"太阳能技术在建筑中的推广应用"、"大型公共建筑的节能运行监管与节能服务市场"、"绿色建筑评价与标识"、"既有建筑节能改造的工程实践"、"供热体制改革与建筑节能"、"新型外墙保温技术与绿色建材"分论坛和"建筑节能技术与创新—德国被动式房屋标准"、"应对气候变化—建筑领域减少温室气体的先进能源技术"、"美国绿色技术"专题论坛。来自世界银行、世界绿色建筑协会、英国、德国、法国、瑞典、波兰、美国、加拿大、新加坡、日本等 20 多个国际机构、国家(地区)和国内的 120 多名专家学者和企业界人士发表演讲。

（二）博览会

博览会持续了 3 天时间，有 10 多个国家的 160 多个国际组织、跨国公司、研究机构、设计院所、生产厂商等展示绿色建筑规划设计方案及工程实例、建筑智能技术与产品、建筑生态环保新技术新产品、绿色建材技术与产品、既有建筑节能改造的工程实践、可再生能源在建筑上的应用与工程实践、大型公共建筑节能的运行监管与节能服务市场、供热体制改革方案及工程实例、新型外墙保温材料与技术等方面的最新技术与产品。

随着国内外对绿色建筑及建筑节能工作重要性的认识以及大会影响力的提高，国内外相关政府部门和社会团体对大会给予了极大的关注，纷纷加入大会的主办、协办单位之列。本次博览会组团参展的有北京展团、天津展团、上海展团、深圳展团、德州展团、美国展团以及德国展团。

三、会议成果

绿色建筑大会是中国为大力发展绿色建筑和加快推进建筑节能而打造的高水平、高质量的年度国际盛会，对扩大绿色建筑与建筑节能领域国际间交流与合作，传播国际上的先进技术、理念和经验，提高国内社会公众的绿色建筑与建筑节能意识，促进中国建筑节能和绿色建筑事业的发展，在国际上树立中国积极有为、负责任的大国形象，为共同应对全球气候变化、实现人类的可持续发展发挥了积极作用。

大会还成立了由 10 位院士和 32 名国内外专家组成的大会学术指导委员会，对征集到的 200 多篇论文进行了审查，择优选取了其中的 122 篇文章，由中国建筑工业出版社编辑出版了《智能与绿色建筑文集 5》。

（住房和城乡建设部建筑节能与科技司）

企业适度规模经营子课题研究报告

中国建筑业协会课题组

一、课题背景

改革开放以来我国国民经济保持快速健康发展，建筑业作为国民经济的支柱产业，在推动经济发展过程中起着重要的作用。全社会固定资产投资总额的 60% 是通过工程建设和建筑业实现的。2002~2006 年五年内我国建筑业总产值由 2002 年的 18525.18 亿元增加至 40975.46 亿元，增长幅度为

120%；建筑业增加值继 2005 年首次突破 10000 亿元大关后，继续保持快速增长势头，于 2006 年达到 11635 亿元，比 2002 年增长约 66%，支柱产业的作用更加明显。建筑业队伍不断壮大，总承包、专业分包企业从业人员由 2002 年的 2245.2 万人增加到 2007 年的 3085 万人。随着建筑业市场总量的不断扩大，建筑企业的经营规模也实现了快速增长。以北京城建集团为例，1983 年集团拥有职工 3.5 万人，年总产值 1.7 亿元，到 2007 年集团员工数 2.8 万人，完成建筑业年总产值 250 亿元，是 1983 年的 147 倍；在改革开放的大背景下，类似城建集团的大型建筑企业都能抓住市场机遇，扩大经营规模，保持了企业快速发展的势头。

企业经营规模的扩张为企业做大做强，打造国际一流建筑企业、提高企业知名度提供了坚实基础，同时也为社会的经济发展做出了巨大贡献；建筑业市场总量的增加是企业成长壮大的客观环境，在这个大背景下，许多建筑企业经历了由小到大，由弱到强的发展过程，中央建企和地方建筑集团都获得了前所未有的发展。2007 年我国共有 51 家建筑企业进入国际承包商 225 强，充分说明我国建筑企业具有一定的国际竞争力，发展趋势符合国家打造一批具有国际竞争力大企业的政策导向，不仅树立了企业品牌，也通过一些高端工程锻炼了队伍，解决了大量农民工就业问题，提升了企业的核心竞争力。在企业经营规模扩张的同时，我们也应该看到建筑企业也暴露出各种问题，比如盲目扩张规模，采用转包挂靠的方式低成本扩张，在这种扩张方式下增加了企业的经营风险，管理范围和管理成本也随之加大，出现了顾此失彼的问题；另外部分企业在发展过程中只顾规模忽视效益，项目管理好的话略有盈余，否则干得越多亏损越大，造成恶性循环，这些都对行业整体健康发展造成了不利影响，降低了公众对建筑行业的信任度。

党的十六大明确提出科学发展观，建筑业企业应以此为契机，通过落实科学发展观，使企业更加关注效益质量和可持续发展问题。住房和城乡建设部一直关注建筑业的可持续发展和建筑企业适度规模经营问题，为了更好地促进行业健康发展，市场司委托中国建筑业协会对此进行研究。在中国建筑业协会副秘书长王增彪和行业发展部主任李燕鹏带领下，《企业适度规模经营》课题组进行了为期两个月的调研。为保证调研资料的代表性和完整性，我们采用三种形式进行调研：

第一，到北京的大型建筑企业进行调查研究。前期我们选择北京建工集团和北京城建集团两家特级施工企业。集团参加人员包括主管经营的集团副总经理、总经济师、总工程师、二级公司领导、集团总承包部、投标（市场营销）部、企业管理部、人力资源部负责人，座谈人员从对企业规模经营的认识到企业在市场竞争中遇到的问题作了深入探讨，分析市场中各种违规行为的产生原因，以及政府主管部门、业主和企业在建筑市场中的行为，并针对企业发展战略等问题进行深入交流。

第二，为了扩大调研面，课题组采取召开座谈会的形式开展调查。期间我们组织两次座谈会，一是在怀柔区举行了企业适度规模经营座谈会，参加的有包括北京怀建集团在内的 3 家一级资质和 2 家二级资质企业领导。二是我协会组织由上海建工集团、湖南建工集团、湖南六建、甘肃四建、北京城建建设有限公司、中国交通建设集团、中铁建设集团、中交一航局、南通四建、中建一局、兰州一建、兰州市政的企业领导参加的座谈会，共同探讨企业适度规模经营问题，搜集企业在投标、建筑材料价格上涨等因素影响下的企业生存状况以及工程总承包、企业经营规模与转包挂靠之间的关系方面的意见。这次座谈会既有在京企业，也有京外有影响力的大企业集团，充分保证了调研意见的真实性和全面性。

第三，课题组有针对性地进行了重点调研。主要是两方面企业，一是企业经营规模适度，资金状况良好，利润率高的代表性企业，分析其发展战略和经营模式，总结成功经验。二是重点研究建设部已经查处的超规模经营造成重大损失和危害的案例，吸取反面教训，为下一步企业健康发展起到警示作用。

本子课题研究框架思路，见图 1-1：

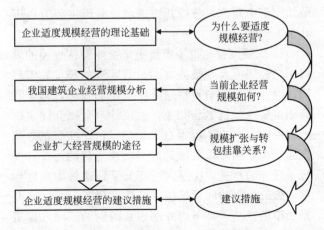

图 1-1　企业适度规模经营课题框架

二、企业适度规模经营的概念和理论依据（略）

三、我国企业适度规模经营现状分析

（一）企业经营规模趋势及其原因分析

从图1-2，1-3上看，我国建筑企业经历了一个快速增长的发展阶段，建筑业总产值、建筑业增加值均创历史新高。分析其快速增长原因主要有以下几个方面：

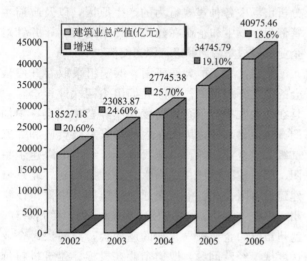

图1-2 近5年建筑业企业总产值的增长情况
源自：《中国建筑业年鉴2007》

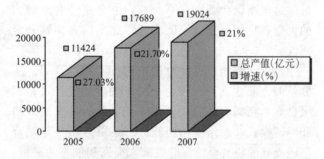

图1-3 近3年特、一级企业总产值统计图
源自：建筑业特、一级企业快速调查统计快报

1. 宏观调控与市场容量决定企业经营规模的发展。企业规模大小最关键的是看客观的环境、宏观调控以及市场容量。特别是建筑业的发展，与全社会固定资产投资紧密相关，据统计，全社会固定资产投资的60%左右是通过工程建设活动实现的。我国建筑企业的规模发展具有周期性变化的特征，而施工任务的承揽，在很大程度上受到这种周期性影响。施工企业的经营规模以及适度规模经营，主要是受市场经济条件下内外部因素的制约。因此宏观调控与市场容量决定了企业的经营规模。

2. 企业改制的推进，扩大了企业的自身规模。随着市场经济体系建立，建筑企业也步入了发展快车道。中铁建、中铁工、中交的上市以及正在筹备整体上市的中建总公司近几年都在产权结构、管理机制方面进行了改革，实现了企业产权多元化，改变了过去单一的国有独资模式，充分利用市场手段筹集企业发展所必须的资金，为企业的快速发展提供了强有力的保障。企业的市场领域不断拓展，比如中冶科工集团的多元化战略，EPC/BOT项目的开展，大大增加了企业投资开发的实力，也带动了建设规模的扩大。

3. CPI指数持续增长，也是规模扩大的原因。建筑类三大材价格上涨明显，以钢筋为例，有的工程签订合同时是4500元/吨，现在市场价格是6000元/吨。因此，建筑总产值、建筑业增加值也受此影响快速增长。同时建筑劳动力成本也是持续上涨，许多企业反映当前的指导价定额已经脱离市场价格，尤其是在人工费上，市场价格是80元/人天甚至更高，而定额是40元/人天。被调查企业认为，材料、人工费用的增长是企业产值增加，规模增长的重要原因。

4. 建筑市场规模总量的增加有利于企业获得更多的施工任务。比如北京奥运、上海世博会为企业提供了大量的工程建设任务。许多大型建筑企业如北京城建、上海建工抓住市场机遇在奥运、世博的场馆建设中承揽了一大批标志性工程，这也在一定程度上为企业提供了规模扩张的条件，造就了建筑市场的繁荣。

（二）企业追求规模扩张的动因

1. 建筑市场客观环境因素

企业追求经营规模扩张有诸多客观因素存在，除企业自身的生存发展需求外，市场竞争格局、企业所处的市场地位、市场主体行为规范程度与诚信水平都影响着企业经营管理的决策。分析有以下几方面影响因素：

（1）行业利润率低。某企业生动形象地形容了当前的建筑承包环境："工程招投标压价压掉一块、肢解工程发包挖走一块、垫资施工损失一块、工程决算砍掉一块、质量保证金套走一块、材料人工涨价赔进一块"。据2007年《中国建筑业年鉴》显示建筑业行业利润率仅为2.9%，实际上多数企业的平均利润率只有1.5%左右，加上业主工程款拖欠等问题更加剧了建筑企业平均利润率下滑的趋势。

（2）建筑企业布局不合理。不同类型、不同资质的企业竞争没有明显的差异，大中小企业更是同台竞争，整个市场局部生产能力过剩，竞争异常激烈。市场竞争程度的加剧必然会导致各种不正当手段的使用，从而造成恶性循环。目前的市场竞争环境迫使多数企业进行规模扩张，一方面维持其企业生存，另一方面为企业发展创造条件。

（3）业主招标压价、企业垫资施工。在建筑市场买方主导的形势下，很多苛刻合同条款给建筑企业经营造成一定困难。承包商垫资施工，给企业自身资金链造成很大压力。业主任意肢解工程，给工程管理带来了混乱。业主最低价中标做法对建筑企业的利润空间、生存空间造成很大影响。

（4）市场机制不完善、招投标中的暗箱操作、业主违规行为时有发生。串标、围标等违规行为导致工程交易成本上升，利润率下降。这使得一些企业通过追求规模扩张来弥补利润率的下降。

2. 国家的政策导向及国有企业的生存压力

以中央建筑企业和一些地方建筑集团为代表的国有企业是中国建筑业的主力军，从建国之初至今，为国家的经济发展做出了重大贡献，是建筑业先进生产力的代表。在国家大型重点工程建设中，国有企业起着中坚力量的作用，他们不仅掌握着行业先进技术，而且具有完成高端建筑产品的优势。但是，随着改革开放不断深化，国有企业的弊端开始凸显出来，运行机制不灵活，企业冗员较多，历史包袱沉重，客观上造成企业要想生存必须走经营扩张的道路，主要表现在以下几个方面：

（1）国有建筑企业人员多、开支大，为了维持企业运转而扩大规模。伴随着我国由计划经济体制向市场经济体制转变，大量国有企业面临艰难选择，要不改制分流，走民营化道路；要不维持原有的模式艰难生存，这些企业都带有大量的职工队伍。为了解决这些人员的工资福利等问题，企业在行业利润率较低的情况下，只能通过扩大规模的方式追求利润的绝对额来维持企业正常运转。调查显示施工企业在确定企业经营规模的时候采用的方法就是量本利分析：先估算出企业一年的费用支出，再反过来测算企业要达到一个多大的规模才可以解决这些问题，以维持企业生存，背负社会责任。

（2）对企业的引导政策促使企业扩大经营规模。国有企业现行的领导人薪酬制度、国资委对中央企业年度考核及企业并购政策、国有资产保值增值的指标等都与企业规模有关；从国资委对央企的管理看，就是减少企业数目，进行业务整合，组建具有竞争优势的强势企业。国资委对中央企业在行业中前几名保留制度，使国有企业普遍具有危机感，企业规模如果跟不上发展，将有被兼并的可能。

（3）中央明确提出要打造一批具有国际竞争力的建筑企业。走出去是我国建筑企业的必然选择，由于建筑市场具有周期性规律，国内业务势必会受到经济大环境的影响，因此，企业做大做强不仅局限于国内，而且要到国际市场上去和欧美、日本的一流建筑企业竞争。要在国际市场上占有一席之地，企业就必须追求世界500强、承包商225强的名次，这也是企业追求经营规模扩张的动因。

3. 企业自身发展的需要

按照市场经济的自我发展模式，规模的扩张必然建立在一定的量和质的基础之上。事实上，企业的发展过程只能是量和质的交替提升过程。扩张经营规模是企业成长的必经阶段，作为一个大型企业，追求规模经营的扩张无可厚非，关键要把握做大和做强的关系，大是一个规模和量的概念，强是一个竞争力和质的概念。做大强调规模和量的扩张，做强则主要是强调追求竞争力和质的提升，企业做大和做强虽然内涵不同，但是又有紧密的联系；企业做强需要规模的扩张作为支撑，企业只有达到一定的规模，才能具有较强的竞争力。同时，做强也为做大提供了前提和基础，不宜过分强调企业应先做大后做强，或先做强再做大。在企业发展过程当中，并没有严格规定企业做大到什么规模才开始做强，或者做强到什么时候再来做大，做大做强是可以相互促进，相互补充的。关键是要把握从规模扩张转化为经营效益，转变为质的飞跃。从世界五百强企业的发展历程看，大多经历了规模扩张，市场占有率提高的阶段，在规模扩张的过程中通过集约化经营促进企业的发展。建筑企业在谋求发展过程中，规模的扩张会给企业带来直接的利润总量增加，从而企业在发展过程中可以利用资金向产业链两端延伸，或者走向更高级阶段，向资本运作发展。企业只有达到一定的规模，才能具有较强的竞争力、较高的企业知名度、强大的员工凝聚力和充足的企业发展动力。国际上大型建筑承包商的发展历程表明，企业在参与市场竞争的初期往往是从事施工行业，随着规模的逐步扩张，企业经营领域纵向从单纯施工转向为业主提供设计、咨询、采购、施工、运营一体化全程服务，有实力的企业利用资金优势开展机场、高速公路等基础设施的特许经营业务，大大提高业务利润率，比如法国万喜公司，公司利润的70%来源于特许经营；横向方面大的施工企业从承揽建筑土木工程业务逐渐转变为承揽土木、电力、石化、冶金、核电工程的综合承包商。业务领域的拓展一方面会分散企业经营风险，同时也大大提高了企业的利润率。

因此，企业追求经营规模扩张是企业发展的必由之路，是在市场竞争条件下企业能够获得长远发展的基础条件。

（三）建筑企业规模扩张途径

建筑企业在寻求经营规模扩张的过程中会采取不同的策略和方式，由于企业的产权制度、发展历程、发展阶段、人力资源、银行授信额度均存在差异，所以企业在选择经营规模扩张过程中所使用的方式也有所不同，企业经营规模扩张的方式主要有以下几种：

1. 资金实力雄厚的企业通过资本扩张和企业兼并方式扩张企业规模和市场占有率。比如浙江宝业集团整体收购湖北建工打入湖北建筑市场。建筑企业的上市为企业的规模扩张，业务拓展提供了强有力的资金支持，也使得企业有实力通过并购的方式实现规模和市场占有率的双增。

2. 具有核心竞争力的企业通过建立与大业主、大客户的长期业务关系保持其经营业务量，有选择的承揽任务。例如，中建已经形成稳定的客户群，包括境内外大型房地产开发商、国外的大客户、以及政府机构。集团层只承揽10亿元以上业务，工程局级只承揽1亿元以上的业务；龙元建设集团与国内知名房地产开发商万科、碧桂园的良好合作也说明了企业通过建立战略联盟和长期业务关系确保企业经营规模的稳定的必要性。

3. 通过塑造公司品牌，进一步开拓业务领域，向产业链两端延伸，打造集融资、设计、咨询、采购、施工于一体的综合型建筑企业。有实力的企业逐渐承揽BT、BOT等利润丰厚的项目。例如北京城建集团在承揽奥运工程项目中既作为BOT项目的出资人，又作为总承包商，探索出了一条拓展市场的新道路，为企业做大做强创造了条件。

4. 建筑企业逐渐从单一的施工业务转变为施工、房地产开发、建材供应、设计咨询、设备租赁等多元经营从横向扩张企业规模，分散企业风险。多元化是企业成长发展的必然阶段，从作坊式生产到工厂化生产经历了很长时间，到了工厂化以后企业经营领域逐渐扩张，资本的特性就是对收益具有良好的嗅觉，因此企业的经营都是以追求高利润率为目的，拓展新的高利润领域来实现风险的分散，收益的增加。

5. 一批具有国际工程经验、熟悉国际惯例的国际型工程承包企业大力拓展海外业务，充分利用国际国内两个市场、两种资源，走出了一条具有鲜明特色的企业发展道路。比如中信国华承揽委内瑞拉社会住房项目，中国铁建—中信联合体与阿尔及利亚签署的东西高速公路63亿美元大单，中建国际在中东、非洲国家接连承揽大型工程均体现了企业在海外市场的扩张。

但是，也有一些企业以挂靠（企业称"联合经营"）等非正当方式来扩张规模。在这种扩张方式下，市场正常秩序受到影响，助长了围标、串标等违法行为行为，严重影响了招投标制度的公开、公平、公正性，企业自身的经营风险也大大增加。实际上转包挂靠并不利于企业的长远发展，企业的效益并没有随规模的扩张而相应提高，没有充足的资源投入到企业建设和长远发展中去。这些年矛盾突出的拖欠民工工资问题、恶意讨薪问题所引发的社会矛盾，多数也和转包挂靠行为有关。

四、企业经营规模扩张与转包挂靠之间的关系

企业发展战略理论中提到企业在规模决策中有稳定、增长、收缩三种类型的战略。上面中提到的企业经营规模扩张途径1～5是企业在实施增长型战略中所选取的不同策略途径。转包挂靠是建筑市场中违反相关法律规定，在市场中长期存在的非法人实体或低资质企业承揽工程的一种行为。

（一）转包挂靠行为的产生原因

在企业发展方式中，如果企业超越自身能力和资源配置水平，过度、片面的追求经营规模扩张，就可能导致转包挂靠行为的发生。分析转包挂靠现象的产生原因主要有：

1. 业主或投资方的不规范行为。业主或投资方处于某种利益要求和社会关系，会把工程交给不具备相应资质的企业或以"包工头"为代表的非法人实体来做，为了规避法律规定，非法人实体冒用有资质企业的名义参与投标，在中标后企业又以某种形式按业主意图转包工程，这就是让不具备资质的企业和个人挂靠有资质的企业承揽工程。对参与投标的企业来说为了获得工程项目或谋取不正当利益，往往必须做出承诺，从而导致转包挂靠行为发生。此外业主人为地提高资质要求，促使低资质企业通过挂靠高资质企业的方式承揽工程，加大了转包挂靠行为发生的可能性。

2. 承包企业的不规范行为。部分企业超越自身能力和资源配置水平，过度、片面的追求经营规模的扩张，导致转包挂靠行为发生；另外简单的最低价中标做法也在某种程度上促使了转包行为的发生。

在简单的最低价中标条件下,企业为了摆脱困境和风险,在获得项目后,为了减亏往往采取转包。简单的最低价中标做法是建筑市场混乱、竞争无序、工程质量安全事故频发的重要原因,这一表面业主单赢的局面貌似业主节约了投资,实际上却是两败俱伤,业主最终要承担建筑产品的质量和安全风险。

3. 监管的缺位。我国《合同法》、《建筑法》、《招投标法》及《建设工程质量管理条例》等法律法规均明确规定禁止建设工程的转包。并且在招投标和工程实施中,业主方、第三方监理单位和政府监管部门都有相应的监督管理权力。而现实中转包挂靠行为的发生,显然意味着各方监管的缺位。目前政府对建筑市场的监管存在漏洞,转包挂靠行为固然有其隐蔽性,如果政府部门下大力度查处,完全可以发现其违规行为。对房地产开发商的监管力度不够,被调查企业反映工程款拖欠、农民工工资拖欠问题的矛盾源头在于部分业主在项目资本金不到位的情况下就申请开工,导致工程实施过程中资金链出现问题,从而引发了很多社会矛盾。

4. 建筑企业竞争差异不明显。技术更新周期、材料的创新以及信息化可以改变一个产业的发展状况和竞争格局。目前建筑产品趋同化明显,缺乏创新,导致大量建筑企业竞争差异不明显,低素质竞争,表现在一个住宅小区,省级建工集团可以做,有的乡镇企业也能做,一级资质企业二级资质企业都能做,没有体现出企业竞争力的差异和优势。同时,由于行业缺乏劣质生产力的退出机制,使得大量低素质企业和非法人实体得以使用不正当手段承揽工程,严重扰乱了建筑市场竞争秩序。

(二)转包挂靠行为的多发企业和多发领域

通过调查分析,转包挂靠现象多发生在某一类型、某一领域的企业。比如在一些专业技术缺乏、技术力量薄弱的乡镇企业。其突出特征是人员整体业务素质不高,但凭借其财力、社会关系能够承揽到工程。而且目前大多数施工企业资金状况不佳,这类乡镇企业找好项目,带有资金,直接找具有资质的企业挂靠。而被挂靠企业也可以通过派驻项目管理人员的方式解决闲置人员上岗问题,并能获取一定经济效益;另外,一些人员包袱沉重、机械设备老化、融资能力差的国有建筑施工企业为了维持生存,在不能通过企业实力竞争拿到工程任务的情况下,接受挂靠成为其主要选择,甚至有的企业80%的任务来源于挂靠;在目前的资质审查制度下,企业要想保持其现有资质,必须在当年承揽一定规模的任务,这也在一定程度上促使企业通过挂靠的

形式增加企业年承揽任务额;行业监管认识偏差的省市内建筑企业,由于当地建设主管部门错误认为转包挂靠并没有扰乱市场秩序,是市场竞争的一种正当方式,客观上也为转包挂靠行为的发生提供土壤。

在技术含量相对较低的房建施工领域,由于房建施工本身市场准入门槛低,普通住宅项目技术要求不高,所以大量未经正规教育培训的从业人员可以凭借社会关系拿到工程,在其他行业如港口等专业技术较强的项目上则无此现象。分析原因根本在于房地产开发商不是房屋的最终使用者,而港口建设、电力建设、石化建设的业主是最终使用者,因此他们更加重视工程的质量安全,也愿意从项目全寿命周期去考虑工程建设中的问题。房地产开发商则不然,他们主要追求短期效益,专业知识的不对称和开发商的得且过造成了市场上的压价、霸王条款,由此产生的转包、挂靠行为的发生也就不足为奇了。

此外,工程建设领域腐败现象泛滥的地区,转包、挂靠的行为也会更加普遍。

(三)企业经营规模扩张不是转包挂靠现象发生的根本原因,即正常的规模扩张与转包挂靠违规行为没有必然联系

案例一:

上海建工集团拥有15000多名专业技术人员,1400多名注册建造师的大型建筑业企业集团。2007年完成建筑业总产值518亿元,比2005年增长72%。实现综合营业收入605亿元,在全国以建筑施工为主业的企业集团中居第6名。上海建工集团经营规模快速增长,他们的发展战略大致可归纳为三个方面:

第一,抓住机遇,加快发展。近几年来,在世博项目带动下,整个上海基础设施建设出现了新的高潮。他们加速向利润率相对较高、市场竞争相对较少的基础设施服务领域渗透。承揽了虹桥的交通枢纽,外滩通道,轨道交通等大型市政建设项目的工程,以及一些超高层宾馆项目,集团经营规模保持较快增长。

第二,调整经营结构,拓宽经营领域。承揽工程的对象从1994年刚改制时以房屋建筑为主,逐步发展到目前房屋建筑,桥梁隧道,土木工程并举。其中市政工程在整个产业结构中占20%。逐步形成了"大土木"的经营格局,工程的对象更趋多样化,为集团的持续快速发展奠定了基础。

第三,积极实施"走出去"战略。为应对北京的"后奥运"、上海"后世博"的工程建设形势,上

海建工集团加大了"走出去"的力度，在国内外承揽一些项目，进一步增加了外埠工程占集团总经营规模的比例。截止目前他们的外省市和国外承揽项目的比例已经达到了20%，在"长三角"、"珠三角"地区建造了一批技术含量高的标志性建筑，在国际工程承包方面也创下了良好的业绩。

上海建工集团经营战略的实施和经营规模扩大，主要是通过以下三条途径实现的：

一是加大了技术创新的力度。上海建工集团依托在建的项目，加大了在超高层建筑施工，大跨度空间的钢结构施工，大跨度桥梁施工，地下空间施工技术等领域当中投入比较大，为国内建筑市场竞争和国际工程承包提供了技术支撑。

二是加快了体制机制改革和管理创新。他们通过改制，对一批中小型的企业实行了民营化改造，使其退出集团，属地化管理。同时，他们对集团骨干企业进行了重组，全面实行了公司制改造和完善法人治理结构。

三是强化了集约经营的意识。他们在工程项目管理方面，推行了资金的统一调度，材料的集中采购和网络信息化系统的建设，降低了工程成本，提高了效率和效益，增强了与民营企业在建筑市场竞争的能力。同时改变单一的施工承包管理方式，向项目总承包、总集成的管理方式转变。体制机制的改革和管理方式的创新，成为经营规模扩张的新推动力。

上海建工集团的案例说明，虽然转包、挂靠在工程建设领域普遍存在，但具有核心竞争力的大型建筑企业规模扩张并不是由于接受挂靠或转包工程，而主要是通过其实施的一系列战略和自身实力获取工程，进而提高企业的市场占有率。

案例二：

龙元建设集团始创于1980年，前身为一家地方乡镇集体企业改制的民营建筑企业，1984年进入上海建筑市场，2004年4月上市。集团拥有房屋建筑工程总承包特级资质、市政公用工程总承包等多项一级资质。

从图1-4公司年报数据上分析，企业近三年建筑业总产值保持小幅增长，考虑物价上涨因素总产值三年来基本是持平的。企业领导人在介绍企业发展历程中提到，在创业初期，合伙人通过集资方式组建这家民营企业并进入上海市场，起初阶段是个人以公司旗号承揽工程，当时正处改革开放初期，公司这一组织模式改变了过去集体企业大包大揽效率低下的现状，极大地发挥出企业员工积极性，为企业发展打下坚实的基础。此模式似乎与当前建筑行业中的挂靠经营有些相似，但本质上是不同的。企业领导人强调当时的合伙人（工地主任）大部分讲诚信重视质量，视质量为个人面子，加上经营过程中很少出现质量安全问题，公司依靠这批人过硬的质量意识提高了公司的品牌知名度。经过十几年的发展，企业决策者意识到企业要发展必须把以个人承揽业务的局面逐步转变成公司直营，应该说联合经营方式的存在有其客观现实性，但长远来说不利于企业发展。不同历史时期，不同市场条件下企业经营模式会随之改变。从哲学上解释就是螺旋式上升，曲折式前进。企业由集体经营阶段到鼓励个人发展，再回到企业集中经营，是企业发展的必然。

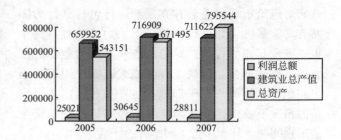

图1-4　龙元建设集团企业经营数据（单位：万元）

客观上说从经营管理能力，品牌知名度，和资金筹措能力上看，该企业有能力承揽到更多的工程项目。在企业无生存困扰的情况下，决策者考虑的是如何发挥公司现有资源获得最佳效益。因此，企业在项目选择上有一整套风险评估机制，对项目的规模，业主等客观因素综合考核评定是否参与投标，企业在承揽任务规模和效益之间加以平衡。企业近三年财务报表显示年利润率在9%左右，远高于全行业2.9%的利润率，正是企业不通过挂靠而采取直接经营、集约经营的方式承揽项目，才保证了企业较高的利润率，企业保持着良好的发展势头。

目前，大型建筑企业如北京城建集团、中国建筑股份公司等都在逐渐强化总部的经营职能，从而通过集约经营提高企业效益。因此，从经济角度来说，转包挂靠只会增加企业的经营风险而不利于企业发展，效率更高的集约经营方式将成为未来建筑企业的主流。

案例三：

西部某建筑企业，该企业为典型的人员包袱沉重、设备老化、工程承揽能力差的房建施工企业，企业地处西部欠发达地区，当地国民经济发展缓慢，固定资产投资量不大，客观的经济环境也给企业生存发展造成困难。2005年～2007年公司经济指标增长情况见表1-1：

经营指标统计表　　　　表1-1

经济指标	2005年	2006年	2007年
营业总收入(万元)	39444.8	50286	52553
建筑业总产值(万元)	42000	55164.4	55186.8
新签合同额(万元)	65680.8	55156.9	60203.4
利润(万元)	1.09	10.09	11.55
竣工面积(平方米)	490130	481299	474769
资产总额(万元)	37916.24	45660.05	75128.5
负债总额(万元)	35202.8	42936.5	70105.8
员工工资总额(万元)	3573.8	3434.8	5312.5
员工年平均工资(元)	10033	10828	11602

注：该企业营业收入、建筑业总产值、新签合同额等指标在全国相对比较落后，但由于其所在省现有施工企业2300多家，从业人员80多万人，而且该省每年基建投资规模低于全国平均水平，因此本企业在甘肃省上述经济指标处于较好水平

据介绍，转包挂靠的份额占到该企业总业务量30%，地区内有的企业甚至达到80%，从上述指标看，企业利润甚微，员工工资较低，转包挂靠并没有提高企业的经营效益，反而造成企业经营更加困难，从而可以看出转包挂靠这种粗放经营方式不能扭转企业下岗职工越来越多，效益不佳，难以为继的局面，同时客观上也成为了转包挂靠行为发生的重灾区，导致恶性循环，企业难以为继，朝夕不保。

结合案例和对转包挂靠行为产生原因、多发领域的分析看，建筑企业追求经营规模扩张是多数企业在市场中得以生存发展的正常行为。首先，我国的企业经历了从计划经济体制到市场经济体制的转变，企业发展的历史比较短，要想获得发展，在激烈的市场竞争中得以生存，必须依靠规模扩张实现规模效益；其次，企业做大做强的辨证关系说明企业追求规模经营是实现集约化经营的先导，做大做强是量变与质变的关系，企业只有实现规模效益，才有可能利用这部分效益投入到企业研发中，提高企业技术能力，具有核心竞争优势的企业才更能抓住市场机遇，拓展业务规模，实现高端优势、品牌优势，这不仅有利于提高企业自身的竞争层次，也可以在一定程度上改善行业竞争格局。强势（优势）企业并不是依靠转包挂靠的方式来实现规模的扩张。

转包挂靠行为在不同类型企业中的比例是不同的。企业靠此方式生存，必然依赖性更强，转包挂靠占总的承揽任务比重越大。而对于正常发展的企业来说，已充分意识到转包挂靠给企业带来的收益与其承担的风险不成比例，因此更多是靠正常的企业规模扩张方式实现规模效益。而疲于生存的企业则成了转包挂靠现象的重灾区。企业采用非正常方式追求经营规模的扩张，可能导致转包挂靠行为。

五、引导企业适度规模经营的措施建议

当前我国企业数量众多，竞争差异化不明显，大中小企业没有形成相互依存的关系。要杜绝市场中的无序竞争，违法转包和非法分包问题，必须从源头抓起，从根本上理顺市场关系，规范市场主体行为，发挥政府引导，市场调节的作用，逐步建立合理竞争秩序，维护各参与主体的利益，实现共赢。图1-5是建筑市场结构合理化进程中政府、市场（行业协会）、企业三者的互动关系：

整个框架是多方努力，多方联动的模式，必须互相配合，并更多地依靠市场调节，逐步向着合理化、规范化、科学化的建筑市场迈进。具体建议如下：

（一）政府要切实加强对建筑市场的监管，规范市场竞争秩序

1. 加强对工程建设招投标活动的监督管理，从源头上治理转包挂靠行为。当前招投标市场混乱，部分地区围标、串标现象普遍，业主随意肢解工程。围标、串标主要是由"包工头"群体或低资质企业打着具有相应资质企业的牌子操纵的，结果必然是工程实施中的转包或挂靠。政府应加大查处力度，规范招投标市场，严格执行招投标法，打击围标、串标等违法行为。建议第一，完善资格预审制度，研究科学合理的资格预审办法，最大限度地减少利用资格预审限制和排斥潜在中标人现象的发生，遏制利用资格预审搞假招标或围标、串标。第二，建立招投标违法行为公告制度，逐步构建统一的招投标信息平台。改变重事前审批、轻事后监管的倾向，加强对招标、投标、开标、评标、中标的全过程监管。对中标项目施工现场进行动态跟踪检查，加强对合同履行情况的监督管理，从日常的工程往来文件及其他资料中检查是否存在转包挂靠行为。第三、承包商允许他人（包括无相应级别、承包范围的企业或个人）使用资质承揽工程的，以及相互之间围标、串标行为，政府部门应根据《建筑法》和《招标投标法》规定对涉及的单位和个人其进行相应的处罚。第四、对于围标、串标中涉嫌挂靠的的单位，建设主管部门应限制其若干年内禁止在本

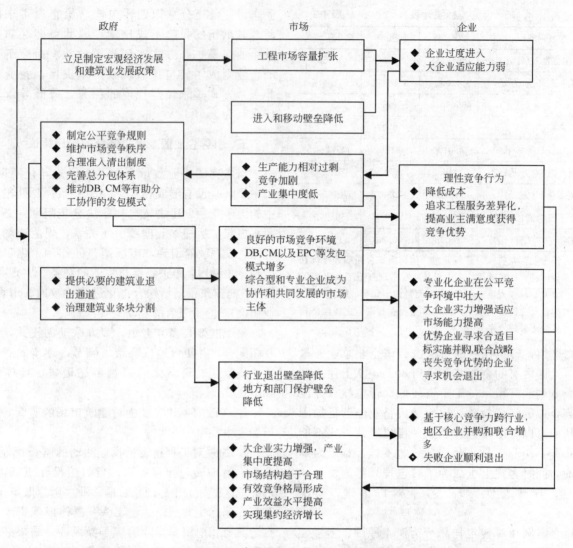

图 1-5 建筑市场合理化实现框架

区域进行投标活动,或者永久地清除出当地市场;对挂靠的"包工头",重点从其执业资格入手,对其违规行为进行记录,违法的依法吊销其执业资格。

2. 进一步加强对重点建筑企业和有可能涉及转包挂靠行为的关键人员的监督管理。充分发挥现有的各级建筑市场执法机构作用,加大执法力度,并将监督查处的信息实现及时有效地共享公开,对部分明显超常规扩张的企业进行重点监控,必要时召其行政约谈,公布其承揽任务信息,进一步保障业主对企业的经营规模、财务、资源利用等情况的知情权;转包挂靠这种行为在市场中大量存在是有其生存土壤的,在不能从根本上将其完全取缔的情况下政府应加强对有关人的监管。通过调查分析,挂靠人中一部分是执业注册资格人员,一部分名为企业分支机构负责人,还有游离于业主与承包商之间的中间人。其典型特征是个人带有或可以筹集一定数量资金,通过一定关系承揽到工程。由于转包挂靠行为的隐蔽性,对这一群体要实行实名化的身份管理,监督其市场行为。对其中具有执业资格人员更应按照有关规定,对其执业行为加强监管,以限制这一群体过度、无序流动,尽可能避免或减轻他们对市场秩序的危害;对那些四处乱挂的执业资格人员或无执业资格但掌握社会资源的群体,政府应采取措施加以限制,或促其进行企业化改组,或逐步将其清除出建筑市场。

3. 加强对业主方的监管与引导。针对工程立项审批等环节重点监管,比如核实企业项目资本金到位情况;对于矛盾突出的保证金、材差问题政府应予以关注,调查发现建筑施工企业交纳的各种名目的保证金达到工程总造价的10%左右,企业流动资金被挤占以至难以经营,增加了企业贷款负担,有的就有可能接受"包工头"挂靠或转包工程,以维系企业的"资金链"。建议政府明确保证金只能由政府规定，发包方不能任意设置和提高标准，并且建议对部分实力强、信用好的企业适当降低保证金的收取比例。另外保证金应由施工单位存入银行，由第三方监管，不能让发包方把其作为"投资资金"。引导业主根据工程规模合理遴选相应等级的承包商，提出过高的资质要求，必然要导致转包或挂靠。建议政府主管部门要求业主贯彻人工费、材料费实行市场价。同时，对业主进行科学引导，鼓励合理分担风险，对于承包方无力承担的风险本着有利于降低风险的一方承担的原则进行分担。对业主明招暗定、指定分包（很有可能是指定转包）的行为应根据《建筑法》和《招标投标法》进行相应处罚。

（二）进一步完善建筑市场信用机制

1. 政府应充分利用现有的信用系统加强对企业和个人的信用监督。对建筑企业和个人执业者的信用信息进行记录、归集、评价、加工并依法发布和使用，有效地整合我国目前分散在各个部门领域的信用信息资源，形成统一、共享的信用信息供给机制，建立起整个建筑市场的信用联防机制。建筑市场信用体系的建立还应考虑与当前实行的执业注册制度相结合，把信用管理范围扩大至企业分支机构负责人和执业资格人员，防止其滥用资质，从源头上根除转包挂靠行为的发生。

2. 发挥行业协会在建筑市场诚信建设方面的引导和评价作用。行业协会作为政府和企业的纽带，在建筑市场诚信体系建立方面可以发挥其行业优势，组织开展诚信企业评价工作，培养企业的诚信意识，社会责任意识，对企业诚信经营行为进行褒奖，对企业失信行为进行鞭挞，树立先进典型，引导行业健康发展。同时要加强行业自律，自觉抵制招投标活动中的违法违规行为，把规范招投标行为作为市场交易环节遵纪守法、诚实守信的重点；增强信守合同意识，提高合同履约率。一方面要抵制业主任意变更合同、随意增加不合理合同条款、不及时竣工结算等背离合同约定的违法违规行为；另一方面要坚决反对层层转包和违法分包的行为，反对偷工减料等任何形式的危及工程质量和忽视安全生产的不良行为，营造诚信经营、忠实履约的行业风气；高度关注农民工问题，把正确处理企业与农民工的劳动关系、经济关系作为诚信建设的重点。

3. 培育建筑企业诚信经营意识。建筑企业作为建筑市场的竞争主体，一定要自觉地强化自身的诚信意识，塑造企业的诚信形象，推动诚信的行业之风。企业应从自身角度出发，分析转包挂靠对企业经营的利弊，改变当前欢迎转包挂靠的错误意识，充分认识到转包挂靠给企业带来的风险，和企业追求短期的利益带来的长期隐患。如果所有企业都拒绝转包挂靠，则那一部分"黑户"就完全没有了市场，也就切断了转包挂靠行为的途径。企业能否诚信经营关键是企业领导人员。对企业法人代表要定期进行法律法规培训，增强他们的法律意识和责任意识，以自身良好的诚信行为带动企业员工的职业道德建设。

（三）制定合理的产业政策，为行业科学发展提供保障

1. 提高规模经济效益，打造具有国际竞争力的企业集团

规模经济可以给企业带来诸多效益，主要体现在：第一，采购生产资料的经济性。大批量采购建筑材料和生产设备不仅可以形成较好的讨价、还价能力，节省交易费用，还可以降低运输费用。第二，筹集资金的相对便捷性。大建筑企业一般较小建筑企业具有较高的资信度，可以利用有利条件构建多种融资渠道，保证生产经营所需的资金支持。第三，技术优势形成的大企业与小企业间的"壁垒"会形成有利于大企业发展的适度垄断与竞争的均衡格局。因此对于已经具备一定优势的大企业，国家应在各项政策如信贷、对外经营等方面予以支持，一方面鼓励企业进一步加大研发投入巩固技术优势；另一方面创造条件使企业走向高端，向产业链两端延伸，开拓设计施工、EPC等形式的总承包项目，以至更高层次的BT，BOT等资本运作项目，从而打造一批既可以在国内承揽"高、精、尖"工程，又可以在国际市场上打拼的强势企业。

2. 鼓励中小企业走差异化竞争道路

我国建筑企业竞争过度，产业集中度低不是由于建筑企业数量过多，而是由于大、中、小企业比例结构不合理，且基本上没有市场分割的概念，建筑二级市场建设不完善，从而使同一市场上竞争者过多，竞争异常激烈，部分企业为了生存有时会采取种种非正常手段来获得工程，导致工程承包市场混乱。政府应制定相关产业政策，规范大型企业和中小型企业在工程承发包中的协作生产，促进专业化工程服务，逐步形成以大型企业为主导、大中小型企业协调发展的格局，以工程总承包和专业分包方式展开分层次有效竞争的产业组织形态。鼓励中小企业有效联合各企业的优势，形成"专、精、特、新"的建筑企业，对具有专业化优势的中小建筑企

业在金融税收上实行优惠，在技术管理等方面给予指导，同时建议逐步增加专业资质设置，以满足工程工程分包的需要（门窗安装和墙体保温是有相应专业资质的）。另外，增强企业竞争力的同时应设立必要的行业劣质生产力退出通道。

3. 要对不同资质的企业设定不同的目标市场，在经营范围及区域上均要有所规定，对建筑企业经营范围的上下限作规定：大型承包企业不能承包小型的工程项目，相邻的资质等级企业的经营范围之间只允许极小的重叠，当建筑企业申请高一级的企业资质时，就必须放弃原有资质相对应的部分市场基础，这样不仅能够抑制竞争力不强的企业进入过高建筑市场的欲望，也有利于保护中小企业的利益，便于形成有层次的工程承发包市场。在经营区域上也要区分对待，对于特级及部分跨国、跨省流动较大的一级建筑企业鼓励其在全国甚至是世界范围内流动；对于其他的一级企业和二级企业应限制其省际间流动，跨省承揽工程应该实行严格的登记制度；对于三级企业则应将其业务定位于中小城市和乡镇农村建设；从事重点建设的专业化施工队伍，要鼓励其在全国范围内流动；一般的专业化建筑企业及劳务企业均实行属地化管理。

4. 针对分包所涉及的法律问题，建议修改有关法律，重新界定主体工程不能分包问题，进一步明确或者调整"主体结构自行完成"的规定，使之符合工程实施效率机制和逐步符合国际惯例。"主体结构自行完成"法律条文的目的是为了防止总承包商利用资质获得项目后将主体结构工程转包或分包给不具备相应能力的企业承建，导致建筑物主体无法修复的劣质建筑产品。当前对于具备总承包能力的企业而言，其自有的设备和机具等资源可能与项目的"主体"结构不能完全匹配，或者是主体结构的部分关键技术匹配，但并不影响其组织优秀社会资源建造出优质的产品。另外，建议有条件的放开关于再分包的限制，解决禁止再分包与建筑工业化条件下专业进一步细分之间的矛盾，有效形成市场多级分包法人的结构，将挂靠人有效地实现法人化转变，防止通过挂靠方式规避法律规定承揽任务，而是通过正常的再分包来实现产业合理分工，从而使总包方更好的管理协调和充分利用各自的专业优势为项目增值。

（四）引导企业走集约化经营，走适度规模经营的可持续发展道路

1. 坚持用科学发展观指导企业发展，依据国家产业政策，立足市场，制定企业的长期发展战略。

国家提倡的建立资源节约型、环境友好型社会对建筑业来说是个推进产业结构升级，科学发展的良好契机。工程建设期消耗的建筑材料，使用期所消耗的能源占整个社会消耗物资很大比重，因此建筑企业在贯彻国家方针政策和企业管理中大有可为。建筑企业在制定企业发展战略时必须考虑国家的宏观经济政策、产业政策和基本建设投资导向，企业的发展离不开市场这个大环境，而除了市场这只看不见的手之外还有国家的宏观调控和产业政策引导，建筑企业要想从激烈的市场竞争中求生存、求发展首先应立足于科学发展观，在这一理论指导下详细制定企业的发展战略。企业的发展战略、发展方向应顺应国家的宏观政策，从而在市场中占据主导，并在与国内同行业企业、国际巨头的竞争中处于优势地位。因此，企业可以把科学发展观作为制定企业战略的总纲，然后再具体到企业的经营领域范围、谋划如何经营。

2. 鼓励有实力企业实施大建筑业战略

建筑业从事土木工程建设理论上是一个完整的概念，但由于长期以来计划经济观念的影响，建筑业被一条条壁垒分割开来，造成目前建筑业以房屋建筑业为主的格局，限制了建筑业的发展及相关行业整体水平的提高。实施大建筑业战略，就是要打破地区界限、消除行业壁垒，推动产业的横向发展，积极参与水利、交通、能源等国家重点投资项目的开发建设，资金实力雄厚的特大型建筑企业业务可以进行纵向发展，向融资、设计、采购、施工、试车、移交等业务领域发展，形成一业为主和与主业相关的多元化经营格局似还应包括房地产开发、置业、建设一体化的发展思路。这一点国外一些建筑企业集团已做得比较好，值得借鉴。例如，新加坡的几家规模很大的建筑企业如三巴旺（大型企业集团，涉及建筑设计、施工、咨询、房地产、道桥、填海、港口、造船、环境工程等产业）、亦康（涉及建筑设计、施工、房地产、咨询等产业）等，它们都是在依附传统轴心产业的同时兼顾其它相关产业。可以看出，新加坡公司产业重心的调整是在保持传统的优势项目基础上不断向技术含量高、管理附加值高的领域倾斜。对于大多数国内传统的建筑企业，也可以在巩固主体业务的基础上，通过成立更加专业和全面的公司，如装饰工程公司、钢结构工程公司、物业管理公司、环境工程公司等，为企业的发展开拓出一个新的局面。

3. 推行技术创新战略

企业要调整和构建建筑企业的技术创新战略，

加快技术创新体系与自主创新机制的建立和完善，加大技术创新投入与社会研发力量合作，形成持续稳定的创新能力；加快完善技术创新的人才机制与激励机制，重视知识管理，通过科学理论、现代技术、社会科学的系统融合，把施工生产技术的发展与应用、建筑产业的管理提高到一个更高的层次；重视新技术、新工艺的开发，注重高新技术与建筑产品的渗透和结合，充分利用高新技术提升传统产业，提高工程技术的成套能力；充分应用计算机技术，使建筑工程建造的手段更趋多样化和高效率。

组建"攻关型"与"储备型"相结合的创新模式。建筑企业技术水平的提高，往往是在对重点建设工程中技术难题的攻关过程中实现的。随着市场体制的转变，这种"攻关型"创新模式对新技术的研发已显被动，建筑企业要更加主动地适应市场需要，把握建筑技术的发展趋势，认准方向，敢于投入，储备必要的技术，才能有更多的市场发展机会。面对竞争激烈的国内和国际市场，建筑企业要加快向储备型转变，建立专门的技术开发机构，切实开展新技术、新工艺的研究，做到"做一备二看三四"，不断提高自身的核心竞争力。

进行人才储备。技术创新需要大量的技术人员参与，并通过技术人员使其转变为现实的生产技术能力。现今，伴随着激烈的市场竞争，人才流动性较大，这也造成了大量技术及信息的流失。建筑企业首先需通过建立激励竞争机制，打破"铁交椅"，做到干部、员工能上能下；鼓励专有技术入股，增强员工的企业凝聚力和归属感，积聚企业发展的中坚力量；其次要建立完善的劳动保障机制，使员工能够潜心工作，发挥个人潜能。

参 考 文 献

[1] 杨桦. 建筑市场监管研究. 上海交通大学公共管理（MPA）论文 2007
[2] 建设部. 建设部赴德国建筑市场监管考察报告. 北京：建设部. 2005
[3] 建设部. 建设部赴美国建筑市场监管考察报告. 北京：建设部. 2005
[4] 建设部. 建设部赴加拿大建筑市场监管考察报告. 北京：建设部. 2005
[5] 汪光焘. 在2006年全国建设工作会议上的报告. 北京：建设部. 2006
[6] 黄卫. 在全国建筑市场监管工作研讨会议上的讲话. 青岛：建设部建筑市场管理司. 2006
[7] 樊明雪. 我国建筑市场信用体系构建思考. 中外建筑. 2007.8
[8] 王素卿. 在全国建筑市场监管工作研讨会议上的讲话. 青岛：建设部建筑市场管理司
[9] 范小琪. 江苏省建筑产业集中度研究，东南大学硕士学位论文 2006
[10] 魏良益. 我国企业规模与制约因素分析，西南交通大学博士学位论文 2006
[11] 《中国建筑业年鉴》2005～2007
[12] 《中国统计年鉴》2007
[13] 姚兵. 建筑管理学. 北京交通大学出版社. 2003
[14] 建设部工程质量安全监督与行业发展司. 建设部政策研究中心. 中国建筑业改革与发展研究报告. 中国建筑工业出版社. 2007
[15] 关柯. 建筑业经济新论. 重庆大学出版社. 2007
[16] 叶敏. 关于我国建筑企业规模结构问题的思考. 建筑经济 2001.4
[17] 徐同. 规模企业如何实现规范化集约化. 交通企业管理 2002.1
[18] 李艳. 建设工程中的违法转包与非法分包. 合作经济与科技 2007.7
[19] 杨仲卿. 建筑企业经营规模初探. 铁路工程造价管理. 2002.2
[20] 李进峰. 建筑业市场化改革趋势. 施工企业管理. 2008.1
[21] 王孟钧. 建筑市场信用机制与制度建设. 中国建筑工业出版社. 2006
[22] 周恒. 警惕建筑市场信用危机. 中国建设信息. 2005.24
[23] 倪炜. 建立建设领域信用秩序初探［J］. 中国勘察设计，2002.11
[24] 陈锋. 谈谈建设领域的信用体系建设问题. 施工企业管理，2004.7
[25] 王锋. 我国建筑市场信用体系研究. 重庆大学硕士论文. 2006
[26] 郭学泉. 从建造商到建筑企业—德国霍克蒂夫股份公司发展历程. 施工企业管理. 2007.2
[27] 陶爽. 李福和. 大成何以成大成—大成株式会社特点浅析. 施工企业管理. 2007.6
[28] 金彪. 李福和. 做最赚钱的建筑公司—记国际工程建设行业巨擎法国万喜. 施工企业管理 2007.3
[29] 张慧民. 李福和. 是什么造就了赫氏公司. 施工企业管理. 2008.1
[30] 柴旻. 李福和. 市政领域综合服务新星—比

尔芬格柏格建筑公司发展之路. 施工企业管理. 2008.2
[31] 李继周. 李福和. 百年老店是如何打造的——英国鲍弗贝蒂公司研究. 施工企业管理. 2008.3
[32] 杨成. 跨国建筑工程公司的标杆——记美国百年家族企业柏克德公司. 施工企业管理. 2007.4
[33] 李强. 李福和. 高端路线成就行业翘楚——记提供全方位服务的美国福陆公司. 施工企业管理. 2007.5
[35] 包钢. 李福和. Skanska公司国际扩张启示录. 施工企业管理. 2007.1
[36] 高印立. 我国建筑业信用体系的构建及现存问题分析. 建筑经济. 2007.5
[37] 胡勤. 我国建筑产业的信用问题研究. 理论界. 2007.5
[38] 李丹. 苏顺兵. 我国上市公司企业规模函数建模. 科技进步与对策. 2003.11

(课题组成员：王增彪 李燕鹏 赵峰 李忠富 梁洁波 陈慧源 黄庆梅
2008年10月)

加强风景名胜区的保护和管理 提高风景名胜资源利用的社会效益

建设部政策研究中心课题组

胡锦涛总书记在党的"十七大"报告中进一步提出了要深入贯彻落实科学发展观，论述了科学发展观必须坚持统筹兼顾，即统筹城乡发展、区域发展、经济和社会发展、人与自然和谐发展。风景名胜资源是建立人与自然和谐发展的重要物质基础，是供人们游览、观赏、休息或进行科学文化活动的主要地域。鉴于风景资源本体的不可再生性、学科的综合性、区域的整体性和广泛的社会性，所以无论从历史、文化价值，还是从近期或长远的经济效益和社会效益等方面来考虑，都应当保护和管理好风景名胜资源。只有使风景名胜资源科学发展、和谐发展，才能达到人与自然和谐发展。

一、风景名胜为我国经济发展和社会发展做出了很大的贡献

我国是风景名胜资源大国，又是对风景名胜资源开发、利用较晚，保护和管理较弱的一个国家。在改革开放以前，我国并没有真正设立国家级和省（市）级风景名胜区，大部分风景名胜资源都隐藏在高山、湖海、江河之中。改革开放以后，随着我国经济的快速发展和人们生活水平的逐步提高，风景名胜资源的开发和利用工作开始引起国家和地方政府的关注。为把我国的风景名胜资源整合好、保护好、发展好，早在1978年，国家建设主管部门就开始组织专家、学者研究开发和利用风景名胜资源；讨论未来国家风景名胜区的形成和设立；梳理国家级风景名胜区的体制建设以及规划、建设和管理等方面的问题。这些工作都为我国风景名胜区的建立做了必要的前期准备，也为风景名胜事业的发展奠定了重要的基础。

从1982年开始，国务院审定批准了八达岭、泰山、黄山、峨眉山等首批44个国家级风景名胜区，以此为开端，风景名胜区的队伍开始逐步壮大，风景名胜事业开始得到较快发展。截至2007年，我国共有风景名胜区677个，其中国家级风景名胜区177个，省级风景名胜区452个、市（县）级风景名胜区48个。据初步对全国各省风景名胜区所占土地面积统计，约有53366平方公里，占国土面积的1%左右。

风景名胜区的各项事业也得到了较快发展，到2006年为止，国家级风景名胜区的固定资产投入完成额已经达到了1005019万元、经营收入达到了1630875万元，到国家级风景名胜区的游人数量已经达到了28756.9万人次。

风景名胜区的快速发展，还带动了我国旅游业的快速发展，据统计到目前为止，近年来，国内外旅游人数以较快速度增长，旅游收入年年创新高。入境旅游人数，2000年为8344.4万人次，2006年

为12494.2万人次，2006年比2000年增长了50%；国内旅游人数，2000年为7.4亿人次，2006年为13.9亿人次，2006年比2000年增长了88%；国际国内旅游总收入，2000年为4519.0亿元，2006年为8935.0亿元，2006年比2000年增长了98%。

从风景名胜区的建立到现在，已经过了25个年头，我国的风景名胜区已经形成了具有巨大影响力和综合实力的一个行业，还在不断的发展和壮大。风景名胜资源不仅带动了当地的经济发展，还为社会事业做出了非常大的贡献。

二、影响风景名胜资源保护与管理的主要问题

1. 市场化经营，过度开发，破坏性严重。

由于国家级风景名胜区的建立和发展，经济效益逐步好了起来，对外的影响力也在增强。有的地方就将风景名胜区作为带动经济发展、旅游发展的重要区域，只重视旅游发展，不重视风景资源保护，正像国务院领导指出的"现在只搞旅游开发区建设，不顾生态环境破坏问题已经越来越严重了，搞的不好要把老本都吃掉了"。有的地方盲目追求市场化，违反国家有关规定，将一些景区内的基础设施和门票都转让或承包给企业，致使经济利益超越了社会利益。有的地方在国家级风景区的规划范围继续上工程、上项目，致使山体、植被和景观都遭到了严重的破坏。市场化经营，过度开发，已经严重威胁到了对风景名胜资源的管理和保护工作。

2. 管理体制的不顺，影响了景区的保护和发展。

风景名胜区的管理体制问题是比较复杂的，从风景名胜区成立的那一天起，国家就没有一个统一规定和要求，主要按照地方的机构设置进行配置。这样国家级风景名胜区管理体制就存在着很大区别，一是名称不一样，有叫管理委员会的、有叫管理局的，也有叫管理办公室的；二是级别不一样，有局级的、有处级的，还有科级的；三是管理职能不一样，有的行使的是政府职能、有的行使的是准政府职能、有的行使的是事业单位管理职能，还有的是事业加企业的管理方式。由于管理体制上的差别，管理职能方面不一致，国家级风景名胜区的管理能力和水平也有很大的差异。有的景区管理还是不错的，被评为世界文化遗产，被建设部评为综合整治优秀单位。但有的景区由于管理体制的不顺，风景名胜资源难以得到保护，风景名胜区的规划难以实施。

对风景名胜区的管理难，这是从景区成立那一天就存在的，主要是风景名胜区内有很多单位和村庄，有的已经形成了一个比较完整的社会，在这些单位和村庄没有迁移出去的时候，就加大了管理难度，存在着管理的复杂化。主要体现在三个方面：一是在景区内管理的部门多，存在多头管理的情况。大部分国家级风景名胜区规划范围内都有建设、林业、水利、地质、宗教、文化等部门的管理区域，而且实施的是分头管理方式，所带来的是景区内管理的重叠和交叉。二是各种利益交织在一起，很难取得平衡。由于这些年，旅游行业发展的比较快，景区经营收入增长的也比较快，所以景区就成为了当地的一块肉，与此有关的相关部门都想从中牟利。主要涉及到的有地方利益、部门利益、原住民和相关单位的利益等。三是国家级风景名胜区管理机构不统一，有的级别太低，难以行使行政管理权。

由于管理职能不统一，和管理权限太弱等方面的问题，造成了管理机构上的混乱，力量的薄弱。"弱化"了政府主管部门的管理权限，分散了政府职能部门的监督力度，降低了政府职能部门的管理效率，致使有些国家级风景区的总体规划无法有效贯彻执行，给风景名胜资源的保护和管理带来了难度。

3. 景区内的多部门执法，影响了管理的效率和效果。

由于国家级风景名胜区所处的区域不同，所以执法的职能、任务、手段也有很大的区别，在城市规划区范围内的国家级风景名胜区执法任务，不仅要做好核心景区内的执法工作，而且还要配合做好社会的治安、环保等执法工作，所承担的任务会更重。不论在城市区划内的，还是在城市区划外的国家级风景名胜区都存在多部门执法的问题，有的景区内有7~8个执法队伍同时在执法，少的也有4~5个队伍，主要包括宗教、文物、林业、水利、环境、城管、公安等。如果不能实行统一管理、综合执法，势必造成工作的重叠、矛盾和交叉，既浪费国家的人力、物力和财力，又很难达到理想的管理效果。

4. 原居民和单位的安置和迁移，工作难度最大。

大部分风景名胜区都有许多原住民和单位，这是历史形成的。按照国家《风景名胜区管理条例》规定，要逐步将核心景区内农民和单位迁移出去。这项工作非常复杂，也非常困难，既要处理好迁移安置和利益平衡的关系，又要处理好农民的就业和考虑他们未来发展。再加上，景区的管理部门又没有解决这些问题的能力和手段，工作起来困难非常大。

5. 缺少高素质、专业化的管理队伍。

目前，风景名胜区的资源与环境保护的专业机构不健全，风景名胜区的管理干部调动比较频繁，从事风景资源管理和保护的专业干部、技术人员严重匮乏，一线干部队伍的学识水平和专业素质不适应风景名胜区事业发展的需要。从根本上讲，缺乏对各级风景名胜区管理干部的系统培训，缺乏风景名胜管理人才资源的社会储备，缺乏风景名胜资源的研究机构。

三、提高风景名胜资源社会效益的对策和建议

1. 对风景名胜资源的保护与发展是为了建立人与自然的和谐。

党中央、国务院对我国自然与文化遗产资源保护工作高度重视，特别是近年来，为保护加强全国风景名胜区的管理、规划和保护工作，修订了《风景名胜区条例》，对风景名胜区的设立、规划、保护、利用和管理提出了更加明确的要求。温家宝总理早在1999年12月召开的全国城乡规划工作会议上就强调指出："要切实对风景名胜区保护和利用工作的领导，按照严格保护、统一管理、合理开发、永续利用的原则，把风景名胜区保护、建设和管理好。""搞好风景名胜区工作，前提是规划，核心是保护，关键是管理。"

改革开放以来，我国物质文明和精神文明建设取得了显著的成效，广大公众不仅仅在风景名胜区游览、休憩或进行科学文化活动，而且风景名胜资源的保护意识有很大的提高，尤其是新闻媒体、专家学者的积极有力监督，对风景名胜资源的保护起到了很大的作用。但目前我国自然与文化遗产资源保护的任务还非常严峻。有些风景名胜区内仍然存在开矿、建水库、盖房、伐木等破坏山体、森林、植被的现象；有的地方旅游开发任意破坏自然景观和人文环境；有的地方将国家级风景名胜区的经营权整体承包给企业。纠其原因，主要还是因为保护和发展的关系没有处理好，近期发展与长远发展的关系没有处理好，国家利益和地方利益没有处理好。

近些年，风景名胜区建设得到了较快发展，各项收益有了显著改善，资源保护与地方经济发展的矛盾就显现了出来。地方要将风景名胜区作为带动地方经济发展的重要区域和平台；国家要求对风景名胜资源要严格进行保护，尤其是核心景区不能进行破坏。实际上，这并不是一对矛盾，而且可以和谐相处。要充分认识到风景名胜资源是一种不可再生、稀缺的宝贵资源，是国家和民族的最大财富。

随着城乡居民生活水平的提高，休闲、度假、旅游将成为发展最快的一个行业，只有保护好风景名胜资源，才能成为地方发展的永久财富。只要从国家和民族的利益考虑、从地方经济长远发展方面着想，就会认识到保护是为了发展，想持续发展，就要更好地保护好风景名胜资源。有了这种认识以后，就能够处理好风景名胜资源保护、地方经济发展与部门利益之间的关系。

2. 处理好景区内各方利益主体的关系，是建立和谐景区的关键。

建立和谐社会，关键在于协调好利益关系和调整好分配关系。风景名胜区管理上的主要矛盾是部门和单位利益之间的矛盾。有的国家级风景名胜区内有部队、工厂、政府、村庄和寺庙，这些单位和部门都是在没有确立为国家级风景名胜区之前就已经存在的。要想将这些部门和单位外迁或强化对他们的管理，必然会影响他们的权利和利益。所以不能简单处理这类事情，要做好充分的调查研究，制订切实可行的实施方案，反复征求相关方的意见，将问题和矛盾尽量解决在方案之前。不能轻率的做出迁移或一些限制性的决定，这样容易激化矛盾，无助于问题的解决。有的风景名胜区因为迁移或管理上矛盾，就出现了以枪对垒、以死相拼和群体上访的现象。所以在制定景区内相关单位的整体迁移或逐步迁移计划和政策时，要充分考虑景区内相关主体各方利益，制定比较完善的拆迁补偿和安置政策。

按照《风景名胜区条例》第二十七条要求："禁止违反风景名胜区规划，在风景名胜区设立各类开发区或在核心景区内建设宾馆、招待所、疗养院、培训中心以及与风景名胜资源保护无关其他建筑物；已经建设的，按照风景名胜区规划逐步迁出。"所以，在风景名胜区尤其是核心景区内与资源保护无关的建筑物、构筑物都要逐步进行拆除。景区内的相关部门和单位，也要顾全大局，以国家利益为重，不可提出非理性补偿和安置的要求，要正确认识到保护风景名胜资源是公众利益。地方政府要认真落实国家的法规，在土地供应方面、财政方面、政策配套方面都要给予大力支持和高度重视。没有地方政府的强有力支持，风景名胜区保护、管理和发展工作是很难到位的。

3. 安置好景区农民的就业和生活，是创建和谐景区的首要条件。

大部分国家级风景名胜区的核心景区内都生活着几千到数万个农民，他们世代在这块土地上生存

和发展。按照国家《风景名胜区条例》的规定，不允许在风景名胜区的规划范围内进行开荒、开矿、伐木、采摘野果等活动。开荒、砍材、采果是不允许的；当地年轻人结婚建房也要受到了严格的限制；集体企业也不能扩大生产规模，这样就限制了景区内农民的生产、生活和发展的空间。在尚没有对景区内农民进行迁移或安置的情况下，对他们的生产、生活和发展应当有所考虑。能迁移出去的，应当尽快进行迁移，并在土地、住房、安家和孩子上学等方面给予政策上的扶持，不要因为迁移而降低他们的生活水平和发展能力。暂时不能从景区迁移出去的农民，要尽量解决他们的生活和就业问题，使他们能有一个比较稳定的收入。

要充分认识，只有解决好景区内农民的生活问题、居住问题，风景名胜资源的保护工作才能开展顺利；只有使景区的广大职工和农民都认识到保护资源的重要性，并与他们的利益有直接关系，才能调动起大家保护风景名胜资源的热情和积极性。

所以我们在考虑景区原住民的迁移和安置时，要使他们家庭的收入有明显提高，生活质量有明显改善，景区的管理工作和农民的思想工作就和谐了。

4. 保护好游客的利益和权益，促进景区可持续发展。

由于我国经济持续稳定发展，人民生活水平的逐步提高，社会文明的不断进步，公众对精神文化生活的要求也在提高，城镇化、工业化进程与人类生存自然环境形成的反差逐渐加大，大家对自然生态环境与历史文化景观的向往和依赖也愈加明显，自然和文化遗产资源已经成为旅游文化活动非常重要的环境。

目前，有些风景名胜区并没有认识到提高风景名胜区管理水平，保护广大旅客的利益是关系到景区可持续发展的重要问题。保持景区的景观优美、独特，环境干净、整洁都非常重要，但我们的一切工作必须考虑在建立以人为本的前提下，所创造的一切都是为人们提供最佳的服务。在景区内影响旅客利益或权益的主要表现为拉客、宰客、黑租、黑导；饭店商店缺斤少两等现象，这些都会影响旅游者的心情，破坏了景区的旅游环境，影响了景区对外的形象。所以保护好广大旅客的利益和权益，实际上就是建立和巩固了景区发展的基础，这可是关系到风景名胜事业的兴衰问题，关系到风景名胜区在公众中的形象问题，关系到景区可持续发展问题。

保护好旅客的利益和权益在管理方面，需要注意抓好每一个细节、环节。比如当有黑导游出现时，就要说服、教育，以及实行一对一跟踪管理，让他没有市场；对景区内的车辆要实行规范化管理，使黑出租车没有空子可钻；宾馆、饭店、商店都要实行公平交易，要进行明码标价。只要从以人为本角度思考，一切为游客着想，就能提高管理水平，游客的权益和利益就能得到保证；就会扩大风景名胜区对外的形象和影响力，吸引来更多的嘉宾。

5. 理顺风景名胜区的管理体制，是保护和发展好景区工作的基础。

我国的风景名胜资源所有权是通过各级政府或风景名胜区政府机构的行政管理加以体现的，风景名胜资源的支配权和收益权分属各级地方主管部门。目前，地方利益、部门利益以及相关方利益往往交织在一起。在许多风景区内实行的是多头管理，有林业、地质、水利、电力等都参与景区内相关资源方面的管理。于是乎，一个完整的资源，形成了分割的局面，使国家级风景名胜区的规划难以实施，执法工作难以开展，资源的保护效果难以保证。再加上地方有些部门不同程度的干预或插手风景区的相关事务，资源保护和管理工作的形势十分严峻。出现这种情况的主要原因，还是由于风景名胜区的管理体制不顺，缺乏管理手段，减弱了管理能力，已经严重影响了对风景名胜资源的保护、法规的落实和规划的实施。

理顺国家级风景名胜区管理体制主要应当从以下几方面考虑：

一是要明确风景名胜资源的权属问题。既然风景名胜资源是国家资源，国家级风景名胜区是经过国务院批准设立的，在风景名胜区的规划范围内任何政府、组织和部门都无权使用、占有和破坏资源。如果确实需要使用风景名胜区内的资源或改变它的是原始生态和环境，应当上报国务院进行审批。

二是要明确规定国家级风景名胜区管理机构的性质、职能和级别。虽然目前大部分风景名胜区的管理人员都是事业编制，所行使的是代政府管理职能，但由于职能方面并没有按照《风景名胜区条例》中所赋予的管理权限，再加上许多地方将风景名胜资源作为经济发展、旅游发展、招商引资的窗口和平台，必然易于出现经济化、市场化的发展趋势，给风景名胜资源保护和管理工作带来了困难。

既然风景名胜资源是国家最珍贵的财富，各级政府有责任将这些财富保护好、管理好、发展好，靠目前的体制和职能是很难完成好这项工作任务的，要把保护风景名胜资源作为政府的重要职能，风景区的管理机构应当直接隶属政府机构，其管理人员列入公务员系列。

国家级风景名胜区管理机构，所行使的是国家法规所规定的权限，可见之，任务之艰巨、地位之重要。如果级别太低，职能太弱，执法队伍太乱，管理就难以到位。国家应当统一规定国家级风景名胜区机构名称、级别和挂靠在那一级政府。我们认为国家级风景名胜区的管理机构不能低于处级，挂靠的政府不能低于市级（地级单位），最好实行省级政府统一管理。这样的组织机构对保护风景名胜资源非常有利。

三是要实行综合执法，强化对风景名胜资源的保护和管理力度。国家确定设立风景名胜区，目的就是要对风景名胜资源实行统一规划、统一管理和统一保护，要把风景名胜区的资源作为一个整体来管理，不要人为的进行分割。但有的国家级风景名胜区，尤其是在核心景区的几公里或几十公里范围内，就有7~8个执法队伍同时在执法，如公安、城建、环保、文化、林业、水利等。这样重叠设置执法队伍，既浪费人力、物力、财力，又影响了执法的效果和效率。

国家风景名胜区内的执法任务是非常重要的，他关系到风景区规划的实施、资源的保护和监督、生态环境的管理等多方面的内容。为强化管理，应当建立统一执法队伍，明确职能、任务和责任。对各行业的执法任务进行明确的分工和调配，只有这样，才能保证风景名胜区规划的实施准确性，资源保护的效果。

6. 加大风景名胜资源的科学研究，提高景区所在地主要领导和管理人员的认识和能力。

由于我国的风景名胜区是改革开放以后才逐步发展起来的，以前既没有机构，也没有这方面的人才，更没有这方面的管理经验。再加上风景名胜区的管理干部调动比较频繁，从事风景名胜资源管理和保护的专业干部、技术人员严重匮乏，一线干部队伍的学识水平和专业素质不适应风景名胜区事业发展的需要。许多风景名胜区所在地政府的领导同志，对风景名胜区和风景名胜资源的性质、地位、作用和价值取向研究不够、认识不足，尤其是对风景名胜区的人文资源和自然生态环境的保护观念淡薄，用管理经济或管理旅游的方式来管理风景名胜资源，在资源管理的指导思想上存在误区。

为提高对风景名胜资源的管理能力和水平问题，应当抓好以下几项工作。一是要把风景名胜区所在地政府的主要领导干部作为培训重点，以此来增强地方主要领导和决策部门对风景名胜资源的认识和保护意识。要充分发挥我部市长班和市长协会在这方面的优势和作用。二是要建立风景名胜资源保护研究体系，充分调动、整合涉及风景科学多方面的科技人力资源，加强与科研部门和大专院校科研人员的广泛合作，更好地服务于风景资源的管理和保护工作。三是要建立对风景名胜区一线管理干部长期培训制度，提高这些干部的专业技术、管理水平和执行法律法规能力。

我国的风景名胜资源是世界上最多的、最好的，如何将这些宝贵的资源开发、利用和保护好，为当代人们造福，为子孙后代留下宝贵的遗产，是我们各级政府的责任。我们要使风景名胜资源不仅能产生经济效益，更要服务于大众，使其产生长期的社会效益。

（执笔人：王珏林）

中小城镇发展是化解大城市住房难题的战略之举

建设部政策研究中心课题组

一、快速城镇化进程加速城镇住房需求，大城市住房压力尤为突出

1. 我国正处于城镇化加速阶段，城市住房需求增加

快速城镇化进程中人口集中向城镇转移。近几年，我国经济一直保持平稳较快的增长态势。2006年，我国人均国内生产总值已经超过1500美元，城镇化水平超过40%，正处于世界公认的30%~70%的加速发展阶段。1995年我国城镇化率为29.04%，

2007年底达到44.9%，12年间平均每年提高1.32个百分点，每年约有2000万人从农村进入城市。按照"十一五"发展规划，2010年城镇化率预期为47%，2010年之前，预计每年有1000万~1300万农村人口向城镇转移。

城市住房需求加大。城市的重要功能之一就是居住，城市住房需求是指考虑城镇化发展和居住水平提高的影响，在扣除自然折旧的情况下，全国城市需要增加的住房数量。影响住宅潜在需求的因素有三个：新增城市人口、原有城市人口居住水平的提高与改善、住房年自然折旧率。粗略估算，如果2010年我国城镇化水平达到47%，2006年~2010年我国住房总需求为大致为61亿平方米，年均需求为12.2亿平方米；2011年~2020年的住宅总需求大致为129亿平方米，年均需求为13亿平方米。

2. 大城市显示出较强的集聚力，住房供求紧张状况更为突出

大城市吸引了更多的外来人口。在城乡空间结构的演变过程中，始终存在着一对空间相互作用，即集聚与扩散。集聚是指经济诸要素在空间中的流动导致在区域上的密集化过程，其根本动力在于人类经济活动对集聚经济的追求。在城镇化发展的前期阶段，以集聚效应为动力的区域经济集聚趋势十分显著，集聚与规模经济成为经济活动的主要特征。由于开始受资源稀缺性的限制，以城市为基础的国民经济工业化过程通常会在少数具有优势的经济中心或者交通枢纽和矿产资源富集地开始。大城市依靠其强大的产业基础，大量的就业机会，较高的基础设施水平，优越的工作和生活环境及有利的区位条件，吸引周边城镇乃至全国的人口集聚。我国目前各种要素主要是向东部发展地区集聚，长三角、珠三角、京津冀地区的上海、深圳、广州、北京等城市中心区人口高度密集，产业集中。据有关部门统计，农民进城务工，60%流向东部城镇，30%流向中部城镇，10%在西部城镇；40%进入了大城市，40%进入了中小城市，还有20%在小城镇。

大城市负荷过大，过度膨胀，不利于城市和整个城市体系的经济社会发展。大城市迅速发展的同时，由于人口密度过大，使得城市的住房、交通、基础设施、生态环境呈现超负荷状态。如，根据北京市总体规划，考虑水资源、土地资源以及生态环境等因素，北京未来20~30年内可以承纳的总的人口规模在1800万人以内，其中市区应控制在1000万人以内。又如，与世界其他一流的国际城市比较，上海中心地区现状平均人口密度高于纽约、伦敦和巴黎，略高于东京，上海高强度开发与人口集聚，直接带来环境恶化，对高楼的追逐，造成地面沉降，市内交通阻塞，直接影响上海市政设施的服务水平与居住区质量。

大城市住房问题突显，中低收入人群住房困难更加突出。大城市较强的吸引力引致大量的外来人口的住房需求，住房价格上涨较快。例如，北京市外省市个人购房占总购房人数的1/3，并且，所购房价位高，支付能力强。受各种因素影响，2005年，尤其是2006年以来，北京住房价格普遍持续上升，2007年商品住房销售价格上涨12.8%，高于全国4.6个百分点。同样，深圳、上海、杭州、重庆、成都等大城市也存在着供求矛盾突出的问题。2007年12月份，深圳、北京、杭州、重庆等城市新建商品住房涨幅超过14%，高于全国平均水平，上海、武汉、成都等城市涨幅也均在10%左右。过高的房价更抑制了城市中低收入外来人口的住房需求，城中村、城乡结合部更多成为这些人群聚居地，对这些地区的管理、整治带来很大难度，影响城市进一步发展。

二、促进中小城镇发展，是缓解大城市住房紧张的重要突破口

中小城镇发展，有助于大城市住房压力的缓解。房地产业发展与城镇化进程呈现出同步发展的规律。城镇化的起步期，房地产市场需求和房地产投资规模较小，房地产业处于一个缓慢的形成阶段；城镇化的加速期，在需求的引导下，房地产投资规模也迅速扩大，房地产业进入高速发展的成长期，与此同时，集中型城镇化是其基本空间演变规律，房地产资金向大城市和中心城区迅速集中，表现为大城市和中心城区的房地产投资规模迅速增长，房地产供需总量急剧扩大，房价上涨较快；城镇化的减速期，房地产市场需求增长速度也开始回落，房地产投资规模增长速度开始下降，从发展空间上看，城市的扩散效应逐渐超过集聚效应占据主要地位，房地产开发与扩散型城市化相适应，主要向城市郊区和卫星城发展，房地产业进入成熟阶段；在城镇化平稳期，由于可转移的农村剩余劳动力已基本被城市吸收，城镇化发展速度进入平稳阶段，相对应房地产市场需求日趋饱和，房地产投资规模呈下降趋势，房地产业进入衰退期。目前，我国正处于城镇化的加速阶段，房地产业也快速发展，

大城市住房供需矛盾更加突出，由于价格高涨，住房开发向城市郊区及卫星城发展的态势明显。随着大城市扩散效应的增强及国家城镇化战略的实施，中小城镇加快发展，大城市住房压力将得到有效缓解。

中小城镇发展潜力巨大，可以容纳更多的农村剩余劳动力和城市中低收入人群居住。我国中小城镇规模较大。1978 年～2003 年，全国城市总数由193 个，增加到 660 个。其中，100 万人以上的特大城市有 49 个，50 万～100 万人的大城市有 78 个，20万～50 万人的中等城市有 213 个，20 万人以下的小城市个数为 320 个，而 40%的城市人口居住在占城市数的 7%的 50 万以上城市，数量更大的中小城市更具发展空间。此外，截止 2006 年底，我国建制镇19369 个，许多已发展为以农业服务、商业贸易、旅游、工矿业等多种产业为依托的各具特色的小城镇。充分利用中小城市和小城镇优良的土地、环境等优势、特色资源，吸引更多的农村剩余劳动力和城市中低收入家庭居住，将会有效的缓解大城市的住房困境。例如，发达国家的中小城镇发展就比较完善，包括历史悠久的旅游城镇、二战后建设的卫星城镇和近年兴起的科技城镇。由于区域发展较为均衡，国外中小城镇兼有交通便捷和接近大自然的双重优势，使小城镇比大城市拥有更为宜居的生活环境。如德国人口的 1/3 左右居住在 2000～20000 人规模的中小城镇。

三、以大城市为依托，增加中小城镇集聚力，化解大城市住房难题

通过中小城镇发展，化解大城市住房难题，关键是要增加中小城镇的集聚力，实现大城市人口转移。中小城镇的发展，要以大城市为依托，充分利用大城市集聚扩散能力，促进自身进一步发展。

1. 发挥大城市的辐射带动作用，吸引人口向中小城镇转移

将城市群作为推进城镇化的主体形态，走大城市和小城镇协调发展的道路。随着大城市辐射吸引与扩散能力的增强，与周边地区的城镇各种联系越来越紧密，以特大城市和大中小城市与小城镇密切结合的新型城市区域已在全国涌现。目前，以珠江三角洲、长江三角洲和京津冀为代表的城镇群已基本形成，城市群成为城镇化发展的新趋势。国家"十一五"规划已经明确提出要"促进城镇化健康发展"，指出要"坚持大中小城市和小城镇协调发展，提高城镇综合承载能力，按照循序渐进、节约土地、集约发展、合理布局的原则，积极稳妥地推进城镇化，逐步改变城乡二元结构。"城市群的形成和发展是城镇化的高级形态。在资源环境的约束下，以及有利于大城市人口资源环境的协调发展，搞好城乡统筹，构建和谐社会，必须要加强统筹规划，以特大城市和大城市为龙头，发挥中心城市作用，建立强有力的二级经济中心和一批小城镇和农村乡镇为主的三、四级中心，不断完善城市群的层次结构，共同组成规模性质不同的，相辅相承的，有机联系的城市群，使整个城市群区域协调、健康、持续发展。大城市应依靠优越的经济发展水平、科技力量、文化魅力，通过多种渠道，不断地向周围地区扩散人口、产业、资金、信息、技术，在中心城市组织生产、流通、生活、生态、旅游及其为周边综合服务的过程中，把中小城市、城镇以及广大农村地区的各种经济社会活动有序化、群落化，构成一个有机的统一整体。进一步加强龙头城市对周围地区的扩散作用，通过科技、资金、信息的流入，带动周围中心城镇、农村乡镇和广大农村腹地的发展，这样促使人口向中小城镇转移，客观上也缓解了大城市住房压力。

提高大城市周边地区吸引力，发展卫星城，疏散大城市人口。按照城镇化发展规律，当城镇化发展进入后期阶段，扩散将上升到主导地位。因而，当大城市承载能力出现问题的时候，应对其城区的进一步扩张有所制约，发展大城市效区县及卫星城，疏解大城市功能，增加城镇密集度，构建大的城市体系，优势互补，共同发展。例如，上海作为长江三角洲第一增长中心，应根据大中小城市及小城镇协调发展的原则，有机疏散城市人口与产业、服务业等，首先向大上海市域郊区县中心城镇扩散，然后向江浙两省邻近城市扩散。上海市总体规划中，已经确定了中心城区的人口疏散策略，到 2020 年由目前的 980 万人疏解 130 万人，规划控制区为850 万人，还有一部分人口向郊区中心镇疏散。除上海建成区外，上海市规划局制定了向区位条件好的嘉定、松江、闵行、南汇、青浦以及浦东国际机场地区扩散，增加新区、开发区的人口规模，将市区的相当一部分产业、高校与服务行业向新区集聚。上海的产业（包括高新技术产业与技术人才等），一方面向郊区、县的重点城镇扩散，另一方面也要与江浙紧密合作，向上海市行政区以外的一些中小城市，例如南通、苏州、无锡、昆山、常熟、嘉兴、湖州、绍兴等地扩散，将相当一部分资

金、技术、人才和产业等向这些区位条件好、交通方便、劳力低廉、用地优越的城镇转移，但不能破坏当地的生态环境，促进上海与邻近地区的社会、经济持续发展、稳定发展。发展中小城镇住宅产业。中小城镇与其房地产业发展具有互动作用。中小城镇发展为房地产业开发提供了良好的机遇，同时，房地产发展有利于中小城镇建设。房地产开发拓宽了城镇空间，提升了城镇档次、规模和功能，带动了相关产业发展。房地产发展促进了城镇空间结构的调整和扩大，特别是通过实现城镇土地资源的置换，有效地强化了城镇功能，扩大了城镇的规模，提升了城镇档次，改善了环境的质量。中小城镇要将其住宅产业的发展重点放在农村转移人口和城市中低收入人群的住房需求。

2. 加强基础设施建设，提升中小城镇吸引力

依靠优良的交通网络，增加中小城镇与大城市的联系。交通和通讯等基础设施对于中小城镇的发展至关重要。从国际经验看，城市职能和空间的疏解必须与城市地区的公共交通体系的建设，以及周边地区中小城镇的建设相配合。20世纪中期以后，由于交通和通讯的技术进步，发达国家的小城镇发展迅速，特别是一些以地域集群形式参与国际劳动分工的小城镇发展更快。我国大城市在区域化发展过程中，更要通过构筑区域性基础设施网络，发挥基础设施的引导作用，创造集聚条件，推进区域城镇化进程；通过区域内共建共管和共用共享，避免重复建设和资源浪费，以适应、引导和推动产业和城镇空间合理布局。而大城市周边城镇的发展程度与中心城市交通的便捷程度呈显著的正相关关系，只有与主城区形成便利的大交通，才能实现与大城市有机对接，促进人流、物流的顺利畅通，促进城乡政治、经济、文化一体化。要缓解大城市的压力，增加其扩散功能，必须建设综合的交通运输体系，重组发展空间，通过高速路、快速轨道交通与中小城镇取得联系，同时，要把航空港、海港、信息港三者与区域及城际现代化综合交通网络有机联系起来。

提高中小城镇公共基础设施水平，为接受大城市功能扩散打下基础。中小城镇经济发展水平高低、竞争力强弱、居住生活质量的好坏等在很大程度上取决于公共基础设施建设水平。如，近年来，北京郊区小城镇建设有了长足发展，公共设施状况有了一定改善，吸引了不少人口居住，但是许多小城镇的服务配套设施用地达不到规划要求，尤其缺乏对提高人口文化素质具有重要作用的教育、科技文体娱乐设施，而且医疗卫生设施严重不足，因而，阻碍其进一步发展。作为大城市辐射与扩散重要载体的中小城镇，应创造高品质的城市环境，构筑高标准的现代化基础设施，强化公共交通体系，完善城乡道路系统，增加高水平的教育、医疗、文体、娱乐设施，吸引周边农村人口及大城市外迁居民。

3. 合理配置产业结构，完善中小城镇功能

中小城镇要提高集聚力，首先要有产业集聚、产业支撑。合理配置产业结构，既要改造传统产业，又要大力发展高新技术产业；既要提高广大中小企业整体素质，又要发展培育龙头企业，优势企业；既要形成与周边大城市产业的优势互补，又要注重发展特色产业。从西方国家的发展经验看，发展较好的小城镇一般都具有特色产业，如欧洲的小城镇基于历史传统或自然环境而形成专业化特色，美国的小城镇则以技术进步和制度创新为契机，积极参与新一轮的国际劳动分工。

对于分布在沿海地区、交通沿线和大城市周边地区区位较好的中小城镇，一般有较好的产业基础，但这类中小城镇的产业主要是劳动密集型的加工工业，简单的规模扩张已经越来越受到土地资源的制约，面临着调整产业结构和提升产业性能的重大选择，其重点是引导产业结构升级，增加产品增加值，淘汰低附加值、能耗高、环境损失大的产品，促进产业结构调整和产业水平提高。

对于中西部地区中小城镇，其产业基础薄弱，产业特色缺乏，发展面临着基础设施和产业选择的瓶颈制约。针对这类问题，一是要统筹与周边中心城市的产业整合，努力与中心城市产业结构建立起更加紧密地产业链和经济联系，引导部分劳动密集型产业向中西部省区中小城镇转移，通过地区或区域性的产业分工为中小城镇的特色产业发展创造良好的外部条件。二是要挖掘小城镇特色产业的发展潜力，制定支持特色产业发展的金融政策，以公共财政适度投入引导改善有发展潜力的中小城镇的基础设施建设，加快特色产业发展，努力形成品牌、形成规模、形成效益、形成产业化。

4. 注重特色建设，提升中小城镇品质

中小城镇的建设要突出各自的特点，发挥自身优势，不能搞"千城一面"，一个模式。我国中小城镇分布地域广，历史文化、自然条件、民族风俗等各不相同，城镇发展应利用自己的自然、人文优势

来体现自己城市的独特个性，注重历史文化特色保留，增强中小城镇吸引力。

中小城镇房地产发展要强调提升城镇地域风格特色。避免建筑文化趋同，努力培植独特的文化魅力。面砖、幕墙、钢筋构架等现代装饰材料建造出的现代建筑固然具有时代特色，但不能冷落了传统地方建筑的标志性、识别性所具有的亲切感、认同感。

中小城镇房地产业发展要更加关注住房品质的提升。总体上，我国居民住房需求开始由单纯追求面积向关注品质转变，对住宅的功能、质量、安全性、居住环境和生活便利度逐步提出了更高的要求。新型建材工业的发展，在客观上也提供了提升住房品质、完善功能、增加居住舒适度、提高资源、能源利用率、改善居住环境的条件。提升中小城镇住房品质，更能增加中小城镇住房吸引力，吸引周边大城市人口定居小城镇。

5. 优化生态环境，促进中小城镇可持续发展

中小城镇规模适中，又有良好的经济社会发展和自然、人文环境条件，容易创造比较宜人的城市人居环境。中小城镇的发展建设要抓住这一优越性，在创造优良的城市生态环境上多下功夫，以良好的生态环境和舒适的生活方式形成与大城市差异化的竞争优势，吸引人才和其他发展资源的集聚，力争把中小城镇规划建设成为一个绿色的、有文化氛围的、舒适的、便捷的、安全的、适宜人们居住的城市。为此，中小城镇的发展建设，要认准自己的城市定位，在城市职能上不贪多、不贪全，实事求是又高瞻远瞩地确定好自己的发展目标和方向；注意不要引进污染严重的产业和落后工业项目；注重集约节约用地；要抓住自身得天独厚的自然环境和历史文化遗产传统做文章，因地制宜地创造自己的城市文化氛围和特色；要提高城市生活质量，以人为本，加强基础设施建设和园林绿化，提供舒适的生活条件。

中小城镇房地产开发也要注重利于优化生态环境，避免不顾气候、地理、生态条件的建设，应努力营造宜人的气候空间。房地产开发的过程和结果，应尽量避免对土壤、水系、物种等生态环境构成因素造成影响。必须体现和坚持节约用地。做到呵护植被、维护水系、有利生物多样化、保护和优化环境生态自然平衡原则。

中小城镇更加要引导合理的住房建设模式。随着城规模的日益扩张，中小城市，尤其是中西部中小城镇，城镇用地相对于东部地区较为宽松，这一现状导致小城镇在发展住房产业中对土地、容积率、建筑密度等缺乏刚性控制。人多地少是我国的基本国情，住房建设更应该以资源环境承载力为导向，加强规划、设计、建设和使用全过程管理，延长住房使用寿命，实现住宅全寿命周期中的节能、节地、节水、节材和保护环境，大力发展节能省地型住宅。同时，也要注重旧房的有机更新和节能改造，避免大拆大建，集约节约利用资源。

(执笔人：梁爽)

完善住房制度是让更多群众拥有财产性收入的重要一环

建设部政策研究中心课题组

胡锦涛总书记在党的十七大报告中指出：要"创造条件让更多群众拥有财产性收入"，这是我们党以人为本、关注民生、以发展为第一要务，在收入分配问题上坚持改革开放的新举措，可以避免迅速增长的财产性收入过于向少部分人集中，使财产性收入覆盖更多的普通百姓，让财产性收入真正进入"大众时代"，这一提法具有重大的理论意义和现实意义。

一、财产性收入增长的"黄金时期"会对现有收入分配格局产生重大突破

我国正处于财产性收入快速递增阶段。通常意义上的"财产性收入"一般是指家庭拥有的动产（如银行存款、有价证券等）、不动产（如房屋、车辆、土地、收藏品等）所获得的收入，包括出让财产使用权所获得的利息、租金、专利收入等；财产营运所

获得的红利收入、财产增值收益等。让更多群众拥有财产性收入是维护社会公平、稳定并迅速提高广大居民收入水平的重要手段。随着市场经济体制的建立与完善，市场配置资源基础性作用的大幅提升，财产性收入以增长速度快、增长潜力大成为影响可支配收入的重要变量。国家统计局数据显示，我国经济已经进入起飞阶段，城镇居民可支配收入中的财产性收入比重由1990年的1.03%快速平稳提升到目前的2.52%。城镇居民财产性收入的增长速度大大超越了可支配收入的增长速度，根据国家统计局数据计算，2007年增速达25.6个百分点，中国居民正进入财产性收入增长的黄金期。目前，我国居民银行存款、有价证券、房屋、收藏品等财产的拥有量迅速增加，相应的利息、红利、租金、增值收入等也在成倍增长，财产性收入增长的黄金时期财富效应更加明显，以财产性收入平衡收入分配差距扩大趋势正处于一个有利时机。随着投资、投机需求增大，以及存贷款业务的活跃，2007年投资者开户达13887万户，股票市场当年成交金额460556亿元，债券成交额20667亿元；2007年末城乡居民储蓄存款达到17.6万亿元。以上数据在一定程度上显示我国财产性收入快速递增的事实。

住房所带来的财产性收入重要性逐渐增强。居民收入上升阶段也是消费水平膨胀和消费倾向递增阶段，购买诸如住房等大宗商品的贷款需求激增，2007年全部金融机构人民币消费贷款余额3.3万亿元，其中，个人住房贷款余额2.7万亿元。资本品保有量、交易量的增长也增加了有关方面的税收，2007年征收房地产税5750.1亿元，征税总量庞大，反映了我国活跃的商品房市场和城镇居民强大的购房能力，通过市场交易的住房已经成为具有消费品和投资品双重属性商品的典型代表，在很大程度上影响着城镇居民的收入和生活水平，决定着对其具有不同占有量居民之间的收入分配差距，而且这种影响力正在逐渐加大。我国居民财产中最主要的是房产和金融资产。据有关测算，目前房产约占城镇居民财产总量的60%，金融资产约占20%，两项合计约占居民财产的80%，由此可知，住房所带来的财产性收入必然在未来财产性收入分配格局中占有重要地位。

二、住房所决定的财产性收入是影响收入分配的重要因素

财产性收入实际上是所有权的一种收益，住房具有资本品与消费品的双重属性，资本品的稀缺程度决定了所有权收益的高低。在住房渐渐成为财产性收入的重要主导力量之后，一方面影响着城镇居民可支配收入总量，另一方面也影响着收入分配结构，进而影响社会公平与稳定。我国城镇化进程同时也是房地产业相关产品逐渐稀缺的过程，这个过程使拥有房地产相关产品的所有权人成为这种稀缺产品价格上涨的直接受益者，这是房地产业发展导致收入分配差距扩大的最重要原因。尤其近几年来，我国以股市、楼市为代表的资产价格迅速增长，居民财产性收入总额迅速膨胀。但资产价格迅速上涨带来的财产性收入流向却很不均衡，很大一部分流向了拥有资产较多的中高收入阶层手里。

目前，房产占有的不平等是居民财产分配不平等的主要因素。如果以表示收入分配差距的基尼系数计算，全国居民房产价值的集中率高于其总资产价值的基尼系数8%，城镇居民房产价值的集中率高于其总资产价值的基尼系数2%（李实，2008），我国居民房产占有的不平等程度要超过资产占有的不平等程度。城镇化、市场化进程使商品房市场在最近几年尤为活跃，商品房交易量与价格均大幅上升，群众财产性收入也在不断增加，城镇化进程中商品房、尤其是住房占有的不均匀产生了房产价值分配的不平等，进而决定了居民财产分配的不平等。当前住房带来的财产性收入，主要体现在租赁、房产交易、拆迁等带来的收入。商品住房市场的活跃在提高群众财产性收入的同时拉大收入分配差距，城镇化的进程导致住房等相关产品逐渐成为稀缺产品，使拥有房地产业相关产品的所有权人成为这种稀缺要素价格上涨的直接受益者，这是拉大财产性收入差距的最重要原因。综合以上分析可知，住房所决定的财产性收入已经成为影响收入分配的重要环节。

三、住房制度改革对影响居民财产性收入起到了关键作用

一项新制度的设计，一方面要重视提高效率，另一方面也要维护公平。回顾我国这些年的住房制度改革，值得肯定的是，越来越多的人居住条件得到改善，我国居民整体居住水平大幅提升，群众获取财产性收入的"盘子"不断做大；但与此同时，商品住房市场放开后，尤其最近几年全国各地商品房市场扩张迅速，价格普遍上涨很快也值得关注。由于我国住房制度改革设计中尚存需要完善之处，与商品住房生产、交易、投资、投机的相关人群借助价格上涨的时机收入迅速增加，在壮大财产收入规模的同时逐渐拉大了与其他行业的收入差距。从提高效率角度讲，住房制度改革既提升了居民居住水平又扩大了财产总量；值得注意的是，从维护社会公平的角度讲，住房制度改革在某些方面尚存在的漏洞使不同行业从业者收入差距拉大，由于这几年住房价格增幅较大，包括中低收入在内的相当一部分人群在城镇化进程中由于住房问题很难真正融入城市生活。住房制度改革的目的是要扩大普通群众获取财产性收入的覆盖面，在提高经济效率的同时维护社会公平与稳定。

完善住房制度，使群众普遍拥有住房财产的同时又不至于让收入分配差距拉大。1994年《国务院关于深化城镇住房制度改革的决定》提出的实现住房商品化、社会化，真正开启了住房市场化的大门，房屋可较为自由的作为财产性收入的方式丰富收入分配，是住房制度大规模影响居民财产性收入的开始。《关于进一步深化住房制度改革加快住房建设的通知》使相当一部分处于"存量"状态的房屋"活跃"起来，住房朝着投资经营、财产性收入为主要分配方式的方向发展。同时，商品住房市场活跃带来财产性收入拉大以及停止实物分房使部分低收入者买不起住房的情况开始显现。

2003年《关于促进房地产市场持续健康发展的通知》明确提出要逐步实现多数家庭购买或承租普通商品住房，随后几年，商品房市场价格提升在财产性收入领域日益产生了非常明显的"马太效应"，住房价格高涨相当于在财产性收入领域进行了强制性的收入再分配，财富过快的向少数人集中，而另一方面是普通群众因为高房价削弱了购买能力，失去了获取财产性收入的机会，收入锐减、"落差"过大造成社会问题日益突出。2006年《国务院办公厅转发建设部等部门关于调整住房供应结构稳定住房价格意见的通知》强调加快城镇廉租住房制度建设，城市人民政府要将土地出让净收益的一定比例用于廉租住房建设。2007年《国务院关于解决城市低收入家庭住房困难的若干意见》，提出以经济适用住房和廉租住房制度作为保障性住房的重点，各地根据实际情况每年安排建设一定规模的经济适用住房，进一步健全城市廉租住房制度。同年，健全廉租住房制度，加快解决城市低收入家庭住房困难也被写入十七大报告。

回顾我国近十年的住房制度改革，有以下几个特点：①形成了以商品化供应为主的发展格局，极大改善了居民的居住条件；②提高住房市场化程度成为大势，住房成为居民获取财产性收入的重要环节，促进了广大群众财产性收入增加，同时也加大了群众获取财产性收入的不平衡；③住房市场承担着拉动经济的重任；④出于经济社会双重考虑，我国住房制度设计已由初期关注市场化转向效率与公平兼顾，保障性住房已经成为完善住房制度、缩小财产收入差距、维护社会公平的重要方面。

住房制度偏向保障性的作用值得肯定，保障性住房的增加减少了商品房价格上涨带给群众购买与租赁住房的支出，也抵消了由于房价上涨给部分中低收入者带来的损失，在一定程度上遏制了财产收入差距扩大的势头。但有一点依然不容忽视，我国财产收入的基尼系数仍然延续扩大趋势，以住房制度的完善增加普通群众的财产性收入、缩小收入分配差距方面任务依然艰巨。

四、完善住房制度使广大群众获取更多财产性收入

以房产、金融资产等为基础，创造条件让更多群众拥有财产性收入首先需要让群众拥有住房，创造以住房获取财产性收入的平台；同时必须防止财产收入差距过大，让普通群众拥有更多财产性收入有利于进一步缩小收入分配差距扩大趋势。使更多低收入群体通过拥有财产性收入进入中等收入者的行列，对当前收入分配格局产生重大突破，从而实现"橄榄型"的合理收入分配形态。

（一）完善住房制度使群众获取财产性收入必须让更多群众拥有住房

让更多群众拥有住房必须重视住房制度中的价格影响。制度设计要重点防止商品房市场的大起大落，尤其是价格的剧烈波动。目前我国商品房价格形成并不完全由市场决定，不完全竞争条件下仅放开末端产品价格，会加大住房市场这一重要财产收入分配环节的不平等程度。防止房价的"大起"，有效抑制由投机造成的价格上涨，从而减小房价高涨中收入再分配的不公平，让更多的普通群众能够买得起房，缩小经济社会发展中的不公平程度。控制房价的"大落"，防范其剧烈下降带来的连锁反应，尤其是防止其对金融行业与金融资产的影响，以免造成经济形势恶化、广大群众的财产贬值。

调整住房供应结构，加强保障性住房的建设力度。目前我国中低收入家庭住房支付能力相对不足的问题仍然比较突出，商品住房价格上涨过快，住房供应结构不大合理。从中国未来一段时期的实际情况出发，应增加中低价位、中小套型普通住房的供应，帮助那些既不属于廉租住房保障对象，又没有能力进入市场的夹心层家庭解决住房问题。在住房制度中要加强保障性住房的建设力度，加强对低收入者的保护。

最近几年我国部分大中城市商品房价格上涨很快，相当一部分中、低收入者在购房过程中面临较大压力，群众居住成本增加抵消了部分增长的财产性收入。保障性住房实际上是财产分配领域中转移支付的一种变相实现形式，是社会保障体系的有机构成，实施保障性住房制度体现了社会公平原则，可以有效降低部分中、低收入者的居住成本。健全保障性住房制度，可以有效防止高收入者与中低收入者获取财产差距的进一步拉大，起到"社会稳定器"的作用。保障性住房的建设要有针对性的实施差别化策略，尤其是在城镇化进程快、人口众多、房价较高的大中城市，其比重和受惠面应该提高。

（二）健全房地产交易市场，进行资本市场创新

健全房地产交易的二、三级市场。在活跃二、三级市场的同时要加大监管力度，健全制度、严格政策、规范行为。规范房地产企业行为，加大对投机性购房、扰乱市场秩序行为的控制。不可否认，由于自身固有缺陷，房地产市场存在部分失灵，加之要素市场不完善，市场制度体系不健全，很容易造成追求利润的企业自身目标无限扩大，部分企业钻了市场"空子"并造成"泡沫"越吹越大，企业行为不但影响了上游金融业资金链，同时还占有下游消费者剩余中的一大部分。

要严格控制投机性购房带来的金融风险，防止"游资"进入同住房价格上涨相互推动对市场秩序的扰乱。要严堵市场缝隙，稳定市场秩序，加强对普通购房者的有效保护，更要防止投机性价格波动造成这部分消费者福利受损的情况。在贷款和税费上予以优惠从而减少二手房流通费用，刺激二手房的购买热情，给二手房市场创造理性和宽松的交易环境；对购房者引导和规范中介行业并重，对房地产中介行业加强资金和合同监管。

要将活跃住房资本市场、进行金融创新与风险防范提到同一高度。活跃资本市场、进行金融创新能够为投资者增加创造财富的机会，盘活住房等存量资产。要积极推进住房资本市场健康发展，使广大投资者公平、公正共享经济增长的好处。金融机构要加强住房金融产品创新，同时更要致力于加强内部风险管理、严格控制住房贷款重点环节和容易疏漏的环节。商业银行要加强贷前审查和还款跟踪，建立对逾期贷款的预警和催收机制。商业银行可以与资质较好的评估公司和房屋中介公司合作，使其为自身承担房屋交易服务、交易风险保证、评估咨询和大量的贷前审查和服务工作，提高工作效率。

（三）充分利用法律法规规范有关行为，保护广大群众的合法利益

要不断完善以《物权法》为基础的有关财产权的法律法规，依法保护合法财产，不断强化对公民财产权的保护，尤其在土地征用、房屋拆迁等征用群众财产过程中，要确保群众的财产权利和财富增值权不受侵犯，才能使"让更多群众拥有财产性收入"的目标落到实处。要积极推进物权管理办法改革，进一步明晰群众的房屋、土地等产权，让它们成为可以抵押、转让、出售、出租等广泛交易的金融资产，让群众原来的不动产财富转变成可以再生更多价值的活资本，从而有效解决群众住宅、大量土地房屋长年荒芜的问题，有效增加群众财产性收入。

（执笔人：周达）

对住房市场化与完善住房保障之间关系的思考

建设部政策研究中心课题组

近两个月，世界金融危机日趋严峻，为抵御国际经济环境对我国的不利影响，中央提出实行积极的财政政策和适度宽松的货币政策，出台一系列扩大内需的措施，以期促进经济平稳较快增长。其中，加快建设保障性安居工程被列为当前扩大内需、促进经济增长的十项措施之首。推进以解决低收入家庭住房困难为核心目标的住房保障投资建设，成为当前的重要工作。为此，相关部门有必要对住房市场化与完善住房保障之间的关系进行分析。

一、市场化和住房保障是解决住房问题的两种方式

1. 住房市场化是计划经济体制向社会主义市场经济体制转轨的必然要求

所谓住房市场化,是基于计划经济体制下住房作为福利性产品而提出的。其理论基础是住房的本质属性是商品性。基本内涵是:确认住房是商品,把住房的再生产过程纳入市场经济的轨道,在住房的开发建设中,将其作为商品来生产和经营;在住房的流通中,作为商品来买卖和交换,由市场机制调节住房资源的配置;在住房分配中,实行货币工资分配,让职工通过市场购买或租赁来解决住房问题;在住房消费中,作为劳动力再生产费用列入职工工资,满足住房消费需求。总体上,住房再生产过程遵循市场经济规律运行。

因此,在市场经济条件下,住房作为一种商品,其所具备的商品性决定无法摆脱市场配置作用的影响,必然要求通过市场机制发挥配置住房资源的基础性作用,这就决定了市场化是解决住房问题的主要方式。

2. 住房的特殊性质决定了在住房市场化同时必须实施住房保障

与住房市场化相对应的是住房保障。所谓住房保障,是以政府为主导,通过提供公共住房或补贴等特殊的政策措施,来解决特定人群的住房问题。住房改革坚持市场化原则,并不等于说人人都只能依靠自己的收入买房子,也不等于说人人都只能靠市场化来获取住房。在市场经济条件下,由于市场的不充分性以及市场自发调整的滞后性,再加上市场机制更加强调效率优先,单纯依靠市场化难以解决所有的住房问题。为了实现"住有所居",政府必须通过住房保障来帮助单纯依靠市场难以解决住房困难的低收入群体。

住房保障是由住房本身的特殊性质决定的。住房是供居民个人和家庭生活居住的建筑空间或场所,具有空间位置固定、耐久性和异质性等物理特性,同时还具有价值量大、使用寿命长、弱流动性、是生活必需品等社会经济特性。住房具有消费品和资产的双重角色,它既是为居民提供住房服务的消费品,也是可以被拥有和交易的重要资产。对于全体社会成员来说,住房是其基本权利和社会福利,即使是最低收入家庭,也需要消费住房服务,属于生活必需品,这是住房与一般消费品最大的区别。因此,不能把住房作为完全的商品推向市场,各国和各地区的政府普遍把提供公共住房,确保每个居民都有获取适当住房的机会作为其重要职责。

3. 住房市场化和住房保障相互依存,又有所区别

住房市场化和住房保障都是解决住房问题的方式,两者之间相互依存,但在政策属性、地位、对象等方面两者又存在明显不同。

首先,从政策属性看,住房市场化是适应社会主义市场经济的要求,实施住房制度改革的根本方向和指导思想,是国家的基本住房政策;而住房保障是政府行使公共职能、提供公共产品的具体体现,属于住房公共政策。

第二,从政策地位看,市场化在解决住房问题中处于主体地位,通过市场方式购买或租赁住房是解决住房问题的主要方式;而住房保障是住房市场化必不可少的补充,起着弥补市场化调节缺陷的作用。因此,认识和处理两者关系必须防止两种倾向:既不能重市场化轻住房保障,也不能以住房保障取代市场化。

第三,从政策对象看,住房市场化针对的是多数群体;而住房保障是对一定的特殊群体,具体来说主要是低收入住房困难群体实施的局部政策,通过政府补贴的非市场方式享受保障住房的是少数人群。

最后,从住房需求看,实行住房市场化,满足的不仅是基本居住需求,还包括改善型需求和享受型需求,且需求弹性较大,当房价等因素变化时需求易发生较大波动;而住房保障重点是解决其基本的居住需求,在一定时期内其需求相对稳定。

二、住房改革以市场为导向强调住房保障

1. 住房市场化与住房保障相结合是我国解决住房问题的基本思路

以1998年、2003年、2007年相应国务院文件为标志划分,我国住房改革处于不同阶段:

1998年,《国务院关于进一步深化城镇住房制度改革,加快住房建设的通知》(国发〔1998〕23号)决定停止住房实物分配,逐步实行住房分配货币化,标志着住房实物分配体制退出历史舞台,住房体制走向货币化分配、商品化流通的新运行轨道。为了平稳地实现体制转轨,文件明确了住房供应体系改革的方向,提出:高收入家庭购买商品房,中低收入家庭购买经济适用住房,低收入家庭确有困难的可以申请承租政府或单位提供的廉租住房。从战略思路来看,23号文明确无误地提出了相辅相成地综合利用市场与政府两种力量搭建适合新时期我国国

情的住房供应体系的努力方向。

2003年,《国务院关于促进房地产市场持续健康发展的通知》(国发[2003]18号)提出,各地要根据城镇住房制度改革进程、居民住房状况和收入水平的变化,完善住房供应政策,调整住房供应结构,逐步实现多数家庭购买或承租普通商品住房的目标;同时,根据当地情况,合理确定经济适用住房和廉租住房供应对象的具体收入线标准和范围,并做好其住房供应保障工作。18号文一方面坚持住房市场化的基本方向,另一方面也明确提出,要强化政府住房保障职能,切实保障城镇最低收入家庭基本住房需求。

2007年,《国务院关于解决城市低收入家庭住房困难的若干意见》(国发[2007]24号)提出,以城市低收入家庭为对象,进一步建立健全城市廉租住房制度,改进和规范经济适用住房制度,加大棚户区、旧住宅区改造力度,力争到"十一五"期末,使低收入家庭住房条件得到明显改善,农民工等其他城市住房困难群体的居住条件得到逐步改善。在房价上涨较快、住房供需矛盾突出的背景下,24号文从构建和谐社会目标出发,将政策重心放在完善住房保障制度,着力解决城市低收入家庭住房困难问题。

从我国住房改革的实践中看出,我国住房改革的思路始终是一致的,即将住房市场化和住房保障同时作为实现住房供应、解决住房问题的方式和手段。在23号文开始转向分配货币化、流通商品化的同时,已经注意到市场本身可能存在的局限性,提出了区分不同对象的分层次的住房供应体系;18号文在此基础上进一步推进住房市场化,将多数人作为普通商品房供应对象,同时提出强化政府住房保障职能,做好住房保障工作。24号文则是在23号文、18号文基础上进一步强调完善住房保障制度,以适应住房市场化发展的客观需要。

2. 我国住房改革在市场化过程中取得的成绩说明这一思路是正确的

随着住房市场化改革的深入,目前我国城镇80%左右的住房交易,已经通过市场进行配置。据统计,2002~2007年期间,全国城镇住宅投资总额达到6.7万亿元,比上一个五年增加了4万多亿元,年均竣工住宅超过6亿平方米。按现行统计制度规定的非农户籍人口计算,人均住宅建筑面积从2002年底的22.8平方米增加到2007年底的约28平方米(按常住人口测算约22平方米)。城镇居民住房水平得到明显提高。国内外经验表明,市场机制可以较好地适应不同家庭的多样化住房需求,提高资源配置的效率,在解决居民住房问题中处于基础性地位,必须毫不动摇地坚持市场化改革的基本方向。

与此同时,我国住房保障制度建设也不断取得进展。2007年,在廉租房制度建设方面,安排廉租住房资金77亿元,超过历年累计安排资金的总和;累计改善了68.1万户低保家庭的居住条件。中央财政安排51亿元专项补助资金。经济适用住房制度得到逐步改进和规范。住房公积金制度支持职工解决住房困难的作用得到发挥。经过不断探索和发展,我国已形成针对不同群体的多层次保障方式:一是针对低收入群体的半市场化方式的保障方式,如经济适用房制度;二是针对困难群体和特困群体的非市场化的保障方式,如廉租住房制度;三是具有互助性质的公积金制度。此外,在实践过程中,还形成了针对中等收入和低收入群体之间"夹心层"的具有政策性住房性质的限价商品房制度。

3. 在不同发展阶段,住房改革的政策重心不断调整,当前应格外强调住房保障

由于住房保障在市场化进程中发展相对滞后,在住房分配货币化、供应市场化、市场机制成为房地产市场运行的基础性调整力量的情况下,更加凸显协调建立住房保障体系和发展房地产市场之间关系的重要性。因此,2007年之后,我国住房政策重心相对向住房保障转移,强调继续强化政府对困难群众的住房保障职责,进一步完善住房保障体系,加强对房地产市场的调控。

住房保障也是调节经济的一种手段。从经济学意义上讲,住房保障可以作为宏观调控的财政政策手段来刺激住房需求,成为政府调节经济周期的重要手段。当前,在世界金融危机的背景下,国务院提出加大保障性住房建设规模,具有尤为重要的意义。

首先,建设保障性住房是投资的重要组成部分,可以拉动内需。根据安排,2009年~2011年,将增加200多万套的廉租住房、400多万套的经济适用住房,另外还有220多万户林业、农垦、矿区的棚户区的改造,总投资可能达到9000亿元,平均下来每年有3000多亿元的投入。如果把上下游的产业加在一起,每年保障性住房建设将带动投资近6000亿元。因此,建设保障性住房可以作为短期调控的政策输入点。

其次,在一段时期内建设实物保障性住房是完善住房保障制度的重要内容。尽管对发达国家来说,住房保障的实现形式已经从实物建房转向货币化补贴,但对我国来说,由于地区经济社会发展差别较大,在当前的发展阶段,不同城市建设和管理保障性住房的任务仍然十分繁重。在建设保障性住房的

同时，尤其要重视资金的自身运作规律，动员市场力量积极参与。

最后，建设保障性住房也是解决低收入家庭住房困难的客观需要。从贯彻科学发展观、构建和谐社会的角度出发，建设保障性住房是关注民生、着力解决民生问题的重要体现，有利于加快解决部分低收入家庭的住房困难问题。

三、完善住房保障要明确政府责任，运用市场机制

1. 住房保障是政府责任，应由政府加以主导

我国住房制度改革确立房地产市场作为住房资源配置的主渠道，但低收入家庭由于支付能力的不足，难以通过市场自行解决住房问题，被排斥在市场之外。仅仅依靠住房市场的供应，在住房数量、标准、区位和时间以及住房价格的可支付性等方面，显然难以满足社会的理想目标。因此，在住房资源配置中，既要充分发挥市场机制的作用，也要积极发挥政府保障的作用，一个完善的住房制度必然是由市场机制和住房保障制度有机构成、各负其责的制度。因此，住房问题需要政府介入，通过建立住房保障制度，保障低收入家庭的基本居住权，解决住房的社会问题和公平问题。

从一些市场经济国家解决住房问题的经验看，住房保障是政府的重要职能之一。政府通过安排一定的财政资金支持住房保障，运用多种政策手段给予低收入群体不同的保障支持力度，帮助低收入群体获得基本的住房。为解决住房市场中的分配不均衡现象，政府有必要介入，以提高社会总的福利水平。新加坡的公共组屋、日本的住宅公团和住房供给公社、美国的住房补贴政策以及我国香港特别行政区的居屋计划等，都是通过政府的干预来保障中低收入者的住房消费水平。根据国际经验，即便是在发达国家，需要政府救济性住房保障的群体也要占到社会家庭总数的7%左右，而且这是一个始终存在的常态现象。我国作为一个发展中国家，人口众多且城镇化快速发展，"金字塔形"的收入分配状况将至少在未来二三十年的战略周期中长期存在，政府对低收入住房困难家庭实施住房保障将是一项长期的制度性任务，必须对其长期性、艰巨性有充分估计。

2. 在政府主导的基础上，充分利用市场机制实现住房保障资源配置

在市场经济下，住房保障虽然是政府主导，但同时也可以运用市场机制对保障资源进行配置。这些手段包括：通过规划政策和土地政策，调节和控制住房的售价和租价；利用住房补贴，支持中低收入家庭购（租）房；利用税收杠杆调节住房消费结构；利用金融政策，对中低收入家庭住房消费给予支持。

例如，美国通过容积率奖励或免税激励开发商参与住房保障用房的提供，如果开发商提供在建项目面积20%的低价住房，政府则给予33%的容积率奖励，或开发商若提供低价出租房则给予免房地产税的优惠。英国政府于2004年修改了《住房法》，要求各城市政府通过规划手段，强制要求新建项目中必须有一定比例的中低价位住房，由开发商建好后以同类商品房价格的70%卖给城市房屋协会，再由协会出租或出售给低收入者。法国、美国也有类似的"配建制"。

目前国内部分城市在商品房中配建经济适用住房或廉租住房，实际上也是运用市场机制来实现保障住房的供应。廉租住房、经济性适用房配建在商品房小区之中，不仅可以缓解短时期内政府投入住房保障的资金压力，而且可以共享城市配套设施和住宅小区配套，共享住宅小区的环境和有序的管理，有利于不同社会阶层的沟通和市场化的互助，避免"贫民窟"的弊端。

四、协调市场化、保障关系，完善住房保障制度

1. 建立和健全住房保障的法律法规，加快出台《住房保障条例》和《住宅法》

西方国家基本上都已经形成了相互补充的比较完整和完善的住房法律体系。从国外的经验看，所有大的经济体都颁布了住宅法。同时，在世界上一些住房保障体制比较完备的国家，已经形成了较为完善的住房保障法律体系，不但有诸多涉及公共住房的法律条文和规范公共住房的专门法律，还有住房补贴法、住房金融法等相关单项法规。研究这些法律可以发现，它们具有目的明确、关系明晰、保障形式明确、充分重视司法在住房保障中作用的特点。住房保障不能脱离市场、法律、政府这三大因素，这是许多国家的一条成功经验。

目前，我国在住房保障方面面临的一个重大问题是，在市场和政府之间缺乏法律这个核心，特别是缺乏住宅法或住房保障法来奠定住房保障体制的法律基础，关于住房保障的法律法规只有原建设部等有关部委颁布的部门规章及地方颁布的地方法规，立法层次较低，远远不能满足发展需要。由于缺乏法律的硬约束，地方在执行保障政策过程中往往出现落实不到位现象，导致政策实际效果差。

从这个角度出发，我国应尽快出台《住房保障

条例》，将政府关于住房保障的民生承诺法律化、制度化，从立法上规定住房保障的对象、保障标准、保障水平、保障资金的来源、专门管理机构的建立，以及对违法违规行为的惩处措施等。同时加快开展《住宅法》立法工作，将住房制度改革的成果以法律的形式固定下来。从长期看，一部立法层面较高的《住宅法》出台，不仅是住房保障的客观要求，也是住房市场持续、稳定、健康发展的要求。

2. 明晰保障住房产权，继续探索有限产权的实现方式

在住房保障中，政府每年为解决中低收入家庭居住问题方面都提供大量财政支持及土地投入，这些投入基本是无偿的。由于没有明晰产权，政府投入难以收回，更不用说保值增值，而是转化为个人财富。按照现行这种运作方式，显然难以持续。

因此，必须运用现代产权法则，按照"谁投资、谁所有、谁收益"原则对保障住房产权归属进行科学界定，将政府投入产生的产权加以明晰。产权明晰后，对保障性住房日常运作中各方应承担的责、权、利、义就有分摊计量依据：一是变政府的"暗贴"为"明贴"；二是政府可以通过让渡持有的产权收回投入；三是政府凭借持有的产权可以参与保障住房增值收益分配；四是以产权的形式限制保障住房的实际使用方式与转让，使政府具有了优先购买权。

目前，经济适用住房购买人持有的产权虽然已明确为有限产权，但政府持有产权具体实现方式还有待进一步探索。建议明确政府投资形成的公共住房产权代理人，按市场价格计算产权份额，由授权机构代表集中统一行使所有权，如授权住房保障机构或城市房地产管理部门作为公共住房产权业主，享有其他业主同等的权利和义务。

3. 拓宽住房保障资金渠道，发展用于公共住房的房地产投资信托基金

住房保障需要足够的资金支持。从理论上看，住房保障资金应以政府财政资金为主。但现实国情是，目前我国相当一部分城市基本上是"吃饭财政"，可用于住房保障的资金有限。在这种情况下，要充分利用市场机制，坚持以财政预算安排为主同时多渠道筹措资金来源，以相应的政策调动社会各方面的积极性，吸引社会资金共同参与住房保障。同时，政府主导作用与市场机制相结合，也有利于资源和资金的利用效率。

运用房地产投资信托基金的金融工具，集合社会闲散资金，为公共住房提供长期性资金支持，放大政府投入资金的效用。以现有廉租住房为例，其特性决定了所需资金的长期性和庞大数量，使得传统的向银行间接融资、住宅滚动开发的模式无法适应廉租住房体系的要求，直接融资中股票、债券由于市场规模小也难以运用。因此，可以以公共住房信托为切入点，政府在市场准入、募集方式、资金规模等方面给予政策支持，集合社会闲散资金，聘请专业人士投资、经营管理，并以租金收益回馈投资者，形成一个房地产金融平台。未来社保资金、保险资金、公积金等都可以为公共住房建设提供长期性资金，使政府用有限资金启动较大规模的公共住房供应体系。

4. 发挥市场主体作用，积极运用市场机制实施住房保障

政府在住房保障制度中发挥主导作用，但并不意味着整个制度的实现环节都由政府承担。例如，保障住房的建设和管理等环节可以依托于专业公司的运作，提高运作效率，如建房、收购存量房源、物业管理等可交由相关的专业公司进行运作，政府可出台税收减免等优惠政策加以支持，而租金补贴政策也可以依托成熟的住房租赁市场来配置保障房源。

一是运用BOT模式筹集建设公共住房。根据BOT的特点，具体来说，可以先由政府委托项目运作机构SPV运作整个项目，SPV以私人投资的模式投资建设廉租住房，并在特许期内经营廉租住房项目，特许期满后将整个廉租住房项目移交给政府，政府通过经营城市资产的方式获取的收益用来补偿SPV的前期投资，并接管廉租住房项目，由政府进行经营。

二是通过金融创新发展相关的金融产品，由投资者投资买房，政府实施反租。政府可把拟建租赁型保障房的产权提前卖给社会投资者，承诺政府将通过财政贴租的方式长期反租(例如20～30年)，并允许其产权上市流通。实际上政府只要部分贴租，就可以解决政府租赁型保障房资源及财力不足问题。采用这一模式，可以集合社会闲散资金为租赁型保障房提供长期性资金支持，使政府可以用有限资金实施住房保障政策，还可以为投资者提供一个风险小、收益稳的投资品种。

三是鼓励投资者投资和经营保障住房的出租业务。除部分经济实力较强的城市能实行政府持有和出租保障住房外，建立长期持有机制的关键还在于吸引包括开发商在内的机构投资者从事保障住房的租赁业务。为此，对于持有租赁型保障房产权的投资者，在营业税、房产税、所得税等方面给予优惠。

(执笔人：周江)

第六篇

数据统计与分析

2008年城市、县城和村镇建设统计情况

2008年，在党中央、国务院的领导下，全国城乡建设系统广大干部职工坚持以邓小平理论和"三个代表"重要思想为指导，全面贯彻落实科学发展观，城乡规划、建设和管理进一步加强，市政公用设施能力进一步增强，城乡人民居住和生活条件明显改善和提高。

一、城市（城区）建设

概况　2008年末，全国设市城市655个，城市城区人口3.35亿人，暂住人口0.35亿人，建成区面积3.63万平方公里。

城市市政公用设施固定资产投资　2008年城市市政公用设施固定资产完成投资7369.8亿元，城市市政公用设施固定资产完成投资总额占同期全社会固定资产投资总额的4.28%，占同期城镇固定资产投资总额的4.97%。道路桥梁、公共交通、园林绿化分别占城市市政公用设施固定资产投资的48.6%、14.1%和8.8%。

全国城市市政公用设施投资新增固定资产4154.5亿元，固定资产投资交付使用率56.4%。主要新增生产能力（或效益）是：供水日综合生产能力400万立方米，天然气储气能力2482万立方米，集中供热蒸汽能力1662吨/小时，热水能力8409兆瓦，道路长度7438公里，公共交通车辆42346辆，轨道交通运营线路长度20公里，排水管道长度1.38万公里，城市污水处理厂日处理能力863万立方米，城市生活垃圾日处理能力2.5万吨。

城市供水和节水　2008年，城市供水总量500.0亿立方米，其中，生产运营用水177.7亿立方米，公共服务用水60.3亿立方米，居民家庭用水167.1亿立方米。用水人口3.5亿人，用水普及率94.73%，人均日生活用水量178.19升。2008年，城市节约用水65.9亿立方米，节水措施总投资21.1亿元。

城市燃气和集中供热　2008年，人工煤气供应总量355.8亿立方米，天然气供气总量368亿立方米，液化石油气供气总量1329.1万吨。用气人口3.32亿人，燃气普及率89.55%。2008年末，蒸汽供热能力9.4万吨/小时，热水供热能力30.6万兆瓦，集中供热面积34.9亿平方米。

城市公共交通和道路桥梁　2008年末，全国拥有城市公共交通运营车辆41.2万标台，其中轨道交通运营车辆9858标台。每万人拥有公共交通车辆11.13标台；拥有城市出租汽车96.88万辆，客运轮渡848艘。城市公共交通全年运送乘客928.5亿人次。其中公共汽电车669.3亿人次，占72.1%；轨道交通33.7亿人次，占3.6%；出租汽车223.0亿人次，占24.0%；客运轮渡2.5亿人次，占0.3%。2008年末，城市道路长度25.97万公里，道路面积45.24亿平方米，其中人行道面积9.79亿平方米，人均城市道路面积12.21平方米。

城市排水与污水处理　2008年末，全国城市共有污水处理厂1018座，污水厂日处理能力8106万立方米，排水管道长度31.5万公里。城市年污水处理总量256亿立方米，城市污水处理率70.16%，其中污水处理厂集中处理率57.64%。

城市园林绿化　2008年末，城市建成区绿化覆盖面积135.6万公顷，建成区绿化覆盖率37.37%；建成区园林绿地面积120.8万公顷，建成区绿地率33.29%；公园绿地面积36万公顷，人均公园绿地面积9.71平方米。

国家级风景名胜区　2008年末，全国共有187处国家级风景名胜区，风景名胜区面积7.7万平方公里，可游览面积3.5万平方公里，全年接待游人4亿人次。国家投入14亿元用于风景名胜区的维护和建设。

城市市容环境卫生　2008年末，全国城市道路清扫保洁面积46.9亿平方米，其中机械清扫面积11.9亿平方米，机械清扫率25.4%。全年清运生活垃圾、粪便1.78亿吨。

表1为2008年城市建设基本情况。

二、县城建设

概况　2008年末，全国有县城1635个，据其中1616个县、10个特殊区域及130个新疆生产建设兵团师团部驻地统计汇总，县城人口1.19亿人，暂住人口1079万人，建成区面积1.48万平方公里。

2008年城市、县城和村镇建设统计情况

2008年城市建设基本情况 表1

指标	单位	1990	1995	2000	2005	2006	2007	2008
城市数	个	467	640	663	661	656	655	655
地级市	个	185	210	259	283	283	283	283
县级市	个	279	427	400	374	369	368	368
市辖区	个		706	787	852	856	856	856
地（自治州、盟）	个		124	74	50	50	50	50
城区人口	亿人	3.25	3.78	3.88	3.59	3.33	3.36	3.35
城区暂住人口	亿人					0.40	0.35	0.35
建成区面积	平方公里	12856	19264	22439	32521	33660	35470	36295
固定资产投资总额	亿元	121.2	807.6	1890.7	5602.2	5765.1	6418.9	7368.2
年供水总量	亿立方米	382.3	481.6	469.0	502.1	540.5	501.9	500.1
生活用水量	亿立方米	100.1	158.1	200.0	243.7	222.0	226.4	227.4
用水普及率	%	48.0	58.7	63.9	91.1	86.7	93.8	94.7
人工煤气供气量	亿立方米	174.7	126.7	152.4	255.8	296.5	322.5	355.8
天然气供气量	亿立方米	64.2	67.3	82.1	210.5	244.8	308.6	368.0
液化石油气供气量	万吨	219.0	488.7	1053.7	1222.0	1263.7	1466.8	1329.1
供气管道长度	万公里	2.4	4.4	8.9	16.2	18.9	22.1	25.8
燃气普及率	%	19.1	34.3	45.4	82.1	79.1	87.4	89.6
集中供热面积	亿平方米	2.1	6.5	11.1	25.2	26.6	30.1	34.9
公共交通运营车数	万辆	6.2	13.7	22.6	31.3	31.6	34.8	36.7
每万人拥有公交车辆	标台	2.2	3.6	5.3	8.6	9.0	10.2	11.1
出租汽车数量	万辆	11.1	50.4	82.5	93.7	92.9	96.1	96.9
道路长度	万公里	9.5	13.0	16.0	24.7	24.1	24.6	26.0
道路面积	亿平方米	10.2	16.5	23.8	39.2	41.1	42.4	45.2
人均道路面积	平方米	3.1	4.4	6.1	10.9	11.0	11.4	12.2
污水排放量	亿立方米	293.9	350.3	331.8	359.5	362.5	361.0	364.9
污水处理率	%		19.69	34.25	51.95	55.67	62.87	70.66
排水管道长度	万公里	5.8	11.0	14.2	24.1	26.1	29.2	31.5
建成区绿化覆盖面积	万公顷	24.7	46.1	63.9	105.8	118.2	125.2	135.6
建成区园林绿地面积	万公顷	19.6		53.1	92.1	104.1	111.0	120.8
建成区绿化覆盖率	%	19.2	23.9	28.2	32.5	35.1	35.3	37.4
建成区绿地率	%			23.7	28.5	30.9	31.3	33.3
人均公园绿地面积	平方米	1.8	2.5	3.7	7.9	8.3	9.0	9.7
国家级风景名胜区个数	个	84	119	119	187	187	187	187
生活垃圾清运量	万吨	6767	10671	11819	15577	14841	15215	15438
粪便清运量	万吨	2385	3066	2829	3805	2131	2506	2331
每万人拥有公厕	座	2.97	3.00	2.74	3.20	2.88	3.04	3.12

注：1. 自2006年起，人均和普及率指标按城区人口计算，按照公安部门的户籍统计和暂住人口统计计算。
2. "人均公园绿地面积"指标2005年及以前年份为"人均公共绿地面积"

县城市政公用设施固定资产投资 2008年，县城市政公用设施固定资产完成投资1146.1亿元。其中：道路桥梁、园林绿化分别占县城市政公用设施固定资产投资的46.4%和15.2%。

全国县城市政公用设施投资新增固定资产776.7亿元，固定资产投资交付使用率67.8%。主要新增生产能力（或效益）是：供水日综合生产能力230万立方米，天然气储气能力700万立方米，集中供热蒸汽能力475吨/小时，热水能力3451兆瓦，道路长度4277公里，排水管道长度5506公里，污水处理厂日处理能力322万立方米，生活垃圾无害化日处理能力1.2万吨。

县城供水和节水 2008年,县城全年供水总量82.6亿立方米,其中生产运营用水24.1亿立方米,公共服务用水9.2亿立方米,居民家庭用水36.8亿立方米。用水人口1.06亿人,用水普及率81.56%。人均日生活用水量119.35升。2008年,县城节约用水2亿立方米,节水措施总投资8441万元。

县城燃气和集中供热 2008年,人工煤气供应总量2.7亿立方米,天然气供气总量23.3亿立方米,液化石油气供气总量202.1万吨。用气人口6504万人,燃气普及率59.11%。2008年末,蒸气供热能力1.2万吨/小时,热水供热能力4.4万兆瓦,集中供热面积3.7亿平方米。

县城公共交通和道路桥梁 2008年末,全国县城拥有公共交通运营车辆4万标台。每万人拥有公交车辆3.04标台。出租汽车20.2万辆,客运轮渡869艘。县城公共交通全年运送乘客66.5亿人次。其中公共汽电车29.9亿人次,占45%;出租汽车35.9亿人次,占54%;客运轮渡0.7亿人次,占1%。2008年末,县城道路长度8.9万公里,道路面积14.6亿平方米,其中人行道面积3.6亿平方米,人均城市道路面积11.21平方米。

县城排水与污水处理 2008年末,全国县城共有污水处理厂427座,污水厂日处理能力960.5万立方米,排水管道长度8.4万公里。县城全年污水处理总量19.7亿立方米,污水处理率31.58%,其中污水处理厂集中处理率25.75%。

县城园林绿化 2008年末,县城建成区绿化覆盖面积31.8万公顷,建成区绿化覆盖率21.5%;建成区园林绿地面积25.0万公顷,建成区绿地率16.9%;公园绿地面积8.0万公顷,人均公园绿地面积6.12平方米。

县城市容环境卫生 2008年末,全国县城道路清扫保洁面积11.6亿平方米,其中机械清扫面积1.2亿平方米,机械清扫率10.34%。全年清运生活垃圾、粪便0.79亿吨。

表2为2008年县城建设基本情况。

2008年县城建设基本情况 表2

指标	单位	2000	2005	2006	2007	2008
县个数	个	1674	1636	1635	1635	1635
县城人口	亿人	1.42	1.00	1.10	1.16	1.19
县城暂住人口	亿人			0.09	0.10	0.11
建成区面积	平方公里	13135	12383	13229	14260	14776
固定资产投资总额	亿元		719.1	730.5	812.0	1146.1
年供水总量	亿立方米	59.4	67.7	74.7	79.5	82.6
#生活用水量	亿立方米	31.0	4.1	40.7	44.9	46.0
用水普及率	%	84.8	83.2	76.4	81.2	81.6
人工煤气供气量	亿立方米	1.7	3.0	1.3	1.4	2.7
天然气供气量	亿立方米	3.3	18.1	16.5	24.5	23.3
液化石油气供气量	万吨	110.8	185.9	195.0	203.2	202.1
供气管道长度	万公里	0.6	1.5	2.0	2.5	3.1
燃气普及率	%	54.4	57.8	52.5	57.3	59.1
集中供热面积	亿平方米	0.7	2.1	2.4	3.2	3.7
公共交通运营车数	万辆	2.3	4.0	3.9	4.6	4.7
每万人拥有公交车辆	标台	2.2	2.9	2.6	3.1	3.0
出租汽车数量	万辆		16.1	16.9	18.7	20.2
道路长度	万公里	5.0	6.7	7.4	8.4	8.9
道路面积	亿平方米	6.2	10.8	12.3	13.4	14.6
人均道路面积	平方米	11.2	10.8	10.3	10.7	11.2
污水排放量	亿立方米	43.2	47.4	54.6	60.1	60.3
污水处理率	%	7.55	14.23	13.63	23.38	31.58
排水管道长度	万公里	4.0	6.0	6.9	7.7	8.4
建成区绿化覆盖面积	万公顷	14.3	21.0	24.7	28.8	31.8
建成区园林绿地面积	万公顷	8.6	15.2	18.5	22.0	25.0
建成区绿化覆盖率	%	10.9	17.0	18.7	20.2	21.5

续表

指　　标	单　位	2000	2005	2006	2007	2008
建成区绿地率	%	6.5	12.3	14.0	15.4	16.9
人均公园绿地面积	平方米	4.71	5.67	4.98	5.63	6.12
生活垃圾清运量	万吨	5560	9535	6266	7110	6794
粪便清运量	万吨	1301	1312	710	2507	1151
每万人拥有公厕	座	2.21	3.46	2.91	2.90	2.90

注：1. 自2006年起，人均和普及率指标按城区人口计算，按照公安部门的户籍统计和暂住人口统计计算。
　　2. "人均公园绿地面积"指标2005年及以前年份为"人均公共绿地面积"

三、村镇建设

概况　2008年末，全国共有建制镇19234个，乡15067个。据16960个建制镇、14115个乡、696个农场和266.6万个自然村（其中村民委员会所在地56.88万个）统计汇总，村镇户籍总人口9.46亿。其中建制镇建成区1.38亿，占村镇总人口的14.6%；乡建成区0.337亿，占村镇总人口的3.6%；农场建成区0.029亿，占村镇总人口的0.3%；村庄7.718亿，占村镇总人口的81.5%。

2008年末，全国建制镇建成区面积3.02万平方公里，平均每个建制镇建成区占地178公顷，人口密度5410人/平方公里；乡建成区0.81万平方公里，平均每个乡建成区占地57公顷，人口密度4473人/平方公里；农场建成区880平方公里，平均每个农场建成区占地126公顷，人口密度3717人/平方公里。

规划管理　2008年末，全国有总体规划的建制镇14166个，占所统计建制镇总数的83.5%，其中本年编制1939个；有总体规划的乡7678个，占所统计乡总数的54.4%，其中本年编制1176个；有总体规划的农场403个，占所统计农场总数的57.9%，其中本年编制83个；有规划的行政村219488个，占所统计行政村总数的38.6%，其中本年编制45727个。2008年全国村镇规划编制投入达42.88亿元。

建设投入　2008年，全国村镇建设总投入8100亿元。按地域分，建制镇建成区3285亿元，乡建成区438亿元，农场建成区82亿元，村庄4294亿元，分别占总投入的40.6%、5.4%、1.0%、53.0%。按用途分，房屋建设投入6464亿元，市政公用设施建设投入1636亿元，分别占总投入的79.8%、20.2%。

在房屋建设投入中，住宅建设投入3996亿元，公共建筑投入854亿元，生产性建筑投入1614亿元，分别占房屋建设投入的61.8%、13.2%、25.0%。

在市政公用设施建设投入中，供水186亿元，道路桥梁709亿元，排水161亿元，绿化119亿元，环卫153亿元，分别占市政公用设施建设总投入的11.4%、43.3%、9.8%、7.2%、9.3%。

房屋建设　2008年，全国村镇房屋竣工建筑面积8.68亿平方米，其中住宅5.75亿平方米，公共建筑0.87亿平方米，生产性建筑2.06亿平方米。2008年末，全国村镇实有房屋建筑面积341.7亿平方米，其中住宅278.6亿平方米，公共建筑27.1亿平方米，生产性建筑36.0亿平方米，分别占81.5%、8.0%、10.5%。

2008年末，全国村镇人均住宅建筑面积29.45平方米。其中，建制镇建成区人均住宅建筑面积30.13平方米，乡建成区人均住宅建筑面积27.15平方米，农场建成区人均住宅建筑面积24.88平方米，村庄人均住宅建筑面积29.44平方米。

公用设施建设　在建制镇、乡和农场建成区内，年末实有供水管道长度46.90万公里，排水管道长度11.37万公里，排水暗渠长度6.48万公里，铺装道路长度30.46万公里，铺装道路面积22.02亿平方米，公共厕所16.09万座。

2008年末，建制镇建成区用水普及率77.83%，人均日生活用水量97.06升，燃气普及率44.46%，人均道路面积10.81平方米，排水管道密度3.28公里/平方公里，人均公园绿地面积1.90平方米。乡建成区用水普及率62.63%，人均日生活用水量75.5升，燃气普及率17.59%，人均道路面积10.84平方米，排水管道密度1.53公里/平方公里，人均公园绿地面积0.72平方米。农场建成区用水普及率80.61%，人均日生活用水量77.92升，燃气普及率35.60%，人均道路面积13.86平方米，排水管道密度2.60公里/平方公里，人均公园绿地面积3.03平方米。

2008年末，全国46.7%的行政村有集中供水，52.1%的行政村通公交车或客运班车，61.6%的行政村对主要道路进行了硬化，3.4%的行政村对生活污水进行了处理，31.0%的行政村有生活垃圾收集点，11.7%的行政村对生活垃圾进行处理。

表3为建制镇建设基本情况；表4为乡建设基本情况；表5为村庄建设基本情况。

建制镇建设基本情况

表3

指　　标	单　　位	1990	1995	2000	2005	2006	2007	2008
建制镇个数	万个	1.01	1.50	1.79	1.77	1.77	1.67	1.70
镇建成区面积	万公顷	82.5	138.6	182.0	236.9	312.0	284.3	301.6
本年住宅竣工建筑面积	亿平方米	0.49	1.00	1.41	1.90	2.04	1.28	1.33
年末实有住宅建筑面积	亿平方米	12.3	18.9	27.0	36.8	39.1	38.9	41.5
人均住宅建筑面积	平方米	19.9	20.7	22.6	25.7	27.9	29.7	30.1
年供水总量	亿立方米	24.4	53.7	87.7	136.5	131.0	112.0	129.0
♯生活用水	亿立方米	10.0	21.5	37.1	54.2	44.7	42.1	45.0
用水普及率	%	60.1	74.2	80.7	84.7	83.8	76.6	77.8
人均日生活用水量	升	74.3	85.5	102.7	118.4	104.2	97.1	97.1
实有道路长度	万公里	7.7	13.4	21.0	30.1	26.0	21.6	23.4
排水管道长度	万公里	2.7	6.2	11.1	17.1	11.9	8.8	9.9
公园绿地面积	万公顷	0.85	2.00	3.71	6.81	3.3	2.72	3.09
人均公园绿地面积	平方米	1.4	2.2	3.0	4.6	2.4	1.8	1.9
公共厕所	万座	4.9	8.3	10.3	12.4	9.4	9.0	12.1

注：建制镇个数为实际统计数量。

乡建设基本情况

表4

指　　标	单　　位	1990	1995	2000	2005	2006	2007	2008
乡个数	万个	4.02	3.42	2.76	2.07	1.46	1.42	1.41
乡建成区面积	万公顷	110.1	103.7	90.7	77.8	92.8	75.9	81.2
本年住宅竣工建筑面积	亿平方米	0.52	0.57	0.60	0.56	0.40	0.26	0.28
年末实有住宅建筑面积	亿平方米	13.8	12.7	12.6	12.8	9.1	9.1	9.2
人均住宅建筑面积	平方米	19.1	20.5	22.6	25.5	25.9	27.1	27.2
年供水总量	亿立方米	10.8	13.7	16.8	17.5	25.8	11.9	11.9
♯生活用水	亿立方米	5.0	6.4	8.8	9.6	6.3	6.0	6.3
用水普及率	%	35.7	49.9	60.1	67.2	63.4	59.1	62.6
人均日生活用水量	升	53.4	55.4	69.2	75.6	78	76.1	75.5
实有道路长度	万公里	15.2	14.4	13.7	12.4	7.0	6.2	6.4
排水管道长度	万公里	2.3	3.7	3.3	4.3	1.9	1.1	1.2
公园绿地面积	万公顷	0.64	1.09	1.35	1.37	0.29	0.24	0.26
人均公园绿地面积	平方米	0.88	1.73	2.33	2.65	0.85	0.66	0.72
公共厕所	万座	5.33	6.42	5.86	4.57	2.92	2.76	3.34

注：乡个数为实际统计数量。

村庄建设基本情况

表5

指　　标	单　　位	1990	1995	2000	2005	2006	2007	2008
村庄个数	万个	377.32	369.52	353.75	313.71	270.9	264.7	266.6
村庄现状用地面积	万公顷	1140.1	1277.1	1355.3	1404.2		1389.9	1311.7
本年住宅竣工建筑面积	亿平方米	4.82	4.95	4.47	4.42	4.75	3.65	4.1
年末实有住宅建筑面积	亿平方米	159.3	177.7	195.2	208.0	202.9	222.7	227.2
人均住宅建筑面积	平方米	20.3	22.0	24.3	26.9	28.4	29.2	29.4
实有道路长度	万公里	262.1	275.0	287.0	304.0	221.9		

（住房和城乡建设部计划财务与外事司）

2008年全年建筑业发展统计分析

一、2008年建筑业基本情况

2008年,全国建筑业企业(指具有资质等级的总承包和专业承包建筑业企业,不含劳务分包建筑业企业,下同)完成建筑业总产值61144亿元,比上年增长19.8%;完成竣工产值35917亿元,比上年增长6.9%;房屋建筑施工面积52.76亿平方米,比上年增长9.5%;签订合同额为101142亿元,比上年增长21.3%。到2008年底,共有建筑业企业64152个,比2007年同期增长3.3%;从业人数为3253.61万人,同比增长3.8%;按建筑业总产值计算的劳动生产率达166538元/人,比2007年同期增长12.4%。

(一)建筑业产值继续增长,但增速减缓,与固定资产投资增速呈现反方向

2008年,全国建筑业企业完成建筑业总产值61144亿元,增长19.8%,与2007年同期22.8%的增长率相比,降低3个百分点,增速减缓。见图1。

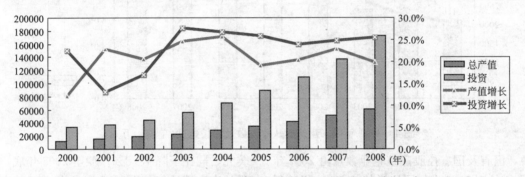

图1 全社会固定资产投资、建筑业总产值及增长速度(单位:亿元)

2008年全社会固定资产投资172291亿元,比上年增长25.5%,增速比上年加快0.7个百分点。建筑业产值增速与固定资产投资增速呈现反方向。

2008年房地产开发投资30580亿元,比上年增长20.9%,与2007年增速30.2%相比,下降9.3个百分点,房地产开发投资增速减缓。

(二)施工面积持续增长,但涨幅下降,竣工面积减少

2008年全国房屋建筑施工面积为52.76亿平方米,比上年增加4.56亿平方米,增长9.5%,增长率同比下降了8个百分点。其中:新开工房屋面积26.23亿平方米,比上年减少0.61亿平方米,下降2.3%;实行投标承包工程房屋面积为43.54亿平方米,比上年增加3.36亿平方米,增长8.4%,说明建筑市场竞争更为规范化。全国房屋建筑竣工面积为20.27亿平方米,比上年减少0.13亿平方米,同比下降0.6%。见图2。

(三)建筑业企业数量和从业人数均有增加,但

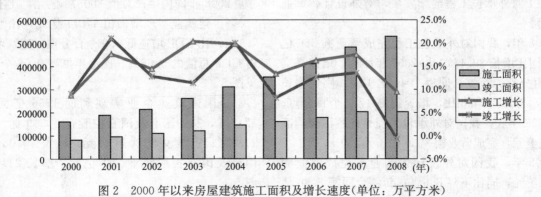

图2 2000年以来房屋建筑施工面积及增长速度(单位:万平方米)

增幅很小

到2008年底,全国建筑业企业为64152个,比上年同期增长3.3%。建筑业企业数量连续三年呈小幅增长态势。从业人数为3253.6万人,比上年同期增长3.8%,从业人数连续多年稳定增长。见图3、图4。

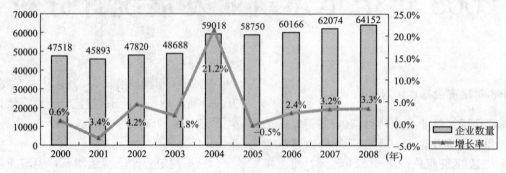

图3　2000年以来企业数量及增长速度(单位:个)

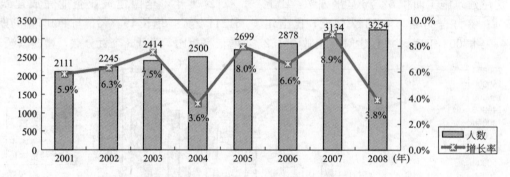

图4　2001年以来建筑业从业人数及增长速度(单位:万人)

其中,国有及国有控股建筑企业数量由2007年的7860个增长到7887个,同比增长0.3%,增速低于平均值3个百分点;国企从业人数为767.5万人,占全部从业人数的23.6%。

(四)劳动生产率持续增长,增速与上年持平

2008年,全国建筑业企业按建筑业总产值计算的劳动生产率为166538元/人,同比增长12.4%,与上年劳动生产率增长速度持平。全国建筑业企业中,国有及国有控股企业按建筑业总产值计算的劳动生产率为232572元/人,比上年增长13.5%,高于全国劳动生产率平均水平。

(五)对外承包工程继续发展,对外设计咨询业务量下降

2008年,我国对外承包工程完成营业额566亿美元,同比增长39.4%,与2007年相比,增速提高4.1个百分点;新签合同额1046亿美元,同比增长34.8%,与2007年相比,增速提高17.2个百分点。截至2008年底,我国对外承包工程累计签订合同额4341亿美元,完成营业额2630亿美元。

2008年,我国对外设计咨询业务完成营业额4.48亿美元,同比下降8.6%;新签合同额8.88亿美元,同比下降13.8%。截至2008年底,我国对外设计咨询累计签订合同额46.6亿美元,完成营业额26.7亿美元。

2008年,我国对外劳务合作完成营业额80.6亿美元,同比增长19.1%;新签合同额75.6亿美元,同比增长12.8%。全年派出各类劳务人员42.7万人,较上年同期增加5.5万人;2008年末在外各类劳务人员74万人,较上年同期减少0.3万人。

(六)全社会建筑业发展慢于国民经济发展速度,企业经营效益持续上升

2008年国内生产总值300670亿元,比上年增长9.0%。建筑业实现增加值17071亿元,比上年增长7.1%,比GDP增速低1.9个百分点。建筑业增加值占GDP总值的5.68%,比上年提高0.08个百分点。见图5。

全国建筑业企业实现利润1756亿元,增长12.5%,其中国有及国有控股企业509亿元,增长21.8%;上缴税金2058亿元,增长20.0%,其中国有及国有控股企业771亿元,增长24.7%。见图6。

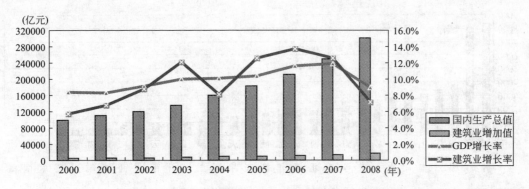

图5 2000～2008年国内生产总值、建筑业增加值及增长速度

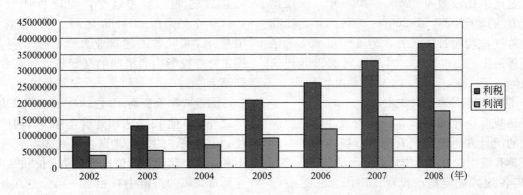

图6 2002～2008年全国建筑业企业利税、利润（单位：万元）

二、2008年建筑业发展的特点

（一）各地区建筑业发展差异加大，竞争日益激烈，强者恒强

全国建筑业发展最快的地区仍然是江苏、浙江、山东、广东、上海和北京等6个省市，这6个省市建筑业总产值都达到3000亿元以上，分别为8308.5亿元、8040.8亿元、3787.8亿元、3375.0亿元、3071.8亿元和3065.4亿元。6个省市建筑业总产值占全国建筑业总产值的48.5%，（与上年同期的49.7%相比略有下降）。其中，江苏和浙江两省建筑业总产值首次突破8000亿元大关，两省建筑业总产值占全国建筑业总产值的26.7%。

紧随上述六个省市的是河南、湖北、四川、辽宁和湖南五个省，他们的总产值均超过2000亿元。其中，湖南省2008年首次突破2000亿元大关。

以上产值前11位的省市中，除上海建筑业总产值2008年超过北京外，其他省市产值排序与上年完全一致，显示出强者恒强的特点。这些建筑强省（市）主要集中在东南沿海地区，然后是中西部经济快速发展地区。建筑业总产值在1000～2000亿元的有河北、安徽、福建、陕西、重庆、天津、山西、黑龙江8个省市。其他12个省建筑业总产值均低于1000亿元，西藏地区建筑业总产值不足百亿元。

图7为2008年建筑业总产值地区结构图。

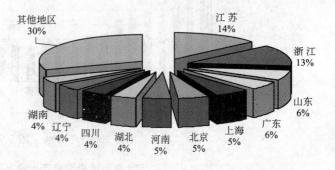

图7 2008年建筑业总产值地区结构图（单位：亿元）

图8为2008年各地区建筑业总产值排序。

从2000年以来，江苏、浙江、山东、广东、北京和上海这六省市始终排在前六位。其中，前两位始终是江苏和浙江，第三、第四位始终是山东和广东，第五、第六位始终是北京和上海。近年来，第一、第二位完成的建筑业总产值与第三、第四位建筑业总产值距离逐渐拉大。浙江、江苏两省的建筑业总产值之和已是山东、广东的建筑业总产值之和的2.3倍，还有继续拉大的趋势。

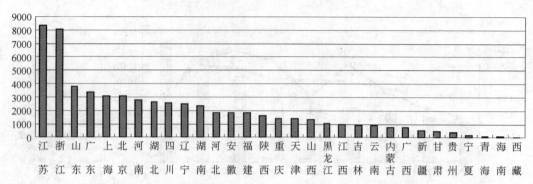

图8 2008年各地区建筑业总产值排序(单位：亿元)

建筑业竞争比较激烈，2000~2006年，浙江建筑业总产值均高于江苏，而2007~2008两年，江苏省建筑业总产值均超过浙江省，2008年以267.7亿元之差遥遥领先。山东省从2004年起到2008年建筑业总产值均高于广东，上海和北京则不相上下。

（二）建筑市场分布相对集中

由于建筑业企业施工具有一定的流动性，建筑业总产值的统计并不完全代表建筑市场的分布，建筑市场还具有随固定资产投资规模分布的特性。图9是2008年各地区固定资产投资排序图，从图中可以看出，排名第一和第二的是山东和江苏，固定资产投资分别达到14911.7亿元和14758.36亿元；紧随其后的是广东和辽宁，固定资产投资分别为10543.67亿元和9814.68亿元。这四个省中，江苏、山东、广东三省的建筑业总产值也名列前四位中；固定资产投资排名第四的辽宁省，建筑业总产值名列第十位。

固定资产投资前15位的省市中，除内蒙古和吉林之外，其他13个省市建筑业总产值均排名在前15位。值得关注的是，北京、上海固定资产投资虽然不高，但建筑业总产值排名在第5位和第6位，说明这两市完成的产值中有相当一部分是在外省市完成的，企业对外拓展能力较强。表1为2008年各地固定资产投资与建筑业总产值排序对比。

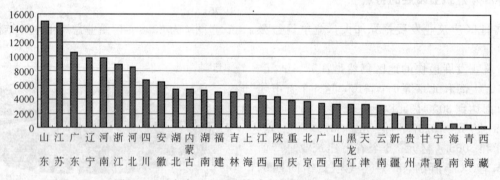

图9 2008年各地区固定资产投资排序(单位：亿元)

2008年各地固定资产投资与建筑业总产值排序对比(亿元)　　　　　　　　　　　　　　　　表1

	地　区	固定资产投资		地　区	建筑业总产值
1	山　东	14911.70	1	江　苏	8308.46
2	江　苏	14758.36	2	浙　江	8040.76
3	广　东	10543.67	3	山　东	3787.80
4	辽　宁	9814.68	4	广　东	3375.03
5	河　南	9799.94	5	上　海	3071.76
6	浙　江	8903.48	6	北　京	3065.38
7	河　北	8475.13	7	河　南	2826.07
8	四　川	6781.46	8	湖　北	2597.65

续表

	地 区	固定资产投资		地 区	建筑业总产值
9	安徽	6416.25	9	四川	2536.97
10	湖北	5412.64	10	辽宁	2512.65
11	内蒙古	5387.28	11	湖南	2286.67
12	湖南	5242.65	12	河北	1903.44
13	福建	5039.42	13	安徽	1884.09
14	吉林	4997.74	14	福建	1860.75
15	上海	4786.63	15	陕西	1649.29

2008年建筑业总产值增长最快的地区是陕西、海南、河南、吉林，涨幅分别为40.6%、35.1%、31.3%和30.4%。陕西和河南连续两年增长速度都排在前四位。具体增长率排序见图10。

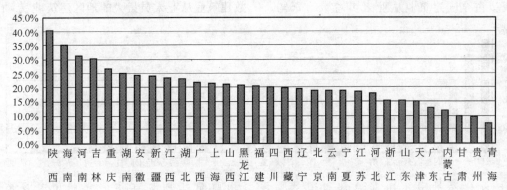

图10 2008年各地区建筑业总产值增长率排序

除传统建筑业发达地区，如山东、江苏、广东、浙江、河南、四川固定资产投资规模较大之外，辽宁、河北、安徽、湖北、内蒙古等地固定资产投资规模也比较大，对于当地建筑业的发展具有一定的拉动作用。

（三）建筑业发达地区继续保持较强的发展潜力

2008年，全国建筑业合同总额首次突破100000亿元，达到101141.85亿元，其中上年结转合同额为37722.46亿元，本年新签合同额为63419.39亿元。签订建筑业合同总额居前六位的地区是浙江、江苏、广东、北京、上海和湖北。与2007年相比，湖北省取代山东省越居第六位。前六位省市签订合同额共达49941.2亿元，接近全国签订合同总额的50%。其中，浙江和江苏仍然保持第一和第二，发展潜力强劲，两省建筑业企业签订的合同总额均超过10000亿元，分别达到13527.33亿元和11480.34亿元。北京2008年签订合同总额达6316.17亿元，超过上海、湖北、山东，排名第四。见图11、图12。

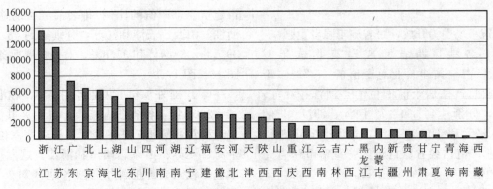

图11 2008年各地区建筑业合同额排序（单位：亿元）

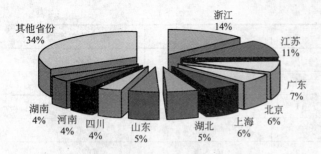

图 12 2008年各地区建筑业合同总额构成图

（四）多数建筑业从业人员量大的地区，建筑业劳动生产率普遍低

2008年，全国建筑业从业人员超过百万人的省份共12个，比2007年增加一个省份，12个省份建筑业从业人员占全国建筑业从业人员总数的76%。江苏、浙江居前两位，建筑业从业人员分别为464.33万人和452.43万人，山东、四川居第三、四位，建筑业从业人员分别为269.07万人和192.01万人，第五至第十二位的省份是河南、广东、湖南、湖北、安徽、福建、河北和辽宁。见图13。

建筑业劳动生产率（按建筑业总产值计算）最高的地区集中在特大城市。2008年建筑业劳动生产率最高的仍然是天津、上海和北京，分别为306914元/人、282260元/人和201303元/人。湖北、广东和陕西分列第四、第五和第六，分别为192226元/人、188029元/人和187807元/人。见图14。建筑业从业人员超过百万人的地区中，仅有浙江、湖北、广东三省的建筑业劳动生产率超过18万元/人，多数建筑业从业人员量大的地区建筑业劳动生产率有

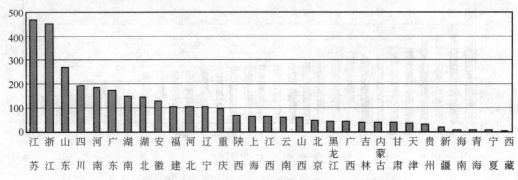

图 13 2008年各地区建筑业从业人员数量排序（单位：万人）

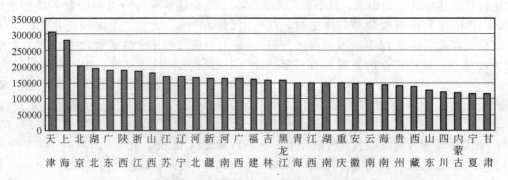

图 14 2008年各地区建筑业劳动生产率排序（单位：元/人）

待提高。

（五）建筑市场更为开放，跨省施工强者更强

2008年，各地区跨省完成建筑业总产值16906.6亿元，占全国建筑业总产值的27.7%。跨省完成建筑业总产值居于前四位的是浙江、江苏、北京和上海，分别达到3617.75亿元、2977.09亿元、1487.35亿元和915.83亿元。这四个省市跨省完成的建筑业产值占各省、自治区、直辖市跨省完成建筑业产值总和的53%。见图15。

"外向度"（跨省完成的建筑业总产值占本省、市建筑业总产值的比例）排名前五位的地区是北京、浙江、山西、天津和江苏，分别达到48.5%、45%、39.7%、37.4%和35.8%，对外拓展业务力度较大。图16、图17。

（六）对外承包工程业务主要集中在沿海省份

2008年，各省、直辖市、自治区共完成对外承包工程营业额447.9亿美元，排名前六位的是广东、上海、江苏、山东、四川和浙江。这六个省份对外承包工程完成营业额占全国各地区对外承包工程全部营业额的50.2%。见图18。

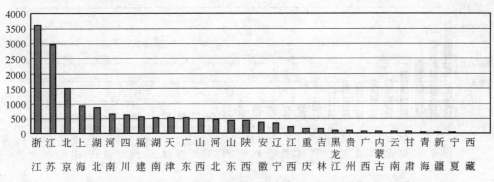

图 15　2008 年各地区跨省完成的建筑业产值排序（单位：亿元）

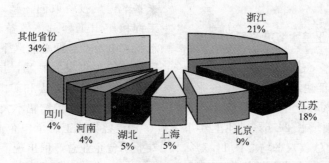

图 16　2008 年各地区跨省完成建筑业产值比例

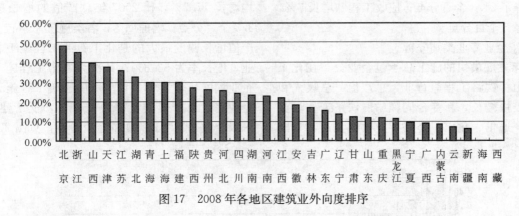

图 17　2008 年各地区建筑业外向度排序

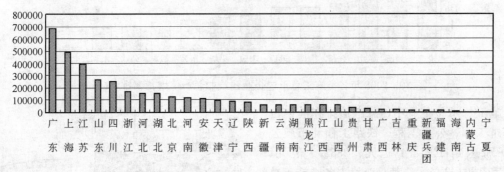

图 18　2008 年各地区对外承包工程完成营业额排序（万美元）

2008 年，各省、直辖市、自治区新签订对外承包工程合同总额达到 763.3 亿美元，同比增长 68.2%，排名前六位的是上海、广东、山东、北京、江苏和四川，这六个省市签订对外承包工程合同额占全国的 51.4%。见图 19。其中，北京完成营业额为第九位，而新签合同额为第四位，对外开拓能力进一步加强。见图 19。

上述资料显示，除北京、四川外，对外承包工程

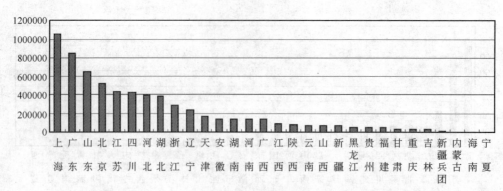

图19 2008年各地区对外承包工程新签合同额排序(万美元)

业务主要集中在沿海省份。

三、建筑业特、一级企业基本情况分析

根据住房和城乡建设部《建筑业特、一级企业快速调查统计快报》，2008年建筑业特、一级企业建筑业总产值平均增长17.7%，比上年下降3.3个百分点；新签工程承包合同额增长24.6%，比上年下降了0.6个百分点；建筑业总收入平均增长14.7%，比上年下降了6.6个百分点；企业利润增加5.6%，比上年下降了21.3个百分点；应收工程款增长7%，比上年下降6个百分点。

（一）按企业专业类别分析

2008年发展最快的施工总承包企业分布在化工石油、矿山、铁路工程等行业，总产值、总收入和利润都有较快增长。新签合同额中，铁路工程行业高居榜首，通信、化工、公路行业紧随其后，与国家基本建设投资取向一致。通信工程、港口与港道工程和矿山工程总体效益较好，产值利润率较高。水利水电行业企业总收入下降，但利润率仍然较高。房屋建筑工程发展平稳，虽然总量较大，但利润率偏低。水利水电工程和矿山工程应收工程款比上一年度有所增长，但增幅不大。

1. 各类施工总承包企业总产值增速回落，少数专业承包企业总产值出现下滑

2008年，建筑业特、一级企业建筑业总产值平均增长17.7%，比2007年总产值的增长速度降低3.3个百分点，增速回落。各类施工总承包企业中总产值增长幅度最大的是化工石油工程施工总承包企业，增长率为53.8%；其次为通信工程施工总承包企业，增长率为37.5%。房屋建筑工程施工总承包企业完成总产值增长率为16.1%，低于建筑业特、一级企业平均增长率1.6个百分点。见图20。

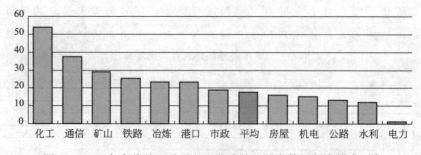

图20 2008年各类施工总承包企业建筑业总产值增长率排序(%)

在各类施工总承包企业中，总产值排在前四位的是房屋建筑工程、公路工程、铁路工程和市政公用工程，分别达到14218.1亿元、2383.5亿元、2068.4亿元和1204.2亿元，其总产值占各类施工总承包企业建筑业总产值的比例分别为58.7%、9.8%、8.5%和5.0%。见图21。

60个类别的专业承包企业中有5个专业建筑业总产值出现负增长，它们是环保工程专业、铁路电气化工程、水工金属结构制作与安装工程、核工程

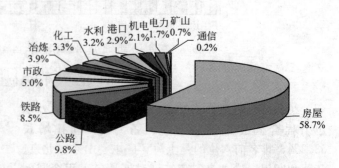

图21 2008年各类施工总承包企业建筑业总产值比例图

和城市及道路照明工程，下降幅度分别为33.6%、40.2%、30.1%、14.7%和4.0%。

2．各类别企业新签工程承包合同额趋势差异大

2008年特、一级建筑业企业新签合同额增长率平均为24.6%，施工总承包企业中铁路工程施工总承包企业新签合同额增长最快，增长幅度为81.2%；其次是通信工程施工总承包企业，增长幅度为72.1%。增幅最小的是房屋建筑工程施工总承包企业，增长幅度为12.4%。这与国家实施积极的财政政策，投资于铁路、通信等基础设施建设来拉动经济密切相关。见图22。

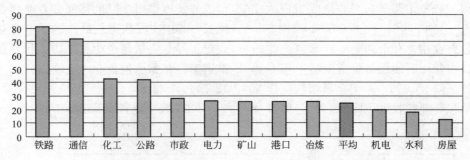

图22　2008年各类施工总承包企业新签合同额增长率排序(%)

在专业承包企业中，新签合同额增长的专业类别有32个，它们是地基与基础工程、土石方工程、建筑装修装饰工程、建筑幕墙工程、园林古建筑工程、钢结构工程、电梯安装工程、消防设施工程、建筑防水工程、防腐保温工程、附着升降脚手架、金属门窗工程、机电设备安装工程、建筑智能化工程、电信工程、电子工程、桥梁工程、公路路面工程、铁路电务工程、铁路铺轨架梁工程、机场场道工程、航道工程、水工建筑物基础处理工程、水利水电机电设备安装工程、河湖整治工程、核工程、炉窑工程、冶炼机电设备安装工程、化工石油设备管道安装工程、无损检测工程、海洋石油工程、体育场地设施工程。其中，增长幅度最高的是机场场道工程、土石方工程和建筑智能化工程专业承包企业，增长率分别为162.3%、101.9%和94.8%。新签合同额出现负增长的专业类别有12个，它们是水工金属结构制作与安装工程、环保工程、堤防工程、爆破与拆除工程、港口与海岸工程、管道工程、公路路基工程、城市及道路照明工程、送变电工程、隧道工程、铁路电气化工程和起重设备安装工程专业承包企业。其中，水工金属结构制作与安装工程、环保工程、堤防工程新签合同额下降幅度均大于50%。

3．各类施工总承包企业建筑业总收入差距加大，十类专业承包企业总收入下降

建筑业特、一级企业的建筑业总收入平均增长14.7%，低于建筑业总产值增长速度3个百分点。

各类施工总承包企业中，建筑业总收入增长最快的是化工石油工程施工企业，为48.0%；其次是矿山工程施工总承包企业，为30.7%。值得注意的是水利水电工程总承包企业总收入在连续多年增长之后，首次出现下降，降幅为27.7%，与其建筑业总产值增长12%，呈现出反方向。

60个专业承包工程类别中有10个专业的施工企业总收入出现下降，它们是化工石油设备管道安装工程、铁路电气化工程、环保工程专业、管道工程、城市及道路照明工程、水工金属结构制作与安装工程、港口与海岸工程、附着升降脚手架、电梯安装工程、隧道工程，下降幅度分别为84.7%、44.2%、30.6%、21.7%、18.1%、14.3%、6.1%、5.5%、4.7%、0.4%。总收入下降的专业类别比2007年增加6个。见图23。

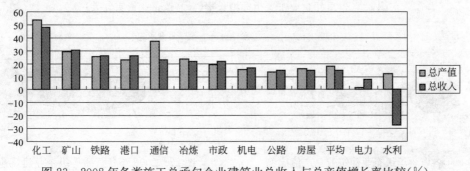

图23　2008年各类施工总承包企业建筑业总收入与总产值增长率比较(%)

4. 企业应收工程款有增长，但增长率低于建筑业总产值的增长率

2008年建筑业特、一级企业应收工程款比2007年增长7%，低于建筑业总产值增长幅度10.7个百分点。水利水电工程和矿山工程施工总承包企业应收工程款增长率最高，分别为27.9%和20.1%，应予以关注。冶炼工程和通信工程施工总承包企业应收工程款比2007年有所下降，分别下降11.9%和9.6%。见图24。

在专业承包企业中，有十三类专业承包企业的应收款下降，其中化工石油设备管道安装工程专业承包企业应收款下降95.2%，水工金属结构制作与安装工程专业承包企业应收款下降58.9%，城市及道路照明工程专业承包企业应收款下降33.4%，金属门窗工程专业承包企业应收款下降25.3%。其中，化工石油管道安装工程专业承包企业由2007年应收款增长最快的企业发展为2008年应收款下降最快的企业。应收款下降表明近年来企业不断提高风险防范意识，同时政府清理拖欠工程款的长效机制正在形成并发挥作用。但也有部分专业企业应收款出现增长，其中应收款增长最快的3个专业是体育场地设施工程专业承包企业、堤防工程专业承包企业和航道工程专业承包企业，应收款分别增长175.7%、120.4%和82.8%。

（二）按企业资质等级分析

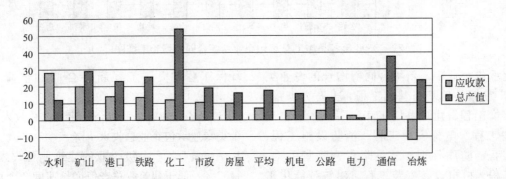

图24　2008年各类施工总承包企业应收工程款与建筑业总产值增长比较（%）

2008年，施工总承包特级企业新签工程承包合同额增长最快，增幅为33.6%，为施工总承包一级企业合同额增幅的1.8倍。特级企业总产值增幅也最高，达到20%，但利润总额大幅下降，由2007年利润增长44.6%变为亏损8.7%。

施工总承包一级企业总收入和利润总额增长最快，分别达到16.4%和15.6%，而应收工程款涨幅仅为9%。专业承包一级企业合同额增幅高于总承包一级企业，应收工程款比上年下降7.8个百分点。见图25～图27。

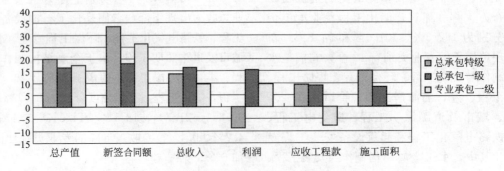

图25　2008年企业主要指标增长率（%）（按企业资质分类）

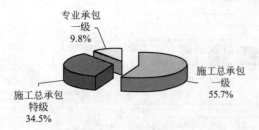

图26　2008年各资质等级企业建筑业总产值比例

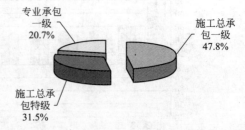

图27　2008年各资质等级企业建筑业利润比例

（三）按企业注册地区分析

西部地区特、一级企业新签工程承包合同额和建筑业总产值增长最快，分别为38.3%和20.9%，但总收入不升反降，比上年收入下降2.5%。中部地区特、一级企业建筑业总收入和利润增长最快，分别为22.5%和16.9%，中部地区施工面积增长率最低，为9.6%。东部地区特、一级企业新签合同额和建筑业总产值增长幅度最小，分别为20.6%和16.8%，低于中、西部地区涨幅，但应收款增长率高于中、西部地区。见图28～图30。

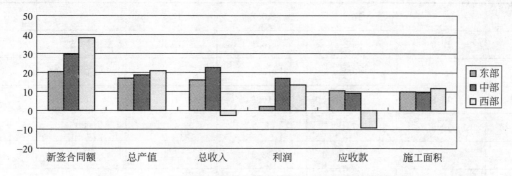

图28　2008年企业主要指标增长率（%）（按企业注册地分类）

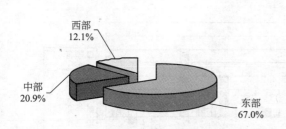

图29　2008年各地区企业建筑业总产值比例

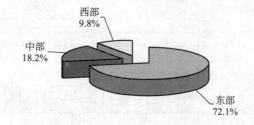

图30　2008年各地区企业利润比例

1. 各地区新签工程承包合同额均有增长

2008年各地区特、一级企业新签工程承包合同额比上年平均增长24.6%。其中，中、西部地区增长率高于平均水平，分别达到29.4%和38.3%。新签工程承包合同额增长率排在前三位的地区是西藏、青海和黑龙江，分别达到204.4%、106%和88.1%。

2. 局部地区总产值出现负增长

2008年各地区特、一级企业总产值比上年平均增长17.7%，中、西部地区总产值增长率高于平均水平，分别达到18.9%和20.9%。总产值增长最快的是黑龙江、新疆和贵州，分别为53.3%、39.4%和35.8%。西藏和青海出现负增长，总产值比上年减少9.1%和2.7%。

3. 西部地区总收入呈现负增长

2008年各地区特、一级企业总收入比上年平均增长14.7%，中部地区收入增长率最高，为22.5%，东部地区收入增长率为16.1%，西部地区收入呈现负增长，比上年减少2.5%，其中云南和新疆收入下降最多，分别下降73.9%和41.8%。

4. 行业总体利润偏低，9省市利润下降

2008年各地区特、一级企业利润总额比上年平均增长5.6%。但是，有9个省市出现利润下降，分别是西藏、新疆、北京、吉林、黑龙江、贵州、海南、重庆和广东，利润分别降低80.1%、37.1%、26.3%、24.3%、9.2%、8%、3.1%、1.7%和0.3%。

（四）按企业登记注册类型分析

2008年，港澳台建筑业特、一级企业发展基本面良好，建筑业总产值、总收入和施工面积涨幅均为最高，但是利润增长由上年度的196.5%降低到7.4%，成本比例增大；应收工程款下降4.8%。私营特、一级企业发展势头良好，新签工程承包合同额和利润增长幅度最高，分别达到63.2%和25.4%，但施工面积比上年度减少25.2%。说明该类企业单位面积上产生的利润最高，企业负担少，成本控制严。国有特、一级企业总产值和新签工程承包合同额增长率均高于集体所有制特、一级企业，但总收入和利润增长率均低于集体所有制特、一级企业。集体所有制特、一级企业的应收工程款增长率最高，达到29.5%。国有和集体所有制特、一级企业的总产值和新签合同额增长率均低于外商投资和港澳台特、一级企业。国有和集体所有制特、

一级企业市场份额比2007年减少1.8个百分点。见表2，图31～图33。

按登记注册类型统计的建筑业企业主要指标　　表2

企业所有制类别	总产值增长率（%）	合同额增长率（%）	总收入增长率（%）	利润增长率（%）	应收工程款增长率（%）	施工面积增长率（%）
国有	17.7	18.1	10.7	17.2	8.5	7.5
集体	12.8	6.2	16.1	19.4	29.5	1.0
私营	8.1	63.2	15.2	25.4	13.5	-25.2
有限公司	17.8	28.0	16.6	1.5	6.0	11.4
外商	19.3	27.1	8.6	6.0	8.5	-5.3
港澳台	22.6	21.7	18.9	7.4	-4.8	19.8
其他	-6.0	-25.2	22.5	0.8	50.1	5.7

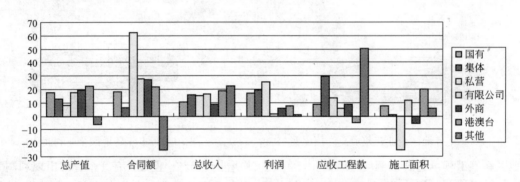

图31　2008年企业主要指标增长率(%)（按登记注册类型分类）

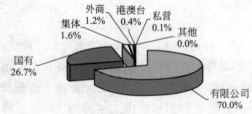

图32　2008年各类企业建筑业总产值比例　　　　图33　2008年各类企业建筑业利润比例

说明：

各项统计数据均未包括香港特别行政区、澳门特别行政区和台湾省。

参考资料：

1. 国家统计局《2008年国民经济和社会发展统计公报》
2. 国家统计局《2008年建筑业企业生产情况统计快报》
3. 住房和城乡建设部《2008年1～12月份建筑业特、一级企业快速调查统计快报》
4. 国家统计局《2008年企业商品价格指数》
5. 2008年《中国统计年鉴》
6. 商务部合作司《2008年我国对外承包工程、劳务合作和设计咨询业务统计》
7. 商务部合作司《2008年我国对外承包工程业务完成营业额分省区市排名》
8. 商务部合作司《2008年我国对外承包工程业务新签合同额省区市排名》

（住房和城乡建设部财务与外事司　中国建筑业协会执笔人：赵慧珍　王秀兰　程飞　李雪菊）

2008年建设工程监理统计公报

依据《建设工程监理统计报表制度》，我们对2008年度全国具有资质的建设工程监理企业基本数据进行了统计，截至2009年5月，完成了数据汇总，有关情况汇总分析如下：

一、企业的分布情况

2008年度参加统计的全国建设工程监理企业6080个，与上年相比增长0.61%。其中，综合资质企业17个；甲级企业1695个，增长16.15%；乙级企业2221个，增长5.61%；丙级企业2146个，下降12.98%；事务所资质1个。具体分布见表1～表3：

二、从业人员情况

2008年年末工程监理企业从业人员542526人，与上年相比增长5.44%。其中，正式聘用人员411614人，占年末从业人员总数的75.87%；临时聘用人员130912人，占年末从业人员总数的24.13%；从事工程监理的生产人员为418860人，占年末生产人员总数的80.84%。

2008年年末工程监理企业专业技术人员494845人，与上年相比增长6.31%。其中，高级职称86313人，中级职称231203人，初级职称123733人，其他人员53596人。专业技术人员占年末从业人员总数的91.21%。

2008年年末工程监理企业注册执业人员为122155人，与上年相比增长22.35%。其中，注册监理工程师为89277人，与上年相比增长25.51%，占总注册人数的73.09%；其他注册执业人员为32878人，

全国建设工程监理企业按地区分布情况 表1

地区名称	北京	天津	河北	山西	内蒙古	辽宁	吉林	黑龙江
企业个数	253	74	319	191	205	291	158	176
地区名称	上海	江苏	浙江	安徽	福建	江西	山东	河南
企业个数	219	512	279	193	177	172	435	282
地区名称	湖北	湖南	广东	广西	海南	重庆	四川	贵州
企业个数	227	195	427	149	38	111	258	46
地区名称	云南	西藏	陕西	甘肃	青海	宁夏	新疆	其他
企业个数	163	21	182	111	50	48	90	28

全国建设工程监理企业按工商登记类型分布情况 表2

工商登记类型	国有企业	集体企业	股份合作	有限责任	股份有限	私营企业	其他类型
企业个数	639	61	58	3654	520	1094	54

全国建设工程监理企业按资质类别分布情况 表3

资质类别	综合资质	房屋建筑工程	冶炼工程	矿山工程	化工石油工程	水利水电工程
企业个数	17	5127	57	35	131	75
资质类别	电力工程	农林工程	铁路工程	公路工程	港口与航道工程	航天航空工程
企业个数	162	41	56	30	17	5
资质类别	通信工程	市政公用工程	机电安装工程	事务所资质		
企业个数	18	305	3	1		

本统计涉及专业资质工程类别的统计数据，均按主营业务划分。

占总注册人数的 26.91%。

三、业务承揽情况

2008年度工程监理企业承揽合同额 755.64 亿元，其中监理合同额 472.96 亿元，项目管理与咨询服务合同额 25.35 亿元，招标代理合同额 20.01 亿元，工程造价咨询合同额 89.23 亿元，其他业务合同额 148.09 亿元，监理合同额占总业务量的 62.59%。

四、财务收入情况

2008年度工程监理企业全年营业收入 657.44 亿元，与上年相比增长 24.82%。其中工程监理收入 332.82 亿元，与上年相比增长 23.23%；项目管理与咨询服务收入 73.02 亿元，与上年相比增长 55.17%；招标代理收入 14.71 亿元，与上年相比增长 53.55%；造价咨询收入 48.49 亿元，与上年相比增长 430.65%；其他收入 188.40 亿元，与上年相比下降 1.27%；监理收入占总营业收入的 50.62%。

从统计报表数据汇总情况看，整个监理行业的营业收入增幅连续三年保持在 20% 以上，增长速度较快，受国际金融危机冲击并不明显。

（住房和城乡建设部建筑市场监管司）

2008 年全国工程监理企业监理收入前 100 名

序号	企业名称	工程监理收入（万元）	企业主营业务	资质等级	年末从业人员合计（人）
1	中咨工程建设监理公司	17567.00	房屋建筑工程	甲级	1445
2	上海建科建设监理咨询有限公司	17396.00	房屋建筑工程	甲级	2180
3	铁科院(北京)工程咨询有限公司	14675.00	铁路工程	甲级	1232
4	上海同济工程项目管理咨询有限公司	13277.75	房屋建筑工程	甲级	1229
5	长江三峡技术经济发展有限公司	12320.68	水利水电工程	甲级	962
6	铁四院(湖北)工程监理咨询有限公司	11766.00	铁路工程	甲级	1379
7	浙江江南工程管理股份有限公司	11717.00	房屋建筑工程	甲级	1151
8	深圳市中海建设监理有限公司	11508.93	房屋建筑工程	甲级	1140
9	四川电力工程建设监理有限责任公司	11501.00	电力工程	甲级	476
10	英泰克工程顾问(上海)有限公司	11455.00	房屋建筑工程	综合	1163
11	浙江电力建设监理有限公司	11387.00	电力工程	甲级	613
12	华铁工程咨询有限责任公司	11318.00	铁路工程	甲级	1249
13	北京赛瑞斯国际工程咨询有限公司	11180.00	房屋建筑工程	综合	785
14	北京铁城建设监理有限责任公司	11115.00	铁路工程	甲级	1478
15	山东诚信工程建设监理有限公司	10689.65	电力工程	甲级	1036
16	四川二滩国际工程咨询有限责任公司	10396.00	水利水电工程	甲级	760
17	上海宝钢建设监理有限公司	10340.87	冶炼工程	综合	997
18	上海建通工程建设有限公司	10040.92	房屋建筑工程	甲级	940
19	江苏兴源电力建设监理有限公司	9856.00	电力工程	甲级	651
20	上海市建设工程监理有限公司	9748.83	房屋建筑工程	综合	941
21	天津电力工程监理有限公司	9598.60	电力工程	甲级	497

2008年全国工程监理企业监理收入前100名

续表

序号	企业名称	工程监理收入（万元）	企业主营业务	资质等级	年末从业人员合计（人）
22	江苏建科建设监理有限公司	9290.78	房屋建筑工程	甲级	671
23	达华工程管理(集团)有限公司	9210.00	房屋建筑工程	甲级	713
24	北京双圆工程咨询监理有限公司	9167.23	房屋建筑工程	甲级	745
25	中国水利水电建设工程咨询西北公司	9020.00	水利水电工程	甲级	972
26	北京兴油工程建设监理有限公司	8980.50	化工石油工程	甲级	701
27	湖南电力建设监理咨询有限责任公司	8886.00	电力工程	甲级	942
28	天津新亚太工程建设监理有限公司	8650.20	铁路工程	甲级	610
29	中国水利水电建设工程咨询中南公司	8380.44	水利水电工程	甲级	753
30	甘肃铁一院工程监理有限责任公司	8361.00	铁路工程	甲级	818
31	郑州中兴工程监理有限公司	8006.00	房屋建筑工程	综合	632
32	北京市驰跃翔工程监理有限责任公司	7775.06	通信工程	甲级	634
33	重庆赛迪工程咨询有限公司	7762.24	房屋建筑工程	综合	441
34	上海天佑工程咨询有限公司	7705.00	房屋建筑工程	甲级	896
35	河南立新监理咨询有限公司	7635.00	电力工程	综合	1111
36	廊坊中油朗威监理有限责任公司	7426.00	化工石油工程	甲级	628
37	北京建工京精大房工程建设监理公司	7400.00	房屋建筑工程	综合	692
38	广州珠江工程建设监理公司	7374.50	房屋建筑工程	甲级	688
39	广东达安工程项目管理有限公司	7273.22	房屋建筑工程	甲级	920
40	东北电力建设监理有限公司	7206.00	电力工程	甲级	366
41	厦门市路桥咨询监理有限公司	7023.59	市政公用工程	甲级	548
42	大庆石油工程监理有限公司	6930.06	化工石油工程	综合	642
43	上海海龙工程技术发展有限公司	6925.79	房屋建筑工程	甲级	645
44	深圳市都信建设监理有限公司	6902.03	房屋建筑工程	甲级	523
45	河北电力建设监理有限责任公司	6893.90	电力工程	甲级	693
46	江西诚达工程咨询监理有限公司	6860.00	电力工程	综合	953
47	江苏邮通建设监理有限公司	6658.69	通信工程	甲级	690
48	北京华联电力工程监理公司	6516.00	电力工程	甲级	556
49	广东创成建设监理咨询有限公司	6494.00	电力工程	甲级	436
50	重庆联盛建设项目管理有限公司	6323.23	房屋建筑工程	综合	592
51	建研凯勃建设工程咨询有限公司	6305.00	房屋建筑工程	甲级	635
52	吉林工程建设监理公司	6234.00	化工石油工程	甲级	780
53	上海三维工程建设咨询有限公司	6228.00	市政公用工程	甲级	813
54	上海市工程建设咨询监理有限公司	6207.33	房屋建筑工程	甲级	859
55	安徽省建设监理有限公司	6203.00	房屋建筑工程	甲级	736
56	成都西南交大工程建设咨询监理有限责任公司	6200.00	铁路工程	甲级	632
57	西北电力建设工程监理有限责任公司	6179.23	电力工程	甲级	758
58	上海宏波工程咨询管理有限公司	6169.00	水利水电工程	甲级	573
59	广州建筑工程监理有限公司	5968.09	房屋建筑工程	甲级	650
60	北京中铁诚业工程建设监理有限公司	5897.00	铁路工程	甲级	638

续表

序号	企业名称	工程监理收入（万元）	企业主营业务	资质等级	年末从业人员合计（人）
61	胜利油田胜利建设监理有限责任公司	5890.00	化工石油工程	甲级	671
62	上海斯美科汇建设工程咨询有限公司	5839.00	市政公用工程	甲级	364
63	广州电力工程监理有限公司	5838.63	电力工程	甲级	158
64	沈阳铁路建设监理有限公司	5797.00	铁路工程	甲级	359
65	广州市市政工程监理有限公司	5753.49	市政公用工程	综合	462
66	浙江华东工程咨询有限公司	5743.27	水利水电工程	甲级	457
67	乌鲁木齐铁建监理咨询有限公司	5730.00	铁路工程	甲级	680
68	中铁武汉大桥工程咨询监理有限公司	5633.00	市政公用工程	甲级	316
69	北京中景恒基工程管理有限公司	5613.20	房屋建筑工程	甲级	567
70	西安铁一院工程咨询监理有限责任公司	5603.98	铁路工程	甲级	737
71	黑龙江电力建设监理有限责任公司	5593.43	电力工程	甲级	353
72	山西省交通建设工程监理总公司	5580.95	公路工程	甲级	814
73	安徽省电力工程监理有限责任公司	5578.00	电力工程	甲级	591
74	四川二滩建设咨询有限公司	5517.83	水利水电工程	甲级	493
75	长春国电建设监理有限公司	5455.50	电力工程	甲级	391
76	北京逸群工程咨询有限公司	5438.95	市政公用工程	甲级	323
77	江苏华宁交通工程咨询监理公司	5377.56	公路工程	甲级	748
78	上海浦惠建设管理有限公司	5367.00	房屋建筑工程	甲级	213
79	北京铁研建设监理有限责任公司	5341.00	铁路工程	甲级	680
80	西安长庆工程建设监理有限公司	5315.68	化工石油工程	甲级	498
81	深圳市威彦达电力工程监理有限公司	5273.00	电力工程	甲级	153
82	北京国电德胜工程监理有限公司	5200.00	电力工程	甲级	421
83	中国华西工程设计建设有限公司	5130.31	市政公用工程	甲级	750
84	中外建天利（北京）工程监理咨询有限公司	5126.50	房屋建筑工程	综合	420
85	上海市市政工程管理咨询有限公司	5103.23	市政公用工程	甲级	494
86	山东恒建工程监理咨询有限公司	5098.00	公路工程	甲级	580
87	上海建浩工程顾问有限公司	5042.27	房屋建筑工程	甲级	576
88	贵州三维工程建设监理咨询有限公司	5012.00	房屋建筑工程	甲级	525
89	四川铁科建设监理有限公司	5009.50	铁路工程	甲级	693
90	甘肃光明电力工程咨询监理有限责任公司	4980.00	电力工程	甲级	439
91	湖南省交通建设工程监理有限公司	4966.00	公路工程	甲级	565
92	云南电力建设监理咨询有限责任公司	4852.31	电力工程	甲级	522
93	北京帕克国际工程咨询有限公司	4838.00	房屋建筑工程	甲级	535
94	厦门高诚信建设监理有限公司	4833.00	房屋建筑工程	甲级	468
95	合肥工大建设监理有限责任公司	4826.00	房屋建筑工程	甲级	590
96	昆明建设咨询监理公司	4772.00	房屋建筑工程	综合	488
97	北京铁建工程监理有限公司	4761.26	铁路工程	甲级	369
98	郑州中原铁道建设工程监理有限公司	4700.00	铁路工程	甲级	632
99	中国水电顾问集团中南勘测设计研究院	4617.74	水利水电工程	甲级	1529
100	浙江明康工程咨询有限公司	4603.50	市政公用工程	甲级	382

2008年工程建设项目招标代理机构统计公报

一、企业的分布情况

2008年度参加统计的全国工程招标代理机构共4961个。按照资格等级划分,其中,甲级工程招标代理机构1047个,乙级工程招标代理机构2316个,暂定级工程招标代理机构1598个。具体分布见表1、表2:

全国工程招标代理机构地区分布情况　　　　　表1

地区名称	北京	天津	河北	山西	内蒙古	辽宁	吉林	黑龙江
企业个数	272	73	246	137	64	218	133	99
地区名称	上海	江苏	浙江	安徽	福建	江西	山东	河南
企业个数	158	386	326	192	135	184	381	182
地区名称	湖北	湖南	广东	广西	海南	重庆	四川	贵州
企业个数	213	147	372	110	22	105	196	72
地区名称	云南	西藏	陕西	甘肃	青海	宁夏	新疆	
企业个数	120	14	163	76	26	27	112	

全国工程招标代理机构按工商登记类型分布情况　　　　　表2

工商登记类型	国有企业	集体企业	股份合作	有限责任	股份有限	私营企业	其他类型
企业个数	228	26	78	2122	561	1895	51

二、工程招标代理机构的人员情况

2008年年末工程招标代理机构从业人员合计290251人,其中,正式聘用人员249884人,占年末从业人员总数的86.1%;临时工作人员40367人,占年末从业人员总数的13.9%。

2008年年末工程招标代理机构正式聘用人员中专业技术人员合计230881人,其中,高级职称人员45135人,中级职称112011人,初级职称49977人,其他人员23758人。专业技术人员占年末正式聘用人员总数的92.4%。

2008年年末工程招标代理机构正式聘用人员中注册执业人员合计61490人,其中,注册造价工程师31559人,占总注册人数的51.3%;其他工程建设类注册执业人员28505人,占总注册人数的46.4%;其他注册执业人员1426人,占总注册人数的2.3%。

三、业务承揽情况

2008年度工程招标代理机构承揽合同约定酬金合计513.59亿元,其中,工程招标代理承揽合同约定酬金为101.17亿元,占总承揽合同约定酬金的19.7%;工程监理承揽合同约定酬金为121.01亿元;工程造价咨询承揽合同约定酬金为48.43亿元;项目管理与咨询服务承揽合同约定酬金为99.54亿元;其他业务承揽合同约定酬金为143.44亿元。

四、财务收入情况

2008年度工程招标代理机构的营业收入总额为977.22亿元,其中,工程招标代理收入85.15亿元,占营业收入总额的8.7%;工程监理收入111.70亿元,工程造价咨询收入65.72亿元,工程项目管理与咨询服务收入120.45亿元,其他收入594.20亿元。

(住房和城乡建设部市场监管司)

2008年度工程招标代理机构工程招标代理收入前100名

序号	企业名称	工程招标代理收入(万元)	资质等级	年末从业人员合计(人)
1	中电技国际招标有限责任公司	29458.50	甲级	173
2	江苏天源招标有限公司	13163.10	甲级	28
3	华电招标有限公司	11443.81	甲级	54
4	国信招标集团有限公司	10297.00	甲级	96
5	中冶京诚工程技术有限公司	10264.80	甲级	155
6	浙江浙电工程招标咨询有限公司	5566.59	甲级	42
7	中招国际招标有限公司	4626.63	甲级	116
8	山东鲁能三公招标有限公司	3960.00	甲级	39
9	上海宝华国际招标有限公司	3901.00	甲级	66
10	神华国际贸易有限责任公司	3895.20	甲级	126
11	华杰工程咨询有限公司	3809.00	甲级	134
12	安徽皖电招标有限公司	3534.00	乙级	33
13	上海百通项目管理咨询有限公司	3510.00	甲级	205
14	上海申邑工程咨询有限公司	3376.12	甲级	212
15	河北省成套招标有限公司	3362.00	甲级	62
16	陕西银河招标有限责任公司	3321.00	甲级	52
17	北京求实工程管理有限公司	3116.00	甲级	82
18	深圳市国际招标有限公司	3109.22	甲级	50
19	河南豫信招标有限责任公司	3093.00	甲级	32
20	北京京供民科技开发中心	3058.00	甲级	63
21	中能电力科技开发有限公司	3040.00	乙级	69
22	北京国电工程招标有限公司	3011.89	甲级	27
23	湖南创业电力招标代理有限公司	2928.96	甲级	53
24	四川建科工程建设管理有限公司	2924.33	甲级	217
25	重庆聚诚招标代理有限公司	2901.00	乙级	53
26	新疆新能物资集团有限责任公司	2851.41	甲级	35
27	山西电能工程招标代理有限公司	2828.09	甲级	40
28	北京中交建设工程招标有限公司	2771.78	甲级	56
29	山东省建设工程招标中心有限公司	2698.00	甲级	40

2008 年度工程招标代理机构工程招标代理收入前 100 名

续表

序号	企业名称	工程招标代理收入(万元)	资质等级	年末从业人员合计(人)
30	东北电力集团成套设备有限公司	2651.42	暂定级	35
31	国网新源建设有限公司	2646.00	乙级	101
32	天津市泛亚工程机电设备咨询有限公司	2643.56	甲级	66
33	福建省兴闽咨询有限公司	2562.64	甲级	41
34	中煤招标有限责任公司	2408.00	甲级	32
35	吉林省吉能招标有限公司	2338.00	甲级	28
36	四川阳光电力招标有限责任公司	2336.34	乙级	47
37	北京国际电气工程有限责任公司	2254.03	甲级	32
38	上海东方投资监理有限公司	2236.20	甲级	210
39	河南电力物资公司	2063.00	乙级	158
40	中龙国际招标有限公司	2046.12	甲级	32
41	山西协诚工程招标代理有限公司	2026.00	甲级	51
42	上海中鑫建设咨询有限公司	1994.80	甲级	41
43	辽宁工程招标公司	1950.00	甲级	65
44	广州电力工程监理有限公司	1945.82	甲级	158
45	国电龙源电力技术工程有限责任公司	1935.20	甲级	110
46	上海市上投招标公司	1911.36	甲级	48
47	江西省电力物资公司	1876.00	乙级	101
48	北京市京发招标有限公司	1862.58	甲级	75
49	河南省机电设备招标股份有限公司	1845.31	甲级	42
50	济南建招工程咨询有限公司	1843.70	甲级	57
51	广西区建设工程机电设备招标中心	1827.20	甲级	78
52	中技国际招标公司	1818.88	甲级	156
53	河北安惠招标有限公司	1763.73	甲级	34
54	北京威宁谢工程咨询有限公司	1751.00	甲级	222
55	青海诚鑫招标有限公司	1742.00	甲级	29
56	甘肃电力物资公司	1703.02	乙级	114
57	湖北省成套招标有限公司	1662.36	甲级	52
58	广东省科源工程监理咨询公司	1646.02	甲级	148
59	天津国际招有限标公司	1575.50	甲级	52
60	广东粤源水利水电工程咨询有限公司	1553.00	甲级	92
61	广东省机电设备招标中心	1544.00	甲级	147
62	广东顶立工程咨询有限公司	1537.00	甲级	30
63	山西路华通工程咨询有限公司	1512.30	甲级	66
64	深圳京圳建设监理公司	1510.50	乙级	162
65	浙江省成套工程有限公司	1484.15	甲级	80

续表

序号	企业名称	工程招标代理收入(万元)	资质等级	年末从业人员合计(人)
66	青海万立招投标有限责任公司	1461.90	乙级	42
67	北京逸群工程咨询有限公司	1445.87	甲级	323
68	湖南中科项目管理有限公司	1444.49	甲级	55
69	河北宏信招标有限公司	1440.00	甲级	41
70	广东广机国际招标股份有限公司	1377.63	甲级	65
71	深圳高速工程顾问有限公司	1372.00	甲级	252
72	山东水务招标有限公司	1362.77	甲级	52
73	沈阳伊辉招标有限责任公司	1339.00	乙级	24
74	天津天保工程咨询有限公司	1336.00	甲级	30
75	厦门银盛建筑经济咨询有限公司	1329.34	甲级	32
76	四川华通建设工程造价管理有限责任公司	1326.93	甲级	125
77	北京华联电力工程监理公司	1314.00	甲级	556
78	北京京城招建设工程咨询有限公司	1313.90	甲级	64
79	重庆市弘禹水利咨询有限公司	1309.00	甲级	180
80	山西省招标有限公司	1305.00	乙级	72
81	湖北正信电力工程咨询有限公司	1293.56	乙级	126
82	北方国际电力工业有限公司	1290.90	暂定级	757
83	河北华能招标有限责任公司	1285.98	甲级	30
84	浙江天音管理咨询有限公司	1254.07	甲级	33
85	上海万国建设工程项目管理有限公司	1254.00	甲级	139
86	新疆维吾尔自治区建设工程设备招标中心	1248.76	甲级	28
87	广东电信建设开发有限公司	1230.25	甲级	110
88	浙江省工程咨询有限公司	1222.00	甲级	139
89	深圳市深水水务咨询有限公司	1174.34	乙级	352
90	云南招标股份有限公司	1169.46	甲级	64
91	新疆经纬招标有限责任公司	1162.67	甲级	31
92	安徽省国际招标有限责任公司	1150.32	甲级	70
93	昆明晨晟招标有限责任公司	1147.29	甲级	27
94	中国远东国际招标公司	1140.13	甲级	55
95	天津市森宇建筑技术法律咨询有限公司	1132.37	甲级	125
96	沈阳招标中心	1130.80	甲级	48
97	北京市建壮咨询有限公司	1120.78	甲级	37
98	上海翔波工程咨询有限公司	1120.38	甲级	28
99	重庆招标采购(集团)有限责任公司	1119.70	甲级	179
100	中仪国际招标公司	1117.00	甲级	79

2008 年全国工程勘察设计企业年报情况

根据 2008 年全国工程勘察设计企业年报数据统计，全国共有勘察设计企业 14667 个，与上年 14151 个相比，增加 516 个。2008 年各地工程勘察设计企业数量情况见图 1，最近 8 年工程勘察设计企业数量发展见图 2。

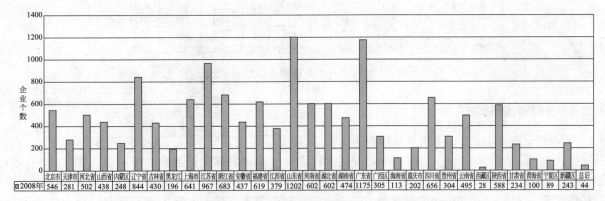

图 1　2008 年各地工程勘察设计行业企业发展图示

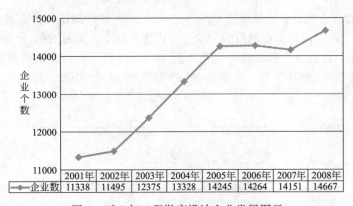

图 2　近 8 年工程勘察设计企业发展图示

一、企业资质情况

（一）持有行业资质、专业资质企业情况

1. 甲级企业 2927 个，为 2007 年的 106%，与上年 2757 个相比，增加 170 个。

2. 乙级企业 4204 个，为 2007 年的 103%，与上年 4062 个相比，增加 178 个。

3. 丙级企业 3913 个，为 2007 年的 101%，与上年 3861 个相比，增加 52 个。

（二）持有专项资质企业情况

持有专项证书的企业 3387 个，为 2007 年的 103%，与上年 3304 个相比，增加 83 个。

（三）持有工程咨询等其他类型资质企业情况

其他类型企业 236 个，为 2007 年的 141%，与上年 167 个相比，增加 69 个。

2008 年工程勘察设计企业资质等级构成见图 3，最近 8 年工程勘察设计企业资质等级发展见图 4。

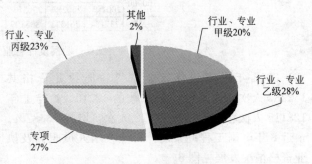

图 3　勘察设计企业资质等级构成图示

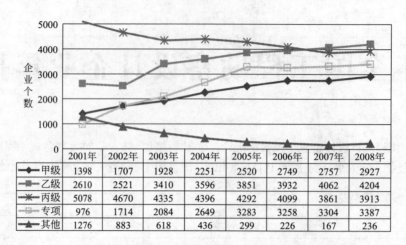

图 4　勘察设计企业资质等级发展图示

二、企业经济类型状况

（一）内资企业 14392 个，占企业总数 98%；

其中：国有企业 5054 个，占内资企业总数的 35%；

私营企业 1422 个，占内资企业总数的 10%；

集体企业 434 个，占内资企业总数的 3%；

有限责任公司 6019 个，占内资企业总数的 42%；

股份有限公司 1021 个，占内资企业总数的 7%；

其他类型企业 442 个，占内资企业总数的 3%。

（二）港、澳台商投资企业 137 个，占企业总数 1%。

（三）外商投资企业 138 个，占企业总数 1%。

三、企业人员状况

2008 勘察设计行业年末从业人员 124.91 万人，为 2007 年的 106%，与上年 117.52 万人相比，增加 7.39 万人。最近 8 年工程勘察设计行业从业人员数量发展见图 5。

2008 年勘察设计行业专业技术人员 87.86 万人，占年末从业人员总数的 70.34%。其中，具有高级职称 24.78 万人，占年末从业人员总数的 19.84%；具有中级职称 34.20 万人，占年末从业人员总数的 27.38%。

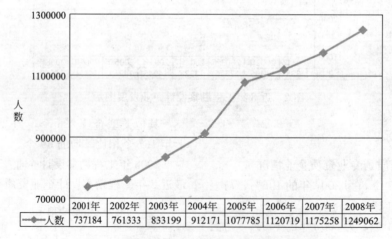

图 5　勘察设计行业从业人员数量发展图示

2008 年勘察设计行业取得注册执业资格共 152287 人次，占从业人员总数的 12.19%，与上年 128115 人次相比，增加 24172 人次，增长 18.87%。最近 8 年全国工程勘察设计行业技术人员职称及执业资格情况发展见图 6。

四、业务完成情况

（一）工程勘察

工程勘察完成合同额合计 334.18 亿元，与上年 270.74 亿元相比，增加 64.44 亿元，增长了 23.43%。

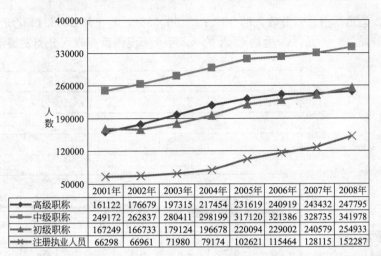

图 6　勘察设计行业技术人员职称及执业资格情况发展图示

（二）工程设计

工程设计完成合同额合计 1602.93 亿元，与上年 1398.52 亿元相比，增加 204.41 亿元，增长了 14.62%。

施工图完成投资额为 43758.63 亿元，与上年 36813.09 亿元相比，增加 6945.54 亿元，增长了 18.87%；施工图完成建筑面积 27.94 亿平方米，与上年 24.05 亿平方米相比，增加 3.89 亿平方米，增长了 16.17%。

（三）工程技术管理服务

工程技术管理服务完成合同额合计 319.26 亿元，与上年 268.80 亿元相比，增加 50.46 亿元，增长了 18.77%；其中工程咨询完成合同额 93.74 亿元，与上年 72.90 亿元相比，增加 20.84 亿元，增长了 28.59%。

（四）工程承包

工程承包完成合同额合计 3207.74 亿元，与上年 2471.29 亿元相比，增加 736.45 亿元，增长了 29.80%。

（五）境外工程

境外工程完成合同额合计 409.57 亿元，为上年 217.10 亿元的 1.9 倍；其中工程勘察设计合同额 46.60 亿元，是上年 33.76 亿元的 1.4 倍。

2008 年工程勘察设计行业完成各类合同额构成见图 7。

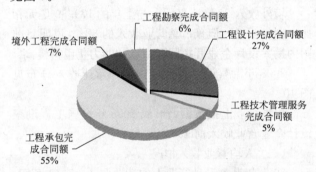

图 7　勘察设计行业完成各类合同额构成图示

五、财务状况

（一）企业营业收入状况

2008 年全国勘察设计企业全年营业收入总计 5968.33 亿元，为上年 127%。最近 8 年工程勘察设计行业全年营业收入发展情况见图 8。

其中：

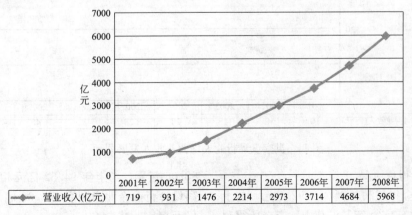

图 8　勘察设计行业全年营业收入发展图示

境内收入5690.72亿元，占总营业收入的95%；其中工程承包收入3218.33亿元，占境内收入的56.55%，与上年2363.49亿元相比，增长36%。最近8年境内营业收入分类发展情况见图9。

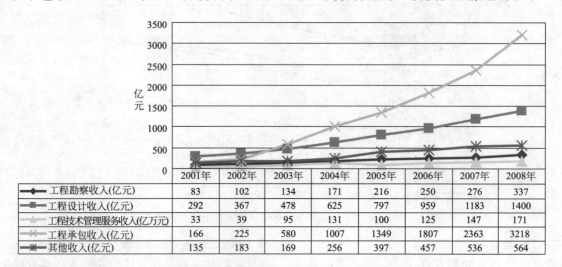

图9 勘察设计行业境内营业收入分类发展图示

	2001年	2002年	2003年	2004年	2005年	2006年	2007年	2008年
工程勘察收入(亿元)	83	102	134	171	216	250	276	337
工程设计收入(亿元)	292	367	478	625	797	959	1183	1400
工程技术管理服务收入(亿万元)	33	39	95	131	100	125	147	171
工程承包收入(亿元)	166	225	580	1007	1349	1807	2363	3218
其他收入(亿元)	135	183	169	256	397	457	536	564

境外收入277.61亿元，与上年的179.39亿元相比，增长明显，但只占总营业收入的5%，说明目前国内勘察设计企业开拓国际市场的能力仍亟待提高。

2008年勘察设计行业境内、外营业收入分布见图10。

根据企业上报数据，形成2008年全国工程勘察设计企业营业收入前100名排序。

（二）人均营业收入情况

2008年勘察设计行业人均营业收入47.78万元，与上年39.89万元相比，增长20%。最近8年工程勘察设计行业人均营业收入发展情况见图11。

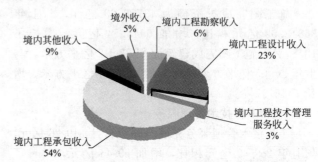

图10 勘察设计行业境内、外营业收入分布图示

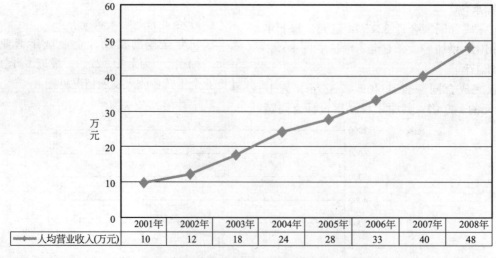

	2001年	2002年	2003年	2004年	2005年	2006年	2007年	2008年
人均营业收入(万元)	10	12	18	24	28	33	40	48

图11 勘察设计行业人均营业收入发展图示

（三）利润及所得税情况

勘察设计行业全年利润总额312.92亿元，与上年436.83亿元相比，减少28%；其中，应交所得税88.06亿元，与上年94.52亿元相比，减少7%。勘察设计行业企业净利润314.38亿元，与上年329.68亿元相比，减少4.6%。

六、科技活动状况

2008年勘察设计行业科技活动费用支出总额为132.72亿元,与上年111.92亿元相比,增加20.80亿元,增长了18.58%。

企业累计拥有专利12367项,与上年9915项相比,增加2452项,增长了24.73%;企业累计拥有专有技术9534项,与上年8548项相比,增加986项,增长了11.53%。

综上所述,2008年全国工程勘察设计行业规模继续扩大,从业人员队伍进一步发展壮大,执业资格人员数量持续增长,企业实力和科技活动投入明显提高。但由于受到金融危机影响,企业利润总额、应交所得税及净利润三项财务指标近5年来首次出现下降。

2008年全国工程勘察设计企业营业收入前100名

营业收入排名	企 业 名 称
1	中冶京诚工程技术有限公司
2	中国石化工程建设公司
3	中国水电工程顾问集团公司
4	中国寰球工程公司
5	中冶赛迪工程技术股份有限公司
6	中铝国际工程有限责任公司
7	中国石化集团洛阳石油化工工程公司
8	中冶南方工程技术有限公司
9	中冶焦耐工程技术有限公司
10	上海宝钢工程技术有限公司
11	中船第九设计研究院工程有限公司
12	中国石化集团宁波工程有限公司
13	合肥水泥研究设计院
14	中国联合工程公司(机械工业第二设计研究院、机械工业第三设计研究院、机械工业勘察设计研究院、中联西北工程设计研究院)
15	中国天辰工程有限公司
16	中国成达工程有限公司
17	中国恩菲工程技术有限公司
18	天津水泥工业设计研究院有限公司
19	中国京冶工程技术有限公司
20	中国建材国际工程有限公司
21	中国核电工程有限公司
22	中铁二院工程集团有限责任公司
23	中国纺织工业设计院
24	中国电力工程顾问集团西北电力设计院

续表

营业收入排名	企 业 名 称
25	中国石油集团工程设计有限责任公司
26	北京首钢国际工程技术有限公司
27	长江水利委员会长江勘测规划设计研究院
28	铁道第三勘察设计院集团有限公司
29	中铁第四勘察设计院集团有限公司
30	北京国电华北电力工程有限公司
31	中铁第一勘察设计院集团有限公司
32	中国建筑技术集团有限公司
33	中国航天建筑设计研究院(集团)
34	中国石化集团上海工程有限公司
35	上海现代建筑设计(集团)有限公司
36	国核电力规划设计研究院
37	中国水电顾问集团成都勘测设计研究院
38	北京矿冶研究总院
39	中冶北方工程技术有限公司
40	上海惠生化工工程有限公司
41	中国海诚工程科技股份有限公司
42	中国中材国际工程股份有限公司
43	泛华建设集团有限公司
44	中冶华天工程技术有限公司
45	中冶长天国际工程有限责任公司
46	中国中元国际工程公司
47	中国建筑设计研究院
48	赛鼎工程有限公司
49	胜利油田胜利工程设计咨询有限责任公司
50	五环科技股份有限公司
51	中国石油天然气管道工程有限公司
52	大庆油田工程有限公司
53	机械工业第四设计研究院
54	山东电力工程咨询院有限公司
55	中国水电顾问集团中南勘测设计研究院
56	东华工程科技股份有限公司
57	中国移动通信集团设计院有限公司
58	中国航空工业规划设计研究院
59	成都建筑材料工业设计研究院有限公司
60	华陆工程科技有限责任公司
61	中国公路工程咨询集团有限公司
62	太极计算机股份有限公司
63	上海市政工程设计研究总院

2008 年全国工程勘察设计企业营业收入前 100 名

续表

营业收入排名	企 业 名 称
64	中国电力工程顾问集团中南电力设计院
65	中色科技股份有限公司（原洛阳有色院）
66	中国电子工程设计院
67	上海市机电设计研究院有限公司
68	中国水电顾问集团昆明勘测设计研究院
69	同济大学建筑设计研究院（集团）有限公司
70	中国水电顾问集团西北勘测设计研究院
71	广东省电力设计研究院
72	中冶东方工程技术有限公司
73	五洲工程设计研究院（中国兵器工业第五设计研究院）
74	中交第一公路勘察设计研究院有限公司
75	中国水电顾问集团华东勘测设计研究院
76	宝钢金属有限公司
77	上海宝钢建筑工程设计研究院
78	中国电力工程顾问集团华东电力设计院
79	河北建设勘察研究院有限公司
80	北京全路通信信号研究设计院
81	中铁第五勘察设计院集团有限公司
82	北京市市政工程设计研究总院
83	中油辽河工程有限公司
84	中冶连铸技术工程股份有限公司
85	中国原子能科学研究院
86	中铁工程设计咨询集团有限公司
87	招商局重庆交通科研设计院有限公司
88	广西电力工业勘察设计研究院
89	中国核动力研究设计院
90	中交第二航务工程勘察设计院有限公司
91	中交第四航务工程勘察设计院有限公司
92	武汉凯迪电力工程有限公司
93	中煤国际工程集团北京华宇工程有限公司
94	中交公路规划设计院有限公司
95	中煤西安设计工程有限责任公司
96	中国新时代国际工程公司
97	北方设计研究院（中国兵器工业第六设计研究院）
98	信息产业电子第十一设计研究院有限公司
99	河南省电力勘测设计院
100	广州杰赛科技股份有限公司

2008年全国住房公积金管理情况

2008年，全国住房公积金系统深入学习实践科学发展观，加强监督检查，规范管理，提高服务水平，大力发展个人贷款业务，严格执行"控高保低"缴存政策，积极研究住房公积金支持经济适用住房建设试点方案，深入开展加强住房公积金管理专项治理，确保住房公积金缴存、提取和贷款业务持续健康发展。

一、住房公积金归集扩面效果明显，缴存余额持续稳定增长

2008年，通过开展加强住房公积金管理专项治理工作，实际缴存职工人数有较大幅度增加。2008年末，全国应缴职工人数11184.05万人，实际缴存职工人数为7745.09万人，同比增加557.18万人，增幅为7.75%。

2008年，缴存额继续稳定增长，当年全国住房公积金缴存额为4469.48亿元，同比增加926.56亿元，增幅为26.15%。截至2008年末，全国住房公积金缴存总额为20699.78亿元，同比增长27.54%；缴存余额为12116.24亿元，新增余额2511.13亿元，增幅为26.14%。

2008年，全国住房公积金提取额为1958.34亿元，占同期缴存额的43.82%，同比增加149.56亿元，增幅为8.27%。截至2008年末，全国住房公积金提取总额为8583.54亿元，占住房公积金缴存总额的41.47%。

图1为2006~2008年住房公积金缴存、提取同比增长情况。

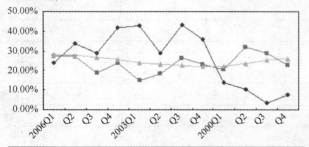

图1　2006~2008年住房公积金缴存、提取同比增长情况

二、住房公积金个人贷款增速明显放缓，个贷率有所回落

2008年，全国共发放住房公积金个人贷款131.13万笔、2035.93亿元，占当年缴存额的45.55%。截至2008年末，累计为961.17万户职工家庭发放个人住房贷款10601.83亿元，同比增长23.77%，个人贷款余额为6094.16亿元，新增余额1019.83亿元，增幅为20.10%，个人贷款余额与商业性个人住房贷款余额比例由2007年末的18.77%上升为2008年末的20.43%。

住房公积金个人贷款与房地产市场景气情况密切相关，2007年四季度以来，由于房地产市场表现低迷，个人贷款发放呈下降趋势，2008年三、四季度个贷发放额同比分别减少18.34%、14.95%，全年同比减少165.64亿元，降幅为7.52%。2008年末，全国个贷率（个人贷款余额/缴存余额）为50.30%，同比减少2.53个百分点。

图2为2007~2008年个贷与房地产市场景气情况。

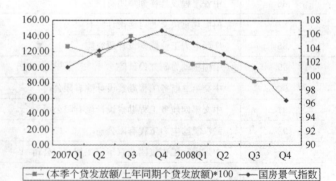

图2　2007~2008年个贷与房地产市场景气情况

三、住房公积金购买国债规模基本稳定，历史遗留的项目贷款和挤占挪用资金不断减少，个人贷款逾期率持续下降，资金总体安全完整

2008年末，住房公积金购买国债余额为393.14亿元，同比减少12.62亿元，减幅为3.11%，占住房公积金缴存余额的比例为3.24%，同比减少0.98

个百分点。

2008年,全国共回收2002年以前发放的项目贷款、单位贷款和挤占挪用资金4.77亿元。2008年末,项目贷款、单位贷款和挤占挪用资金余额为12.67亿元,同比减少27.35%,相当于缴存余额的0.10%。

2008年末,全国个人贷款逾期余额为2.47亿元,平均逾期率为0.04%,同比下降0.02个百分点。

图3为2006年～2008年个人住房贷款季末逾期率。

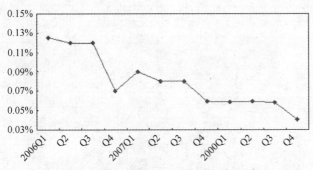

图3 2006年～2008年个人住房贷款季末逾期率

四、资金使用效率走低,专户存款资金继续增加

住房公积金使用方向集中于发放个人住房贷款,受房地产市场景气状况影响,个人住房贷款增幅趋缓,而缴存余额稳定增长,自2007年四季度起,住房公积金资金使用率和资金运用率呈双降趋势,专户存款资金继续增加。

2008年末,住房公积金使用率(个人提取总额、个人贷款余额与购买国债余额之和占缴存总额的比例)为72.81%,同比降低1.78个百分点。住房公积金运用率(个人贷款余额与购买国债余额之和占缴存余额的比例)为53.54%,同比降低3.51个百分点。

2008年末,全国住房公积金银行专户存款余额为5616.27亿元,扣除必要的备付资金后的沉淀资金为3193.02亿元。沉淀资金占缴存余额的比例为26.35%,同比上升3.59个百分点。

图4为2006年～2008年资金运用情况。

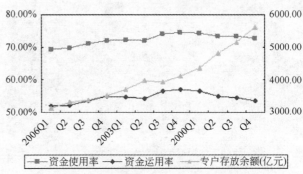

图4 2006年～2008年资金运用情况

五、增值收益大幅增加,贷款风险准备充足

2008年业务收入为453.56亿元,同比增加152.67亿元,增幅为50.74%。业务支出为283.46亿元,同比增加78.48亿元,增幅为38.29%。增值收益为170.10亿元,同比增加70.49亿元,增幅为70.77%。年末贷款风险准备金余额为285.67亿元,占贷款余额的4.68%;年末城市廉租住房建设补充资金总额为191.93亿元,按规定累计向同级财政上缴96.98亿元。

图5为2003年～2008年增值收益情况。

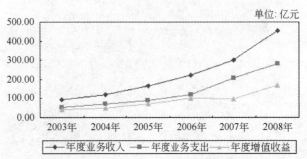

图5 2003年～2008年增值收益情况

(资料来源:中华人民共和国住房和城乡建设部 www.mohurd.gov.cn 2009年3月23日)

第七篇

行业社团与部分央企

一、行业社团

中国建筑学会

2008年，是极不平凡的一年，南方部分地区冰雪灾害、汶川特大地震、奥运会、纪念改革开放三十年等重大事件都给人以深刻的印记。中国建筑学会在住房和城乡建设部和中国科协的领导下，组织和进行了大量的国际、国内学术交流、技术咨询、期刊出版等工作，为促进学科发展和科技进步做出了不懈的努力，受到了社会各界的一致认可。

一、响应国家号召，全力以赴做好抗震救灾、灾后重建、防灾减灾工作

1. 汶川大地震发生后，中国建筑学会会立即召开紧急会议，动员下属分会和会员及广大科技工作者，紧急赶赴灾区救灾，帮助灾区对未倒塌房屋进行鉴定、评估和抗震加固工作。并组织了各个专业方面国内（含台湾）专家、两院院士、国务院参事和全国设计大师等参加的专家咨询会议。住房和城乡建设部、中国科协的领导出席会议并讲了话。会议提出了很多卓有成效的建设性意见，经整理上报住房和城乡建设部、中国科协及国务院有关部门进行决策参考。

2. 为配合抗震救灾、灾后重建的中心工作，及时组织召开了理事长扩大会议，全国各大型建筑设计企业的院长、总裁和著名建筑师40余人应邀出席会议。会议向全国建筑科技工作者发出"积极参与抗震救灾，重建美好家园倡议书"。与会专家对灾后评估、科学规划、设防标准和周转房安置、施工质量及建筑垃圾综合利用等当前亟待解决的问题提出了相应的办法和对策，会后将意见提供给上级相关部门参考。

3. 针对地震灾区需要建设大量的过渡性安置房，提出了"关于提高改善地震灾区过渡性安置房环境的建议"，并呈送建设主管部门以指导灾区安置房的建设。

4. 组织承担中国科协2008年决策咨询课题"地震·建筑·预案——地震灾害的建筑预案研究"。

5. 积极参加中国科协防灾减灾学术报告会，委派了建筑抗震资深专家欧进萍教授作了大会报告。在同年9月举行的第十届中国科协年会上，配合并组织了"2008防灾减灾论坛"。还参与组织了中国科协防灾减灾摄影展。由于工作出色，我会被中国科协评为抗震救灾先进集体。

二、围绕行业突出、热点问题，积极开展学术交流活动

1. 召开"建筑节能玻璃膜产品在建筑中应用学术研讨会"。会议学术气氛浓厚，与会代表对会议内容表现了极大的兴趣与关注。

2. 为贯彻《国务院关于解决城市低收入家庭住房困难的若干意见》，我会和住房和城乡建设部住房保障司共同主办了"全国保障性住房设计方案竞赛"。

3. 召开了以"创新设计——为社会提供保障性住房"为主题的2008年全国保障性住房创新设计高峰论坛，组织了2008年全国保障性住房设计方案竞赛获奖作品等展览。

三、完善学会奖项品牌，不断扩大社会影响

1. 评选了"第三届中国建筑学会建筑教育奖"，卢济威等3人获得"第三届中国建筑学会建筑教育奖"。潘谷西等6人获得"第三届中国建筑学会建筑教育特别奖"。

2. 评选了"第七届中国建筑学会青年建筑师奖"，有30位青年建筑师获得此奖。

3. 评选了"第五届中国建筑学会建筑创作奖"，国家游泳中心（水立方）等22个项目荣获本届建筑创作优秀奖；北京奥林匹克公园网球中心等51个项目荣获本届建筑创作佳作奖。

4. 组织开展了"第五届梁思成建筑奖"的提名工作以及"第五届梁思成建筑奖"的评选。北京市建筑设计研究院总建筑师柴裴义和中国电子工程设计院顾问总建筑师黄星元获得梁思成建筑奖，中国中元国际工程公司总建筑师黄锡璆获得梁思成建筑提名奖。

一、行业社团

四、搭建学术交流、科技推广平台，促进行业发展

1. 组织召开了"侵华日军南京大屠杀遇难同胞纪念馆扩建工程学术研讨会"。
2. 组织召开了"北京首都国际机场T3航站楼研讨会"。
3. 主办了"2008奥运建筑摄影大赛"。
4. 举办了"建筑信息模型（BIM）建筑设计大赛"。
5. 联合举办了"2008年第三届中国国际建筑展"。

五、做好学科名词审定，努力为促进学科发展做出贡献

根据全国科学技术名词审定委员会的要求和总体部署，为进一步做好建筑学名词的撰稿、修订、审定和编纂工作，我会成立了全国建筑学名词审定委员会，并确定了编审工作方案。

六、扩大国际交流和合作，宣传我国改革开放的巨大成就

2008年，我会共接待来自瑞士、中国台北、意大利、中国澳门、毛里求斯、法国等国家和地区的相关建筑师学会、协会、基金会等访问团组6个，共15人次；派出临时出访团组5个共18人次，访问了南非、毛里求斯、澳大利亚、意大利、加拿大、韩国等6个国家，出席了5次国际会议。

七、直属分会活动形式各具特色，受到业界好评

学会直属的21个分会，紧紧围绕国家经济建设的中心任务，利用分会在行业内本专业的影响力和凝聚力，充分发挥专家集聚的优势，同时注意加强与各地方学会、分会和企业之间的联系与配合，积极开展了形式多样、极具影响力的学术交流、竞赛、展览、培训等活动，受到广大会员和科技工作者的一致赞扬。

八、积极做好学会组织工作，为学会的发展提供组织保证

努力做好学会的组织工作，完善组织管理制度，实行民主办会，及时研究解决组织工作所遇到的新问题，大力发展个人会员和团体会员，做好会员的服务工作，充分利用网站覆盖面广、资源共享的优势，不断提升学会的影响力和凝聚力。

九、学会刊物出版坚持与时俱进，社会影响继续扩大

学会出版的学术、科普刊物，充分利用其宣传优势和导向引导作用，坚持了与时俱进，锐意改革，为本行业的发展，学术和科技水平的不断提高，做出了积极贡献。

十、发挥学会办事机构的作用，做好秘书处各项日常工作

秘书处是学会理事会的办事机构，是理事会决议的执行者，秘书处是否能够正常运转事关学会的生存与发展，一年来，秘书处坚持不断完善自身的建设，在积极完成学会年度计划的同时努力做好秘书处机关的各项工作，保证了学会办事机构的正常运转。

（中国建筑学会　王平原）

中国建筑业协会

【组织开展多项课题调研】 完成住房和城乡建设部委托的《制约建筑劳务企业发展的政策研究》、《建筑企业适度规模经营研究》、《中国建筑企业"走出去"过程中所遇问题的根源及对策研究》、《国家级工法申报、评审与推广应用实施细则研究》、《建筑企业可持续发展战略研究》等课题的调研及报告撰写工作；参与了部牵头开展的《建筑工程设计施工协作与监管机制研究》、《中外建筑市场准入制度比较研究》、《建筑业农民工研究》、《建筑业企业组建农民工业余学校研究》等课题的调研及撰写报告工作；参与了建筑业企业资质标准修订工作。

【成立中国建筑业协会专家委员会】 3月27～28日，在北京召开了"中国建筑业协会专家委员会成立大会"。会上确定了中建协专家委员会领导成员和委员人选。截至年底，该委员会有成员360人，包括主任委员、常务副主任委员、副主任委员24人，

顾问、专业组顾问16人（其中院士11人），聚集了国内知名专家学者、大型建筑业企业总工程师等高端工程建设管理、技术人才，具有很强的权威性、代表性和专业性。为规范专家委员会工作，中建协已印发实施《中国建筑业协会专家委员工作办法(试行)》。

【召开行业建设协会推进职业化建设联席会议】 5月4日，在京召开了"行业建设协会推进职业化建设联席会议"。中国建筑业协会副会长徐义屏主持，中国建设监理协会、中国化工施工企业协会、中国水运建设行业协会、中国石油工程建设协会、中国冶金建设协会、中国有色金属建设协会、中国建材工程建设协会、中国煤炭建设协会、中国水利企业协会、中国林业工程建设协会、总后基建营房部工程管理局、中国铁道工程建设协会、中建协石化建设分会、中国电力建设企业协会等14家协会的领导出席了会议。会上传达了郑一军会长关于项目经理诚信体系建设的重要指示，通报了职业经理人制度建设和项目经理职业建设的开展情况，研究了由同业协会建立联系沟通、共谋发展的平台，共商推进项目经理职业化建设。

【举办第7届中国国际工程项目管理高峰论坛】 5月25~26日，由中国建筑业协会、北京市人民政府"2008"工程建设指挥部办公室、中国建设监理协会主办，中国建筑业协会工程项目管理专业委员会、建筑企业经营管理专业委员会承办，国际工程项目管理合作联盟、英国CIOB中国办公室、中国（双法）项目管理研究委员会协办的"第7届中国国际工程项目管理高峰论坛"在北京隆重召开。全国政协常委、中国工程院院士孙永福，原全国人大环资委主任毛如柏，中国建筑业协会会长郑一军，住房和城乡建设部党组成员姚兵，总工程师王铁宏，中国建设监理协会会长张青林，北京市人民政府"2008"工程建设指挥部办公室主任徐波，中国建筑业协会秘书长张鲁风，以及国际项目管理协会主席维克·沃雷勒等政府、行业协会和国际项目管理组织的领导出席了会议。论坛围绕国际前沿工程项目管理领域的现代科学方法、奥运工程建设的科技与管理创新经验、国内外项目管理的最新走向与建筑业发展前景等三大主题展开了交流研讨。

【开展2008年度鲁班奖评选工作】 6月13日，印发了新修订的《中国建设工程鲁班奖(国家优质工程)评选办法》。新《办法》进一步强化了对地基与结构工程质量及施工过程控制和管理的考核，将更好地引导企业全面理解鲁班奖工程质量的内涵，确保建设工程全寿命期质量安全。6月~11月，开展了2008年度鲁班奖评选工作，从各地推荐申报的126项工程中评选出98项鲁班奖工程。12月26日在国家游泳中心隆重举行了颁奖大会。完成了《2007年度中国建设工程鲁班奖(国家优质工程)获奖工程专辑》的编写及出版发行工作。

【与香港有关社团共同举办两次论坛】 9月6日，建造师分会与香港营造师学会共同在深圳举办"内地建造师与香港营造师合作发展论坛"，主题为"人才战略与建筑业发展"。中国建筑业协会副秘书长吴涛和香港营造师学会会长汪整乐分别代表各自协(学)会签订了《两会交流合作协议书》。11月11~12日，受住房和城乡建设部、商务部的委托，建造师分会与香港建造商会在深圳共同举办"第二届香港中国国际服务贸易洽谈会建筑服务领域分论坛"，主题为"建筑业企业开展国际工程承包的经验"。

【组织编制施工安全标准规范】 11月13日，经住房和城乡建设部标准定额研究所批准，部建筑安全标准技术归口单位由中国建筑业协会安全分会变更为中国建筑业协会。截至年底，中建协组织开展了14项建筑安全标准的编制工作。其中《建筑施工木脚手架安全技术规范》、《建筑施工碗扣式脚手架安全技术规范》、《建筑施工模板工程安全技术规范》、《建筑施工湿陷性黄土基坑支护安全技术规范》等4项标准已由部标准定额司批准颁发，其余标准的编制工作也基本完成。

【召开全国建筑行业协会秘书长座谈会】 12月25日，在北京召开"全国建筑行业协会秘书长座谈会"，研讨行业发展相关问题，交流协会工作经验，安排2009年度工作。中国建筑业协会会长郑一军、副会长徐义屏，副秘书长陈立飞、吴涛、王增彪、周福民出席会议，来自全国各省、自治区、直辖市的建筑业协会，有关行业建设协会，解放军工程建设协会以及中建协各分支机构的秘书长共100余人参加了座谈会。北京、上海、陕西、四川、浙江等五家建筑业协会交流了工作情况与经验。

【举办10次研讨会、交流会】 3月27~28日，在北京召开"全国建筑业企业技术进步研讨会"；4月3日，协助材料分会在北京召开"第三届中国国际建筑干混砂浆生产、应用技术研讨会"；4月17~18日，协助建筑安全分会在厦门召开"施工安全创新管理现场会"；6月1~7日，在哈尔滨召开两期"全国建筑业创精品工程研讨会"；7月2~3日，在郑州市召开"全国建筑节能减排与绿色施工研讨会"；7月5~7日，协助工程建设质量管理分会在桂林召开"2008年全国工程建设优秀QC小组活动成果交流会";7月19日,协助工程建设质量管理分会与北京市建筑业联合会在北京联合召开"奥运工程专题优秀QC小组活动成果交流会";8月1~3日,在长春市召开"大型钢结构施工技术难点分析经验交流会";9月21~22日,在北京召开"全国建筑业科技进步与技术创新成果经验交流暨表彰大会",会上向2005~2006年度国家级工法完成单位、第五批全国建筑业新技术应用示范工程执行单位以及145家全国建筑业科技进步与技术创新先进企业、300位先进个人颁发了奖牌和证书;11月22日,与湖南省建设厅、长沙市人民政府共同主办了"湖南中烟杯"首届"中国·长沙国际建筑节能高峰论坛"。

【开展业务培训活动】 建造师分会完成了建造师(建筑工程专业)网上继续教育的筹备工作;工程项目管理专业委员会、建筑企业经营管理专业委员会召开多期项目经理、职业经理业务培训班;工程质量管理分会举办了首期《工程建设施工企业质量管理规范》(国家标准)宣贯培训班;建筑安全分会举办了"建筑施工安全法规标准及建筑施工特种作业人员师资培训班"和"建设事业'十一五'推广应用和限制禁止使用的施工安全技术培训班"。

【组织开展全国建筑业新技术应用示范工程评审工作】 完成了第五批全国建筑业新技术应用示范工程评审工作,在110项参评工程中有84项通过了示范工程评审验收。继续开展第六批全国建筑业新技术应用示范工程评审工作。截至年底,确立152项示范工程,对已完成的13项示范工程进行了评审验收。

【公布2005~2006年度国家级工法名单】 经住房和城乡建设部批准,公布了2005~2006年度的368项国家级工法名单。编制出版了《2005~2006年度国家级工法汇编》。

【组织开展建筑业企业信用评价工作】 继2007年被原建设部建筑市场管理司列为建筑市场信用体系建设工作试点单位后,2008年被商务部、国资委列入行业信用评价第二批试点单位。按照商务部和国资委行业信用评价体系要求,制定了《建筑业企业信用评价试行办法》和《建筑业企业信用信息管理试行办法》,并于11月启动了首批全国建筑业AAA级信用企业评价工作。建筑安全分会起草并由中国建筑业协会颁布了《建设工程项目安全文明标准化诚信工地行业评价试行办法》。

【开展建筑施工机械租赁行业确认工作】 依据中建协制定的《建筑施工机械租赁行业管理办法》和《建筑施工机械租赁行业管理办法实施细则(试行)》,组织开展了对从事建筑施工机械租赁活动企业的行业确认工作。截至年底,向140家符合条件的企业颁发了行业确认书。

【开展建筑行业统计分析】 完成了《中国建筑业2007年统计分析报告》,在住房和城乡建设部办公厅《工作调研与信息》和《中国建设报》上刊发。

【推动建筑业企业信息化工作】 受原建设部标准定额司委托,编写了《建筑业企业信息化体系评价标准》(行业标准)征求意见稿。

【编辑发行协会刊物与传媒工作】 出版发行了《中国建筑业年鉴》(2007年卷),开展了2008年卷编辑工作。编印会刊《中国建筑业》杂志6期、《建筑业动态》24期。组建了通联员队伍,成员为各地区推荐的熟悉行业信息、了解建筑施工实际情况、擅长写作的同志。

【开展授予荣誉称号工作】 制定了《中国建筑业协会"建筑之乡"授予办法》、《中国建筑业协会"建筑之乡"评价试行标准》,组织防水分会制定了《"中国建设工程防水之乡"评价标准》,并严格按照以上标准评审,批准授予湖北省武汉市新洲区"建筑之乡"称号、河南省项城市"防水之乡"称号。

【组织开展建筑业职业技能大赛】 9月~10月,中国建筑业协会主办、中建协机械管理与租赁分会和中国吊车资源网承办了代表全国起重机操作水平最高荣誉的比赛——"中国吊车先生大赛(履带吊/汽车吊)"。来自石油、化工、石化、电力、冶金、核工业六大行业及全国吊车施工租赁企业的参赛选手经过激烈角逐,广东力特工程机械有限公司的两名选手获得冠军。中央电视台全程拍摄并制作成专题片在CCTV-10黄金时段强档播出。

【为召开北京奥运会积极服务】 积极组织有关分支机构在奥运会筹备及召开期间开展了大量工作。智能建筑专业委员会作为奥运场馆智能化系统工程技术咨询顾问单位,组织专家编写了《奥运场馆智能化工程建设指导大纲》和《奥运场馆智能化工程检测验收评估大纲》,完成了奥运场馆工程科研课题(100多项)、奥运场馆智能化工程保驾护航方案的评审和奥运场馆赛事前安全性可靠性评估,并派选专家参与了奥运会及残奥会期间的奥运场馆智能化系统运行保驾护航技术服务;工程项目管理专业委员会举办了以"实践奥运'三大理念'、坚持项目管理创新"为主题的工程项目管理高峰论坛,并联合中国建筑工业出版社共同出版了《北京奥运工程项目管理创新》专辑。这些活动得到了奥组委和北京市08办的高度评价。

【积极参加抗震救灾工作】 5·12汶川特大地震发生后,中国建筑业协会及时召开专题会议研究部署抗震救灾工作。郑一军会长亲自主持召开震灾应急评估检测及灾后重建技术政策座谈会,并派出协会慰问团赴灾区慰问抗震救灾建筑职工,现场发放慰问金21万元。7月27日,中国建筑业协会、四川省建筑业协会和建筑时报在成都共同举办了"建筑业企业参加灾后援建座谈会"和"在建工程应对'不可抗力'法律研讨会",总结探讨过渡安置房建设和灾区重建的工作经验及相关法律问题。8月28日~31日,受住房和城乡建设部标准定额司委托在成都举办两期《建筑抗震标准》宣贯师资培训班。协会秘书处职工踊跃捐款捐物,先后共捐款20.9万元,捐献棉衣被百余套。与部分理事单位共同出资73万元,捐建了四川省广元市利州区荣山镇花园小学。组织安全分会紧急编制《震后建筑施工现场复工安全常识挂图》,免费寄送地震灾区的建筑企业。会刊《中国建筑业》杂志联合《建筑时报》、《项目管理与建筑经理人》杂志,开辟专栏刊登了40余家抗震救灾和灾后重建先进单位事迹,并开展了为减灾防灾献计献策主题征文活动。由于在抗震救灾工作中表现突出,9月被原建设部评为"建设部机关及部属单位抗震救灾先进单位"。

【搭建国际交流合作平台】 9月在北京接待俄罗斯建筑业协会科什曼会长率领的访问团。中国建筑业协会组织了中方建筑业企业、设计院和有关分支机构等30余家单位,就俄拟建工程项目及新技术合作等议题进行商谈,两会签署了《会谈备忘录》。推荐有关企业承建俄罗斯谢列梅捷沃机场三号航站楼工程。组织企业赴古巴、智利考察建筑市场。组团赴德与同业协会和有关教育机构商谈合作培训事宜。与来自新加坡、哥伦比亚、土耳其、印度等国的考察团进行了交流。

【健全协会秘书处规章制度】 制定了协会秘书处《请假休假管理办法》、《档案管理暂行规定》、《保密管理办法》和《机要文件传阅及借阅办法》,使协会工作进一步制度化、规范化。

【组织开展学习实践科学发展观活动】 协会党总支认真组织党员和协会秘书处职工开展了深入学习实践科学发展观活动。制定了学习实践活动实施方案和各阶段计划,召开了领导班子专题民主生活会和党员专题组织生活会,完成第一责任人调研报告及领导班子分析报告,制定了整改落实方案,进一步健全了促进协会稳定、科学发展的长效机制。

【调整部分分支机构】 建筑技术分会召开了成立大会暨第一次会员代表大会,中国建筑科学研究院院长王俊当选为会长,中国建筑科学研究院副院长许杰峰、中国交通建设股份有限公司副总裁侯金龙等11人当选为副会长。石化建设分会召开成立大会,中国石化股份公司副总裁张克华当选为会长,中国石化集团炼化工程公司(工程企业管理部)总经理朱海兴为常务副会长。建筑节能专业委员会召开了第四届理事会,中国建筑科学研究院副院长林海燕当选为会长,中国建筑科学研究院副总工郎四维、北京五合国际建筑设计咨询有限公司卢求等14人当选为副会长。中建协认证中心改制工作基本完成,建扶监理公司改制工作进入收尾阶段。

(中国建筑业协会 赵晓莉)

中国房地产业协会

中国房地产业协会(以下简称"中国房协")自五届二次理事会以来,在理事会的领导和会员单位的支持下,以邓小平理论、"三个代表"重要思想和科学发展观为指导,认真落实五届二次理事会通过的2008年工作要点,取得了较好成效。

一、开展产业政策和市场研究,提出政策建议

中国房协通过产业与市场研究专业委员会的专家组定期对房地产市场运行现状、宏观调控、政策落实以及房地产市场发展趋势等进行深度分析,并发布了相关的研究报告。

(一)定期研究并发布房地产市场研究报告

1. 从2008年3月以来,完成了《2007年中国房地产市场运行情况及2008年房地产市场预测分析》;2008年一季度、上半年和前三季度完成三份中国房地产市场研究报告。

2. 为保持房地产市场稳定,切实防范金融风险,中国房协产业与市场研究委员会在分析了房地产交易量下降，企业资金链紧张可能导致的对投资和国民经济的影响后，在7月7日召开了各方面专家参加的座谈会。座谈会后，及时将专家的发言整理后，由住房和城乡建设部上报了中办和国办。7月13日，在国家发改委主任张平召集的会议上，我们就降低交易税费，支持群众自住性需求的改善性需求，支持居民购买90平方米以下住宅，银行要根据有保有压的原则，对信誉好、产品有市场的企业继续给予信贷支持；允许地方政府采取因地制宜的措施来稳定当地的房地产市场；政府有关部门要加强基础工作，建立与完善预警预报制度，加强对舆论的正面引导等提出了建议。我们同时也将该汇报报送了住房和城乡建设部。在8月中旬与9月中旬，我们在向住房和城乡建设部领导汇报时，还建议国务院及其有关部门要密切关注房地产市场调整的持续时间、深度和房价下调的幅度；在认真梳理地方政府已出台的政策措施的基础上，及时做好出台相应政策或指导性意见的储备。

（二）开展房地产业发展政策的课题研究

通过住房和城乡建设部向科技部申报了重点项目《中国房地产业发展政策研究》。布置落实跟踪《房地产业发展政策研究课题》各子课题的研究进展情况，要求有关单位在2008年底拿出各子课题阶段性的研究成果。

（三）开展专题研究

1. 与国务院发展研究中心企业所联合进行了"房地产企业做强做大问卷调查"，撰写了《中小型房企调查报告》，并就《中国房地产企业如何做强做大》作专题研究，于2008年底前完成。

2. 与北京大学不动产研究鉴定中心合作，就《中低收入家庭（夹心层）住房问题解决途径研究》作专题研究，于2008年底前完成。

（四）开展房地产百强企业研究

3月，在北京举行了由中国房地产业协会、国务院发展研究中心企业研究所、清华大学房地产研究所和中国指数研究院四家单位联合开展的"2008中国房地产百强企业研究"成果发布会。

二、认真组织"广厦奖"评选工作

为推进房地产业健康发展和住宅产业现代化，更好地解决人民群众的住房问题，打造行业协会的品牌，2008年3月召开了2007年度广厦奖获奖项目颁奖大会。对2007年度获奖的109个项目进行颁奖。齐骥副部长、宋春华会长到会做了重要讲话。根据部领导的指示和2007年评选的情况，中国房协、住宅产业化促进中心多次召开各种会议、对"广厦奖"评选程序、申报项目的入围条件及评价标准进行了修改，并对2008年"广厦奖"评选工作进行了安排。

2008年的"广厦奖"评选活动，由于启动时间较晚及汶川特大地震等客观因素的影响，再加上评选中要求符合性能评定标准和一些省区市认为名额少、难以推荐等原因，一些地方、企业上报的积极性不高。截止到8月底，"广厦奖"评选活动办公室共收到23个省、自治区、直辖市的41个推荐项目资料。有8个地区由于抗震救灾、项目竣工时间及住宅性能认定等原因，没有报送"广厦奖"推荐项目。

经"广厦奖"评审专家会议评审，对4个省的5个住宅类项目（其中2个经济适用房项目）进行了现场考察。经过专家评审和现场考察，专家组建议推荐项目32个、认为不符合条件的6个、不符合现行商业地产标准暂予缓评的项目3个。

"广厦奖"评审委员们对评审专家组提出的获奖项目建议名单进行了审议，同意将入围的32个项目在全国媒体公布15天以上，公布后未出现不予入围的投诉。

2008年度"广厦奖"的颁奖典礼于2008年11月20日举行。

三、大力推进行业诚信建设工作

为弘扬诚实守信，倡导房地产企业诚信自律，依法经营，发挥诚信企业的典型模范作用，促进房地产行业诚信建设，提升行业责任地产整体形象，2008年1月在北京召开了"和谐社会、责任地产"座谈会。来自全国30个省、自治区、直辖市的200多家房地产开发企业参加了会议，并当场签署了"和谐社会·责任地产"倡议书，自觉以实际行动接受社会和媒体监督。建设部副部长齐骥到会并作了重要讲话。

为促进房地产行业诚信建设，房协诚信办公室联合中国消费者协会、北京房协及部分房地产企业，开展了房地产行业诚信体系的调研工作，并起草了《中国房地产诚信企业推介活动实施办法》，还三次召开各省市房地产协会负责人专题座谈会，征求意见。"2007～2008年度房地产诚信企业"推介活动正式展开。

着手开展了"房地产企业信用风险评估体系"的调研工作。

四、积极拓展培训工作

2008年共做了5期培训，参加人员约500人次；

其中《房地产税务业务研讨班》、《〈外墙保温工程技术规范〉及〈建筑节能工程施工验收规范〉宣贯培训班》、《2008年首届科技地产重点节能技术应用交流会》等均受到学员好评。

做好对房地产企业经理培训的前期论证与准备工作。

五、组织各类活动，为行业和企业发展服务

努力拓展为行业和企业提供多层面、多元化的服务是协会的重要职责。

1. 2008年3月在北京国际会议中心成功举办了"中国（北京）房地产暨建筑材料博览会"。

2. 2008年4月与山东省建设厅、菏泽市人民政府合作，在菏泽市成功举办了四省九市"2008中国淮海经济区住宅产业博览会"。同期举行了中国房地产发展高峰论坛。宋春华会长作了主题演讲。

3. 2008年7月与中国建筑装饰协会合作，在西安市成功举办了"中国生态地产绿色家居"高峰论坛活动。

4. 2008年8月30日由中国房地产业协会、广东省房地产行业协会和澳门地产发展商会三家联合主办举行"2008中国房地产（澳门）论坛"。论坛的主题是"合作互利，共谋发展"，大陆、澳门、香港、台湾两岸四地共20多家房地产行业协会（含内地的地方房协）近300人参加了论坛。论坛得到了中央人民政府驻澳门特别行政区联络办公室、澳门特区政府的大力支持。

5. 2008年9月与中国建筑装饰协会合作，在深圳市成功举办了"2008中国样板间名师设计论坛"。

6. 2008年10月与广西建设厅、南宁市房产管理局合作，在南宁市成功举办了"2008中国环北部湾房地产业博览会"；同期举行了"2008中国（北部湾）房地产发展趋势分析会"。

7. 2008年10月与河北省建设厅、唐山市人民政府合作，在唐山国际会展中心举办七省市"2008中国环渤海房地产博览会"。

8. 2008年10月与山东省建设厅、潍坊市政府合作，在潍坊市成功举办了"山东潍坊房地产交易博览会"。同期举办了"中等城市房地产与城市建设高峰论坛"。

9. 2008年11月与安徽省淮南市政府合作，共同举办"中等城市房地产开发与淮南山南新区发展高峰论坛"。

10. 2008年11月，与陕西省房地产研究会合作，在西安共同举办"2008中国城中村改造高峰论坛暨城中村改造经验交流会"。

11. 2008年11月由住房和城乡建设部主办，中国房协与住宅产业化促进中心、中国建设文化中心、北京市建委合作，在北京市举办"第七届中国国际住宅产业博览会"。

12. 2008年11月，在"第十届中国（北京）国际房地产与建筑科技展览会"上，举办《宏观经济形势及房地产发展趋势报告会》。

与房地产业相关产业链合作，开展四节一环保等活动。

六、搭建宣传信息平台

（一）适时更新调整版面和内容，继续做好协会网站的运营与管理。网站上已有1500多家会员单位和近200家地方协会的简介，100多家业内报刊杂志的相关信息。计划将已掌握的50家房地产业期刊的新近内容同步网上传输并在社会专业网站上择优刊发，以扩大信息量。

（二）在继续办好协会内部刊物《房地文摘》的同时，为了及时通报行业重要信息，及时传递中国房协及其各专业委员会和各地房协的重要活动，更好地为会员单位服务，坚持办好《中国房协会讯》。

（三）2008年9月在杭州举行第三届房地产专业期刊大会，有26个省、自治区、直辖市，近50个大中城市，80余家期刊的负责人共150人出席会议。参会人员认为，房地产期刊大会便于期刊之间交流经验，初步形成了宣传行业、服务企业的资源平台，更切实地服务和宣传行业。

（四）11月5日，召开了"人民网"、"中国网"、"新浪网"、"搜狐焦点网"等媒体主编人员座谈会，要求网站及有关媒体正确把握房地产市场宣传导向，为促进行业健康发展与建设和谐社会做出贡献。

七、积极参与抗震救灾活动

2008年5月12日四川省汶川县发生8级强烈地震灾害后，我协会于5月14日通过中国房地产协会网、搜房网、搜狐焦点和新浪房产四家网站发布抗震救灾爱心倡议书；呼吁全行业的企业、相关机构积极行动起来，为灾民重建家园做贡献。此倡议书发出并经业内各种媒体转载报道后，房地产界捐款捐物、参与灾后援建更加踊跃，不少开发企业还参与了灾后重建等活动。秘书处及其工作人员根据部机关党委的通知，也积极参与了捐钱、捐款和交纳特殊党费等活动。

八、拓展国际合作，开展国际交流

一年来，中国房协开展了同国外房地产行业组织和企业间的友好往来及交流合作，提高了协会在国际同业中的影响和作用。

1. 4月，接待了美国"中美房地产协会"代表团一行20余人。

2. 5月，组团赴荷兰参加世界不动产联盟第59届年会，并确定了第60届世界不动产联盟大会在京召开的会议主题。

3. 7月，与加拿大木业协会签署了合作意向书。

4. 10月，组团出席在夏威夷召开的FIABCI亚太和美洲地区会议，进一步磋商第60届世界不动产联盟大会的有关事项。

九、加强协会工作，发挥专业委员会的作用

1. 经民政部批准，同意成立商业地产专业委员会，积极筹组筹建。

2. 充实和调整了法律专业委员会。

3. 注重加强秘书处内部的组织建设和思想建设，基本形成了团结、和谐、务实、向上的氛围。

4. 按照住房和城乡建设部党组的统一安排，从10月中旬开始，认真组织开展了科学发展观学习实践活动。

（中国房地产业协会）

中国建筑金属结构协会

一、重要活动

【第九次会员代表大会】

中国建筑金属结构协会第九次会员代表大会于2008年12月26日在北京召开。住房和城乡建设部副部长陈大卫到会并作重要讲话，姚兵当选会长。聘任杜宗翰为协会顾问。

本协会现有会员3300多家，理事443人，实际到会代表380人。与会代表通过了由杜宗翰会长作的第八届理事会工作报告；通过了新的协会章程；审议了第八届理事会财务工作报告。

会议选举产生了第九届理事、常务理事、会长、副会长、秘书长。姚兵任会长、刘哲任副会长兼秘书长，方朝阳等17人当选为副会长。聘任闫雷光等5位副秘书长。

新任会长就职后做了题为《抓住机遇　迎接挑战》的精彩演讲。他说，要树立五种精神，使协会大有作为。即爱业精神、创新精神、服务精神、育人精神、合作精神，使协会成为最有贡献的敬业者、最有号召力的组织者、最有价值服务的志愿者、最有影响力的传授者和最有凝聚力的推动者。

【2008年中国（北京）国际门窗幕墙博览会】

由中国建筑金属结构协会、中国国际展览中心集团公司和欧洲门窗协会联合主办、北京华港展览有限公司承办的2008年中国（北京）国际门窗幕墙博览会于11月18～21日在北京中国国际展览中心隆重举行。自2003年创办以来，已经成功举办了6届，展出面积以每年25%的速度增长。本届博览会展出面积近3万平方米，有20多个国家和地区的400家企业参展。展品范围涵盖了各种材料的门窗幕墙产品及其加工设备，五金配套件，各类型材，检测设备及玻璃产品。国外参展商占40%以上。

2008年11月16～17日，在北京中国国际展览中心举办了2008年中国国际门窗幕墙高级研讨会。本次研讨会以"建筑节能、环保和建筑抗自然灾害"为主线，增设"建筑抗自然灾害"专题，按专业领域划分为"节能"、"抗震"、"玻璃"以及"综合"四大专场。在研讨会上，中外20位专家、学者、教授进行了学术交流。

二、标准制定和推进科技进步

1. 2008年2月完成建筑外窗细则的修订工作，细则增加了对建筑外窗节能方面的要求。

2. 2008年3月4～7日铝门窗幕墙委员会对参加行业认证的隔热条厂12家中的9家企业产品进行检查，有5家企业的产品抽样检查合格。合格的授予合格标牌并在全国行业内推荐使用，而且不定期对合格产品追踪检查。

3. 2008年4月8～9日，"建筑施工碗扣式脚手架安全技术规范"行业标准在杭州通过审查。

4. 2008年5月29日，《未增塑聚氯乙烯（PVC-U）塑料栅栏》建筑工业行业标准，在北京通过审查。

5. 2008年5月30日，《建筑门窗用未增塑聚氯

乙烯(PVC-U)彩色型材》建筑工业行业标准在京通过审查。

三、推动行业发展（品牌奖项）

1. 中国建筑金属结构协会于 2008 年 5 月 23 日在广州全国建筑钢结构行业大会上授予中山博览中心、北京南站、合肥体育中心主场馆等 78 项钢结构建筑工程为 2007 年度钢结构金奖。

2. 中国建筑金属结构协会授予江苏沪宁钢机股份有限公司 2005~2007 年度"中国建筑钢结构质量第一品牌"的称号，7 月 8 日，会长杜宗翰等有关专家专程前往江苏宜兴参加授牌仪式。

3. 2006~2008 年，采暖散热器委员会审批了宁波宁兴金海水暖器材有限公司为"中国新型散热器——压铸铝散热器研发基地"、郑州佛瑞德散热器有限公司为"中国新型散热器——铜管对流散热器研发基地"、河北圣春散热器股份有限公司为"中国铸铁散热器研发基地"，有效期为 4 年。

四、对外交流

《中国建筑金属结构》杂志是由《会讯》、《会刊》发展而来的。1982 年 8 月中国建筑金属结构协会《会讯》正式编辑出版；2000 年 4 月《会讯》扩大改版为《会刊》，由黑白改成彩色印刷；2001 年 7 月经国家新闻出版总署和国家科学技术部批准为正式期刊，刊名《中国建筑金属结构》（月刊），国内外公开发行，于 2001 年 10 月试刊，2002 年 1 月正式创刊。从《会刊》创刊至 2008 年底共出版发行 313 期杂志。此外，在抗震救灾斗争中出了一期赠刊。

五、发挥行业协会的优势在抗震救灾中挺身而出

5·12 汶川特大地震后的第二天一早，协会以电话、手机短信等形式，向在灾区的几百家会员企业了解灾情和慰问。同时，组织全体员工向灾区人民献一份爱心。协会 34 名职工，党员 20 名，共计捐款 11950 元；协会捐款 30000 元；特殊党费 25800 元。共计捐款 67750 元。

5 月 19 日，住房和城乡建设部部署了为灾区人民紧急建造 100 万套过渡安置房的任务。为落实姜伟新部长要直接与承担任务的骨干企业领导人见面的要求，协会在 24 小时内组织了全国各地 29 家企业的领导人赶到住房和城乡建设部直接接受任务。

5 月 23 日，协会在广州召开建筑钢结构会员行业大会，把建造 100 万套过渡安置房的战前动员作为大会主题内容，请四川省建委原主任、四川省建筑业协会和建筑金属结构协会会长刘丹陵同志介绍灾民住房的严峻形势，会长杜宗翰作专题动员讲话。

5 月 26 日，铝门窗幕墙委员会发出关于组织调研和参与灾后重建工作的通知。中国幕墙网对全行业参与抗震救灾的情况做跟踪报道。

6 月 4~8 日，塑料门窗委员会组织部分企业领导和专家走访了河北省的廊坊、石家庄和上海的安置房的生产厂家，调研地震灾区安置房使用塑料门窗情况。

6 月 5 日，协会正、副会长、秘书长到北京诚栋房屋有限公司、大本营彩钢制品(北京)有限公司慰问。

6 月 11~13 日，会长杜宗翰等一行四人，赴四川灾区，对辽宁、山东、天津等地援建的，由四川恒升、汇友钢建、新诚实等钢结构企业制造组装待用的过渡安置房进行了实地检查。

6 月 21 日中国建筑金属结构协会钢结构专家委员会 33 位专家在"5·12"汶川特大地震灾后房屋修复重建建议书上签名，7 月 3 日上报住房和城乡建设部。

（中国建筑金属结构协会）

中国安装协会

【协会重要会议】 2008 年 1 月，协会在北京召开了五届二次常务理事扩大会议。秘书处向大会做了题为"创新务实 做好新形势下的协会工作"的报告，总结了自 2007 年换届以后的工作，包括完善规章制度、掌握行业情况、组织开展活动、研究行业规律、拓宽服务领域、加强信息建设、参加建造师相关工作、开展对外交流等八个方面的内容。同时，从思想观念、服务能力、服务质量和协会影响力四个方面分析协会工作的薄弱环节，提出了加强协会发展研究、工作创新、服务能力、务实工作作

风四个方面的改进意见。提出了2008年协会工作的重点是加强调查研究、掌握行业基本状况，围绕企业关心的问题开展活动，促进行业健康发展。会后，秘书处将常务理事会的有关情况和工作报告向黄卫副部长做了书面汇报，黄卫副部长对协会工作表示满意并做出批示："安装协会换届后开局很好，希望2008年根据部党组要求，积极为会员服务，广泛听取意见，团结协会同志，开创安装协会工作的新局面。"

2008年5月，协会在宜兴召开了团体会员秘书长座谈会。各地安装协会（分会）及部分行业协会的负责人出席了会议。会议还邀请了部分省市安装企业的代表。会议交流了各协会的工作情况，探讨了协会应如何适应市场要求，开展行业调研、维护安装企业的合法权益及开展行业自律等方面的思路。大家建议中国安装协会应在目前12个协会（分会）的基础上，协助有条件的省（市）尽快成立安装协会或分会，让企业有个依靠，有向政府反映诉求的渠道，也为协会工作注入活力和提供组织保证。

2008年9月，协会在贵阳召开了第四届科学技术委员会工作会议。由会员单位推荐产生的第四届科技委委员和顾问，以及协会各专业委（分会）负责人和安装协会的领导共44人出席了会议。会议听取了第三届科技委的工作报告。报告回顾了第三届科技委8年中所做的工作，总结了经验，也指出了工作中的不足，并对第四届科技委的工作提出了建议。会议通过了《中国安装协会科学技术委员会工作规则》、《中国安装协会专家库管理办法》和《科技委近两年工作计划》三个文件。三个文件是推动协会科技工作走上规范化、制度化的规范性文件。

【协会对外宣传】 为加强沟通和宣传，秘书处按月编辑《工作通报》，及时将协会的重要信息和工作情况报告给住房和城乡建设部领导及协会会长、副会长、顾问，以及省、直辖市安装协会（分会）、相关建设行业协会等，这项工作起到了及时向有关领导汇报协会工作、沟通情况的作用，受到了各方面的好评。协会还编印了《中国安装协会介绍》，将协会概况、宗旨、业务范围、会员、理事会、组织机构、主要职责及协会近几年的工作做了介绍。为方便与会员单位的联络，协会重新编辑出版了《中国安装协会联络手册》。这项工作得到了广大会员单位的支持和帮助，通过这项工作，使协会进一步了解和掌握了协会会员的状况，对协会深入开展工作有所帮助。

协会网站在中断一年多后，在对页面和内容进行调整后，于2008年6月重新开通。网站设置了协会介绍、行业动态、分支机构、科技与质量、企业展示、协会工作、《安装》杂志、评优系列栏目，及时刊登国家有关法律法规、会员单位和行业发展信息，以及各地区、有关行业和相关兄弟协会工作动态等内容，加强了协会与会员及相关协会、单位的沟通，促进了协会工作。

【做好课题研究】 为完善和规范建设工程合同管理工作，解决建筑企业合同管理中存在的主要问题，提高企业合同管理水平，保证工程项目建设质量，建设部将"完善建筑安装工程合同管理"课题研究任务交给了安装协会。为此，协会专门成立了课题研究工作小组，确定了课题的基本思路、工作方法、框架结构及进度安排。为广泛收集资料和案例，查找出目前合同管理中存在的主要问题和解决的方法，课题组在有关省、市建设厅及安装协会的协助下，先后在北京、浙江、上海、江苏、安徽等地开展调研，组织召开课题研讨会，同时还有针对性地走访了部分企业，认真听取企业情况。经过近一年工作，与天津大学管理学院合作完成了课题报告初稿。

【开展行业调研】 为进一步了解掌握安装行业基本情况和企业发展动态，2008年秘书处向部分地区的会员单位发出了《安装企业基本情况调查表》和问卷，并对企业报来的数据做了统计和分析，通过这项调查，协会对安装行业的经营情况，基本结构等有了进一步的了解。

【开展评优活动】 2008年协会继续开展评优秀活动，评出2008年度"中国安装之星"43项，"全国安装行业优秀项目经理"183名。获奖的43项"中国安装之星"，基本代表了安装行业应用技术水平，183名优秀项目经理均是企业项目管理的骨干。两项评优工作既达到了服务企业的目的，又实现了带动协会其他工作的作用。

【完善评优办法】 自1998年开展评选"中国安装之星"以来，受到广大会员单位的欢迎和支持。截止到2008年，已有221项安装技术被授予"中国安装之星"称号。通过这项活动，促进了安装企业管理工作，推动了企业技术进步，在安装行业中产生了积极影响。但是，由于"中国安装之星"突出的是安装行业内的技术"绝活"，与协会开展的科技成果评选工作重复，且奖项对企业在市场上投标时的辅助效果不明显。多数会员单位建议将"中国安装之星"调整为机电安装行业的工程质量奖。在广泛征求各方面意见基础上，秘书处对评选办法进行了修订，并于2008年9月印发了《中国优质安装工程奖（安装之星）评选办法》。新办法针对安装行业特点和安装企业实际，有以下特点，一是将奖项定位成质量奖；二是评选对象可以是整个的工程，也可以是能独立发挥效益的单项安装工程；三是严格了评选程序，增加了现场复查和公示程序，并对没有安装协会的地区明确了受理推荐单位。

【开展培训工作】 为落实《劳动合同法》，引导企业做好人力资源管理和劳务用工管理工作，协会于2008年4月在成都举办了"机电安装行业人力资源及劳务管理交流研讨会"。安装企业主管人力资源和劳务管理的企业负责人70多人参加了研讨会。会议邀请四川省劳动协会专家就《劳动合同法》的重要条款做了讲解。代表们交流了各单位在完善人事管理机制及劳务用工制度、降低用工成本、激发企业员工工作积极性、避免用工风险、加强劳务协作关系等方面的做法；探讨了规范劳务用工形式和加强工人技术培训等企业所面临的问题与对策。

由于人力资源与劳务管理工作受到企业关注，协会于2008年12月在郑州召开座谈会，探讨建立人力资源与劳务管理工作交流平台的可行性，从而更好地为企业服务。来自北京、河南、湖南、广西、成都等地的十几个会员单位的代表参加了座谈会。

【继续做好建造师相关工作】 2008年7月，中国安装协会会同中国石油协会、中国冶金建设协会、国家电网公司召开了机电工程二级建造师教材编委会工作会议。会议对机电工程二级建造师继续教育教材草稿进行审核和修改，讨论了09版机电工程二级建造师考试大纲的修订框架，并征求了上海地区对机电工程二级考试大纲和考试用书的修订意见。

9月在贵阳市举办了注册建造师制度宣贯研讨会，安装企业80多人参加了会议。建设部建筑市场管理司领导出席会议，就建造师制度的建立、文件起草以及目前这项制度在全行业的执行情况作了介绍，并就建造师制度的有关问题进行了现场答疑。注册建造师考试用书的主要编写专家就建造师制度的政策、办法作了系统的释义，对企业如何管理、使用注册建造师作了具体说明，对项目管理从业人员执业的实际操作做了详细讲解。

12月在西安召开了机电工程二级建造师考试用书编委会工作会议。按照部建造师办公室的部署和要求，继续组织做好注册建造师考试用书的修编和继续教育教材的编写工作。

【协会科技工作】 2008年协会开展了第九届科技成果评审活动，共收到20家会员单位的35份申报资料，涉及起重技术、机械设备安装、设备研发、焊接、钢结构、钢拱桥施工、锅炉施工、通风空调、管道施工、自动控制、仪表、发电机负载试验等专业。申报成果的资料形式有技术论文、安装工程标准、工法、专著等。经过专家初审和评审会审定，评出一等奖4项，二等奖13项，三等奖16项。

【《安装》杂志社工作】 2008年10月在福州市召开了《安装》杂志编委会会议。会议总结了换届后一年多《安装》杂志的办刊情况和发行情况，并对杂志的定性定位进行了调整，明确了杂志内容由管理、技术和信息三大模块组成。考虑到安装行业涉及的领域和兼顾各个层面的需要，也由于原编委中很多同志已退休或调离，因此，会议对原编委会进行了调整，组成了新一届编委会。新一届编委会的构成主要考虑到行业内有关高等院校的教授和学者；省市安装公司的董事长、总经理、总工；石油、石化、化工、冶金、电力、核工业等领域的技术专家和协会秘书处的领导和相关人员。

《安装》杂志的发行工作从2008年起实行邮发与自办发行相结合"两条腿走路"的方式，辅之以适当赠阅。为提高杂志质量，增设了"宏观视窗"、"管理新语"、"管理科学"等栏目，从内容到外观都有新的变化。技术稿件以刊载先进科技为主，兼顾应用技术，特别是奥运工程的技术文章，读者反映良好。对于杂志的封面，在征求了各方面的意见后，对2009年《安装》杂志的封面和版式进行了初步改版。同时完善了杂志社相关制度。

【开展深入学习实践科学发展观活动】 根据部的部署和统一安排，协会作为首批开展深入学习实践科学发展观活动的单位，从2008年10月开始，经过学习调研、分析检查、整改落实三个阶段，历时4个月，圆满完成了学习实践活动的各项任务。在学习实践活动中，协会始终贯彻突出实践特色的要求，力争在对科学发展观的认识和引导企业科学发展上有新思路，在推动行业发展和为企业服务上有新举措，在增强协会凝聚力和协会自身建设上有新成效。通过认真学习和调查研究，分析出协会目前存在的主要问题，形成了《协会领导班子分析检查报告》，本着实事求是、尽力而为，量力而行的原则，制定了《学习实践科学发展观整改落实方案》，并坚持边学边改、边查边改边落实。

一、行 业 社 团

【协会分支机构工作】 为加强对协会分支机构的管理，规范分支机构工作，2008年，秘书处根据《社会团体登记管理条例》、《建设部社会团体管理办法》和《中国安装协会章程》的有关规定，结合协会工作实际，起草了《中国安装协会分支机构管理办法》，并征求了各分支机构的意见，经会长会议审议通过。各分支机构也根据自身的情况制订了相应的《工作规则》。同时，协会根据安装行业部分专业的发展现状，调整了分支机构的依托单位。

依托在广州市机电安装有限公司的通风空调分会4月在广州召开了会长会议，10月在成都市工业设备安装公司的大力支持下召开了年会，会议期间组织企业进行技术交流和工程观摩。分会为总结本专业的工艺、技术及管理方面的经验，编制了《通风与空调工程技术文选》，送给会员单位。

依托在中国机械工业建设总公司的机械设备与起重分会，5月在广州举办了第二期工程建设行业起重技术研讨班，对典型吊装工程安全问题进行了交流和研讨。并在广东省工业设备安装公司等单位的大力支持下，组织参观了"广州新电视塔"和"广州会展中心"。

依托在中国核工业第二三建设公司的焊接专业委员会，10月在深圳召开了年会，会议期间组织了焊接施工技术经验交流，听取了岭澳二期核电项目焊接施工技术和管理经验介绍，参观了岭澳核电站二期工程。

依托在浙江省开元安装集团有限公司的电气专业委员会，2008年牵头并组织了工程建设国家标准《建筑电气照明工程施工与质量验收规范》和《1kV及以下配线工程施工与验收规范》编制工作。在主编单位宁波建工集团有限公司、浙江开元安装公司的共同努力下，于2008年11月在宁波召开了第一次工作会议，会议对规范的编写原则、工作程序和编写计划做出了安排。

（中国安装协会 顾心建）

中国工程建设标准化协会

【协会的组织建设】 协会自2007年4月26日换届后，新一届领导班子始终把协会的组织建设作为一项长期的重要的任务来抓。一是加强秘书处的自身建设，在建章立制、规范管理的基础上，深化劳动人事制度改革，推行经济目标管理，完善了激励机制；二是加强分支机构自身建设和管理，建立分支机构的考评机制，根据民政部有关文件规定，结合协会自身实际，组织开展分支机构达标评估工作；三是按照主管司局的意见，申请成立了雷电防护专业委员会；四是根据会员工作需要，在深入调研和广泛征求意见的基础上，制订了协会会员管理办法，规范了工作程序，明确职责分工；五是发展了一批协会会员和理事单位。

【继续组织制订及发布协会标准】 批准发布协会标准19项，出版23项。下达协会标准制订、修订计划32项。无论是新立的标准项目还是发布的标准数量，继续保持了平稳发展的态势。

从标准的技术内容来看，大部分项目都是有关"三新"方面的技术标准，由于紧密结合工程实践和生产实际，具有较高的市场前景；《混凝土结构耐久性评定标准》、《高层建筑钢—混凝土混合结构设计规程》、《建筑物移位纠倾增层改造技术规范》等标准，在技术或理论上有所突破和创新，适用性也很强，工程地质系列四本标准的统一编制，解决了同类行业标准存在的内容重复、交叉、矛盾的问题，进一步体现了标准内容协调、统一、规范的基本要求；《砂基透水砖工程施工及验收规程》，尝试把专利技术纳入技术标准，打破了"专利和标准分家"的框框，不仅促进了专利技术的推广应用，也为协会标准的发展开拓了新的领域。表1为2008年发布的标准目录。

【其他各类工程建设标准的编制】 2008年，混凝土结构、木结构、砌体结构、城市供热、建筑给排水、抗震、鉴定与加固等专业委员会以及化工等分会，积极配合政府主管部门，广泛参与工程建设国家标准、行业标准、地方标准的制、修订工作，尤其是抗震、鉴定与加固专业委员会，为支援灾区灾后重建，根据住房和城乡建设部要求，在很短时间内完成了《地震灾后建筑鉴定与加固技术指南》的编审及《建筑抗震设计规范》和《建筑工程抗震设防分类标准》的修订工作。

中国工程建设标准化协会 2008 年发布的标准目录　　表 1

1	自动喷水灭火系统 CPVC 管管道工程技术规程	CECS 234：2008
2	自动水灭火系统薄壁不锈钢管管道工程技术规程	CECS 229：2008
3	给水钢塑复合压力管管道工程技术规程	CECS 237：2008
4	钢结构单管通信塔技术规程	CECS 236：2008
5	铸钢节点应用技术规程	CECS 235：2008
6	工程地质测绘标准	CECS 238：2008
7	建筑给水钢塑复合管管道工程技术规程	CECS 125：2001
8	工程地质钻探标准	CECS 240：2008
9	水泥复合砂浆钢筋网加固混凝土结构技术规程	CECS 242：2008
10	工程建设水文地质勘察标准	CECS 241：2008
11	园林绿地灌溉工程技术规程	SECS 243：2008
12	岩石与岩体鉴定和描述标准	CECS 239：2008
13	自动消防炮灭火系统技术规程	CECS 245：2008
14	砂基透水砖工程施工及验收规程	CECS 244：2008
15	给水排水工程顶管技术规程	CECS 246：2008
16	高层建筑钢—混凝土混合结构设计规程	CECS 230：2008
17	建筑同层排水系统技术规程	CECS 247：2008
18	聚乙烯塑钢缠绕排水管管道工程技术规程	CECS 248：2008

【上级主管部门委托交办的工作】 工程建设标准英文版的翻译出版工作。接受部标准定额司的委托，完成了《工程建设标准翻译出版管理办法》及其他两个配套性文件的制定工作，住房和城乡建设部于 2008 年 7 月正式公布实施。经标准定额司审查批准，下达了房屋建筑领域 62 项标准的翻译项目计划，在有关分支机构、会员单位和专家的积极参与和大力支持下，组织完成了 52 项标准的翻译和审核工作，其中《民用建筑设计通则》等 44 项英文版标准于 2008 年 11 月由住房和城乡建设部正式公布。

《我国工程建设协会标准发展战略研究》课题。根据部标准定额司下达的课题任务，开展了《我国工程建设协会标准发展战略研究》课题的研究工作。

【工程建设标准的宣贯与培训】 全年共举办各类标准培训班 60 余期，涉及到《建筑创作与环境及民用建筑场地设计》、《民用建筑电气设计规范实施指南》、《建设工程工程量清单计价规范》30 余项课题，培训各类工程技术人员 3000 多人次，为广大工程技术人员正确理解和掌握标准，及时解决标准在执行过程中遇到的技术问题发挥了重要作用，创造了良好的社会效益和一定的经济效益。

【工程建设产品的推荐】 2008 年期间，协会共向市场推荐了 24 项符合标准要求的建设产品。

【工程建设标准化图书服务】

协会成立的北京中建标图书公司，通过集体订购和门市销售等方式，为广大用户专门提供了高质量、全方位的快捷便利的图书服务，除工程建设国家标准和协会标准外，已涉及建工、城建、建材、机械、化工、电力、冶金、通信、人防等十几个领域的行业标准。2008 年，共发售各类标准图书约近 40 万册。图书公司为配合部标准定额司研究制订有关抗震标准规范的制修订工作方案，不分昼夜地及时将有关标准送交主管部门，得到了上级领导的表扬。

【编辑出版《工程建设标准化》期刊】 《工程建设标准化》是面向全国的具有专业权威性的科技类期刊，是工程建设标准化工作者不可或缺的舆论工具。在 2007 年成立期刊编委会的基础上，2008 年，协会对期刊进行了改版和增容，并建立了特约通讯员制度，聘请了 64 名通讯员，页码由原来的 48 页增加到 64 页，同时增设了栏目内容，调整了栏目设置，改进了版面设计。通过改版，对国家重要的标准化政策及重要规范宣传报道的深度和及时性有了较大提高。

中国工程建设标准化协会第六届理事会领导成员名单

理事长：王德楼

副理事长：周锡全、袁振隆、袁　纽、徐　建、穆祥纯、俞衍升、岳清瑞、李国强、周泽平

秘书长：王德楼（兼）

副秘书长：国中河

（中国工程建设标准化协会　蔡成军）

中国风景园林学会

中国风景园林学会(下简称"学会")在住房和城乡建设部、中国科协和民政部的指导与支持下,积极开展学术交流、国际合作、专业展览等活动,切实为会员服务,促进学科建设和行业发展。

一、召开第四次会员代表大会,完成换届改选

在住房和城乡建设部、中国科协、民政部的指导和支持下,学会完成了理事提名、代表推荐、换届申请等相关准备工作,于2008年10月12～13日在杭州市召开了第四次会员代表大会。会员代表、特邀代表与来宾共220余人参会。会上,第三届理事长周干峙代表第三届理事会作了题为"继往开来,开拓进取,推进学科和行业健康发展"的工作报告。第三届理事会秘书长就学会章程修改作了说明。会议在充分讨论的基础上,一致通过了第三届理事会的工作报告和学会章程修改意见。经无记名投票,选举产生了由105名理事组成的第四届理事会。会议期间,召开了第四届理事会第一次会议,选举产生了34名常务理事,并选举陈晓丽为理事长,马连勇、王天锡、王向荣、任春秀、刘秀晨、陈敏、杨洪波为副理事长,刘秀晨兼任秘书长。第四届常务理事会第一次会议相即举行,就学会今后工作进行了讨论。会议期间,表彰了北京园林学会等29个"学会先进集体"和张树林等58位"学会先进工作者",公布傅珊仪等187位会员为学会第二批"资深会员"。会议还邀请周干峙、孟兆祯、谢凝高等6位专家向与会代表作了学术报告。

二、开展学术交流活动

2008年,学会和各专业委员会、分会举办学术会议15次,参加人数2200余人次,交流论文260篇,编印论文集4种。

(一) 承办第十届中国科协年会分会场

学会成功申办并举办了第十届中国科协年会分会场。9月18日,学会承办的第14分会场—"风景园林与城市生态学术讨论会"在郑州市举行,120余位代表参会。会议以"风景园林与城市生态"为主题,就"风景园林与城市生态修复"、"生物多样性保护"、"城市水环境建设"、"开放空间规划和城市防灾避险"等议题进行了讨论。孟兆祯院士等13位专家和学者分别作了学术报告,内容既有专家多年的理论研究成果,也有来自一线的实践经验总结,受到了与会者的欢迎。会议组织工作得到了中国科协的肯定和表扬。会议征得论文102篇,其中47篇被收入了《第十届中国科协年会论文集(光盘版)》。会议得到中国城市科学研究会、河南省建设厅、河南省风景园林学会等单位的支持和参与。

(二) 召开第十一届中日韩风景园林学术研讨会

作为中国科协2008年度择优支持的学术交流项目之一,第十一届中日韩风景园林学术年会于10月15～17日在杭州市召开。会议由中国风景园林学会、日本造园学会、韩国造景学会共同主办,杭州市西湖风景名胜区管委会、浙江省风景园林学会、浙江森禾种业有限公司联合承办,来自国内外的风景园林专家、学者和在校学生等共计320余人参会,其中日本代表20余人,韩国代表30余人。IFLA主席应邀出席并致辞。会议以"风景园林·山水文化——人与自然山水的和谐共融"为主题,12位专家就山水为特点的城市,如何在城市发展的过程中更好的保持良好的山水园林格局,创建富有特色的、功能健全的城市绿地系统进行了报告。会议征得论文100余篇,经过筛选,收录41篇(其中国22篇,日本16篇,韩国3篇)编印了会议论文集《Journal of Landscape Architecture in Asia(Volume4)》。

(三) 召开2008第三届全国风景园林教育学术年会

第三届全国风景园林教育学术年会于11月1～2日在同济大学举行,由学会主办,风景园林教育研究分会(筹)、上海市风景园林学会风景园林教育研究专业委员会、同济大学建筑与城市规划学院共同承办。300余名代表参会。会议以"风景园林教育的规范性、多样性和职业性"为主题,重点就风景园林学科的核心、不同阶段专业教育的课程设置、专业教育的准入和评估等议题进行了讨论。国务院学位办工农处欧百钢处长在会议开幕式上发表讲话。孟兆祯院士等12位在一线从事教学和相关工作的专

家和学者结合主题进行了报告。会议征得论文100余篇,经过筛选,收录93篇,编印了《第三届全国风景园林学术年会论文集》,由中国建筑工业出版社正式出版发行。

三、国际交往和学术交流

（一）保持与IFLA的交流与合作

2月,部分会员参加了IFLA亚太区在印度召开的2008年度学术年会,推荐2个规划设计项目参加亚太区风景园林奖的评选,分获一、二等奖。会上,学会副秘书长刘晓明教授当选为IFLA亚太区秘书。6月,学会组织会员代表参加了IFLA在荷兰召开的第45届世界大会,3位专家在会上宣读了学术论文。学会继续邀请了IFLA主席、副主席、秘书长等专家到上海交通大学、浙江林学院等国内高校作学术报告。

（二）继续与相关国家风景园林学术团体的交流

学会分别接待了马来西亚风景园林师协会（ILAM）和德国园林艺术和风景园林协会（DGGL）代表团,进行座谈和交流,沟通对学科和行业发展的认识,探讨建立长期合作。

四、竞赛和评优活动

学会继续发动国内高校大学生参加IFLA大学生风景园林设计竞赛。为配合第十一届中日韩风景园林学术研讨会的举行,学会举办了"森禾杯"中日韩大学生风景园林设计竞赛。竞赛以"宁波市植物园的概念规划"为题,收到设计作品40余份。经来自三国专家组成的评委会的评审,评出金奖1名、银奖2名,铜奖6名。在第十一届中日韩风景园林学术研讨会的闭幕式上,向获奖者颁发了奖杯和证书。

由学会组织,园林工程分会具体承办,进行了2008年度"中国风景园林学会优秀园林工程奖"评选,评出"优秀园林绿化工程奖"64个,"优秀园林古建工程奖"9个。在第四次会员代表大会期间,向获奖单位颁发了证书和奖牌。

五、组织专业展览

学会举办了"第七届中国盆景展览"和"第八届中国赏石展览"。第七届中国盆景展览会由学会、江苏省建设厅、南京市人民政府主办,学会花卉盆景赏石分会和南京市园林局共同承办,于9月29日～10月6日在江苏南京市举办。第八届中国赏石展览由学会、安徽省建设厅、合肥市人民政府主办,学会花卉盆景赏石分会和合肥市园林局共同承办,于12月6日～12日在安徽合肥市举办。

六、协助政府工作

在5·12汶川特大地震发生后,学会立即发出"积极参与抗震救灾并开展地震灾区园林绿地防灾避难功能调研的倡议",号召全体会员和风景园林科技工作者发挥专业特长,参与抗震救灾和灾区重建工作。2月,受住建部委托,学会对南方遭受雨雪冰冻灾害的省份"园林绿地恢复重建方面的经验、教训和防止减轻灾害应采取的措施"进行了调研,撰写了调研报告;10月,受住房和城乡建设部城建司委托,学会在京举办了"风景园林专家座谈会"。

（中国风景园林学会）

中国公园协会

2008年,中国公园协会认真学习、贯彻党的十七大会议精神,认真学习科学发展观,积极投入构建和谐社会建设,较好地完成了年度各项工作任务。

一、召开中国公园协会第二届第四次理事会议和会长副会长会议

2008年10月,中国公园协会在广西北海市召开了第二届第四次理事（扩大）会议。会议主要议题是总结协会工作情况,研究第三届会员代表大会筹备事项。理事会议审议通过了协会工作报告和财务报告。与会理事还对协会今后工作提出了很好的意见和建议：

2008年12月,中国公园协会在南京市召开了会长、副会长会议。会议主要议题是研究协会第三次会员代表大会筹备工作以及历史文化名城公园的地位、作用和科学发展。会议原则通过了协会会长、副会长、秘书长人选推荐单位及部分人选方案、

《中国公园协会章程》修改草案、协会专业委员会和工作委员会调整方案和协会会费收缴标准调整方案。

二、组织召开城市公园研讨会及相关业务考察

2008年4月,协会在宁波市召开了全国公园绿地节庆花饰布景交流会。8月,在呼和浩特市召开了全国公园信息工作交流会。12月,协会与深圳市城市管理局结合深圳市第三届公园文化节举办了中国公园文化传承与发展研讨会。

这些研讨会围绕城镇公园管理体制和运行机制的改革、部分公园的免费开放、公园的建设与发展、科技创新等方面开展了交流、研讨。深圳研讨会召开前,组织了以公园文化传承与发展为主题的论文征集与评选活动。共征集到论文114篇。经邀请建设部风景园林专家组专家参加的优秀论文评审组评审,评选出特等奖10项,一等奖26项,二等奖30项,优秀奖48项。研讨会的召开为推动我国城市公园建设和公园文化事业的发展,为构建社会主义和谐社会起到积极作用。

三、组织会员单位参加国际会议,考察国外城市公园绿地建设

应国际公园与游憩管理联合会亚洲太平洋地区分会(简称"亚太分会")的邀请,2008年9月,中国公园协会代表团参加了亚太分会会员代表大会,并对新西兰基督城、惠灵顿、奥克兰市的公园绿地进行了考察。通过会议和与会的各国代表进行了广泛的交流,扩大了我国公园绿地行业改革发展的国际影响;增进了与亚太国家同行的友谊;为今后增加国际间的交流与合作创造了条件。

四、按期编发《中国公园》杂志,印发内部通讯《公园信息交流》

2008年共编辑了《中国公园》杂志4期。编辑出版了《中国公园》深圳公园文化节专刊。继续编辑印发《公园信息交流》及时传达建设部关于城市园林绿化工作的信息,广泛交流行业内各个方面的经验。

五、开展了深入学习实践科学发展观活动

2008年10月至2009年2月,遵照住房和城乡建设部开展深入学习实践科学发展观活动实施方案的部署,协会秘书处全体同志参加了第一批开展的学习实践活动。在4个多月的学习实践活动中,认真学习了学习实践科学发展观的有关文件资料,围绕科学发展进行了解放思想大讨论,进一步提高了对科学发展观的理解和认识。通过全年在宁波、呼和浩特、北海、南宁、南京、深圳的考察和调查研究,撰写了题为《城镇公园的科学发展与部分城镇公园的免费开放》的调研报告。在分析检查阶段,梳理出公园绿地行业和协会科学发展中存在"对公益性公园绿地的保护还不到位"、"城镇公园管理法规不完善不健全"等突出问题,提出了整改方案,将在协会工作中加以落实。

(中国公园协会)

二、中 央 企 业

中国建筑工程总公司

中国建筑工程总公司(以下简称中建总公司)组建于1982年,是中央直接管理的国有重要骨干企业,公司业务包括房屋建筑工程、国际工程承包、房地产开发与投资、基础设施建设与投资及勘察设计等,经营地域遍及中国大陆各个省、自治区和直辖市以及香港、澳门特别行政区;海外经营区域涉及东南亚、中东、非洲、美洲等20多个国家和地区。经过近30年的发展,中建总公司已成为中国最具国际竞争力的建筑房地产企业集团,是中国建筑、房地产业的排头兵和最大国际承包商,是不占有国家大量资金、资源和专利,以从事完全竞争行业而发展壮大起来的特大型国有企业。在美国《财富》杂志公布的2009年度"全球最大五百家公司"中,中建总公司排名第292位,与2006年首次进入世界500强时相比,排名大幅提高194位。此外,中建总公司还被美国《财富》杂志评为2007、2008年度中国最受赞赏的公司之一,中国地区惟一获此殊荣的

建筑类企业。

一、2008年公司发展状况和成效

2008年，中建总公司克服了国际金融风暴及国内自然灾害等诸多不利事件的影响，经营生产继续保持增长态势。继2005年公司资产总额、营业收入首次双双突破1000亿元大关后，仅用了三年时间并于2008年再次双双突破2000亿元大关，企业实力不断增强。

（一）"大市场、大业主、大项目"增多

2008年，公司京津地区、长三角地区、珠三角地区新签合同额1183亿，占境内总合同额的51.4%。其中，长三角地区合同额较上年增长20%。2008年，公司境内承包工程单项合同额1亿元以上大项目达到603个，合同总额1595亿，同比增长12.4%，占境内建筑业务新签合同额的72%。其中，中建八局、三局、二局新签亿元以上的大项目分别为118个、99个、74个；设计企业中标2000万以上的项目10个，其中沈阳龙之梦亚太中心设计合同额达到6600万元。

2008年，公司海外新签1000万美元以上的大项目64个，合同总额58.9亿美元，占海外新签承包工程合同额的87%。其中，阿尔及利亚经理部和中海集团新签的1000万美元以上大项目分别为19个和18个。

（二）加大经营结构调整力度，专业化发展迈出新步伐

一是房地产业取得了长足发展。在国家宏观调控和国际金融危机的双重压力下，2008年，以中海地产为主的房地产营业收入同比增长29.4%。与此同时，中建地产开始运行，2008年签订土地出让合同3份，新增土地贮备153万平方米，预计总投资超过38亿元。

二是基础设施业务保持了一定增速。2008年，公司基础设施签订合同额同比增长8.8%。基础设施业务的增长，不仅带动了公司营业收入的增加，提高了基础设施施工和管理水平，还带动了各工程局经营结构的调整，从而为全公司基础设施领域大发展打下了良好的基础。

三是专业化发展迈出新步伐。通过加大整合力度，集中和优化系统内资源，成立了"中建铁路"、"中建市政"、"中建钢构"、"中建电力"、"中建商品混凝土"等五个专业化公司，从组织机构上为加快专业化发展，提高企业综合竞争力创造了条件。其中，"中建电力"已实现了由施工常规岛向施工核岛的重大突破。

（三）强化集约管理，企业管理和项目管理再上新台阶

为实现企业资源的整合，充分发挥资金的流动性管理和存量使用效益，2008年，公司继续大力推进资金集中管理。一是强调资金向"二级法人集中"初见成效，由此显著增强了二级企业的融资能力和投资能力。二是实现了总部9家直营单位或项目的资金集中上网运行，有效地解决了总部资金存贷利差的问题，减少了财务费用的支出。各单位还加大了工程结算及应收款的回收力度，全系统实现了在营业收入增长的前提下，应收款总量却不增长的目标，进一步减少了存量，保证了资金及时回流。

项目精细化管理推动项目创新、创优工作再上新台阶。2008年是"中国建筑"创新、创优工作获得全面丰收的一年，以中央电视台新址、上海环球金融中心和广州西塔为代表的一大批工程项目，创出了质量最好、速度最快、高度最高、体量最大、成本最低、安全最佳的楼宇工程世界纪录，一批自主创新的科技成果正在申报国家专利。全年共获得国家级工程质量奖32项，参建奖36项，其中获得15项鲁班奖、17项鲁班参建奖，还获得17项国家优质工程银质奖、2项国家优质工程设计奖、1项国家优质工程监理奖、19项国家优质工程参建奖，获奖数量在行业内居于领先地位。

（四）发挥"顶梁柱"作用，为战胜自然灾害和成功举办奥运会做出新贡献

面对百年不遇的南方部分地区雨雪冰冻和四川汶川特大地震灾害，尽管中建系统身处灾区的企业和广大员工也蒙受了巨大的损失，但公司始终以央企的社会责任为重，为两次抗灾和灾后重建投入了大量的人力、财力和物力，尤其是身处灾区的中建西南院、西勘院为抗震救灾做了大量的工作。全系统也积极行动，仅捐献现金就近亿元，为四川、甘肃等地援建临时安置型住房110万平方米，居全国之最。此外，"中国建筑"还出资捐建了四川"中建爱心家园"、宁夏"中建扶贫水井"、新疆"中建致富路"、湖南"中建希望学校"等项目，极大地彰显了"中国建筑"的社会责任。

在举世瞩目的奥运会工程建设中，公司一共承建了北京奥运会40%的场馆及配套设施建设任务。中建一局承建的水立方、沈阳体育馆，中建二局承建的北京媒体村、国家射击馆，中建三局承建的数码大厦、奥体中心体育场，中建八局承建的中国科技馆，中海集团承建的香港赛马场等工程，都已成为奥运会靓丽的风景。

（五）贯彻落实科学发展观，"和谐中建"建设取得新成果

2008年，各级企业贯彻落实科学发展观，领导班子建设、基层党组织建设、党风廉政建设、企业文化建设、"和谐中建"建设都取得了新成果。一大批企业和员工获得全国、省市先进称号。全系统一些积累多年的历史遗留问题得到解决，一些不和谐、不稳定因素得到化解，尤其是中建四局、五局、六局、七局投入重金，使拖欠职工多年的内债得以清偿，一批住在棚户的职工搬进了新居。全系统形成了以发展保和谐，以和谐促发展的良好局面。

二、2008年企业实施的发展战略

（一）通过调整产权和产业结构、更新扩张方式、扩大融资渠道、优化资源配置等措施实现持续快速的增长。

（二）加快实施"走出去"战略的步伐，把海外经营作为公司最重要的核心竞争力。

（三）实施有中建特色的差异化市场竞争战略，进一步加大基础设施和房地产市场的拓展力度。

（四）实施管理与组织创新，加快区域化、专业化改造，在加大区域管理、协调力度的同时，在集团层面打造若干专业化公司，为全集团的区域化、专业化奠定基础。

（五）实施有中建特色的人才战略。着力突出人才战略的地位，制定先进的人才政策和激励机制，加快人才结构调整的步伐，实现向资本密集型、技术密集型和管理密集型企业的根本性转变。

（六）实施科技兴企战略，贯彻科技引领企业发展的工作方针，着力保持和扩大在同行业中的科技领先优势，增强自主创新能力，确保在建筑技术集成创新方面达到国内领先地位。

三、2008年公司应对金融危机的举措和经验

除了前面提到的一些做法和经验外，面对国际金融危机的冲击和国家四万亿投资等政策措施带来的机遇，公司采取多种措施积极应对，取得了较好的效果。

（一）全面推进"营销高端化"工作

公司意识到在目前"政府主导型"投资背景下，扩大和巩固"中国建筑"在中央、国务院部委和省市党委、政府的影响力，对市场开拓尤为重要。通过强化高层对接，一方面可以盯住大项目、拿到大项目；另一方面，可以及时了解国家有关产业结构等重大政策调整的最新动向，以便据此结合企业改革发展实际，及时调整经营思路，收到"提前布局、抢占先机"的效果。为此，公司明确由高管牵头，并责成有关部门、二级集团及专人分头对接中央有关部委和地方政府，形成了分区域、分专业、责任清晰、考核到位的高层对接机制，以高层对接实现高端营销突破。

同时，公司改变了以往与下属单位领导班子主要成员签订责任状的做法，首次与经营班子全体成员签订责任状，要求三级公司以上高管人人都要扛营销指标，并与考核挂钩，同时还加大了合同额在考核中的权重（从20%提高到30%），形成了"班子人人扛指标，团队人人抓营销"的局面，真正实现了高端对接。

（二）以抢抓铁路市场机遇为重点，下大力气拓展基础设施建设市场

由于国家4万亿巨资主要投向基础设施业务，而其中约2万亿是投向铁路市场，为此，公司专门召开了"铁路市场营销工作推进会"，对开拓铁路市场进行了专题部署，要求在现有基础上尽快形成强有力的市场开发体系和施工体系，逐步将体制机制建设、施工队伍建设和技术装备升级等工作基础夯实，特别要以能力建设来促进市场开拓。公司还提出要加大铁路站房业务的开拓，努力在铁路站房业务方面获取更多的份额，并要求加快系统内相关单位基础设施领域资质就位工作的步伐，尽快打造出若干个具有铁路市场竞争资格的公司，进一步加强公司在铁路市场的地位。

（三）积极创新应变措施，拓宽融资渠道保发展

2008年，在"中国建筑"整体上市延期的情况下，公司积极应变，努力抢抓国家"保增长"的政策机遇，已初见成效。一是获得了中国进出口银行4.5亿美元的五年期贷款；接着又另辟募集资金新途径，成功发行62亿元中期票据。这笔资金期限长、利率低，为"中国建筑"在国际经济危机期间的安全运行，以及可持续发展提供了有力的支持。

（四）切实抓好风险防范管控工作

在狠抓市场开拓的同时，公司还特别注重抓好风险防范管控工作。在资金风险方面，公司一手抓资金集中管理力度，以及合理安排债务期限结构、注意防范汇率风险，另一手抓回收工程款、清催拖欠款，以及加快楼宇销售速度，来有效巩固资金链。在经营风险方面，公司强调决不能盲目承接项目，特别是以垫资等手段去争取项目。在投资风险方面，公司重点完善项目评审、决策机制，对投资加强风险管控，适当压缩投资规模。

（中国建筑工程总公司）

中国水利水电建设集团公司

中国水利水电建设集团公司始于20世纪50年代初，时称水力发电建设总局，承担水利水电勘测设计、施工任务，隶属于中央燃料工业部。后在国家部委机构调整中，经过几次合并与拆分，名称有所变化。1988年10月，经国务院批准，成立中国水利水电工程总公司（以下简称水电总公司），由原能源部和水利部共管。1993年，原能源部撤销，成立电力工业部，水电总公司转归电力工业部管理。1998年，电力工业部撤销，水电总公司与国家电力公司建立资本纽带关系，成为其全资子公司。2002年12月29日，在国家电力体制改革中，由国务院批准正式组建为中国水利水电建设集团公司（英文全称Sinohydro Corporation，以下简称集团公司），成为中央管理的企业，由中央企业工委监管。2003年，随着国有资产管理体制改革的深化，集团公司成为由国务院国有资产监督管理委员会监管的中央企业。

集团公司主营业务为：建筑工程；相关工程技术研究、勘察、设计、服务与专用设备制造；电力投资建设与经营；房地产开发经营。目前，集团公司已由单一的水利水电施工企业发展成为工程承包、投资开发、国际经营等相关多元发展的综合型工程建设企业集团。

截至2008年末，集团公司注册资本金40亿元，资产总额763.87亿元。拥有全资企业18个，控股公司9个，参股公司2个，在职员工12.6万人。

集团公司是目前中国国内规模最大的水利水电建设综合型企业集团，具有国家施工总承包特级企业资质、对外工程承包经营权、进出口贸易权、AAA级信用等级，被商务部列为重点支持发展的大型外经企业。2008年，在"中国企业500强"中排名第84位。

自20世纪50年代以来，中国水利水电建设集团公司承担了国内70%以上的大中型水利水电工程的建设任务，目前拥有国内水利水电行业60%以上的市场份额，参建了长江三峡等百座世界瞩目的巨型水电站，总装机容量突破一亿千瓦，为中国常规水电装机容量、水电在建规模跃居世界第一做出了突出贡献。集团公司承建的多项工程获得了国家及地方政府颁发的鲁班奖、金质奖、银质奖、优秀工程奖。在交通、市政、工业与民用建筑等非水电建筑领域也取得了显著业绩。2008年中标京沪高速铁路工程对集团公司全面开拓非水电建筑市场产生了深远影响，在世界建筑市场进一步彰显了"中国水电"的品牌。

集团公司在从事工程建设的同时，积极稳健地开展融投资业务，投资建设了水电、煤电、风电等一批优质能源项目和房地产开发项目、BOT高速公路项目。2008年，集团投资规模稳步扩大，投资结构得到优化，从水电、火电延伸到风电、水务、房地产、基础设施等领域。

集团公司积极推进国际化战略，是中国水电产业"走出去"的排头兵和中国企业"走出去"的重要力量，先后在亚、非、欧、美的50多个国家和地区进行了工程承包建设和经济技术合作，拥有全球50%的水利水电建设市场份额，树立起"水电建设第一品牌"的良好形象。2008年，在中国对外承包工程企业中以营业额排名位列第3位，在全球最大225家国际工程承包商的排名位列第50位。"中国水电"在国际上已成为中国水电建设行业的第一品牌和行业代表。

集团公司确立了全面建设"行业领先，管理一流，品牌影响力明显，具有持续成长性和较强国际竞争力的质量效益型跨国企业集团"的发展目标，确立了"四大主业协同发展；建筑工程承包、资产经营两条主线稳健延伸；国际、国内两大市场双向拓展、良性发展"的战略发展模式。

【生产经营平稳较快发展，经营业绩再上新台阶】

2008年，集团公司实现营业收入608.13亿元，同比增长19.3%。总资产达到763.87亿元，同比增长44.93%。新签合同总额965.8亿元，同比增长56.5%。累计合同存量1455亿元，其中国内存量883亿，国外存量572亿元。

经济效益相对提高。实现利润总额16.1亿元，在受到地震灾害损失影响的情况下基本与去年持平。营业收入利润率2.67%。成本费用利润率2.76%。

净资产收益率 13.81%。国有资产保值增值率 127.91%。全员劳动生产率 48.21 万元/人·年，同比增长 22.92%，在岗员工人均工资 33481.08 元，同比增长 14.97%。

【抗震救灾及灾后恢复重建取得阶段性成果】

在"5·12"汶川特大地震中，集团公司遭受了重大人员生命和财产损失，是受灾严重的中央企业之一。震灾造成 144 人死亡，大量房屋倒塌、受损，近 13000 人无家可归。集团公司在川子公司损失尤为严重，位于震区的在建项目工程受到不同程度的破坏和影响，经确认的地震专项资产损失达 13.7 亿元。

面对这场突如其来的特大地震灾难，集团公司积极组织，聚集团之力、全力以赴抗震救灾。集团领导亲赴一线指挥，不惜一切代价抢救生命，从垮塌楼房和废墟中抢救出 38 人。全集团发扬"一方有难、八方支援"的精神，累计向灾区捐款捐物达 5200 余万元。同时积极履行中央企业为国分忧、为民解难、为社会担责的社会责任，大力支援地方救灾，参与灾区的清墟救人、道路抢修、水库排险、医疗卫生防疫等各方面的抗震救灾工作。特别是在打通茂县至汶川等三条"生命通道"和保障紫坪铺、太平驿水电站大坝安全等抢险任务中，不怕牺牲，顽强拼搏，圆满完成任务，得到了温家宝总理、国务院国资委领导的充分肯定以及灾区地方政府和人民的赞誉。

按照党中央、国务院和国资委有关灾后恢复重建的重大部署，集团公司及时成立了恢复重建工作领导小组和工作机构，根据统筹规划、科学合理、分步实施的原则制定了灾后恢复重建方案。受灾子企业积极组织，狠抓落实，灾后恢复重建工作取得了阶段性成果。水电十局在都江堰灾区已完成四万多平方米的过渡性房屋建筑，共安置 4000 多户受灾职工，过渡区成为都江堰灾区的和谐示范小区。水电十局医院的重建工作在国务院国资委的关心支持和中国建材集团的援建下已经顺利完成，于 11 月 12 日恢复营运。各受灾企业的生产经营得到较快恢复，生产经营已正常进行。

【继续推进国际业务优先发展战略，国际经营取得显著成绩】

2008 年，中国水利水电建设集团公司在巩固亚洲传统市场、进一步深度开发中东市场、全力开拓非洲市场的同时，积极尝试开发美洲市场，并成功开辟了斐济、博茨瓦纳、文莱和南非等国市场。此外，集团公司在安哥拉、卡塔尔、利比亚、埃塞、老挝、苏丹和东非市场则正逐渐形成规模化的国别市场。

中国水电建设集团公司 2008 年新签海外合同 51 个，合同额 36.32 亿美元，同比增长 28%，约占集团总签约额的 31%。集团国际业务分布在亚洲、非洲、美洲和大洋洲等 43 个国家，其中亚洲 22 国、非洲 19 国、美洲 1 国、大洋洲 1 国。在建项目合同 168 个，在建项目合同额达到 116.27 亿美元，在建项目合同余额约 70 亿美元。

与此同时，中国水电建设集团公司进一步开拓 EPC 总承包、出口信贷融资承包领域，同时多元化扩展建筑产业链条，在火电、燃气发电等产业领域有所突破。其中：水电站项目 31 个，路桥项目 27 个，投资项目 2 个，水处理和灌溉项目 26 个，矿产项目 2 个，房建及市政项目 68 个、其他项目 14 个。总的来说，2008 年中国水电建设集团公司新签非水电合同额 18.38 亿美元，占年度新签合同额的 50.59%。

【水电施工行业主导地位进一步巩固，非水电建筑业务实现战略性重大突破】

进一步巩固了水电建筑传统主业市场的龙头地位。各子公司积极开拓水电市场，实现了年度计划目标。国内水电建筑业营业收入 327.81 亿元，占总营业额的 54.5%。国内水电工程新签合同额 338.8 亿元，占总签约额的 35%。2008 年实现水电装机 1124.48 万千瓦，再创历史新高，使集团承建的水电装机总容量突破 1 亿千瓦。集团公司获得了"电力行业首批 AAA 级信用企业"、"2008 年度最具社会责任感企业"等荣誉称号。

工程承包业务结构战略调整成效显著。集团建筑业务的经营结构已初步呈现国内水电、国内非水电、国际业务"三足鼎立"的新格局，扩大了集团未来生存和可持续发展的空间。集团公司按照"大集团、大土木、大市场"的战略思路，坚定不移地推进非水电建筑主业发展战略，在战略导向、经营业绩考核、内部产业分工、管理模式转型上采取强势引领措施，领导推动子企业大力开拓铁路、公路等非水电主业市场。各子公司普遍成立了基础设施事业部，合理配置资源，充分发挥整体资源优势，聚集团合力，全力打造国内非水电建筑业务集团品牌。2008 年，国内非水电建筑中标合同额达到 327.7 亿元，同比增长 264.6%，占集团总签约额的 34%。实现国内非水电收入 126.93 亿元，创历史新高。

铁路建筑市场开拓取得重大成果。年初中标了 142.73 亿元的举世瞩目的京沪高速铁路第三标，这在集团发展史上具有重大的历史性的里程碑意义。

12月中标贵广铁路两个标段，中标额44.53亿元，在建铁路施工合同超过200亿元，迈出了集团持续拓展铁路建筑业务的可喜一步。京沪高速铁路项目部和各参建子企业面对京沪高铁技术标准高、工期紧、施工难度大、外部干扰多，挑战严峻的形势，虚心学习、求真务实，主动与铁路建设市场进行适应性、开放性、全面性的强力对接，全力打造"中国水电铁建"品牌，积极推行标准化管理，狠抓工程质量、安全环保、生产进度，推动了各项工作有序整体推进，超额完成了年度计划，质量、安全总体受控，得到了业主等相关方的认同。在2008年度铁路建设施工单位信用评价中，集团公司与全线9家铁路主力施工单位同场竞技排名第五，在铁路外单位中名列第一，成绩来之不易，难能可贵，为集团赢得良好的声誉。

在大力发展建筑承包业务的同时，投资开发与经营等其他业务也取得新进展。2008年，集团电力投资在建项目总装机容量667万千瓦，权益装机402万千瓦，已完成和投产电力项目权益装机146万千瓦，全年实现发电销售收入11亿元，业绩良好。房地产新开工面积18.65万平方米，竣工面积11.2万平方米，"中国水电地产"品牌建设已进入正常发展阶段。武邵高速公路BOT项目及邛崃至名山高速公路BOT项目等按计划全面建设推进，邛名公路BOT项目受到四川省政府好评。港航业务依托天津滨海新区大开发契机，向国内国外港口航道、疏浚吹填业务拓展开局良好。租赁业务在发展中调整、创新、拓展，经营质量效益有新的提升。

【科技兴企工作取得新成果】

2008年，中国水电建设集团公司科技奖励工作再获丰收，获中国电力科学技术奖9项。其中，一等奖1项、二等奖3项；"大型水利水电工程可视化仿真技术及其工程应用"和"峡谷地区200m级高面板堆石坝筑坝技术研究及其洪家渡坝工程应用"项目获国家科技进步奖励二等奖。

2008年，中国水电建设集团公司工程创优工作取得新突破。水电十五局有限公司承建的陕西汉中城市桥闸工程，水电八局、九局有限公司承建、水电十四局有限公司参建的贵州洪家渡水电站工程双获2008年度中国建筑工程鲁班奖。水电十二局有限公司、水电五局有限公司、水电一局有限公司承建的浙江桐柏抽水蓄能电站，水电十六局有限公司、水电十四局有限公司承建的福建周宁水电站，水电十局有限公司、水电七局有限公司承建的四川小天都水电站等3项工程获2008年国家优质工程银质奖。集团公司承建的贵州洪家渡水电站、浙江桐柏抽水蓄能电站、福建周宁水电站、四川小天都水电站、青海苏只水电站等5个工程获2008年度中国电力优质工程奖。

（中国水利水电建设集团　冯有维）

第八篇

2008 年建设纪事

一月

◆ **《城乡规划法》施行** 1月1日，十届全国人民代表大会常务委员会第三十次会议审议通过的《中华人民共和国城乡规划法》开始施行。《城乡规划法》的施行，将进一步强化城乡规划的综合调控作用，在城乡经济发展与建设中，加强对自然资源和文化遗产的保护与合理利用，加强对环境的保护，坚持社会的平衡发展，从而促进城乡经济社会全面协调可持续发展，实现全面建设小康社会的目标。

◆ **《劳动合同法》施行** 1月1日《中华人民共和国劳动合同法》正式实施。《劳动合同法》是社会主义市场经济条件下全面调整劳动关系的一部重要法律，对于规范用人单位的用工行为，更好地保护劳动者合法权益，构建和发展和谐稳定的劳动关系，促进社会主义和谐社会建设，都具有十分重要的意义。

◆ **建设领域多项法规标准施行** 1月1日起，由建设部颁布的多项国家及行业标准开始生效施行。其中《油田采出水处理设计规范》、《城市消防远程监控系统技术规范》、《钢铁冶金企业设计防火规范》等为国家标准；《建设电子文件与电子档案管理规范》、《建筑外窗气密、水密、抗风压性能现场检测方法》、《水处理用橡胶膜微孔曝气器》、《给水排水用蝶阀》、《给水排水用直埋闸阀》、《水处理用刚玉微孔曝气器》、《城镇燃气用二甲醚》、《建筑用钢结构防腐涂料》、《潜水搅拌机》、《民用建筑能耗数据采集标准》等为行业标准。

◆ **建设部通报批评6家企业** 1月2日，因在办理监理工程师注册过程中提供并使用虚假证明材料，建设部发文对湖北鄂电建设监理有限责任公司等6家企业给予通报批评。

◆ **国务院下发促进节约集约用地通知** 1月3日，国务院下发《关于促进节约集约用地的通知》，提出要按照节约集约用地原则，审查调整各类相关规划和用地标准；充分利用现有建设用地，大力提高建设用地利用效率；充分发挥市场配置土地资源基础性作用，健全节约集约用地长效机制；强化农村土地管理，稳步推进农村集体建设用地节约集约利用；强化监督检查，全面落实节约集约用地责任。

◆ **《工程建设标准体系》（有色金属工程部分）发布** 为适应我国经济社会和工程建设发展的需要，不断促进技术进步，进一步建立和完善工程建设标准体系，根据建设部的计划安排，1月3日，由中国有色金属行业组织编制的《工程建设标准体系》（有色金属工程部分）发布。该标准体系包括测量与工程勘察、有色金属矿山、有色金属冶炼与加工、公用与建筑工程4个专业的标准现状、发展趋势和所需要的标准项目。

◆ **建设部规范注册造价工程师注册管理** 为进一步贯彻落实《注册造价工程师管理办法》，规范注册造价工程师的注册管理，1月4日，建设部下发《关于注册造价工程师变更、暂停执业、注销注册等有关事项的通知》，对注册造价工程师变更、暂停执业、注销注册等有关事项作出具体规定。《通知》自2008年3月1日起执行。

◆ **全国建筑市场诚信信息平台开通** 1月7日，全国建筑市场诚信信息平台正式开通启用。今后，登陆建设部门户网站，进入信用体系栏目，无需任何密码，即可利用全国建筑市场诚信信息平台查询建筑市场各方主体的诚信信息。该平台正式开通启用，这意味着以信用信息平台的建立为突破口，建筑市场信用体系建设进入了实质性工作阶段。

◆ **建设部等8部门通报违法违规典型案例** 1月9日，建设部、国土资源部等8部门房地产市场秩序专项整治办公室召开新闻发布会，通报了在专项整治工作中查处的山西省长治市凯悦房地产开发有限公司违规开发建设、山西晋荣首佳房地产中介服务有限公司违规销售案等26个违法违规典型案例。

◆ **文化遗产保护规划国家文物局重点科研基地挂牌** 1月10日，"文化遗产保护规划国家文物局重点科研基地"举行挂牌仪式。该基地于2005年成立，依托中国建筑设计研究院，以该院建筑历史研究所为运作与发展的主要技术支撑部门，是目前我国惟一依托大型科技型国有企业的文化遗产保护重点科研基地。

◆ **全国住房建设计划（规划）工作会议召开** 1月15日，全国住房建设计划（规划）工作会议在北京召开。会议提出，要切实推进住房建设计划（规划）的制定和公布工作。各地2008年1月底前要公布2008年度住房建设计划；3月底前要公布2009年住房建设计划；6月底前要公布2008～2012年住房建设规划。

◆ **住房建设计划（规划）编制公布工作督办制度建立** 为推动和督促各地做好住房建设计划和住房建设规划制定和公布工作，按照完成制定和公布2008年、2009年住房建设计划以及2008～2012年住房建设规划的任务要求，1月15日，建设部表示要建立住房建设计划（规划）编制公布工作的督办制度。

◆ **国家级风景区总规编制有了最后期限** 为贯彻落实《城乡规划法》和《风景名胜区条例》，全面推进风景名胜区规划管理工作，切实保护利用好风景名胜资源，建设部发出《通知》，要求尚未报批总体规划的42处国家级风景名胜区加快总体规划编制报批工作，并于2008年6月底前完成规划编制工作并上报。对逾期未完成总体规划编制报批工作的风景名胜区，建设部将依据《城乡规划法》和《风景名胜区条例》有关规定严肃处理。

◆ **第四届中国人居环境高峰论坛举办** 1月18～19日，第四届中国人居环境高峰论坛在武汉举行。来自全国各地及日本、美国等外国规划界、地产界的专家、代表和相关政府主管部门负责人300余人汇聚江城武汉，围绕"绿色——建筑与城市的未来"这一主题，结合十七大提出的"生态文明"理念，针对我国城镇化进程和人居环境建设发展中遇到的实际问题，进行科学理论与实践研究的全方位探讨，探寻中国人居环境实现可持续发展的新思路，推进中国人居环境事业的健康发展。

◆ **"人居环境评估指标体系研究"成果发布** 1月19日，建设部科研课题《城镇规模住区人居环境评估指标体系研究》成果发布。研究成果首次提出了住区人居环境评估的核心要素，包括生态、配套、环境、科技、亲情、人文、服务共7大目标，阐述了住区人居环境建设的内涵和体系。项目的主要目标就是要以人居环境的视角创建住区开发模式，建立人居环境综合学科的评价标准，成为满足住区开发不同阶段、不同专业人员使用要求，要求达到容易操作、容易定性定量，可查、可点规模住区环境的评估指标体系标准。

◆ **香港建筑测量师资格证书颁发** 1月23日，共创鲁班奖工程监理单位与总监理工程师表彰大会暨香港建筑测量师资格证书颁证仪式在北京举行。大会为内地25名监理工程师代表颁发了香港建筑测量师资格证书，对共创2007年度鲁班奖工程的91家监理单位、87名总监理工程师进行了表彰。

◆ **建设系统应对大范围雨雪冰冻灾害** 1月28日，建设部下发紧急通知，要求进一步做好建设系统应对大范围雨雪冰冻灾害的有关工作。通知要求，各地建设主管部门要高度重视这次大范围雨雪冰冻灾害的应对工作，认真贯彻落实国务院电视电话会议精神和《建设部办公厅关于进一步做好强降温降雪天气应对防范工作的紧急通知》要求，全力做好供水、供气、供暖的服务与保障工作，确保城市公共交通运行畅通，切实防范大雪凝冻压塌房屋事，加大城市供热采暖节能工作力度，进一步加强城市照明节电工作，加强监督检查和应急值班工作，积极协助做好煤电油运保障工作。

◆ **建设部加强民用建筑节能工程质量监督** 1月29日，建设部下发《民用建筑节能工程质量监督工作导则》，以加强建筑节能管理工作，保证建筑节能工程质量。

◆ **中国—欧盟建筑标准和节能研讨会召开** 1月29～30日，中国—欧盟建筑标准和节能研讨会在京召开。会上，欧盟的相关官员、专家及企业代表与中国从事建筑节能和标准化工作的有关政府官员、专家学者和企业代表交流了建筑标准和建筑节能方面的经验。

◆ **建设部对贯彻实施《城乡规划法》提出指导意见** 1月30日，建设部下发关于贯彻实施《城乡规划法》的指导意见，对各地贯彻实施《城乡规划法》必须坚持遵循的原则、当前着重要做好的工作以及学习培训、执法检查等方面的内容作出明确部署。要求各地从加强依法执政能力建设、构建和谐社会的高度，充分认识实施《城乡规划法》的重大意义，增强做好城乡规划工作的责任感和使命感，把城乡规划工作做得更好。

◆ **建设部公布2007年中国人居环境奖名单** 1月30日，建设部公布了2007年中国人居环境奖获奖城市（项目）名单。授予江苏省昆山市、山东省日照市、河北省廊坊市2007年"中国人居环境奖"，授予"北京市北二环城市绿化建设项目"等26个项目2007年"中国人居环境范例奖"。至此，建设部已经公布了7批"中国人居环境奖"。

◆ **"水立方"竣工** 1月30日，2008北京奥运会主要场馆之一的国家游泳中心工程（水立方）全部完工，其关键技术达到国际领先水平。奥运会后，"水立方"将成为北京市民的水上娱乐中心。

◆ **中国低碳城市发展项目正式启动** 1月31日，全球性保护组织WWF世界自然基金会在北京正式启动"中国低碳城市发展项目"，上海、保定入选首批试点城市。

◆ **重点湖泊治理划定目标和时限** 国务院办公厅发出通知，转发环保总局、财政部、建设部、水利部《关于加强重点湖泊水环境保护工作的意见》，为我国重点湖泊水环境治理划定目标和时限。到2010年，重点湖泊富营养化加重趋势得遏制，水质有所改善；到2030年，逐步恢复重点湖泊地区山清水秀的自然风貌，形成流域生态良性循环、人与自然和谐相处的宜居环境。在重点湖泊流域内城镇新建、在建污水处理厂都要配套建设脱氮除磷设施，保证出水水质达到一级排放标准；已建污水处理厂要在2010年年底前完成脱氮除磷改造。

◆ **中新天津生态城联合工作委员会第一次会议召开** 1月31日，中新天津生态城联合工作委员会第一次会议在天津召开。会议原则通过了中新天津生态城指标体系。会议要求，2008年3月完成生态城总体规划编制，2008年5月底完成起步区的详细规划。

二月

◆ **《住宅专项维修资金管理办法》实施** 为加强对住宅专项维修资金的管理，2月1日，由建设部和财政部联合发布的《住宅专项维修资金管理办法》正式实施。该《办法》对住宅专项维修资金的交存及使用作出了明确规定，它的实施将保障住宅共用部位、共用设施设备的维修和正常使用，维护住宅专项维修资金所有者的合法权益。

◆ **国家园林城市又添34个新成员** 2月1日，建设部命名了石家庄市等34个城市为新一批国家园林城市。至此，我国已经命名了10批国家园林城市。同时，建设部还命名了天津市塘沽区等3个城区为国家园林城区，北京市密云县等20个县城为国家园林县城，上海市青浦区朱家角镇等10个镇为国家园林城镇。

◆ **建设部通报2007年建设工程质量安全监督执法检查情况** 建设部发布2007年全国建设工程质量安全监督执法检查情况通报。通报显示，大多数项目能够较好地执行国家法律、法规和工程建设强制性技术标准，工程实体质量符合或基本符合要求。其中，上海、北京、浙江、重庆、吉林等省、市受检工程检查项的符合率达到85%以上。

◆ **建设部就加强雨雪冰冻灾害地区城市出租汽车管理发出紧急通知** 2月2日，针对我国部分地区出现持续雨雪冰冻天气，很多地方出现了出租汽车乘车难的局面。建设部下发紧急通知要求，规范出租汽车服务管理，保证灾区居民的正常生活秩序。

◆ **建设部直属机关干部职工踊跃捐献** 我国南方部分地区的雨雪冰冻灾情深深牵动着建设部直属机关干部职工的心。2月2日，建设部党组决定，立即在直属机关全体干部职工中开展向灾区群众献爱心捐助活动。短短两天时间，共捐款49.7802万元，捐献衣被2842件，创下近几年直属机关干部职工捐款数额之最。

◆ **建设部科技委专家为城市防灾抗灾出谋划策** 2月3日，建设部科技委专家座谈会在京召开。由于正逢我国部分地区遭受雨雪冰冻灾害，专家们针对应对突发灾害的组织机构建设、提高安全风险管理意识以及科技救灾等提出建议和意见。

◆ **建设部要求做好雨雪冰冻次生灾害防治** 2月6日，建设部下发紧急通知，要求做好建设系统雨雪冰冻次生、衍生灾害的防治工作。

◆ **我国将在住房公积金管理中使用组织机构代码** 2月13日，建设部、国家质检总局联合发出通知，对在住房公积金管理中使用组织机构代码作出规定，以加强和规范住房公积金信息化管理，提高行政执法能力。

◆ **40家拖欠工程款单位受处罚** 2月13日，建设部办公厅发出通报对葛洲坝集团基础工程有限公司等40家拖欠工程款单位予以通报批评，并将这40家单位记入全国建筑市场诚信信息平台，由有关单位依据有关法律法规对以上单位的违法违规行为做出进一步行政处罚。

◆ **我国将建再生资源交易市场** 2月13日，据中国建设报报道，今后一个时期，国家将通过规划布局，建设一批区域性再生资源集散交易市场，并支持沿海地区建设一批以再生原料为主的再生资源拆解加工基地。

◆ **建设部提出大型公共建筑能效公示时间表** 2月14日中国建设报报道，建设部提出国家机关办公建筑和大型公共建筑能效公示时间表，24个示范省市确保完成2008年年中能效公示任务，2008年下半年起在全国范围内推广。

◆ **建设部要求做好灾后恢复重建工作报告** 2月15日，建设部下发《关于做好灾后恢复重建工作报告的紧急通知》，要求受灾地区要建立并做好灾后恢复重建情况日报制度。

◆ **建筑业温暖工程首战告捷** 2月16日中国建设报报道，截至2007年年底，温暖工程李兆基基金建筑业农民工培训项目实施第一年已培训20.2万农民工，转移就业19.8万人，就业率达到98.2%，超额完成了年度培训和转移就业任务。

◆ **建设系统开展向王忠平同志学习活动** 2月19日，中共建设部党组下发《关于在全国建设系统开展向王忠平同志学习活动的决定》，追授湖北省宜昌市兴山县建设局局长、党委书记王忠平同志"全国建设系统行业标兵"称号，并在全国建设系统广泛开展学习王忠平同志先进事迹的活动。

◆ **建设部召开直属机关党群工作会议** 2月20日，建设部召开直属机关党群工作会议。会议提出党建工作为建设事业健康发展提供坚强政治和组织保证。

◆ **《广西北部湾经济区发展规划》获批实施** 2月21日，广西召开新闻发布会正式对外宣布《广西北部湾经济区发展规划》已获国务院批准实施。

◆ **建设部下发做好损毁倒塌农房灾后恢复重建工作指导意见** 2月22日，建设部下发《关于做好损毁倒塌农房灾后恢复重建工作的指导意见》。《意见》要求做好农村损毁倒塌房屋的灾后加固和重建工作，以尽快改善受灾农户居住条件。

◆ **建设部要求做好灾后重建安全生产工作** 2月22日，建设部下发通知要求，目前抗击雨雪冰冻灾害工作已转入全面恢复重建阶段，要切实做好春季特别是灾区恢复重建过程中的安全生产工作。

◆ **建设部下发做好城镇市政公用设施灾后恢复重建工作指导意见** 2月25日，建设部公布《关于做好城镇市政公用设施灾后恢复重建工作的指导意见》，要求3月底前编制完成重建方案，6月底前，灾后恢复重建工作将全面结束。

◆ **建设部要求认真制定住房建设规划及年度计划** 2月25日，建设部下发《关于做好住房建设规划与住房建设年度计划制定工作的指导意见》，要求城市人民政府要在3月底前制定并公布2009年住房建设计划，在6月底前制定并公布2008年至2012年住房建设规划，并认真组织实施。

◆ **建设部通报建筑节能专项检查情况** 2月26日，在国务院召开的新闻发布会上，建设部副部长仇保兴就去年年底建设部组织的建筑节能专项检查情况进行了通报。2007年12月16日至29日进行的全国建筑节能专项检查，共检查了全国30个省、自治区、直辖市，5个计划单列市，26个省会（自治区首府）城市，并抽查了26个地级城市；同时抽查了610个工程建设项目的施工图设计文件和147个在建工程的施工现场，共发出执法建议书45份。

◆ **建设部下发南方农村房屋灾后重建技术指导要点** 2月26日，建设部印发了《南方农村房屋灾后重建技术指导要点》，以期对南方地区灾后农房重建工作提供技术帮助。《要点》分别就房屋选址、建筑设计、基础工程、主体工程、屋面工程、门窗工程、装修工程、配套设施和安全施工作了详细规定。

◆ **建设部部署建筑安全生产隐患排查治理** 2月26日，建设部出台《关于进一步开展建筑安全生产隐患排查治理工作的实施意见》，明确了今年建筑安全生产隐患排查治理的目标、范围、内容、重点和工作要求等，以进一步加强建筑安全生产工作，最大限度地减少建筑安全生产事故。

◆ **建设部出台注册建造师执业管理办法** 为规范注册建造师执业行为，加强注册建造师监督管理，2月26日，建设部颁布《注册建造师执业管理办法》（试行）。该《办法》自颁布之日起施行。

三月

◆ **建设领域多项标准开始实施** 自3月1日起，由建设部颁布《建筑隔声与吸声构造》、《火灾自动报警系统施工及验收规范》、《油气输送管道穿越工程设计规范》、《铝合金结构设计规范》、《工程建设施工企业质量管理规范》等国家标准，《住宅厨房家具及厨房设备模数系列》、《城市工程地球物理探测规范》、《建筑变形测量规范》等行业标准开始施行。

◆ **建设部加强景区监管信息系统建设** 3月14日，建设部发出《关于做好2008年国家级风景名胜区监管信息系统建设暨推进数字化景区试点工作的通知》，明确了今年国家级风景名胜区监管信息系统建设及数字化景区试点工作的总体目标、主要任务和工作要求。

◆ **建设部出台注册建筑师条例实施细则** 3月15日，《中华人民共和国注册建筑师条例实施细则》开始施行。该细则对注册建筑师考试合格有效期作了重新规定，旨在保证考试质量，进一步维护一线设计人员利益。

◆ **姜伟新被任命为住房和城乡建设部部长** 3月17日，根据第十一届全国人民代表大会第一次会议的决定，中华人民共和国主席胡锦涛签署第二号主席令，姜伟新被任命为住房和城乡建设部部长。

◆ **第七届中国土木工程詹天佑奖颁奖** 3月18日，第七届中国土木工程詹天佑奖颁奖典礼隆重举行。上海旗忠森林体育城网球中心等29项工程喜获中国土木工程科技创新最高荣誉奖——詹天佑奖。

◆ **2008年房地产市场调控政策、发展趋势与房地产融资实务研讨会召开** 3月18～21日，由建设部政策研究中心主办的2008年房地产市场调控政策、发展趋势与房地产融资实务研讨会在上海召开。会议就我国房地产市场宏观调控政策与2008年房地产市场发展趋势；银根紧缩政策下，房地产金融政策与房地产企业融资创新等众多内容展开深入交流研讨。

◆ **中国农村地区水资源管理与饮水安全项目启动** 3月20日，"中国农村地区水资源管理与饮水安全"项目正式启动。该项目为期4年，总投入资金679.2万美元，旨在通过调查、研究、培训、示范和宣传等一系列活动，在全国范围内加强水资源规划能力和管理机制，加强农村水治理和决策能力。

◆ **建设工程项目管理与政府投资项目代建制暨（特许经营）项目融资实务研讨会召开** 3月20～23日，由建设部政策研究中心主办的建设工程项目管理与政府投资项目代建制暨（特许经营）项目融资实务研讨会在成都召开。会议主要内容包括：建设工程项目管理，政府投资项目代建制，特许经营项目融资实务以及案例分析与经验交流等。

◆ **住房和城乡建设部要求加强廉租住房建设各环节监督管理** 3月21日，住房和城乡建设部发布《关于加强廉租住房质量管理的通知》，要求各地建设主管部门要严格基本建设程序，严格按工程招投标、施工许可、质量监督等程序，强化对各环节的监督管理，并对廉租住房全面实施质量分户验收。

◆ **全国109个房地产项目喜获"广厦奖"** 3月21日，由中国房地产业协会、住房和城乡建设部住宅产业化促进中心联合设立的首届"广厦奖"颁奖大会在北京隆重举行。109个房地产项目获得了2007年度"广厦奖"殊荣。

◆ **水处理行业节能减排新技术、新工艺应用交流研讨会召开** 3月26～28日，由建设部科技发展促进中心主办的水处理行业节能减排新技术、新工艺应用交流研讨会在北京召开。会议主要内容包括：国家和建设部有关节能减排的政策、法规解读；建设行业节能减排工作现状与发展；国外水处理行业节能减排工作研究与实施探讨等。

◆ **中国建筑业协会专家委员会成立** 3月27日，中国建筑业协会专家委员会在京成立。

◆ **住房城乡建设部抓紧建立住房保障体系** 3月29日，国务院下发2008年工作要点，从10个方面部署了今年国务院的主要工作。其中，抓紧建立住房保障体系作为着力保障和改善民生的重要任务，由住房和城乡建设部来牵头落实。

◆ **"远东建筑奖"首度跨足两岸** 3月29日，第六届"远东建筑奖"在上海颁奖，刘家琨等建筑师及其作品分别获得大陆和台湾地区杰出奖及佳作奖。作为台湾建筑行业最具影响力评选活动之一的"远东建筑奖"，今年是首度跨足海峡两岸。

◆ **上海世博会雕塑面向全球征集策划方案** 3月31日起，上海世博会事务协调局和上海市城市规划管理局联手向全球公开征集中国2010年上海世博会园区雕塑项目策划方案。本次征集活动于2008年3月31日起，至2008年5月31日止。

◆ **第四届国际智能、绿色建筑与建筑节能大会暨新技术与产品博览会举办** 3月31日～4月2日，由住房和城乡建设部、科学技术部、国家发展和改革委员会、环境保护部、财政部等5部委共同举办的第四届国际智能、绿色建筑与建筑节能大会暨新技术与产品博览会在北京举办。

四月

◆ **《水利工程建设项目招标投标审计办法》施行** 4月1日，《水利工程建设项目招标投标审计办法》正式施行。该《办法》对水利工程招投标的审计职责、审计权限、审计内容和审计程序等作了详细的规定。今后，审计部门将根据工作需要，对水利工程建设项目的招标投标进行事前、事中、事后的审计监督，对重点水利建设项目的招标投标进行全过程跟踪审计，对有关招标投标的重要事项进行专项审计或审计调查。

◆ **全国城乡规划县长专题班举办** 4月1日，据中国建设报报道，由中央组织部、住房和城乡建设部、中国科协共同主办的全国城乡规划县长专题研究班在全国市长培训中心开学。来自各地的55位县长参加了这次为期9天的专题学习。

◆ **2008城市水业战略论坛举办** 4月1日，由清华大学、中国水网联合主办的"2008城市水业战略论坛"在北京召开。论坛围绕国家减排战略政策下的城市水业市场发展、城市水业产权改革与资产处置及市场化运作模式进行了讨论。

◆ **住房和城乡建设部加强住房公积金管理** 4月8日，住房和城乡建设部有关负责人在全国纠风工作会议上提出，各地应以住房公积金专项治理为契机，在及时查处违规行为、清理回收资金的同时，深入分析管理中的薄弱环节，健全管理制度，加快建立惩防并举、注重预防的住房公积金管理与风险防控长效机制。

◆ **太湖流域防洪标准全面提升** 4月9日，据中国建设报报道，根据新制定的《太湖流域防洪规划》，为保护太湖流域主要城市群的安全，太湖流域防洪目标将全面提升。其中，流域主要城市防洪标准将提高到"100年一遇"，上海黄浦江干流及城区地段的防洪标准将按照"1000年一遇"的标准重新修建、改造。

◆ **中国城科会绿色建筑与节能专委会成立** 据中国建设报报道，4月10日，为了促进绿色建筑与建筑节能的发展，推动绿色建筑认证管理工作的开展，中国城市科学研究会绿色建筑与节能专业委员会正式成立。

◆ **2008全球建筑峰会在京隆重举行** 4月11~12日，主题为"和谐发展，互利共赢"的2008全球建筑峰会在京隆重举行。在这次由中美两国携手举办的全球建筑领域最高峰会上，来自全球建筑领域的精英就业内关心的热点问题进行了深入研讨。

◆ **我国工程设计资质管理改革取得突破** 4月12日，中国联合工程公司等14家企业荣获工程设计综合资质甲级证书，可在我国全部21个工程行业承接任务。这标志我国设计市场准入暨设计资质管理的重大改革取得突破。

◆ **中美加强建筑节能领域合作** 4月15日，中华人民共和国住房和城乡建设部与美国环保署签署建筑节能领域合作意向声明，将依据现有资源资金，共同在建筑认证和推进既有建筑能效方面提供支持。

◆ **对外承包工程与劳务合作行业推出信用等级评价** 4月19日，据中国建设报报道，中国中铁股份有限公司等61家对外承包工程企业、中国江西国际经济技术合作公司等38家对外劳务合作企业，首批获得中国对外承包工程商会授予的AAA级信用企业称号。

◆ **城市桥梁养护管理与检测、维修加固技术交流研讨会召开** 4月19~22日，由住房和城乡建设部政策研究中心主办的城市桥梁养护管理与检测、维修加固技术交流研讨会在成都召开。

◆ **综合防灾应急管理及铲冰除雪新技术、新设备交流研讨会召举办** 4月23~25日，由中国建筑文化中心主办的综合防灾应急管理及铲冰除雪新技术、新设备交流研讨会（第一期）在贵阳举办。

◆ **住房和城乡建设部对促进残疾人事业发展提出要求** 4月23日，住房和城乡建设部下发了《关于贯彻落实〈中共中央、国务院关于促进残疾人事业发展的意见〉的通知》，对我国残疾人无障碍设施的建设、维护及管理等问题提出了明确要求。

◆ **住房保障统计工作将纳入考核制度** 4月23日，住房和城乡建设部、国家发改委等5部委下发《关于印发〈城市低收入家庭住房保障统计报表制度〉的通知》。通知要求，今后将把住房保障统计工作情况作为规范化管理考核的内容纳入考核制度并进行通报；省级建设（住房保障）部门须在今年7月15日前报送2007年年报报表和2008年第1季度、第2季度报表。

◆ **全总命名首批全国"工人先锋号"** 4月24日，中华全国总工会透露，2008年全总将在庆祝"五一"国际劳动节大会上，命名首批全国"工人先锋号"，建筑业60个单位榜上有名。

五月

◆ **《建筑工程方案设计招标投标管理办法》施行** 5月1日，《建筑工程方案设计招标投标管理办法》开始施行。《办法》）对建筑工程方案设计招标、投标、评标、定标等环节作出了明确规定。

◆ **九部委联合规范招投标** 5月1日，由国家发展和改革委员会、住房和城乡建设部等9部门联合制定了《〈标准施工招标资格预审文件〉和〈标准施工招标文件〉试行规定》开始施行。

◆ **住房城乡建设部紧急部署抗震救灾工作** 5月12日，四川省汶川县"5·12"特别重大地震灾害发生后，住房和城乡建设部部长姜伟新主持召开部党组扩大会议和部长办公会议，紧急部署建设系统抗震救灾工作。

◆ **施工企业安全机构和人员设置有新规** 5月13日，住房和城乡建设部下发《建筑施工企业安全生产管理机构设置及专职安全生产管理人员配备办法》，以全面落实建筑施工企业的安全生产主体责任。

◆ **住房和城乡建设部要求做好抗震救灾和防范次生灾害工作** 5月13日，住房和城乡建设部下发紧急通知，要求进一步做好抗震救灾和防范次生灾害工作。

◆ **住房和城乡建设系统全力以赴做好抗震救灾工作** 5月16日，住房和城乡建设部部长姜伟新在国务院新闻办新闻发布会上，对四川汶川地震发生后住房城乡建设系统抗震救灾工作的进展情况进行了介绍，并强调住房城乡建设系统将认真贯彻落实党中央、国务院的指示和部署，全力以赴做好抗震救灾的相关工作。

◆ **住房和城乡建设部派专家赴灾区开展房屋应急评估** 四川汶川特大地震灾害发生后，住房和城乡建设部迅速行动，立即组织专家赴灾区协助开展房屋应急评估和安全鉴定。截至5月17日，已组织3批共201名专家赶赴灾区，初评鉴定房屋建筑180万平方米，并培训当地评估鉴定技术人员140余名。

◆ **住房和城乡建设部部署灾区群众过渡安置房建设工作** 5月18日、19日，住房和城乡建设部部长姜伟新分别主持召开各省、自治区、直辖市建设厅厅长、建委主任会议和过渡安置房生产企业负责人会议，研究部署了为受灾群众解决过渡安置房建设工作。5月20日，住房和城乡建设部又紧急召开解决四川地震灾区受灾群众过渡安置房问题电视电话会议，就过渡安置房建设工作作出部署。

◆ **灾区过渡安置房建设有了技术规范** 5月20日，《地震灾区过渡安置房建设技术导则（试行）》通过评审，地震灾区过渡安置房建设将被规范。

◆ **住房和城乡建设部为过渡安置房建设定出时间表** 5月20日，住房和城乡建设部下发《关于建设四川地震重灾区受灾群众过渡安置房的通知》，要求用3个月时间在四川省地震重灾区建造100万套过渡安置房，于今年8月10日前完成，以帮助受灾群众尽快解决临时住房问题。

◆ **国务院决定成立灾后重建规划组** 5月23日，中共中央政治局常委、国务院总理、国务院抗震救灾总指挥部总指挥温家宝主持会议。会议研究部署卫生防疫工作，决定成立灾后重建规划组。

◆ **五部门要求保障地震灾区饮用水安全** 5月24日，住房和城乡建设部、卫生部、环境保护部、水利部和农业部联合下发了《关于切实做好地震灾区饮用水安全工作的紧急通知》，要求汶川地震受灾地区建设、卫生、环保等相关政府职能部门认真做好饮用水安全工作，切实保障灾区群众身体健康。

◆ **胡锦涛考察救灾过渡安置房生产情况** 5月25日，中共中央总书记、国家主席、中央军委主席胡锦涛来到河北省廊坊市，实地考察救灾过渡安置房生产情况。

◆ **首批受灾群众入住过渡安置房** 5月27日，在四川省都江堰市幸福家园受灾群众安置点，首批受灾群众已经入住过渡安置房。

◆ **规范地震灾区建筑垃圾处理有新规** 5月30日，住房和城乡建设部发布了《地震灾区建筑垃圾处理技术导则》（试行）。《导则》对建筑垃圾的涵盖范围，评估标准，清理、处置及资源化利用的方式和标准作出了规定，并对控制二次污染和保护有价值的古建筑残件提出了要求。

六月

◆ **国家汶川地震灾后重建规划工作正式启动** 6月1日，国家汶川地震灾后重建规划组成立，主要负责组织灾后恢复重建规划的编制和相关政策的研究。国家发展改革委为规划组组长单位，副组长单位是四川省人民政府、住房和城乡建设部，国务院30多个部门和有关方面为成员单位。

◆ **建筑施工特种作业人员管理有新规** 6月1日，《建筑施工特种作业人员管理规定》开始实施。《规定》的出台将加强对建筑施工特种作业人员的管理，有效防止和减少生产安全事故的发生。

◆ **建筑起重机械"身份"将可查询** 6月1日，《建筑起重机械备案登记办法》开始施行。《办法》规定县级以上地方人民政府建设主管部门应当提供本行政区域内建筑起重机械备案登记查询服务。

◆ **建设部加强建筑起重机械安全监管** 为了加强建筑起重机械的安全监督管理，防止和减少生产安全事故，保障人民群众生命和财产安全，6月1日，《建筑起重机械安全监督管理规定》开始施行。《规定》明确了建筑起重机械的租赁、安装、拆卸、使用及其监督管理的具体事项。

◆ **地震灾区水污染处理有了指南** 6月2日，住房和城乡建设部向四川省建设厅下发了《地震灾区城市供水应对水源污染的应急处理技术要点》，为地震灾区水厂处理各种次生污染提供了指南。

◆ **两部委为过渡安置房建设资金管理定规矩** 6月2日，财政部、住房和城乡建设部联合下发《地震灾区过渡安置房建设资金管理办法》，对过渡安置房建设资金的筹集、拨付及监管作出明确规定。

◆ **住房城乡建设部部署震后和汛期建筑安全生产工作** 6月6日，住房和城乡建设部对震后和汛期建筑安全生产工作进行了部署。要求一手毫不动摇地抓抗震救灾、一手坚定不移地抓经济发展，进一步做好震后和汛期建筑安全生产工作，确保人民生命财产安全。

◆ **国家出台汶川地震灾后重建规划工作方案** 6月6日，国务院抗震救灾总指挥部灾后重建规划组出台了《国家汶川地震灾后重建规划工作方案》，明确了重建规划编制的指导原则和工作任务。

◆ **住房城乡建设部要求做好受灾地区风景名胜区游览安全评估** 6月6日，住房和城乡建设部发出《关于开展受灾地区风景名胜区灾情状况和游览安全评估工作的通知》。《通知》要求，受灾地区要开展灾情综合评估，做好重建规划，保证运营安全。

◆ **我国发布首个地震灾后恢复重建条例** 6月8日，《汶川地震灾后恢复重建条例》发布并施行。这是我国首个专门针对一个地方地震灾后恢复重建的条例。《条例》将灾后恢复重建工作纳入法制化轨道。

◆ **两部门要求做好全国校舍抗震安全排查工作** 6月8日，教育部、住房和城乡建设部下发通知，要求在9月1日开学前，对全国各级各类学校校舍进行抗震安全排查。

◆ **民用建筑供热计量管理有法可依** 6月10日，《民用建筑供热计量管理办法》开始施行。《办法》对新建建筑、既有建筑的供热计量设计改造、运行收费和监管处罚分别作出了明确规定。

◆ **三部委要求做好汶川地震房屋倒损农房重建工作** 6月12日，民政部、财政部、住房和城乡建设部联合发布《关于做好汶川地震房屋倒损农户住房重建工作的指导意见》。《指导意见》，要求加强建筑材料质量监督，严格按设计要求施工，确保重建房屋结构和质量符合抗震设防和抵御灾害的要求。

◆ **三部委做好灾区救灾款物使用管理工作** 6月14日，民政部、财政部、住房和城乡建设部联合下发通知，要求进一步加强救灾款物的使用管理工作，解决捐赠款物与灾区需求脱节、临时安置方式不够灵活等问题。

◆ **过渡安置房建设使用须防范火灾隐患** 6月17日，住房和城乡建设部下发通知，要求进一步抓好地震灾区过渡安置房防火工作，防范过渡安置房在建设和使用过程中的火灾隐患。

◆ **64万建筑业农民工2008年计划接受培训** 6月17日，住房和城乡建设部、人力资源和社会保障部下发通知，决定联合实施建筑业农民工技能培训示范工程，并确定了2008年示范工程培训目标。按照目标要求，2008年计划有64万建筑业农民工接受技能培训。

◆ **灾后农房恢复重建有了技术指南** 6月18日，住房和城乡建设部将《汶川地震灾后农房恢复重建技术导则（试行）》印发给四川、甘肃、陕西省住房和城乡建设主管部门，用于指导灾区农房的恢复重建工作。

◆ **汶川地震灾区过渡安置房验收有新规** 6月19日，住房和城乡建设部下发《汶川地震灾区过渡安置房验收规定》，对汶川地震灾区过渡安置房验收工作作出了具体规定。

◆ **胡锦涛考察奥运会配套交通设施** 6月25日，中共中央总书记、国家主席、中央军委主席胡锦涛实地考察北京市奥运会配套交通设施，并亲切看望慰问工程建设者和技术人员。

◆ **第5批国家城市湿地公园诞生** 6月26日，经住房和城乡建设部批准，吉林省镇赉县南湖、江苏省昆山市城市生态公园、江西省新余市孔目江和广东省湛江市绿塘河4处湿地公园成为我国第5批国家城市湿地公园。至此，我国国家城市湿地公园总数已达30个。

◆ **《民用建筑能效测评标识技术导则》（试行）发布** 6月26日，《民用建筑能效测评标识技术导则》（试行）开始施行，导则适用于新建居住和公共建筑以及实施节能改造后的既有建筑能效测评标识。实施节能改造前的既有建筑可参照执行。

◆ **中央国家机关抗震救灾先进事迹报告会举行** 6月27日，中央国家机关抗震救灾先进基层党组织和优秀共产党员表彰暨事迹报告会在北京人民大会堂举行。住房城乡建设部工程质量安全监督与行业发展司党支部和中国城市规划设计研究院党委等59个先进基层党组织以及住房城乡建设部建筑市场管理司党支部书记、司长王素卿等41名优秀共产党员受表彰。

◆ **20亿元资金补助中西部廉租住房建设** 6月27日，国家发展改革委、住房和城乡建设部于下达了20亿元中央补助投资计划，用于支持中西部地区新建廉租住房建设。

◆ **"鸟巢"竣工** 6月28日，国家体育场（鸟巢）宣告竣工。作为奥运场馆的"收官之作"，"鸟巢"的落成，标志着2008年北京奥运会主办及协办城市的所有37个比赛场馆已全部准备就绪。

七月

◆ **我国历史文化名城名镇名村保护有法可依** 7月1日，《历史文化名城名镇名村保护条例》开始施行。《条例》对历史文化名城、名镇、名村的申报、批准、规划、保护等作出了明确规定。

◆ **《房屋登记办法》施行** 7月1日，《房屋登记办法》开始施行。《办法》的颁布，将为规范房屋登记行为，维护房地产交易安全，保护权利人的合法权益提供保障。

◆ **全国加强住房公积金管理专项治理工作领导小组会议召开** 7月1日，据中国建设报报道，全国加强住房公积金管理专项治理工作会议在京召开。会议通报了《关于开展加强住房公积金管理专项治理工作的实施意见》印发以来的工作进展情况，提出当前住房公积金治理要做好四项工作。

◆ **无障碍环境有了法律保障** 7月1日，《残疾人保障法》开始施行，该法对于无障碍环境的建设作出了专门规定。

◆ **公共建筑室内温控管理办法出台** 7月1日，《公共建筑室内温度控制管理办法》施行。《办法》规定，除医院等特殊单位以及在生产工艺上对室内温度有特定要求的公共建筑外，公共建筑夏季室内温度不得低于26摄氏度，冬季室内温度不得高于20摄氏度。

◆ **三年基本完成住房恢复重建** 7月8日，国务院新闻办召开新闻发布会透露，3年内基本完成汶川地震灾区住房恢复重建工作，使受灾居民住房问题基本得到解决。

◆ **民用建筑节能信息公示办法出台** 7月15日，《民用建筑节能信息公示办法》开始施行。《办法》规定，建设单位应在施工、销售现场张贴民用建筑节能信息，并将信息在房屋买卖合同、住宅质量保证书和使用说明书中载明。

◆ **住房城乡建设部规范建筑施工特种作业人员考核** 7月18日，住房和城乡建设部下发《关于加强对抗震救灾资金物资监督检查工作的意见》的通知，规范建筑施工特种作业人员考核。

◆ **住房城乡建设部加强抗震救灾资金物资监督检查** 7月22日，住房和城乡建设部印发《关于加强对抗震救灾资金物资监督检查工作的意见》的通知，部署加强对抗震救灾资金物资监督检查工作。

◆ **《地震灾后建筑鉴定与加固技术指南》出台** 7月23日，住房和城乡建设部发布《地震灾后建筑鉴定与加固技术指南》，用于指导汶川地震灾后恢复重建地区房屋建筑鉴定和受损房屋加固的技术工作。

◆ **住房城乡建设部加强住宅装饰装修管理** 7月29日，住房和城乡建设部下发《关于进一步加强住宅装饰装修管理的通知》，要求各地进一步加强住宅装饰装修管理。

八月

◆ **首批绿色建筑设计评价标识颁发** 8月4日，第一批绿色建筑设计评价标识项目证书在京颁发，包括中国2010年上海世博会世博中心在内的6个项目获得绿色建筑设计评价标识。标志着我国绿色建筑评价体系逐步走向规范。

◆ **住房城乡建设部做好建筑工程抗震新标准实施工作** 8月4日，住房和城乡建设部下发《关于做好〈建筑工程抗震设防分类标准〉和〈建筑抗震设计规范〉实施工作的通知》，以保证建筑工程质量，指导灾区恢复重建，提高我国建筑工程抗震设防能力，保护人民生命财产安全。

◆ **所有恢复重建工程都纳入正常质量安全监管** 8月5日，住房城乡建设部下发《关于加强汶川地震灾后恢复重建房屋建筑工程质量安全管理的通知》，要求所有恢复重建工程都纳入正常质量安全监管。

◆ **汶川地震灾后恢复重建总体规划征求意见** 8月12日，国家汶川地震灾后重建规划组全文公布《国家汶川地震灾后恢复重建总体规划（公开征求意见稿）》，向国内外各界人士，特别是灾区广大干部群众征求意见和建议。

◆ **住房城乡建设部加强县域村庄整治联系点工作** 8月15日，住房和城乡建设部下发《关于推进县域村庄整治联系点工作的指导意见》，对深入推进县域村庄整治联系点工作提出具体要求。

◆ **中国项目经理职业化建设进入新阶段** 8月18日，中国建筑业协会及化工、水利、石油、电力、有色金属、安装、冶金、建材、铁道、煤炭、解放军等12家有关工程建设协会联合发布了《全面推进建设工程项目经理职业化建设指导意见》。这标志着中国项目经理职业化建设进入新阶段。

◆ **第五批建筑业新技术应用示范工程通过评审** 8月19日，据《中国建设报》报道，住房和城乡建设部组织的第五批全国建筑业新技术应用示范工程评审工作近日结束，有84项工程通过评审。

◆ **三部门加强节能材料和产品的质量监管** 8月20日，住房和城乡建设部、国家工商行政管理总局、国家质量监督检验检疫总局联合下发《关于加强建筑节能材料和产品质量监督管理的通知》（以下简称《通知》），要求确保新建建筑和既有建筑节能改造所使用的节能材料和产品符合标准要求，保证工程质量。

◆ **《汶川地震灾后恢复重建总体规划》通过** 8月27日，国务院总理温家宝主持召开国务院常务会议，审议并原则通过《汶川地震灾后恢复重建总体规划》。

◆ **城乡规划督察员制度实现省会城市全覆盖** 8月28日，住房和城乡建设部举行了第三批城乡规划督察员派遣仪式。至此，派驻督察员的城市已经发展到34个，包含了23个省会城市、4个自治区首府、5个计划单列市及桂林、苏州两个国家级风景名胜区和历史文化名城复合型城市，实现了城乡规划督察员制度在我国省会城市的全覆盖。

◆ **上海环球金融中心落成启用** 8月28日，历时4年施工的上海环球金融中心落成启用。在国际高层建筑与城市住宅协会所公布的2008高层建筑排行榜中，上海环球金融中心获得"屋顶高度世界第一"和"人可达到高度世界第一"两项殊荣。

◆ **三部委发布地震灾区城镇居民住房重建指导意见** 8月29日，住房和城乡建设部、财政部、国土资源部联合下发《关于汶川地震灾区城镇居民住房重建的指导意见》，要求四川、陕西、甘肃等受灾省份组织建设安居房，加大廉租住房保障力度，优先安排除险加固，积极推进原址重建，并确保灾后

九月

◆ **《对外承包工程管理条例》施行** 9月1日，《对外承包工程管理条例》开始施行。《条例》对对外承包工程资格、对外承包工程活动以及所应承担的法律责任作出了明确规定。

◆ **灾后恢复重建村镇规划编制有"时间表"** 9月4日，住房和城乡建设部下发《关于加强汶川地震灾后恢复重建村镇规划编制工作的通知》，要求四川、甘肃、陕西省建设厅，国家安排了对口支援省市的19个受灾县（市、区）的县域规划编制工作2008年10月底前完成，其他32个受灾县（市、区）原则上2009年3月底之前完成。

◆ **2008年建设领域节能减排工作时间表定出** 9月5日，住房和城乡建设部下发《关于做好2008年建设领域节能减排工作的实施意见》，提出到2008年年底，建设领域实现节约1600万吨标准煤目标。

◆ **住房城乡建设部主要职责、内设机构和人员编制规定公布** 9月8日，据中国建设报报道，住房和城乡建设部主要职责、内设机构和人员编制规定已正式公布。

◆ **国家图书馆新馆建成开放** 9月9日，国家图书馆新馆建成开放正式对公众开放。

◆ **三部委要求确保2008年居民冬季正常供热采暖** 9月11日，住房和城乡建设部、国家发改委、财政部联合印发了《关于做好冬季供热采暖工作的指导意见》，要求确保今年居民冬季正常供热采暖。

◆ **住房和城乡建设系统表彰抗震救灾先进集体和个人** 9月12日，住房和城乡建设部在京召开全国住房和城乡建设系统抗震救灾工作总结表彰电视电话会议，表彰了在抗震救灾中涌现出的245个先进集体和514名先进个人。

◆ **第2批国家重点公园名单公布** 9月12日，住房和城乡建设部公布邯郸市丛台公园等26个公园为第二批国家重点公园。

◆ **住房城乡建设部对公厕建设和管理提出要求** 9月16日，住房和城乡建设部下发《关于加强城市公共厕所建设和管理的意见》，对加强城市公厕的建设和管理提出明确要求。

◆ **首批国家级民用建筑能效测评机构公布** 9月16日，住房和城乡建设部发布公告，公布了首批国家级民用建筑能效测评机构。

◆ **住房城乡建设部要求加强城市绿地系统防灾避险能力建设** 9月16日，住房和城乡建设部出台《关于加强城市绿地系统建设提高城市防灾避险能力的意见》，要求各地加快编制城市绿地系统防灾避险规划，尽快完善城市绿地系统防灾避险能力建设，提高城市综合防灾避险能力。

◆ **2008中国城市规划年会召开** 9月19～21日，以"生态文明视角下的城市规划"为主题的2008中国城市规划年会在大连召开。

◆ **第44届国际规划大会召开** 9月20日，第44届国际规划大会在大连开幕。这是国际城市与区域规划师学会（ISOCARP）首次选择在中国召开年会。

◆ **中国城市无车日活动举办** 9月22日，以"人性化街道"为主题的2008年中国城市无车日活动举办。

◆ **住房城乡建设部督察10地区建设系统质量安全** 9月24～27日，住房和城乡建设部派出5个督察组对北京等10个地区的建设系统质量安全工作进行督察。

◆ **住房城乡建设部部署系统反腐倡廉工作** 9月26日，住房和城乡建设部在京召开全国住房和城乡建设系统廉政建设工作电视电话会议，研究部署下一步廉政建设和反腐败工作。

◆ **住房城乡建设部表彰部机关和部属单位抗震救灾先进集体和个人** 9月26日，住房和城乡建设部在京召开部机关和部属单位抗震救灾工作总结表彰大会，表彰了在抗震救灾中涌现出的27个先进集体和131名先进个人。

◆ **第七届中国城市住宅研讨会召开** 9月26～27日，由住房和城乡建设部科学技术委员会与香港中文大学中国城市住宅研究中心、重庆大学建筑城规学院共同主办的第七届中国城市住宅研讨会在重庆召开。会议的主题是：绿色建筑与人文环境。

十月

◆ **《公共机构节能条例》施行** 10月1日，《公共机构节能条例》开始施行。这部法规旨在推动全部或者部分使用财政性资金的国家机关、事业单位和团体组织等公共机构节能，提高公共机构能源利用效率，发挥公共机构在全社会节能中的表率作用。

◆ **住房城乡建设部部署深入学习实践科学发展观活动** 10月7日，住房和城乡建设部召开深入学习实践科学发展观活动动员大会，就住房和城乡建设部深入学习实践科学发展观活动进行了动员和部署。

◆ **建设系统抗震救灾英雄辈出** 10月8日，在全国抗震救灾总结表彰大会上，天津市援建四川地震灾区安置房前线指挥部、山西省援川建房太原突击队等建设系统多个抗震救灾英雄集体，住房和城乡建设部建筑市场监管司司长王素卿、四川省绵阳市建设局局长王绵生等建设系统众多抗震救灾模范与全国各条战线的抗震救灾英雄集体和模范代表一起受到中共中央、国务院、中央军委联合表彰。

◆ **住房和城乡建设部机关学习实践活动调研工作方案出台** 10月13日，住房和城乡建设部学习实践活动领导小组制定并下发了《部机关开展深入学习实践科学发展观活动调研工作方案》，对调研目的、内容、原则、时间、方法及步骤作出安排。

◆ **第十四届世界地震工程大会召开** 10月13日，第十四届世界地震工程大会13日在北京召开，中共中央政治局委员、国务院副总理回良玉出席开幕式并代表中国政府致辞。

◆ **三部委要求保障汶川地震灾区建材生产供应** 10月15日，国家发展和改革委员会、工业和信息化部、住房和城乡建设部联合发布《关于做好汶川地震灾后恢复重建建材生产供应和价格监督管理的指导意见》，要求各地进一步做好灾区建材生产供应，稳定灾区主要建材价格，确保《汶川地震灾后恢复重建总体规划》顺利实施。

◆ **2008中国市长论坛举办** 10月18～19日，中国市长论坛在深圳市召开，中国市长协会会长、北京市市长郭金龙，执行会长、住房和城乡建设部部长姜伟新，协会副会长、住房和城乡建设部副部长仇保兴出席会议并作了演讲和专题报告。

◆ **四部门开展节能减排专项督察行动** 10月20～11月初，国家发展改革委、监察部、环境保护部、住房和城乡建设部等4部委联合组织开展节能减排专项督察行动。

◆ **政府多举措解决中低收入者住房困难问题** 10月22日，经国务院同意，财政部、国家税务总局宣布，决定对个人住房交易环节的税收政策作出调整，降低住房交易税费。

◆ **住房城乡建设部督察20地区建筑工程质量安全** 10月22～30日，住房和城乡建设部派出10个督察组对河北、山西等20个地区的建筑工程质量安全工作进行督察。

◆ **全国城市园林绿化工作座谈会举行** 10月28日，全国城市园林绿化工作座谈会在京举行。会上，2007年、2008年住房和城乡建设部命名的75个国家园林城市、园林县城、园林城镇被授牌。

◆ **全球规划师联盟大会开幕** 10月31日，全球规划师联盟大会在镇江开幕。

十一月

◆ **第四届世界城市论坛举办** 11月3日，由住房和城乡建设部与联合国人居署共同主办的第四届世界城市论坛在南京拉开帷幕。中共中央政治局委员、国务院副总理张德江出席论坛开幕式并致辞。

◆ **千万农民工同上一堂课活动启动** 11月5日，建筑业"千万农民工同上一堂课"安全培训活动启动仪式在北京举行。这标志着由住房和城乡建设部组织开展的全国建筑业农民工安全培训活动的大幕就此拉开。

◆ **既有居住建筑供热计量改造工程验收有法可依** 11月6日，住房和城乡建设部制定出台了《北方采暖地区既有居住建筑供热计量改造工程验收办法》，《办法》规定既有居住建筑供热计量改造工程竣工后必须实行按照用热量收取热费，否则工程不予验收。

◆ **第三届中国城镇水务发展国际研讨会举办** 11月7～9日，住房和城乡建设部以及国际水协会（IWA）中国委员会在京联合主办了"第三届中国城镇水务发展国际研讨会暨水处理新技术与设备博览会"。

◆ **住房城乡建设部农村污水处理技术北方研究中心成立** 11月8日，住房和城乡建设部农村污水处理技术北方研究中心挂牌成立。这是我国第一个专门研究农村污水处理问题的专业机构。

◆ **《海峡西岸城市群协调发展规划》通过审查** 11月11日，《海峡西岸城市群协调发展规划》通过专家评审。这标志着福建省历史上首个城市群协调发展规划编制工作基本完成。

◆ **住房城乡建设部加强地铁建设安全管理** 11月19日，住房和城乡建设部发出《关于进一步加强地铁建设安全管理工作的紧急通知》，要求各地进一步加强地铁工程建设安全管理，立即组织开展在建地铁工程安全检查，排查安全隐患和问题。

◆ **2008年度"广厦奖"揭晓** 11月20日，2008年度"广厦奖"评选揭晓。全国23个省、自治区、直辖市共32个房地产项目荣获2008年度"广厦奖"。

◆ **2008年度鲁班奖出炉** 11月21日，2008年度中国建设工程鲁班奖（国家优质工程）获奖工程公布，国家体育场、兰武二线乌鞘岭特长隧道、北京市三里河三区12号地危旧房改造等98项工程获奖。

◆ **第七届住博会举办** 11月20～23日，以"节能减排降耗、提升住宅品质"为主题的第七届中国国际住宅产业博览会在京举办。

十二月

◆ **市政公用设施抗灾设防有法可依** 12月1日，住房和城乡建设部组建以来发布的第一号部令——《市政公用设施抗灾设防管理规定》开始施行。《规定》提出，市政公用设施抗灾设防实行预防为主、平灾结合的方针。

◆ **《建设工程工程量清单计价规范》施行** 12月1日，《建设工程工程量清单计价规范》开始施行。《规范》施行，将对建立公开、公平、公正的市场竞争秩序，推进和完善市场形成工程造价机制将发挥重要作用。

◆ **港珠澳大桥主体工程勘察设计工作全球招标** 12月1日，港珠澳大桥主体工程初步设计阶段勘察设计工作全球招标正式启动。

◆ **两部门威廉租住房建设贷款定规矩** 12月3日，中国人民银行、银监会日前联合制定并颁布了《廉租住房建设贷款管理办法》，支持廉租住房开发建设。

◆ **住房城乡建设部督察在建重点项目安全生产** 12月4～23日，住房和城乡建设部派出两个督察组对北京、上海、江苏、浙江、湖南和四川6省市在建重点建设项目安全生产情况进行督察。

◆ **建设领域节能减排监督检查工作将启动** 12月8日，住房和城乡建设部下发《关于开展建设领域节能减排监督检查工作的通知》，提出12月中下旬将组织开展建设领域节能减排专项监督检查。

◆ **工程招标代理机构管理驶上信息快速路** 12月11日，住房和城乡建设部在京召开全国工程招标代理机构统计工作会议，部署全国工程招标代理机构统计工作。会议的召开标志着工程招标代理机构统计报表制度正式开始实施。

◆ **两部门加强建设用地容积率管理** 12月13日，住房和城乡建设部、监察部联合下发《关于加强建设用地容积率管理和监督检查的通知》，要求严格容积率指标的规划管理和调整程序，严格核查建设工程是否符合容积率要求，加强建设用地容积率管理监督检查。

◆ **全国无障碍建设城市将迎来中期检查** 12月15日，住房和城乡建设部办公厅、民政部办公厅、中国残疾人联合会办公厅及全国老龄工作委员会办公室联合发出《关于开展创建全国无障碍建设城市中期检查工作的通知》（以下简称《通知》），决定2009年初对"十一五"期间100个创建全国无障碍建设城市进行中期检查。

◆ **国务院研究部署促进房地产市场健康发展政策措施** 12月17日，国务院总理温家宝主持召开国务院常务会议，研究部署促进房地产市场健康发展的政策措施。

◆ **水专项2009年度实施计划原则通过** 12月18日，水体污染控制与治理科技重大专项第四次领导小组会议召开，会议审议并原则通过了水专项2009年度实施计划。

◆ **全国无障碍建设现场交流会召开** 12月19日，由住房和城乡建设部及中国残疾人联合会共同举办的全国无障碍建设现场交流会在京召开。

◆ **国务院办公厅发布《关于促进房地产市场健康发展的若干意见》** 12月21日，国务院办公厅发布《关于促进房地产市场健康发展的若干意见》，就促进房地产市场健康发展提出了具体要求。

◆ **第六批全国工程勘察设计大师揭晓** 12月29日，第六批全国工程勘察设计大师评选活动揭晓，孙铭绪等26人被授予全国工程勘察设计大师称号。

（郝莹）